日本 名門・名家大辞典

森岡 浩［編］

東京堂出版

刊行にあたって

昨年（二〇一一年）秋『全国名字大辞典』を刊行、好評を得て一年を待たずに版を重ねることができた。この本は、人口比でいえば日本人の九〇％の名字を収録しているが、原則として名乗っている人口の多い名字に重点を置いているため、大名や公家については簡単にしか触れていない。また、その他の珍しい名字の名家については、立項すらされていないものも多い。

これは同書編纂の際に、「名字の事典」と「家系の事典」を切り分けるという方針を採用したためで、「名字の事典」である「全国名字大辞典」では系図も全く収録していない。そこで、今回は「家系の事典」として、系図も多数収録した『日本名門・名家大辞典』を刊行することとなった。

本書は、そのタイトルからもわかるとおり、いわゆる「名門」「名家」といわれる家の、家系を記した事典である。従って、各項目は「家」単位となり、たとえ同じ名字であっても、系統のことなる一族は別項目として立項してある。

しかし、「名家」という概念は人によって大きく違う。徳川家や足利家は誰がみても名家であることは間違いないが、そういった全国的な名家とは別に、それぞれの地域には独自の名家があるのだ。たとえば「村一番の名家」といった場合には、その集落の庄屋や大地主のことで、このレベルまで数えると、名家の数は万単位になってしまう。

また、時代的な変遷も大きい。室町以前の名家や、戦国時代の名家は、江戸時代以降はもはや名家とはいえなくなっているものも多い。一方、明治以降に政財界で活躍したり、軍人として功をあげて爵位を賜った家は、当時は名家だったとしても、その名家であった期間は極めて短いものが多い。近年では地方議員から国会議員まで含めて世襲的に政治家をつとめる家も数多く出てきているが、これも現代の名家の一つといえるかもしれない。

やはり、「名家」には「家」として一定の期間その地位を保っていた、ということが必要があるだろう。一人の有名人が出ただけでは「名家」には値しない。むしろ、著名人はいなくとも、一定の地位を保ち続けている家は名家であるといえる。

本書では、「名家」のベースを近世においてある。つまり、戦国時代後期から幕末の期間に一定の地位や名誉を有していた家に限定し、戦国時代から江戸初期に没落した家（長宗我部家、里見家など）や、明治維新で一躍名家となった家（西郷家、大久保家、木戸家など）、明治以降に軍人・官僚・政治家などとして名家の地位を得た家（児玉家、乃木家など）、著名人の末裔（坂本龍馬家）などは対象外とした。ただし、明治以降の名家のうち、臣籍降下した皇族と、天皇家の外戚にあたる正田家、小和田家は例外として収録してある。

また、名家の対象を政財界以外にも広げている。一般に「名家」という場合、肩書きをもって名家を選ぶことが多い。そうすると、どうしても社会的な肩書きを有している政界・官界・財界に偏ってしまう。本書では各層から幅広く名家を選ぶため、武家、公家、豪商、豪農、僧侶、神官、諸芸から、それぞれ別に名家を選定した。

とはいえ、名家の選定は難しい。たとえば、武家として大名に継ぐ地位である旗本をとっても、交代寄合という準大名の扱いでありながら、禄高はわずか一二〇石の岩松家や、無高という米良家もある。その一方で、九五〇〇石の知行を有した旗本横田家は交代寄合ではない。古代豪族大伴氏の末裔である山岡家は、その歴史の古さでいえば旗本きっての名家であるともいえる。また、加賀藩家老の長家のように、形式的には陪臣という一段階下の地位でありながら、鎌倉御家人以来の由緒を持ち、三万石以上の禄高があって、維新後も爵位を与えられている家もあり、単純な線引きで各家の地位の上下をはかることはできない。

本書では、幕末に存在した大名や公家はすべて収録対象とし、その他の家については、地位や歴史などを総合的に判断して、計一〇〇〇家の名家を収録した。ただし、戦国後期以降の分家は同じ項目に入れてあることから、実際の名家の数は一五〇〇家ほどになると思われる。

なお、明治以降の名家は収録対象外としたため、これらの家を一覧できるよう、巻末に爵位を授与された華族の一覧を附してあるので、合わせて利用していただければ幸いである。

◎日本名門・名家大辞典　目次

◎付録

【系図】

凡　例

本書は、『全国名家名門大辞典』とし、近世以降の日本の名家から一〇〇〇家を選んで収録したものである。

Ⅰ　収録対象

本書には、近世以降に日本国内にて名家として認知されていた一族一〇〇〇家を収録した。ただし、明治以降に創設・勃興した名家については、皇族から臣籍降下した家、天皇家の外戚にあたる正田家と小和田家、及び公家等の分家などに限定した。

また、肩書きなどにはとらわれず、商家や工芸家をはじめ、豪農や芸能関係なども含めて広く収録してある。

なお、本書における名家とは、一定の代数・期間において名家であり続けた家に限定しており、特定の偉人・著名人の末裔(坂本龍馬家など)は対象外としている。

Ⅱ　見出

本書では、同じ氏族は一つの見出しのもとにまとめてある。ただし、戦国期すでに別家となっていたものについては、別項目とした。

Ⅲ　用字

原則としてすべて新字体を採用した。ただし、固有名詞については、一部正字体をもちいたところもある。

Ⅳ　地名

原則として二〇一二年六月現在の市町村名を採用した。

Ⅴ　系図

主要な一族については略系図を付した。名家といわれる家の系図は、世系を重視した一直線のものが多いが、本書では実子関係を重視した系図を掲載してある。

◎日本名門・名家大辞典

あ

会田家　○あいだ

武蔵国越谷（埼玉県越谷市）の旧家・旗本。信濃国筑摩郡会田郷（長野県松本市）発祥。海野幸氏の孫幸持が会田郷に住んで会田氏を称した。鎌倉時代は地頭をつとめる。戦国時代は代々虚空蔵山城に拠った土豪だったが、天文二二年（一五五三）上杉謙信に属して武田信玄と戦い、落城した。

【武蔵越谷会田家】会田一族は、虚空蔵山城落城後、岩槻太田氏を頼って武蔵に落ちたという。天正年間に同国越谷（埼玉県越谷市）に移り、江戸時代には越谷宿の名主として宿場の整備や新田開発に尽力した。本家は大正時代に転出している。

【旗本会田家】旗本の会田家も越谷会田家の一族とみられる。徳川家康が越谷で放鷹した際に、北条氏の家臣であった会田資久の屋敷に立ち寄るようになり、その縁で旗本にとりたてられた。

青方家　○あおかた

長崎県五島列島の旧家。肥前国松浦郡宇野御厨中通島青方（長崎県南松浦郡新上五島町青方）発祥で、中通島の開発領主。藤原北家。建久七年（一一九六）藤原尋覚が源頼朝から小値賀島の地頭に補せられ、二男家高が青方に住んで青方氏の祖となった。子能高の時鎌倉御家人となり、元寇の際に恩賞として肥前国神埼荘にも所領を賜っている。南北朝時代は松浦党に属し、江戸時代は福江藩士となった。

同家の伝える「青方家文書」は昭和初期に長崎県立長崎図書館に寄贈されたが、建久七年（一一九六）七月一二日の前右大将家政所下文案から近世初頭に至る四〇〇通以上の文書が残っており、貴重な資料である。

青木家　○あおき

摂津麻田藩主。丹党青木氏の末裔というが、美濃国安八郡青木村（岐阜県大垣市）発祥とみられる。

青木家の事蹟がはっきりするのは、戦国時代の青木武蔵守重直あたりから。重直は土岐芸頼を経て、斎藤道三に仕えていた。斎藤氏の滅亡後、豊臣秀吉に従って頭角をあらわし、文禄二年（一五九三）に摂津国豊島郡に一四〇〇石を与えられたのが同家の興りである。

【摂津麻田藩主】重直の子一重は、初め今川氏真に仕えていた。その後徳川家康のもとで姉川の戦いに参加したが、のちに家康のもとを離れ、丹羽長秀配下を経て、本能寺の変以降は豊臣秀吉に仕えた。

秀吉の死後は秀頼に仕えていたが、大坂冬の陣後、和睦の使者として駿府へ下り、帰途京都で徳川方に拘留された。豊臣家滅亡後は出家して宗佐と号したが、弟が三方原合戦の際家康を守って討死した他、末弟の可直が家康の旗本であった関係から再び召し出され、摂津麻田（大阪府池田市）に一万二〇〇〇石の大名として封ぜられた（のち分知で一万石に）。

一重の跡は、甥で旗本可直の長男の重兼が継いでいる。重兼は、藩内に麻田藩主菩提寺「摩耶山仏日禅寺」を建立し、隠元を招き、池田に黄檗文化を根づかせたことで知られる。

以後、代々麻田藩主として続いた。幕末、わずか三歳で一四代目を継いだ重義の時に明治維新を迎え、明治一七年に子爵となった。一五代目信光は常陸松岡藩主中山信徴の四男で、三〇年に貴族院議員となり、以後昭和戦前期にかけて、貴族院の有力議員として活躍している。その子蔚は日本銀行の幹部、孫の純一はダニの専門家として著名。

【旗本青木家】 重直の四男可直は慶長一五年（一六一〇）に徳川家康に召し出されて美濃国で三〇〇〇石を賜り、のち兄一重より摂津国豊島・兎原両郡で二〇〇〇石を分知されて計五〇〇〇石の旗本となった。長男重兼は本家を相続、二男直澄が相続して寄合に列し、四代直宥は西丸書院番頭をつとめた。

本家・分家ともに大阪府池田市の仏日寺に一族の墓所がある。

青木家　○あおき

旗本。近江国甲賀郡青木（滋賀県湖南市）発祥。『寛政重修諸家譜』では丹治氏のもとに収められており、丹党青木氏と同族とするが、別流であろう。

もとは上山氏を称しており、家頼の時に青木に住んで青木氏を称した。戦国時代には石部城に拠っていた。

安頼の時六角氏を経て織田信長に仕え、子法頼が天正一二年（一五八四）に徳川家康に仕えた。法頼は甲斐から帰国中に死去したため、同一八年の小田原征伐には弟の高頼が参加して武蔵国足立郡中野村（埼玉県さいたま市見沼区）に所領を得、江戸時代は旗本として武蔵国足立郡と上総国天羽郡で六五〇石を知行した。

菩提寺である、さいたま市見沼区南中野の正法院には、初代高頼から一〇代鉄之助まで累代の墓と、寛延二年（一七四九）に六代正周が建立した宝篋印塔が残っている。旗本の菩提寺の多くは江戸にあったため関東大震災や空襲で倒壊したものが多く、完全に残されている青木家一族墓地は、さいたま市指定文化財となっている。

【彦根藩士】 安頼の子良頼は井伊直継に仕え、江戸時代は彦根藩士となった。家禄六五〇石。

青木家　○あおき

子爵・旧長州藩士。甲斐国巨摩郡青木（山梨県韮崎市）発祥で武田氏一族の甲斐青木氏の末裔。甲斐青木氏は代々武田氏に仕えて武川衆を構成しており、武田氏滅亡後、直系は徳川家の旗本となっている。

一族の青木和泉守は戦国時代に長州に移って毛利元就に仕え、江戸時代は大島郡安下荘（山口県大島郡周防大島町）で医者となった。子孫の周弼は幕末に長州藩の藩医となって藩内に種痘を実施したことで知られる。その甥（戸籍上は孫）の周蔵は明治の外交官として不平等条約の撤廃に尽力、明治二〇年に子爵となる。

平成八年末に起こったペルー大使館公邸人質事件の際の青木盛久駐ペルー大使が周蔵の曽孫である他、一族には外交官が多い。

青柳家 ◯あおやぎ

出羽角館（秋田県仙北市角館町）の旧家。桓武平氏で常陸国の出といい、常陸青柳氏の一族か。祖青柳和泉は佐竹家から会津芦名家の養子となった盛重に従って会津に移っている。その後、芦名氏の滅亡後盛重とともに佐竹家に戻り、出羽移封後は角館領主となって芦名氏の家臣となった。芦名家断絶後も佐竹北家に仕え、江戸中期以降は代々南部境目山役をつとめた。維新後、一一代正信は金融業で成功、一二代友吉は角館町長もつとめた。平成元年からは角館武家屋敷の一つとして青柳家が公開されている。

青山家 ◯あおやま

江戸時代の譜代大名。上野国吾妻郡青山郷（群馬県吾妻郡中之条町青山）発祥。藤原北家花山院氏の一族と伝えるが不詳。師重の子忠治の時に三河国碧海郡に移り松平親氏に仕えたという。光教は松平信光に仕えて三河国額田郡百々郷（愛知県岡崎市）に移り、永享一二年（一四四〇）戦功によって采地を与えられた。

忠門は松平広忠に仕えて小豆坂の戦や鷲津・丸根の戦に功をあげ、元亀二年（一五七一）の武田氏との戦にも従軍。忠成は家康の小姓役をつとめ、天正一八年（一五九〇）相模国高座郡において五〇〇〇石を与えられ、徳川秀忠の側近となって関東入国では江戸町奉行として五〇〇〇石を知行し、原宿から渋谷にかけての広大な屋敷を賜った。関ヶ原合戦には遅参したものの、戦後常陸江戸崎藩一万五〇〇〇石を立藩、のち二万五〇〇〇石となった。

【丹波篠山藩主】 忠成の跡は長男忠次が早世していたことから、二男の忠俊が襲封。元和元年（一六一五）老中となり、同六年（一六二〇）には武蔵岩槻五万五〇〇〇石に加増されたが、三代将軍家光にしばしば諫言したため、寛永二年（一六二五）に除封となった。同一一年、長男宗俊が家光から許されて再出仕、正保五年（一六四八）に信濃小諸藩三万石で再び諸侯に列した。

以後各地を転々として、寛延元年（一七四八）に丹波篠山藩五万石に転じた。文政一〇年（一八二七）忠裕の時に六万石に加増。明治一七年忠誠の時に子爵となる。

青山家は学問の奨励に熱心な大名であった。篠山藩二代目藩主の忠高は、藩士の中で学問を志す者が多くなったのを受けて、篠山藩校「振徳堂」を創立した。維新後の明治四年、廃藩置県によって一旦閉校したが、九年に旧藩主忠誠から「篠山で有為な人材の養成」を指示された安藤直紀（のちの初代篠山町長）ら在郷の一四名の有志によって、私立篠山中年学舎として再興された。これが、現在の篠山鳳鳴高校である。

［青山家］

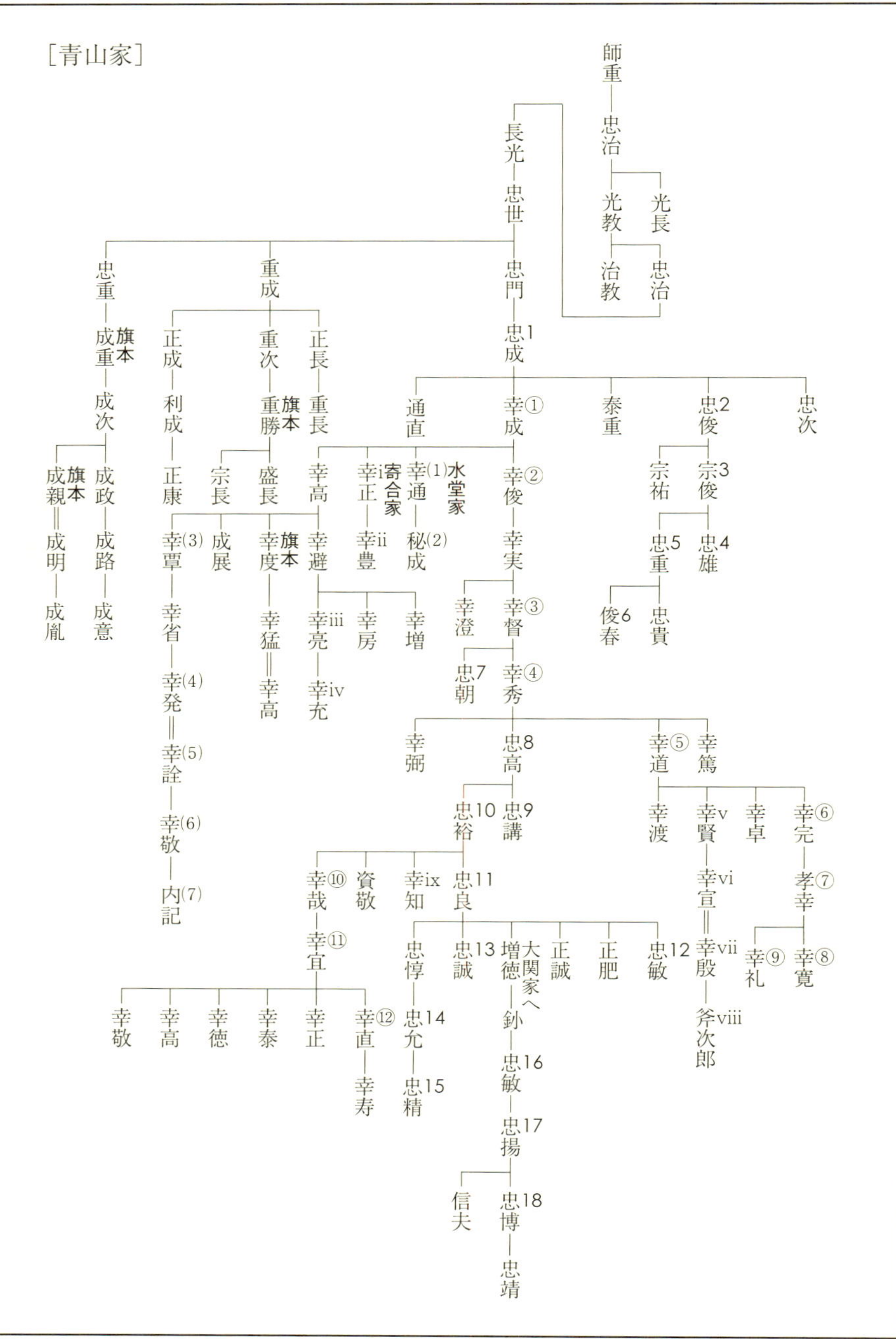

師重
忠治
光教
光長
治教
忠治
長光
忠世
忠重
重成
忠門
忠成 1
成重 旗本
成次
正成
重次
正長
利成
重勝 旗本
重長
通直
幸成 ①
泰重
忠俊 2
忠次
成親 旗本
成政
正康
宗長
盛長
幸高
幸正 i 寄合家
幸通 (1) 水堂家
幸俊 ②
宗祐
宗俊 3
成明
成路
幸覃 (3)
成展
幸度 旗本
幸避
幸豊 ii
秘成 (2)
幸実
忠重 5
忠雄 4
成胤
成意
幸省
幸猛
幸亮 iii
幸房
幸増
幸澄
幸督 ③
俊春 6
忠貫
幸発 (4)
幸高
幸充 iv
忠朝 7
幸秀 ④
幸詮 (5)
幸弼
忠高 8
幸道 ⑤
幸篤
幸敬 (6)
忠裕 10
忠講 9
幸渡
幸賢 v
幸卓
幸完 ⑥
内記 (7)
幸哉 ⑩
資敬
幸知 ix
忠良 11
幸宣 vi
孝幸 ⑦
幸宜 ⑪
忠惇
忠誠 13
増徳 大関家へ
正誠
正肥
忠敏 12
幸殷 vii
幸礼 ⑨
幸寛 ⑧
幸敬
幸高
幸徳
幸泰
幸正
幸直 ⑫
忠允 14
鈝
斧次郎 viii
幸寿
忠精 15
忠敏 16
忠揚 17
信夫
忠博 18
忠靖

忠誠はさらに、明治八年から東京・赤坂表町の屋敷に故郷の優秀な学生を招いて住まわせていた。やがて学生数を増やして、住まわせた寮を尚志館と名付け、故郷の優秀な人材の育成につとめた。以後、尚志館は代々受け継がれ、昭和に入ると、代々木に転じている。しかし、青山家の私財だけでは続けることが困難となり、法人の育才会を設立。その後、対象者も兵庫県に拡大して「兵庫県学生寮尚志館」として今日に至っている。

【美濃八幡藩主】 忠俊の弟の幸成は父の遺領のうち下総臼井（千葉県佐倉市）で一五〇〇石を分知された。のち上野高崎六〇〇〇石を経て、寛永一〇年（一六三三）遠江掛川二万六〇〇〇石に入封。以後、各地を転々とし、宝暦八年（一七五八）幸道の時に美濃八幡四万八〇〇〇石に入封。明治一七年幸宜の時に子爵となる。

【旗本水堂青山家】 摂津尼崎藩主だった幸成の二男幸通が寛永二〇年（一六四三）に三〇〇〇石を分知されて旗本となり、同国水堂（兵庫県尼崎市水堂町）に陣屋を置いた。のち摂津国内で二五〇〇石、下総国内で三〇〇〇石の計五五〇〇石となり明治まで続いた。この間、秘成は駿府城代、幸覃は大番頭をつとめている。水堂陣屋は昭和末まで残っていたが、取り壊されて現在は門だけが残っている。

【寄合青山家】 幸成の三男幸正も寛永二〇年（一六四三）に摂津国兎原・武庫・河辺三郡で二〇〇〇石を分知された。天和二年（一六八二）には上野国邑楽・山田両郡で一〇〇〇石を加増された。子幸豊は伏見奉行、駿府城代を歴任して三河国加茂郡で二〇〇〇石を加増され、計五〇〇〇石となった。

《系図》４ページ

赤井家　◯あかい

旗本・旧戦国大名。丹波国氷上郡赤井村（兵庫県丹波市青垣町）発祥。清和源氏。井上満実の三男家光が保元三年（一一五八）に丹波国芦田荘に流されたのが祖で、家光は芦田を名乗った。

源平合戦の際、家光の子道家は源頼朝に属して丹波半国の押領使となり、代々氷上・天田・何鹿三郡を領した。建保三年（一二一五）為家は父朝家から赤井野を分けられ、赤井野の南山ふもとの後屋に城を築き、以後赤井氏を名乗った。

南北朝時代、基家は足利尊氏に属したというが、『太平記』には丹波の武士としての赤井氏の名は見えず、詳細は不明。

戦国時代には丹波の有力国人となっており、守護細川氏の重臣でもあった。細川氏の没落後、庶流で荻野氏を継いでいた直正が黒井城に拠って赤井一族を統括し、丹波を代表する戦国大名に成長した。

元亀元年（一五七〇）織田信長に降って三郡を安堵されたが、翌年山名氏を攻めたことから、信長の命を受けた明智光秀が丹波攻略を開始した。この戦乱のさなか、天正六年（一五七八）直正が病死、翌七年八月に落城した。

忠家は、のちに徳川家康に仕え、江戸時代は旗本となった。嫡流は大和・常陸で一〇〇〇石を領し、分家に一七〇〇〇石の赤井家がある。

また、直正の末裔は藤堂家に仕えて伊勢藩士となった。

赤祖父家　○あかそふ

越中国新川郡（富山県）の旧家。平安時代の官人赤染時用の子孫と伝え、のち赤祖父と改称して越後に移ったという。戦国時代に越中に移り、奥田荘（富山市）に住んだ。江戸時代は加賀藩の十村役となり、のち富山藩十村役に転じた。

新川郡米田村（富山市米田）の赤祖父家は分家。明治初年に富山藩が千歳御殿の門を売却した際に四代目の牛之助が購入して同家の門とし、現在では現存する唯一の富山城の遺構である。

赤松家　○あかまつ

旗本の赤松家は、室町幕府の四職の一つ赤松氏の末裔である。

赤松氏は播磨国赤穂郡赤松（兵庫県赤穂郡上郡町赤松）発祥で、村上源氏というが不詳。建久四年（一一九三）則景が佐用荘の地頭となり、以後西播磨に勢力を持った。元弘三年（一三三三）則村が足利尊氏とともに六波羅を攻略。以後代々北朝方として活躍。義則は室町幕府の四職の一つとなって播磨・摂津・備前・美作の四国の守護を兼ねた。一族および土豪層を家臣団として形成し、その子満祐は六代将軍足利義教と対立、嘉吉元年（一四四一）将軍義教を弑したため、山名氏・細川氏らに討たれて没落した（嘉吉の乱）。

長禄二年（一四五八）になって政則が再興、文明元年（一四六九）置塩城（兵庫県姫路市夢前町宮置）を築城。応仁の乱では東軍に属して播磨・備前・美作の守護を回復するが、やがて守護代の浦上氏が台頭、圧迫されるようになる。大永元年（一五二一）義村が浦上村宗に殺され、さらに永禄二年（一五五九）義祐は浦上宗景によって追放された。

義祐の子則房は豊臣秀吉に仕えて、阿波住吉（徳島県板野郡藍住町）で一万石を領したが、天正一三年（一五八五）断絶となった。

旗本の赤松家はこの庶流で、範資の末裔。戦国時代、氏満は石野城に拠って石野氏を称し、別所長治に仕えていたが、その滅亡後は豊臣秀吉に仕えた。子氏置は徳川家康に仕えて旗本となり、上総国・上野国で三〇〇〇石を知行、上総国周淮郡下湯江（千葉県君津市）に陣屋を置いた。三代範恭は日光奉行をつとめ、赤松氏に復した。幕末の範忠は外国奉行をつとめている。

安芸家　○あき

土佐国安芸の旧家・旧戦国大名。壬申の乱後、土佐に流された蘇我赤兄が同国安芸郡安芸荘（高知県安芸市）に住んだのが祖というが、惟宗姓という説もある。以来、代々安芸郡に勢力を振るい、『平家物語』には壇の浦合戦で実光・実俊兄弟が平教経と組んで海中に没したとある。

正応元年（一二八八）畑山分知があ

り、知信が安芸本家、弟の康信が畑山氏の祖となった。永享一一年（一四三九）元実が摂津国で討死して畑山氏の元信が本家を相続。しかし、元信も子元康とともに応仁の乱で戦死して、再び畑山氏から元盛が安芸家を継ぐなど、畑山家と安芸本家には密接な関係があった。

戦国時代は土佐国東部を支配して土佐七守護の一つとなったが、長宗我部氏の台頭で圧迫され、永禄一二年（一五六九）国虎が長宗我部元親に敗れて自刃、子千寿丸も阿波に逃れたのちに討死にしたという。落城の際、一族の畑山元氏が安芸家の名跡を継いだが子内蔵尉は長宗我部氏に敗れて自害した。

その後は畑山に戻って安喜氏を名乗っていたが、承応三年（一六五四）元経が郷士として召し出され、安芸氏に復姓した。土佐和紙の開祖として知られる安芸家友も一族という。

同家に伝わる「安芸文書」は、戦災で原本が焼失したが、影写本が東京大学史料編纂所に所蔵されている。

秋田家　〇あきた

陸奥三春藩主。出羽の戦国大名安東氏の子孫で、安東氏は陸奥の古代豪族安倍氏の末裔であるという。

陸奥の古代豪族安倍氏は、神武天皇に滅ぼされた長髄彦の兄安日の子孫と伝えているが不詳。平安中期から史書に登場し、胆沢・和賀・江刺・稗貫・志波・岩手の六郡（奥六郡）を領して俘囚の長として栄えた。前九年の役で、貞任・宗任が源頼義に討たれた。

出羽の安東氏は、この時討たれた貞任の子高星の子孫と伝えるが、蝦夷の出であろう。鎌倉時代に幕府の被官となったとみられ、蝦夷管領に任命され、実質的に奥羽を支配した。鎌倉末期、支配下の蝦夷が叛乱、これに安東氏の内訌が結びついて内乱状態となり、幕府の追討を受けたが、和談で解決している（安東氏の乱）。

南北朝時代以降、出羽にも勢力を伸ばし、のち津軽の下国家と、秋田湊の上国家に分かれた。

下国安東家は、陸奥国津軽郡十三湊（青森県五所川原市）の福島城に拠ったが、南部氏によって松前に追われ、政季の時に檜山安東氏と称した。

上国安東家は陸奥国津軽郡藤崎（青森県南津軽郡藤崎町）に住んだ。室町時代になって出羽国秋田郡に移り、湊城に拠って湊安東氏を称した。

戦国時代に下国家から養子となった安東愛季が両家を統合、男鹿脇本城（秋田県男鹿市脇本）に本拠を移し、戦国大名となる。天正一八年（一五九〇）実季が豊臣秀吉に従い、慶長三年（一五九八）土崎湊城（秋田市）を築城、秋田氏と改姓した。

【陸奥三春藩主】 関ヶ原合戦後、実季は常陸宍戸（茨城県笠間市）五万石に移り、さらに正保二年（一六四五）俊季の時に陸奥三春（福島県田村郡三春町）に転封となった。幕末、藩主・映季の伯父にあたる季春（静臥）が実権を握り、藩論を官軍側に統一させた。明治一七年映季の時に子爵となった。

【竹鼻秋田家】 上国安東家の鹿季の二男

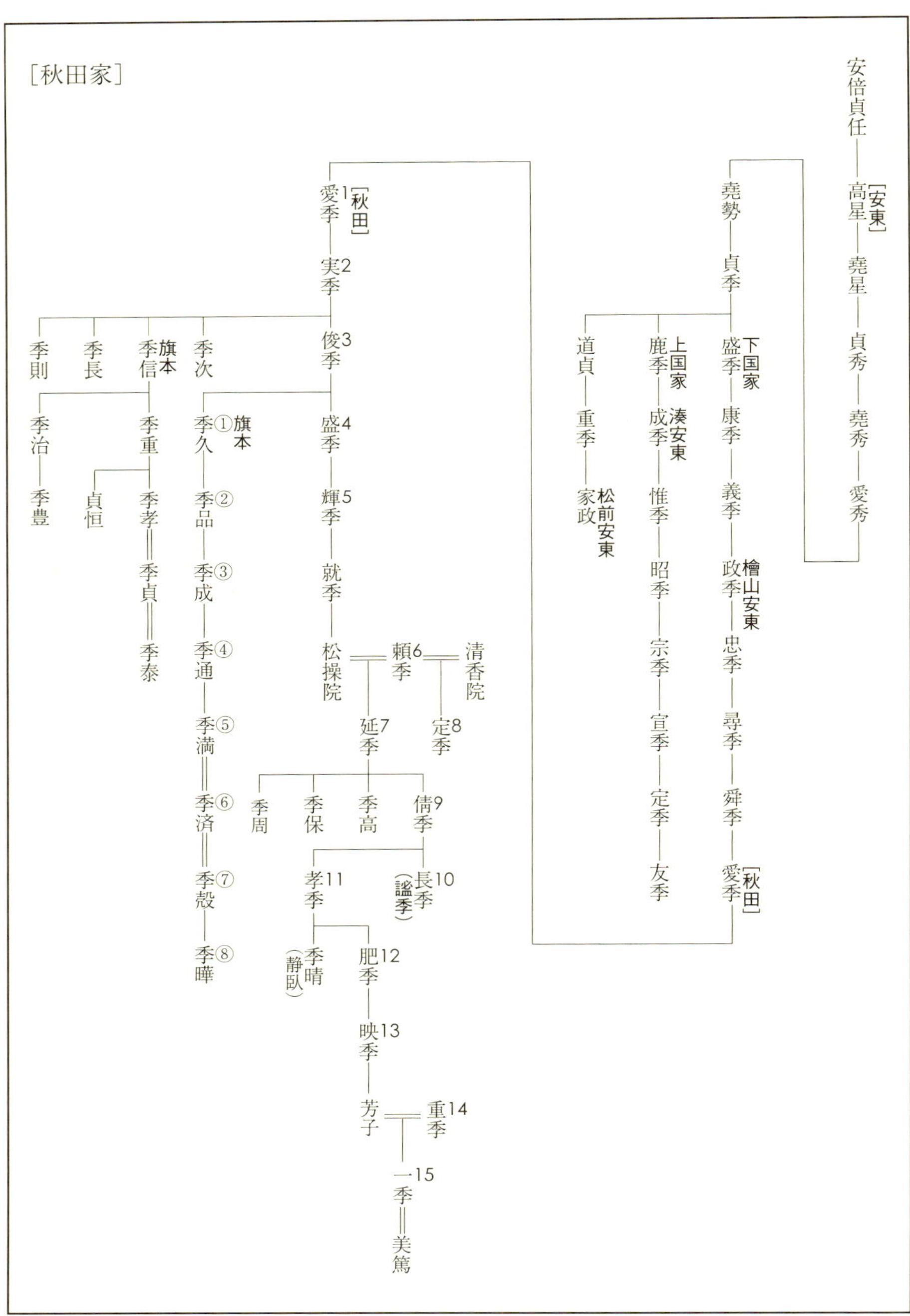

［秋田家］
安倍貞任
［安東］高星
堯星
貞秀
堯秀
愛秀
堯勢
貞季
盛季 下国家
鹿季 上国家
道貞
康季
成季 湊安東
重季
家政 松前安東
義季
惟季
政季 檜山安東
昭季
忠季
宗季
尋季
宣季
舜季
定季
愛季［秋田］
友季
愛季1［秋田］
実季2
俊季3
季次
季信 旗本
季長
季則
盛季4
季久① 旗本
季重
季治
輝季5
季品②
季孝
貞恒
季豊
就季
季成③
季貞
松操院
頼季6
清香院
季通④
季泰
延季7
定季8
季満⑤
倩季9
季高
季保
季周
季済⑥
長季10（謐季）
孝季11
季殻⑦
肥季12
季晴（静臥）
季曄⑧
映季13
芳子
重季14
一季15
美篤

が祖。竹鼻家を称していたが、江戸時代は三春藩重臣として、竹鼻秋田家を称した。家禄二〇〇石。

【山館秋田家】上国安東家の鹿季の四男が祖。山館家を称していたが、江戸時代は三春藩重臣として、山館秋田家を称した。家禄一〇〇〇石。

【鷹土秋田家】安東貞季の二男が祖。はじめ生駒家を称していたが、江戸時代は三春藩重臣として、鷹土秋田家を称した。家禄二五〇石。

【旗本家】慶安二年（一六四九）、俊季の二男季久は領内で五〇〇〇石を分知されて旗本となった。四代季通は西丸書院番頭、七代季殻は浦賀奉行をつとめている。

《系図》８ページ

秋月家　○あきづき

日向高鍋藩主。筥崎宮塔院領だった筑前国夜須郡秋月荘（福岡県朝倉市）発祥。古代豪族大蔵氏の子孫。鎌倉時代種雄が御家人となったとみられる。また、「竹崎季長絵詞」弘安四年（一二八一）閏七月五日条に「筑前国御家人あきつきの九郎たてむね」が見えるが、系図上に該当者はなく、誰をさすかは定かではないなど、鎌倉時代の動向については不明な点も多い。

戦国時代には秋月城で大名として活躍、天文一〇年（一五四一）種方は大内義隆の推挙で幕府の番衆になっている。

種長は島津氏と結んで筑紫に勢力を伸ばしたが、天正一五年（一五八七）豊臣秀吉の九州征伐にあって敗れ、日向高鍋三万石に転封となった。関ヶ原合戦の際、種長は西軍に属して大垣城に拠ったが、合戦直後に東軍に内応して大垣城を落として降伏。これによって所領を安堵され、江戸時代も引き続き高鍋藩主をつとめた。

秋月家は四代藩主秋月種政以降、代々好学の藩主が続き、七代種茂は明倫堂を創立、多くの学者を生んだ。幕末、秋月種樹は外様大名としては異例の若年寄格にまで列している。また名君で有名な米沢藩主上杉鷹山も秋月家の出である。

幕末、藩主種殷の弟で世子だった種樹は将軍徳川家茂の侍読をつとめ、慶応三年（一八六七）には若年寄に就任。維新後も新政府に出仕、明治七年に兄の種殷が死去すると家を継ぎ、元老院議官、貴族院議員などを歴任した。一七年種繁の時に子爵となる。

元禄二年（一六八九）、種信の三男種封は三〇〇〇石を分知されて旗本となっている。

《系図》10ページ

秋野家　○あきの

出羽国加茂村（山形県鶴岡市）の豪商。もとは安芸国の厳島神社の神官で、秋野新右衛門光忠が福島正則に仕え、その断絶後、庄内に転じたという。代々新右衛門を襲名し、二代目の宗閑の時に豪商となった。江戸時代末期には「竹葉酒」と銘して酒造業も始める。惇蔵は明治末から大正にかけて加茂町長を一四年間つとめた。

また宗閑の二男茂右衛門は分家し、子

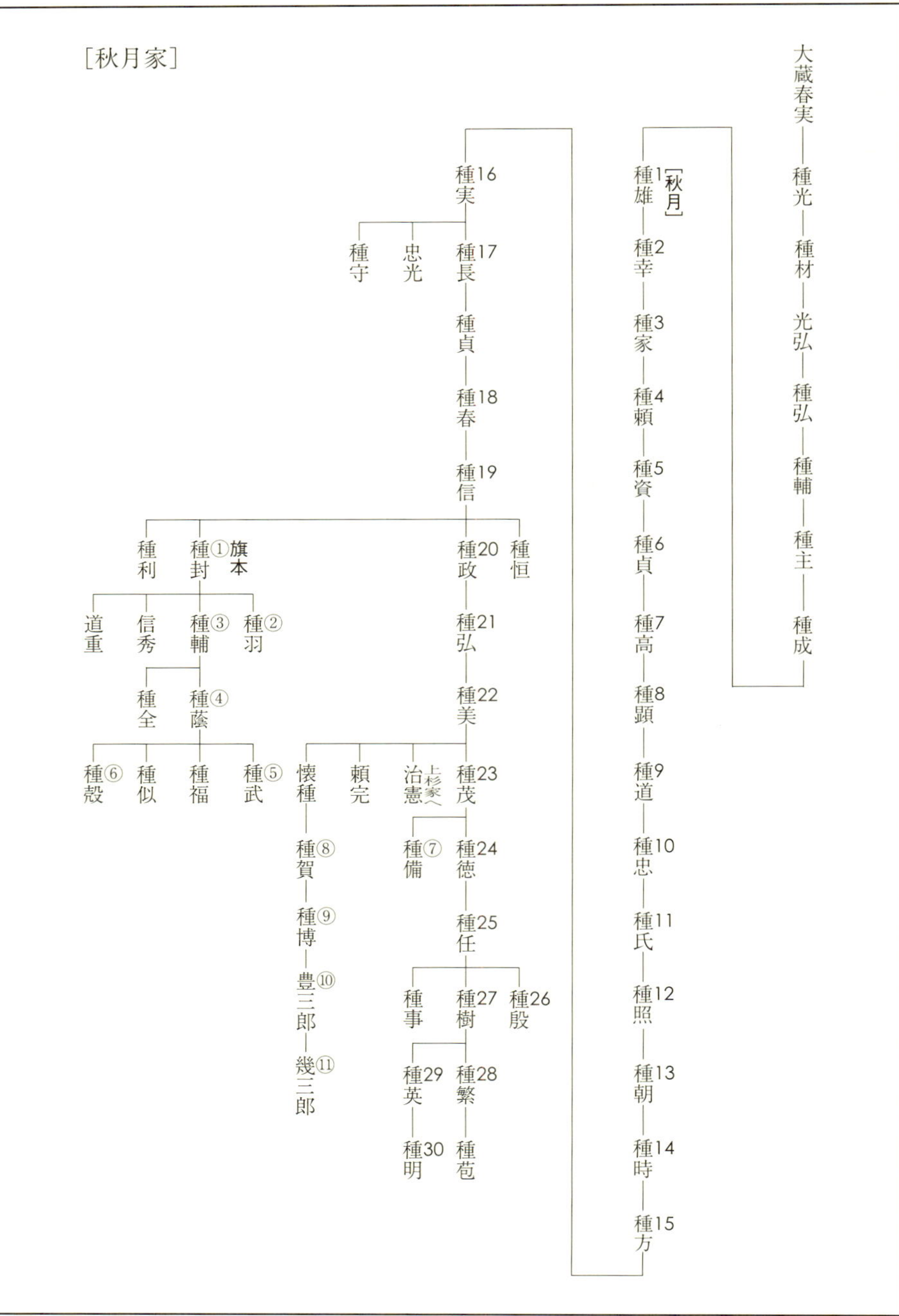
[秋月家]
大蔵春実
種光
種材
光弘
種弘
種輔
種主
種成
[秋月]
1種雄
2種幸
3種家
4種頼
5種資
6種貞
7種高
8種顕
9種道
10種忠
11種氏
12種照
13種朝
14種時
15種方
16種実
17種長
忠光
種守
種貞
18種春
19種信
種恒
20種政
①種封 旗本
種利
②種羽
③種輔
信秀
道重
④種蔭
種全
⑤種武
種福
種似
⑥種殼
21種弘
22種美
23種茂
治憲 上杉家へ
頼完
懐種
⑧種賀
⑨種博
⑩豊三郎
⑪幾三郎
24種徳
⑦種備
25種任
26種殷
27種樹
種事
28種繁
29種英
種苞
30種明

あ

孫は庄内屈指の大地主となった。

この他、浜田村（山形県酒田市）で加茂屋と号して米商と廻船問屋をつとめた秋野家も分家である。

秋元家 ○あきもと

上野館林藩主。上総国周准郡秋元郷（千葉県君津市）発祥。藤原北家宇都宮頼綱の子業綱が秋元氏を称したのが祖。小糸城跡には、子孫の順朝が建立した小糸城址碑がある。

戦国時代は、小糸城に拠って里見氏に仕えていたが、天文一〇年（一五四一）景朝の時武蔵国幡羅郡深谷（埼玉県深谷市）に移って上杉憲盛に仕えた。

【上野館林藩主】長朝は徳川家康に仕え、慶長六年（一六〇一）上野総社藩一万石を立藩した。子泰朝は家康の近習出頭人となって、一万八〇〇〇石に加増され、甲斐谷村に転封。さらに喬知は元禄一二年（一六九九）に老中となり、川越六万石に転じた。凉朝の時に再び老中に就任し、山形六万石に転じる。弘化二年（一八四五）志朝の時に上野館林藩六万石に入封した。志朝は公武間の斡旋につとめたが、幕府から疑われて蟄居。跡を継いだ礼朝は、戊辰戦争では新政府軍についている。明治一七年興朝の時に子爵となる。戦後、順朝は埼玉銀行の頭取などをつとめた。

館林市尾曳町の群馬県立つつじが岡公園には、興朝と春朝の使用した秋元家別邸が残っており、つつじ祭なども開催されている。

また、長朝の弟正朝の子孫は尾張藩士となった。

【旗本秋元家】忠朝は三代将軍家光の小姓となって寵愛され、一家を興して旗本となった。遠江国豊田郡で四〇〇〇石を知行した。貞朝、茂朝は大番頭をつとめている。分家に相模国で一〇〇〇石を知行した秋元家がある。

《系図》12ページ

秋山家 ○あきやま

旗本。甲斐国巨摩郡秋山村（山梨県南アルプス市）発祥で清和源氏。加賀美遠光の子光朝が秋山氏を称した。治承四年（一一八〇）光朝は源頼朝の挙兵に応じ、義経のもとで屋島・壇ノ浦で戦ったが、平重盛の娘を娶ったことで頼朝から疎まれ、鎌倉幕府の成立後誅殺された。承久の乱で幕府方として戦ったことで復活し、以後は代々武田氏に仕えた。

戦国時代、信友は武田信玄の侍大将をつとめ、元亀三年（一五七二）伊那衆を率いて遠山氏の美濃岩村城を落とし、自ら城将となった。しかし、天正三年（一五七五）織田信忠に敗れて長良川原で磔に処されている。子親久は同一〇年の武田氏滅亡の際に自刃して嫡流は滅亡した。昌秀は徳川家康に仕えて旗本となり、下総国で一〇〇〇石を領した。正俊の時に四七〇〇石に加増、元禄一一年（一六九八）正輔の時に采地を駿河国に移される。

芥田家 ○あくた

播磨国姫路城下の旧家・鋳物師棟梁。

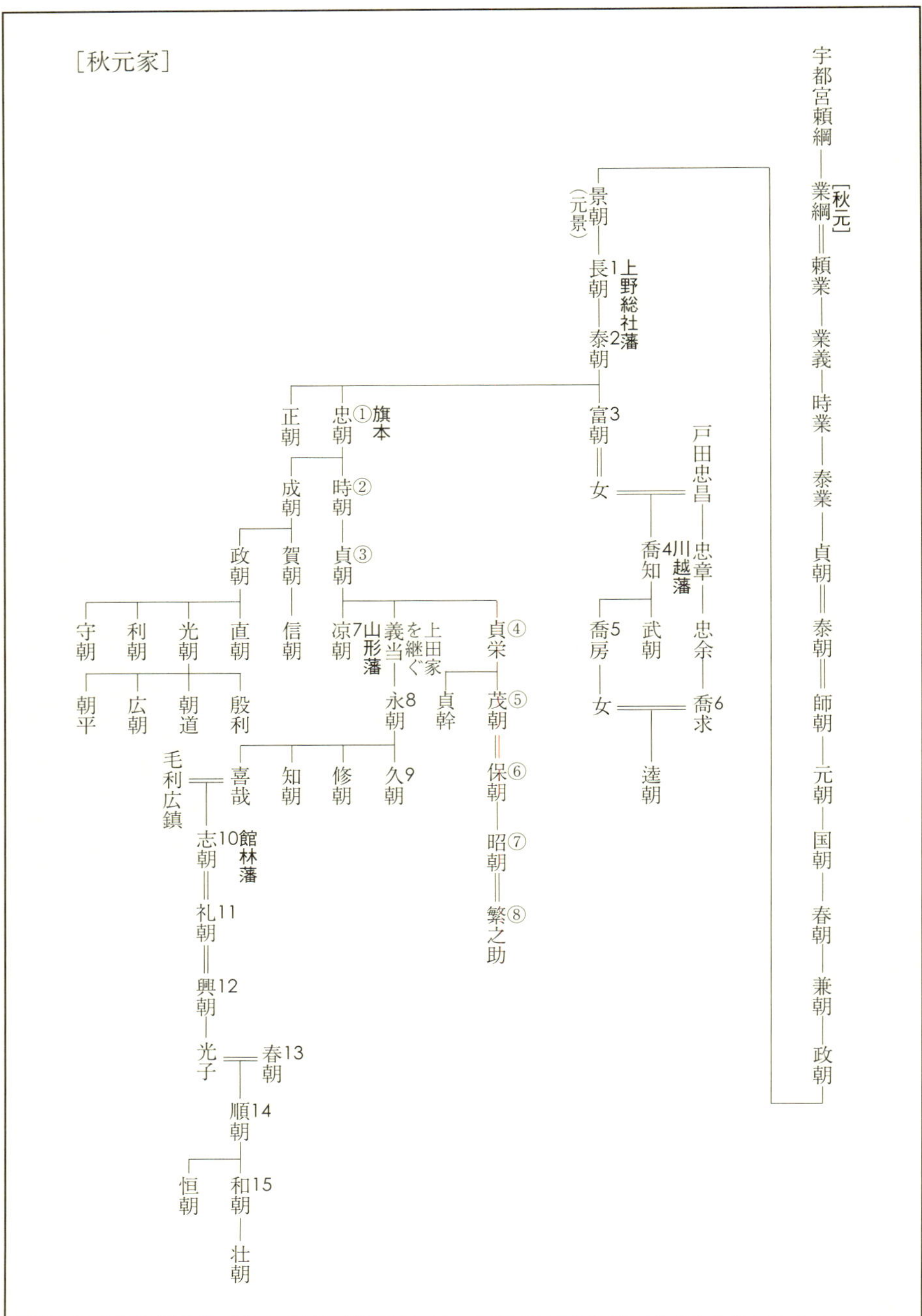
［秋元家］
宇都宮頼綱
［秋元］業綱
頼業
業義
時業
泰業
貞朝
泰朝
師朝
元朝
国朝
春朝
兼朝
政朝
景朝（元景）
長朝1
上野総社藩
泰朝2
富朝3
女
戸田忠昌
忠章
喬知4
川越藩
武朝
忠余
喬房5
女
喬求6
逵朝
正朝
忠朝①
旗本
成朝
時朝②
政朝
賀朝
貞朝③
守朝
利朝
光朝
直朝
信朝
涼朝7
山形藩
義当
上田家を継ぐ
貞栄④
朝平
広朝
朝道
殷利
永朝8
貞幹
茂朝⑤
毛利広鎮
喜哉
知朝
修朝
久朝9
保朝⑥
志朝10
館林藩
昭朝⑦
礼朝11
繁之助⑧
興朝12
光子
春朝13
順朝14
恒朝
和朝15
壮朝

播磨国飾磨郡芥田（兵庫県姫路市）発祥。清和源氏新田氏の支流で世良田氏の一族という。南北朝時代に新田義貞に従って播磨に入り、芥田村に住んで芥田氏を称した。のち同郡野里の鋳物師の棟梁となって室町時代には鋳物市場を独占した。戦国初期に家久が赤松氏に属して武将として活躍、中興の祖となった。永禄年間、家久は将軍足利義輝のお声がかりで、「芥田」の読みを「けた」から「あくた」に変えたという。以後、小寺氏を経て、豊臣秀吉に仕え、江戸時代は姫路町の大年寄となった。

鋳物師棟梁としては、慶長十九年（一六一四）に京都方広寺大仏殿の鐘を鍛造。また池田輝政の姫路城築城では、釘や大手橋欄干の金物その他金物、築城用道具類の鍛造・鋳造をした。同城の昭和の大修理では、創建当時の釘が確認されている。

阿佐家　○あさ

阿波国祖谷の旧家。阿波国三好郡阿佐名（徳島県三好市東祖谷阿佐）発祥。源平合戦後、平教盛の二男国盛が安徳天皇を奉じて祖谷山に逃れ、のち阿佐名に住んだと伝える。国盛の長男氏盛は阿佐氏を称し、以後阿波山岳地帯を本拠とする武士団に成長した。戦国時代、阿佐紀伊守は金丸城（東みよし町）に拠って三好氏に仕えた。江戸時代は阿佐名の名主として蜂須賀家に従い、徳島藩郷士となった。現存する同家屋敷は「平家屋敷」として著名。また、同家には国盛が持っていたと伝えられている大小二旗の「平家の赤旗」が残されている。

朝香家　○あさか

旧皇族。久邇宮朝彦親王の八男鳩彦王が明治三九年に朝香宮を創設、昭和一四年陸軍大将となる。二二年皇籍を離脱し、朝香家を興した。

朝倉家　○あさくら

旗本・旧掛川藩主。戦国大名朝倉氏の末裔。但馬国養父郡朝倉（兵庫県養父市八鹿町）発祥。『越州軍記』では景行天皇、『朝倉始末記』では孝徳天皇の末裔としているが、開化天皇の皇子丹波彦坐命を祖とする日下部氏の末裔。但馬国養父郡・朝来郡の郡司をつとめた。

元弘三年・正慶二年（一三三三）、足利尊氏が丹波篠山で挙兵した際に、朝倉広景が従って斯波高経に属したことで史上に登場する。広景は建武四年（一三三七）斯波高経に従って越前に移り、越前朝倉氏となった。南北朝時代は、黒丸城に拠って北朝に属し、多くの氏族を出した。代々斯波氏の重臣であったが、文明三年（一四七一）孝景は斯波氏の内紛に乗じて越前一国を実質的に支配し、一乗谷城を築城した。孫の貞景の時代には領国支配を確立、以後全国有数の戦国大名として活躍する一方、室町幕府を支えていた。戦国時代、義景は本願寺と結んで織田信長と対峙したが、天正元年（一五七三）信長に敗れて自害、宗家は滅亡した。

【掛川藩主】一族の朝倉在重は駿河国安

倍郡柿島（静岡市）に移り、その子在重（在宣）の時に徳川家康に仕えた。天正一八年（一五九〇）の関東移封の際にはそのまま駿河にとどまり、新たに領主となった中村一氏に仕えた。一方、その子宣正は小田原征伐の際に徳川秀忠に仕えて旗本となり、元和七年（一六二一）には一万石に加増されて駿河大納言徳川忠長の家老となった。寛永二年（一六二五）にはさらに二万六〇〇〇石に加増、掛川城主となったが、同九年徳川忠長に連座して除封となった。一般には掛川藩主とされることが多いが、厳密には忠長の家老で陪臣のため、諸侯ではない。

【旗本朝倉家】朝倉家の一族は旗本に五家を数える。なかでも在重（在宣）の二男在重の末裔が著名。在重は大坂の陣で活躍して徳川秀忠に仕え、寛永二年上総国・下総国で五〇〇石を与えられた。のち甲斐国で加増され二〇〇〇石の旗本となる。元禄二年（一六八九）景豊が一五歳で死去したため一旦采地を没収されるが、翌年先祖の功により、弟の景儀が上総・下総の三〇〇石で再興。その子景増は駿府町奉行をつとめている。

浅田家　○あさだ

大村藩家老。代々大村氏の譜代の家臣である朝長氏の出。文禄二年（一五九三）戸田勝成から召し抱えたいという要請があったが、大村喜前が許さず、これを機に浅田氏と改称した。のち大村藩家老となった。大村市片町には建物こそ明治末に建て替えられたものの、広大な屋敷跡が残っている。

浅野家　○あさの

安芸広島藩主。清和源氏土岐氏の一族に美濃国土岐郡浅野村（岐阜県土岐市）発祥の浅野氏があり、この子孫と伝えるが、実際には尾張国丹羽郡浅野郷（愛知県丹羽郡扶桑町）発祥か。

もともとは同地の小土豪だったが、浅野長勝の時に織田信長に仕えたことで、発展の足がかりを得た。婿養子の長政は信長のもとで豊臣秀吉と妻同士が姉妹だったことから、秀吉の出世にともなって累進し、のちに五奉行の一人に抜擢された。

秀吉の没後、長政は家督を長子の幸長に譲り、自らは引退して常陸に住んだ。関ヶ原合戦では、長政、幸長ともに家康方につき、戦後、幸長は紀伊藩三七万六五〇〇石の藩主に抜擢された。幸長の没後、弟の長晟が藩主を継ぐと、大坂城落城後に徳川家康の娘と結婚。広島藩主の福島正則が改易されると、その後広島藩四二万六五〇〇石の藩主となった。

幕末、世子の浅野長勲は国事に奔走、慶応三年（一八六七）九月には、一五代将軍徳川慶喜に大政奉還を進言したことで知られる。維新後に家督を相続、明治一七年侯爵となり、外交官や元老院議官などを歴任。旧大名としては最も遅く、昭和一二年まで存命していた。

孫の長武は美術史家として著名で、東京国立美術館館長となり、ルーブル美術展、ツタンカーメン展など大規模な美術展を開催して海外美術の紹介に尽力した。さらにその子長愛は学習院中等科

［浅野家］

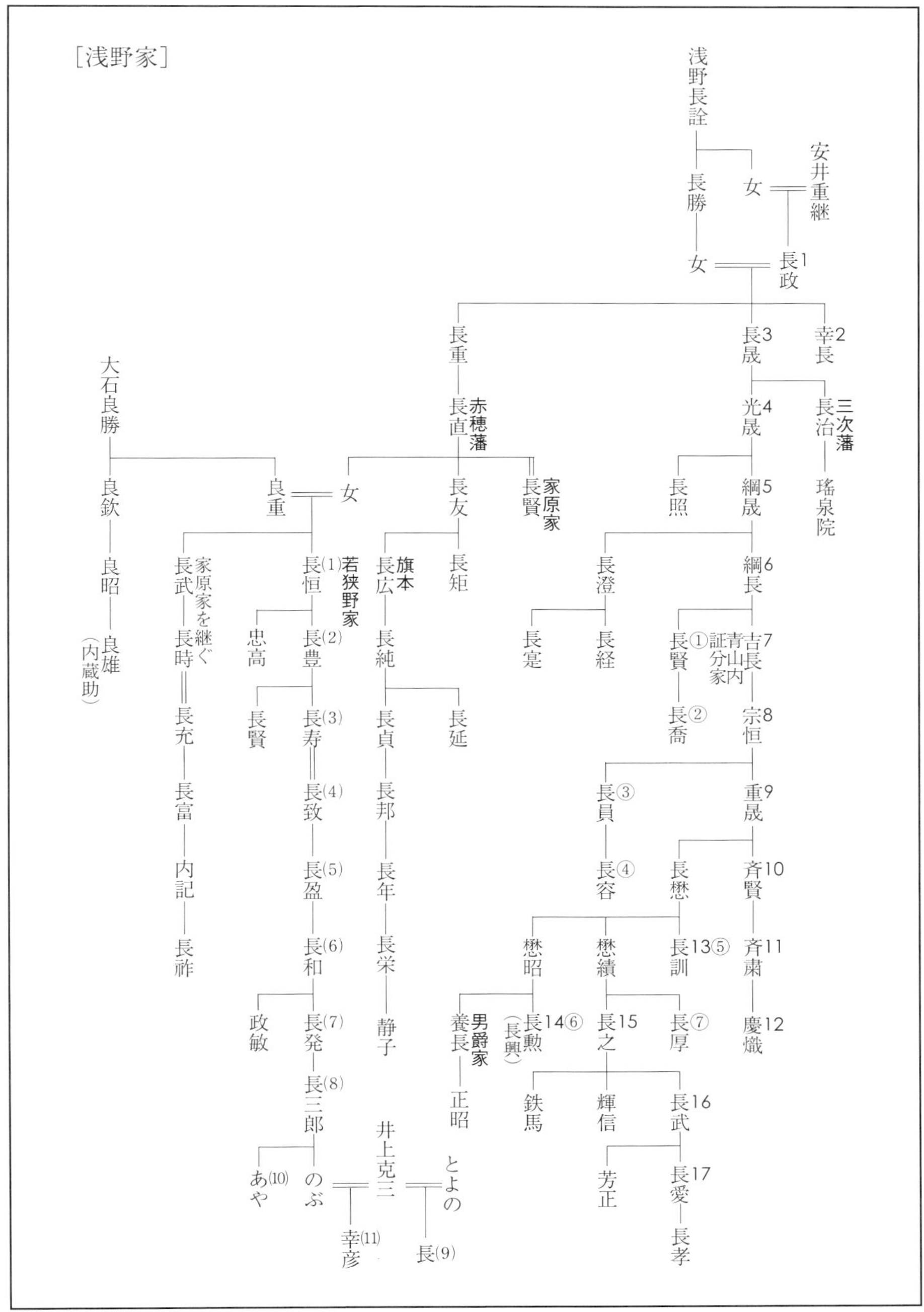

浅野長詮
長勝
女
安井重継
女
長1政
長重
長3晟
幸2長
大石良勝
長直 赤穂藩
光4晟
長治 三次藩
瑤泉院
良欽
良重
女
長友
長賢 家原家
長照
綱5晟
良昭
長武 家原家を継ぐ
長(1)恒 若狭野家
長広 旗本
長矩
長澄
綱6長
良雄（内蔵助）
長時
忠高
長(2)豊
長純
長寔
長経
長①賢
青山内証分家
吉7長
長充
長賢
長(3)寿
長貞
長延
長②喬
宗8恒
長富
長(4)致
長邦
長③員
重9晟
内記
長(5)盈
長年
長④容
長懋
斉10賢
長祚
長(6)和
長栄
懋昭
懋績
長13⑤訓
斉11粛
政敏
長(7)発
静子
養長 男爵家
長14⑥勲（長興）
長15之
長⑦厚
慶12熾
長(8)三郎
正昭
鉄馬
輝信
長16武
井上克三
あ(10)や
のぶ
とよの
芳正
長17愛
幸(11)彦
長(9)
長孝

長や山階鳥類研究所理事長を歴任するなど、代々文化方面での活躍が大きい。

【青山内証分家】享保一五年（一七三〇）吉長が弟長賢に蔵米三万石を分知したのが祖。代々江戸青山の芸州藩下屋敷に住んだため、青山内証分家と呼ばれた。明治二年七代目長厚の時に本家に合併された。

【備後三原浅野家】浅野長政のいとこの忠吉は長政に仕えて家老となり、紀伊新宮で二万八〇〇〇石を領した。浅野本家の広島転封後は、代々備後三原（広島県三原市）で三万石を領した。明治三三年忠純の時に男爵となる。

【赤穂藩主】浅野長政の子長重は一家を興して常陸真壁藩を立藩。のちに常陸笠間を経て、正保二年（一六四五）長直の時に播磨赤穂に転封となった。長直の孫が赤穂事件を起こした浅野内匠守長矩である。元禄一四年（一七〇一）江戸城内での刃傷によって切腹し、断絶。

その後、宝永七年（一七一〇）に長矩の弟長広が五〇〇〇石で旗本として再興した。

【旗本家原浅野家】寛文一一年（一六七一）浅野長賢は赤穂藩から三五〇〇石を分知され、播磨国加東郡家原（兵庫県加東市）に陣屋を置き、家原浅野氏となった。二代目の長武は系図上は大石内蔵助のいとこにあたる（内蔵助が祖父良欽の養子となったため）。五代長富は大番頭、駿府城代を歴任。七代長祚は町奉行をつとめている。また、弘化四年（一八四七）、赤穂義士の一五〇回忌を記念して領内の観音寺四七士の墓碑を建立している。

【旗本若狭野浅野家】長直の外孫の長恒は長直の養子となり、寛文一一年（一六七一）新田三〇〇〇石を分知され、播磨国赤穂郡若狭野（兵庫県相生市若狭野町）に陣屋を置いて、若狭野浅野家となった。のち山田奉行、堺奉行を歴任した。四代長致は駿府城代をつとめている。

《系図》15ページ

浅野家 ○あさの

広島藩家老。堀田高勝は明智光秀に仕えて二五〇〇石を領していたが、その後浅野幸長に仕えて、慶長元年（一五九六）浅野と改姓。江戸時代は広島藩の家老となった。家禄は八〇〇〇石。明治三三年守夫の時に男爵となった。

朝日家 ○あさひ

松江藩家老。遠江国（静岡県）発祥でもとは袴田氏を称していた。重政が徳川家康に仕えて、天正元年（一五七三）朝日氏と改姓した。のち松平直政に仕え、江戸時代は松江藩の家老となった。江戸中期の家老朝日丹波は藩政改革を実行したことで知られている。

朝比奈家 ○あさひな

旗本。駿河国志太郡朝比奈（静岡県藤枝市岡部町）発祥で藤原北家という。堤中納言兼輔の子公国が駿河国司として下向中にもうけた国俊が朝比奈に住んで朝比奈氏の祖となったという。鎌倉時代に朝比奈城を築城。室町時代は今川氏に従い、戦国時代には嫡流の掛川朝比奈氏と、傍流の宇津山朝比奈氏があった。

代々今川氏に仕えていたが、氏真の没落後、信置は武田勝頼に仕え、天正一〇年（一五八二）織田信長に敗れて自刃。その三男宗利は徳川家康に仕えて旗本となった。子良明は書院番頭となり、武蔵・上総・下総・上野で一四〇〇石を知行。のち弟に分知して一一〇〇石となった。

浅山家　○あさやま

平戸藩重臣で、大村藩主大村家の一族。大村清助は大村藩で一四〇〇石の重臣だったが、慶長一二年（一六〇七）の藩主・喜前の御一門払で知行を没収され、平戸藩に仕えた。子三左衛門は平戸藩三代藩主松浦隆信に家老に登用され、子孫は代々重臣をつとめた。

足利家　○あしかが

下野喜連川藩主・室町幕府将軍家。清和源氏で源義家の子義国が祖。下野国足利郡足利荘（栃木県足利市）発祥。義国は義家から下野国足利を譲られて土着し、子義康が足利氏を称した。なお、義国が藤原姓足利基綱の女を娶って生まれたのが義康であるという伝承もある。

義康は熱田大宮司を通じて源頼朝と縁続きになり、子義兼以降は代々北条氏と姻戚関係を結んだ。暦仁元年（一二三八）義氏が三河守護となり、一族は下野と三河に多く広がった。

元弘三年（一三三三）尊氏は挙兵して建武政権の樹立に功をあげるが、やがて後醍醐天皇の新政に不満を持って離反、武家による政治を目指して室町幕府を開いた。元中九年（一三九二）三代将軍義満の時に南北朝を合一。八代義政の時応仁の乱が起こり、以後幕府の勢力は衰えた。天正元年（一五七三）一五代将軍義昭が織田信長によって京都を追われ、将軍家は名実ともに滅亡した。義昭は将軍職のまま毛利氏の支配下にある備後鞆に亡命。秀吉の天下統一後に将軍職を辞して出家、秀吉から山城槙山で一万石を認められた。慶長二年（一五九七）義昭が大坂で没し、断絶した。

【喜連川家】 貞和五年（一三四九）足利基氏は鎌倉に下って鎌倉公方と称したのが祖。以後東国に勢力を振るったが、永享一一年（一四三九）持氏の時に六代将軍義教によって討たれ滅亡した。

持氏の子成氏は、下総古河に移って、康正元年（一四五五）古河公方と称した。小弓御所足利頼純の長男国朝が古河公方足利義氏の跡を継いで下野国塩谷郡喜連川（栃木県さくら市）に住み、喜連川氏を称した。

文禄二年（一五九三）、豊臣秀吉の朝鮮出兵に際して西下していた国朝は安芸国で二二歳で死去したため、弟の頼氏が秀吉の命で国朝の室と婚し、喜連川家を継いだ。

江戸時代は禄高四五〇〇石ながら、一〇万石格として諸侯に列した。寛政元年（一七八九）五〇〇〇石に加増。

幕末、熙氏は藩政改革を断行、大藩からの援助を期待して熊本藩主細川斉護の子良之助（のち紀氏）を養子に迎えた

あ

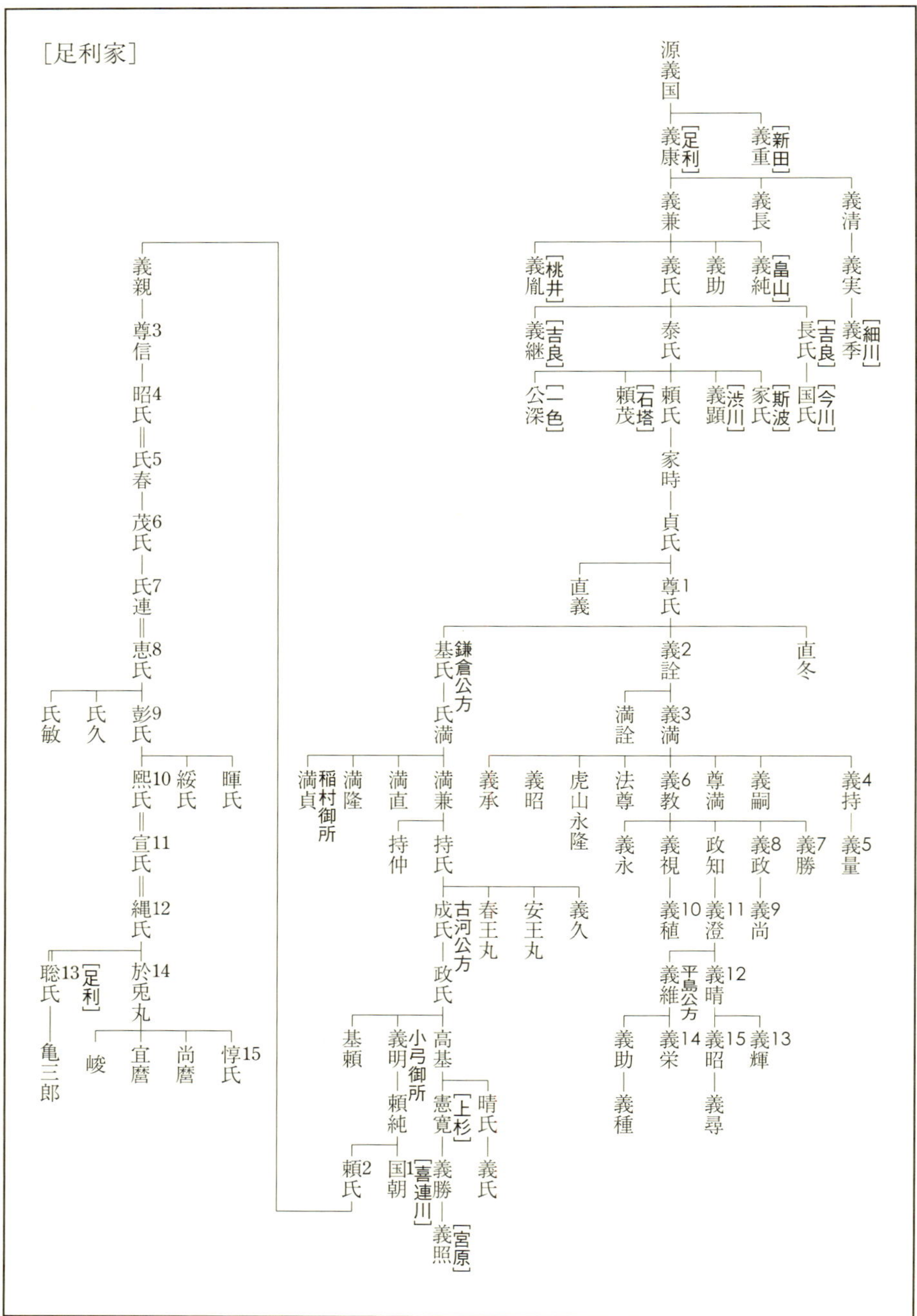

[足利家]
源義国
[足利]義康
[新田]義重
義兼
義長
義清
義実
[細川]義季
[桃井]義胤
義氏
義助
[畠山]義純
[吉良]義継
泰氏
[吉良]長氏
[今川]国氏
[一色]公深
[石塔]頼茂
頼氏
[渋川]義顕
[斯波]家氏
家時
貞氏
直義
尊氏 1
鎌倉公方
基氏
義詮 2
直冬
氏満
満詮
義満 3
満貞
稲村御所
満隆
満直
満兼
義承
義昭
虎山永隆
法尊
義教 6
尊満
義嗣
義持 4
義量 5
持仲
持氏
義永
義視
政知
義政 8
義勝 7
古河公方
成氏
春王丸
安王丸
義久
義稙 10
義澄 11
義尚 9
政氏
平島公方
義維
義晴 12
基頼
小弓御所
義明
高基
義助
義栄 14
義昭 15
義輝 13
頼純
[上杉]憲寛
晴氏
義種
義尋
頼氏 2
国朝 1
[喜連川]
義勝
義氏
[宮原]義照
義親
尊信 3
昭氏 4
氏春 5
茂氏 6
氏連 7
恵氏 8
氏敏
氏久
彭氏 9
熙氏 10
綏氏
暉氏
宣氏 11
縄氏 12
聡氏 13
[足利]
於兎丸 14
亀三郎
峻
宜麿
尚麿
惇氏 15

(元服後、紀氏は細川家に戻っている)。維新後、足利姓に復姓した。

【平島公方家】阿波には平島公方といわれた足利家があった。天文三年(一五三四)義維が細川持隆に阿波に迎えられ、那賀郡平島荘(徳島県阿南市那賀川町)に住み、平島公方と称したのが祖。以後土着し、江戸時代には徳島藩士として平島に住んでいたが、文化二年(一八〇五)、九代目中根の時に藩の冷遇に耐えかねて藩を去り、京都に移った。武士の身分を離れていたことから、維新後は士族と認められず平民になっている。「阿波足利家文書」が、阿南市立阿波公方・民俗資料館に寄託されている。

《系図》18ページ

芦名家 ○あしな

仙台藩士・旧戦国大名。相模国三浦郡芦名(神奈川県横須賀市芦名)発祥。桓武平氏三浦氏の一族。

相模芦名氏の一族は鎌倉時代に会津に移り、至徳元年(一三八四)黒川城を築城した。天文一二年(一五四三)盛氏は山内舜通を討って会津をほぼ支配、永禄二年(一五五九)には二本松氏も討ち、更に須賀川二階堂氏、安積伊東氏をも降して全盛を迎えた。天正一七年(一五八九)盛重(義広)は摺上原合戦で伊達政宗に敗れて常陸の佐竹氏のもとに逃れ、翌一八年豊臣秀吉から常陸江戸崎で四万五〇〇〇石を与えられた。しかし、関ヶ原合戦には参加せず、家康によって所領は没収された。江戸時代は佐竹氏の家臣となり、出羽角館(秋田県仙北市角館町)で一万五〇〇〇石の大身となったが、承応二年(一六五三)断絶した。

また、会津芦名氏一族の盛幸は陸奥国耶麻郡針生(福島県喜多方市熱塩加納町)に住んで針生氏を称していたが、江戸時代になって芦名姓に復し、仙台藩士となった。家格は準一家。家禄は一五〇〇石。

芦野家 ○あしの

旗本。下野国那須郡芦野郷(栃木県那須郡那須町芦野)発祥。藤原北家で、那須七党の一つ。那須資忠の四男資方が祖。初め芦野館に拠っていたが、応永年間館山城に移った。天正一八年(一五九〇)の豊臣秀吉の小田原攻めに参陣して本領安堵された。

慶長五年(一六〇〇)政泰の時徳川家康に仕えて旗本となり、同七年二七〇〇石に加増された。その子資泰の時交代寄合となる。資俊の時に新墾田を合わせて三〇一〇石となる。また、資俊は桃艶と号した芭蕉門下の俳人で、『おくのほそ道』にも登場する。

慶応二年(一八六六)神保山城守家から養子となって継いだ資愛は、戊辰戦争では関東と奥羽の境にあって去就に苦しんだ末、官軍の芦野到達によって官軍側についた。

明治維新の際に陣屋は解体されたが、裏門は移築されて現存する。

飛鳥井家 ○あすかい

公家。藤原北家花山院流の庶流。鎌倉

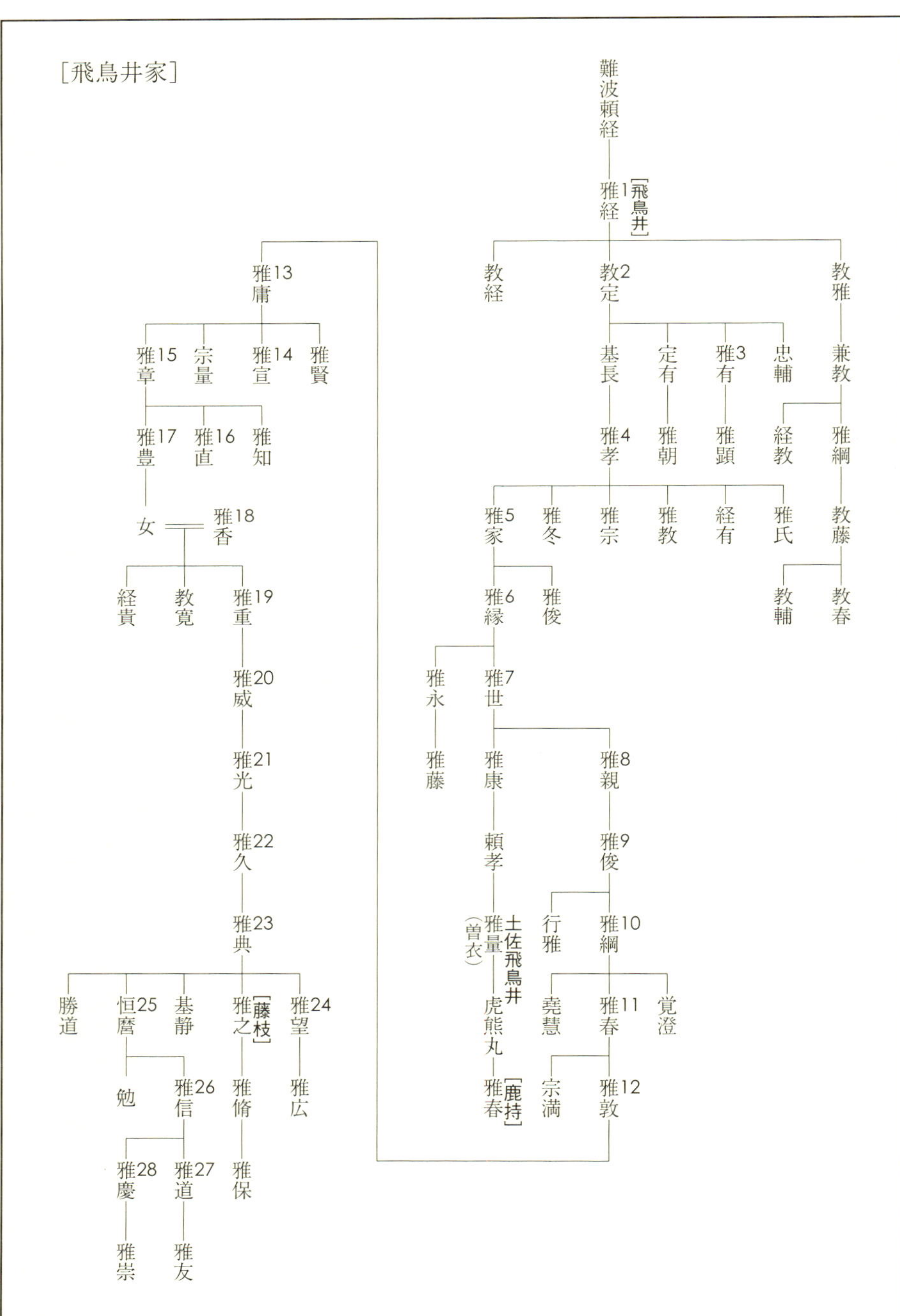
［飛鳥井家］
難波頼経
雅経 1 ［飛鳥井］
教経
教定 2
教雅
基長
定有
雅有 3
忠輔
兼教
雅孝 4
雅朝
雅顕
経教
雅綱
雅家 5
雅冬
雅宗
雅教
経有
雅氏
教藤
雅縁 6
雅俊
教輔
教春
雅永
雅世 7
雅藤
雅康
雅親 8
頼孝
雅俊 9
雅量（曽衣）［土佐飛鳥井］
行雅
雅綱 10
虎熊丸
堯慧
雅春 11
覚澄
雅春［鹿持］
宗満
雅敦 12
雅庸 13
雅章 15
宗量
雅宣 14
雅賢
雅豊 17
雅直 16
雅知
女
雅香 18
経貴
教寛
雅重 19
雅威 20
雅光 21
雅久 22
雅典 23
勝道
恒麿 25
基静
雅之［藤枝］
雅望 24
勉
雅信 26
雅脩
雅広
雅慶 28
雅道 27
雅保
雅崇
雅友

初期に、難波頼経の五男雅経が祖。本来は難波家の分家だが、南北朝時代に難波家が中絶し、江戸時代初期に飛鳥井雅枝の二男宗勝が再興したことから、飛鳥井家が本家となった。家格は羽林家。家職は蹴鞠・和歌。江戸時代の家禄は九二八石。

雅経は後白河上皇の蹴鞠の師範であった頼輔の孫にあたり、自らも蹴鞠にすぐれた。鎌倉に下って大江広元の娘を娶り、鎌倉幕府二代将軍頼家に厚遇された他、後鳥羽上皇の蹴鞠の師範をつとめ、以後、同家は代々蹴鞠で朝廷に仕えた。また、藤原定家とともに「新古今和歌集」の撰者もつとめたことから、和歌の師範の家としても知られる。室町時代の飛鳥井雅世は歌人として著名で、足利将軍家に重用され、「新続古今和歌集」の撰者もつとめた。その子雅親は書道飛鳥井流の祖でもある。

幕末、雅典は公武合体派の公家として活躍、子雅望は、明治一七年伯爵に叙せられた。三九年雅望は嗣子なく死去したため襲爵の権利を失ったが、四二年弟の恒麿が継いで改めて伯爵に叙せられた。雅信は東京大神宮の宮司をつとめ、その子雅道は日本文化史専攻の歴史学者であった。

飛鳥井家別邸のあった京都市上京区飛鳥井町の白峯神宮には、崇徳院と蹴鞠の神様である鞠精大明神が祀られており、毎年四月一四日の春期例大祭には飛鳥井家祖・雅経の祭が催され、古代装束に身を包んだ人々が蹴鞠をする風景を見学することができる。また飛鳥井家別邸時代に植えられたとみられる樹齢八〇〇年のオガタマノキがあり、京都市の天然記念物にも指定されている。

【土佐飛鳥井家】分家に土佐国幡多郡鹿持（高知県幡多郡黒潮町加持）に降って土着した土佐飛鳥井家がある。戦国時代、飛鳥井雅量は戦乱を避けて、一条氏とともに土佐に下向した。その後鹿持城に拠って土豪となり、地名をとって鹿持氏を称した。江戸時代には土佐藩士となり、子孫から国学者鹿持雅澄が出た。なお、明治維新後、嫡流は飛鳥井姓に復姓している。

《系図》20ページ

小豆沢家 ○あずきざわ

江戸時代の出雲松江の豪商。松江藩の御用商人で小豆屋と号した。江戸中期の当主小豆沢常悦は歌人として著名で、家老朝日丹波らとも交流があった。また、延享二年（一七四五）の大水害の際には、七〇〇〇両を献金している。

阿蘇家 ○あそ

阿蘇神社大宮司家。肥後国阿蘇郡（熊本県）発祥。神武天皇の孫の健磐龍命が阿蘇に封ぜられ、子速瓶玉命が阿蘇国造となったという。社伝によると、速瓶玉命は孝霊天皇の勅を受けて阿蘇神社を創建したと伝える。また、健磐龍命は古代に大きな湖だった阿蘇谷の水を熊本平野に落として美田を開いたとされ、農耕の神として熊本県内には阿蘇神社の分社が多い。

古墳時代には阿蘇盆地を支配した阿蘇

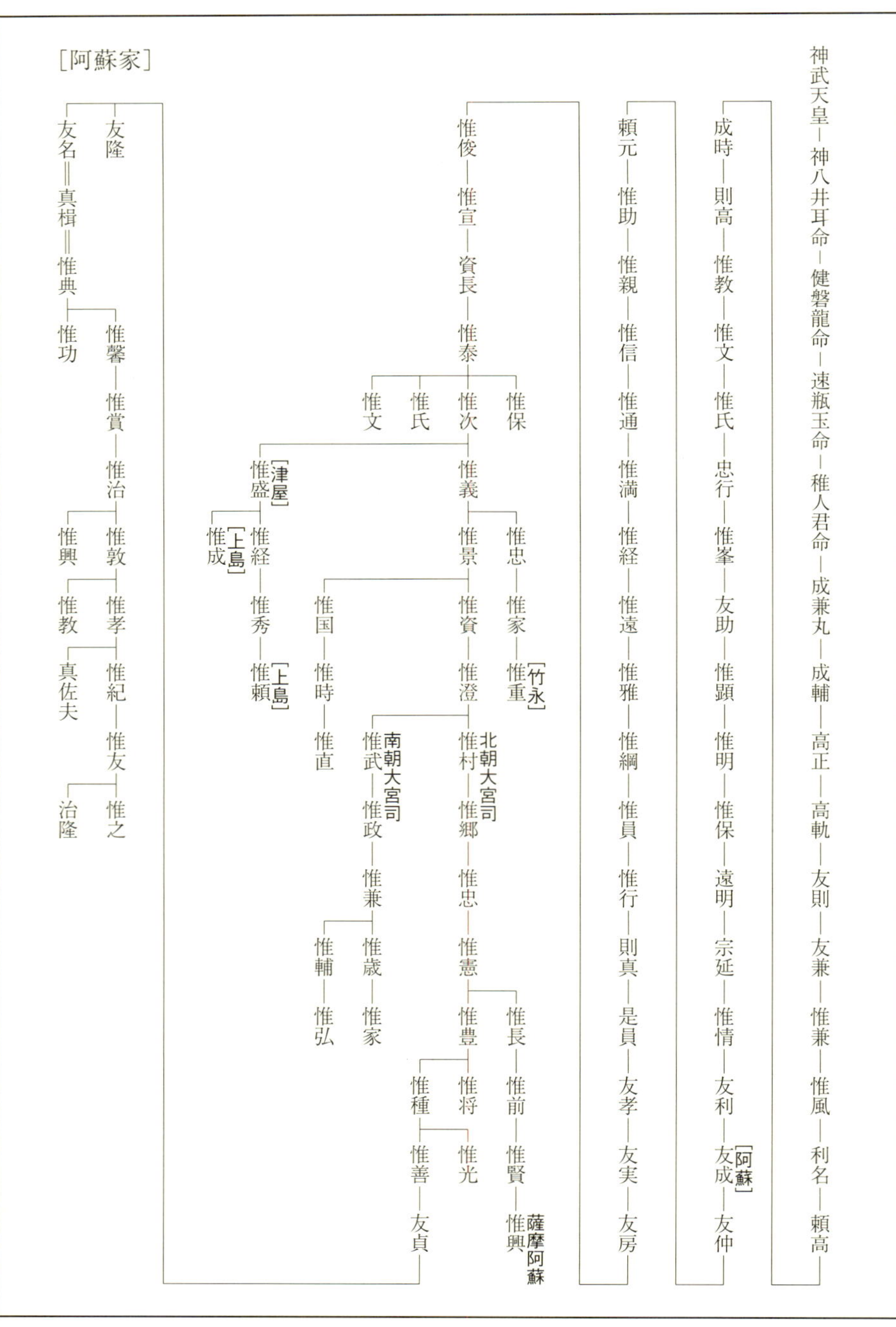
［阿蘇家］
神武天皇—神八井耳命—健磐龍命—速瓶玉命—稚人君命—成兼丸—成輔—高正—高軌—友則—友兼—惟兼—惟風—利名—頼高
成時—則高—惟教—惟文—惟氏—忠行—惟峯—友助—惟顕—惟明—惟保—遠明—宗延—惟情—友利—友成［阿蘇］—友仲
頼元—惟助—惟親—惟信—惟通—惟満—惟経—惟遠—惟雅—惟綱—惟員—惟行—則真—是員—友孝—友実—友房
惟俊—惟宣—資長—惟泰
惟保
惟次
惟氏
惟文
惟義
惟盛［津屋］
惟忠—惟家—惟重［竹永］
惟景
惟経—惟秀—惟頼［上島］
惟成［上島］
惟資—惟澄
惟国—惟時—惟直
惟村 北朝大宮司—惟郷—惟忠—惟憲
惟武 南朝大宮司—惟政—惟兼
惟歳—惟家
惟輔—惟弘
惟長—惟前—惟賢—惟興 薩摩阿蘇
惟豊
惟将
惟種
惟光
惟善—友貞
友隆
友名＝真楫＝惟典
惟馨—惟賞—惟治
惟功
惟敦
惟興
惟孝
惟教
惟紀—惟友
真佐夫
惟之
治隆

君がおり、大和朝廷の傘下に入って県主となった。手野古墳群は同氏の墳墓ではないかとみられている。律令時代になると国造となり、また阿蘇神社の神官となった。

阿蘇氏の資料上の初見は、康治元年（一一四二）大宮司宇治惟宣が年貢済物の確認を求めているもの。養和元年（一一八一）には惟泰が、菊池隆直とともに平氏に叛いて挙兵しており、一部が武士化していることがわかる。元弘の変では菊池氏とともに挙兵、建武の新政では阿蘇郡を中心に大きな支配権を得た。南北朝時代には、北朝方の惟村と、南朝方の惟武がともに大宮司を称し、以来惟村系は益城郡、惟武系は阿蘇郡を支配して対立した。宝徳元年（一四四九）惟村系の惟忠が、惟武系の惟歳を養子とすることで阿蘇一族を統一した。

戦国時代には勢力が衰えて大友氏や島津氏に従い、天正一五年（一五八七）豊臣秀吉の九州征伐で所領を没収された。更に文禄二年（一五九三）惟光が殺されて武家としての大宮司職は滅亡、江戸時代は阿蘇神社の神主として熊本藩主の細川氏から三五〇石を与えられた。

維新後は、明治四年一旦士族に編入されたが、翌五年には華族となり、一七年男爵を授けられる。現在の当主は第九一代惟之で、昭和六一年から阿蘇神社宮司をつとめている。

《系図》22ページ

麻生家　○あそう

福岡藩士。筑前国遠賀郡麻生郷（福岡県北九州市戸畑区）発祥。宇都宮氏の支流で、鎌倉初期に資時が麻生荘の地頭代となったのが祖。南北朝時代には北朝方として活躍、室町時代には花尾城（北九州市戸畑区）に拠って、筑豊を代表する武家であった。さらに大内氏の推挙を得て、室町幕府の奉公衆もつとめている。江戸時代は福岡藩士となった。

姉小路家　○あねがこうじ

公家。藤原北家閑院流。三条実房の二男公宣が京都の姉小路に住んで姉小路氏を称したのが祖。室町時代初期頃の実広の後一旦中絶する。

慶長一八年（一六一三）桃園天皇の勅命によって阿野実顕の三男公景が家名を再興した。このため、当初は別家とされていたが、宝暦九年（一七五九）勅定により同家とされた。家格は羽林家。江戸時代の家禄は二〇〇石。

姉小路家が有名になったのは幕末のこと。姉小路公知は尊攘派の公家の中心人物として活躍した。文久三年（一八六三）には国事参政に就任したが、御所から退出の途中に暗殺された。その後は万里小路家から公義が養子となって姉小路家を継ぎ、明治一七年に伯爵となった。家格の割に高い爵位を与えられたのは、公知の功によるものである。

現在の当主の姉小路公経（公俊の実弟）は日本舞台芸術振興会理事などをつとめた。その弟公久は皮膚科学者として著名で、東京警察病院皮膚科部長などをつとめた。

《系図》24ページ

［姉小路家］

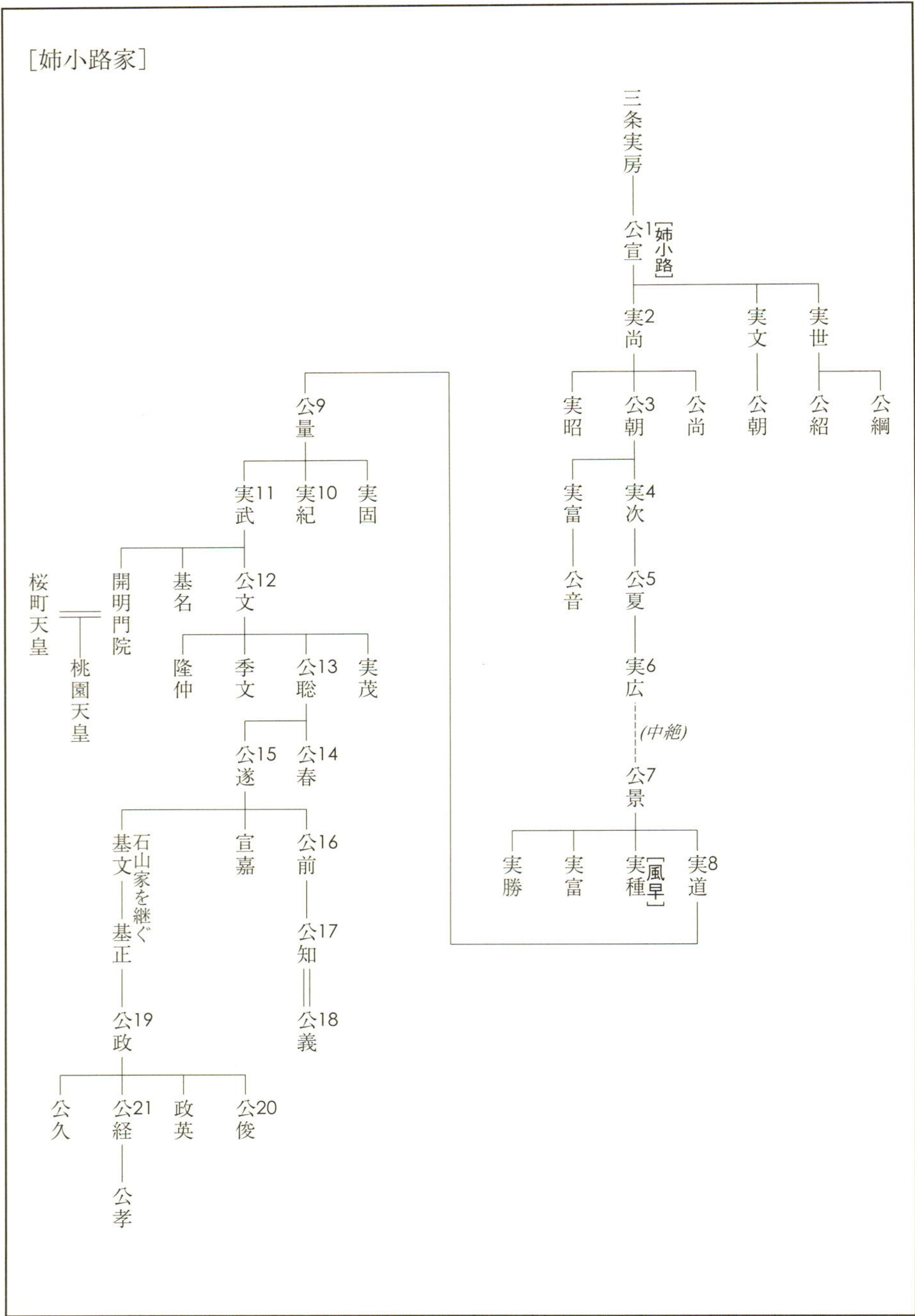

三条実房
公宣1［姉小路］
実尚2
実文
実世
実昭
公朝3
公尚
公朝
公紹
公綱
実富
実次4
公音
公夏5
実広6
(中絶)
公景7
実勝
実富
実種［風早］
実道8
公量9
実武11
実紀10
実固
開明門院
基名
公文12
桜町天皇
桃園天皇
隆仲
季文
公聡13
実茂
公遂15
公春14
基文
石山家を継ぐ
宣嘉
公前16
基正
公知17
公19政
公義18
公久
公経21
政英
公俊20
公孝

あ

あ

阿野家 〇あの

公家。藤原北家三条氏の支流。滋野井実国の猶子公佐が源頼朝の異母弟である阿野全成の娘を娶り、以後阿野荘の一部を領したことから、阿野を家名とした。公佐は後白河院の寵臣で鹿ヶ谷の変で殺された藤原成親の四男である。実直の子の代に公寛流と公仲流の二家に分かれたが、公寛流は実益が中絶していた滋野井家を再興したために絶家となった。

鎌倉時代末期、公廉の娘の廉子は、一九歳で後醍醐天皇のもとに上がると、その寵愛を一身に集め、隠岐配流にも従った。建武新政では准三后となり、政治にも介入したとされる。その後、後醍醐天皇の吉野遷幸にも従い、一族は南朝に属した者が多かった。

家格は羽林家、家職は神楽。江戸時代の家禄は四七八石余。明治一七年実允の時子爵となる。

《系図》26ページ

鐙谷家 〇あぶみや

出羽国酒田（山形県酒田市）の豪商。廻船問屋で鐙屋と号した。もとは池田姓で、代々酒田で米問屋を営んでいた。慶長年間（一五九六～一六一五）に最上義光より鐙屋の屋号を賜り、井原西鶴の『日本永代蔵』で広く紹介された。文化四年（一八〇七）に鐙谷を名字とした。復元改修された旧鐙屋は国指定史跡として公開されている。

油小路家 〇あぶらのこうじ

公家。藤原北家四条流。鎌倉時代末期の四条隆政の二男隆蔭が祖で、しばらくは四条または大宮と号していた。家格は羽林家。家職は有職故実。隆継の長男隆秀が早世したため、天文四年（一五三五）隆継の死で中絶したが、元和五年（一六一九）広橋兼勝の子隆基が再興して、以後は油小路家を称した。江戸時代の家禄は一五〇石。明治一七年隆晃の時伯爵となる。

安倍家 〇あべ

京都方楽家。孝昭天皇の末裔と伝える。代々篳篥奏者を担当していたが、桃山時代以降、笙や、神楽の人長舞、右舞を兼ねる家も出た。

祖は平安時代末期に豊原時秋の弟子だった安倍季政。保延四年（一一三八）に左衛門府生となり、篳篥奏者として楽所に出仕、久安四年（一一四八）には従五位上に叙せられた。

江戸時代初期の季尚は、元禄三年（一六九〇）に雅楽全般にわたって論考した『楽家録』（全五〇巻）を完成、正四位上となり、伊勢守にも任官している。

戦後、季厳は昭和二九年に楽長となった。

《系図》27ページ

安部家 〇あべ

武蔵岡部藩主。信濃国諏訪郡の出で、清和源氏満快流、諏訪氏、滋野氏などの説があり不詳。のち駿河国安部谷（静岡

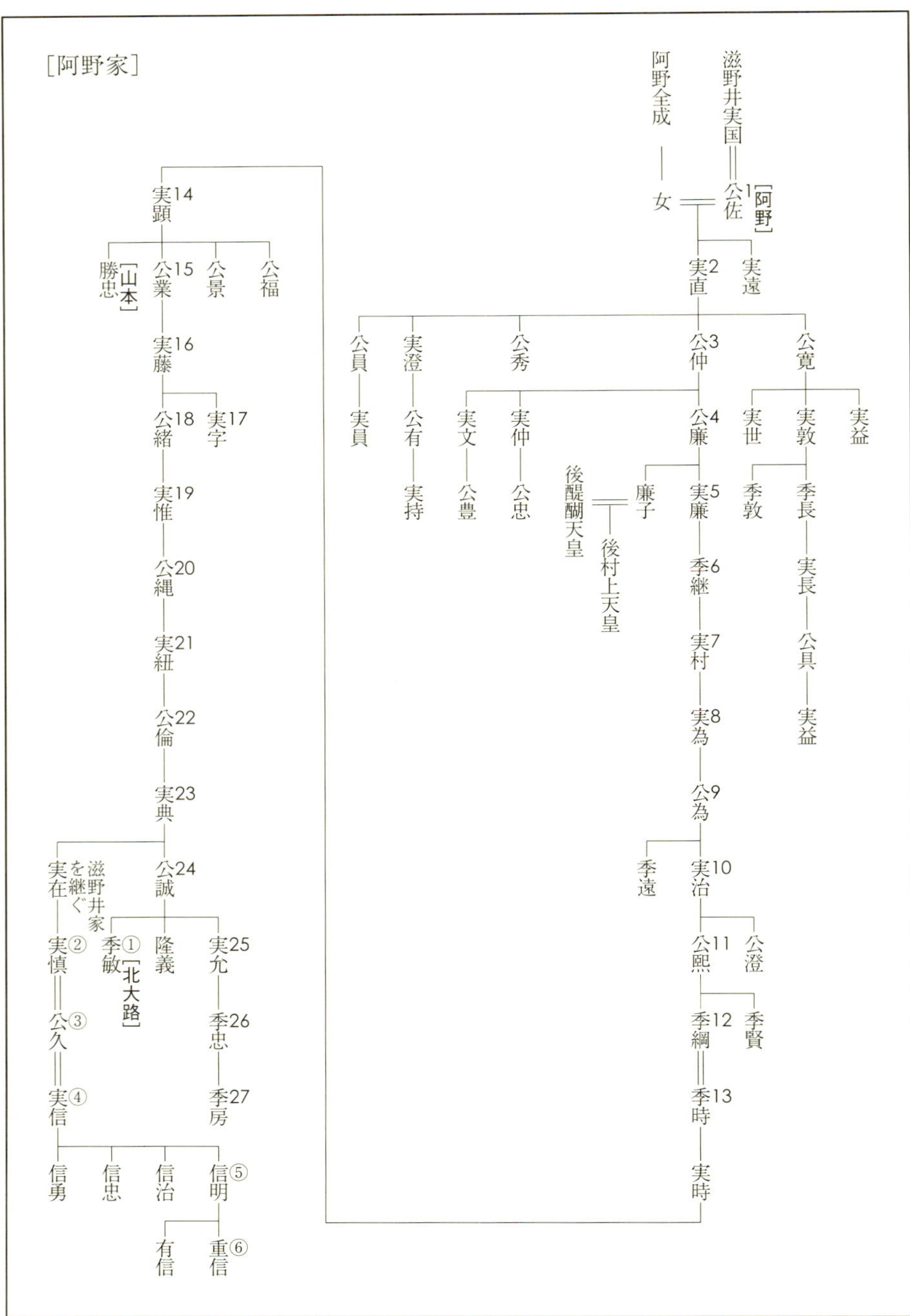
[阿野家]
滋野井実国
阿野全成
女
公佐1
[阿野]
実遠
実直2
公寛
公仲3
公秀
実澄
公員
実益
実敦
実世
公廉4
実仲
実文
公有
実員
季長
季敦
実廉5
廉子
後醍醐天皇
後村上天皇
公忠
公豊
実持
実長
季継6
公具
実村7
実益
実為8
公為9
実治10
季遠
公澄
公熙11
季賢
季綱12
季時13
実時
実顕14
公福
公景
公業15
[山本]
勝忠
実藤16
実字17
公緒18
実惟19
公縄20
実紐21
公倫22
実典23
公誠24
滋野井家を継ぐ
実在
実允25
隆義
季敏①
[北大路]
実慎②
季忠26
公久③
季房27
実信④
信明⑤
信治
信忠
信勇
重信⑥
有信

［安倍家］

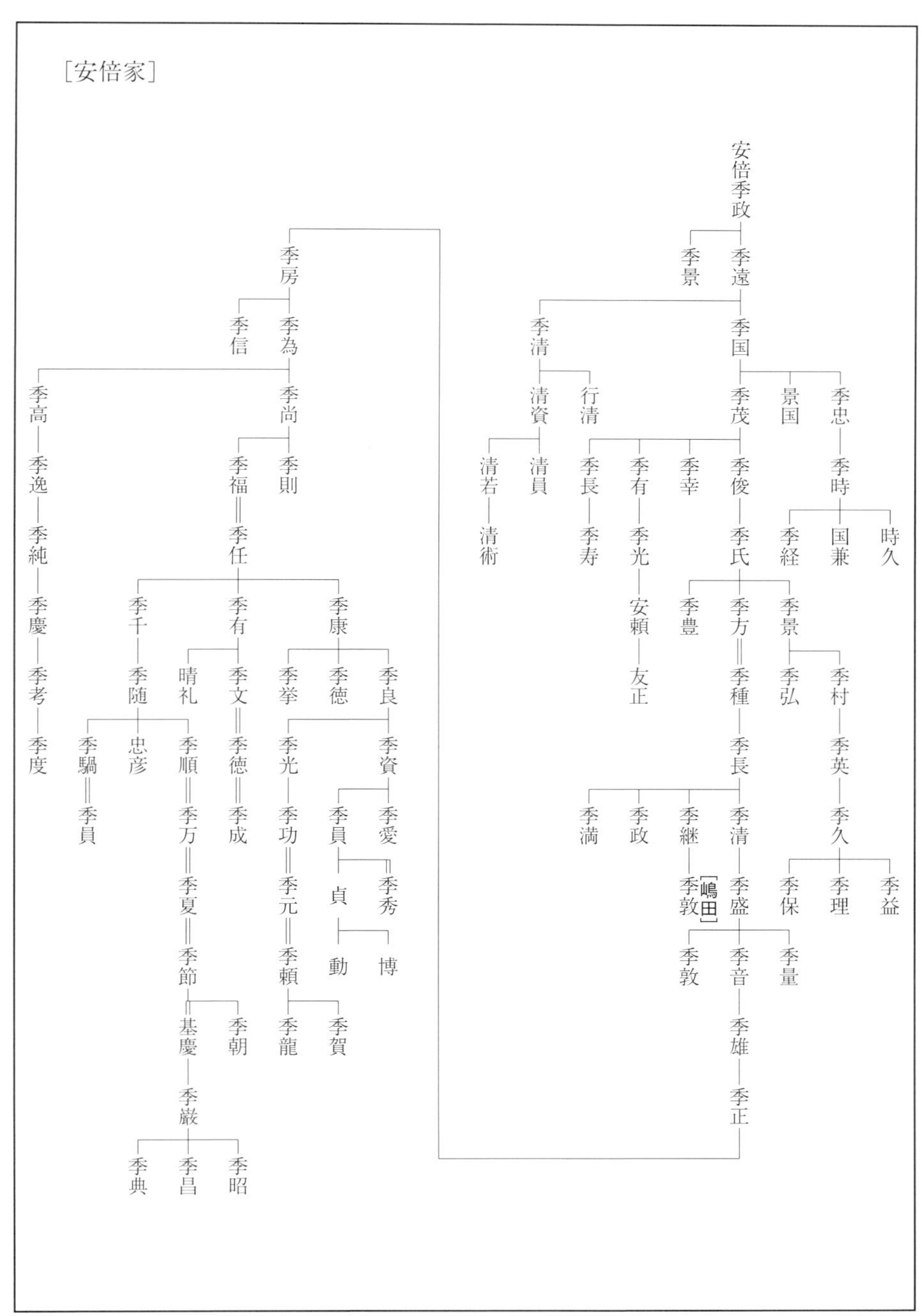

安倍季政
季遠
季景
季国
季清
季茂
景国
季忠
行清
清資
清員
清若
清術
季俊
季幸
季有
季長
季時
時久
国兼
季経
季氏
季光
季寿
季景
季方
季豊
安頼
友正
季村
季弘
季種
季英
季長
季久
季清
季継
季政
季満
季益
季理
季保
季盛
［嶋田］季敦
季量
季音
季敦
季雄
季正
季房
季為
季信
季尚
季高
季則
季福
季逸
季任
季純
季康
季有
季千
季慶
季良
季徳
季挙
季文
晴礼
季随
季考
季資
季光
季徳
季順
忠彦
季騶
季度
季愛
季員
季功
季成
季万
季員
季秀
貞
季元
季夏
博
動
季頼
季節
季賀
季龍
季朝
基慶
季巌
季昭
季昌
季典

市）に移って安部氏を称したが、名字の読みは「あべ」とも「あんべ」ともいう。

元真は今川氏の重臣だったが、今川氏滅亡後徳川家康に仕え、遠江伯耆塚城に拠った。天正一八年（一五九〇）の家康関東移封の際に、信勝が武蔵国榛沢郡・下野国梁田郡で五二五〇石を領した。その子信盛は徳川家綱に仕えて慶安二年（一六四九）大坂城番となって摂津国四郡で一万石を加増されて一万九二五〇石となり、諸侯に列した。その後、分知や加増があり、二万二五〇石となる。宝永二年（一七〇五）、信峯の時に岡部村に陣屋を建立して岡部藩となった。慶応四年（一八六八）信発は自領である三河半原（愛知県新城市）に移り、半原藩と称した。明治一七年信順の時に子爵となる。

岡部藩の江戸藩邸のうち、上屋敷は現在の参議院議員会館敷地内にあった。同会館の整備事業にあたり、平成一八年に発掘調査が行われている。

阿部家　○あべ

江戸時代の譜代大名。藤原北家小田氏の一族というが不詳。三河国の土豪で、代々松平氏に仕えていた。

【備後福山藩主】 阿部正勝は徳川家康に仕えて、天正一八年（一五九〇）の関東入国の際に武蔵国鳩谷（埼玉県川口市）で五〇〇〇石を領し、子正次は一万石に加増されて大名に列した。以後各地を転々としながら、大坂城代を二一年間つとめ、八万六〇〇〇石まで加増された。正邦の時に、丹後宮津、下野宇都宮を経て、宝永七年（一七一〇）備後福山一〇万石に転じた。のち一一万石となる。

正右、正倫と二代続けて老中に進んだが、要職を歴任したことで藩の財政が悪化。天明七年（一七八七）には藩内の大規模な一揆も起こり、正倫は老中を辞任して藩政の立て直しにつとめた。幕末、阿部正弘は老中となって日米和親条約を結んだことで知られる。明治一七年正桓の時に伯爵となる。

正直は英国留学後、雲の研究を始め、御殿場に私設観測所を設置して富士山の雲の観測・研究を続けた。戦後、気象研究所の初代所長となる。その子正道は鎌倉街道など古道の研究家として知られる。また、代々屋敷のあった文京区西片で幼稚園を経営していることでも有名。

【上総佐貫藩主】 慶安四年（一六五一）正春が新墾田一万六〇〇〇石を分知され、寛文一一年（一六七一）に上総大多喜藩に入封した。元禄一五年（一七〇二）三河刈谷を経て、宝永七年（一七一〇）正鎮の時に上総佐貫（千葉県富津市）一万六〇〇〇石に転封。明治一七年正敬の時に子爵となる。正基は佐貫町長、大佐和町長を歴任した。

正能の二男正明は延宝五年（一六七七）に六〇〇〇石を分知されて旗本となり、大番頭をつとめた。その子正府も書院番頭をつとめている。

正能の三男の正房も三〇〇〇石を分知され、書院番頭をつとめる。二代正興も書院番頭、大番頭を歴任。幕末、正蔵は町奉行となり、その三男正外は白河藩主を継いで老中となっている。

[阿部家]

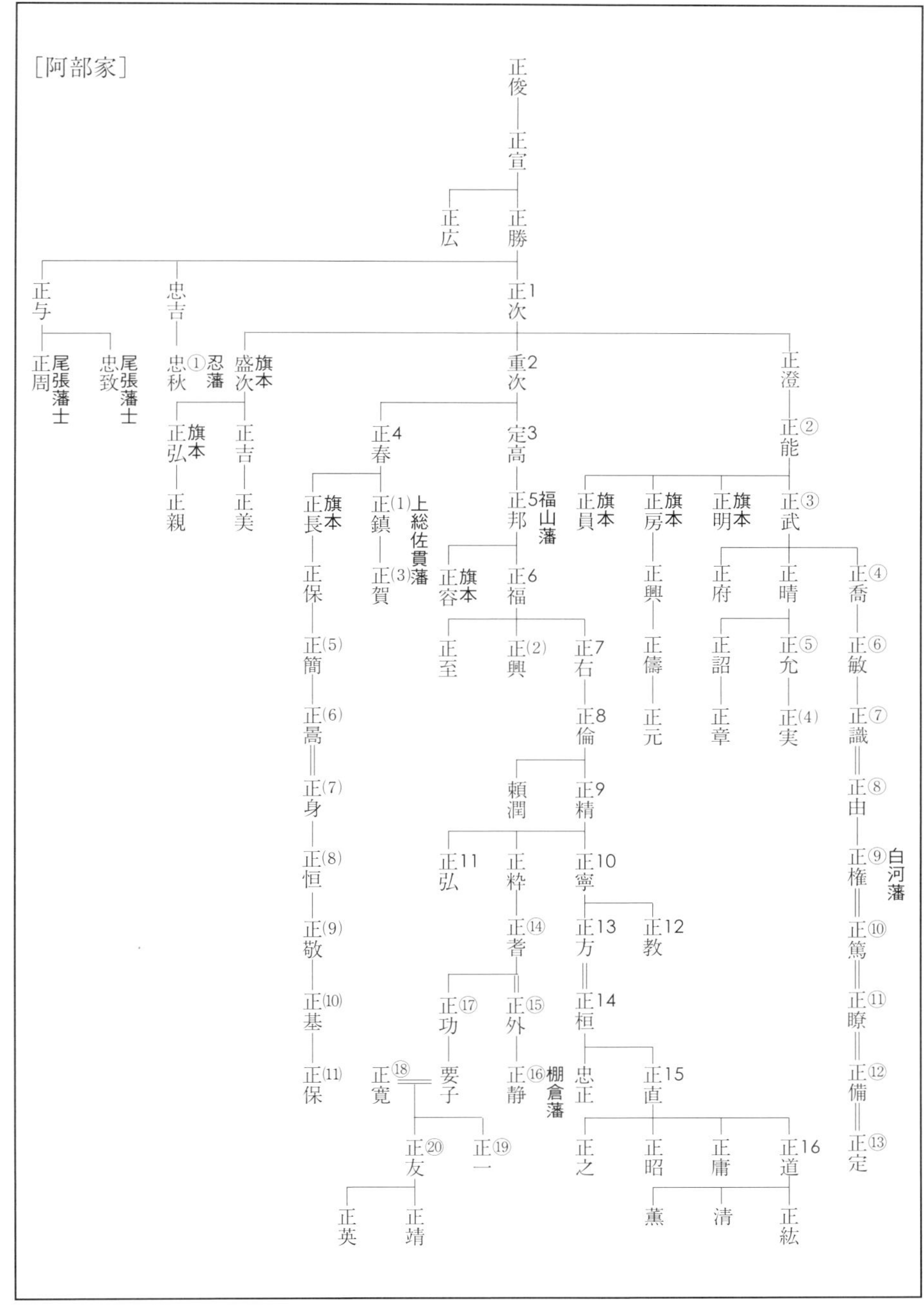
正俊
正宣
正広
正勝
正与
忠吉
正次 1
正周 尾張藩士
忠致 尾張藩士
忠秋 ① 忍藩
盛次 旗本
重次 2
正澄
正弘 旗本
正吉
正春 4
定高 3
正能 ②
正親
正美
正長 旗本
正鎮 (1) 上総佐貫藩
正邦 5 福山藩
正員 旗本
正房 旗本
正明 旗本
正武 ③
正保
正賀 (3)
正容 旗本
正福 6
正府
正晴
正喬 ④
正簡 (5)
正至
正興 (2)
正右 7
正興
正詔
正允 ⑤
正敏 ⑥
正高 (6)
正倫 8
正儔
正章
正実 (4)
正識 ⑦
正身 (7)
頼潤
正精 9
正元
正由 ⑧
正恒 (8)
正弘 11
正粋
正寧 10
正権 ⑨ 白河藩
正敬 (9)
正耆 ⑭
正方 13
正教 12
正篤 ⑩
正基 (10)
正功 ⑰
正外 ⑮
正桓 14
正瞭 ⑪
正保 (11)
正寛 ⑱
要子
正静 ⑯ 棚倉藩
忠正
正直 15
正備 ⑫
正友 ⑳
正一 ⑲
正之
正昭
正庸
正道 16
正定 ⑬
正英
正靖
薫
清
正紘

【陸奥棚倉藩主】忠吉は徳川家康に仕え、大坂の陣後大番頭となって五〇〇〇石を領した。その子忠秋は七歳で三代将軍家光の小姓となり、寛永三年（一六二六）一万石を加増されて諸侯に列した。同一〇年老中となり、同一二年（一六三五）下野壬生二万五〇〇〇石に入封。のち同一六年武蔵忍五万石を経て、寛文三年（一六六三）には八万石に加増。忠秋は老中を三一年間つとめている。

三代正武は五代将軍綱吉に仕えて老中となり、元禄七年（一六九四）一〇万石に加増。文政六年（一八二三）正権は三方領地替えで陸奥白河一〇万石に転じた。正外も老中となり、兵庫開港を進めたが罷免され、慶応二年（一八六六）跡を継いだ正静は棚倉一〇万石に転封。奥羽列藩同盟に参加したことから一旦改易されたが、明治元年棚倉六万石で再興。一七年正功の時子爵となる。

《系図》29ページ

天野家　○あまの

旗本・旧興国寺藩主。伊豆国田方郡天野郷（静岡県伊豆の国市）発祥。藤原南家。治承四年（一一八〇）源頼朝の挙兵に従った天野遠景の名が見える。遠景は頼朝に重用されて鎌倉幕府の重職につき、子孫は遠江・安芸・武蔵・能登など各地に広がった。なかでも遠江の天野氏が最も著名である。

【遠江天野氏】遠江天野氏は承久の乱後山香荘の地頭となり、鎌倉後期に移住したもの。以来国人領主として発展し、戦国時代には北遠江を代表する国人に成長、犬居城（静岡県浜松市天竜区春野町）に拠って今川氏に属した。

【三河天野氏】遠江天野氏の一族景隆は三河国額田郡岩戸（愛知県岡崎市）に住み、松平広忠に仕えた。その子康景は、駿府に天文一八年（一五四九）徳川家康に仕え、駿府に人質となった際にも随従。天正一八年（一五九〇）の関東入部で下総国香取郡で三〇〇〇石を与えられ、慶長六年（一六〇一）駿河興国寺藩を立藩したが、同一三年に代官井出正次と対立して出奔、除封となった。寛永五年（一六二八）に子康宗が一〇〇〇石を与えられて旗本として再興した。

なお、長州藩重臣の右田毛利家は安芸天野氏の末裔である。→毛利家

余目家　○あまるめ

陸奥国宮城郡余目（宮城県多賀城市余目）の旧家。留守氏の一族。代々留守氏に従い、南北朝時代は北朝に属す。戦国時代、信家は留守氏に背いたが、のち許され、江戸時代は留守氏（水沢伊達家）の永代家老をつとめた。同家の『余目記録』（余目氏旧記）は中世奥羽の重要資料として著名。

綾小路家　○あやのこうじ

公家。宇多源氏。鎌倉時代末期、源有資の五男経資が綾小路家を称したが、経資の子孫は庭田を家名とし、綾小路の家名は経資の弟信有の子孫が名乗った。家

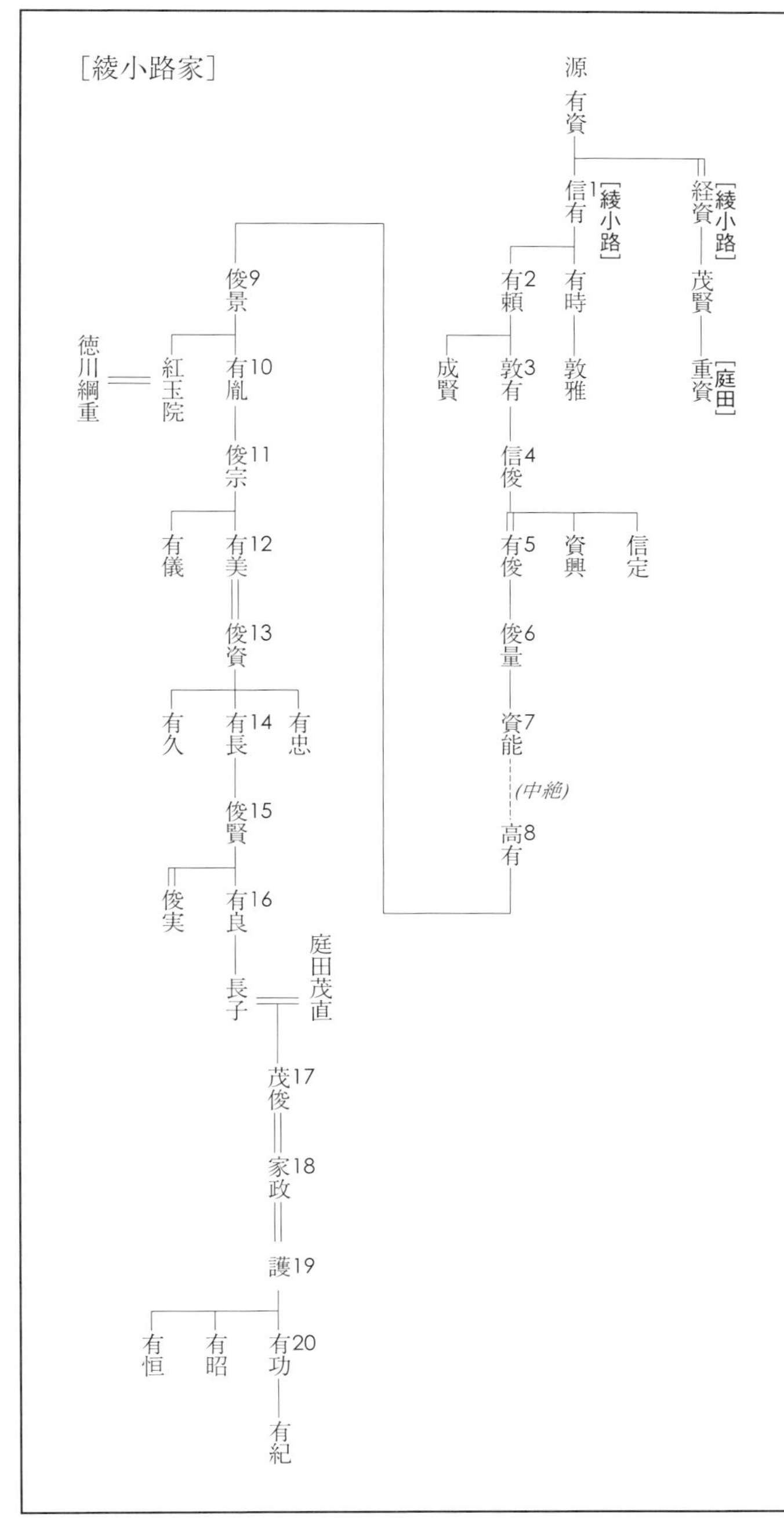

格は羽林家。家職は郢曲・和琴・箏。戦国時代に資能が出家して一時中絶したが、慶長一八年（一六一三）五辻之仲の四男高有が再興した。江戸時代の家禄は二〇〇石。明治一七年有良の時に子爵となる。

《系図》31ページ

荒尾家　○あらお

鳥取藩家老。尾張国知多郡荒尾郷（愛知県東海市荒尾町）発祥で、在原氏か。

鎌倉幕府の御家人に荒尾氏が見え、南北朝時代には宗顕・泰隆父子が活躍している。

戦国時代の木田城主荒尾空善はこの末裔とみられる。空善は織田信長に仕えていたが、今川義元との戦いで戦死し、同族で大野城主佐治左馬允の弟善次を養子とした。善次は病気のため木田城を女婿の池田信輝に譲って三河で隠退。その子成房はのちに池田信輝に仕えて家老となった。

【米子荒尾家】 荒尾但馬家。成房は大垣城主となっていた池田信輝に三〇〇〇貫で仕え、慶長五年（一六〇〇）輝政が姫路城主となると播磨竜野で一万石を領した。慶安元年（一六四八）、池田光仲の鳥取転封の際、成利は伯耆米子城主となって一万五〇〇〇石に加増。家格は着座（家老）。荒尾家は祖善次が藩祖輝政の外祖父にあたるうえ、輝政の妻で徳川家康の娘である良正院を通じて忠雄の後見を依頼されており、藩内でも特別の地位を有していた。当主は代々筆頭家老をつとめ、米子領内では自分手政治と呼ばれる独自の支配を行っていた。明治二年、自分手政治は廃されて米子城は鳥取藩庁に引き渡された。三九年之茂の時に男爵となる。

成直の子成紹は分家して一家を興した。この家も家格は着座となった。

米子市博労町の了春寺は荒尾家の菩提寺で、二代成直から一三代之茂に至る歴代の墓碑がある（一〇代成裕を除く）。

【倉吉荒尾家】 荒尾志摩家。成房の弟の隆重も池田信輝に仕え、江戸時代は、鳥取藩家老として倉吉に陣屋を置き八〇〇〇石を領した。明治三九年嘉就の時に男爵となる。

嵩就の四男重就は分家して一家を興した。家格は着座。

満正寺にある同家墓所は、倉吉市指定史跡となっている。

【旗本荒尾家】 成房の三男久成は徳川秀忠に仕えて旗本となり、下総国香取郡・下野国都賀郡で一二〇〇石を領した。元禄六年（一六九三）三代久敬が八歳で死去したため嫡流は断絶したが、分家に旗本二家がある。

なお、久成の四男徳昭は水戸藩の老女藤井の養子となって藤井紋太夫を称し、のちに家老をつとめたが、元禄七年（一六九四）前藩主光圀によって刺殺された。

荒川家　〇あらかわ

旗本。三河国幡豆郡八ッ面村荒川（愛知県西尾市）発祥。中世、戸賀崎氏の一族が荒川氏を称したのが祖で、のちに東条吉良氏の吉良持清の二男義広が荒川氏の名跡を継いだ。義広は徳川家康に仕えたが、永禄六年（一五六三）の三河一向一揆で一揆方に属したため、乱後河内国に逃れたという。

義広の子の弘綱と家儀はともに、のちに家康に召し出された。弘綱の跡は松平定綱が養子となったがのちに松平家に戻ったため絶家。家儀の子孫は尾張藩士となった。

【旗本荒川家】 旗本の荒川家は同じ吉良氏の一族だが、義定の二男定安が祖。定安は二代将軍秀忠に仕え、書院番頭として一七〇〇石を知行した。その長男持暇は三代将軍家光の側近となったが、外出の際に佩刀を駕籠者に渡すという失態をおかして罷免。弟の定昭が家を継いで書院番頭となったものの、駿府在番時に部下の不祥事を報告しなかったことから罷免されている。

荒木田家　○あらきだ

伊勢神宮内宮禰宜。大鹿島命の孫の天見通命が倭姫命とともに聖地を求めて巡幸し、五十鈴川の川上に伊勢神宮を鎮座、以後代々禰宜をつとめたという。景行天皇の時代に伊勢国度会郡大貫（三重県度会郡度会町大野木）に住んで大貫連の姓を賜り、成務天皇の時代に最上が荒木田神主の姓を賜ったと伝える。

奈良時代に二門に分かれ、一門は小社曽禰を二門は田辺を開拓した。禰宜になる家を重代家または神宮家といい、一門の薗田家、井面家、沢田家、二門の世木家、納米家、藤波家、中川家、佐八家などがあり、うち、沢田家が嫡流であった。権禰宜になれる家は地下権任家という。

一族は度会郡に多くの分家を出し、明治時代まで神官を世襲したが、明治四年に世襲制が廃止された。佐八家から沢田家を継いだ泰圀は、二三年に男爵を授けられ、大正七年荒木田姓に復姓している。

《系図》34・35ページ

有沢家　○ありさわ

松江藩家老。信濃国の出で、信濃有沢氏の一族か。初代織部が松平直政に仕えて家老となり、以後代々を家老をつとめた。

七代藩主松平不昧（治郷）の家老をつとめた弌通は不昧と茶道に関するやりとりをしており、その子弌善は不昧から不昧流を伝授された。松江市にある同家の山荘には茶室菅田庵が建てられ、現在は国の重要文化財となっている。

有沢家は以後代々不昧流を伝え、幕末の当主で、九代目を継いだ宗滴は不昧流の茶人として著名である。

有馬家　○ありま

越前丸岡藩主。肥前有馬氏。同国高来郡有馬荘（長崎県南島原市）発祥。藤原北家秀郷流で藤原純友の子孫というが不詳。『長秋記』に見える肥前藤津荘の荘司平清澄・直澄の末裔とみられる。

鎌倉時代に経澄が有馬荘の地頭となって有馬氏を称した。南北朝時代には南朝に属し、室町時代には高来・藤津・杵島の三郡を支配していた。戦国時代、晴信は島津氏と結んだが、天正一五年（一五八七）に豊臣秀吉に従い、高来郡四万石を安堵された。

【越前丸岡藩主】 関ヶ原合戦では東軍に属して本領を安堵されたが、慶長一七年（一六一二）の岡本大八事件で甲斐に配流された。子直純は家康の養女を妻としていた関係で相続を許され、キリシタンの過酷な取締りを行った。同一九年日向県（延岡）に加転したが、清純の時に農民の逃散などがあり元禄四年（一六九一）三〇〇〇石減知のうえ糸魚川に転封。同八年越前坂井郡など五万石に転じ。丸岡に築城した。明治一七年道純の時に子爵となる。純文は東宮侍従、東久邇宮付家令、帝室林野管理局技師などを歴任、篆刻にもすぐれた。

［荒木田家系統図］

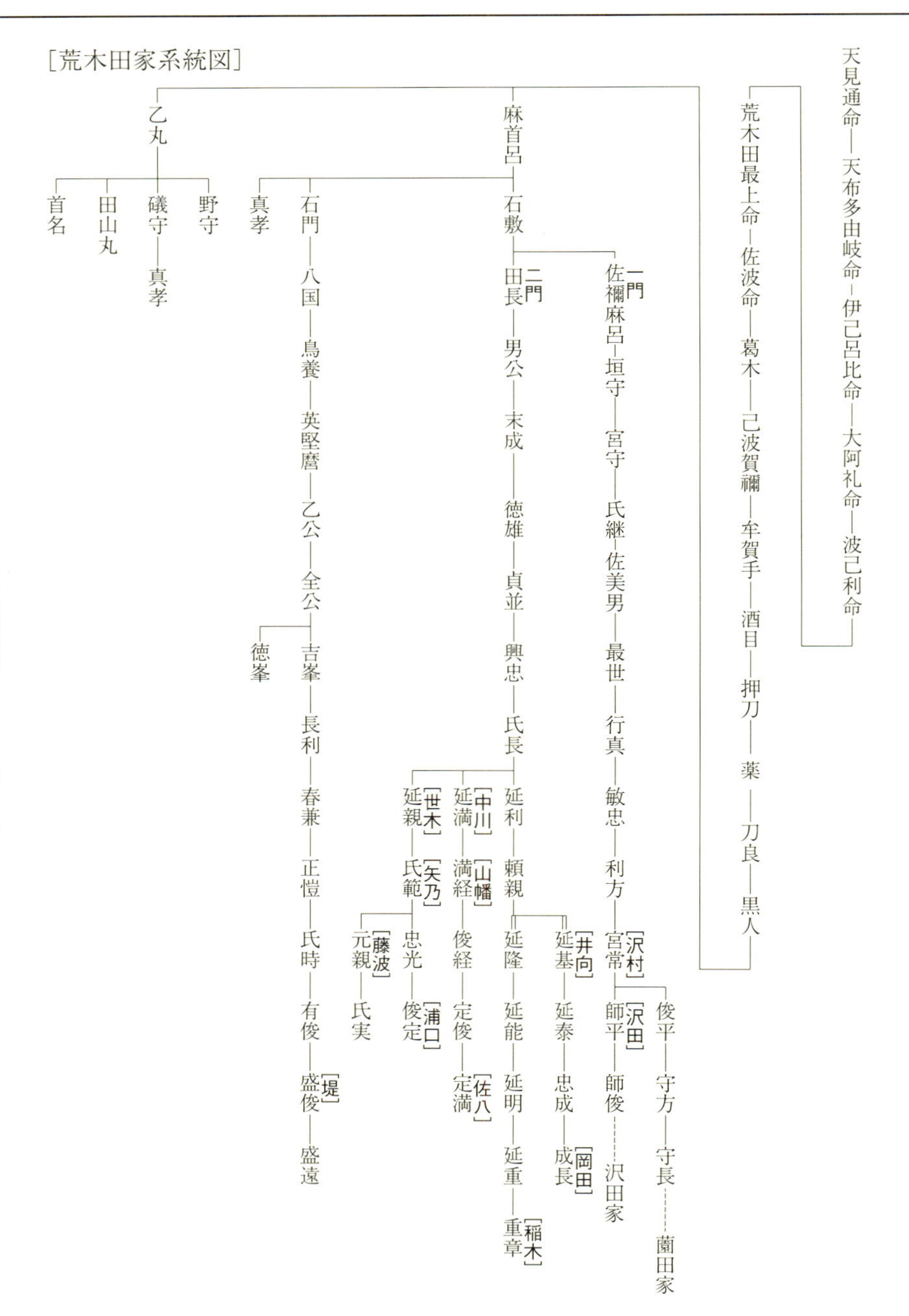
天見通命
天布多由岐命
伊己呂比命
大阿礼命
波己利命
荒木田最上命
佐波命
葛木
己波賀禰
牟賀手
酒目
押刀
薬
刀良
黒人
麻首呂
乙丸
野守
磯守
真孝
田山丸
首名
石敷
石門
真孝
一門
佐禰麻呂
垣守
宮守
氏継
佐美男
最世
行真
敏忠
利方
宮常
［沢村］
俊平
守方
守長
薗田家
師平
［沢田］
師俊
沢田家
二門
田長
男公
末成
徳雄
貞並
興忠
氏長
延利
頼親
延基
［井向］
延泰
忠成
成長
［岡田］
延隆
延能
延明
延重
重章
［稲木］
延満
［中川］
満経
［山幡］
俊経
定俊
定満
［佐八］
延親
［世木］
氏範
［矢乃］
忠光
俊定
［浦口］
元親
［藤波］
氏実
八国
鳥養
英堅麿
乙公
全公
吉峯
徳峯
長利
春兼
正愷
氏時
有俊
盛俊
［堤］
盛遠

あ

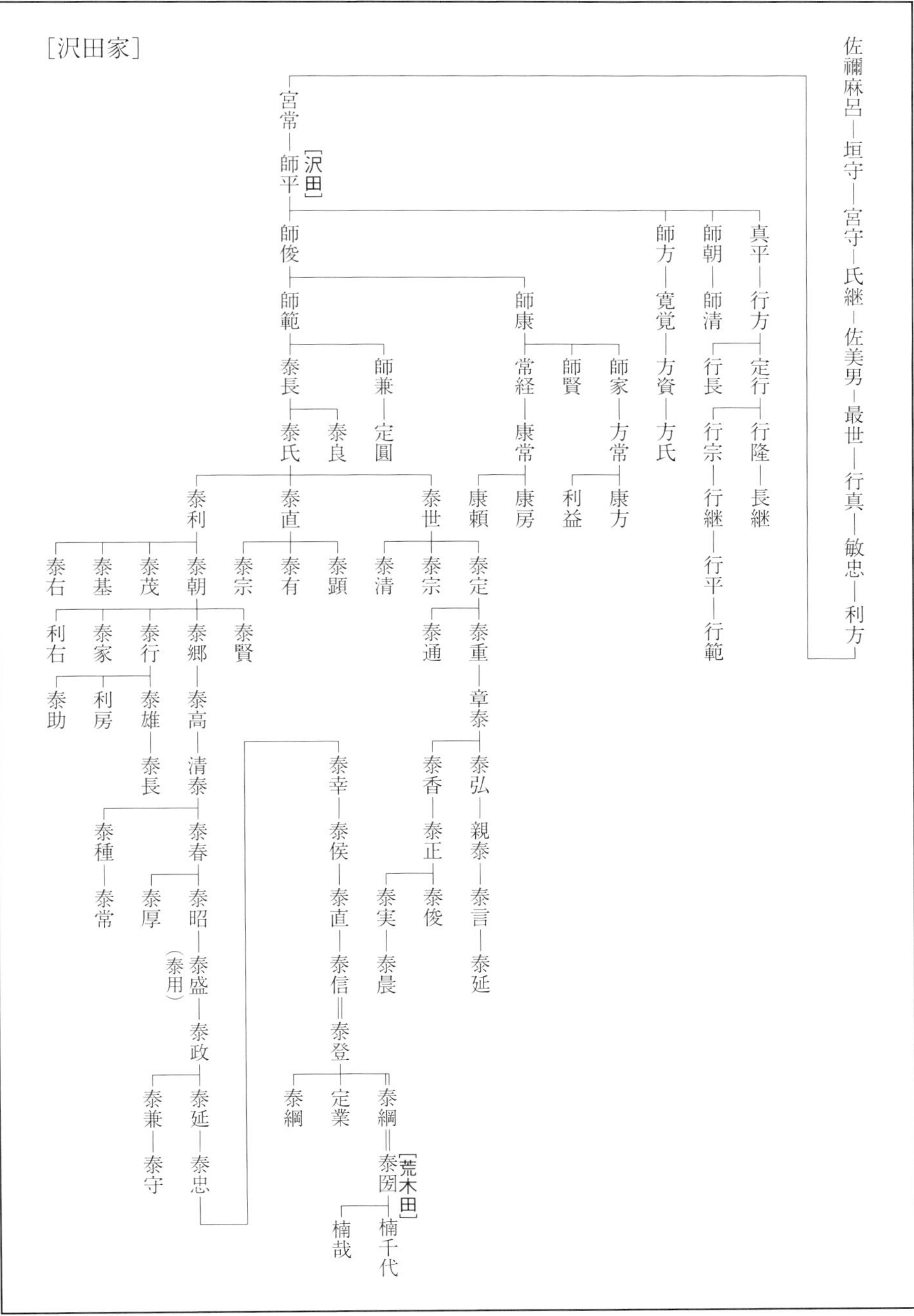

［沢田家］
佐禰麻呂―垣守―宮守―氏継―佐美男―最世―行真―敏忠―利方
宮常―師平
［沢田］
真平―行方
定行―行隆―長継
行宗―行継―行平―行範
行長
師朝―師清
師方―寛覚―方資―方氏
師俊
師康
師家―方常―康方
利益
師賢
常経―康常―康房
康頼
師範
師兼―定圓
泰長
泰良
泰氏
泰世
泰定
泰重―章泰
泰弘―親泰―泰言―泰延
泰香―泰正―泰俊
泰実―泰晨
泰通
泰宗
泰清
泰直
泰顕
泰有
泰宗
泰幸―泰侯―泰直―泰信＝泰登
泰綱＝泰圀
［荒木田］
楠千代
楠哉
定業
泰綱
泰利
泰朝
泰賢
泰郷―泰高―清泰
泰春
泰昭―泰盛―泰政
（泰用）
泰延―泰忠
泰兼―泰守
泰厚
泰種―泰常
泰行
泰雄―泰長
利房
泰助
泰家
利右
泰茂
泰基
泰右

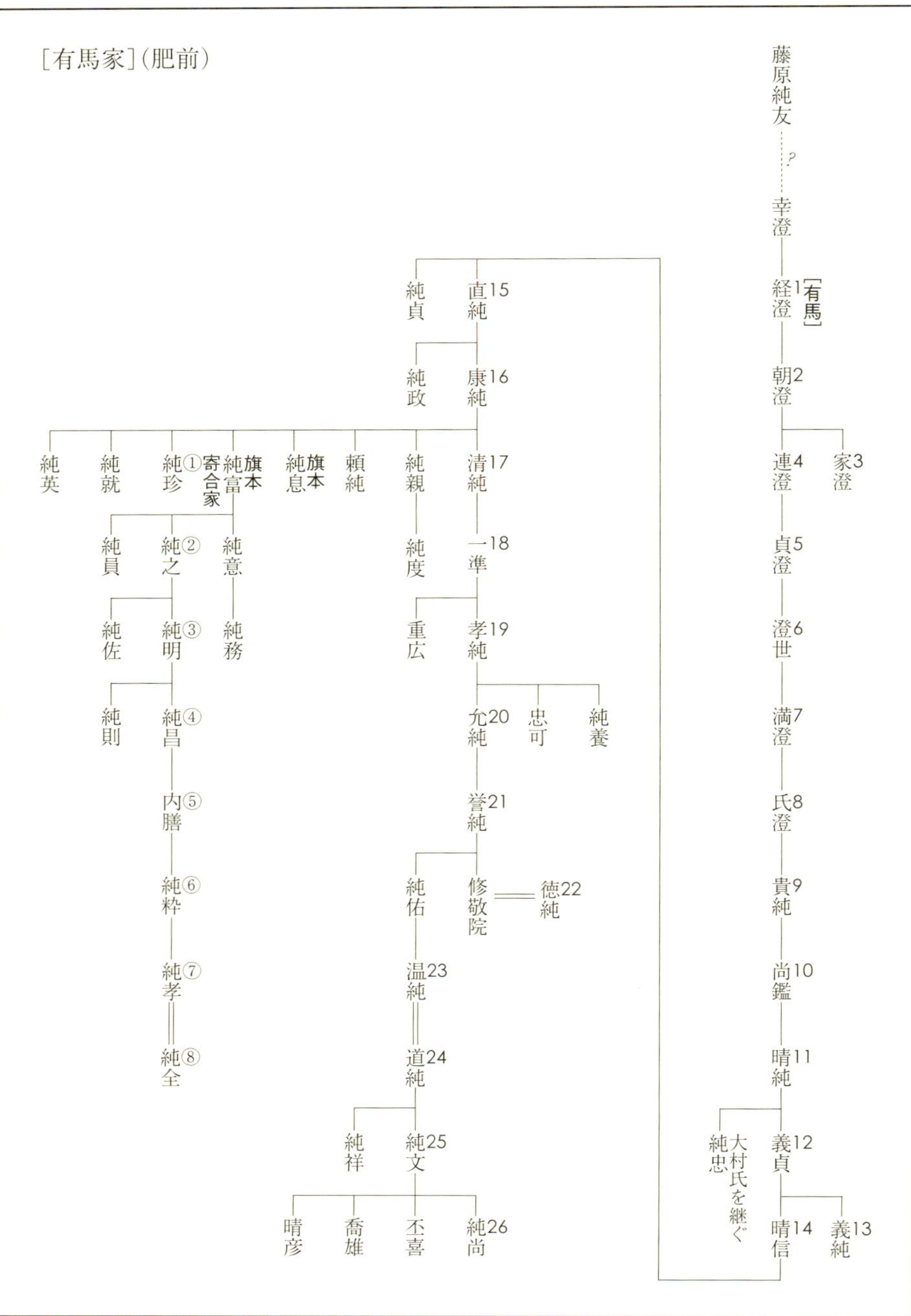

[有馬家](肥前)
藤原純友
?
幸澄
[有馬]
経澄1
朝澄2
家澄3
連澄4
貞澄5
澄世6
満澄7
氏澄8
貴純9
尚鑑10
晴純11
義貞12
大村氏を継ぐ
純忠
義純13
晴信14
直純15
純貞
康純16
純政
清純17
純親
頼純
旗本
純息
旗本
寄合家
純富
純珍①
純就
純英
一準18
純度
純意
純之②
純員
孝純19
重広
純務
純明③
純佐
允純20
忠可
純養
純昌④
純則
誉純21
内膳⑤
修敬院
徳純22
純佑
純粋⑥
温純23
純孝⑦
道純24
純全⑧
純25文
純祥
純26尚
丕喜
喬雄
晴彦

分家に寄合の有馬家がある。宝永四年(一七〇七)純珍は三〇〇〇俵を分知されて旗本となり寄合に列した。享保一三年(一七二八)大目付となる。

《系図》36ページ

有馬家 ○ありま

筑後久留米藩主。摂津有馬氏。同国有馬郡有馬荘(兵庫県神戸市兵庫区)発祥で赤松氏の一族。義祐が有馬荘の地頭となって有馬氏を称した。重則の時豊臣秀吉に仕えて播磨三木満田城に拠る。子則頼は秀吉の御伽衆となった。則頼は関ヶ原合戦で東軍に属し、慶長六年(一六〇一)摂津三田二万石に移る。

【筑後久留米藩主】 則頼の子豊氏は渡瀬繁詮に仕えていたが、渡瀬氏の失脚後遺領遠江横須賀三万石を領し、関ヶ原合戦後は、丹波福知山六万石に加増された。父の死後その遺領も継ぎ、元和六年(一六二〇)筑後久留米二一万石に転じた。

久留米藩七代藩主頼徸は和算家として有名である。山路主住に関流の算学を学び、豊田文景の筆名で『拾璣算法』など多くの著作がある。

幕末、頼咸は殖産興業に尽力したが、明治四年大楽源太郎らを藩内に隠匿したことで、新政府から謹慎処分を受けた。一七年頼万の時に伯爵となる。頼万は日清戦争の際に私財を投入して久留米に中学校を創設した。

その子頼寧は東京帝大農学部助教授から、大正一一年に賀川豊彦らと日本農民組合設立に参加、部落解放運動にも関係し、華族の反逆児といわれた。一三年には衆院議員となって政界に転じ、昭和二年伯爵家を継ぐと貴族院議員となった。戦後はA級戦犯として九カ月拘禁され、釈放後は中央競馬会理事長に就任。その功績を記念して有馬記念競馬が設けられた。四四年には野球殿堂入りも果たしている。頼寧の三男が直木賞も受賞した推理作家の頼義で、兄二人が若くして亡くなったため、伯爵家を継いだ。

また、頼咸の八男頼多は明治三〇年に分家して男爵を授けられた。

【下野吹上藩主】 豊氏の三男頼次は徳川忠長に仕えていたが、忠長が失脚した際に連座。その後、外孫の吉政が家を継ぎ、紀伊藩主徳川頼宣に仕えた。氏倫の時に吉宗の側衆となり、吉宗の将軍就任にともなって幕臣に転じ、のち伊勢西条藩を立藩。本家が外様大名であるのに対し、この家は譜代大名とされた。天明元年(一七八一)、氏恕が上総五井(千葉県市原市)に本拠を移して五井藩主となり、天保一三年(一八四二)氏郁の時、下野吹上(栃木県栃木市)一万石に転じた。明治一七年頼之の時に子爵となる。

【筑後小松崎藩主】 久留米藩二代藩主忠頼は、子がいなかったため甥の小出豊範を養子としたが、頼利が生まれたために豊範に一万石を分知して筑後小松崎藩を立藩させた。貞享元年(一六八四)土方雄隆の罪に連座して除封。その後許されたが、子豊胤は小出家の養子となって断絶した。

【旗本有馬家】 則頼の四男豊長は慶長一一年(一六〇六)に人質として江戸に出、元和二年(一六一六)に二代将軍秀忠に仕えた。同六年には近江国蒲生郡と

［有馬家］（摂津）

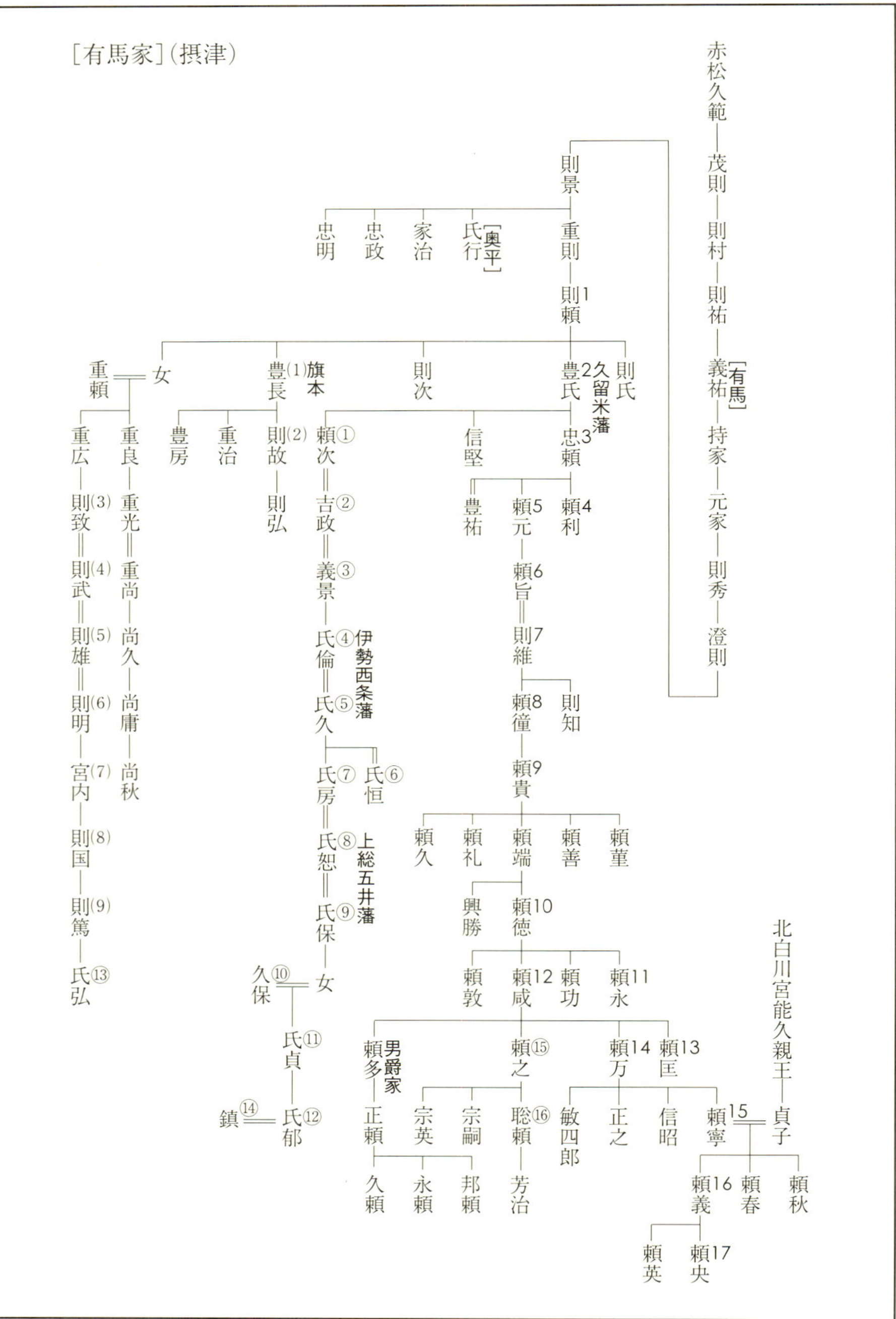
赤松久範
茂則
則村
則祐
義祐［有馬］
持家
元家
則秀
澄則
則景
重則
氏行［奥平］
家治
忠政
忠明
則頼1
則氏
豊氏2 久留米藩
則次
豊長(1)旗本
女
重頼
忠頼3
信堅
頼次①
則故(2)
重治
豊房
重良
重広
頼利4
頼元5
豊祐
吉政②
則弘
重光
則致(3)
頼旨6
義景③
重尚
則武(4)
則維7
氏倫④ 伊勢西条藩
尚久
則雄(5)
頼僮8
則知
氏久⑤
尚庸
則明(6)
頼貴9
氏恒⑥
氏房⑦
尚秋
宮内(7)
頼菫
頼善
頼端
頼礼
頼久
氏恕⑧ 上総五井藩
則国(8)
頼徳10
興勝
氏保⑨
則篤(9)
頼永11
頼功
頼咸12
頼敦
女
久保⑩
氏弘⑬
北白川宮能久親王
頼匡13
頼万14
頼之⑮
頼多 男爵家
氏貞⑪
貞子
頼寧15
信昭
正之
敏四郎
聡頼⑯
宗嗣
宗英
正頼
氏郁⑫
鎮⑭
頼秋
頼春
頼義16
芳治
邦頼
永頼
久頼
頼央17
頼英

武蔵国比企郡で三〇〇〇石を賜り旗本となる。子則故は上野国邑楽郡で五〇〇石を加増され、三五〇〇石となった。幕末の九代目則篤は勘定奉行、町奉行、大目付を歴任した。

《系図》38ページ

有馬家　○ありま

高家。公家久我家の庶流。久我通名の二男広益が堀川家を称し、宝永七年（一七一〇）に将軍家宣に仕えて御側高家となり、上野国群馬郡で五〇〇石を賜った。その二男広之は安永七年（一七七八）に有馬家と改称し、幕末まで続いた。

《系図》205ページ

有元家　○ありもと

美作国小原宿（岡山県美作市）の旧家。美作国勝田郡（岡山県）発祥。菅原道真の末裔知頼の子孫で構成する美作菅家党の末裔。元弘三年（一三三三）の京都四条猪隈の合戦で佐弘・佐光・佐吉の三兄弟が活躍したことが知られている。

室町時代には国人として大別当城に拠り、美作東部に勢力を持っていた。戦国時代は尼子氏に属したが、天正六年（一五七八）、佐則の時に毛利氏に敗れて滅亡、子佐明は宇喜多氏に仕えた。関ヶ原合戦で宇喜多氏も滅ぶと美作で帰農、森家の津山入封に際して功があり、寛永二年（一六二五）には大庄屋頭となっている。江戸時代は小原宿の本陣も兼ね、多くの分家を出している。森家断絶後、大久保家の時代にも、名字帯刀を許され、引き続き大庄屋をつとめている。

有吉家　○ありよし

熊本藩家老。宇多源氏佐々木氏を称す。戦国時代は丹波国三河内城（京都府与謝郡与謝野町三河内）に拠る土豪だったが、立英の時に細川元有に仕え、立言が有吉を称した。立行は細川忠興に仕えて一万五五〇〇石を領した。江戸時代は熊本藩三家老の一家として一万八〇〇〇石を領した。安政五年（一八五八）に家老となった一六代立愛は廃藩置県後も執政、大参事などを歴任、明治三九年立礼の時に男爵となる。

また、英貴の子重時は熊本藩士として一家を興した。家禄二〇〇〇石。七代目の時展は家老となっている。

粟田家　○あわた

旧皇族。東久邇宮稔彦王の三男彰常は昭和一五年に臣籍に降下して一家を興し、粟田家を称して侯爵を授けられた。「粟田」の家号は彰常の祖父にあたる久邇宮朝彦親王が還俗する前に門主をつとめていた、青蓮院の所在地である洛東粟田口にちなむ。彰常は陸軍大尉となり、戦後は上野動物園で動物の飼育・訓練にあたった。

粟田口家　○あわたぐち

公家分家。葉室顕孝の六男定孝は興福寺の住職となっていたが、明治元年勅命によって復飾し、翌二年堂上に列して粟田口家を称した。一七年男爵となり、のち住吉神社宮司をつとめる。

《系図》399ページ

粟田口家　○あわたぐち

大和絵師。幕府の奥絵師住吉広守（法号賀慶）の門人だった近藤五郎兵衛が粟田口直芳（慶羽）と名乗って幕府御絵番になったのが祖。粟田口の家号は、永享年間（一四二九～四一）の大和絵画家粟田口民部（法名隆光）を継承するという意味である。

以後、代々奥絵師をつとめて、明治時代まで続いた。

安藤家　○あんどう

江戸時代の譜代大名。藤原氏の一族で安芸守護となったものが安藤氏を称したとも、安倍氏の一族が藤原姓を賜り、旧姓とあわせて安藤氏を称したともいい、はっきりしない。

『寛永諸家系図伝』では清和源氏頼清流で、信濃の安藤太郎長基を祖とする。『寛政重修諸家譜』では源長基が藤原氏を継いだとして藤原氏支流にしている。一方、家譜では安倍朝任が鳥羽院より藤原姓を賜って、安藤を名乗ったとし、その嫡流が家重であるとする。

【紀伊田辺藩主】家重は三河国で松平広忠に仕え、子基能は徳川家康に仕えて三方原合戦で戦死。その子直次は徳川頼宣に仕え、元和五年（一六一九）に頼宣が紀伊藩主となった際に付家老として田辺で三万八〇〇〇石を領した。代々の当主は江戸か和歌山城におり、田辺には一族を城代として置いた。明治維新の際に直裕が田辺藩を立藩した。明治一七年直行は男爵となる。

【磐城平藩主】直次の弟重信は徳川秀忠に仕えて慶長一五年（一六一〇）上野吉井で五〇〇〇石を賜り、同一七年に下総小見川藩一万石に入封。元和五年（一六一九）には上野高崎で五万六〇〇〇石に加増。重長は書院番頭の時に駿河大納言忠長を預かり、寛永一〇年（一六三三）に一万石を加増された。重博は叔父重好に五〇〇〇石を分知したが、奏者番の功によって元禄八年（一六九五）に五〇〇〇石を加増されて備中松山に転封。信友（重興）は正徳元年（一七一一）さらに美濃加納に移されたが、五代信尹が非行を訴えられた結果、その子信成の時に五万石に削られ、宝暦六年（一七五六）磐城平五万石の藩主となった。幕末、信正は老中となり、公武合体を周旋したが、文久二年（一八六二）坂下門で襲われ（坂下門の変）、三万石に減知となっている。明治一七年信守の時に子爵となる。

【交代寄合春日安藤家】高崎藩主重長の二男重広が明暦三年（一六五七）に越後国と丹波国で七〇〇〇石を分知されて旗本となる。宝永六年（一七〇九）信富の時に越後国春日村（新潟県柏崎市）に陣屋を置いた。広栄は駿府城代をつとめている。

【寄合家】紀伊藩家老直次の長男重能は慶長二〇年（一六一五）大坂夏の陣で討死したが、その養嗣子直政が武蔵国・上野国などで四五〇〇石を分知されて旗本

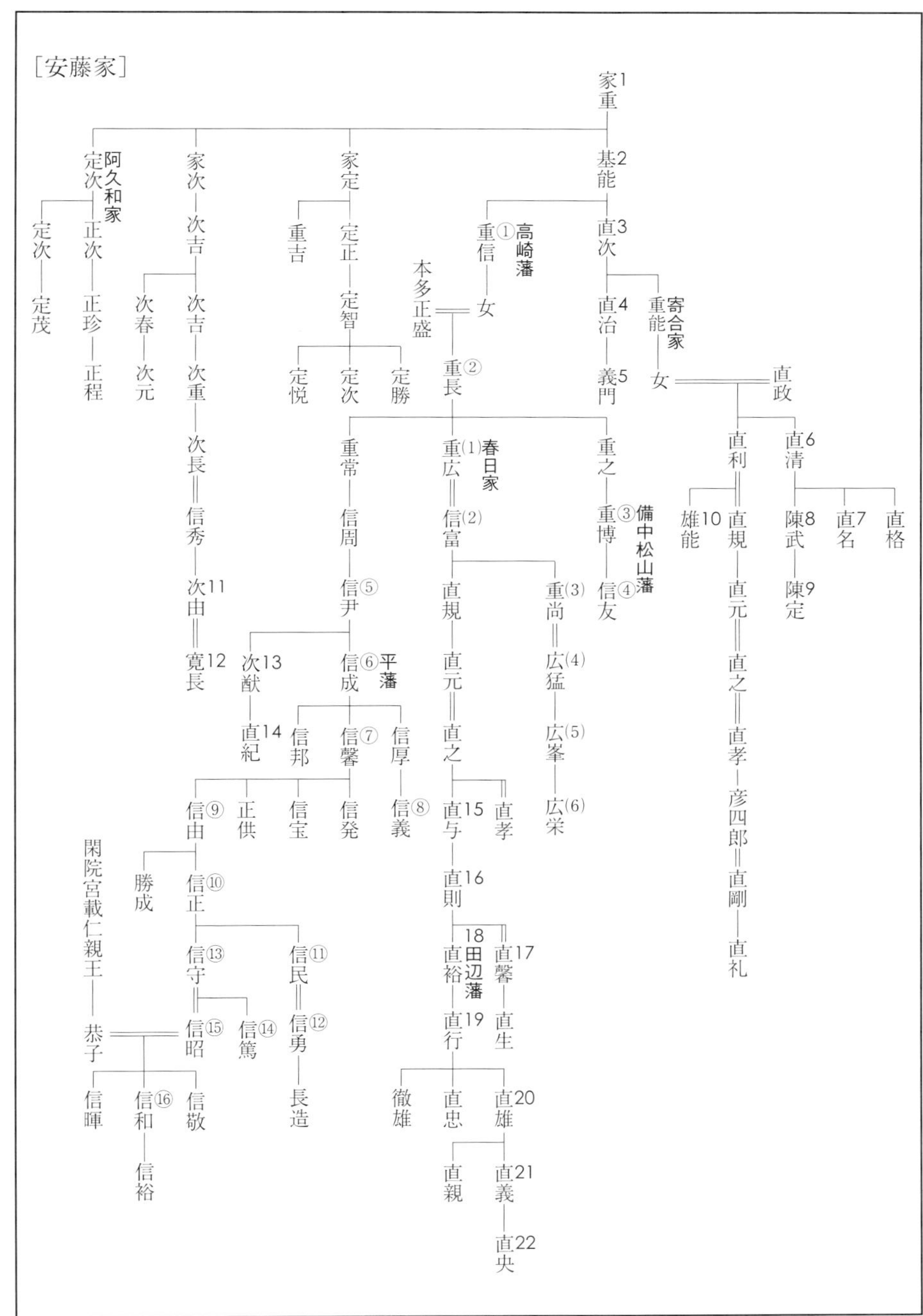

[安藤家]
家重1
基能2
家定
家次
定次 阿久和家
重信① 高崎藩
直次3
重吉
定正
次吉
正次
定次
本多正盛
女
直治4
重能 寄合家
定智
次春
次吉
正珍
定茂
重長②
義門5
女
直政
定悦
定次
定勝
次元
次重
正程
重常
重広(1) 春日家
重之
直利
直清6
次長
信周
信富(2)
重博③ 備中松山藩
雄能10
直規
陳武8
直名7
直格
信秀
次由11
信尹⑤
直規
重尚(3)
信友④
直元
陳定9
寛長12
次猷13
信成⑥ 平藩
直元
広猛(4)
直之
直紀14
信邦
信馨⑦
信厚
直之
広峯(5)
直孝
信由⑨
正供
信宝
信発
信義⑧
直与15
直孝
広栄(6)
彦四郎
閑院宮載仁親王
勝成
信正⑩
直則16
直剛
信守⑬
信民⑪
直裕18 田辺藩
直馨17
直礼
恭子
信昭⑮
信篤⑭
信勇⑫
直行19
直生
信暉
信和⑯
信敬
長造
徹雄
直忠
直雄20
信裕
直親
直義21
直央22

あ

となった。直之は駿府城代をつとめている。

【阿久和家】家重の五男定次は徳川家康に仕えて一家を興し、天正一九年（一五九一）相模国鎌倉郡阿久和村（横浜市瀬谷区・泉区）で二五四〇石を領した。以後旗本として阿久和村を知行し、代々次右衛門を名乗る。

《系図》41ページ

安部家　〇あんべ　→　あべ

い

井伊家　〇いい

遠江国引佐郡井伊谷（静岡県浜松市北区引佐町井伊谷）発祥。藤原北家。藤原共資の子共保が井伊谷に住んで井伊氏を称したという。ある年の元旦の朝、井伊谷の八幡宮瑞籬の井戸から赤子が生まれ、共資がこれを宮司より貰い受けてわが子としたのが共保である、という伝説があり、井伊家の家紋が「井桁と橘」であるのはこの伝説に由来し、橘は井戸の傍にあったからだという。

平安時代からの在庁官人で、代々井伊介を称した。保元の乱では道直が後白河天皇に味方して戦功をあげた。南北朝時代、道政は南朝に属して宗良親王を奉じて井伊谷城に拠った。室町時代には一族を多く分出して引佐郡に大きな勢力を持った。戦国時代は今川氏に従っていたが、直盛が桶狭間で戦死、永禄六年（一五六三）には直親が今川氏直に殺されたため、子直政は天正三年（一五七五）に徳川家康に仕えた。

【彦根藩主】直政は二歳の時に父が討たれ、以後今川氏の追及の目を逃れるために松下を名乗って各地を転々とした。天正三年（一五七五）一五歳の時に徳川家康に仕えて井伊姓に復し、父祖の地である井伊谷に二〇〇〇石を賜った。同一八年の関東入国に際して一二万石となり、高崎城を築城。

関ヶ原合戦後、石田三成領だった近江佐和山で一八万石を賜り、慶長九年（一六〇四）直勝が彦根に築城して移る。直孝は大坂の陣の功で二〇万石となり、さらに三代将軍家光、四代家綱に仕えて三五万石という譜代大名としては異例の大身となった。以後、直澄・直興・直幸・直亮・直弼の五人が大老をつとめている。

幕末の藩主直弼は大老となり、勅許をまたずに日米修好条約を結んで反対派を弾圧、安政の大獄を引き起こした。そのため万延元年（一八六〇）に水戸浪士ら

［井伊家］

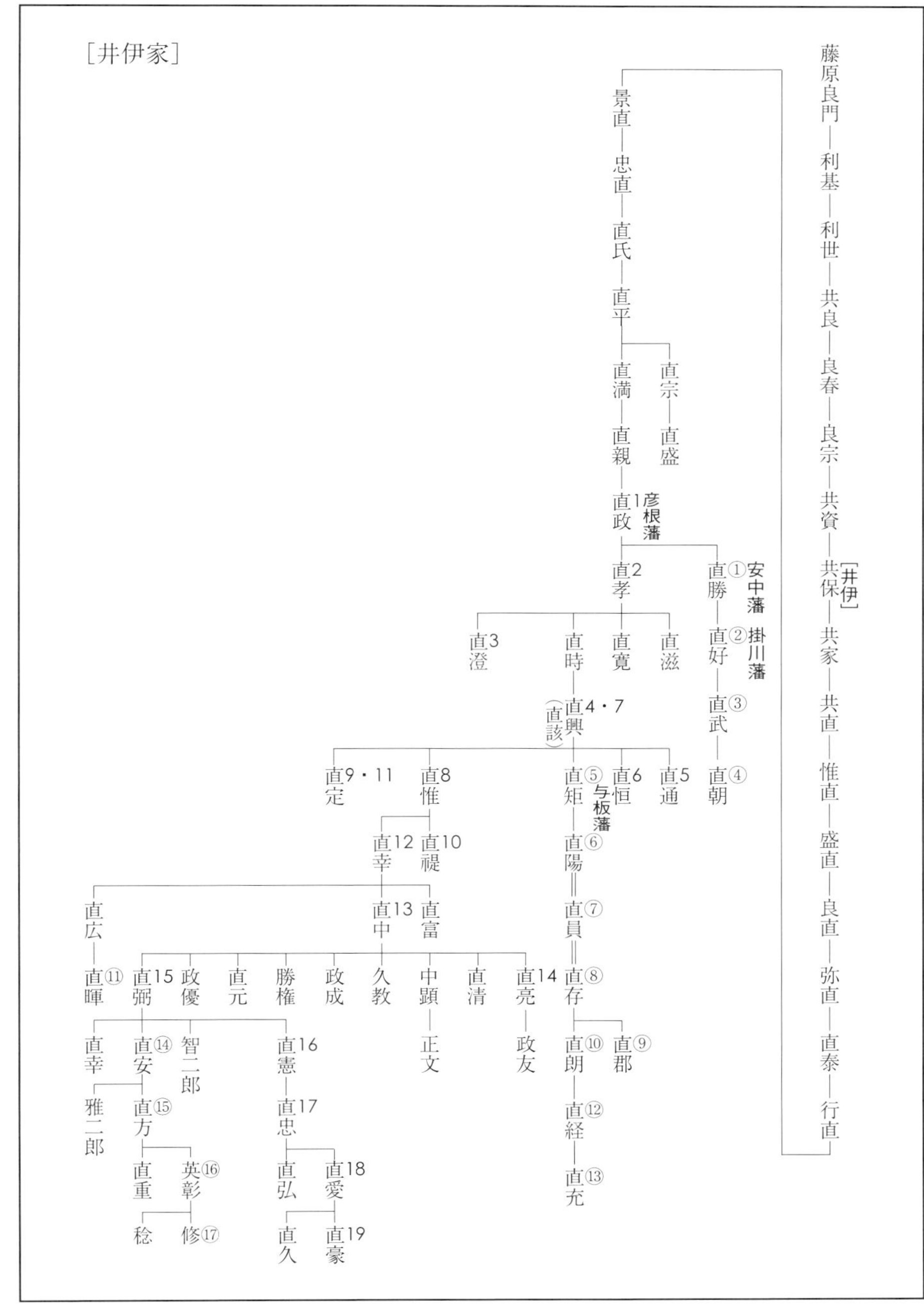

藤原良門—利基—利世—共良—良春—良宗—共資—共保［井伊］—共家—共直—惟直—盛直—良直—弥直—直泰—行直
景直—忠直—直氏—直平
直満—直親—直政1彦根藩
直宗—直盛
直孝2
直勝①安中藩—直好②掛川藩—直武③—直朝④
直澄3
直時—直興4・7（直該）
直寛
直滋
直定9・11
直惟8
直矩⑤与板藩—直陽⑥＝直員⑦＝直存⑧
直恒6
直通5
直幸12
直禔10
直広—直暉⑪
直中13
直富
直弼15
政優
直元
勝権
政成
久教
中顕—正文
直清
直亮14—政友
直朗⑩—直経⑫—直充⑬
直郡⑨
直幸
直安⑭
智二郎
直憲16—直忠17
雅二郎
直方⑮
直重
英彰⑯
稔
修⑰
直弘
直愛18
直久
直豪19

に桜田門外で討たれた（桜田門外の変）。明治一七年直憲の時に伯爵となる。孫の直愛は戦後彦根市長を連続九期つとめ、没後、井伊家に伝わる文化財三万五〇〇〇点が彦根市に寄贈されている。

【与板藩主】 直政の子直勝は徳川秀忠に仕え、元和元年（一六一五）上野安中藩三万石を立藩した。正保二年（一六四五）三河西尾を経て、万治二年（一六五九）遠江掛川三万五〇〇〇石に転じた。宝永二年（一七〇五）直朝の時に発狂して除封されたが、本藩の直矩が跡を継いで、越後与板（新潟県長岡市与板町）二万石で再興した。明治一七年直安の時に子爵となる。

《系図》43ページ

飯田家　○いいだ

高島屋創業家。近江国高島郡の飯田儀兵衛が、京に出て高島屋と号して米穀商を営んだのが祖。呉服屋の丁稚から、儀兵衛の養子となったのが創業者の初代新七である。

文政一二年（一八二九）、新七は分家して古着商を開店、安政元年（一八五四）に二代目新七が呉服商に転じた。禁門の変の際に価格を変えずに営業を続けたことで高島屋の名をあげたという。

明治中期に四代目新七が大阪・東京に進出して百貨店化に成功、大正時代には高島屋飯田を設立して貿易業にも乗り出した。同社はのちに丸紅となっている。

その後、三代目の長男直次郎、その長男新一が相次いで高島屋社長をつとめた。新一は日本百貨店協会会長もつとめている。

伊江家　○いえ

琉球・伊江島総地頭。琉球王家尚清王の七男朝義が伊江島（沖縄県国頭郡伊江村）総地頭職となったのが祖。以後代々伊江島総地頭職をつとめ、伊江氏を称した。道光一四年（一八三四）尚灝王の四男朝忠が伊江家を継ぎ、その長男朝忠が明治二三年男爵を授けられた。

朝助は沖縄新報社長、貴族院議員を歴任。跡を継いだ甥の朝雄は国鉄常務理事から、昭和五二年に参院議員に当選し、平成三年宮沢内閣の沖縄開発庁長官をつとめた。

《系図》259ページ

伊賀家　○いが

土佐藩家老。もとは美濃国池田郡の土豪で稲葉氏の一族か。太郎左衛門光就の時に池田郡に入って伊賀氏を称し、その子伊賀守光就は山内盛豊の妻の姉を娶っている。その孫の守就（友郷）は土岐氏を経て斎藤氏に仕え、稲葉一鉄、氏家卜全とともに西美濃三人衆と呼ばれ、北方城（岐阜県本巣郡北方町）に拠った。永禄一〇年（一五六七）西美濃三人衆は織田信長に通じて斎藤氏を滅ぼし、以後信長に仕えたが、天正一〇年（一五八二）本能寺の変後、稲葉氏に襲われて落城、守就と弟の安東郷氏は戦死した（北方合戦）。

郷氏の子可氏は美濃岩手城主の竹中重門のもとに逃れ、同一三年近江長浜城主となった母方の叔父山内一豊に呼ばれて山内姓を与えられ、その一門となった。江戸時代は土佐藩家老となって宿毛で六〇〇〇石を領し、宿毛山内家となった。のち七〇〇〇石に加増。

幕末、氏成は戊辰戦争で羽越国境に転戦、維新後は伊賀姓に復してロンドンに留学、帰国後高等商業学校（一橋大学）教授をつとめた。山内容堂の孫で氏成の養子となった氏広は明治三三年男爵となり、飛行家として知られた。

筏井家　〇いかだい

越中国射水郡西広上村（富山県射水市）の豪農。以仁王とともに挙兵した源頼政の三男尚政が、越中国砺波郡筏村（砺波市庄川町）に逃れ、名を道右衛門と改めて帰農したのが祖という。源義仲と平家の戦で家を失って射水郡西広上村（高岡市）に移り、庄川の水で井を築いて開拓したことから、筏井氏を称したと伝えている。

江戸時代には豪農で肝煎役をつとめ、二六代満好は石黒信由に算学・測量を学び、たびたび藩御用をつとめている。

伊木家　〇いぎ

岡山藩家老。桓武平氏で鎌倉権五郎景政の子孫という。もとは香川姓で、桶狭間の戦い頃に池田恒興に仕えた。織田信長が伊木山城（岐阜県）を攻めた際に池田恒興に仕えていた忠次が功をあげ、信長から伊木氏を名乗らせた。のち家老となり、長久手合戦後輝政が跡を継ぐと、秀吉の指示で筆頭家老となった。

関ヶ原合戦後、慶長八年（一六〇三）播磨三木で三万七〇〇〇石を領し、元和三年（一六一七）三代忠貞の時池田家の鳥取転封に従って伯耆倉吉に移った。寛永九年（一六三二）の岡山再入封後は、備前国邑久郡虫明（岡山県瀬戸内市邑久町虫明）に陣屋を構え、家禄は三万三〇〇〇石。幕末の一三代忠澄は藩論を勤王倒幕にまとめ、慶応四年（一八六八）には勇戦隊、義戦隊を率いて備中松山藩を討っている。維新後は官を辞し、三猿斎と号した茶人として知られた。明治三九年忠愛の時に男爵となる。

岡山城下にあった伊木家下屋敷の表門は、同地が旭川改修で水没する際に鮎川義介が引き取り、世田谷区岡本に移築されている。世田谷区指定有形文化財。

また、瀬戸内市にある同家墓所は瀬戸内市重要指定文化財である。

生島家　〇いくしま

地下官人。摂津国川辺郡生島荘（兵庫県尼崎市）発祥で桓武平氏。平経正の子源勝が生島氏を称し、代々桂宮家に仕えた。家格は諸大夫だが、江戸中期に永盛・秀清、後期に儀重・宣由は公卿となっている。

旗本の生島家も同族であるという。

池尻家　〇いけがみ

公家。藤原北家勧修寺流。江戸時代初期、清閑寺共房の二男共孝が池尻家を称した。家名は清閑寺家祖資房の兄吉田隆長の別号に由来する。家格は名家。家禄は五〇石三人扶持。明治一七年知房の時に子爵となる。

池田家　〇いけだ

岡山藩主・鳥取藩主。紀姓池田氏の子孫とも清和源氏多田氏の子孫ともいうが不詳。『寛政重修諸家譜』では清和源氏源頼光の末裔とする。正平六年（一三五一）に竜徳寺を建立した池田教依はその先祖であるといい、教依の妻は最初楠正行に嫁し、その子を身ごもったまま教依に嫁いだため、教正は実は正行の子である、という伝説がある。

室町時代に池田城に拠って国人領主として活躍した。永禄年間に池田恒利が尾張に移って織田信秀に仕えた。恒利の妻養徳院は信長の乳母で、その子恒興（信輝）は信長の乳兄弟として信任を得、侍大将となった。本能寺の変後、恒興は豊臣秀吉に従ったが、長久手の戦いで嫡子之助とともに討死。

跡を継いだ二男輝政は三河吉田で一五万石を領し、徳川家康の娘良正院を継室に迎えて信任を得、関ヶ原合戦後播磨姫路で五二万石を領した。

【岡山藩主】輝政の長男利隆は遺領のうち四二万石を相続したが、元和二年（一六一六）に死去。嫡子光政は八歳であったことから翌年因幡鳥取三二万石に移された。

寛永九年（一六三二）、岡山藩主光仲が三歳で襲封したことから、再び国替えとなり、光政は備前岡山三一万五二〇〇石に再入封した。藩祖光政は好学の大名で、熊沢蕃山らを登用して藩校・閑谷学校を創立、学問・教育に熱意を注いだ。また、一五万石にも及ぶ大規模な新田開発も手がけ、雄藩岡山藩の基礎を築いた。

文久三年（一八六三）に継いだ茂政は徳川斉昭の子であることから、幕末に情勢に対して微妙な立場となり、明治元年に徳川家と無縁の鴨方藩主章政が継ぐことで討幕の旗幟を鮮明にした。一七年章政は侯爵となる。

分家に備中鴨方藩、備中生坂藩、備中松山藩各藩主の池田家がある他、備中井原に陣屋を置いた旗本の池田家などがある。

また、茂政の長男勝吉は明治一二年に分家して一家を興し、一七年男爵となった。

【備中鴨方藩主】寛文一二年（一六七二）光政の二男政言が備前国御野郡・上道郡、備中国浅口郡・窪屋郡・小田郡で新田二万五〇〇〇石を分知されたのが祖。貞享年間（一六八四～八八）に藩領は備中国に集約され、同国浅口郡鴨方（岡山県浅口市鴨方町）に陣屋を構えて鴨方藩となった。四代政香は名君として知られる。人吉藩から養子となって継いだ九代政詮は、幕末の藩論を尊王攘夷に統一、のちに本藩を継いで章政となった。明治一七年政保の時に子爵となる。

【備中生坂藩主】寛文一二年（一六七二）光政の三男輝録が新田一万五〇〇〇石を分知されて、備中国和気郡蕃山村（岡山県備前市）に陣屋を置いて岡山御野新田藩を立藩。宝永五年（一七〇八）所領が備中国窪屋郡・下道郡に集約され、陣屋を備中国窪屋郡生坂（倉敷市）に移した。明治二年に生坂藩と改称。一七年子爵となる。

【岡山藩家老天城池田家】岡山藩の次席家老で児島郡天城（倉敷市藤戸町）に陣屋を構えた天城池田家は、恒興の長男之助の子孫で、本来は嫡流にあたる。之助が長久手の戦いで戦死した際、嫡男由之は八歳であったことから家督を継げず、之助の弟の輝政が継いだ。由之は輝政に仕え、元和三年（一六一七）鳥取入国の際に米子で三万二〇〇〇石を領した。寛永九年（一六三二）の岡山入封でも由成が下津井城代となって三万二〇〇〇石を領したが、同一六年の一国一城令で下津井城を廃し、天城村に陣屋を構え、天城池田家となった。以後は代々岡山藩次席家老となった。明治二四年政和の時に男爵に列した。

【岡山藩家老周匝池田家】恒興の四男長政は九歳で重臣片桐俊元の養子となる。関ヶ原合戦後、慶長八年（一六〇三）備前下津井三万二〇〇〇石を領したが、子長明は二歳で継いだことから、播磨龍野二万二〇〇〇石に減転。池田家の鳥取転封では因幡八橋を領し、寛永九年（一六三二）の岡山再入封では、備前国赤坂郡周匝村（岡山県赤磐市）に陣屋を置いて二万二〇〇〇石を領して周匝池田家と呼ばれた。初代長政が片桐家の養子だったことから、片桐池田家ともいわれる。寛永一九年（一六四二）長明は岡山藩家老となり、以後代々家老をつとめた。明治三三年長準が男爵となる。養子長康は貴族院議員をつとめた。

【旗本井原池田家】修理家・筑後守家ともいう。恒興の三男長吉が慶長五年（一六〇〇）因幡鳥取藩六万石を立藩したのが祖。元和三年（一六一七）備中松山六万五〇〇〇石に転じたが、二代長常が三三歳で嗣子なく死去したため断絶した。

　翌年、長常の弟の長信が家名再興を許されて旗本となり、一二〇〇石を領して備中井原（岡山県井原市）に陣屋を置いた。二代友政の時弟利重に三〇〇石を分知した（池田数馬家）。五代政倫、六代長恵はともに大目付をつとめ、九代長溥の時三〇〇石を加増されて再び一二〇〇石となる。一〇代長発は文久三年（一八六三）外国奉行となり、幕府の遣欧使節としてフランスに派遣されている。

【鳥取藩主】輝政の二男忠継は慶長八年（一六〇三）備前岡山二八万石に入封。のち一〇万石加増され、寛永九年（一六三二）光政と入れ替わりに鳥取三二万石に転じた。のち五〇〇〇石加増。幕末の藩主慶徳は徳川斉昭の子であったことから、尊王攘夷の中で微妙な立場にあり、文久三年（一八六三）には藩士河田左久馬らが藩主の側用人を殺害した本圀寺事件が起きている。明治一七年輝和の時に侯爵となる。一四代仲博は最後の将軍徳川慶喜の五男で、『鳥取藩史』の編纂に尽力した。

　分家に因幡鹿野藩、因幡若桜藩藩主の池田氏がある。

【因幡鹿野藩主】貞享二年（一六八五）光仲の二男仲澄が新田二万五〇〇〇石を分知されて、因幡国気多郡鹿野（鳥取県鳥取市鹿野町）に陣屋を構えて新田藩を立藩したのが祖。館が鳥取城郭の東側にあったため東館ともいわれた他、江戸屋

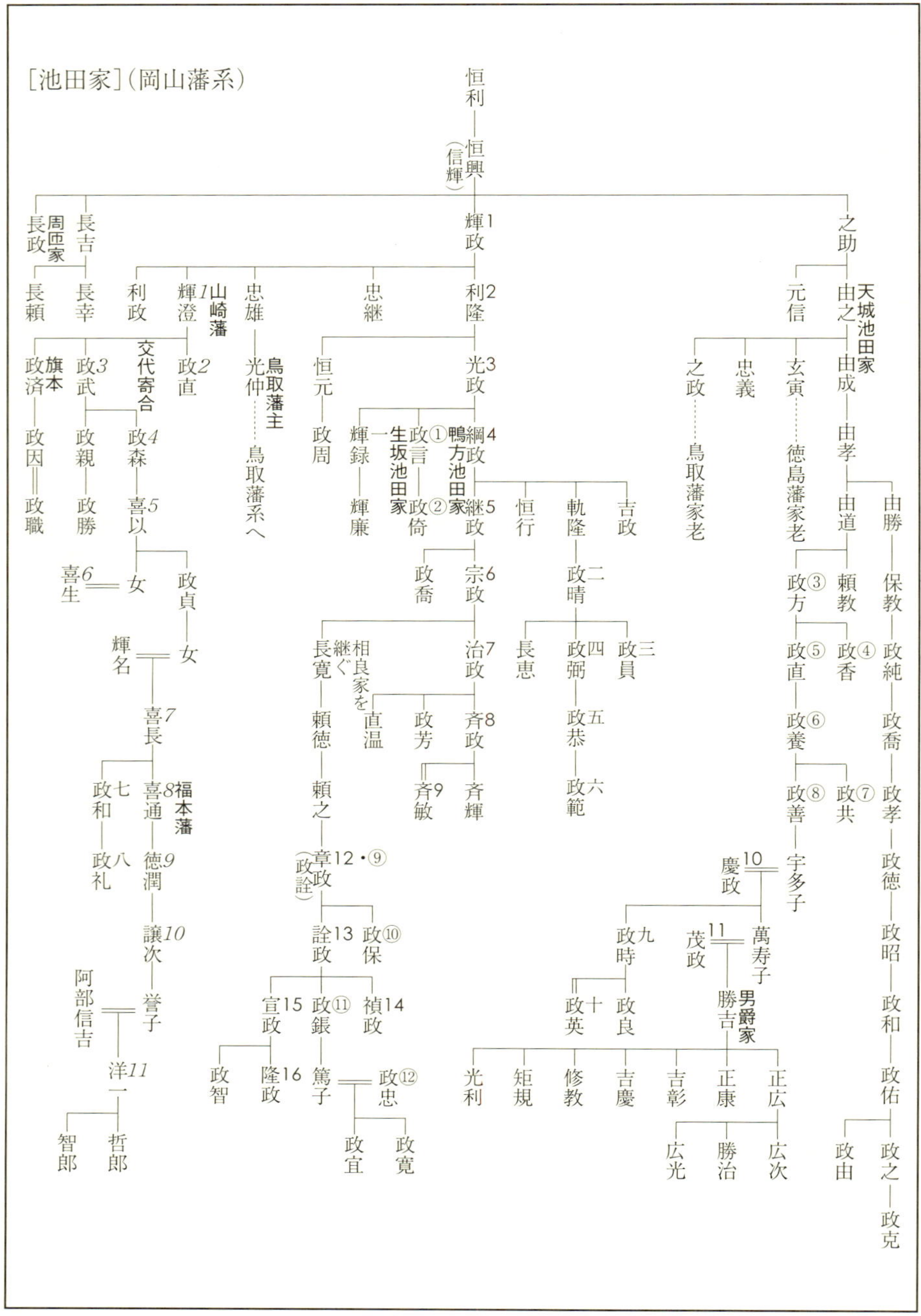

[池田家](岡山藩系)
恒利
恒興（信輝）
長吉
長政 周匝家
輝政1
之助
長頼
長幸
利政
輝澄1 山崎藩
忠雄
忠継
利隆2
元信
由之 天城池田家
政済 旗本
政武3
交代寄合
政直2
光仲 鳥取藩主
恒元
光政3
之政
忠義
玄寅
由成
政因
政親
政森4
鳥取藩系へ
政周
輝録
一生坂池田家
政言①
鴨方池田家
綱政4
鳥取藩家老
徳島藩家老
由孝
政職
政勝
喜以5
輝廉
政倚②
継政5
恒行
軌隆
吉政
由道
由勝
喜生6
女
政貞
政喬
宗政6
政晴二
政方③
頼教
保教
輝名
女
長寛
相良家を継ぐ
治政7
長恵
政弼四
政員三
政直⑤
政香④
政純
喜長7
頼徳
直温
政芳
斉政8
政恭五
政養⑥
政喬
政和七
喜通8 福本藩
頼之
斉敏9
斉輝
政範六
政善⑧
政共⑦
政孝
政礼八
徳潤9
章政12・⑨（政詮）
慶政10
宇多子
政徳
譲次10
詮政13
政保⑩
政時九
茂政11
萬寿子
政昭
阿部信吉
誉子
宣政15
政銀⑪
禎政14
政英十
政良
勝吉 男爵家
政和
洋一11
政智
隆政16
篤子
政忠⑫
光利
矩規
修教
吉慶
吉彰
正康
正広
政佑
智郎
哲郎
政宜
政寛
広光
勝治
広次
政由
政之
政克

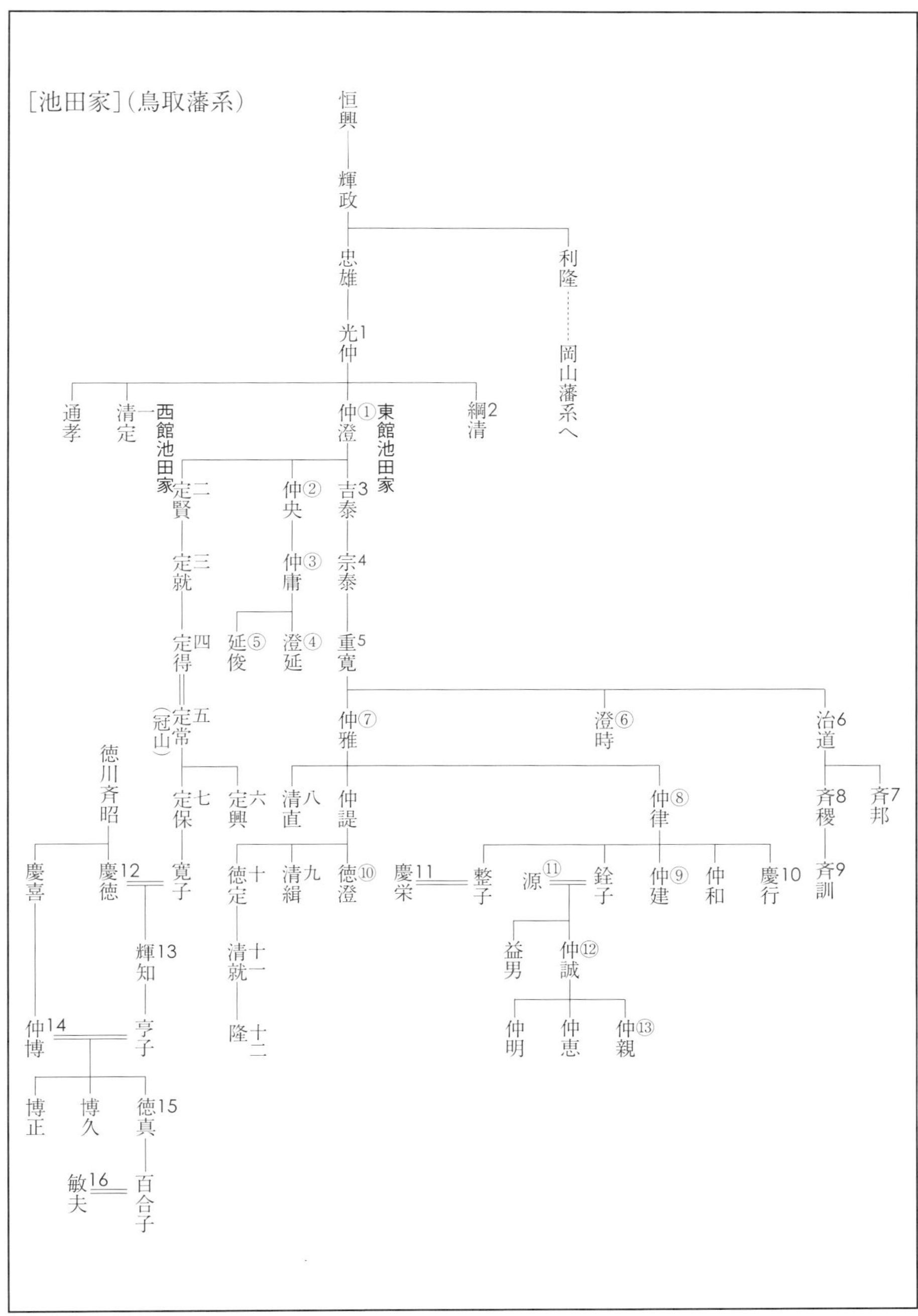
[池田家](鳥取藩系)
恒興
輝政
忠雄
利隆
光仲 1
岡山藩系へ
通孝
清定 一
西館池田家
仲澄 ①
東館池田家
綱清 2
定賢 二
仲央 ②
吉泰 3
定就 三
仲庸 ③
宗泰 4
定得 四
延俊 ⑤
澄延 ④
重寛 5
定常 五
(冠山)
仲雅 ⑦
澄時 ⑥
治道 6
徳川斉昭
定保 七
定興 六
清直 八
仲諟
仲律 ⑧
斉稷 8
斉邦 7
慶喜
慶徳 12
寛子
徳定 十
清緝 九
徳澄 ⑩
慶栄 11
整子
源 ⑪
銈子
仲建 ⑨
仲和
慶行 10
斉訓 9
輝知 13
清就 十一
益男
仲誠 ⑫
仲博 14
亨子
隆 十二
仲明
仲恵
仲親 ⑬
博正
博久
徳真 15
敏夫 16
百合子

敷が三田にあったため三田家ともいわれた。元禄一五年（一七〇二）新田五〇〇〇石を加増されて三万石となる。明治元年鹿野藩と改称した。同一七年源の時に子爵となる。

【因幡若桜藩主】元禄一三年（一七〇〇）光仲の五男清定が新田一万五〇〇〇石を分知されて、因幡国八東郡若桜（鳥取県八頭郡若桜町）に陣屋を構え、鳥取西館新田藩を立藩したのが祖。館が鳥取城郭の西側にあったことから西館と呼ばれた他、江戸屋敷が鉄砲洲にあったため、鉄砲洲家ともいわれた。享保元年（一七一六）新田五〇〇〇石が加増された。明治元年若桜藩と改称。一七年徳定の時に子爵となる。

【播磨福本藩主】池田輝政の四男輝澄は元和元年（一六一五）播磨国宍粟郡で三万八〇〇〇石を与えられて山崎藩を立藩した。寛永八年（一六三一）には弟の輝興が嗣子なく没したため、その所領から二万五〇〇〇石を加えられて六万三〇〇〇石となった。しかし、伊木伊織と小河四郎右衛門の両家老の対立から御家騒動となり、同一七年改易された。寛文三年（一六六三）、政直が播磨福本藩（兵庫県神崎郡神河町）一万石として再興したものの、同五年に嗣子のないまま死去。遺領は、弟の政武が七〇〇〇石、政済が三〇〇〇石を継ぎ、政武は交代寄合となった。慶応四年（一八六八）喜通の時、高直しなどで一万一五〇〇石となり、福本藩を再興した。明治一七年徳潤の時男爵となるが、二七年爵位を返上している。

【鳥取藩家老池田日向家】天城池田家の由之の子之政は正保元年（一六四四）因幡に転じて光仲の家臣となり、一五〇〇石を領した。寛文二年（一六六二）家老となって三〇〇〇石に加増された。家格は着座。通称山池家と呼ばれる。

【鳥取藩家老池田大蔵家】岡山藩主輝政の孫で、利政の子知利は寛永一九年（一六四二）に因幡に転じ、光仲に仕えて一五〇〇石を領した。正保四年（一六四七）一八〇〇石に加増、四代知恭の時に家老となって三〇〇〇石となった。家格は着座。通称下池家と呼ばれる。

《系図》48・49ページ

池田家　〇いけだ

岡山藩家老建部領主。もとは森寺氏を称し、代々伊勢国赤堀城主だったという。藤左衛門秀勝は織田氏を経て池田恒興の重臣となり七〇〇〇石を領した。二代忠勝の跡は池田恒興の孫の長貞が継いだが早世、慶長一二年（一六〇七）長貞の弟の長政が継いで四代目となり、以後は池田氏を称して森寺池田家と呼ばれた。寛永九年（一六三二）の岡山再入封では備前国津高郡市場村（岡山市北区建部町）に陣屋を構えて一万四〇〇〇石を領し、建部に陣屋を置いた。以後代々岡山藩家老をつとめる。六代長尚の時に一万石に減知となっている。幕末、博愛（図書助）は姫路・常陸などに出兵、明治三九年博愛の時男爵となる。

池田家　〇いけだ

旗本・旧播磨新宮藩主。本願寺坊官下間頼龍の子頼広は、慶長一四年（一六〇九）教如と対立して本願寺を去り、母が池田輝政の姉であったことから輝政に仕えた。のち三〇〇〇石を分知されて重利と改名、さらに同一八年に一族として遇され池田氏に改称した。元和元年（一六一五）大坂の陣の功により摂津国で一万石を与えられ、同三年新宮（兵庫県たつの市新宮町）に陣屋を置いて播磨新宮藩を立藩した。寛文一〇年（一六七〇）四代邦照が一七歳で死去し、除封となった。

その後、弟の重教が三〇〇〇石で旗本として再興、幕末の頼方は勘定奉行・書院番頭などを歴任した。

池坊家　○いけのぼう

華道家元。小野妹子の末裔と伝えるが、文献上の初見は寛正三年（一四六二）の池坊専慶。池坊とは京都六角堂で名高い天台宗頂法寺の境内にある坊の名である。代々六角堂執業をつとめて供花の工夫をこらし、室町時代に池坊専慶が華道池坊流を開いたと考えられる。天文年間の専応が華道を大成した。永禄六年（一五六三）専栄は『池坊立花伝書』を著した。以後代々家元を世襲、とくに桃山時代から江戸初期に活躍した専好は名人として知られる。なお、専好は活動時期が長いことから、初代と二代目の二人がいたとされている。

現在の当主は四五代目専永で、旧公家の梅溪子爵家から嫁いだ妻の保子は、衆議院議員をつとめる。長女由紀が四六代目家元に内定している。

生駒家　○いこま

出羽矢島藩主。大和国平群郡生駒荘（奈良県生駒市）発祥で藤原氏という。室町時代に家広が尾張国丹羽郡小折村（愛知県江南市小折）に移り、戦国時代親重が美濃国可児郡土田村（岐阜県可児市）に住んで織田信清に属した。その子親正は織田信長に仕えて豊臣秀吉に属し、天正一五年（一五八七）讃岐一国一七万石を与えられ、翌年高松城を築城した。

関ヶ原合戦では一族の多くが西軍に属したが、親正の長男一正は東軍について、戦後も引き続き高松藩主となった。四代藩主高俊の時に家臣の勢力争いから生駒騒動が勃発、寛永一七年（一六四〇）高俊は一旦改易され、改めて出羽矢島（秋田県由利本荘市矢島）で一万石を与えられた。

万治二年（一六五九）、高俊の遺領は長男高清に八〇〇〇石、二男俊明に二〇〇〇石を分知されてともに旗本となり、高清は交代寄合となって八森に陣屋を置いた。幕末、親敬は新政府軍に与して庄内藩と交戦したが、庄内藩軍の奇襲で八森陣屋は焼失している。明治元年一万五〇〇〇石に加増されて諸侯に復帰した。維新後は男爵となる。

会津藩重臣の生駒家も同族。寛永一三年（一六三六）に重次が五〇〇石で召し出されたのが祖で、幕末の生駒直諒は八〇〇石を知行した。

諫早家　○いさはや

佐賀藩家老。肥前国高来郡伊佐早（長崎県諫早市）発祥。龍造寺鑑兼の子家晴は筑後柳河城主だったが、天正一五年

（一五八七）の豊臣秀吉の九州攻めで柳河を失い、肥前国伊佐早に転じた。

龍造寺宗家の滅亡後、諫早氏と改称して鍋島家の家臣となり、江戸時代は佐賀藩の家老となった。家格は御三家、御親類に次ぐ御親類同格である。その所領は佐賀県太良町から長崎県諫早市、長崎市東部にいたる地域で、二万六二〇〇石であった。

幕末、一学は戊辰戦争や西南戦争で活躍し、明治三〇年家崇の時男爵となっている。

伊沢家 ○いざわ

旗本。清和源氏武田氏の一族で、甲斐国伊沢郷発祥という。天正一八年（一五九〇）、政重が徳川家康に仕え、小田原攻めでは槍奉行をつとめて一五五〇石を領した。

子政信は二代将軍秀忠の小姓から累進、その孫の正久は三二〇〇石を知行した。六代方守は割合肝煎となり、幕末の政義は浦賀奉行、長崎奉行、下田奉行などを歴任した。

石井家 ○いしい

下野国安蘇郡戸奈良村（栃木県佐野市）の豪商。山城国の出で、代々五右衛門を称し、通称「石五」と呼ばれた。六代目の時に農業の傍ら呉服太物の行商を行って財をなし、上野国桐生新町（群馬県桐生市）に支店を出した他、関東から東北にかけて商圏を築いた。

七代目包孝は絹布の利益で田畑山林を集積、領主である旗本諏訪家にも多額の献金を行った。文化二年（一八〇五）には諏訪家より名字帯刀を許され、同一三年には士分として二人扶持を与えられた。さらに天保二年（一八三一）には用人格となっている。また、彦根藩にも一〇〇〇両を用立て、同藩からも二〇人扶持を支給された。

石井家 ○いしい

江戸時代の鳥取城下の豪商。嘉吉元年（一四四一）に播磨国から因幡国巨濃郡に移り住んだという。戦国時代には宮部氏のもとで石井宗徳・長空兄弟が銀山を経営した。関ヶ原合戦におきた徳政令を要求する一揆では宮部氏に加担して一揆を鎮圧している。江戸時代も町年寄筆頭の地位にあった。

石谷家 ○いしがや

旗本。遠江国石ヶ谷（静岡県掛川市）発祥。藤原南家為憲流で、二階堂氏の一族という。室町時代に遠江国佐野郡西郷（掛川市）に住んで西郷氏を称した。

戦国時代、政清は今川氏に仕え、元亀二年（一五七一）に子政信とともに徳川家康に仕えた。その際、西郷局の名を憚って西郷氏から石谷氏に改称している。天正一八年（一五九〇）関東入国に際して政信は武蔵国多摩郡で二〇〇石を賜り、江戸時代は旗本となってのち七〇〇石に加増された。

政信の弟の清定も家康に仕えて旗本となり、その二男貞清はさらに一家を興して慶安四年（一六五一）北町奉行に就任。慶安の変では丸橋忠弥を捕縛し、明暦の大火では伝馬町の牢屋敷の囚人を解き放つなど、江戸時代初期を代表する町奉行として著名。子武清の時に二五〇〇石に加増された。

また政清の六男政重は徳川頼宣に仕えて紀伊藩士となって桑原家と改称。五代清全の時に八代将軍となった吉宗に従って旗本となり、石谷家に復した。子清昌は勘定奉行、長崎奉行を歴任、安永四年には田安家家老となる。

石川家　○いしかわ

伊勢亀山藩主。河内国石川郡石川荘（大阪府羽曳野市）発祥で清和源氏。源義家の子義時が石川氏を称したのが祖。義忠は小山氏に預けられ、のち小山姓を称していたが、政康の時に三河国碧海郡小河城（愛知県安城市）に移り、石川姓に復して子親康の時に松平氏に仕えた。数正の時出奔して豊臣秀吉に従い、信濃松本で八万石を領したが、慶長一八年（一六一三）、康長が大久保長安に連座して改易された。

【伊勢亀山藩主】康通は徳川家康に仕えて上総鳴渡（千葉県山武市）で二万石を領し、慶長六年（一六〇一）に美濃大垣藩五万石を立藩した。忠総は元和二年（一六一六）一万石を加増されて豊後日田に転じ、さらに寛永一〇年（一六三三）下総佐倉七万石に、翌一一年には近江膳所七万石に加転。慶安四年（一六五一）忠総の遺領相続する際、憲之は五万石を継いで伊勢亀山に移り、総長が一万石、貞当が七〇〇〇石、総氏が三〇〇〇石を継いだ。その後も、寛文九年（一六六九）山城淀六万石、正徳元年（一七一一）総慶が備中松山を経て、延享元年（一七四四）伊勢亀山藩六万石に入封した。明治一七年成徳の時に子爵となる。

【旗本大島家】慶安四年（一六五一）忠総の四男貞当が三河国額田郡・加茂郡で七〇〇〇石を分知されて三河国加茂郡大島（愛知県豊田市東大島町）に陣屋を置いた。貞当が大番頭となったのをはじめ、総乗は伏見奉行、総恒と総登も大番頭をつとめた。

【旗本保久家】慶安四年（一六五一）忠総の七男総氏が三河国額田郡・加茂郡で三〇〇〇石を分知されて三河国額田郡保久（愛知県岡崎市）に陣屋を置いた。天和三年（一六八三）上野国・下野国で一〇〇〇石を加増されて四〇〇〇石となり、元禄一一年（一六九八）には、その一〇〇〇石も三河国加茂郡・幡豆郡に移されている。

【常陸下館藩主】慶安四年（一六五一）総長が伊勢国河曲・鈴鹿両郡で一万石を分知されて伊勢神戸藩を立藩。総長は万治三年（一六六〇）大坂城番として河内石川・古市両郡で一万石を加増されて二万石となる。総茂は寺社奉行・若年寄を歴任、享保一七年（一七三二）常陸下館二万石に移る。明治一七年重之の時に子爵となる。

《系図》54ページ

石川家　○いしかわ

旗本。大名石川家の一族というが不

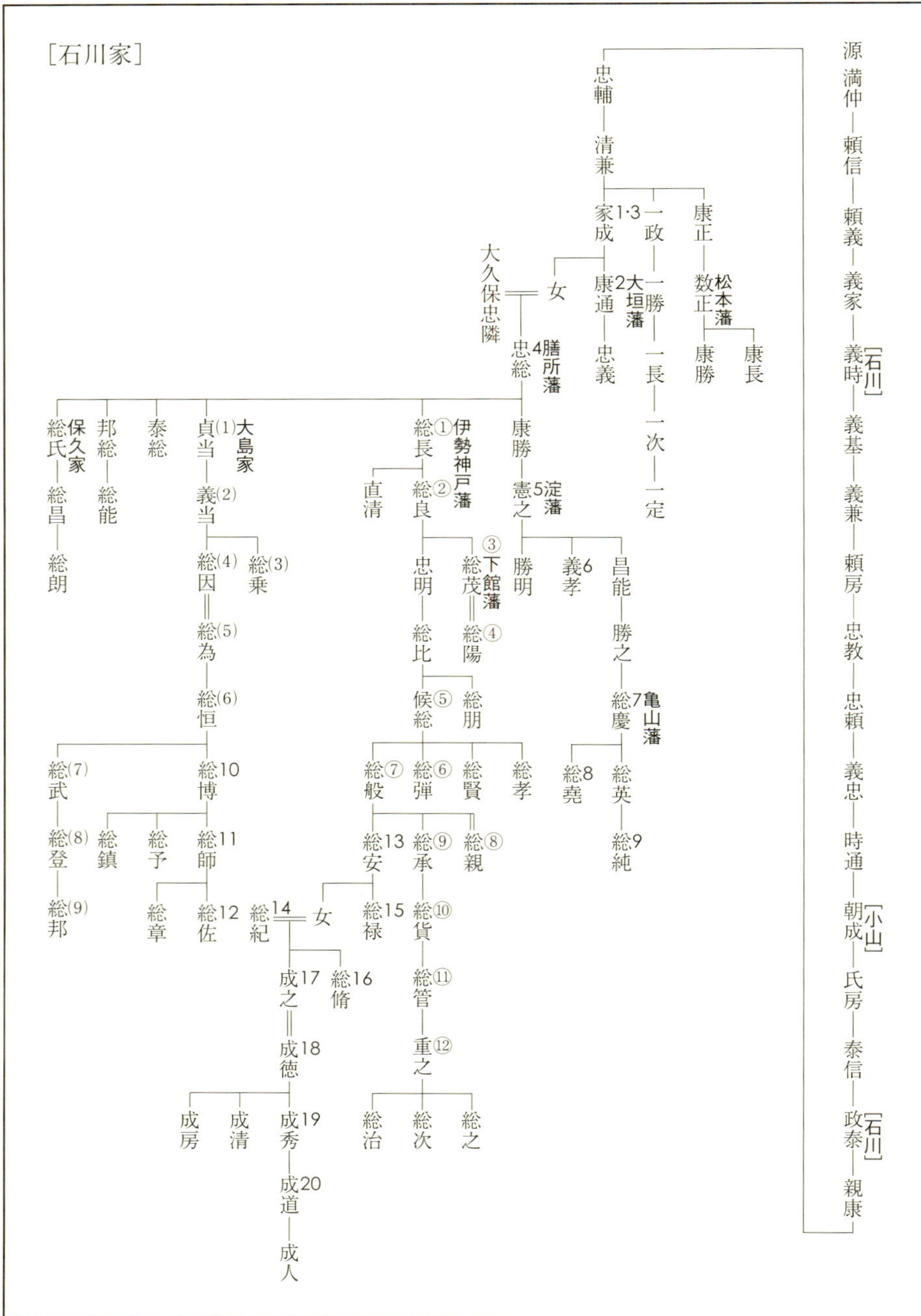

［石川家］
源満仲―頼信―頼義―義家―義時［石川］―義基―義兼―頼房―忠教―忠頼―義忠―時通―朝成［小山］―氏房―泰信―政泰［石川］―親康
忠輔―清兼
家成1·3
一政―一勝―一長―一次―一定
康正―数正 松本藩
康勝
康長
大久保忠隣
女
康通2 大垣藩―忠義
忠総4 膳所藩
康勝―憲之5 淀藩
勝明
義孝6
昌能―勝之―総慶7 亀山藩
総尭8
総英―総純9
総長① 伊勢神戸藩
直清
総良②
忠明―総比
総茂③ 下館藩
総陽④
候総⑤
総朋
総般⑦
総弾⑥
総賢
総孝
総安13
総承⑨
総親⑧
総禄15
総貨⑩―総管⑪―重之⑫
総治
総次
総之
総紀14
女
成之17
総脩16
成徳18
成房
成清
成秀19―成道20―成人
貞当(1) 大島家
義当(2)
総因(4)
総乗(3)
総為(5)
総恒(6)
総武(7)―総登(8)―総邦(9)
総博10
総鎮
総予
総師11
総章
総佐12
泰総
邦総―総能
総氏 保久家―総昌―総朗

詳。松平清康に仕えた重康が祖。孫の重次は松平信康に仕えていたが、天正七年（一五七九）に出奔。翌八年、家康が武田家と戦った際に密かに帰参して石川数正に属して功をあげ、御家人として復帰した。のち普請奉行となっている。

重次の子政次は二代将軍秀忠に仕えて目付・船手・山田奉行を歴任し、安房国で四五〇〇石を知行して寄合に列した。のち分知して四〇〇〇石となり、元禄一一年（一六九八）政往の時に采地を駿河国に移された。八代正勲と一〇代正保は書院番頭をつとめている。

石川家　○いしかわ

仙台藩一門・旧戦国大名。陸奥国石川郡（福島県）発祥で清和源氏満快流。有光が源義家に従って石川荘に移り、石川氏を称した。鎌倉時代には地頭をつとめていた。建武新政の際には新田義貞に従って鎌倉攻めに参加、南北朝時代は北朝に属し、伊達氏、田村氏と争った。室町時代は結城氏の影響下にあり、天正一八年（一五九〇）昭光の時に小田原に赴かなかったため、豊臣秀吉に所領を没収された。

昭光は以後伊達政宗に仕え、江戸時代は仙台藩重臣となり、陸奥国伊具郡角田（宮城県角田市）で二万一〇〇〇石を領した。家格は一門。

元弘三年（一三三三）の石川義光軍忠状に始まる同家文書が宮城県図書館に所蔵されている。

石黒家　○いしぐろ

越中国礪波地方（富山県）の名族。同地の古代豪族で孝元天皇末裔の利波臣の直系の子孫だが、石黒光久が藤原利仁流林氏の娘を娶ったことから藤原姓を名乗った。平安時代末期には石黒荘（南砺市）の荘官をつとめ、源平合戦では光弘が木曽義仲に従って倶利伽羅峠の合戦で活躍したことが『平家物語』に記載されている。

承久の乱では上皇方につき、南北朝時代は石黒重之が南朝に属している。室町時代の文明一三年（一四八一）、光義が一向一揆に敗れて嫡流は滅亡した。分家に木舟城主の石黒氏がある。

加賀藩士の石黒家は木舟城主・石黒光教の子孫。光教の孫成栄が前田利家に仕えて一五〇〇石を領した。

尾張藩士の石黒氏も木舟城主の子孫という。

石黒家　○いしぐろ

新潟県小千谷市片貝の旧家。越中の名族石黒氏の一族という。戦国時代は上杉氏に仕えていたが、天正六年（一五七八）に片貝村で帰農した。幕末、忠悳は平野庸太郎と名乗って幕府に仕え、代官の手代となる。その後石黒姓に復して医師に転じ、維新後は草創期の軍医制度を確立、明治二三年に陸軍軍医総監となって男爵を授けられた。日清戦争では野戦衛生長官をつとめ、二八年子爵となる。その子忠篤は昭和一五年第二次近衛内閣の農相をつとめる。

忠篤の二男孝次郎は、古美術商として

著名な傍ら、名門フランス料理店「クレッセント」の創業者でもある。

石河家 ○いしこ

尾張藩付家老。清和源氏満仲流石川氏の支流。石川光治が承久の乱後美濃国厚見郡市橋荘（岐阜市）の地頭となって下向した。戦国時代、光延（信）の時に斎藤道三を経て、織田信長に仕えた。

長男光政は豊臣秀吉に仕え、その子貞政は関ヶ原合戦で東軍に属し大坂の陣後大和・摂津・近江で五〇二〇石を知行した。のち五〇〇石分知して四五二〇石となる。七代貞通・八代貞大は書院番頭をつとめた。

また、光延の二男光重の子光元は豊臣秀吉に仕えて播磨竜野で五万三〇〇〇石となる。その子光忠は徳川家康に仕えて尾張藩付家老となり、一万石を領した。明治三三年光熈の時に男爵となる。

石母田家 ○いしもだ

仙台藩重臣。陸奥国伊達郡石母田（福島県伊達郡国見町）発祥。甲斐源氏の一族で、伊達朝宗が陸奥国伊達郡を賜った際に従って石母田に住み、石母田氏を称した。以来、代々伊達氏の重臣となる。

江戸時代嫡流は仙台藩の重臣となり、加美郡宮崎で七〇〇〇石余を知行した。のち栗原郡高清水（宮城県栗原市高清水）四〇〇〇石に移る。五〇〇〇点にも及ぶ同家文書は東北歴史資料館と天理大学図書館に分散して所蔵されている。

分家に一五〇〇石の桜目石母田家がある。

石本家 ○いしもと

肥後国天草御領（熊本県天草市五和町御領堀）の豪商。初代治兵衛は寛永年間に長崎から移り住んだという。のち松坂屋と号して金融業を始め、薩摩藩に貸した借財の代わりに琉球貿易を一手に引き受けたり、柳河藩の干拓事業を請け負うなど、手広く活動した。全盛期を迎えた五代目平兵衛は、大名貸しの他にも、問屋や酒造業も行い、さらに天保五年（一八三四）には幕府からは勘定所御用達を命じられた。しかし、同一三年高島秋帆事件に連座して江戸で獄死、以後同家は衰退した。

石本家は代々貧民救済にも力を注ぎ、弘化四年（一八四七）に天草全土に広がった百姓一揆でも石本家は打ち壊しにあっていない。

同家屋敷は一二〇〇坪にも及び、天草市指定文化財となっている。また、同家資料は本渡市歴史民俗資料館に寄贈されている。

石山家 ○いしやま

公家。藤原北家園家の支流。江戸中期の葉川基起の二男師香が祖。家格は羽林家。家禄は三〇石三人扶持。代々筆道をもって朝廷に仕えた。明治一七年基文の時子爵となる。

泉亭家 ○いずみてい

京都の賀茂御祖神社（下鴨神社）神官。鴨氏の末裔で梨木家と同族。安永六年（一七七七）俊永は従二位となっている。幕末・明治初期の静枝子・万喜子姉妹は久邇宮家女房として知られ、万喜子（泉万喜子ともいわれる）は邦彦王の生母である。分家に広庭家がある。

《系図》370ページ

伊勢家 ○いせ

旗本。鎌倉時代に俊継が伊勢守となり、伊勢氏を称した。のち足利氏に仕え、天授五年（一三七九）貞継が三代将軍義満から政所執事に任じられ、以後代々世襲した。八代将軍義政に仕えた伊勢貞親は殿中総奉行、御厩別当なども兼ね、大きな勢力を得た。やがて室町幕府の滅亡とともに没落した。戦国時代、貞為は織田信長を経て、豊臣秀吉に仕えた。

その子貞衡は豊臣秀頼に仕え、大坂城落城後は千姫に従って二条城にいた。寛永一四年（一六三七）、三代将軍家光に召し出されて、礼法の家として旗本となり寄合に列した。貞守の時に相模国・下野国で一〇〇〇石となった。

足利義輝に仕えた伊勢貞弘・貞光父子も同族。貞光の子貞末は足利義昭を経て、徳川家康に仕え、その子貞晴は大坂の陣後旗本となって上総国・常陸国で九三〇石を領した。三代貞敕は普請奉行、勘定奉行を歴任、一三〇〇石に加増された。

板倉家 ○いたくら

江戸時代の譜代大名。清和源氏足利氏。下野国足利郡板倉（栃木県足利市）発祥。足利泰氏の二男義顕は渋川氏を称したが、その前に板倉に住んでいたことから板倉とも称したことに由来する。

戦国時代に渋川義堯の子頼重が三河国額田郡小美村に移って松平氏に仕えたという。定重は松平家忠に仕えて天正九年（一五八一）遠江高天神で討死したことから、僧籍に入っていた兄の勝重が還俗して家督を継いだ。

【備中松山藩主】勝重は徳川家康に仕えて慶長六年（一六〇一）京都所司代となり、子重宗の時に五万石に加増され、明暦二年（一六五六）下総関宿藩に入封した。その後、各地を転々とし、延享元年（一七四四）勝澄の時に備中松山五万石に移った。勝政は奏者番となり寺社奉行を兼任。幕末の勝静は儒学者山田方谷を登用して藩政を改革、自らは老中となって大政奉還などに活躍した。明治元年に二万石に減知、翌年高梁藩と改称した。一七年勝弼の時に子爵となる。

【上野安中藩主】正保元年（一六四四）、関宿藩主重宗の二男重形が下野国で一〇〇〇石を分知されたのが祖。寛文四年（一六六四）さらに九〇〇〇石を分与されて一万石となり、諸侯に列した。天和元年（一六八一）五〇〇〇石を加増されて上野安中藩に入封した。元禄一五年（一七〇二）陸奥泉、延享三年（一七四六）遠江相良を経て、寛延二年（一七四九）上野安中に再入封。幕末の七代藩主勝明は安政二年（一八五五）安中郷学校

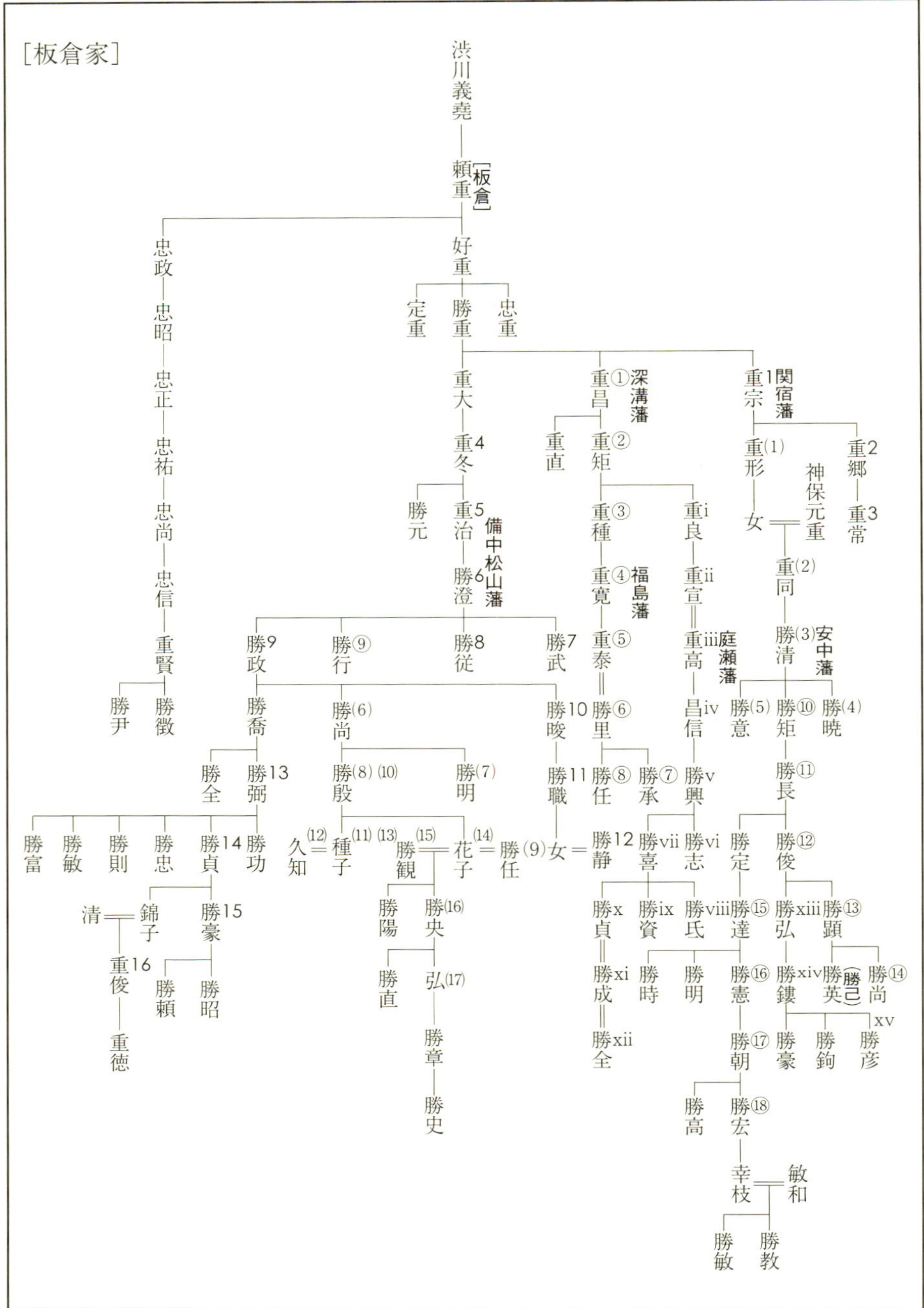

[板倉家]
渋川義堯
頼重[板倉]
忠政
好重
定重
勝重
忠重
忠昭
忠正
忠祐
忠尚
忠信
重賢
勝尹
勝徴
重大
重冬
勝元
重治
備中松山藩
勝澄
勝政
勝行
勝従
勝武
勝喬
勝尚
勝晙
勝全
勝弼
勝殷
勝明
勝職
勝富
勝敏
勝則
勝忠
勝貞
勝功
久知
種子
勝観
花子
勝任
女
清
錦子
勝豪
勝陽
勝央
重俊
勝頼
勝昭
勝直
弘
重徳
勝章
勝史
重昌
深溝藩
重直
重矩
重種
重寛
福島藩
重泰
勝里
勝任
勝承
勝静
重良
重宣
重高
庭瀬藩
昌信
勝興
勝喜
勝志
勝貞
勝資
勝氏
勝成
勝全
勝時
勝明
重宗
関宿藩
重形
重郷
神保元重
女
重常
重同
勝清
安中藩
勝意
勝矩
勝暁
勝長
勝定
勝俊
勝達
勝弘
勝顕
勝憲
勝鏤
勝英
(勝己)
勝尚
勝朝
勝豪
勝鉤
勝彦
勝高
勝宏
幸枝
敏和
勝敏
勝教

を開設、高島秋帆を招いて藩士に洋式砲術を学ばせた。明治一七年勝観の時子爵となる。

【陸奥福島藩主】勝重の二男の重昌は徳川家康に仕えて近習人筆頭となり、寛永元年（一六二四）三河深溝藩一万一八〇〇石を立藩した。以後、各地を転々とし、元禄一五年（一七〇二）陸奥福島三万石に入封。明治元年勝達は三河重原に転じ、一七年子爵となった。

　重昌の二男重直は寛永一六年（一六三九）に八〇〇〇石を分知されて旗本となり、書院番頭をつとめた。

【備中庭瀬藩主】勝重の子重昌は島原の乱で島原城を攻めて討死。重矩は大坂定番、老中、京都所司代などを歴任し、鳥山藩で五万石を領した。その嫡男重良は病弱のため廃嫡となり、名護の重宣が叔父で老中の重種に養育された。しかし、重種は実子を世子としたことから家督争いがおこり、天和三年（一六八三）二万石を分知されて上総高滝藩（千葉県市原市高滝）を立藩した。元禄一二年（一六九九）重高の時備中庭瀬（岡山市北区庭瀬）二万石に転封。明治一七年勝弘の時子爵となる。

《系図》58ページ

伊丹家　○いたみ

旗本・甲斐徳美藩主。藤原北家利仁流で、加藤氏の一族という。摂津国川辺郡伊丹荘（兵庫県伊丹市）発祥。伊丹城に拠り、室町初期から国人領主として活躍した。雅興（元扶）は細川氏に従うが、享禄二年（一五二九）細川高国の家臣柳本賢治に敗れて落城、遺児康直は上野国に逃れた。永禄元年（一五五八）康直は駿河国興津に移り、今川義元、武田信玄を経て徳川家康に仕えた。その子康勝は寛永一〇年（一六三三）諸侯に列し、甲斐徳美藩（山梨県甲州市塩山）一万二〇〇〇石を立藩。元禄一一年（一六九八）四代勝守が自害して断絶した。

　承応二年（一六五三）、康勝の三男勝重は上総国で二六二〇石を分知されて旗本となり目付、勘定頭を歴任して三〇〇〇石に加増されて寄合に列した。のち山田奉行をつとめる。二代勝友は甲府勤番支配、三代勝房は目付をつとめている。

　康勝の兄の虎康は今川氏真、武田信玄・勝頼を経て、天正一〇年（一五八二）徳川家康に仕えた。子之信の時旗本となる。

　また、虎康の弟の虎重も旗本となった他、分家も多い。

一尾家　○いちお

旗本。村上源氏の公家久我家の支流。久我通堅の二男具堯は僧となるが、のち大友義鎮に招かれて豊後国に下向、還俗して一尾三休と号した。のち山城国小倉山のふもとに住む。子通春は慶長八年（一六〇三）徳川家康に従い、同一六年近江国蒲生郡で一〇〇〇石を与えられて旗本となった。

　その子伊織（通尚）は細川三斎に茶を学び、三斎流一尾派を確立した茶人として知られる。

市川家　○いちかわ

歌舞伎役者市川団十郎家。先祖ははっきりしないが、甲斐国の出で戦国時代は小田原の北条氏に仕えたといわれている。北条氏滅亡後は下総に移って郷士となり堀越氏を名乗っていた。江戸時代初期に江戸に出たとみられる。

初代団十郎の父は、江戸の劇場が集まっている地域に近い和泉町に住み、当時有名な侠客であった唐犬十右衛門とも親交があった。団十郎に海老蔵という名をつけたのも唐犬十右衛門である。

初代団十郎は延宝元年（一六七三）、一四歳で段十郎として中村座の初舞台を

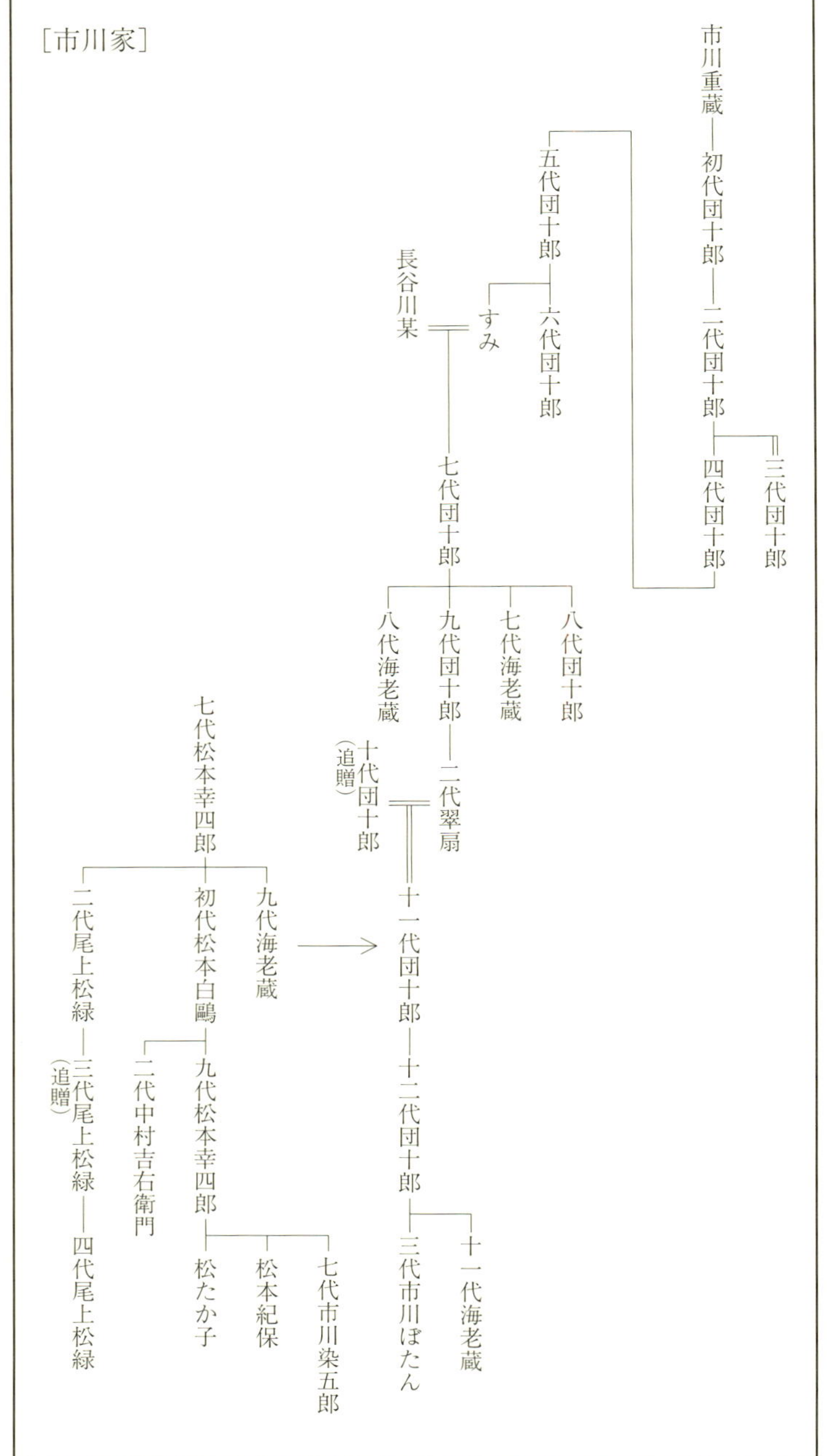

踏み坂田公時を演じ、元禄六年（一六九三）三四歳で団十郎を名乗った。新開地の雰囲気を残していた当時の江戸は、町奴や侠客が幅をきかせている時代で、団十郎の荒事は人気を呼び、団十郎の名前は江戸中に鳴り響いた。しかし四五歳の時に、舞台の中入りの休憩中に楽屋で同僚の役者・生島半六に刺殺された。以後舞台で真剣を用いることが禁じられたという。

当時の市川家は、まだ梨園の総帥という立場にはなく、一七歳で突然父の名を継ぐことになった二代目団十郎は端役からスタートしたが、やがて荒事だけでなく和事にもすぐれた芸を示し、団十郎家の基礎を築いた。

江戸時代後期に名優として知られた七代目は、初代以来の荒事の当たり役を調べ「暫」「助六」「勧進帳」など、歌舞伎十八番を制定。

明治時代には七代目の五男である九代目団十郎は歌舞伎の近代化に貢献、新歌舞伎十八番を決めるなど、近代歌舞伎の祖と呼ばれている。一一代目団十郎は七代松本幸四郎の長男で、昭和三七年に一一代目を襲名したが、四〇年に死去。

現在の団十郎は一二代目で、長男は一一代目市川海老蔵である。

なお、市川団十郎家の現在の戸籍上の名字は堀越である。

《系図》60ページ

市河家　○いちかわ

米沢藩士・信濃の戦国大名。甲斐国八代郡市川（山梨県西八代郡市川三郷町）発祥。『吾妻鏡』にも市河五郎行重の名が見える。のち信濃国に移り、志久見館（長野県下水内郡栄村）に拠って奥信濃に大きな勢力を振るった。南北朝時代、親宗は北朝に属し、越後の新田氏と争った。室町時代は高井郡の大名として戦国時代は武田氏に属し、上杉氏と抗争した。しかし、武田氏の滅亡後は上杉氏に従い、江戸時代は米沢藩士となる。明治維新後は北海道に入植した。山形県の本間美術館に所蔵されている「市河文書」は国の重要文化財である。

市島家　○いちじま

越後の豪農。明治時代を代表する千町歩地主の一つ。丹波国氷上郡市島村（兵庫県丹波市）発祥。祖弥惣右衛門は溝口氏に仕え、慶長三年（一五九八）その新発田入封に従って五十公野村（新潟県新発田市）に移り住んだのに始まる。やがて、南山八家といわれる分家とともに、水原や新発田で大きく発展した。

【市島宗家】宗家は新発田市天王に住み、天王家といわれた。元禄年間、初代治兵衛は家督を譲った後に水原に移住、売薬業を始めた。これが水原での発展の基礎となった。三代目喜右衛門（南山）は売薬問屋として成功、山形や上方とも取引する一方、土地を集積して地主化を進めた。そして、資産を八人の子どもに分配、これが南山八家となった。

宗家を継いだ四代目の徳次郎（修徳）は福島潟新田の開発に着手、天明三年（一七八三）には幕府に八〇〇両を献じて名字御免、同六年には手賀沼の干拓費として二〇〇〇両を献じて、帯刀御免・

士分となった。この頃すでに二〇〇〇町歩を所有したといわれる。

七代目徳次郎（宗輔）の時に明治維新を迎え、明治一〇年に水原から本来の地である天王に移転。第四国立銀行の初代頭取をつとめるなど、県実業界で活躍した。八代徳次郎は、吉田東伍の「大日本地名辞書」の編纂に協力したことでも知られる。明治四〇年には、蒲原郡など五九ヶ村で一四六六町歩の耕地に、宅地・山林合わせて二〇〇〇町歩という全国屈指の巨大地主であった。

天王にある市島邸は戊辰戦争で消失後、明治五年に新築されたものである。仏間を中心とした居室に、数奇屋造りの水月庵、回遊式の庭園などが一般公開されているが、明治三〇年に建てられた新館湖月閣は平成七年の新潟県北部地震で全壊した。

また、市島家に伝わる一万六〇〇〇点余の文書は、新潟県の近代社会史における重要文書でもある。

【角市家】南山の子次郎吉は、分家して阿賀野市下条の角市市島家の祖となった。宗家とともに手賀沼の開発に五〇〇両を献金して一代帯刀と永世名字御免となる。三代目次郎吉は新発田藩の廻船差配方となり、米の売買で巨額の利益を得た。この資金をもとにしばしば幕府に献金を行い、永世帯刀御免と三人扶持を得ている。しかし、幕末に家を継いだ四代目の五世次郎吉（正克）が国事に奔走したため、家業が傾いてしまった。そして、五代目の長男として生まれたのが、政治家・ジャーナリストとして活躍し、早稲田大学の経営にも参画した市島謙吉である。

【丸市家】新発田市では丸市市島家が栄えた。初代次郎八が新発田立売町に分家、質屋・酒造業で成功して一代で豪商となり、新発田藩の御用達となった。以後、代々藩の御用達をつとめ、白勢家などとともに、新発田藩の財政を支えていた。

【金市家】同じく新発田萬町に分家した金市市島家も名字帯刀御免となり、新発田藩の御用達をつとめていたが、嘉永六年（一八五三年）破産している。

【その他の分家】この他、入市家、葛塚家、山市家、六之丞家の四つを合わせても南山八家を構成していた。

一条家　〇いちじょう

公家。仁治三年（一二四二）藤原道家の四男実経が一条室町第を譲られ、一条家の祖となった。建長二年（一二五〇）以降、九条流三家の嫡流となる。以来、摂関家として朝廷で重要な地位についた。

室町時代の一条兼良は有職故実家として著名。江戸時代初期の慶長一六年（一六一一）に内基が嗣子なく死去したため、後陽成天皇の九男昭良が養子として家督を継いでいる。家禄は二〇四四石余。幕末一条忠香は公武合体派の公家として活躍、その三女美子は明治天皇の皇后（昭憲皇太后）となった。明治一七年実輝の時公爵となる。

なお、戦国大名の土佐一条氏は、応仁二年（一四六八）教房が応仁の乱を避けて所領のあった土佐国幡多荘（高知県四万十市）に下向、中村に住んだのを祖と

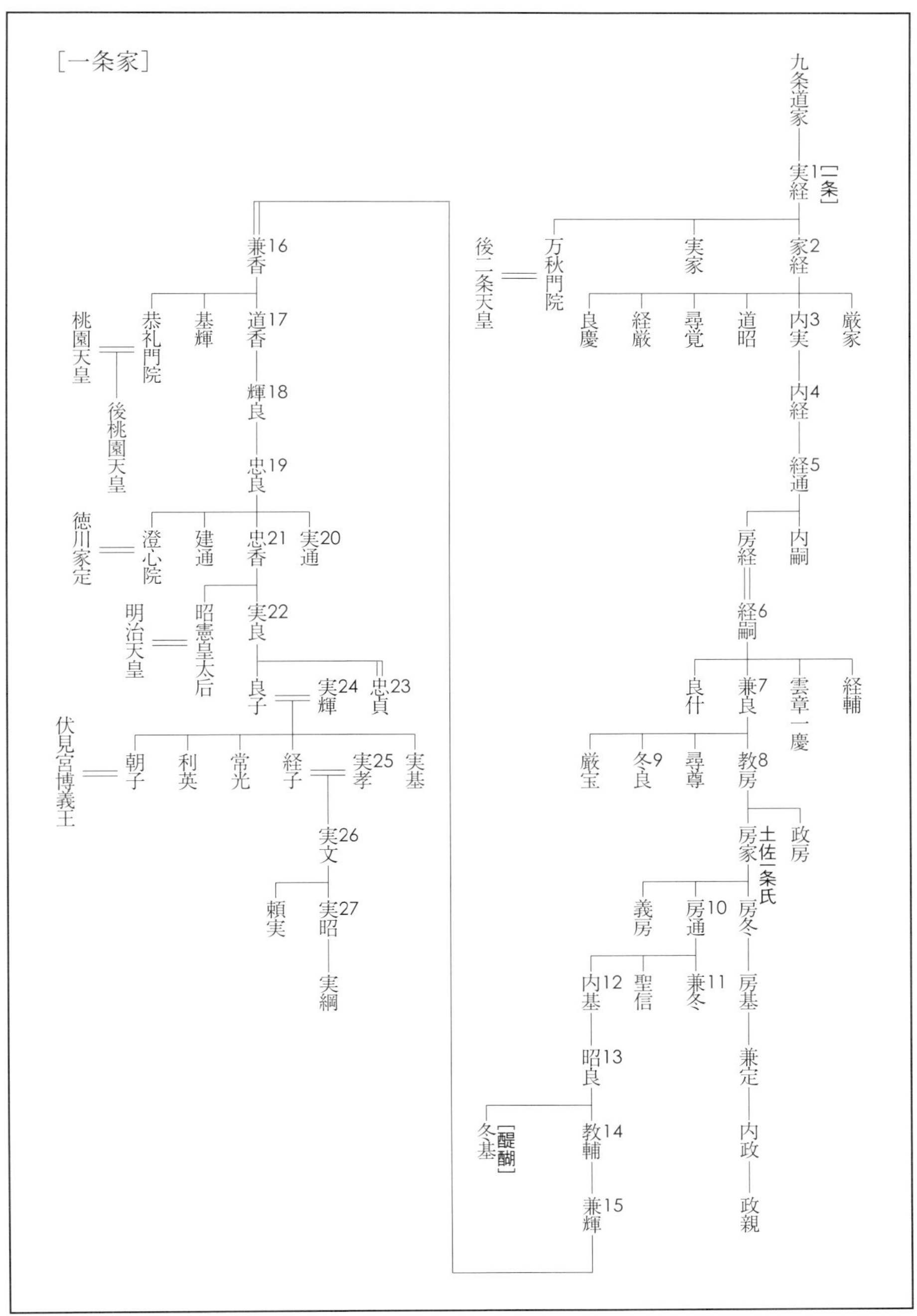

［一条家］
九条道家
実経 1［一条］
家経 2
実家
万秋門院
後二条天皇
厳家
内実 3
道昭
尋覚
経厳
良慶
内経 4
経通 5
内嗣
房経
経嗣 6
経輔
雲章一慶
兼良 7
良什
教房 8
尋尊
冬良 9
厳宝
政房
房家［土佐一条氏］
房冬
房通 10
義房
房基
兼定
内政
政親
兼冬 11
聖信
内基 12
昭良 13
教輔 14
冬基［醍醐］
兼輝 15
兼香 16
道香 17
基輝
恭礼門院
桃園天皇
後桃園天皇
輝良 18
忠良 19
実通 20
忠香 21
建通
澄心院
徳川家定
実良 22
昭憲皇太后
明治天皇
忠貞 23
実輝 24
良子
実基
実孝 25
経子
常光
利英
朝子
伏見宮博義王
実文 26
実昭 27
頼実
実綱

している。戦国末期に長宗我部元親に敗れ、慶長五年（一六〇〇）京都に移った。

《系図》63ページ

市橋家　○いちはし

近江西大路藩主。美濃国池田郡市橋郷（岐阜県揖斐郡池田町）発祥。清和源氏とも藤原氏ともいうが不詳。長利は福塚城に拠って織田信長に従い、子長勝は豊臣秀吉に仕えて、美濃今尾で一万石を領した。

のち徳川家康に仕え、慶長一三年（一六〇八）伯耆矢橋二万一三〇〇石に入封。元和二年（一六一六）越後三条に四万一三〇〇石に転封となったが、同六年長勝が跡継ぎのないまま死去したため一旦除封となり、甥の長政が近江仁正寺（滋賀県蒲生郡日野町西大路）二万石で再興した。以後、二度の分知で一万七〇〇〇石となる。文久二年（一八六二）西大路藩と改称した。長富は天保一四年（一八四三）幕命により江戸邸御預けとなった高島秋帆について西洋砲術を藩士に習熟させ、子長義は幕末藩論を尊王に統一し、戊辰戦争では東山道軍に加わった。明治一七年長寿の時に子爵となる。

鴨脚家　○いちょう

京都の賀茂御祖神社（下鴨神社）の神官。鴨氏の末裔で三家あるが、それぞれの関係ははっきりしない。正徳二年（一七一二）に上北面となり、以後代々官人として仕えた。また、一族には公卿に列した者も多い。幕末に尊攘派の官人として活躍した鴨脚加賀光長、鴨脚下総光敬らが知られる。また、元陳の子克子は和宮付女房をつとめている。

一力家　○いちりき

仙台の地方財閥。大町五丁目に店を構え、明治初期には大竹左右助とともに仙台の二大茶商といわれた。維新後に鈴木家から家を継いだ健治郎は仙台市議、宮城県議を歴任する一方、実業界で活躍。明治三〇年河北新報社を創立すると政界から身を引いて、同社の経営に専念した。昭和四年に健治郎が死去すると、二男の次郎が社長、三男の五郎が編集局長となり、戦後は東北放送を創立するなど、仙台を代表する財閥に発展させた。

次郎の長男一夫は横綱審議会会長もつとめ、その子雅彦が現在の河北新報社社長である。

一色家　○いっしき

旗本。三河国幡豆郡吉良荘一色（愛知県西尾市一色町）発祥。清和源氏。足利泰氏の七男公深が一色に住んで一色氏を称した。

一色公深の子範氏は足利尊氏に仕えて丹後・若狭の守護となり、室町時代は四職の一つをつとめた。室町末期に没落、戦国時代は丹後宮津城主となっていたが、天正一〇年（一五八二）義俊が細川忠興に討たれて滅亡した。

【旗本一色家】一色藤長は一五代将軍義輝に仕えていたが、のちに織田信長、豊臣秀吉を経て、徳川家康に仕えた。子範勝の時に旗本となり、その子範親は二〇〇〇石を知行した。なお、徳川幕府創早期に活躍した以心崇伝（金地院崇伝）は一色藤長の甥にあたる。

【尾張一色家】一色詮範の弟詮光は足利義詮に仕え、孫満氏の時尾張国知多郡を領し、尾張一色氏となった。貞重は六歳で父が死去したため伊勢国に住んでいたが、のちに三河国に転じて徳川家康に仕えた。関東入国の際には従わず、寛永一六年（一六三九）に子重政が改めて召し出され旗本となった。宝暦二年（一七五二）政沆は勘定奉行となり、上総国・常陸国で九〇〇石を知行した。

【旗本幸手一色家】戦国時代、直朝は古河公方の重臣だったが、足利義氏の死後は北条氏に従った。子義直は天正一八年

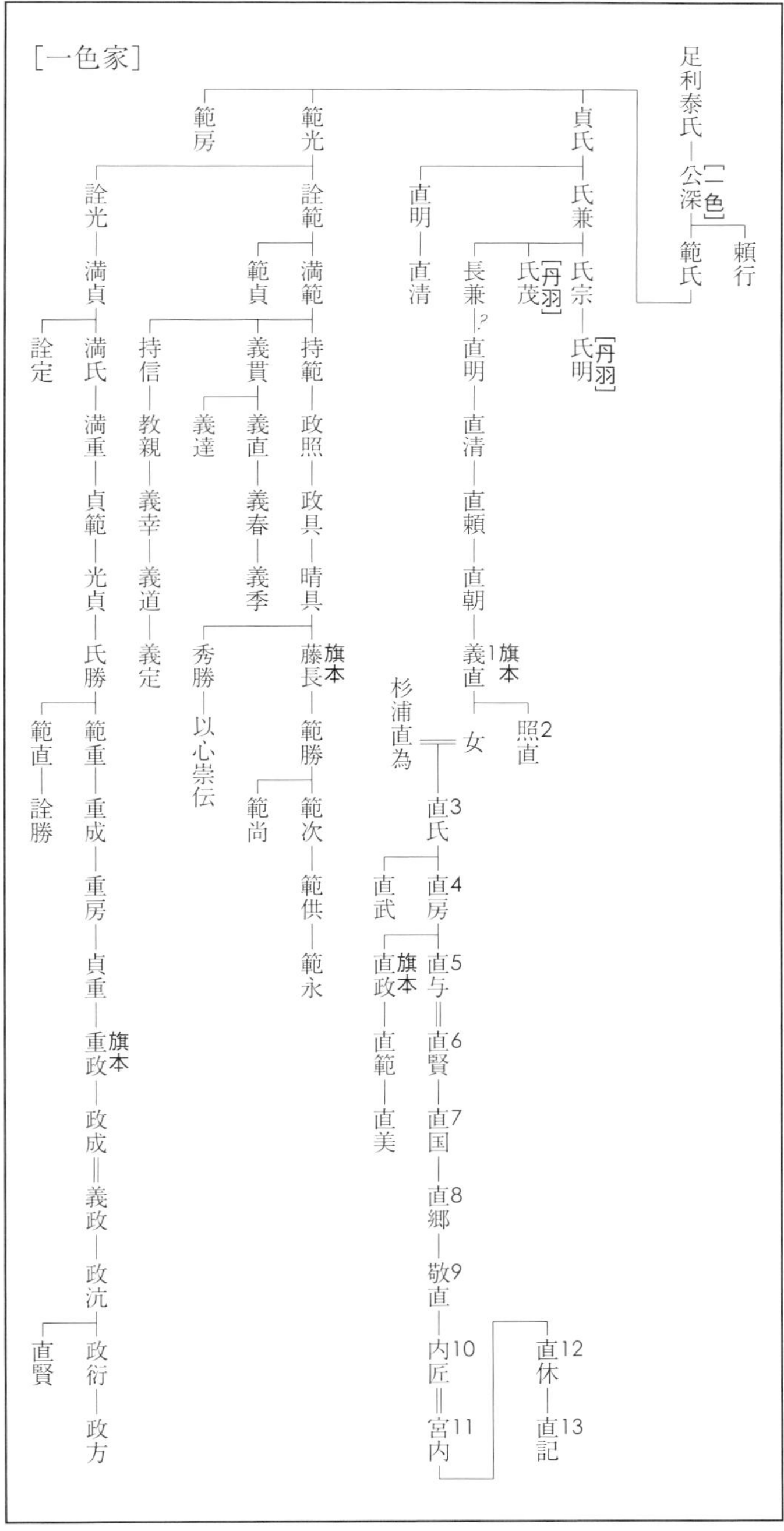

（一五九〇）家康の関東入国の際に召し出されて武蔵国幸手（埼玉県幸手市）で五〇〇〇石余を賜り、幸手一色家の祖となった。三河国宝飯郡・設楽郡・加茂郡で三五〇〇石を領した。六代直賢は浦賀奉行をつとめた他、幕末の一二代直休は勘定奉行を経て、田安家の家老となった。

《系図》65ページ

五辻家　○いつつじ

公家。大原光遠の子仲兼が五辻家を称したのが祖。天文七年（一五三八）諸仲が従三位となって堂上に列した。家格は半家。家職は神楽。江戸時代の家禄は二〇〇石余。幕末、安仲は尊攘派の公家として活躍した。明治一七年安仲の時に子爵となる。分家に慈光寺家がある。

《系図》67ページ

井戸家　○いど

旗本。大和国式下郡井戸（奈良県磯城郡川西町）発祥。『寛政重修諸家譜』では藤原氏支流に収め、戦国時代の良弘は藤原式家の末裔と伝える。大和乾党の一つ。室町時代は菅田上荘（天理市）の荘官をつとめ、戦国時代は井戸城に拠っていた。

戦国時代、良弘は筒井順慶に属して大和国添上郡で二万石を領した。のち織田信長に仕えて、山城槇島城主として二万石を領した。子覚弘は筒井定次に仕えていたが、筒井家の改易で大和に逼塞。慶長一四年（一六〇九）に徳川秀忠に仕えて旗本となり、三〇四〇石を知行した。子良弘は五〇〇石を加増されて三五四〇石となったが、のちに分家して二五四〇石となっている。

伊東家　○いとう

日向飫肥藩主。藤原南家。伊豆国田方郡伊東（静岡県伊東市）発祥。維職が伊豆押領使となって伊東荘に住み、伊東氏を称した。その後、祐家系と祐継系の二流に分かれ、各地に広がった。

【日向伊東氏】祐継系の伊東氏は、祐時が源頼朝に仕えて建久九年（一一九八）日向国の地頭となり、一族庶子を代官として下向させ、まず彼らが土着。南北朝時代、祐持は北朝に属し南朝方に対抗するために日向に下向。やがて先行土着していた庶子家を被官化すると同時に、古来から勢力を保っていた土持氏をもその支配下においた。室町時代中期の祐堯・祐国の頃に全盛期を迎え、日向国の大半を支配した。その後戦国大名に発展、島津氏と激しく争った。天正五年（一五七七）義祐の時に島津義久に敗れて豊後に逃れ、一旦滅亡した。

【日向飫肥藩主】日向伊東氏滅亡の際、伊東義祐の二男祐兵は伊予国に逃れ、のち豊臣秀吉に仕えて河内国丹南郡で五〇〇石を領した。天正一五年（一五八七）豊臣秀吉の九州出兵の際に案内役をつとめ、翌年日向飫肥（宮崎県日南市）で伊東氏を再興した。関ヶ原合戦では東軍に属したが直後に死去、子孫は江戸時代も日向飫肥藩五万一〇〇〇石の藩主となった。明治一七年祐帰の時子爵となる。祐弘・祐淳はともに貴族院議員をつとめた。

い

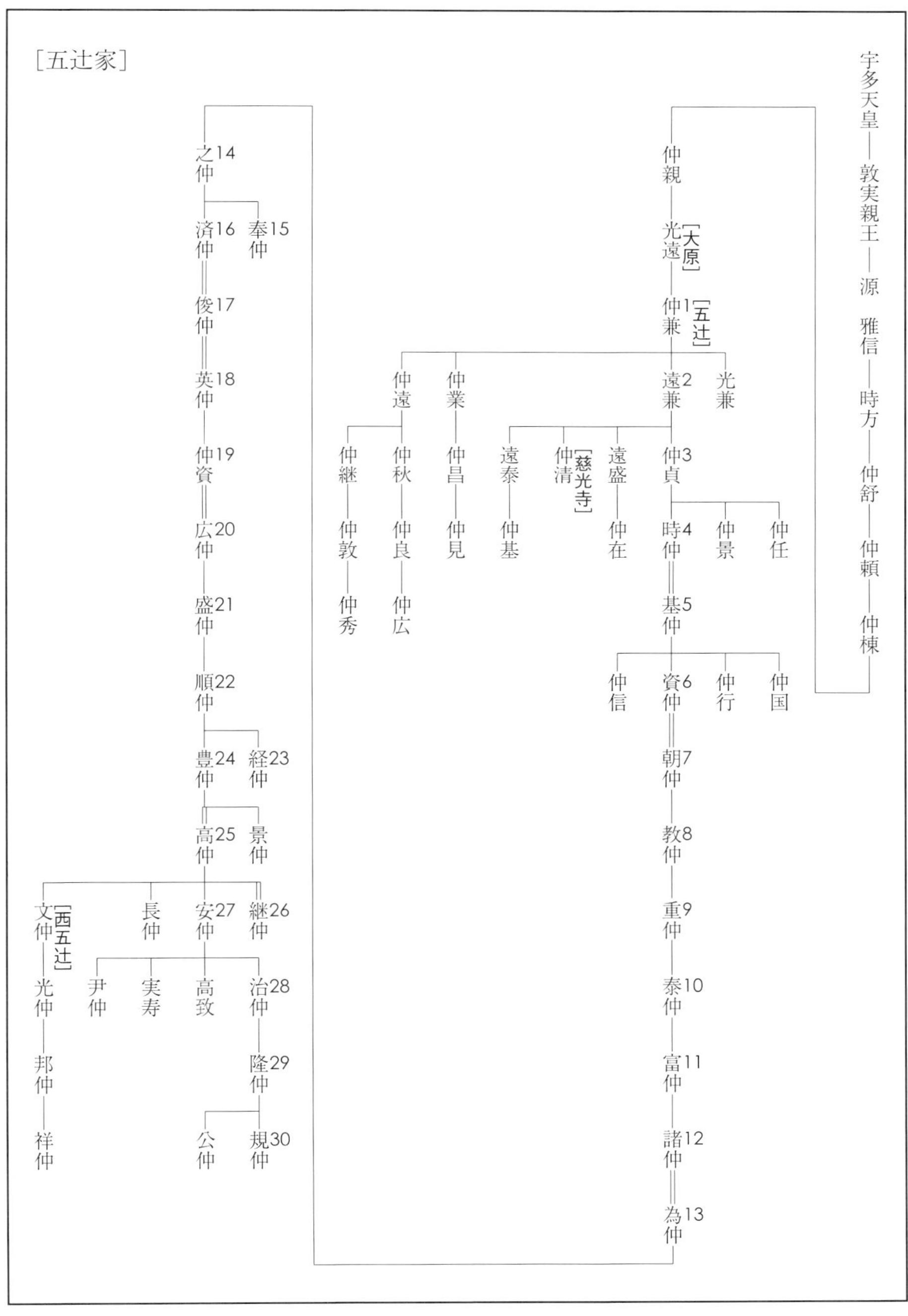

［五辻家］
宇多天皇
敦実親王
源雅信
時方
仲舒
仲頼
仲棟
仲親
光遠［大原］
仲兼 1［五辻］
光兼
遠兼 2
仲業
仲遠
仲3 貞
遠盛
仲清［慈光寺］
遠泰
仲昌
仲秋
仲継
仲任
仲景
時4 仲
仲在
仲基
仲見
仲良
仲敦
基5 仲
仲広
仲秀
仲国
仲行
資6 仲
仲信
朝7 仲
教8 仲
重9 仲
泰10 仲
富11 仲
諸12 仲
為13 仲
之14 仲
奉15 仲
済16 仲
俊17 仲
英18 仲
仲19 資
広20 仲
盛21 仲
順22 仲
経23 仲
豊24 仲
景仲
高25 仲
継26 仲
安27 仲
長仲
文仲［西五辻］
治28 仲
高致
実寿
尹仲
光仲
隆29 仲
邦仲
規30 仲
公仲
祥仲

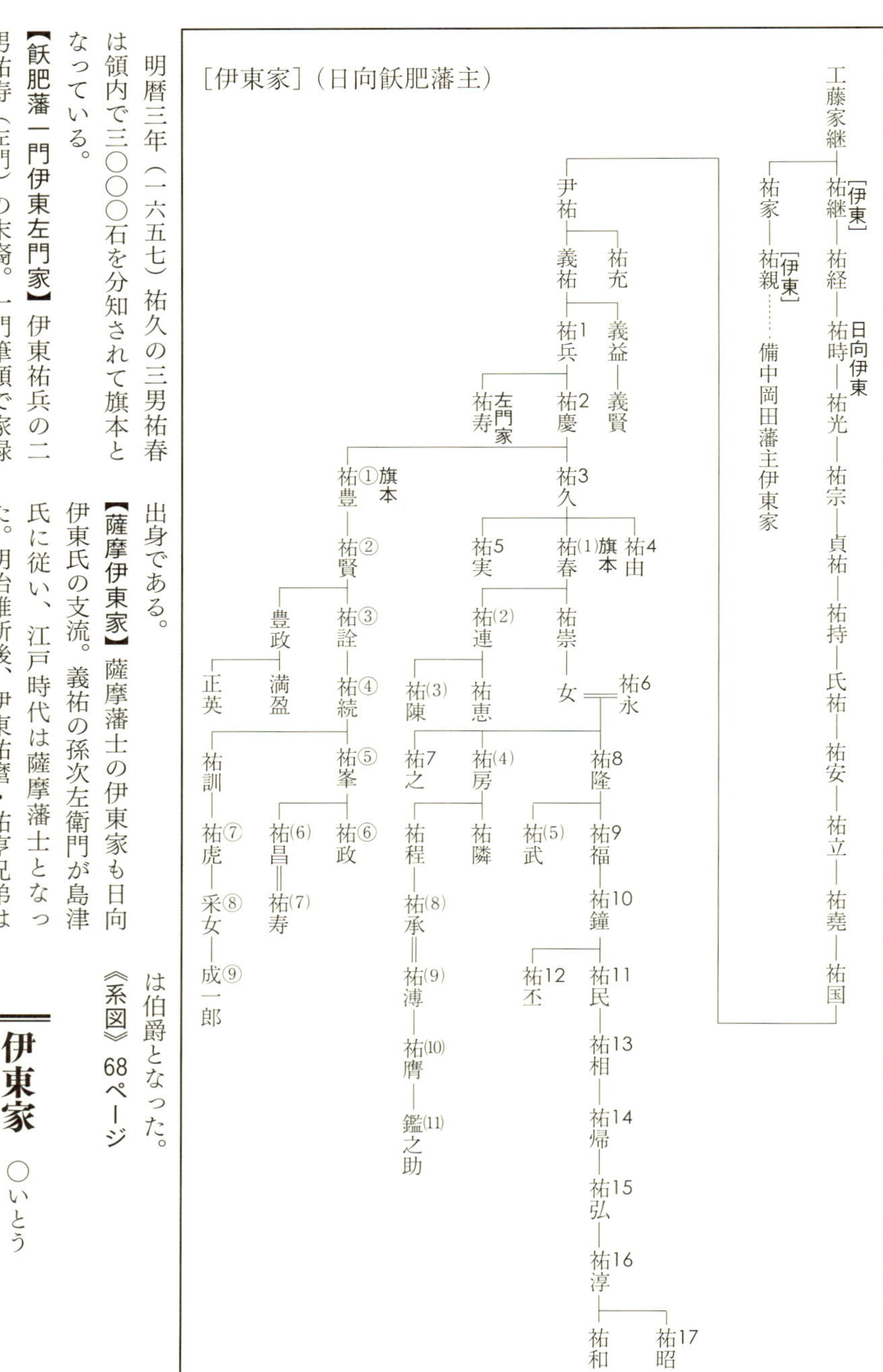

明暦三年（一六五七）祐久の三男祐春は領内で三〇〇〇石を分知されて旗本となっている。

【飫肥藩一門伊東左門家】伊東祐兵の二男祐寿（左門）の末裔。一門筆頭で家禄は一〇〇〇石。六代藩主祐永は左門家の出身である。

【薩摩伊東家】薩摩藩士の伊東家も日向伊東氏の支流。義祐の孫次左衛門が島津氏に従い、江戸時代は薩摩藩士となった。明治維新後、伊東祐麿・祐亨兄弟は海軍に入って累進し、祐麿は子爵、祐亨は伯爵となった。

《系図》68ページ

伊東家 ○いとう

飫肥藩主一門。元和元年（一六一五）

二代将軍の側近だった旗本成瀬正武が切腹した際、遺児である祐正・祐秋兄弟は母の実家の飫肥藩主伊東家で養われた。のち伊東姓を賜り、子孫は飫肥藩主一門の伊東主水家と伊東図書家となっている。

伊東家 ○いとう

備中岡田藩主。藤原南家工藤氏で、祐家系伊東氏の末裔。祐元の時に伊豆から尾張に移り、織田信長に仕えた。子長久は豊臣秀吉に仕え、その子長実が小田原攻めで功をあげて備中川辺（岡山県倉敷市真備町）で一万石を賜った。

長実は関ヶ原合戦では石田三成の挙兵をいち早く徳川家康に知らせたが、大坂の陣では秀頼方に属して大坂城に籠城。戦後、長実は高野山で自害しようとしたが許され、元和元年（一六一五）備中・美濃・摂津・河内で一万三四〇石を与えられて諸侯に列し、備中川辺に陣屋を置いた。寛文四年（一六六四）陣屋を岡田（倉敷市真備町岡田）に移し、岡田藩となる。明治一七年長辞の時子爵となる。

伊藤家 ○いとう

越後国蒲原郡沢海（新潟県新潟市江南区沢海）の豪農。宝暦六年（一七五六）に初代文吉が一町二反歩を譲られて分家独立したことに始まる。以来、代々文吉を名乗り、質屋・金融業・運送業と事業を拡大して、天保八年（一八三七）には名字帯刀御免となった。

明治以降は土地を集積、六郡六四ヶ町村で一三七〇ヘクタールの田畑を所有、二八〇〇人の小作人を抱えていた。昭和二〇年の農地解放の際に財団法人に転じ、北方文化博物館としてオープンした。

伊藤家 ○いとう

尾張の豪商。祖は織田氏に仕えていた伊藤蘭丸祐広。天正元年（一五七三）河内若江城の三好義継征伐に従軍して戦死した。遺児祐道は縁戚関係にあった美濃国久々利領主の千村良重に養育され、のち清須から名古屋本町に出て、慶長一六年（一六一一）太物商を開業。のち呉服も扱ったが、大坂夏の陣で大坂方に加わり戦死した。

二代祐基以降代々次郎左衛門を名乗り、呉服商を営んだ。万治年間に茶屋町に移って小売りに転じて成功した。延享二年（一七四五）京都に仕入店を開店、明和五年（一七六八）には江戸・上野の松坂屋を買収した。寛政八年（一七九六）一二代祐躬の時尾張藩の御用達となり、名字帯刀も許可された。

維新後、一四代祐昌は明治八年大阪店を開業、一四年には伊藤銀行を設立して、金融・不動産などの伊藤財閥を築いた。

祐昌の四男の一五代祐民は百貨店の松坂屋に改組、その子一六代祐茲は、戦後中部経済界のドンとして活躍した。

伊藤家 ○いとう

名古屋の豪商。慶長一九年（一六一四）に移住した清須越町人で、松坂屋の伊藤家と区別するために、堀川沿いにあったことから川伊藤家と呼ばれた。堀川の水運を利用した御用達商人で、米穀問屋をも営んだ。主屋は享保年間（一七一六〜三六）のものと伝えられ、住宅と土蔵は県指定文化財である。

伊藤家 〇いとう

伊勢室山（三重県四日市市）の豪商。味噌醤油の醸造業を営み、代々小左衛門を称した。幕末の五代目の時に茶園を開いて茶の輸出に成功、明治以降は養蚕・製糸にも乗り出した。六代目は伊藤組を設立。また、三重紡績（のちの東洋紡績）の創立者伊藤伝七は五代目のいとこにあたる。

伊藤家 〇いとう

国学者。伊藤仁斎は堺の豪族の出という。天正一四年（一五八六）了慶が京都に出て商売を始めて成功した。仁斎は了慶の孫にあたり、当時はかなり裕福な商家であった。また、母は連歌師里村紹巴の孫である。

仁斎の長男東涯は父の古義堂を継ぎ、二男梅宇は福山藩、三男介亭は高槻藩、四男竹里は久留米藩、五男蘭嵎は紀伊藩に儒者として仕えた。東涯の跡も代々古義堂を継承し、明治に至っている。

伊藤家 〇いとう

長門国下関の豪商・本陣。藤原北家利仁流。嘉禎年間（一二三五〜三八）に、伊藤左衛門尉盛成が長門国の目代となって下向したのが祖という。以後、長門国衙の在庁官人として土着した。のち赤間関に転じて国人化した。

室町時代には、亀屋と号した薬種問屋の亀屋伊藤家と、本陣伊藤家に分かれた。室町時代、亀屋伊藤家は大内家の被官であったともみられている。

貞享四年（一六八七）亀屋伊藤家は西端町に移転して亀屋薬店を開業、大年寄格となる。

本陣伊藤家は九州の諸大名が宿泊しただけでなく、オランダ商館長も江戸参府の際には宿泊した。幕末には坂本竜馬を援助していたことでも知られる。

維新後には、亀屋伊藤家の房次郎が赤間関市の初代市長をつとめている。

伊藤家 〇いとう

伊藤忠創業家。近江国犬上郡豊郷村（滋賀県犬上郡豊郷町）の初代忠兵衛は、幕末に兄の長兵衛とともに錦糸や織物などの行商を始めて成功し、明治五年大阪・本町に「紅忠」と号して問屋を創業。二代目は初代の急死によって一七歳で継ぎ、大正七年伊藤忠商事を創業した。

なお、長兵衛の跡を継いだ二代目長兵衛は丸紅を創業している。

到津家 〇いとうづ

宇佐神宮大宮司。莵狭津彦命の子孫というが不詳。宇佐国造の末裔と考えられる。欽明天皇二九年（五六八）に諸石が八幡神を勧請したのが始まりで、飛鳥時代に法蓮が一族とともに宇佐姓を賜って宇佐公と号したと伝える。

　奈良時代に池守が初めて宇佐神宮の宮司となり、九世紀以降は大神氏とともに大宮司職を交互につとめた。のち大神氏が没落し、鎌倉時代以降は宇佐氏が大宮司を独占、鎌倉末期に宮成家と到津家の二家に分裂した。

　到津家は豊前国企救郡到津荘（福岡県北九州市小倉北区）発祥。宇佐公世の末子公連が南朝方から到津荘の地頭に任じられて総領家から独立し、到津氏を称した。

　南北朝時代は南朝方の大宮司をつとめた。南北朝の合一後は、宮成氏とともに大宮司をつとめた。永禄年間、大友宗麟の宇佐宮焼討ちで到津荘に逃れたが、江戸時代になって宇佐に戻った。

　宮成家の後継者が途絶えた後は、宇佐神宮の大宮司を世襲していたが、平成二〇年に後継者の到津克子権宮司の大宮司就任が神社本庁に認められず、二二年「宇佐神宮大宮司は到津家の世襲であるか」をめぐって提訴している。

《系図》72・73ページ

絲原家　○いとはら

出雲国仁多郡三沢村（島根県仁多郡奥出雲町）の名家。鈩製鉄で資産を築き、七代吉三郎は松江藩窮乏の際に数度にわたり上納金を納めている。幕末の一〇代目徳右衛門の時には能義郡など他郡の田畑山林までを買い入れ、広大な地主となった。一一代目権造の時に藩主の要請で「糸原」から「絲原」に改名した。一三代目武太郎の大正一一年に鉄山師を廃業、以後は金融界に転じて山陰合同銀行頭取を長くつとめた。

伊奈家　○いな

旗本。清和源氏で信濃国伊那郡（長野県）発祥。易氏の時に伊那に住み、孫の易次が伊奈氏を称したが、のち信濃を去った。忠基の時三河国幡豆郡小島（愛知県西尾市）に住んで松平広忠に仕えた。天正一八年（一五九〇）の関東入国に際して昭綱は二五〇〇石を与えられたが、慶長五年（一六〇〇）に福島正則と争いとなり切腹、嫡流は断絶した。

　一方、忠基の二男忠家の子である忠次は、徳川家康の関東入国以降、代官頭として関東領国支配の重要な役割を果たし、武蔵小室藩一万石を立藩。江戸幕府草創期における、民政を担当して幕府の基礎を築いている。

　元和五年（一六一九）、三代忠勝が九歳で没して断絶したが、弟の忠隆が小室で一一八〇石を与えられて旗本として再興した。

　また忠次の二男忠治は兄忠政の跡を継いで代官頭となり、武蔵国足立郡赤山（埼玉県川口市）で七〇〇〇石を領した。寛永一九年（一六四二）には関東諸代官の統括を命じられ、以後代々関東郡代を世襲し旗本ながら大きな力を持った。寛政四年（一七九二）忠尊の時に失脚。その長男忠盈はのちに一〇〇〇石の旗本として再興している。

稲垣家　○いながき

譜代大名。伊勢国一志郡小倭荘稲垣

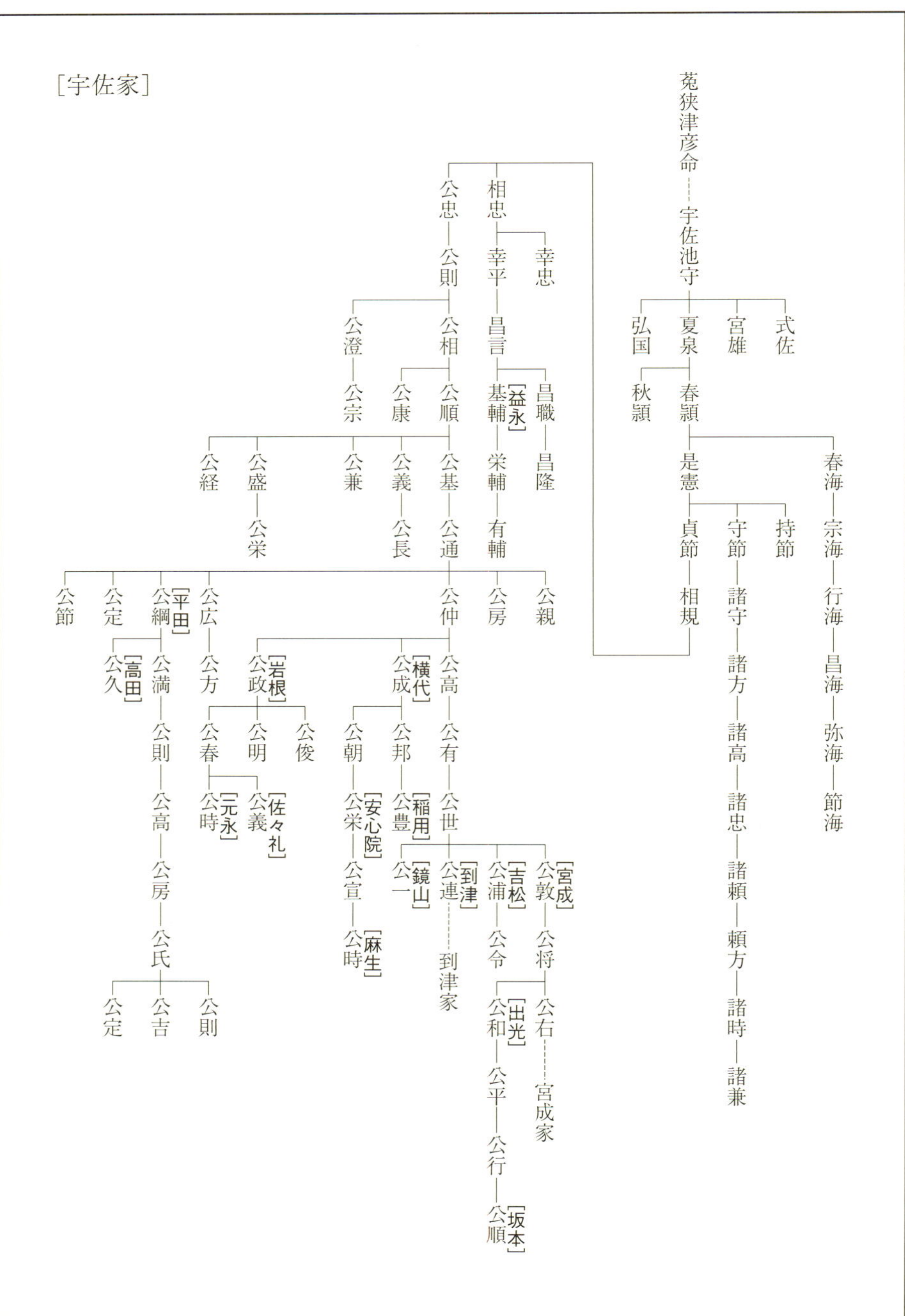
[宇佐家]
菟狭津彦命
宇佐池守
弘国
夏泉
宮雄
式佐
秋顕
春顕
是憲
春海
宗海
行海
昌海
弥海
節海
貞節
守節
持節
諸守
諸方
諸高
諸忠
諸頼
頼方
諸時
諸兼
相規
相忠
幸平
幸忠
昌言
基輔[益永]
昌職
栄輔
有輔
昌隆
公忠
公則
公澄
公宗
公相
公康
公順
公経
公盛
公栄
公兼
公義
公長
公基
公通
公節
公定
公綱[平田]
公久[高田]
公満
公則
公高
公房
公氏
公定
公吉
公則
公広
公方
公仲
公房
公親
公政[岩根]
公春
公時[元永]
公義[佐々礼]
公明
公俊
公成[横代]
公朝
公栄[安心院]
公宣
公時[麻生]
公邦
公豊[稲用]
公高
公有
公世
公一[鏡山]
公連[到津]
到津家
公浦[吉松]
公令
公和[出光]
公平
公行
公順[坂本]
公敦[宮成]
公将
公右
宮成家

（三重県津市白山町）発祥か。清和源氏を称している。伊勢の住人小田重氏が三河国に移り、重賢の時三河国渥美郡吉田（愛知県豊橋市）牛久保に住んだ。長茂は初め牧野成定に従い、永禄八年（一五六五）徳川家康に仕えた。

【志摩鳥羽藩主】 長茂は小田原攻めで功をあげ、関東入国では三〇〇〇石を与えられた。関ヶ原合戦後、慶長六年（一六〇一）上野伊勢崎藩一万石を立藩。重綱は元和六年（一六二〇）越後三条を経て、慶安四年（一六五一）三河刈谷二万三〇〇〇石、重富は下野烏山二万五〇〇〇石に移る。享保一〇年（一七二五）昭賢の時に志摩鳥羽三万石に入封した。

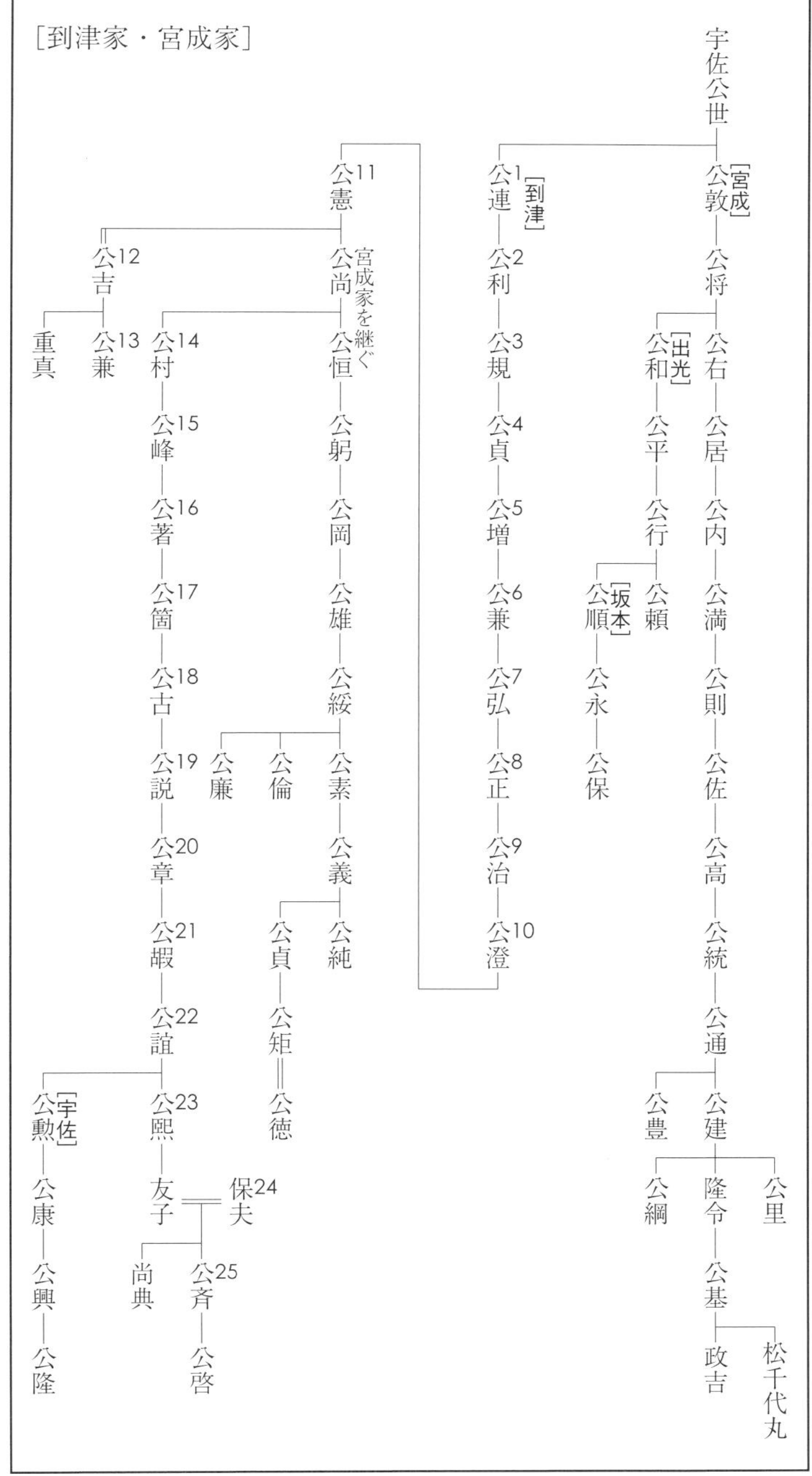

鯨・鰹・ボラなどの沖漁業と、真珠・鮑などの貝類、海苔などの磯漁業を盛んにし、とくにボラ漁は藩営により統制された。鳥羽城は海側が黒、陸側が白の二色に塗り分けられているが、これは光に敏感なボラ漁に支障をきたさないように配慮したものともいわれている。

また、国崎の鮑は伊勢神宮の熨斗鮑として献上された。現在でも古来からの手法で熨斗鮑がつくられており、平成一六年には三重県の無形民俗文化財に指定されている。

この他、法田（松阪市）の藍染、射和（松阪市）の軽粉（梅毒薬）製造なども行われた。天保五年（一八三四）の飢饉では佐藤信淵の援助によって藩財政の根本的立て直しをはかっている。明治一七年子爵となる。

重綱の三男重氏は一家を興して旗本となり、寛文一二年（一六七二）宗家から一五〇〇石を分知された。天和元年（一六八一）には堺奉行となって五〇〇石を加増され、二〇〇〇石となる。

【近江山上藩主】 重太の長男重定は貞享二年（一六八五）若年寄となって五〇〇〇石を加増されて一万三〇〇〇石となり、諸侯に列した。元禄一一年（一六九八）、近江山上（滋賀県東近江市山上町）に陣屋を置いて山上藩を立藩した。

幕末、太清は大坂定番や海軍奉行を歴任、佐幕派の大名として知られた。明治一七年の華族令制定当時は女戸主だったため、太祥が再相続して一九年に子爵となった。

【長岡藩家老稲垣平助家】 長岡藩主牧野家が三河国牛久保の土豪だった時代に、

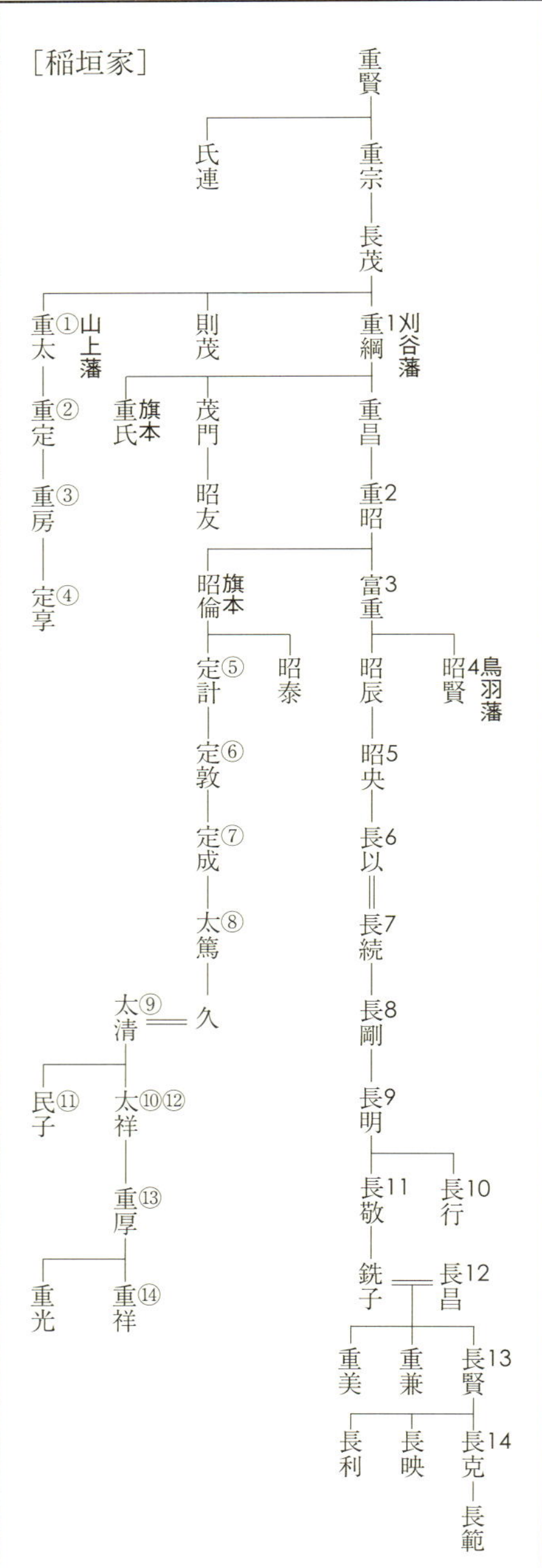

牧野家のもとに集まった牛久保六騎の一つ。則茂が牧野家の家老となり、以後代々長岡藩筆頭家老をつとめた。家禄は二〇〇〇石。

幕末の当主茂光は北越戦争に際して謹皇を主張したことから河井継之助によって藩政からはずされ、戦の前に出奔。戦後長岡に戻って新政府軍に藩主の助命嘆願をしている。

分家に家老の稲垣太郎左衛門家がある。

《系図》74ページ

稲員家　○いなかず

筑後国上妻郡（福岡県）の旧家。同国御井郡稲員村（福岡県久留米市北野町稲数）発祥で、草壁氏の支流。延暦二一年（八〇二）保只が稲員に住んで稲員氏を称した。鎌倉時代には御家人となり、上妻郡広川荘（八女郡広川町）に移る。戦国時代は大友氏に従い、江戸時代は大庄屋となった。「稲員文書」を伝える。

稲田家　○いなだ

徳島藩家老。尾張国（愛知県）発祥。貞祐の時織田信安に仕えた。子稙元は蜂須賀正勝に仕え、天正一三年（一五八五）の蜂須賀家の阿波入国に従って家老となり、その子示稙の時に淡路洲本城代となった。以後代々九郎兵衛を称して洲本城代兼徳島藩家老をつとめ、一万四〇〇〇石を領した。

幕末、邦稙は討幕派として活躍、佐幕派の徳島藩と対立した。維新後の稲田家独立を目指した動きに対して、明治三年に徳島藩士が稲田家を襲撃（庚午事変）、これを機に淡路島は兵庫県に編入され、稲田家は北海道静内に移住した。二九年邦稙が男爵となる。

稲次家　○いなつぐ

久留米藩家老。丹波国氷上郡葛野村稲次（兵庫県丹波市氷上町）発祥。初代稲次壱岐は、はじめ別所長治に仕える。別所家滅亡後、豊臣秀吉の命で横須賀城主渡瀬左衛門の家老となったが、関白秀次に連座して改易、その後有馬豊氏に仕えた。関ヶ原合戦で横山監物を討って名をあげ、豊氏の丹波福知山転封に際して家老となった。のち久留米藩に移り、五〇〇〇石となる。

稲富家　○いなとみ

尾張藩士・旗本。砲術家。丹後国与謝郡稲富保（京都府与謝郡与謝野町）発祥。桓武平氏を称す。初めは山田氏を称していたが、のち丹後弓木城（与謝野町）に拠って稲富氏と改称し、一色氏に従った。戦国時代、稲富直家（一夢）は稲富流の砲術を開き、細川忠興に仕えた。しかし関ヶ原合戦の際にガラシャ夫人を救うことができず、罪に問われたところを徳川家康によって救われた。

江戸時代、嫡流は尾張藩士に、直家の甥正直の子孫は旗本となった。

稲葉家　○いなば

臼杵藩主・淀藩主。伊予の河野氏の出の通貞は、一旦出家した後還俗し、寛正五年（一四六四）美濃国に移って土岐成頼に仕え、三〇〇〇貫を与えられて安八郡中川荘曾根（岐阜県大垣市）に築城し本拠としたという。この際、同国稲葉社の奇瑞を得て稲葉を名乗ったと伝えられる。

子通則も土岐氏に仕えたが、大永五年（一五二五）浅井亮政と戦い石津郡牧田で子五人とともに討死したことから、僧籍に入っていた六男良通（一鉄）が還俗して家を継いだ。良通は土岐氏没落の後は斎藤氏、斎藤氏没落の後は織田信長に仕え、各地に転戦、姉川の戦・長島一揆などで軍功をあげ、氏家直元（卜全）・安藤守就（道足）とともに美濃三人衆といわれた。天正九年（一五八一）安藤氏の所領を合わせ、本能寺の変の後は豊臣秀吉に従った。子の貞通も秀吉に属し、同一六年郡上郡八幡四万石を領した。

【臼杵藩主】 良通は関ヶ原合戦では初め西軍に属していた犬山城に拠っていたが、直前に東軍に転じて近江水吉城を攻略。江戸時代は豊後臼杵藩五万石の藩主となった。明治一七年久通の時に子爵となる。

【美濃清水藩主】 一鉄の庶長子重通は豊臣秀吉に仕え、天正一六年（一五八八）に父が死去すると、遺領のうち一万二〇〇〇石を相続して美濃清水城主となった。跡を継いだ二男通重は、関ヶ原合戦では西軍に属したが、福島正則の勧めで東軍に寝返って本領安堵されたものの、慶長一二年（一六〇七）家康側近の後藤家・茶屋家に狼藉を働いて改易された。子孫は淀藩士となっている。

【山城淀藩主】 美濃十七城（岐阜県瑞穂市）に拠っていた林正三の二男正成が、稲葉一鉄の庶長子重通の婿となって稲葉氏と改称したのが祖。正成は豊臣秀吉に仕えて、小早川秀秋の家老をつとめた。

関ヶ原合戦後、徳川家康に仕え、慶長一二年（一六〇七）美濃十七条藩一万石を立藩。元和四年（一六一八）には松平忠昌の付家老となって越後糸魚川二万石に移った。以後、各地を転々とし、享保八年（一七二三）正知の時に山城淀一〇万二〇〇〇石に入封。元治元年（一八六四）正邦は老中に就任。明治一七年子爵となる。

分家に大身旗本の稲葉家がある。天和三年（一六八三）、小田原藩主だった正則の四男正辰が、武蔵国久良岐郡・駿河国駿東郡で新田三〇〇〇石を分知されたのが祖。正辰は書院番頭、正邑は大番頭をつとめた。

【安房館山藩主】 淀藩主正親の三男正明は三〇〇〇石の分家稲葉正富の養子となった後、一〇代将軍家治のもとで累進、天明元年（一七八一）安房館山藩一万石を立藩した。四代正巳は慶応元年（一八六五）老中格となり、海軍総裁もつとめた。明治一七年正善の時に子爵となる。

《系図》77ページ

乾家　○いぬい

鳥取藩家老。宇多源氏を称す。初め室

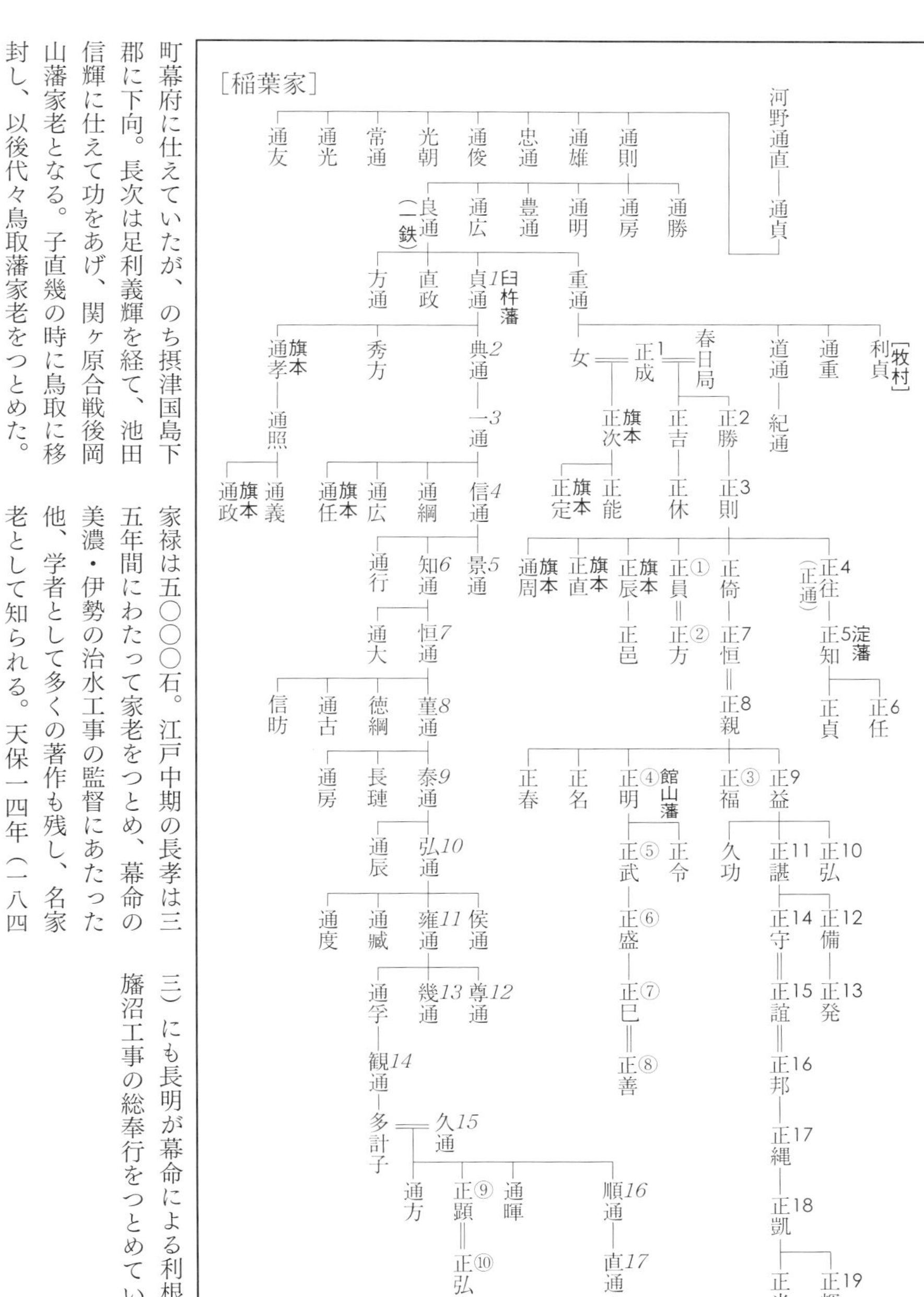

町幕府に仕えていたが、のち摂津国島下郡に下向。長次は足利義輝を経て、池田信輝に仕えて功をあげ、関ヶ原合戦後岡山藩家老となる。子直幾の時に鳥取に移封し、以後代々鳥取藩家老をつとめた。

家禄は五〇〇〇石。江戸中期の長孝は三五年間にわたって家老をつとめ、幕命の美濃・伊勢の治水工事の監督にあたった他、学者として多くの著作も残し、名家老として知られる。天保一四年（一八四三）にも長明が幕命による利根川分水印旛沼工事の総奉行をつとめている。

井上家　○いのうえ

砲術家。信濃国高井郡井上（長野県須坂市）発祥で清和源氏頼信流。頼信の三男頼季の子孫は信濃の土豪として勢力を蓄え、木曽義仲の家臣にも井上氏の名前が見える。一族に播磨井上氏と安芸井上氏がある。

播磨井上氏は、康正年間に正貞が播磨国福井荘を領したという。戦国時代井上正信が英賀城に拠り、正俊の時池田信輝に仕えた。子正継が慶長一九年（一六一四）徳川秀忠に仕えて旗本となり、井上流砲術（外記流）を開いた。家禄九〇〇石。

また、侯爵井上家は安芸に移った一族安芸井上氏の末裔である。

井上家　○いのうえ

遠江浜松藩主。清和源氏頼季流。清宗の時三河国に移る。その子清秀の実父は安倍定吉であることから安倍氏ともいう。清秀は佐久間盛秀に仕えたのち、遠江横須賀城主の大須賀康高に属した。

【浜松藩主】正就は生母が二代将軍秀忠の乳母だったことから、天正一七年（一五八九）徳川秀忠に仕え、元和元年（一六一五）一万石に加増されて諸侯に列した。同八年遠江横須賀藩五万二五〇〇石を立藩したが、寛永五年（一六二八）江戸城西ノ丸で目付豊島刑部少輔正次によって殺害された。正保二年（一六四五）常陸笠間、元禄五年（一六九二）美濃郡上、同一〇年丹波亀山、同一五年常陸下館、同年常陸笠間、延享四年（一七四七）磐城平を経て、宝暦六年（一七五六）遠江浜松六万石に入封。その後、陸奥棚倉、上野館林を経て、弘化二年（一八四五）浜松に再入封した。明治元年上総鶴舞六万石に転じた。一七年正英の時に子爵となる。

寛永五年（一六二八）、横須賀藩主正就の二男正義が常陸国で五〇〇〇石を分知されて旗本となった。子正晴は書院番頭をつとめている。

【常陸下妻藩主】笠間藩主井上正任の三男正長が元禄六年（一六九三）に美濃国で三〇〇〇石を分知されて寄合に列したのが祖。正徳二年（一七一二）一万石に加増され、常陸下妻藩を立藩した。明治一七年正巳の時子爵となる。

【下総高岡藩主】井上清秀の四男政重が祖。徳川秀忠・家光に仕えて、寛永九年（一六三二）最初の大目付となり、同一七年に一万石に加増されて諸侯に列した。延宝四年（一六七六）、政蔽は下総国香取郡高岡（千葉県成田市高岡）に住んで高岡藩を立藩した。明治一七年正順の時子爵となる。

《系図》79ページ

井上家　○いのうえ

播磨国兵庫西出町（兵庫県神戸市兵庫区）の豪商。江戸時代は日向屋と号して、絞油業・廻船問屋を営み、江戸後期から明治にかけては北前船の船主でもあった。また、町年寄もつとめている。代々善右衛門を称した。神戸商科大学学長をつとめた倫理学者の井上善右衛門は末裔。同家文書九九六点は平成三年に神

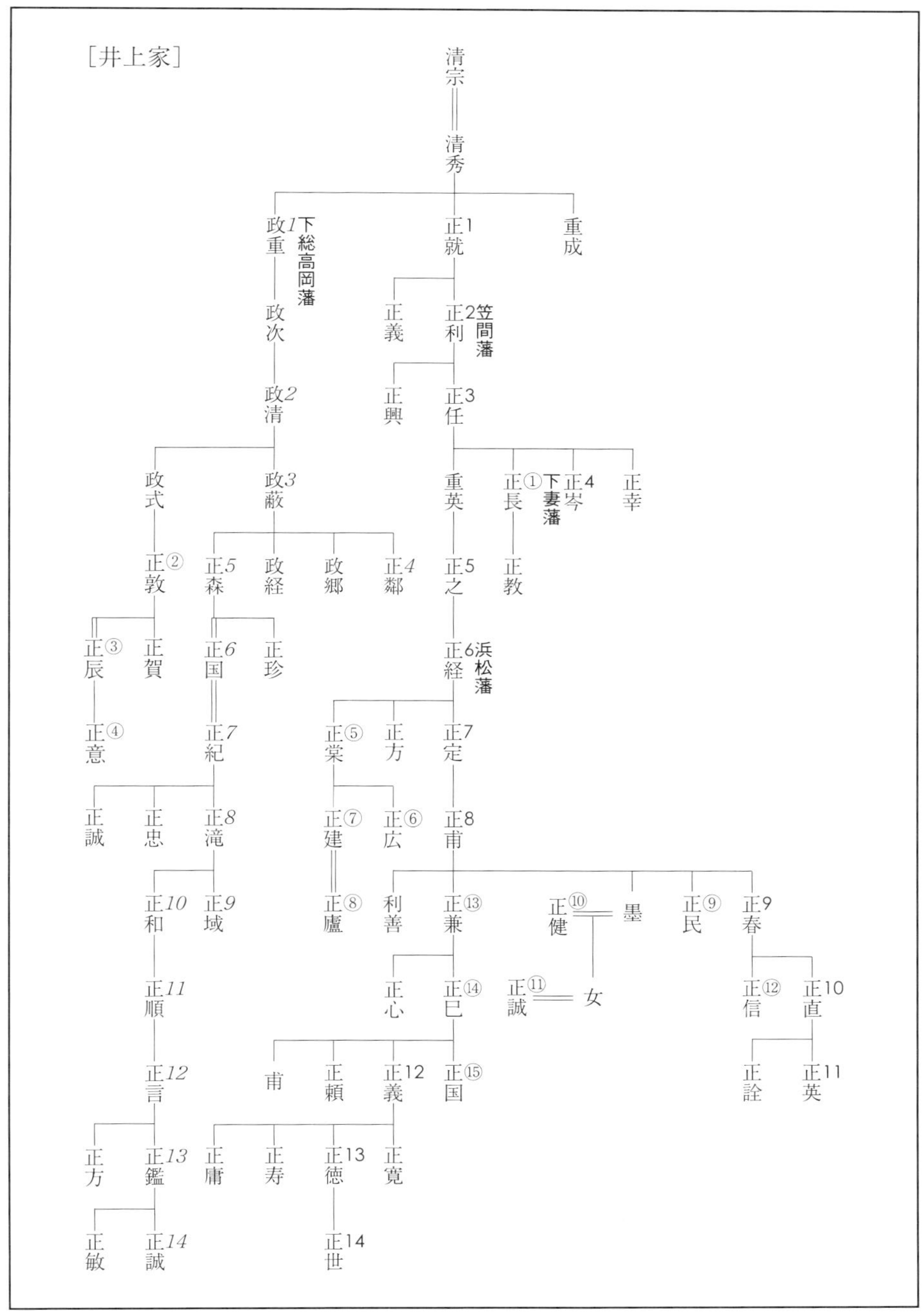
[井上家]
清宗
清秀
政重 1 下総高岡藩
正就 1
重成
政次
正義
正利 2 笠間藩
政清 2
正興
正任 3
政式
政蔽 3
重英
正長 ① 下妻藩
正岑 4
正幸
正敦 ②
正森 5
政経
政郷
正鄰 4
正之 5
正教
正辰 ③
正賀
正国 6
正珍
正経 6 浜松藩
正意 ④
正紀 7
正棠 ⑤
正方
正定 7
正誠
正忠
正滝 8
正建 ⑦
正広 ⑥
正甫 8
正和 10
正域 9
正廬 ⑧
利善
正兼 ⑬
正健 ⑩
墨
正民 ⑨
正春 9
正順 11
正心
正巳 ⑭
正誠 ⑪
女
正信 ⑫
正直 10
正言 12
甫
正頼
正義 12
正国 ⑮
正詮
正英 11
正方
正鑑 13
正庸
正寿
正徳 13
正寛
正敏
正誠 14
正世 14

戸市文書館に寄贈された。

庵原家　○いはら

彦根藩次席家老。駿河国庵原郡（静岡県）発祥。戦国時代朝昌は庵原城に拠り、今川氏に属した。のち武田氏に転じ、武田氏滅亡後は戸田氏繁に仕え、慶長元年（一五九六）井伊直政に仕えた。江戸時代は彦根藩の次席家老となる。家禄五〇〇〇石。江戸後期に藩校稽古館の創立に尽力した朝成が著名。

井深家　○いぶか

会津藩家老。信濃国筑摩郡井深（長野県松本市岡田）発祥。室町時代以降、井深城に拠って小笠原氏の家老をつとめた。天文一九年（一五五〇）赤沢経康に敗れて落城し、井深重信は保科正直に仕えた。

重次は保科正之の重臣として一二〇〇石を領し、会津移封の際には先着して会津城を受け取っている。のち家老となった。幕末に藩主容保の側近として知られた宅右衛門重義が著名で、その長男梶之助は明治学院二代総理、三男彦三郎は衆議院議員をつとめた。

藩士に分家も多く、ソニー創立者井深大は重次の弟光真の末裔である。

今井家　○いまい

新潟県燕市吉田の豪農。一八世紀初頭に、近江出身の菅田氏が近江屋と号したのが祖。三代目からは今井姓を名乗り、文政年間には長岡藩の複数の村の庄屋株を持っていた。幕末には長岡藩の財政にも深く関わり、八代目孫兵衛は藩の重役でもあった。維新後も地主として活動、大正時代には七四二町歩を有する大地主であった。戦後は地主としては解体したが、越後味噌など、いくつかの企業を経営している。

今泉家　○いまいずみ

佐賀藩の御用赤絵師。代々今右衛門を称した。江戸時代は赤絵付けのみだったが、明治時代の一〇代藤太の時から素地から一貫してつくるようになった。一二代目の昭和四六年には色鍋島技術保存会が国の重要無形文化財総合指定を受けている。平成一三年に死去した人間国宝の今右衛門は一三代目である。

今枝家　○いまえだ

加賀藩家老。美濃国発祥で土岐氏の支流。直重は織田信長、豊臣秀吉を経て、文禄年間に前田利長に仕えた。江戸時代は加賀藩家老をつとめ、一万四〇〇〇石を領した。家格は人持。明治三三年直規の時に男爵となり、貴族院議員もつとめた。

今大路家　○いまおおじ

旗本。幕府の典薬頭。京都の出で、曲直瀬道三の子孫。本来は源氏であったが、文禄元年（一五九二）に親清（道三）が後陽成天皇から今大路家の家号と橘姓を授けられた。
のち徳川家康に仕えて幕府の医官となり、代々典薬頭を世襲した。一二〇〇石を領する旗本でもあった。

今川家　○いまがわ

高家。戦国大名今川氏の末裔。三河国幡豆郡今川荘（愛知県西尾市）発祥。清和源氏足利氏。吉良長氏の二男国氏が今川荘を与えられて今川氏を称した。南北朝時代、孫の範国は足利尊氏に従って功をあげ、遠江国・駿河国の守護となる。また、貞世（了俊）は九州探題として活躍した。以後、代々駿河守護を世襲した。

永享四年（一四三二）、範政は長男の彦五郎（範忠）を廃して正妻の産んだ千代秋丸を後継ぎにしようとしたが、これに幕府が介入。さらに二男弥五郎も巻き込んで国人層が分裂した。結局、長男彦五郎が跡を継いで範忠となり、これを不服とする一部の国人が反乱を起こしたものの鎮圧された（永享の内訌）。

戦国初期に氏親が斯波氏から遠江を奪って駿遠二カ国を支配し、「今川仮名目録」を制定、戦国大名となった。

氏親の没後は氏輝が継いだが、幼少のため家中が動揺、さらに氏輝が二四歳で死去して後継ぎがいなかったことから、家臣が氏親の二男玄広恵探派と、三男の僧承芳派に分かれて争った（天文の内訌）。この争いは承芳派が勝ち、承芳は還俗して義元と名乗った。

今川家を継いだ義元は、三河をも抑えて屈指の戦国大名に成長した。義元は上洛を試みたが、永禄三年（一五六〇）、田楽狭間で織田信長の奇襲に敗れて敗死した。その子氏真の時には勢力が衰え、同一二年武田氏・北条氏・徳川氏に敗れて滅亡した。氏真はのちに徳川家康に仕えて近江国野洲郡で五〇〇石を与えらた。

江戸時代、氏真の二男高久は品川家と改称して高家となっている。

氏真の長男範以の子直房は祖父の遺領を継承、慶長一六年（一六一一）二代将軍秀忠に仕えて寛永一三年（一六三六）奥高家となり、正保二年（一六四五）武蔵国で五〇〇石を加増されて一〇〇〇石となる。以後代々奥高家をつとめた。

→品川家
《系図》82ページ

今城家　○いまき

公家。藤原北家花山院流。中山親綱の二男為親が祖。為親は冷泉家の養子となった後に一家を興し、中山冷泉家または中冷泉家と呼ばれた。子為尚の頃から家号として今城も使用し、定淳以降今城を家号とした。家格は羽林家。家職は和歌。家禄は一八一石余。明治一七年定徳の時に子爵となる。

今園家　○いまぞの

公家分家。藤原北家高藤流。坊城俊政の二男で芝山国典の養子となっていた国映は文久二年（一八六二）賢聖院に入って明治元年には住職となったが、同年復飾して一家を興し、翌二年には堂上に列

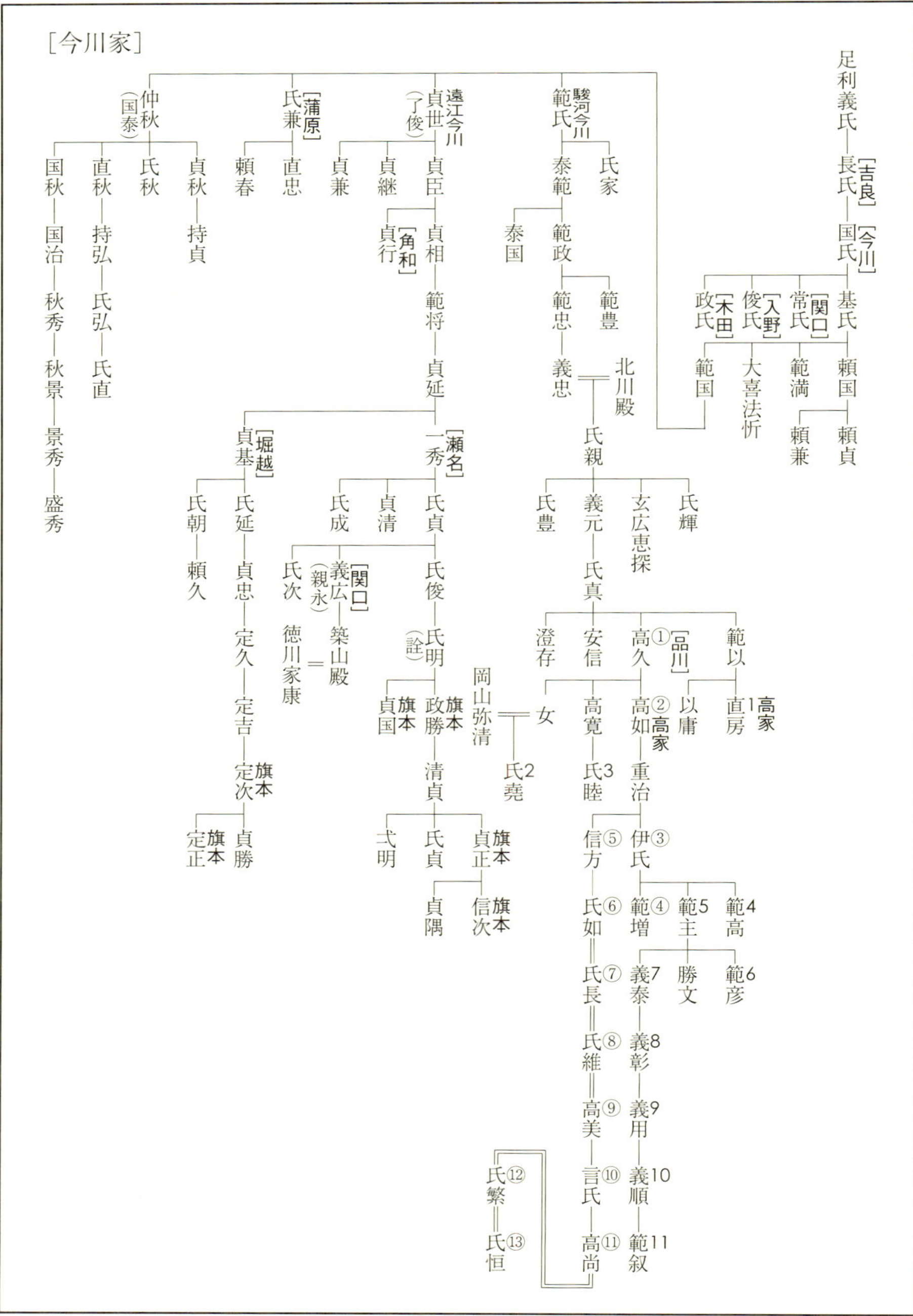
［今川家］
足利義氏
長氏［吉良］
国氏［今川］
基氏
常氏［関口］
俊氏［入野］
政氏［木田］
頼国
範満
大喜法忻
範国
頼貞
頼兼
範氏 駿河今川
氏家
泰範
泰国
範政
範豊
範忠
義忠
北川殿
氏親
氏輝
玄広恵探
義元
氏豊
氏真
範以
高久①［品川］
安信
澄存
直房1 高家
以庸
高如② 高家
高寛
女
岡山弥清
氏2 堯
氏3 睦
重治
伊氏③
信方⑤
範4 高
範5 主
範増④
範6 彦
勝文
義7 泰
義8 彰
義9 用
義10 順
範11 叙
氏如⑥
氏長⑦
氏維⑧
高美⑨
言氏⑩
高尚⑪
氏繁⑫
氏恒⑬
貞世 遠江今川 （了俊）
貞臣
貞継
貞兼
貞相
貞行［角和］
範将
貞延
一秀［瀬名］
氏貞
貞清
氏成
氏俊
義広［関口］（親永）
氏次
築山殿
徳川家康
氏明（詮）
政勝 旗本
貞国 旗本
清貞
貞正 旗本
氏貞
式明
信次 旗本
貞隅
貞基［堀越］
氏延
氏朝
頼久
貞忠
定久
定吉
定次 旗本
貞勝
定正 旗本
氏兼［蒲原］
直忠
頼春
仲秋（国泰）
貞秋
持貞
氏秋
直秋
持弘
氏弘
氏直
国秋
国治
秋秀
秋景
景秀
盛秀

して今園家を称した。一七年男爵となる。長男国貞は貴族院議員をつとめた。

今田家　○いまだ

岩国藩家老。清和源氏。安芸国山県郡今田（広島県山県郡北広島町）発祥。山県満政が今田城に拠り、今田氏を称した。のち吉川経世の二男経高が今田氏を継いで、以来吉川氏の家老をつとめるようになった。また経高の三男春政の子孫も岩国藩の中老をつとめている。

今出川家　○いまでがわ

公家。藤原北家閑院流。清華家の一つで、家職は琵琶。西園寺家兼の四男兼季が今出川に住んで今出川氏を称したが、菊を好んだことから菊亭右大臣とも呼ばれ、菊亭も家名となった。

応永二八年（一四二一）公行が死去、次いで養子となっていた孫の公富も同年死去したため今出川家は中絶した。永享六年（一四三四）に一〇歳の菊寿丸が再興、将軍足利義教の偏諱を受けて教季と名乗った。また、晴季は豊臣秀吉のもとで重きをなしたが、娘を豊臣秀次の妾としていたことから、秀次に連坐して一時越後に配流されている。

江戸時代の家禄は一三五五石余。代々、大納言までは菊亭を称し、大臣以降は今出川を称していたというが、明治維新後、鷹司家から継いだ脩季が正式に菊亭を改称して、一七年に侯爵となった。

《系図》84ページ

今宮家　○いまみや

秋田藩重臣。常陸国久慈郡今宮（茨城県常陸太田市）発祥。清和源氏で藩主佐竹家の一門。佐竹義舜の庶長子永義は修験者となり、佐竹領内の修験の司として小里城に拠った。二代光義は天台宗本山派聖護院から関八州修験の頭領に任ぜられている。

三代道義は佐竹氏の出羽移封に伴って慶長九年（一六〇四）出羽国仙北郡角館（秋田県仙北市角館）に住み、常陸以来の家臣菅沢衆を支配して摂津守家といわれた。しかし、延宝八年（一六八〇）菅沢衆の支配権をめぐって角館領主佐竹北家と争って敗れ、久保田城下に転じて以後は藩の重臣となった。七代義透は家老となって藩政を改革、八代義栄も家老をつとめた。また、一一代義顕の時には菅沢衆の支配権を復活している。

なお、永義の二男義僚の子孫の弾正家、五代義教の弟隆利を祖とする勘解由家、弾正家二代宣貞の弟盛重を祖とする織部家などの分家があり、いずれも秋田藩の重臣であった。

入江家　○いりえ

公家。藤原北家御子左流で冷泉家の庶流。貞享四年（一六八七）藤谷為条の二男相尚が堂上家に取り立てられ、入江家を称した。家格は羽林家。家職は和歌・有職故実。江戸時代の家禄は三〇石三人扶持。明治一七年為守の時に子爵となる。宮内庁侍従長を長くつとめ、随筆家としても知られた入江相政は為守の二男である。

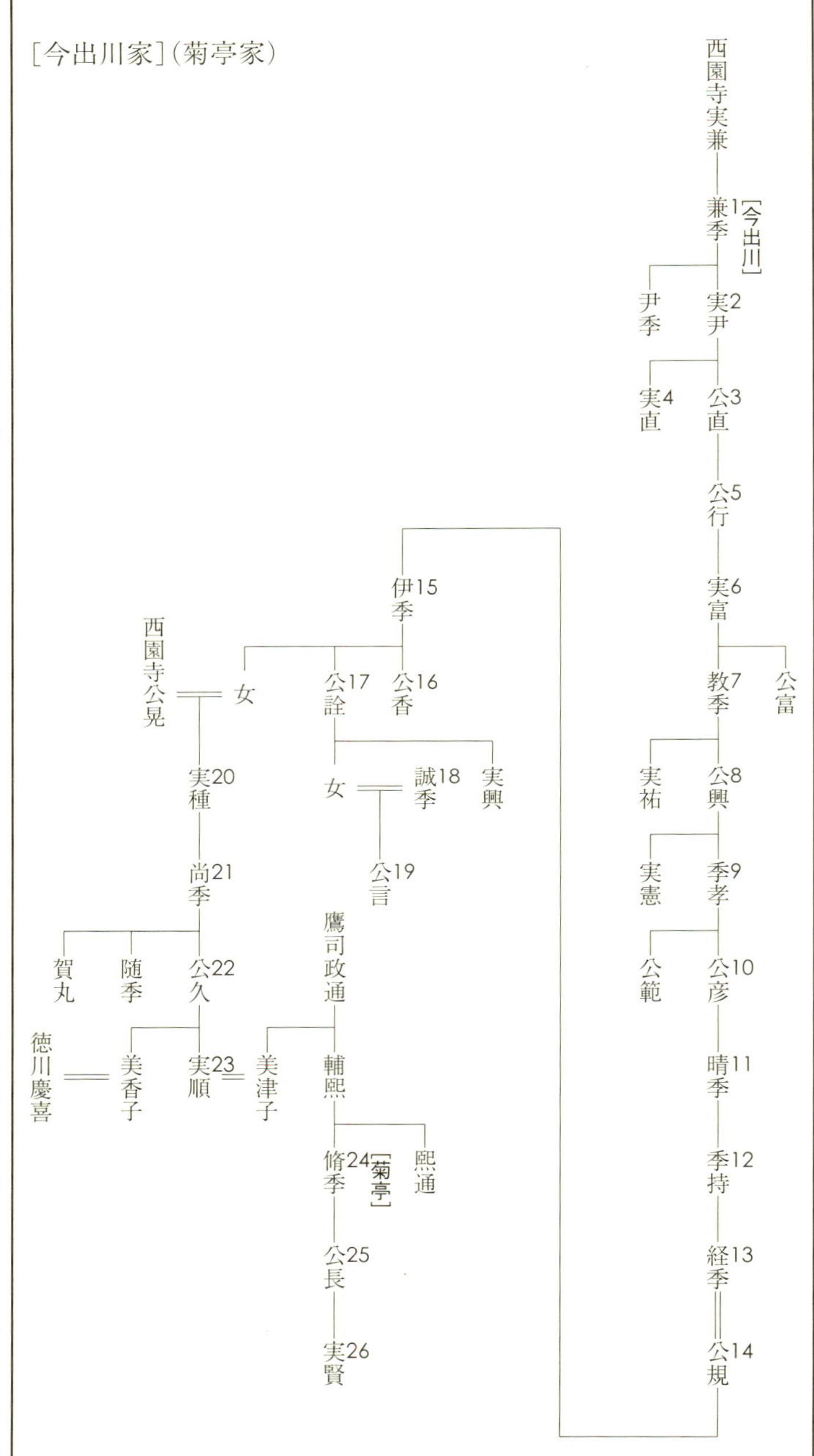

入交家　○いりまじり

土佐国高知城下の豪商。同国長岡郡片山荘入交（高知県南国市）発祥。嵯峨源氏で、鎌倉時代に下向した。のち香美郡田村荘王子（香南市）に移り、戦国時代には長宗我部氏に従った。江戸時代は土佐藩の郷士となる。

寛延元年（一七四八）郷士政房の三男

太三右盈門は高知城下に出て桜屋と号して商人に転じ、長岡郡下田村（南国市）の石灰山を購入して良質の石灰製造に成功。幕末には藩の石灰御用を引き受けて豪商となった。維新後、太蔵、太兵衛、太三郎の三兄弟が出て、いずれも実業家として成功、入交産業（現在は入交グループ本社）を軸にした地方財閥を築いた。

色部家　○いろべ

米沢藩家老。越後国岩船郡色部（新潟県村上市）発祥で桓武平氏秩父氏の支流。季長は富士川合戦で功をあげ、小泉荘の地頭となる。代々平林城に拠り、上杉氏に仕える。江戸時代は米沢藩家老となる。宝暦一二年（一七六二）江戸家老となった色部修理は、藩主上杉治憲（鷹山）の藩政改革に反対して安永二年（一七七三）閉門処分となった。

色部家　○いろべ

信濃国埴科郡杭瀬下村（長野県千曲市）の豪農。代々義太夫を名乗り、松代藩や上田藩の御用達をつとめていた。幕末の五代目義太夫義祐、明治の六代目義太夫義智はともに社会事業家として知られた。

石井家　○いわい

公家。桓武平氏西洞院家の庶流。承応三年（一六五四）、平松時量の三男行豊が、叔母にあたる東福門院（後水尾天皇皇后）の上臈石井局（西洞院時慶の娘）の養子となって一家を創立し、石井家を称したのが祖。堂上家としての創立時期は、万治二年（一六五九）とも、寛文年間ともいう。家格は半家。家禄は初め三〇石三人扶持、のち一三〇石。明治一七年行昌の時に子爵となる。

岩城家　○いわき

出羽亀田藩主。陸奥国磐城郡（福島県いわき市）発祥。桓武平氏。隆行が奥州藤原氏の清衡の女婿となり、その子隆衡が岩城郡を領して岩城氏を称した。鎌倉時代に好嶋荘の地頭となり、南北朝時代には北朝に属した。戦国時代、重隆は常陸国北部にまで進出したが、やがて佐竹氏の台頭に圧されて、常隆の時佐竹氏に従属するようになった。

天正一八年（一五九〇）常隆は小田原攻めに参加して所領を安堵されたが、その帰途に二四歳で死去。子政隆は生後まもないため、豊臣秀吉の意向で佐竹義重の三男貞隆が磐城一二万石を相続した。

関ヶ原合戦では、実兄佐竹義宣とともに参陣せず所領を没収。本多正信に属して大坂の陣で功をあげ、元和二年（一六一六）信濃川中島藩一万石で再興した。同九年出羽亀田（秋田県由利本荘市岩城）二万石に転じた。明治一七年隆治の時に子爵となる。

なお、常隆の長男ながら岩城家を継げなかった政隆は縁戚関係にある伊達政宗に仕え、慶長一五年（一六一〇）伊達姓を賜って一門に列し、岩谷堂伊達家と

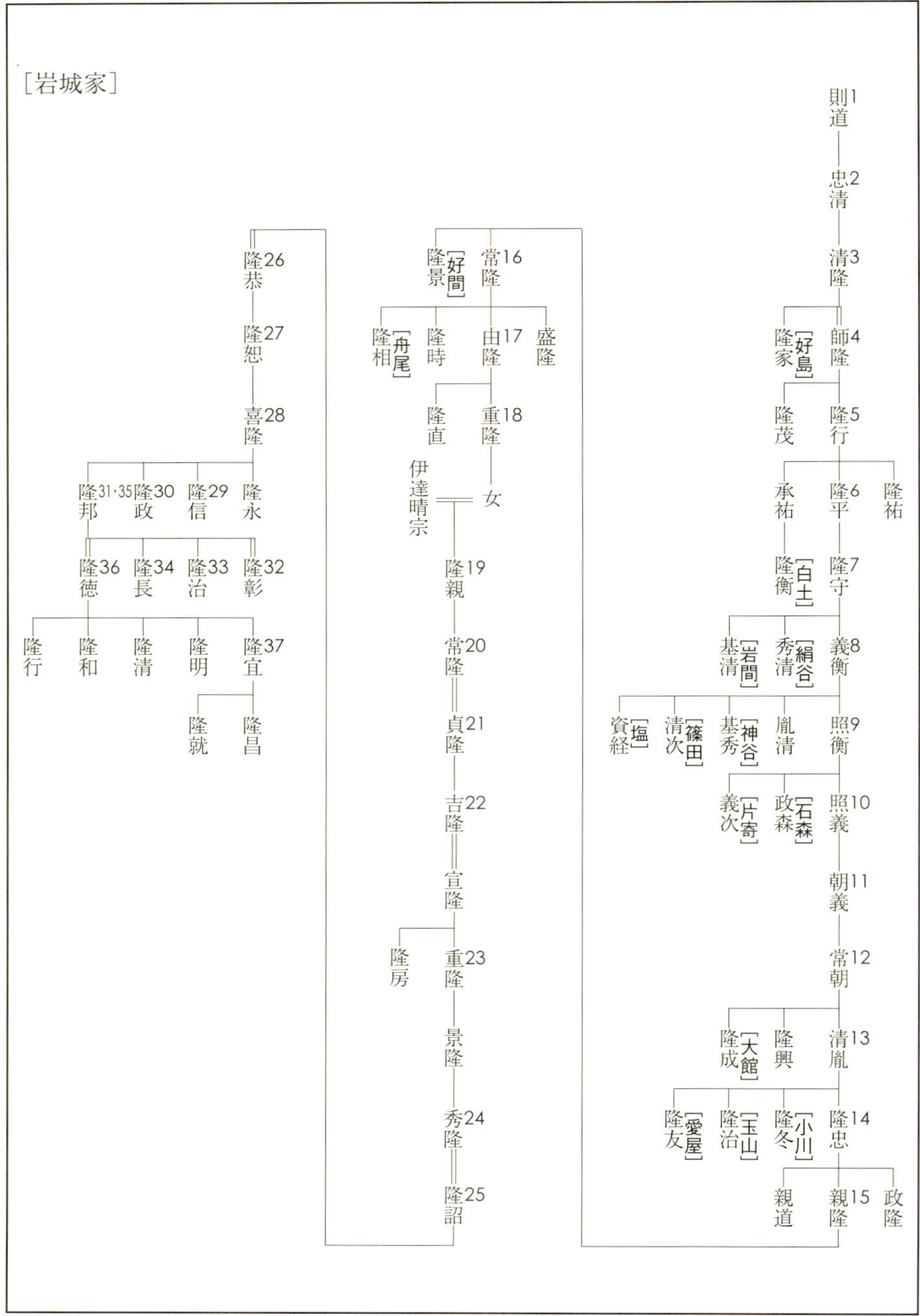
［岩城家］
1 則道
2 忠清
3 清隆
4 師隆
［好島］隆家
5 隆行
隆茂
6 隆平
承祐
隆祐
7 隆守
［白土］隆衡
8 義衡
［絹谷］秀清
［岩間］基清
9 照衡
胤清
［神谷］基秀
［篠田］清次
［塩］資経
10 照義
［石森］政森
［片寄］義次
11 朝義
12 常朝
13 清胤
隆興
［大館］隆成
14 隆忠
［小川］隆冬
［玉山］隆治
［愛屋］隆友
15 親隆
親道
政隆
16 常隆
［好間］隆景
17 由隆
盛隆
隆時
［舟尾］隆相
18 重隆
隆直
女
伊達晴宗
19 隆親
20 常隆
21 貞隆
22 吉隆
宣隆
23 重隆
隆房
景隆
24 秀隆
25 隆詔
26 隆恭
27 隆恕
28 喜隆
隆永
29 隆信
30 隆政
31・35 隆邦
32 隆彰
33 隆治
34 隆長
36 隆徳
37 隆宜
隆明
隆清
隆和
隆行
隆昌
隆就

なった。→伊達家

《系図》86ページ

岩倉家　○いわくら

公家。村上源氏。山城国愛宕郡岩倉（京都市左京区）に由来する。久我晴通の四男具堯は僧となって相国寺塔頭万松院に入ったが、のち還俗して後陽成天皇に伺候して桜井家を称し、その長男具起の時から岩倉家を称した。なお、三男は仏頂国師といわれた一絲文守である。家格は羽林家。家職は有職故実。江戸時代の家禄は一五〇石。江戸時代中期に恒具・尚具父子が竹内式部の宝暦事件に連座して衰退したが、幕末に堀川家から養子となった具視が明治維新に活躍、再興した。

明治一七年に三男で家を継いでいた具定が公爵となった他、分家の具経が子爵、具徳・道倶は男爵となっている。

現在の本家当主は岩倉具忠京都大学名誉教授でイタリア文学者であり、駐イタリア公使などもつとめた。分家の具顕の娘は女優小桜葉子で、その長男が加山雄三である。

《系図》88ページ

岩田家　○いわた

豊前国小倉城下魚町（福岡県北九州市小倉北区）の豪商。豊前宇都宮氏の一族という。延宝年間（一六七三～八一）に米町で伊予屋と号して創業。のち魚町一丁目に移り、三代広貞の時に屋号を岩田屋と改めて、豪商となった。広貞の二男広保は分家して酒造業を営んでいる。

石野家　○いわの

公家。藤原北家中御門流。持明院基時の二男基顕が天和二年（一六八二）の後西院によって取り立てられ、石野家を称した。家格は羽林家。家職は有職故実・神楽。家禄は三〇石三人扶持。明治一七年基佑の時に子爵となる。

岩松家　○いわまつ

交代寄合。新田氏の末裔。上野国新田郡新田荘岩松郷（群馬県太田市）発祥で清和源氏。畠山義純が新田義兼の女婿となり、その子時兼が岩松郷の地頭となって岩松氏を称した。以後新田氏に属して勢力を拡大した。

南北朝時代、経家は足利氏方に転じ、飛騨守護となった他、八カ国一〇ヶ所に所領を得ている。その後、礼部家と京兆家に分かれて対立、礼部家の家純が両家を統合し、金山城（太田市金山）を築城。新田宗家の没落で新田荘を実質的に支配した。しかし戦国時代には由良氏に実権を奪われている。

天正一八年（一五九〇）、徳川家康の関東入国の際に、守純は家康に仕え上野国新田郡で二〇石を与えられた。寛永一八年（一六四一）岩松氏と改称して一〇〇石を加増されて一二〇石となり、交代寄合に列した。

幕末、俊純は戊辰戦争に参加、新田氏に復して明治一七年男爵を授けられた。

い

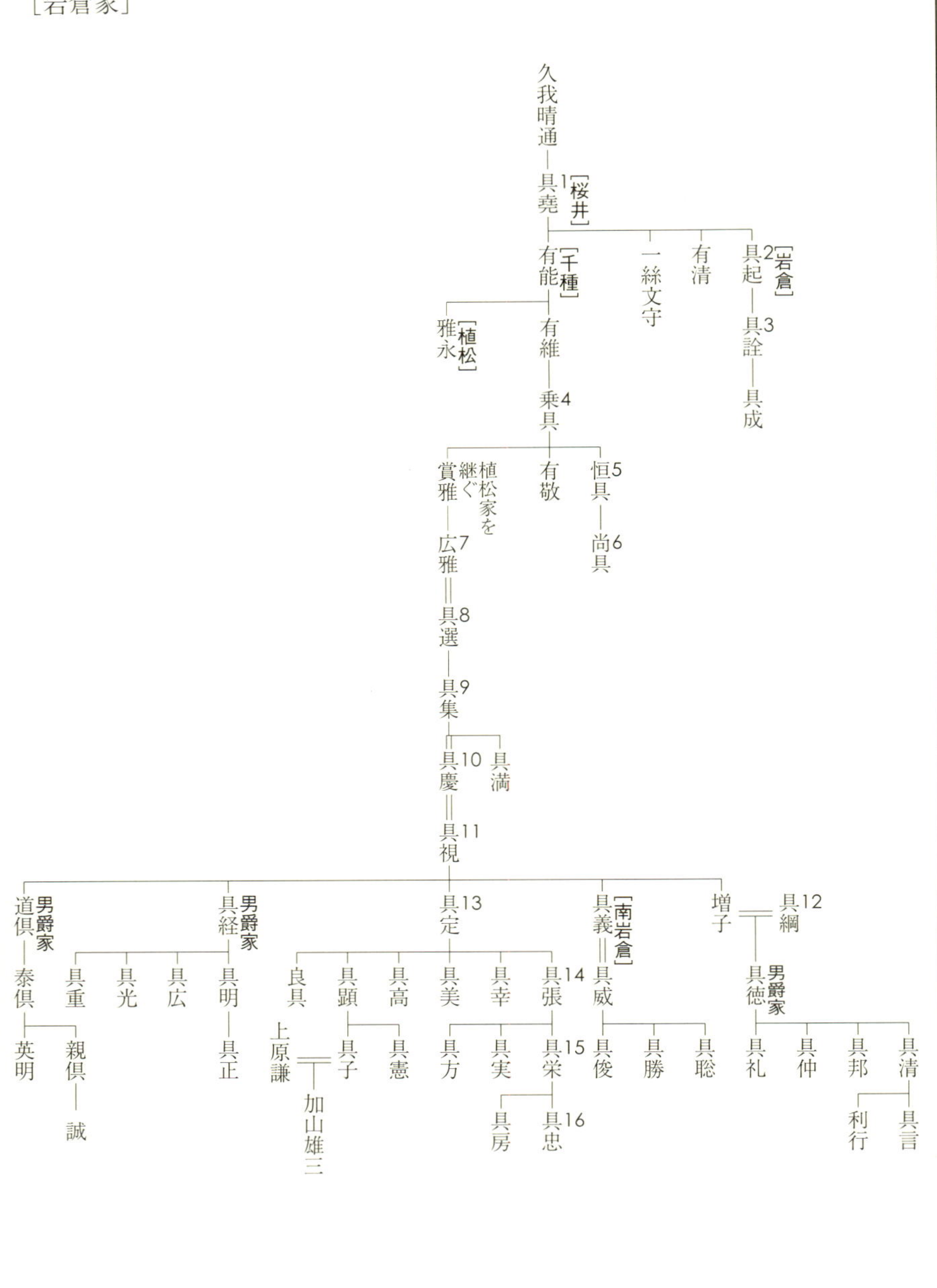
[岩倉家]
久我晴通
具堯 1 [桜井]
有能 [千種]
一絲文守
有清
具起 2 [岩倉]
雅永 [植松]
有維
具詮 3
具成
乗具 4
賞雅 植松家を継ぐ
有敬
恒具 5
広雅 7
尚具 6
具選 8
具集 9
具慶 10
具満
具視 11
道倶 男爵家
具経 男爵家
具定 13
具義 [南岩倉]
増子
具綱 12
泰倶
具重
具光
具広
具明
良具
具顕
具高
具美
具幸
具張 14
具威
具徳 男爵家
英明
親倶
誠
具正
上原謙
加山雄三
具子
具憲
具方
具実
具栄 15
具房
具忠 16
具俊
具勝
具聡
具礼
具仲
具邦
具清
利行
具言

子忠純は貴族院議員をつとめている。

う

上家　○うえ

南都方楽家。鎌倉時代前期に狛近真の三男真葛が上家を称したのが祖。笛を専門とする。明治時代初期、真行は洋楽も学び、日本最初のチェロ奏者であるともいわれている。また、唱歌の作曲でも知られ、「天長節」「一月一日」などが有名。大正七年には楽長となり、正倉院に収蔵されている楽器の調査も行った。また、近正は昭和末に首席楽長をつとめている。

上杉家　○うえすぎ

高家・旧関東管領。丹波国何鹿郡上杉荘（京都府綾部市上杉町）発祥。藤原北家勧修寺高藤流の重房は鎌倉幕府六代将軍宗尊親王に従って鎌倉に下向、上杉荘を領して上杉氏の祖となった。頼重以降は足利氏に従い、南北朝時代は北朝に属した。のち山内・宅間・犬懸・扇谷の四家に分裂した。

高家上杉家は山内上杉氏の末裔である。山内家は貞治二年（一三六三）憲顕が関東管領となり、康暦元年（一三七九）に憲方が鎌倉山内に住んだことによる。代々関東管領を世襲していたが、永禄元年（一五五八）憲政が越後守護代の長尾景虎のもとに走り、名跡を景虎に譲って滅亡した。

【高家上杉家】山内上杉家の房方の子清方が上条城に拠って上条上杉氏を称したのが祖。のち上杉謙信の養子となった義春が継いだが、義春はのちに畠山氏に戻り、その二男長員が上杉家を継いだ。

長員は慶長六年（一六〇一）徳川家康に仕えて旗本となり、下総国・常陸国で一四九〇石を知行した。慶安元年（一六四八）長貞の時奥高家となる。

上杉家　○うえすぎ

米沢藩主。戦国大名上杉謙信が祖。関

［上杉家］

- 長尾為景—［上杉］謙信＝1景勝—2定勝
  - 2定勝の子：3綱勝、富子
  - 富子＝吉良義央（上野介）
    - 4綱憲
      - 5吉憲
        - 6宗憲
        - 7宗房
        - 義紀
        - 8重定
          - 幸姫＝9治憲（鷹山）—顕孝
          - 勝熙
            - 11斉定
              - 12斉憲
                - 13茂憲
                  - 14憲章
                    - 15隆憲
                      - 16邦憲—裕憲
                      - 隆治
                    - 定憲
                    - 資憲
                    - 勝⑧昭
                  - 勝⑦憲＝孝⑨久—哲平
                  - 近憲
                - 勝⑥賢
                - 信謹
                - 忠敬
                - 長裕
              - 勝⑤道
            - 勝④義
          - 10治広
          - 勝③定
          - 信政
      - 義周
      - 勝延
      - 米沢新田藩 勝①周—勝②承

東管領上杉氏とは直接のつながりはなく、桓武平氏長尾氏の一族である。

長尾氏は相模国鎌倉郡長尾郷（神奈川県横浜市栄区）発祥。桓武平氏で、鎌倉権五郎景正の子景村が長尾氏を称したのが祖というが、鎌倉時代に幕府の御家人として活躍した長尾氏は鎌倉景政の孫景行の子孫である。

景行の子の為景・貞景兄弟は石橋山の合戦では平家方に属したが、のちに源頼朝に仕えて鎌倉幕府の御家人となった。宝治合戦の際に景茂・景氏父子は三浦氏方に属し、嫡流は断絶した。

景茂の遺児景忠は、京にいてこの乱に与しなかった景熙の養嗣子となった。景忠はのちに上杉氏の被官となって上野・越後の守護代をつとめ、子孫は、鎌倉・白井・総社・越後の四家に分かれた。

越後の長尾氏は貞治五年（一三六六）に高景が越後守護代となったのが祖。永正四年（一五〇七）為景の時に守護上杉房能を天水越で自害に追い込み、さらに同七年には房能の兄の顕定も長森原で討って、以後実質的に越後を支配した。しかし、この後庶流の栖吉上田氏や上田長尾氏らが離反して、しばらく戦乱が続いた。

享禄三年（一五三〇）、上杉氏一族の上杉定憲が、旧上杉勢力を結集して再起し、長尾為景と激しく戦った（天文の大乱）。この戦いは、天文五年（一五三六年）に為景が死去したことで決着がつかないまま終息した。

しかし、跡を継いだ長男の晴景が病弱であったことから、今度は国人達が従わなくなり、国内が再び乱れた。そこで、天文一七年（一五四八）、二男の景虎が兄に代わって長尾家の家督を相続。同一九年に守護の上杉定実が跡継ぎのいないまま死去すると、将軍足利義輝から越後国主として認められ、一族の坂戸長尾家や北条城主（新潟県柏崎市）の北条氏を討って越後を統一した。さらに、上杉憲政から上杉氏の家督も譲られて上杉謙信と号し、戦国大名上杉家となった。

以後春日山城に拠り、越後・越中・能登・加賀・飛騨・上野を支配した。子景勝は豊臣秀吉の五大老の一人となり、会津若松で一二〇万石を領した。

【米沢藩主】関ヶ原合戦の際西軍に属し、慶長六年（一六〇一）出羽米沢三〇万石に減転となる。さらに寛文四年（一六六四）世子がないまま綱勝が死去、吉良義央の長男綱憲が末期養子となって相続したが、一五万石に減封となった。そのため、多数の家臣を抱えて貧困に苦しみ、藩政改革で有名な上杉治憲（鷹山）を生んだ。幕末一万石を加増されたが、奥羽越列藩同盟に参加したため、明治元年一四万石に減知となっている。同一七年茂憲の時に伯爵となる。

【米沢新田藩主】綱憲の四男勝周は、享保四年（一七一九）兄吉憲から領内の新田一万石を分知されて米沢新田藩を立藩した。藩庁は米沢城内にあり、一万石も蔵米で支給されていた。明治二年勝道は所領を宗藩に返上、一七年勝賢の時に子爵となった。

《系図》90ページ

上田家　○うえだ

広島藩家老。信濃の小笠原氏の一族という。尾張国愛知郡星崎（愛知県名古屋市南区）に移って丹羽長秀に仕えた。重安の時に浅野長晟に仕え、江戸時代は広島藩家老として一万七〇〇〇石を領した。明治三三年亀次郎の時に男爵となった。

また、重安の長男の重秀は徳川家光に仕えて旗本となり、近江国野洲郡で五〇〇〇石を領して旗本となった。三代義隣は大目付・旗奉行を歴任、養子義当は大番頭をつとめている。

上野家　○うえの

旧皇族。北白川宮能久親王の五男正雄が明治三〇年に臣籍に降下して一家を興し、上野家を称して男爵を授けられた。のち海軍少将となる。

植松家　○うえまつ

公家。村上源氏。寛文年間に千種有能の三男雅永が植松家を称した。家格は羽林家。家職は有職故実。四代雅久の時宝暦事件に連座した。

明治一七年雅徳の時に子爵となる。雅道は宮内省京都事務所長、その子雅俊は貴族院議員をつとめた。

植村家　○うえむら

大和高取藩主。清和源氏土岐氏の支流というが不詳。持益の時に遠江国上村に住んで上村と称し、のち植村と改称した。その後三河に移り、安祥城主だった松平長親に仕える。天文四年（一五三五）の守山崩れの際には、新六郎が下手人の阿部弥七郎を討った。子家存（政）は徳川家康の重臣となったが三七歳で若死、子家次は徳川信康に仕えていたため、信康の切腹とともに浪人した。

【大和高取藩主】家次は各地を流浪後、榊原康政の推挙によって、上野国甘楽郡五〇〇〇石で帰参を許された。その子家政は三代将軍家光に登用され、寛永一八年（一六四一）大和高取藩二万五〇〇〇石を立藩した。九代家長は若年寄をつとめている。明治一七年家壺の時子爵となる。

【上総勝浦藩主】植村新六郎の弟・泰職の時松平清康に仕えて一家を興したのが祖。子泰忠は一旦僧職に入ったものの、三方原合戦の際に家康に仕え、関東入国以後上総で三〇〇〇石を領した。さらに関ヶ原合戦で功をあげ、五〇〇〇石に加増。天和二年（一六八二）、泰忠の孫・忠朝の時、上総勝浦藩一万一〇〇〇石を立藩した。宝暦元年（一七五一）恒朝の時に支族の植村千吉が朝比奈万之助に殺された事件を隠蔽し所領を没収された。のち養子寿朝が二〇〇〇俵で旗本として再興した。

上山家　○うえやま

紀伊国有田郡山田原村（和歌山県有田市）の豪農・大日本除虫菊創業家。代々勘太郎を称したことから「山勘」と呼ばれ、日本を代表するミカン栽培の豪農であった。

維新後、上山家の七男英一郎は慶応義塾に学び、明治一八年ミカンの輸出を目的とした上山商店を設立。その後、除虫菊から渦巻型の蚊取線香を開発、四三年には「金鳥」の商標を登録して財閥に発展させた。また、英一郎の弟市郎兵衛の子薫は内外除虫菊を創設している。

浮田家　○うきた

越中国新川郡太田本江村（富山市太田南町）の豪農。備前の戦国大名宇喜多秀家の子孫で、徳川家をはばかって浮田を称したといわれる。元禄六年（一六九三）に加賀藩の山廻役となり、以後代々世襲した。同家住宅は国指定重要文化財である他、「浮田家文書」は富山市郷土博物館に寄贈されている。

右近家　○うこん

越前国南条郡河野村（福井県南条郡南越前町河野）の豪商。延宝八年（一六八〇）河野浦の金相寺三代住職漸祐が、四代目専祐の弟を寺の養女と縁組させ田畑山林とともに船一隻を与えて分家させたのが祖。以後、代々権左衛門を称し、近江商人の荷所船として、蝦夷と敦賀を往復していた。江戸中期からは自ら商品の仕入れも行うようになり、幕末の九代目権左衛門は積極的に事業を拡大、文久三年（一八六三）には廻船一一隻を有する廻船問屋に発展した。

一〇代目権左衛門も廻船業を発展させたが、やがて蒸気船を使った海運業に転じ、日露戦争直後には総トン数二万トンという当時有数の海運業者となった。さらに日本海上保険を創立、同社は日本火災海上保険を経て、現在は日本興亜損害保険となっている。

平成元年旧宅を改装して北前船主の館・右近家が開館した。

宇佐家　→　到津家・宮成家

宇治家　〇うじ

旧皇族。昭和一七年久邇宮多嘉王の二男家彦が一家を興して宇治家を称し、伯爵となった。

牛込家　〇うしごめ

旗本。武蔵国荏原郡牛込（東京都新宿区）発祥。藤原北家秀郷流足利氏の支流。大胡重国の子重行は上杉朝興に仕えていたが、北条氏康の招きに応じて武蔵牛込に転じ、その子勝行が弘治元年（一五五五）に牛込氏と改称した。

北条氏滅亡後、天正一九年（一五九一）勝行の子勝重が徳川家康に仕えて御家人となる。その子俊重は二代将軍秀忠に仕えて旗本となったが、寛文一二年（一六七二）勝正の没後跡継ぎがなく断絶。

勝正の弟の重忝は一家を興して旗本となり、寛文一一年（一六七一）長崎奉行となり、子重義の時一一〇〇石に加増された。

太秦家　〇うずまさ

公家分家。藤原北家。桜井供秀の二男供親は天保一〇年（一八三九）慈尊院に入り、安政六年（一八五九）には慈尊院を継いでいたが、明治元年に復飾、翌二年に堂上に列して太秦家を称した。五年堀河親賀の三男供康が継いで一七年男爵となり、貴族院議員もつとめた。その子康光は北海道大学名誉教授として知られる。

宇田川家　〇うだがわ

武蔵国の旧家。室町時代、同国荏原郡品川（東京都品川区）に宇田川氏があった。もとは上杉氏の家臣で日比谷にいたといい、長清の時に品川に転じて、品川神社の神官も兼ねていた。戦国時代は北品川の有力氏族となり、北条氏の家臣となった宇田川和泉守の名が見える。天正一八年（一五九〇）の北条氏滅亡とともに、一族は武蔵各地で帰農した。

【品川宇田川家】戦国時代後期から、北品川では宇多川家が勢力を持ち、北条氏の滅亡後はそのまま帰農した。江戸時代中期からは東海道品川宿の北品川の名主を世襲した。北品川二丁目の法禅寺は宇田川家の菩提寺である。

【葛西宇田川家】北条氏に仕えた宇田川石見守勝種の三男喜兵衛尉定氏は、弘治年間（一五五五～五八）に品川から小松川（東京都江戸川区）に移り住み、慶長元年（一五九六）に海辺の葦原を開墾して新田を開いたといい、宇田川喜兵衛の名前から「宇喜新田」と呼ばれた。

江戸川区江戸川に残る宇田川家長屋門は、二之江村の村役人をつとめた家で、区指定文化財である。

【芝宇田川家】北条氏の家臣だった宇田川和泉守は、北条氏の滅亡後、武蔵国南豊島郡で帰農、子孫が名主をつとめたため、同地は宇田川町と呼ばれた。現在の港区東新橋付近である。

【堀江宇田川家】葛飾郡堀江村（千葉県浦安市堀江）の旧家。江戸時代は藤村屋と号して米屋や油屋を営んだ他、名主もつとめた。明治二年に建てられた同家住宅は浦安市指定有形文化財として公開されている。

【津山藩医】品川宇田川家の一族で、武蔵国足立郡淵江村（東京都足立区）で帰農した。元禄年間頃に玄仲が医師となり、弟に家を譲って江戸に出たのが祖。三代道紀の時に津山藩に漢方医として抱えられ、鍛冶橋の津山藩屋敷に住んだことから、鍛冶橋宇田川家と呼ばれた。

五代玄随は前野良沢や杉田玄白らと親交を持ち、洋学者に転じた。養子玄真（榛斎）は文化一〇年（一八一三）幕府の蕃書和解御用に抜擢される。その養子榕庵も蕃書和解御用をつとめ、日本最初の化学書である『舎密開宗』を著した。

榕庵の孫の興斎は明治時代に物理学者として活躍した。

内田家　○うちだ

下総小見川藩主。遠江国城飼郡内田郷（静岡県菊川市）発祥。藤原南家。代々遠江国勝間田郷（静岡県牧之原市）に住んで勝間田氏を称していたが、正之の時に内田郷に転じて内田氏を称した。今川氏を経て、永禄一一年（一五六八）正之の時に徳川家康に仕える。

慶安二年（一六四九）正信は下野鹿沼と下総小見川で一万五〇〇〇石を領して鹿沼藩を立藩、同四年に将軍家光が没すると殉死した。享保九年（一七二四）正偏が狂気のため除封となり、その子正親が一万石で再興、下総小見川（千葉県香取市）に陣屋を置いた。明治一七年正学の時に子爵となる。

正衆の三男正長は元禄一二年（一六九九）に常陸国・下総国で一五〇〇石を分知されて旗本となった。

内田家　○うちだ

江戸時代の名古屋の豪商。尾張国知多郡内海（愛知県知多郡南知多町内海）の佐治豊前守遠利の末裔と伝える。一族の庄左衛門尉は、織田信長に仕えた後に帰農し、内田庄治と名乗って庄屋をつとめた。

その後、家運が傾き、享保年間に忠蔵が名古屋に出、納屋町で内海屋と号した米屋を開業。江戸後期には名古屋を代表する豪商の一つとなり、名字帯刀御免でもあった。

内山家　○うちやま

越中国宮尾村（富山市）の豪農。もとは京都に住んでいたが、垂仁天皇の命を受けて諸国を廻り、越中国に八幡宮を建立したという。以後代々布目村に住んでいたが、のち神通川の中洲を開発して宮尾村に移った。代々治右衛門と称し、その最盛期には三〇〇〇石を所有したといわれる。明治期の当主内山松世は政治家の傍ら茶人・詩人でもあり、三〇〇〇坪に及ぶ邸宅跡は、現在は富山県に寄贈されて一般公開されている。

宇津木家　〇うつき

彦根藩家老。武蔵国多摩郡宇津木（東京都八王子市）発祥で横山党という。初代氏久は、武田勝頼、北条氏直などに従い、北条氏滅亡後は上野国福島玉村（群馬県佐波郡玉村町）で帰農した。子泰繁は上野国箕輪城主の井伊直政に仕えて二〇〇〇石を領し、稲富流の砲術家でもあった。五代目久英以降代々家老をつとめた。家禄四〇〇〇石。家老をつとめた宇津木昆学、宇津木翼や、井伊直弼に仕えた宇津木六之丞が著名。分家も多く、彦根藩士に一五家の宇津木家がある。

鵜殿家　〇うどの

鳥取藩家老・旗本。紀伊国牟婁郡鵜殿村（三重県南牟婁郡紀宝町鵜殿）発祥。熊野別当氏の一族。鵜殿城に拠り、南北朝時代は南朝に属した。のち三河国に移って長将の時に今川氏に従った。長忠は柏原城主だったが、永禄五年（一五六二）落城、以後は徳川家康に仕えた。慶長一八年（一六一三）池田輝政が死去した際、子忠継・忠雄が若年であったため、家康の依頼で長次が池田忠継の補佐となった。以後、鳥取藩重臣として五〇〇〇石を領した。

長次の長男長堯と二男長直はともに二代将軍秀忠に仕えて旗本となった。また長直の二男長興は四代将軍家綱に近侍して寄合に列した。その子長幸は一三〇〇石に加増されている。

梅小路家　〇うめこうじ

公家。藤原北家勧修寺流。清閑寺共房の三男定矩が梅小路家を称した。家格は名家。江戸時代の家禄は五〇石三人扶持。明治一七年定行の時子爵となる。

一二代目当主の定雄は戦前から戦後にかけてジャズドラマーとして活躍、その後は刀匠に転じるなど多彩な活躍をみせた。

梅園家　〇うめぞの

公家。藤原北家閑院流。橋本実勝の二男実清が祖だが、実際には猶子である。家格は羽林家。家職は有職故実。江戸時代の家禄は一五〇石。明治一七年実紀の時に子爵となる。篤彦は貴族院議員をつとめた。

梅渓家　〇うめたに

公家。村上源氏久我氏の支流。江戸時代初期、久我通世の二男季通が一家を興して梅渓家を称した。家格は羽林家。家職は有職故実。家禄は一五〇石。明治一七年通善の時に子爵となる。

通虎は貴族院議員をつとめ、華道池坊

家四五代目専永の妻で衆院議員でもある池坊保子は通虎の娘である。

梅津家 ○うめづ

秋田藩家老。祖梅津道金は初め伊達氏に従っていたが、のちに佐竹氏に仕えた。道金の二男憲忠は家老となり、三〇〇〇石を知行した。憲忠の跡は弟の忠国が継ぎ代々家老となった。その子利忠は歌人・兵学者として知られる。

憲忠の四男忠定は一家を興して大館城代となり、忠国の四男敬忠は軍学者として一家を創立、子金忠以降家老をつとめた。

道金の四男政景の末裔も家老となっている。

梅若家 ○うめわか

観世流能楽師。橘氏という。代々シテ方をつとめる。戦国時代、梅津景久が梅若を称した。その後京都に出て観世大夫のツレをつとめ、江戸時代には四座一流

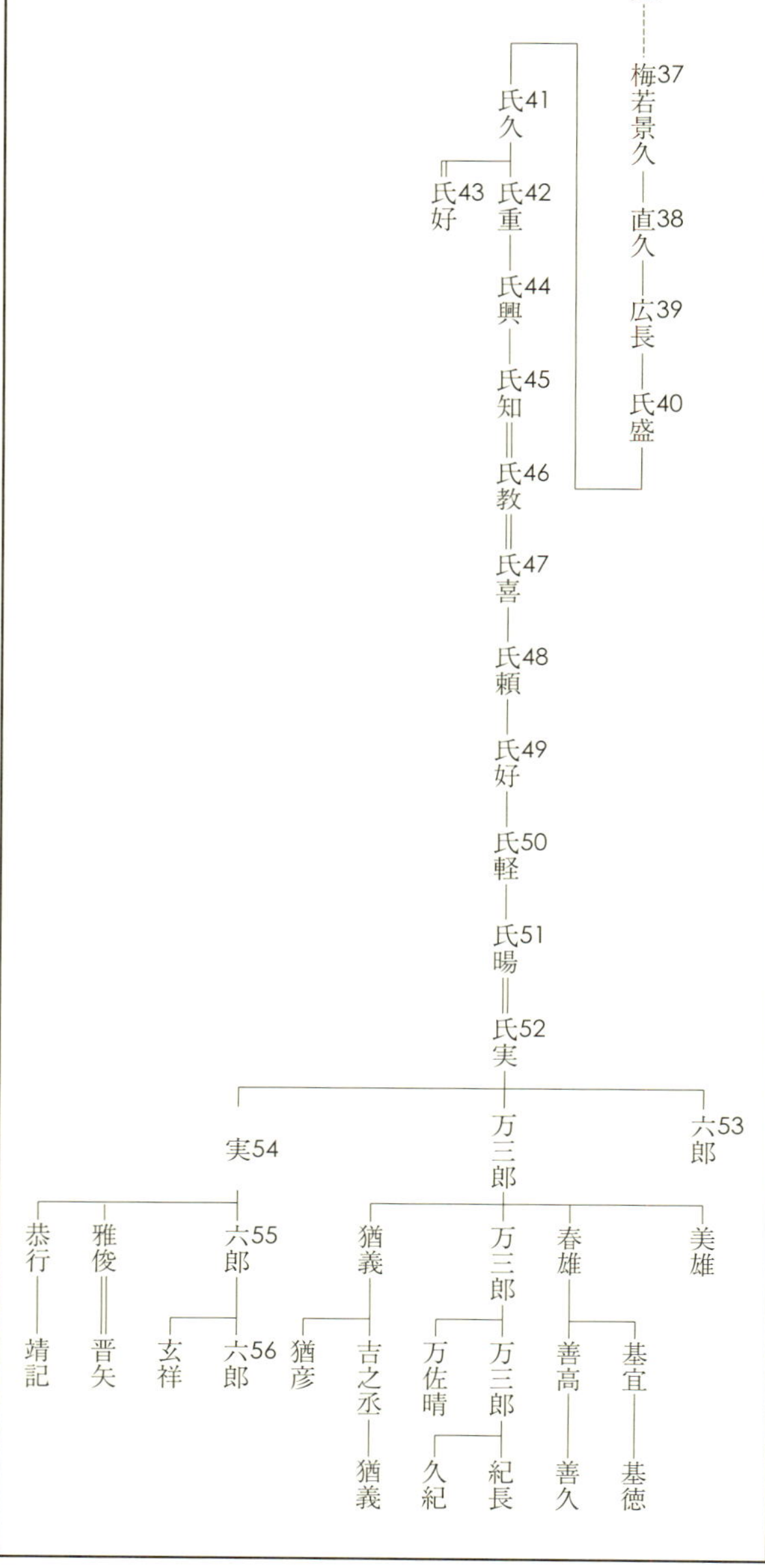

に次ぐ地位を得た。大正九年、初代万三郎は弟の六郎（のち二代目実）、妹婿の観世銕之丞（のち華雪）とともに観世流を離れて梅若流を創設。その後、万三郎と銕之丞は相次いで観世流に復帰。六郎はその後も孤塁を守り、昭和二九年になって観世流に復帰した。現在の当主は五六世六郎である。

《系図》96ページ

裏辻家　○うらつじ

公家。藤原北家閑院流。正親町季康の子季福が祖。家名の裏辻は、京都の裏築地に因むという。家格は羽林家。家職は有職故実。江戸時代の家禄は一五〇石。明治一七年彦六郎の時子爵となる。

裏松家　○うらまつ

公家。藤原北家日野流。烏丸光賢の二男資清が祖。家格は名家。江戸時代の家禄は一三〇石。宝暦八年（一七五八）光世は宝暦事件に連座して永く蟄居、その間に内裏を研究して『大内裏図考証』を著している。明治一七年良光の時に子爵となり、良光・友光父子はともに貴族院議員をつとめた。

え

永楽家　○えいらく

京焼の陶家で、千家十職の一つ。もとは西村だったが、明治四年以降は永楽を名字とした。代々善五郎を称した。初代は戦国時代の人で、大和国西京で春日大社の斎器を作るかたわら土風炉を作っていた。二代目の時に堺に出、三代目が京に移住、小堀遠州から「宗全」の銅印を拝領している。一〇代目からは茶陶も手がけ、一一代、一二代は名工として知られた。一六代即全の源氏物語五四帖の茶陶は著名。現在は一七代目である。

江川家　○えがわ

伊豆の代官。清和源氏頼親流宇野氏。大和国奥之郷宇野（奈良県五條市）に住んでいたが、九代親信の時に伊豆国田方郡八牧郷江川（静岡県伊豆の国市）に移った。その子治長は源頼朝の挙兵に参加して所領を安堵され、鎌倉幕府の御家人となった。室町時代初期の英信の時に江川氏を称したという。

戦国時代は酒造業を営んで発展し、のち一族が武士化して北条氏に属していた。二八代英長が徳川家康に仕えて伊豆代官となり、代々太郎左衛門を称した。元禄時代には伊豆・相模・武蔵で一〇万石の天領を支配する代官となった。

幕末、江川英龍は洋学の普及や反射炉の建設に力を注ぐなどして知られた。癌の治療で知られた江川滉二東京大学名誉教授は同家の四一代目にあたる。

江川邸は重要文化財に指定されている他、同家文書など四〇〇〇点の資料は財団法人江川文庫が管理している。

遠藤家 ○えんどう

仙台藩重臣松山遠藤家。平安末期、摂津の渡辺党に属した摂津遠藤氏の末裔。渡辺党と縁戚関係にあったが、嵯峨源氏ではなく藤原氏という。代々北面、滝口などをつとめた。源頼朝に決起を促した文覚は一族で、文覚の末裔という遠藤出羽守盛継が応永八年（一四〇一）大崎氏に仕えて陸奥国志田郡松山（宮城県大崎市松山）に住んだのが祖。子盛定の時伊達持宗に仕えた。以後代々伊達氏の重臣となり、戦国時代伊達稙宗に仕えた五代光定は大崎の乱の平定に活躍したことで有名。江戸時代は仙台藩士となり、多くの一族を出している。

遠藤家 ○えんどう

仙台藩宿老・一迫川口領主。藤原氏を称しているが、同藩重臣の松山遠藤家とは直接のつながりはない。戦国時代に伊達稙宗に仕えた遠藤基信が祖。天正四年（一五七六）に軍奉行となり、以後代々宿老に列した。江戸時代は一迫川口（宮城県栗原市一迫川口）領主となる。幕末の当主允信は尊攘派だったことから佐幕派から排斥されていたが、戊辰戦争後に登用されて仙台藩大参事などをつとめた。その後は塩竈神社宮司となっている。その二男速雄は明治の仙台画壇を代表する日本画家である。

遠藤家 ○えんどう

近江三上藩主。桓武平氏東氏の一族。代々東氏に従っていたが、盛数は東常慶の女婿となって美濃八幡二万石の所領を継承、斎藤龍興に仕えた。

子慶隆は関ヶ原合戦では東軍に属し、慶長五年（一六〇〇）美濃八幡二万七〇〇〇石に入封。元禄五年（一六九二）五代常久が七歳で死去したため無嗣断絶となった。

その後、五代将軍綱吉の側室お伝の方の妹婿白須政休の子胤親が名跡を継ぎ、元禄一一年（一六九八）に近江三上藩一万石で再興した。幕末、胤統は若年寄をつとめている。明治三年胤城の時和泉吉見に転じた。一一年東氏に復し、一七年子爵となる。

お

多家　◯おお

楽家を代表する名家で、古代豪族多氏の一族。古代豪族の多氏は、大和国十市郡飫富郷（奈良県磯城郡田原本町多）発祥で、神武天皇の皇子神八井耳尊の子孫と伝える。『日本書紀』の天武天皇元年（六七二）六月条に多臣品治の名が見え、同一三年に朝臣姓を賜っている。「意富」「飫富」「大」「太」とも書き、太安麻呂も同族である。

平安時代前期に多自然麿が朝鮮系の舞（右舞）を日本風にし、また日本伝統歌舞の一つである神楽の形式を整えることで楽家としての基礎を築いた。

平安後期以降に名手を輩出して繁栄し、長久元年（一〇四〇）には政方が朝臣姓を賜っている。以来、代々雅楽をもって朝廷に仕えた楽家の筆頭として今日まで続き、現在も子孫は宮中の雅楽を担当している。

《系図》100ページ

大井家　◯おおい

旗本・旧戦国大名。清和源氏小笠原氏の一族。信濃国佐久郡大井荘（長野県佐久市）発祥。大井荘の地頭となり、南北朝時代は北朝に属した。室町時代大井城に拠ったが、文明一六年（一四八四）村上氏によって落城。戦国時代、貞隆は岩村田城主となったが、武田氏の信濃侵攻で落城した。

その弟は平賀城主平賀氏の名跡を継いで玄信（源心）と号し、天文五年（一五三六）に武田氏に敗れて討死したという。玄信の孫の大井政成は武田氏に仕え、天正一〇年（一五八二）の武田氏滅亡後は徳川家康に仕えた。同一八年の関東入国では上野国藤岡で一八〇〇石を与えられ、子政吉は元和九年（一六二三）徳川忠長の家臣となった。寛永九年（一六三二）忠長の徐封後、同一五年上総国長柄郡で一〇〇〇石を与えられて旗本として再興している。

大炊御門家　◯おおいみかど

公家。藤原北家花山院流。藤原師実の三男経実が祖。家号は二代経宗の邸宅である大炊御門富小路第に因む。頼実の時太政大臣にまで進み、以後清華家となった。家職は装束・雅楽。

天文一一年（一五四二）経名は跡継ぎのいないまま六三歳で出家したため一時中絶。のち中山孝親の二男経頼が再興した。経頼の嫡男頼国は慶長一四年（一六〇九）猪熊事件に連座して硫黄島に流罪となり、同地で死去。大炊御門家は弟の経孝が継いでいる。江戸時代の家禄は四〇〇石。明治一七年幾麿の時に侯爵となる。

《系図》101ページ

大岡家　◯おおおか

藤原北家という。代々三河国八名郡宇利郷（愛知県新城市那珂宇利）に住む土

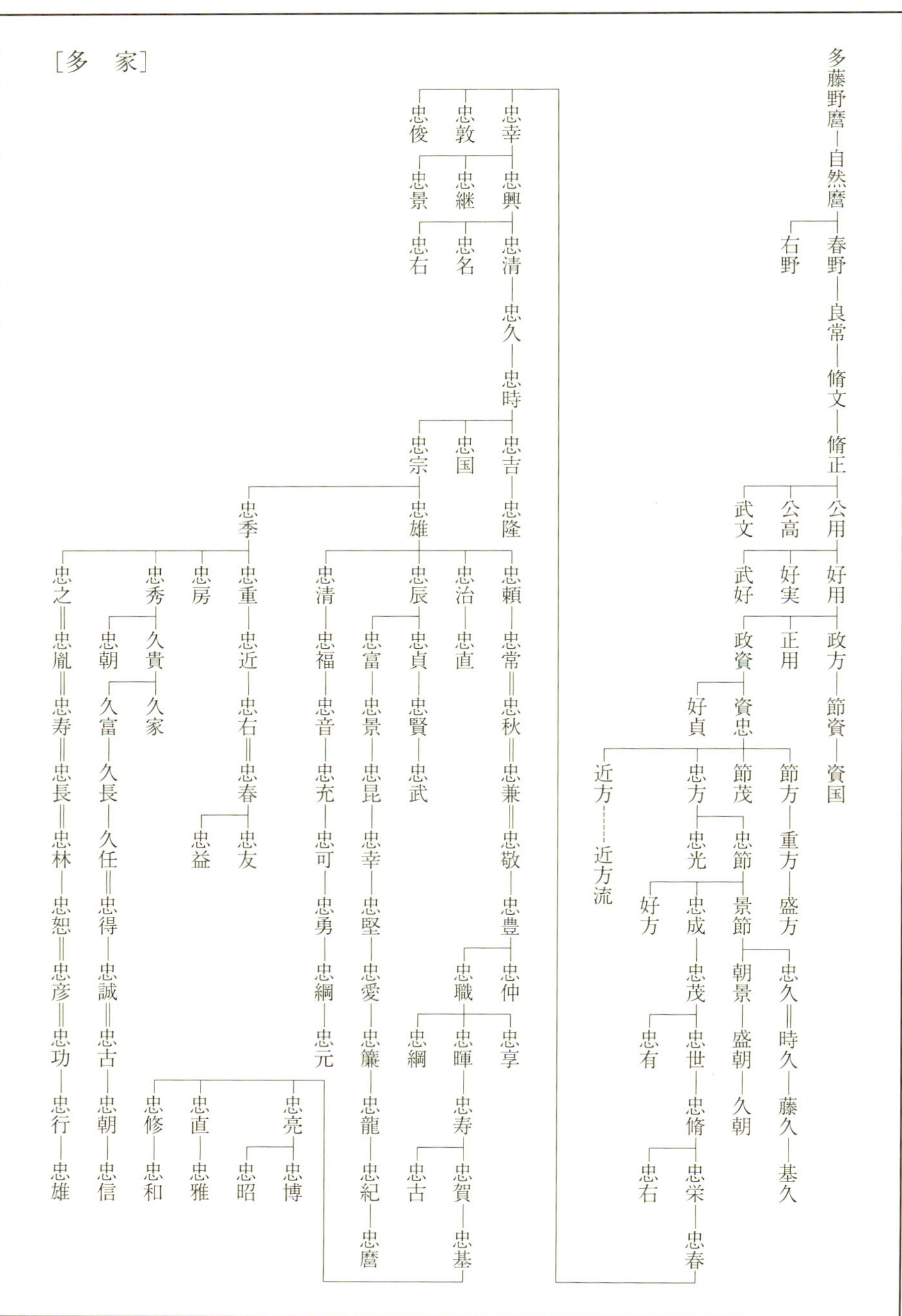
[多　家]
多藤野麿—自然麿—春野—良常—脩文—脩正—公用—好用—政方—節資—資国
右野
公高—好実—正用
武文—武好—政資—資忠
好貞
節方—重方—盛方
節茂
忠方—忠節—景節—忠久—時久—藤久—基久
朝景—盛朝—久朝
忠光
忠成—忠茂—忠世—忠脩—忠栄—忠春
忠有
忠右
好方
近方—近方流
忠幸—忠興—忠清—忠久—忠時—忠吉—忠隆
忠敦
忠俊
忠継
忠景
忠名
忠右
忠国
忠宗—忠雄—忠頼—忠常—忠秋—忠兼—忠敬—忠豊—忠仲—忠享
忠職—忠暉—忠寿—忠賀—忠基
忠綱
忠古
忠治—忠直
忠辰—忠貞—忠賢—忠武
忠富—忠景—忠昆—忠幸—忠堅—忠愛—忠簾—忠龍—忠紀—忠磨
忠清—忠福—忠音—忠充—忠可—忠勇—忠綱—忠元
忠季—忠重—忠近—忠右—忠春—忠友
忠益
忠房
忠秀—久貴—久家
久富—久長—久任—忠得—忠誠—忠古—忠朝—忠信
忠朝
忠亮—忠博
忠昭
忠直—忠雅
忠修—忠和
忠之—忠胤—忠寿—忠長—忠林—忠恕—忠彦—忠功—忠行—忠雄

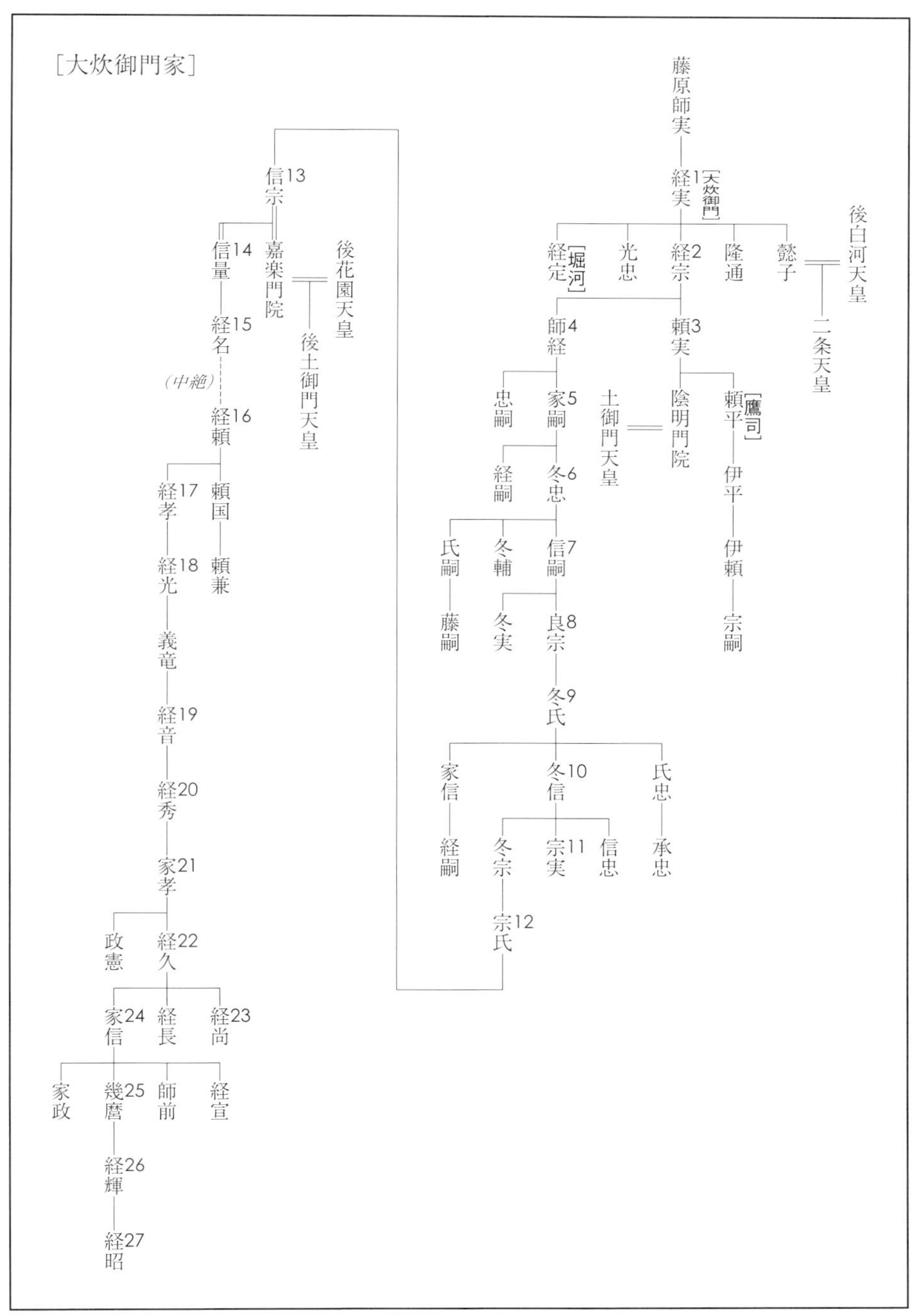

［大炊御門家］
藤原師実
経実1［大炊御門］
経定［堀河］
光忠
経宗2
隆通
懿子
後白河天皇
二条天皇
師経4
頼実3
忠嗣
家嗣5
陰明門院
土御門天皇
頼平［鷹司］
伊平
伊頼
宗嗣
経嗣
冬忠6
氏嗣
冬輔
信嗣7
藤嗣
冬実
良宗8
冬氏9
家信
冬信10
氏忠
経嗣
冬宗
宗実11
信忠
承忠
宗氏12
信宗13
信量14
嘉楽門院
後花園天皇
後土御門天皇
経名15
（中絶）
経頼16
経孝17
頼国
頼兼
経光18
義竜
経音19
経秀20
家孝21
政憲
経久22
家信24
経長
経尚23
家政
幾麿25
師前
経宣
経輝26
経昭27

［大岡家］

- 大岡善吉
  - 忠直
    - 直政（政保）
      - 政貞
      - 直政
  - 忠勝 1
    - 忠政 2
      - 忠吉
        - 忠房 1
          - 重忠
          - 忠儀 2
            - 忠平
            - 忠恒
            - 忠利 3
              - 政斐
              - 長景
              - 忠主
              - 忠光 4 岩槻藩
                - 久周
                  - 忠固 9
                    - 忠恕 10
                      - 意斉
                      - 正善
                      - 忠貫 11
                        - 幸子 ＝ 忠量 12
                          - 多美子 ＝ 忠礼 13
                            - 忠憲 14
                              - 忠恒 15
                                - 忠誉
                  - 忠正 8
                - 忠喜 5
                  - 忠烈 7
                  - 忠要 6
        - 忠宗
        - 吉明
        - 忠章
          - 忠豊
          - 忠通
          - 忠信
          - 忠久
          - 忠高
            - 忠恒
            - 忠厚
            - 忠相 5 西大平藩
              - 忠予
              - 宜忠 6
                - 忠恒 7 ＝ 忠与 8
                  - 忠移 9
                    - 忠敬 11
                      - 忠明 12
                        - 忠俊
                        - 忠徳
                        - 忠綱 13
                          - 忠輔 14
                            - 里江 ＝ 秀朗
                              - 幹忠
                    - 忠愛 10
            - 忠顕
            - 忠品
              - 忠陣
      - 忠世 3
        - 忠真 4
        - 忠種
          - 忠英
          - 忠方
            - 忠種
      - 忠行
      - 忠俊
    - 忠次
    - 忠祐

豪で忠勝以来代々松平氏に従っていた。江戸時代は旗本となり、一四〇〇石を知行した。元禄六年（一六九三）忠品が八丈島に流罪となっている

　分家が多く、一族から大名家が二家出ている。

【三河西大平藩主】 一一二〇石の旗本だった大岡忠真の跡を分家から養子となって継いだ忠相は、山田奉行在任中に、代々の奉行が先送りしていた天領と紀伊藩の境界争いについて紀伊藩に不利な判定を下したことで、当時の紀伊藩主徳川頼方の注目を得ている。のちに頼方が徳川宗家を継いで八代将軍吉宗となると、江戸町奉行、寺社奉行を歴任。吉宗のもとで次々と改革を実施した。その後寺社奉行を経て、寛延元年（一七四八）奏者番となって一万石に加増され、三河

お

西大平藩を立藩した。明治一七年忠敬の時に子爵となる。

現在の当主大岡忠輔はクノール食品の社長・会長を歴任した。

【武蔵岩槻藩主】 徳川家重の側衆をつとめた大岡忠光も一族。もとは三〇〇石の旗本だったが、享保九年（一七二四）忠光が徳川家重の小姓となり、延享二年（一七四五）の家重の将軍就任後は、言語不自由な将軍に近侍して異例の立身をとげた。宝暦元年（一七五一）上総勝浦で一万石を領して諸侯に列し、同六年側用人となって二万石を領し、武蔵岩槻に転じた。九代忠固の時若年寄となって二万三〇〇〇石に加増された。明治一七年忠貫の時に子爵となる。

《系図》102ページ

大岡家　○おおおか

旗本。清和源氏新田氏の支流で大井田氏継の末裔という。介宗の時に松平広忠に仕えた。関ヶ原合戦後、清勝が五〇〇石を与えられて旗本となる。三代清重が勘定頭をつとめ、三〇〇〇石となった。五代清相は長崎奉行、幕末の清謙は講武所奉行をつとめている。

大木家　○おおき

甲斐国甲府の豪商。今川氏の末裔と伝える。江戸時代初期の寛文年間頃に初代彦右衛門が甲府に移り住み、井筒屋と号して呉服商を開業したのが祖。その後、質店、古着商、札差、高利貸しなど多角化して豪商となった。天保年間に五代喜右衛門が屋号を「おふどう」と改称。

明治時代、七代喬命は有信銀行を創立して頭取となり甲州財閥の一角を占める一方、大正四年には衆議院議員に当選している。昭和一八年八代喬策の時におふどう呉服店は廃業した。

平成二年同家資料は山梨県立博物館に寄贈された。

正親町家　○おおぎまち

公家。藤原北家閑院流。洞院公守の二男実明が正親町氏を称した。家格は羽林家。家職は箏。実明の子公蔭は歌人として著名。江戸時代の家禄は三五二石。江戸初期の公通は山崎闇斎に垂加神道を学んで高弟となり、闇斎の没後一門を率いたことから、正親町神道とも呼ばれた。

幕末、実徳の姉の雅子は孝明天皇の生母新待賢門院となる。実徳の子公董は尊攘派の公卿として活躍した。明治一七年実正の時に伯爵となる。また、公董の四男季董も分家して男爵となっている。

明治時代、公和は学習院在学中に雑誌『白樺』の創刊に参加、高尾清五郎の筆名で小説を発表していた。

《系図》104ページ

正親町三条家　○おおぎまちさんじょう

公家。藤原北家閑院流。三条実房の三男公氏が祖。当初の家号は三条だったが、屋敷が正親町通り（現在の中立売通）東洞院に面していたため、本家の三条家と区別するために正親町三条と呼ばれた。大臣家の一つ。

［正親町家］

- 洞院公守 — 実明1［正親町］
  - 公蔭2
    - 忠季3 — 実綱4
    - 実文 — 公仲5 — 実秀6
      - 公澄 — 実澄
      - 持季7
        - 公兼8 — 実胤9 — 公叙10 ═ 季秀11
          - 季康12 — 季福［裏辻］
          - 季俊13 — 実豊14
            - 公綱
            - 公廉
            - 季親
            - 公通15
              - 公成
              - 公梁 — 実本
              - 実本
              - 隆叙
              - 実連16
                - 公明17
                  - 実賢
                  - 実光18
                    - 公道
                    - 新待賢門院 ═ 仁孝天皇 — 孝明天皇
                    - 実徳19
                      - 公董20（═）— 季董［男爵家］— 季光
                      - 実正21
                        - 公和22
                          - 公秀23
                            - 実純24
                            - 直道
                          - 実詔
                          - 公朋
                        - 実慶
                  - 実嗣
                  - 実孚
                - 愛親
                - 公理
            - 町子 ═ 柳沢吉保
          - 基久
        - 季種
      - 実右
  - 宣光門院 ═ 花園天皇 — 源性法親王

室町時代、実雅は将軍足利義教の寵を得て大きな権勢を振るったことで知られる。江戸時代の家禄は二〇〇石。公積は宝暦事件に連座して落飾を命じられている。明治維新後、実愛が嵯峨に改称、その子公勝は一七年に伯爵、二一年に侯爵となっている。

《系図》105ページ

大草家　○おおくさ

旗本。三河国額田郡大草（愛知県額田郡幸田町）発祥。藤原氏の支流といい、

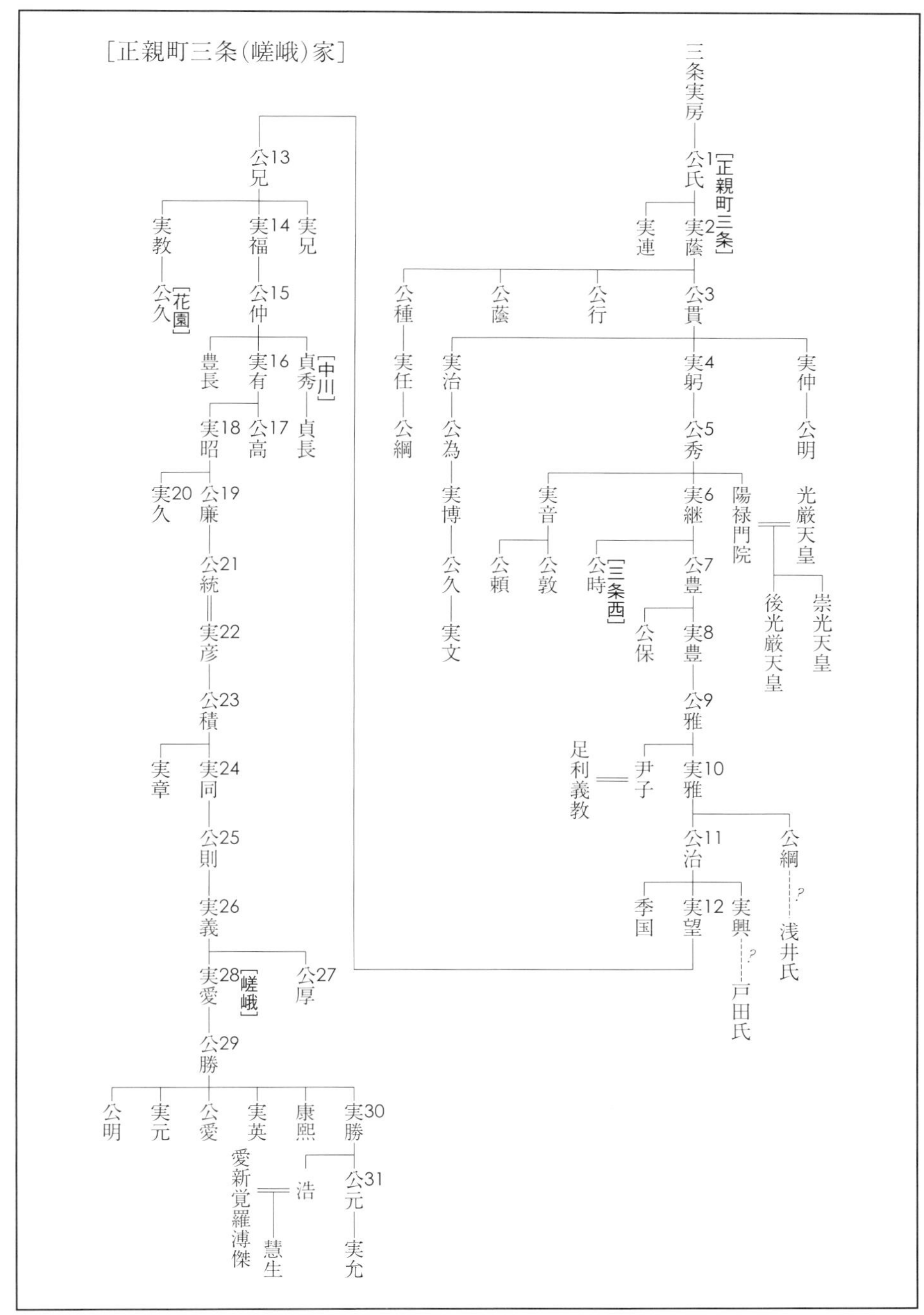
[正親町三条(嵯峨)家]
三条実房
公氏1
[正親町三条]
実連
実蔭2
公種
公蔭
公行
公貫3
実任
公綱
実治
実躬4
実仲
公為
公秀5
公明
実博
実音
実継6
陽禄門院
光厳天皇
公久
公頼
公敦
公時
[三条西]
公豊7
後光厳天皇
崇光天皇
実文
公保
実豊8
公雅9
足利義教
尹子
実雅10
公治11
公綱
季国
実望12
実興
?
浅井氏
?
戸田氏
公兄13
実教
実福14
実兄
公久
[花園]
公仲15
豊長
実有16
貞秀
[中川]
実昭18
公高17
貞長
実久20
公廉19
公統21
実彦22
公積23
実章
実同24
公則25
実義26
実愛28
[嵯峨]
公厚27
公勝29
公明
実元
公愛
実英
康煕
実勝30
愛新覚羅溥傑
浩
公元31
慧生
実允

祖公経は足利尊氏に仕えて、正平四年（一三四九）四条畷の戦で討死したと伝える。以後、代々足利氏に仕えた。戦国時代、公重は足利義輝に仕え、のち細川藤孝に従った。その子公政の妻が三代将軍家光の老女大草局となったことから、旗本に取り立てられ、長男公継・甥高正（養子となる）はともに家光の御抱守となった。

高正の子高盛も家光の小姓となって累進、その子高忠は三五〇〇石の旗本となった。八代高好は長崎奉行、勘定奉行、江戸町奉行を歴任。幕末の高堅は講武所頭取、目付を歴任している。

大久保家　○おおくぼ

江戸時代の譜代大名。下野国那須郡大久保（栃木県大田原市大久保）発祥で宇都宮氏の一族。南北朝時代に泰藤が南朝に属して転戦、新田義貞の死で越前国から三河国に来住し、宇都宮入道蓮常と称した。泰昌は松平郷に住み、その子昌忠が松平信光に仕え、以後徳川家の譜代の家臣となったという。忠俊は三河国碧海郡上和田（愛知県岡崎市上和田）で松平広忠に仕え、大久保氏を称した。忠茂の三男忠員は岡崎城の松平広忠に属し、松平信孝の叛乱の鎮圧に功をあげ、子忠世とともに三河の一向一揆制圧にも成功した。

【小田原藩主】忠世は徳川家康に従い、天正一八年（一五九〇）の関東入国の際に小田原城主として四万五〇〇〇石を与えられた。

長男忠隣は天正一八年（一五九〇）の関東入国では武蔵羽生二万石が与えられ、文禄元年（一五九二）には秀忠の家老となる。翌年家督を相続すると、父の遺領と合わせて六万五〇〇〇石を領した。関ヶ原合戦後も引き続き小田原藩六万五〇〇〇石の藩主となり、慶長一〇年（一六〇五）に秀忠が二代将軍に就任すると老中となって大きな権力を持った。しかし、本多正信との確執から同一九年讒訴によって一旦改易となった。

その後、忠職が武蔵私市藩二万石で再興し、寛永九年（一六三二）美濃加納五万石、同一六年播磨明石七万石を経て、慶安二年（一六四九）肥前唐津八万三〇〇〇石に入封した。さらに忠朝は延宝五年（一六七七）老中となって、翌年下総佐倉八万三〇〇〇石に転じ、貞享三年（一六八六）小田原一〇万三〇〇〇石に戻った。

文政元年（一八一八）忠真は老中となる一方、二宮尊徳を登用して殖産興業にもつとめた。

幕末、忠礼は幕府から箱根関所の守備を命じられたが、新政府軍が到着すると箱根関所を明け渡して合流している。しかし、幕府の遊撃隊に攻撃されると佐幕に転じ、その後再び勤王に戻るなど揺れ動き、慶応四年（一八六八）三万八〇〇〇石を削られ、七万五〇〇〇石となった。明治一七年忠礼は子爵となる。

小田原市城山の大久寺は忠世が開基した日蓮宗の寺で大久保家の菩提寺である。寺内にある大久保家墓所は市指定史跡となっている。

忠世の四男忠成は一家を興して、六〇〇〇石を分知されて旗本となった。幕

お

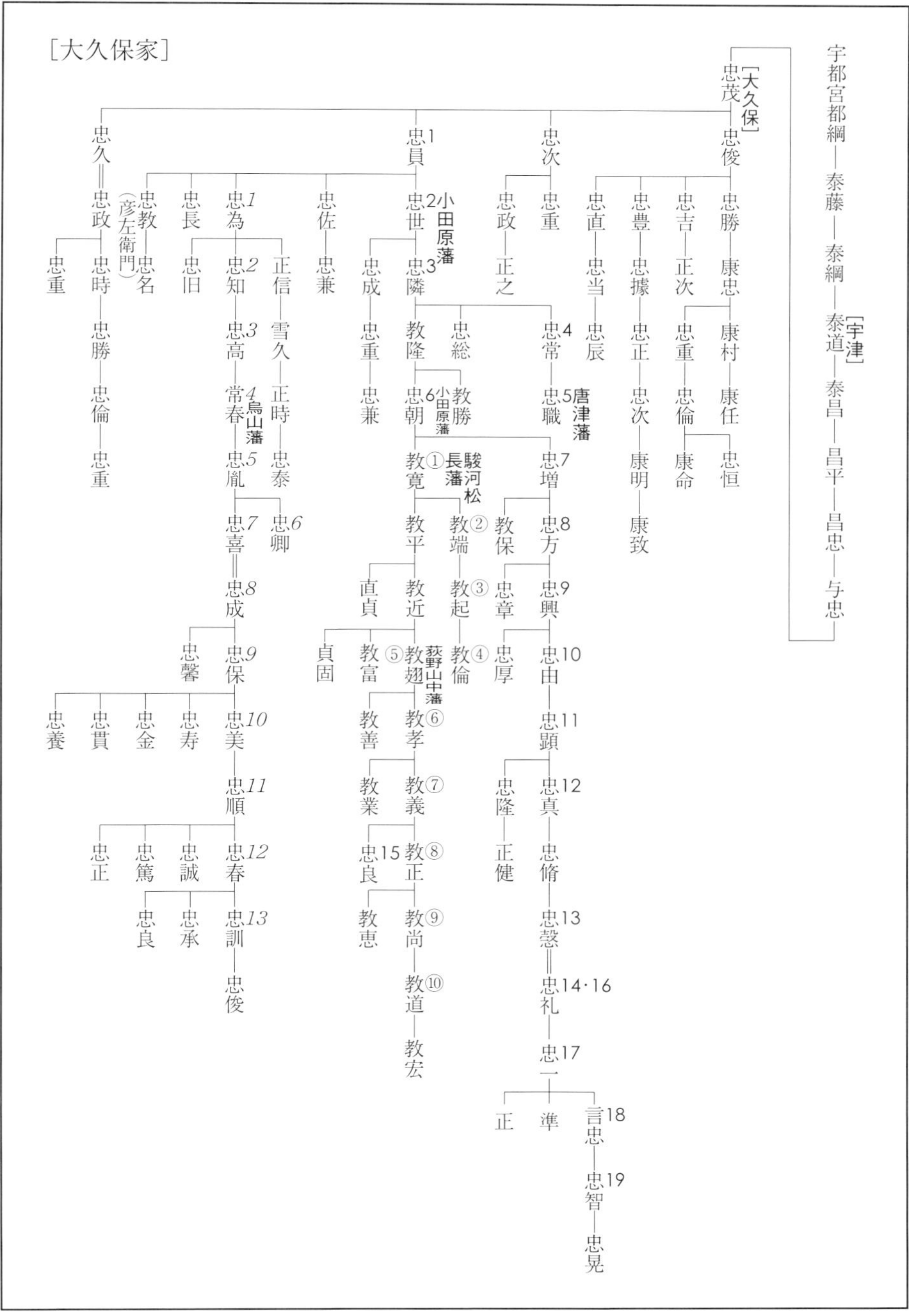

[大久保家]
宇都宮都綱―泰藤―泰綱―泰道[宇津]―泰昌―昌平―昌忠―与忠
忠茂[大久保]
忠俊
忠勝―康忠―康村―康任
忠重―忠倫―忠恒
康命
忠吉―正次
忠豊―忠據―忠正―忠次―康明―康致
忠直―忠当―忠辰
忠次
忠重
忠政―正之
忠員1
忠世2 小田原藩
忠隣3
忠常4―忠職5 唐津藩―忠増7
忠総
教隆
教勝
忠朝6 小田原藩
教寛① 駿河松長藩
教端②―教起③―教倫④
教平
直貞
教近
貞固
教富
教翅⑤ 荻野山中藩
教善
教孝⑥
教業
教義⑦
忠良15
教正⑧
教恵
教尚⑨―教道⑩―教宏
教保
忠方8
忠章
忠興9
忠厚
忠由10―忠顕11
忠隆―正健
忠真12―忠脩―忠愨13＝忠礼14・16―忠一17
正
準
言忠18―忠智19―忠晃
忠成―忠重―忠兼
忠佐―忠兼
忠為1
忠旧
忠知2―忠高3―常春4 烏山藩―忠胤5
忠喜7＝忠成8
忠馨
忠保9
忠養
忠貫
忠金
忠寿
忠美10―忠順11
忠正
忠篤
忠誠
忠春12
忠良
忠承
忠訓13―忠俊
忠卿6
正信―雪久―正時―忠泰
忠長
忠教―忠名(彦左衛門)
忠久＝忠政
忠重
忠時―忠勝―忠倫―忠重

末、忠学は浦賀奉行、大番頭を、その子忠宣は神奈川奉行、大目付を歴任した。

忠隣の三男教隆は二代将軍秀忠に近侍して累進、大番頭をつとめて五〇〇〇石の旗本となった。子教勝から三代続けて留守居をつとめている。

正隣の四男幸信も秀忠に近侍して大番頭となり、同じく五〇〇〇石の旗本となった。幕末、忠怒は京都町奉行、陸軍奉行並を歴任した。

また、忠増の八男教保は正徳三年（一七一三）に領内で六〇〇〇俵を分知されて旗本となった。三代教和は書院番頭、大番頭を歴任、四代教富も書院番頭をつとめている。

【相模荻野山中藩主】忠朝の二男教寛が元禄一一年（一六九八）に六〇〇〇石を分知されたのが祖。宝永三年（一七〇六）西の丸若年寄となって五〇〇〇石を加増されて諸侯に列し、駿河松長藩を立藩。同六年には本丸若年寄となって、享保三年（一七一八）相模国で五〇〇〇石を加増された。天明三年（一七八三）教翅の時に相模国愛甲郡荻野（神奈川県厚木市）に陣屋を構えて、荻野山中藩一万三〇〇〇石となる。慶応三年（一八六七）水戸浪士鯉淵四郎らによって陣屋が襲撃を受けている。明治一七年教正の時子爵となり、その子教尚は貴族院議員をつとめた。

教寛の四男教平は享保一五年（一七三〇）に三〇〇〇石を分知されて旗本となり、駿府定番などをつとめた。子教近は槍奉行となっている。

【下野烏山藩主】忠為の三男忠知が、元和元年（一六一五）大坂夏の陣に功をあげて上総国武射郡内に五〇〇〇石を与えられたのが祖。子忠高は三代将軍家光の側衆として累進、貞享三年（一六八六）一万石となって諸侯に列し、上総八幡に陣屋を構えた。

子常春は享保一〇年（一七二五）下野烏山藩二万石に入封、同一三年老中に就任して相模国で一万石を加増されて三万石となり、厚木村に厚木陣屋を置いた。相模原市田名にある烏山用水は、幕末にこの付近の新田開発を行った烏山藩主大久保家に由来する。明治一七年忠順の時に子爵となる。

【小田原藩家老】小田原藩家老の大久保氏も同族。祖忠勝は初代藩主忠世のいとこ。代々家老をつとめた。

《系図》107ページ

大倉家　○おおくら

京都・伏見の酒造家。「月桂冠」醸造元。もとは山城国笠置の旧家で酒造業も営んでおり、寛永一四年（一六三七）に初代治右衛門が伏見馬仮借前で笠置屋と号して開業、清酒「玉の泉」を販売したのが祖。明治三八年から「月桂冠」を販売している。昭和二年に株式会社に改組し、一九年大倉酒造と改称、さらに六二年に月桂冠株式会社と改めている。

明治四二年建造の酒蔵を改装して、月桂冠大倉記念館がつくられている。

大蔵家　○おおくら

能楽の狂言方大蔵流宗家。南北朝時代の比叡山の学僧玄恵法印が祖という。もとは近江猿楽の狂言方だったが、六世日吉弥太郎が奈良に移り、以後大和猿楽の金春座に属した。一〇世弥右衛門以降、大蔵姓を名乗る。また、江戸時代には弥惣右衛門家、長太夫家、弥太夫家などの分家が生まれている。現在の当主は二五世弥右衛門である。

大河内家 〇おおこうち

譜代大名。三河国額田郡大河内（愛知県岡崎市）発祥。清和源氏頼光流。源頼政の孫顕綱が大河内郷に住んで大河内氏を称し、のち足利義氏に仕えた。顕綱の子の代に政顕と貞顕の二流に分かれる。

【上総大多喜藩主】 政顕流は三河国幡豆郡寺津・江原両郷を領す。秀綱の時に徳川家康に仕え、関東入国の際に武蔵国高麗郡を領した。正綱は長沢松平家の正次の跡を継いで松平氏となり、寛永二年（一六二五）相模玉縄藩二万二〇〇〇石を立藩。元禄一六年（一七〇三）正久が上総大多喜に転封となる。幕末、正質は老中をつとめたが、鳥羽・伏見の戦に参加したため佐倉藩に幽閉され、領地は吉田藩に保管された。明治一七年子爵となる。江戸時代は大河内松平氏を称していたが、維新後大河内氏に復姓した。

玉縄藩主正綱の五男正朝は慶安元年（一六四八）に三五〇〇石を分知されて旗本となった。四代正方は書院番頭、六代正卜は堺奉行をつとめている。

正信の六男正基は元禄三年（一六九〇）に三〇〇〇石を分知されて旗本となった。四代正賢は日光奉行、五代正相は西の丸留守居をつとめている。

【三河吉田藩主】 久綱の長男信綱は正綱の養子となり、徳川家光に仕えて老中に就任。武蔵忍藩三万石を経て、島原の乱後、寛永一六年（一六三九）武蔵川越六万石に入封。以後も、筆頭老中として幕政を担当した。寛文一二年（一六七二）信輝の時弟輝貞に五〇〇〇石を分知して七万石となる。元禄七年（一六九四）信輝の時下総古河に転じ、信祝は正徳二年（一七一二）三河吉田を経て、享保一四年（一七二九）遠江浜松に入封。翌年から は老中として享保の改革期の幕政の一端を担った。寛延二年（一七四九）信復が三河吉田七万石に再入封。明治一七年信古が子爵となる。その後、正敏は東京帝大教授となり、理研コンツェルンを創設した。

【上野高崎藩主】 信綱の五男信興は家綱の小姓組番頭から、延宝七年（一六七九）若年寄となって諸侯に列し、天和二年（一六八二）奏者番として常陸土浦二万二〇〇〇石に入封。のち三万二〇〇〇石に加増された。輝貞は元禄五年（一六九二）下野壬生を経て、同八年上野高崎五万二〇〇〇石に転じ、宝永元年（一七〇四）には七万二〇〇〇石に加増。その後、越後村上を経て、享保二年（一七一七）高崎に戻り、同一五年老中格となる。安永八年（一七七九）輝高の時八万二〇〇〇石となる。以後、輝高・輝延も老中となっている。明治一七年輝耕の時子爵となる。

なお、貞顕流の大河内氏は吉良氏に従ったのち、正綱の時に徳川家康に仕え、江戸時代は旗本となっている。家禄一二〇〇石。

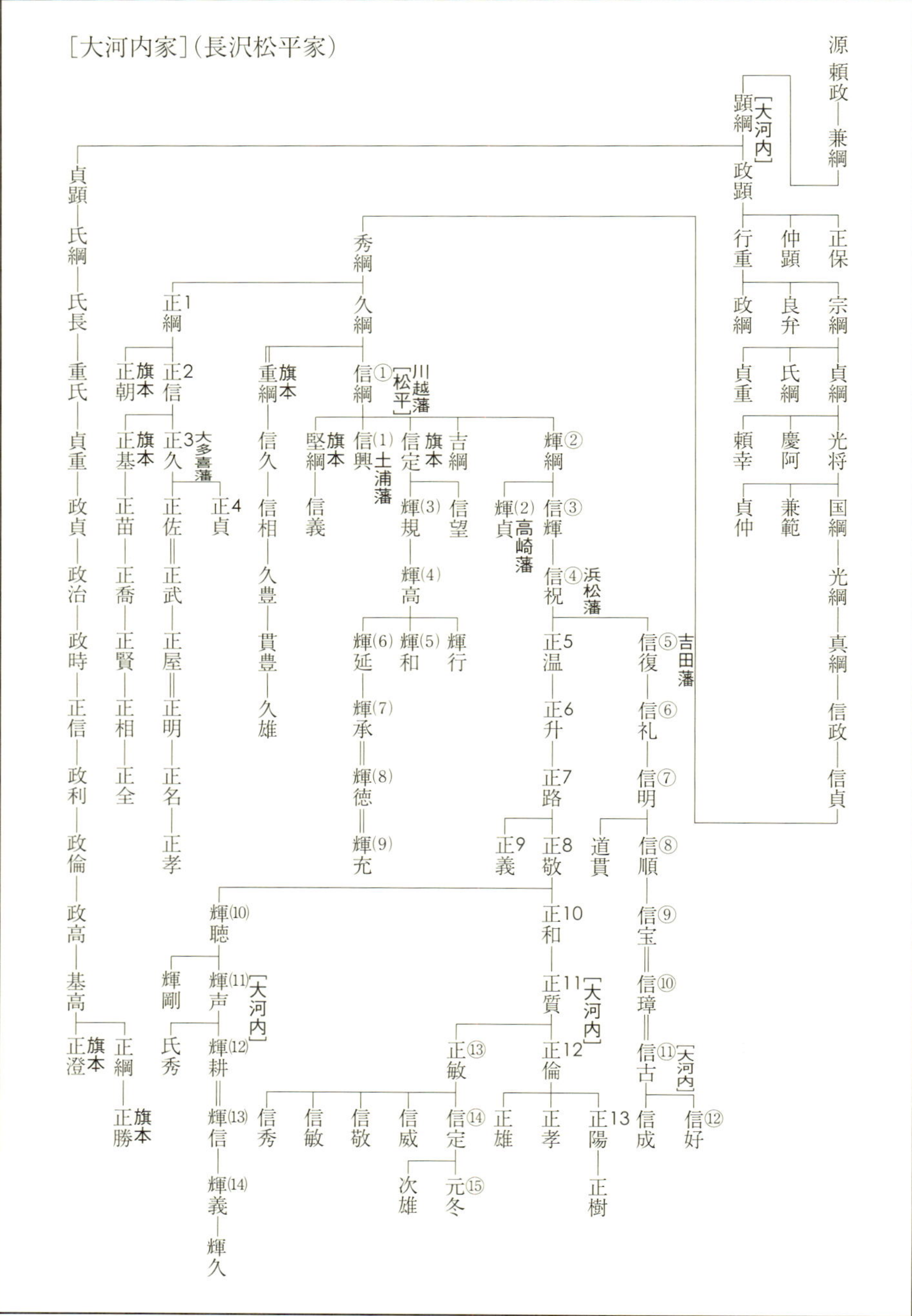
［大河内家］（長沢松平家）
源頼政
兼綱
［大河内］顕綱
政顕
正保
仲顕
行重
宗綱
良弁
政綱
貞綱
氏綱
貞重
光将
慶阿
頼幸
国綱
兼範
貞仲
光綱
真綱
信政
信貞
秀綱
久綱
正綱1
正信2
旗本 正朝
正久3 大多喜藩
旗本 正基
正貞4
正佐
正武
正屋
正明
正名
正孝
正苗
正喬
正賢
正相
正全
旗本 重綱
信久
信相
久豊
貫豊
久雄
信綱① 川越藩［松平］
吉綱
旗本 信定
信興(1) 土浦藩
旗本 堅綱
信義
信望
輝規(3)
輝高(4)
輝行
輝和(5)
輝延(6)
輝承(7)
輝徳(8)
輝充(9)
輝綱②
信輝③
輝貞(2) 高崎藩
信祝④ 浜松藩
信復⑤ 吉田藩
信礼⑥
信明⑦
信順⑧
道貫
信宝⑨
信璋⑩
信古⑪ ［大河内］
信好⑫
信成
正温5
正升6
正路7
正敬8
正義9
正和10
正質11 ［大河内］
正倫12
正敏⑬
正陽13
正樹
正孝
正雄
信定⑭
元冬⑮
次雄
信威
信敬
信敏
信秀
輝聴(10)
輝声(11) ［大河内］
輝剛
輝耕(12)
氏秀
輝信(13)
輝義(14)
輝久
貞顕
氏綱
氏長
重氏
貞重
政貞
政治
政時
正信
政利
政倫
政高
基高
正綱
旗本 正澄
旗本 正勝
お

《系図》110ページ

大沢家　○おおさわ

高家。藤原北家の公家持明院家の一族という。貞治年間（一三六二～六八）に基秀が遠江国敷知郡堀江（静岡県浜松市西区）に移って堀江城を築城し、子基久の時に、基秀が領していた丹波国多紀郡大沢（兵庫県篠山市）に因んで大沢氏を称したと伝える。

戦国時代は今川氏真に属し、永禄一二年（一五六九）九代基胤の時に徳川家康に降った。基重は旗本となって二五五〇石を知行、堀江に陣屋を構えた。その子基将は正保元年（一六四四）に奥高家となった。

幕末には表高三五五六石を領し、実高は五五〇〇石であったが、明治元年基寿の時、浜名湖の埋め立て予定地と合わせて一万六石と詐称、維新の混乱に乗じて堀江藩として立藩した。明治四年の廃藩置県では堀江県となり、基寿も華族になったが、同年再調査が行われて石高の詐称が発覚。基寿は士族に落とされ、一年半の禁固刑となっている（万石事件）。

基重の三男基哲は第四代将軍家綱に仕えて一家を興し、長崎奉行をつとめた。子基躬の時二六〇〇石に加増。

この他にも、旗本には分家が多い。

大沢家　○おおさわ

高家。持明院基時の子基貫が一家を興して大沢家を称し、宝永六年（一七〇九）奥高家となる。四代基季は高家肝煎をつとめている。

大島家　○おおしま

旗本。上野国新田郡大島（群馬県太田市大島）発祥で清和源氏里見氏の一族という。美濃国の国人光宗の子光義は織田信長を経て豊臣秀吉に仕えて弓頭となり、強弓の名人といわれ、美濃関で一万二〇〇〇石を領した。関ヶ原合戦では東軍に属し、戦後、美濃国・摂津国で一万八〇〇〇石に加増された。

慶長九年（一六〇四）、光義の没後長男光成が七五〇〇石、光政が四七一〇石、光俊が三二五〇石、光朝が二五五〇石を相続した。嫡流は、寛永一四年（一六三七）義豊が一四歳で死去して断絶している。

二男光政は賤ヶ岳合戦、関ヶ原合戦で功をあげ、美濃・摂津で四七一〇石を領し、加茂郡川辺（岐阜県加茂郡川辺町中川辺）に陣屋を置いて川辺大島家となった。四代義也は長崎奉行、作事奉行を歴任。その後も、六代義里と九代義彬は書院番頭をつとめている。同陣屋跡は現在の川辺西小学校である。

三男光俊の末裔は寄合に列し、美濃迫間（岐阜県関市）に住んで迫間大島家となった。義高は元禄四年（一六九一）に駿府町奉行となったが、同七年に狂気のため小普請となり、二〇〇〇石に減知された。

大関家　○おおぜき

下野黒羽藩主。丹党の一族で武蔵国児

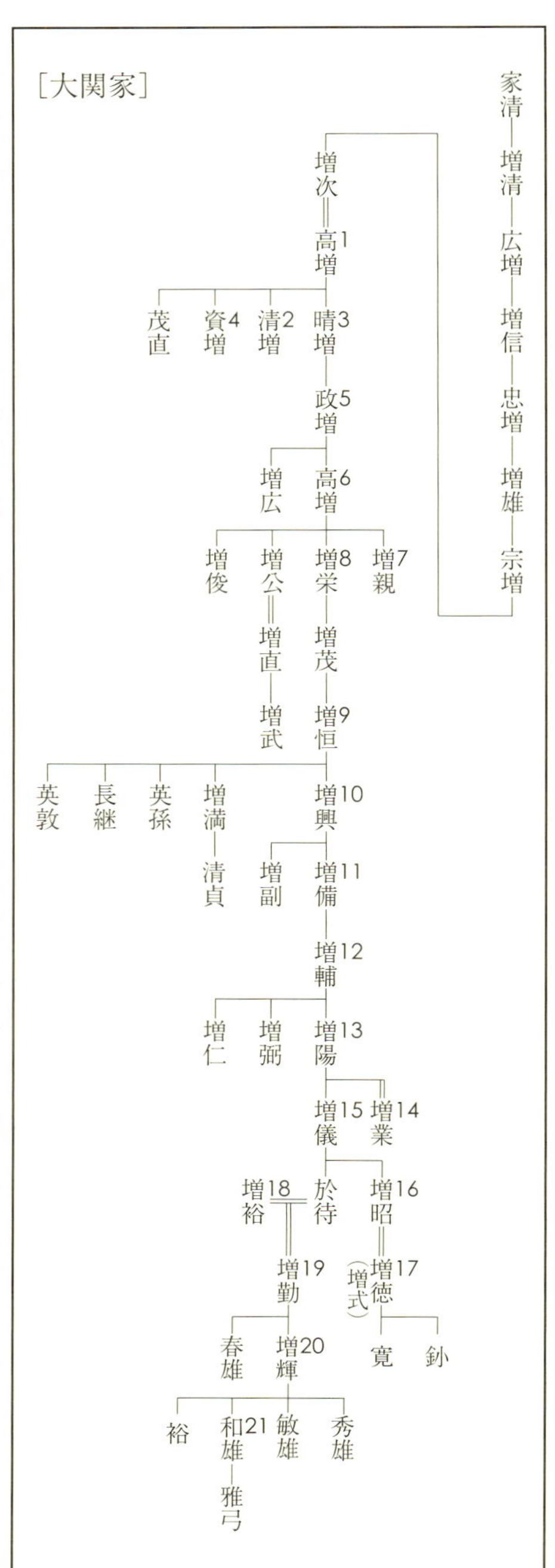

玉郡大関（埼玉県）発祥というが、常陸国発祥の桓武平氏大関氏の一族か。

代々下野国那須郡黒羽（栃木県大田原市黒羽）の土豪で、宗増は大田原氏とともに那須氏の有力家臣であった。やがて大田原資清と争うようになり、一時資清を下野から追ったが、天文一一年（一五四二）下野に戻ってきた資清に子増次が敗れて自刃。資清の嫡男高増が大関氏を継ぐことになった。

高増は那須資胤・資晴に従って黒羽城を築城、天正一三年（一五八五）には大田原氏・福原氏とともに千本資俊を暗殺、千本領を分割している。同一八年、豊臣秀吉の小田原陣に参陣して本領安堵された。

関ヶ原合戦では資増が黒羽城を守り、合戦後二万石に加増された（のち一万八〇〇〇石となる）。

文化八年（一八一一）伊予大洲藩主加藤家より大関家を継いだ増業は藩政の改革を断行する一方、学者としても知られ、その著書は仁孝天皇の天覧にも供している。幕末、一七代目を継いだ養子の増徳は藩の老職と合わず座敷牢に入れられて強制隠居させられ、文久元年（一八六一）遠江横須賀藩主西尾家から増裕が一八代目に迎えられた。増裕は西洋兵学に通じ、襲封直後から講武所奉行、陸軍奉行を歴任して幕府の軍制改革につとめた。同三年、幕府の役職を辞して国元に戻って藩の軍政・財政の改革に尽力した。慶応元年（一八六五）再び幕府の海軍奉行に就任、同三年には若年寄に抜擢されたが、直後に急死した。

跡を継いだ増勤は戊辰戦争ではいち早

く官軍に属し、若松城総攻撃などに参加。明治一七年子爵となった。

《系図》112ページ

太田家　○おおた

遠江掛川藩主。清和源氏頼光流で、源頼政の子広綱（仲綱の養子となる）が祖。広綱は源頼朝に仕え、子隆綱は土御門天皇に仕えて丹波国五箇荘（京都府亀岡市）を与えられた。その子国綱が丹波に下向し、国綱の子資国が桑田郡太田郷（亀岡市）に住んで太田氏を称した。資国は丹波国上杉荘の上杉重房に仕え、建長四年（一二五二）上杉氏に従って鎌倉に下向、室町時代は扇谷上杉氏に仕えた。

太田道灌は長禄元年（一四五七）江戸城を築城、上杉定正の重臣として活躍し

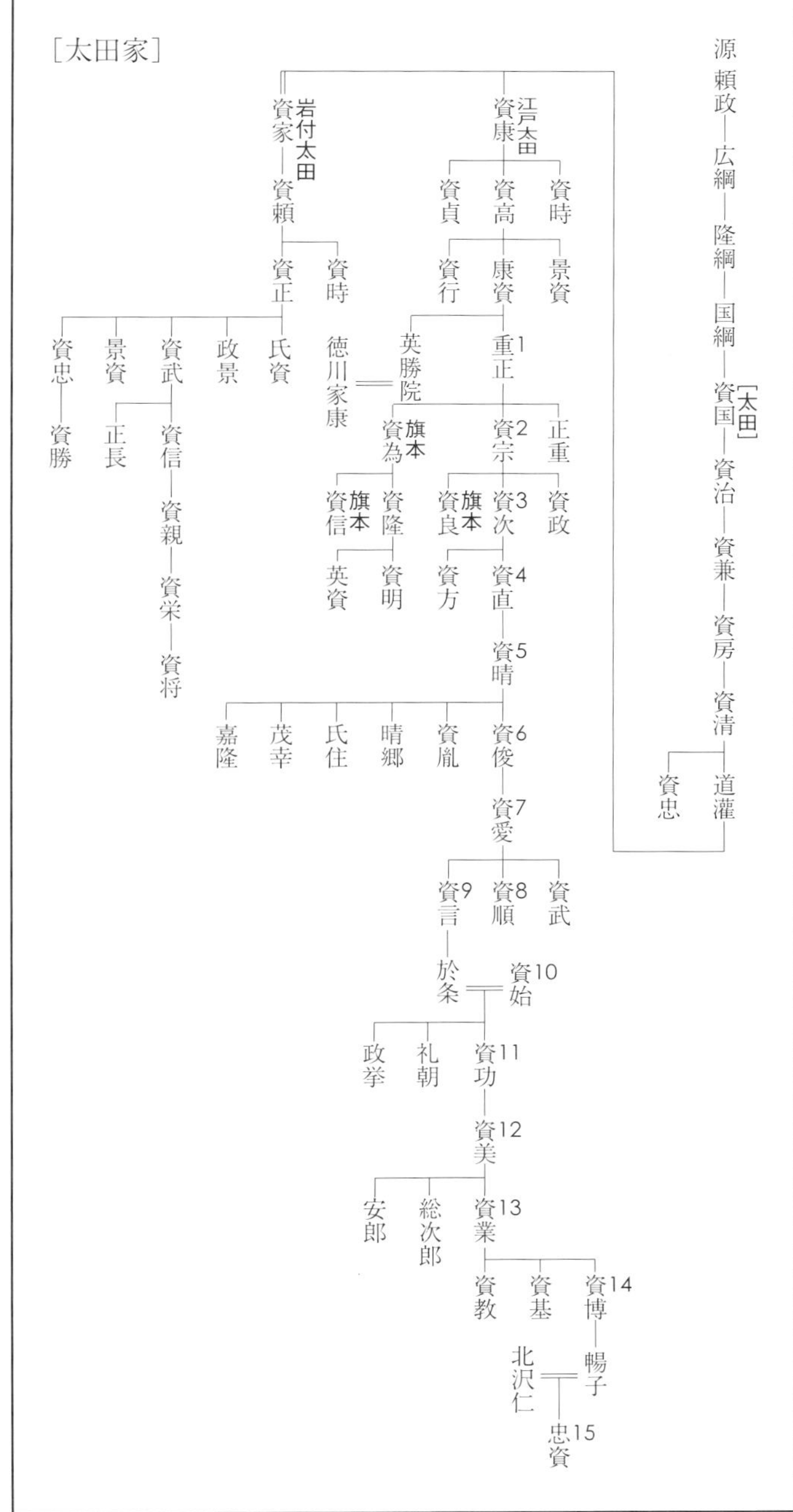

ていたが、讒言によって暗殺された。道灌の死後、太田氏は岩槻太田氏と江戸太田氏に分裂した。

【岩槻太田氏】のちに掛川藩主となった太田家では、自らの江戸太田氏を直系としているが、本来太田氏の直系は、道灌の養子資家に始まる岩槻（付）太田氏である。

資家の子資頼は岩付城に拠っていたが、やがて北上してきた北条氏と対立し、激しく争った。天文年間、資正は上杉氏方の有力武将として活躍したが、永禄年間に落城。長男氏資は北条方に転じたものの、北条氏の命で里見氏を攻めて討死した。以後、政景、資武は北条氏の家臣として活躍したが、北条氏の滅亡とともに没落した。

【江戸太田氏】一方、道灌の嫡子資康は、道灌の死後、山内上杉氏のもとに走った。

資康の孫康資は北条氏の重臣となり、江戸衆の筆頭にもあげられたが、永禄七年（一五六四）里見氏と結んで国府台合戦で北条氏に敗れて没落した。

【遠江掛川藩主】康資の子重正は徳川家康に召し出され、その妹は家康の側室（英勝院）となった。重正の子資宗は三代将軍家光に近侍して累進、寛永一二年（一六三五）一万五六〇〇石を与えられて諸侯に列し、下野山川藩を立藩した。同一五年には島原の乱の戦後処理によって三河西尾三万五〇〇〇石に加転。さらに奉行として『寛永諸家系図伝』三七二巻を完成させて、正保元年（一六四四）には浜松三万五〇〇〇石に転じた。資次は大坂城代をつとめて二万石を加増され、以後、貞享元年（一六八四）駿河田中藩五万石、宝永二年（一七〇五）陸奥棚倉五万石、享保一三年（一七二八）上野館林五万石を経て、延享三年（一七四六）遠江掛川五万石に転じた。資愛と資始は老中をつとめている。徳川家の静岡藩移封にともない、資美は明治二年上総芝山（千葉県山武郡芝山町）五万三〇〇〇石に転じ、同一七年には子爵となった。

浜松藩主資宗の三男資良は寛文一一年（一六七一）に五〇〇〇石を分知されて旗本となり、大番頭をつとめた。孫の資倍は留守居、槍奉行をつとめている。

家宣の側室右近の方（おこんの方）の弟である政資は宝永三年（一七〇六）に召し出されて旗本となった。家禄三〇〇〇石。幕末資同は日光奉行、その子資統は浦賀奉行、山田奉行、西の丸留守居を歴任した。

《系図》113ページ

大竹家　○おおたけ

新潟県長岡市の旧中之島町の豪農。中世以来続く開発領主の末裔で、正治元年（一一九九）に越後に来住したという。江戸時代には新発田藩の大庄屋をつとめていた。三二代貫一は衆議院議員に一六選し、刈谷田川の改修などに尽力した。その邸宅は大竹邸記念館として公開されている。

大谷家　○おおたに

浄土真宗の東西本願寺住職。浄土真宗の祖親鸞の末娘の覚信尼は、日野広綱に

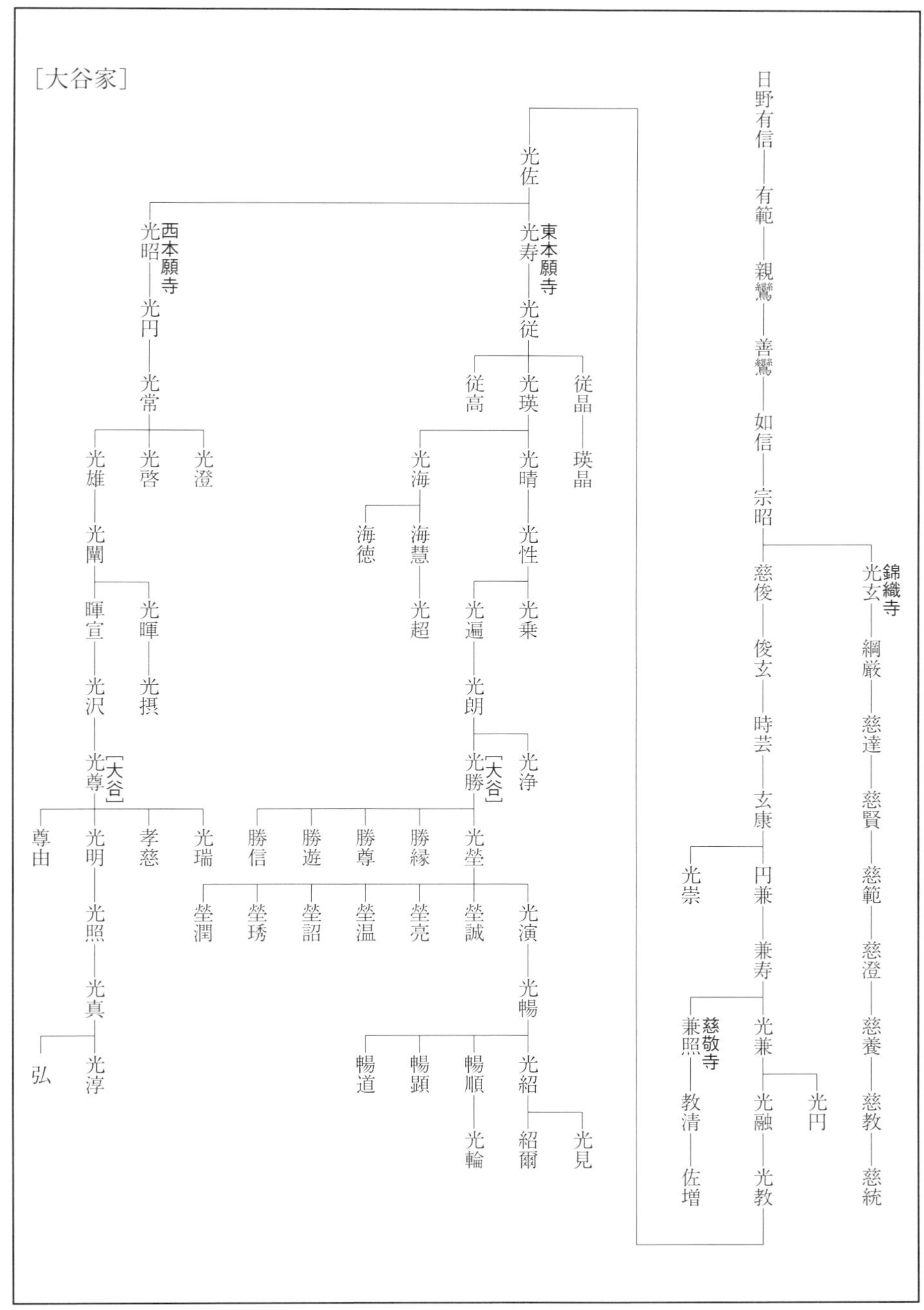
[大谷家]
日野有信
有範
親鸞
善鸞
如信
宗昭
慈俊
俊玄
時芸
玄康
円兼
兼寿
光兼
光融
光教
光円
兼照 慈敬寺
教清
佐増
光崇
光玄 錦織寺
綱厳
慈達
慈賢
慈範
慈澄
慈養
慈教
慈統
光佐
光寿 東本願寺
光従
従高
光瑛
従晶
瑛晶
光海
海徳
海慧
光超
光晴
光性
光遍
光乗
光朗
光勝 [大谷]
光浄
勝信
勝遊
勝尊
勝縁
光瑩
瑩潤
瑩琇
瑩詔
瑩温
瑩亮
瑩誠
光演
光暢
暢道
暢顕
暢順
光輪
光紹
紹爾
光見
光昭 西本願寺
光円
光常
光雄
光啓
光澄
光闡
暉宣
光沢
光尊 [大谷]
光暉
光摂
尊由
光明
孝慈
光瑞
光照
光真
弘
光淳

嫁して覚恵を産み、以後子孫は本願寺の門主を世襲した。

その後、宗派は寂れていたが、室町時代初めに八代目蓮如が京都を出て各地に布教して浄土真宗を一挙に大教団に発展させ、その根拠地として大坂に石山本願寺を建立した。戦国時代には、本願寺は全国屈指の力と財力を持った大教団に発展し、石山本願寺は並みいる戦国大名と互角に戦える存在であった。

しかし、武士以外が政治に関わることを嫌う織田信長は、政治勢力としての本願寺を認めず、正親町天皇の和解策で顕如が紀伊に退去するまで一〇年間にわたって戦いが続いた。

信長の死後、豊臣秀吉は一二代目を継いでいた教如を退けて、准如を一三代目とした。しかし教如は、秀吉の死後に徳川家康の援助を受けて東本願寺を設立、以後本願寺は東西二派に分裂した。

明治時代になって僧侶も名字を名乗ることが義務づけられた際、東西両本願寺は、親鸞の廟堂のあった大谷の地名をとって、ともに「大谷」を名字とした。

さらに二九年には両大谷家とも、宗教関係としては異例の伯爵を授けられている。

一族には仏教界以外で活躍した人も多く、二二代目宗主大谷光瑞は探検隊を組織し、中国の西域やインドを探検して大きな業績をあげた。また光瑞の弟の尊由は政治家となり、第一次近衛内閣の拓務相などをつとめている。

《系図》115ページ

大田原家　○おおたわら

下野国那須郡大田原（栃木県大田原市）発祥。丹党の一つ。もとは阿保氏を称し、明応三年（一四九四）居館を水口に構えたという。康清の時下野国那須郡に移って那須氏に仕え、資清の時に大田原氏を称し、那須氏の有力家臣となった。

資清は一時大関宗増に敗れて下野を退去したが、天文一一年（一五四二）帰国すると大関宗増の子増次を急襲して自刃させ、嫡男高増に大関氏を相続させて、大田原氏は大関氏とともに那須衆の棟梁となった。

天正一八年（一五九〇）の豊臣秀吉の小田原征伐の際に晴清が秀吉に従い、本領安堵された。江戸時代も引き続き大田原藩一万二四〇〇石を知行、寛文元年（一六六一）に高清が弟為清に一〇〇〇石を分知して、以後一万一四〇〇石となる。

戊辰戦争では新政府軍に属し、明治元年会津軍によって城下を焼かれている。一七年一清の時に子爵となる。

【森田大田原家】 綱清の子増清は天正一九年（一五九一）徳川家康に仕え、関ヶ原合戦では兄資清とともに大田原城を守ったことから、戦後一〇〇〇石が与えられ、下野国森田（栃木県那須烏山市小塙）に住んだ。のち一三〇〇石となり、森田に陣屋を構えて代々交代寄合那須衆の一つとなった。

《系図》117ページ

大槻家　○おおつき

陸奥国山目村（岩手県一関市）の旧家。桓武平氏葛西氏の一族寺崎氏の末裔。戦

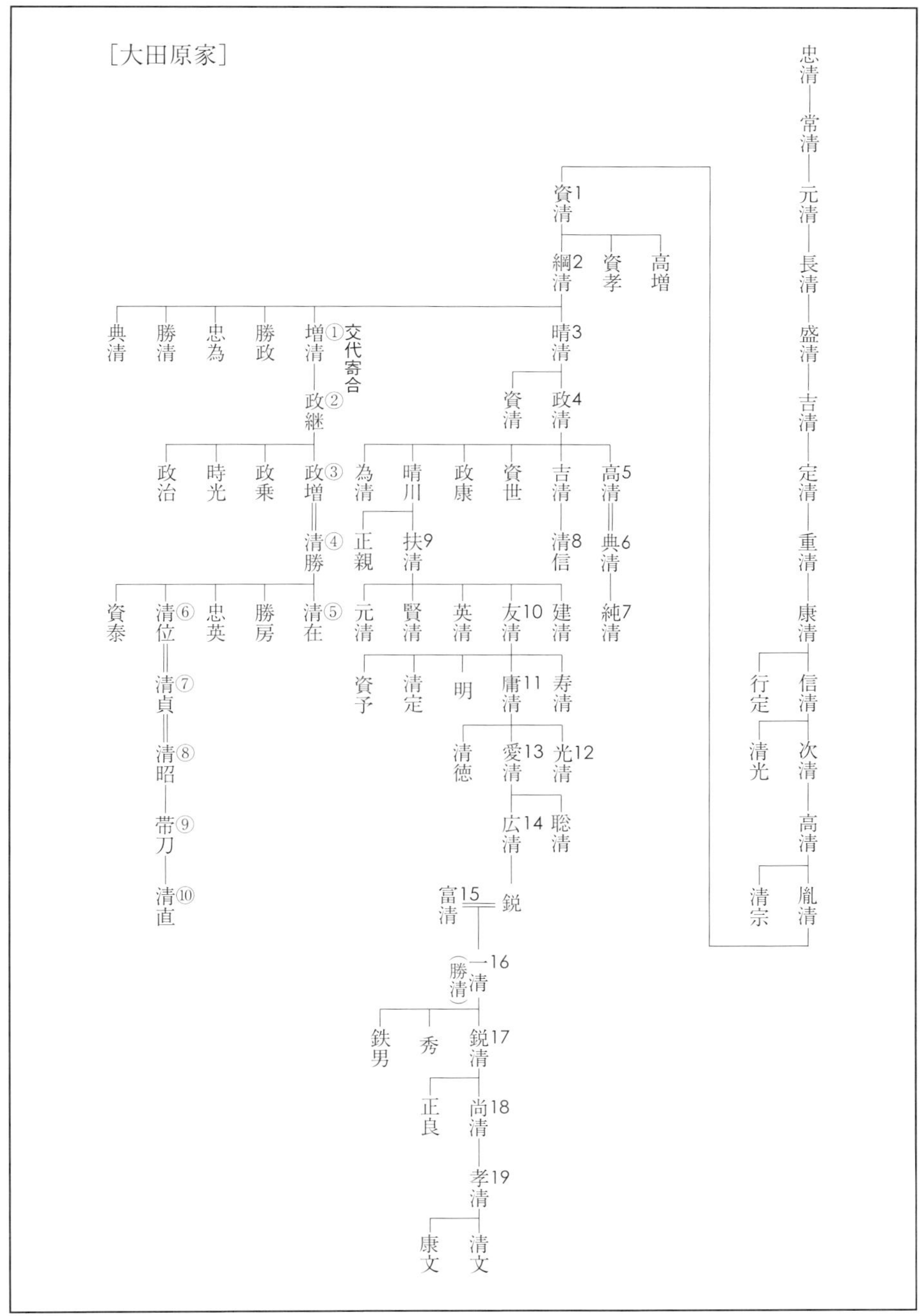
[大田原家]
忠清
常清
元清
長清
盛清
吉清
定清
重清
康清
行定
信清
清光
次清
高清
清宗
胤清
資清 1
綱清 2
資孝
高増
晴清 3
典清
勝清
忠為
勝政
増清 ①
交代寄合
政継 ②
資清
政清 4
政治
時光
政乗
政増 ③
為清
晴川
政康
資世
吉清
高清 5
清勝 ④
正親
扶清 9
清信 8
典清 6
資泰
清位 ⑥
忠英
勝房
清在 ⑤
元清
賢清
英清
友清 10
建清
純清 7
清貞 ⑦
資予
清定
明
庸清 11
寿清
清昭 ⑧
清徳
愛清 13
光清 12
帯刀 ⑨
広清 14
聡清
清直 ⑩
富清 15
鋭
一清 16
（勝清）
鉄男
秀
鋭清 17
正良
尚清 18
孝清 19
康文
清文

国時代は葛西氏に仕えて飯倉城に拠った。江戸時代、西磐井郡山目村で帰農、本家は大肝煎を世襲し、分家は医家となった。ともに多くの学者を輩出したことで知られる。

本家からは仙台藩儒大槻平泉、その甥西磐が出た。

分家の玄梁は一関藩の藩医となり、その子玄沢は江戸で前野良沢に学んで蘭学の第一人者となって、天明六年（一七八六）江戸で仙台藩に仕えた。その長男玄幹以下、磐渓・俊斎などを輩出。維新後も、漢学者如電、国語学者文彦などが出ている。

大友家　○おおとも

高家・旧戦国大名。相模国足柄上郡大友郷（神奈川県小田原市）発祥。系図上では、初代能直は源頼朝の落胤となっているが、実際は近藤能成の子で、『吾妻鏡』にも「古庄左近将監能成」の名が見える。のち中原親能の養子となり、豊後の守護となった。文永年間に豊後に下向、元寇の際には鎮西奉行として活躍した。南北朝時代は北朝に属す。室町時代は豊後守護を世襲、氏時以降は筑後守護も兼ねた。戦国時代、義鎮（宗麟）が全盛時代を築き、キリシタンに帰依、天正一〇年（一五八二）には少年使節を派遣した。子義統は豊臣秀吉に従うが、文禄二年（一五九三）改易となる。関ヶ原合戦の際、西軍に呼応して豊後で挙兵したものの、黒田如水に敗れた。

改易後、長男の義乗は徳川家康に仕え、常陸国筑波郡で三〇〇〇石、武蔵国牛込で三〇〇石の計三三〇〇石を知行した。関ヶ原合戦後、子義親は二代将軍秀忠に仕えたが、元和五年（一六一九）二七歳で跡継ぎのないまま死去して一旦断絶した。

義乗の妹は東福門院に仕えて老女佐子局となり、甥の松野義孝を養子として、明暦三年（一六五七）に大友家を再興させた。義孝は元禄元年（一六八八）表高家に列し、下野国塩谷郡で一〇〇〇石を領した。以後代々表高家となる。

また、義統の二男正照は松野家と改称して細川家に仕え、嫡流は熊本藩士となった。正照の二男親冬は御家人となり、その子親移の時旗本となって六〇〇石を知行した。正照の三男が大友家を再興した義孝である。

大伴家　○おおとも

鶴岡八幡宮神主。古代豪族大伴氏の末裔。大伴氏は天押日命の子孫といい、来目部、靫負部、佐伯部を率いて大和朝廷に仕えて大連となり、軍司を掌握した。武烈天皇の死後、越前国から継体天皇を迎えた大伴金村が著名。以後朝廷で重きをなしたが、欽明天皇の時代に失脚し、蘇我氏にとってかわられた。大化改新では長徳（馬飼）が右大臣となって勢力を回復、さらに壬申の乱で馬来田・吹負兄弟が活躍して、奈良時代には有力氏族として政界で活躍した。一方、旅人、家持ら歌人も輩出。『万葉集』には大伴一族の歌が多数収録されている。

平安時代になると藤原氏の台頭で勢力が衰え、弘仁一二年（八二一）淳和天皇の名（大伴皇子）を避けて伴氏と改称。貞観八年（八六八）応天門の変で伴善男が伊豆に配流となり没落した。

【鶴岡八幡宮神主】文治二年（一一八六）、末裔の清元が源頼朝から鶴岡八幡宮の神職を命じられたのが祖で、以後代々神主をつとめた。

鶴岡八幡宮は創建時から八幡宮寺という神仏習合で、大伴家の墓所は浄光明寺にあり、笏型で鳥居がついた神道墓碑である。

大西家　○おおにし

京都市伏見区の伏見稲荷大社神職。同神社を創建した秦伊呂具の末裔で、松本家とともに代々伏見伊稲荷大社の神官をつとめた。のち東大西家と西大西家に分かれ、東大西家からは祓川家や安田家が出ている。

《系図》120ページ

大西家　○おおにし

阿波国三好郡東山村（徳島県三好郡東みよし町）の旧家。四国中央部に大きな勢力を持っていた戦国武将白地城主大西家の末裔。

同国三好郡大西（徳島県三好市池田町）発祥で出自は小笠原氏とも近藤氏ともいう。鎌倉時代に西園寺家から派遣された荘官の末裔といい、白地城（三好市池田町白地）に拠っていた。戦国時代には三好郡内各地に支城を築いて一族を配置し、土佐北部から讃岐国豊田郡、伊予国東部にまで勢力を伸ばした。天正四年（一五七六）、大西覚養は長宗我部元親に降伏、翌年叛旗を翻したものの敗れて讃岐に逃れ滅亡した。江戸時代は三好郡東山村（東みよし町）で代々庄屋をつとめた。

大西家　○おおにし

釜師・千家十職。初代浄林は山城国広瀬村の生まれで、広瀬氏を称していた。のち京都に移って名越三昌の弟子となり、京都・三条で茶の湯釜を製作した。二代目を継いだ弟は将軍家の御用もつとめ、釜以外にも日光山大猷院廟前の銅灯台や、品川寺の大梵鐘なども製作した。六代浄元の時に表家の釜師となった。江戸後期の一〇代浄雪が著名。平成五年に継いだ当主は一六代目である。

なお、二代浄清の子定林は江戸に定住した江戸大西家となった。

大場家　○おおば

武蔵国荏原郡世田谷村（東京都世田谷区）の代官。桓武平氏大庭氏の末裔という。三河国幡豆郡岡山（愛知県西尾市吉良町）の地頭となって岡山氏を称していたが、室町時代に房行が大場氏と改め、子房久は吉良氏に属して武蔵国世田谷に移り住んだと伝える。

事実上の祖は戦国時代の大場越後守信久で、世田谷吉良氏の四天王の一人とされ、世田谷上宿（世田谷区世田谷）に住んだ。

天正一八年（一五九〇）の主家没落

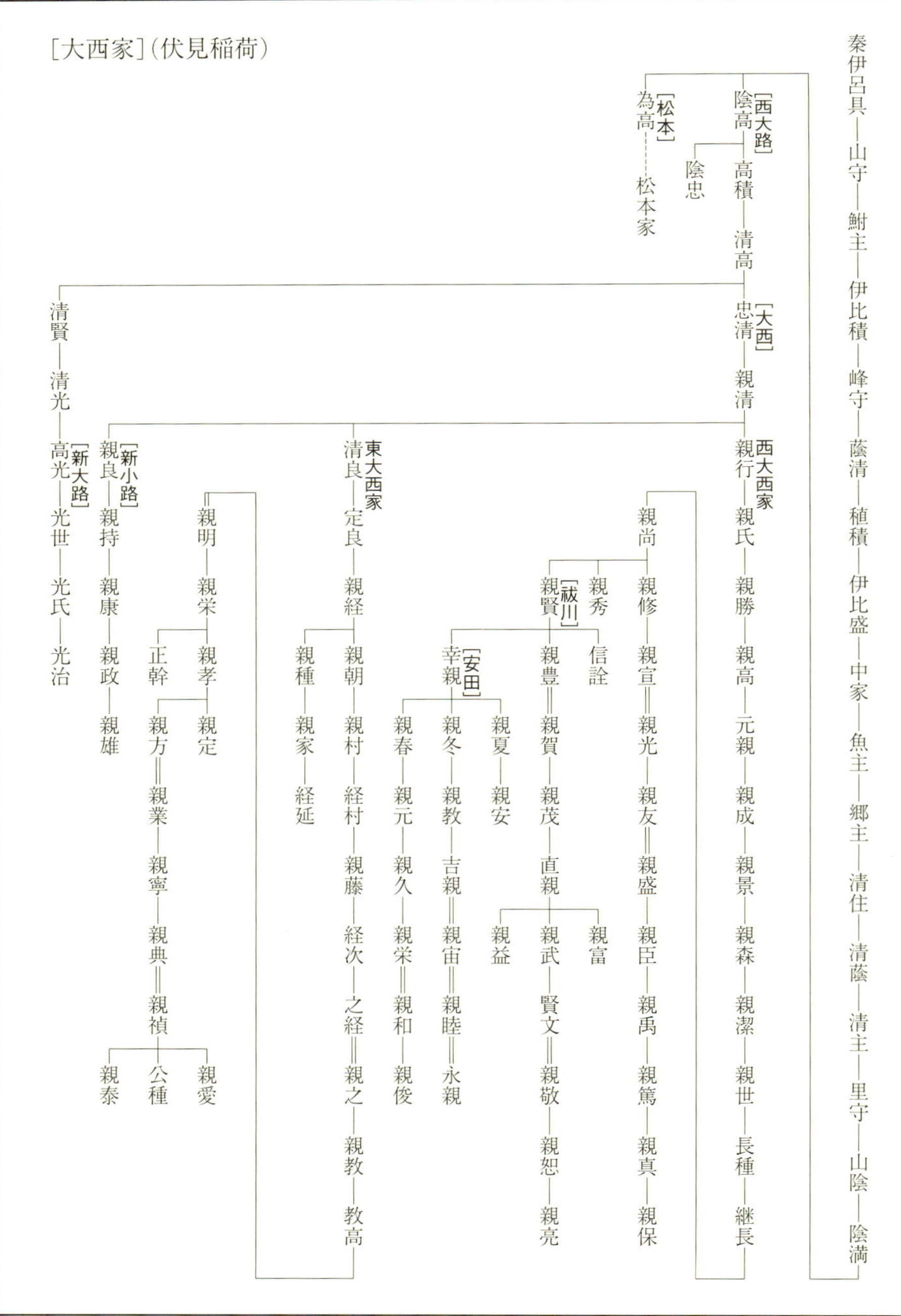
[大西家](伏見稲荷)
秦伊呂具—山守—鮒主—伊比積—峰守—蔭清—稙積—伊比盛—中家—魚主—郷主—清住—清蔭—清主—里守—山陰—陰満
[西大路]陰高—高積—清高
陰忠
[松本]為高—松本家
[大西]忠清—親清
清賢—清光—高光—光世—光氏—光治
[新大路]
西大西家 親行—親氏—親勝—親高—元親—親成—親景—親森—親潔—親世—長種—継長
親尚—親修—親宣=親光—親友=親盛—親臣—親禹—親篤—親真—親保
親秀
[袚川]親賢—親豊=親賀—親茂—直親—親武—賢文=親敬—親恕—親亮
信詮
親富
親益
[安田]幸親—親冬—親教—吉親=親宙=親睦=永親
親夏—親安
親春—親元—親久—親栄=親和—親俊
東大西家 清良—定良—親経—親朝—親村—経村—親藤—経次—之経=親之—親教—教高
親種—親家—経延
[新小路]親良—親持—親康—親政—親雄
親明—親栄—親孝—親定
正幹
親方=親業—親寧—親典=親禎—親愛
公種
親泰

後、同地で帰農。寛永一〇年（一六三三）に世田谷村が彦根藩領となった際に、三代盛長が同藩の代官として採用されたが、二〇歳で死去。その後は世田谷宿の名主・問屋役をつとめていたが、元文四年（一七三九）七代盛政が再び代官役となり、以後世襲した。

維新後、一三代信愛は世田谷村初代村長となり、一四代信続は宮内省農務課長、国士舘商業学校初代校長などを歴任。また、財団法人大場代官屋敷保存会を設立した。

なお、信久の弟という大場豊前守義隆は吉良氏の重臣で世田谷北宿に住み、江戸時代初期に世田谷代官をつとめている。

世田谷一丁目に残る世田谷代官屋敷は同家の屋敷跡である。

大橋家　○おおはし

旗本。文徳源氏で坂戸氏の末裔と伝える。河内国志紀郡段別を領し、天文三年（一五三四）重治が三好長慶に仕えてその重臣となった。永禄九年（一五六六）大和国多門城合戦で戦死。三好家没落後、重慶は豊臣秀次に仕えたが、天正一二年（一五八四）長久手合戦で戦死。

重慶の長男重保は父が戦死した際三歳だったため京都の南禅寺に入る。秀次自害後は諸国を流浪、のち片桐且元に仕えて豊臣秀頼の右筆をつとめた。慶長一九年（一六一四）、大坂の陣後、片桐且元に従って大坂城を去り、元和三年（一六一七）に徳川秀忠に仕えて右筆となり、相模国高座郡で五〇〇石を与えられた。その子重政は三代将軍家光の右筆となり、筆道大橋流を興している。

大橋家　○おおはし

棋士。もとは京の町人だったといわれ、将棋の力で公家などの上流階級とつながりを築いた。

慶長七年（一六〇二）初代大橋宗桂が詰将棋集を禁裏に献上、同一七年には幕府から五〇石五人扶持が与えられ、幕府公認の将棋家元の大橋家が誕生した。

宗桂の没後、長男の宗古が跡を継いで世襲家元としての形をつくるとともに、弟の宗与が大橋分家、門弟の宗看が伊藤家を創立して、将棋三家が定まった。

三代目の宗桂は、五歳年下で天才と称された伊藤宗看に実力で追い越され、失意のうちに死去。さらに四代目の宗伝も二五歳で亡くなり、大橋本家の血統が絶えた。そこで、ライバルの初代伊藤宗看は、実子宗銀を大橋家の養子として五代目を相続させ、大橋本家を維持した。

大原家　○おおはら

公家。宇多源氏庭田氏の支流。江戸時代中期に庭田重条の猶子栄顕が大原家を称した。家格は羽林家。家職は神楽。家禄は三〇石三人扶持。幕末、重徳は尊攘派の公卿として活躍、子重朝は明治一七年子爵、二一年に伯爵となった。

大原家　○おおはら

備中倉敷（岡山県倉敷市）の豪商。児島屋と号した綿の仲買商人で、五代目壮平は万延元年（一八六〇）年寄、翌年庄屋をつとめた。

明治一五年に養子として六代目を継いだ孝四郎は、土地を集積して屈指の大地主となり、二一年倉敷紡績の設立に出資して成功。二四年には倉敷銀行も設立し、三一年には大原奨学会を創設した。

七代目は孝四郎の二男孫三郎が継ぎ、中国地方屈指の大財閥に成長させる一方、社会事業も積極的に行った。また、児島虎次郎を渡欧させてヨーロッパの近代絵画を蒐集、児島の没後は大原美術館を創立した。その妻寿恵子はアララギ派の歌人・酒津倉子としても知られる。

八代目の総一郎は経団連常任理事などをつとめる傍ら、社会事業・文化事業をさらに発展させた。また、戦後まもない昭和二二年には物価庁次長として、経済復興につとめている。

同家住宅は国の重要文化財に指定されている。

大樋家　○おおひ

金沢の大樋焼の陶家。河内国土師の出で、古代豪族土師氏の末裔と伝える。初代長左衛門は京都で楽焼を学び、寛文六年（一六六六）に五代藩主前田綱紀の招きで金沢に移り住み、大樋村（金沢市大樋町）に築窯した。幕末に活躍した五代目は初代に次ぐ名工といわれ、多くの作品を残している。現在の当主は一〇代目で日本芸術院会員。その長男年雄は陶芸家、デザイナーとして活躍している。金沢市橋場町には大樋美術館がある。

大宮家　○おおみや

公家。藤原北家閑院流。西園寺公益の二男季光が江戸時代初期の寛永年間に一家を興して大宮家を称した。家格は羽林家。家職は有職故実。江戸時代の家禄は一三〇石。明治一七年以季の時に子爵となる。

大村家　○おおむら

大村藩主。藤原純友の孫の直澄が朝廷から肥前国藤津・彼杵・高来三郡を賜り、正暦五年（九九四）に彼杵郡大村（長崎県大村市）に土着したのが祖というが、『尊卑分脈』にその名は見えず不詳。実際は平姓で、同国藤津郡の金剛勝院の荘官の出とみられる。発祥地は藤津郡大村方（佐賀県鹿島市）か。

『大村家譜』によると、文治二年（一一八六）忠澄が源頼朝から藤津・彼杵二郡の地頭に任ぜられ、親澄・澄宗は元寇の役に参加したという。南北朝時代には菊池氏に与して南朝方として活躍。『太平記』には筑後川合戦に参加した大村弾正少弼の名が見える。

戦国時代に肥前国大村館（長崎県大村市）に住むようになる。天文七年（一五三八）、有馬晴純の二男純忠が六歳で大村純前の養子となり、実子貴明の代わりに家を継いだ。永禄五年（一五六二）南蛮貿易の港が平戸から領内の横瀬浦に移ったことから、翌年にはキリスト教に入信、初のキリシタン大名となった。純忠はのちに港を長崎に移し、南蛮貿易によって莫大な利益を得ている。さらに、天正一〇年（一五八二）には少年使節を欧州に派遣した。同一五年、豊臣秀吉の九州出兵で喜前は本領を安堵されたものの、翌年には長崎を没収され、経済基盤を失った。

関ヶ原合戦後も引き続き大村藩二万一四〇〇石の藩主となったが、直轄地よりも一門の知行地が大きく、これを解消するために慶長一二年（一六〇七）一門一五家の領地を没収する「御一門払い」を断行、名実ともに近世大名に転換した。

元和五年（一六一九）、二代藩主純頼が二八歳で急死、嫡男松千代はわずか二歳でしかも出生届を出す前であったことから断絶の危機を迎えたが、家老大村純勝の尽力で乗り切り、松千代は純信として三代藩主の座についた。しかし、純信も子どもがないまま三三歳で死去、妻の実家である伊丹家から養子純長を迎えた。純長は山鹿素行に学び、寛文一〇年（一六七〇）には藩校五教館の前身集義館を設立、地誌『郷村記』や藩士の系図集『新撰士系録』などを編纂するなど、好学の藩主として知られる。

幕末の藩主純熙は蘭学を学び、文久三年（一八六三）には大名としては異例の長崎奉行に就任。翌年に辞任すると藩論

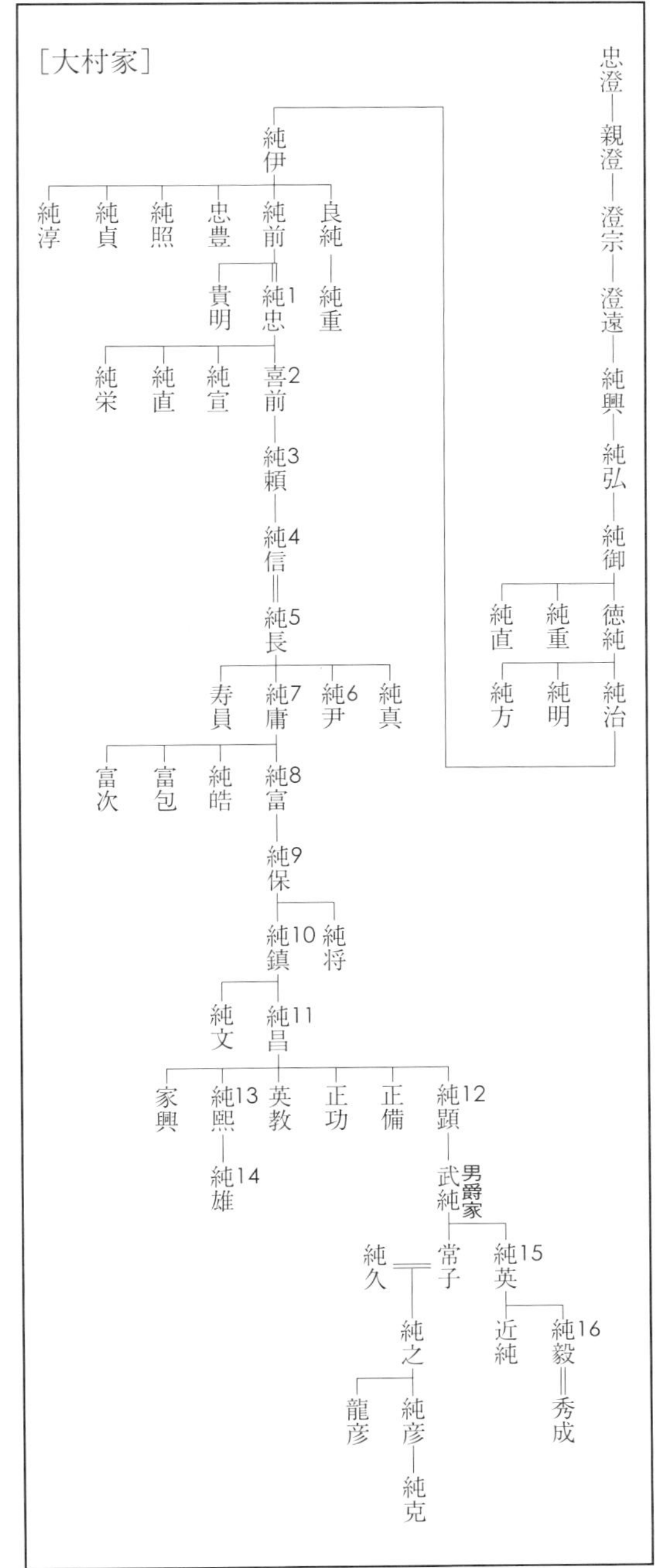

を尊王攘夷に統一し、戊辰戦争でも活躍した。

明治一七年純雄の時に子爵、二四年伯爵となる。純英は陸軍少将となり、純毅は大村市長をつとめている。

また、純熙の弟の武純は四二年に分家し男爵を授けられた。

《系図》123ページ

大村家 ○おおむら

白木屋百貨店創業家。近江国長浜（滋賀県長浜市）の出で、代々彦太郎を名乗る。初代彦太郎は幼い時に父母を亡くしたが、母方の材木商河崎家で育てられ、その援助を得て、慶安四年（一六五一）頃に京都で白木屋と号して材木商を開いた。のち小間物から呉服屋に転じて、寛文二年（一六六二）江戸日本橋に店を出して成功した。江戸中期から後期にかけては江戸を代表する大問屋となり、市谷店、富沢町店、馬喰町店の四店を構えた。しかし、幕末には経営が苦しくなり、明治七年には日本橋店一店に戻る。

その後、同一九年に洋服部を創設したことで復活、三越と業界のトップを争った。昭和七年日本橋本店で火災が発生、戦後経営権は東急に移っている。

「白木屋文書」は東京大学経済学部、国立史料館、大東急記念文庫に分割保存されている。

大森家 ○おおもり

旗本・旧戦国大名。駿河国駿河郡大森（静岡県裾野市）発祥。藤原北家を称すが不詳。鎌倉時代から活動が見られ、室町時代大森氏頼は駿河東部から相模西部にかけて大きな勢力を振るった。頼顕の時に小田原城に拠ったが、明応四年（一四九五）藤頼の時に北条早雲によって城を追われたという。

藤頼の兄実頼の子泰頼は甲斐国に逃れ、その子泰次は外祖父の家号を継いで菊池氏を称した。泰次の孫の頼照は佐久間勝之に養われて佐久間氏を名乗り、慶長六年（一六〇一）徳川秀忠に仕えて五〇〇石を領した。その子頼直は四代将軍家綱の傳役をつとめて累進、大森氏に復して五〇〇〇石の旗本となった。のち分知で四五〇〇石となる。

岡崎家 ○おかざき

公家。藤原北家勧修寺流。中御門尚良の二男宣持が岡崎家を称した。家格は名家。家禄は三〇石三人扶持。明治一七年国良の時に子爵となる。

小笠原家 ○おがさわら

小倉藩主・深志小笠原家。甲斐国巨摩郡小笠原（山梨県南アルプス市）発祥。清和源氏。加賀美遠光の二男長清が小笠原に住んで小笠原氏を称した。長清は源頼朝に従って功をあげ、信濃国伴野荘（長野県）地頭となり、のち阿波の守護もつとめた。以後、御家人として鎌倉幕府に仕えた。

建武新政では小笠原貞宗が信濃守護となり、筑摩郡井川（松本市）を本拠とした。嘉吉二年（一四四二）内訌によって

［小笠原家系統図］

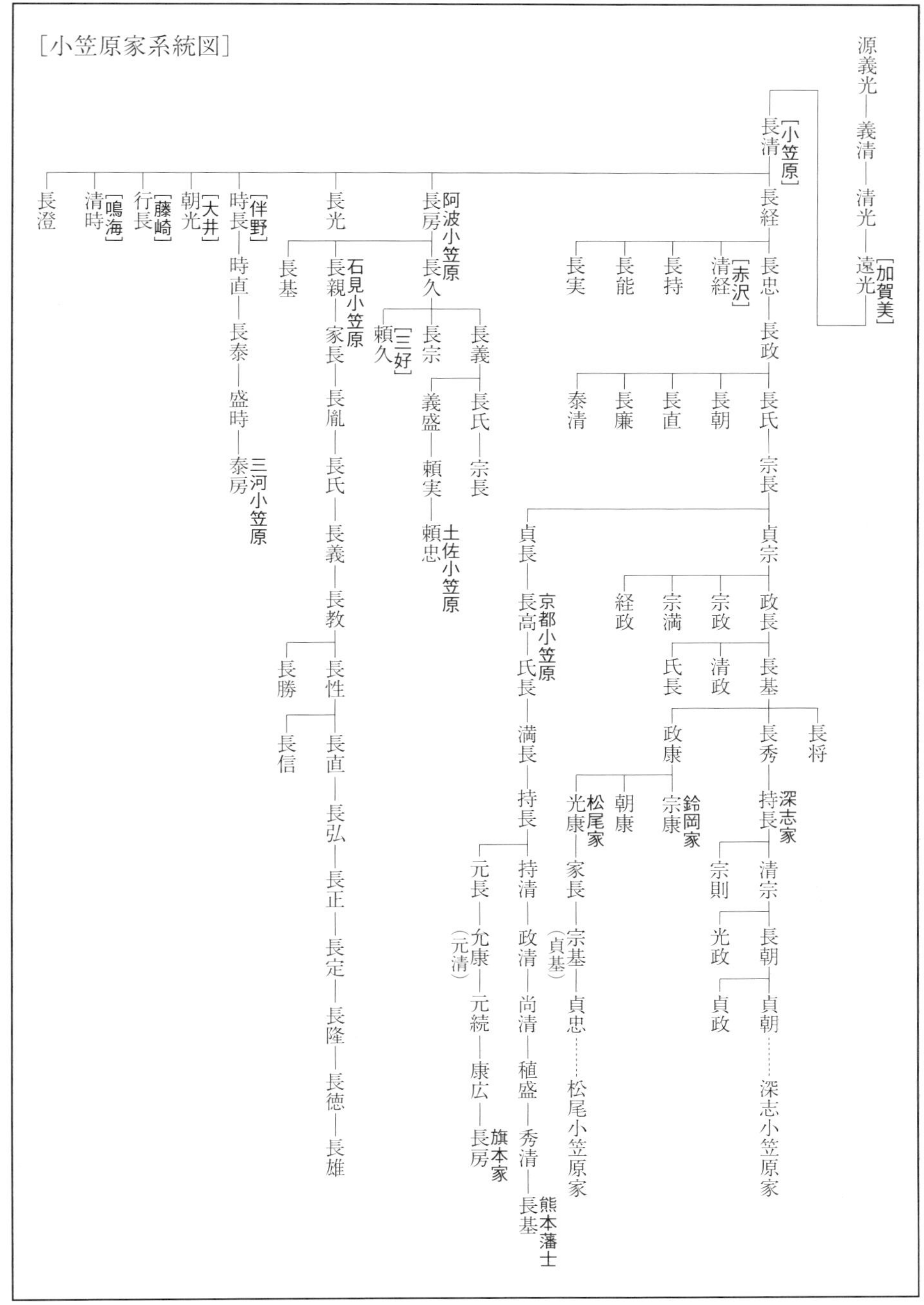
源義光
義清
清光
遠光
［加賀美］
長清
［小笠原］
長経
長忠
清経
［赤沢］
長持
長能
長実
長政
長氏
長朝
長直
長廉
泰清
宗長
貞宗
貞長
政長
宗政
宗満
経政
長基
清政
氏長
長秀
長将
政康
持長
深志家
清宗
宗則
長朝
光政
貞朝
貞政
深志小笠原家
宗康
鈴岡家
朝康
光康
松尾家
家長
宗基
（貞基）
貞忠
松尾小笠原家
長高
京都小笠原
氏長
満長
持長
持清
政清
尚清
稙盛
秀清
長基
熊本藩士
元長
允康
（元清）
元続
康広
長房
旗本家
長房
阿波小笠原
長久
長義
長氏
宗長
義盛
頼実
頼忠
土佐小笠原
長宗
頼久
［三好］
長光
長親
石見小笠原
家長
長胤
長氏
長義
長教
長性
長直
長弘
長正
長定
長隆
長徳
長雄
長信
長勝
長基
時長
［伴野］
時直
長泰
盛時
泰房
三河小笠原
朝光
［大井］
行長
［藤崎］
清時
［鳴海］
長澄

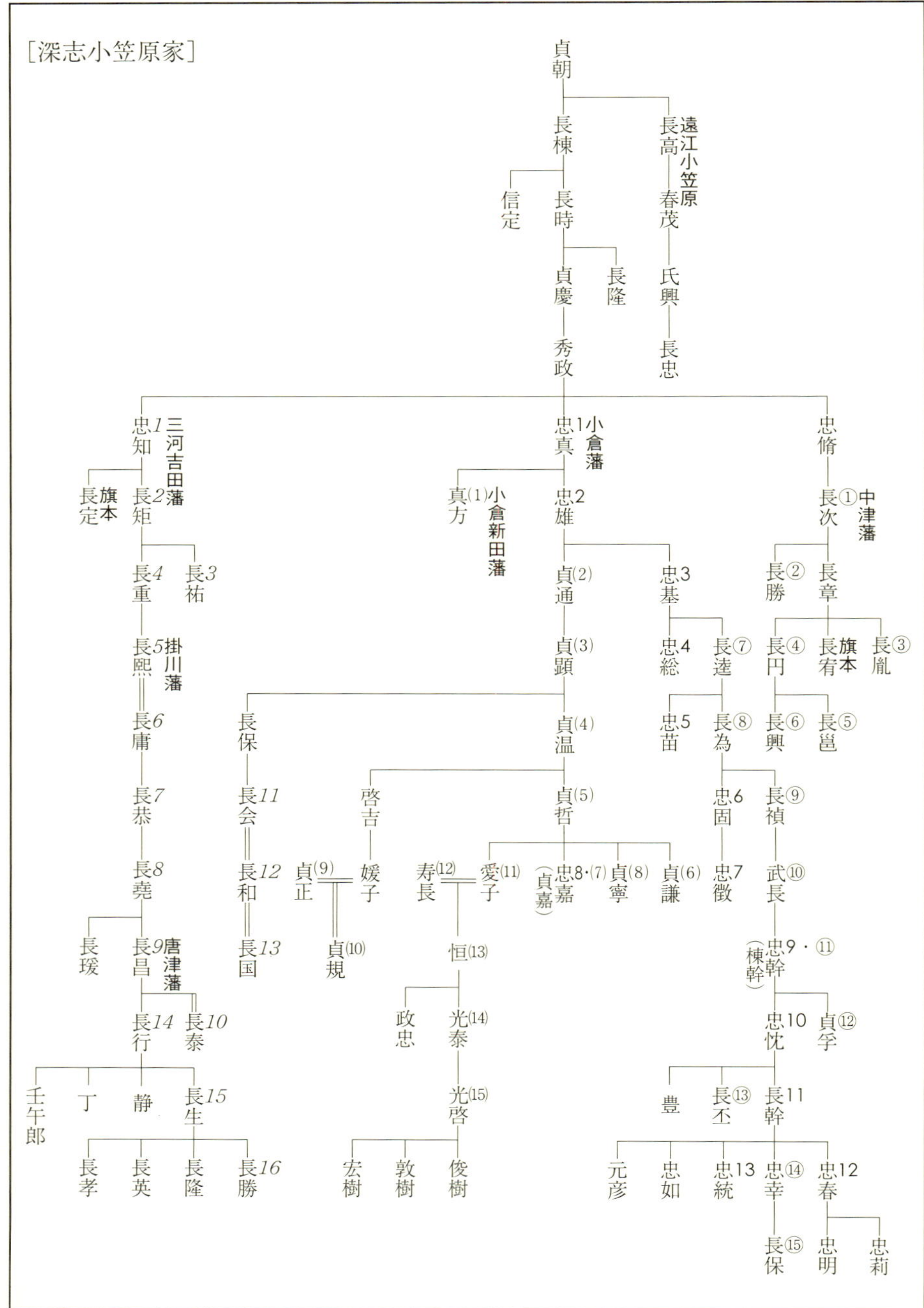
［深志小笠原家］
貞朝
長棟
長高 遠江小笠原
信定
長時
春茂
貞慶
長隆
氏興
秀政
長忠
忠知 1 三河吉田藩
忠真 1 小倉藩
忠脩
長定 旗本
長矩 2
真方 (1) 小倉新田藩
忠雄 2
長次 ① 中津藩
長重 4
長祐 3
貞通 (2)
忠基 3
長勝 ②
長章
長熙 5 掛川藩
貞顕 (3)
忠総 4
長逵 ⑦
長円 ④
長有 旗本
長胤 ③
長庸 6
長保
貞温 (4)
忠苗 5
長為 ⑧
長興 ⑥
長邕 ⑤
長恭 7
長会 11
啓吉
貞哲 (5)
忠固 6
長禎 ⑨
長堯 8
長和 12
貞正 (9)
媛子
寿長 (12)
愛子 (11)
忠嘉 8・(7)（貞嘉）
貞寧 (8)
貞謙 (6)
忠徴 7
武長 ⑩
長瑗
長昌 9 唐津藩
長国 13
貞規 (10)
恒 (13)
忠幹 9・⑪（棟幹）
長行 14
長泰 10
政忠
光泰 (14)
忠忱 10
貞孚 ⑫
壬午郎
丁
静
長生 15
光啓 (15)
豊
長丕 ⑬
長幹 11
長孝
長英
長隆
長勝 16
宏樹
敦樹
俊樹
元彦
忠如
忠統 13
忠幸 ⑭
忠春 12
長保 ⑮
忠明
忠莉

深志・伊那鈴岡・松尾の三家に分裂、明応二年（一四九三）鈴岡家が滅亡した。

【深志家】嫡流の深志家は府中小笠原氏ともいい、戦国時代に小笠原氏を統一したが、武田信玄によって長時・貞慶父子が信濃を追われて上杉謙信のもとに逃れ、一旦滅亡した。

【豊前小倉藩主】貞慶は織田信長に仕え、のち徳川家康の支援を得て、天正一七年（一五八九）旧領を回復した。同一八年関東入部では秀政が下総古河三万石を与えられた。関ヶ原合戦後、信濃飯田五万石を経て、慶長一八年（一六一三）松本八万石に加転。

元和元年（一六一五）、大坂夏の陣では秀政・忠脩父子が戦死、二男忠真が松本藩を継いだ。同三年播磨明石一〇万石を経て、寛永九年（一六三二）豊前小倉一五万石に入封した。慶応二年（一八六六）の第二次長州戦争では長州藩に敗れて小倉城が落城、田川郡香春に藩庁を移して香春藩となっている。明治二年に版籍奉還後、藩庁を豊津に移し、翌三年には藩校育徳館を創立した。一七年忠忱の時に伯爵となる。

【播磨安志藩主】忠脩の子長次は、父の死後、叔父忠真に養育され、寛永三年（一六二六）播磨竜野六万石を賜った。同九年二万石を加増されて豊前中津八万石に移る。長胤の時藩財政の困窮から藩内の対立が表面化、譜代の家臣ら二六人を追放した小島与右衛門が家臣の家禄の半減や運上の強化などをしたことから、元禄一一年（一六九八）領地を没収された。その後、弟の長円が四万石で再興、小島与右衛門を追放して譜代派を呼び戻す一方、家臣の削減を実施。しかし、三歳で襲封した長邕が享保元年（一七一六）に六歳で死去したため再び除封となった。

長邕の弟の長興は享保二年（一七一七）に播磨国宍粟・佐用・赤穂三郡で一万石を与えられ、宍粟郡安志谷に陣屋を置いて安志藩一万石を立藩。明治一七年貞孚の時子爵となる。

元禄八年（一六九五）、中津藩主長章の二男長宥は私墾田五〇〇〇石を分知されて旗本となり、豊前時枝（大分県宇佐市）に陣屋を置いて時枝小笠原家となった。江戸時代後期の長世は寄合肝煎、日光奉行、幕末の長保は浦賀奉行、書院番頭を歴任した。

【豊前千束藩主】忠真の四男真方は寛文一一年（一六七一）兄忠雄から新田一万石を分知されて小倉新田藩を立藩した。四代貞温は若年寄をつとめている。明治二年千束藩と改称。一七年寿長の時子爵となる。

【唐津藩主】秀政の三男忠知は寛永九年（一六三二）豊後杵築四万石を立藩、正保二年（一六四五）三河吉田四万五〇〇〇石に加転。子長矩は弟に五〇〇〇石を分知して四万石となるが、長重が元禄一〇年（一六九七）老中となって武蔵岩槻五万石に転じた。その後、正徳元年（一七一一）遠江掛川、延享三年（一七四六）陸奥棚倉を経て、文化一四年（一八一七）長昌の時に肥前唐津六万石に入封。幕末、長国の子長行は世子のまま若年寄・老中を歴任。第二次長州戦争では九州方面軍を指揮して敗れ、奥羽越列藩同盟が成立すると会津城に入城。さらに、榎本武揚とともに箱館の五稜郭に立て籠もっている。そのため、長国は維新後長行を義絶して恭順の意を表した。明治一七年長生の時子爵となり、海軍中将、宮中顧問官を歴任した。

　吉田藩主忠知の三男長定は、寛文三年（一六六三）に三河国碧海郡・幡豆郡で三〇〇〇石を分知され、旗本となった。幕末の長常は大目付・勘定奉行・神奈川奉行・陸軍奉行並などを歴任した。

【尾張小笠原家】長時の長男長隆が東条松平氏の家忠に仕えたのが祖。三河の吉良糠塚城に拠り、その子吉次は文禄元年（一五九二）に松平忠吉が武蔵忍城主となると家老をつとめた。関ヶ原合戦後、忠吉が清洲藩主となると付家老として犬山城主になったものの、慶長一二年（一六〇七）忠吉の没後清洲藩は無嗣断絶となり、下総佐倉藩二万八〇〇〇石を立藩した。同一三年笠間三万石に転封したものの、翌年忠吉の重臣との争いから改易となった。

　一方、吉次の四男は徳川義直に仕え、江戸時代は尾張藩の重臣となった。

《系図》125・126ページ

小笠原家　○おがさわら

越前勝山藩主・松尾小笠原家。松尾家は政康の子の宗康・光康兄弟が持長と争って府中を去り、伊那郡松尾（長野県飯田市）に住んだのが祖。信嶺の時に武田信玄に仕え、武田氏滅亡後は徳川家康に仕えて、関東入国の際に武蔵本庄（埼玉県本庄市）で一万石を領した。

【越前勝山藩主】酒井忠次の三男から徳川家康の命で小笠原信嶺の養子となった信之は、慶長一七年（一六一二）下総古河二万石に入封。政信は元和五年（一六一九）関宿二万二七〇〇石に転じ、貞信の時、寛永一六年（一六三九）美濃高須を経て、元禄四年（一六九一）越前勝山二万二七〇〇石に入封。文政一二年（一八二九）長貴は若年寄となっている。幕末、長守は林毛川を家老に登用、藩政を

［松尾小笠原家］

宗基―貞忠―信忠┬信嶺1＝信之2―政信3＝貞信4―信秀―信辰5┬信房8―長教9―長貴10―長守11┬長育12┬勁一13
　　　　　　　　│　　　　　　　　　　　　　　　　　　　　　│　　　　　　　　　　　　　　　　│　　　　└牧四郎14―長定15
　　　　　　　　└信臣（伊豆木家）　　　　　　　　　　　　　└＝信成6＝信胤7　　　　　　　　├俊久
　　├粲四郎
　　└量六郎

改革して藩校成器堂を設立、煙草などの専売制をしいた。明治一七年長育の時子爵となる。『小笠原文書』を伝えている。

【伊豆木小笠原家】小笠原信嶺の弟信巨が慶長五年（一六〇〇）一〇〇〇石を与えられて旗本となり、信濃国伊那郡伊豆木（長野県飯田市伊豆木）に陣屋を置いて交代寄合となった。維新後、陣屋は書院を残して解体されたが、書院は小笠原書院と呼ばれて昭和二七年に重要文化財に指定された。現在は一般公開されており、小笠原資料館も併設されている。

《系図》128ページ

小笠原家　〇おがさわら

旗本。藤原南家の末裔という信倫が、小笠原長高から小笠原姓を与えられたのが祖。のち今川氏を経て、徳川家康に仕え、江戸時代は紀伊藩士となったが、八代将軍吉宗の将軍就任にともなって旗本に転じ、七〇〇〇石を領した。信喜は御側用取次、信成は大番頭、信名は駿府城代をつとめている。

岡田家　〇おかだ

下野国都賀郡栃木（栃木県栃木市）の豪商。相模国高座郡岡田（神奈川県高座郡寒川町）発祥で、敏達天皇の裔という。もとは関東管領上杉氏に仕えていたが、江戸時代初期に栃木で帰農し、新田を開発して栃木町発展の基を築いた。以来代々嘉右衛門を称して栃木町の名主をつとめ、周辺は嘉右衛門町と呼ばれる。現在の当主は二六代目にあたる。

緒方家　〇おがた

蘭学者。豊後の古代豪族緒方氏の末裔と伝える。古代豪族の緒方氏は豊後国大野郡緒方荘（大分県豊後大野市緒方町）発祥で、古代から豊後に栄えた大神氏の一族。源平合戦の際、緒方惟義は源氏方に属し源範頼の渡海を助けている。合戦後、惟義の子惟栄は豊後国内に大きな勢力を得たが、文治元年（一一八五）に失脚し流罪となった。

惟栄四世の孫惟康は大友氏に仕え、豊後佐伯に住んで佐伯氏を称した。大友氏滅亡後、備中足守（岡山市）に移って木下家に仕え、足守藩士となった。洪庵はこの末裔で、天保七年（一八三六）長崎に遊学、祖先の姓・緒方に復した。同九年大坂に適々斎塾を開き、多くの門人を育てた。文久二年（一八六二）幕府の奥医師に列した。洪庵の子孫は、現代まで代々医学者として活躍している。

岡野家　〇おかの

旗本。桓武平氏で北条氏の一族という。伊豆国田方郡狩野荘田中郷に住み、泰行が北条氏康に仕えて田中氏を称した。その子融成は北条氏政の命で板部岡氏と改称。北条氏滅亡後、天正一九年（一五九一）房恒が徳川家康に仕え、のち一五〇〇石となる。

一族の成恒は徳川綱重に仕えて甲府藩家老となり、三〇〇〇石を領した。子成勝は徳川家宣に仕え、その将軍就任に従って旗本となり、駿河国有度郡で三〇〇〇石を領した。知郷は一橋家家老、その子知英は西丸側御用取次をつとめている。

岡部家 ○おかべ

旗本。小野姓で猪俣党の一つ。武蔵国榛沢郡岡部（埼玉県深谷市）発祥。岡部六弥太忠澄は平治の乱で源義朝に従い、源平合戦では源義経に従って一の谷合戦で平忠度を討ちとったことから、伊勢国鈴鹿郡粥安富名（三重県鈴鹿市甲斐町）を与えられた。室町時代は鎌倉公方に従う。戦国時代忠秀は北条氏の家臣松田氏に仕えた。忠吉の時に北条氏が滅亡、子吉正は文禄四年（一五九五）に徳川家康に仕え、江戸時代は旗本となった。家禄一五〇〇石。

杉並区成田東の天桂寺は岡部家代々の墓地で、同寺には浮世絵師嶺斎泉里の描いた「岡部六弥太忠澄武者絵」が伝わっている。また、岡部家が青梅街道沿いに植えた杉並木が杉並区の地名の由来と伝える。

岡部家 ○おかべ

能登国羽咋郡荻谷（石川県羽咋郡宝達志水町荻谷）の豪農。猪俣党岡部氏の支流で、一の谷合戦で平忠度を討ちとった岡部六弥太忠澄の一族が鎌倉時代に地頭として入部したもの。南北朝時代は吉見氏に従い、戦国時代は長氏に属した国人であった。

戦国末期、末裔の岡部宗致は天正一六年（一五八八）前田利家から賄分として四二六俵が与えられ、以後豪農となった。元禄七年（一六九四）、五代目の長右衛門の時に十村役に就任。幕末、一二代目七左衛門の時には藩主の能登巡見に際して本陣をつとめている。維新後も素封家として県議や貴族院多額納税者議員を歴任した。

同家の住宅は口能登を代表する豪農屋敷で、県の指定文化財となっている。また、一万八〇〇〇点に及ぶとみられる膨大な岡部家文書も伝わっている。

岡部家 ○おかべ

和泉岸和田藩主。藤原南家工藤氏流の船越四郎太夫維綱の子清綱が駿河国志太郡岡部（静岡県藤枝市岡部町）を領して岡部氏を称したのが祖。『吾妻鏡』や『平家物語』には泰綱の名が見える。

室町時代は今川氏に仕えていたが、正綱の時に今川氏が滅亡し、清水に住んだ。正綱は人質時代の徳川家康と親しかったことから家康に仕え、子長盛は天正一八年（一五九〇）の関東入国の際に下総山崎（千葉県野田市）で一万二〇〇〇石を領した。関ヶ原合戦では東軍に属し、慶長一四年（一六〇九）丹波亀山三万二〇〇〇石に入封。大坂の陣後丹波福知山五万石に加転となり、寛永元年（一六二四）美濃大垣五万石、同一〇年播磨龍野五万三〇〇〇石、同一三年摂津高槻五万一二〇〇石を経て、同一七年宣勝の時に和泉岸和田六万石に移った。

明治一七年長職の時子爵となり、第二次桂内閣では司法相をつとめた。長職の長男長景は東条内閣の文相、その弟の長章は京都外国語大学教授をつとめている。

長盛の二男与賢は二代将軍秀忠に近侍して小姓組番頭、大番頭を歴任、子勝政も四代将軍家綱に近侍して大番頭、留守居を歴任した。家禄は四五〇〇石。三代盛明も大番頭、五代経盛は書院番頭をつとめている。

与賢の弟の定直は家宣の付家老となり、その六代将軍就任にともなって旗本となった。家禄は三〇〇〇石。

また、岸和田藩主長敬の三男長皓は元文五年（一七四〇）に領内で三〇〇〇俵を分知されて旗本となり、書院番頭、大番頭をつとめている。

《系図》131ページ

岡本家　○おかもと

摂津国武庫郡上瓦林村（兵庫県西宮市）の豪農。江戸中期以降、尼崎藩の瓦林組二〇余村をまとめる大庄屋であった。同家文書は西宮市重要文化財に指定されている他、近世他に例をみない自営的豪農として知られる。

岡谷家　○おかや

名古屋の豪商・岡谷綱機創業家。戦国時代は三河国で戸田家に仕え、その転封に従って信濃松本、美濃加納と転じ、戸

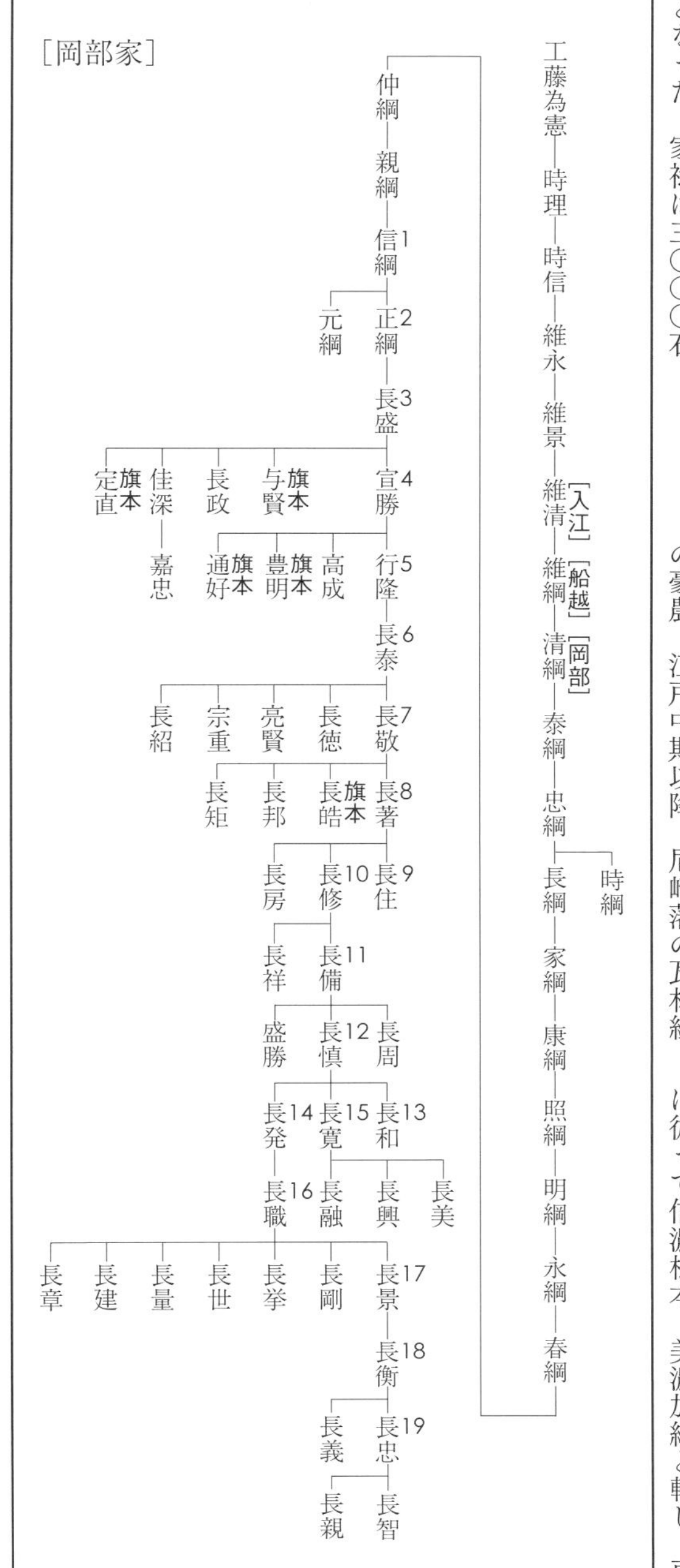

田光重の死を機に町人となった。そして、寛文九年（一六六九）初代惣助が尾張城下鉄砲町に「笹屋」と号して金物商を創業したのが祖。江戸後期の六代惣助の時に農閑期の農民を動員して全国に販売する方法を編み出して豪商となった。天保九年（一八三八）には尾張藩の御用商人となり、名字帯刀を許されている。

維新後、九代目惣助は第百三十四銀行、愛知銀行の頭取を歴任、一〇代目は名古屋商工会議所会頭となり、昭和一八年には社名を岡谷鋼機と改称した。

戦後、一一代目を継いだ正男は昭和三三年の全日空機事故で事故死し、急遽跡を継いだ弟の康治は同社の国際化を推進した。現在の社長は正男の長男篤一である。

荻野家　○おぎの

備中国児島郡吹上（岡山県倉敷市下津井）の豪商。廻船業・倉庫業を営む。本家の元荻野家の他、東家、西家、花家の三家があり、岡山藩の融通方をつとめて名字帯刀を許されていた他、丸亀藩にも融資をしていた。明治九年に荻野屋本家は解散している。

このうち東荻野家は代々休次郎を襲名し、本家解散以後も続いた。幕末から明治にかけての休次郎煙浦は、文人画家である一方、美術品の蒐集家として知られ、そのコレクションを中心とした荻野家歴代の蒐集品が荻野美術館で公開されていたが、平成一八年閉館した。

また、西荻野家は、「むかし下津井廻船問屋」として復元し公開されている。

大給家　○おぎゅう

江戸時代の譜代大名。三河国賀茂郡大給（愛知県豊田市松平町大給）発祥。松平氏の支流。代々松平氏に仕え、明応二年（一四九三）乗元は三河国額田郡奥殿（岡崎市奥殿）を領していた。乗元の孫の代に嫡流の乗正流と傍流の親清流に分かれた。

【三河西尾藩主】嫡流の家乗は天正一八年（一五九〇）の関東入国の際に上野国那波（群馬県）で一万石を領す。関ヶ原合戦後、慶長六年（一六〇一）美濃岩村藩二万石を立藩。以後、寛永一五年（一六三八）遠江浜松三万六〇〇〇石を経て、正保元年（一六四四）上野館林六万石に加増。以後も、寛文元年（一六六一）下総佐倉、延宝六年（一六七八）肥前唐津、元禄四年（一六九一）志摩鳥羽、宝永七年（一七一〇）伊勢亀山、享保二年（一七一七）山城淀、同八年下総佐倉、延享三年（一七四六）出羽山形と転じ、明和元年（一七六四）三河西尾藩六万石に入封した。代々和泉守になるのを例とした。乗完、乗全は老中をつとめている。明治一七年乗承の時子爵となる。

唐津藩主乗春の二男乗興は元禄三年（一六九〇）に五〇〇〇石を分知されて旗本となり、書院番頭をつとめた。

【美濃岩村藩主】館林藩主乗寿の二男乗政は石川姓を称して徳川家綱に近侍していたが、延宝七年（一六七九）若年寄就任とともに常陸小張一万石で諸侯に列し、天和二年（一六八二）信濃小諸二万

お

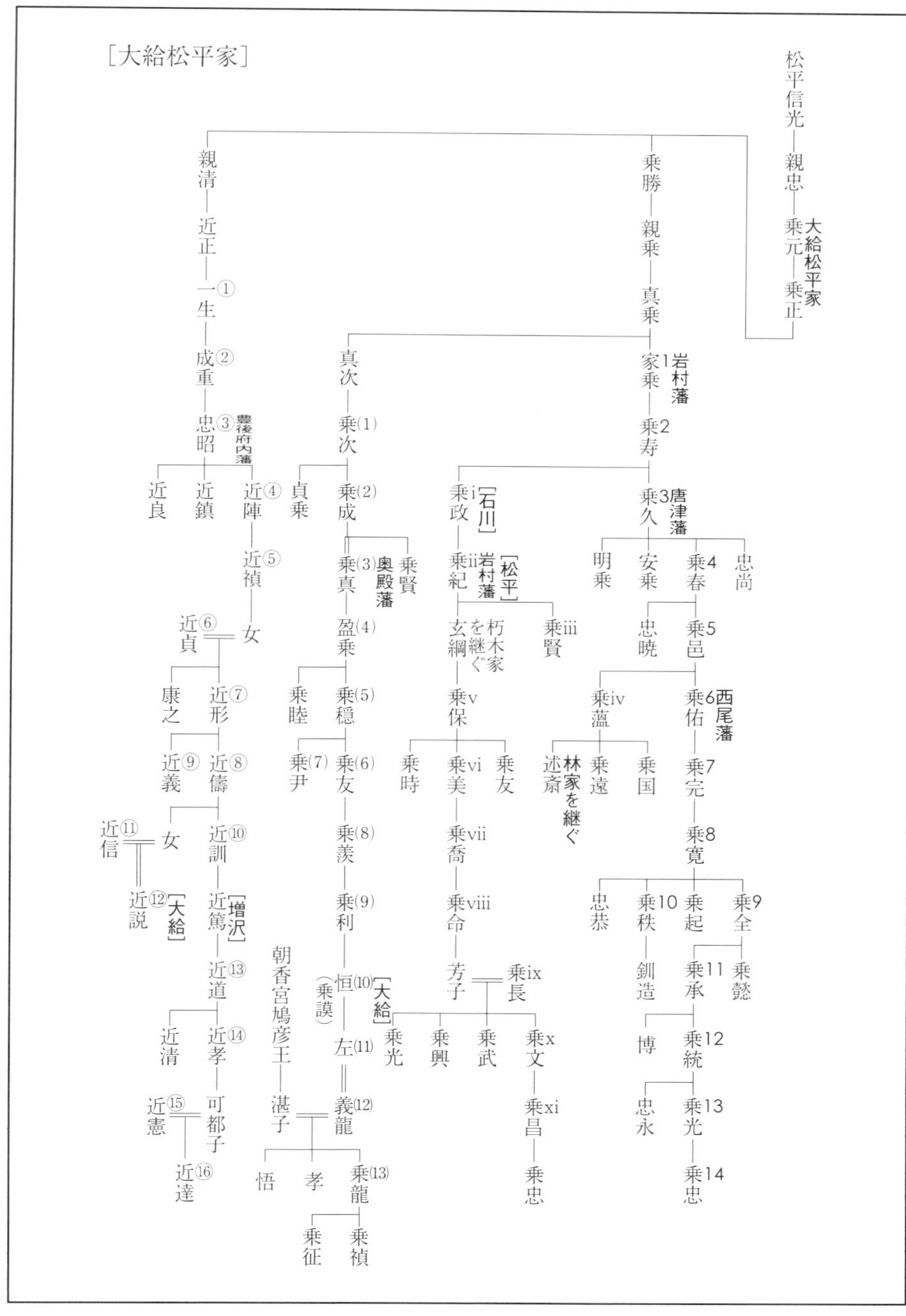
[大給松平家]
松平信光
親忠
乗元
乗正
大給松平家
乗勝
親乗
真乗
家乗1 岩村藩
乗寿2
乗久3 唐津藩
明乗
安乗
乗春4
忠尚
忠暁
乗邑5
乗蘊iv
乗佑6 西尾藩
述斎 林家を継ぐ
乗遠
乗国
乗完7
乗寛8
忠恭
乗秩10
乗起
乗全9
釧造
乗承11
乗懿
博
乗統12
忠永
乗光13
乗忠14
乗政i [石川]
乗紀ii 岩村藩 [松平]
玄綱 朽木家を継ぐ
乗賢iii
乗保v
乗時
乗美vi
乗友
乗喬vii
乗命viii
芳子
乗長ix
乗光
乗興
乗武
乗文x
乗昌xi
乗忠
真次
乗次(1)
貞乗
乗成(2)
乗真(3) 奥殿藩
乗賢
盈乗(4)
乗睦
乗穏(5)
乗尹(7)
乗友(6)
乗羨(8)
乗利(9)
恒(10) (乗謨) [大給]
左(11)
朝香宮鳩彦王
湛子
義龍(12)
悟
孝
乗龍(13)
乗征
乗禎
親清
近正
一生①
成重②
忠昭③ 豊後府内藩
近良
近鎮
近陣④
近禎⑤
近貞⑥
女
康之
近形⑦
近義⑨
近儔⑧
近信⑪
女
近訓⑩
近説⑫ [大給]
近篤 [増沢]
近道⑬
近清
近孝⑭
近憲⑮
可都子
近達⑯

石に転じた。子乗紀は大給姓に復し、元禄一五年（一七〇二）美濃岩村に転封、乗賢の時老中となって三万石に加増。幕末、乗命は陸軍奉行となったが、戊辰戦争では新政府軍に属し、明治一七年子爵となる。

【信濃竜岡藩主】大給真乗の二男真次は、寛永四年（一六二七）「先祖の旧領」を望んで三河国加茂郡大給で三〇〇〇石を与えられ、のち七〇〇〇石に加増された。貞享元年（一六八四）乗次が大坂定番となった際に摂津などに一万石を加えられ、一万六〇〇〇石となって諸侯に列し、大給藩を立藩。宝永元年（一七〇四）乗真の時所領の大半が信濃国佐久郡田野口に移されたが、正徳元年（一七一一）に三河国額田郡奥殿に陣屋を置いて奥殿藩となった。文久三年（一八六三）乗謨（恒）は陣屋を信濃国田野口に移して田野口藩となり、陸軍総裁、老中を歴任。慶応四年（一八六八）大給氏を名乗り、明治元年には地田野口の地名を竜岡と改めて竜岡藩と改称した。さらに、維新後も要職を歴任して、一七年子爵、四〇年伯爵となった。

奥殿藩主乗次の義兄にあたる乗真は正保三年（一六四六）に三〇〇〇石を分知されて旗本となり、大番頭、駿府城代をつとめた。その子乗親も書院番頭をつとめている。

【豊後府内藩主】親清流の子孫は大給宗家の家臣だったが、天正一八年（一五九〇）の関東入国の際に近正が御家人となって上野三ノ倉（群馬県高崎市倉渕町）で五五〇〇石を領した。慶長五年（一六〇〇）関ヶ原合戦では近正は伏見城を守って戦死、子一生が下野板橋藩一万石を立藩した。以後、元和三年（一六一七）三河西尾二万石、同七年丹波亀山、寛永一一年（一六三四）豊後亀川、同一二年豊後中津留を経て、万治元年（一六五八）豊後府内藩二万二二〇〇石に入封した。幕末、近説は寺社奉行、若年寄を歴任、慶応四年（一八六八）に大給氏と改称した。明治一七年近道の時子爵となる。

近道の子近孝は貴族院議員、その孫の近達は国立民族学博物館教授をつとめた。

《系図》133ページ

奥家　○おく

南都方楽家。狛氏の一族。南北朝時代の俊葛が祖。興福寺を本拠として活動し、左舞、笛、打物を担当した。明治時代の奥好義は洋楽も学び、唱歌「浜之真砂」「金剛石」など、多くを作曲した。また、「君が代」の作曲者であるともいわれている。

奥田家　○おくだ

旗本。斯波家氏の末裔の種重が越前国から尾張国中島郡奥田（愛知県稲沢市）に転じて奥田氏を称したという。忠高は松永久秀、豊臣秀吉を経て、関ヶ原合戦後に徳川家康に召し出されて旗本となり八〇〇石を知行した。五代忠信は普請奉行をつとめて三三〇〇石に加増された。六代忠英は田安家家老、九代高武は寄合肝煎などをつとめている。

奥田家　○おくだ　→　**堀家**

奥平家　○おくだいら

江戸時代の譜代大名。上野国甘楽郡奥平（群馬県高崎市吉井町）発祥で、児玉党の一族というが、村上源氏赤松氏の一族が児玉党に入婿したのが祖とも伝え、詳細は不詳。

貞俊の時三河国設楽郡作手（愛知県新城市作手）に移り、以後代々作手を領して、同郡内の菅沼氏らとともに山家三方衆と呼ばれて、今川・松平・武田の各勢力のはざまで勢力を保った。

貞能も、今川・松平・武田を経て再び徳川家康に仕え、家康は娘の亀姫を信昌に嫁がせるなど、対武田家対策として奥平家を重用した。

天正一八年（一五九〇）、家康の関東入国に際して信昌は上野小幡（群馬県甘楽郡甘楽町）で三万石を与えられた。関ヶ原合戦後、慶長六年（一六〇一）美濃加納一〇万石に入封したが、まもなく

［奥平家］

- 奥平貞俊
  - 貞久
    - 貞昌 1
      - 貞勝 2
        - 貞能 3
          - 信昌 4 ＝ 亀姫（徳川家康—亀姫）
            - 家昌 5
              - 忠昌 6
                - 昌能 7
                - 女 ＝ 五島盛勝
                  - 昌章 8
                    - 昌成 9
                      - 昌敦 10
                        - 昌鹿 11
                          - 昌男 12
                            - 女 ＝ 昌高 13
                              - 昌暢 14
                                - 昌服 16
                                  - 昌邁 17
                                    - 昌恭 18
                                      - 昌信 19 ＝ 邦雄 20
                                      - 昌英
                                    - 昌国
                                    - 栄之助
                                  - 長昌
                                  - 昌久
                                  - 忠善
                                  - 昌繁
                                  - 昌友
                                  - 定之助
                              - 昌猷 15
                              - 親愛
                              - 忠直
                              - 慶政
                              - 親道
                              - 一咸
                        - 喜生
                        - 義風
                      - 昌純
                      - 義峯
            - 家治
            - 忠政
              - 忠隆
            - 忠明 …… 奥平松平家
          - 昌勝
        - 常勝
        - 貞治
        - 貞国［尾張藩士］
      - 貞友
      - 貞行
    - 久勝
    - 久正［夏山］
    - 信丘［田城］
    - 貞次［名倉］
    - 定包
  - 貞盛［和田］

お

加納を菅沼忠政に譲り、下野宇都宮一〇万石に転じる。以後、元和五年（一六一九）下総古河一一万石、同八年宇都宮、寛文八年（一六六八）出羽山形九万石、貞享二年（一六八五）下野宇都宮、元禄一〇年（一六九七）丹後宮津を転々として、享保二年（一七一七）昌成の時豊前中津一〇万石に入封した。昌鹿は名君として知られ、藩医前野良沢を保護したことでも有名。昌高は藩校進脩館を創設、『バスタードル辞書』『蘭語訳撰』の蘭日辞典を編纂させ、これらは中津事典と呼ばれた。維新後、昌邁はアメリカに留学、帰国後は東京府議、芝区長などを歴任、明治一七年には伯爵となる。

【武蔵忍藩主】信昌の四男忠明は、天正一六年（一五八八）に母方の祖父にあたる徳川家康の養子となって松平氏を名乗り、慶長七年（一六〇二）父祖の地である三河作手藩一万七〇〇〇石を立藩した。同一五年伊勢亀山五万石に転じ、大坂冬の陣では大坂城の総堀埋めを指揮した。戦後、大坂城代となって一〇万石を領し、元和五年（一六一九）大和郡山一二万石に入封。寛永一六年（一六三九）には播磨姫路一八万石に転じた。忠弘の時分知で一五万石となり、慶安四年（一六五一）山形、寛文八年（一六六八）宇都宮を経て、天和元年（一六八一）陸奥白河一五万石に入封したが、藩内の抗争が原因で元禄五年（一六九二）に一旦閉門となり、出羽山形一〇万石で再興した。その跡を継いだ孫の忠雅は同一三年備後福山を経て、宝永七年（一七一〇）伊勢桑名一〇万石に転じた。さらに、文政六年（一八二三）忠堯の時に武蔵忍一〇万石に転じた。明治一七年忠敬の時に子爵となる。

【上総小幡藩主】元禄元年（一六八八）忠尚は白河藩主忠弘から二万石を分知されて諸侯に列し、同一三年領地を伊達郡内に移して桑折に陣屋を置き桑折藩を立藩。延享四年（一七四七）から翌年にかけて忠恒は所領を上野国に移されて、邑楽郡篠塚ついで碓氷郡上里見に居した。その後若年寄となり、明和四年（一七六七）上野国甘楽郡などに所領を移して小幡に住み、小幡藩となる。忠暁は実家の松平乗邑が老中の時代に寺社奉行をつとめた。明治一七年忠恕の時子爵となり、日光東照宮宮司、貴族院議員などを歴任した。

【伊予松山藩家老】貞友の娘は伊予松山藩初代藩主松平（久松）定行の生母だったことから、その弟貞由は久松家に仕えたのが祖。江戸時代は代々松山藩家老をつとめた。

【名倉奥平家】戦国時代、一族の貞次は、設楽郡北部の名倉に住んで名倉奥平氏となり、宗家の作手奥平家と行動をともにした。江戸時代は尾張藩士となっている。

《系図》135ページ

奥藤家　○おくとう

播磨国赤穂（兵庫県赤穂市）の豪商。皇極天皇三年（六四四）、秦河勝が蘇我入鹿に追われた際に、坂越浦で河勝を迎えたという伝承を持つ旧家。室町時代には、妙見寺を中興した乗吽や、妙道寺の開基学西などを出した。戦国時代に商人に転じ、慶長六年（一六〇一）には酒造業を始めた。江戸時代には坂越浦で廻船問屋を経営した他、地主として土地の集積も行い、大庄屋でもあった。
現在も奥藤酒造として銘酒「忠臣蔵」の醸造元である。

奥村家 ○おくむら

加賀藩家老。藤原姓の赤尾忠利の子宗親が織田信長に仕え、尾張国中島郡奥村（愛知県一宮市）に住んで奥村氏を称した。宗親の長男利久の末裔は以後代々同地に住むが、二男永福は母が前田家の娘という縁で前田利家に仕えて累進、江戸時代には加賀藩家老となった。家格は年寄、家禄は一万七〇〇〇石。栄滋は金沢市長などをつとめ、明治三三年男爵となる。

また永福の二男易英は一家を興し、こちらも家格は年寄で、家禄は一万二〇〇〇石である。明治三三年則英が男爵となる。この他にも加賀藩士には分家が多数ある。

富山藩家老の奥村家も同族。寛永一六年（一六三九）富山藩分藩の際に具知が初代藩主利次に召し出されて富山藩士となり、延宝二年（一六七四）二代藩主正甫襲封の際に家老となった。家禄一五〇〇石。

一族の奥村安太夫は掛川で山内一豊に仕え、江戸時代は土佐藩士となった。

奥村家 ○おくむら

表具師・千家十職。近江国谷の庄の地侍で佐々木氏に仕えていた奥村定道の二男吉右衛門清定（のち宗勢）が祖。正保三年（一六四六）に京都に出、小川通上立売に住んで承応三年（一六五四）に近江屋吉兵衛と称して表具師となった。二代目の時に表千家の職方となり、また紀伊藩御用達をつとめた。代々吉兵衛を名乗り、幕末の八代目吉兵衛が著名。明治時代に九代目が釜座通夷川に移転。現在の当主は一二代目である。

小倉家 ○おぐら

公家。藤原北家閑院流西園寺氏の支流。洞院実雄の二男公雄が祖。家格は羽林家。家職は有職故実。天文五年（一五三六）公右の死後中絶、四辻公遠の二男季藤が再興したが、勅勘を蒙って再び中絶。元和五年（一六一九）正親町三条実教の二男公根が家禄一五〇石で再興した。

天和元年（一六八一）には実起・公連・熙季が霊元天皇によって佐渡に流され、実起・公連父子が客死して三たび断絶。元禄一二年（一六九九）京に戻っていた熙季が家名相続を許されて再興した。明治一七年英季の時に子爵となる。

《系図》138ページ

小佐野家 ○おさの

富士浅間神社御師。甲斐国都留郡小佐野（山梨県大月市）発祥か。戦国時代、武田氏家臣の小山田氏の保護を受けた都留郡富士御室浅間神社の神官に小佐野氏があり、以後代々同地方の名家として知

お

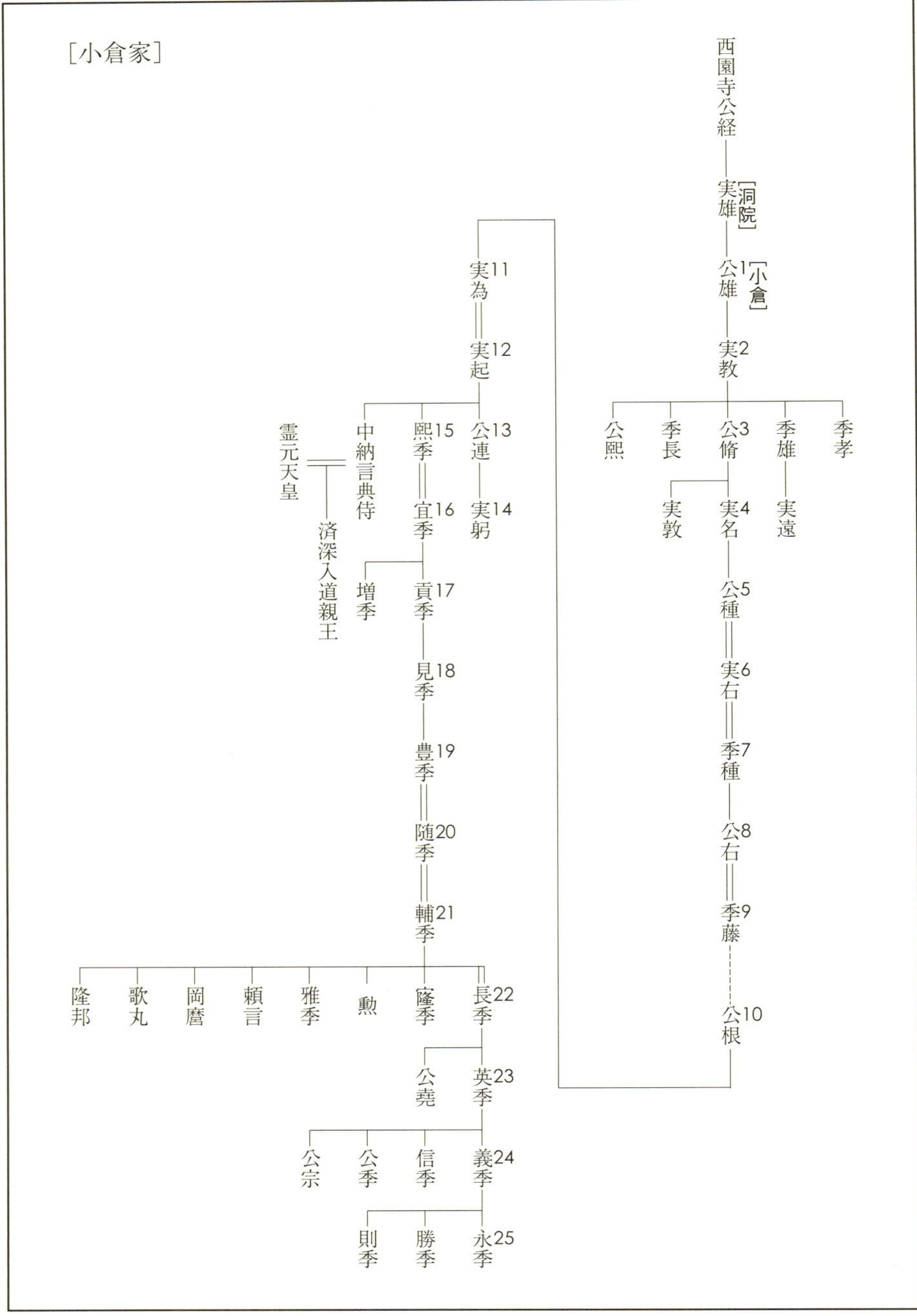

［小倉家］
西園寺公経
実雄［洞院］
1公雄［小倉］
2実教
公熙
季長
3公脩
季雄
季孝
実敦
4実名
実遠
5公種
6実右
7季種
8公右
9季藤
10公根
11実為
12実起
中納言典侍
15熙季
13公連
霊元天皇
済深入道親王
16宜季
14実躬
増季
17貢季
18見季
19豊季
20随季
21輔季
隆邦
歌丸
岡麿
頼言
雅季
勲
窿季
22長季
公堯
23英季
公宗
公季
信季
24義季
則季
勝季
25永季

られる。同家住宅が残る。

押小路家　○おしこうじ

公家。藤原北家閑院流。三条西公勝の子公音が押小路家を称した。家格は羽林家。家職は有職故実。江戸時代の家禄は一三〇石。明治一七年公亮の時に子爵となる。

押小路家　○おしこうじ

地下官人の筆頭。中原氏の嫡流。室町時代に中原師富の子師象が押小路家を称し、代々大外記をつとめる。幕末、師武の養女甫子は孝明天皇の大御乳人をつとめ、その日記『大御乳人甫子記』は幕末維新期の宮中の日常を知る重要資料である。明治一七年師成の時に男爵となった。

織田家　○おだ

近世大名。織田信長の出た織田氏は、系図上では平重盛の子資盛を祖とする。平氏が滅亡した際、資盛の妻は幼児だった親真を抱いて近江国蒲生郡津田荘（滋賀県近江八幡市）に逃れ、のちにこの親真が越前国敦賀郡（福井県）の織田剣神社の神官となって織田氏を称したという。現在では忌部氏の一族といわれており、平成二三年には祖親真の墓が越前町で発見されている。

【尾張織田氏】越前で斯波氏の家臣となった後、尾張守護となった斯波氏に従って尾張に移り守護代として勢力をえた。のち清洲織田氏と岩倉織田氏の二流に分裂した。このうち、清洲織田氏の分家で家老をつとめていた家から信長が出て、織田氏を統一、さらに浅井・朝倉・武田など有力大名を次々と滅ぼして全国統一を目指したが、天正一〇年（一五八二）本能寺で明智光秀に討たれ、志半ばにして非業の死をとげた。

【丹波柏原藩主】織田信長の直系である秀信は関ヶ原合戦で西軍に属したため滅亡したが、信長の二男信雄は徳川家康に仕え、元和元年（一六一五）大和松山藩五万石に入封した。四代信武は家老二人を斬殺、さらに発狂して元禄八年（一六九五）自害したため、丹波柏原二万石に減転となった。明治一七年信親の時に子爵となった。

松山藩主高長の三男長政は万治三年（一六六〇）大和国宇陀郡で二七〇〇石を分知されて旗本となり、元禄一四年（一七〇一）に高家となった。

【出羽天童藩主】信雄の四男信良は元和二年（一六一六）二万石を分知され、翌年上野小幡藩に入封した。明和四年（一七六七）出羽高畠を経て、天保元年（一八三〇）出羽天童に転じた。明治一七年信敏の時に子爵となる。信敏の跡を継いだ信恒は織田小星という名で漫画家としても知られ、『アサヒグラフ』に連載した「正ちゃんの冒険」が大人気となって、正ちゃん帽が流行した。

【丹波柏原藩主】織田信長の弟の信包は豊臣秀吉に仕えて丹波柏原で三万六〇〇〇石を領し、関ヶ原合戦では西軍に属したが、本領安堵された。慶安元年（一六四八）三代信勝が跡継ぎのないまま死去したため断絶となった。

お

［織田家系統図］

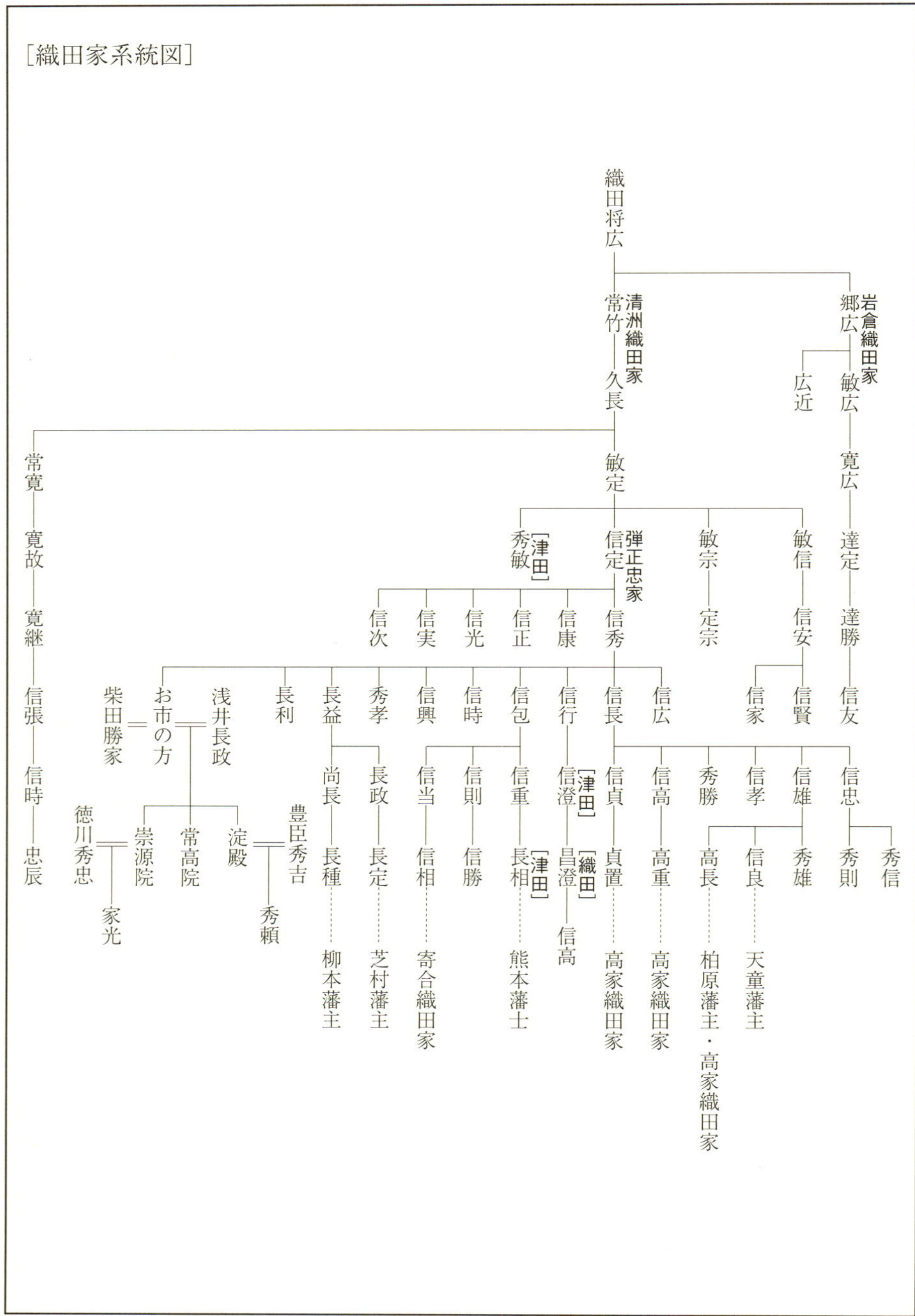

織田将広
岩倉織田家
郷広
敏広
広近
寛広
達定
達勝
信友
清洲織田家
常竹
久長
敏定
敏信
信安
信賢
信家
敏宗
定宗
弾正忠家
信定
［津田］
秀敏
常寛
寛故
寛継
信張
信時
忠辰
信秀
信康
信正
信光
信実
信次
信広
信長
信行
信包
信時
信興
秀孝
長益
長利
浅井長政
お市の方
柴田勝家
信忠
秀信
秀則
信雄
秀雄
信良
天童藩主
高長
柏原藩主・高家織田家
信孝
秀勝
信高
高重
高家織田家
信貞
貞置
高家織田家
［津田］
信澄
［織田］
昌澄
信高
信重
［津田］
長相
熊本藩士
信則
信勝
信当
信相
寄合織田家
長政
長定
芝村藩主
尚長
長種
柳本藩主
豊臣秀吉
淀殿
秀頼
常高院
崇源院
徳川秀忠
家光

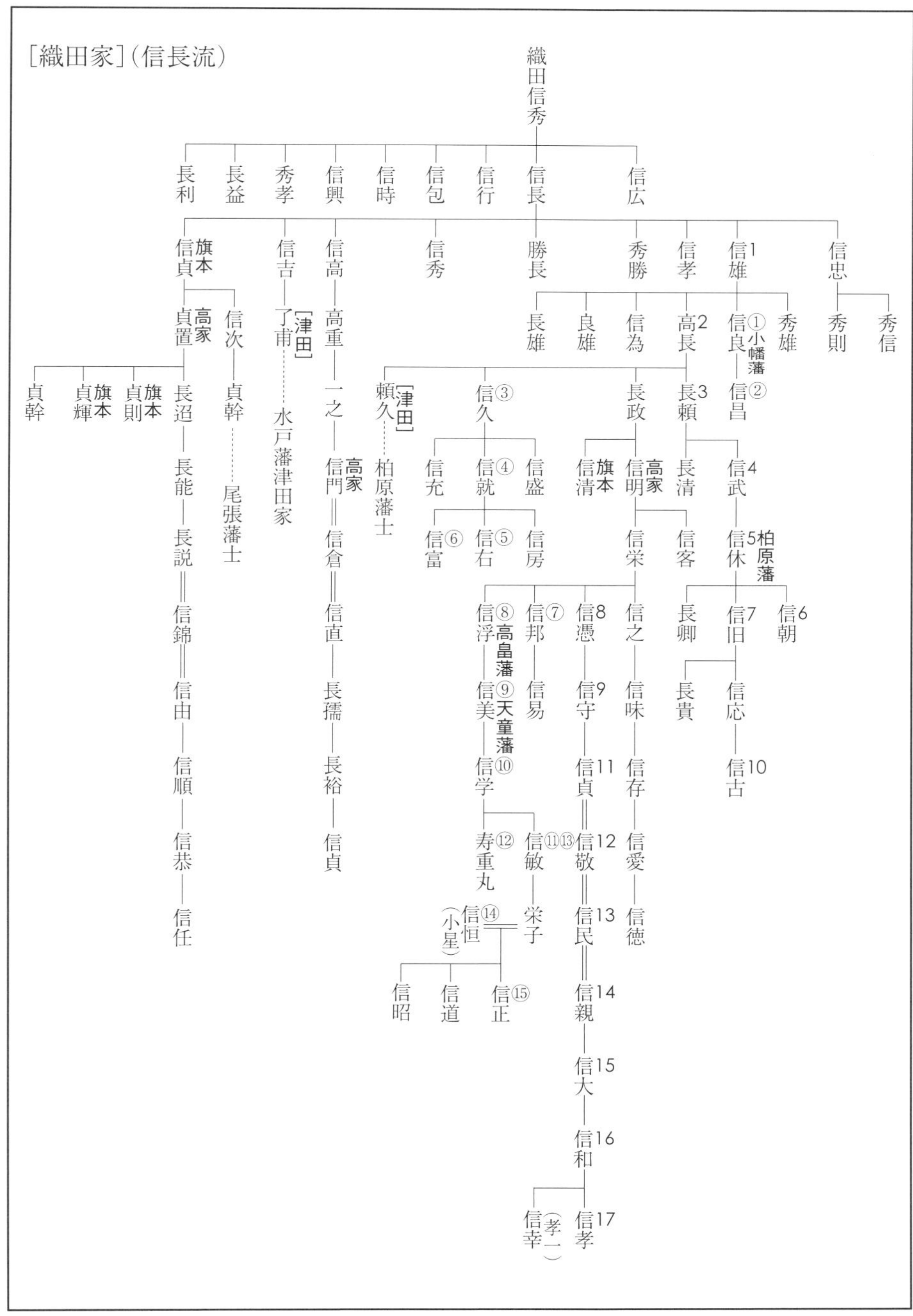
[織田家](信長流)
織田信秀
長利
長益
秀孝
信興
信時
信包
信行
信長
信広
信貞 旗本
信吉
信高
信秀
勝長
秀勝
信孝
信雄1
信忠
貞置 高家
信次
了甫 [津田]
高重
長雄
良雄
信為
高長2
信良①小幡藩
秀雄
秀則
秀信
貞幹
貞輝 旗本
貞則 旗本
長迢
貞幹
水戸藩津田家
一之
頼久 [津田]
信久③
長政
長頼3
信昌②
長能
尾張藩士
信門 高家
柏原藩士
信充
信就④
信盛
信清 旗本
信明 高家
長清
信武4
長説
信倉
信富⑥
信右⑤
信房
信栄
信客
信休5 柏原藩
信錦
信直
信浮⑧ 高畠藩
信邦⑦
信憑8
信之
長卿
信旧7
信朝6
信由
長孺
信美⑨ 天童藩
信易
信守9
信味
長貴
信応
信順
長裕
信学⑩
信貞11
信存
信古10
信恭
信貞
寿重丸⑫
信敏⑪⑬
信敬12
信愛
信任
信恒⑭(小星)
栄子
信民13
信徳
信昭
信道
信正⑮
信親14
信大15
信和16
信幸
信孝17(孝一)

なお、三〇〇〇石を分知されていた信包の四男信当は旗本として続き、信興は日光奉行をつとめている。

【大和芝村藩主】織田信長の弟の長益（有楽斎）は本能寺の変の際には二条城にあり、明智方に包囲されたが脱出に成功、以後豊臣秀吉に仕えた。関ヶ原合戦では東軍に属し、大和山辺で三万石を領した。寛永八年（一六三一）三代長則が跡継ぎのないまま死去して直系は断絶した。

長益の四男長政は、元和元年（一六一五）大和国と摂津国で一万石を分知されて大和戒重藩を立藩。宝永元年（一七〇四）長清の時芝村に陣屋を移して芝村藩となった。明治一七年長純の時に子爵となる。

【大和柳本藩主】長益の五男尚長は元和元年（一六一五）大和国式上・山辺両郡で一万石を分知されて諸侯に列し、寛永年間に柳本に陣屋を置いて柳本藩となった。明治一七年信及の時子爵となる。

【高家織田家】信長の七男信高は近江国で二〇〇〇石を分知されて旗本となり、

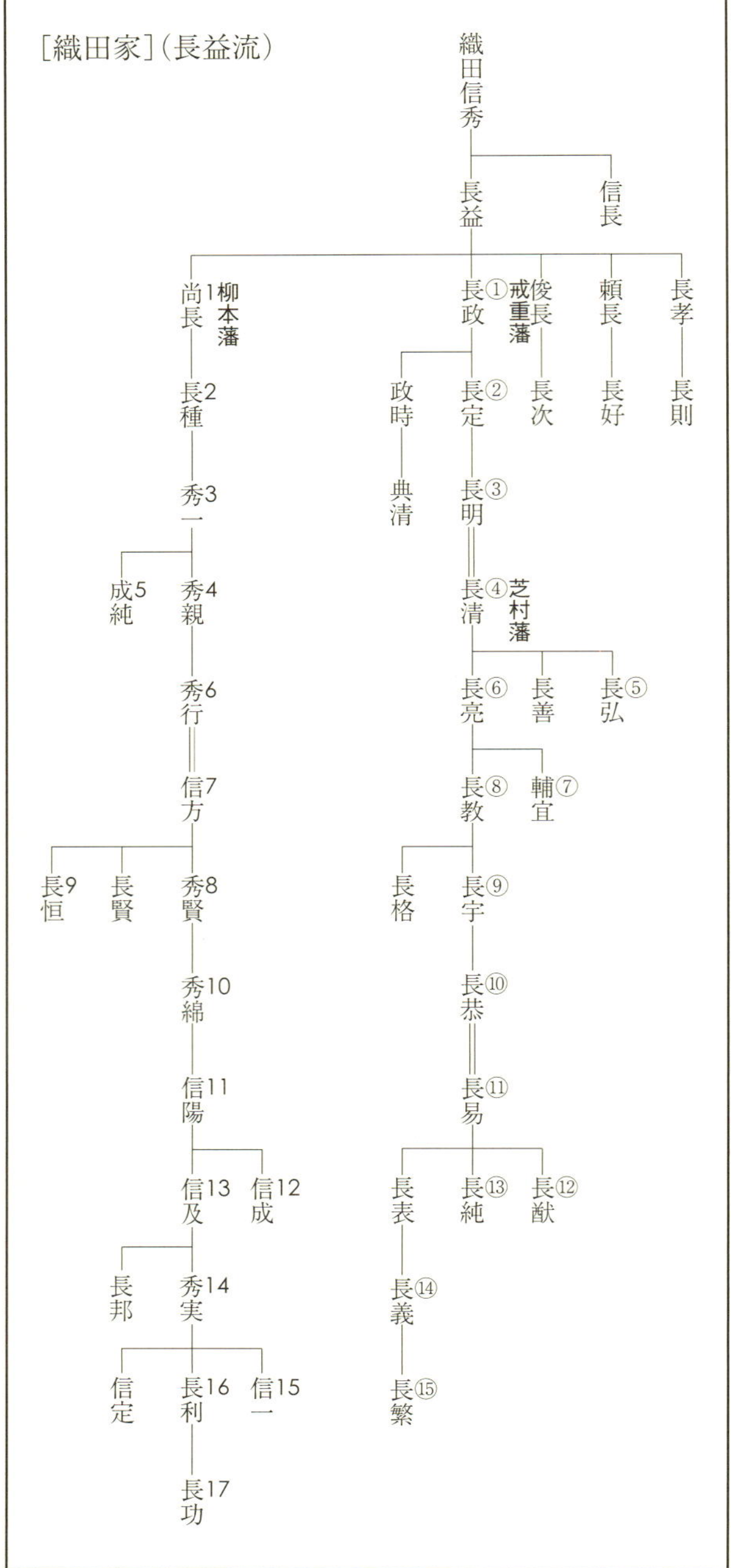

元禄元年（一六八八）に高家入り。信門・信倉は高家肝煎をつとめている。

【高家織田家】信長の九男信貞は近江国で七〇〇石を分知されて旗本となり寛文三年（一六六三）高家入りした。幕末の信順は高家肝煎をつとめている。

【土佐藩士】岩倉織田氏の織田信安は信長の子信賢によって尾張を追われ、江戸時代は土佐藩士となった。

【旗本美濃佐野織田家】美濃に旗本織田家がある。寛永二〇年（一六四三）初代正弘が兄栢植正直から四〇〇石を分知された。承応二年（一六五三）二三〇〇石に加増され、方県郡佐野に住んで佐野織田家となった。

【加賀藩士】織田長益の二男長孝の三男織部が祖。織部は大聖寺藩士となったが、二代織部の時に加賀藩に戻り、六代益方は家老をつとめた。

《系図》140・141・142ページ

愛宕家 ◯おたぎ

公家。村上源氏。江戸時代の初期に中院通純の猶子通福（岩倉具堯の孫）が愛宕家を称した。家格は羽林家。家職は有職故実。江戸時代の家禄は一三〇石。明治四年通旭は新政府の方針に不満を持ち京都還幸を画策して発覚、自刃した。一七年子爵となる。

小田切家 ◯おだぎり

旗本。信濃国佐久郡小田切（長野県佐久市小田切）発祥。滋野氏というが不詳。『寛政重修諸家譜』では清和源氏支流に収められている。『吾妻鏡』には小田切太郎の名が見える。

南北朝時代に水内郡小市（長野市）に移り、吉窪城に拠った。応永七年（一四〇〇）の大塔合戦では小笠原氏と戦っている。

戦国時代には武田家家臣として昌成・光信がいた。同族だが、系譜関係は不詳。

昌成の子昌吉は村上義清を経て武田信玄・勝頼に仕え、天正一〇年（一五八二）の武田氏滅亡後徳川家康に仕えた。昌吉の長男昌重は関ヶ原合戦で戦死したため、三男の昌次が継ぎ、旗本となって具足奉行をつとめた。その子昌快は書院番頭をつとめる。

光信の長男光季・二男光永は武田勝頼に仕え、ともに長篠合戦で戦死。光季の子光猶は天正一四年（一五八六）に徳川家康に仕えた。子須猶は目付となり、その子直利は大坂町奉行、大目付を歴任して二九三〇石に加増。七代直年は駿府町奉行・大坂町奉行、八代直熙は京都町奉行・清水家家老を歴任し、三五〇〇石となった。幕末の直道は甲府町奉行や寄合肝煎をつとめている。

光永の子光有も旗本となっている。

乙部家 ◯おとべ

松江藩家老。伊勢国安濃郡乙部（三重県津市）発祥で清和源氏。室町時代は乙部城に拠り、伊勢長野氏に従っていた。永禄年間に藤政は渋見城（津市渋見）に移るが、織田信包に敗れて滅亡した。

一族の勝政は小早川秀秋を経て、慶長八年（一六〇三）松平秀康に仕える。子九郎兵衛可正は元和五年（一六一九）松平直政に仕え、同一五年の松江転封に伴って松江藩家老となり、以後代々家老として五〇〇〇石を領した。

音羽家　○おとわ

旧皇族。昭和一一年朝香宮鳩彦王の二男正彦が一家を興して音羽家を称し、侯爵となったが、昭和一九年南洋で戦死して絶家となった。

小野家　○おの

出雲大社の西にある日御碕神社神職。日御碕神社は『出雲国風土記』では美佐岐神社、『延喜式』の神名帳では御碕神社とあり、のち上下二社に分かれ、上社は素戔嗚命、下社は天照大神を祀っている。寛永年間には三代将軍徳川家光の命で社殿が建造されている。江戸時代の社領は六〇〇石。明治四年に国幣小社に列した。神職は日置姓で、天葺根命の末裔といい、のち小野氏を称した。明治一七年尊光の時に男爵となった。

《系図》145ページ

小野家　○おの

江戸時代の京都の豪商。近江国滋賀郡小野村（滋賀県）発祥で、宝永五年（一七〇八）に初代包教が京都に出て開業したのが祖。和糸問屋の傍ら両替商を営み、善助・助次郎・又次郎の三家で構成されていた。

【小野善助家】初代包教は善助と称し、以後代々宗家は善助を名乗った。初代は陸奥盛岡に下った叔父の村井権兵衛を頼って元禄二年（一六八九）に盛岡紺屋町に開店。宝永五年（一七〇八）に上京して質屋を営んだ。その後は和糸・紅花問屋を開き、江戸にも店を出して幕府の金銀御為替御用達にもなった。幕末には官軍の軍資金の調達も行っている。維新後に破綻、大番頭だった小野善右衛門と不和となり、再起できなかった。

小野田家　○おのだ

彦根藩家老。遠祖盛長は源頼朝の日光開基の際に惣奉行をつとめたと伝える。戦国時代は代々今川家に仕えていたが、初代為盛が飯尾氏に仕え、引馬城の乱後徳川家康に仕えた。天正一二年（一五八四）家康の意向で井伊直政の家臣となり、子為躬は関ヶ原合戦後彦根藩士となって一〇〇〇石を知行した。六代為充の時に家老となり、以後代々家老をつとめた。九代為典の時三〇〇〇石に加増。

小場家　○おば　→　**佐竹家**

小幡家　○おばた

旗本。上野国甘楽郡小幡（群馬県甘楽郡甘楽町小幡）発祥。児玉党の一族。南北朝時代に小幡右衛門尉の名が見える。戦国時代上杉氏に仕えて甘楽郡に勢力を振るうが、内紛で没落した。

憲重は足利義氏を経て、武田信玄に仕えた。その後、北条氏に従うが、天正一

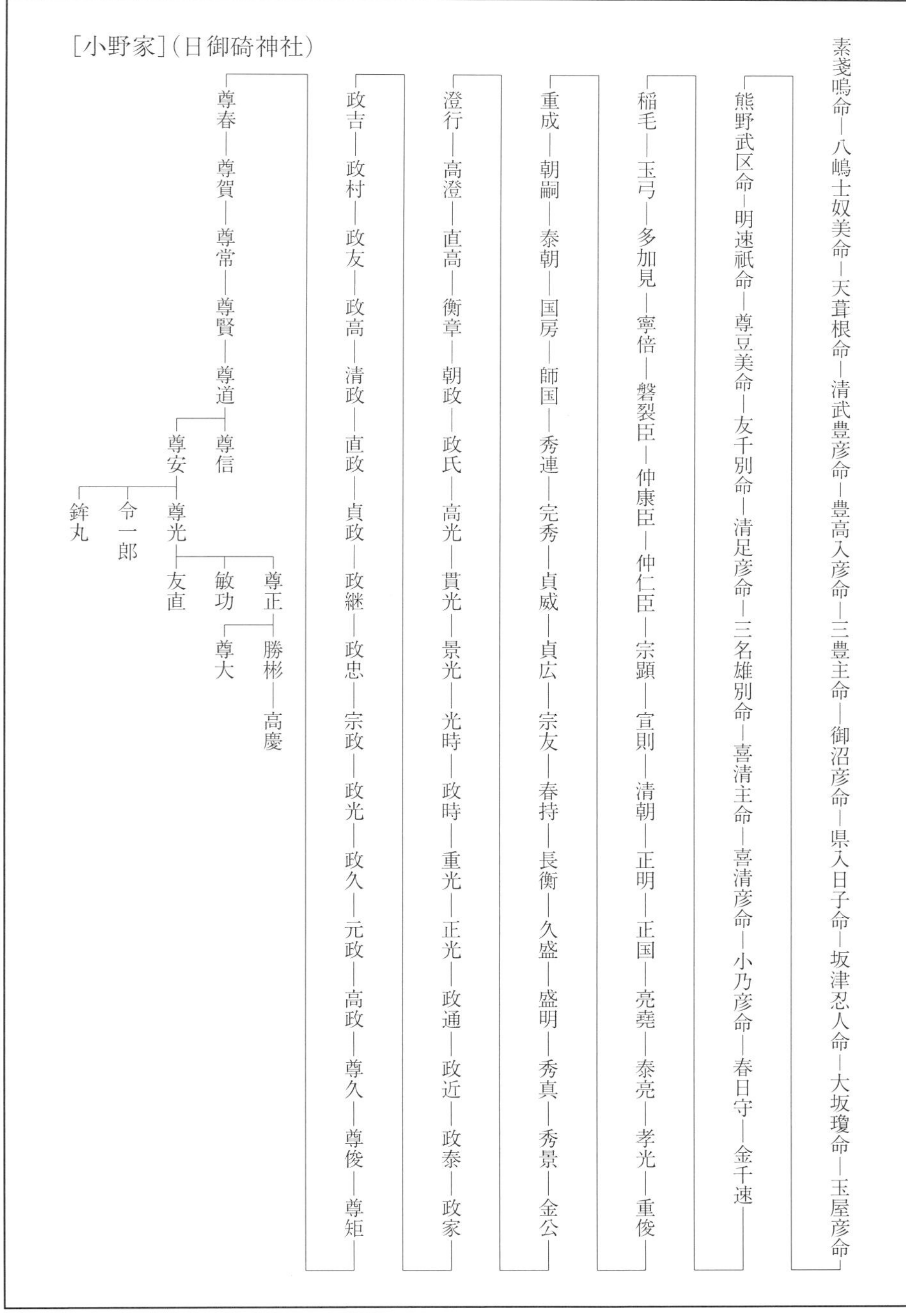
[小野家](日御碕神社)
素戔嗚命—八嶋士奴美命—天葺根命—清武豊彦命—豊高入彦命—三豊主命—御沼彦命—県入日子命—坂津忍人命—大坂瓊命—玉屋彦命
熊野武区命—明速祇命—尊豆美命—友千別命—清足彦命—三名雄別命—喜清主命—喜清彦命—小乃彦命—春日守—金千速
稲毛—玉弓—多加見—寧倍—磐裂臣—仲康臣—仲仁臣—宗顕—宣則—清朝—正明—正国—亮堯—泰亮—孝光—重俊
重成—朝嗣—泰朝—国房—師国—秀連—完秀—貞威—貞広—宗友—春持—長衡—久盛—盛明—秀真—秀景—金公
澄行—高澄—直高—衡章—朝政—政氏—高光—貫光—景光—光時—政時—重光—正光—政通—政近—政泰—政家
政吉—政村—政友—政高—清政—直政—貞政—政継—政忠—宗政—政光—政久—元政—高政—尊久—尊俊—尊矩
尊春—尊賀—尊常—尊賢—尊道
尊信
尊安
尊光
令一郎
鉾丸
尊正
敏功
友直
勝彬—高慶
尊大

八年（一五九〇）の豊臣秀吉の小田原攻で再び没落。同一九年直之が徳川家康に仕え、のち旗本となって一一〇〇石を知行した。直昌は駿府町奉行、御槍奉行を歴任している。

小浜家　〇おばま

旗本。『寛政重修諸家譜』では藤原氏支流に収められているが、平氏ともいう。志摩国小浜（三重県鳥羽市小浜町）発祥。室町時代は小浜城に拠って北畠氏に従っていた。戦国時代、景隆の時に九鬼嘉隆に敗れて落城、三河国に逃れて徳川家康に仕えた。家康の関東入国後は水軍を率いて相模国三浦郡三崎（神奈川県三浦市）で三〇〇〇石を知行した。子光隆は大坂の陣で功をあげて五〇〇〇石に加増された。広隆の時さらに六〇〇〇石となり、子行隆の時越後国蒲原郡に移る。

小禄家　〇おろく

琉球王家尚家の一族。尚真王の第一王子浦添王子朝満は世子ながら家を継ぐことができず、その子朝喬は浦添間切総地頭となる。三世朝賢の子は宗家を継いで尚寧王となり、朝賢は尚懿王といわれた。尚懿王の子朝盛は具志頭間切総地頭職となって、以後代々世襲した。

乾隆三九年（一七七四）、尚穆王の四男宜野湾王子朝祥が家を継ぎ、その長男朝恒は小禄間切総地頭職となって小禄家を称した。朝恒の子朝睦は歌人として知られる。

《系図》259ページ

小和田家　〇おわだ

皇太子妃殿下実家・旧越後村上藩士。小和田家は江戸中期から村上藩士であったことは確認されているが、そのルーツは不詳。「小和田」という名字は静岡県に多く、村上藩主内藤家は村上に来る前は駿河田中藩（静岡県藤枝市）の藩主であった他、江戸初期には伊豆韮山にいたこともあり、小和田家は内藤家とともに、今の静岡県から移ってきたと考えられる。小和田家は五万石の村上藩の中でも下級藩士であった。皇太子妃殿下の実家は、明治維新前後にそこから分家した家の子孫である。

維新後、新潟県立高田高校校長をつとめた小和田毅夫の五人の子どもは全員東大を卒業して、学者や官僚として活躍。長男の小和田顕は国語学者として名高く、専修大学の教授もつとめた。二男の恒はOECD代表部大使や外務事務次官などを歴任、昭和の終わりから平成の初めにかけての日本を代表する外交官である。妃殿下は小和田恒の長女にあたる。なお、恒の弟の統と亮はともに運輸官僚となり、統は、海上保安庁長官などをつとめた。

恩田家　〇おんだ

松代藩家老。下野国那須郡恩田（栃木県那須郡那珂川町）発祥。桓武平氏。戦

国時代伊賀守は武田信玄に仕え、のち真田氏に転じた。江戸時代は松代藩家老となる。宝暦五年（一七五五）真田幸弘によって家老に登用された恩田木工は財政再建と殖産興業に成功し、名家老として知られる。

か

甲斐荘家　○かいのしょう

旗本。河内国錦部郡甲斐荘（大阪府河内長野市）発祥。楠木氏の子孫という。甲斐荘の在庁官人の末裔とみられ、室町時代には武士化して河内守護の畠山氏に従っていた。

戦国時代、正治は烏帽子形城に拠っていたが、畠山氏の没落とともに城を失い、のち遠江浜松で徳川家康に仕えている。天正一八年（一五九〇）の小田原攻めに参加し、戦後三〇〇石を与えられた。

その子正房は旗本となり、三代目正述は長崎奉行、四代目政親は勘定奉行や南町奉行となって加増を重ね、天和二年（一六八二）には四〇〇〇石となった。正永も普請奉行をつとめている。

所領の大半は旧領の河内国錦部郡にあり、享保二〇年（一七三五）に行われた楠木正成四〇〇年遠忌には代官町井氏を派遣して白銀二〇両を献上している。

加々爪家　○かがつめ

旗本・旧遠江掛塚藩主。藤原北家上杉氏の支流。上杉満定の子政定が今川範政の養子となって駿河国に住み、加々爪氏を称したという。代々今川氏に仕えて、遠江国山名郡山名荘新池郷（静岡県袋井市）を領した。

永禄一一年（一五六八）、政豊は今川家を離れて徳川家康に仕えた。子政尚は文禄元年（一五九二）武蔵国高坂（埼玉県東松山市）で三〇〇〇石を与えられたが、慶長元年（一五九六）伏見で大地震に遭い圧死。忠澄は関ヶ原合戦では徳川秀忠に従い、戦後も江戸町奉行、大目付を歴任して九五〇〇石を知行した。その子直澄は寛文元年（一六六一）寺社奉行となって一万石となり、遠江掛塚藩を立藩した。直澄は旗本奴水野十郎左衛門とともに無頼を働いた歌舞伎大名としても知られる。天和元年（一六八一）二代藩主直清の時に、旗本成瀬正章と境界論争がおこり、書類の不備などから所領が没収された。

忠澄の二男信澄は寛永一八年（一六四一）遠江国豊田郡で一〇〇〇石を分知されて旗本となっている。

香川家　○かがわ

岩国藩家老。相模国高座郡香川（神奈川県茅ヶ崎市香川）発祥の桓武平氏香川氏の末裔。

承久の乱の後、香川経景が安芸国佐東郡八木村（広島市安佐南区佐東町）、義景が同国山県郡谷戸村の地頭となったのが祖。景光の時に下向して八木城を築城し、室町時代には国人として活動した。応永一一年（一四〇四）の安芸国人一揆には、之正が名を連ねている。応仁の乱では方景が守護武田国信に属して東軍に与した。戦国時代も初め安芸武田氏に仕えていたが、天文三年（一五三四）光景が毛利氏に転じた。春継は吉川元春に属し、江戸時代は岩国藩家老となった。一族から桂園派の歌人香川景樹が出ている。

蠣崎家　○かきざき

陸奥松前藩主一門。陸奥国田名郡蠣崎（青森県むつ市川内町）発祥。清和源氏若狭武田氏の一族という。家譜によると、若狭武田氏の国信の子信広が足利を経て陸奥田名部に移り住んで蠣崎武田を称し、享徳三年（一四五四）蝦夷に渡って安東氏に属し、花沢館にいた同族の蠣崎季繁の客将となったと伝える。しかし、若狭武田氏の系図には信広の名はない。また、南部氏の一族が蝦夷地に渡って蠣崎氏になったとも、陸奥蠣崎村の土豪蠣崎氏が南部氏と対立して蝦夷に渡ったともいい、はっきりしない。

いずれにせよ、長禄元年（一四五七）コシャマインの反乱が起こった際に、信広はこれを平らげ、季繁の女婿となって蠣崎氏を継いだ。

光広は永正一一年（一五一四）大館に移り、以後実質的に松前を支配した。天正一八年（一五九〇）慶広は豊臣秀吉に謁して諸侯に列し、文禄二年（一五九三）には蝦夷地全体の支配を認知された。慶長四年（一五九九）宗家は松前氏と改称、以後は分家のみが蠣崎を称した。

松前藩一二代藩主資広の五男で蠣崎家を継いで画家・漢詩人として知られた蠣崎波響が著名。わずか一八歳で家老もつとめた。その一方、江戸で画を学び、「松前の応挙」とも呼ばれている。昭和五九年にはフランスのブザンソン市立博物館の収蔵庫で一一点のアイヌ絵が発見され、話題を呼んだ。

→松前家
《系図》474ページ

蔭山家　○かげやま

旗本。清和源氏足利氏の一族。永享一一年（一四三九）足利持氏が自刃した際、三歳だった七男の広氏は乳母にともなわれ伊豆国に逃れて蔭山氏に養われ、のち婿となって蔭山氏を称した。戦国時代は河津城に拠り、北条氏に属した。天正一八年（一五九〇）、小田原城の落城で氏広は伊豆賀殿に蟄居した。

氏広の養女於万の方（養珠院）は徳川家康の側室となって、紀伊徳川家初代藩主頼宣と、水戸徳川家初代藩主頼房を産んでいる。

このため、於万の方の弟の貞広が家康に召し出されて旗本となり、一二〇〇石を領した。また、貞広の二男好広も一家を興して旗本となっている。

風早家　○かざはや

公家。藤原北家閑院流。姉小路公景の長男実種が祖。家格は羽林家。家職は有職故実。江戸時代の家禄は三〇石三人扶持。実種は霊元天皇の歌壇で活躍、香道でも風早流の祖となっている。明治一七年公紀の時に子爵となる。

花山院家　○かさんいん

公家。藤原北家花山院流の嫡流。藤原師実の二男家忠が父の邸である花山院を譲り受け、花山院氏を称した。清華家の一つ。家職は筆道・笙。

鎌倉末期、花山院師賢は後醍醐天皇に従って幕府に捕らえられ、下総に流された。江戸時代の家禄は七一五石余。明治一七年忠遠の時に侯爵となる。先代の当主の花山院親忠は奈良の春日大社宮司となり、日本氏族連合会連絡協議会会長もつとめた。現当主の弘匡も春日大社宮司をつとめている。なお、家名は「かざのいん」ともいう。

《系図》150ページ

梶野家　○かじの

公家分家。桓武平氏。石井行光の二男行篤は興福寺無量寿院住職となっていたが、明治元年に復飾。翌年一家を興して梶野氏を称し、一七年男爵となった。

鹿島家　○かしま

鹿島神宮大宮司。中臣氏。天照大神の命で地上に降り、国土を平定した武甕槌神は、神武天皇の東征の際に神剣フツノミタマノツルギを献上してその東征を助けた。神武天皇は即位の年に鹿島に使いを送って武甕槌神を祀ったのが鹿島神宮の起源であるという。

神職は代々中臣氏がつとめ、大宮司は大中臣氏の一族から選ばれていたが、やがて、鹿島家の世襲となった。また、大禰宜家も鹿島家がつとめている。

《系図》151ページ

鹿島家　○かしま

旧皇族。昭和三年山階宮菊麿王の四男萩麿が臣籍に降下して一家を興し、鹿島家を創設、伯爵となった。萩麿の跡は旧薩摩藩主島津忠義の孫の晃久が継ぎ、島津産業社長などをつとめた。薩摩の古写真の研究でも知られる。

鹿島家　○かしま

伯耆国米子（鳥取県米子市）の豪商。

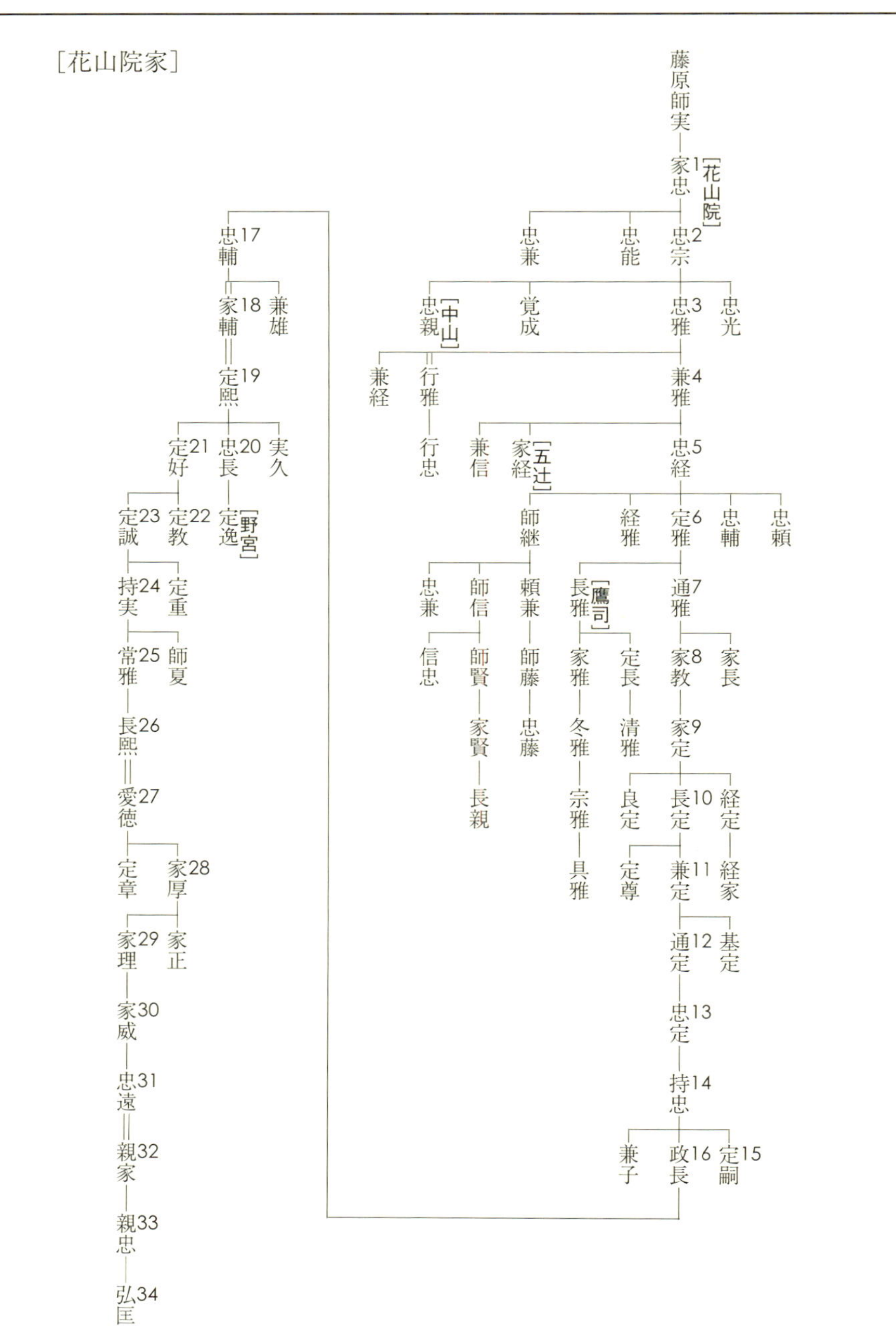
[花山院家]
藤原師実
家忠 1 [花山院]
忠宗 2
忠能
忠兼
忠雅 3
忠光
覚成
忠親 [中山]
兼雅 4
行雅
兼経
行忠
忠経 5
家経 [五辻]
兼信
定雅 6
経雅
忠輔
忠頼
師継
通雅 7
長雅 [鷹司]
頼兼
師信
忠兼
家教 8
家長
家雅
定長
師藤
師賢
信忠
家定 9
冬雅
清雅
忠藤
家賢
長定 10
経定
良定
宗雅
長親
兼定 11
経家
定尊
具雅
通定 12
基定
忠定 13
持忠 14
政長 16
定嗣 15
兼子
忠輔 17
家輔 18
兼雄
定煕 19
忠長 20
定好 21
実久
定逸 [野宮]
定教 22
定誠 23
持実 24
定重
常雅 25
師夏
長煕 26
愛徳 27
家厚 28
定章
家理 29
家正
家威 30
忠遠 31
親家 32
親忠 33
弘匡 34

か

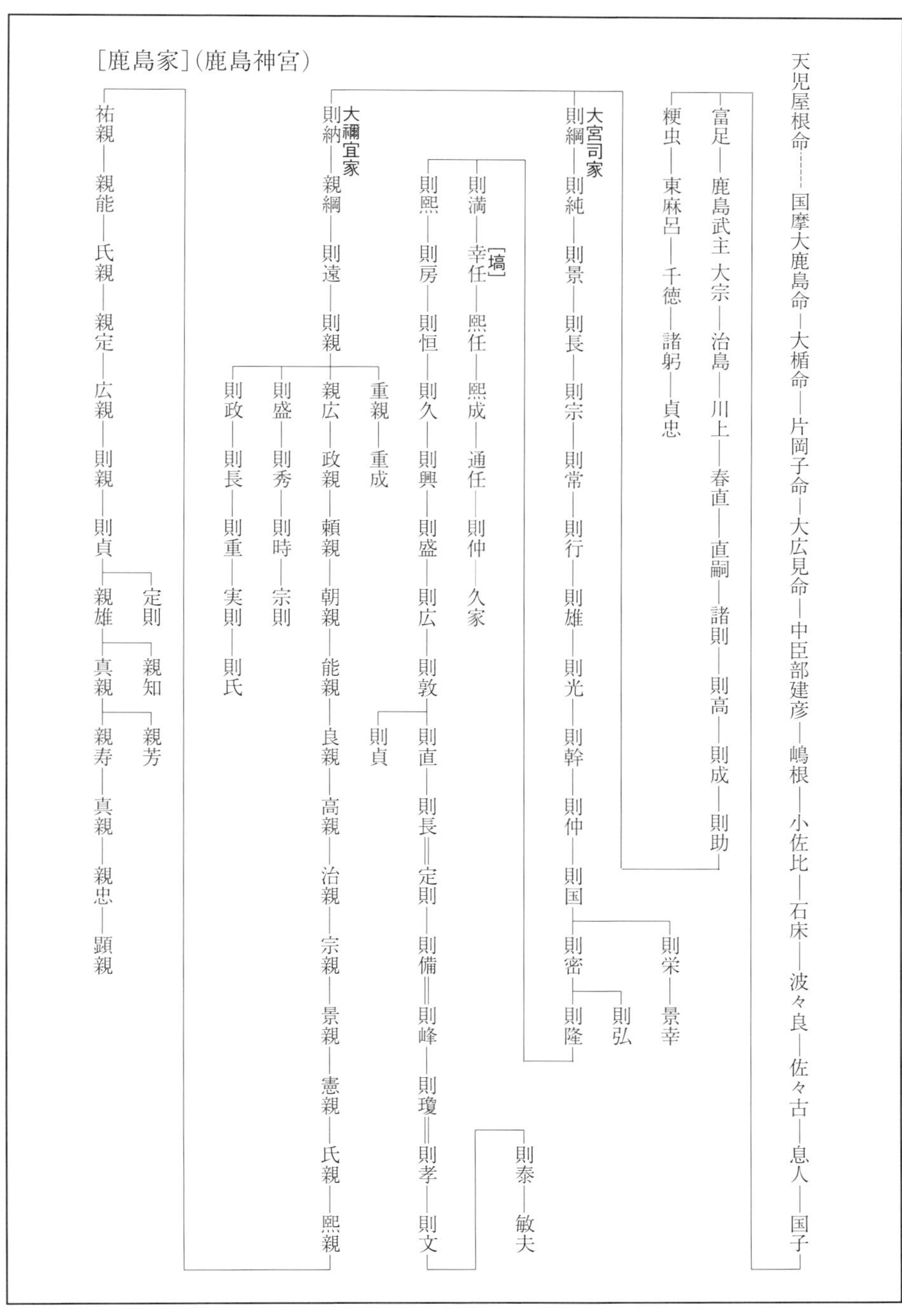

天児屋根命……国摩大鹿島命―大楯命―片岡子命―大広見命―中臣部建彦―嶋根―小佐比―石床―波々良―佐々古―息人―国子
富足―鹿島武主大宗―治島―川上―春直―直嗣―諸則―則高―則成―則助
粳虫―東麻呂―千徳―諸躬―貞忠
大宮司家
則綱―則純―則景―則長―則宗―則常―則行―則雄―則光―則幹―則仲―則国
則密―則隆
則弘
則栄―景幸
則満―幸任―熙任―熙成―通任―則仲―久家
塙
則熙―則房―則恒―則久―則興―則盛―則広―則敦
則直―則長＝定則―則備＝則峰―則瓊＝則孝―則文
則貞
則泰―敏夫
大禰宜家
則納―親綱―則遠―則親
重親―重成
親広―政親―頼親―朝親―能親―良親―高親―治親―宗親―景親―憲親―氏親―熙親
則盛―則秀―則時―宗則
則政―則長―則重―実則―則氏
［鹿島家］（鹿島神宮）
祐親―親能―氏親―親定―広親―則親―則貞
定則
親雄
親知
真親
親芳
親寿―真親―親忠―顕親

江戸時代初期に備前国から小間物行商に来て定住したという。四代治郎左衛門の時に米商となり、分家の治助とともに商売を広げた。文化五年（一八〇八）には銀百貫を荒尾家に献上、以後幕末まで数万両を支出したという。嘉永年間には米子城四重櫓の改築の費用を負担している。一族の鹿島重好が記録した町年寄の『御用日記』は維新期の米子を知る貴重な資料である。

賀島家　○かじま

徳島藩家老。駿河国富士郡賀島（静岡県富士市）発祥。今川義元を経て、長重は織田信長に仕えていた。本能寺の変後、長重の子長昌は妻の兄である蜂須賀家政を頼って阿波に移った。その子政慶は徳島藩家老として阿波国富岡（徳島県阿南市）で一万石を領した。明治三三年政一の時に男爵となる。

加集家　○かしゅう

播磨国竜野（兵庫県たつの市）の旧家。淡路国三原郡賀集郷（兵庫県南あわじ市）発祥。賀集氏の一族。天正一一年（一五八三）賀集盛政が加集杢之助と改称、同一三年洲本城主となった脇坂安治に仕えた。元和三年（一六一七）脇坂氏が信濃飯田に転じた際に、盛親が木下陣屋代官となって箕輪一万石を領した。以来三代にわたって箕輪を治め、新田開発に成功するなど名代官として知られた。寛文一二年（一六七二）播磨竜野に移った。

勧修寺家　○かじゅうじ

公家。藤原北家勧修寺流。吉田資経の二男経俊が祖。経俊は坊城を名乗り、経顕から氏寺である勧修寺を家号とした。家格は名家。家職は儒学。室町時代は代々足利将軍家の偏諱を受け、晴右は後陽成天皇の外祖父となるなど、室町時代から安土桃山時代にかけて活躍した。江戸時代の家禄は七〇八石。明治一七年顕充の時に伯爵となる。経雄は貴族院議員をつとめた。なお、中世には「かんしゅうじ」とも読んだ。

《系図》153ページ

片桐家　○かたぎり

大和竜田藩主。信濃国伊那郡片桐（長野県上伊那郡中川村・下伊那郡松川町）発祥。清和源氏満快流。源為公の五男為基が祖で伊那郡船山城に移り、片桐氏を称した。孫為重は保元の乱で源為義に属し、その子景重は平治の乱で源義朝に従っていた。乱後所領は平家によって没収されたが、鎌倉幕府の成立で頼朝によって復活、以後御家人として活躍した。室町時代嫡流は守護小笠原氏に従い、戦国時代は武田氏に属した。

【大和竜田藩主】為頼は近江国浅井郡に転じ、戦国時代にその曾孫の直貞が浅井直政に仕えた。その子且元は豊臣秀吉に仕え、賤ヶ岳合戦で功をあげて三〇〇〇石を領した。以後累進して文禄四年（一五九五）には一万石となる。関ヶ原合戦

か

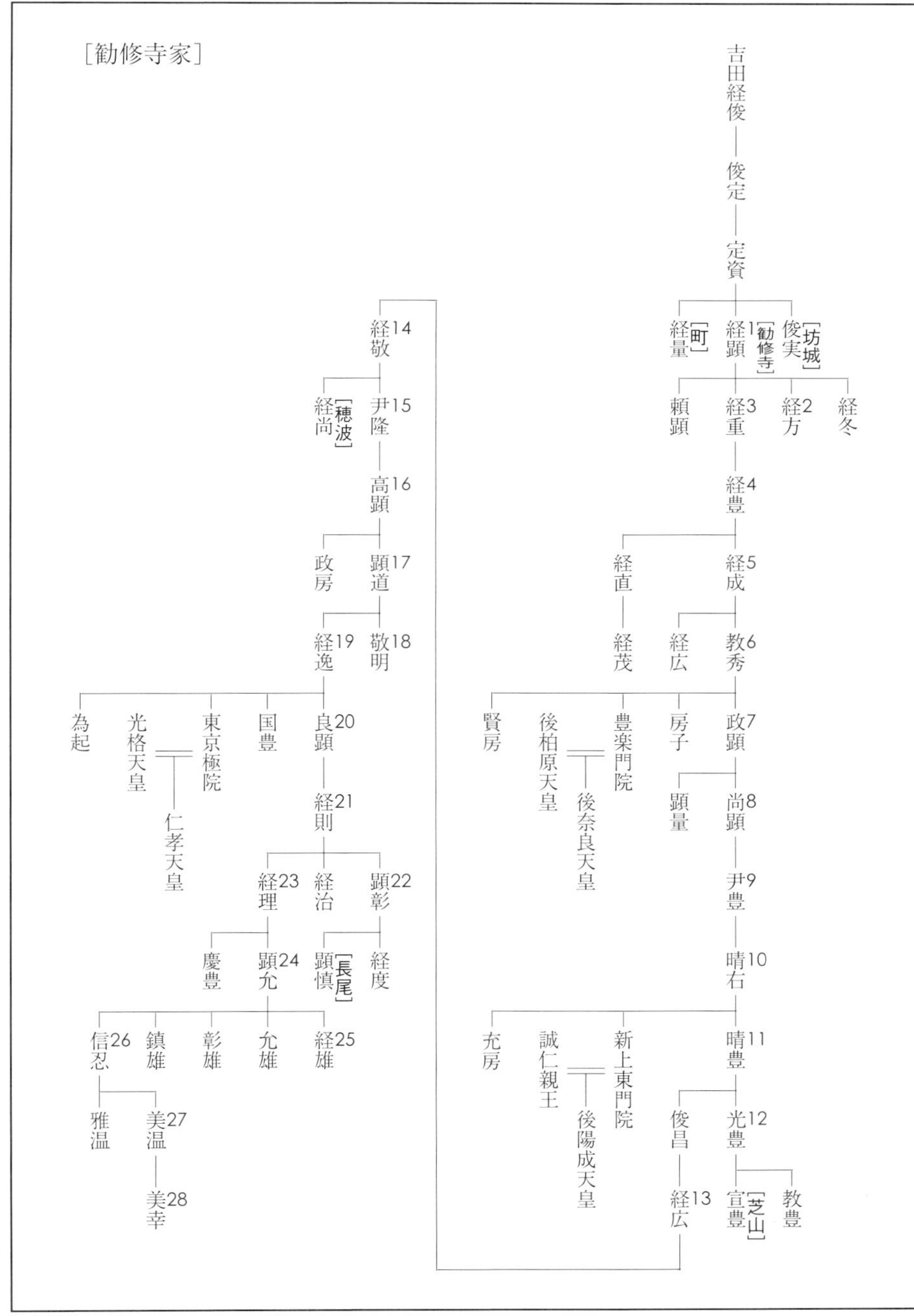

［勧修寺家］
吉田経俊
俊定
定資
経量［町］
経顕1［勧修寺］
俊実［坊城］
頼顕
経重3
経方2
経冬
経豊4
経直
経茂
経成5
経広
教秀6
賢房
後柏原天皇
豊楽門院
後奈良天皇
房子
政顕7
顕量
尚顕8
尹豊9
晴右10
充房
誠仁親王
新上東門院
後陽成天皇
晴豊11
俊昌
経広13
光豊12
宣豊［芝山］
教豊
経敬14
経尚［穂波］
尹隆15
高顕16
政房
顕道17
経逸19
敬明18
為起
光格天皇
東京極院
仁孝天皇
国豊
良顕20
経則21
経理23
経治
顕彰22
慶豊
顕允24
顕慎［長尾］
経度
信忍26
鎮雄
彰雄
允雄
経雄25
雅温
美温27
美幸28

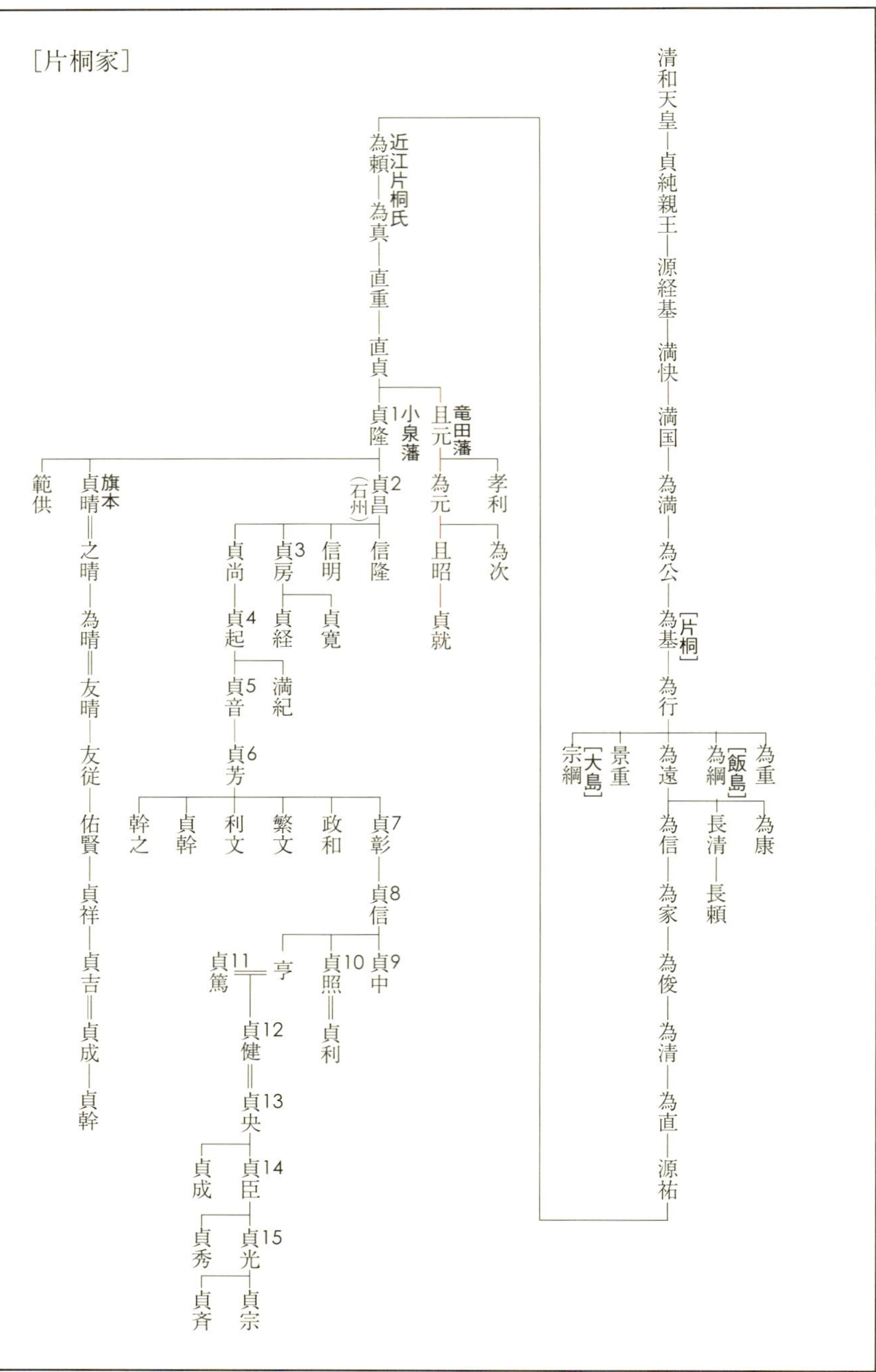
［片桐家］
清和天皇
貞純親王
源経基
満快
満国
為満
為公
為基
［片桐］
為行
為重
為綱
［飯島］
為遠
景重
宗綱
［大島］
為康
長清
為信
長頼
為家
為俊
為清
為直
源祐
近江片桐氏
為頼
為真
直重
直貞
竜田藩
且元
孝利
為元
為次
且昭
貞就
小泉藩
貞隆1
貞昌2
（石州）
信隆
信明
貞房3
貞尚
貞寛
貞経
貞起4
満紀
貞音5
貞芳6
貞彰7
政和
繁文
利文
貞幹
幹之
貞信8
貞中9
貞照10
亨
貞篤11
貞利
貞健12
貞央13
貞臣14
貞成
貞光15
貞秀
貞宗
貞斉
旗本
貞晴
之晴
為晴
友晴
友従
佑賢
貞祥
貞吉
貞成
貞幹
範供

後、大和国平群郡で一万八〇〇〇石を与えられて竜田藩（奈良県生駒郡斑鳩町）を立藩した。明暦元年（一六五五）四代為次が一五歳で死去して断絶。翌二年には弟の且昭が三〇〇〇石の旗本で再興したものの、元禄元年（一六八八）に死去して再び断絶した。

【大和小泉藩主】片桐且元の弟貞隆は徳川家康に仕え、慶長六年（一六〇一）に一万石を領し、元和九年（一六二三）大和小泉（奈良県大和郡山市）に陣屋を置いて小泉藩一万石を立藩した。のち一万六〇〇〇石に加増。子貞昌は石州流茶道を開いた。明治一七年貞健の時に子爵となる。

　貞隆の二男貞晴は、寛文四年（一六六四）三〇〇〇石を分知されて旗本となった。

《系図》154ページ

片倉家 ◯かたくら

仙台藩家老。信濃国佐久郡片倉（長野県佐久市片倉）発祥で藤原北家というが、諸説ありはっきりしない。のち奥州に転じて大崎氏の家臣となり、天文年間頃に伊達氏に従った。米沢八幡宮神職であった景重の子景綱は母が伊達政宗の乳母であったことから、政宗が九歳の時に近習となり、以後側近として活躍した。豊臣秀吉や徳川家康からしばしば独立した大名として取り立てる話があったが固辞している。関ヶ原合戦後、白石城主として一万三〇〇〇石を与えられ、代々仙台藩家老をつとめた。明治三一年景光の時に男爵となる。

　分家に江戸番をつとめた片倉家や、栗原郡石越村（宮城県登米市石越町）の片倉家、黒川郡桧和田村（黒川郡大和町）の片倉家などがある。

片倉家 ◯かたくら

長野県岡谷市の豪農・片倉財閥。信濃国佐久郡片倉（長野県佐久市片倉）発祥か。代々諏訪郡川岸村（岡谷市）の豪農で村役人もつとめた。明治六年片倉兼太郎が製糸業を始め、一四年弟光治、いとこの俊太郎と共同で本格的な製糸業をスタートさせた。二八年には片倉組を創立、以後これを中核にして片倉財閥を築いた。戦後の財閥解体で没落した。

交野家 ◯かたの

公家。桓武平氏高棟流。慶安年間、西洞院時慶の六男時貞が交野家を称したのが祖。家格は名家。家禄は三〇石三人扶持。天和元年（一六八一）時貞の没後は、甥の西洞院時良の二男時久が継いだが二四歳で死去。その跡はやはり時貞の甥である平松時量の四男時香が継いだ。時香の跡も裏松家から惟粛、その跡は長谷家から時永が継ぐなど、歴代は養子が多い。明治一七年時万の時に子爵となる。

華頂家 ◯かちょう

旧皇族。伏見宮邦家親王の第一二皇子博経親王は、嘉永五年（一八五二）に知恩院門跡となり、万延元年（一八六〇）

には得度して尊秀入道親王となったが、明治元年に還俗して華頂宮を称した。博経親王は九年に死去、通常四親王家以外の子は皇族を離れて華族となることになっていたが、特旨をもって長男が皇族に列し、博厚王となった（のち親王宣下）。大正一三年博忠王の死去後一時断絶、一五年実弟の博信王が華頂宮家の祭祀を継承して臣籍降下し、華頂家を創立して侯爵となった。

博信は戦後の昭和二六年に離婚して話題になったが、その後渡米して生物学者となっている。

香月家 ○かつき

福岡県北九州市の旧家。日本武尊の熊襲征伐に功をあげた小狭田彦が香月君と名乗ったのが祖という。筑前国遠賀郡香月荘（福岡県北九州市八幡西区）発祥。平安末期は平氏に従い、源平合戦の際則宗は平家方についたが本領安堵された。承久の乱では上皇方についたため所領を没収されたものの、則宗の子則定が舞の名手であったことから所領が返還された。室町時代は大内氏に従い、豊臣秀吉の九州攻めを機に帰農した。江戸時代は福岡藩の大庄屋をつとめる一方、新屋と号して酒造業もつとめた。

勝田家 ○かつた

旗本。藤原北家秀郷流。七代将軍家継の生母月光院（阿喜代の方）の実父勝田玄哲が祖。玄哲は元加賀藩士で佐藤二郎左衛門と称していたが、のちは僧となって浅草に住んでいた。その後、娘輝子が六代将軍家宣の側室阿喜代となって家継を産んだことから、輝子の勧めで還俗して勝田玄哲と名乗り、常陸国・相模国で三〇〇〇石を知行する旗本に取り立てられた。五代元忠は書院番頭、幕末の典経は旗奉行をつとめた。

桂家 ○かつら

新潟県新潟市秋葉区の旧家。祖誉秀は能登国飯田（石川県）の春日神社の神官葛原家の長男だったが、弟に家を譲り、寛文二年（一六六二）に越後に移り、同一一年に新津に住んで桂原と改称、のちに桂に改めた。三代目誉春の時に質屋と酒造業を始めて成功、新発田藩御用達となり、四代誉章の時に大庄屋となった。幕末の誉重は国学者としても知られた。一二代誉達は新津市長をつとめた他、一族からは多くの学者が出ている。

葛城家 ○かつらぎ

旧皇族。昭和四年山階宮菊麿親王の五男茂麿が臣籍に降下し、一家を興して葛城家を称し、伯爵となった。

勘解由小路家 ○かでのこうじ

公家。藤原北家日野流。正保元年（一六四四）烏丸光弘の二男資忠が一家を興し、勘解由小路家を称した。家格は名家。江戸時代の家禄は一三〇石。韶光は霊元天皇から詩文の才を高く評価されている。明治一七年資生の時に子爵となる。

加藤氏　○かとう

近江水口藩主。藤原北家というが詳しいことはわからない。もとは松平氏の譜代の家臣だったが、加藤教明は一向一揆に加わったために松平氏を離れ、子嘉明が豊臣秀吉に仕えて、やはり賤ヶ岳合戦で七本槍の一人に数えられた。その後、嘉明は石田三成と対立して徳川家康に仕え、関ヶ原合戦後は伊予松山二〇万石に入封。寛永四年（一六二七）には会津四〇万石に転じたが、子明成の時に家臣堀主水との争いがもとで改易された。

のち明成の子明友が近江水口で再興した。明英の時に下野壬生二万五〇〇〇石に転じたが、嘉矩の時に再び水口二万五〇〇〇石に戻った。明治一七年明実の時に子爵となる。平成一八年に一万三九八三点にも及ぶ「水口藩加藤家文書」が発見されている。

明成の弟明利の四男明重は万治元年（一六五八）一家を興して旗本となり、四代将軍家綱に仕えて一〇〇〇俵を賜った。明往の時一五〇〇石に加増され、その養子明雅は山田奉行をつとめた。

［加藤家］（伊予大洲藩）

- 景泰
  - 光泰
    - 貞泰 1（大洲藩）
      - 泰興 2
        - 泰義
          - 泰觚 ②
            - 泰貫 ③
          - 泰恒 3
            - 泰統 4
              - 泰温 5
                - 泰武 7
            - 泰都 (2)
              - 泰衑 6
                - 泰行 8
                - 泰候 9
                  - 泰済 10
                    - 泰幹 11
                      - 泰祉 12
                      - 泰秋 13
                        - 泰通 14
                          - 泰同 15
                        - 泰治
                        - 泰俊
                        - 忠方
                        - 廉之
                        - 廉夫
              - 泰啓 (3)
                - 泰健 (4) ＝ 泰志 (5) ＝ 泰輔 (6) ＝ 泰豊 (7)
                  - 泰彦 (8) ＝ 泰忠 (9)
            - 泰広 ④
              - 泰宦 ⑤
                - 泰賢 ⑥
                  - 泰儔 ⑦
                    - 泰理 ⑧
                      - 泰令 ⑨
                        - 泰成 ⑩
                          - 泰勝 ⑪
                            - 泰広 ⑫
                              - 泰栄
                              - 泰慶
                          - 泰乗
                        - 秀丸
          - 泰孝
        - 泰堅
        - 泰茂 (1)（旗本）
      - 直泰 ①（新谷藩）
    - 光直
      - 泰通
      - 光定（旗本）
      - 利景
  - 光定

加藤家　○かとう

伊予大洲藩主。藤原北家利仁流で美濃発祥。もとは斎藤龍興に仕えていたが、加藤光泰の時に豊臣秀吉に仕え、のち甲斐府中で二四万石を領した。子貞泰は美濃黒野四万石の城主だったが、関ヶ原合戦後、伯耆米子六万石に加増。元和三年（一六一七）伊予大洲六万石に転じた。二代藩主加藤泰興は槍術の名手としても知られている。明治一七年泰秋の時に子爵となる。

同家が大正一四年に建築した住宅は平成一九年国登録有形文化財に指定された。また映画「男はつらいよ」の舞台となっている。

【伊予新谷藩主】元和九年（一六二三）、泰興が遺領継承の際に弟直泰に一万石を分知したのが祖。直泰は喜多郡新谷（愛媛県大洲市）に陣屋を置いて新谷藩を立藩した。明治一七年泰令の時子爵となる。

【旗本家】大洲藩主泰興の三男泰茂は延宝二年（一六七四）に上野国・下野国で三〇〇〇石を分知されて一家を興した。八代泰彦は書院番頭をつとめた。

【旗本家】光泰の三男光直は慶長四年（一五九九）徳川家康に仕え、関ヶ原合戦後美濃国で三六四〇石を与えられた。四代納泰は日光奉行、田安守武傅役、五代泰亨は清水家家老をつとめている。

《系図》157ページ

加藤家　○かとう

尾張藩御窯屋。慶長一五年（一六一〇）、初代唐三郎・仁兵衛の兄弟が美濃国土岐郡の郷ノ木窯から藩命で赤津村（愛知県瀬戸市）に呼び戻され保護された。のち分家の太兵衛も加えた三家が御窯屋として保護された。とくに八代・九代は名工として知られる。

香取家　○かとり

香取神宮大宮司。下総国香取郡香取郷（千葉県香取市）発祥。古代から同地に栄えた氏族で、のち代々香取神宮の神職をつとめた。香取神宮は天照大神の命で地上に降った経津主大神を祀り、神武天皇一八年の創建と伝える。

大宮司をつとめた香取家は経津主大神の末裔で、のちに大中臣家から養子を迎えたため、以後は中臣姓になったという。

《系図》159ページ

金森家　○かなもり

交代寄合・旧美濃八幡藩主。近江国野洲郡金森（滋賀県守山市）発祥。清和源氏土岐氏の支流という。定近が金森に住んで金森氏を称した。子長近は織田信長、豊臣秀吉に仕え、天正一三年（一五八五）飛騨を平定、翌年飛騨一国三万八七〇〇石の大名となり、同一八年高山城を築城した。関ヶ原合戦では東軍に属して二万三〇〇〇石が加増され、慶長一三年（一六〇八）に長近が没すると、養子可重が飛騨一国三万八七〇〇石を継ぎ、三歳の三男長光が新知の二万三〇〇〇石を領して美濃上有知藩を立藩した。しか

か

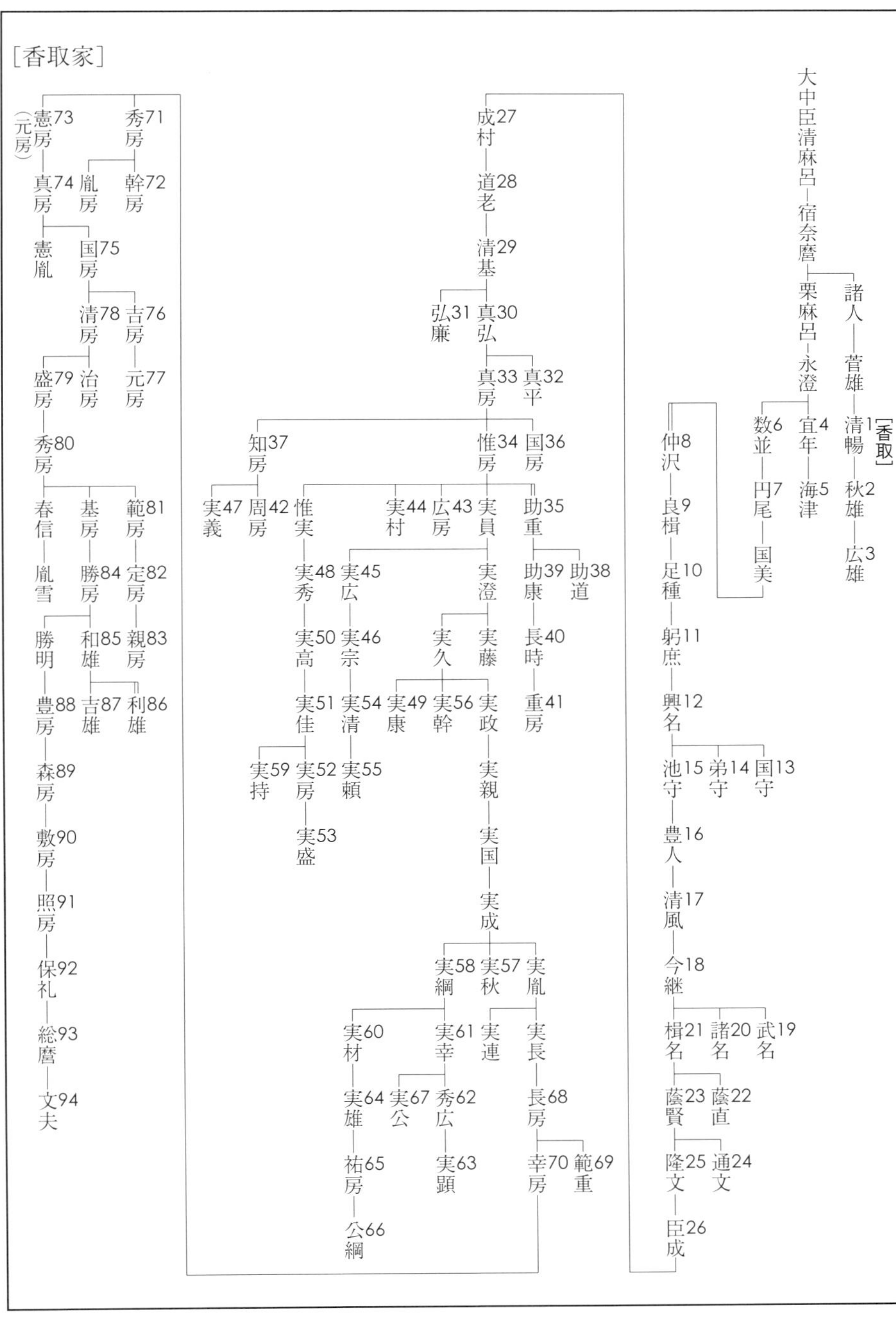

［香取家］
大中臣清麻呂
宿奈麿
栗麻呂
諸人
永澄
菅雄
［香取］
清暢1
秋雄2
広雄3
宜年4
海津5
数並6
円尾7
国美
仲沢8
良楫9
足種10
躬庶11
興名12
国守13
弟守14
池守15
豊人16
清風17
今継18
武名19
諸名20
楫名21
蔭直22
蔭賢23
通文24
隆文25
臣成26
成村27
道老28
清基29
真弘30
弘廉31
真平32
真房33
惟房34
助重35
国房36
知房37
助道38
助康39
長時40
重房41
周房42
広房43
実村44
実広45
実宗46
実義47
実秀48
実康49
実高50
実佳51
実房52
実盛53
実清54
実頼55
実幹56
実秋57
実綱58
実持59
実材60
実幸61
秀広62
実顕63
実雄64
祐房65
公綱66
実公67
長房68
範重69
幸房70
惟実
実員
実澄
実藤
実久
実政
実親
実国
実成
実胤
実連
実長
秀房71
幹房72
憲房73
（元房）
胤房
真房74
国房75
憲胤
吉房76
元房77
清房78
盛房79
治房
秀房80
範房81
定房82
親房83
勝房84
和雄85
利雄86
吉雄87
豊房88
森房89
敷房90
照房91
保礼92
総麿93
文夫94
基房
春信
胤雪
勝明

し、長光は同一六年に六歳で死去して上有知藩は断絶している。可重は茶人としても知られる。

重頼は金山を開発する一方、寛永八年（一六三一）の飢饉の際に家宝の雲山肩衝を宮津藩主に三〇〇〇両で譲って領民の救済にあてるなど名君としても知られる。

元禄二年（一六八九）頼旹は五代将軍綱吉の側用人に抜擢されたが、翌年には免職となり、同五年出羽上山三万八〇〇〇石に転封。さらに同一〇年美濃八幡三万八九〇〇石に転じた。

跡を継いだ頼錦は定免法から検見法に改定しようとしたところ、全藩あげての一揆が勃発。藩が強行しようとしたため農民側は幕府に強訴、宝暦八年（一七五八）失政として改易となった（金森騒動）。

その後、六男の頼興が明和三年（一七六六）に許されて一五〇〇俵を与えられ、旗本として金森家を再興した。

【交代寄合家】重頼の弟の重勝は元和元年（一六一五）に飛騨領内で三〇〇〇石を分知されて交代寄合となった。

蟹江家　○かにえ

富山藩家老。尾張国海部郡蟹江（愛知県海部郡蟹江町）発祥の尾張蟹江氏の一族か。蟹江宗久は加藤清正に仕えて肥後国八代城代をつとめたが、加藤家改易で浪人し、寛永一〇年（一六三三）二〇〇〇石で前田利常に仕えた。富山藩の分知で富山藩士となり、七代基治は家老をつとめた。明治時代の哲学者蟹江義丸はこの子孫である。

金子家　○かねこ

物部神社宮司。物部神社は『延喜式』の神名帳に「石見国安濃郡　物部神社」とある古社で、のちに石見国一宮となった。

祭神は物部氏の祖である饒速日命の子宇麻志摩命で、代々末裔の物部氏が宮司をつとめた。中世に金子氏に改称したという。享保三年（一七一八）社殿が炎上、神宝・古記録などが消失したが、延享三年（一七四六）に寺社奉行だった大岡忠相が幕命で寄付を募り、宝暦二年（一七五二）に再建している。江戸時代の神領は三〇〇石。明治四年に国幣小社となり、一七年有卿の時男爵となる。有卿とその子有道は貴族院議員をつとめ、有道は歌人としても知られる。

《系図》161ページ

金田家　○かねだ

旗本・旧戦国大名。上総国長柄郡金田郷（千葉県長生郡長生村金田）発祥。桓武平氏千葉氏の支流。頼次は金田郷に住んで源頼朝に仕える。胤泰の時上総国武射郡蕪木城（千葉県山武市松尾町蕪木）に移り、のち勝見城に転じて足利氏に属した。戦国時代邦頼は北条氏直に属し、天正一八年（一五九〇）小田原城落城で滅亡。

邦頼の叔父の正興は、三河国幡豆郡一色村（愛知県西尾市一色町）に移って松平信忠に仕えた。関ヶ原合戦後、正勝は旗本となったが、長男正末が寛永一一年(一六三四)に死罪となって嫡流は断絶した。

正勝の三男正辰は大坂の陣で功をあげ、下総・上総で七〇〇石を与えられて旗本となった。寛文元年(一六六一)、正辰は館林藩主だった徳川綱吉に仕えて館林城代となって上野・美濃で三〇〇〇石を与えられ、本領七〇〇石は長男正親が継いだ。

館林城代は正辰の二男正勝が継ぎ、綱吉の将軍就任にともなって旗本に転じて美濃国各務・上野国新田両郡で五〇〇〇石を知行、芥見金田家となった。のち分知して三〇〇〇石となり、正甫は書院番頭、正延は駿府定番をつとめた。

正勝の三男正明も綱吉に仕えて一家を興し、元禄一〇年(一六九七)武蔵国入間・比企良郡で三〇〇〇石を与えられ、書院番頭をつとめた。以後、正峯、正扶も書院番頭をつとめている。

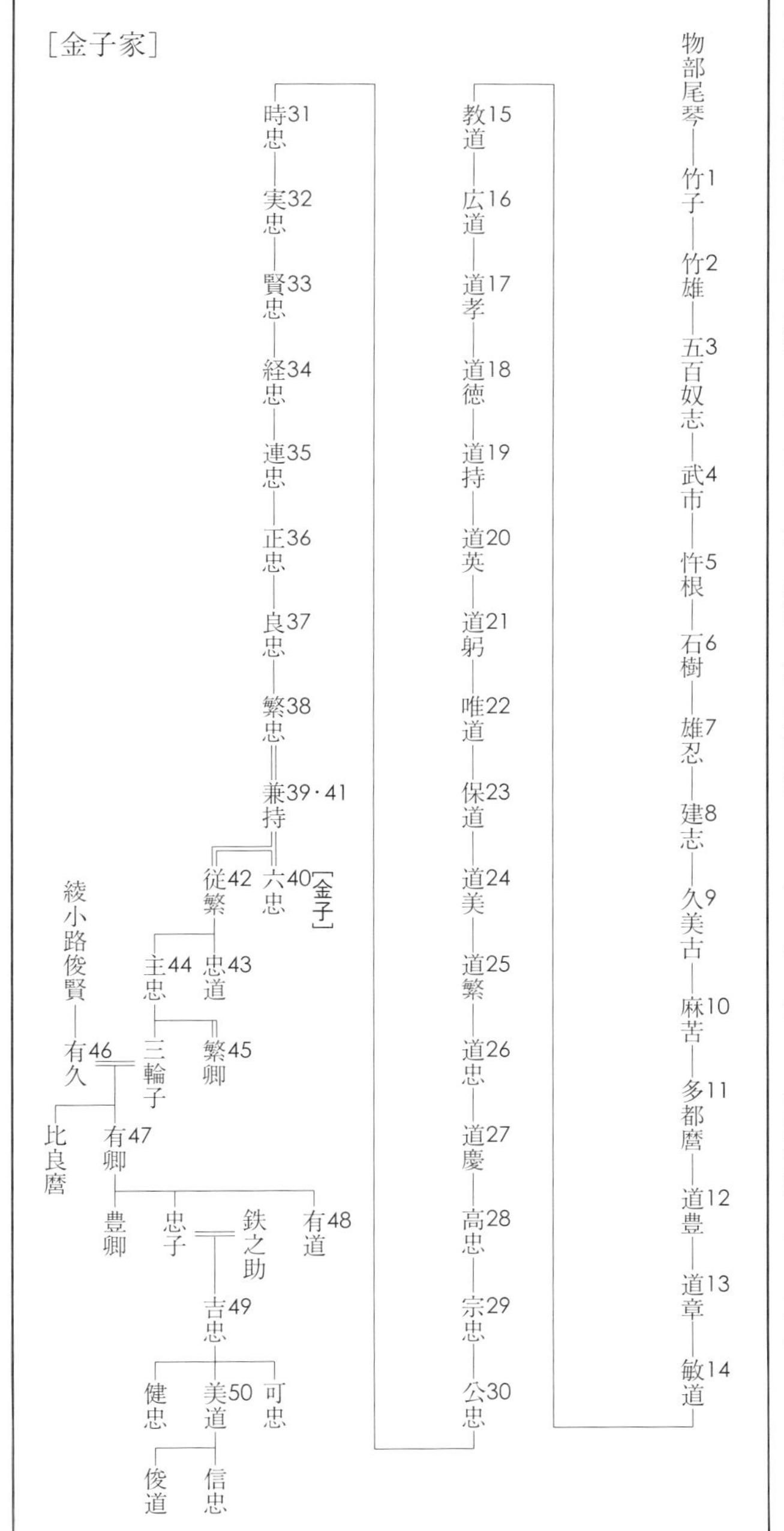

この他にも旗本には分家が多い。

加納家　○かのう

上総一宮藩主。三河国加茂郡加納村（愛知県豊田市加納町）発祥。松平氏の一族という。久直の時徳川家康に仕え、子久利は紀州藩士となる。久通の時、将軍となった徳川吉宗に従って幕臣に列し、享保一一年（一七二六）伊勢八田藩一万石を立藩。寛政八年（一七九六）上野国で三〇〇〇石を加増され、同一〇年に上総一宮に陣屋を移した。

天保一五年（一八四四）久徴は海岸に砲台を築いている。明治一七年久宜は子爵となり、四五年一宮町長に就任した。

その子久朗は千葉県知事、日本住宅公団総裁を歴任。

狩野家　○かのう

絵師。伊豆狩野氏の子孫というが、始祖狩野正信以前は不明。伊豆狩野氏は伊豆国田方郡狩野荘（静岡県伊豆市）発祥で藤原南家。藤原為憲の孫維景が狩野荘に土着して狩野氏を称したもので、『吾妻鏡』には狩野親光をはじめ、多くの一族が登場するなど、鎌倉時代の有力御家人であった。以後室町末期まで国人領主として力があったが、後北条氏の伊豆入部に抵抗して嫡流は滅亡している。

絵師狩野家の祖正信は、室町後期に幕府の御用絵師となり狩野派を開いた。

子元信は大和絵の技法も取り入れ、狩野派の基礎を築いた。桃山時代になると永徳が織田信長・豊臣秀吉の庇護のもとで活躍、長男の光信、弟子の山楽とともに狩野派は一世を風靡した。とくに永徳の「洛中洛外図屏風」は傑作として名高い。

秀吉の死後は永徳の二男孝信が一族を統率、江戸時代になると孝信の子の探幽、尚信、安信が幕府の奥絵師となり、それぞれ鍛冶橋狩野・木挽町狩野・中橋狩野三家の祖となった。のち木挽町家から浜町家が独立して、四家が奥絵師をつとめた。以後、将軍にも御目見えのできる奥絵師を頂点に、一五家の表絵師、さらに町人相手の町絵師というピラミッド型構造で絵師の世界を支配した。

【鍛冶橋狩野家】奥絵師。狩野孝信の長男探幽が元和三年（一六一七）奥絵師となり、同七年鍛冶橋門外に屋敷を拝領して鍛冶橋狩野家を創立した。維新後の一〇代探美が著名。皇居造営の絵画御用をつとめている。

【木挽町狩野家】奥絵師。狩野尚信が竹川町に屋敷を拝領したのが祖。その子常信は大家として知られる。宝暦一三年（一七六三）六代典信が奥絵師となり、安永六年（一七七七）には木挽町に新しく屋敷を拝領して木挽町家となった。以後、木挽町家が幕末まで筆頭の地位を保った。

なお、明治時代に狩野派を再興した狩野芳崖は木挽町狩野家の狩野雅信の門人である。

【中橋狩野家】狩野孝信の三男安信が祖。寛永年間に中橋に屋敷を拝領して中橋狩野家を興した。安信は早世した狩野宗家貞信の養子となっているため系譜上は中橋家が狩野家の宗家である。

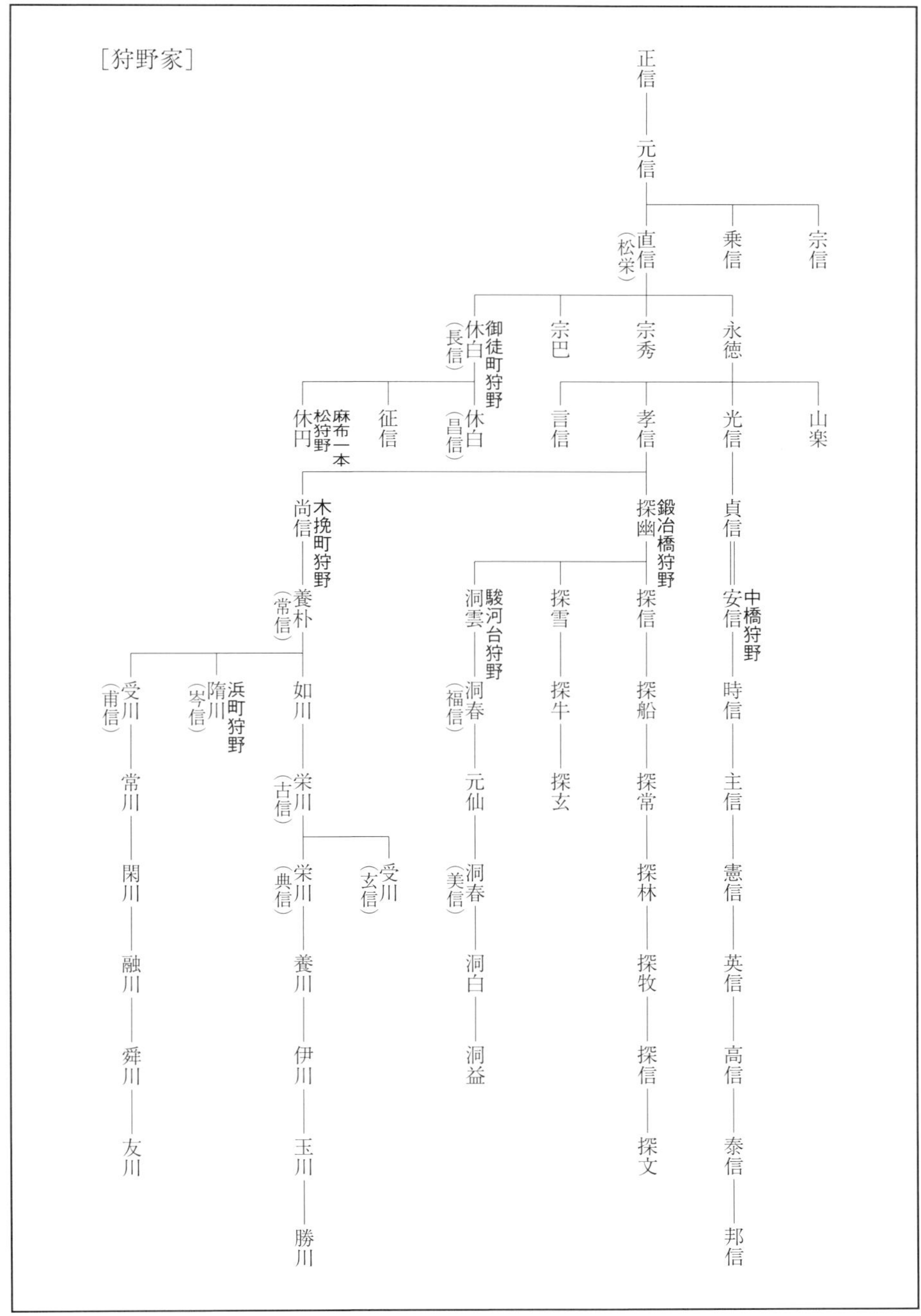
［狩野家］
正信
元信
直信（松栄）
乗信
宗信
休白（長信）御徒町狩野
宗巴
宗秀
永徳
休円 麻布一本松狩野
征信
休白（昌信）
言信
孝信
光信
山楽
尚信 木挽町狩野
探幽 鍛冶橋狩野
貞信
養朴（常信）
洞雲 駿河台狩野
探雪
探信
安信 中橋狩野
受川（甫信）
随川（岑信）浜町狩野
如川
洞春（福信）
探牛
探船
時信
常川
栄川（古信）
元仙
探玄
探常
主信
閑川
栄川（典信）
受川（玄信）
洞春（美信）
探林
憲信
融川
養川
洞白
探牧
英信
舜川
伊川
洞益
探信
高信
友川
玉川
探文
泰信
勝川
邦信

か

【浜町狩野家】木挽町家の常信の二男岑信が、六代将軍家宣の寵愛を得て奥絵師に取り立てられ、浜町狩野家となった。

【駿河台狩野家】狩野探幽の養子洞雲は寛文七年（一六六七）分家して表絵師となり、駿河台狩野家を興した。四代洞春が著名。

【山下狩野家】表絵師。狩野元信の二男秀頼が祖。春雪が著名。

春雪の長男梅栄は独立して深川水場狩野家を興し、表絵師となった。

また、表絵師の稲荷橋狩野家は、春雪の門人春湖が祖である。

【御徒町狩野家】表絵師。狩野永徳の末弟休白（長信）が祖。休白は駿府で家康によって御用絵師となり、のち江戸に出て御徒町家を興した。東京国立博物館蔵の「花下遊楽図屏風」が著名。

【麻布一本松狩野家】表絵師。御徒町家の祖長信の三男休円が祖。

【神田松永町狩野家】表絵師。狩野永徳の弟種信の末裔という方信が祖。

【芝愛宕下狩野家】表絵師。神田松永町家の方信の弟種信が祖。

《系図》163ページ

狩野家　○かのう

京の絵師。京狩野家は奥絵師の狩野家の一族ではなく、狩野永徳の門人山楽が祖。江戸時代、狩野派の多くは江戸に下ったが、豊臣秀吉の寵愛を得ていた山楽は京に留まり、京狩野派となった。二代山雪以降は、九条家や本願寺の御用絵師をつとめた。三代永納は『本朝画史』を著している。幕末の九代目永岳が著名。

【肥後狩野家】京狩野の出とみられる狩野成信が祖。三代師信が正式に熊本藩に仕え、以後同藩お抱え絵師となった。代々木挽町家に学び、四代幸信の代に全盛期を迎える。

嘉納家　○かのう

摂津国御影村（兵庫県神戸市東灘区）の酒造家。御影沢の井の水で酒を造り、これを後醍醐天皇に献上したところ、天皇が嘉納したため「嘉納」の名字を賜ったと伝える。本嘉納といわれる本家は、もともとは廻船業や網元などをしていたが、万治二年（一六五九）に祖治郎太夫宗徳が副業として酒造りを始め、中期には酒造業に専念した。

維新後、八代目治郎右衛門が現在の基礎を築いた。また、日本を代表する進学校の灘校の創立家としても知られる。

寛保三年（一七四三）には分家の白嘉納家が酒造業を開始、延享四年（一七四七）清酒「白鶴」が誕生した。昭和九年には七代目治兵衛が国宝二件、重要文化財二二件を所蔵する白鶴美術館を創立している。

講道館の創設者嘉納治五郎も一族である。

加部家　○かべ

上野国吾妻郡大戸（群馬県吾妻郡東吾妻町）の豪農。平広常の末裔と伝え、永禄元年（一五五八）に大戸に来住して以後土着したという。江戸時代は大戸関の関所役人を世襲する傍ら、金融業や酒造業も営んで、同地を代表する豪商でもあった。代々安左衛門を名乗り、通称「加部安」といわれたが、明治初期に没落した。現在同地には邸宅跡が残っている。

神谷家　○かみや

松江藩家老。初代神谷兵庫富次は越前国の生まれで、一二歳で松平直政に仕えた。寛永一五年（一六三八）直政の松江入封で家老となった。以後、四代と六代を除いて兵庫と称し、家老をつとめた。

亀井家　○かめい

石見津和野藩主。紀伊国発祥。重清が源義経に従う。戦国時代に出雲に移って尼子氏に属した。重貞のあと、湯永綱の子茲矩が名跡を継いだ。以後宇多源氏を称す。

【石見津和野藩主】亀井氏を継いだ茲矩はのち豊臣秀吉に仕えて因幡鹿野（鳥取県鳥取市鹿野町）一万三〇〇〇石を領す。関ヶ原合戦後四万三〇〇〇石に加増となり、元和二年（一六一六）石見津和野に転封となる。茲明は明治一七年子爵、二四年伯爵となる。衆院議員亀井久興は茲基の弟である。

【旗本家】政矩の長男経矩は寛文五年（一六六五）に三〇〇〇石を分知されて旗本となった。幕末の茲福は大目付をつとめている。

《系図》166ページ

賀陽家　○かや

旧皇族。久邇宮朝彦親王の二男邦憲王は明治二五年に賀陽宮の称号を賜り、二八年に神宮祭主となって三三年に賀陽宮家を興した。

その長男恒憲王は昭和一八年陸軍中将になり、戦後二二年に臣籍に降下して賀陽家を創設した。その後は賀陽政治経済研究所所長をつとめた。

二男治憲は海兵から戦後東京大学法学部に進学、卒業後は外務省に入って外交官となり、国連局長、駐ブラジル大使などを歴任した。

唐金家　○からかね

和泉国佐野（大阪府泉佐野市）の豪商。橘屋と号した廻船問屋で、井原西鶴『日本永代蔵』によると、神通丸という三七〇〇石の当時日本一の大型船を所有していたという。

また、紀伊藩三代藩主徳川綱教が参勤交代の途中に唐金屋に立ち寄ったところ、たちどころに三〇〇人の供に冷飯が出されたため、以後「食」と呼ばれるようになったといい、食野家と同じ「一統」に属していた。また、一統で稼いだ金銀をまとめて唐金の大杓子で掬ったため唐金屋と呼ばれたという。

江戸時代には助次郎家、庄五郎家、衛門左家、喜右衛門家などがあり、岸和田藩から扶持も与えられていた。

助次郎家と庄五郎家は大坂に拠点を移して活躍したが、助次郎家は江戸後期には没落した。

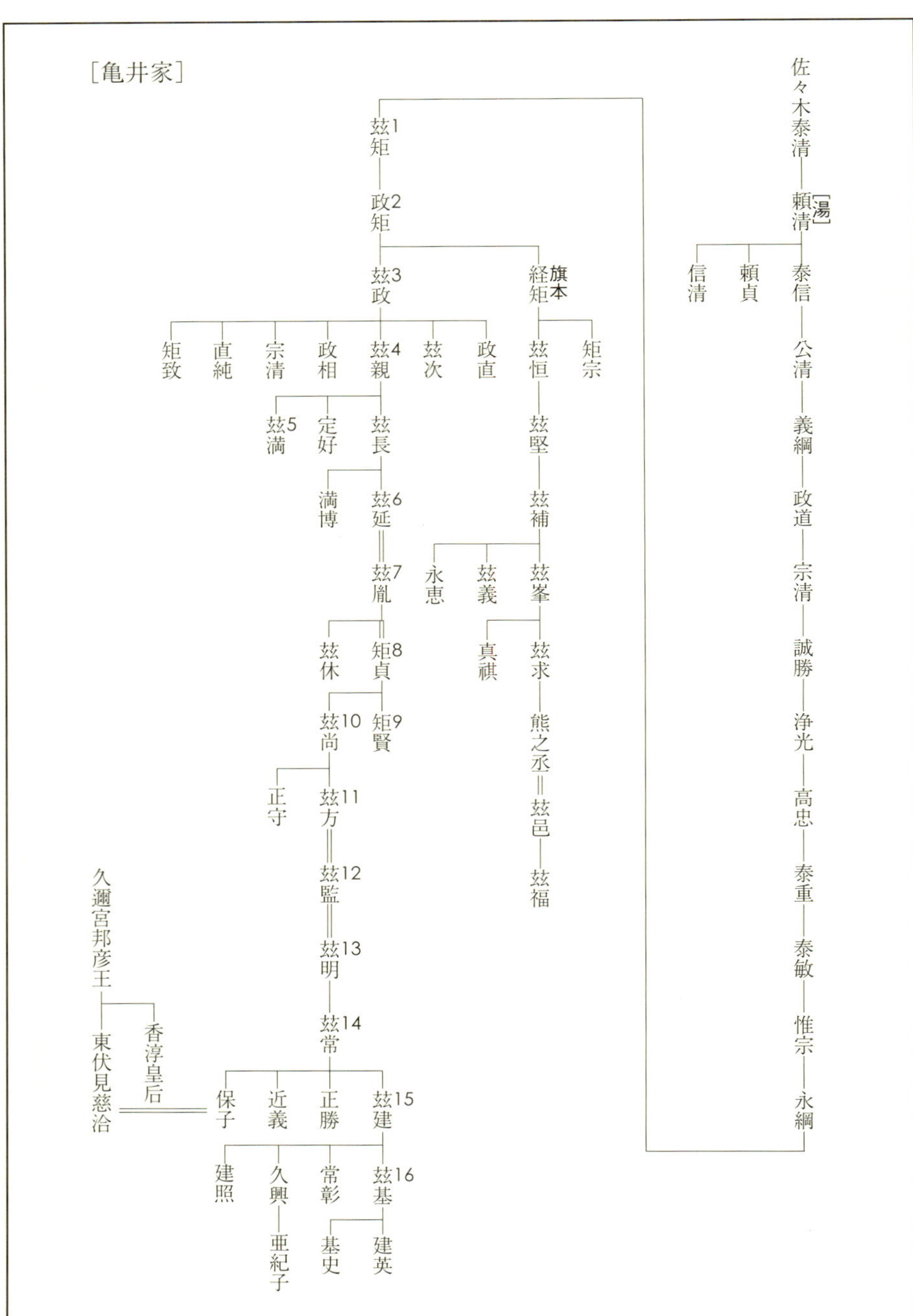

［亀井家］
佐々木泰清
頼清［湯］
泰信
頼貞
信清
公清
義綱
政道
宗清
誠勝
浄光
高忠
泰重
泰敏
惟宗
永綱
1 茲矩
2 政矩
3 茲政
経矩 旗本
矩致
直純
宗清
政相
4 茲親
茲次
政直
茲恒
矩宗
5 茲満
定好
茲長
茲堅
満博
6 茲延
茲補
7 茲胤
永恵
茲義
茲峯
茲休
8 矩貞
真祺
茲求
10 茲尚
9 矩賢
熊之丞
正守
11 茲方
茲邑
12 茲監
茲福
13 茲明
久邇宮邦彦王
14 茲常
香淳皇后
東伏見慈洽
保子
近義
正勝
15 茲建
建照
久興
常彰
16 茲基
亜紀子
基史
建英
か

衛門左家は五代六郎兵衛の時に藩主への御目見えを果たし、食野家と並ぶ豪商となった。また、喜右衛門家の三代興隆は正徳元年（一七一一）には藩から二〇人扶持を与えられた他、梅所と号して新井白石や室鳩巣らと交友があったことでも知られる。

烏丸家　○からすまる

公家。藤原北家日野流。日野資康が烏丸に住んで烏丸一位と称され、その三男豊光は室町将軍家に近侍して一家を興し、烏丸家を称した。家格は名家。家職は儒学。資任は足利義政を養って准大臣従一位となった。代々歌道で朝廷に仕え、歌人を多く輩出した。宝暦事件では烏丸光胤が連座している。江戸時代の家禄は初め一五〇〇石、のち九五四石。光亨は宝暦事件に連座して永蟄居となっている。幕末、烏丸光徳が活躍、明治一七年光亨の時に伯爵となる。

唐橋家　○からはし

公家。菅原氏。菅原定義の四男在良が祖で、鎌倉時代後期の在雅の頃から唐橋家を称した。家格は半家。家職は紀伝道。江戸時代の家禄は一八二石。幕末、唐橋在光が活躍している。明治一七年在綱の時に子爵となる。

《系図》168ページ

川勝家　○かわかつ

旗本。秦河勝の末裔と伝える。室町時代は足利氏に従い、戦国時代は原城（京都府南丹市美山町）に拠る国人領主として活動。継氏の時に足利義輝を経て、織田信長に仕えた。

子秀氏は本能寺の変後豊臣秀吉に従い、丹波国何鹿郡で三五三〇石を領した。関ヶ原合戦では西軍に属して丹後田辺城攻めに加わったが、細川忠興の推挙で慶長六年（一六〇一）に召し出されて旗本となり、子広綱は三五七〇石を知行した。のち分知で二五七〇石となる。

川喜田家　○かわきた

伊勢国津（三重県津市）の豪商。寛永一二年（一六三五）には江戸・大伝馬町に木綿仲買の店を出し、以後江戸の木綿問屋で重要な位置を占めた。大正七年に株式会社に改組、昭和一三年に廃業している。

陶芸家の川喜田半泥子は、津の本家一六代目久太夫で、百五銀行頭取や三重県議などもつとめている。

津市垂水には川喜田家代々の蒐集したコレクションと半泥子の作品を収蔵した石水博物館がある。

川口家　○かわぐち

旗本・豪商。桓武平氏高棟流の支流で、美濃国中島郡川口（岐阜県羽島市）発祥という。戦国時代宗定は織田信長に仕え、宗勝は尾張沓掛で一万三〇〇〇石を領した。本能寺の変後も織田信雄に仕え、信雄が出羽に配流後豊臣秀吉に仕えて、尾張・伊勢で一万八〇〇〇石を領し

[唐橋家]

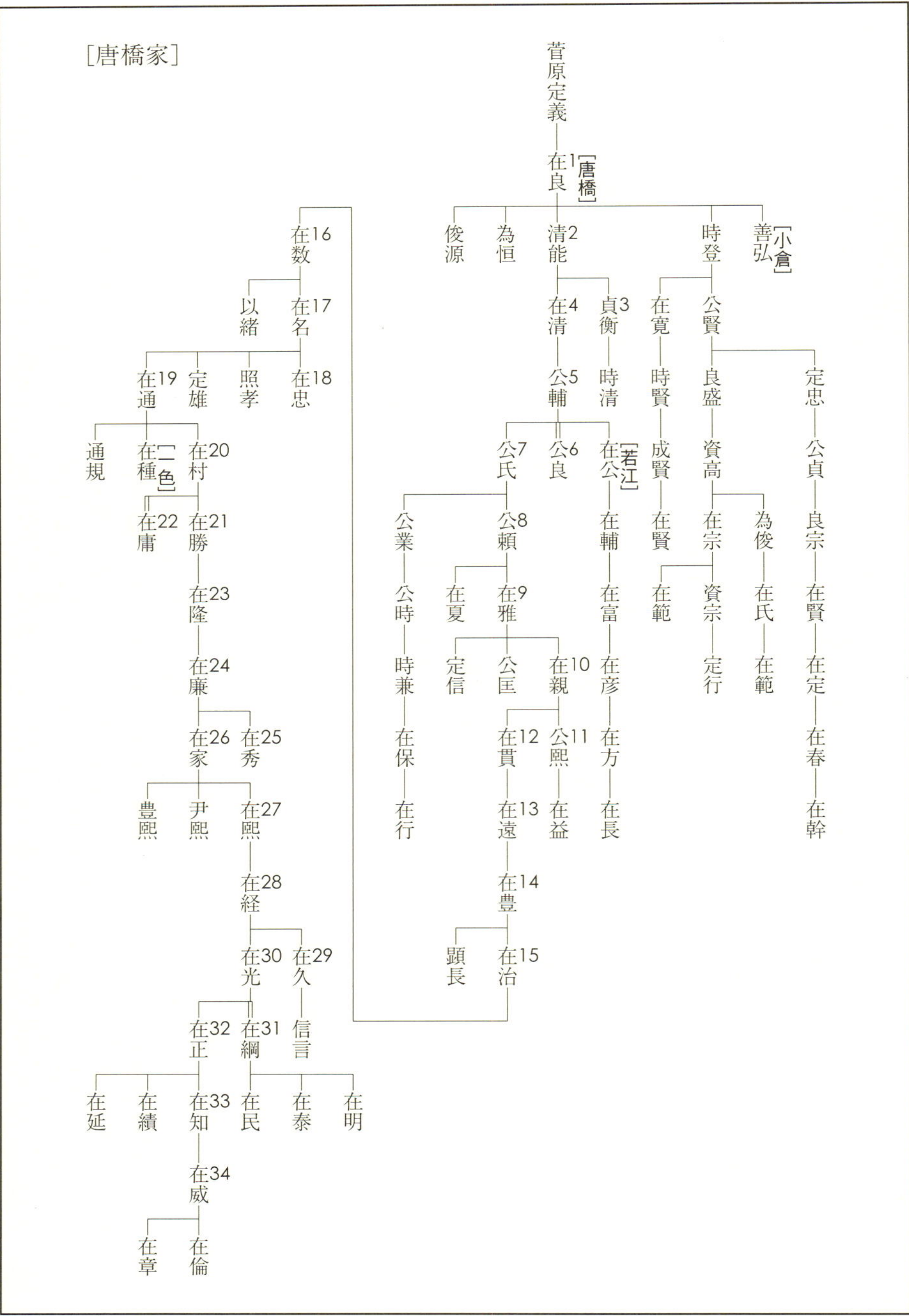
菅原定義
在良 1 [唐橋]
俊源
為恒
清能 2
時登
善弘 [小倉]
貞衡 3
在清 4
時清
公輔 5
在寛
公賢
時賢
良盛
定忠
成賢
資高
公貞
在賢
為俊
在宗
良宗
在公 [若江]
公良 6
公氏 7
公業
公頼 8
在輔
在富
在彦
在方
在長
在夏
在雅 9
定信
公匡
在親 10
公熙 11
在益
在貫 12
在遠 13
在豊 14
顕長
在治 15
公時
時兼
在保
在行
在範
資宗
定行
在氏
在範
在賢
在定
在春
在幹
在数 16
以緒
在名 17
在忠 18
照孝
定雄
在通 19
在村 20
在種 [一色]
通規
在勝 21
在庸 22
在隆 23
在廉 24
在秀 25
在家 26
在熙 27
尹熙
豊熙
在経 28
在久 29
信言
在光 30
在綱 31
在正 32
在知 33
在延
在績
在民
在泰
在明
在威 34
在倫
在章

た。

【旗本家】関ヶ原合戦で西軍についたため改易となったが、慶長一〇年（一六〇五）徳川秀忠に仕えて再興、下総国印旛・葛飾両郡で二五〇〇石を知行した。その後、分知で一七〇〇石となったが、延宝八年（一六八〇）宗恒が長崎奉行となって二七〇〇石に加増された。

宗勝の三男宗重も慶長一一年（一六〇六）徳川秀忠に仕えて旗本となり、一七〇〇石を知行した。

【豪商】備後国三原（広島県三原市）で川口屋と号した豪商。旗本となった川口宗勝の二男宗助が福島正則に招聘されて三原に移り住み、酒造業を始めたのが祖。同市にある舩木邸庭園は、もとは川口家の別荘である。

川窪家　〇かわくぼ

旗本・武田家末裔。甲斐国山梨郡河窪（山梨県甲府市川窪町）発祥。清和源氏武田氏の一族。武田信実の子信俊は武田氏滅亡後、徳川家康に仕えて河窪を領し、川窪氏を称した。関ヶ原合戦後は旗本となり一六一〇石を知行した。

寛文四年（一六六四）、嫡流の信貞は武田家に復姓、元禄一〇年（一六九七）丹波国で五三一〇石を領した。その後、信村は駿府城代をつとめている。

信俊の二男信世、五男信次、六男信通は旗本となり、三男信房は紀伊藩士、四男信宅は水戸藩士となっている。

《系図》296・297ページ

川崎家　〇かわさき

高知城下八百屋町の豪商。近江国川崎荘（滋賀県）発祥で、慶長年間（一五九六～一六一五）に山内氏を頼って土佐に来国したが成功せず京都に移る。正保三年（一六四六）再度土佐に下向して香美郡田村（高知県南国市）で帰農した。享保一七年（一七三二）初代源右衛門が高知城下八百屋町に移り、田村屋と号して八百屋を創業、寛保元年（一七四一）には藩の御用達となっている。

二代目は衰退していた製紙業の回復に尽力して、文化一〇年（一八一三）名字帯刀を許される。三代目は頼山陽らとも交わりのある文人でもあった。

また、分家の幾三郎は維新後金融業に転じて成功、土佐電気鉄道など県内の主要企業を次々と創業して、県を代表する企業家となった。また、土佐中学・高校の創立者でもある。

革島家　〇かわしま

京都市西京区の旧家。山城国葛野郡革島荘（京都市西京区川島）発祥。清和源氏佐竹氏の支流。佐竹昌義の五男義季が讒言で失脚後、近衛基通を頼って革島荘に住み、子義安が下司となって革島氏を称した。室町時代には地頭となった。本能寺の変の際に明智光秀に従って所領を失い、江戸時代は帰農した。幕末には革島有尚が勤王方として活躍、明治以降は医家となった。一六三〇点に及ぶ「革島文書」は京都府立総合資料館に寄贈され、平成一五年重要文化財に指定された。

か

川端家 ○かわばた

京の餅・粽商。もとは山城国鳥羽村に住んで中村を称していたが、洛中に移住した際に、禁裏近くの御溝の側であったために「かわばた」と呼ばれるようになり、のちにそれを名字にしたと伝える。

室町時代後期には洛中洛外の餅屋を支配する京餅座の権利を取得、御所に粽や餅を献上した。代々道喜を称した。

河鰭家 ○かわばた

公家。藤原北家閑院流。滋野井実国の二男公清が祖。家格は羽林家。家職は神楽。天文一九年（一五五〇）実治は八五

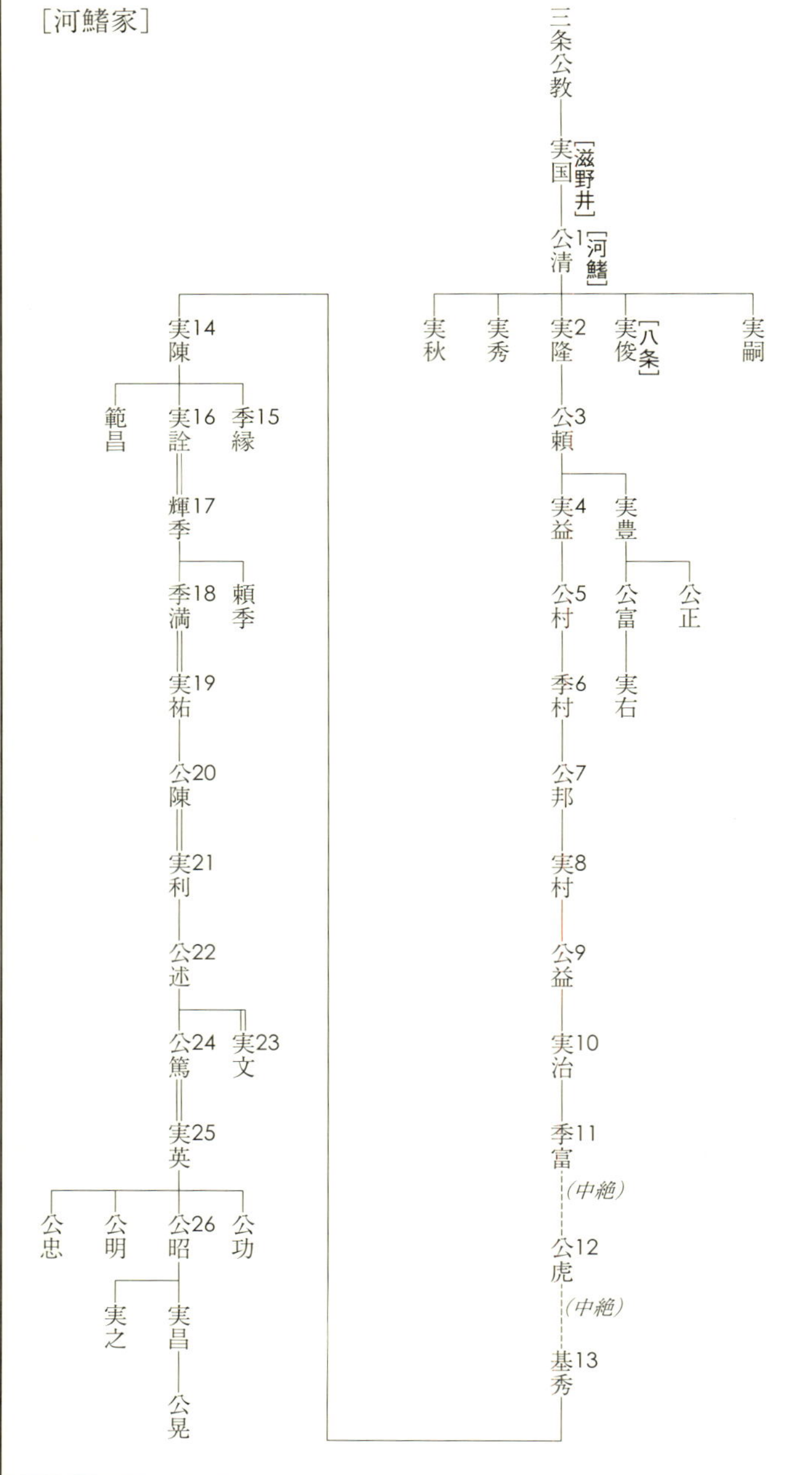

歳で出家、嫡男季富は同五年に死去していたことから一時中絶した。永禄七年（一五六四）飛鳥井雅綱の孫の公虎が再興したが、天正三年（一五七五）公虎が西洞院家を継いだため再び中絶。慶長一六年（一六一一）持明院基久の子基秀が再興した。江戸時代の家禄は一五〇石。明治一七年実文の時に子爵となる。

実英は服飾史の研究家として著名で昭和女子大学学長もつとめた他、大正天皇の侍従としても知られる。二男の公昭は天文学者で名古屋大学名誉教授、四男の公忠は建築家である。

《系図》170ページ

河辺家　○かわべ

公家分家。藤原北家。油小路隆晃の三男隆次は慶応三年（一八六七）に興福寺勧修坊住職を相続していたが、明治元年に復飾して一家を興し、二年堂上に列して河辺家を称した。一七年には男爵となったが、三三年に爵位を返上している。

河辺家　○かわべ

伊勢神宮大宮司。奈良時代に中臣意美麿が伊勢神宮の祭主となって以降、中臣氏が伊勢神宮神官をつとめるようになり、神護景雲三年（七六九）に清麻呂が大中臣姓を授けられた。以後、清麻呂の子孫が伊勢神宮の祭主と宮司を独占した。南北朝時代以降は、河辺家が大宮司職を世襲している。明治一七年博長の時男爵となる。

《系図》172ページ

河村家　○かわむら

名古屋の豪商。もとは大坂・天満の商人だったが、慶長一七年（一六一二）の名古屋開府と同時に名古屋城下下材木町に移住し、天満屋と号して材木問屋を開業した。のち上材木町に移る。代々九兵衛を称し、尾張藩主への謁見も許されていた。

閑院家　○かんいん

旧皇族。東山天皇の第八皇子直仁親王が宝永七年（一七一〇）に新宮家を創立、幕府から一〇〇〇石を与えられた。享保三年（一七一八）閑院宮の称号を賜り、以後代々親王宣下を受けて、四親王家の一つとなった。載仁親王は陸軍大将となる。

昭和二二年春仁王の時に皇籍を離脱し、閑院純仁となった。

観世家　○かんぜ

能楽の名家。南北朝時代に大和猿楽座を創設した観阿弥を祖とする。長谷観世音を信仰したことから観世を姓とした。観阿弥は子の世阿弥とともに足利義満の庇護を受け、能を芸術の域にまで高めた。世阿弥の跡は長男の観世元雅が継いだが、将軍足利義教が世阿弥の甥にあたる音阿弥を寵愛して三代目とし、元雅は「隅田川」「弱法師」などの名作を残しながら不遇の晩年を送っている。桃山時代

か

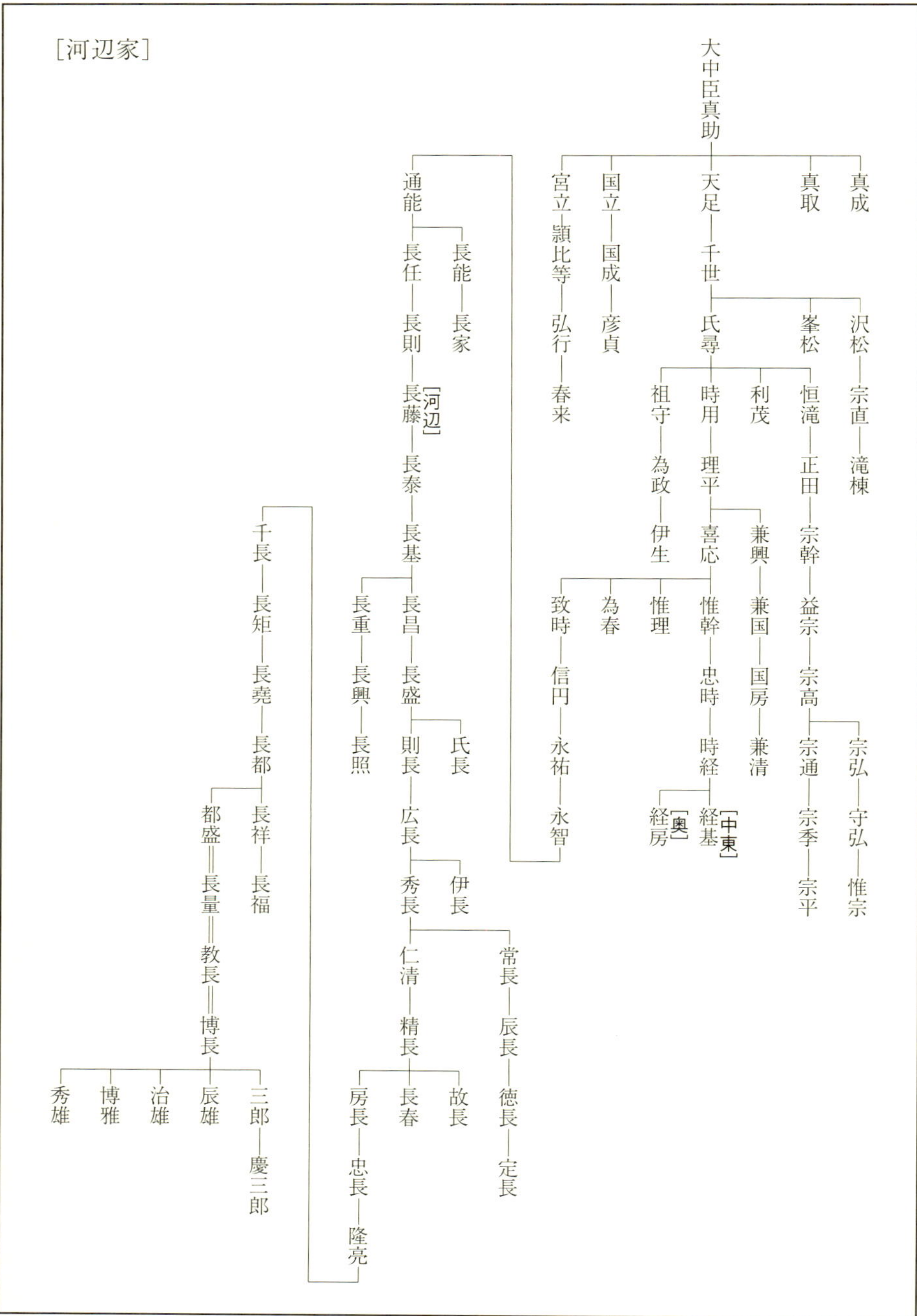
[河辺家]
大中臣真助
真成
真取
天足
国立
宮立
千世
沢松
峯松
氏尋
国成
顗比等
彦貞
弘行
春来
宗直
滝棟
恒滝
正田
宗幹
益宗
宗高
宗弘
守弘
惟宗
宗通
宗季
宗平
利茂
時用
理平
兼興
兼国
国房
兼清
喜応
惟幹
忠時
時経
経基
[中東]
経房
[奥]
惟理
為春
致時
信円
永祐
永智
祖守
為政
伊生
通能
長能
長家
長任
長則
長藤
[河辺]
長泰
長基
長昌
長盛
氏長
則長
広長
伊長
秀長
常長
辰長
徳長
定長
仁清
精長
故長
長春
房長
忠長
隆亮
長重
長興
長照
千長
長矩
長堯
長都
長祥
長福
都盛
長量
教長
博長
三郎
慶三郎
辰雄
治雄
博雅
秀雄

［観世家］

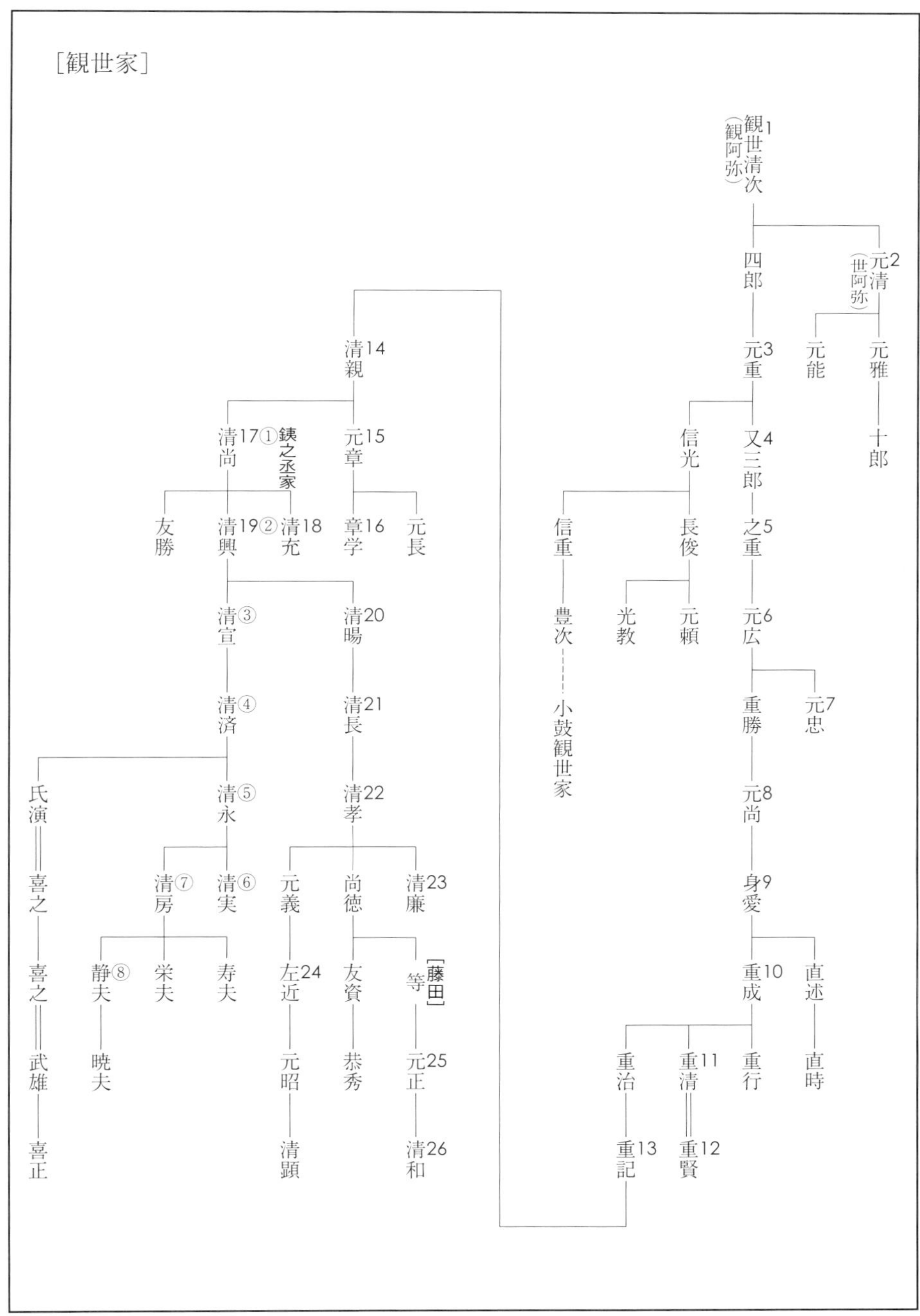

観世清次1（観阿弥）
元清2（世阿弥）
四郎
元能
元雅
十郎
元重3
信光
又三郎4
信重
長俊
之重5
豊次
光教
元頼
元広6
小鼓観世家
重勝
元忠7
元尚8
身愛9
重成10
直述
重治
重清11
重行
直時
重記13
重賢12
清親14
清尚17①
鋕之丞家
元章15
友勝
清興19②
清充18
章学16
元長
清宣③
清暘20
清済④
清長21
氏演
清永⑤
清孝22
喜之
清房⑦
清実⑥
元義
尚徳
清廉23
喜之
静夫⑧
栄夫
寿夫
左近24
友資
等
［藤田］
武雄
暁夫
元昭
恭秀
元正25
喜正
清顕
清和26

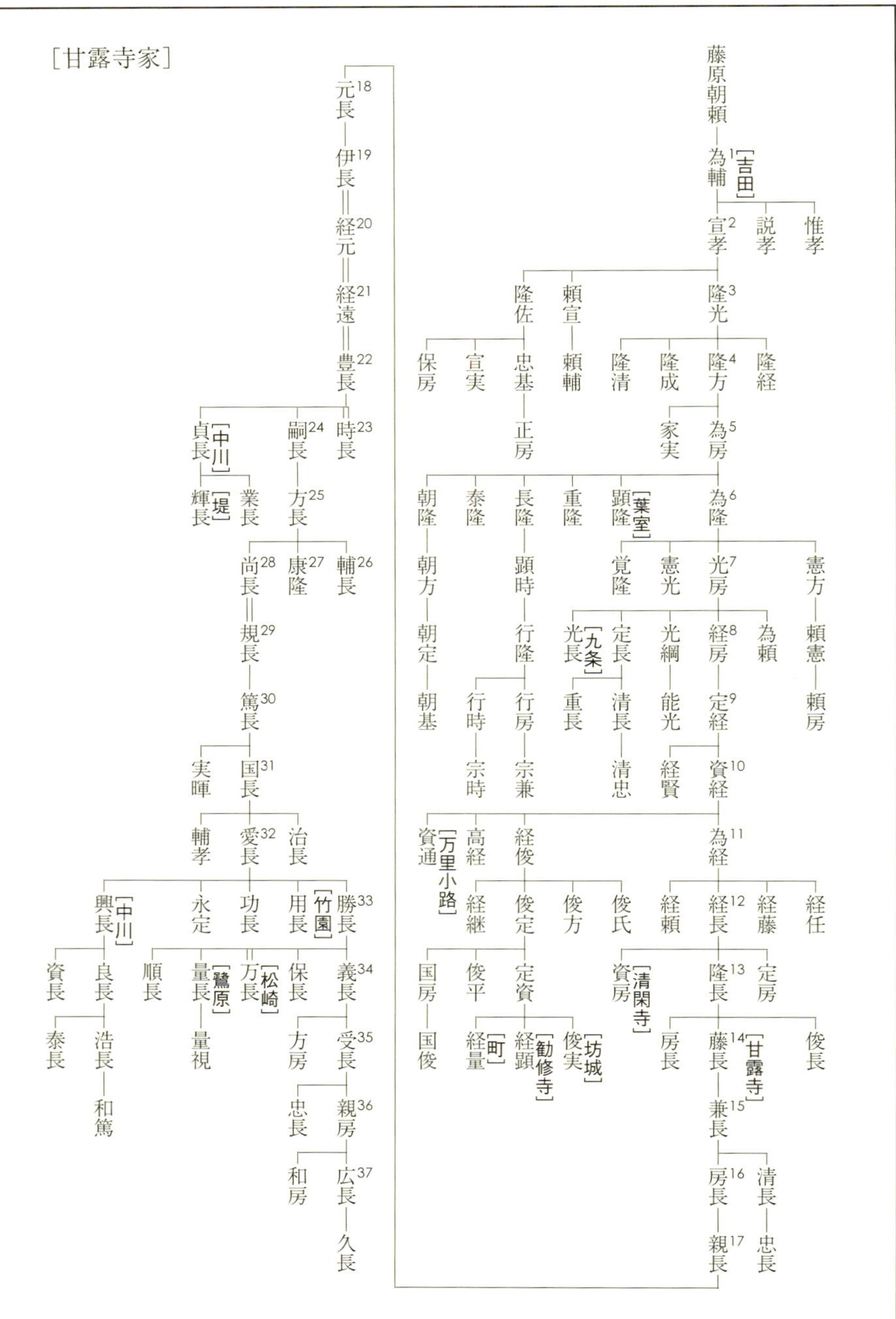
[甘露寺家]
藤原朝頼
為輔 1 [吉田]
宣孝 2
説孝
惟孝
隆光 3
頼宣
隆佐
隆方 4
隆経
隆成
隆清
頼輔
忠基
宣実
保房
正房
為房 5
家実
為隆 6 [葉室]
顕隆
重隆
長隆
泰隆
朝隆
光房 7
憲光
覚隆
憲方
顕時
朝方
経房 8
為頼
光綱
定長
光長 [九条]
頼憲
行隆
朝定
定経 9
能光
清長
重長
頼房
行房
行時
朝基
資経 10
経賢
清忠
宗兼
宗時
為経 11
経俊
高経
資通 [万里小路]
経長 12
経頼
経藤
経任
俊氏
俊方
俊定
経継
隆長 13
定房
資房 [清閑寺]
定資
俊平
国房
藤長 14 [甘露寺]
房長
俊長
俊実 [坊城]
経顕 [勧修寺]
経量 [町]
国俊
兼長 15
房長 16
清長
親長 17
忠長
元長 18
伊長 19
経元 20
経遠 21
豊長 22
時長 23
嗣長 24
貞長 [中川]
業長
輝長 [堤]
方長 25
輔長 26
康隆 27
尚長 28
規長 29
篤長 30
国長 31
実暉
治長
愛長 32
輔孝
勝長 33
用長 [竹園]
功長
永定
興長 [中川]
義長 34
保長
万長 [松崎]
量長 [鷺原]
順長
良長
資長
量視
受長 35
方房
浩長
泰長
和篤
親房 36
忠長
広長 37
和房
久長

になると豊臣秀吉は今春流を用いたため、元忠（宗節）は徳川家康を頼り、江戸時代には能楽師の筆頭の地位を得た。

現在でも観世流は能楽界最高の名家である。平成二年第二五代目宗家の左近（元正）が急死、清和が二六代目を継いだ。銕之丞家など分家も多い。

《系図》173ページ

上林家　○かんばやし

茶商。丹波国何鹿郡上林郷（京都府綾部市）発祥。代々近江の浅井氏に仕えていたが、その滅亡後宇治に移り住み、のち茶商となった。天正一〇年（一五八二）本能寺の変後、久茂が徳川家康の伊賀越えを先導したことから、江戸時代は宇治郷の幕府領代官もつとめた。のち五家に分かれ、上林五家として宇治の名家であった。

一族に佐賀藩御用達となった佐賀上林家がある。同家の伝える「上林家文書」は佐賀市重要文化財に指定されている。

旗本の上林家も同族。

鎌原家　○かんばら

松代藩家老。上野国吾妻郡鎌原（群馬県吾妻郡嬬恋村鎌原）発祥。海野氏の支流。海野幸家の子幸房は上野国吾妻郡嬬恋村下屋に住んで下屋氏を称した。孫の幸兼の時鎌原に移り、その子重友の時に鎌原氏を称した。江戸時代は松代藩の家老となった。

甘露寺家　○かんろじ

公家。藤原北家勧修寺流。藤原朝頼の子為輔が甘露寺と号したのが祖。しばらくは吉田を名乗っていたが、南北朝時代の藤長の頃から正式に甘露寺家を称した。家格は名家。家職は儒学。室町時代の甘露寺親長の日記『親長卿記』は資料としてよく知られる。江戸時代の家禄は二〇〇石。明治一七年義長の時に伯爵となる。先代の当主甘露寺受長は明治神宮の宮司をつとめていた。

《系図》174ページ

き

紀家　○き

紀国造家・日前国懸神宮神官。神武天皇の時代に、天道根命が紀国造となったのが祖という。紀伊国名草郡を本拠に瀬戸内海を支配していた。代々日前・国懸神宮の神官を世襲した。姓は直。天元年間（九七八〜八三）、泰世の跡を女婿で公家紀氏の紀文煥の子行義が継ぎ、以後朝臣姓となる。戦国時代は武家としても活躍したが、豊臣秀吉によって神領を没収され、以後は神官に専念した。江戸時代、飛鳥井三冬が継ぎ、以後は藤原姓となっている。明治一七年俊尚の時男爵となる。

《系図》176ページ

菊池家　○きくち　→　**米良家**

菊亭家　○きくてい　→　**今出川家**

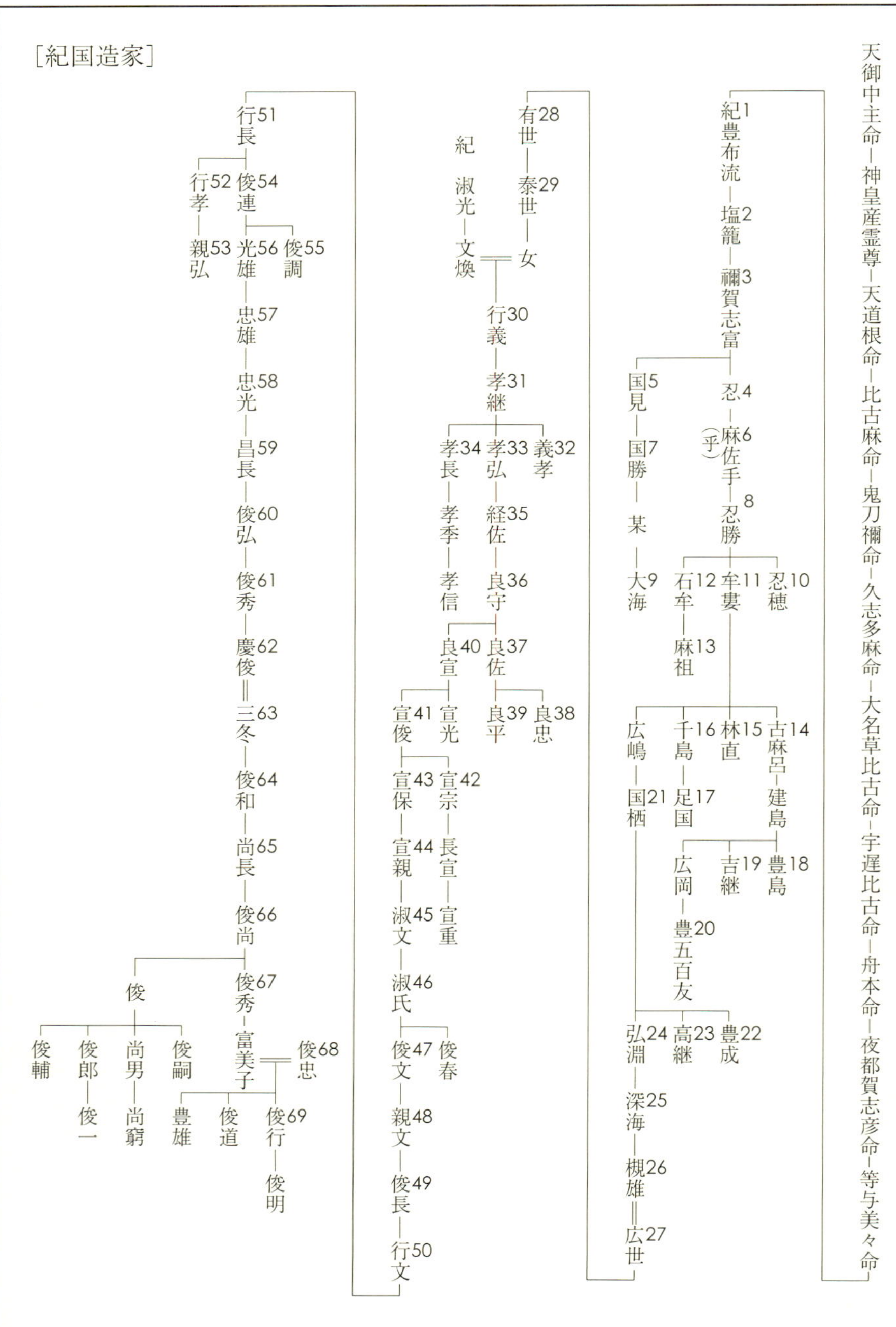
[紀国造家]
天御中主命―神皇産霊尊―天道根命―比古麻命―鬼刀禰命―久志多麻命―大名草比古命―宇遅比古命―舟本命―夜都賀志彦命―等与美々命
紀豊布流1
塩籠2
禰賀志富3
忍4
国見5
麻佐手6
(乎)
国勝7
某
大海9
忍勝8
忍穂10
牟婁11
石牟12
麻祖13
古麻呂14
林直15
千島16
広嶋
建島
足国17
豊島18
吉継19
広岡
豊五百友20
国栖21
豊成22
高継23
弘淵24
深海25
槻雄26
広世27
有世28
泰世29
女
紀
淑光
文煥
行義30
孝継31
義孝32
孝弘33
孝長34
孝季
孝信
経佐35
良守36
良佐37
良忠38
良平39
良宣40
宣光
宣俊41
宣宗42
宣保43
長宣
宣重
宣親44
淑文45
淑氏46
俊春
俊文47
親文48
俊長49
行文50
行長51
行孝52
親弘53
俊連54
俊調55
光雄56
忠雄57
忠光58
昌長59
俊弘60
俊秀61
慶俊62
三冬63
俊和64
尚長65
俊尚66
俊秀67
俊
富美子
俊忠68
俊行69
俊明
豊雄
俊道
俊嗣
尚男
尚窮
俊郎
俊一
俊輔

き

木子家 ○きご

内裏の修理造営にあたる番匠の名家。推古天皇の時代から禁裏御用大工として仕えたと伝える。しばしば惣官職をつとめるなど、番匠の中でも有力な家系である。維新後は職名の「木子」を名字とし、清敬は東京に転じて宮内庁に入省。工科大学（東京大学）において、日本で初めて「日本建築史」の講義をした。その子幸三郎・七郎はともに建築家として知られる。

喜多家 ○きた

能楽師シテ方。祖喜多七太夫長能は豊臣秀吉に仕え、金春八郎安照の女婿となった他、一時金剛大夫を名乗っていたこともあり、金剛流の出とも、金春流の出ともいわれる。大坂の陣に加わった落城後、元和四年（一六一八）に黒田長政の斡旋で徳川秀忠に仕え、四座につぐ一流として喜多流が誕生した。

江戸時代中期までは不遇な時代が続いたが、幕末に一四代将軍家茂の庇護を受けて、大藩の間に浸透した。

明治二五年一四代目六平太能心の時に後援会（のちの喜多会）を設立、三四年には『喜多流謡曲大成』を発刊している。

北大路家 ○きたおおじ

公家分家。藤原北家。阿野公誠の二男季敏は興福寺の僧となったが、明治元年勅命によって復飾し、一家を興して北大路氏を称した。一七年公久の時に男爵となる。公久の子実信とその子信明は貴族院議員をつとめた。

《系図》26ページ

北風家 ○きたかぜ

摂津国兵庫（神戸市）の豪商。第八代孝元天皇の曾孫彦成須命の末裔と伝える旧家で、南北朝時代に南朝に属して北風の強い日に足利尊氏の軍船を焼いたことで新田義貞の軍忠状を賜り、以後「喜多風」と改称、のち「北風」に改めた。以後、代々兵庫に住んで七家に分かれ、江戸時代には加賀藩の要請で北前航路を開き、兵庫随一の北前問屋となった。

幕末に北風家を継いだ正造は、母が有栖川宮家の老女だった関係から、勤皇派を援け、維新後は私財を投じて治安維持につとめたが、明治一八年に破産している。

北河原家 ○きたかわはら

公家分家。四辻公積の四男公憲は興福寺の僧となっていたが、明治元年勅命によって復飾して一家を興した。翌二年堂上に列し、北河原氏を称した。一七年男爵となる。公平は貴族院議員となり、その跡を継いだ弟の公海は東大寺執事長、華厳宗宗務長などをつとめた。

《系図》501ページ

北小路家 ○きたこうじ

公家。藤原北家日野流。元禄一〇年

（一六九七）三室戸誠光の二男徳光が柳原資廉の猶子となって一家を興し、北小路家を称したのが祖。享保一二年（一七二七）資福の死後中絶したが、同一八年外山光和の子光香（実は沢為量の子）が再興した。家格は名家。家禄は三〇石三人扶持。明治一七年随光の時に子爵となった。

北小路家　○きたこうじ

公家。大江氏の嫡流。代々地下として室町時代は近衛家の諸大夫をつとめていたが、慶忠・快俊と二代続けて聖護院宮坊官となり、快祇が非蔵人となって北小路家を称した。弘化四年（一八四七）俊常が堂上に列せられた。家格は半家。家禄は五九石余。明治一七年俊親の時に子爵となる。

　また、俊祇の二男俊光は明暦三年（一六五七）に非蔵人となって一家を興した。家禄は三〇石三人扶持。天保二年（一八三一）俊矩の時に堂上に列した。家格は半家。明治一七年俊昌の時に男爵となるが、三四年俊岳が爵位を返上した。

　なお、近衛家諸大夫は慶忠の弟俊季が継ぎ、以後世襲した。

《系図》179ページ

北里家　○きたざと

肥後国阿蘇郡小国郷北里（熊本県阿蘇郡小国町北里）の旧家。同地発祥。清和源氏を称す。桜尾城に拠り、南北朝時代以降、阿蘇氏に従っていた。戦国時代は大友氏に属して勢力を拡張。加藤清正の肥後入国の際に召し出されて嫡流は熊本藩士となった。また一族の惟経は寛永一〇年（一六三三）北里の惣庄屋となり、代々伝兵衛を称して、明治維新まで一一代にわたって世襲した。

　分家の柴三郎は医学者となって、大正一三年男爵を授けられるが、昭和六年の没後は襲爵の手続きをしていない。

北島家　○きたじま

出雲大社国造家。出雲国造家は南北朝時代に、北島家と千家家に分裂した。以後、千家氏と交代で国造職を世襲した。また神魂神社の神主も兼ねる。

　明治になって神社制度が改革されて宮司は一人となったため、全孝は出雲大社大宮司職を失ったが、新たに宗教法人出雲教を組織して教主となった。同一七年脩孝の時に男爵となる。斉孝、貴孝は貴族院議員をつとめた。

　「出雲国造家文書」は中世の重要資料である。

《系図》180ページ

北白川家　○きたしらかわ

旧皇族。伏見宮邦家親王の一三男智成親王が明治三年に一家を興して北白川宮を称した。兄の子の成久王が跡を継ぎ、昭和二三年に永久王の子道久が臣籍に降下して北白川家を称した。

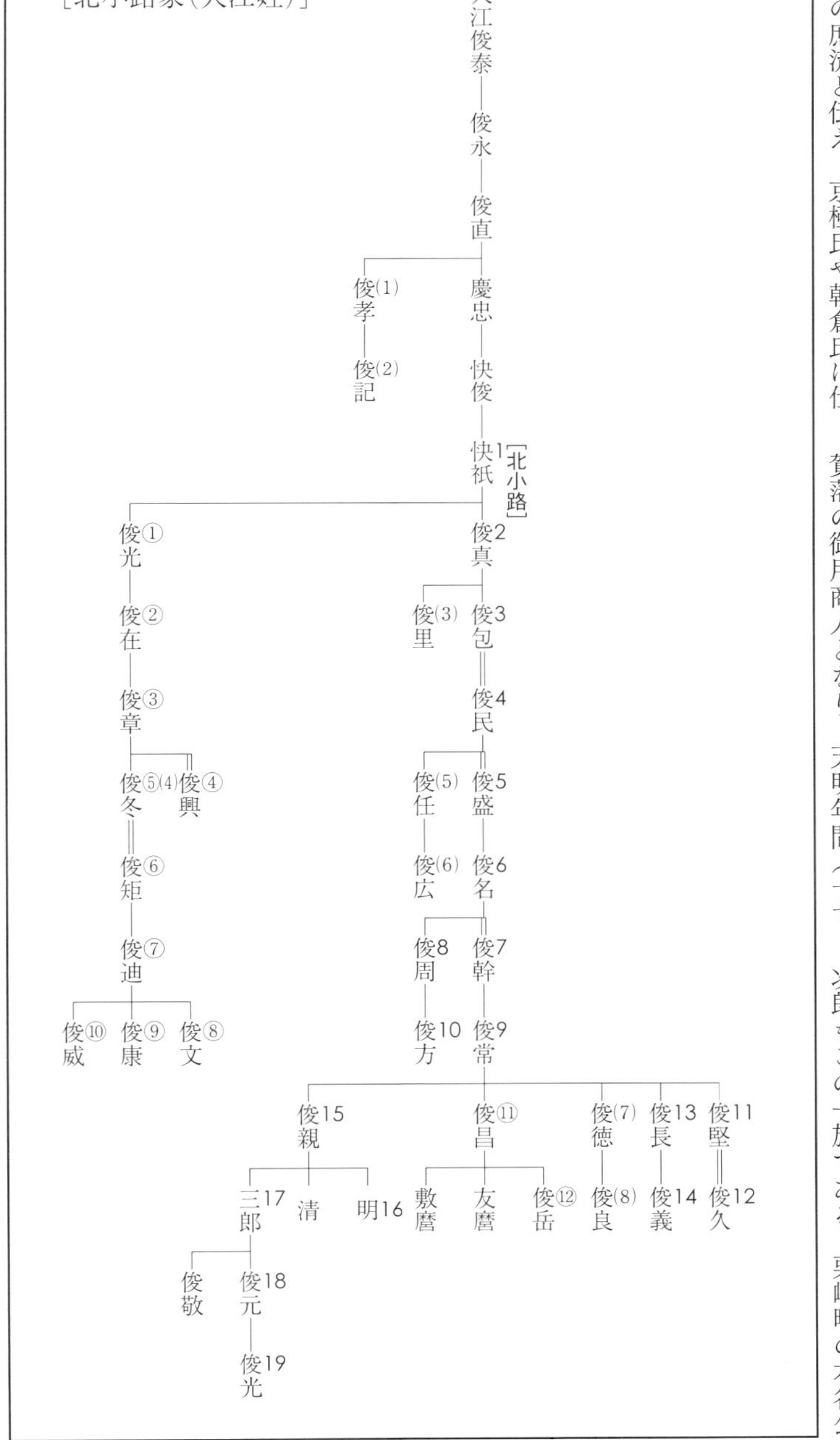

き

木谷家 ◯きたに

加賀国石川郡栗崎村（金沢市）で木屋と号した豪商。もとは近江国の出で、九条家の庶流と伝え、京極氏や朝倉氏に仕えたのち、江戸時代初期に栗崎に来住して海運業を始めた。加賀米の回送などを行う傍ら木材商を営んだことから「木屋」と号した。代々藤右衛門を称して加賀藩の御用商人となり、天明年間（一七八一〜八九）には名字帯刀を許されていた他、八〇石の扶持も受けていた。維新後は銀行経営や鉱山経営にも乗り出したが、失敗している。戦前の篤志家木谷吉次郎もこの一族である。栗崎町の木谷公

［北島家］

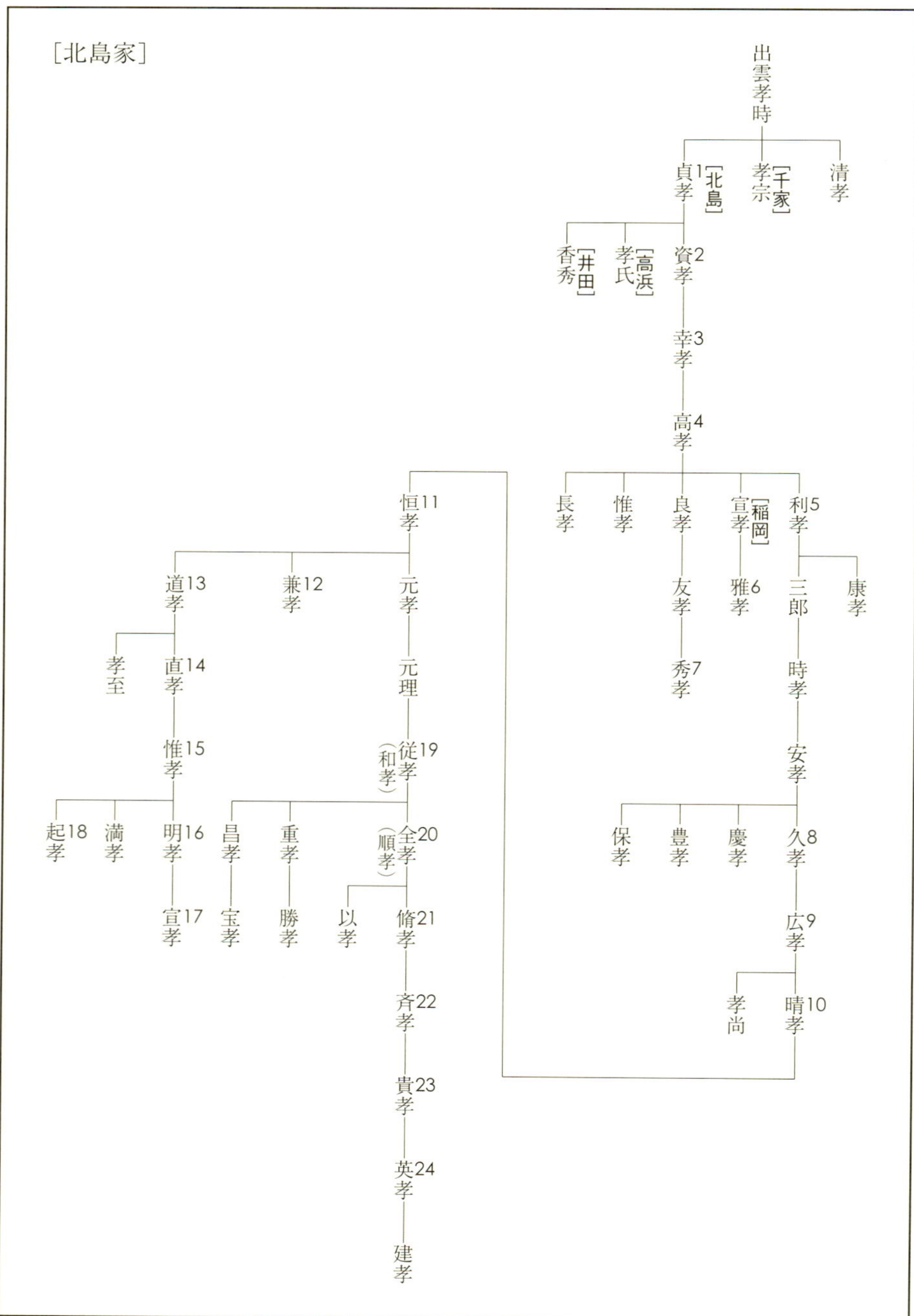
出雲孝時
貞孝1［北島］
孝宗［千家］
清孝
資孝2
孝氏［高浜］
香秀［井田］
幸孝3
高孝4
利孝5
宣孝［稲岡］
良孝
惟孝
長孝
三郎
康孝
雅孝6
友孝
秀孝7
時孝
安孝
久孝8
慶孝
豊孝
保孝
広孝9
晴孝10
孝尚
恒孝11
元孝
兼孝12
道孝13
元理
直孝14
孝至
従孝19
（和孝）
惟孝15
全孝20
（順孝）
重孝
昌孝
明孝16
満孝
起孝18
脩孝21
以孝
勝孝
宝孝
宣孝17
斉孝22
貴孝23
英孝24
建孝

園は吉次郎の屋敷跡である。

北畠家　○きたばたけ

公家分家。明治三年久我建通の四男通城が一家を興して北畠家を称し、兵庫県知事に就任。一七年男爵を授けられた。

《系図》205ページ

喜多村家　○きたむら

江戸時代の江戸町年寄三家の一つ。もともとは遠江の出で、天正一八年（一五九〇）の徳川家康の関東移封の際に、喜多村弥兵衛が従って江戸に来たのが祖という。以来、樽家・館家とともに町年寄を世襲した。代々彦右衛門または彦兵衛を名乗り、日本橋本町三丁目に拝領屋敷があった。地代収入が数百両あったといい、寛文一〇年（一六七〇）から元禄六年（一六九三）には関口・小日向・金杉の三カ村の代官もつとめている。また、分家がいくつかあり、町年寄職は分家から就任することもあった。

吉川家　○きっかわ

駿河国有度郡入江荘吉川郷（静岡県静岡市清水区吉川）発祥。藤原南家。経義が吉川郷に住んで吉川氏を称した。朝経は播磨国福井荘（兵庫県姫路市）の地頭となる。

承久の乱後、経光は安芸国山県郡大朝荘（広島県山県郡北広島町）の地頭となり、子経高の時大朝荘に下向。以後国人として成長した。戦国時代、興経は尼子氏の配下にあり、毛利氏と対立した。天文一六年（一五四七）内訌がおこって吉川経世、森脇祐世らが毛利元就を頼ったことから、元就は興経を隠居させて二男元春に吉川家を継がせた。そして、同一九年には興経を殺し、以後吉川家は毛利家の一門として行動した。関ヶ原合戦では広家が毛利本家と離れて東軍に属し、その功によって毛利家を存続させるだけでなく、吉川家も岩国で六万石を領した。明治元年諸侯に列し、経建は明治一七年に男爵、二四年に子爵となっている。

また、経幹の二男重吉は米国に留学後外交官となり、明治二四年に分家、男爵を授けられた。子重国は式部副長などをつとめ、秋篠宮紀子妃殿下の皇室入りの際のお妃教育で宮中儀礼を担当した。

《系図》182ページ

喜連川家　○きつれがわ　→　**足利家**

木下家　○きのした

備中足守藩主。桓武平氏を称す。播磨国発祥で、のち尾張国春日井郡朝日村（愛知県）に移るという。豊臣秀吉の妻高台院（お禰）の実家として知られ、杉原姓を名乗っていた。家定の時豊臣秀吉に仕え、先祖の姓に復して木下と改姓した。秀吉も一時木下藤吉郎と称していた。のち播磨姫路で二万五〇〇〇石を領したが、利房は関ヶ原合戦で西軍に属したため所領を没収された。

その後、慶長一九年（一六一四）大坂冬の陣に供奉、翌元和元年（一六一五）の大坂夏の陣では京都で秀吉の正室であ

き

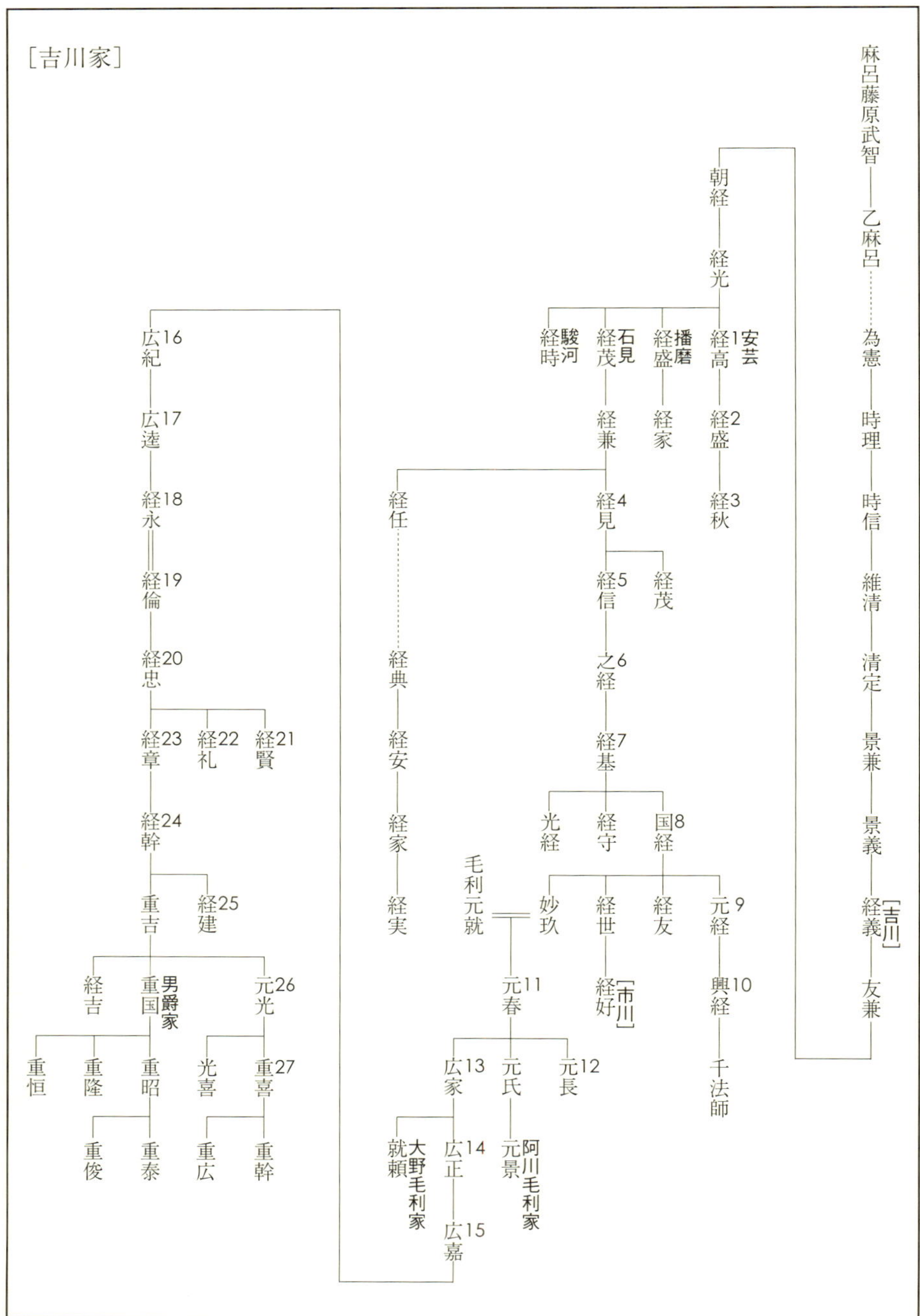

［吉川家］
麻呂藤原武智
乙麻呂
為憲
時理
時信
維清
清定
景兼
景義
経義［吉川］
友兼
朝経
経光
経高 1 安芸
経盛 播磨
経茂 石見
経時 駿河
経盛 2
経秋 3
経家
経兼
経見 4
経任
経信 5
経茂
之経 6
経基 7
経典
経安
経家
経実
国経 8
経守
光経
元経 9
経友
経世
妙玖
毛利元就
興経 10
千法師
経好［市川］
元春 11
元長 12
元氏
広家 13
元景 阿川毛利家
広正 14
就頼 大野毛利家
広嘉 15
広紀 16
広逵 17
経永 18
経倫 19
経忠 20
経賢 21
経礼 22
経章 23
経幹 24
経建 25
重吉
元光 26
重国 男爵家
経吉
重喜 27
光喜
重昭
重隆
重恒
重幹
重広
重泰
重俊

る高台院を守護したことから、同年七月徳川秀忠より父の遺領である備中国賀陽・上房両郡のうち二万五〇〇〇石が与えられて足守に住んだ。寛永一四年（一六三七）跡を継いだ利当の時に正式に足守藩として立藩した。寛政一一年（一七九九）利徽の時、所領の一部七五〇〇石が陸奥国伊達・信夫両郡と替地になり、備中国内での知行は一万七五〇〇石余となっている。明治一七年利恭の時に子爵となった。明治時代の白樺派の歌人木下利玄は、幕末の足守藩主の弟利永とその側室の間に生まれた子で、のちに当主が死去したために本家を継いだものである。

【豊後日出藩主】木下家定の三男延俊も秀吉に仕えて、播磨国三木郡で二万石を与えられた。関ヶ原合戦では東軍に属し、小野木重次の丹波福知山城を落城させ、慶長六年（一六〇一）豊後日出藩三万石を立藩。寛永一九年（一六四二）、遺領のうち俊治は二万五〇〇〇石を継承した。明治一七年俊哲の時に子爵となった。

【交代寄合家】寛永一九年（一六四二）、延俊の四男延次は父の遺領のうち豊後国速見郡で五〇〇〇石を分知されて、立石（大分県杵築市山香町立石）に住み交代寄合となった。同家には、実は秀頼の遺児国松の末裔である、という伝説がある。

【旗本】利房の二男利次は高台院の養子となり、寛永三年（一六二六）に召し出されて近江国野洲郡・栗太郡で三〇〇〇石を与えられて旗本となった。

《系図》184ページ

木辺家 ○きべ

滋賀県野洲市木部の浄土真宗木辺派本山錦織寺の住職。覚如の子存覚が錦織寺の住職となり、以後代々住職をつとめた。江戸時代中期には桂宮家仁親王の猶子常慈が継ぎ、以後も一条家、広幡家など宮家や公家からの養子・降嫁などが続いた。維新後、本願寺の大谷光尊の二男孝慈が継ぎ、明治二九年男爵となった。先代の門主木辺宣慈は反射鏡の作成でも知られた。

木俣家 ○きまた

彦根藩家老。楠木氏を称す。初め北畠氏に従っていたが、守時の時松平氏に仕える。守勝が家康の命で井伊直政に仕え、二代守安以降、代々彦根藩筆頭家老となった。大坂の陣後は五〇〇〇石となり、享保七年（一七二二）には一万石となる。明治三三年畏三の時に男爵となった。

木村家 ○きむら

新潟県長岡市の旧和島村島崎で「能登屋」と号した旧家。慶長年間（一五九六～一六一五）に、一向一揆を避けて能登国から移住してきたという。代々元右衛門を称し、文政九年（一八二六）初冬、七〇歳となった良寛が移り住んだのが、一二代元右衛門の離れだった。

良寛が貞心尼と出会ったのもこの庵室で、天保二年（一八三一）に亡くなるまで四年間を過ごした。現在、木村家の門前には、「良寛遷化之地」の碑が建って

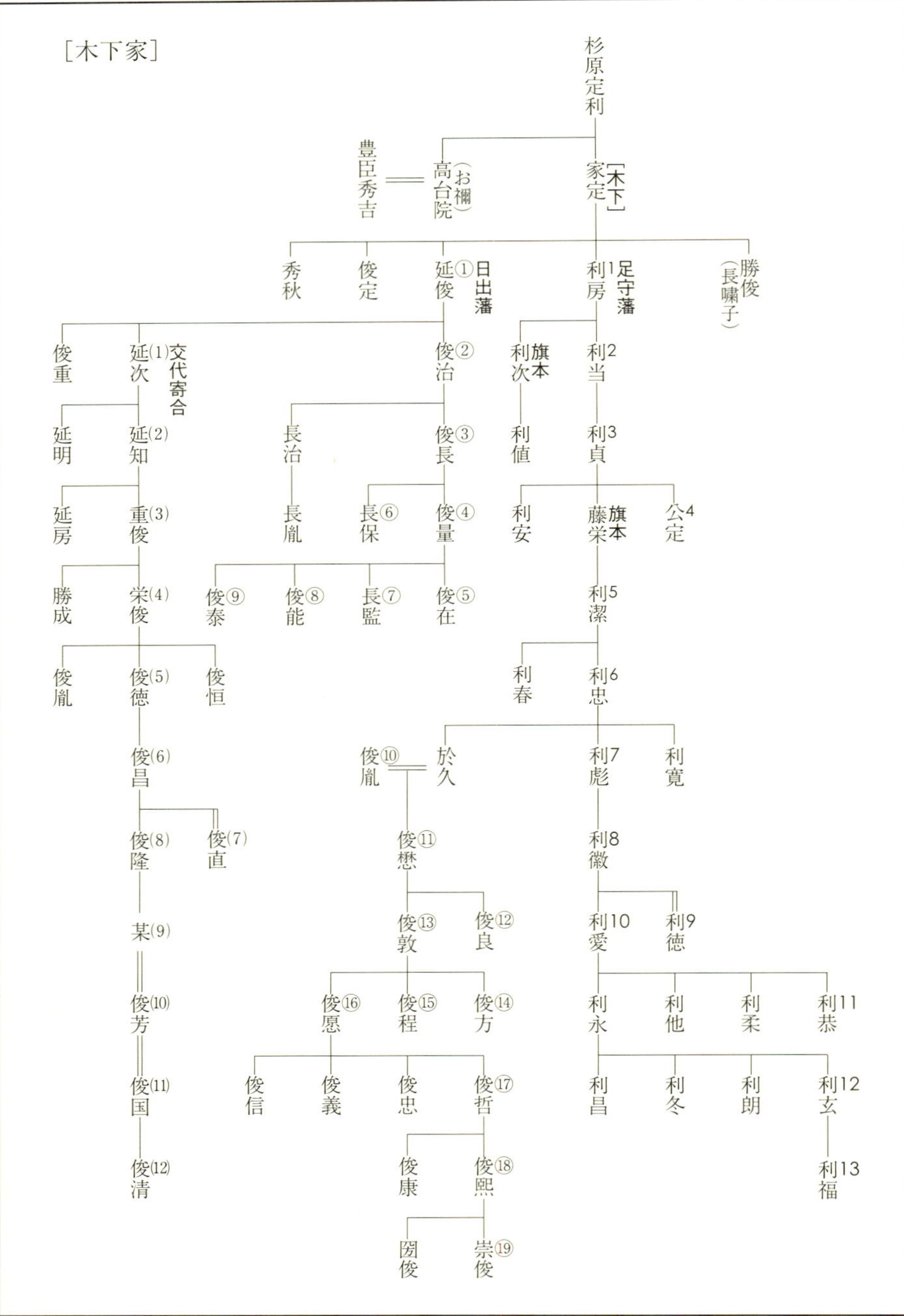
［木下家］
杉原定利
豊臣秀吉
高台院（お禰）
家定［木下］
秀秋
俊定
延俊①日出藩
利房1足守藩
勝俊（長嘯子）
俊重
延次(1)交代寄合
俊治②
利次旗本
利当2
延明
延知(2)
長治
俊長③
利値
利貞3
延房
重俊(3)
長胤
長保⑥
俊量④
利安
藤栄旗本
公定4
勝成
栄俊(4)
俊泰⑨
俊能⑧
長監⑦
俊在⑤
利潔5
俊胤
俊徳(5)
俊恒
利春
利忠6
俊昌(6)
俊胤⑩
於久
利彪7
利寛
俊隆(8)
俊直(7)
俊懋⑪
利徽8
某(9)
俊敦⑬
俊良⑫
利愛10
利徳9
俊芳(10)
俊愿⑯
俊程⑮
俊方⑭
利永
利他
利柔
利恭11
俊国(11)
俊信
俊義
俊忠
俊哲⑰
利昌
利冬
利朗
利玄12
俊清(12)
俊康
俊熙⑱
利福13
圀俊
崇俊⑲

き

いる。

喜屋武家　○きゃん

琉球王朝尚家の一族。尚清王の一〇男羽地王子朝武が祖。その子朝生は大里按司となり、以後具志川間切、兼城間切などの総地頭職を経て、朝美の時に喜屋武間切（沖縄県糸満市）総地頭職となり、喜屋武氏を称した。

京極家　○きょうごく

近世大名。宇多源氏。佐々木信綱の四男氏信が京極高辻に館を構えて、京極氏の祖となった。

【四職京極氏】鎌倉時代は幕府の御家人となる。元弘三年（一三三三）高氏は足利尊氏に従って、のちに六波羅探題となった。室町時代は四職の一つとなり、近江・飛騨・出雲・隠岐の守護を兼ねた。応仁の乱後、嫡流は没落したが、高次・高知兄弟が豊臣秀吉に仕えて再興した。

【丸亀藩主】高次は織田信長に仕えたが、本能寺の変後、明智光秀の勧誘に応じて羽柴秀吉の居城近江長浜城を攻めて占拠したため、秀吉の追及にあって美濃・越前・若狭に身をかくした。その後、妹が秀吉の側室松丸殿となって許され、近江八幡山二万八〇〇〇石、ついで近江大津六万石を与えられた。

高次は関ヶ原合戦で東軍に属し大津城を守ったが、西軍に囲まれて開城、高野山に隠退した。戦後徳川家康に召し出されて若狭小浜藩八万五〇〇〇石に入封。寛永一一年（一六三四）忠高は出雲松江二六万四〇〇〇石の大身となるが、同一四年跡継ぎがなく一旦断絶。養子高和が播磨竜野六万石で再興した。万治元年（一六五八）讃岐丸亀に転封となる。明治一七年高徳の時に子爵となる。

【多度津藩主】元禄七年（一六九四）丸亀藩主高豊の庶子高通が父の遺領のうち一万石を分知されたのが祖。文政一二年（一八二九）に多度津に陣屋を置いて多津藩となった。明治一七年高典の時子爵となる。

【宮津藩主】高知も豊臣秀吉に仕えて近江国蒲生郡で五〇〇〇石を知行。のち舅の毛利秀頼の遺領を継いで信濃飯田六万石となり、のち一〇万石に加増。慶長六年（一六〇一）丹後宮津一二万三〇〇〇石に転封。高知の没後分知があって高広は七万八〇〇〇石を継承したが、寛文六年（一六六六）高広は子高国と不和となり、改易された。

元禄三年（一六九〇）高国の長男高規が召し出され、同八年奥高家として再興、安房で二〇〇〇石を領する旗本となった。

【但馬豊岡藩主】元和八年（一六二二）高三が三万五〇〇〇石を分知されて丹後田辺藩を立藩、寛文八年（一六六八）に但馬豊岡（兵庫県豊岡市）に転じた。明治一七年高厚の時に子爵となる。高厚・高義・高光と三代続けて貴族院議員となっている。

田辺藩主高直の三男高門は寛文三年（一六六三）に二〇〇〇石を分知されて旗本となった。

【丹後峰山藩主】元和八年（一六二二）

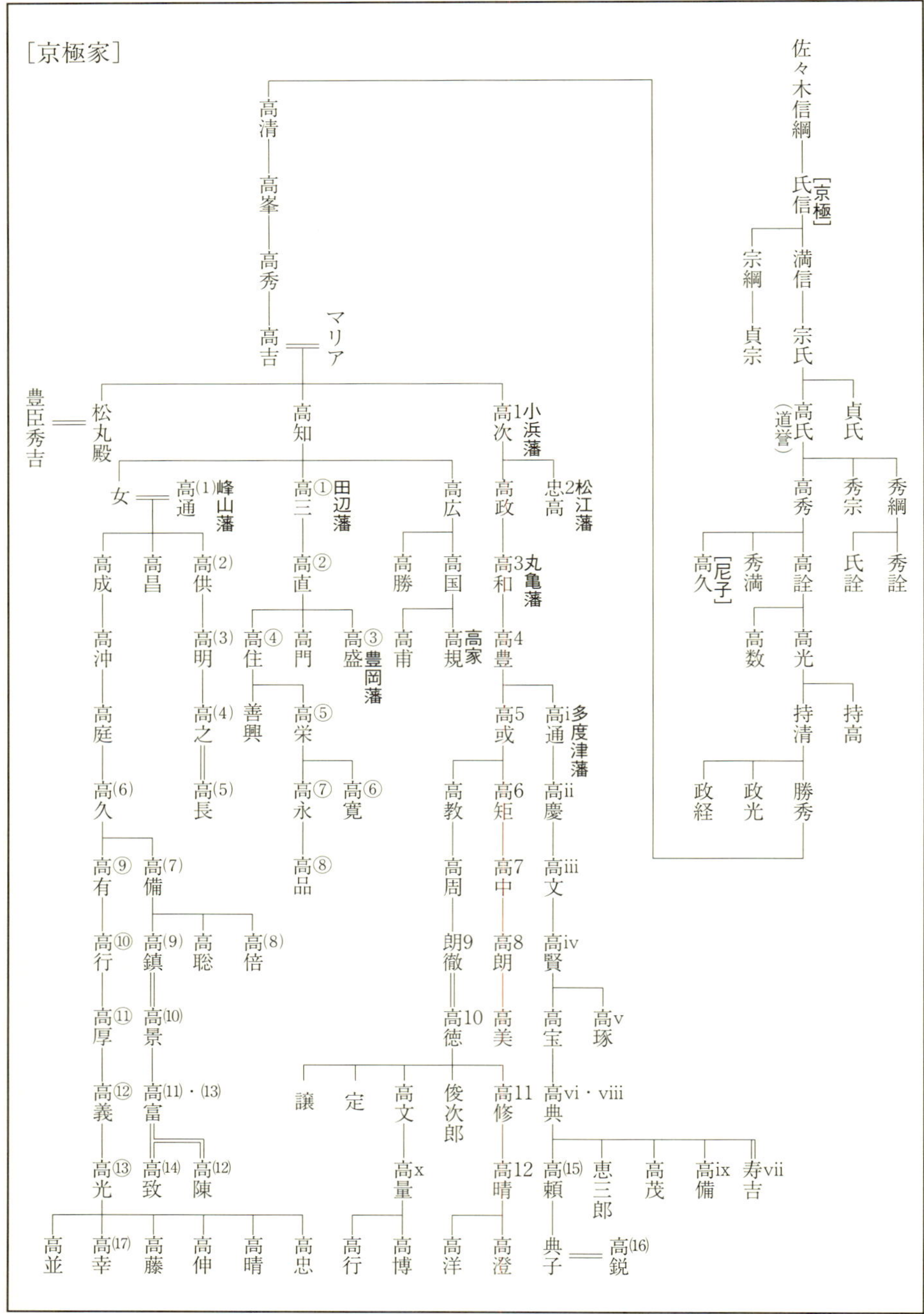
［京極家］
佐々木信綱
氏信［京極］
宗綱
満信
貞宗
宗氏
高氏（道誉）
貞氏
高秀
秀宗
秀綱
高久［尼子］
秀満
高詮
氏詮
秀詮
高数
高光
持清
持高
政経
政光
勝秀
高清
高峯
高秀
高吉
マリア
豊臣秀吉
松丸殿
高知
高次 1 小浜藩
女
高通 (1) 峰山藩
高三 ① 田辺藩
高広
高政
忠高 2 松江藩
高成
高昌
高供 (2)
高直 ②
高勝
高国
高和 3 丸亀藩
高沖
高明 (3)
高住 ④
高門
高盛 ③ 豊岡藩
高甫
高規 高家
高豊 4
高庭
高之 (4)
善興
高栄 ⑤
高或 5
高通 i 多度津藩
高久 (6)
高長 (5)
高永 ⑦
高寛 ⑥
高教
高矩 6
高慶 ii
高有 ⑨
高備 (7)
高品 ⑧
高周
高中 7
高文 iii
高行 ⑩
高鎮 (9)
高聡
高倍 (8)
朗徹 9
高朗 8
高賢 iv
高厚 ⑪
高景 (10)
高徳 10
高美
高宝
高琢 v
高義 ⑫
高富 (11)・(13)
譲
定
高文
俊次郎
高修 11
高典 vi・viii
高光 ⑬
高致 (14)
高陳 (12)
高量 x
高晴 12
高頼 (15)
恵三郎
高茂
高備 ix
寿吉 vii
高並
高幸 (17)
高藤
高伸
高晴
高忠
高行
高博
高洋
高澄
典子
高鋭 (16)
き

高通が一万石を分知されて丹後峰山藩を立藩した。明治一七年高富の時に子爵となる。高鋭は相模女子大学教授をつとめた。

分家に一〇〇〇石の旗本家がある。

《系図》186ページ

清岡家 〇きよおか

公家。菅原氏。元禄年間に五条為庸の三男長時が一家を興し、清岡家を称した。家格は半家。家職は紀伝道。家禄は三〇石三人扶持。明治一七年長説の時に子爵となる。

清棲家 〇きよす

旧皇族。伏見宮邦家親王の一五男家教は慶応二年（一八六六）京都・仏光寺に入り、明治五年華族として渋谷姓を賜った。一二年には仏光寺派管長となったが、二一年に還俗して一旦伏見宮家に復籍し、改めて臣籍降下して清棲家を称し、伯爵となった。

家教の跡は伏見宮博恭王の第二皇女と結婚した真田幸保が継ぎ、宇都宮大学教授などをつとめた。

清水家 〇きよみず

京焼の陶家。摂津国島上郡東五百住村（大阪府高槻市）出身の古藤栗太郎が、寛永年間に京に出て京焼の陶工に学び、明和年間に五条坂で六兵衛と称して陶業を始めたのが祖。以後、代々六兵衛を称し、幕末の三代目は中興の祖といわれる。現在は八代目である。

吉良家 〇きら

高家・旧戦国大名。三河国幡豆郡吉良荘（愛知県西尾市吉良町）発祥。清和源氏足利氏の支流。足利義氏の子長氏と義継は吉良荘の地頭となり、吉良氏を称した。

【西条吉良家】 足利義氏の長男長氏は吉良荘を領して吉良氏を称し、満義以降は室町幕府の引付頭人をつとめ、嫡流は西条吉良氏を称した。戦国時代、義郷は織田信秀と結んで今川義元と争ったが、天文五年（一五三六）敗死した。弟の義昭も一旦徳川家康に従った後に叛いて敗れ、滅亡した。

【東条吉良家】 満義の子尊義は吉良荘の内の東条郷を領して東条吉良氏を称し、以後嫡流の西条吉良氏と争った。戦国時代末期、西条吉良氏の義郷の弟義安が養子となり、東条吉良氏の滅亡後、徳川家康の命で両家を統合した。

義弥は徳川秀忠に仕えて本領の三河吉良で三〇〇〇石を与えられて旗本となり、のち高家となる。子義冬の時に四〇〇〇石に加増され、その子が元禄赤穂事件の吉良上野介義央である。義央は元禄一四年（一七〇一）江戸城中で浅野内匠頭長矩に斬りつけられて同年致仕。米沢藩主上杉綱憲の二男義周が跡を継いだが、同一五年赤穂浪士に屋敷に討ち入られて義央が殺され、断絶した。

義央の弟の義叔は一家を興して東条家を称して旗本となり、五〇〇石を知行していたが、享保一七年（一七三二）義孚の時に吉良宗家を再興して吉良家に復した。

【蒔田吉良家】 吉良長氏の甥の経氏も吉良氏を称し、孫の貞家は足利直義に仕え、観応の擾乱では畠山国氏を滅ぼして奥州に勢力を得た。貞家の死後、内紛で没落し、治家の時足利基氏の招きで上野国飽間に住んだ。さらに成高の時に武蔵国世田谷郷（東京都世田谷区）に住んだ。

戦国時代、頼康は北条氏に仕えて相模国蒔田に転じ、蒔田吉良氏を称した。天正一八年（一五九〇）北条氏が滅亡すると氏朝は世田谷に隠棲、子頼久が徳川家康に召し出されて旗本となり上総国で一一二〇石を賜った。関ヶ原合戦後、近江国で七〇〇石を加増され、家康の命で吉良から蒔田に改めている。明暦三年（一六五七）義成の時に表高家に列した。宝永六年（一七〇九）義俊の時に奥高家となり、翌七年吉良に復姓している。

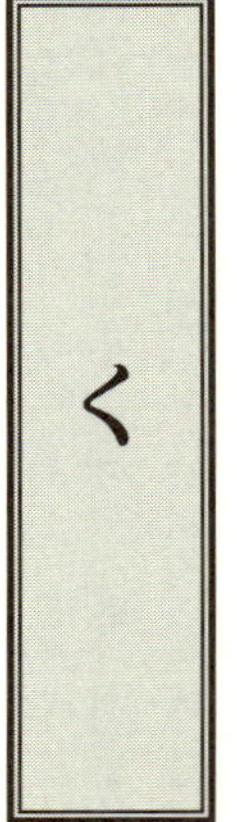

久貝家　○くがい

旗本。山城国乙訓郡久貝村（京都府長岡京市久貝）発祥。藤原北家魚名流という。寛平年間に時兼が久貝村に住んで久貝氏を称したという。戦国時代、正好が美濃国に移り、子正勝は弘治三年（一五五七）浜松に移って徳川家康に仕え本多忠勝に属した。子正俊は旗本となり、元和五年（一六一九）大坂町奉行となって三〇〇〇石を与えられ、寛永一〇年（一六三三）には二〇〇〇石を加増されて五〇〇〇石となった。三代正方は勘定奉行をつとめて五五〇〇石に加増、四代正順は書院番頭、大番頭をつとめた。幕末の正典は大目付となって安政の大獄にも関与した。また、歌人としても知られる。

また初代正俊の三男正信は元和三年（一六一七）三代将軍家光に仕え、以後九〇〇石の旗本となった。

枚方市長尾の正俊寺は、二代正世が父正俊の追善のために建立した寺で、久貝家歴代の墓所がある。

九鬼家　○くき

江戸時代の大名。紀伊国牟婁郡九鬼（三重県尾鷲市九鬼町）発祥。熊野海賊で、熊野別当氏の一族という。戦国時代嘉隆の時に周辺の小土豪を抑えて頭角を現したが、北畠氏に敗れて三河に逃れ、織田信長に仕えた。のち志摩鳥羽で三万石を領したが、関ヶ原合戦の際に西軍に属して敗れ自害した。

【摂津三田藩主】 九鬼嘉隆の二男守隆は東軍に属し、鳥羽で五万五〇〇〇石に加増された。寛永九年（一六三二）守隆が死去した際、長男の良隆が廃嫡されていたことから、三男隆季と五男久隆の間で家督相続争いがおこり、翌年幕府の裁定で久隆が三万六〇〇〇石を継いで摂津三田に転封となった。

一〇代藩主隆国は好学な藩主として知られ、一三代隆義は藩校造士館を創立、フランス式の軍事調練を取り入れた他、川本幸民や白洲退蔵らを登用したことで知られる。明治一七年子爵となる。

【丹波綾部藩主】 寛永一〇年（一六三三）隆季が父守隆の遺領をめぐる相続争いの末、幕府の裁定で丹波国何鹿・天田両郡で新たに二万石を与えられて綾部藩を立藩した。明治一七年隆備の時に子爵となる。現在の当主宗隆は熊野本宮大社宮司をつとめる。

《系図》189ページ

櫛笥家　○くしげ

公家。藤原北家四条流。戦国時代、四条隆益の子隆憲を祖とし、その養子隆致が後西天皇の外祖父となって櫛笥家を称した。家格は羽林家。家職は有職故実。江戸時代の家禄は一八三石。隆賀も中御門天皇の外祖父となっている。明治一七年隆督の時に子爵となる。

《系図》190ページ

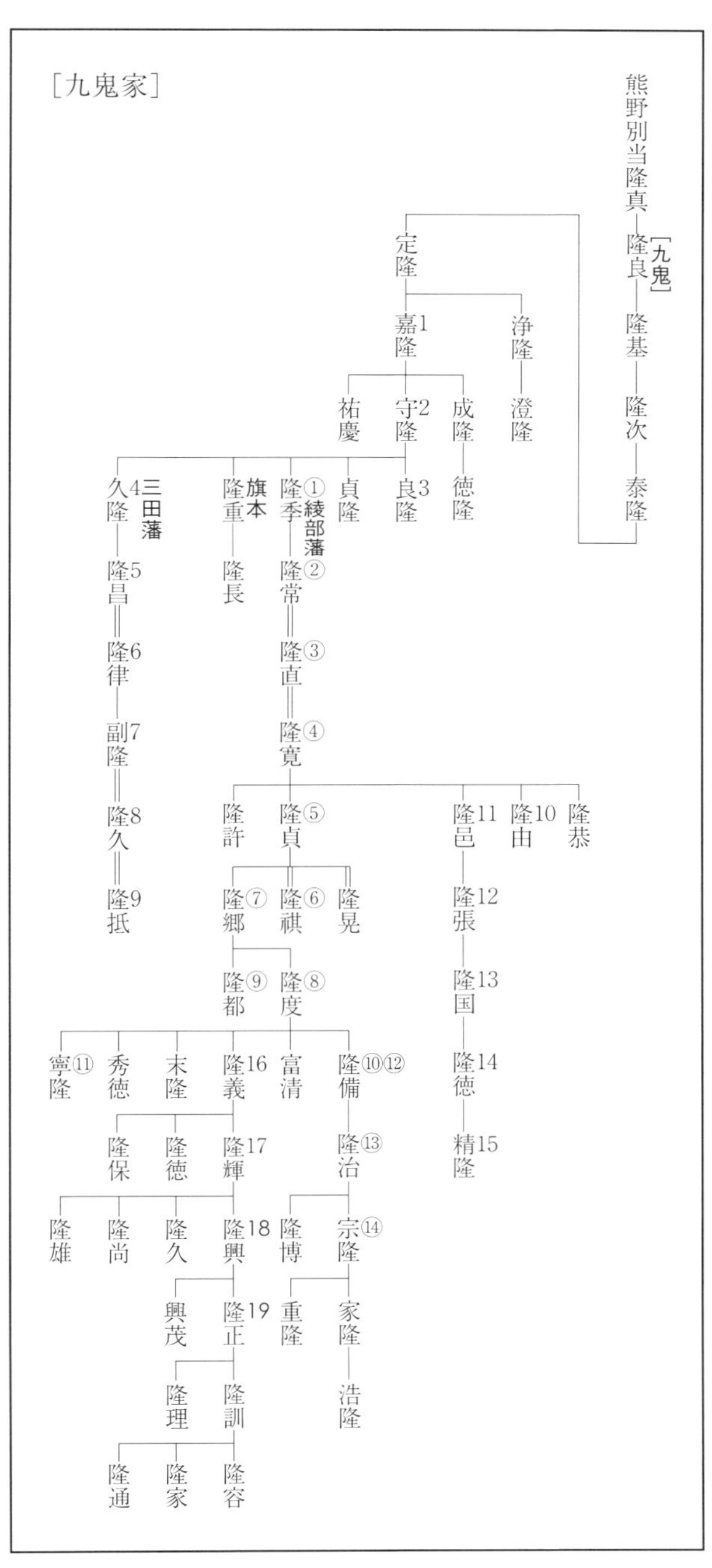

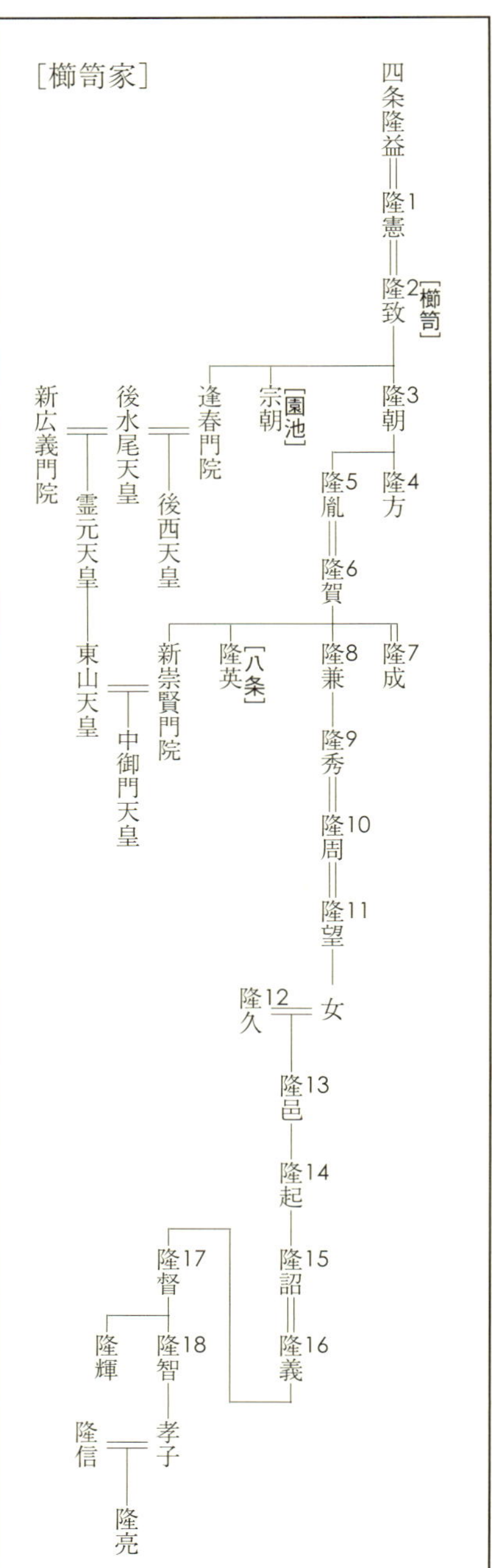

久次米家　○くじめ

阿波の藍商を代表する豪商。本来は名東郡北新居村（徳島県徳島市不動北町）の豪農で九軒の分家があり、本家は享保二年（一七一七）からは庄屋をつとめ、徳島藩から名字帯刀を許されていた。

一七世紀中期以降から藍商として活躍、元禄一一年（一六九八）には江戸にも店を構え、三代目市左衛門は享保四年（一七一九）関東売藍商三六人の一人に指定された。また、紀国屋文左衛門の旧屋敷を買い取って材木商にも進出したという。七代目兵次郎は徳島藩の藍方役所勘定役次席・小奉行格となって藩の藍行政そのものにも参加。八代目兵次郎は、藩の財政改革の担当者となり、慶応四年（一八六八）には新知一〇五石が与えられるなど、商人でありながら完全に武士化していた。

明治二年に継いだ九代目兵次郎義周は、一二年に久次米銀行を設立、三井銀行についで全国第二位の資本金を有していた。以後、常に全国の長者番付の上位に位置していたが、二四年に破綻した。同銀行は東西に分割され、関東を継承した久次米銀行は三一年に破産した。一方、関西を継承した新会社は現在の阿波銀行である。

九条家　○くじょう

公家。五摂家の一つ。藤原忠通の三男兼実が九条第南殿に住み、建久二年（一一九一）関白となって九条家を創立した。道家の母は源頼朝の妹婿である一条能保の娘であったことから、鎌倉将軍家との関係が深く、道家の子頼経は源実朝の死後四代将軍を継いでいる。承久の乱以降は朝廷内で大きな勢力を振るったが、寛元四年（一二四六）の名越光時の乱で頼経は反幕の嫌疑を受けて京都に送り返され、失脚した。江戸時代の家禄は、当初山城国紀伊郡で一〇四三石だったが、寛文五年（一六六五）二〇四三石となり、万延元年（一八六〇）には摂津国でさらに一〇〇〇石が加増された。寛保三年（一七四三）に稙基が一九歳で死去した際には、先々代師孝の弟で随心院門跡となっていた堯巌大僧正が別勅で還俗して家督を相続している。幕末に関白・内覧となった尚忠は佐幕派の公家として知られ、条約勅許・将軍継嗣・和宮降下などの諸問題に公武合体策をとったことから尊王攘夷派から強い非難を浴び、文久二年（一八六二）出家した。

明治一七年道孝の時に公爵となる。明治天皇の養母英照皇太后は尚忠の娘、大正天皇の皇后貞明皇后は道孝の娘である。現在の当主道弘は平安神宮の宮司をつとめる。

また、道孝の四男良政は明治三五年、五男良致は四一年に分家して、それぞれ男爵を授けられた。

《系図》192ページ

久世家　◯くぜ

公家。山城国久世郡久世郷（京都府城陽市久世）発祥。村上源氏。久我敦通の二男通式が久世家を称した。家格は羽林家。家職は有職故実。江戸時代の家禄は二〇〇石。通章は明治一七年子爵となり、貴族院議員や蹴鞠保存会会長などをつとめた。その子章業は金刀比羅宮宮司をつとめた。

久世家　◯くぜ

下総関宿藩主。村上源氏というが不詳。三河国額田郡の土豪小野高広の子広長が祖。広長は母方の祖父が室町将軍家の家臣久世永次だったことから久世氏を称し、松平清康に仕えた。

子長宣は永禄六年（一五六三）の三河一向一揆で家康に叛いて討死。その子広宣は家康に仕え、天正一八年（一五九〇）の関東入国の際に、上総国望陀郡で三〇〇石を与えられた。

【嫡流・寄合家】広宣の長男広当は新墾田を含めて五一一〇石の旗本となり、元禄一〇年（一六九七）広賢の時に采地を駿河国富士・駿東二郡に移された。広寛は大番頭、駿府城代をつとめた。

【下総関宿藩主】広宣の三男広之は三代将軍家光に仕えて累進、慶安元年（一六四八）一万石に加増されて諸侯に列した。その後も、若年寄、老中を歴任、寛文九年（一六六九）下総関宿藩五万石に入封。子重之は、天和三年（一六八三）備中庭瀬、貞享三年（一六八六）丹波亀山、元禄一〇年（一六九七）三河吉田を経て、宝永二年（一七〇五）関宿五万石に再入封した。正徳三年（一七一三）老中となり、享保三年（一七一八）には六万石に加増された。のち分知で五万八〇〇〇石となる。四代広明、七代広周も老中をつとめている。明治一七年広業の時に子爵となる。

広当の三男で広之の養子となった広次

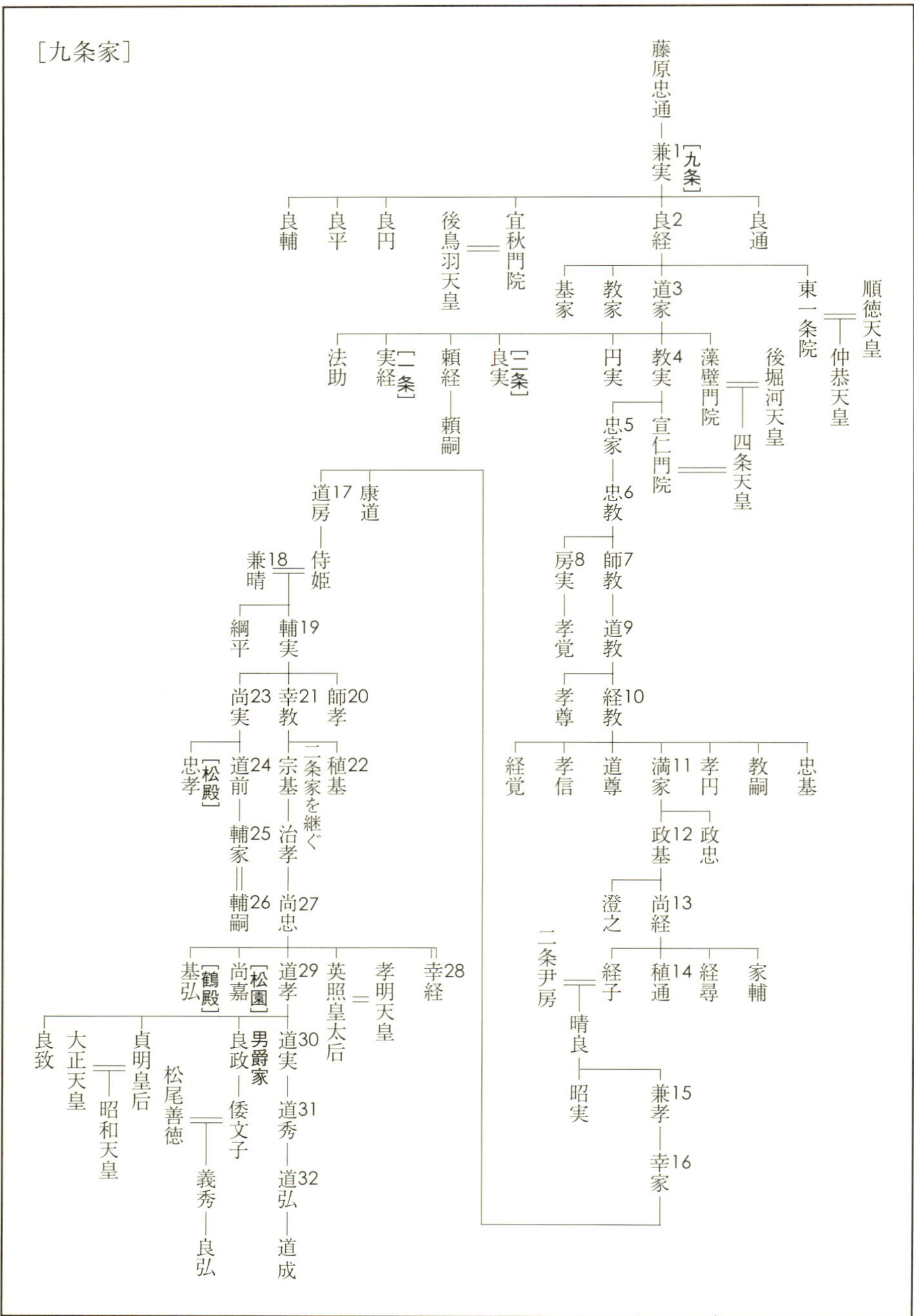

[九条家]
藤原忠通
兼実1［九条］
良輔
良平
良円
後鳥羽天皇
宜秋門院
良経2
良通
基家
教家
道家3
東一条院
順徳天皇
仲恭天皇
法助
実経［一条］
頼経
頼嗣
良実［二条］
円実
教実4
藻壁門院
後堀河天皇
四条天皇
忠家5
宣仁門院
忠教6
房実8
孝覚
師教7
道教9
孝尊
経教10
経覚
孝信
道尊
満家11
孝円
教嗣
忠基
政基12
政忠
澄之
尚経13
二条尹房
経子
稙通14
経尋
家輔
晴良
昭実
兼孝15
幸家16
道房17
康道
兼晴18
侍姫
綱平
輔実19
尚実23
幸教21
師孝20
忠孝［松殿］
道前24
宗基
二条家を継ぐ
稙基22
輔家25
治孝
輔嗣26
尚忠27
基弘［鶴殿］
尚嘉［松園］
道孝29
英照皇太后
孝明天皇
幸経28
良致
大正天皇
貞明皇后
昭和天皇
松尾善徳
義秀
良弘
良政
男爵家
倭文子
道実30
道秀31
道弘32
道成

は、延宝七年（一六七九）に新田三五〇〇石を分知されて旗本となった。四代広民は長崎奉行、勘定奉行を歴任、六代広正は田安家家老をつとめた。

また、重之の五男広籌は、享保五年（一七二〇）に父の遺領から二〇〇〇石、さらに新墾田三〇〇〇石を与えられて、計五〇〇〇石の旗本となった。三代広徳は浦賀奉行をつとめている。

朽木家　〇くつき

丹波福知山藩主。近江国高島郡朽木荘（滋賀県高島市）発祥。宇多源氏佐々木氏。信綱が朽木荘の地頭となり、義綱の時に朽木氏を称した。鎌倉時代には一二カ国一六カ所に所領があった。

南北朝時代は足利尊氏に従い、室町時代は幕府の御家人となった。享禄元年（一五二八）、三好元長の京都侵入で追われた将軍足利義晴を朽木谷に迎えたことから、以後将軍の奉公衆となった。

戦国時代元綱は浅井氏に従っていたが、元亀元年（一五七〇）に織田信長が越前の朝倉氏を攻めた際、浅井長政の離反で窮地に陥った信長を助け、以後信長に仕えた。信長の死後は豊臣秀吉に仕えて朽木で二万五〇〇〇石を領した。

【交代寄合家】元綱は関ヶ原合戦では西軍に属していたが、のち東軍に転じ、旧領のうち九五九〇石を安堵され、朽木谷市場に陣屋を置いた。元綱の死後、その遺領は三分割され、長子宣綱が六四七〇石余を継いで交代寄合となった。その子智綱の時にさらに分知して四七〇〇石となる。

【旗本家】元綱の二男友綱は一家を興して二代将軍秀忠に仕えて近江国栗太郡で一〇〇〇石を与えられた。父元綱の没後、遺領のうち二〇一〇石を分知されて三〇一〇石となる。

【丹波福知山藩主】元綱の三男稙綱は徳川家光に仕えて累進し、寛永一三年（一六三六）下野鹿沼藩一万石を立藩、慶安二年（一六四九）常陸土浦三万石に転じた。その子稙昌は寛文九年（一六六九）丹波福知山三万二〇〇〇石に転封。九代藩主昌綱は前野良沢に学び、地理学書『泰西輿地図説』を著すなど、蘭学大名として知られた。明治一七年綱貞の時に子爵となる。

【寄合家】土浦藩主稙綱の二男則綱は寛文元年（一六六一）に父の遺領のうち常陸国真壁郡で三〇〇〇石を分知されて寄合に列した。天和元年（一六八一）五代将軍綱吉の長男徳松の傅役となり六〇〇〇石に加増されている。子直綱は書院番頭、大番頭を歴任、以後も書院番頭や大番頭をつとめたものが多い。

《系図》194ページ

久邇家　〇くに

旧皇族。明治八年伏見宮邦家親王の子朝彦親王が久邇宮家を創設。大正一二年邦彦王の二男邦久が皇籍を離脱して久邇家を興し、侯爵となった。昭和二二年には邦彦王の長男の朝融も臣籍に降下し、久邇を姓とした。

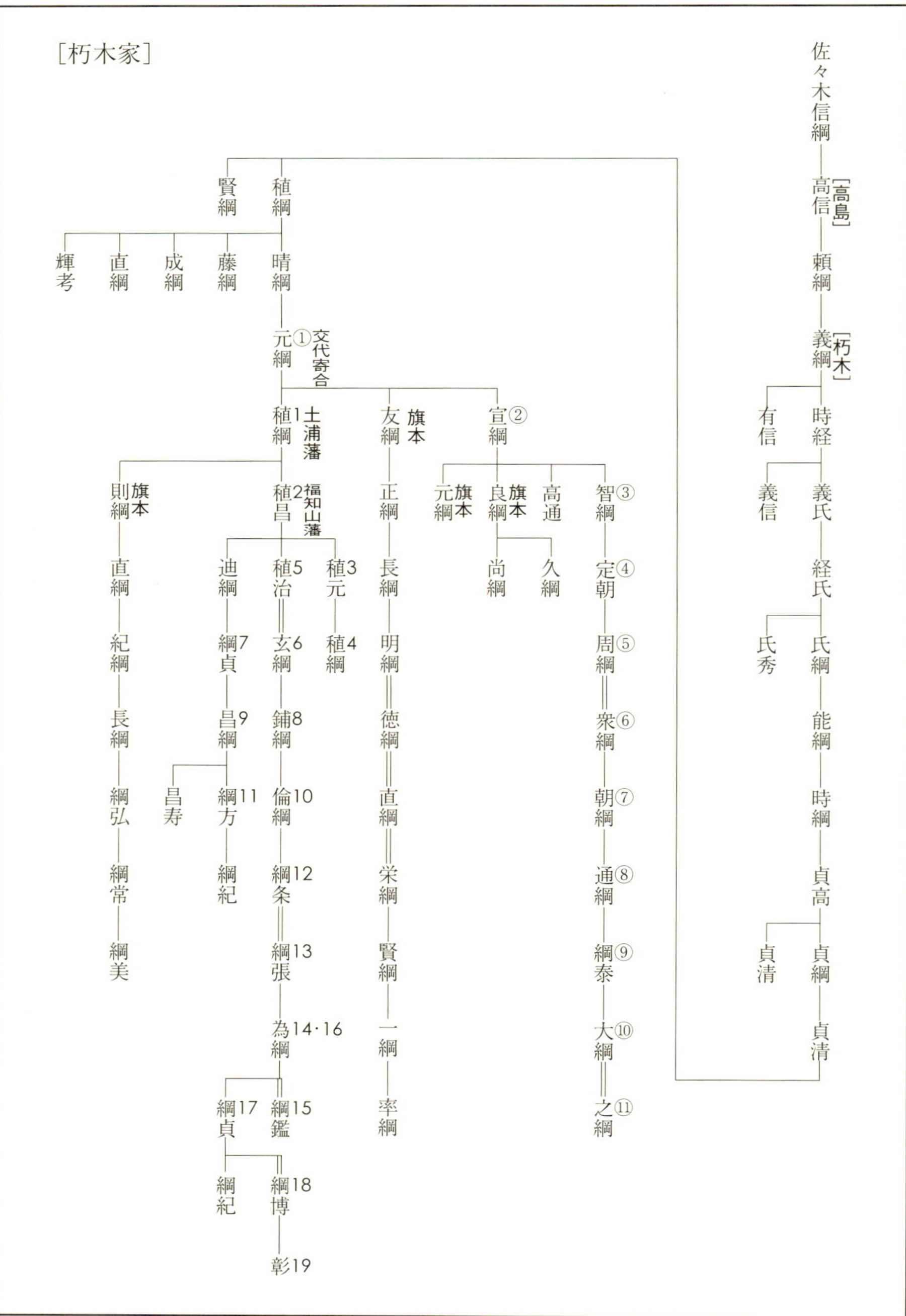
[朽木家]
佐々木信綱
[高島]
高信
頼綱
[朽木]
義綱
時経
有信
義氏
義信
経氏
氏綱
氏秀
能綱
時綱
貞高
貞綱
貞清
貞清
稙綱
賢綱
晴綱
藤綱
成綱
直綱
輝孝
元綱①
交代寄合
稙綱1
土浦藩
友綱
旗本
宣綱②
則綱
旗本
稙昌2
福知山藩
正綱
元綱
旗本
良綱
旗本
高通
智綱③
直綱
迪綱
稙治5
稙元3
長綱
尚綱
久綱
定朝④
紀綱
綱貞7
玄綱6
稙綱4
明綱
周綱⑤
長綱
昌綱9
鋪綱8
徳綱
衆綱⑥
綱弘
昌寿
綱方11
倫綱10
直綱
朝綱⑦
綱常
綱紀
綱条12
栄綱
通綱⑧
綱美
綱張13
賢綱
綱泰⑨
為綱14・16
一綱
大綱⑩
綱貞17
綱鑑15
率綱
之綱⑪
綱紀
綱博18
彰19

国司家　○くにし

長州藩家老。安芸国高田郡国司荘（広島県安芸高田市吉田町国司）発祥。高階氏。建武三年（一三三六）高師泰の子師武は国司荘を与えられて国司氏を称し、郡山城の毛利師親に属して以後代々家老をつとめたという譜代の家臣。戦国時代は吉常ヶ城に拠った。

江戸時代は長州藩家老となる。幕末に家老をつとめた国司信濃（親相）は禁門の変の責任をとって自刃した。明治三三年直行の時に男爵となった。

長州藩士には分家が多い。

久野家　○くの

紀伊藩家老。遠江国周智郡久野郷（静岡県袋井市）発祥。藤原氏を称す。戦国時代は久野城に拠り、代々今川氏に従っていたが、桶狭間合戦後、宗能が徳川家康に仕えた。天正一八年（一五九〇）の関東移封では下総佐倉で一万三〇〇〇石が与えられた。慶長元年（一五九六）、宗能の子宗朝が私怨から三宅正次を殺害したため改易。関ヶ原合戦後、宗能が遠江久野八五〇〇石で再興した。元和元年（一六一五）宗成が紀伊藩家老に就任、伊勢田丸城主一万石となる。以後代々家老として和歌山城下に住んだため、田丸には名代を派遣していた。

なお、宗朝の三男宗次はのちに召し出され、六〇〇〇石の旗本として再興している。

熊谷家　○くまがい

長州藩重臣・旧戦国大名。武蔵国大里郡熊谷郷（埼玉県熊谷市）発祥で、桓武平氏。平維方の二男盛方は北面の武士だったが罪を得て誅せられ、子直貞が武蔵国熊谷に逃れて熊谷氏を称したのが祖。盛方は源義家に従った。直実は源頼朝に従って熊谷郷の地頭となる。鎌倉時代以降各地に広がったが、そのなかでも気仙沼・安芸・近江・三河の熊谷氏が著名で、とくに安芸熊谷氏は戦国大名となった。

安芸熊谷氏は承久三年（一二二一）、直時が安芸国安佐郡三入荘（広島県広島市安佐北区可部町）の地頭となり土着したのが祖。のち、弟の祐直との所領争いがおこったため、文暦二年（一二三五）幕府は直時に三分の二、祐直に三分の一で分けるよう裁許した。しかし、その後は伊勢ヶ坪城（可部町大林）に拠った直時の本荘方と、桐原城に拠った祐直の新荘方に分裂した。南北朝時代は北朝方につき、守護武田氏に属した。室町時代、本荘方の膳直が新荘方を滅ぼして一族を統一した。以後も武田氏に属していたが、戦国時代、信直の時に高松城（可部町下町屋）に移って毛利氏に転じ、信直は毛利元就の重臣として活躍した。江戸時代は長州藩士となる。家格は寄組。家禄は当初二〇〇〇石だったが、途中跡継ぎのないまま当主が死去することがあり、一〇〇〇石となっている。

支流に矢野城（広島市安芸区矢野町）に拠った矢野熊谷氏がある。

熊谷家　○くまがい

鳩居堂創業家。熊谷直実の末裔と伝える。寛文三年（一六六三）熊谷直心が京都寺町で薬種商として創業。享保年間（一七一六〜三六）に薫香販売に転じ、筆墨紙なども扱って、室鳩巣から「鳩居堂」という名を与えられた。江戸時代後期には頼山陽の指導で筆墨の自家製造を始めている。

維新後、宮中御用をつとめるようになり、明治一三年銀座尾張町（東京都中央区銀座五丁目）に東京出張所を開設。昭和一七年に株式会社化し、鳩居堂製造、京都鳩居堂、東京鳩居堂に三分割している。

倉田家　○くらた

陸奥国会津若松城下（福島県会津若松市）の豪商。近江国甲賀郡（滋賀県）の出で、宇多源氏佐々木氏の一族という。蒲生氏郷の会津入りに従って近江から来たとも、すでに永禄五年（一五六二）に会津に移り住んでいたともいう。蒲生氏郷の会津若松転封の際に城下町造りに功をあげて、町年寄となった。江戸時代は、大町の本家と馬場町の分家の二家に分かれた。ともに検断をつとめている。

倉橋家　○くらはし

公家。安倍氏の庶流。慶長一七年（一六一二）土御門久脩の二男泰吉が一家を興し、倉橋家を称した。家格は半家。家職は陰陽道。家名は遠祖の阿倍倉梯麻呂が倉橋大臣と呼ばれたことにちなむ。江戸時代の家禄は一五〇石。明治一七年泰顕の時に子爵となるが、大正四年泰昌の死後爵位を失った。

久留島家　○くるしま

豊後森藩主。伊予国野間郡久留島（愛媛県今治市来島）発祥。瀬戸内海の村上水軍三家のうちの一つ来島村上氏の末裔。代々河野氏に属していたが、天正一〇年（一五八二）通総は織田方に転じ、豊臣秀吉に属した。以後来島氏と改称、秀吉の四国攻めの後は伊予風早で一万四〇〇〇石を領した。

【豊後森藩主】 関ヶ原合戦の際、長親は西軍に属したため一旦所領を没収されたが、慶長六年（一六〇一）豊後森（大分県玖珠郡玖珠町）一万四〇〇〇石で再興。元和二年（一六一六）通春の時に久留島家と改めた。

幕末、通靖は藩論を尊王攘夷にまとめ、戊辰戦争では官軍側に参加したが、明治一二年に二九歳で死去、弟の通簡が久留島家を継ぎ、一七年子爵となる。長男ながら家を継げなかった通寛の子が児童文学者武彦である。その女婿秀三郎は、作家の傍ら、ボーイスカウト日本連盟総長としても著名。

森陣屋は維新後も昭和初期まで役所として使用されていたが、その後撤去。陣屋跡は三島公園として整備され、現存する栖鳳楼は大分県指定有形文化財、庭園は国の名勝に指定されている。

また、森町には久留島記念館がある。

【旗本】 通春の二男通貞は明暦元年に一

〇〇〇石を分知され、天和二年二五〇〇石に加増された。

黒川家　○くろかわ

羊羹で有名な虎屋の創業家。江戸時代以前は京都にあった。平安遷都の際に平城京から移り住んだと伝えられ、一条室町東入に店を構えて禁裏御用をつとめていた。代々近江大掾と称した。明治時代に東京に本拠を移している。

黒田家　○くろだ

福岡藩主。近江国伊香郡黒田（滋賀県長浜市木之本町）発祥で、高政の時備前国邑久郡福岡（岡山県瀬戸内市長船町）に移るという。宇多源氏京極氏の支流と称す。重隆の時赤松氏に属して播磨姫路に移る。職隆は小寺政職の重臣となり、政職の死後は小寺氏を称して国府山城（姫路市）に拠った。子孝高（如水）は黒田姓に復し、豊臣秀吉に仕えて参謀として活躍。天正一五年（一五八七）豊前中津一二万石に入封した。その子長政は関ヶ原合戦では東軍に属し、慶長五年（一六〇〇）筑前福岡五二万石余に加転となった。明治一七年長成の時に侯爵となる。長成は貴族院副議長、枢密顧問官などを歴任した。

長男の長礼は動物学者で、とくに鳥類の研究で著名。その子の長久も鳥類学者で山階鳥類研究所長をつとめる。

【筑前秋月藩主】 元和九年（一六二三）長興が五万石を分知され、秋月藩を立藩した。明治一七年長徳の時に子爵となる。

【男爵家】 黒田長政の四男高政が元和九年（一六二三）に四万石を分知されて、筑前東蓮寺藩を立藩したのが祖。延宝三年（一六七五）には直方藩と改称したが断絶した。元禄元年（一六八八）には光之の四男長清が五万石で再興したものの一代で再び廃藩となった。

明治二九年長知の四男長和が分家した際に三度再興し、男爵を授けられた。

《系図》198ページ

黒田家　○くろだ

福岡藩家老。もとは加藤氏を称していた。重徳は初め荒木村重に属し、のち黒田氏に仕えて黒田と改称した。江戸時代は福岡藩家老となり、筑前国下座郡で一万二〇〇〇石を領した。明治三三年一義の時に男爵を授けられた。

黒田家　○くろだ

上総久留里藩主。丹党中山氏の一族。中山直張の三男直邦が外祖父の黒田用綱に養われて黒田氏を称し、元禄一六年（一七〇三）常陸下館一万五〇〇〇石の藩主となって諸侯に列した。のち上野沼田を経て、寛保二年（一七四二）直純の時に上総久留里に移った。明治一七年和志の時に子爵となる。

黒田家　○くろだ

遠江国の代官。越前国黒田荘（福井県）発祥。もとは足利姓だったという。

義理が小笠郡を領した。永禄年間八代義則が平川（静岡県菊川市）に住み、徳川家康に従った。江戸時代は旗本本多氏のもとで、四五〇〇石を支配する代官となった。現在代官屋敷が残っており、長屋門は国指定重要文化財に指定されている。

黒田家　○くろだ

竹細工・柄杓師。千家十職。祖正玄は越前国の出で丹羽氏に仕えていたが、関ヶ原合戦後近江大津で竹細工師となった。小堀遠州の推挙で将軍家の柄杓師となり、以後代々正玄を称した。二代目は三代将軍家光の御用柄杓師となり、以来代々将軍家御用をつとめる。三代目からは表千家御用もつとめた。五代目の時に現在の北小路室町に移転、六代目は表千家だけでなく、裏千家、武者小路千家の御用もつとめた。現在の当主は一三代目である。

［黒田家］（福岡藩主）

- 小寺重隆—［黒田］職隆—孝高（如水）
  - 長政1〔福岡藩〕
    - 忠之2
      - 光之3
        - 綱政4—宣政5
        - 長清—継高6＝治之7＝治高8＝斉隆9—斉清10—純＝長溥11
          - 理玖＝長知12
            - 長成13—長礼14—長久15
              - 長高
              - 長明
            - 長和〔男爵家〕—長義—高正—高史
            - 長敬⑬
              - 長栄⑭
              - 長美
        - 綱之
      - 之勝
    - 長興①〔秋月藩〕—長重②—長軌③＝長貞④—長邦⑤
      - 長恵⑥
      - 此子＝山崎義俊
        - 長堅⑦＝長舒⑧
          - 長韶⑨—慶子＝長元⑩
            - 長義⑪
            - 豊福
            - 信民
            - 忠毅
            - 長徳⑫
          - 利亮
          - 長尚
    - 高政
  - 一成〔三奈木黒田〕—女＝久野重時
    - 一任

桑原家　○くわばら

公家。菅原氏。延宝年間に五条為庸の四男長義が桑原家を称した。家格は半家。家職は紀伝道。家禄は三〇石三人扶持。明治一七年輔長の時に子爵となるが、大正八年爵位を返上した。

桑山家　○くわやま

旗本・旧大名。尾張国海東郡桑山（愛知県）発祥。藤原北家秀郷流。結城宗広の三男親治が桑山氏を称した。重晴は初め丹羽長秀に仕えていたが、のち豊臣秀吉に仕えて、紀伊和歌山で三万石を領した。

【大和新庄藩主】重晴は関ヶ原合戦では東軍に属し、戦後孫の一晴は二万石を継承して大和布施藩を立藩。跡を継いだ弟の一直の時に新庄村に陣屋を構えて新庄藩となった。天和二年（一六八二）、四代将軍家綱の法要の饗応役となった五代一尹が将軍の忌諱に触れて改易となった。

【大和御所藩主】重晴の二男元晴は、関ヶ原合戦後大和葛上郡で二〇〇〇石を与えられ、同年父の死去で八〇〇〇石を分知されて一万石となり、御所藩を立藩した。のち二万六〇〇〇石となる。寛永六年（一六二九）二代貞晴が嗣子のないまま死去して断絶した。

のち貞晴の弟の栄晴が一〇〇〇石の旗本として再興した。

【旗本】一尹の弟一慶は延宝五年（一六七七）大和国葛下郡で一二〇〇石を分知されて旗本となり、のち堺奉行、大坂町奉行を歴任した。

け

慶松家　○けいまつ

京都の薬種商。室町幕府一〇代将軍足利義稙の庶子慶松丸が七歳で越前の朝倉氏に預けられ、のち慶松氏を称したのが祖。朝倉氏のもとで有力商人となったが、その滅亡後薬種商となり、京都に住んだ。

こ

小泉家　○こいずみ

三重県松阪市で代々医家をつとめた旧家。戦国時代は北畠氏に仕え、その滅亡後は蒲生氏に仕えたという。江戸時代は松坂・魚町で代々医師となり、四代目見庵は本居宣長の友人として知られる。その旧家は「まどいのやかた」として公開されている。

小出家　○こいで

江戸時代の大名。信濃国伊那郡小出（長野県伊那市）発祥。藤原南家で工藤氏とも二階堂氏ともいう。小出城に拠った。室町時代に諏訪に移り、社家と武家に分裂した。

　のち、一族の祐重が尾張国愛知郡中村（愛知県名古屋市中村区）に移り住んだという。

【但馬出石藩主】秀政は同郷の豊臣秀吉に仕え、さらに大政所の妹を正室に迎えたこともあって累進し、天正一三年（一五八五）には和泉岸和田で三万石を領し、その長男吉政は但馬出石で六万石を領した。

　関ヶ原合戦では秀政・吉政が西軍に属したが、秀政の二男秀家が東軍に与していたため、本領安堵され、吉政は岸和田藩を立藩。慶長一八年（一六一三）五万石となり、元和五年（一六一九）但馬出石に転封。元禄九年（一六九六）英及が三歳で死去して断絶。

【丹波園部藩主】慶長一八年（一六一三）吉政が死去した際、二男吉親は出石三万石を継いで出石藩主となり、元和五年（一六一九）丹波園部に転封となった。明治一七年英延の時に子爵となる。

【和泉陶器藩主】岸和田藩主秀政の四男三尹は慶長九年（一六〇四）に一万石を分知され、和泉国大鳥郡陶器に陣屋を置いて陶器藩を立藩した。元禄九年（一六九六）四代重興は、弟重昌を養子に願い出たが、許可がおりる前に死去して断絶となった。

【旗本】和泉陶器藩主三尹の四男尹明は一家を興して旗本となり、一一〇〇石を知行した。子有仍は甲府藩主徳川家宣の付家老となって五〇〇〇石に加増されたが、子尹倫が九歳で死去して一時断絶。正徳二年（一七一二）に尹倫の弟の尹従が父の遺領を継いで再興した。

《系図》201ページ

小今井家　○こいまい

豊前国上毛郡宇島（福岡県豊前市）の豪商。もとは豊前国小祝浦で亀安を称して漁業を営んでいたが、助蔵の時に米穀の売買を始めた。文政年間（一八一八〜二九）に宇島に居を移して万屋と号した。

　三代目末広は酒造業も兼ね、天保七年（一八三六）には上毛郡内で通用する私札も発行する豪商となった。同一一年には小倉藩産物会所御用も命じられ、江戸城西の丸焼失による藩の幕府への献金二万五〇〇〇両のうち七〇〇〇両を引き受

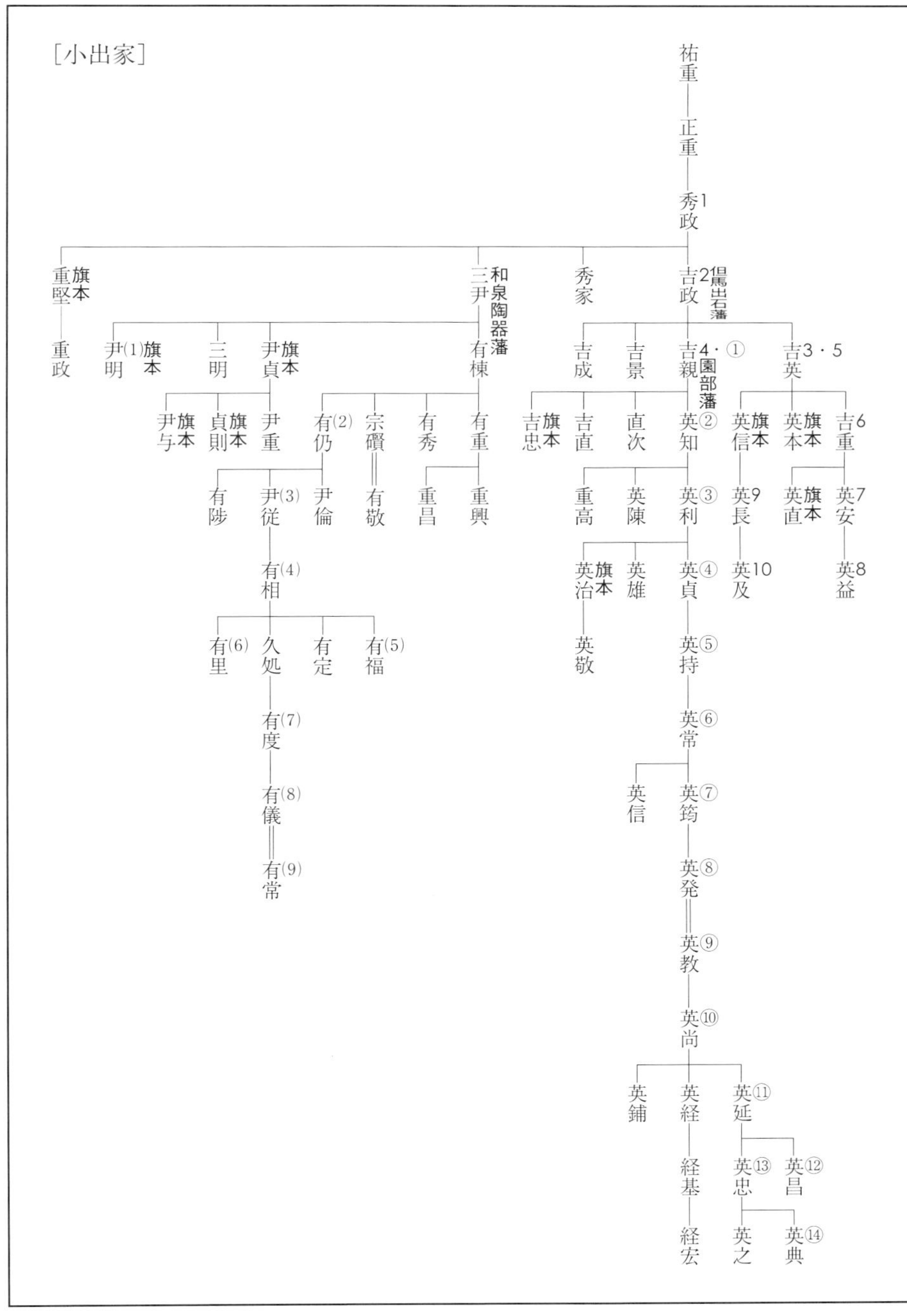
[小出家]
祐重
正重
秀政 1
重堅 旗本
三尹 和泉陶器藩
秀家
吉政 2 但馬出石藩
重政
尹明 (1) 旗本
三明
尹貞 旗本
有棟
吉成
吉景
吉親 4・① 園部藩
吉英 3・5
尹与 旗本
貞則 旗本
尹重
有仍 (2)
宗礩
有秀
有重
吉忠 旗本
吉直
直次
英知 ②
英信 旗本
英本 旗本
吉重 6
有陟
尹従 (3)
尹倫
有敬
重昌
重興
重高
英陳
英利 ③
英長 9
英直 旗本
英安 7
有相 (4)
英治 旗本
英雄
英貞 ④
英及 10
英益 8
有里 (6)
久処
有定
有福 (5)
英敬
英持 ⑤
有度 (7)
英常 ⑥
有儀 (8)
英信
英筠 ⑦
有常 (9)
英発 ⑧
英教 ⑨
英尚 ⑩
英鋪
英経
英延 ⑪
経基
英忠 ⑬
英昌 ⑫
経宏
英之
英典 ⑭

けている。慶応元年（一八六五）名字を小今井に改めた。

維新後も、明治一二年に浄土真宗の大教校を創立、三〇年には国鉄宇島駅の開業にあたって三町歩の土地を献納するなど、地元の発展に尽くした。

国府寺家　○こうでら

姫路城下を代表する豪商。播磨国司の末裔で、中世には飾東郡志深荘（兵庫県姫路市）に政所を置いて、国政をみていたという。同地は代々国府寺家が所領、江戸時代には国府寺村と呼ばれていた。

慶長一四年（一六〇九）、姫路城主池田輝政より城下本町に屋敷を拝領、以後藩主の変更にもかかわらず代々姫路町の大年寄をつとめた。祝賀の際には町人の惣代として藩主に伺候し、宝暦二年（一七五二）名字帯刀が許され、安永二年（一七七三）には藩から五〇石一〇人扶持を与えられている。

鴻池家　○こうのいけ

大坂の豪商。尼子氏に仕えた戦国武将山中鹿助の子孫。鹿助の二男信六幸元が摂津国川辺郡鴻池（兵庫県宝塚市長尾町）に住んで鴻池氏を称し、清酒造りを始めたのが祖と伝える。元和年間に大坂に進出、大坂店を継いだ新六の八男正成は海運業に乗り出し、大名貸も行った他、両替店を開いて豪商となり、以後実質的に本家となる。代々善右衛門を称し、二代之宗の時に今橋（大阪市中央区今橋）に移り、以後本邸となった。

三代宗利は酒造業・海運業を廃業して両替商のみとなり、宝永四年（一七〇七）には河内国若江郡に鴻池新田を開発している。

維新後、明治九年に第十三国立銀行を創立。三〇年には閉店、新たに鴻池銀行を設立して引き継いだ。四〇年幸方の時に男爵となる。昭和八年、鴻池銀行は三十四銀行、山口銀行と合併して三和銀行となっている。

分家は多いが、和泉町に住んだ又右衛門家や、四代宗貞の養子善八を祖とする善五郎家が著名。

《系図》203ページ

甲良家　○こうら

幕府の作事方大棟梁。近江国の出で、戦国時代の甲良次郎左衛門光氏が祖。慶長元年（一五九六）宗広が徳川家康に抱えられて江戸に移り、日光東照宮や寛永寺五重塔などをてがけた。以後、明治維新まで代々作事方大棟梁を世襲している。東京都立中央図書館に「甲良家文書」が保管されている。

高力家　○こうりき

旗本・旧大名。三河国額田郡高力（愛知県額田郡幸田町高力）発祥、桓武平氏。直鎮が足利尊氏に仕えて三河国八名郡に所領を与えられて三河熊谷氏となり、重実の時に同郡宇利に転じて宇利熊谷氏と称した。正直の時に同国額田郡高力郷（額田郡幸田町）に住み、その子重長の時に高力氏と改称した。重長は松平清康に仕え、以後代々松平氏に従った。清長は徳川家康に仕えて、関東入国で武蔵岩槻二万石を与えられた。忠房は元和五年（一六一九）浜松三万石を経て、同一五年肥前島原四万石に入封。寛文八年（一六六八）高長の時藩政不行届として改易された。

延宝八年（一六八〇）長男忠弘は許され、天和三年（一六八三）に二〇〇〇俵の旗本として再興。貞享三年（一六八六）下総国匝瑳・海上両郡で三〇〇〇石となった。幕末、下総守は京都町奉行をつとめている。

忠房の三男政房は明暦二年（一六五六）肥前国で三〇〇〇石を分知されて寄合となり、寛文八年（一六六八）に兄高長が改易となった際に、采地を出羽国村山郡に移された。幕末、直尋は寄合肝煎となっている。

香林坊家 ○こうりんぼう

加賀国金沢（石川県金沢市）の町年寄

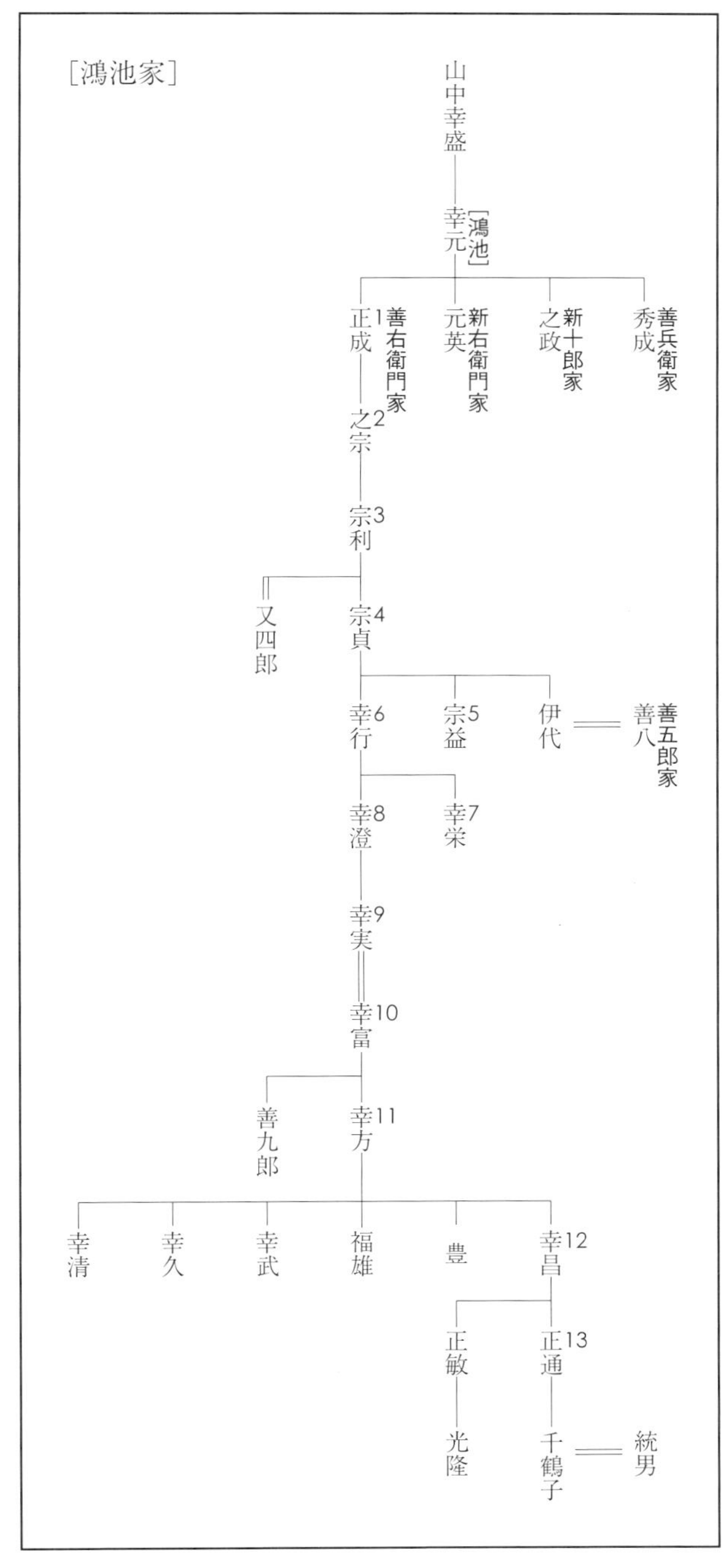

家。祖向田兵衛は越前朝倉家に仕えていたが、その没落後加賀国石川郡倉谷村に移り、さらに天正八年（一五八〇）に金沢に出て薬種商となった。ここに、比叡山の役僧であった香林坊が還俗して入婿となり、以後香林坊を称した。目薬をもって前田家に出入りし、二代目喜兵衛の時に町年寄となる。なお、家業は目薬から金物商、質屋などと転々とした。

久我家　○こが

公家。村上源氏の嫡流。山城国乙訓郡久我村（京都府京都市伏見区）発祥。源顕房の子雅実が祖。久我家の家号が定着するのは鎌倉時代初期の通光以降。清華家の一つ。家職は有職故実・笛。江戸時代の家禄は当初久我村二〇〇石で、寛文四年（一六六四）河内国志紀郡弓削村（大阪府八尾市）で五〇〇石を加増されて七〇〇石となった。明治一七年通久の時に侯爵となる。

明治三一年、常通の弟通保は分家して男爵を授けられた。

《系図》205ページ

国分家　○こくぶ

伊勢松阪（三重県松阪市）の豪商。国分創業家。もとは常陸国の出といい、戦国時代に伊勢に転じて北畠氏に仕え、江戸時代になって伊勢国飯南郡射和で帰農したという。その後、松阪に出て商家となり、代々勘兵衛を称した。

正徳二年（一七一二）四代目勘兵衛が常陸土浦で醤油の醸造も始めると同時に、江戸・日本橋本町に大国屋と号して店舗を開設、自家製醤油の販売を行った。安政六年（一八五九）八代目勘兵衛が製茶貿易に乗り出す一方、明治一三年には醤油醸造を廃業し、食品販売問屋に専念した。

一〇代勘兵衛が株式会社に改組。長男貫一は戦後種類配給公団副総裁などをつとめたのちに一一代目を襲名。平成三年にはその長男の章一が一二代目勘兵衛を継いだ。

五条家　○ごじょう

公家。菅原氏。鎌倉時代中期に高辻為長の四男高長が祖。当初は坊城家を称し、為視の頃から五条家と号した。五条の家号は遠祖菅原道真の邸宅のあった場所にちなむ。家格は半家。家職は紀伝道。大学頭や文章博士などをつとめた。

永禄六年（一五六三）為康が急死して一時中絶した。元亀二年（一五七一）、高辻家の養子となっていた二男の貞長（為経）が五条家を相続して再興したが、跡継ぎのいなくなった高辻家は中絶している。江戸時代の家禄は一七一石余。江戸時代後期には相撲の司家となっている。明治一七年為栄の時に子爵となる。

《系図》206ページ

五条家　○ごじょう

筑後五条氏。清原氏で、延元三年（一三三八）頼元が懐良親王に従って九州に下向し、筑前国三奈木荘（福岡県朝倉市）で没した。以後代々南朝に属し、のち筑

こ

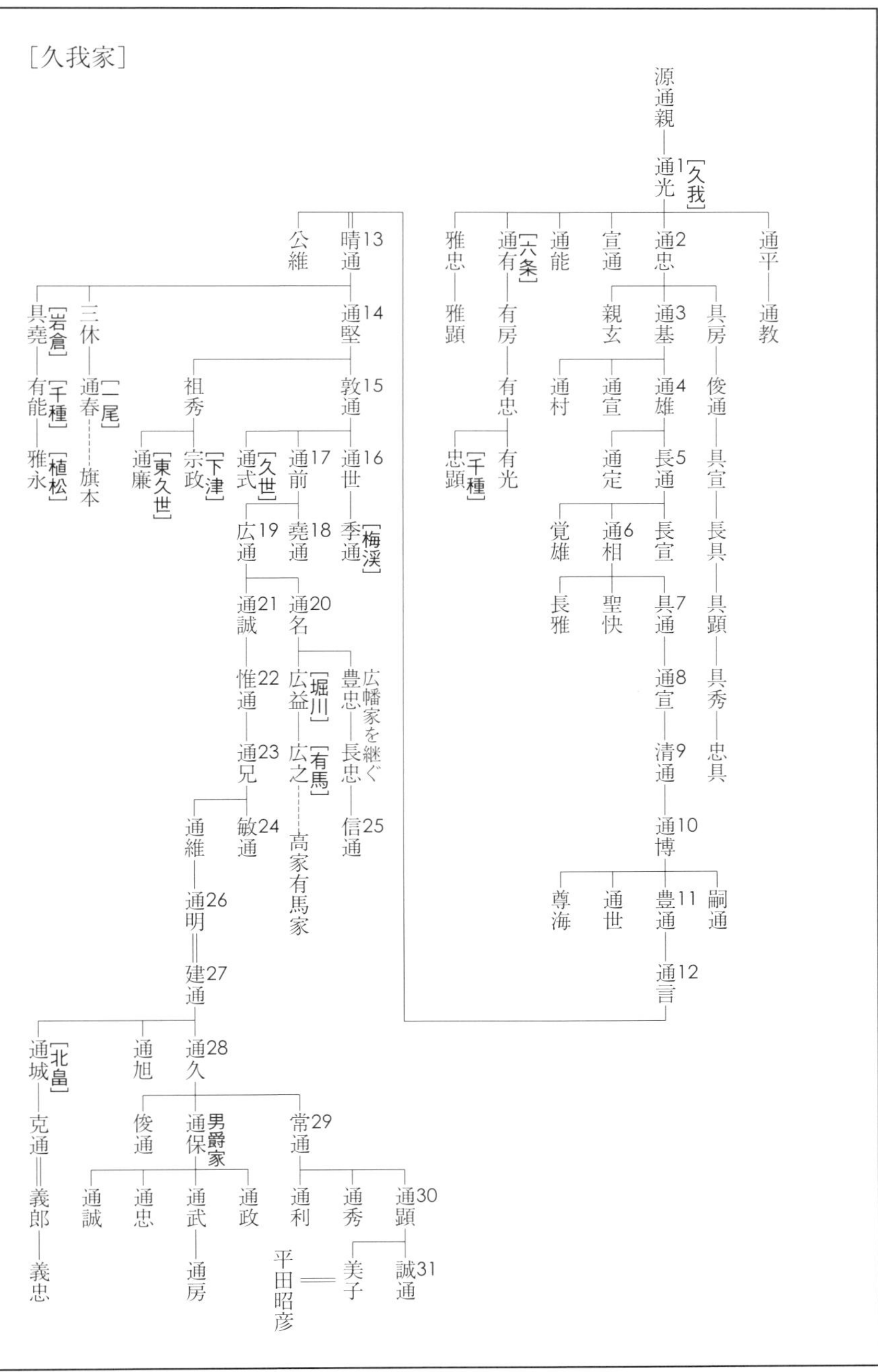
[久我家]
源通親
通光 1 [久我]
通忠 2
宣通
通能
通有 [六条]
雅忠
通平
通教
雅顕
有房
有忠
有光
忠顕 [千種]
通基 3
親玄
具房
俊通
具宣
長具
具顕
具秀
忠具
通雄 4
通宣
通村
長通 5
通定
通相 6
長宣
覚雄
具通 7
聖快
長雅
通宣 8
清通 9
通博 10
豊通 11
嗣通
通世
尊海
通言 12
晴通 13
公維
通堅 14
三休
通春 [一尾]
旗本
具堯 [岩倉]
有能 [千種]
雅永 [植松]
敦通 15
祖秀
宗政 [下津]
通廉 [東久世]
通世 16
季通 [梅渓]
通前 17
通式 [久世]
堯通 18
広通 19
通名 20
通誠 21
豊忠
広幡家を継ぐ
長忠
信通 25
広益 [堀川]
広之 [有馬]
高家有馬家
惟通 22
通兄 23
敏通 24
通維
通明 26
建通 27
通久 28
通旭
通城 [北畠]
克通
義郎
義忠
常通 29
通保 男爵家
俊通
通政
通武
通忠
通誠
通房
通顕 30
通秀
通利
誠通 31
美子
平田昭彦

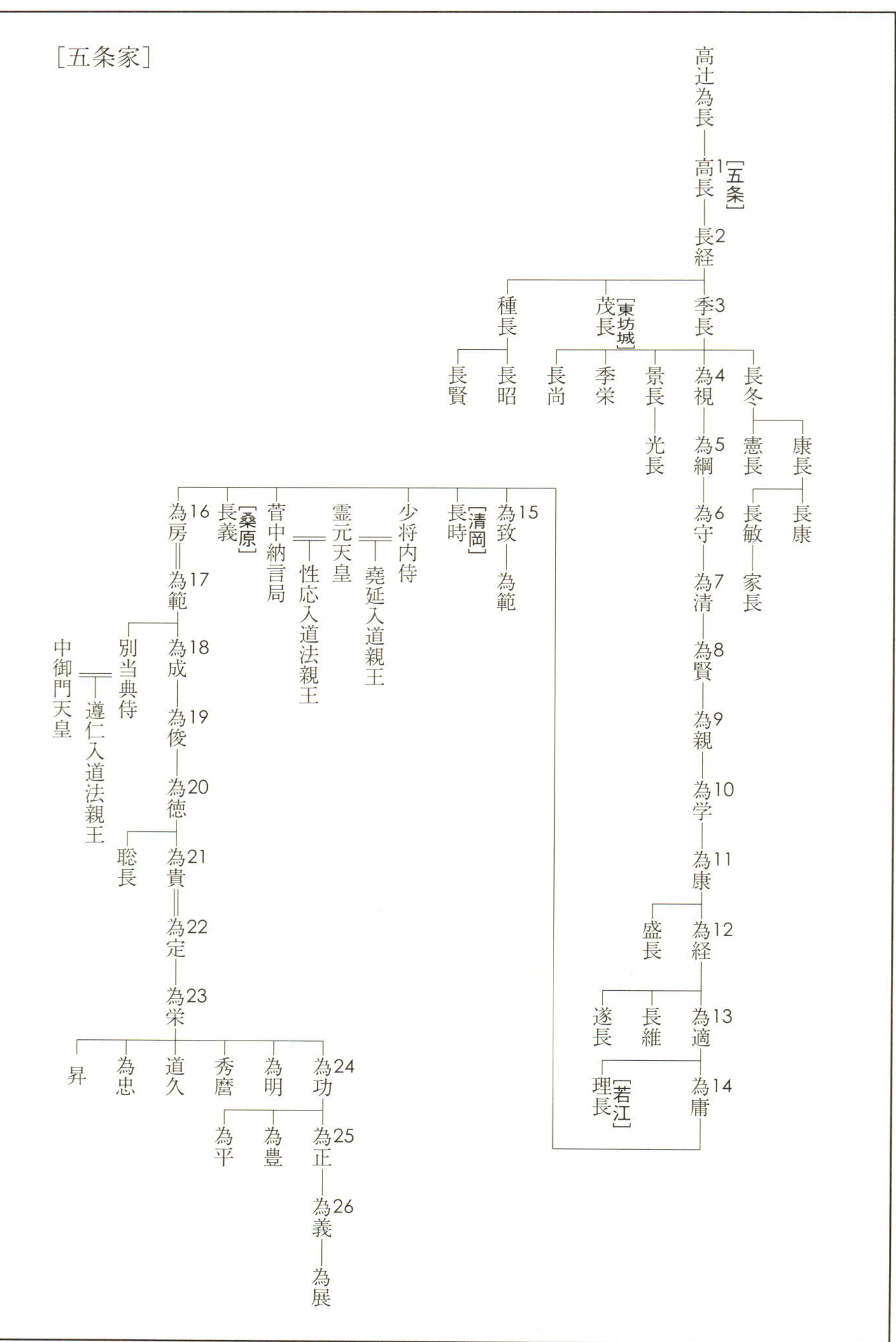
[五条家]
高辻為長
1 高長 [五条]
2 長経
種長
茂長 [東坊城]
3 季長
長賢
長昭
長尚
季栄
景長
4 為視
長冬
光長
5 為綱
憲長
康長
長敏
長康
6 為守
家長
7 為清
8 為賢
9 為親
10 為学
11 為康
盛長
12 為経
遂長
長維
13 為適
理長 [若江]
14 為庸
15 為致
為範
長時 [清岡]
少将内侍
尭延入道親王
霊元天皇
性応入道法親王
菅中納言局
長義 [桑原]
16 為房
17 為範
別当典侍
中御門天皇
遵仁入道法親王
18 為成
19 為俊
20 為徳
聡長
21 為貴
22 為定
23 為栄
昇
為忠
道久
秀麿
為明
24 為功
為平
為豊
25 為正
26 為義
為展

後天部に土着した。戦国時代は菊池氏、大友氏を経て、八代に移り、統康は矢部氏と改称。寛永三年（一六二六）柳河藩士となった。宝暦三年（一七五三）頼永の時五条氏に復姓、明治三〇年男爵となった。「五条家文書」は国指定重要文化財である。

巨勢家　○こせ

旗本。大和国の出で、大和国高市郡巨勢郷（奈良県御所市古瀬）発祥の古代豪族巨勢氏の子孫というが、利次のいとこにあたる正清が外祖父の中井氏を継いでいたことから、『寛政重修諸家譜』では橘姓に収められている。

江戸時代は紀伊藩士となっていたが、吉宗の八代将軍就任にともなって、至信と叔父の由利がともに幕臣に転じ、いずれも三河国で五〇〇〇石を領した。

至信は宝飯郡形原村（愛知県蒲郡市）に陣屋を置いて形原巨勢家となり、子至忠は書院番頭をつとめた他、利和は大番頭となった。

また、由利は宝飯郡長沢村（愛知県豊川市）に陣屋を置いて長沢巨勢家となり、側御用取次をつとめている。

小谷家　○こたに

和泉国大鳥郡上神谷（大阪府堺市南区）の代官。平氏。鎌倉時代初期に和泉国大鳥郡上神谷に地頭として入部した。南北朝時代は小谷城で南朝に属し、戦国時代には根来党に属して織田信長に敗れて落城した。大坂夏の陣で功を立てて郷士に取り立てられ、その後伯太藩に仕えて、上神谷一三カ村の庄屋を統轄する触頭で、山年貢の取立てを行う山代官となった。

五島家　○ごとう

肥前福江藩主。五島列島の宇久島（長崎県）発祥。清和源氏武田氏を称す。文治三年（一一八七）家盛が宇久島を領したのが祖という。永徳三年（一三八三）覚の時に福江島に移り、のち辰の口城に拠った。純玄の時豊臣秀吉に従い、五島氏と改称した。

関ヶ原合戦では西軍に属して出兵したが、長門国赤間関で帰国し、江戸時代も引き続き福江藩主となった。明治一七年盛主の時に子爵となる。盛光は貴族院議員をつとめた。

【富江五島家】盛利の三男盛清は、明暦元年（一六五五）に三〇〇〇石を分知されて肥前富江（長崎県五島市富江町）に陣屋を置いて交代寄合富江五島家となった。

《系図》208ページ

五藤家　○ごとう

土佐藩家老。尾張国葉栗郡黒田（愛知県葉栗郡木曽川町黒田）の土豪の出で、土佐藩初代藩主山内一豊が生まれて以来補佐する譜代の家臣。浄基の時、一豊の父山内盛豊に仕え、その子為浄は一三歳で一豊に仕えた。天正元年（一五七三）の朝倉氏との戦では一豊が三段崎勘右衛門に左眼から右奥歯に射通されたが、為

浄は土足のまま主君一豊の顔を踏んで矢を抜き一命を救った。この矢の根は五藤家の家宝となっている。

同一一年、為浄は伊勢亀山城攻めで戦死、跡を継いだ弟の為重は慶長六年（一六〇一）の土佐入国にあたって安芸で一一〇〇石を知行した。のち家老に昇格して安芸郡土居（高知県安芸市）に住んだ。六代正全の時二八〇〇石に加増。

一〇代正形は維新後高知市に移住。大量の蔵書を県立図書館に寄贈して土佐史談会の基礎を築いた他、地元画家のパトロンとなるなど、郷土文化の発展に尽くした。一一代良政は土居村長をつとめている。

後藤家　○ごとう

金工家。祖祐乗は足利義政に金工家として認められ、装剣金具の製作で一家をなした。三代乗真は足利義輝に仕え、永禄五年（一五六二）近江坂本で戦死したという。四代光乗は、天正九年（一五八一）織田信長より大判分銅役を命じられ、以後後藤家は幕府の鋳金も担当することになった。子徳乗は天正長大判を鋳造している。八代即乗の時に三代将軍家光の招きで江戸に出て、一〇代廉乗の時に幕命により正式に京都を引き払った。江戸時代も権力と結びついて金工家として活躍した。この間に十数家の分家が生まれ、宗家を助けた。

明治九年廃刀令をもって装剣金工の家

としては終了した。

《系図》210ページ

後藤家 ○ごとう

金座。江戸時代、金座で貨幣の鋳造を担当した後藤家は、金工家後藤家とは系図上の直接のつながりはない。戦国末期、斎藤道三によって滅ぼされた長井氏の子孫の庄三郎が後藤家に弟子入りし、文禄二年（一五九三）徳川家康から招聘された際に、後藤姓を許されて江戸に降った。以後、金座を設立して貨幣の鋳造を担当、一方で武士としても政権の中枢に近いところにいた。二代目以降は商

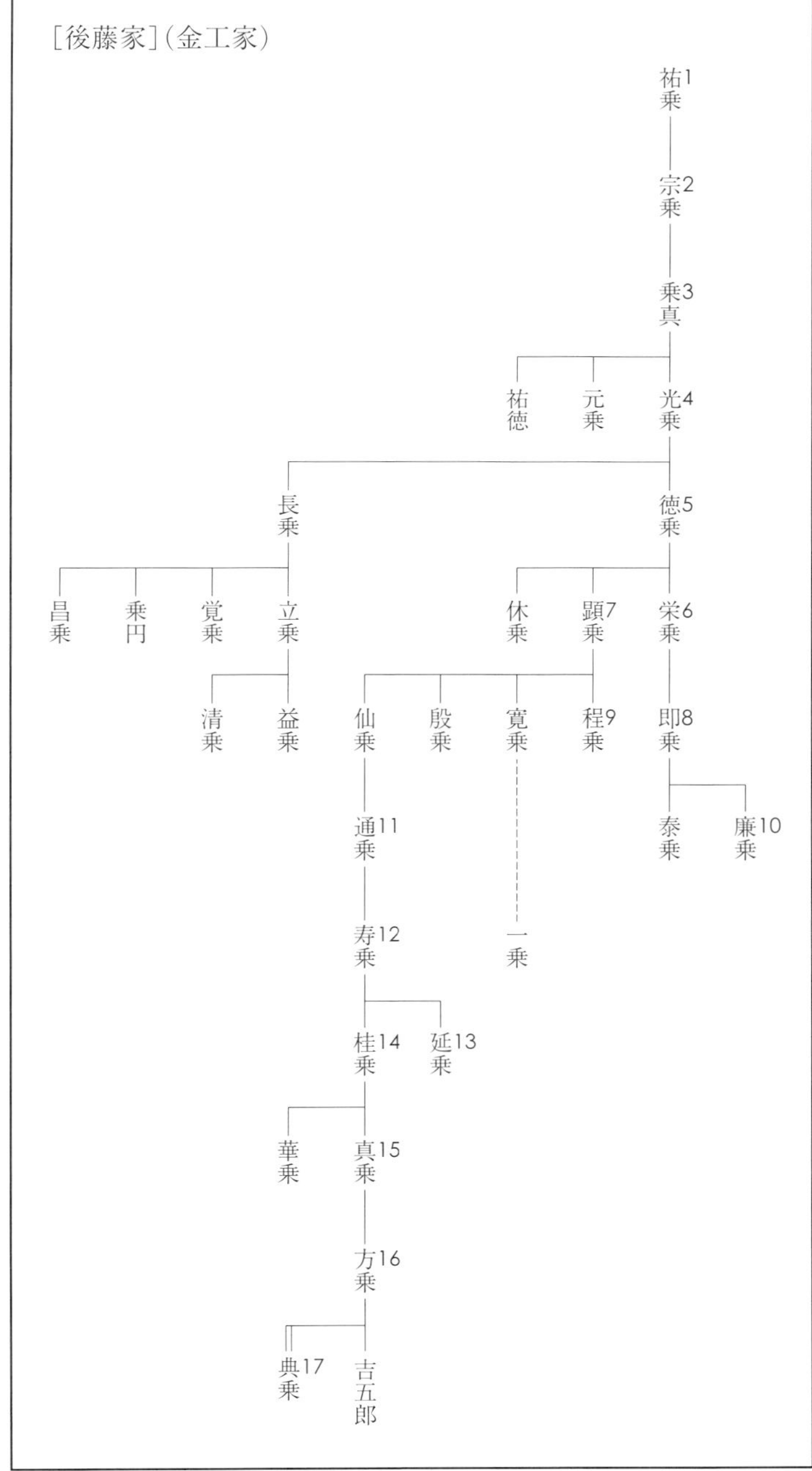

人となった。

後藤家　○ごとう

呉服師。「呉服後藤」と呼ばれた。『呉服師由緒書』によると、初代松林は徳川家康が岡崎にいた頃からの御用達であったという。島津家から二代目を継いだ忠正は家康から扶持も賜っている。その子長八郎忠直は二代将軍秀忠に小姓として仕え、相模国に所領も賜ったが病没、三男の清三郎吉勝が三代目を継いだ。吉勝は三代将軍家光から上総国大多喜に知行を貰い、旧領と合わせて五〇〇石を知行した。四代目の益勝の時に縫殿助を名乗る。以後代々縫殿助を称して公儀呉服師筆頭となり、将軍家や幕府、大奥の呉服御用をつとめた。

元禄時代になると越後屋などが新たに呉服師に追加されたことから、従来の呉服師は経営が苦しくなり、さらに八代将軍吉宗は公儀呉服師を減少させたが、後藤家は幕末まで続いている。

後藤家　○ごとう

伯耆米子の豪商。天文年間に石見国浜田から伯耆国米子に移住したもので、造船と海運業で栄えた。廻船問屋を営んで鳥取藩の海運を支え、代々市右衛門を称した。四代市右衛門は米子近郊の砂丘を畑地として開墾し上後藤村を開いている。六代直満は飛鳥井雅威に和歌と蹴鞠を学び、文化年間には上京して光格天皇から茶碗を賜っている。また、茶道を嗜み、本居宣長に入門するなど、米子を代表する文化人であった。

小西家　○こにし

丹後国熊野郡湊宮村（京都府京丹後市久美浜町）の豪商。同地にあった五軒屋と呼ばれた豪商のうち、本家本座屋、分家の新屋（あたらしや）・下屋（しもや）と三軒を小西家が占めていた。

戦国武将小西隠岐守盛信の末裔と伝える。孫の正智が永正四年（一五〇七）に一色義季の陣代として丹後国に移り住み、熊野郡の日村砦に拠った。正智の子宗雄の時に松井康之によって日村砦が落城すると湊宮村で帰農した。江戸時代には、回漕問屋の傍ら、周防国三田尻（山口県防府市）に塩田を持ち、製塩業も行っていた。

小西家　○こにし

兵庫県伊丹市の酒造家。祖は一色氏に仕えた小西石見守といい、天文一九年（一五五〇）伊丹に転じて薬種業の傍ら濁酒の醸造を始めた。文禄元年（一五九二）からは清酒業を本業とし、江戸時代初期に二代目宗宅が始めた清酒「白雪」が著名。現在の小西酒造である。

近衛家　○このえ

公家で五摂家の筆頭。藤原忠通の嫡男基実が祖。基実は平清盛の娘盛子（白川殿）を娶り、永万元年（一一六五）六条天皇の摂政となったが、翌年二四歳で死去。その嫡男基通は治承三年（一一七九）に清盛の推挙で関白・氏長者となった。基通は若い頃祖母源信子と同居しており、信子の没後、その邸宅であった近衛北室町東にあった近衛殿を継承、以後本第としたため、近衛家と称した。なお、近衛を正式に家名として使用したのは四代兼経以降である。

平家が滅亡すると、源頼朝は基通の叔父にあたる兼実を氏長者としたことから、以後藤原北家の嫡流は二家に分かれ、のちに成立した三家と合わせて五摂家となった。

鎌倉時代末期、永仁四年（一二九六）家基が死去すると、近衛家は長男家平と二男経平の二流に分かれた。家平・経忠は相次いで関白となったが、建武四年（一三三七）南朝方に奔ったことから、基嗣が関白となって近衛第に戻り、以後基嗣の末裔が近衛家の嫡流となった。このため、家平・経忠父子を歴代に入れるかどうかには説が割れている。

戦国時代には、尚通・稙家・晴嗣（前久）と足利将軍家から偏諱を受けるなど関係が深く、前久は関白に在職のまま越後に下向、さらに関東で政治活動。その後も島津氏と大友氏の和睦を図るなど、異色の関白であった。

江戸時代の家禄は一七九五石。信尹の没後は後陽成天皇の第四皇子信尋が継いでいる。幕末の忠煕は公武合体派の公家として活躍した。明治一七年篤麿の時に公爵となり、維新後も旧公家勢力の代表として力を持った。

篤麿の長男文麿は政治家となり、第二次大戦中に三度組閣した。文麿の長男文隆は戦前にゴルフ選手として活躍した。文麿の二男通隆は歴史学者で東大資料編纂所教授をつとめている。なお、細川護煕は近衛文麿の孫にあたる。

また文麿の弟の秀麿は大正八年に分家して子爵を授けられた。貴族院議員をつとめる一方、指揮者として活躍、新交響楽団の創設者でもある。長男秀健も作曲家・指揮者として活躍。

歴代の関白記をはじめ、貴重な資料類は陽明文庫に保管されている。

《系図》212ページ

古筆家　〇こひつ

古筆鑑定家。初代古筆了佐は近江国の出で、平沢弥四郎範定を称していた。近衛家に出入りして古筆を学び、豊臣秀次から古筆の名字を賜った。以後代々古筆鑑定をつとめる。二代目は了佐の四男了栄が継ぎ、戦後一三代了信の時に鑑定業を終了した。初代了佐の三男一村の子了任は江戸に移って一家を興し、その養子の了仲は幕府に取り立てられている。

小堀家　〇こぼり

旗本・旧近江小室藩主。近江国坂田郡小堀村（滋賀県長浜市小堀町）発祥。藤原北家秀郷流。正（政）次は浅井長政に従っていたが、その滅亡後豊臣秀吉に仕えた。

関ヶ原合戦では東軍に属して一万四四六〇石に加増され、備中松山藩を立藩。元和五年（一六一九）政一の時に近江小室藩に転じた。政一は遠州と呼ばれ、茶人として著名。天明八年（一七八八）政

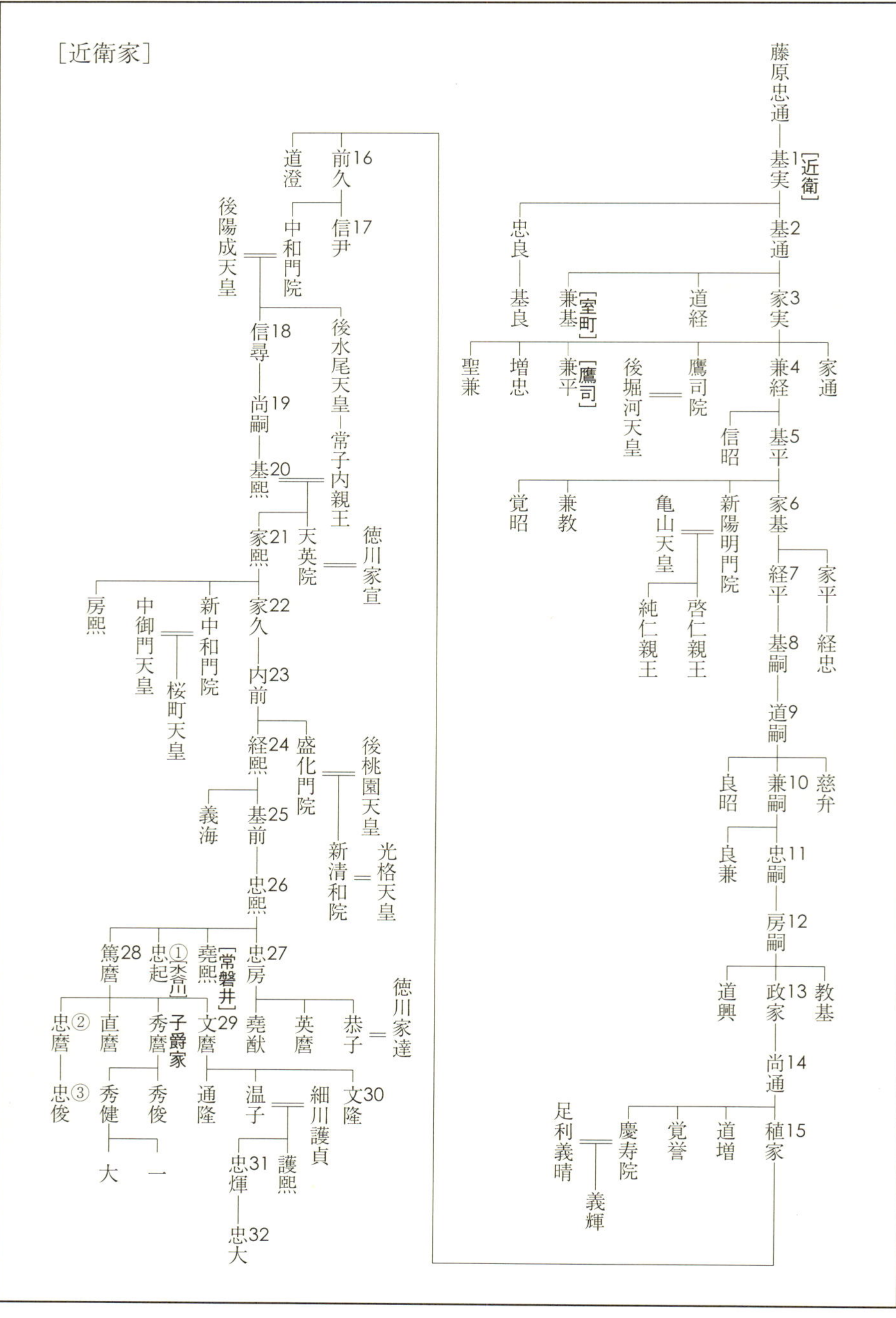
［近衛家］
藤原忠通
基実1［近衛］
忠良
基通2
基良
兼基［室町］
道経
家実3
聖兼
増忠
兼平［鷹司］
後堀河天皇
鷹司院
兼経4
家通
信昭
基平5
覚昭
兼教
亀山天皇
新陽明門院
家基6
経平7
家平
純仁親王
啓仁親王
基嗣8
経忠
道嗣9
良昭
兼嗣10
慈弁
良兼
忠嗣11
房嗣12
道興
政家13
教基
尚通14
足利義晴
慶寿院
覚誉
道増
稙家15
義輝
道澄
前久16
後陽成天皇
中和門院
信尹17
信尋18
後水尾天皇
尚嗣19
常子内親王
基熙20
家熙21
天英院
徳川家宣
房熙
中御門天皇
新中和門院
家久22
桜町天皇
内前23
経熙24
盛化門院
後桃園天皇
義海
基前25
新清和院
光格天皇
忠熙26
篤麿28
忠起①［水谷川］
尭熙［常磐井］
忠房27
徳川家達
忠麿②
直麿
秀麿［子爵家］
文麿29
尭猷
英麿
恭子
忠俊③
秀健
秀俊
通隆
温子
細川護貞
文隆30
大
一
忠煇31
護熙
忠大32

こ

方の時に藩政立て直しのために圧政を敷き、町民の越訴によって除封となった。

初代正次の二男正行は領内で三〇〇〇石を分知されて旗本となっている。

また、政一の五男政貞は、実母が徳川家綱の乳母となって三沢局と称したことから旗本に取り立てられ、武蔵国・下総国・伊豆国などで六〇〇石を知行した。二代政方は寺社奉行をつとめ、五〇〇〇石に加増された。

駒井家　〇こまい

旗本。甲斐国巨摩郡駒井（山梨県韮崎市藤井町）発祥で代々武田氏に従った。戦国時代、信為・政武兄弟は武田信玄に仕え、とくに政武は重臣高白斎として著名。

信為の孫とみられる昌長は武田氏滅亡後徳川家康に仕え、天正一八年（一五九〇）の小田原攻めで功をあげて、武蔵国児玉・男衾両郡で八七〇石を与えられた。江戸時代は旗本となって何度か加増を受け、天和二年（一六八二）昌勝の時に二三七〇石となった。のち分知して二〇七〇石となる。

政武（高白斎）の子政直も武田氏滅亡後徳川家康に仕え、天正一九年（一五九一）上野国那波郡で一五〇〇石を与えられた。子親直は元和二年（一六一六）に一八〇〇石に加増された。

駒沢家　〇こまざわ

指物師・千家十職。初代宗源が延宝年間（一六七三～八一）に指物師となる。四代目が表千家の知遇を得て利斎を称し、以後代々利斎を名乗った。五代目の時から三千家御用をつとめる。江戸後期の七代目は春斎と号した漆芸家でもあり、駒沢家中興の祖といわれている。

小松家　〇こまつ

旧皇族。明治四三年北白川宮能久親王の第四皇子輝久が独立して一家を興し、小松姓を賜って侯爵を授けられた。輝久は海軍中将となり、戦後は平安神宮宮司をつとめている。

小松家　〇こまつ

公家分家。桓武平氏高棟流。石井行弘の三男行敏は興福寺不動院の住職となっていたが、明治元年復飾して、翌二年一家を興し小松家を称した。一七年行正が男爵を授けられた。その子行一は鎌倉宮宮司をつとめている。

米田家　〇こめだ

熊本藩家老。もとは近江国滋賀郡坂本（滋賀県大津市坂本）の土豪で、大和の越智氏の一族という。初め足利将軍家に仕えていたが、求政の時に細川藤孝に仕えた。三代是季は長岡姓を許されて監物と称したが、二代藩主と合わず一時浪人。元和九年（一六二三）三代藩主忠利に招かれて帰参し家老となり一万石を領した。以後代々熊本藩家老として当主は長岡監物を称した。四代是政の跡は藩主光尚の甥是庸が継いで一万五〇〇〇石に加増。七代是福の弟是著は中老の傍ら、松洞と号した漢詩人としても知られる。

一〇代是容はペリー来航の際に藩兵を率いて相模湾沿岸の警備にあたり、姉本子は歌人として知られる。一二代是保（虎雄）は慶応二年（一八六六）に家老に就任すると藩兵を率いて戊辰戦争に参加、奥羽戦争で功をあげた。維新後は宮内省に出仕、四〇年間にわたって明治天皇の側近をつとめ、明治三五年男爵、大正三年子爵となる。

その子国臣は貴族院議員をつとめた。

米谷家　○こめたに

石川県小松市安宅町の旧家。江戸時代は廻船問屋を営み、明治二四年七代目半平が北国銀行を創業した。なお、もとは代々半兵衛だったが、六代目から半平に変えている。

木幡家　○こわた

出雲国意宇郡宍道村（島根県松江市宍道町）で、梅屋と号した豪商。酒造業を営む傍ら本陣もつとめ、八雲本陣と呼ばれた。当主は代々久右衛門を称し、幕末の一一代久右衛門質良は、女婿の一二代久右衛門忠良とともに雅楽関係資料の蒐集家として知られる。一三代久右衛門孝良は私費で松江に図書館を建設するなど、地方文化の向上に尽くした。

一四代目久右衛門は宍道町長、島根県議を歴任。戦後は島根新聞社長をつとめる一方、吹月と号して尺八の普及活動や随筆家としても活躍した。

享保一八年（一七三三）建築の同家住宅は昭和四四年に国の重要文化財に指定されている。

金剛家　○こんごう

能楽師シテ方。鎌倉時代から法隆寺に奉仕した大和猿楽四座の一つ坂戸座の末裔。室町時代に金剛氏を称したという。江戸時代になって四座の一つに指定された。

明治維新後、京都の名優野村三次郎直寛の養子禎之助が、養父とともに蜂須賀家や宮中の長橋局の保護を受け、金剛姓を許されて京都金剛家を創立。その子勤之輔も名優として知られ、その長男初代巌は、二三代氏慧の没後宗家を継いでいる。面や装束の研究家としても著名。平成一〇年永謹が第二六代目宗家を継いだ。

近藤家　○こんどう

旗本・引佐五近藤家。藤原北家秀郷流。脩行が近江掾になったのが祖という。一族の国平は源頼朝の挙兵に加わっている。『吾妻鏡』には、相模国の近藤太・近藤左衛門尉の名も見える。

嫡流は三河国八名郡宇利荘（愛知県新城市）の土豪となり、中興の祖といわれる近藤満用は宇利城に拠っていた。孫康用の時に遠江国井伊谷（静岡県浜松市北区引佐町）に移って井伊氏に従った。その後徳川家康に仕え、家康の遠江平定後は旧領の井伊谷を与えられた。

康用の子秀用は慶長七年（一六〇二）

上野国邑楽郡で五〇〇〇石を与えられて旗本となり、青柳に陣屋を置いた。同一九年一万石を与えられて諸侯に列し、元和五年（一六一九）旧領遠江井伊谷に転じて井伊谷藩一万七〇〇〇石を立藩した。その後、紀伊藩士だった孫の季用を呼び戻して三一四〇石を分知して金指近藤家とし、さらに二男用可にも二三〇〇石を分知して気賀近藤家としたことから、自らも旗本となった。この他、花平近藤家、大谷近藤家があり、合わせて引佐五近藤家と呼ばれた。

【金指近藤家】秀用の長男季用が井伊谷で三五〇〇石を知行した。子貞用は紀伊藩士となっていたが、祖父秀用に呼び戻されて旗本となり、井伊谷で三一四〇石を領した。遠江国引佐郡金指村（浜松市北区引佐町金指）に陣屋を置いて金指近藤家と称し、金指関所の関主をつとめた。寛永八年（一六三一）五四五〇石に加増。幕末の致用は書院番頭、大番頭をつとめた。

【気賀近藤家】交代寄合。秀用の二男用可は越前の結城秀康に仕えたのちに、父の遺領から五〇〇〇石を分知されて旗本となった。子用治は三三五〇石を継いで引佐郡気賀村（浜松市北区）に陣屋を置いて代々気賀関所を守り、交代寄合気賀近藤家となった。七代用和は駿府城代をつとめている。

【井伊谷近藤家】秀用の四男用義は一家を興したのが祖。長男用将は祖父の遺領のうち五四五〇石を与えられて井伊谷近藤家を継ぎ、寄合に列した。のち分知で五〇〇〇石となる。

【花平近藤家】秀用の甥の用伊は寛永八年（一六三一）に秀用の遺領のうち三二〇石を与えられて一家を興し引佐郡花平村（浜松市北区引佐町花平）に陣屋を置いて寄合に列した。子用久の時に八二〇石に加増された。

【大谷近藤家】気賀近藤家の用可の庶長子用行は二〇〇〇石を分知されて寄合に列し、引佐郡大谷村（浜松市北区三ヶ日町大谷）に陣屋を置いて大谷近藤家となった。のち三〇〇〇石に加増。子用高は長崎奉行、大目付を歴任している。天保年間に長上郡内野村（浜松市浜北区）に移った。

近藤家 〇こんどう

旗本・旧大名。藤原北家秀郷流。戦国時代には尾張国愛知郡沓掛（愛知県豊明市）に住んでいた。重勝の時に堀秀政に属し、慶長三年（一五九八）豊臣秀吉より一万石を与えられた。跡を継いだ政成は堀秀政の四男で、関ヶ原合戦後も引き続き一万石を領した。元和四年（一六一八）政成が三一歳で死去、子重直は七歳だったため父の遺領のうち信濃川中島五〇〇〇石のみの継承が認められ、以後は寄合となった。

近藤家 〇こんどう

富山藩家老。光之は織田信長に仕えて一万石を領したが、のち前田利家の寄騎となり、利長の傅役もつとめた。寛永一六年（一六三九）の富山藩分藩の際に長房が家老となった。

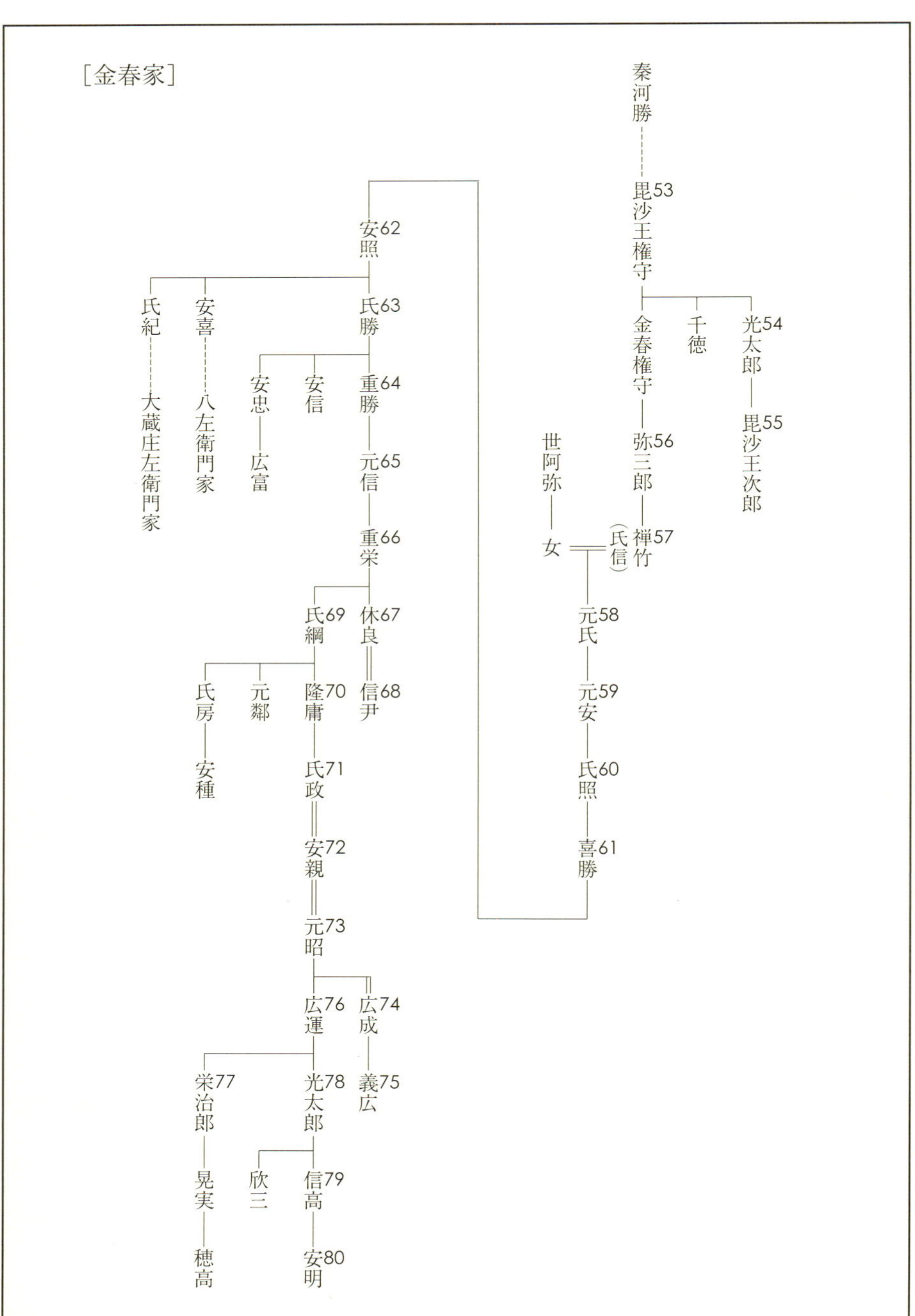

［金春家］
秦河勝
毘沙王権守53
光太郎54
千徳
金春権守
毘沙王次郎55
弥三郎56
禅竹57（氏信）
世阿弥
女
元氏58
元安59
氏照60
喜勝61
安照62
氏勝63
安喜
氏紀
八左衛門家
大蔵庄左衛門家
重勝64
安信
安忠
広富
元信65
重栄66
休良67
信尹68
氏綱69
隆庸70
元鄰
氏房
安種
氏政71
安親72
元昭73
広成74
義広75
広運76
栄治郎77
光太郎78
晃実
穂高
信高79
欣三
安明80

信高は第七九世である。
《系図》216ページ

近藤家　○こんどう

伯耆の鉄山師。江戸時代中期に備後国から伯耆国日野郡根雨（鳥取県日野郡日野町）に移住した彦四郎が祖。安永七年（一七七八）二代喜兵衛が製鉄業を始め、幕末の四代平右衛門の頃には伯耆から美作にかけて製鉱所六カ所、錬鉄所八か所を持っていた。五代目喜八郎は大庄屋をつとめる一方、維新後は製鉄業の近代化にもつとめている。

金春家　○こんぱる

能楽シテ方。大和猿楽四座の一つ。秦氏の子孫といい、鎌倉初期から奈良で活躍し、興福寺に奉仕していた。秦河勝から代数を数えて五三世の権守が金春家を興し、室町時代には観世流とともに能楽を代表する家であった。江戸時代には四座の一つとなったものの、観世流が筆頭となり、また喜多流の台頭などもあってあまり振るわなかった。明治維新後、宗家は奈良に戻っている。現在の当主金春

さ

西園寺家　○さいおんじ

公家。清華家の一つ。藤原公実の四男通季が祖。家号は元仁元年（一二二四）公経が京都北山に造った西園寺に由来する。承久の乱の際、公経は源頼朝と縁戚関係にあったことから幕府に通報して信任を得、関東申次職となって権勢を得た。公経はさらに天皇の外戚となり、以後代々太政大臣まで進み、摂関家と並ぶ権勢を誇った。家職は琵琶。

しかし、鎌倉幕府の滅亡とともに勢力は衰えた。南北朝時代、公宗は北条氏の遺臣と謀反を企てたが、弟公重の密告により発覚して誅殺され、家は公重が継いだ。しかし公重も南朝に仕えたため公宗の遺子実俊が継ぐなど、混乱が続いた。

江戸時代の家禄は五九七石余。幕末、徳大寺家から養子となった公望は維新の際に活躍し、明治一七年侯爵、大正九年

公爵となる。公望は三九年に首相となり、四四年には二度目の組閣。大正末期から昭和初期にかけて「最後の元老」として、首相の奏薦に大きな影響力を持った。

公望の跡は、女婿で旧長州藩主の毛利元徳公爵の八男八郎が継ぎ、侍従をつとめた。八郎の跡は三男の不二男が継ぎ、戦後は東都銀行（三井住友銀行）頭取をつとめた。その長男で現当主の公友も天皇陛下の侍従をつとめたことがある。

八郎の長男公一は分家し、近衛文麿のブレーンとして活躍したが、ゾルゲ事件に連座して逮捕。戦後は第一回参議院選挙に利緑風会から当選したのち、昭和三三年中国に移住した。長男の一晃は中国問題の専門家として知られる。

《系図》219ページ

三枝家　○さいぐさ

旗本。甲斐の古代豪族の末裔。家伝では、三枝守国が甲斐国山梨郡東能呂（山梨県笛吹市一宮町・甲州市勝沼町）に流され、その子孫が在庁官人となったという。『続日本紀』の承和一一年（八四四）の条に三枝直平麻呂の名が見えるなど、古代から甲斐に栄えた。一族は東山梨郡、東八代郡に広がった。

その後、嫡流は断絶したため、戦国時代に同族の石原守種の二男守綱が武田信虎の命で再興したという。その長男土佐守虎吉は武田信玄の重臣として知られる。江戸時代は旗本となった。

【近江伊庭三枝家】虎吉の長男守友は一家を興して山県氏を称し、子守吉が徳川家康に仕えて三枝家に復した。

二代守恵は三代将軍家光の寵愛を受けて小姓組番頭・書院番頭を歴任、六〇〇〇石を知行し、家光の死後殉死した。子守俊は駿府城代をつとめて八〇〇〇石に加増。のち七五〇〇石となる。元禄一一年（一六九八）守相の時采地を近江国に移され、伊庭（滋賀県東近江市伊庭町）に陣屋を置いて伊庭三枝家となった。

【陸奥今泉三枝家】守友の弟の昌吉も天正一〇年（一五八二）徳川家康に仕え、関ヶ原合戦後は甲斐国で六〇〇〇石を知行した。子守昌は徳川忠長に仕えて一万石を領したが、陪臣のため諸侯には列していない。

寛永九年（一六三二）、忠長の改易で陸奥棚倉藩主内藤信照に預けられ、同一三年に許されると、同一五年安房国で再び一万石を与えられて諸侯に列した。しかし、同一七年に守昌が死去した際、長男守全が七〇〇〇石、二男頼増が三〇〇〇石と分割相続したため、旗本となった。守全の子守輝は分知のあと書院番頭、大番頭をつとめて、陸奥国岩瀬郡・伊豆国加茂郡で六五〇〇石となり、陸奥国岩瀬郡今泉村（福島県須賀川市今泉）に陣屋を置き、今泉三枝家となった。

西郷家　○さいごう

旗本・旧安房東条藩主。清和源氏とも藤原氏ともいうが不詳。南北朝時代に仁木義長に仕えて三河国八名郡嵩山（愛知県豊橋市）に移り、のち今川氏に従った。

正勝は今川義元に属して三河五本松城

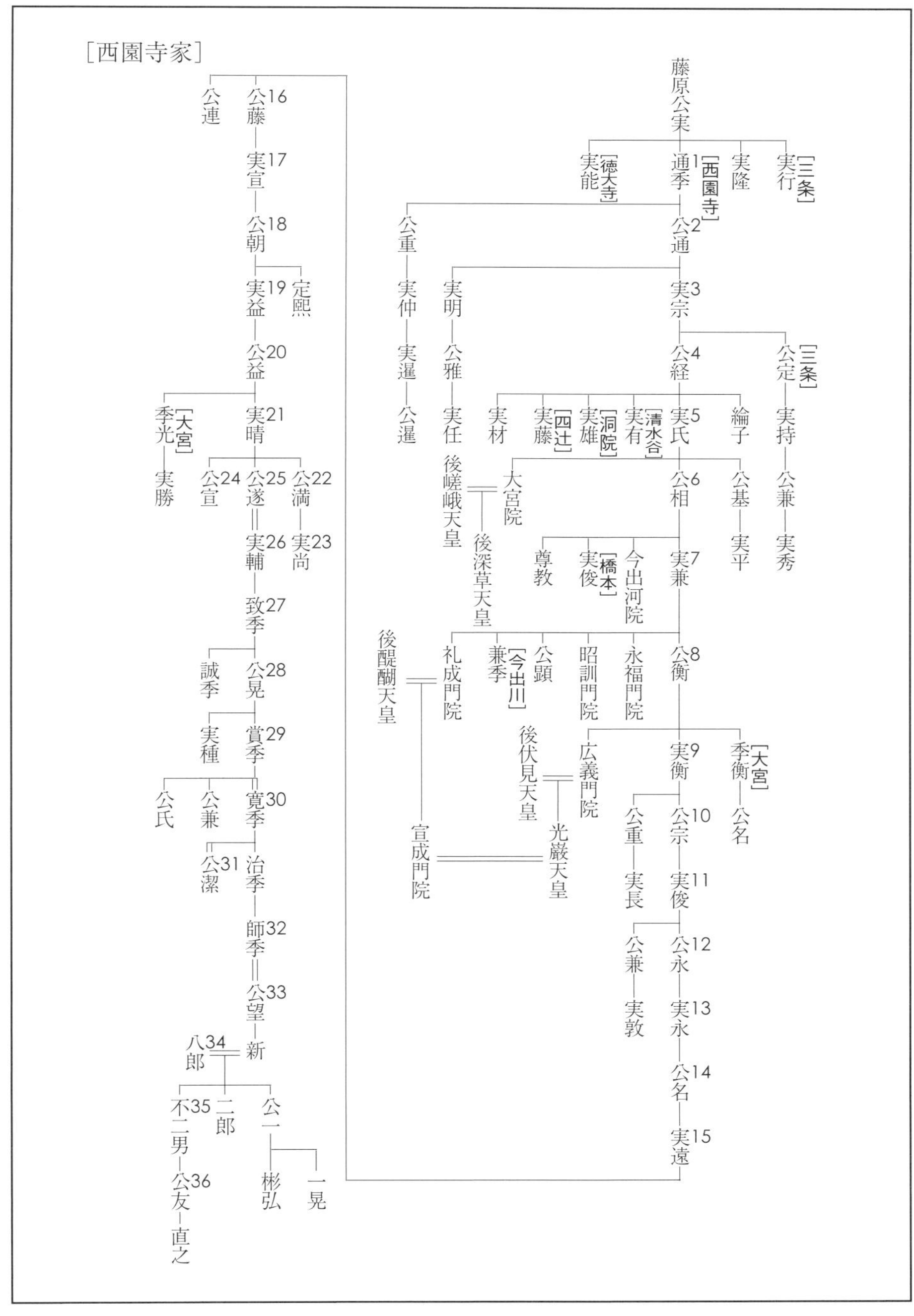
［西園寺家］
藤原公実
実能［徳大寺］
通季1［西園寺］
実隆
実行［三条］
公重
公通2
実仲
実遅
公遅
実明
公雅
実任
実宗3
公4経
公定［三条］
実持
公兼
実秀
実材
実藤［四辻］
実雄［洞院］
実有［清水谷］
実氏5
綸子
後嵯峨天皇
大宮院
公6相
公基
実平
後深草天皇
尊教
実俊［橋本］
今出河院
実7兼
後醍醐天皇
礼成門院
兼季［今出川］
公顕
昭訓門院
永福門院
公8衡
後伏見天皇
広義門院
実9衡
季衡［大宮］
公名
光厳天皇
宣成門院
公重
公宗10
実長
実俊11
公兼
公12永
実敦
実13永
公14名
実15遠
公連
公16藤
実17宣
公18朝
実19益
定煕
公20益
季光［大宮］
実勝
実21晴
公24宣
公25遂
公22満
実26輔
実23尚
致27季
誠季
公28晃
実種
賞29季
公氏
公兼
寛30季
公31潔
治季
師32季
公33望
八34郎
新
不35二男
二郎
公一
公36友
直之
彬弘
一晃

主（豊橋市）となるが、永禄四年（一五六一）徳川家康に転じたため、今川氏真に攻められて敗死した。孫の義勝は元亀二年（一五七一）戦死、妻お愛の方はのちに徳川家康の側室となって西郷局と称し、二代将軍秀忠を産んでいる。

義勝の跡はいとこの家員が継ぎ、徳川家康に仕えて関東入部の際に下総生実（千葉県千葉市）で五〇〇〇石を領した。その子正員は元和六年（一六二〇）安房東条藩一万石を立藩。元禄五年（一六九二）寿員は下野上田（栃木県下都賀郡壬生町）に転じたが、同八年「勤仕怠慢」により、近江で五〇〇〇石に減知され、旗本となった。

【会津藩家老】正員の子正忠の末裔は保科氏（会津松平家）に仕えて会津藩士となった。正忠の孫元次の二男の近房は、外祖父の保科正近の養子となって保科氏を継いだが、のちに同家の遺児が元服するにあたり西郷家に復し、以後代々家老をつとめた。幕末の頼母がとくに著名。その養子四郎は柔道家として講道館四天王の一人に数えられ、富田常雄著『姿三四郎』のモデルとしても著名。

斎藤家　○さいとう

旗本。越中斎藤氏の末裔。斎藤氏は藤原北家利仁流で、利仁の子の叙用が伊勢神宮の斎宮頭となり、斎藤氏を称したのが祖。利仁は越前国を本拠とし、吉信・忠頼は加賀介となって、子孫は北陸一帯に広がった。利仁の母は越前国の豪族秦氏の出であったことから、斎藤氏は越前国に広がり、以後、越前が斎藤氏の本拠とされた。

伊博・為延が越前国押領使となり、さらに為頼が越前国権介・惣追捕使となって名実ともに越前を支配した。のち、坂井郡坪江荘（福井県あわら市）を領した疋田斎藤氏と、同国足羽郡河合荘（福井市川合）を領した河合斎藤氏の二流に分かれた。

越中斎藤氏は疋田斎藤氏の末裔という。平安時代末期、越中国砺波郡に井口氏・石黒氏・野尻氏が、新川郡に宮崎氏・南保氏が武士団を形成していたが、いずれも越中斎藤氏の一族といい、源平合戦では木曽義仲に与している。承久の乱では上皇方に属して没落した。

その後、南北朝時代には婦負郡南部に斎藤氏が登場、城生城に拠っていた。戦国時代には上杉氏に属していたが、天正六年（一五七八）に上杉謙信が急死して、織田信長の属した神保長住が越中に侵攻すると上杉氏を離反。しかし、同一〇年に織田信長が本能寺の変で倒れると上杉景勝と結んで佐々盛政と対立、その結果盛政に攻められて落城、次郎右衛門信利は飛騨の三木氏のもとに逃れた。その後、信利は同一三年に浜松で徳川家康に仕え、下総国と近江国で一五〇〇石を与えられた。子利政は二三〇〇石に加増された。のち分知で二〇〇〇石となる。

利政の兄の利治も徳川家康に仕え、父の死後近江国の五〇〇石を継いで一家を興した。孫の利常の時に一七〇〇石となる。

斎藤家　○さいとう

旗本。藤原北家利仁流で、美濃斎藤氏の末裔。美濃斎藤氏は、越前の河合斎藤氏の末裔という斎藤親頼が美濃の目代となって土着したのが祖。代々稲葉山城に拠って土岐氏の守護代となった。明応三年（一四九四）斎藤利国は土岐氏の家督争いに乗じて美濃の実権を握ったが、同五年、六角氏を攻めた際に、利国と嫡子の利親がともに討死、以後は家宰の長井氏に実権を握られた。

さらに天文七年（一五三八）長井氏を継いでいた西村新九郎が斎藤氏の名跡を継いで斎藤道三となり、同一一年には土岐氏を追放して美濃国を名実ともに支配した。

弘治二年（一五五六）道三の長男義龍は道三を討って美濃を乗っ取る。しかし、永禄一〇年（一五六七）龍興が織田信長に敗れて美濃を追われて朝倉氏を頼り、天正元年（一五七三）朝倉氏とともに滅亡した。

旗本の斎藤家は明智光秀の重臣だった斎藤利三が祖。利三は美濃斎藤氏の一族だが、道三とは別系統で、系譜関係ははっきりしない。利三の娘お福（春日局）は徳川三代将軍家光の乳母となって大奥で権勢をふるい、その縁で兄利宗と、甥の三友が大旗本となった。

利宗は寛永六年（一六二九）に召し出されて常陸国真壁郡で五〇〇〇石を賜った。幕末の利時は旗奉行をつとめている。

利三の五男の三存は、長宗我部元親、加藤清正を経て、小早川秀秋に仕えて関ヶ原合戦では明石全登を捕らえ、元和元年（一六一五）下総国香取郡で二〇〇〇石を賜った。子三友は春日局の縁で二六〇〇石を加増され、その孫の三政の時に近江国で六〇〇〇石の知行となった。幕末に外国奉行・大番頭をつとめた三理が出ている。

斎藤家　○さいとう

新潟県阿賀野市保田の豪農。寛永二〇年（一六四三）に出羽米沢から来住し、大庄屋となった。江戸後期の文化年間（一八〇四〜一八）に酒造業も始め、幕末には新発田藩から名字帯刀御免となっている。維新後は貴族院議員をつとめ、昭和初期には一二〇〇町歩を有する大地主に成長した。現在、本館は孝順寺の所有となり、一般公開されている。

坂家　○さか

萩焼の陶工。初代高麗左衛門は利勺光の弟で、慶長の役の際に朝鮮から来日したとされる。寛永年間に長州藩主から「坂高麗左衛門」の名を賜った。二代から八代は「助八」「新兵衛」などを名乗り、明治以降九代目から再び号として高麗左衛門を使用している。現在の当主は一二代目である。

嵯峨家　○さが　→　**正親町三条家**

坂井家　○さかい

信濃国埴科郡下戸倉村（長野県千曲市）

の豪農。代々名主をつとめる傍ら、酒造業や醤油醸造なども行っていた。天保六年（一八三五）、天保の大飢饉の際に莫大な米金の施行をしたことから、名字が許されている。六〇〇〇点に及ぶ坂井家文書が国文学研究資料館に所蔵されている。

酒井家　○さかい

江戸時代の譜代大名。三河国碧海郡酒井（愛知県）発祥で松平氏の祖親氏の庶子広親の子孫と伝える。松平氏譜代の中でも最も古い家柄で、重臣筆頭の地位にあった。

のち左衛門尉家と雅楽頭家の二流に分かれたが、雅楽頭家では広親の子は家忠のみで雅楽頭家が嫡流であるとするのに対し、左衛門尉家では、広親には氏忠・政親の二子があり、氏忠の子孫が嫡流の左衛門尉家で、政親の子孫が雅楽頭家であるとしている。

【左衛門尉酒井氏】 左衛門尉酒井氏の忠次は松平広忠の妹を娶ったため、徳川家康とは縁戚関係となり、以後家康家臣団筆頭の地位にあった。家次は徳川家康に仕え、家康の関東入国後、下総臼井（千葉県佐倉市）で三万石を領した。

【出羽鶴岡藩主】 家次は関ヶ原合戦後の慶長九年（一六〇四）に上野高崎五万石となり、元和二年（一六一六）越後国高田一〇万石に入封。子忠勝の時信濃国松代を経て、元和八年（一六二二）出羽鶴岡一三万八〇〇〇石に移り、元治元年（一八六四）には一七万石に加増されたが、幕末官軍に抗して一二万石に減知され、明治元年大泉藩と改称した。一七年忠篤の時に伯爵となる。

【出羽松山藩主】 忠勝の三男忠恒が、正保四年（一六四七）墾田二万石を分知されたのが祖。忠休が若年寄を長くつとめた功により、安永八年（一七七九）城主格となり、二万五〇〇〇石に加増された。明治一七年忠匡の時子爵となる。

《系図》223ページ

酒井家　○さかい

雅楽頭酒井氏。正親は徳川家康に仕え、西尾城に拠って譜代に列した。子重忠は家康の関東入国後、武蔵国川越（埼玉県）で一万石を領した。

【播磨姫路藩主】 重忠の子忠世は徳川秀忠の家老となり、関ヶ原合戦後父重忠とは別に上野那波藩一万石を立藩。元和二年（一六一六）上野伊勢崎五万二〇〇〇石となり、翌年には父の遺領も継いで前橋八万五〇〇〇石の藩主となった。その後老中となり、新田を加えて一二万二五〇〇石の大身に出世した。

孫の忠清は寛文六年（一六六六）大老となって一五年間つとめ、「下馬将軍」といわれ、延宝八年（一六八〇）一五万石に加増された。しかし、同年四代将軍家綱が死去した際に、有栖川宮幸仁親王を将軍に迎えようとして失敗、五代将軍綱吉の就任で失脚した。

寛延二年（一七四九）忠恭の時に播磨姫路一五万石に転封。幕末、忠積は大老となるが、藩内は尊攘派と佐幕派が対立。跡を継いだ忠惇も老中となり、鳥羽伏見の戦いでは幕府軍に属して敗れている。維新後、忠惇は家督を養子の忠邦に譲って徳川家とともに駿河に移り、久能山東照宮の宮司となった。

明治一七年の華族令施行当時は文子が当主だったため、二〇年に忠興が継いでいる。この時、別家となっていた忠惇も男爵となっている。忠正はのちに農林大臣、貴族院副議長を歴任した。

なお、江戸時代を代表する画家の一人酒井抱一は、姫路藩主酒井忠以の弟である。

また、忠世の弟の忠正は二代将軍秀忠に近侍して一家を興し、五五〇〇石の旗

［酒井家］(左衛門尉家)

松平親氏―［酒井］広親―氏忠(左衛門尉家)―忠勝―康忠―忠親―忠次―1家次
広親―家忠……雅楽頭家

1家次―2忠勝(鶴岡藩)・直次・忠重・勝吉

2忠勝―3忠当・忠俊・①忠恒(出羽松山藩)・忠貫・忠盛・忠直・忠解・忠興

3忠当―4忠義―5忠真―忠辰

①忠恒―②忠予―忠英・6忠寄・③忠休
忠英―忠郷
6忠寄―7忠温
③忠休―④忠崇

7忠温―8忠徳・忠順
忠順―⑤忠礼

8忠徳―9忠器・忠実・直候
9忠器―10忠発・正修・11忠寛
10忠発―忠恕・12·14忠篤・13忠宝・忠庸
13忠宝―忠純
12·14忠篤―15忠良・忠孝・忠悌
15忠良―16忠明・忠治
16忠明―忠久・忠人
忠久―忠順

⑤忠礼―⑥忠方・忠篤・正誼・頼永
⑥忠方―⑦忠良・俊方
⑦忠良―⑧忠匡―⑨忠晄
⑨忠晄―⑩忠康・信徳・信三郎
⑩忠康―⑪忠暉

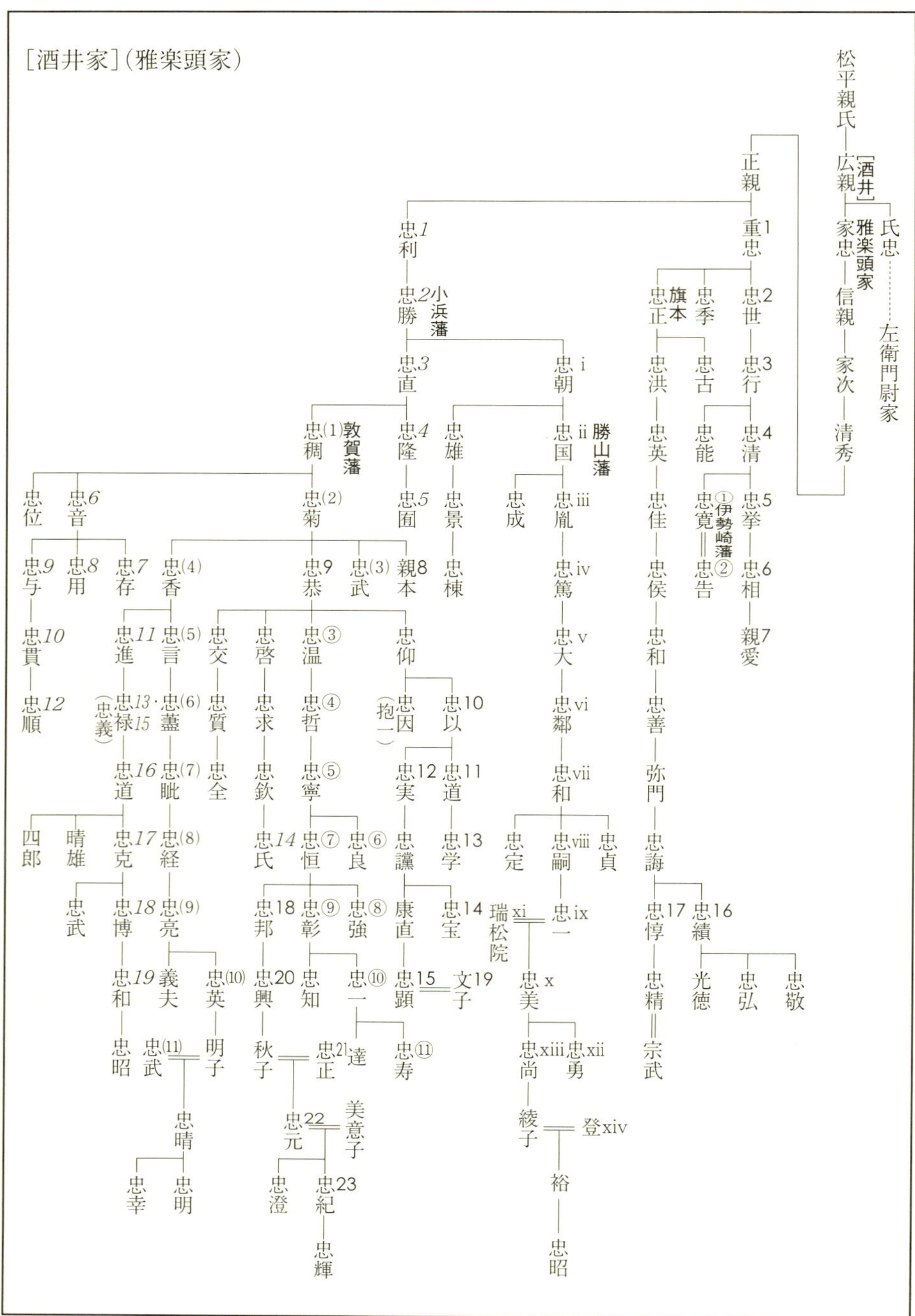
[酒井家](雅楽頭家)
松平親氏
広親
[酒井]
氏忠
左衛門尉家
家忠
雅楽頭家
信親
家次
清秀
正親
重忠1
忠利1
忠勝2
小浜藩
忠直3
忠朝i
忠国ii
勝山藩
忠稠(1)
敦賀藩
忠隆4
忠囿5
忠世2
忠行3
忠清4
忠挙5
忠相6
親愛7
忠寛①
伊勢崎藩
忠告②
忠正
旗本
忠季
忠古
忠洪
忠能
忠英
忠佳
忠侯
忠和
忠善
弥門
忠誨
忠17惇
忠精
宗武
忠16績
光徳
忠弘
忠敬
忠雄
忠景
忠棟
忠成
忠胤iii
忠篤iv
忠大v
忠鄰vi
忠和vii
忠定
忠嗣viii
忠貞
忠一ix
瑞松院xi
忠美x
忠尚xiii
忠勇xii
綾子
登xiv
裕
忠昭
忠位
忠音6
忠与9
忠用8
忠存7
忠貫10
忠順12
忠菊(2)
忠香(4)
忠恭9
忠武(3)
親本8
忠進11
忠禄13・15
(忠義)
忠道16
四郎
晴雄
忠克17
忠武
忠博18
忠和19
忠昭
忠言(5)
忠蓋(6)
忠毗(7)
忠経(8)
忠亮(9)
義夫
忠英(10)
明子
忠武(11)
忠晴
忠幸
忠明
忠交
忠質
忠全
忠啓
忠求
忠欽
忠氏14
忠温③
忠哲④
忠寧⑤
忠恒⑦
忠良⑥
忠邦18
忠興20
秋子
忠彰⑨
忠強⑧
忠知
忠一⑩
達
忠寿⑪
忠正21
忠元22
美意子
忠澄
忠紀23
忠輝
忠仰
忠因
(抱一)
忠以10
忠実12
忠道11
忠讜
忠学13
康直
忠宝14
忠顕15
文子19

さ

本となった。子忠洪は書院番頭、大番頭を歴任、その子忠英は駿府城代をつとめた。

【旗本・旧駿河田中藩主】前橋藩主忠行の二男忠能は寛永一四年（一六三七）二万二五〇〇石を分知されて上野伊勢崎藩を立藩。寛文二年（一六六二）信濃小諸三万石を経て、延宝七年（一六七九）駿河田中四万石に転じたが、天和元年（一六八一）に不行跡などの理由により所領を没収された。

元禄三年（一六九〇）に許されて旗本として再興、のち五〇〇〇石を知行して寄合に列した。忠誨は大目付をつとめている。

【上野伊勢崎藩主】天和元年（一六八一）忠清の二男（三男とも）の忠寛が、父の所領のうち二万石を伊勢崎で分知されたのが祖。明治一七年忠彰の時子爵となり、貴族院議員もとつめた。

【若狭小浜藩主】雅楽頭家の正親の三男で重忠の弟の忠利が祖。忠利は慶長一四年（一六〇九）に武蔵川越で二万石を領した。嫡子忠勝も加増をたびたび受け寛永四年（一六二七）に襲封した時は父子合わせて八万石にのぼった。同一一年老中の功労により若狭小浜一一万三〇〇〇石に加転。その後一万石の加増があったが、忠勝の子忠直が兄忠朝の子忠国に一万石を分け、さらに忠勝の孫忠隆の時、弟忠稠に一万石、三番目の弟にも三千石を分封したため、一〇万石となった。

幕末、忠義の時尊攘運動の高まりに善処して一万石を加増されたが、文久二年（一八六二）公武の調停に失敗して一万石を没収され一〇万石にもどった。明治一七年忠道の時伯爵となる。

武蔵川越藩主忠利の二男忠吉は寛永四年（一六二七）に七〇〇〇石を分知されて旗本となった。書院番頭や大番頭をつとめたものが多い。

忠利の三男忠重も寛永四年（一六二七）に五〇〇〇石を分知されて旗本となった。やはり代々大番頭などをつとめたものが多く、幕末の忠讜は講武所奉行、駿府城代などをつとめた。

小浜藩主忠直の五男忠垠は天和二年（一六八二）新田三〇〇〇石を分知されて旗本となった。

【安房勝山藩主】小浜藩主忠直が、寛文八年（一六六八）甥の忠国に一万石を分知して、安房勝山藩を立藩。忠国は大番頭・奏者番・寺社奉行の要職を歴任した功労により、天和二年（一六八二）一万五〇〇〇石に加増された。明治一七年忠勇の時子爵となる。

忠国の二男忠成は天和三年（一六八三）に領内で三〇〇〇石を分知されて旗本となった。忠頼は浦賀奉行をつとめている。

【越前敦賀藩主】天和二年（一六八二）、忠直の二男忠稠が、兄忠隆から父の遺領のうち一万石を分知されて越前敦賀藩を立藩。忠香は若年寄をつとめた。明治一七年忠亮の時子爵となる。

《系図》225ページ

酒井家　○さかい

旗本・上総酒井家。遠江国の出というが出自は不詳。『寛政重修諸家譜』では藤原氏支流に収められており、丹波国多紀郡酒井郷（兵庫県篠山市）を発祥とする丹波酒井氏の末裔とする。

貞隆は足利成氏に仕え、土気城を再建して拠り、以後五代にわたって栄えた。戦国時代は北条氏に従い、天正一八年（一五九〇）豊臣秀吉の小田原攻めで落城した。文禄元年（一五九二）重治は徳川家康に拝謁して下野国で一二〇〇石を与えられ、江戸時代は旗本となった。

酒井田家　○さかいだ

有田焼の陶工。初代柿右衛門は筑後国八女出身の酒井田円正の子で、戦国時代末期に肥前国白石に移り、元和二年（一六一六）有田に住んだという。赤絵の技術を生み出したことから、佐賀藩主から「柿右衛門」の名を贈られたといい、以後代々柿右衛門を称した。江戸中期以降は赤絵技術が途絶えていたが、戦後一二代目が復元に成功した。現在の当主は一四代目である。

榊原家　○さかきばら

江戸時代の譜代大名。伊勢国一志郡榊原（三重県津市久居榊原）発祥。清和源氏足利氏。室町時代、仁木利長が榊原に住んで榊原氏を称した。孫の清長の時に三河国に移り、松平氏に仕える。

【越後高田藩主】清長の孫康政は徳川家康の四天王の一人にも数えられて数々の戦で功をあげ、天正一八年（一五九〇）の関東入国の際に上野館林で一〇万石を領した。

以後、寛永二〇年（一六四三）陸奥白河一四万石、慶安二年（一六四九）播磨姫路一五万石、寛文七年（一六六七）越後村上一五万石を経て、宝永元年（一七〇四）政邦の時姫路一五万石に戻った。寛保元年（一七四一）政岑が性行遊蕩を理由に幕命で隠居させられ、跡を継いだ政永は、同年越後高田一五万石に移された。明治一七年政敬の時に子爵となる。

【交代寄合家】康政の兄清政が祖。清政は徳川家康の長男信康に仕えていたが、信康が謀反の疑いで自刃した際に謹慎。のち許されて久能山城に拠った。子照久は二代将軍秀忠から久能山東照宮の宮番に任じられ、以後代々つとめた。

《系図》227ページ

榊原家　○さかきばら

旗本・津寺榊原家。文禄三年（一五九四）花房職之が豊臣秀吉の勘気を受けて常陸の佐竹義宣に預けられた際、二男職直を武蔵池上（東京都大田区）に留めた。職直は慶長元年（一五九六）に榊原康政の推挙で徳川家康に仕えた際に、家康の命で家号を榊原とした。同三年秀忠の小姓となって八〇〇石を与えられ、さらに元和三年（一六一七）父の死後遺領から備中国都宇郡で一〇〇〇石を分知されて一八〇〇石となり、都宇郡津寺に陣屋を置いて津寺榊原家となった。職直はのち長崎奉行をつとめ、子職房も御槍奉行をつとめた。

また職直の二男職員は、慶安元年（一六四八）父の遺領のうち上総国山辺郡で

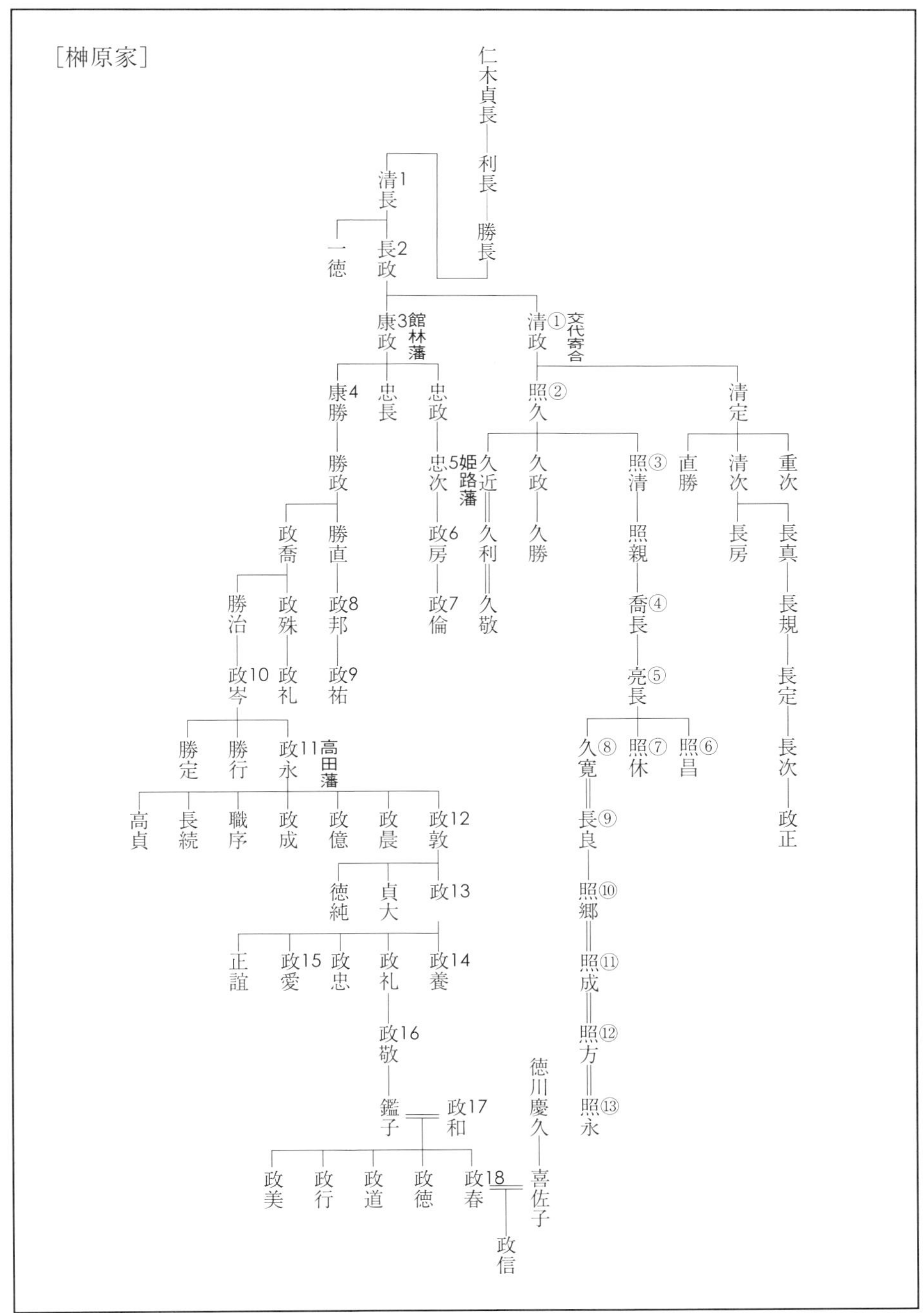

[榊原家]
仁木貞長
利長
勝長
清長 1
一徳
長政 2
康政 3 館林藩
清政 ① 交代寄合
康勝 4
忠長
忠政
照久 ②
清定
勝政
忠次 5 姫路藩
久近
久政
照清 ③
直勝
清次
重次
政喬
勝直
政房 6
久利
久勝
照親
長房
長真
勝治
政殊
政邦 8
政倫 7
久敬
喬長 ④
長規
政岑 10
政礼
政祐 9
亮長 ⑤
長定
勝定
勝行
政永 11 高田藩
久寛 ⑧
照休 ⑦
照昌 ⑥
長次
高貞
長続
職序
政成
政僖
政晨
政敦 12
長良 ⑨
政正
徳純
貞大
政13
照郷 ⑩
正誼
政愛 15
政忠
政礼
政養 14
照成 ⑪
政敬 16
照方 ⑫
徳川慶久
鑑子
政和 17
照永 ⑬
政美
政行
政道
政徳
政春 18
喜佐子
政信

五〇〇石を分知されて旗本となり、子職常は御腰物奉行をつとめた。

坂口家 ○さかぐち

伯耆国米子（鳥取県米子市）の豪商。江戸時代は沢屋と号して木綿仲買商を営んでいた。維新後は、平兵衛は土地を集積して巨利を得、それを元手に金融業・鉄鋼・紡績・電気事業などを次々と興し、坂口財閥を築きあげた。平兵衛の婿養子である二郎は日本レイヨン社長を二〇年以上にわたってつとめている。

佐方家 ○さかた

宇土藩家老。清和源氏満快流。もとは泉氏を称していた。承久の乱後、出雲国飯石郡三刀屋郷（島根県雲南市三刀屋町）の地頭となる。南北朝時代は北朝に属し、明徳年間（一三九〇〜九四）足利義満の命で佐方と改称した。友信の時に細川氏に仕え、江戸時代は宇土藩家老となった。

坂田家 ○さかた

甲斐国甲府城下八日町（山梨県甲府市）の豪商。もとは伊勢北畠氏に仕えた武士だったが、戦国時代の天文年間（一五三二〜五五）に甲斐に移住して武田氏の御用商人となる一方、伝馬衆の支配などにもあたった。江戸時代は代々甲府町年寄をつとめた。同家に残る御用留・御触留・御用日記など二五八冊と文書一〇通は県指定文化財である。

坂本家 ○さかもと

旗本・旧相模深見藩主。清和源氏佐竹氏の一族という。もとは小瀬を称していたが、武田氏に仕えて坂本に改称したという。貞次は武田信玄・勝頼に仕え、その滅亡後徳川家康に仕えた。天正一八年（一五九〇）の関東入国の際に相模国高座郡で三七〇〇石を与えられ、同国大住郡波多野の代官となる。

曾孫の重治は五代将軍綱吉に仕えて大目付・寺社奉行を歴任、天和二年（一六八二）には上野国で七八〇〇石を加増されて一万石となり、相模深見藩一万石を立藩したが、貞享四年（一六八七）に失脚して加増分を没収され、二二〇〇石の旗本に戻った。わずか五年間の藩で陣屋も建てられなかった。子成方は弟治之に五〇〇〇石を分知、以後一七〇〇石となる。

相良家 ○さがら

肥後人吉藩主。遠江国佐野郡相良荘（静岡県榛原郡相良町）発祥。藤原南家。周頼が相良荘に住んで相良氏を称した。頼景・長頼（蓮仏）父子は源頼朝に仕えて御家人となり、建久四年（一一九三）頼景が肥後国球磨郡多良木荘（熊本県）の地頭として下向。同九年には長頼が平頼盛の代官矢瀬主馬助を討って人吉城主となり、元久二年（一二〇五）には人吉荘地頭となった。長頼は承久の乱でも功をあげて北条泰時から梅子（梅の実）の馳走にあずかり、これは同家梅鉢紋の由来となっている。

多良木荘は頼氏が継ぎ、上相良氏を称して相良氏の総領の地位にあった。一方、人吉荘は長頼のあと頼親、さらにその弟頼俊が継いで下相良氏と称した。

南北朝時代初めは南朝に属していたが、のちに下相良氏が総領家となって北朝に転じ、肥後守護職となった。文安五年（一四四八）一族の永留氏から下相良家を相続した長続は葦北郡を制して積極的な領国拡張に乗り出した。

子為続は名和氏を破って八代郡も支配、「相良氏法度」を制定して領国経営を進めた。文明一六年（一四八四）八代麓城主名和顕忠を降して八代に進出、長享元年（一四八七）には豊福城を攻めるなど天草にまでその勢力を広げた。一方、連歌師宗祇と交わって『新撰菟玖波集』に九州から唯一名を連ねるなど、文化人でもあった。

戦国時代、義陽は薩摩国大口を併合、さらに大隅国にまでその勢力を広げる一方、織田氏・毛利氏とも通事、海外貿易を行うなど、最盛期を迎えた。しかし天正九年（一五八一）に水俣で島津義久に敗れ、支配地は球磨一郡に戻った。

その子長毎は豊臣秀吉の九州征伐の際に島津軍の先鋒となって豊後に兵を進めたものの降伏して本領安堵。関ヶ原合戦では西軍に属して大垣城に籠城したが、東軍に内応して江戸時代も引き続き人吉で二万二一〇〇石を領した。

宝暦九年（一七五九）、襲封間もない第八代藩主頼央は国許で休養中に狙撃されて負傷し、一カ月後に死去（公式記録上では病死）。末期養子として迎えた九代藩主晃長も二年半後に一一歳で死去した。そのため、遠縁にあたる公家鷲尾家から頼完を養子に迎えると、晃長が改名したと届け出て、そのまま九代藩主とした。そのため、系図上では晃長は当主に数えない。

頼完も一九歳で死去すると遠山家から福将を末期養子として迎え、さらに福将も二〇歳で死去して池田家から長寛を末期養子として迎えるなど、混乱が続いた。

明治一七年頼紹の時に子爵となる。鎌倉時代以降の膨大な文書は「相良家文書」として慶応義塾大学が所蔵、重要文化財に指定されている。

室町時代に大内氏に仕えた相良氏は筑前国出身だが、肥後相良氏の支流という。

薩摩藩士の相良氏も肥後相良氏の支流である。

《系図》230ページ

相楽家 ○さがら

公家分家。藤原北家。富小路敬直の二男富道は興福寺慈門院住職をつとめていたが、明治元年に復飾し、翌二年堂上に列して相楽家を称した。一七年綱直の時男爵となった。

《系図》349ページ

向坂家 ○さきさか

旗本。『寛政重修諸家譜』では清和源氏支流に収められているが、藤原姓井伊氏の一族ともいう。遠江国磐田郡匂坂村（静岡県磐田市）発祥。代々今川氏に仕

［相良家］

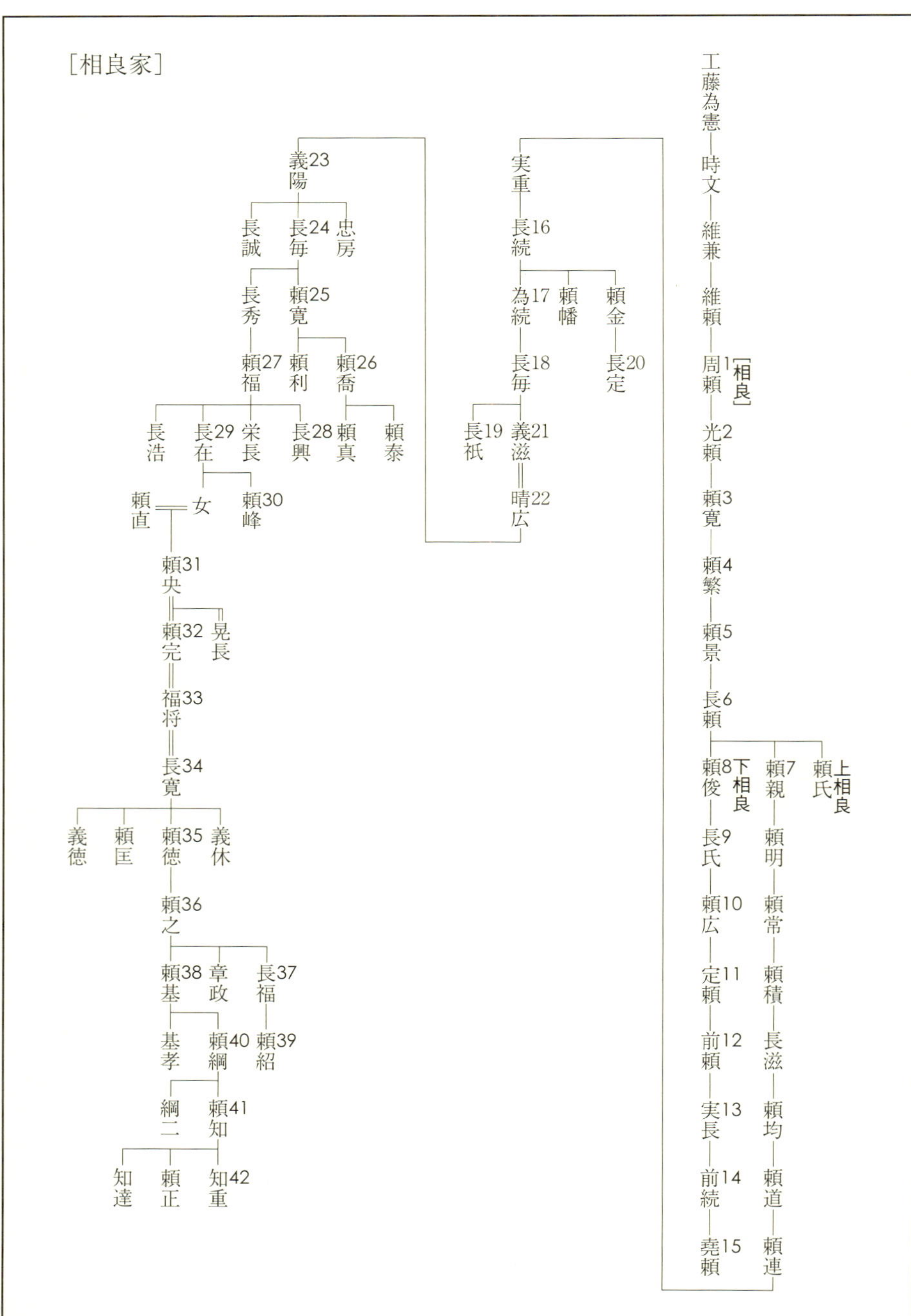
工藤為憲
時文
維兼
維頼
周頼1
［相良］
光頼2
頼寛3
頼繁4
頼景5
長頼6
頼俊8
下相良
頼親7
頼氏
上相良
長氏9
頼広10
定頼11
前頼12
実長13
前続14
堯頼15
頼明
頼常
頼積
長滋
頼均
頼道
頼連
実重
長続16
為続17
頼幡
頼金
長毎18
長定20
長祇19
義滋21
晴広22
義陽23
長誠
長毎24
忠房
長秀
頼寛25
頼福27
頼利
頼喬26
長浩
長在29
栄長
長興28
頼真
頼泰
頼直
女
頼峰30
頼央31
頼完32
晃長
福将33
長寛34
義徳
頼匡
頼徳35
義休
頼之36
頼基38
章政
長福37
基孝
頼綱40
頼紹39
綱二
頼知41
知達
頼正
知重42

さ

え、永禄一一年（一五六八）長政の時に徳川家康に仕えた。政定は綱吉に仕えて館林藩士となり、延宝八年（一六八〇）の綱吉将軍に就任の際に旗本となり、綱吉の長男徳松に附属して二三〇〇石を知行した。

元禄七年（一六九四）寛政が死去した際、二男宅政が相続して一三〇〇石を知行、長男政庸は分家して一〇〇〇石を知行した。

また、長政の二男義勝も一家を興して旗本となった。

鷺原家　○さぎはら

公家分家。藤原北家。甘露寺勝長の四男量長は文久二年（一八六二）に興福寺恵海院住職を継いでいたが、明治元年復飾し、翌二年堂上に列して鷺原家を称した。一七年男爵となるが、二一年に爵位を返上している。

《系図》174ページ

佐久間家　○さくま

旗本・旧大名。安房国平群郡佐久間郷（千葉県安房郡鋸南町佐久間）発祥で桓武平氏。和田義盛の子朝盛は三浦家村の養子となるが、建保元年（一二一三）の和田義盛の乱に与して敗れ、安房国平群郡佐久間に逃れて佐久間氏を称したという。承久の乱でも朝廷方に属して敗れ、乱後尾張国愛智郡御器所（愛知県名古屋市）に逃れた。

戦国時代、末裔の盛通が織田氏に仕え、孫の盛次と信盛は織田信長の重臣となった。盛重の子盛政は柴田勝家に属して賤ヶ岳で敗れて斬首された。

【信濃飯山藩主】盛政の弟の安政は北条氏を経て、蒲生氏郷に仕え、氏郷の没後は徳川家康に仕えた。関ヶ原合戦では東軍に属し、戦後近江高島藩一万五〇〇〇石を立藩。元和二年（一六一六）には信濃飯山三万石に転じた。寛永一六年（一六三九）、三歳で襲封した三代安次が九歳で死去し、断絶となった。

【信濃川中島藩主】佐久間盛次の四男勝之は佐々成政の養子となったが、のち蒲生氏郷に仕えて佐久間氏に復姓した。慶長三年（一五九八）徳川家康に仕え、大坂夏の陣で活躍して元和二年（一六一六）信濃川中島藩一万八〇〇〇石を立藩。元禄元年（一六八八）四代勝茲の時に将軍綱吉の怒りに触れて改易となる。

勝茲の叔父にあたる勝興は寛永一九年（一六四二）に信濃国・近江国で三〇〇〇石を分知されて旗本となる。勝興の跡はいとこの盛遠が継いだが、天和二年（一六八二）実父勝種が遠流となったのに連座。元禄三年（一六九〇）になって廩米二〇〇俵で再興した。

【旗本】佐久間信盛の子正勝は織田信雄を経て豊臣秀吉に仕えた。関ヶ原合戦では弟の信重が東軍に属し、大坂の陣後、武蔵国で三〇〇〇石を与えられて寄合に列した。子孫は旗本となる。家禄一三〇〇石。

桜井家　○さくらい

公家。藤原北家水無瀬流。江戸時代初

期に水無瀬兼俊の三男兼里が一家を興して桜井家を称し、近衛家諸大夫となる。子兼供は延宝元年（一六七三）堂上に取り立てられた。家格は羽林家。家職は有職故実。家禄は三〇石三人扶持。氏福は宝暦事件に連座している。明治一七年供義の時に子爵となる。

桜井家　○さくらい

摂津尼崎藩主。松平長親の三男信定が三河国碧海郡桜井（愛知県安城市桜井町）に住んで桜井松平氏の祖となった。桜井城に拠り、家次の時徳川家康に従う。忠吉は尾張品野で二〇〇〇石、天正一八年（一五九〇）の関東入国で家広が武蔵松山一万石を領した。

慶長六年（一六〇一）忠頼は遠江浜松五万石を領したが、同一四年に一旦没収。元和八年（一六二二）忠重が上総佐貫一万五〇〇〇石で再興し、寛永一〇年（一六三三）駿河田中二万五〇〇〇石、同一二年遠江掛川四万石、同一六年信濃飯山四万石、宝永三年（一七〇六）再び掛川四万石を経て、正徳元年（一七一一）忠喬の時尼崎四万石に入封した。明和六年（一七六九）忠告の時に、西宮・兵庫・灘などを公収され、播磨西武に代地を与えられている。明治維新後、忠興は桜井氏を称し、一七年子爵となる。

桜庭家　○さくらば

南部藩重臣。宇多源氏佐々木氏といい、祖良綱は南部氏の祖光行の陸奥下向に従ったと伝える。『吾妻鏡』に登場する阿波国の住人桜庭良遠の裔、または陸奥国桜庭村（青森県）発祥などともいわれるが、詳細は不明。代々三戸南部氏の重臣で、江戸時代は南部藩重臣として二一〇〇石余を知行した。家格は着座高知。家老となったものも多い。分家に着座で一〇〇〇石の桜庭家もある。

座光寺家　○ざこうじ

交代寄合。信濃国伊那郡座光寺（長野県飯田市座光寺）発祥。清和源氏。源為朝の二男為家の子孫とも、片桐氏の一族ともいう。

戦国時代、為清（秋）は武田信玄に仕え、その滅亡後、為時が徳川家康に仕えた。天正一八年（一五九〇）の関東入国の際に上野国碓氷郡で九五〇石を与えられた。

慶長六年（一六〇一）、本領である信濃国伊那郡山吹（長野県下伊那郡高森町）で一〇〇〇石を与えられ、以後、交代寄合伊那衆の一つとなった。七代為忠は歌人として有名で、山吹をこの地方の文化の中心に発展させた。幕末には勤王方の旗本として知られた。

為真の二男為泰は三〇〇石を分知されて旗本となっている。

佐々木家　○ささき

安芸国山県郡（広島県）の鉄山師。隠岐から山県郡に移住したと伝え、寛永年間から鍛冶屋を始めた。万治二年（一六五九）加計市の町割に際して隅屋を設け、以後代々八右衛門を称した。全盛期

さ

には山県郡だけではなく石見国にも及び、鑪二カ所、鍛冶屋一一カ所を有していた。嘉永六年（一八五三）、鉄山経営が藩営に移行したが、正躬は経営を縮小して対応、明治になると家業を林業経営に移している。

佐竹家　○さたけ

出羽秋田藩主。常陸国久慈郡佐竹郷（茨城県常陸太田市）発祥。清和源氏。源義光が常陸介となって下向、子義業が佐竹郷を領して佐竹氏を称した。昌義は奥七郡（那珂東・那珂西・佐都東・佐都西・久慈東・久慈西・多珂）を領している。

【常陸佐竹氏】源頼朝が挙兵した際、佐竹秀義はこれに従わなかったため、治承四年（一一八〇）金砂山で敗れ、奥七郡を没収された。文治五年（一一八九）の奥州藤原氏討伐の際に秀義が頼朝に仕えて功をあげ、所領の一部を回復して御家人に列した。承久の乱では幕府方で活躍したが、鎌倉時代を通じて勢力はあまり振るわなかった。

南北朝時代貞義は北朝に属して、建武三年（一三三六）常陸守護となり奥七郡を回復。以後常陸守護を世襲した。子義篤は小田治久を破って常陸北部を支配、この間多くの庶子家を分出して、惣領制を確立した。また上杉憲定の子義仁（義憲）を養子に迎えて関東管領上杉氏と結ぶ一方、一族の山入氏を討伐するなど内訌も克服して、戦国大名として発展した。

永禄一〇年（一五六七）義重の時には奥州南部まで勢力を広げ、子義宣は江戸氏、大掾氏を滅ぼして水戸に移り、豊臣政権下では五四万石を領した。

【秋田藩主】関ヶ原合戦の際、義宣は中立に立ったことから、戦後出羽久保田（秋田市）二〇万五〇〇〇石に減転となった。義宣には世子がなかったことから、義宣の弟で岩城家を継いでいた貞隆の長男義隆が継ぎ、秋田藩の藩政の基礎を固めた。

八代義敦は曙山と号した画家としても著名で、その子九代目義和は江戸中期に藩政改革を行った名君として有名。戊辰戦争では奥羽列藩同盟には加わらずに官軍に属し、明治一七年義堯の時に侯爵となった。

一族に秋田新田藩を立藩した壱岐守家の他、湯沢佐竹（南家）、角館佐竹（北家）、大館佐竹（西家）、東家があり、壱岐守家は子爵、他の四家は男爵となった。

【佐竹壱岐守家】秋田藩二代藩主佐竹義隆の四男義長が祖。代々壱岐守となったため、壱岐守家といわれた。義長は元禄一四年（一七〇一）に二万石を分知され、秋田新田藩を立藩した。明治三年岩崎藩と改称。一七年義理の時子爵となる。

また、義諶の長男義脩は明治二二年に分家し男爵を授けられた。跡を継いだ義立は昭和四年に爵位を返上している。

【佐竹北家】天文年間に義信が常陸太田城の北に住んだため北家と呼ばれた。秋田移封後、元和七年（一六二一）に申若丸が宗家の養子となったために一旦断絶したが、寛永五年（一六二八）に公家・高倉家の出の義隣を迎えて再興した。明

[佐竹家]（中世）

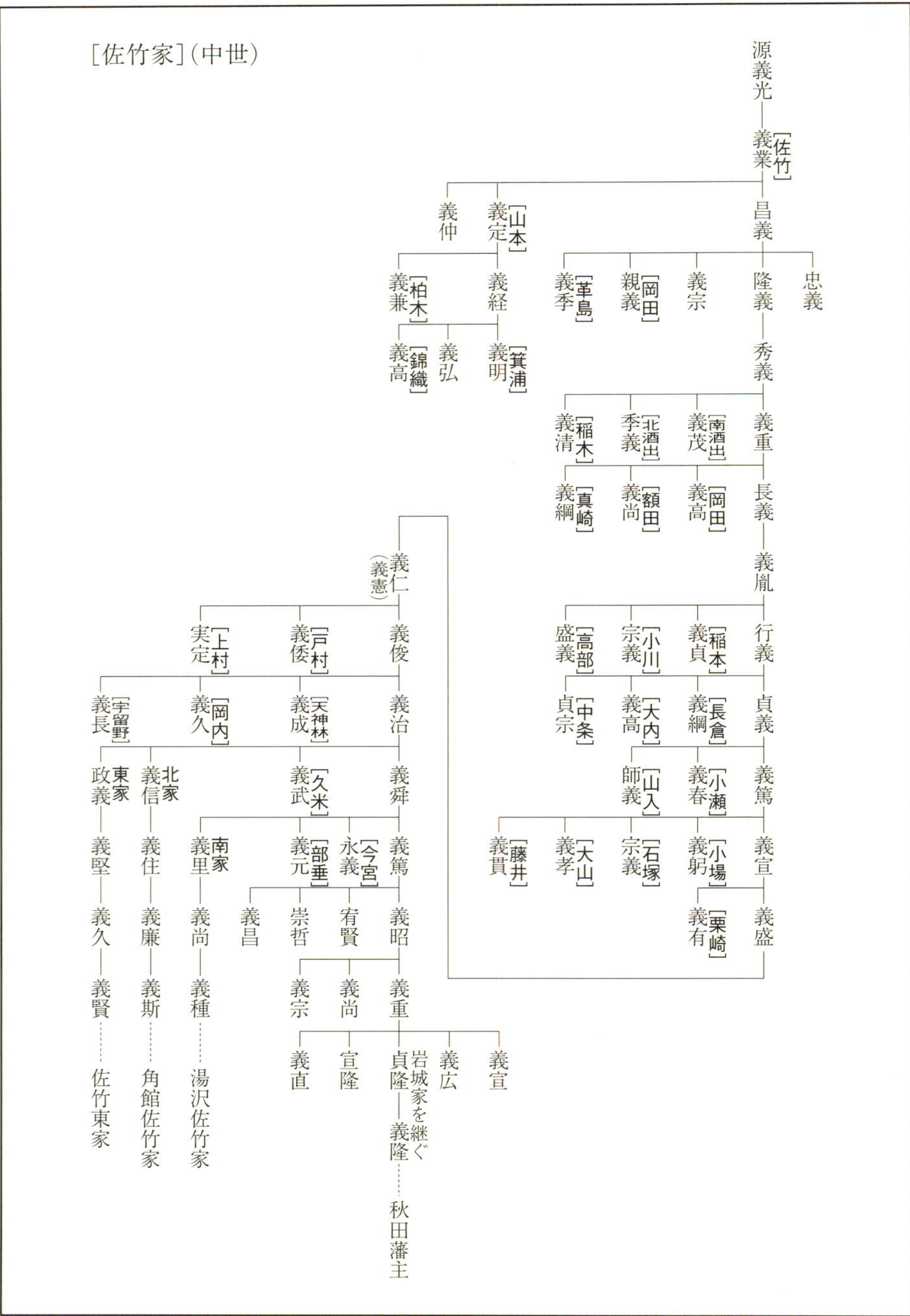

源義光
義業［佐竹］
昌義
義定［山本］
義仲
忠義
隆義
義宗
親義［岡田］
義季［革島］
義経
義兼［柏木］
義明［箕浦］
義弘
義高［錦織］
秀義
義重
義茂［南酒出］
季義［北酒出］
義清［稲木］
長義
義高［岡田］
義尚［額田］
義綱［真崎］
義胤
行義
義貞［稲本］
宗義［小川］
盛義［高部］
貞義
義綱［長倉］
義高［大内］
貞宗［中条］
義篤
義春［小瀬］
師義［山入］
義宣
義躬［小場］
宗義［石塚］
義孝［大山］
義貫［藤井］
義盛
義有［栗崎］
義仁
（義憲）
義俊
義倭［戸村］
実定［上村］
義治
義成［天神林］
義久［岡内］
義長［宇留野］
義舜
義武［久米］
義信
北家
政義
東家
義篤
永義［今宮］
義元［部垂］
義里
南家
義昭
宥賢
崇哲
義昌
義重
義尚
義宗
義宣
義広
貞隆
岩城家を継ぐ
宣隆
義直
義隆
秋田藩主
義尚
義種
湯沢佐竹家
義住
義廉
義斯
角館佐竹家
義堅
義久
義賢
佐竹東家

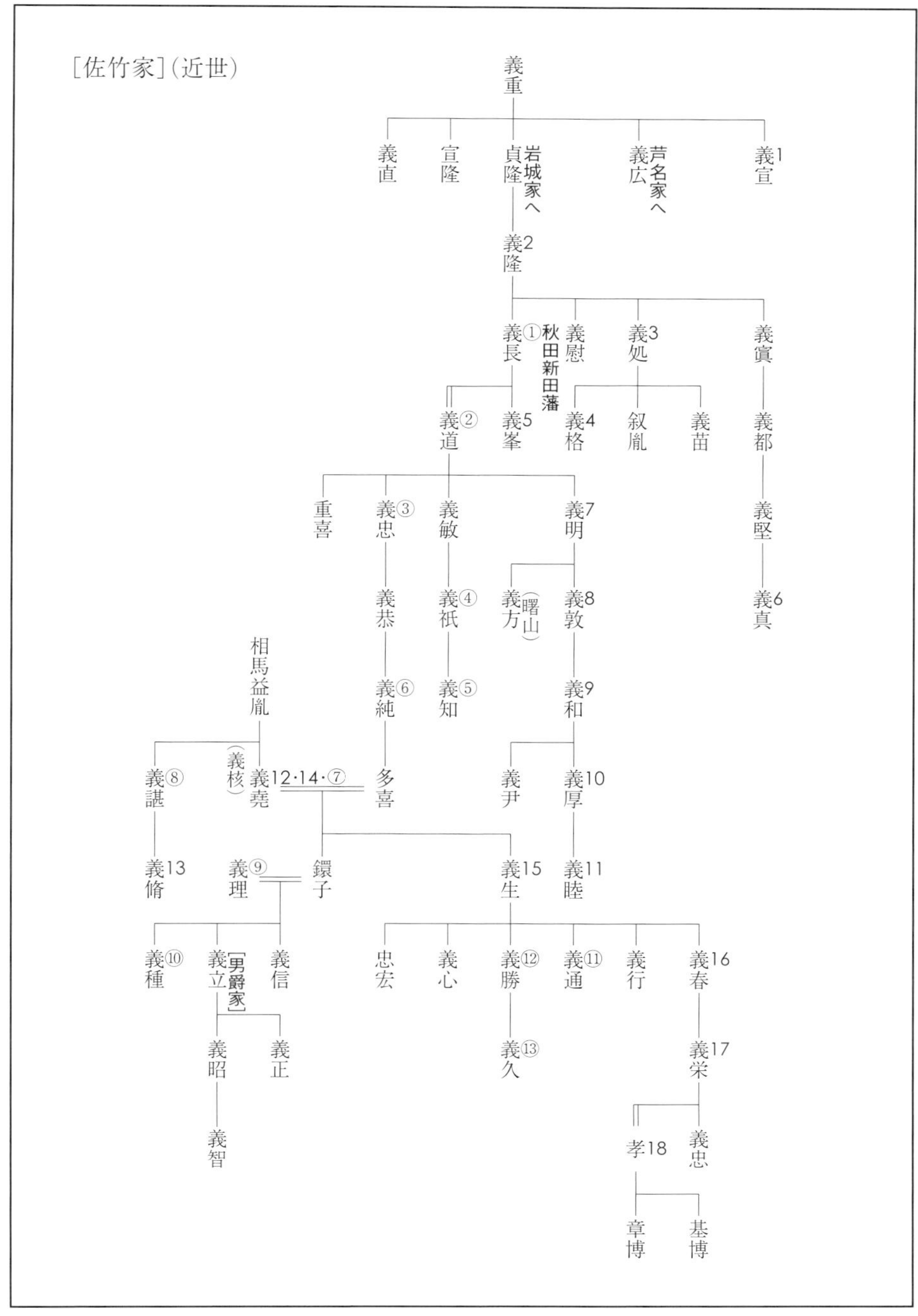

[佐竹家](近世)
義重
義直
宣隆
貞隆
岩城家へ
義広
芦名家へ
義宣1
義隆2
義長①
秋田新田藩
義慰
義処3
義寘
義道②
義峯5
義格4
叙胤
義苗
義都
重喜
義忠③
義敏
義明7
義堅
義方
(曙山)
義敦8
義恭
義祇④
義真6
相馬益胤
義純⑥
義知⑤
義和9
義諶⑧
(義核)
義堯12·14·⑦
多喜
義尹
義厚10
義脩13
義理⑨
鐶子
義生15
義睦11
義種⑩
義立
[男爵家]
義信
忠宏
義心
義勝⑫
義通⑪
義行
義春16
義昭
義正
義久⑬
義栄17
義智
孝18
義忠
章博
基博

さ

暦二年（一六五六）角館に住み、以後代々角館を領して角館家とも呼ばれた。義躬は蘭画家としても著名である。明治三三年男爵となったが、昭和二一年敬治郎は華族廃止にさきがけて爵位を返上している。

【佐竹東家】佐竹義治の四男政義は一家を興し、常陸太田城の東に住んだため東家を称した。義久は豊臣秀吉に優遇され、常陸で六万石を領していた。秋田移封後は六〇〇〇石を領して家老をつとめた。明治三九年義準の時に男爵となる。

【佐竹南家】佐竹義舜の子義里は一家を興して常陸太田城の南に住み、南家を称した。秋田移封後、慶長八年（一六〇三）に義種は出羽国湯沢（秋田県湯沢市）に住み、以後湯沢佐竹氏として八二〇〇石（のち五五〇〇石となる）を領した。明治三三年義雄の時男爵となる。

《系図》234・235ページ

佐竹家 ○さたけ

秋田藩家老・大館領主。佐竹義篤の子義躬の子孫で、もとは小場氏を称していた。のち佐竹氏に復し、秋田藩家老となった。幕末、義遵は藩主の代理として戊辰戦争に出兵し、明治三三年に男爵となっている。

佐藤家 ○さとう

旗本伊深佐藤家。信夫佐藤氏の佐藤継信の末裔と伝える。佐藤氏は藤原北家秀郷流の公清が左衛門尉となって佐藤氏を称したのが祖。陸奥信夫佐藤氏は元永二年（一一一九）師清が出羽権守となったのが祖で、以後信夫郡に土着して郡司となり、奥州藤原氏に仕えて信夫荘を本拠とした。源平合戦の際には継信・忠信兄弟が源義経に従っている。南北朝時代には北朝に属した。のち伊達氏に圧迫されて嫡流は相馬に移り、留守氏の家臣となった。

伊深佐藤家の祖である信則は、織田信長に仕え、美濃国加茂郡揖深村に築城して拠った。その子堅忠は豊臣秀吉に仕え、孫の継成が慶長一五年（一六一〇）徳川家康に仕えて、改めて加茂郡伊深（岐阜県美濃加茂市）で一〇〇〇石を与えられた。大坂の陣では秀忠に従って功をあげ、三一九〇石に加増され、駿府町奉行をつとめた。

佐藤家 ○さとう

越後国小千谷の旧家。藤原姓で、永正元年（一五〇四）石見国から佐渡に移った際に佐藤に改めたものという。のち小千谷に移り、江戸時代は金沢屋と号して縮商となった。子孫から和算家・佐藤雪山が出ている。また、阿賀野市下条には和泉屋と号した豪商佐藤家があった。本家は代々伊左衛門と名乗って「本泉」と呼ばれ、友右衛門を称した「中泉」など、一族は七軒で構成されていた。

真田家 ○さなだ

信濃松代藩主。戦国時代初期に活躍した真田幸隆が祖。幸隆の父は海野棟綱で、幸隆が信濃国小県郡真田（長野県上田市）に住んだため真田氏を名乗ったとされるが、真田家初期の系図は資料によって大きく食い違い、どれが正しいかは判然としない部分が多い。

　さらに、室町時代中期に起きた大塔合戦の参加者に「実田」と名乗る武士が登場しており、これが「さなだ」と読むと考えられている。また、他の室町時代の資料でも「真田」を名乗る武士が見られることなどから、これらが真田氏の遠祖であると考えられ、幸隆は海野家から分かれて新たに真田氏を興したのでなく、室町時代から続く在地武士真田氏の名跡を継いだことになる。

　天文一〇年（一五四一）、武田信虎は諏訪氏や村上氏とともに海野氏を攻め、棟綱と幸隆は敗れて上州に逃れた。その七年後、父信虎を追放した信玄は村上義清を破って東信を支配した。この時に、信玄の家臣として真田幸隆が再登場した。

　以後、幸隆は武田信玄の重臣として活躍する一方、小県郡から西上野（群馬県）にかけての地を支配した。幸隆と長男の信綱は長篠合戦で討死し、その跡を継いだのが幸隆三男の昌幸である。

　関ヶ原合戦では、昌幸・幸村父子は西軍、昌幸の長男信之は東軍に属し、親子で敵対することになった。

　西軍についた昌幸・幸村はわずか二五〇〇の軍勢で上田城に拠り、三万八〇〇〇という大軍の徳川秀忠軍を、八日間くぎづけにした。このため秀忠は合戦に間に合わず、真田父子は一躍その名を知られることになった。しかし、父子の奮戦にもかかわらず西軍は一日で惨敗し、合戦後は高野山に追放された。

　大坂の陣に際しては、幸村が高野山を脱出して大坂方に加わって籠城。負け戦の中、華々しい活躍を見せて討死し、以後は小説や講談のヒーローとなった。

【信濃松代藩主】真田昌幸の長男信之は関ヶ原合戦では徳川方につき、上田と上野沼田で九万五〇〇〇石を与えられ、元和四年（一六一八）松代一〇万石に移った。六代幸親は家老に恩田木工を登用し、藩政を改革した。幕末の幸貫は老中をつとめている。幸民は明治一七年子爵、二四年伯爵となっている。

　幸教の四男幸世は、明治二九年に分家して一家を興して男爵を授けられ、のち貴族院議員をつとめた。

【上野沼田藩主】真之の長男信吉は元和二年（一六一六）に上野沼田三万石を分知されて沼田藩を立藩した。寛永一六年（一六三九）信政は五〇〇〇石を信利に分知して二万五〇〇〇石となる。天和元年（一六八一）信利の時に杉本茂左衛門による五代将軍綱吉への直訴などがあり、所領を没収された。

佐野家　さの

旗本・旧佐野藩主。下野国安蘇郡佐野（栃木県佐野市）発祥。藤原北家秀郷流で、足利有綱の子基綱が佐野氏を称した。基綱は源頼朝に仕えて鎌倉幕府の御家人となる。以後、代々佐野城に拠って佐野を領していた。

　天正一二年（一五八四）の大晦日、長尾顕長に領内の彦間城を落とされた宗綱が、翌日元旦に一騎で彦間城に駆けつけた際に城中から射られた矢に当たって二六歳で死去した。そこで、家臣が図って北条氏康の五男氏忠を迎えて宗綱の娘と結婚させ、佐野家の名跡を継がせた。しかし、氏忠も豊臣秀吉の小田原攻めで実家北条氏とともに亡び、名家佐野氏は一旦滅亡した。

宗綱の叔父の房綱は僧侶となっていたが、氏忠が佐野家を継いだことをよしとせず、豊臣秀吉と通じて旧家臣とともに佐野城を攻めて奪い、秀吉から佐野氏の跡継ぎとして認められ、佐野で三万九〇〇〇石を領した。

関ヶ原合戦で養子信吉が東軍に属して佐野藩を立藩したが、慶長一九年（一六一四）に実兄の宇和島藩主富田信高に連座して改易となった。

子久綱は元和八年（一六二二）に許され、寛永一七年（一六四〇）に三〇〇〇俵が与えられ、久綱が二〇〇〇俵、弟の公当が一〇〇〇俵で再興した。

久綱の子盛綱は槍奉行、孫の直行は山田奉行などをつとめて三五〇〇石に加増された。その後、察行は一橋家家老、義行は大番頭をつとめている。

また、公当の妻は五代将軍の綱吉の生母である桂昌院の義妹、二代勝由の妻は桂昌院の姪であることから、勝由は三〇〇〇石に加増された。その後、茂承は御側用取次となり、四〇〇〇石となっている。

沢家　○さわ

公家。清原氏の庶流。宝永年間に、伏原宣幸の二男忠量が一家を興して沢家を称した。家禄は三〇石三人扶持。幕末の沢宣嘉は尊攘派の公家として活躍、文久三年（一八六三）八月一八日の政変では長州に落ちた七卿の一人。戊辰戦争では奥羽鎮撫副総督もつとめたが、明治六年に死去。宣種が跡を継いだが、九年に為量が宣種を廃嫡して再相続し、一七年子爵となった。二四年宣量の時に伯爵に陞った。

また、宣嘉の二男宣元は明治二八年に分家し、男爵を授けられている。

沢田家　○さわだ

摂津国西成郡南大道村（大阪市東淀川区）の旧家。清和源氏頼親流で、平安時代末期の文治年間（一一八五〜九〇）に南大道村に住んで沢田を称したという。のち三家に分かれ、本家は代々左平太を称した。分家に久左衛門家、惣右衛門家がある。

沢田家　○さわだ　→　**荒木田家**

猿渡家　○さわたり

武蔵総社大国魂神社（東京都府中市）神職。大国魂神社は武蔵国国衙のあった府中に武蔵国内の諸神を合祀して武蔵総社としたもの。神主を世襲した猿渡家は武蔵国橘樹郡猿渡村（神奈川県）発祥で藤原氏。戦国時代武家としても活動、北条氏に従い、天正一八年（一五九〇）には一七代盛正が八王子城で戦死している。そのため、江戸城主遠山景政に嫁いでいた娘の子盛道が猿渡家を継いだ。江戸時代の社領は五〇〇石。

沢村家　○さわむら

熊本藩家老。清和源氏桃井氏を称す。初代の大学助吉重は若狭小浜で辺見昌経に仕えていたが、主家滅亡に拠り、天正一〇年（一五八二）細川忠興に仕えた。島原の乱では七八歳で出陣したという。二代目は八代城主松井家の祖である康之の甥友好が継ぎ、家老をつとめた。以後代々一万一〇〇〇石を領し、五代友常、八代友輔は家老、九代友貞は中老をつとめた。

三条家　○さんじょう

公家。藤原北家。藤原公実の三男実行が祖。実行の別邸が京都三条にあったため、三条家が家号となった。正親町三条家と区別するために、転法輪三条家ともいう。閑院流の嫡流で清華家の一つ。支流に西園寺、徳大寺、三条西家などがある。家職は笛。平安末期の実房が著名。

天文二〇年（一五五一）周防の大名大内義隆が陶晴賢によって討たれた際に、同氏館に滞留していた公頼が巻き込まれて討たれ、同二三年には子実教も早世したことから、三条家は一時中絶した。天正三年（一五七五）に一族の三条西実枝の四男公宣が再興、三条実綱と称した。しかし、実綱も同九年に二〇歳で死去、実家三条西家から公広が養子となって三条家を継いだ。

江戸時代の家禄は四六九石。幕末三条実万は内大臣となり、日米修好通商条約に反対し、将軍継嗣問題では徳川慶喜の擁立を主張、安政の大獄に連座した。子実美も文久三年（一八六三）八月一八日の政変で失脚して長州に落ちたが、慶応三年（一八六七）王政復古で帰京し、維新後も要職を歴任して、明治一七年公爵となった。平成二年に亡くなった先代の当主・実春は平安神宮の宮司をつとめていた。

また、実美の三男公輝は明治二五年に分家して男爵を授けられたが、大正一三年に本家を継いで公爵となったため、廃家となっている。

《系図》240ページ

三条西家　○さんじょうにし

公家。藤原北家閑院流。南北朝時代に正親町三条実継の二男公時が分家して一家を興し、三条北西朱雀に住んで三条西家を称した。公時は従二位大納言で終わったが、三代目を本家の内大臣正親町公豊の二男公保が継いだことから内大臣となり、以後大臣家となった。香道をもって朝廷に仕える。

戦国時代の三条西実隆は古今伝授を受け、以後公条、実枝と三代にわたって継承した。『実隆公記』は室町後期の重要資料でもある。江戸時代の家禄は五〇二石。

幕末、季知は尊攘派の公家として活躍、文久三年（一八六三）八月一八日の政変では三条実美らと長州に落ちた（七卿落ち）。明治一七年公允の時に伯爵となる。公正は実践女子大学名誉教授で、現在の当主・公彦は平成九年に御家流香

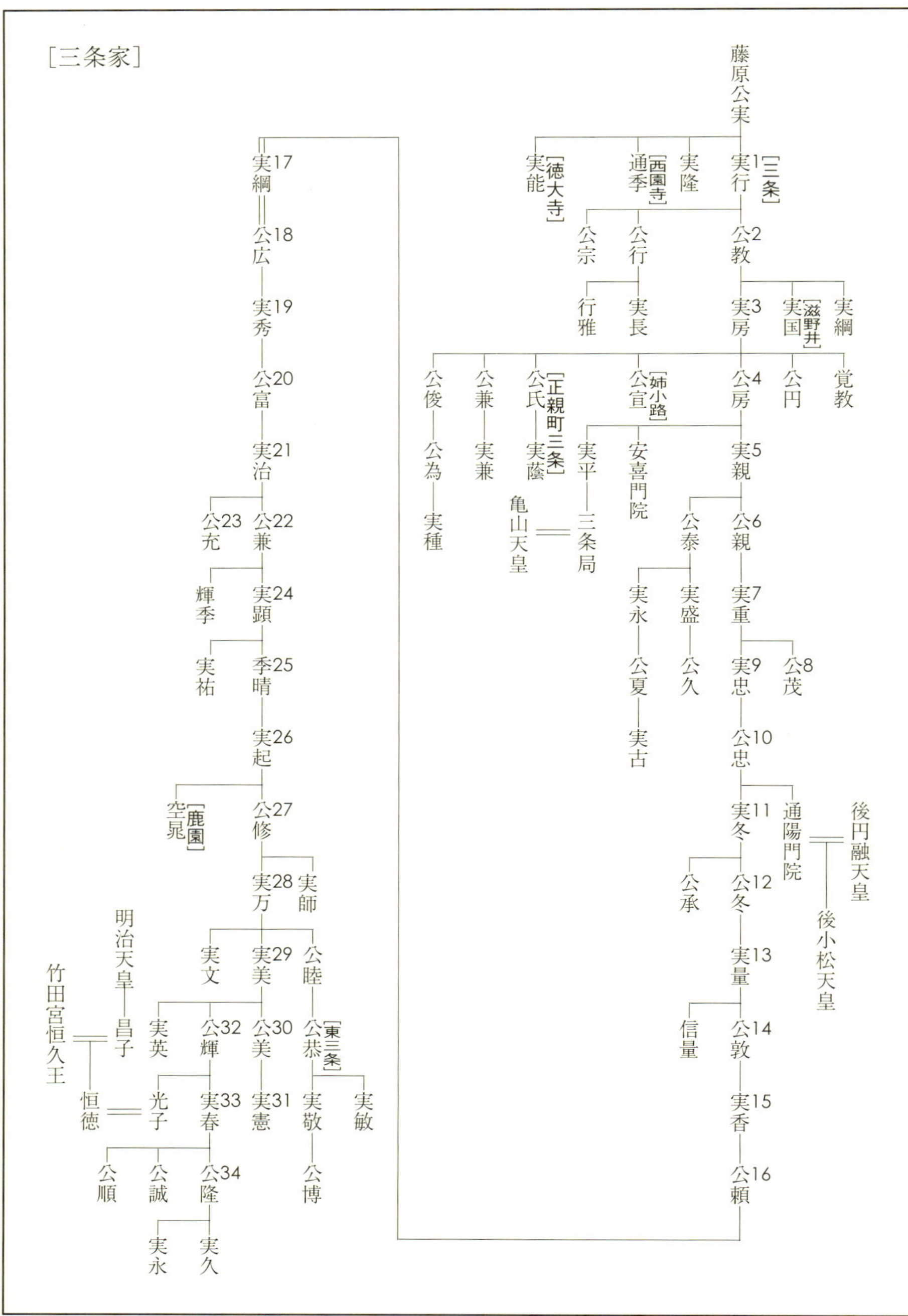
[三条家]
藤原公実
実行1 [三条]
実隆
通季 [西園寺]
実能 [徳大寺]
公教2
公行
公宗
実3房
実国 [滋野井]
実綱
実長
行雅
公4房
公円
覚教
公宣 [姉小路]
公氏 [正親町三条]
公兼
公俊
実5親
安喜門院
実平
三条局
亀山天皇
実蔭
実兼
公為
実種
公6親
公泰
実7重
公8茂
実9忠
実盛
実永
公久
公夏
実古
公10忠
実11冬
通陽門院
後円融天皇
後小松天皇
公12冬
公承
実13量
公14敦
信量
実15香
公16頼
実17綱
公18広
実19秀
公20富
実21治
公22兼
公23充
実24顕
輝季
季25晴
実祐
実26起
公27修
空晁 [鹿園]
実28万
実師
実29美
実文
公睦
公30美
公32輝
実英
公恭 [東三条]
実31憲
実33春
光子
恒徳
明治天皇
昌子
竹田宮恒久王
実敬
実敏
公博
公34隆
公誠
公順
実久
実永

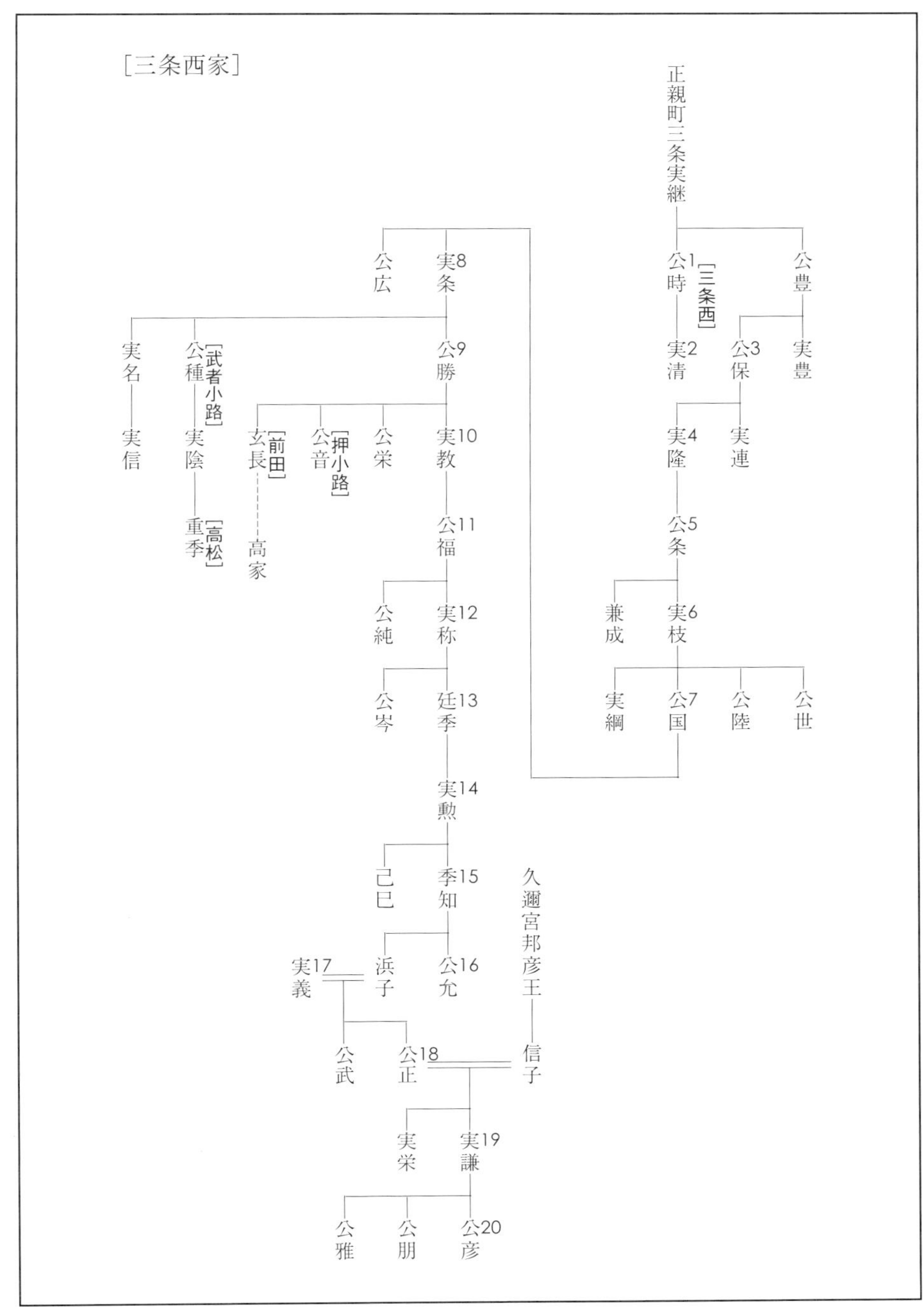
[三条西家]
正親町三条実継
公時 1
[三条西]
公豊
実清 2
公保 3
実豊
実隆 4
実連
公条 5
兼成
実枝 6
実綱
公国 7
公陸
公世
公広
実条 8
実名
公種
[武者小路]
公勝 9
実信
実陰
重季
[高松]
玄長
[前田]
高家
公音
[押小路]
公栄
実教 10
公福 11
公純
実称 12
公岑
廷季 13
実勲 14
己巳
季知 15
久邇宮邦彦王
実義 17
浜子
公允 16
公武
公正 18
信子
実栄
実謙 19
公雅
公朋
公彦 20

道の第二三代宗家を継いでいる。

なお、明治一八年から大正七年の間は西三条を称していた。

《系図》241ページ

三戸家　○さんのへ

南部藩重臣。南部藩八代藩主利視は、三男以下を分家させて三戸氏の名字を与えた。五男信駕の末裔は角屋敷家と呼ばれ、幕末の済彰は家老となって着座高知に進んだ。跡は弟の与忠が継いで家老となり、戊辰戦争では藩主名代をつとめている。

し

塩沢家　○しおざわ

養命酒醸造家。慶長七年（一六〇二）信濃国の初代宗閑が養命酒を製造したのが祖。以来、代々養命酒を作り続ける。

大正一二年、一八代貞雄の時に養命酒酒造株式会社に改組し、一四年から東京でも販売を開始した。貞雄の弟重雄は中沢家の養子となってロシア文学者中沢臨川となり、その下の弟幸一は海軍大将となったのち一九代目を継承。現在の当主は二一代目の一である。

また、養命酒酒造社長は同族の塩沢護を経て、現在はその長男の太朗がつとめている。

塩瀬家　○しおせ

饅頭屋塩瀬総本家。祖は中国北宋の詩人林和靖の一族の末裔という林浄因。浄因は南北朝時代に来日して奈良に住み、中国の饅頭（まんとう）にヒントを得て和菓子の饅頭を作成、後村上天皇に献上して寵愛された。のち浄因は帰国したが、子孫は奈良と京に分かれて製菓業を営んだ。京の塩瀬家はのちに三河国設楽郡塩瀬（愛知県新城市）に住んで塩瀬を名乗り、戦国時代以降京に戻って饅頭屋と号した。本家は江戸中期に断絶したが、江戸初期に暖簾分けした江戸の塩瀬が現在の塩瀬本店である。

鹿園家　○しかぞの

公家分家。藤原北家。三条実起の七男空晃は文化一一年（一八一四）興福寺喜多院住職となっていたが、明治元年に復飾して翌二年堂上に列して鹿園家を称した。一七年実博の時男爵となり、貴族院議員をつとめた。

滋野井家　○しげのい

公家。藤原北家閑院流。三条公教の二

男実国が滋野井家を称した。家格は羽林家、家職は神楽。

南北朝時代の正平七年（一三五二）に実勝が八幡合戦で戦死して断絶、文安三年（一四四六）阿野家の実益が参議となって滋野井家を再興した。さらに室町末期の永禄一二年（一五六九）公古の養嗣子となっていた実藤が実家の五辻家に戻って之仲として五辻家を継いだために再び断絶、慶長五年（一六〇〇）に之仲の三男季吉が継いで再興した。

江戸中期の有職故実家の滋野井公麗が著名。家禄は一八〇石。幕末、実在・公寿父子が国事に奔走、明治一七年に公寿が伯爵となったが、大正二年に返上している。

《系図》243ページ

慈光寺家　◯じこうじ

公家。宇多源氏。五辻遠兼の四男仲清が祖。家格は半家。家職は神楽。当初は三木家を称していた。戦国時代は伏見宮家に仕え、永禄一一年（一五六八）康善が出家して一旦断絶した。江戸初期に孫の冬仲が再興して慈光寺家と改称、のち澄仲の時に堂上に列した。明治一七年有

［滋野井家］

三条公教―1実国［滋野井］
- 1実国 の子：2公時、公清［河鰭］、公佐［阿野］
- 2公時 の子：3実宣、実秋、実広
- 3実宣 の子：公賢、4公光、公蔭、公基
- 公賢―実厳
- 4公光―5実冬―6冬季
- 6冬季 の子：7実前、季教
- 7実前―8公尚
- 8公尚 の子：9実勝、季宣
- 9実勝……（中絶）……10実益
- 10実益 の子：11教国、季賢
- 11教国＝12季国
- 12季国 の子：13公古、為仲
- 13公古……（中絶）……14季吉
- 14季吉 の子：15冬晴、16教広、俊仲
- 16教広 の子：17実光、英仲
- 17実光＝18公澄
- 18公澄 の子：19実全、実彦
- 19実全―20公麗―21冬泰―22公敬
- 22公敬 の子：実邑、実敬、23為国、実潔
- 23為国＝24実在
- 24実在 の子：25公寿、実慎、有綱
- 25公寿―武子
- 武子＝26実麗
- 27竹若

仲の時に子爵となる。

《系図》244ページ

宍戸家　○ししど

長州藩重臣。常陸国茨城郡宍戸（茨城県笠間市宍戸）発祥。藤原北家宇都宮氏。八田知家の四男家政が宍戸氏を称した。建仁三年（一二〇三）宍戸城を築城、常陸守護もつとめた。南北朝時代は北朝に属して、南朝に属した宗家小田氏にかわって嫡流の地位を占めた。文禄元年（一五九二）佐竹氏に敗れ、以後は佐竹氏に属した。のち秋田に移る。

南北朝時代、一族の朝家は足利尊氏に従って安芸国高田郡甲立荘（広島県安芸高田市甲田町）を賜って下向、安芸宍戸氏の祖となった。五龍城を築城して拠り、天文二年（一五三三）元源の時毛利氏に仕えた。江戸時代は長州藩士となる。幕末宍戸親基は家老となって文久三年八月十八日の政変では七卿を長州に落とした。明治三三年乙彦の時男爵となる。

なお、分家の璣は維新後元老院議官などを歴任し、二〇年に子爵となっている。

［慈光寺家］

五辻遠兼—1仲清［慈光寺］＝2仲澄—3仲方（兄弟：宗仲、仲久）—4仲経—5仲蔭（兄弟：仲教）—6光仲（兄弟：仲行）—7師仲—8持仲—9定仲—10仲康—11仲明［三木］—12明卿—13康善（兄弟：仲興—仲勝）—14善仲—15冬仲［慈光寺］—16貫仲—17仲学—18房仲＝19澄仲＝20敦仲＝21具仲—22尚仲—23実仲

23実仲の子：24家仲、25有仲、26右仲

25有仲の子：仲敏、仲誠

26右仲の子：27恭仲、延仲、良仲

27恭仲—28愛仲

28愛仲の子：29康生、昭仲

29康生の子：博仲、智仲、善仲

四条家　○しじょう

公家。藤原北家四条流の嫡流。平安末期、中御門家成の長男隆季が四条大宮に邸宅を構えて四条家を称した。家格は羽林家。家職は包丁道・笙。室町末期、一族の隆資・隆俊父子は後醍醐天皇に仕えて討幕をすすめ、南北朝時代も南朝の重臣となったが、この系統はのちに断絶した。支流に山科・鷲尾家などがある。江戸時代の家禄は一八〇石。幕末、隆謌は尊攘運動に奔走、明治一七年伯爵となり、二四年侯爵に陞爵。

隆美の弟隆平は元老院議員、貴族院議員などを歴任し明治三一年男爵となった。包丁道の四条司家は男爵家が相続している。

《系図》246ページ

七条家　○しちじょう

公家。藤原北家水無瀬流。水無瀬氏成の二男隆脩が七条家を称した。家格は羽林家。家職は有職故実。江戸時代の家禄は二〇〇石。

明治一七年の華族令公布の際には信義が病気のため隠居し、母寿賀子が戸主となっていたため授爵されず、二〇年に信義が再び当主となって子爵を授けられた。

品川家　○しながわ

高家。清和源氏。今川氏真の二男高久が徳川秀忠に仕え、慶長六年（一六〇一）に上野国碓氷郡で一〇〇〇石を賜って旗本となったのが祖。その際、秀忠より「今川は宗家に限るべし。今より品川と称すべし」といわれて品川家に改称した。寛永一六年（一六三九）子高如が家を継いだ際に高家に列した。正徳二年（一七一二）にわずか一歳で継いだ範増が翌年死去したため断絶したが、信方が養子となって三〇〇石で再興し、表高家に列した。

高如の弟の高寛も一家を興して旗本となっている。

→今川家

《系図》82ページ

地主家　○じぬし

出羽国鶴岡（山形県鶴岡市）の豪商。祖五郎左衛門は三河国の出で、下総碓井（千葉県）で酒井氏に仕えた。のち酒井氏の庄内転封に従って鶴岡に移り、以後代々庄内藩の御用達をつとめた。また一族は庄内藩士にも登用されている。

芝家　○しば

南都邦楽家。専門は左舞と笛。鎌倉時代初期の辻則房の子近氏が祖。本来は狛姓だが、江戸時代初期に藤原姓に改めている。明治初期、葛鎮は宮内省雅楽局の創設に尽力。孫の祐泰は音楽学者として著名で、雅楽全曲の五線譜化を完成したことでも知られる。なお、承応三年（一六五四）から大正七年に至る約二六〇年間の日記『芝家日記集』が天理図書館に所蔵されている。

[四条家]

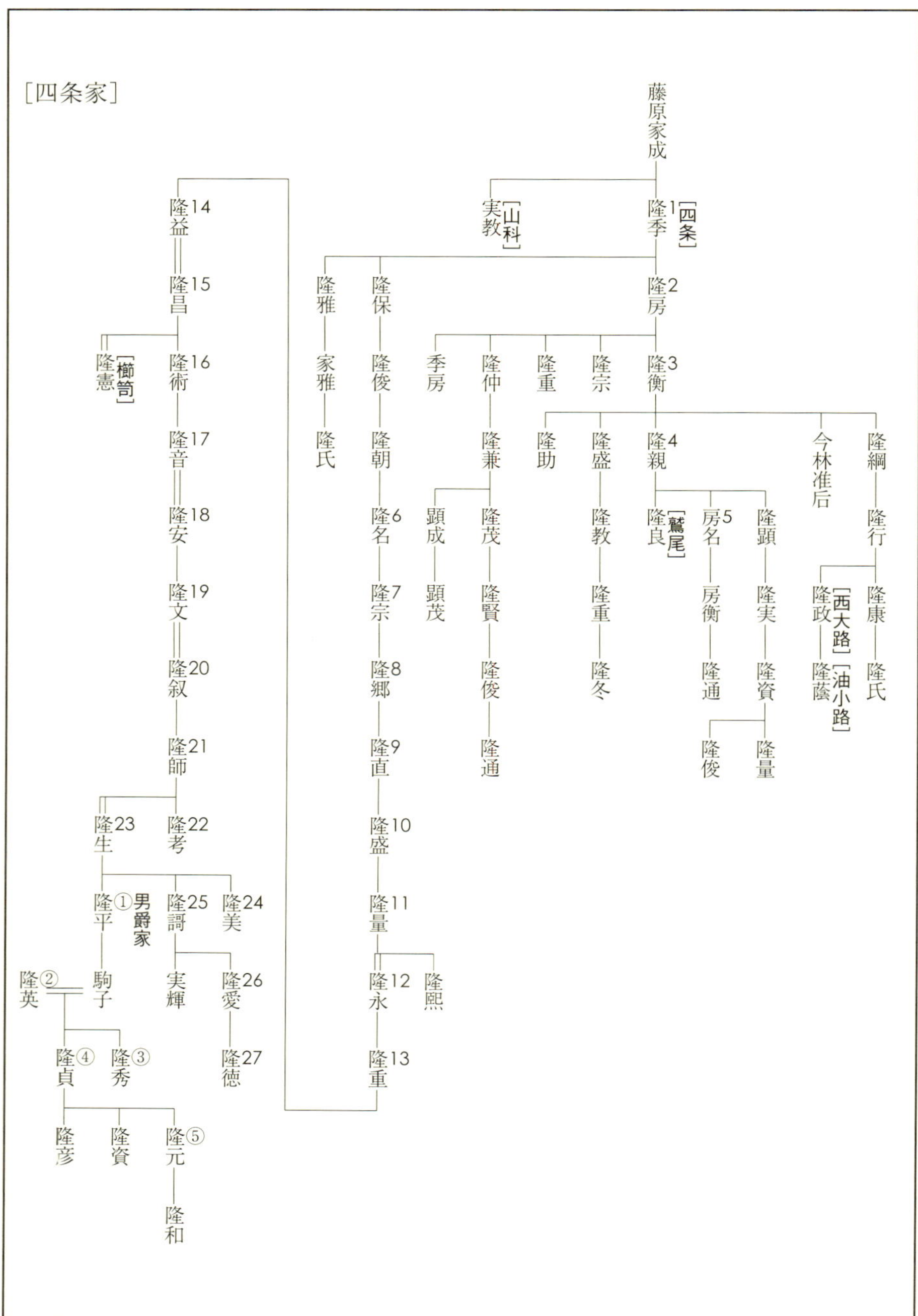
藤原家成
実教［山科］
隆季1［四条］
隆雅
隆保
隆房2
家雅
隆氏
隆俊
隆朝
隆名6
隆宗7
隆郷8
隆直9
隆盛10
隆量11
隆永12
隆煕
隆重13
季房
隆仲
隆重
隆宗
隆衡3
隆兼
顕成
顕茂
隆茂
隆賢
隆俊
隆通
隆助
隆盛
隆教
隆重
隆冬
隆親4
隆良［鷲尾］
房名5
房衡
隆通
隆顕
隆実
隆資
隆俊
隆量
今林准后
隆綱
隆行
隆政［西大路］
隆蔭［油小路］
隆康
隆氏
隆益14
隆昌15
隆憲［櫛笥］
隆術16
隆音17
隆安18
隆文19
隆叙20
隆師21
隆生23
隆考22
隆平①男爵家
隆謌25
隆美24
駒子
実輝
隆愛26
隆徳27
隆英②
隆貞④
隆秀③
隆彦
隆資
隆元⑤
隆和

斯波家　○しば　→　**津田家**

芝小路家　○しばこうじ

公家分家。藤原北家高藤流。芝山国豊の二男豊訓は天保八年（一八三七）興福寺成身院住職となっていたが、明治元年に復飾。翌二年堂上に列して芝小路家を称した。一七年豊俊が男爵となる。

柴田家　○しばた

旗本。戦国武将・柴田勝家の末裔。『寛政重修諸家譜』では清和源氏支流にあり、斯波氏の一族で越後国の出という。勝家が織田信長に仕えて宿老となるが、天正一一年（一五八三）豊臣秀吉に敗れて滅亡した。養子勝政の子勝重が慶長四年（一五九九）に召し出されて、上野国群馬・碓氷両郡で二〇〇〇石を与えられた。勝門の時に目付となって三〇〇〇石に加増、采地を三河国額田・宝飯両郡に移された。幕末、九代勝明は田安家家老、一〇代勝全は一橋家家老をつとめている。

柴田家　○しばた

旗本。『寛政重修諸家譜』では清和源氏支流に収められており、小笠原氏の一族で三河国額田郡柴田郷発祥という。代々松平家に仕えた。天正一八年（一五九〇）の関東入国後、康忠が武蔵国羽生で五〇〇〇石を与えられた。子康長の時に内訌によって改易となったが、大坂の陣の際に伊達政宗に属して戦ったことから許され、元和九年（一六二三）に三〇〇〇石で再興。その孫の康利の時書院番頭・大番頭を歴任して五五〇〇石に加増された。

柴田家　○しばた

仙台藩重臣。結城氏の一族という。陸奥国柴田郡柴田（宮城県柴田郡柴田町）発祥か。定朝は四保城に拠り、伊達稙宗の時に仕えた。江戸時代は仙台藩の重臣となって、船岡（柴田町船岡）で五〇〇〇石を領した。家格は一家。奉行や若年寄になったものが多い。伊達騒動に登場する柴田外記（朝意）が著名。明治維新後、意成は北海道胆振への移住を試みるが失敗した。

芝亭家　○しばてい

公家分家。藤原北家。裏辻公愛の三男実忠は慶応三年（一八六七）興福寺龍雲院住職となったが、明治元年に復飾。翌二年堂上に列して芝亭家を称した。一八年、子愛吉の時に男爵となった。

芝山家　○しばやま

公家。藤原北家勧修寺流。勧修寺光豊の子宣豊が祖。芝山の家名は勧修寺家の祖経顕が当初用いた号である。家格は名家。江戸時代の家禄は一〇〇石。明治一七年祐豊の時に子爵となる。

渋沢家　○しぶさわ

武蔵国榛沢郡血洗島（埼玉県深谷市）の豪農。甲斐国巨摩郡渋沢村（山梨県北杜市長坂町）発祥で、甲斐源氏の一族というが不詳。天正年間に、「遠西の家」と「遠前の家」の二家が帰農した。その後、「遠前の家」から「前の家」と「中の家」が分家、「前の家」からさらに「東の家」が分家した。

「東の家」は宗休の時に名主となって名字帯刀を許され、岡部藩の御用達でもあった。「東の家」からは「古新宅」と「新屋敷」が分家、栄一とともに徳川慶喜の右筆をつとめ、維新後は実業家となった喜作（成一郎）は「新屋敷」の出である。

「中の家」は代々市郎左衛門を称した。江戸時代末期に「東の家」から養子となって継いだ市郎右衛門（晩香）は、養蚕や藍玉つくりで家運の傾いていた同家を再興して豪農となり、名主となって名字帯刀も許された。その子栄一は喜作とともに一橋慶喜に仕えて幕臣となり、維新後は一旦大蔵省に出仕したものの、辞職して実業界で活躍した。明治三三年男爵、大正九年子爵となる。戦後、孫の敬三は幣原内閣の蔵相や日本銀行総裁を歴任するかたわら、民俗学者としても著名。

また、栄一の四男秀雄は東宝の会長をつとめた他、田園調布を開発した実業家として知られる。

渋谷家　○しぶたに

浄土真宗仏光寺派管長で、京都市下京区仏光寺通の仏光寺住職。仏光寺は建暦二年（一二一二）親鸞によって山城国山科に建立された寺で、天正一四年（一五八六）に現在地に移った。

安政四年（一八五七）鷹司政通の三男教応が継いだのち、明治元年には伏見宮邦家親王の一五男家教が継いで、五年華族に列し、渋谷氏を称した。二一年家教は伏見宮家に戻って改めて清棲家を興したことから、渋谷家は長男の隆教が継ぎ、二九年に男爵となった。

渋谷家　○しぶや

旗本。藤原北家秀郷流波多野氏の末裔で丹波国の出という。重次が小早川秀秋を経て徳川家康に仕え、慶長八年（一六〇三）頼宣の家臣となった。以後代々紀伊藩士だったが、享保元年（一七一六）良信の時に吉宗の八代将軍就任に従って旗本となり、下野国都賀郡で三〇〇〇石を知行した。

島崎家　○しまざき

信濃国中山道馬籠宿・妻籠宿（岐阜県中津川市）の本陣。桓武平氏三浦氏の出で、永正一〇年（一五一三）に木曽氏に仕えたという。幕末の馬籠宿島崎家の当主島崎正樹は本陣・庄屋・問屋を兼ね、私塾を開いて子弟の教育にもあたった。子春樹は小説家藤村として著名で、その兄広助は木曽御料林引き戻し運動の総代として活躍した。

藤村の二男鶏二、三男蓊助はともに画家となっている。

島崎家　○しまざき

加賀国河北郡向粟崎（石川県河北郡内灘町向粟崎）の豪商。能美郡島村（小松市）の出。代々徳兵衛を名乗り、九代徳兵衛の時には、一一艘の渡海船を有していた。明治一〇年には金沢第十二国立銀行の経営にも参画したが、一九年に閉鎖となり、没落した。同地には島崎徳兵衛屋敷跡が残る。

島津家　○しまづ

薩摩の名家。『島津家譜』によると、祖島津忠久は源頼朝と丹後局の間に生まれた子となっているが、実際は近衛家領の島津荘の下司をつとめた惟宗広言の子である。忠久は頼朝の寵愛を得て破格の出世を得たため、頼朝の庶長子説が生まれたものか。

【薩摩島津氏】 忠久は文治元年（一一八五）に伊勢国須可荘（三重県）の地頭と島津荘の下司となり、翌年には信濃国でも地頭職を得た。鎌倉幕府の成立後、建久八年（一一九七）には薩摩と大隅の守護に任ぜられ、のち日向の守護も兼ねた。建仁三年（一二〇三）に比企氏の乱に連座して一時失脚したが、まもなく薩摩国の守護を回復、以後代々守護を世襲した。

さらに信濃国、越前国、伊賀国、讃岐国などにも所領を得て御家人として活躍、建治元年（一二七五）久経の時に幕命で薩摩に下向した。

元弘三年（一三三三）貞久は足利尊氏の要請で鎮西探題の北条英時を討って大隅国・日向国の守護を回復、南北朝時代は北朝に属した。貞久は三男師久に薩摩守護を、四男氏久に大隅守護を譲り、師久の子孫は総州家、氏久の子孫は奥州家と称した。奥州家が嫡流である。

室町時代には少弐氏、大友氏とともに九州を三分したが、中期以降は総州家との内訌によって勢力が衰えた。永享二年（一四三〇）には総州家の久林を日向国で滅ぼしたものの、今度は奥州家の中で、薩州家の実久と相州家の忠良が争い、相州家が勝利した。

大永六年（一五二六）島津宗家を継いだ忠良の子貴久は一族を統一して薩摩・大隅・日向の三国を支配した。子義久の時には、日向の伊東氏、豊後の大友氏、肥後の相良氏、肥前の竜造寺氏を次々と降して九州の大半を制覇したものの、天正一五年（一五八七）豊臣秀吉に敗れて、薩摩・大隅の二国と日向国の一部に戻った。

【薩摩藩主】 関ヶ原合戦では義弘はわずかの手兵を率いて西軍に属したが戦わずして敗れ、戦後敵陣を突破して帰国し、徳川幕府成立後も引き続き薩摩七二万石余を領した。慶長一四年（一六〇九）には琉球に侵攻して征服し、以後実質的に属国としている。

幕末島津斉彬は藩政を改革して殖産興業に成功、また西郷隆盛や大久保利通ら有能な下級藩士を多数登用した。その死後弟の久光は藩主忠義とともに、藩論を討幕に統一し、長州や土佐とともに幕府を倒して新政府を樹立した。明治一七年島津忠義と久光はそれぞれ公爵を賜り、支藩の佐土原藩主の島津家も伯爵となっ

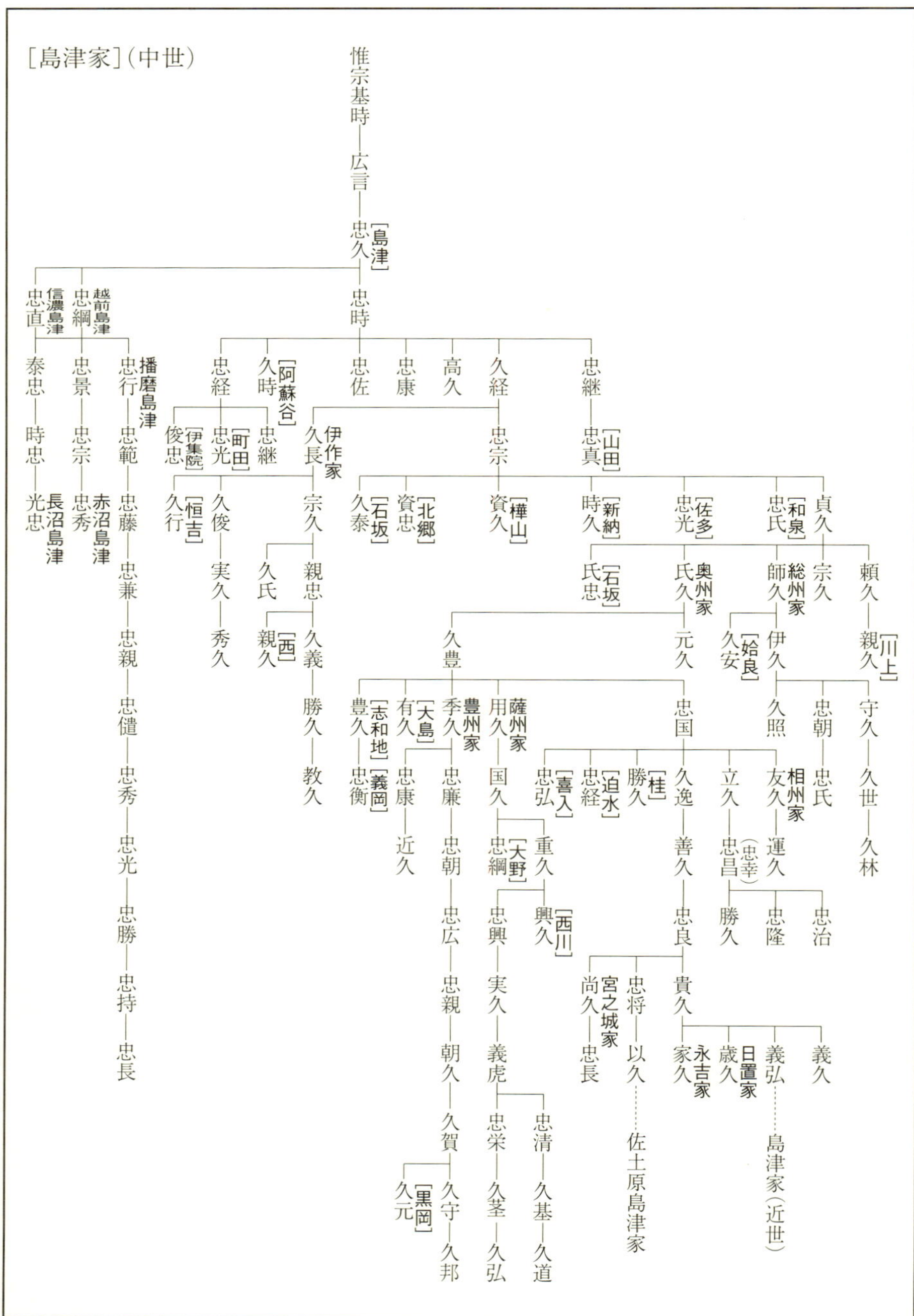
[島津家](中世)
惟宗基時
広言
[島津]忠久
忠時
越前島津 忠綱
信濃島津 忠直
泰忠
時忠
光忠
忠景
忠宗
忠秀
赤沼島津
長沼島津
播磨島津 忠行
忠範
忠藤
忠兼
忠親
忠儀
忠秀
忠光
忠勝
忠持
忠長
忠経
[阿蘇谷]久時
忠佐
忠康
高久
久経
忠継
[町田]忠光
忠継
[伊集院]俊忠
[恒吉]久行
久俊
実久
秀久
伊作家 久長
宗久
久氏
親忠
[西]親久
久義
勝久
教久
忠宗
[山田]忠真
[石坂]久泰
[北郷]資忠
[樺山]資久
[新納]時久
[佐多]忠光
[和泉]忠氏
貞久
[石坂]氏忠
奥州家 氏久
総州家 師久
宗久
頼久
元久
[姶良]久安
伊久
[川上]親久
久豊
久照
忠朝
忠氏
守久
久世
久林
[志和地]豊久
[義岡]忠衡
[大島]有久
豊州家 季久
忠康
近久
忠廉
忠朝
忠広
忠親
朝久
久賀
[黒岡]久元
久守
久邦
薩州家 用久
国久
[大野]忠綱
重久
[西川]興久
忠興
実久
義虎
忠栄
久茎
久弘
忠清
久基
久道
忠国
[喜入]忠弘
[迫水]忠経
[桂]勝久
久逸
善久
忠良
立久
忠昌(忠幸)
勝久
忠隆
忠治
相州家 友久
運久
宮之城家 尚久
忠長
忠将
以久
佐土原島津家
貴久
永吉家 家久
日置家 歳久
義弘
島津家(近世)
義久

し

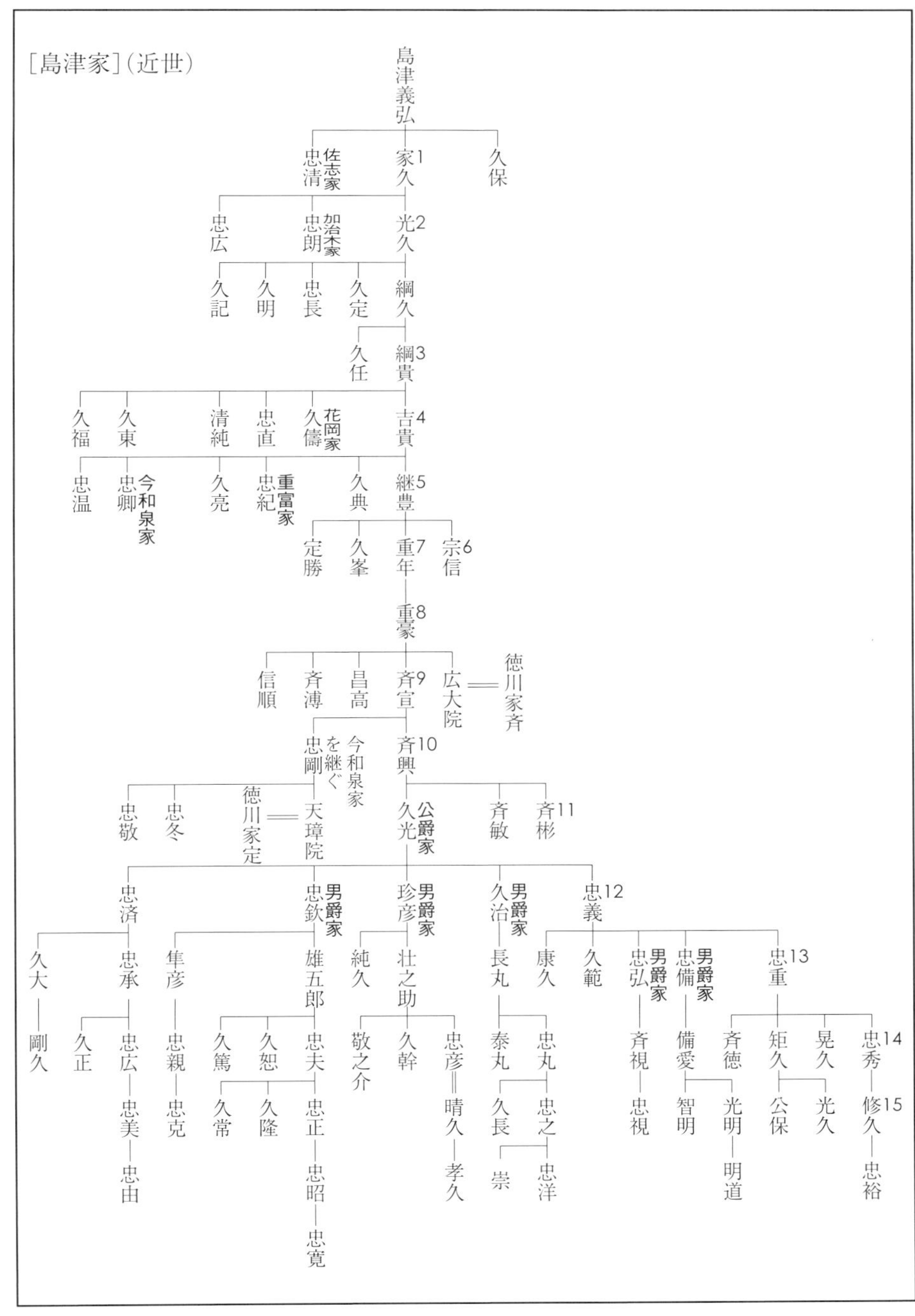
[島津家](近世)
島津義弘
佐志家 忠清
1 家久
久保
忠広
加治木家 忠朗
2 光久
久記
久明
忠長
久定
綱久
久任
3 綱貴
久福
久東
清純
忠直
花岡家 久儔
4 吉貴
忠温
今和泉家 忠卿
久亮
重富家 忠紀
久典
5 継豊
定勝
久峯
7 重年
6 宗信
8 重豪
信順
斉溥
昌高
9 斉宣
広大院
徳川家斉
忠剛 今和泉家を継ぐ
10 斉興
忠敬
忠冬
徳川家定
天璋院
公爵家 久光
斉敏
11 斉彬
忠済
男爵家 忠欽
男爵家 珍彦
男爵家 久治
12 忠義
久大
剛久
忠承
久正
忠広
忠美
忠由
隼彦
忠親
忠克
雄五郎
久篤
久恕
忠夫
久常
久隆
忠正
忠昭
忠寛
純久
壮之助
敬之介
久幹
忠彦
晴久
孝久
長丸
泰丸
忠丸
久長
忠之
崇
忠洋
康久
久範
男爵家 忠弘
斉視
忠視
男爵家 忠備
備愛
智明
光明
明道
13 忠重
斉徳
矩久
公保
光久
晃久
14 忠秀
15 修久
忠裕

た他、一門一〇家が男爵を授けられた。

【玉里家】 重富島津家を継いだ久光は、のちに本家に復帰、本家藩主の忠義を補佐して活躍した。明治四年になって一家を興して玉里家と称し、一七年公爵となる。

【日向佐土原藩主】 島津貴久の子家久は日向国佐土原（宮崎県宮崎市佐土原町）を領して佐土原島津家の祖となった。子豊久は関ヶ原合戦で戦死、徳川家康によって一旦所領は没収された。慶長八年（一六〇三）になって、貴久の甥の以久が三万石で再興、元禄三年（一六九〇）に分知があり、二万七〇〇〇石となった。明治一七年忠亮の時子爵となり、二四年には伯爵となった。

分家に垂水島津氏と島之内島津氏がある他、忠亮の二男健之助も分家して男爵となった。

【垂水家】 相州家から本家を継いだ貴久の弟の忠将は永禄四年（一五六一）肝付氏との戦いで戦死。子以久は慶長四年（一五九九）大隅国垂水郷（鹿児島県垂水市）に移り、垂水家となった。その後、以久は佐土原家を再興、久信が垂水家を継いで、江戸時代も一門として重きをなした。明治三〇年貴暢の時に男爵となる。

【新城家】 垂水家代四代久信の庶子久章は寛永一三年（一六三六）に三七〇〇石を与えられて新城家を興した。久章はのちに島津光久に殺されたが、寛文九年（一六六九）に長男の忠清が再興している。

【宮之城家】 相州家の忠良の三男尚久が祖。その子忠長は慶長五年（一六〇〇）薩摩国薩摩郡宮之城郷（薩摩郡さつま町）に移り、宮之城家となった。江戸時代の家禄は一万五七〇〇石余。幕末、久光の二男の久治が宮之城家を継ぎ、戊辰戦争の際には家老として活躍、明治三〇年に長丸が男爵となった。長丸の妻の治子は東宮女官長をつとめ、子忠丸は島津興業の社長となっている。

【日置家】 島津貴久の三男歳久が、天正八年（一五八〇）薩摩国祁答院で一万七三〇〇石を与えられて宮之城に住んだのが祖。文禄四年（一五九五）三代常久の時に日置郡日置郷（日置市日吉町）に転じて日置家となった。明治三三年久明の時に男爵となる。

【永吉家】 島津貴久の四男家久が日向国佐土原を領したのが祖。その子豊久は関ヶ原合戦で戦死したため、佐土原は徳川家康に没収されたが、跡を継いだ忠栄が慶長一七年（一六一二）に薩摩国日置郡永吉郷（日置市吹上町）を与えられて永吉家となった。

【佐志家】 島津義弘の五男忠清が薩摩国伊佐郡佐志郷（さつま町）を領して佐志家となった。嫡男以外は「谷川」を名乗っている。

【重富家】 元文二年（一七三七）島津継豊は弟の忠紀を分家させ、播磨島津氏の系図・文書を与えて同家を再興させた。

播磨島津家は島津家初代忠久の子忠綱が越前国守護代となって下向して越前島津氏の祖となり、その子忠行が弘安二年（一二七九）に播磨国下揖保（兵庫県）の地頭となり、以後代々播磨に住んで播磨島津氏となったもの。天文三年（一五三四）忠長の時に赤松氏とともに滅亡して

[島津家諸家]

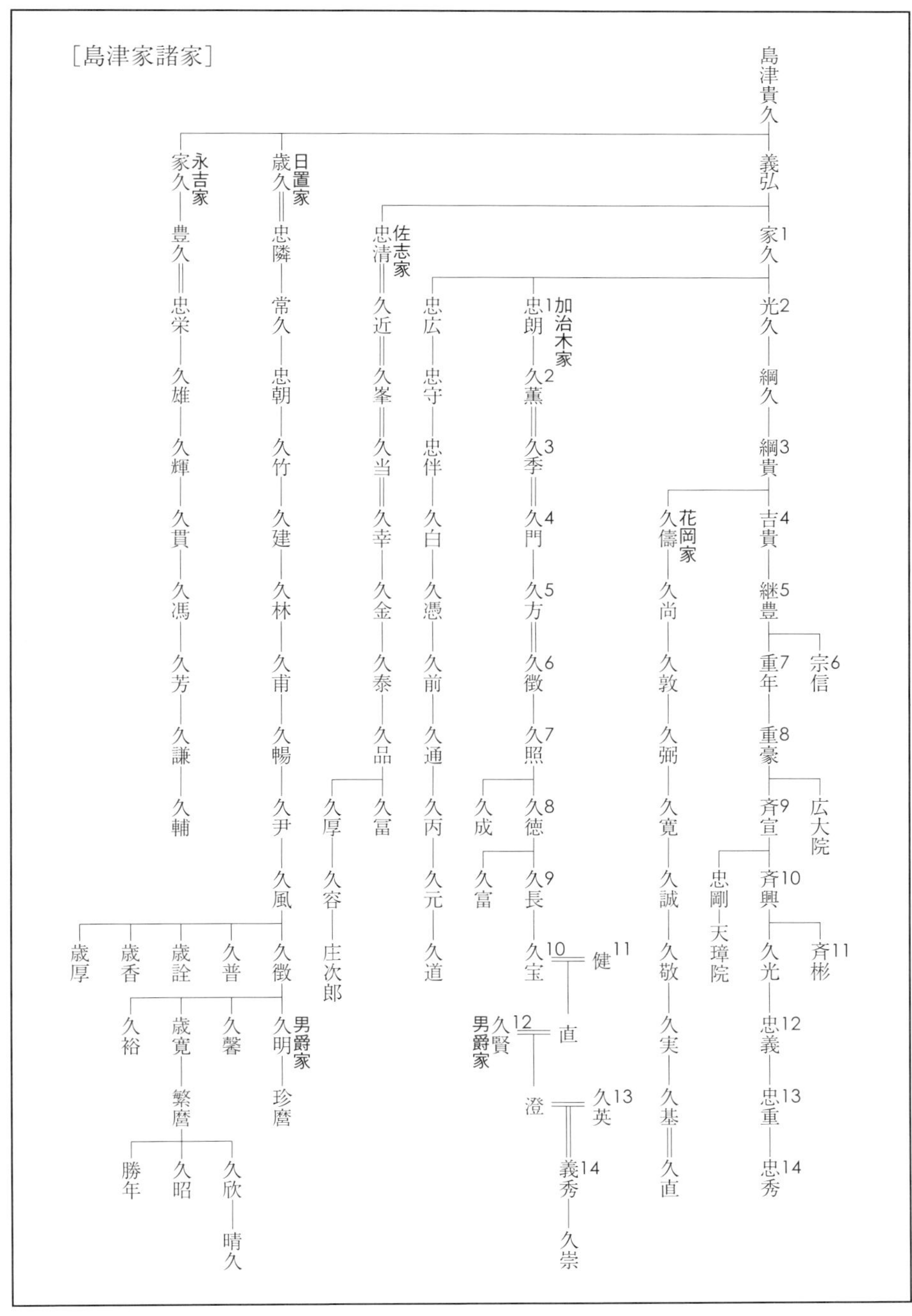

島津貴久
義弘
家久 1
光久 2
綱久
綱貴 3
吉貴 4
継豊 5
宗信 6
重年 7
重豪 8
斉宣 9
広大院
斉興 10
忠剛
天璋院
久光
斉彬 11
忠義 12
忠重 13
忠秀 14
花岡家
久儔
久尚
久敦
久弼
久寛
久誠
久敬
久実
久基
久直
加治木家
忠朗 1
久薫 2
久季 3
久門 4
久方 5
久徴 6
久照 7
久成
久徳 8
久富
久長 9
久宝 10
健 11
直
久賢 12
男爵家
澄
久英 13
義秀 14
久崇
忠広
忠守
忠倅
久白
久憑
久前
久通
久丙
久元
久道
佐志家
忠清
久近
久峯
久当
久幸
久金
久泰
久品
久厚
久冨
久容
庄次郎
日置家
歳久
忠隣
常久
忠朝
久竹
久建
久林
久甫
久暢
久尹
久風
歳厚
歳香
歳詮
久普
久徴
久裕
歳寛
久馨
久明
男爵家
珍麿
繁麿
勝年
久昭
久欣
晴久
永吉家
家久
豊久
忠栄
久雄
久輝
久貫
久馮
久芳
久謙
久輔

［島津家］（佐土原家）

- 島津忠将—1以久（佐土原家）
  - 2忠興
    - 3久雄—4忠高—5惟久
      - ③久睦
      - 6忠雅
        - 久智
        - 7久柄
          - 8忠持—9忠徹—10忠寛
            - 11忠亮
              - 12忠麿—隨子＝13久範
                - 14忠韶—15忠範
                - 久永
              - 健之助（男爵家）
                - 久建—久純
                - 久正
              - 正寛
            - 純雄
          - 久充
          - 久儔
        - 久謐
        - 久武
      - 正方
      - ④久府—⑤久般—⑥久道—⑦久房—⑧房肥
    - 久富
      - ①久寿（旗本）
      - 正延
      - ②久武
  - 重時
  - 彰久（垂水家）—久信
    - 久敏＝忠紀—久治＝忠直＝貴儔＝貴澄—貴品—貴柄—貴典—貴敦
      - 貴徳—貴暢（男爵家）—貴晴
      - 勝彦
    - 久章（新城家）—忠清＝久侶＝久茂—久隆—久租—久照—久備—久輔—久徴—久寛—久紀—久治

いる。

忠紀は大隅国姶良郡脇元（鹿児島県姶良市）を領して同地を越前国の領地にあった重富と改称、以後重富島津氏と称した。家禄は一万四〇〇〇石で島津家一門の筆頭に列した。

幕末、本家から養子となって相続していた忠教は、のちに本家に戻って久光と称し、藩主忠義の後見役として活躍した。明治二二年珍彦の時に男爵となる。

【都城家】島津忠宗の六男資忠が祖。江戸時代には日向都城（宮崎県都城市）で四万四〇〇〇石余を領し、のち三万九六〇〇石となった。戊辰戦争の際、久寛が功をあげ、明治二四年男爵となった。

【加治木家】島津家久の三男忠朗が一家を興し、寛永八年（一六三一）に大隅国姶良郡加治木郷（姶良市加治木町）で一万石を与えられて加治木家となった。元文三年（一七三八）一門となる。四代久門と五代久方はそれぞれ本家を継ぎ、重年、重豪となった。幕末、久宝は戊辰戦争で功をあげ、明治三〇年久賢の時に男爵となった。

【花岡家】島津綱貴の子久儔が享保九年（一七二四）大隅国肝属郡花岡郷（鹿児島県鹿屋市）を与えられて花岡家となった。

【今和泉家】島津忠宗の二男忠氏が和泉郷（出水市）を領して和泉家となったの

し

が祖。室町時代に一旦中絶したのち、江戸時代に木地貴の子忠郷が再興して薩摩国揖宿郡今和泉郷（指宿市）を領して今和泉家となった。家禄一万五〇〇〇石で一門に列した。明治三三年隼彦の時に男爵となる。

《系図》250・251・253・254ページ

島津家　〇しまづ

知覧島津家。南北朝時代に島津忠宗の子忠光が大隅国佐多村（肝属郡南大隅町）を領して佐多氏を称したのが祖。慶長一五年（一六一〇）忠充が知覧郷地頭となった。正徳元年（一七一一）に島津姓を許され、以後島津氏を称した。その後、宗家継豊の三男久峰が家を継いでいる。

志水家　〇しみず

尾張藩家老。祖志水忠宗は山城国の出で、徳川家康に仕えて義直に属し、江戸時代は尾張藩士となった。長男忠政の跡は、二代藩主徳川光友の末子忠継が継ぎ、一万三〇〇〇石を領して家老となった。幕末、志水忠平は戊辰戦争で活躍、維新後は名古屋市長などをつとめている。

清水家　〇しみず

長州藩重臣。桓武平氏。備中国賀陽郡清水村（岡山県総社市）発祥。清水城に拠る。宗治は毛利氏に従って備中高松城（岡山市）を守っていたが、豊臣秀吉の水攻めにあって敗れ、自刃した。江戸時代は長州藩の重臣となった。幕末、親春は戊辰戦争に功をあげ、明治三三年資治が男爵を授けられた。

清水谷家　〇しみずたに

公家。藤原北家閑院流。西園寺公経の二男実有が清水谷家を称した。家格は羽林家。家職は書道。

戦国時代、公松の没後一旦断絶したが、慶長六年（一六〇一）に同族阿野実顕の弟忠定（実任と改名）が再興した。江戸時代の家禄は二〇〇石。実業は熊沢蕃山門下の堂上四天王の一人に数えられている。維新後、公考は箱館府知事、開拓使次官などを歴任した。明治一七年実英の時に伯爵となる。

《系図》256ページ

持明院家　〇じみょういん

公家。藤原北家中御門流。藤原俊家の四男基頼が祖。家名は基頼が邸内に建立した持仏堂を持明院と名づけたことに由来する。家格は羽林家。家職は筆道・神楽。

平安末期、通基の子の代に、通重流と基家流の二流に分かれ、通重流からはさらに多くの分家が生じたが、いずれも鎌倉時代末期までに絶家となり、基家流が本家となった。

基家の嫡男基宗は従三位で終わったのに対し、弟の保家は中納言に陞り子孫からも多くの分家が出て、一時嫡流と庶流が逆転したが、いずれも室町時代初期までに断絶した。

一方、基宗の孫家定から四代は公卿にも列することができず、南北朝時代の基清の時に公卿に復帰、保家流の断絶によって再び嫡流となった。戦国時代の基春は世尊寺流の書を受け継いで筆道が家職となる一方、書の持明院流の祖となった。

慶長二〇年（一六一五）大坂夏の陣で基氏は大坂城に入城して戦死、子基征も大坂城で死去したことから、分家で旗本となっていた大沢家から基定が持明院家を継いでいる。

江戸時代の家禄は二〇〇石。明治一七年基哲の時に子爵となる。平成二年に亡くなった先代の当主・基邦は京都新聞の記者の傍ら、蹴鞠の保存に尽力したことでも知られる。

［清水谷家］

- 西園寺公経
  - 1 実有［清水谷］
    - 2 公藤
      - 3 実連
        - 4 公有
          - 5 実材
            - 6 公勝
              - 7 実秋 — 8 公知 — 9 実久 — 公夏（橋本家を継ぐ） — 10 公松 ┄（中絶）┄ 11 実任 — 12 公栄 ＝ 13 実業
                - 14 雅季
                  - 15 実栄
                    - 16 公義
                    - 17 陳季 ＝ 18 公寿 ＝ 19 実揖
                      - 20 公正
                        - 21 実睦
                        - 22 公考 — 23 実英
                          - 24 公揖
                            - 25 実祥 ＝ 26 忠重
                              - 尚宏
                              - 真宏
                            - 敏秀
                          - 雅正
                          - 孝雄
                          - 英男
                          - 幸男
                      - 公愛
                  - 従季
                  - 保季
                - 有季
              - 季有
              - 実勝
            - 公次
          - 実種 — 公澄
        - 季有 — 宗季 — 宗成
      - 実嗣
    - 公持

《系図》257ページ

下間家 ○しもつま

本願寺坊官。常陸国新治郡下妻郷（茨城県下妻市）発祥。清和源氏頼光流の末裔という宗重が出家して蓮位坊と号し、親鸞に従ったのが祖。長芸の時に出身地の常陸国真壁郡下妻に因んで下間氏を称

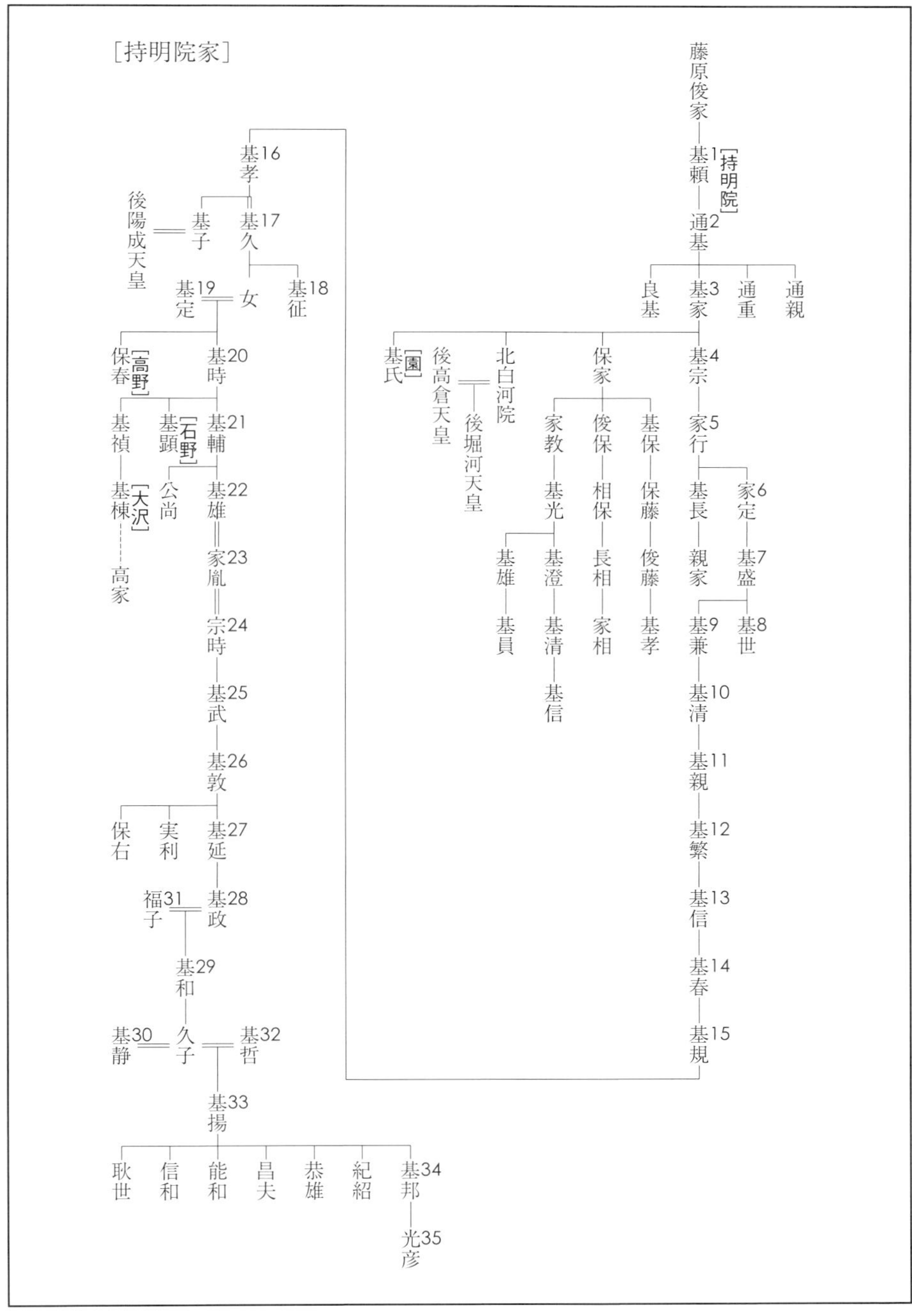
[持明院家]
藤原俊家
基頼1 [持明院]
通基2
良基
基家3
通重
通親
基宗4
保家
北白河院
後高倉天皇
後堀河天皇
基氏 [園]
家行5
基保
俊保
家教
家定6
基長
保藤
相保
基光
基盛7
親家
俊藤
長相
基澄
基雄
基世8
基兼9
基孝
家相
基清
基員
基信
基清10
基親11
基繁12
基信13
基春14
基規15
基孝16
基久17
基子
後陽成天皇
基征18
女
基定19
基時20
保春 [高野]
基輔21
基顕 [石野]
基禎
基雄22
公尚
基棟 [大沢]
高家
家胤23
宗時24
基武25
基敦26
基延27
実利
保右
基政28
福子31
基和29
基静30
久子
基哲32
基揚33
基邦34
紀紹
恭雄
昌夫
能和
信和
耿世
光彦35

し

した。

　玄英の長男頼善は宮内卿家といわれ、頼秀・頼盛兄弟は加賀の一向一揆に参加している。

　また、頼善の弟の頼永の末裔は刑部卿家、その弟の光宗の末裔は少進家といわれ、頼善の従弟の子にあたる頼龍とともに、代々東西本願寺の坊官として仕えた。

下村家　〇しもむら

　大丸百貨店創業家。戦国大名中川氏の家臣の子孫で、大坂の陣後商家に転じたと伝える。享保二年（一七一七）初代正啓が、伏見京町北八丁目に大文字屋呉服店を開いたのが祖で、代々彦右衛門を称した。同一一年大坂・心斎橋、同一三年には名古屋城下本町四丁目にも店を構え、〇の中に大と書いた暖簾で大丸屋といわれ、正札現金販売で成功した。寛保三年（一七四三）には江戸・大伝馬町に進出した。

　安永四年（一七七五）四代目彦右衛門素休の没後一時休業、翌年一族の烏丸家の兼愛が本家を継いで正太郎と称し、以後は代々正太郎を襲名した。七代目正篤は京・大坂に両替店を開き、幕末には五〇〇人の手代がいたという。

　明治元年に伏見家から宗家を継いだ一〇代目正堂は比重を東京に移し、長男の一一代目正剛は、明治四一年に東京を本店とする株式合資会社大丸呉服店に改組した。大正三年、本店は大阪に移されている。

守随家　〇しゅずい

　江戸秤座支配。祖吉川茂済（守随）は甲斐の出で今川氏に属し、当時人質となっていた松平竹千代（徳川家康）に仕えていた。のち甲府に戻って武田氏に仕え、天正二年（一五七四）から秤の製造販売を独占する秤座をつとめた。跡を継いだ養子の信義は、実は武田信玄の長男義信の子といわれ、武田氏滅亡後家康は信義に「守随」を名字として名乗らせ、同一一年甲斐の守随秤を公用秤と定めた。同一八年の関東入国に際して江戸に移り住み、代々彦太郎を称した。慶長一三年（一六〇八）四代目の正次が関東の、承応二年（一六五三）五代目の正得が東日本三三国の秤の製造販売の独占権を得ている。

　近世文学研究家の守随憲治東京大学名誉教授、その子の守随武雄ビクター社長は末裔。

　明暦四年（一六五八）、明暦の大火で守随本家が全焼したことをきっかけに、尾張藩主の要請で三代目の三男治郎右衛門が名古屋秤座を創設、以後名古屋でも秤の製造を行ったが、江戸時代は本家を憚って「足立」を名乗っていた。維新後「守随」に復している。

尚家　〇しょう

　琉球王家。第一尚氏と第二尚氏がある。
【第一尚氏】一四世紀の琉球は今帰仁の北山（山北）王、浦添の中山王、島尻大里の南山（山南）王の三家が覇権を争っ

［尚　家］

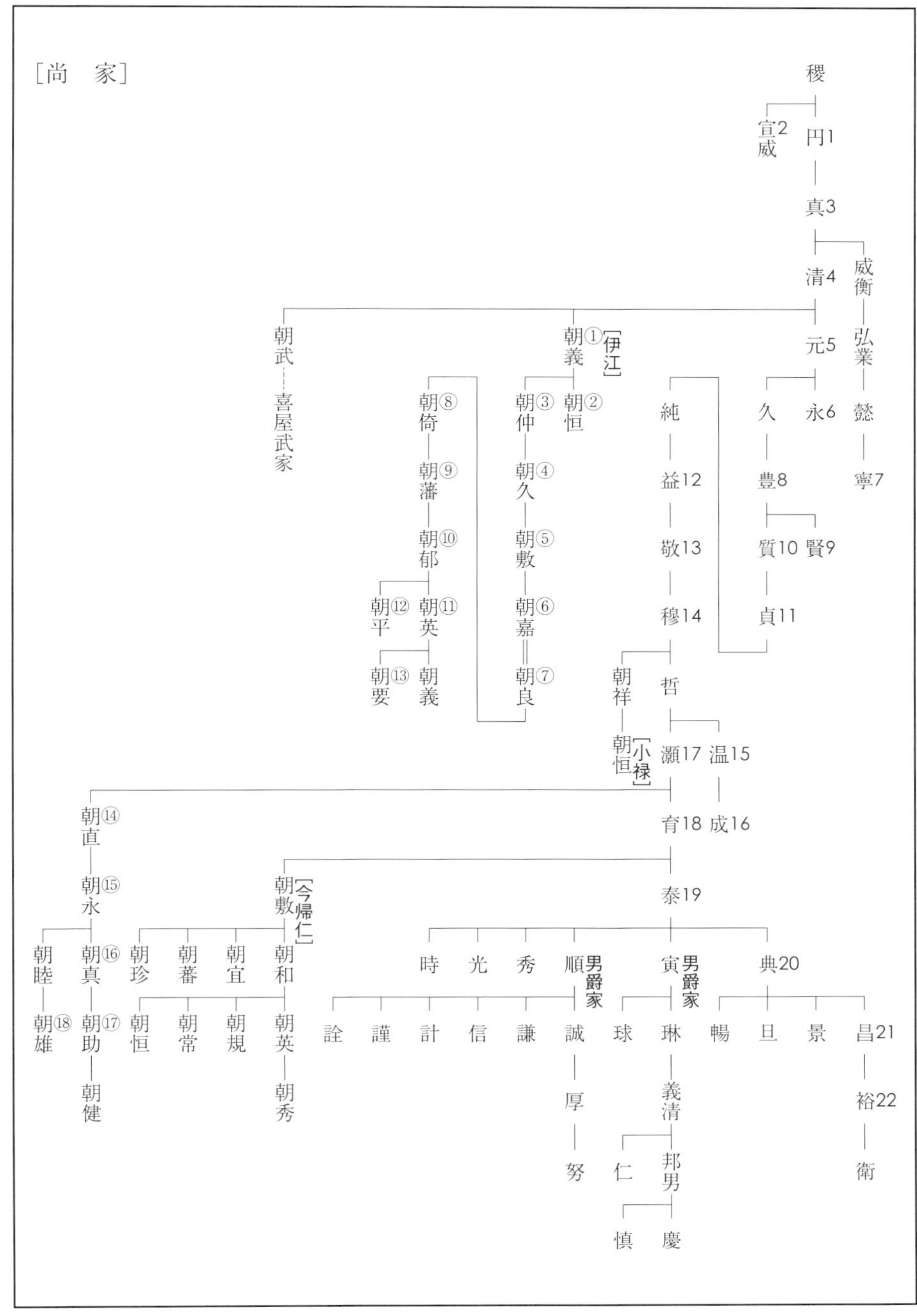
稷
宣威2
円1
真3
清4
威衡
弘業
懿
寧7
元5
永6
久
豊8
賢9
質10
貞11
朝義①
伊江
朝恒②
朝仲③
朝久④
朝敷⑤
朝嘉⑥
朝良⑦
朝倚⑧
朝藩⑨
朝郁⑩
朝英⑪
朝平⑫
朝要⑬
朝義
朝武
喜屋武家
純
益12
敬13
穆14
哲
温15
成16
灝17
育18
泰19
朝祥
朝恒
小禄
朝直⑭
朝永⑮
朝真⑯
朝睦
朝雄⑱
朝助⑰
朝健
朝敷
今帰仁
朝和
朝宜
朝蕃
朝珍
朝英
朝規
朝常
朝恒
朝秀
典20
寅
男爵家
順
男爵家
秀
光
時
昌21
景
旦
暢
琳
球
誠
謙
信
計
謹
詮
裕22
衛
義清
邦男
仁
慶
慎
厚
努

ていたが、一四〇六年に南山王の勢力範囲である佐敷上グスクの尚思紹・巴志父子が浦添を急襲して中山王武寧を滅ぼした。そして、都を浦添から首里に移して、自ら中山王の位につくと、明に使節を送って自らを中山王の後継者として認めさせた。尚思紹はその後、北山王をも滅ぼし、さらに息子の巴志が南山王も滅ぼして史上初めて全琉球を統一し、一四二九年に尚王朝を開いた。統一した時には尚思紹はすでに死去していたが、尚家では思紹を初代として数えている。

一四六九年、七代目の徳が死去すると宮廷内でクーデターが起こり、不満分子が王の世子を追放して尚家は一旦滅亡した。これを第一尚氏と呼ぶ。

【第二尚氏】第一尚氏の滅亡後、家臣だった金丸が王座につくと尚氏の姓を継いで尚円と名乗り、中国に使節を派遣して、尚徳が死去したため自分が跡を継いだ、と報告して認められた。この後の尚氏は第一尚氏とは血のつながりはなく、第二尚氏と呼ばれる。

以後、琉球は交易の中継地として栄えたが、一六〇九年薩摩から島津氏が琉球に侵攻、戦のなかった琉球の兵はなすすべもなく降伏した。島津氏は尚王家を滅ぼすことはせず、琉球を支配する尚王家をさらに支配するという、間接支配の形をとった。

明治一二年、明治政府の琉球処分によって廃藩となり、尚泰は東京に移された。同一八年侯爵となる。

泰の二男寅は明治八年に分家し、二九年男爵となった。その子琳は貴族院議員をつとめている。

泰の四男の順も明治一八年に分家し、二九年男爵となった。

また、泰の六男光の子明は建設省住宅局長、日本住宅公団理事を歴任、ダイニングキッチンの考案者として有名。その妻道子は料理研究家で、たこさんウィンナーの考案者である。

《系図》259ページ

正田家 ○しょうだ

上野館林の豪商・日清製粉創業家。清和源氏新田氏で、もとは生田氏を称していたという。天正年間に生田義豊が徳川家康に仕え、その際に「生田」から「正田」に改めたといわれる。

江戸時代には館林で「米久」と号する米穀問屋であったが、江戸時代終わりに三代目文右衛門が「亀甲正」という商号で醤油醸造に転じて成功、以来館林きっての豪商となった。

天皇家の外戚としての正田家は、三代目文右衛門の二男作次郎が祖。その子貞一郎は、明治三四年に館林製粉を創立、四〇年には日清製粉を創立して実業家として成功、貴族院議員にも選ばれた。

貞一郎の長男は早世し、二男健次郎は数学者として名を成した。健次郎は大阪大学・武蔵大学の学長を歴任、日本における数学近代化の中心的存在といわれている。健次郎の長男・彬も経済学者として名高く、その弟紘はソニー中国の社長。

健次郎が学界に進んだため、家業の日清製粉は三男の英三郎が継いだ。英三郎の弟、篤五郎も東大教授で、偏光顕微鏡の権威として知られている。英三郎の長男巌は日本銀行に入ったため、日清製粉三代目を継いだのは、二男の正田修である。修は東大法学部を卒業後、ハーバード大学大学院に留学してMBAを取得している。皇后陛下は、長男巌のすぐ下の妹で、修の兄にあたる。

また、巌の妻はライオン宰相といわれた浜口雄幸の孫、英三郎の妹は和歌山の山林王脇村家に嫁いでいる。

白井家　○しらい

東京都台東区の今戸焼の陶家。代々半七を称した。初代は貞享年間（一六八四～八八）に活躍し、おもに土風炉を製作。二代目は食器も製作、今戸焼と呼ばれるようになった。四代目の頃からは今戸人形も製作した。維新後も土風炉をつくっていたが、七代目は大正一二年の関東大震災で被災して兵庫県伊丹に転じ、半七焼となった。九代目は宝塚に移っている。

なお、分家が今戸で土人形製作を続けている。

白石家　○しらいし

長門国豊浦郡竹崎（山口県下関市）の廻船問屋。竹崎は清末藩領で、同藩の御用商人もつとめた。幕末に志士の援助に活躍した豪商の白石正一郎が著名で、奇兵隊も白石邸で結成されている。正一郎は維新後、赤間神宮宮司となった。「白石家文書」は市指定有形文化財。

白川家　○しらかわ

花山源氏の公家。花山天皇皇子の清仁親王の末裔は、代々神祇伯を世襲したことから、伯家と呼ばれた。元仁元年（一二二四年）、業資王が死去した際、嫡男資光は幼少だったため、弟の資宗王が継いだ。その際、資光の成人後は神祇伯職を譲ることになっていたが、そのまま譲らず自分の子の資基王に跡を継がせた。そのため、資光とその子資邦は朝廷に訴訟を繰り返し、正応四年（一二九一）になって、資邦が神祇伯を回復。以後、しばらく両家が交代で神祇伯に就任した。また、この頃から、神祇伯就任前は「源」姓で、在職中は王を名乗るようになり、家号として白川を使用するようにもなった。

室町時代、業資王流は持明院統、資宗王流は大覚寺統と結び、南北朝時代には、それぞれ北朝と南朝に分かれた。さらに、北朝の資清王のあとは、長男の資英王と二男の業清王がともに神祇伯となって子孫が続き、三流が並立した。南北朝合一後の応永元年（一三九四）に資忠王が就任、以後は資忠王の末裔のみが世襲した。

家格は半家。江戸時代の家禄は二〇〇石で、これとは別に、伯神事料として現米三〇石が給された。維新後は世襲が廃され、明治一七年資訓の時に子爵となる。

《系図》262ページ

［白川家］（伯家）

花山天皇―清仁親王―延信王1―康資王2―源顕康3―顕広王4―仲資王5

仲資王5の子：業資王6、資宗王

資宗王―資基王―資緒王―資通王―資継王―源顕方―資方王

業資王6―資光王7―資邦王8―業顕王9―資清王10

資清王10の子：資英王11、業清王

業清王―業定王―業継王

資英王11―顕邦王12―資忠王13―雅兼王14

雅兼王14の子：資益王15、忠富王17

資益王15―資氏王16―雅業王18＝雅朝王19

雅朝王19の子：顕成王20、雅陳王21

雅陳王21―雅喬王22、雅直〔品川〕

雅喬王22の子：雅光王23、雅冬王24

雅光王23―季藤（四辻家を継ぐ）

雅冬王24―雅富王25

雅富王25の子：雅辰王26、資顕王27

資顕王27―資延王28＝雅寿王29＝資敬王30

資敬王30の子：資訓31〔白川〕、資義

資訓31―資長32＝久雄33

白河家　○しらかわ

陸奥国白河郡（福島県）発祥。結城朝広の子祐広が白河氏を称した。鎌倉末期に白河に移り、南北朝時代は南朝に属した。室町末期に内紛のために勢力が衰え、佐竹氏から養子を迎えた。天正一七年（一五八九）義親の時伊達氏に従った。翌年の小田原征伐には参加しなかったため、豊臣秀吉から所領を没収され、江戸時代は仙台藩士となった。

白石家　○しろいし

仙台藩重臣。陸奥国刈田郡白石（宮城県白石市）発祥で藤原氏。後三年の役の際、刈田経元が源義家に従って功をあげて刈田郡を領し、白石城に拠って刈田氏を称した。秀長の時源頼朝に従って奥州合戦に従い、白石氏と改称した。南北朝時代に伊達行朝に従い、以後代々伊達氏に仕えた。戦国時代、宗実は陸奥水沢（岩手県奥州市水沢区）で一万五〇〇〇石を領した。その跡は伊達宗清の嫡男宗直が養子となって白石氏を継ぎ、以後登米伊達氏を称した。家格は一門。家禄は二万石。

白勢家　◯しろせ

新潟県新発田市の名家。初代治郎兵衛は、堀氏の家臣として越後に来国したが、堀氏の改易によって新発田町の町人となった。三代瀬兵衛の時に質屋を開業し、中興の祖とされる。五代瀬兵衛の時に新発田藩の御用達となり、六代瀬兵衛の頃から地主化の道を歩んだ。幕末には新発田藩に三万両を融通した他、村上藩の財政にも深く関与して士分となり、三〇人扶持を得ていた。維新後は、開港場となった新潟町の整備や、第四国立銀行の設立にも関わる。しかし、海運業の失敗などで破綻、五十公野に転じた。

分家に加治川村（新発田市）の金子白勢家（本家白勢家）がある。宗家四代瀬兵衛の三男が、享保一二年（一七二七）に新発田下町に分家したのが祖。紫雲寺潟の新田開発などに従事して地主化の道を歩み、四代長兵衛の時に金子新田に転じた。以後、新発田藩や村上藩の御用達をつとめ、維新後も第四国立銀行の発起人に加わった。一二代正弥は加治川村長もつとめている。

この他、五代瀬兵衛の孫彦次郎を祖とする新潟白勢家もある。

神家　◯じん

京都の秤座支配。藤原氏という。初代善四郎は伊勢国白子（三重県）の出で、父玄蕃頭は織田信長の伊勢攻めで討死したという。上洛して秤細工を始める。承応二年（一六五三）幕府より秤支配に任ぜられ、以後代々善四郎を襲名して西国三三カ国を担当した。維新後も計量機業者を継続。同家文書は京都市指定文化財である。

新庄家　◯しんじょう

常陸麻生藩主。藤原北家秀郷流。近江国坂田郡新庄（滋賀県米原市新庄）発祥。初め今井氏を称していたが、俊名の時に新庄に移って新庄氏を称し、足利義詮に仕えた。天文八年（一五三九）朝妻城（米原市朝妻）を築城。同一八年（一五四九）直昌は細川晴元に従って三好長慶と戦い、江口合戦で討死。

嫡男直頼は豊臣秀吉・秀頼に仕えて一万三〇〇〇石を領した。関ヶ原合戦では西軍に属したため、会津に流されて蒲生秀行に預けられたが、慶長九年（一六〇四）正月に許されて駿府で徳川家康、江戸で秀忠に謁見、三万三〇〇石を与えられ常陸麻生藩を立藩した。延宝四年（一六七六）直矩が一七歳で死去したため一旦無嗣断絶したが、引退して七〇〇〇石の交代寄合となっていた先代の直時が一万石で再興した。明治一七年直陳の時に子爵となる。

【旗本】慶長一八年（一六一三）、直頼の四男直房が三〇〇〇石を分知されて旗本となったのが祖。三代直賢は書院番頭をつとめている。

《系図》265ページ

神保家　○じんぼ

旗本・旧戦国大名。上野国多胡郡神保（群馬県高崎市吉井町）発祥。惟宗姓といわれるが、平氏、橘氏という説もある。承久の乱では幕府方に与し、神保与一が戦死している。戦国時代は武田信玄に属した。一族に出雲に所領を与えられた出雲神保氏がある。

越中神保氏も上野国の出といい同族。畠山氏譜代の家臣であったとみられ、南北朝時代に畠山氏に従って京に上り、畠山基国が越中守護となったのに従って越中に入って守護代となった。越中神保氏の史料上の初見は嘉吉三年（一四四三）の越中守護代を任ぜられた神保国宗。室町時代には放生津を拠点として、婦負・射水両郡に勢力を振るい、長誠は細川政元に幽閉されていた将軍足利義材（義稙）を助け出し、放生津にかくまっている。永正一七年（一五二〇）、長尾氏の越中侵攻で慶宗が自刃、一時神保氏の勢力は衰えた。

しかし、慶宗の子長職は勢力を回復、富山に移って新川郡西部にも勢力を広げ、椎名氏と越中を二分、越後の上杉氏とも争った。永禄五年（一五六二）長職は上杉謙信に降ったが、嫡子長住は出奔して織田信長に庇護を求めた。謙信が死去すると、天正六年（一五七八）長住は信長の支援を得て富山城を奪還した。しかし、同一〇年に家老小島職鎮が上杉氏に呼応して富山城を奪取、城は織田方によって取り戻されたものの、長住は信長によって越中国から追放され、滅亡した。江戸時代には旗本となった。

上杉氏に従っていた一族の氏張は、謙信の死後上杉氏を離れて佐々成政の有力武将となり、越中国に再入国した。成政の転封に従って肥後に転じ、天正一六年（一五八八）成政切腹後は徳川家康に仕えて下総国香取郡で二〇〇〇石を与えられた。子孫は旗本となっている。

紀伊神保氏も同族。長誠が紀伊守護代となったのが祖。畠山氏に従って、鳥屋城（和歌山県）に拠っていた。畠山氏没落後、春茂は豊臣秀吉に従って大和で六〇〇〇石を領し、江戸時代は旗本となった。

なお、神保氏の系図は異動が多く、はっきりしない。

新見家　○しんみ

旗本。三河以来の譜代で、本来は「にいみ」だったが、徳川家康から「しんみ」の読みを賜ったという。また、家紋の一芦葉紋も家康から拝領したと伝える。

初代正勝が相模国鎌倉郡品濃村・前山田村（横浜市戸塚区）で二五〇石を賜り、のち八一一石余に加増され、品濃村に陣屋を構えた。九代正路は大坂西町奉行時代に安治川河口を浚渫して天保山を築いたことで知られ、天保七年（一八三六）

［新庄家］

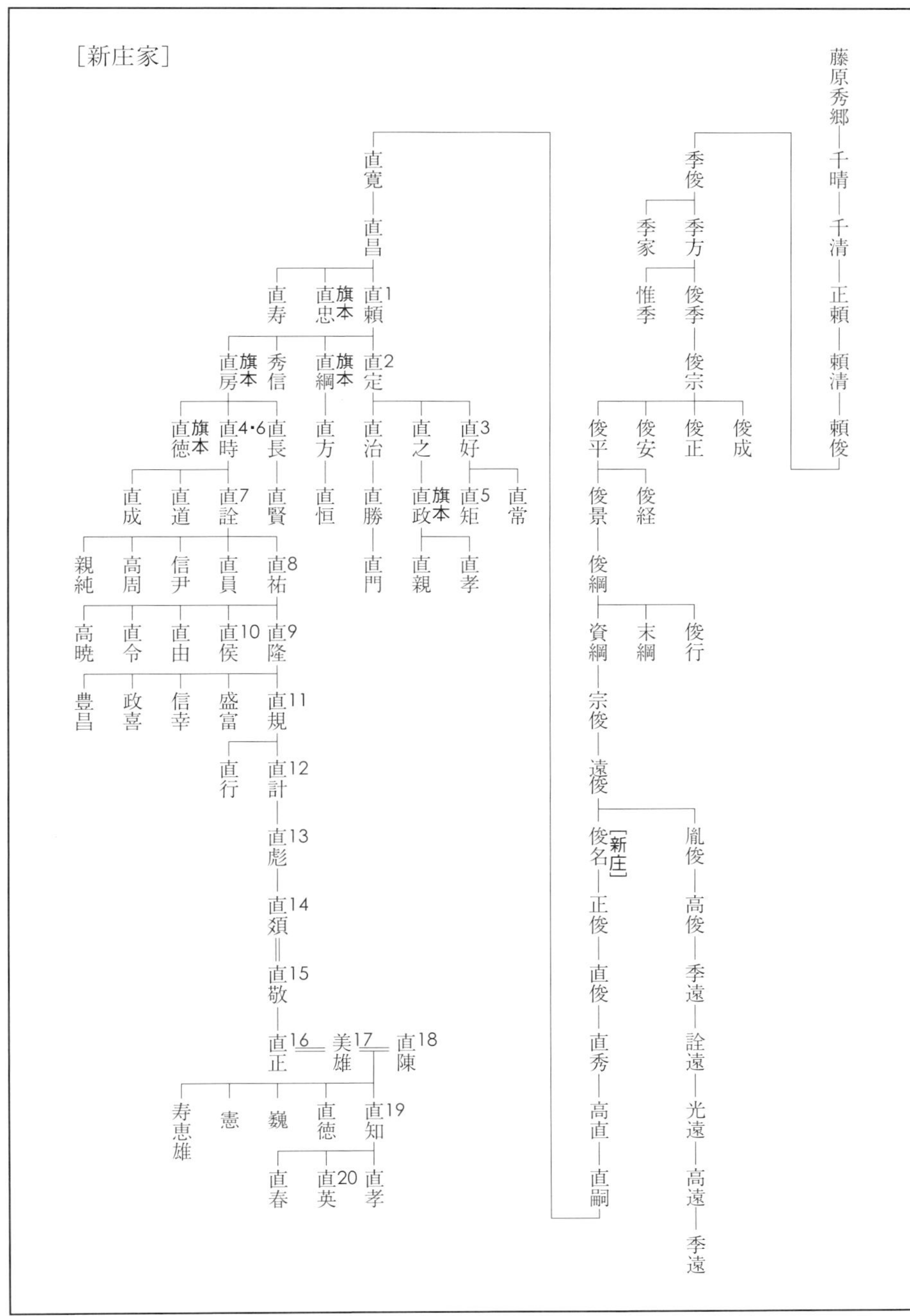

藤原秀郷―千晴―千清―正頼―頼清―頼俊
季俊
季方
季家
俊季
惟季
俊宗
俊平
俊安
俊正
俊成
俊景
俊経
俊綱
資綱
末綱
俊行
宗俊
遠俊
俊名［新庄］
正俊
直俊
直秀
高直
直嗣
胤俊
高俊
季遠
詮遠
光遠
高遠
季遠
直寛
直昌
直頼1
直忠 旗本
直寿
直定2
直綱 旗本
秀信
直房 旗本
直好3
直之
直治
直方
直長
直時4・6
直徳 旗本
直常
直矩5
直政 旗本
直勝
直恒
直賢
直詮7
直道
直成
直孝
直親
直門
直祐8
直員
信尹
高周
親純
直隆9
直侯10
直由
直令
高暁
直規11
盛富
信幸
政喜
豊昌
直計12
直行
直彪13
直頒14
直敬15
直正16
美雄17
直陳18
直知19
直徳
巍
憲
寿恵雄
直孝
直英20
直春

に御側御用取次に就任。一〇代正興は外国奉行となり、日米修好通商条約批准のために渡米している。一一代正典の時大政奉還、将軍慶喜に従って静岡に移住した。

す

末吉家　○すえよし

摂津国住吉郡平野郷（大阪市平野区）の旧家。戦国時代に自治都市として発達した平野郷は、坂上田村麻呂の子広野麻呂の末裔が土着開発したもので、その一族が七家に分かれて、七名家と呼ばれていた。

末吉家は七名家の一つで当初野堂に住んでいたことから野堂氏を称していたが、増利の時に祖野堂末吉の名から名字を末吉と改めた。室町時代には租税の徴収を請け負う他、豪商としても活躍した。

戦国末期に、東末吉・西末吉・平野の三家に分裂、豊臣秀吉政権下では東末吉家は廻船業に乗り出している。一方、西末吉家は徳川家康に接近、慶長六年（一六〇一）末吉勘兵衛は後藤光次とともに銀座差配となった。大坂の陣後は河内国志紀・河内両郡の代官となり、以後代々世襲している。

菅沼家　○すがぬま

旗本・旧大名。三河国額田郡菅沼郷（愛知県新城市作手菅沼）発祥。清和源氏土岐氏の支流。菅沼郷の土豪で、島田・田峯・野田・長篠の四家に分かれ、いずれも初めは今川氏に仕えていた。

【島田菅沼家】菅沼一族の嫡流で、貞行が祖。代々島田城（愛知県新城市愛郷）に拠って今川氏に従い、三照の時に徳川家康に仕えた。その子定重は徳川忠直に仕えたが、元和八年（一六二二）定重の死後無嗣断絶となった。

【田峯菅沼家】貞行の弟の定信が田峯城（愛知県北設楽郡設楽町田峯）に拠って田峯菅沼氏となり、今川氏に従った。永禄四年（一五六一）徳川家康に仕え、定利は上野吉井で二万石を領した。養子忠政は関ヶ原合戦後、美濃加納一〇万石の藩主となったが、寛永一二年（一六三五）右京の死後跡継ぎがなく断絶となった。

一族の定氏も徳川家康に仕え、子定吉は天正一八年（一五九〇）の関東入国に際して武蔵国・下総国で三〇五〇石を領した。孫の定政の時に分知して二〇二〇石となる。

定政の弟の定勝は一〇二〇石を分知されて一家を興し、のち一二二〇石に加増。孫の定秀は長崎奉行、勘定奉行を歴任した。その孫の定喜も京都町奉行、勘定奉行をつとめた。

【野田菅沼家】 定忠の三男定則が野田根古屋城（愛知県新城市豊島）に拠って野田菅沼氏を称したのが祖。代々今川氏に従った。永禄四年（一五六一）に定盈が徳川家康に仕え、天正一八年（一五九〇）家康の関東入国の際に上野阿保で一万石を領した。

関ヶ原合戦後、慶長六年（一六〇一）に定仍が伊勢長島二万石に加転。跡を継いだ弟の定芳は元和七年（一六二一）近江膳所三万一〇〇〇石を経て、寛永一一年（一六三四）丹波亀山四万一一〇〇石に入封した。正保四年（一六四七）定昭の死後跡継ぎがなく断絶。

【新城菅沼家】 野田菅沼氏の断絶後、定昭の弟定実が、旧領のうち三河新城（愛知県新城市）で七〇〇〇石を賜り、旗本として再興、交代寄合となった。盈志は大番頭・駿府城代をつとめている。

定実の弟の定賞も三〇〇〇石を与えられて旗本となった。

【長篠菅沼家】 定直の二男満成が祖。永正五年（一五〇八）元成が長篠城（愛知県新城市長篠）を築城して拠った。貞景の時に徳川家康に仕え、正勝の時に紀伊藩士となった。

一族の忠久は徳川家康に仕え、勝利の時に旗本となった。

杉浦家　〇すぎうら

旗本。桓武平氏三浦氏といい、三河各地に杉浦氏がいたことが知られている。祖杉本八郎義国は近江国に蟄居し、この際に「三浦」と「杉本」から一字ずつとって「杉浦」を称したと伝える。嫡流は代々八郎五郎を称し、政重の時松平信忠に仕えた。孫の吉貞の時に家康に仕えて蟹江合戦で功をあげ、江戸時代は十数家に分かれて旗本となった。

正友は留守居、勘定頭などを歴任して丹波国・相模国で六〇〇〇石を領し、子正綱も留守居となって八〇〇〇石に加増された。

尾張藩士にも杉浦家があり、同族。

杉渓家　〇すぎたに

公家分家。明治元年、興福寺妙徳院の住職となっていた山科言縄の三男言長が復飾し、翌年に堂上に列せられて一家を興して杉渓氏を称した。一七年男爵となる。

《系図》522ページ

杉本家　〇すぎもと

京都で奈良屋と号した呉服商の豪商。初代新右衛門は伊勢国飯南郡粥見村（三重県松阪市飯南町粥見）の出で、寛保三年（一七四三）に呉服店奈良屋を創業した。のち二代目新右衛門は下総佐倉、三代目新左衛門は佐原にも店を出した。

維新後は千葉に本拠地を移し、明治四二年七代目新左衛門が千葉市に店を出し、昭和五年に奈良屋百貨店を創業した。戦後には千葉県を代表する百貨店に成長したが、五九年三越に譲渡して廃業した。

杉山家　○すぎやま

津軽藩家老。石田三成の末裔。三成の二男源吾は関ヶ原合戦で敗れると津軽に落ちて杉山氏を称し、深味村（青森県北津軽郡板柳町）に住んで藩主津軽家に匿われた。その子吉成は寛永一〇年（一六三三）に三代藩主信義に召し出され、のち家老となった。

菅谷家　○すげのや

旗本。紀氏末裔の庄司勝貞が、外祖父の菅谷氏を称した。菅谷氏は常陸国茨城郡菅谷（茨城県かすみがうら市）発祥で、戦国時代は常陸の小田氏の重臣として土浦城に拠っていた。天正一八年（一五九〇）の小田原攻めで範政は土浦城を去り、文禄元年（一五九二）に徳川家康に仕えて上総国市原郡で一〇〇〇石を賜った。関ヶ原合戦後、慶長八年（一六〇三）に常陸国真壁郡五〇〇〇石に転じた。政照の時分知で四五〇〇石となり、元禄一一年（一六九八）範平の時に采地を遠江国に移された。

政照の弟の政朝は承応元年（一六五二）に五〇〇石を分知されて旗本となり、子政憲の時一三〇〇石に加増された。

鈴鹿家　○すずか

京都市左京区神楽岡の吉田神社の社家。中臣氏の出で、天平神護二年（七六六）中臣吉子連が大和国から山城国神楽岡に移り住んできたという。吉田兼倶によって吉田神道が興されて以降、同神社預の吉田家の家老のような役割をつとめていた。一族は吉田村周辺に広がり、神道学者や国学者も出ている。また、江戸時代には朝廷に仕えた一族もある。

鈴木家　○すずき

藤白神社神官・鈴木一族の総本家。熊野の鈴木氏の一族が名草郡藤白（和歌山県海南市）に移って王子社の神官となり、ここを拠点として発展したもので、鈴木一族の総本家とされる。源平合戦の際には、鈴木重家・重清兄弟が源義経に従い、南北朝時代は南朝に属した。

以後は王子社の神官として代々続いたが、第二次対戦中に跡継ぎが絶えている。

同家屋敷は海南市藤白の王子社近くに現存している。

鈴木家　○すずき

水戸藩家老鈴木石見守家。戦国時代、重時は遠江井伊谷に住み、井伊谷三人衆と呼ばれた。子重好の時に井伊氏に従い、江戸時代は水戸藩家老となった。家禄四五〇〇石。

す

鈴木家　○すずき

水戸藩家老鈴木孫一家。紀伊の雑賀孫一の末裔という。祖重朝は豊臣秀吉に仕え、関ヶ原合戦では西軍に属した。その後家康に仕えて、水戸家に属した。二代重次は子がなかったことから、水戸藩主頼房の一一男重義が継いで、三〇〇〇石の家老となった。のち六〇〇〇石となる。

鈴木家　○すずき

名古屋の豪商。材木屋と号した。元禄一三年（一七〇〇）、初代摠兵衛が尾張国知多郡寺本村（愛知県知多市八幡）から、名古屋城下元木材町に移り住んで、材木屋と号して材木商を興した。以後代々摠兵衛を名乗って尾張藩御用達をつとめ、二代目の時に下材木町に移転。五代目の時に東本願寺名古屋別院本堂新築で財をなし、三大材木屋の一つともいわれたが、幕末に経営が悪化。八代目の時に伊藤次郎左衛門家の援助を得て再興、衆議院議員や貴族院議員を歴任、経済界の要職も歴任して、名古屋財界の重鎮となった。

須田家　○すだ

米沢藩重臣・旗本。信濃国高井郡須田（長野県須坂市）発祥。清和源氏井上氏の支流。村上氏に属して須坂城に拠っていたが、天文二二年（一五五三）武田氏に敗れて落城した。満国は越後に逃れて上杉氏に仕え、武田氏の滅亡後に信濃に戻る。上杉氏の会津移封の際、須田長義は梁川で二万石を領した。江戸時代は米沢藩士の重臣となる。安永二年（一七七三）須田満主は江戸家老となるが、藩主上杉治憲（鷹山）の藩政改革に反対して切腹となり、一時断絶した（のち再興）。

一方、正光は武田氏に降り、天正一〇年（一五八二）の武田氏滅亡後、盛永は徳川家康に仕えた。江戸時代は旗本となり、為昌の時に一〇〇〇石に加増された。

須田家　○すだ

秋田藩家老。宇多源氏で佐々木四郎高綱の末裔というが詳細は不詳。戦国時代に奥州二階堂氏の重臣だった盛秀が祖。盛秀は須田城主で、二階堂氏の滅亡後、佐竹義宣に仕えた。佐竹氏の秋田移封にともなって出羽横手に転じ、子盛久は寛永一〇年（一六三三）に家老となって久保田城下に移った。以後も、盛勝、盛命、盛貞が家老をつとめた。家禄は二一〇〇石。

栖原家　○すはら

紀伊国湯浅と蝦夷松前城下の豪商。紀伊国有田郡栖原村（和歌山県有田郡湯浅町栖原）発祥。「栖原家家譜」によると清和源氏で、源義家の末裔という。摂津国河辺郡北村郷（兵庫県伊丹市）に住んで北村氏を称していたが、天文五年（一五三六）に信茂が紀伊国高野山に逃れ、のち有田郡吉川村（湯浅町吉川）で帰農した。孫の茂俊の時に角兵衛が栖原に移って栖原氏を称し、沿岸漁業を開拓した。以来代々角兵衛を襲名し、紀伊を代表する豪商となった。

以後、紀伊藩を後ろ盾にして関東に進出、さらに五代目は松前城下を拠点として蝦夷地で場所経営にもあたった。七代目の天保期には松前を代表する豪商にまで発展したが、九代目の安政期にはアイヌからの搾取を代表する存在ともみなされていた。維新後、一〇代目は千島列島の開発に専念したが、明治二八年に北海道での漁業権の大半を三井物産に譲っている。

周布家　○すふ

石見国那賀郡周布郷（島根県浜田市周布町）発祥。石見の有力豪族益田氏の支流。周布城に拠る。南北朝時代は南朝に属し、室町時代は大内氏に従う。江戸時代は長州藩士となり、一族から幕末に周布政之助が出た。政之助は国事に奔走、その子公平は枢密顧問官となって明治四一年男爵を授けられた。その子兼道は貴族院議員をつとめる。

住友家　○すみとも

豪商。桓武平氏高望流という。もとは越前丸岡城主で、柴田勝家に仕えて、天正一一年（一五八三）勝家が賤ヶ岳で敗れた際に討死した入江土佐守信定の曾孫という住友政友が祖。政友は、京都で涅槃宗に帰依して出家したが、同宗が天台宗に吸収された際に還俗して書籍・薬種業を始めた。

その後、銅吹き商人だった姉の子蘇我理右衛門と出会い、理右衛門の子友以は住友家の養子となって元和九年（一六二三）大坂に進出。銅精錬や銅貿易を行う泉屋を創立して豪商住友家の基礎を築いた。

三代目友信の時に、分家した弟が創業した両替店江戸為替の手違いから破綻、貞享二年（一六八五）には友信も隠居している。

四代目友芳は元禄四年（一六九一）に伊予別子銅山を請け負い、以後これが家業の中核となった。その後、備中吉岡銅山、出羽阿仁銅山など、次々と銅山を手中にした。

その後、別子銅山の停滞などもあったが、宝暦期と、天保・嘉永期の二度にわたる家政改革で乗り切っている。

明治維新では大きな打撃をこうむったが、以後も住友財閥となって続き、友純の時に男爵となる。

《系図》271ページ

角倉家　○すみのくら

豪商。宇多源氏佐々木氏の支流という。もとは近江国吉田（滋賀県犬上郡豊郷町吉田）に住んで吉田氏を称していた。応永年間に徳春が上洛して嵯峨に住み、室町幕府に仕えて医家となったという。子宗臨は同地で土倉業を始め、三代宗忠の時に豪商として知られるようになった。宗桂は土倉業の傍ら医師もつとめ、足利将軍家の侍医もつとめたという。宗桂の跡は了以（光好）が土倉業を、弟の宗恂が医家を継ぐ。了以は朱印船貿易に乗り出して成功し、角倉氏を称して豪商となった。一方徳川家康に仕えて近江国の代官もつとめる旗本でもあった。玄之（素庵）の子の代に玄紀の京角倉家と厳昭の嵯峨角倉家の二家に分かれた。

諏訪家　○すわ

信濃国諏訪（長野県）発祥。諏訪神社の神官の出で、上社大祝をつとめた神氏の子孫とされるが、信濃国造金刺氏の子孫ともいい、また『尊卑分脈』では清和源氏とするなど諸説がある。

いずれにせよ、源平合戦の際に諏訪盛重が源頼朝に従ったのが武家諏訪氏の祖である。鎌倉時代は北条氏の得宗被官として神党を組織した。建武二年（一三三五）の中先代の乱では頼重が北条時行を奉じて鎌倉を占領している。室町時代に総領家と大祝家に分裂したが、総領家の頼満が両家を統一した。永正一五年（一五一八）には下社の金刺氏も滅ぼして諏

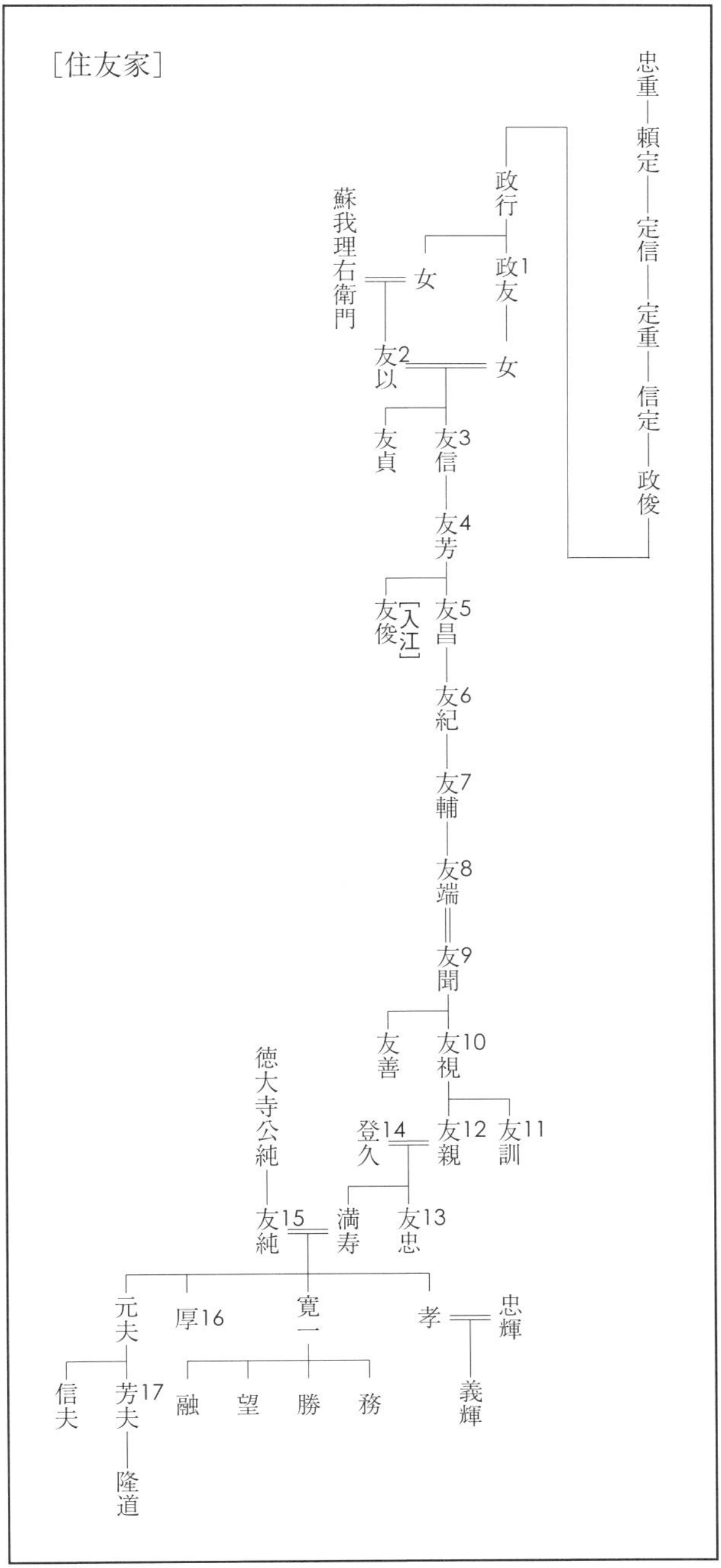

［住友家］

忠重─頼定─定信─定重─信定─政俊─政行

政行┬女（＝蘇我理右衛門）
　　└政友1─女

蘇我理右衛門＝女─友以2

友以2＝女┬友貞
　　　　└友信3─友芳4┬友俊［入江］
　　　　　　　　　　　└友昌5─友紀6─友輔7─友端8＝友聞9┬友善
　　　　　　　　　　　　　　　　　　　　　　　　　　　　└友視10┬友訓11
　　　　　　　　　　　　　　　　　　　　　　　　　　　　　　　　└友親12

友親12＝登久14┬友忠13
　　　　　　　└満寿

徳大寺公純─友純15＝満寿┬元夫┬信夫
　　　　　　　　　　　　│　　└芳夫17─隆道
　　　　　　　　　　　　├厚16
　　　　　　　　　　　　├寛一┬融
　　　　　　　　　　　　│　　├望
　　　　　　　　　　　　│　　├勝
　　　　　　　　　　　　│　　└務
　　　　　　　　　　　　└孝（＝忠輝）

孝＝忠輝─義輝

す

［諏訪家］

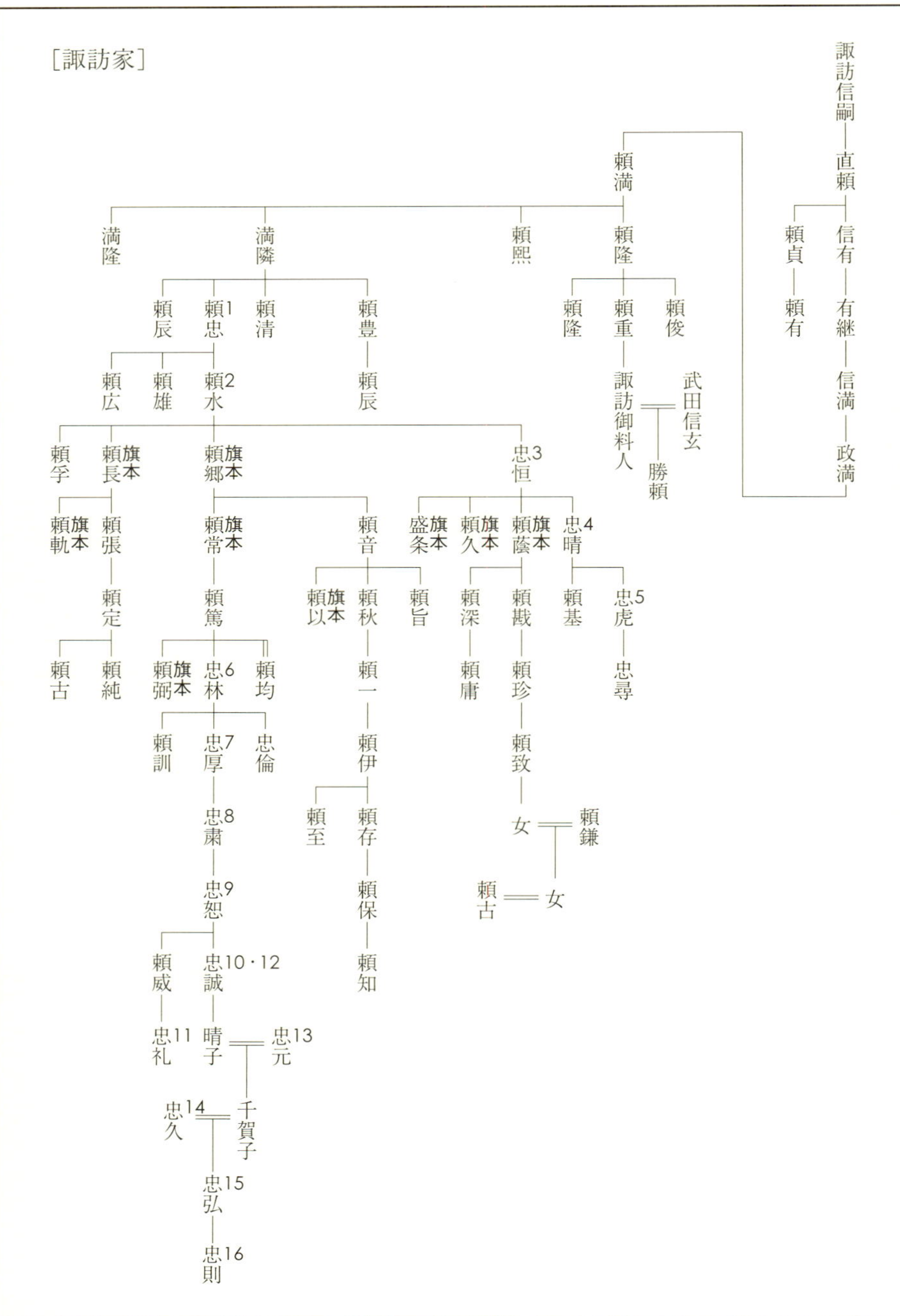
諏訪信嗣
直頼
信有
有継
信満
政満
頼貞
頼有
頼満
満隆
満隣
頼熙
頼隆
頼辰
頼忠1
頼清
頼豊
頼辰
頼隆
頼重
頼俊
諏訪御料人
武田信玄
勝頼
頼広
頼雄
頼水2
頼孚
頼長 旗本
頼郷 旗本
忠恒3
頼軌 旗本
頼張
頼定
頼古
頼純
頼常 旗本
頼篤
頼弼 旗本
忠林6
頼均
頼訓
忠厚7
忠倫
忠粛8
忠恕9
頼威
忠誠10・12
忠礼11
晴子
忠元13
千賀子
忠久14
忠弘15
忠則16
頼音
頼以 旗本
頼秋
頼旨
頼一
頼伊
頼至
頼存
頼保
頼知
盛条 旗本
頼久 旗本
頼蔭 旗本
忠晴4
頼深
頼庸
頼戡
頼珍
頼致
女
頼鎌
女
頼古
頼基
忠虎5
忠尋

訪地域全域を統一した。天文一一年（一五四二）頼重が武田信玄に敗れて自刃し、一旦滅亡した。

【信濃高島藩主】諏訪頼重の従弟の頼忠は、天正一〇年（一五八二）武田氏滅亡後、旧臣に擁されて諏訪氏を再興、徳川家康に仕えた。同一八年の関東入国では武蔵奈良梨で一万二〇〇〇石を領し、文禄元年（一五九二）上野総社一万二〇〇〇石に移る。

関ヶ原合戦後、子頼水は旧領に戻って高島藩二万七〇〇〇石を立藩した。幕末の忠誠は老中をつとめ、明治一七年子爵となる。

【埴原諏訪家】忠恒の二男頼蔭は明暦三年（一六五七）に父の遺領のうち信濃国筑摩郡埴原（長野県松本市中山）で一〇〇〇石を分知されて旗本となり、埴原諏訪家となった。のち長崎奉行をつとめて二〇〇〇石に加増された。

【百瀬諏訪家】忠恒の三男の頼久も明暦三年（一六五七）に一〇〇〇石を分知されて旗本となり、百瀬（松本市寿）に陣屋を置いて百瀬諏訪家となった。のち一五〇〇石に加増。

【下永良諏訪家】頼水の二男頼郷は旗本となったのちに、慶安二年（一六四九）徳川綱重の家老となって六〇〇〇石を知行した。宝永元年（一七〇四）家宣の西の丸入りの際に、頼秋が旗本に復帰し、三河国で五〇〇〇石を知行。翌年幡豆郡下永良（愛知県西尾市下永良町）に陣屋を置いて下永良諏訪家となった。

《系図》272ページ

せ

清閑寺家　○せいかんじ

公家。藤原北家勧修寺流。甘露寺経長の五男資房が祖で、家房の時に清閑寺を家号とした。家格は名家。家職は儒学。永正八年（一五一一）家幸の没後一旦断絶したが、慶長五年（一六〇〇）中御門家の共房が再興した。江戸時代の家禄は一八〇石。明治一七年盛房の時に伯爵となった。

《系図》275ページ

関家　○せき

旗本・旧伯耆黒坂藩主。桓武平氏を称す。鎌倉時代は北条氏に属し、戦国時代は亀山城（三重県亀山市）に拠った。一政の時に豊臣秀吉に仕え、信濃川中島で三万石を領した。関ヶ原合戦では初め西軍に属していたが、のち東軍に転じ、戦後亀山五万石に戻る。慶長一〇年（一六〇五）伯耆黒坂（鳥取県日野郡日野町）五万石に転封。元和四年（一六一八）内訌のため改易となり、三男氏盛が近江国蒲生郡で五〇〇〇石を与えられて旗本として再興した。

関家　○せき

新見藩主。藤原北家秀郷流。美濃国武儀郡関（岐阜県関市）発祥。長重（成重）の時織田信長に仕え、成政は森長一に属して天正一二年（一五八四）長久手の戦で討死した。成政の子成次は森忠政に従い津山藩家臣となった。その長子長継は忠政の養子となって森家を継ぎ、次子長政が関家を継いだ。長政の跡は森家に入った長継の六男長治が継ぎ、元禄一〇年（一六九七）備中国に一万八〇〇〇石を賜って、翌年に備中国新見（岡山県新見市）に陣屋をかまえて新見藩を立藩した。明治一七年子爵となる。

関戸家　○せきど

名古屋の豪商。藤原北家山蔭流という。祖吉忠は尾張国丹羽郡岩倉村に住んで織田信安に仕えていたが、孫の清信の時に春日井郡小木村（愛知県小牧市）に移り住んだ。その子信基の時に名古屋巾下に転じて薬種商「信濃屋」を創業した。正保元年（一六四四）には蛯屋町に転じ、質屋を開業している。

天明年間の富信の頃に豪商に発展、藩から一五人扶持を与えられ、名字帯刀も許された。維新後、明治二四年には関戸銀行も設立している。

千家　○せん

茶道の家元。千利休は堺の商家の出で、本姓は田中。武野紹鴎に学んだあと、織田信長、豊臣秀吉に仕えて、茶の湯を大成した。のち秀吉の側近として政治的力も持ったが、秀吉の怒りにふれ自刃した。

二代目の少庵は、利休の後妻宗恩の連れ子で利休とは血のつながりはないが、利休の実の娘である五女のお亀と結婚して二代目を継いだ。

三代目の宗旦は生涯仕官せず、侘茶に徹したため「こじき宗旦」ともいわれたという。長男の宗拙は仕官に失敗、子どもがいなかったことから、宗旦は三男の宗左に家督を譲った。また茶道から離れていた二男と四男も茶の世界に戻り、三人の子孫が、それぞれ一家を興すことになった。

【武者小路千家】二男宗守は一旦家を出て塗師の養子となったが、やがて養家を離れて千家に戻り、高松藩に仕官した。そして、七五歳で致仕すると、京都の武者小路小川通に官休庵を構えて、武者小路千家を興した。子孫は代々宗守を称し、とくに江戸中期の四代目が有名。現在の当主は一一代目不徹斎である。

【表千家】三男の宗左は二一歳で唐津藩に出仕したが、四年後の島原の乱で藩主寺沢家が改易。二年後に仕官した高松藩も、翌年にはお家騒動（生駒騒動）の余

［清閑寺家］

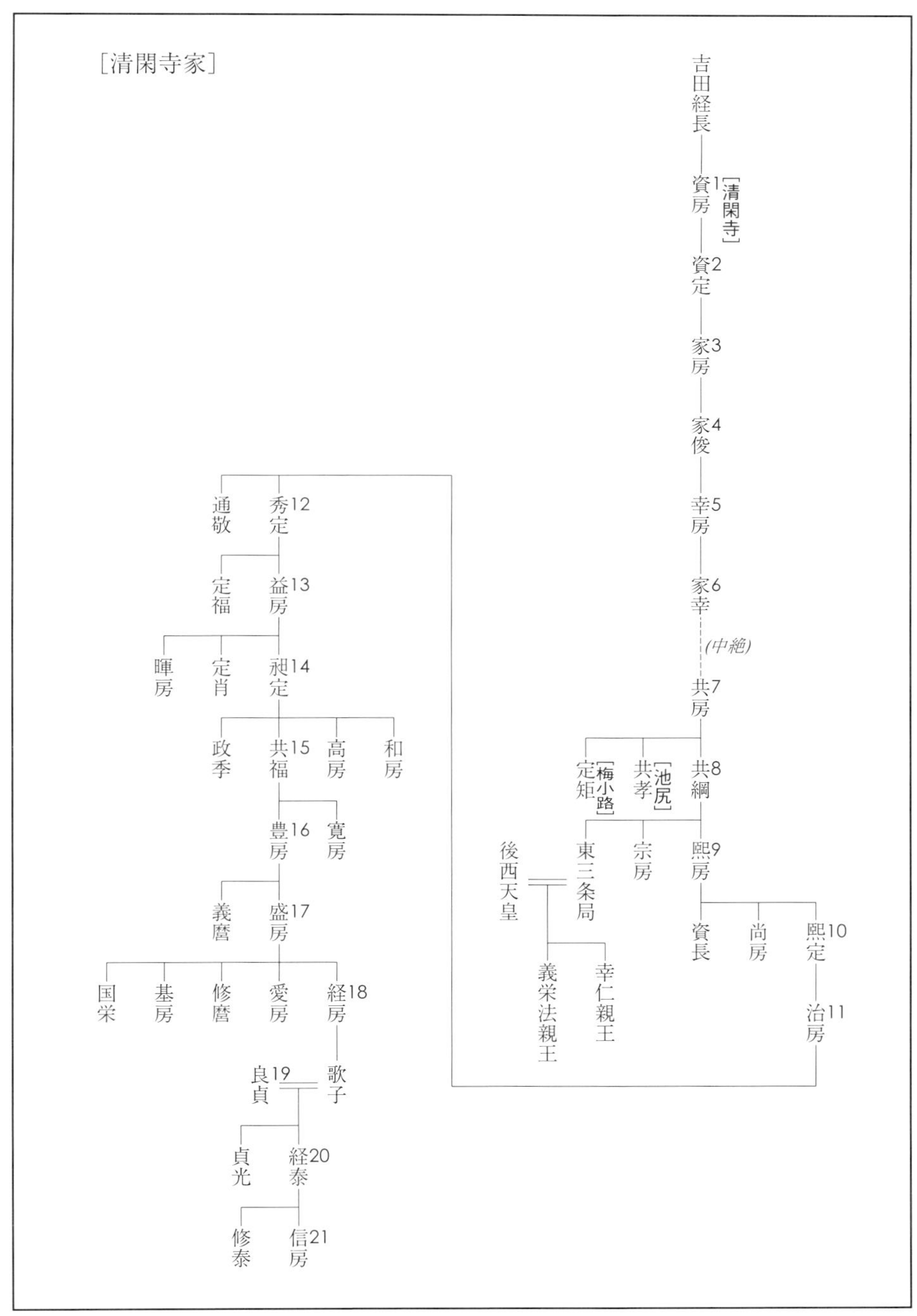
吉田経長
1 資房［清閑寺］
2 資定
3 家房
4 家俊
5 幸房
6 家幸
(中絶)
7 共房
8 共綱
共孝［池尻］
定矩［梅小路］
9 熙房
宗房
東三条局
後西天皇
幸仁親王
義栄法親王
10 熙定
尚房
資長
11 治房
12 秀定
通敬
13 益房
定福
14 昶定
定肖
暉房
15 共福
政季
高房
和房
16 豊房
寛房
17 盛房
義麿
18 経房
愛房
修麿
基房
国栄
歌子
19 良貞
20 経泰
貞光
21 信房
修泰

波で失職した。三〇歳で紀伊徳川家に仕官、以後表千家は代々紀州藩の茶頭職をつとめることになった。現在の当主は一四代目而妙斎である。

【裏千家】四男の宗室は、当初医師の修行をしていた。二四歳の時に師が死去したため千家に戻り、隠居した父とともに、のちの今日庵に住んで茶道の修行を重ねた。三〇歳で加賀藩に仕官している。現在の当主は一五代目鵬雲斎である。

なお、表千家、裏千家という名称は、寺之内通りから見て、宗左の不審菴が表に、宗室の今日庵が裏側にあることに由来する。

また、武者小路千家では、宗守を初代とするが、表千家と裏千家では、利休を初代として数えているため、代数が多くなっている。

千賀家　○せんが

尾張藩重臣。志摩国答志郡千賀（三重県鳥羽市千賀町）発祥で九鬼氏の一族。当初は越智氏を称していたが、のちに千賀氏に改称、九鬼氏とともに伊勢北畠氏に従っていた。戦国時代に重親が尾張国知多郡師崎（愛知県知多郡南知多町）に移って徳川家康に仕え、永禄五年（一五六二）には船奉行となっている。天正一八年（一五九〇）の関東入国では相模国三崎（神奈川県三浦市）に転じた。関ヶ原合戦では水軍を率いて師崎で西軍の後方撹乱を退けたことから、戦後同地を与えられた。

養子信親は大坂の陣でも水軍を率いて活躍し、以後代々尾張藩の船奉行となった。幕末、信立は側用人となり、戊辰戦争では先鋒総督として北越・会津を転戦。明治二年名古屋藩大参事をつとめた。

千家家　○せんげ

出雲国出雲郡千家（島根県出雲市斐川町）発祥。出雲大社神職の出雲氏の子孫。康永二年（一三四三）国造家は北島家と千家家に分裂し、以後北島家とともに代々出雲大社の神官をつとめた。明治一七年尊福が男爵となった。

尊福は元老院議官、貴族院議員、司法大臣を歴任した他、一族からは、国学者・千家俊信、詩人・千家元麿などを輩出した。現在の当主・尊祀は第八三代国造である。

《系図》277ページ

仙石家　○せんごく

但馬出石藩主。美濃国発祥で、清和源氏土岐氏の支流という。秀久が豊臣秀吉に仕えて天正八年（一五八〇）淡路洲本（兵庫県洲本市）で五万石を領す。同一三年讃岐高松に移るが、翌年の九州出兵で島津氏に敗れて所領を没収される。同一八年小田原征伐で徳川家康に属して功をあげ、信濃小諸五万石で家を再興した。関ヶ原合戦後、信濃上田六万石を経て、宝永三年（一七〇六）政明の時但馬出石（兵庫県豊岡市出石町）五万八〇〇〇石に入封。この時、上田から蕎麦を出石にもたらし、出石蕎麦として名物となった。

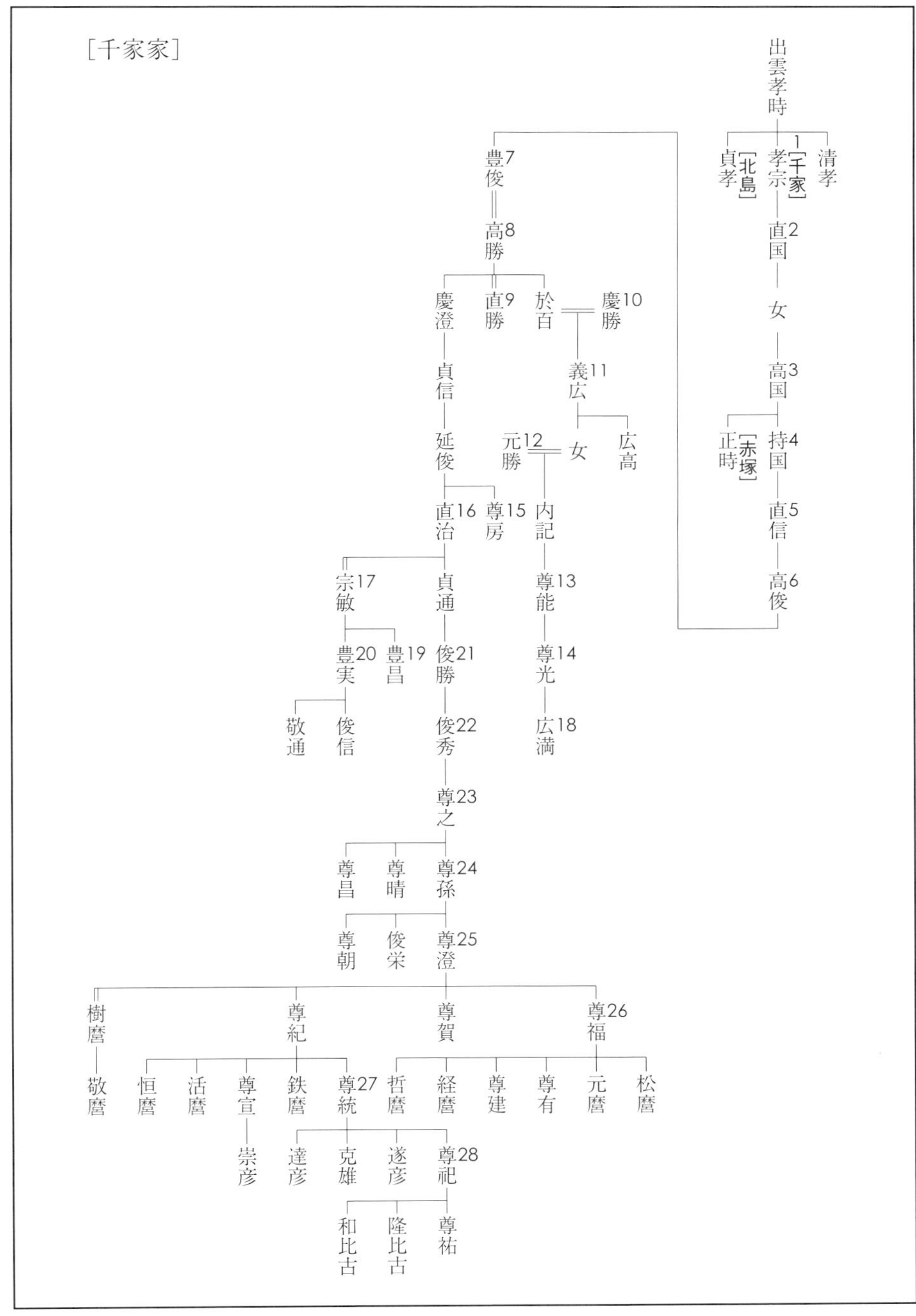
[千家家]
出雲孝時
清孝
1［千家］孝宗
［北島］貞孝
直2国
女
高3国
持4国
［赤塚］正時
直5信
高6俊
豊7俊
高8勝
慶澄
直9勝
於百
慶10勝
義11広
広高
元12勝
女
貞信
延俊
内記
尊13能
尊14光
尊15房
直16治
宗17敏
広18満
豊19昌
豊20実
貞通
俊21勝
俊22秀
敬通
俊信
尊23之
尊昌
尊晴
尊24孫
尊朝
俊栄
尊25澄
樹麿
尊紀
尊賀
尊26福
敬麿
恒麿
活麿
尊宣
鉄麿
尊27統
哲麿
経麿
尊建
尊有
元麿
松麿
崇彦
達彦
克雄
遂彦
尊28祀
和比古
隆比古
尊祐
せ

天保六年（一八三五）久利の時に「仙石騒動」で三万石に減知となった。明治一七年政固の時に子爵となる。

小諸藩主秀久の七男久隆は慶長一二年（一六〇七）に三〇〇〇石を分知されて旗本となった。二代久邦は伏見奉行をつとめて六〇〇〇石に加増、のち分知で四七〇〇石となる。

久邦の二男久尚は一家を興して旗本となり、天和元年（一六一五）父の死後一〇〇〇石を分知された。その後大目付となり、二〇〇〇石に加増。

南部藩士の仙石家も同族。福島正則に仕えて三八〇〇石を領していた仙石但馬が、福島家滅亡後浪人し、孫の記家が南部氏に仕えて南部藩士となった。

千秋家　○せんしゅう

熱田神宮の神職。熱田大宮司氏は、藤原姓となった季範の子の代に三流に分かれ、このうち範信の末裔が千秋家となって代々大宮司を世襲した。南北朝時代は南朝に属した。明治一〇年季福の時に大宮司職を角田忠行に譲った。一七年季隆の時に男爵を授けられた。季隆はのちに貴族院議員となり、学習院教授をつとめている。

《系図》279・280ページ

善法寺家　○ぜんぽうじ

石清水八幡宮の神官。紀氏の一族で、三二代別当祐清が善法寺を称した。成清は源氏と結び、鎌倉・室町時代を通じて幕府と密接な関係を保っている。代々田中家とともに石清水八幡宮の別当職を世襲した。明治時代、当主は菊王路家と改姓している。

《系図》312ページ

千本家　○せんぼん

旗本。下野国那須郡千本（栃木県芳賀郡茂木町千本）発祥。那須七党の一つ。源義経に従っていた那須資隆の一〇男為隆が祖というが、室町時代の資持に至る間ははっきりしない。

戦国時代末期、義政は豊臣秀吉に仕え、関ヶ原合戦では義定が東軍に属して旧領三三七〇石を安堵された。寛永元年（一六二四）義等の死後、跡継ぎがなく断絶。その後、義等の弟の和隆が一〇五〇石で再興した。

［熱田大宮司家］

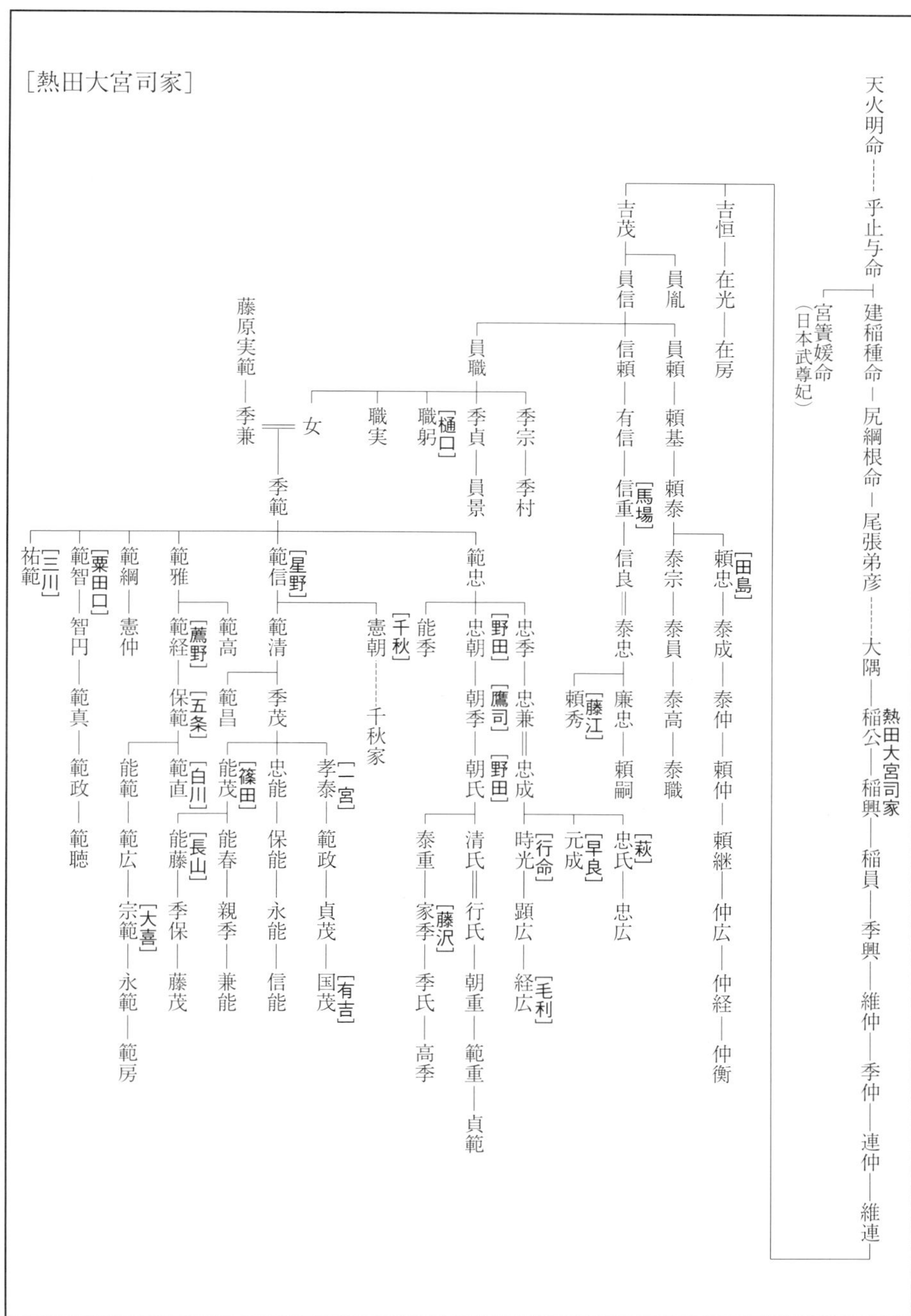
天火明命
乎止与命
建稲種命
宮簀媛命
（日本武尊妃）
尻綱根命
尾張弟彦
大隅
稲公
熱田大宮司家
稲興
稲員
季興
維仲
季仲
連仲
維連
吉恒
在光
在房
吉茂
員胤
員信
員頼
頼基
頼泰
泰宗
泰員
泰高
泰職
［田島］
頼忠
泰成
泰仲
頼仲
頼継
仲広
仲経
仲衡
信頼
有信
信重
［馬場］
信良
泰忠
廉忠
頼嗣
［藤江］
頼秀
員職
季宗
季村
季貞
員景
［樋口］
職躬
職実
女
藤原実範
季兼
季範
範忠
忠季
忠兼
忠成
［萩］
忠氏
忠広
［早良］
元成
［行命］
時光
顕広
［毛利］
経広
［野田］
忠朝
［鷹司］
朝季
［野田］
朝氏
清氏
行氏
朝重
範重
貞範
泰重
［藤沢］
家季
季氏
高季
能季
［星野］
範信
［千秋］
憲朝
千秋家
範清
季茂
［一宮］
孝泰
範政
貞茂
［有吉］
国茂
忠能
保能
永能
信能
［篠田］
能茂
能春
親季
兼能
範昌
範雅
範高
［薦野］
範経
［五条］
保範
［白川］
範直
［長山］
能藤
季保
藤茂
能範
範広
［大喜］
宗範
永範
範房
範綱
憲仲
［粟田口］
範智
智円
範真
範政
範聴
［三川］
祐範

［千秋家］

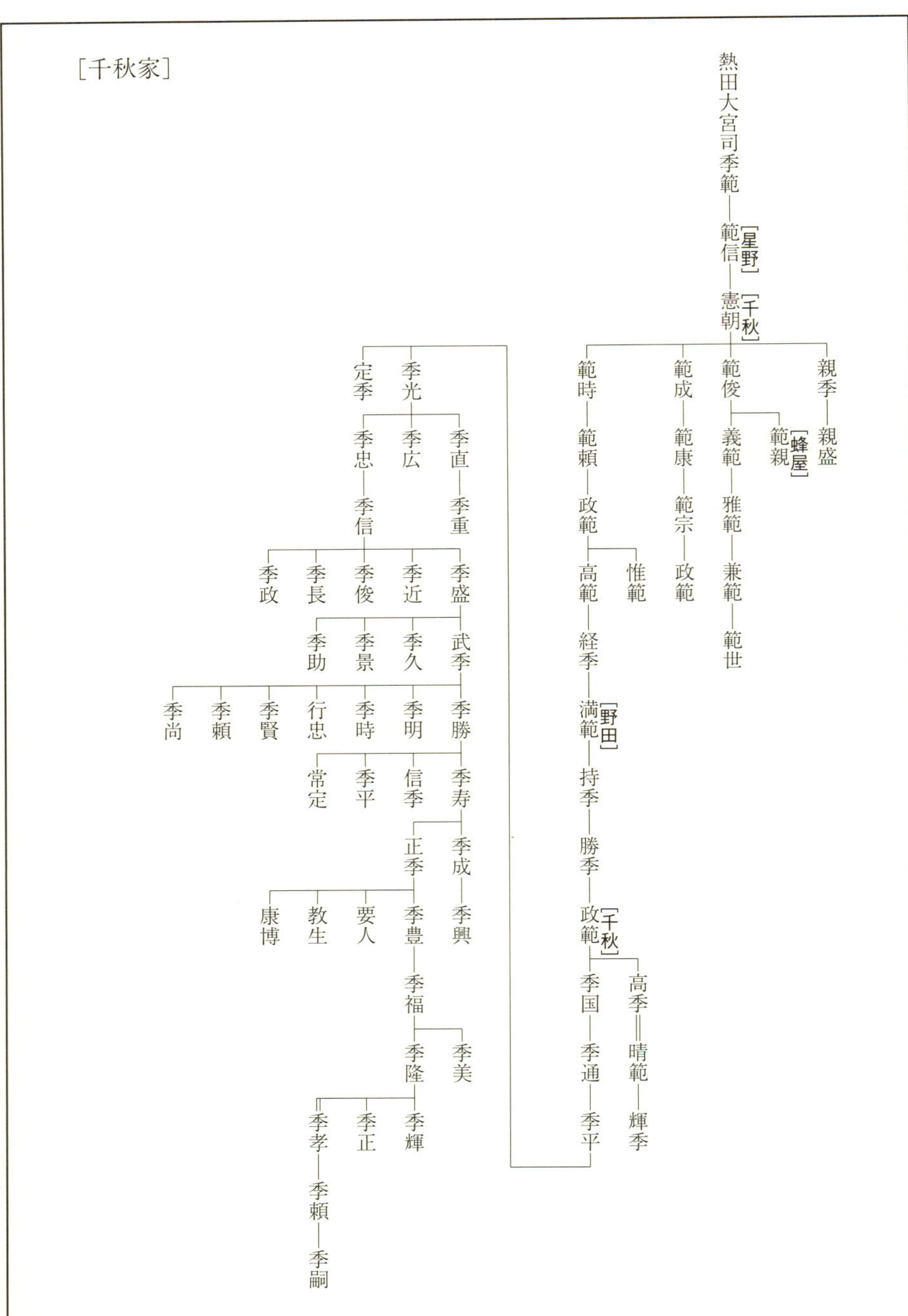
熱田大宮司季範
範信［星野］
憲朝［千秋］
親季
親盛
範俊
範親［蜂屋］
義範
雅範
兼範
範世
範成
範康
範宗
政範
範時
範頼
政範
惟範
高範
経季
満範［野田］
持季
勝季
政範［千秋］
高季
晴範
輝季
季国
季通
季平
定季
季光
季直
季重
季広
季忠
季信
季盛
季近
季俊
季長
季政
武季
季久
季景
季助
季勝
季明
季時
行忠
季賢
季頼
季尚
季寿
信季
季平
常定
季成
季興
正季
季豊
要人
教生
康博
季福
季美
季隆
季輝
季正
季孝
季頼
季嗣

そ

宗家　○そう

鎌倉時代から江戸末期まで一貫して対馬を支配した領主。系譜上では桓武平氏で平知盛の子知宗の子孫と称しているが、実際は対馬の在庁官人惟宗氏の出で、「惟宗」を略して「宗」としたといわれる。

鎌倉時代、宗重尚が少弐氏の命で対馬の在庁官人阿比留氏を討ち、対馬守護代となったという。資料的には、文永一一年（一二七四）の元寇の際に、助（資）国が討死しているのが初見。南北朝時代経茂は初め南朝に属していたが、のちに今川了俊に従って九州本土に転戦し、筑前国などにも所領を得ている。澄茂は対馬守護となって名実ともに対馬の支配権を確立、以後守護を世襲した。経茂の子貞茂は一時筑前守護代もつとめるなど、筑前にも勢力を広げた。のち大内氏に追われて対馬に戻ると、嘉吉三年（一四四三）貞盛は朝鮮と嘉吉条約を結んで日朝貿易を始め、以後日朝貿易を独占した。室町中期には少弐氏から独立、この頃から平姓を称するようになったといわれる。

戦国時代、義智は豊臣秀吉の九州征伐の際に秀吉に降って本領を安堵され、朝鮮との外交折衝役をつとめた。関ヶ原合戦では西軍に属したが、安堵されて朝鮮との国交回復につとめた。義智の子義成は家老柳川調興と不和となり、調興が国書改作を幕府に訴えたため危機に陥ったが、幕府は対馬藩で外交を担当していた調興を津軽に流すことで決着した。宗家は、これ以降も朝鮮との外交にあたっている。

江戸時代の石高は対馬と肥前田代領とあわせても実質三万石弱であったが、中期以降は一〇万石格の大名として遇された。文化一四年（一八一七）肥前国松浦郡で二万石加増。

明治一七年重正の時に伯爵となる。なお、重正は歌人として著名、武志も英文学者の傍ら詩人でもあった。

《系図》282ページ

相馬家　○そうま

陸奥中村藩主。下総国相馬郡（茨城県）発祥で、桓武平氏千葉氏。系図上では、平将門の子将国が常陸国信田郡に落ち、のち胤国の時に相馬郡に移って相馬氏を称したのが祖であるといい、千葉常胤の二男師常は相馬師国の養子となって相馬氏を継いだとする。師常は父とともに源頼朝に仕えて、奥州征討に功をあげ、陸奥国行方郡に所領を与えられた。

【陸奥相馬氏】元亨三年（一三二三）重胤が一族を率いて太田村（福島県南相馬市）に下向したのが祖。嘉暦元年（一三二六）小高城を築城した。南北朝時代は一貫して北朝に属し、北畠氏と激しく争った。戦国時代は牛越城に移って、行方・宇多・標葉の三郡を支配し、伊達氏と争った。天正一八年（一五九〇）義胤の時に豊臣秀吉に従って本領安堵された。関ヶ原合戦では出兵しなかったた

［宗　家］

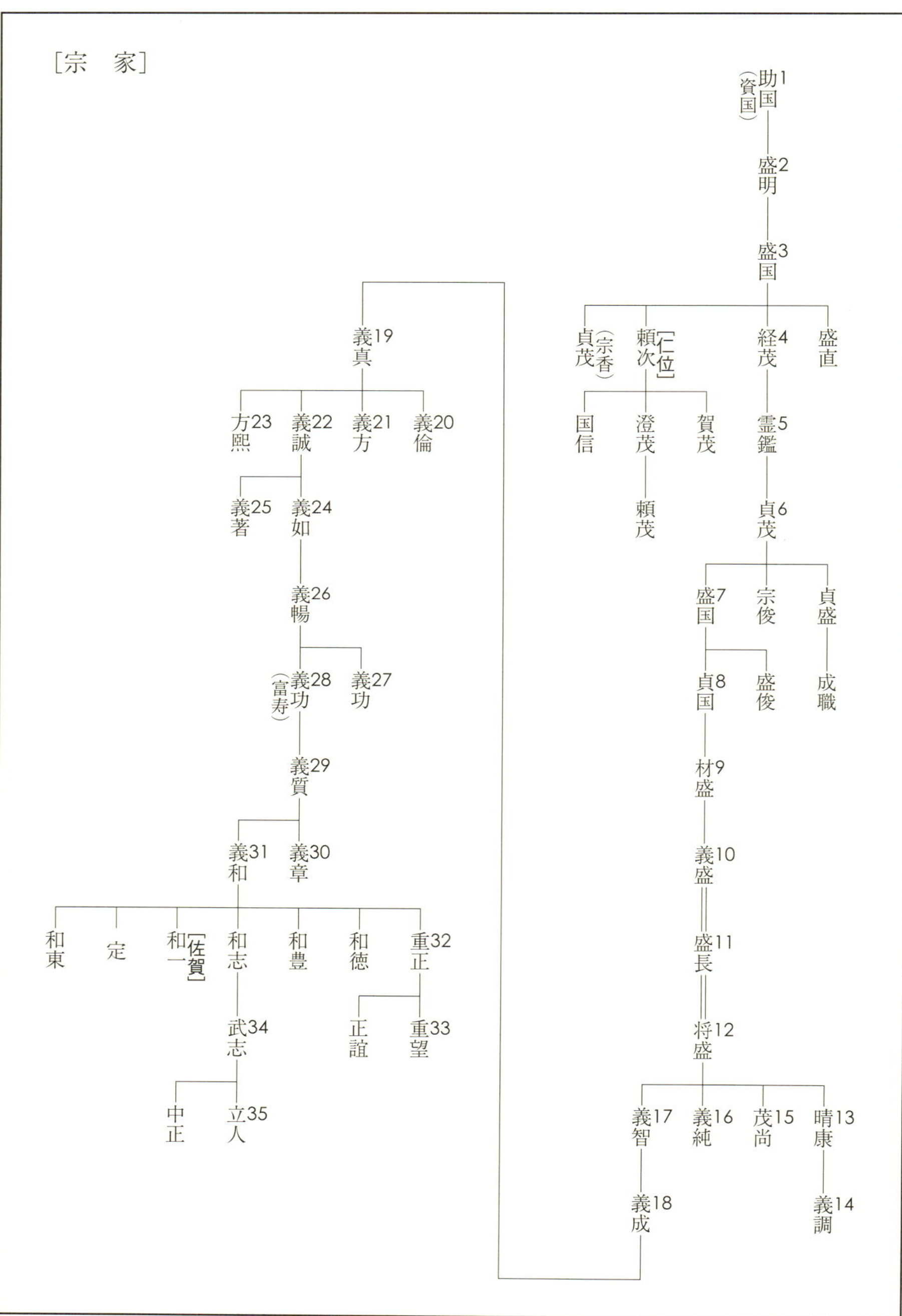

助国1（資国）
盛明2
盛国3
盛直
経茂4
頼次［仁位］
貞茂（宗香）
賀茂
澄茂
国信
頼茂
霊鑑5
貞茂6
貞盛
宗俊
盛国7
成職
盛俊
貞国8
材盛9
義盛10
盛長11
将盛12
晴康13
茂尚15
義純16
義智17
義調14
義成18
義真19
義倫20
義方21
義誠22
方熙23
義如24
義著25
義暢26
義功27
義功28（富寿）
義質29
義章30
義和31
重正32
和徳
和豊
和志
和一［佐賀］
定
和東
重望33
正誼
武志34
立人35
中正

め、一時除封となったが、慶長七年（一六〇二）に再興した。同一六年（一六一一）利胤が中村城（相馬市）を築城して移った。明治一七年誠胤の時に子爵となる。

《系図》284ページ

曽我家　○そが

旗本。『寛政重修諸家譜』では桓武平氏良文流で千葉支流に収められており、野与党の末裔ともいう。祖祐信が相模国曽我郷に住んで曽我氏を称し、源頼朝に仕えた。

以後、代々鎌倉幕府に仕え、室町時代は足利氏に仕えた。戦国時代、助乗は足利義昭に仕え、天正元年（一五七三）に槇島城に拠って織田信長に反旗を翻した際にも従っている。子尚祐は豊臣秀吉に仕え、伊勢国飯野郡で四〇〇石を与えられた。慶長五年（一六〇〇）徳川家康に仕えて江戸時代は旗本となり、古祐は河内国で三〇〇〇石を知行した。その後分知で二〇〇〇石となる。

尚祐の三男包助は、寛永三年（一六二六）兄から下野国足利郡で二〇〇石を分知されて旗本となった。万治元年（一六五八）綱吉に属して館林藩家老となり、二二〇〇石を与えられ、寛文元年（一六六一）には五〇〇〇石に加増された。包助の跡は三男の助興が継ぎ、延宝八年（一六八〇）綱吉の五代将軍就任に従って旗本に復帰した。のち駿河・美濃・相模・遠江などで六五〇〇石となった。二代助元は大番頭をつとめている。

なお、包助が綱吉の家老となった際、二男の助寿は八〇〇石を与えられて旗本として残っている。

園家　○その

公家。藤原北家中御門流。持明院基家の三男基氏が祖。家格は羽林家。家職は琵琶。基氏の子基重は一家を興して園家を称し、四代続いたが南北朝時代に絶家となった。戦国時代、基有・基富・基国はしばしば加賀国に下向し滞在していた。江戸時代の家禄は一八七石。明治一七年基祥の時に伯爵となる。

《系図》285ページ

園池家　○そのいけ

公家。藤原北家閑院流。櫛笥隆致の二男宗朝が祖、正保三年（一六四六）公卿に列した。家格は羽林家。家職は有職故実。江戸時代の家禄は三〇石三人扶持。明治一七年公静の時に子爵となる。現在の当主・実覧は物理学者として著名。

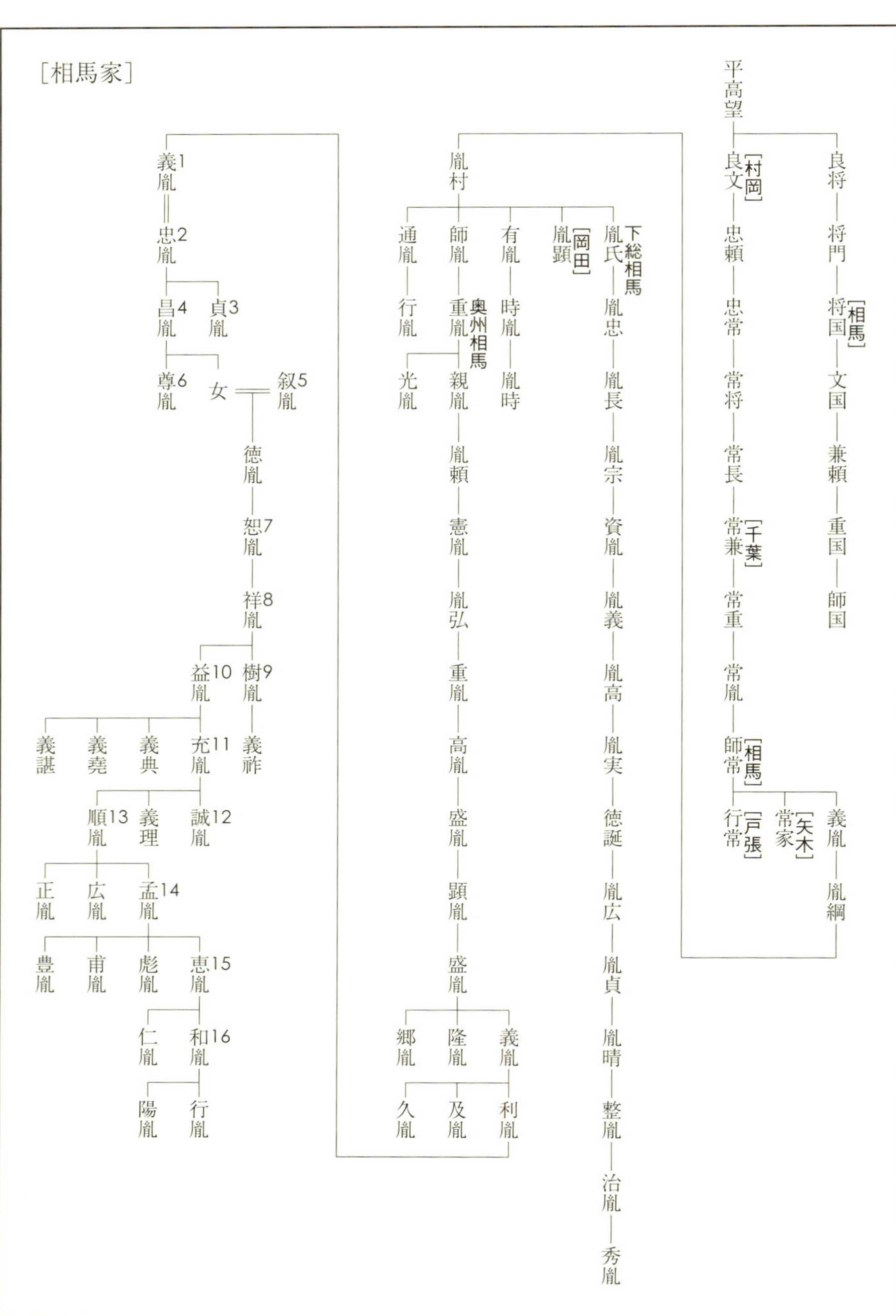
[相馬家]
平高望
良将
将門
将国
[相馬]
文国
兼頼
重国
師国
良文
[村岡]
忠頼
忠常
常将
常長
常兼
[千葉]
常重
常胤
師常
[相馬]
義胤
胤綱
常家
[矢木]
行常
[戸張]
胤村
胤氏
下総相馬
胤忠
胤長
胤宗
資胤
胤義
胤高
胤実
徳誕
胤広
胤貞
胤晴
整胤
治胤
秀胤
胤顕
[岡田]
有胤
時胤
胤時
師胤
重胤
奥州相馬
親胤
胤頼
憲胤
胤弘
重胤
高胤
盛胤
顕胤
盛胤
義胤
利胤
隆胤
及胤
郷胤
久胤
光胤
通胤
行胤
義胤1
忠胤2
貞胤3
昌胤4
叙胤5
女
尊胤6
徳胤
恕胤7
祥胤8
樹胤9
益胤10
義祚
充胤11
義典
義堯
義諶
誠胤12
義理
順胤13
孟胤14
広胤
正胤
恵胤15
彪胤
甫胤
豊胤
和胤16
仁胤
行胤
陽胤

［園　家］

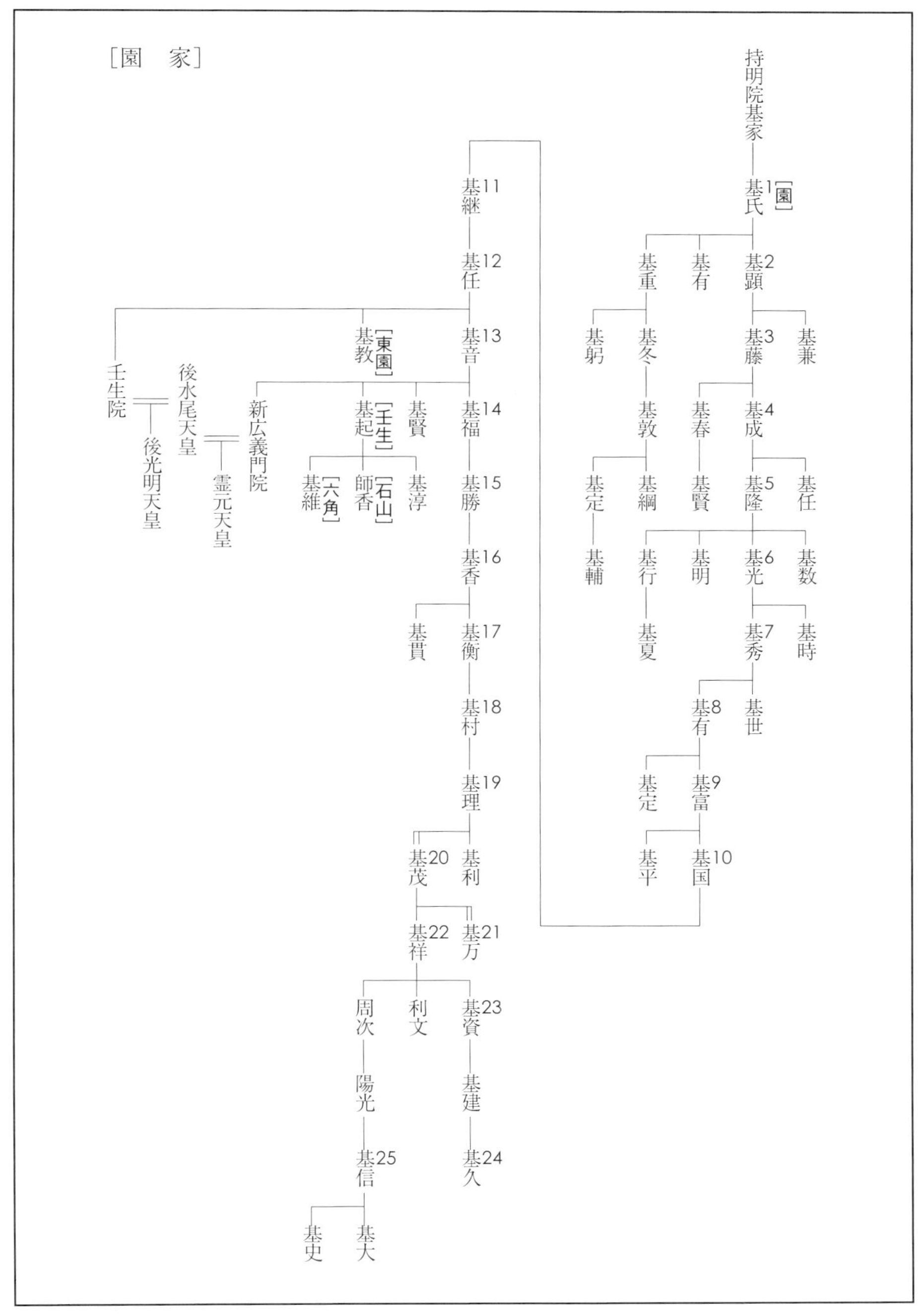

持明院基家
基氏 1 ［園］
基顕 2
基有
基重
基兼
基藤 3
基冬
基躬
基成 4
基春
基敦
基任
基隆 5
基賢
基綱
基定
基数
基光 6
基明
基行
基輔
基時
基秀 7
基夏
基世
基有 8
基富 9
基定
基国 10
基平
基継 11
基任 12
基音 13
基教 ［東園］
壬生院
基福 14
基賢
基起 ［壬生］
新広義門院
後水尾天皇
後光明天皇
霊元天皇
基淳
師香 ［石山］
基維 ［六角］
基勝 15
基香 16
基衡 17
基貫
基村 18
基理 19
基利
基茂 20
基万 21
基祥 22
基資 23
利文
周次
基建
陽光
基久 24
基信 25
基大
基史

た

醍醐家　○だいご

公家。藤原北家。清華家の一つ。延宝六年（一六七八）一条昭良の二男冬基が一家を興し、霊元天皇から醍醐の家号を賜って醍醐家を称した。家禄は三一二石。幕末、忠順は国事に奔走し、明治一七年侯爵となる。子忠敬は元老院義官をつとめ、その子忠重は海軍中将となった。

大黒家　○だいこく

江戸時代の銀座の銀吹極及び銀改役。湯浅作兵衛常是は堺で桑原左兵衛・長尾小左衛門・村田久左衛門・郡司彦兵衛・長谷又兵衛と南鐐座を作って銀の商売をしていたが、慶長六年（一六〇一）徳川家康が京都・伏見に銀座をつくった際に銀吹役に採用された。同一三年に銀座が京都に移ると長男の作右衛門常好が銀改役となり、さらに同一七年には駿府から江戸に移された銀座の銀改役に二男の長左衛門常春が就任した。以来、両家が京都家・江戸家として世襲、幕府から「大黒」の名字を与えられた。

寛政一二年（一八〇〇）、江戸家八代目の常房が借金の返済に行き詰まったことから解任され、以後は京都家が両銀座の銀改役を兼務した。

大道寺家　→　大導寺家

大導寺家　○だいどうじ

旗本・津軽藩家老。山城国綴喜郡大道寺（京都府綴喜郡宇治田原町）発祥。藤原北家貞嗣流とも桓武平氏ともいい不詳。のち北条早雲に従って駿河国に降り、今川義元に仕えた。重興は北条氏の重臣として武蔵川越（埼玉県川越市）で八万石を領した。政繁（重）は上野松井田城（群馬県安中市松井田町）を築城、一〇万石を領したが、天正一八年（一五九〇）の豊臣秀吉の小田原攻めで切腹した。

子直次は小田原落城後、母方の遠山姓を称して福島正則に仕えた。福島家改易後、寛永一一年（一六三四）に旗本となって大導寺家に復し、甲斐国で一〇〇〇石を与えられた。のち分知で七〇〇石となる。

また、政繁の養子直英（隼人）は尾張藩士となったのち、元和二年（一六一六）津軽藩士に転じ、以後代々家老をつとめた。この家は「大道寺」と書く。

多賀家　○たが

旗本・近江中原氏の末裔。崇峻天皇の末裔という近江中原氏の一族が、近江国愛智郡（滋賀県）の多賀神社の神官となり、多賀氏を称したのが祖という。鎌倉時代には京極氏に従う。室町時代、犬上多賀氏と坂田多賀氏の二流に分かれた。

犬上多賀氏の多賀常則は浅井長政を経て、豊臣秀吉に仕え、羽柴秀長に属して大和国高市郡で二〇〇〇石を領した。子常直のときに徳川家康に仕え、江戸時代は旗本となった。

常直の四男常次は分家して下総国葛飾郡寺島村（東京都墨田区）で七〇〇石を領し、寺島多賀家となった。享保元年（一七一六）四代高国が刃傷事件を起こして断絶となったが、この寺島多賀家の陣屋跡が向島百花園である。

高井家　○たかい

旗本。三河国高井発祥とも、清和源氏で美濃国高井発祥ともいい不詳。『寛政重修諸家譜』で「末勘」に収められている。戦国時代は今川氏に仕えていたが、貞重の時に徳川家康に仕えた。天正一九年（一五九一）武蔵国入間郡久米郷（埼玉県所沢市）で二〇〇石を与えられ、のち四〇〇石に加増された。元和二年（一六一六）貞重は頼宣に附属させられ、長男貞清が久米郷の二〇〇石を継いで旗本にとどまった。子実勝の時采地を上野国に移され、元禄一四年（一七〇一）実豊の時五〇〇石に加増となった。

紀伊藩士となった貞重の跡は女婿の清直が継ぎ、その子清房は享保元年（一七一六）吉宗の八代将軍就任にともなって旗本に転じ下野国で二〇〇〇石を知行していた。幕末に三〇〇〇石に加増されている。

清房の三男信房も一家を興して享保元年（一七一六）に旗本となり、六〇〇石を知行。のち累進して六〇〇〇石となった。以後も代々書院番頭や大番頭をつとめ、幕末の道致は外国奉行、一橋家家老をつとめている。

高丘家　○たかおか

公家。藤原北家藪家の庶流。延宝四年（一六七六）中園季定の三男季起が公卿に列し、高丘家を称した。家職は有職故実。家禄は三〇石三人扶持。明治一七年紀季の時に子爵となる。

先代の当主・季昭は東京新聞記者から西武百貨店に転じ、のち西友会長、経団連副会長などを歴任した。

高木家　○たかぎ

河内丹南藩主。三河国碧海郡高木（愛知県安城市高木）発祥で清和源氏頼信流という。弘治年間（一五五五～五八）に高木貞政が斎藤道三に仕え、美濃駒野城に拠った。

文禄年間頃、宣光は三河国碧海郡牧内村（愛知県岡崎市）に住み、その子清秀が尾張国緒川（愛知県知多郡東浦町）に移って水野信元に仕えた。信元が誅されたのちは佐久間信盛に従った。

天正一〇年（一五八二）徳川家康に仕え、関東入国では五〇〇〇石を与えられた。子正次は関ヶ原合戦では秀忠に従って上田城攻めにあたり、戦後七〇〇〇石に加増。元和九年（一六二三）には大坂定番となって一万石に加増され、河内丹南藩を立藩した。その子正成の時に三〇〇〇石加増されたが、分知によって一万石に戻っている。

明治一七年正善の時に子爵となり、貴族院議員もつとめた。

正次の甥の守久とその子守勝はともに

大目付となって加増を重ね、近江国・山城国で五〇〇〇石を領して寄合に列した。幕末の守庸は日光奉行をつとめている。

この他、清秀の弟の清方も旗本となるなど、一族は多い。

高木家　○たかぎ

交代寄合美濃高木家。清和源氏頼親流という。弘治年間に貞政は斎藤道三に仕えて美濃駒野城（岐阜県海津市南濃町）に拠った。孫の貞久は織田信長に仕えて今尾城主となり、本能寺の変後は信雄に仕えた。

【西高木家】貞久の二男貞利は父より今尾城を与えられて一家を興し、文禄四年（一五九五）徳川家康に仕えて、上総国天羽郡で一〇〇〇石を与えられた。関ヶ原合戦後、慶長六年（一六〇一）に二〇〇〇石に加増されて采地を美濃国石津郡に移され、多羅郷（大垣市上石津町）に住んで交代寄合となった。

【東高木家】貞久の四男貞友は父の跡を継いで駒野に住み、慶長二年（一五九七）徳川家康に仕えた。関ヶ原合戦後、美濃国石津郡で一〇〇〇石を与えられて多羅郷に住み交代寄合となった。

【北高木家】貞久の長男貞家は織田信長に仕えていたが、永禄一一年（一五六八）に戦死。その子貞俊が慶長二年（一五九七）に徳川家康に仕えて関ヶ原合戦で功をあげ、石津郡で一〇〇〇石を与えられ、多良郷に住んで交代寄合となった。

高木家　○たかぎ

旗本。清和源氏頼親流で、三河国高木に住んで高木氏を称したといい、丹南藩主高木家と同族か。広正は徳川家康に仕えて旗本となり二〇〇〇石を領した。のち四〇〇〇石となる。江戸後期の正照は寄合肝煎をつとめている。

高倉家　○たかくら

公家。藤原北家高倉流。高倉流は藤原長良の六男清経が祖。範昌の子の代に嫡流の長男永康が高倉、四男永経が冷泉を称して二流に分かれたが、嫡流は断絶。南北朝時代、冷泉流の範賢の子の代に永季が分家し、高倉に住んで高倉家を興した。冷泉家はのちに断絶したため、永季の末裔の高倉家が高倉流の嫡流となった。家格は半家。家職は衣紋道。永季の子永行は『装束雑事抄』『法体装束抄』などの著書で知られる。

江戸時代の家禄は八一二石余。禁中の衣紋道は山科家が担当するのに対し、武家の衣紋道は高倉家が担当した。

永秀の時宝暦事件に連座している。明治一七年永則の時に子爵となる。

《系図》289ページ

高倉家　○たかくら　→　**藪家**

高島家　○たかしま

江戸時代の長崎町年寄。天正二年（一五七四）初代高島四郎兵衛茂春が、父氏春とともに肥前国藤津郡から長崎に移ったのが祖という。二代茂定は元和元年（一六一五）長崎町年寄となり、以後代々世襲した。寛永一一年（一六三四）に着工した出島の工事には、当時の長崎の二五人の有力町人が出資したが、その中にも高島四郎兵衛の名が見える。

幕末の当主秋帆は砲術家として著名。その養子茂徳は維新後陸軍に入って中佐となったが、明治九年の神風連の乱で反乱士族に殺害された。

高島家　○たかしま

土佐の豪商。播磨国飾磨（兵庫県姫路市）出身のため播磨屋と号した。長宗我部元親の兵糧を調達したのが縁で、初代

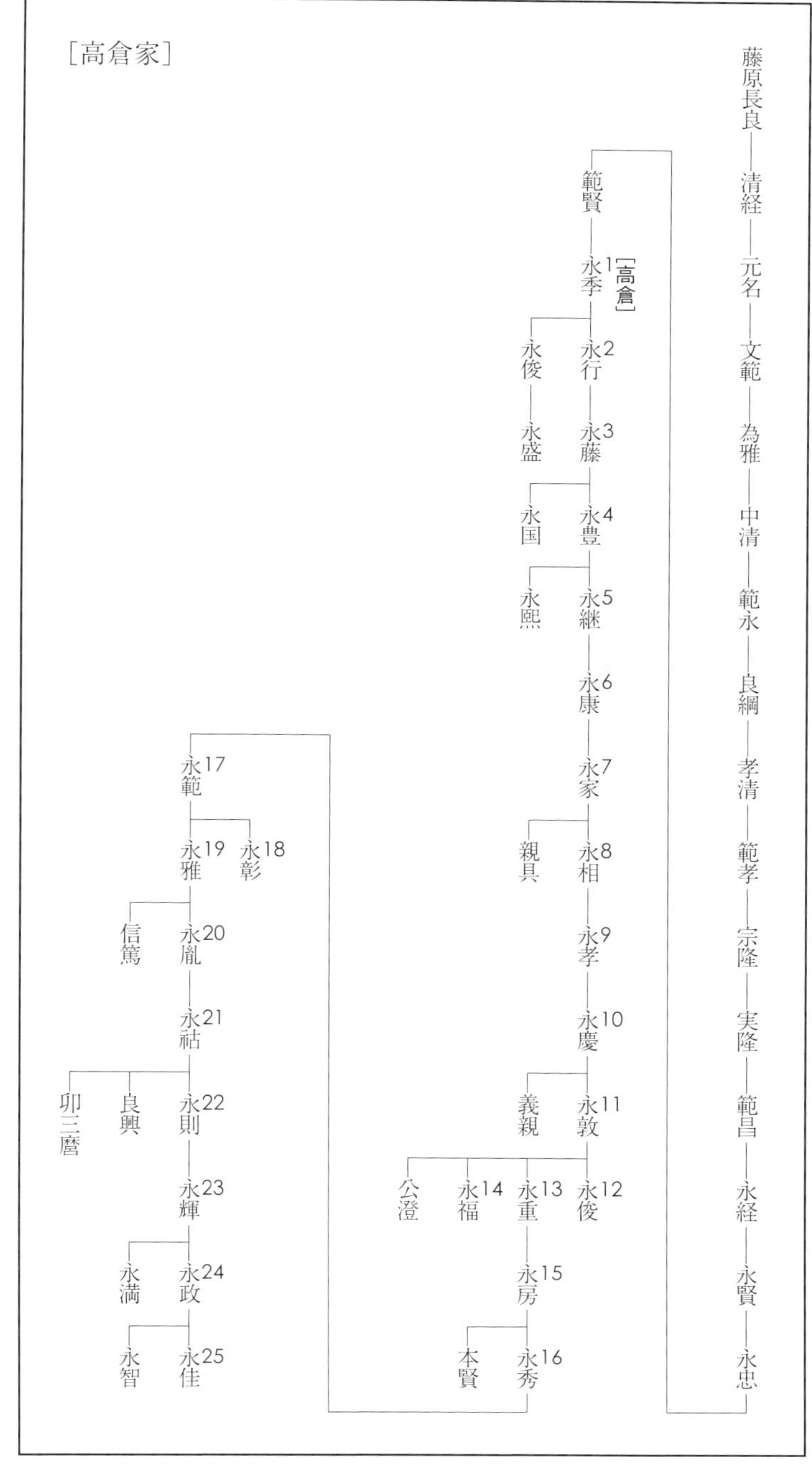

宗徳が土佐に移り住んだのが祖という。江戸時代、山内一豊の入国で高知城下に転じ、町年寄もつとめた。名所はりまや橋は、播磨屋が櫃屋との間にかけた橋である。

高千穂家　○たかちほ

英彦山天台修験座主。後伏見天皇の子長助法親王の子孫。代々豊前国田川郡彦山（福岡県田川郡添田町）の彦山神社の大宮司兼座主をつとめていた。明治元年通綱（教有）が復飾、翌二年には高千穂姓を賜り、六年華族に列した。一六年徳大寺実則の二男宣麿が継いで翌年男爵となり、四〇年に伯父の西園寺公望が首相に就任するにあたって貴族院議員となった。一方、博物学者としても知られる。

鷹司家　○たかつかさ

公家で五摂家の一つ。近衛家実の四男兼平が建長四年（一二五二）摂政となり、鷹司室町に住んで、鷹司氏を称した。室町時代の鷹司房平が著名。天文一五年（一五四六）忠冬が三八歳で嗣子なく死去、同二一年には父兼輔も死去して中絶したが、天正七年（一五七九）に織田信長の斡旋で二条晴良の三男信房が再興した。

信房の娘の孝子は三代将軍徳川家光の正室となったことから、その弟の信平は松平を名乗って旗本に転じ（鷹司松平家）、のちに上野吉井藩主となった。

また、江戸中期の寛保三年（一七四三）にも基輝が一七歳で死去して再び断絶の危機となり、基輝の実父で一条家を継いでいた兼香の斡旋で閑院宮直仁親王の第四皇子を一条家の養子とし、さらに基輝の嗣子として鷹司家を継がせている。江戸時代の家禄は当初一〇〇〇石で、天和二年（一六八二）に五〇〇石加増された。明治一七年熙通の時に公爵となる。

信輔は鳥類学者として著名で、日本鳥学会会頭もつとめ、「鳥の公爵」とも呼ばれた。子平通は鉄道研究家として知られ、平通の妻・和子は昭和天皇の第三皇女で伊勢神宮祭主をつとめた。平通は一酸化炭素中毒で事故死、子どもがいなかったため、妹の子である尚武が跡を継いでいる。

また、信輔の弟の信熙は明治三八年に分家して男爵を授けられている。

なお、一族に美濃国大野郡長瀬村（岐阜県揖斐郡揖斐川町谷汲）に住んだ美濃鷹司家があったが、天文一七年（一五四八）滅亡した。

《系図》291ページ

高辻家　○たかつじ

公家。菅原氏。平安後期、菅原定義の二男是綱が高辻家を称した。家格は半家。家職は紀伝道。天正八年（一五八〇）長雅の没後一旦中絶、寛永一一年（一六三四）五条為経の二男で西坊城家を継いでいた遂長が再興した。江戸時代の家禄は二〇〇石。明治一七年修長の時に子爵となる。

《系図》293ページ

［鷹司家］

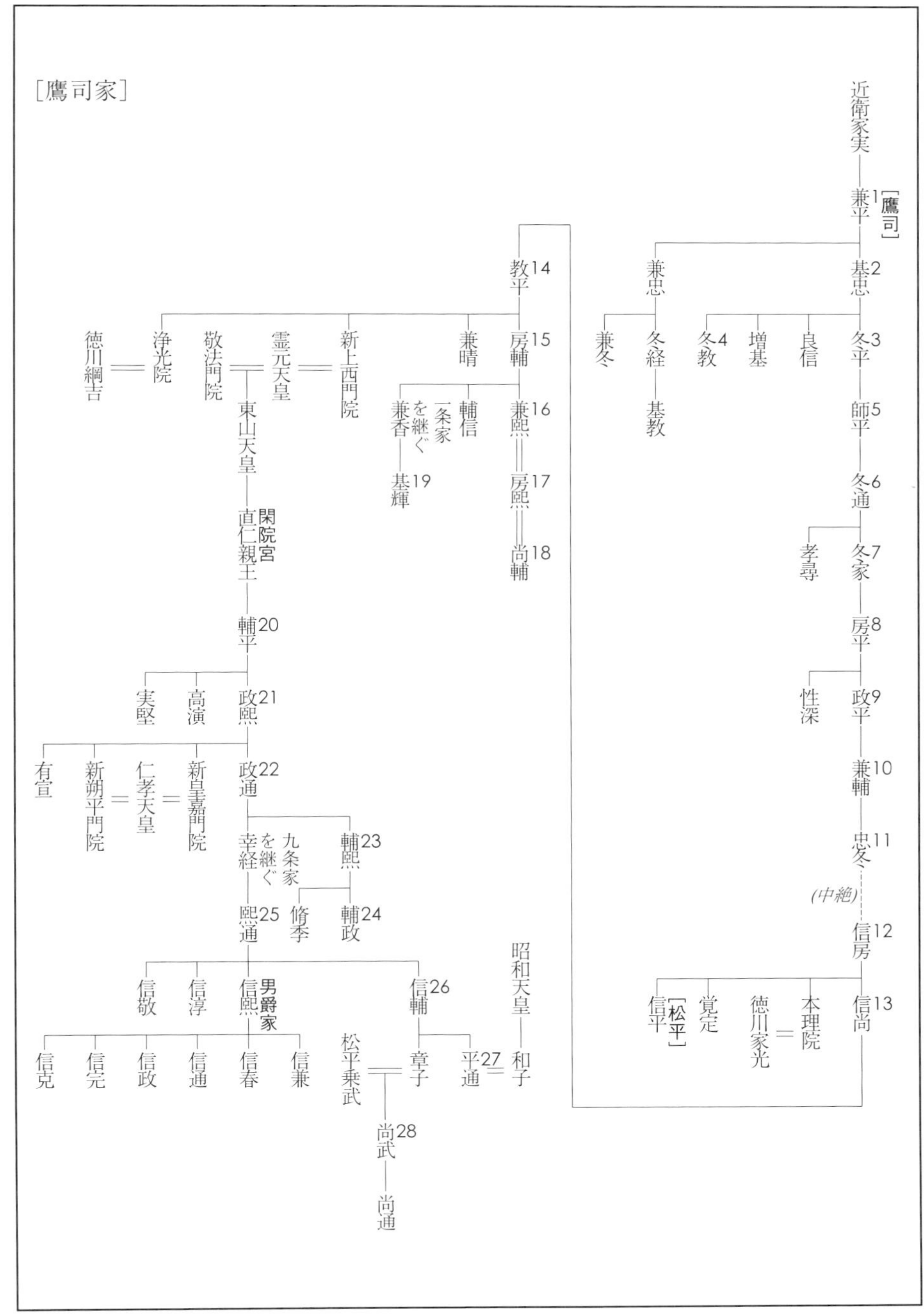

近衛家実
兼平1［鷹司］
基忠2
兼忠
冬平3
良信
増基
冬教4
冬経
兼冬
基教
師平5
冬通6
冬家7
孝尋
房平8
政平9
性深
兼輔10
忠冬11
(中絶)
信房12
信尚13
本理院
徳川家光
覚定
信平［松平］
教平14
房輔15
兼晴
新上西門院
霊元天皇
敬法門院
浄光院
徳川綱吉
兼熙16
輔信
一条家を継ぐ
兼香
基輝19
房熙17
尚輔18
東山天皇
直仁親王 閑院宮
輔平20
政熙21
高演
実堅
政通22
新皇嘉門院
仁孝天皇
新朔平門院
有宣
輔熙23
九条家を継ぐ
幸経
輔政24
脩季
熙通25
信輔26
信熙 男爵家
信淳
信敬
信兼
信春
信通
信政
信完
信克
昭和天皇
和子
平通27
章子
松平乗武
尚武28
尚通

高野家　○たかの

公家。藤原北家中御門流。持明院基定の三男保春が祖。家格は羽林家。家職は神楽。隆古の時宝暦事件に連座した。江戸時代の家禄は一五〇石。明治一七年保建の時に子爵となるが、大正元年宗正が返上した。

高橋家　○たかはし

上総国望陀郡飯富村（千葉県袖ケ浦市）の旧家。江戸時代には代々名主をつとめ、「高橋家文書」が慶応義塾大学に所蔵されている。

高橋家　○たかはし

上総国立木村（千葉県茂原市）の旧家。同村は幕府領、旗本領、鶴牧藩領と替わったが、一貫して差配した。とくに鶴牧藩時代には大庄屋として夷隅・長柄・埴生・山辺の四郡にわたる五六カ村を支配している。維新後も貴族院議員や衆議院議員を歴任、明治中期には県内屈指の大地主でもあった。また代々の当主は文人としても知られている。「高橋家古文書」は茂原市指定文化財となっている。

高橋家　○たかはし

和泉国池田下村（大阪府和泉市）の旧家。同家系図によると、桓武平氏の末裔で、讃岐院長盛の子長綱の時に高橋氏を称したという。長盛は平忠正の子とみられ、寿永二年（一一八三）に長盛とその子長吉が討死したことから、孫の吉永が初めて和泉国に住んだと伝える。以後は在地武士として活動し、江戸時代には帰農して庄屋をつとめた。江戸時代初期に建てられた同家住宅は国指定重要文化財である。

高松家　○たかまつ

公家。藤原北家閑院流。三条西実条の三男実号が慶長年間に西郊家を創立したが、三代実陰が武者小路家を継いだために断絶。享保一〇年（一七二五）実陰の二男重季が霊元上皇の勅命で西郊家を再興し、新たに高松家を称した。家格は羽林家。家職は和歌。家禄は三〇石三人扶持。明治一七年実村の時に子爵となる。

滝家　○たき

名古屋の豪商。もとは尾張国古知野（愛知県江南市）の豪農で、江戸時代中期に、兵右衛門が京で呉服業を学び、帰郷して宝暦元年（一七五一）に名古屋で「絹屋」と号して絹織物卸を創業したのが祖。

二代目の時江戸に進出、天保の大飢饉で私財を投げ打って窮民を救ったことから、尾張藩主から名字帯刀が許され、正式に「滝」を名乗った。また、尾張藩御用達もつとめる。

三代目を継いだ長女の婿は若くして死去、また二女の婿は離縁となったことから、二代目は三代目の遺児源兵衛（のちの四代目兵右衛門）と、二女の子定助を引き取って育てた。

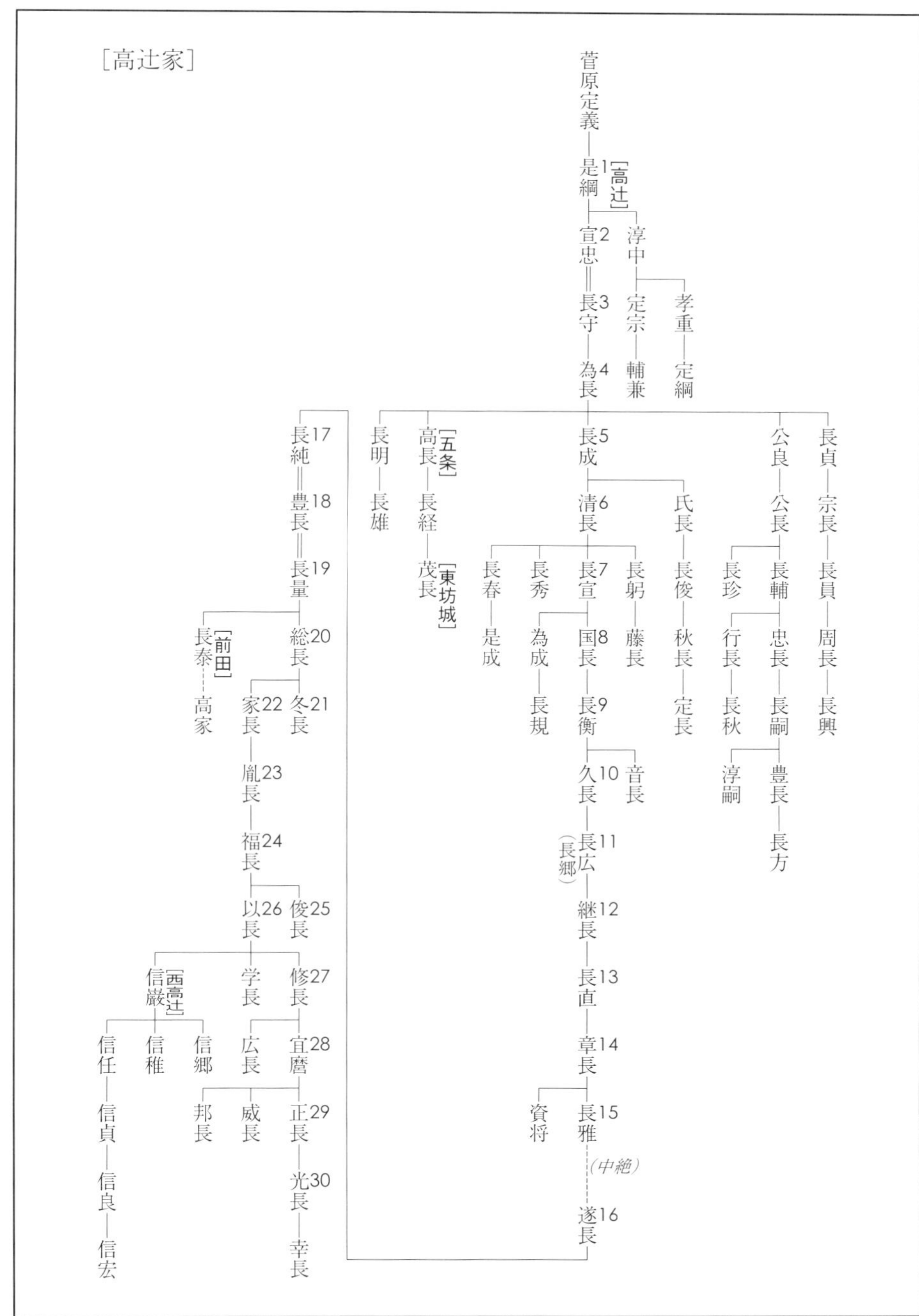

［高辻家］
菅原定義
1 是綱
［高辻］
2 宣忠
淳中
3 長守
定宗
孝重
4 為長
輔兼
定綱
長貞
宗長
長員
周長
長興
公良
公長
長珍
長輔
行長
長秋
忠長
長嗣
淳嗣
豊長
長方
5 長成
氏長
長俊
秋長
定長
6 清長
長躬
藤長
7 長宣
為成
長規
長秀
長春
是成
8 国長
9 長衡
音長
10 久長
11 長広
（長郷）
12 継長
13 長直
14 章長
資将
15 長雅
（中絶）
16 遂長
高長
［五条］
長経
茂長
［東坊城］
長明
長雄
17 長純
18 豊長
19 長量
長泰
［前田］
高家
20 総長
21 冬長
22 家長
23 胤長
24 福長
25 俊長
26 以長
27 修長
学長
信巌
［西高辻］
信郷
信稚
信任
信貞
信良
信宏
広長
28 宣麿
邦長
威長
29 正長
30 光長
幸長

た

維新後、明治七年に四代目兵右衛門は本店を古知野から名古屋・御幸本町に移し、二一年には瀧兵右衛門商店（通称瀧兵）と改称、全国展開を行った。昭和三七年に二六歳で継いだ七代目富夫は、三九年に社名をタキヒヨーと改称し、名古屋を代表する財閥に成長させた。現在は富夫の弟の茂夫が八代目を継いでいる。

一方、定助は元治元年（一八六四）に名古屋東方町野支店を継ぎ、「絹定」と号して金融・不動産に進出。二代目の時に関西に進出して「瀧定」の基礎を固め、平成一三年、瀧定は瀧定名古屋と瀧定大阪に分社して、ともに定助家の一族が社長をつとめている。

滝川家　○たきがわ

旗本・旧戦国武将。織田信長の武将滝川一益は紀姓で、紀長谷雄の末裔という。貞勝の時一宇野城に拠り、子一勝から滝川氏を称した。その子一益は織田信長に仕えて累進し、宿老として厩橋城に拠ったが、本能寺の変後の弔い合戦に間に合わず、没落した。

一益の子一時は豊臣秀吉に仕え、文禄元年（一五九二）徳川家康に属して上総国で二〇〇〇石を与えられた。関ヶ原合戦では東軍に属して江戸時代は旗本となったが、慶長八年（一六〇三）に死去した際、子一乗は二歳だったことから、甥の一積が代わりに知行した。しかし、一乗が一五歳になっても知行を返さなかったことから訴訟となり、一乗・一積が一〇〇〇石ずつとなった。一乗はその後一二〇〇石に加増され、のちに分知で九〇〇石となる。また、一積は真田幸村の娘を養女として蒲生忠知の家臣に嫁がせたことから寛永九年（一六三二）に改易となっている。のち三〇〇俵で再興した。

江戸時代、富山藩の家老をつとめた滝川氏はこの一族である。

滝川家　○たきがわ

旗本・尾張藩家老。木全忠澄が滝川一益に仕えて家老となり、子忠征の時滝川氏と改称した。天正一二年（一五八四）豊臣秀吉に仕え、関ヶ原合戦後徳川家康に仕えて二〇〇〇石を知行した。元和二年（一六一六）家康の命で徳川義直に附属し、以後尾張藩家老となった。

忠征の孫の直政は、二代将軍秀忠に仕えて美濃国加茂郡山本（岐阜県美濃加茂市）で二〇一〇石を与えられて旗本となった。

滝川家　○たきがわ

旗本。伊勢北畠氏一族の木造具康の子雄利は僧となっていたが、のちに滝川一益より滝川の家号を与えられて、以後滝川氏を称し、織田信長に仕えた。本能寺の変後、織田信雄に仕えて家老となり、のち豊臣秀吉から伊勢神戸二万石を与えられた。

関ヶ原合戦では西軍に属して所領を没収されたものの、慶長八年（一六〇三）徳川秀忠に召し出されて常陸片野藩二万石を立藩。寛永二年（一六二五）正利は病気のため所領返還を願い出て廃藩となる。のち養子利貞が旗本として再興、その子利錦が書院番頭となって四〇〇〇石を知行した。

また利錦の弟の具章は京都町奉行などをつとめて一五〇〇石の旗本となっている。

滝脇家　○たきわき

駿河小島藩主。三河国賀茂郡滝脇（愛知県豊田市滝脇町）発祥。松平親忠の子乗清が滝脇氏を称した。江戸時代は滝脇松平氏を称して旗本となり駿河国で六〇〇〇石を知行していた。信孝が若年寄に抜擢されて武蔵・上野国で四〇〇〇石加増されて一万石となり、宝永元年（一七〇四）信治が駿河小島に陣屋を置いて小島藩を立藩した。明治元年滝脇に復姓、上総国望陀郡貝淵村（千葉県木更津市）に移る。一七年信敏の時に子爵となる。

多久家　○たく

佐賀藩家老。肥前国小城郡多久（佐賀県多久市）発祥。龍造寺周家の子長信が多久氏を称した。子安順は佐賀藩家老となり、直茂の娘を妻として佐賀藩主鍋島江戸時代は二万五〇〇〇石を領した。天保七年（一八三六）茂澄は所領を没収されたが、子茂族が七〇〇〇石で再興、家老もつとめている。明治三〇年乾一郎の時に男爵となった。

竹川家　○たけかわ

伊勢国飯野郡射和村（三重県松阪市）の豪商。浅井長政の末裔と伝える。幕府の御為替御用をつとめ、江戸・大坂にも店を持った。本家・新宅・東家の三家からなる。天保七年（一八三六）には鳥羽藩の九鬼家から援助を求められて断っている。

幕末の東家の六代目当主竹斎は文化人として知られた。竹斎の蒐集した資料類は射和文庫に保管されている。

武川家　○たけかわ

岐阜県下呂市の豪商。飛騨屋と号した。元禄一三年（一七〇〇）に陸奥国大畑で飛騨屋を開業、同一五年には蝦夷福山（北海道松前郡松前町）にも店を構えて蝦夷地の木材を伐り出し、四代にわたって栄えた。

竹口家　○たけぐち

三重県鈴鹿市白子の豪商。江戸時代前期の延宝年間に廻船問屋を創業。紀州藩白子領を代表する積荷・廻船問屋で、代々次兵衛を称した。江戸の木綿問屋仲間「白子組」を統括し、白子組の荷を輸送するためには竹口家の送り状が必要だったという。六代目如林は文化人としても著名。

また、伊勢街道白子宿で大徳屋と号した和菓子の竹口家も一族。代々久兵衛を称し、紀伊藩御用達であった。現在は一五代目である。

た

竹園家　○たけぞの

公家分家。藤原北家甘露寺氏の支流。維新後甘露寺愛長は弘化元年（一八四四）興福寺宝掌院に入って得度したが、明治元年復飾して翌年堂上に列し、竹園家を称した。一七年に用長の子康長が男爵を授けられた。三二年に爵位を返上している。

竹田家　○たけだ

医家。藤原北家公季流。坊城真宗の二男公定が祖で、明室（昌慶）の時に山城国竹田（京都市伏見区）に住んで竹田氏を称し、医家となったという。跡を継いだ善祐は法印となり、以後代々医家となった。江戸時代には旗本に列し、山城国で一〇〇〇石を知行した。

分家に三〇〇石の旗本となった竹田家もある。

竹田家　○たけだ

旧皇族。北白川宮能久親王の子恒久王は竹田宮と称し、その子恒徳は昭和二三年に皇籍離脱、竹田氏を称した。その後、ＩＯＣ委員などをつとめた。

武田家　○たけだ

甲斐の名家。清和源氏で甲斐源氏の嫡流。義清が常陸国吉田郡武田郷（茨城県ひたちなか市）に住んで武田氏を称し、のちに甲斐国巨摩郡市河荘（山梨県西八代郡市川三郷町）に流されて甲斐武田氏となった。

【甲斐武田氏】信義は源頼朝に従って功をあげ、駿河守護となるが、元暦元年（一一八四）解任された。さらに武田氏の伸長を畏れた頼朝によって信義の長男の忠頼と叔父義定が謀殺され、信義の跡は信光が継いで安芸守護も兼ねたが、以後勢力はあまり振るわなかった。

南北朝時代、信武は北朝に属して甲斐守護となり以後代々世襲、安芸守護を回復。以来一族を周辺に分出しながら勢力を拡大したが、応永二三年（一四一六）に信満は上杉禅秀の乱に巻き込まれ、翌年自害している。子信重は甲斐を逃れてしばらく不遇の時代を過ごし、永享一〇年（一四三八）足利義教の庇護のもとに帰国して守護に復帰した。その後も守護代跡部氏との争いや、内訌などもあって不安定な時代が続いた。

永正四年（一五〇七）一〇歳で家督を継いだ信虎は、叔父油川信恵との争いに終止符を打ち、都留郡の小山田氏、巨摩郡の大井氏を相次いで降し、石和から甲府に転じて躑躅ヶ崎館に拠った。天文元年（一五三二）には甲斐をほぼ制覇、さらに信濃にも進出した。

子信玄は天文一〇年（一五四一）に父信虎を駿河に追放して家督を継ぐと、同一六年には「甲斐法度」を定めて領国経営に乗り出した。永禄七年（一五六四）には信濃も支配し、同一一年には駿河も支配して、元亀三年（一五七二）ついに上洛を試みたが、翌年信濃国伊那郡駒場で客死した。

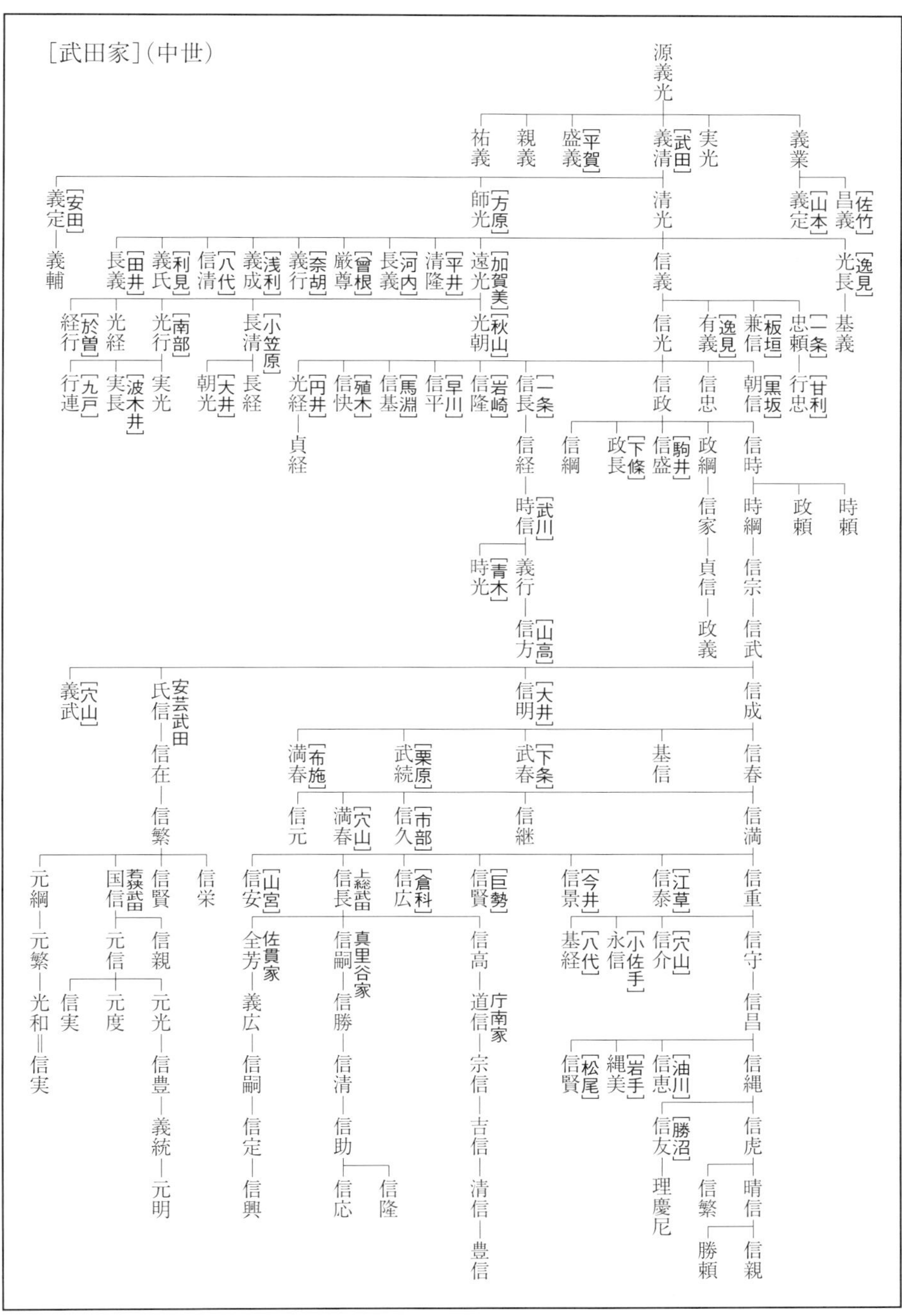
[武田家](中世)
源義光
祐義
親義
[平賀]盛義
[武田]義清
実光
義業
[安田]義定
[方原]師光
清光
[山本]義定
[佐竹]昌義
義輔
[田井]長義
[利見]義氏
[八代]信清
[浅利]義成
[奈胡]義行
[曾根]厳尊
[河内]長義
[平井]清隆
[加賀美]遠光
信義
[逸見]光長
[於曽]経行
光経
[南部]光行
[小笠原]長清
[秋山]光朝
信光
[逸見]有義
[板垣]兼信
[一条]忠頼
基義
[九戸]行連
実長
[波木井]実光
[大井]朝光
長経
[円井]光経
[殖木]信快
[馬淵]信基
[早川]信平
[岩崎]信隆
[一条]信長
信政
信忠
[黒坂]朝信
[甘利]行忠
貞経
信経
信綱
[下條]政長
[駒井]信盛
政綱
信時
[武川]時信
信家
時綱
政頼
時頼
[青木]時光
義行
貞信
信宗
[山高]信方
政義
信武
[穴山]義武
[安芸武田]氏信
[大井]信明
信成
信在
[布施]満春
[栗原]武続
[下条]武春
基信
信春
信繁
信元
[穴山]満春
[市部]信久
信継
信満
元綱
[若狭武田]国信
信賢
信栄
[山宮]信安
[上総武田]信長
[倉科]信広
[巨勢]信賢
[今井]信景
[江草]信泰
信重
元繁
元信
信親
[佐貫家]全芳
[真里谷家]信嗣
信高
[八代]基経
[小佐手]永信
[穴山]信介
信守
光和
信実
元度
元光
義広
信勝
[庁南家]道信
信昌
信実
信豊
信嗣
信清
宗信
[松尾]信賢
[岩手]縄美
[油川]信恵
信縄
義統
信定
信助
吉信
[勝沼]信友
信虎
元明
信興
信応
信隆
清信
理慶尼
信繁
晴信
豊信
勝頼
信親

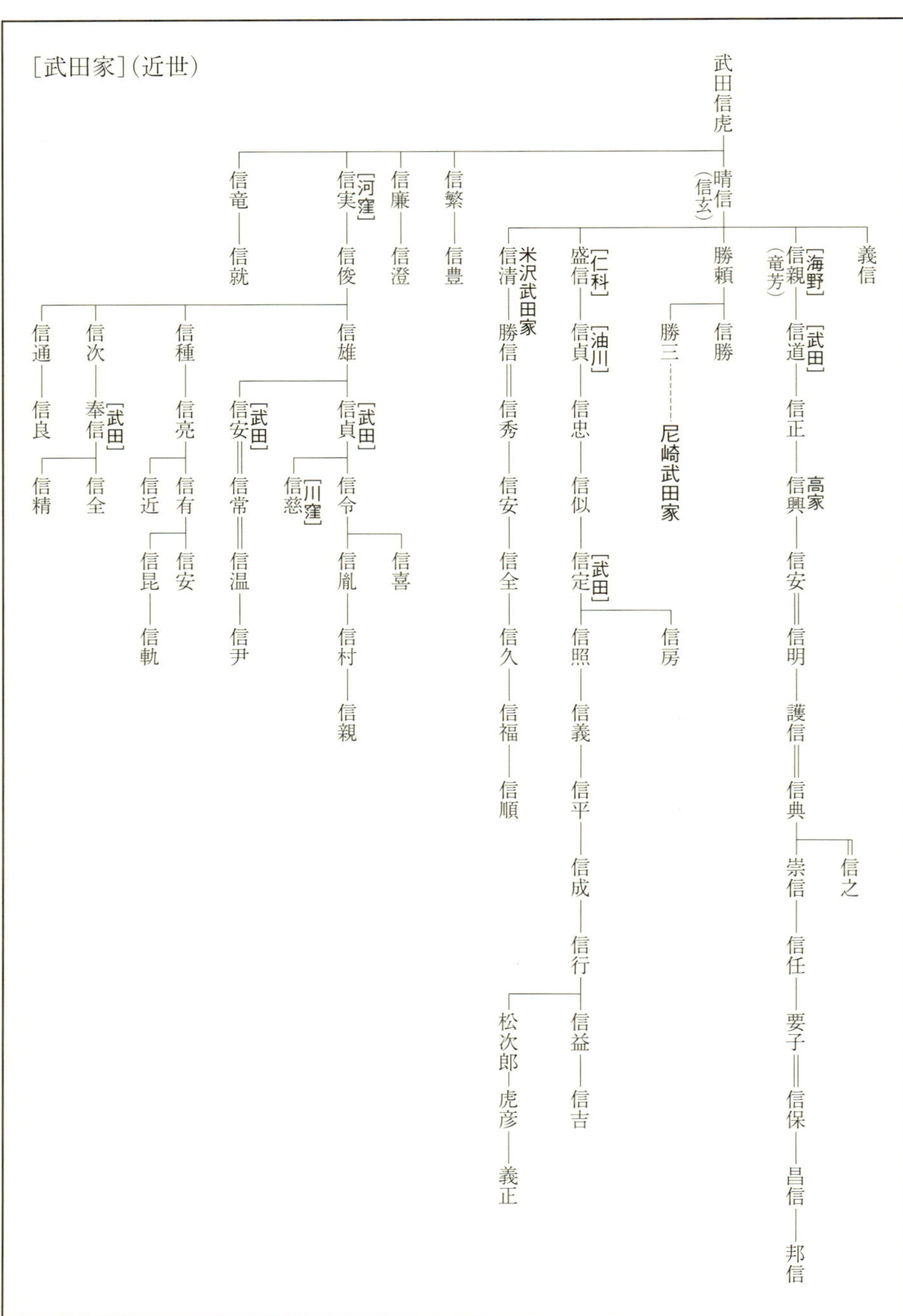

[武田家](近世)
武田信虎
晴信(信玄)
信繁
信廉
[河窪]信実
信竜
信豊
信澄
信俊
信就
義信
[海野]信親(竜芳)
勝頼
[仁科]盛信
米沢武田家 信清
[武田]信道
信正
信興
高家
信安
信明
護信
信典
信之
崇信
信任
要子
信保
昌信
邦信
信勝
勝三
尼崎武田家
[油川]信貞
信忠
信似
[武田]信定
信房
信照
信義
信平
信成
信行
信益
信吉
松次郎
虎彦
義正
勝信
信秀
信安
信全
信久
信福
信順
信雄
信種
信次
信通
[武田]信貞
[武田]信安
信亮
[武田]奉信
信良
信令
[川窪]信慈
信常
信有
信近
信全
信精
信喜
信胤
信温
信安
信昆
信村
信尹
信軌
信親

た

跡を継いだ勝頼は、天正三年（一五七五）の長篠合戦で徳川・織田連合軍に大敗し、以後勢力が衰えた。同六年には上杉氏の家督争いに関して北条氏と断絶、同一〇年織田信長に敗れて天目山で自刃し、宗家は絶えた。一族に安芸武田氏、若狭武田氏がある。

【旗本武田家】 武田信玄の弟河窪信実の子信俊は天正一〇年（一五八二）徳川家康に仕えて江戸時代は旗本となる。家禄五三一〇石。三代信貞の時武田姓に復し、大番頭をつとめた。→川窪家

【高家武田家】 武田信玄の子海野信親（竜芳）の末裔の信興は元禄一三年（一七〇〇）に召し出されて高家となった。

【仙台藩士】 仙台藩士の武田家は武田信虎の一〇男信次が祖。信次が出羽米沢に移って伊達氏に仕え、のち仙台藩士となった。

《系図》297・298ページ

武田家 ○たけだ

津軽の豪商。金木屋と号し、武田氏を称していた。戦国時代、武田甚三郎は三戸郡櫛引城に拠る武将だったが、天正一九年（一五九一）九戸政実に与して敗れ、津軽の喜良市（青森県五所川原市金木町）で帰農して豪農となった。しかし、宝暦五年（一七五五）五代目甚兵衛が御用木を盗伐した罪で死罪となり家財も没収された。

その後、孫の恒広が江戸に出て成功し、のち弘前城下で金木屋呉服店を開業、弘前藩の御用商人にもなり、以後明治にかけて津軽を代表する豪商として知られた。

武田家 ○たけだ

大坂の薬種商。初代長兵衛は大和国広瀬郡薬井村（奈良県北葛城郡河合町薬井）の生まれ。大坂・道修町の薬種仲買商近江屋喜助のもとで修行し、天明元年（一七八一）二二歳の時に、のれん分けで薬種商「近江屋」を開いたのが祖。以来、代々近江屋長兵衛を名乗り薬種商を経営した。分家に近江屋嘉兵衛家と、近江屋長三郎家がある。

幕末、神戸や横浜が開港されたことで、漢方薬や西洋薬が長崎以外からも自由に入るようになると、道修町の多くの薬種商は没落したが、長三郎家から本家を継いだ四代目長兵衛はいちはやく横浜に進出、さらに漢方薬から西洋薬品に切り替えることで乗り切った。また四代目の時に戸籍法が制定とされ、名字を「武田」としている。その後は武田薬品工業と改組し、現在まで続いている。

竹中家 ○たけなか

交代寄合。竹中半兵衛で有名な美濃の竹中氏は清和源氏というが不詳。不破郡の土豪でもとは岩手城に拠って岩手氏を称していた。重治（半兵衛）の時に竹中氏を称し、豊臣秀吉に仕えて軍師となった。子重門は美濃国不破郡で五〇〇〇石を領し、関ヶ原合戦では東軍に属した。重高の時に交代寄合に列した。幕末の重固は若年寄並陸軍奉行をつとめた。

重高の弟の重之は寛文四年（一六六四）河内国で一〇〇〇石を分知されて旗本となった他、重門の二男重次の子孫は福岡藩士となった。

竹中家　○たけなか

旗本・旧豊後府内藩主。半兵衛のいとこの竹中重利も豊臣秀吉に仕え、文禄三年（一五九四）豊後高田で一万三〇〇〇石を領した。関ヶ原合戦では初め西軍に属して丹後田辺城を攻めたが、のち東軍に転じて所領を安堵され、慶長六年（一六〇一）豊後府内二万石に転じた。子重利は長崎奉行となったが、代官末次平蔵によって不正を訴えられ、寛永一一年（一六三四）切腹して断絶。

重利の弟の重定は土岐氏、織田信長を経て豊臣秀吉に仕え、文禄三年（一五九四）摂津・河内・近江で二二三〇石を与えられた。関ヶ原合戦では東軍に属して本領安堵され、江戸時代は旗本となった。

竹中家　○たけなか

竹中工務店の経営家。織田信長の普請奉行をつとめていた竹中藤兵衛が祖。本能寺の変後、名古屋で宮大工の棟梁となった。

江戸時代には松坂屋の伊藤家の普請を一手に請け負っていたが、維新後、一四代目藤右衛門が関西で銀行関係の工事を相次いで受注したことから、本社を関西に移して発展した。現在の社長は一六代目にあたる。

竹内家　○たけのうち

公家。清和源氏義光流。代々久我家諸大夫だったが、永禄三年（一五六〇）、季治の時に将軍足利義輝の執奏により、堂上に列した。家格は半家。家禄は弓箭と笙。江戸時代の家禄は一八七石。明治一七年治則の時に子爵となる。

《系図》301ページ

竹内家　○たけのうち

庄内藩家老。三河国の出で、初代五兵衛が徳川家康に仕え、酒井忠次に属した。二代目五兵衛の時庄内藩に入部し、一〇〇〇石を領する重臣となった。江戸中期以降は代々八郎右衛門を称して家老をつとめた。

竹腰家　○たけのこし

尾張藩付家老。宇多源氏大原氏の末裔という。重綱が美濃国岩田村に転じて竹腰氏を称したというが、尾張国中島郡竹腰（愛知県稲沢市竹腰）発祥か。その子重吉は斎藤道三に仕え、大垣城主をつとめた。

重吉の孫の正信は尾張藩初代藩主徳川義直と異父兄弟であったことから、慶長一七年（一六一二）尾張藩付家老となり、元和五年（一六一九）には美濃今尾（岐阜県海津市平田町今尾）城主となって三万石を領した。六代目勝紀は尾張藩主宗勝の子である。

慶応四年（一八六八）正旧の時に尾張藩から独立して今尾藩三万石の藩主となった。明治一七年正己の時男爵となる。

建部家 ○たけべ

旗本。宇多源氏佐々木氏の一族という。六角時信の三男信詮が相模国山内に住んで山内氏を称し、その孫の詮秀が近江国神崎郡建部（滋賀県東近江市）に住んで建部氏を称した。以後代々六角氏に従い、のち箕作城に拠る。

六角氏の没落後、秀明は織田信長に仕えたが天正四年（一五七六）に戦死して嫡流は断絶した。

秀明の叔父の賢文は信長には仕えず建部村に逼塞し、その子昌興（伝内）が慶長元年（一五九六）は徳川家康に仕えて右筆となった。江戸時代は旗本となり、一〇〇〇石を知行した。

昌興の三男賢豊は寛永一二年（一六三五）三代将軍家光に仕えて右筆となった。孫の広次は家宣に仕えて甲府藩士と

[竹内家]（公家）

源義光—盛義［平賀］—義信［大内］—惟義—惟信—惟時—信治—氏治1［竹内］—仲治2
- 仲治2—清治3、和治
- 清治3—重治4—豊治5
- 豊治5—幸治—久幸
- 豊治5—基治6、為就
- 基治6—秀治7
- 秀治7—季治8、懐元
- 季治8—長治9、道治
- 長治9—孝治10
- 孝治10—俊治11、義純
- 俊治11—惟康12＝惟永13
- 惟永13—惟重14、相康、相永
- 相永—惟久15—惟栄16—惟徳17
- 惟徳17—惟和18、惟敬
- 惟和18—治則19
- 治則19—惟忠20、高成、茂
- 惟忠20—惟治21、惟斌22
- 惟斌22—惟貞23、惟義、惟徳、惟隼
- 惟貞23—貞幸—貞敬

た

なり、宝永元年（一七〇四）その西の丸入りに従って旗本に転じて一〇〇〇石に加増された。

建部家 ○たけべ

播磨林田藩主。宇多源氏佐々木氏の末裔というが不詳。旗本建部家と同族とみられるがはっきりしない。祖寿徳（高光）が織田信長に仕えて近江守山で五〇〇石を領したのが祖。

関ヶ原合戦の際、子光重は西軍に属したが、義父池田輝政の請いで許され、その子政長が大坂の陣で功をあげて、元和元年（一六一五）摂津国川辺・西成両郡で一万石を与えられて諸侯に列し、尼崎藩を立藩した。同三年播磨林田（兵庫県姫路市）に移され、陣屋を構えて林田藩となった。三代政宇は伏見奉行、寺社奉行を歴任、画家としても知られた。明治一七年秀隆の時に子爵となる。

竹俣家 ○たけまた

米沢藩家老。越後国蒲原郡竹俣（新潟県新発田市）発祥。宇多源氏加地氏の一族。代々長尾氏に仕える。江戸時代は米沢藩家老となった。宝暦三年（一七五三）当綱は閉門処分となったが、同一一年新藩主上杉治憲（鷹山）に登用されて家老に復帰。以後、莅戸善政らとともに藩政改革を推進した。晩年は失脚したが、長男厚綱が跡を継いで家老となり、改革を続行した。

竹村家 ○たけむら

高知県を代表する銘酒司牡丹の酒造家。黒金屋と号した。土佐藩筆頭家老の深尾家が土佐に入国した際に従ってきたといい、江戸時代も名字帯刀を許されていた。同家住宅は国指定重要文化財。漫画家黒鉄ヒロシは一族。

武元家 ○たけもと

備前国和気郡（岡山県）の旧家。武元正高は宇喜多秀家に仕え、大坂の陣後、明石全登の孫娘の婿となったが、徳川家を憚って実家の武元姓を称した。子孫は代々北方村（備前市吉永町）の名主をつとめ、一族からは文人を輩出している。

竹屋家 ○たけや

公家。藤原北家日野流。室町時代中期、広橋仲光の三男兼俊が一家を興し、竹屋家を称した。家格は名家。家職は儒道・挿花。天文九年（一五四〇）光継の没後一旦中絶したが、江戸初期に広橋総光の二男光長が再興した。江戸時代の家禄は一八〇石。明治一七年光昭の時に子爵となる。春光は貴族院議員をつとめた。

武山家 ○たけやま

名古屋の豪商。名古屋城下万屋町で木

綿問屋を営んだ。代々勘七を名乗ることが多く、文化年間以降、名古屋を代表する豪商として、藩にも多額の上納金を納めている。維新期の当主の勘七は、第一回名古屋市会議員選挙にも当選している。

多胡家　○たご

津和野藩家老。上野国多胡郡多子（群馬県高崎市吉井町多胡）発祥。『源平盛衰記』に木曽義仲に従った多胡次郎家包の名があり、『吾妻鏡』にも御家人として多胡氏が登場する。

出雲の多胡氏はこの一族。越前守俊英が応仁の乱の恩賞として石見国中野（島根県邑智郡邑南町）を与えられて下向、余勢城主となつて尼子氏に仕えた。孫の辰敬は尼子晴久に仕え、『多胡辰敬家訓』は戦国武将の代表的な家訓として知られる。

尼子氏滅亡後は亀井氏に仕え、江戸時代は津和野藩家老となった。真益は高津幡龍湖の干拓や、石州半紙の増産と専売制の実施など、江戸初期に殖産興業を実施したことで知られる。その弟の真蔭も家老をつとめ、『仮名手本忠臣蔵』の加古川本蔵のモデルともいわれる。幕末に家老をつとめた逸斎は、文人画家としても著名。

田島家　○たじま

武蔵国南葛飾郡一之江（東京都江戸川区）の名主。祖田島図書は武士だったが、関ヶ原合戦で豊臣方だったことから江戸時代は帰農したという。図書は江戸川下流の新田を開発して特権的な豪農になったとみられる。周囲に濠を巡らせた中世土豪的屋敷が現存している他、同家文書は江戸川区登録有形文化財である。

田代家　○たしろ

静岡県浜松市天竜区二俣町鹿島の旧家。天正八年（一五八〇）に徳川家康に協力したことで天竜川の筏下りに関する特権を与えられたという。代々嘉平治を名乗り、北鹿島村名主の傍ら天竜川の筏問屋もつとめた。同家屋敷は一般公開されている。

但木家　○ただき

仙台藩重臣。橘氏を称し、代々伊達氏に仕えた。江戸時代は仙台藩士となり、本家は召出の但木家。慶安三年（一六五〇）、久清が四〇〇石で分家、宝暦七年（一七五七）陸奥国黒川郡吉岡（宮城県黒川郡大和町吉岡）に移った。代々奉行をつとめるものが多く、但木重信は藩主綱村によって宿老の家格を得、一五〇〇石を知行した。幕末の但木成行（土佐）は家老となって藩論を佐幕に統一、奥羽列藩同盟結成に活躍した。戦後全責任を負って麻布の仙台藩邸で処刑されている。

館家　○たち

江戸の町年寄筆頭。大和国奈良の出身のため奈良屋と号した。三河時代の徳川家康に仕え、関東入国の際に日本橋本町に屋敷を拝領して江戸の町支配を命じられた。以後代々奈良屋市右衛門を名乗り、七代目市右衛門は享保の改革の際に、江戸の問屋仲間結成に活躍したことで知られる。天保五年（一八三四）に名字を許されて「館」を名字とし、万延元年（一八六〇）には帯刀も許された。

立花家　○たちばな

筑後柳河藩主。中世立花氏と近世立花家がある。中世立花氏は筑前国宗像郡立花（福岡県糟屋郡新宮町立花）発祥で、藤原北家秀郷流。大友貞宗の三男貞載が立花山城に拠って立花氏を称したのが祖。貞載は建武三年（一三三六）足利尊氏が鎌倉で建武政権に背いた際、新田義貞に従って追討軍に加わったが、寝返って尊氏軍の勝因となった。

以来、代々立花城に拠ったが、戦略上の拠点であったため、何度も落城を繰り返している。

戦国時代も大友氏に属していたが、鑑載は大内氏に降る。しかし、弘治三年（一五五七）に大内氏が滅亡し、鑑載は大友氏に降った。永禄一〇年（一五六七）、高橋鑑種が大友氏に背いた際に同調、翌一一年滅亡した。

中世立花氏滅亡後、大友氏一族の戸次鑑連が立花城に拠った。岩屋城主高橋鎮種の嫡男宗茂がその女婿となり、鑑連の戦死後宗茂が継いで戸次氏を名乗っていたが、豊臣秀吉に従った後に立花氏を称し、中世立花氏の名跡を継いだ。天正一五年（一五八七）筑後柳河で一三万二〇〇〇石を領した。

関ヶ原合戦では西軍に属したため一旦改易されたが、慶長八年（一六〇三）に陸奥棚倉一万石で再興した。同一五年三万石に加増され、元和六年（一六二〇年）柳河一〇万九六〇〇石に復帰した。明治一七年寛治の時に伯爵となる。昭和二五年、文子は夫和雄とともに旧伯爵邸を利用した料亭・旅館「御花」を創業、文子は女将として活躍した。長男の宗鑑は日本ユニシスサプライ社長をつとめた。

【筑後三池藩主】立花宗茂の弟の高橋統増は、のちに立花直次と名乗り、天正一五年（一五八七）豊臣秀吉から筑後国三池郡を与えられた。しかし、関ヶ原合戦で西軍に属したことから所領を没収されて肥後で蟄居した。

慶長一九年（一六一四）、二代将軍秀忠から常陸国筑波郡で五〇〇〇石を与えられて再興し、子種次は元和七年（一六二一）に筑後三池藩一万石を立藩した。文化三年（一八〇六）種善の時に陸奥下手渡（福島県伊達市月舘町）に移されたが、種恭は老中格の会計総裁などをつとめ、明治元年再び三池に戻っている。一七年子爵となり、学習院長などをつとめた。その子種忠も貴族院議員をつとめた。

《系図》305ページ

辰市家　○たついち

春日神社神官。中臣姓。辰市・大東・千鳥・今西・東地井・辰巳・富田・大西・南の九家からなる春日神社預職の嫡流。江戸後期の祐兄は、文化八年（一八

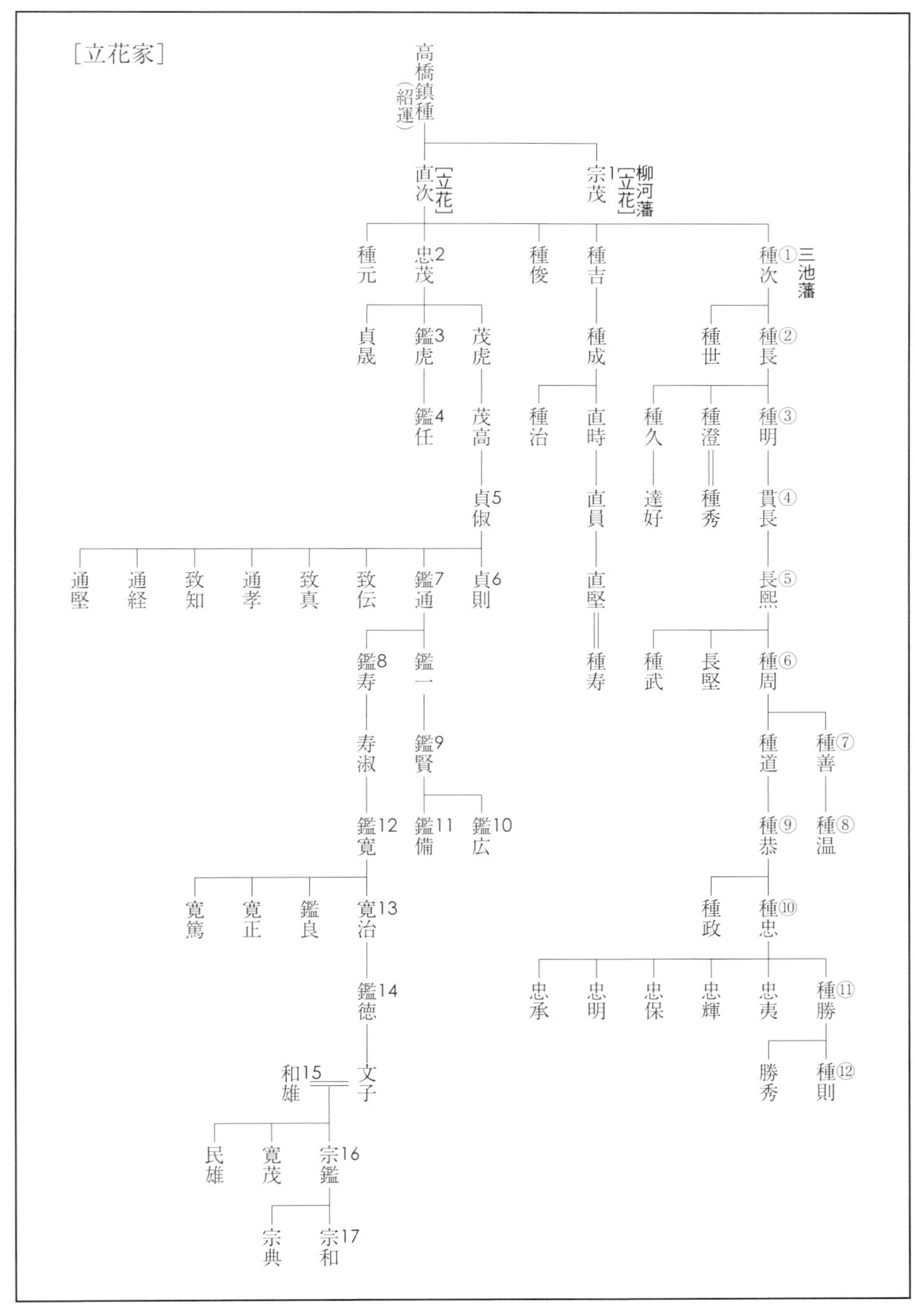
[立花家]
高橋鎮種（紹運）
直次［立花］
宗茂1［立花］柳河藩
種元
忠茂2
種俊
種吉
種次①三池藩
貞晟
鑑虎3
茂虎
種成
種世
種長②
鑑任4
茂高
種治
直時
種久
種澄
種明③
貞俶5
直員
達好
種秀
貫長④
通堅
通経
致知
通孝
致真
致伝
鑑通7
貞則6
直堅
長煕⑤
種寿
鑑寿8
鑑一
種武
長堅
種周⑥
寿淑
鑑賢9
種道
種善⑦
鑑寛12
鑑備11
鑑広10
種恭⑨
種温⑧
寛篤
寛正
鑑良
寛治13
種政
種忠⑩
鑑徳14
忠承
忠明
忠保
忠輝
忠夷
種勝⑪
和雄15
文子
勝秀
種則⑫
民雄
寛茂
宗鑑16
宗典
宗和17

一二）に正三位となっている。

《系図》307ページ

辰馬家　○たつうま

兵庫県西宮市の旧家。灘の銘酒「白鹿」の醸造元。寛文六年（一六六六）に酒造業を始めたという旧家で、代々吉左衛門を名乗った。幕末には西宮を代表する豪商となり、分家の北辰馬家は清酒「白鷹」の醸造元でもある。

一族からは西宮市長なども輩出している。

竜田家　○たつた

旧皇族。久邇宮家の分家。昭和一八年久邇宮多嘉王の三男徳彦が一家を興して竜田姓を賜り、臣籍に降下した。

伊達家　○だて

陸奥仙台藩主。藤原北家山蔭流。実宗が常陸国真壁郡伊佐荘中村（茨城県筑西市）に住んで、伊佐氏を称し、文治五年（一一八九）朝宗（常陸入道念西）が源頼朝の奥州合戦に従軍して信夫佐藤氏を討ったことから陸奥国伊達郡を賜って、二男宗村とともに入部して伊達氏を称したのが祖。当初は「いだて」とも呼んだ。

以後、伊達の地頭となり、高子岡城（福島県伊達市保原町）に拠った。南北朝時代、行朝は南朝に属して各地を転戦。のち北朝に転じ、出羽国長井地方を支配。さらに亘理氏を従え大崎氏を討って、陸中地方にも進出した。室町時代には、鎌倉公方と敵対した。

大永二年（一五二二）、稙宗は陸奥守護となって梁川城（福島県伊達市梁川町）に移り、晴宗の時は奥州探題となって米沢に移る。

【仙台藩主】 政宗は二本松氏、芦名氏を討ち、更に大崎氏、田村氏、石川氏、白河氏、結城氏を従えて、出羽・陸奥の南部を支配した。天正一八年（一五九〇）、豊臣秀吉に従って会津を没収され、翌一九年陸奥岩出山に移り、陸奥二〇郡を領した。

関ヶ原合戦では東軍に属して、慶長六年（一六〇一）仙台に移り、同八年仙台藩六〇万五〇〇〇石を立藩した。のちさらに二万石を加増。

四代綱村は二歳で襲封したことから一門の伊達兵部宗勝が後見役として藩政を専制。やがて一門の伊達安芸宗重の争いが起こり、寛文一一年（一六七一）大老酒井忠清邸での取調べの際に、同席した原田甲斐が突如宗重を斬殺、甲斐も殺され、宗勝も土佐藩に預けられた（伊達騒動）。

五代吉村は藩政を改革、余剰米を江戸に回漕して巨利をあげ、中興の祖といわれる。

幕末、慶邦は奥羽列藩同盟に参加して敗れ、明治元年二八万石に減知、慶邦は蟄居謹慎処分となる。一七年宗基の時に伯爵となる。

宇和島藩主宗城の二男で慶邦の養子となっていた宗敦は明治一七年に分家して一家を興し、二二年に男爵を授けられている。

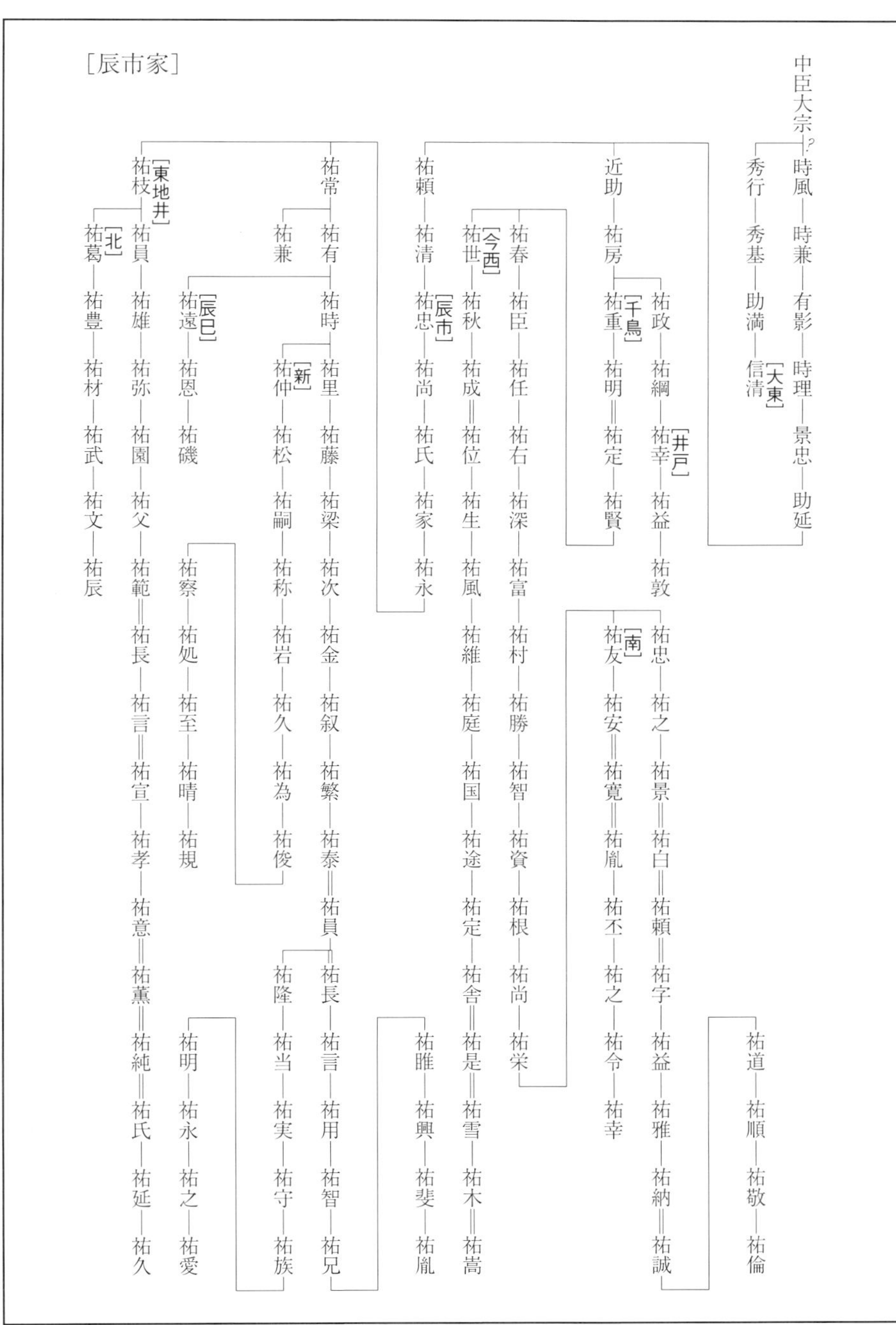
[辰市家]
中臣大宗
時風—時兼—有影—時理—景忠—助延
秀行—秀基—助満—信清
[大東]
近助—祐房
祐政—祐綱—祐幸—祐益—祐敦
[井戸]
祐重—祐明‖祐定—祐賢
[千鳥]
祐忠—祐之—祐景‖祐白‖祐頼‖祐字—祐益—祐雅—祐納‖祐誠
祐友—祐安‖祐寛‖祐胤—祐丕—祐之—祐令—祐幸
[南]
祐道—祐順—祐敬—祐倫
祐春—祐臣—祐任—祐右—祐深—祐富—祐村—祐勝—祐智—祐資—祐根—祐尚—祐栄
祐世—祐秋—祐成‖祐位—祐生—祐風—祐維—祐庭—祐国—祐途—祐定—祐舎‖祐是‖祐雪—祐木‖祐嵩
[今西]
祐頼—祐清—祐忠—祐尚—祐氏—祐家—祐永
[辰市]
祐睢—祐興—祐斐—祐胤
祐常—祐有—祐時—祐里—祐藤—祐梁—祐次—祐金—祐叙—祐繁—祐泰‖祐員
祐兼
祐仲—祐松—祐嗣—祐称—祐岩—祐久—祐為—祐俊
[新]
祐長—祐言—祐用—祐智—祐兄
祐隆—祐当—祐実—祐守—祐族
祐遠—祐恩—祐磯
[辰巳]
祐察—祐処—祐至—祐晴—祐規
祐明—祐永—祐之—祐愛
祐枝—祐員—祐雄—祐弥—祐園—祐父—祐範‖祐長—祐言‖祐宣—祐孝—祐意‖祐薫‖祐純‖祐氏—祐延—祐久
[東地井]
祐葛—祐豊—祐材—祐武—祐文—祐辰
[北]
た

［伊達家］（中世）

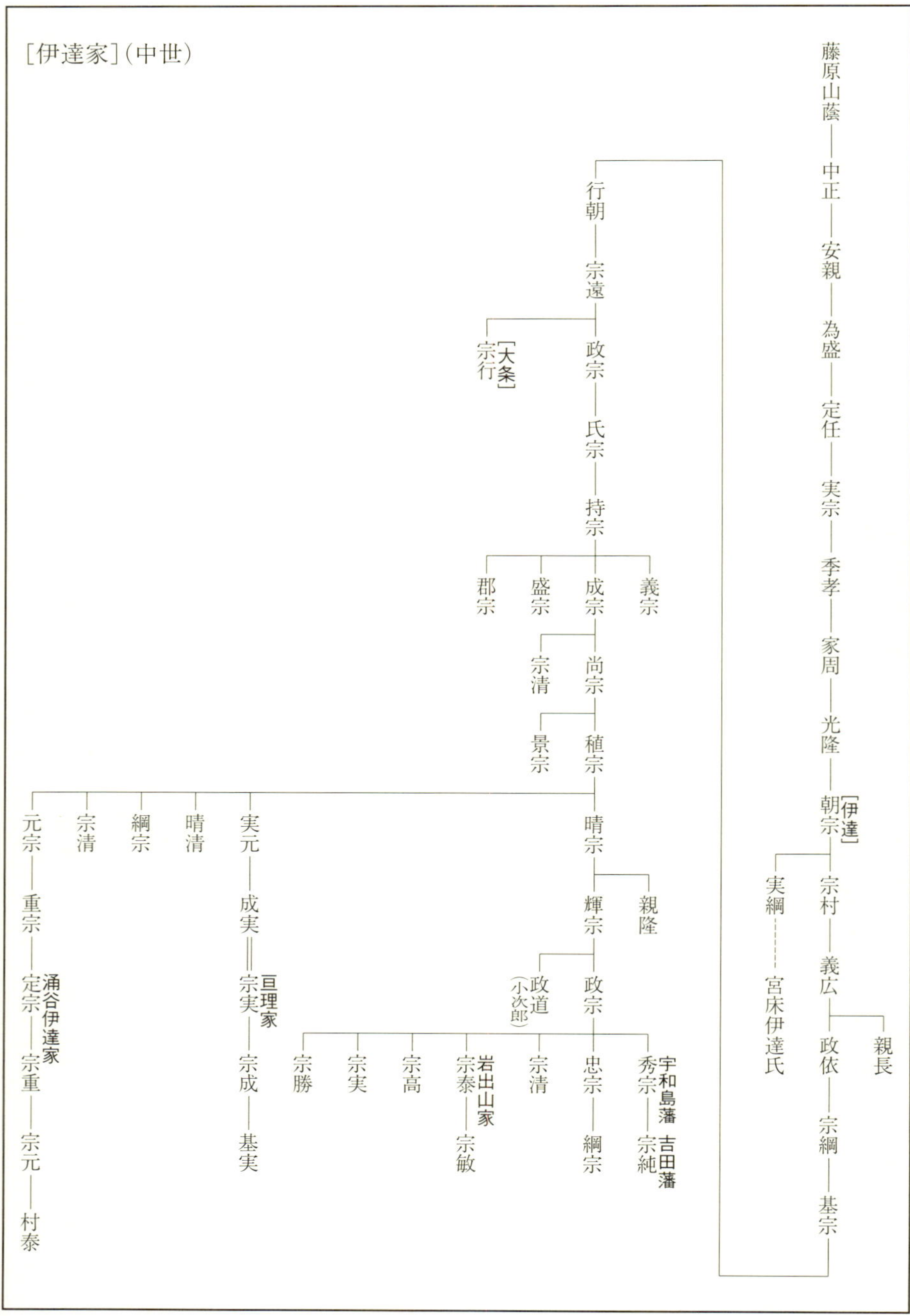
藤原山蔭
中正
安親
為盛
定任
実宗
季孝
家周
光隆
［伊達］朝宗
宗村
実綱
宮床伊達氏
義広
親長
政依
宗綱
基宗
行朝
宗遠
政宗
［大条］宗行
氏宗
持宗
郡宗
盛宗
成宗
義宗
宗清
尚宗
景宗
稙宗
元宗
宗清
綱宗
晴清
実元
晴宗
親隆
輝宗
政道（小次郎）
政宗
成実
亘理家
宗実
宗成
基実
重宗
定宗
涌谷伊達家
宗重
宗元
村泰
宗勝
宗実
宗高
宗泰
岩出山家
宗敏
宗清
忠宗
綱宗
秀宗
宇和島藩
宗純
吉田藩

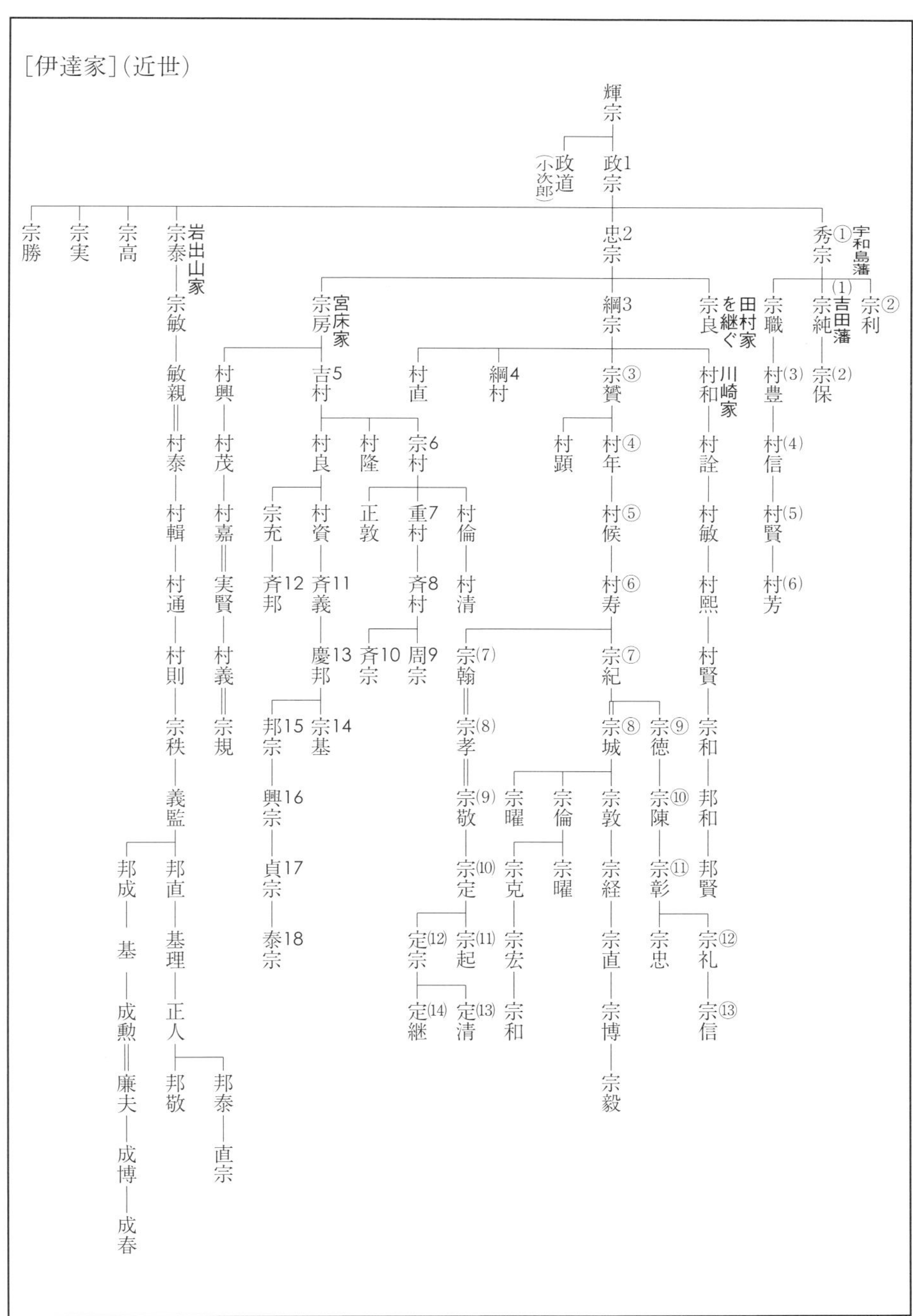

[伊達家](近世)
輝宗
政道(小次郎)
政宗1
宗勝
宗実
宗高
宗泰 岩出山家
忠宗2
秀宗① 宇和島藩
宗敏
敏親
村泰
村輯
村通
村則
宗秩
義監
邦成
邦直
基
基理
成勲
正人
廉夫
邦敬
邦泰
成博
直宗
成春
宗房 宮床家
綱宗3
宗良 田村家を継ぐ
宗職
宗純(1) 吉田藩
宗利②
村興
村茂
村嘉
実賢
村義
宗規
吉村5
村直
綱村4
宗贇③
村和 川崎家
村豊(3)
宗保(2)
村良
村隆
宗村6
村顕
村年④
村詮
村信(4)
宗充
村資
正敦
重村7
村倫
村候⑤
村敏
村賢(5)
斉邦12
斉義11
斉村8
村清
村寿⑥
村煕
村芳(6)
慶邦13
斉宗10
周宗9
宗翰(7)
宗紀⑦
村賢
邦宗15
宗基14
宗孝(8)
宗城⑧
宗徳⑨
宗和
興宗16
宗敬(9)
宗曜
宗倫
宗敦
宗陳⑩
邦和
貞宗17
宗定(10)
宗克
宗曜
宗経
宗彰⑪
邦賢
泰宗18
定宗(12)
宗起(11)
宗宏
宗直
宗忠
宗礼⑫
定継(14)
定清(13)
宗和
宗博
宗信⑬
宗毅

た

一門に亘理伊達家、岩出山伊達家、宮床伊達氏、川崎伊達家などがあり、亘理家と岩出山家は維新後北海道に移住した。

【亘理伊達家】伊達稙宗の三男実元が祖。子成実は天正一九年(一五九一)伊具郡一六郷を与えられて角田城に拠った。その後、成実は出奔したが、のちに許され、慶長七年(一六〇二)亘理城で二万石を領した。成実の跡は伊達政宗の九男宗実が継ぎ、のち二万四三五〇石となる。明治維新後、邦成は旧臣を率いて北海道有珠郡紋別村(北海道紋別市)に移住し、明治二五年男爵となった。

【岩出山伊達家】伊達政宗の四男宗泰が、慶長八年(一六〇三)に玉造郡岩出山城(宮城県大崎市岩出山)を与えられたのが祖。寛永三年(一六二六)五万石の大名となったが、子宗敏は仙台藩一門に列して一万五〇〇〇石余を領した。代々弾正を称し、一門の中でもとくに有力な一族であった。元禄四年(一六九一)三代敏親が開設した有備館は著名。四代村泰は妻が冷泉家の出だったことからしばしば京都に赴き、竹林造成を移入。これをもとにした竹細工を奨励して岩出山の名物とした。明治四年邦直の時に北海道石狩郡当別(北海道当別町)に移住している。二五年正人の時に男爵となる。

【宮床伊達家】伊達朝宗の六男実綱が祖。のち田手を称して代々角田城に拠り、伊達本家の重臣であった。江戸時代になって、万治二年(一六五九)本家の伊達忠宗の八男宗房が継いで伊達姓に復し、三〇〇〇石を領して一門に列した。正徳四年(一七一四)には八〇一七石となり、享保七年(一七二二)黒川郡宮床(宮城県黒川郡大和町)に住んだ。伊達洋司宮城学院大学教授は末裔。

【川崎伊達家】伊達綱宗の二男村和が元禄八年(一六九五)に三万石を分知されて宮城郡白石村(仙台市)に住んだのが祖。のち家臣となり、享保七年(一七二二)子村詮の時に柴田郡川崎に転じて一門に列した。

【宇和島藩主】政宗の庶長子である秀宗は、元和元年(一六一五)に伊予宇和島藩一〇万二〇〇〇石を立藩。明暦三年(一六五七)三万石を分知して七万二〇〇〇石となる。五代村候は藩政を改革、製蠟や干鰯の生産を奨励する一方、藩校内徳館を創設するなど名君として知られる。

旗本山口家から八代目を継いだ宗城は四賢侯の一人として知られ、新政府の樹立に活躍。維新後も要職を歴任して、明治一七年伯爵、二四年侯爵となった。

宗城の八男宗倫も分家して男爵となっている。

【伊予吉田藩主】秀宗の五男宗純が明暦三年(一六五七)三万石を分知されて宇和郡吉田に陣屋を置き、吉田藩を立藩した。三代村豊は元禄赤穂事件の際に浅野内匠頭とともに勅使接待役をつとめている。明治一七年宗定の時に子爵となった。

《系図》308・309ページ

伊達家 ○だて

伊達家一門岩谷堂伊達家。陸奥磐城一二万石の大名岩城常隆の長男政隆は、父

が死去した際にまだ生まれて間もなかったことから、豊臣秀吉の意向で佐竹義重の三男貞隆が養子となって継ぎ、岩城家から追放された。岩城家と伊達家は縁戚関係にあったことから、政隆は伊達政宗を頼って仙台藩士となり、慶長一五年（一六一〇）伊達姓を賜って岩谷堂伊達家となった。

田中家　○たなか

信濃国須坂（長野県須坂市）の豪商。駿河国田中（静岡県）発祥といい、川中島合戦で功をあげて信濃に移り住んだと伝える。江戸時代には信濃国高井郡仁礼村（須坂市仁礼）で帰農していたが、初代新八が須坂の豪商牧家に奉公したのちに、享保一八年（一七三三）独立して菜種や煙草の集荷を行った。延享二年（一七四五）には須坂藩の御用達となり、明和元年（一七六四）には酒造業も始める。二代信房の安永五年（一七七六）には名字を名乗ることを許され、同八年には二〇人扶持を与えられて士分となった。三代信厚の時には須坂を代表する豪商となって江戸にも進出、五代信秀は須坂藩の御用人となって江戸藩邸の財政を任されている。末裔の田中太郎は県議や須坂市長をつとめた。

　同家は「豪商の館田中本家」として公開されており、池泉廻遊庭園も江戸後期の民家庭園を代表するものとして有名。

田中家　○たなか

旗本・旧筑後柳河藩主。高階姓で高氏の末裔。近江田中発祥。吉政の時に豊臣秀吉に仕え、三河岡崎で一〇万石を領した。関ヶ原合戦で西軍の大将石田三成を捕らえて、一躍筑後柳河三二万五〇〇〇石の藩主となったが、元和六年（一六二〇）忠政の死後跡継ぎがなく断絶した。

　忠政の兄の義興は関ヶ原合戦で功をあげ、近江・三河・上野で二万石を与えられた。養子吉官は元和八年（一六二二）に部下の罪に連座して所領を没収されたのち、寛永二年（一六二五）に再興、同一〇年三〇〇〇石を与えられ、さらに五〇〇〇石に加増。その子定格は大番頭、具足奉行などを歴任して七〇〇〇石となった。元禄一五年（一七〇二）定安の時に狂気のため再び所領を没収され、のち五〇〇俵で再興している。

　なお、忠政の甥吉勝の末裔も旗本となっている。

田中家　○たなか

石清水八幡宮別当。山城国綴喜郡田中（京都府八幡市）発祥で紀氏。紀氏の出の行教が貞観元年（八五九）宇佐八幡宮に参籠して神託を賜り、翌年男山に石清水八幡宮を勘定した。行教の甥の御豊が初代神主となり、以後その末裔が別当職を独占した。

　平安時代後期に二九代別当慶清が田中家を称し、以後善法寺家とともに代々検校・別当職をつとめた。田中家は平清盛と結んだため鎌倉時代は善法寺家の後塵を拝し、南北朝時代は南朝に属している。

《系図》312ページ

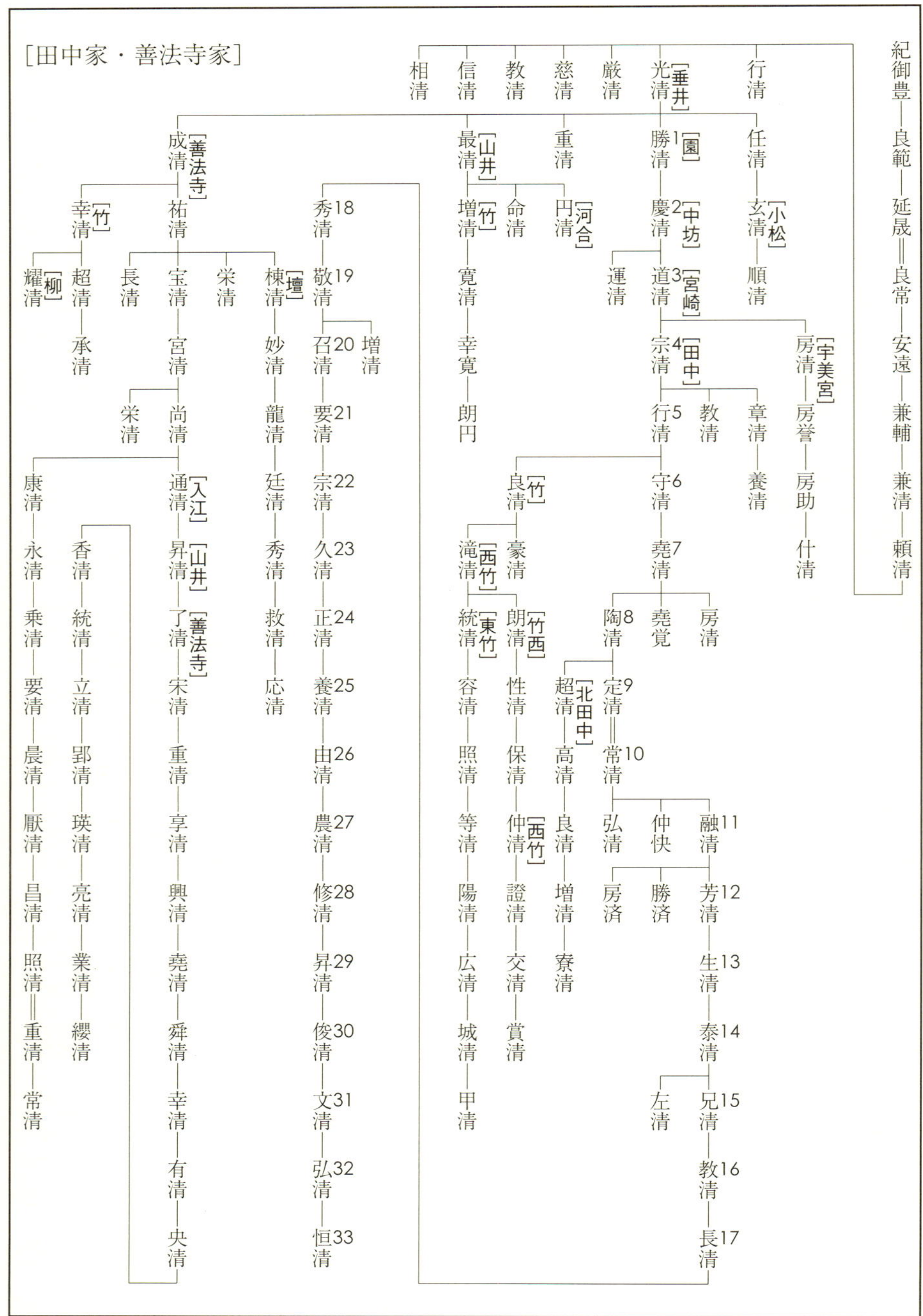
[田中家・善法寺家]
紀御豊—良範—延晟=良常—安遠—兼輔—兼清—頼清
行清
光清［垂井］
厳清
慈清
教清
信清
相清
任清—玄清［小松］—順清
勝清1［園］—慶清2［中坊］—道清3［宮崎］—宗清4［田中］—行清5—守清6—堯清7—陶清8—定清9=常清10—融清11—芳清12—生清13—泰清14—兄清15—教16清—長清17
運清
房清［宇美宮］—房誉—房助—什清
章清—養清
教清
良清［竹］
豪清
滝清［西竹］
統清［東竹］—容清—照清—等清—陽清—広清—城清—甲清
朗清［竹西］—性清—保清—仲清［西竹］—證清—交清—賞清
堯覚
房清
超清［北田中］—高清—良清—増清—寮清
弘清
仲快
房済
勝済
左清
重清
最清［山井］—増清［竹］—寛清—幸寛—朗円
命清
円清［河合］
成清［善法寺］—祐清
幸清［竹］—超清—承清
耀清［柳］
長清
宝清—宮清—尚清
栄清
棟清［壇］—妙清—龍清—廷清—秀清—救清—応清
栄清
通清［入江］—昇清［山井］—了清［善法寺］—宋清—重清—亨清—興清—堯清—舜清—幸清—有清—央清
康清—永清—乗清—要清—晨清—厭清—昌清—照清=重清—常清
香清—統清—立清—郢清—瑛清—亮清—業清—纓清
秀清18—敬清19—召清20—要清21—宗清22—久清23—正清24—養清25—由清26—農清27—修清28—昇清29—俊清30—文清31—弘清32—恒清33
増清

田辺家　○たなべ

大坂の豪商。延宝六年（一六七八）土佐堀の田辺屋橋（常安橋）南詰で合薬業を独立開業した初代五兵衛が祖。黒川田辺屋と呼ばれ、六代目には道修町に進出、寛政三年（一七九一）に薬種中買株仲間に加入した。

明治三年いちはやく西洋薬の扱いを始め、一〇年には製薬にも乗り出し、武田・塩野義とともに「御三家」とも呼ばれた。昭和八年、一三代目の時に株式会社に改組、一八年に田辺製薬と改称して世襲を終了した。一四代目五兵衛（治太郎）は日本サッカー協会の幹部としても著名。

田部家　○たなべ

島根県雲南市吉田町の山林地主。鉧製鉄を行い、代々長右衛門を襲名。二一代目長右衛門は大正一二年に製鉄業を廃業、以後は地方政界や経済界で活躍した。二二代目長右衛門は貴族院議員をつとめ、二三代目長右衛門は昭和一七年に島根新聞社（山陰中央新報社）を設立、同年衆議院議員を経て、三四年から島根県知事を三期つとめた。日本を代表する山林地主の一つとして著名。

谷家　○たに

丹波山家藩主。近江国甲賀郡谷之郷（滋賀県）発祥で宇多源氏という。衛好の時斎藤道三・織田信長・豊臣秀吉に仕えた。子衛友は天正一〇年（一五八二）丹波国何鹿郡山家領主となり、関ヶ原の戦では細川幽斎の田辺城を攻めるが、東軍に通じ、山家藩一万六〇〇〇石を本領安堵された。寛永五年（一六二八）三子に六〇〇〇石を分かち、旗本上杉家・十倉家・梅迫家の三家を創設、自らは一万八二石となった。明治一七年寿衛の時に子爵となった。

分家に丹波何鹿郡二〇〇〇石の旗本谷家がある。

谷家　○たに

土佐岡豊八幡宮神官・儒学者。代々土佐国長岡郡岡豊村（高知県南国市）の岡豊八幡宮神官をつとめる。幕末、重喜は土佐藩兵として戊辰戦争に参加。維新後は板垣退助に従って立志社副社長となり、自由党の幹部として自由民権運動に活躍した。弟の流水は土佐銀行の重役や土佐史談会会長などを歴任した。

また、江戸時代初期に、五代重元の三人秦山は野中兼山によって郷士として登用されて一家を興し、山崎闇斎に学んで土佐を代表する儒学者となった。香美市土佐山田町にある秦山墓は国指定史跡である。

以後、谷家は学者一族として知られる。長男垣守は国学も修め、藩士に昇格。三代真潮の代に谷家の家学を土佐藩の藩学にまで高め、天明の藩政改革の際には大目付に就任して藩政にも参画した。

六代好円の甥にあたる干城は尊王攘夷運動に参加し、戊辰戦争では藩兵大軍監となる。維新後は陸軍中将となり、西南戦争で熊本城を死守したことで知られる。明治一七年子爵を授けられた。孫の儀一も陸軍少将で貴族院議員をつとめた。

田沼家　○たぬま

下野国安蘇郡田沼（栃木県佐野市田沼町）発祥。藤原北家秀郷流。元仁二年（一二二五）佐野盛綱の七男重綱が田沼氏を称した。戦国時代は武田氏に従い、江戸時代吉次の時紀州藩士となった。意行の時、八代将軍を継いだ吉宗に従って幕臣となる。子意次は幕府内で権勢をほしいままにし、加増を重ねて明和四年（一七六七）遠江相良藩二万石を立藩、のちに五万七〇〇〇石にまで加増された。明治元年意尊が上総小久保（千葉県富津市小久保）に移る。同一七年望は子爵となり、貴族院議員もつとめた。大正元年、正の時に爵位を返上している。

分家に御三卿一橋家の家老をつとめた田沼家がある。

種子島家　○たねがしま

薩摩国種子島島主。大隅国熊毛郡種子島（鹿児島県）発祥。平清盛の孫行盛の子孫を称しているが、実際は北条氏の一族名越氏の被官肥後氏の末裔。種子島・屋久島・口永良部島・硫黄島の領主。南北朝時代から活動が知られる。戦国時代、頼時の時島津氏に従った。時堯は鉄砲伝来の際の領主として著名。文禄四年（一五九五）薩摩国知覧に移されたが、慶長四年（一五九九）に種子島を回復した。江戸時代は薩摩藩の重臣となり、私領として種子島を領した。明治三三年守時の時に男爵となる。

玉江家　○たまえ

豊前国京都郡行事村（福岡県行橋市）の豪商。初代宗泉が小笠原忠真の豊前入国の頃に布袋屋を創業したという。代々彦右衛門を称し、小倉城下旦過橋近くに支店があった。宝永六年（一七〇九）三代宗利の時に飴屋となる。宗利は享保一〇年（一七二五）綿実商を兼ね、四代宗賢は延享二年（一七四五）質商、宝暦六年（一七五六）には酒造業も始めた。さらに同一二年には大坂への廻船業も始めている。五代宗達の時に名字帯刀を許され、六代宗慶は一〇人扶持を与えられた。天保年間（一八三〇～四三）、七代宗徹は小倉城下を代表する御用商人で、京都郡で通用する私札も発行している

維新後は飴屋専業に戻り、現在まで続いている。

田巻家　○たまき

新潟県南蒲原郡田上町の旧家。同地には千町歩地主である豪農田巻家が二家あった。代々三郎兵ヱを名乗る本田巻と、七郎兵ヱを名乗る原田巻の二家で、ともに五十嵐氏の末裔と伝える。

玉松家　○たままつ

公家分家。藤原北家の公家山本氏の支

流。山本公弘の二男真弘は醍醐寺の僧となり、猶海と称していたが、幕末に復飾して玉松操（真弘）と名乗って王政復古に尽力した。明治二年堂上に列し、一七年真幸の時に男爵となる。

田村家　○たむら

陸奥一関藩主。陸奥国田村郡（福島県）発祥。系図上では坂上田村麻呂の子孫というが不詳。南北朝時代は南朝に属している。盛顕の時三春城に拠り、のち伊達氏に従った。宗顕は天正一八年（一五九〇）の豊臣秀吉の小田原征伐に遅参したため所領を没収された。

承応二年（一六五三）、仙台藩二代藩主伊達忠宗の三男宗良が、祖母陽徳院の遺言によって七〇〇〇石で田村家を再興し、万治三年（一六六〇）陸奥岩沼三万石を分知されて仙台藩の支藩として岩沼藩を立藩した。天和元年（一六八一）建顕の時に一関に転封となる。幕末、邦栄は奥羽越列藩同盟に参加し、明治一七年子爵となる。

《系図》316ページ

樽家　○たる

江戸の町年寄。刈谷城主水野家の一族という。水野忠政の孫の三四郎康忠が徳川家康に仕え、三方ヶ原合戦や、長篠の戦で活躍して樽三四郎と名乗った。天正一八年（一五九〇）、家康の関東入国に際して江戸の町支配を命じられ、その子藤左衛門忠元が町年寄となった。以後、代々樽屋藤左衛門を名乗って町年寄を世襲した他、東国三三国の枡座も統括していた。寛政二年（一七九〇）名字帯刀を許されている。

ち

知久家　○ちく

交代寄合。信濃国伊那郡伴野荘知久本郷（長野県飯田市）発祥。系図上では清和源氏満快流というが、実際は神姓で大祝氏である。

承久の乱後、伴野荘の地頭となる。正嘉二年（一二五八）信貞が幕府的始の射手をつとめている。南北朝時代の中先代の乱や観応の擾乱で反尊氏方についたため室町時代は不遇だった。初めは知久平城に拠り、室町時代中期に神之峰城に移って、勢力を回復した。一族からは天与清啓ら高僧を輩出したことでも知られる。

天文二三年（一五五四）武田信玄に敗れて落城、頼元は甲府に送られて翌年殺されたといわれる。子頼氏は徳川家康に仕えて、天正一〇年（一五八二）に知久平を回復した。関ヶ原合戦では東軍に属し

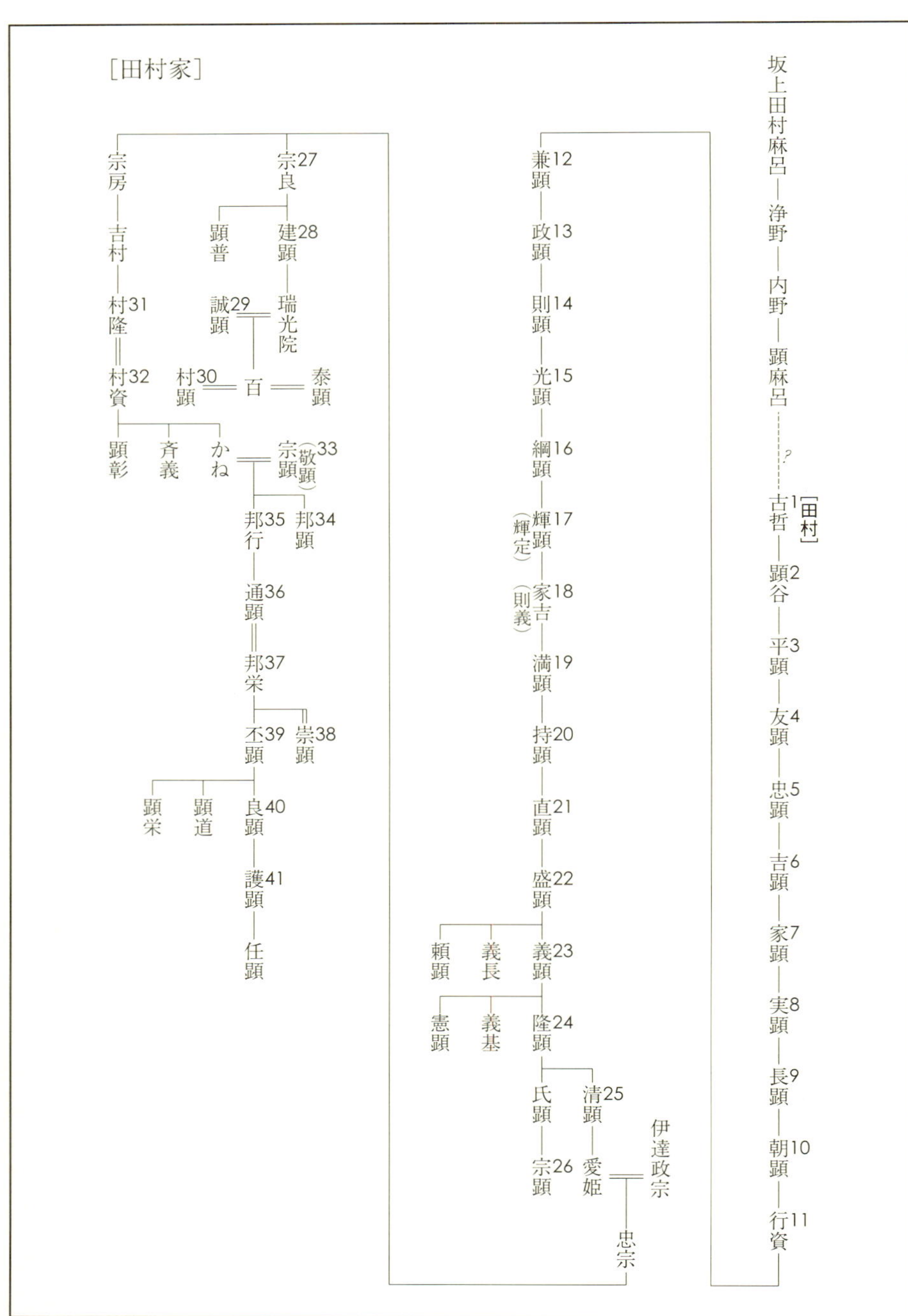
[田村家]
坂上田村麻呂
浄野
内野
顕麻呂
?
[田村]
古哲1
顕谷2
平顕3
友顕4
忠顕5
吉顕6
家顕7
実顕8
長顕9
朝顕10
行資11
兼顕12
政顕13
則顕14
光顕15
綱顕16
輝顕17
(輝定)
家吉18
(則義)
満顕19
持顕20
直顕21
盛顕22
義顕23
義長
頼顕
隆顕24
義基
憲顕
清顕25
氏顕
宗顕26
愛姫
伊達政宗
忠宗
宗良27
宗房
建顕28
顕普
瑞光院
誠顕29
泰顕
百
村顕30
吉村
村隆31
村資32
宗顕33
(敬顕)
かね
斉義
顕彰
邦顕34
邦行35
通顕36
邦栄37
崇顕38
丕顕39
良顕40
顕道
顕栄
護顕41
任顕

ち

て、信濃国伊那郡阿島（長野県下伊那郡喬木村）で二〇〇〇石を領し、交代寄合となった。のち三〇〇〇石の分家をだし、二七〇〇石となる。

千種家　○ちくさ

公家。村上源氏。岩倉具尭の四男有能が千種家を称した。家格は羽林家。家職は有職故実。江戸時代の家禄は一五〇石。明治一七年有任の時に子爵となる。

筑紫家　○ちくし　→　つくし

千坂家　○ちさか

米沢藩家老。室町時代から上杉氏に仕え、戦国時代は鉢盛城に拠っていた。江戸時代には米沢藩江戸家老となり、三〇〇〇石を知行した。兵部高治の残した「千坂兵部日記」は、米沢藩の一五万石削減に関する貴重な資料として知られる。その子高房が「忠臣蔵」に登場する千坂兵部だが、実際には討ち入り前年に死去している。幕末に家督を継いだ千坂高雅は米沢藩大参事、石川県令、貴族院議員などを歴任した。

千村家　○ちむら

尾張藩重臣・木曽代官。興国三年（一三四二）木曽家村の六男（五男とも）家重が上野国千村に住んで千村氏を称したのが祖といい、代々木曽氏に従った。

天正一八年（一五九〇）、木曽義昌が下総国に転じた際にも従って下総国に住んだ。

関ヶ原合戦では東軍に属し、慶長六年（一六〇一）良重は美濃国可児・土岐・恵那三郡で四四〇〇石を与えられた。元和五年（一六一九）尾張藩士となり、木曽の代官をつとめた。

なお、良重の四男義国、五男昌義は分家して旗本にとどまっている。

茶屋家　○ちゃや

江戸時代初期の豪商。初代四郎次郎清延の祖父は中島宗延といい、信濃守護の小笠原長時に仕えていたが、堺で戦死。子明延も負傷して牢人し、天文年間に京に出て呉服商を開業した。この中島氏の出自に関しては三河説と京都説がある。明延は呉服商の傍ら茶事でも知られ、旧主小笠原長時と将軍足利義輝もしばしば訪れて茶の接待をしたことから茶屋と号したという。

明延は永禄年間頃から徳川家康に従い、その長男清延は家康と同年齢であったことからその側近となり、徳川家の物資調達にあたった他、近江国の代官などもつとめた。

【本家四郎次郎家】慶長元年（一五九六）、清延が死去、跡を継いだ長男清忠は早世したため、二男清次が三代目となり、呉服商に加えて朱印船貿易で活躍した。以後、京を本家として代々四郎次郎を名乗り、将軍家の御用をつとめる京都の特権的町人だったが、江戸中期以降は経営不振に陥っている。

【尾州家新四郎家】清延の三男長吉は尾張藩御用達となり、代々新四郎を襲名した。

【紀州家小四郎家】清延の四男宗清は紀伊藩御用達となって和歌山を本拠とし、代々新四郎を名乗った。吉宗の八代将軍襲名とともに幕府の呉服師となっている。

中条家　〇ちゅうじょう

高家。藤原北家。公家樋口信孝の子信慶が、遠縁で北条氏の家臣だった中条持胤の跡を継いで元禄一四年（一七〇一）に一家を興し、高家となった。家禄一〇〇〇石。幕末に高家肝煎をつとめた信礼は国学者としても知られた。

長家　〇ちょう

加賀藩家老。遠江国長村（静岡県）発祥で清和源氏という。信連は以仁王を経て源頼朝に仕え、能登国大屋荘（石川県輪島市）の地頭となった。南北朝時代は北朝に属した。室町時代には畠山氏のもとで守護代となり、穴水城（鳳珠郡穴水町）に拠った。天正七年（一五七九）上杉謙信によって能登畠山氏が滅亡、長氏も壊滅的な打撃を受けたが、連竜（好連）が織田信長に仕えて再興、福光城で三万石を領した。のち前田利家に属し、江戸時代は加賀藩家老となって、陪臣ながら三万三〇〇〇石の大身となった。明治三三年克連の時に男爵となる。基連は貴族院議員となる。

つ

津軽家　〇つがる

弘前藩主。陸奥国津軽郡（青森県）発祥。奥州藤原氏の子孫ともいわれるが、南部氏の支流とみられる。延徳三年（一四九一）陸奥国種里（西津軽郡鰺ヶ沢町）に築城した大浦光信が祖だが、光信から津軽家の祖為信に至る系譜もはっきりとしない部分が多い。

元亀二年（一五七一）、為信が南部氏から独立して津軽を統一し、天正一八年（一五九〇）には豊臣秀吉の小田原征伐にいち早く参陣して所領を認知された。このため、本家にあたる南部家とは争いが絶えなかった。

関ヶ原合戦では東軍につき、慶長六年（一六〇一）弘前藩四万七〇〇〇石を立藩。二代信枚は徳川家康の養女を妻に迎えるなど、将軍家との結びつきを深めた。信政の代からは蝦夷地警衛も任され、寧親の文化二年（一八〇五）に七万石、同五年一〇万石に加増。同六年には黒石家に六〇〇〇石を分知して九万四〇〇〇石となった。

戊辰戦争では奥羽越列藩同盟に加わらず、承昭が黒石藩とともに南部藩領である野辺地に侵攻している（野辺地戦争）。

維新後、承昭は明治一七年に伯爵となったが、以後同家は皇族・将軍家・摂家などと、華麗な閨閥を築いた。

先代の当主・義孝は尾張徳川家の出で、昭和七年のロサンゼルス五輪に馬術選手として出場している。のち、横浜・根岸にある馬の博物館の館長をつとめた。その娘は常陸宮華子妃殿下である。

また、承昭は近衛忠熙の娘尹子を娶っており、楢麿は明治二二年に分家した際に男爵を授けられている。

［津軽家］

- 大浦光信—盛信＝政信
  - 為則
  - 守信
    - 信勝
    - ［津軽］為信1
      - 信健—熊千代
      - 信堅
      - 信枚2
        - 信英①（黒石藩）
          - 信純
          - 信敏②
            - 政兕③
            - 信裕
            - 信隣
        - 信義3—信政4
          - 寿世④
            - 為清
            - 信照
            - 著高⑤
              - 寿武
              - 寧親9⑥
                - 信順10
                - 典暁⑦＝親足⑧
                  - 承保⑩＝承叙⑪—類橘⑫＝益男⑬
                    - 承捷⑭—承公
                    - 承敏
                    - 承陽
                    - 承明
                  - 順承11⑨（順徳）—常姫＝承昭12
          - 資徳
          - 信寿5
            - 著教
            - 信興—信著6
              - 好古
              - 信寧7—信明8

- 近衛忠熙—尹子＝承昭12
  - 楢麿(1)（男爵家）
  - 理喜子＝行雅(2)—承靖(3)—承芳(4)—利承
  - 英麿13＝義孝14—華子＝常陸宮正仁親王

【黒石藩主】明暦二年（一六五六）信英が、一一歳で襲封した甥の弘前藩四代藩主信政の後見人となり、五〇〇〇石を分知されたのが祖で、黒石に陣屋を置いて交代寄合となった。二代信敏の時に弟の信純に一〇〇〇石を分知して四〇〇〇石となる。文化六年（一八〇九）親足の時、さらに六〇〇〇石が分知され、黒石藩一万石を立藩した。戊辰戦争に際して承叙は弘前藩とともに新政府軍に加わって転戦。明治一七年に子爵となり、貴族院議員もつとめた。

《系図》319ページ

筑紫家　○つくし

旗本・旧戦国大名。筑前国御笠郡筑紫村（福岡県筑紫野市）発祥。藤原北家少弐氏の一族で、「筑紫系図」では少弐貞頼の子教門を祖とする。史料上の初見は応永七年（一四〇〇）の筑紫次郎が少弐貞頼から筑前国規矩郡曽禰村（北九州市小倉北区）を与えられた書状。戦国時代初期、惟門の時に自立して戦国大名となり、子広門（上野介）は肥前国城肆・養父・三根の三郡を領した。天正一五年（一五八七）の豊臣秀吉の九州攻めに遅参したため所領を没収され、改めて筑後国上妻郡で一万八〇〇〇石を与えられ、山下城に住んだ。

関ヶ原合戦では西軍に属して伏見城を攻め、戦後所領没収。跡を継いだ弟の広門（茂成）が大坂の陣に参陣して許され、寛永四年（一六二七）豊後国速見郡で三〇〇〇石を与えられた。のち采地を伊豆・上総に移され、三〇〇〇石となった。

「寛政重修諸家譜」で「つくし」だが、「ちくし」ともいう。

筑波家　○つくば

旧皇族。昭和三年山階宮晃親王の孫藤麿が臣籍に降下して一家を興し、筑波藤麿として侯爵となった。戦後は靖国神社宮司をつとめる。その長男常治は農学者で科学評論家でもある。

辻家　○つじ

南都方楽家。平安時代末期の狛則高の三男高季が辻氏を称した。専門は左舞と笙。応仁の乱後、後陽成天皇の命によって京都に移住して宮廷楽人となる傍ら、南都諸寺の楽事にも参加した。戦後楽長をつとめた辻寿男が著名。

辻家　○つじ

広島藩重臣。祖重勝は田中吉政に仕えて七〇〇〇石を領し、その改易後浅野長晟に仕えて、広島藩士となった。家禄は当初五〇〇〇石だったが、のち一二〇〇石となる。

幕末、辻将曹は家老となって国事に奔走、維新後も元老院議官などをつとめて明治二三年男爵を授けられた。子健介も貴族院議員をつとめる。代々木ゼミナールの国語講師で文化人類学者の辻維周は末裔。

津島家　○つしま

青森県五所川原市金木町で「〈源〉」と号した豪農。姓は源氏で、山城国岩根郡対馬村出の斉門四郎が天正年間に津軽に移り住んだのが祖と伝える。江戸時代中期頃に源四郎が津島氏に改称し、その二男源右衛門が「〈源〉」と号して金木で古着屋を始めた。その子初代惣助は豆腐屋に転じて成功、幕末に継いだ三代目惣助は金融業も兼ねて土地を集積し、明治中期には津軽有数の大地主となった。

養子の源右衛門は衆議院議員・貴族院議員を歴任。その三男文治は金木町長、衆議院議員を経て、昭和二二年に青森県初代民撰知事に当選。その後も衆議院議員・参議院議員を歴任した。六男の修治は文豪太宰治である。

文治の長男康一はNHK大河ドラマ「いのち」などに出演した俳優で、長女陽の夫が農林水産大臣などをつとめた田沢吉郎。

また、修治（太宰治）の長女園子の夫が第二次海部内閣や第二次森内閣で厚生大臣をつとめ、自民党津島派を率いた津島雄二で、二女は作家の津島佑子（本名は里子）である。

同家住宅は「斜陽館」と呼ばれ、国指定重要文化財である。

なお、金木には「〈島〉と号して通称高屋敷と呼ばれた金木きっての旧家の津島家もあるが、縁戚関係にはないという。

津田家　○つだ

旗本。織田敏定の子秀敏が津田氏を称して尾張国岩倉（愛知県岩倉市）に住んだのが祖。代々織田氏に仕えた。孫の秀政は徳川秀忠に仕えて旗本となり、四〇一〇石を領した。のち分知などで、美濃国・丹波国で三〇〇〇石となる。幕末の正人は大番頭・留守居をつとめている。

また、可敬は福井藩主に嫁いだ秀忠の娘勝姫の家老となったが同藩が改易。寛文一二年（一六七二）、勝姫の請いで再び召し出され、伊豆国・阿波国などで六〇〇〇石を与えられ旗本となった。

一族の正常は家宣に仕えて甲府藩家老となり、甲斐・信濃国で三〇〇〇石を領した。宝永元年（一七〇四）家宣の西の丸入りの際に正房が旗本に転じ、三河国で三〇〇〇石を知行、のち駿府町奉行をつとめた。

津田家　○つだ

鳥取藩家老。織田氏の一族といい、旗本津田家の一族か。津田筑後元綱は羽柴秀勝、織田秀信を経て、関ヶ原合戦後池田輝政に仕え、五〇〇〇石を領した。元禄五年（一六九二）元長の時に鳥取藩の家老となった。

津田家　○つだ

加賀藩重臣。斯波氏の末裔と伝える。祖正勝は豊臣秀次に仕えて六〇〇〇石を領し、慶長一四年（一六〇九）に加賀藩士となった。その子正忠は人持組一万石となり、以後代々幕末まで続いた。

幕末に家老となった津田正邦は、維新後に斯波蕃と改名、明治三三年に男爵を授けられた。子忠三郎は東京帝国大学名誉教授で、その子正夫は貴族院議員をつとめた。

土田家　○つちだ

袋物師・千家十職。近江国蒲生郡土田村（滋賀県近江八幡市）発祥で、もとは彦根藩士だった。初代友湖が京に出て袋物師となり、延享元年（一七四四）から千家出入り、表千家から友湖の号を与えられ、以後代々友湖を名乗った。五代目以降、帛紗の製作も始めた。現在の当主は一二代目である。

土田家　○つちだ

公人朝夕人。代々将軍の携帯用の尿瓶である尿筒を管理する家柄。承久元年（一二一九）に藤原頼経が鎌倉幕府四代将軍となった際に下向したのが祖という。以来代々将軍の下の世話を続けたという家で、代々土田孫左衛門を名乗っていた。下の世話とはいえ、将軍に直接近侍できるため名家の一つであったが、詳細ははっきりしない部分が多い。

土御門家　○つちみかど

公家。安倍氏の嫡流。室町時代、安倍泰吉の子有世は足利義満のもとで従二位まで昇り、土御門家の祖となった。戦国時代、有宣は戦乱を避けて所領である若狭国名田荘上村（福井県）に住み、必要に応じて京と往復していた。有脩の時に堂上に列している。慶長五年（一六〇〇）久脩が上洛して梅小路村（京都市下京区）に住んだ。家格は半家。家職は陰陽道。江戸時代の家禄は一七七石余。明治三年陰陽寮が廃止されたが、華族に列した。一七年晴栄の時子爵となる。

土屋家　○つちや

旗本。桓武平氏で相模国余綾郡中村荘土屋（神奈川県平塚市）発祥。中村荘の開発領主中村宗平の三男宗遠が土屋氏を称した。宗遠は源頼朝に従い、「吾妻鏡」にも、土屋義清、宗光などの名が見える。室町時代は足利氏に従ったが、上杉禅秀の乱で上杉氏についたため没落した。

氏遠の時武田氏に従い、昌遠は武田信虎に仕えて、信虎が信玄に追放された後も最後まで従った。昌遠の子円都は今川義元を経て、北条氏政に仕え、天正一八年（一五九〇）北条氏滅亡の際に徳川家康に仕えた。その子知貞は旗本となり、大坂の陣でも活躍、七〇〇〇石を与えられた。

土屋家　○つちや

常陸土浦藩主。甲斐土屋氏。桓武平氏の相模土屋氏の一族が甲斐に移り住んだものだが、のちに断絶したため金丸氏の一族がその名跡を継いだという。

系図上では清和源氏一色氏の支流である藤直が土屋氏を継ぎ、その子藤次は武田氏重臣の金丸氏を継いだ。藤次の子虎義は武田信玄の重臣として活躍、その子昌次が改めて土屋氏を称している。

昌次は長篠合戦で、弟の昌恒は天目山の合戦で討死。昌恒の子正直は徳川秀忠の近習となって忠直と改め、慶長七年（一六〇二）に上総久留里藩主となった。

二代利直は実に六三年間も藩主の座にあり、当時の大目付には新井白石の父正済がいた。三代頼直（直樹）は延宝七年（一六七九）狂気を理由に断絶となった。

その後、長男の逵直が遠江国で三〇〇〇石の旗本として再興した。なお、赤穂浪士が吉良邸に討ち入った際、隣の屋敷にいて助力したのが、この土屋主税逵直である。

【常陸土浦藩主】忠直の二男数直は徳川家光に仕えて若年寄、老中を歴任、寛文九年（一六六九）土浦四万五〇〇〇石に入封した。子政直は大坂城代・京都所司代を経て老中を三〇年余つとめ、九万五〇〇〇石に加増された。幕末、寅直は大坂城代をつとめた。寅直の跡は水戸藩主徳川斉昭の一七男挙直が継ぎ、明治一七年子爵となった。

政直の養子好直は享保四年（一七一九）に蔵米三〇〇〇俵を分知されて一家を興し、旗本となっている。

【寄合土屋家】忠直の三男之直は二代将軍秀忠に近侍し、書院番頭、大番頭を歴任、相模国・上総国などで一〇〇〇石を知行した。子朝直も書院番頭・大番頭を歴任して三〇〇〇石に加増され、三代秀直は駿府城代をつとめた他、歴代には書院番頭など要職をつとめたものが多い。幕末の正直は外国奉行・大目付・勘定奉行を歴任している。

また、之直の二男茂直は分家して下野国で一〇〇〇石の旗本となった。

筒井家　○つつい

大和国添下郡筒井郷（奈良県大和郡山市）発祥で、天児屋根命の子孫というが、室町時代以前は不詳。興福寺一乗院門跡の坊人の出である。

室町中期に筒井順快が筒井城を築いてこの地方の土豪に成長し、子順永が応仁の乱で東軍として活躍、大和武士としての名をあげた。戦国時代、順昭の時に大和を統一。順慶は松永久秀と争い、織田信長に従って大和一国を再統一した。

その子定次は伊賀上野で二〇万石を領し、関ヶ原合戦でも東軍についたが、慶長一三年（一六〇八）改易となった。さらに、大坂冬の陣で豊臣方に内通したとして、子順定とともに自刃。その際に従弟の定慶が大和郡山一万石を与えられたものの、大坂夏の陣で戦死し、筒井家は断絶した。

なお、定慶の弟の順斎は文禄元年に徳川家康に仕えて旗本となり、武蔵国足立郡で一〇〇〇石を知行した。貞享二年（一六八五）政勝の時に二三〇〇石に加増。幕末に日露和親条約の交渉を行った政憲は末裔である。

堤家　○つつみ

公家。藤原北家勧修寺流。寛永八年（一六三一）甘露寺時長の弟貞長が一家を興して中川家を称し、その二男輝長が延宝六年（一六七八）に堤と改称した。家格は名家。家禄は三〇石三人扶持。明治一七年功長の時に子爵となる。子雄長は貴族院議員をつとめ、その子経長は戦後運輸省鉄道総局次長、東海開発社長を歴任した。

坪内家　○つぼうち

旗本。「寛政重修諸家譜」では藤原氏支流に収められ、加賀国発祥で富樫氏の庶流という。戦国時代頼定は坪内氏を称して美濃松倉城（岐阜県各務原市川島）に拠り、永禄八年（一五六五）織田氏に属した。

利定は天正一八年（一五九〇）徳川家康に仕え、上総国・武蔵国で二〇〇〇石を与えられた。

関ヶ原合戦後は美濃国羽栗郡・各務郡で六五三〇石に加転、三代定仍までは鉄砲頭をつとめた。元禄三年（一六九〇）定重は弟定高に一〇〇〇石を分知して五五三〇石となった。

江戸末期定儀は西丸留守居となり、その子定保は浦賀奉行をつとめている。

坪田家　○つぼた

陸奥の豪農。近江国の出で、江戸時代初め頃に陸奥国津軽郡王余魚沢（青森市浪岡王余魚沢）に移り、大豆坂街道で峠の茶屋を営んだという。寛政年間（一七八九～一八〇一）頃から農業を始め、幕末には津軽を代表する豪農の一つとなっていた。同家住宅は青森市浪岡に移築されて、県の重要文化財となっている。

妻木家　○つまき

旗本。美濃国土岐郡妻木郷（岐阜県土岐市妻木町）発祥。清和源氏土岐氏の一族という。広忠は明智光秀の伯父にあたり、本能寺の変後近江坂本の西鏡寺で自刃した。子頼忠は慶長五年（一六〇〇）に徳川家康に仕え、関ヶ原合戦では美濃岩村城主の田丸具安を攻めている。孫の頼利は七〇〇〇石を知行したが、万治元年（一六五八）頼次の没後跡継ぎがなく断絶した。その後、頼次の弟幸広が五〇〇石で再興している。

また、頼忠の弟の重吉は一家を興して美濃国可児郡で一〇〇〇石を領した。子重直は長崎奉行となって三〇〇〇石に加増され、三代頼保は奈良奉行をつとめた。

津守家　○つもり

古代豪族・住吉神社神官。摂津国西成郡津守郷（大阪市西成区津守）発祥。「新撰姓氏録」によれば火明命の子孫という。「住吉津を守る」の意から津守が姓になったとされる。代々摂津住吉神社の神主をつとめ、天武一三年（六八四）連姓となる。また、遣唐使をつとめたものも出た他、平安後期の津守国基は歌人として知られるなど、神官以外としても活躍した。「平家物語」にも住吉神主津守長盛の名が見える。一族は摂津・和泉に広がり、南北朝時代には国冬・国夏らが南朝に属して活躍している。江戸時代は公卿に列するものもあった。明治一七年国美の時に男爵となる。

《系図》325ページ

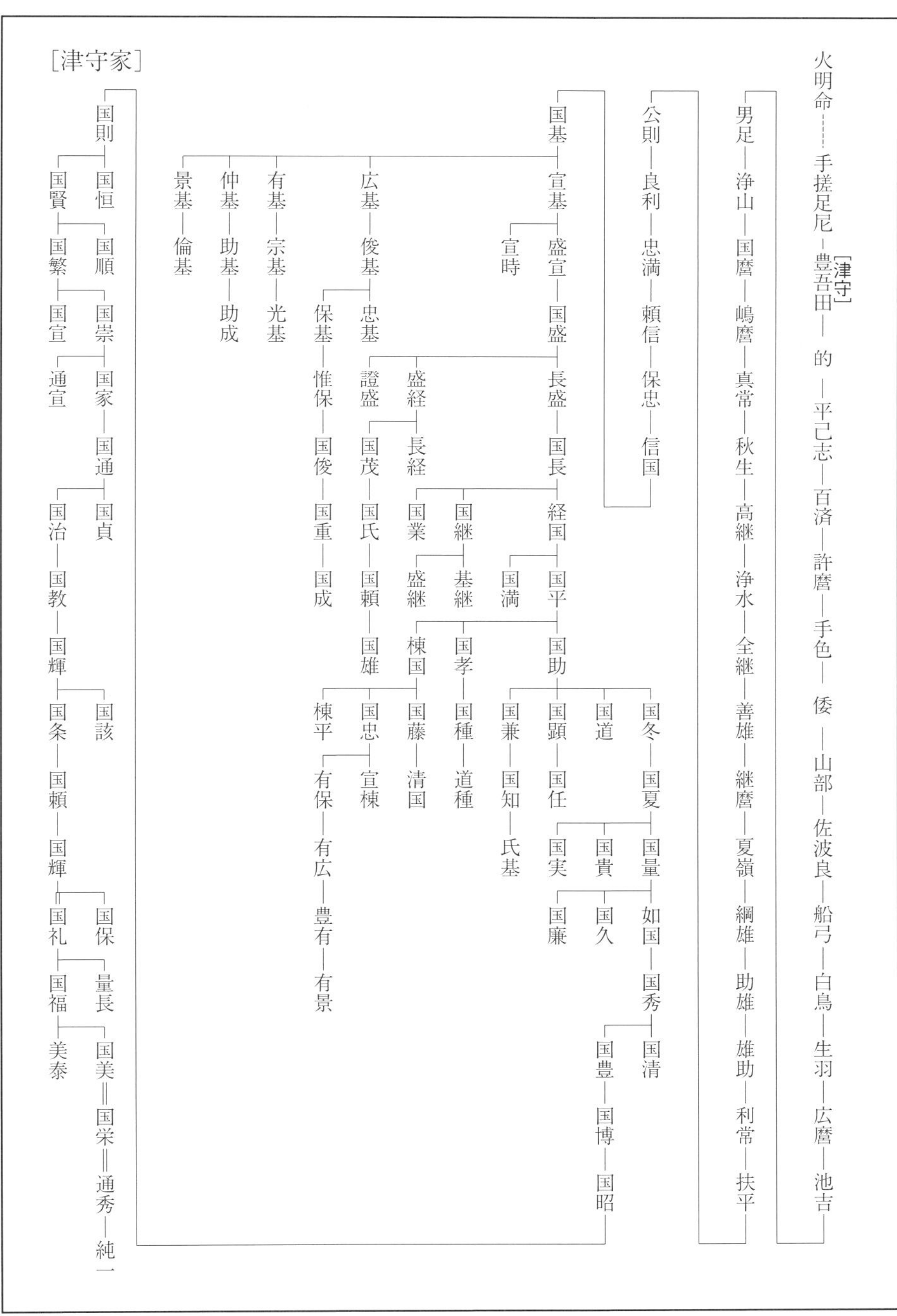

火明命……手搓足尼—豊吾田〔津守〕—的—平己志—百済—許麿—手色—倭—山部—佐波良—船弓—白鳥—生羽—広麿—池吉
男足—浄山—国麿—嶋麿—真常—秋生—高継—浄水—全継—善雄—継麿—夏嶺—綱雄—助雄—雄助—利常—扶平
公則—良利—忠満—頼信—保忠—信国
国基—宣基—盛宣—国盛—長盛—国長—経国—国平—国助—国顕—国任
宣時
広基—俊基—忠基
保基—惟保—国俊—国重—国成
有基—宗基—光基
仲基—助基—助成
景基—倫基
盛経—長経
證盛
国茂—国氏—国頼—国雄
国継
国業
基継
盛継
国満
国孝—国種—道種
棟国—国藤—清国
国忠—宣棟
棟平
有保—有広—豊有—有景
国冬—国夏—国量—如国—国秀—国清
国豊—国博—国昭
国道
国兼—国知—氏基
国実
国貴
国廉
国久
［津守家］
国則—国恒—国順—国崇—国家—国通—国貞
国賢
国繁
国宣
通宣
国治—国教—国輝—国該
国条—国頼—国輝—国保
国礼—量長
国福—国美＝国栄＝通秀—純一
美泰

つ

鶴殿家　○つるどの

公家分家。九条尚忠の五男忠善は万延元年（一八六〇）随心院に入っていたが、明治五年還俗して九条家に復籍。二二年に一家を興し、靏殿家を再興して男爵を授けられた。のち鶴殿に改めた。

出目家　○でめ

能面の面打師。室町時代から江戸時代にかけて活躍した。桃山時代の西本願寺の坊官で金春座の名人でもあった三光が祖とされる。その甥の二郎左衛門満照は越前出目家（出目本家）となり、一族の大野出目家、弟子筋の近江の井関家を合わせて面打三家といわれる。

越前出目家は、越前府中（福井県越前市）に住んでいたが、四代古元休満永の時に江戸に移った。出目家の正流として格式が高かったものの、江戸初期に活躍した三代古源助秀満以外には優れた作家は出ていない。なお秀満は新作の面に古色をつけること、模作のための「切り形」の発明などでも知られる。

大野出目家は、初代是閑吉満が越前大野（福井県大野市）の出であることに由来する。是閑は三光坊千秋満広の弟子の大光坊幸賢に師事し、のち京都に出て一家を興し名工と称された。四代洞白満喬は、初め越前出目家四代満永の弟子であったが、大野出目家の養子となり、「天下一備後掾」「淡路掾」と称された。

寺島家　○てらじま

江戸時代の大坂三町人の一つ。初代三郎衛門（直治）は紀伊国粉河寺島の生まれで、大坂天王寺に移り住んで瓦職となった。天文年間に三河松平家の御用瓦を受け、二代目惣左衛門（休清）は徳川家・豊臣家の御用をつとめた。また、元和元年（一六一五）には大坂南瓦屋町に四万六〇〇〇坪を拝領した。二代目の長男惣左衛門（直清）は京都、二男三郎兵衛は江戸に移っている。

大坂では御瓦師として瓦の専売権を有していた。禁裏をはじめ、二条城、大坂城や神社仏閣の瓦御用を京都家と大坂家で一手に引き受けて、名字帯刀も許されていたが、文政三年（一八二〇）幕命で特権を取り上げられている。同家文書は大阪市指定文化財である。

寺田家　○てらだ

和泉国岸和田の豪商・酒造家。先祖は武士であったが、関ヶ原合戦で西軍に属して破れ、岸和田に住んだという。文化年間に酒造業を始め、銘酒「玉の井」で知られた。のち南寺田家、北寺田家、堺寺田家の三家に分かれ、明治維新後には酒造業を離れて三家で第五十一国立銀行、岸和田紡績を中心とする寺田財閥を築いた。とくに、南寺田家の甚与茂が著名。

田家　○でん

丹波国の旧家。坂上田村麻呂の子孫という田村忠助が名字の「田村」を省略して田と称したのが祖。忠助は織田信包に仕えて丹波国氷上郡柏原（兵庫県丹波市柏原町）に移り、のち帰農した。江戸初期の女流俳人田捨女は忠助の孫にあたる。

明治維新後、田健治郎は官僚となり、明治四〇年男爵を授けられた。その後も、貴族院議員、逓信相、司法相などを歴任した。戦前に大蔵次官、衆院議員をつとめた田昌は健治郎の兄・艇吉の長男である。また、ジャーナリストから社会民主連合代表をつとめた田英夫は健治郎の二男誠の二男である。

天童家　○てんどう

仙台藩重臣・旧戦国大名。出羽国村山郡天童（山形県天童市）発祥。清和源氏斯波氏の一族。最上直家の二男頼直が天童を領して天童氏と称した。以来、最上氏とともに大崎氏の重臣となる。天正一二年（一五八四）頼久の時最上義光に敗れて落城、文禄年間伊達氏に仕えた。江戸時代は仙台藩士となり、宮城郡八幡村（宮城県多賀城市）で一三四七石を領した。家格は準一家。

と

土井家　○どい

下総古河藩主。三河国碧海郡土居村（愛知県岡崎市）発祥で清和源氏土岐氏の支流というが、利昌が徳川家康に仕えた以前は不詳。利昌の子利勝には徳川家康の落胤説もある。

【下総古河藩主】利勝は徳川秀忠に仕えて、慶長七年（一六〇二）下総小見川藩一万石を立藩。その後、老中、大老を歴任して、寛永一〇年（一六三三）には下総古河一六万石に入封した。四代利久の没後、嗣子がなかったことから、兄の利益が継いだものの七万石に半減。以後、天和元年（一六八一）志摩鳥羽、元禄四年（一六九一）肥前唐津を経て、宝暦一二年（一七六二）利里の時古河七万石に再入封。利厚は老中をつとめ、文政五年（一八二二）八万石に加増された。幕末、利位は大坂城代時代に大塩平八郎の乱を平定、その後は老中をつとめた。明治一七年利与の時に子爵となる。

【三河刈谷藩主】正保元年（一六四四）、利勝の三男利長が父の遺領のうち下野国足利郡内で一万石を分知されたのが祖。万治元年（一六五八）にはさらに一万石を分知され、寛文三年（一六六三）三〇〇〇石加増されて三河西尾藩を立藩。四代利信の延享四年（一七四七）同国碧海郡刈谷に移った。明治一七年忠直の時子爵となる。

【越前大野藩主】利勝の四男利房が父の遺領を再度にわたって分知され、下野国足利郡内・常陸国内で二万石を領したのが祖。利房はその後、奏者番・若年寄・老中と栄進し、寛文六年（一六六六）五〇〇〇石、同七年一万五〇〇〇石を加増され、天和元年（一六八一）越前大野藩四万石を立藩。七代藩主利忠は産業振興や洋学奨励だけでなく、樺太開拓を計画したことで知られる。明治一七年利恒の時子爵となる。

【寄合・旧大輪藩主】利勝の五男利直は四代将軍家綱に近侍して五〇〇〇石を知行。万治元年（一六五八）本家から五〇〇〇石を加増されて下総大輪藩一万石を立藩した。延宝四年（一六七六）には奏者番となったが、翌年急死。跡を継いだ養子の利良は五〇〇〇石を削られて五〇〇〇石の旗本となった。利良は書院番頭・大番頭を歴任。幕末の利用は大目付、田安家家老、講武所奉行などを歴任した。

《系図》329ページ

東儀家　○とうぎ

天王寺方楽家。安倍姓だが、遠祖は秦河勝という。専門は篳篥。室町時代に兼氏、兼満などがいたことが知られている。文禄年間（一五九二～九六）に季兼が京都楽人の安倍家を補って篳篥の演奏を担当するようになり、安倍姓を賜った。明治三年季熙が東上して林広守とともに雅楽局の創設に尽力、四一年に楽部初代楽長となった。分家も多く、早稲田大学の「都の西北」の作曲者東儀鉄笛や、ミュージシャン、俳優として活躍する東儀秀樹も一族。

藤堂家　○とうどう

伊勢津藩主。近江国愛智郡長野郷藤堂（滋賀県犬上郡甲良町）発祥。中原氏、藤原氏、宇多源氏などの説があるが不詳。高虎が藤原姓に改めたといい、「寛政重修諸家譜」では藤原氏支流である。中世は藤堂の地侍であった。

【伊勢津藩主】忠高は京極氏、虎高は浅井亮政に仕えた。

高虎は浅井氏、織田氏を経て豊臣秀吉に仕えて頭角をあらわし、伊予板島で七万石を領した。関ヶ原合戦後今治二〇万石に加転、さらに慶長一三年（一六〇八）に伊勢安濃津二二万九五〇石に転じて津藩を立藩した。大坂の陣後は三二万三〇〇〇石となった。寛文九年（一六六九）三代高久の時高通に五万石を分知している。明治一七年高潔の時に伯爵となる。

【伊勢久居藩主】寛文九年（一六六九）に高通が津藩三代藩主高久より五万石を

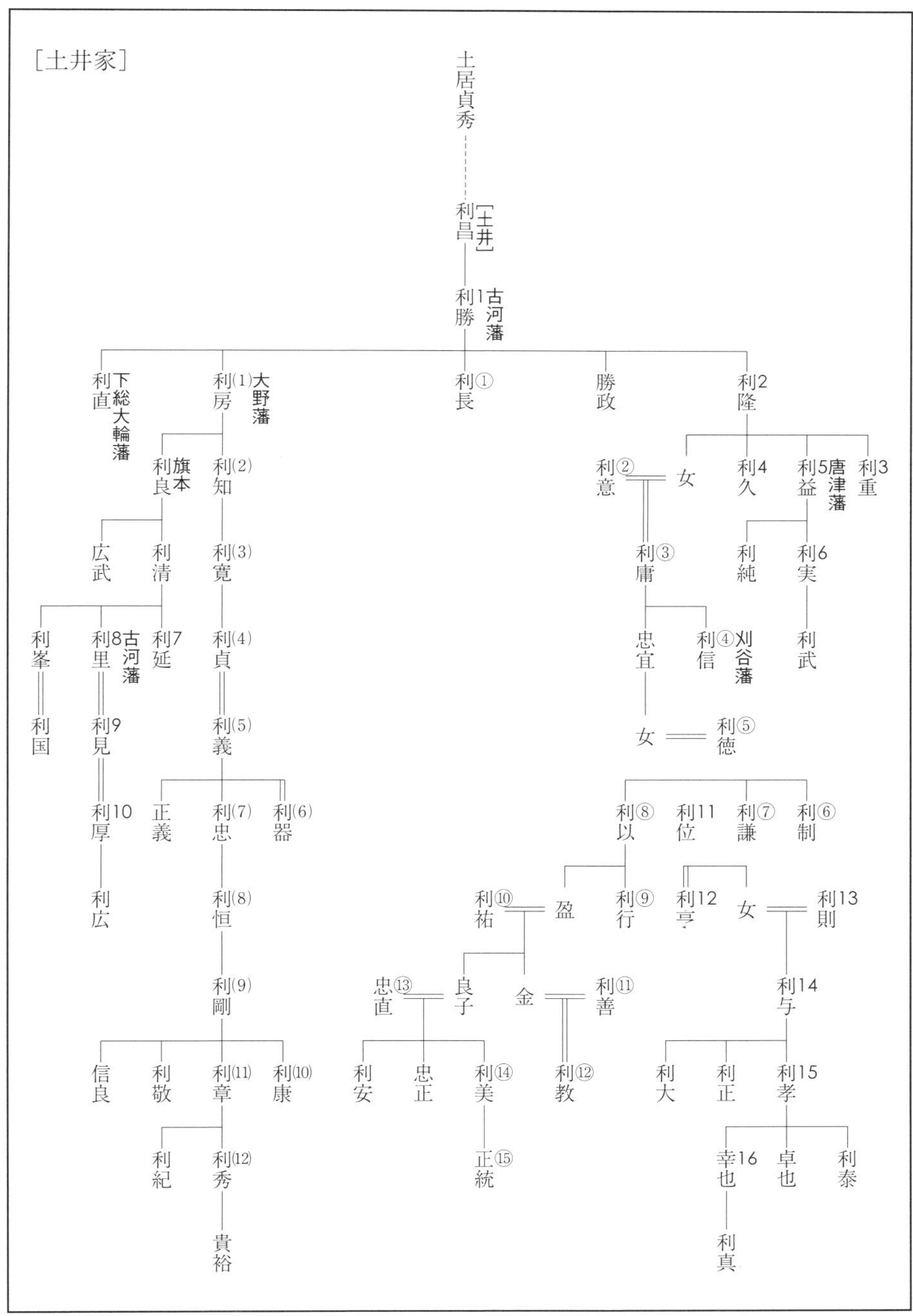
［土井家］
土居貞秀
利昌［土井］
利勝 1 古河藩
利直 下総大輪藩
利房 (1) 大野藩
利長 ①
勝政
利隆 2
利良 旗本
利知 (2)
利意 ②
女
利久 4
利益 5 唐津藩
利重 3
広武
利清
利寛 (3)
利庸 ③
利純
利実 6
利峯
利里 8 古河藩
利延 7
利貞 (4)
忠宜
利信 ④ 刈谷藩
利武
利国
利見 9
利義 (5)
女
利徳 ⑤
利厚 10
正義
利忠 (7)
利器 (6)
利以 ⑧
利位 11
利謙 ⑦
利制 ⑥
利広
利恒 (8)
利祐 ⑩
盈
利行 ⑨
利亨 12
女
利則 13
利剛 (9)
忠直 ⑬
良子
金
利善 ⑪
利与 14
信良
利敬
利章 (11)
利康 (10)
利安
忠正
利美 ⑭
利教 ⑫
利大
利正
利孝 15
利紀
利秀 (12)
正統 ⑮
幸也 16
卓也
利泰
貴裕
利真

分知されて久居藩を立藩した。明治一七年高義の時に子爵となる。

【出雲家】高虎の異母弟の出雲高清が祖。高清は大坂夏の陣の際に高虎より名張城の守備を命じられたが、無断で抜け出して参陣し、活躍したものの戦後蟄居させられた。元和五年（一六一九）に許され、以後代々津藩重臣として七〇〇〇石を知行した。津藩六代藩主高治、七代藩主高朗は出雲家の出である。

【内匠家】高虎の異母弟の正高が祖。正高は大坂夏の陣の際に高虎より上野城の守備を命じられたが、無断で抜け出して兄高清とともに参陣し、戦後蟄居させられた。元和五年（一六一九）に許され、以後代々津藩重臣となった。

【旗本玄蕃家】嘉房は織田信長を経て、豊臣秀吉に仕え、羽柴秀長に属して五〇〇〇石を与えられた。子玄蕃嘉清は豊臣秀次に仕え、秀次に連座したが高虎のとりなしによって許された。嘉清は関ヶ原合戦で討死、慶長八年（一六〇三）にその子嘉以が召し出されて大和国高市郡で二〇〇〇石を与えられて旗本となった。のち分知で一〇〇〇石となる。

【旗本主馬家】嘉以の二男嘉長は、寛永六年（一六二九）に一〇〇〇石を分知されて旗本となった。養子良直は大坂町奉行、大目付を歴任して五〇〇〇石に加増された。以後も、良端・良由・良峯と三代続けて大番頭をつとめている。

《系図》330ページ

藤堂家 ○とうどう

津藩家老・名張藤堂家。丹羽長秀の三男高吉は藤堂高虎の養子となるが、のちに高虎に実子が生まれたことから、伊賀名張二万石を領して津藩家老となり、一門に列した。家禄一万五〇〇〇石。明治三九年高成の時男爵となり、貴族院議員をつとめた。

名張市に現存する屋敷は、三重県指定史跡である。

《系図》330ページ

遠山家 ○とおやま

美濃苗木藩主。美濃国恵那郡遠山荘（岐阜県中津川市）発祥。藤原北家利仁流で、美濃加藤氏の一族。「遠山由来記」によると、建久六年（一一九五）に加藤景廉が美濃国恵那郡遠山荘を賜ったという。景廉の子孫は東濃地方に広がり、景廉の子の景朝は同郡岩村に拠って遠山氏を称したのが祖。

以来、一族は東濃一帯に広がり、戦国時代には嫡流の岩村遠山氏をはじめ、苗木・明知・明照・飯羽間・串（櫛）原・大井の遠山七家が蟠居していた。なお、遠山七家は、岩村・苗木・明知神篦・阿（安）木・飯羽間・串原・馬籠であるともいう。

しかし、戦国末期には武田氏の侵攻を受けた。元亀三年（一五七二）、上洛を目指す武田信玄の配下秋山信友の攻撃を受けて遠山景任は岩村城に籠城したが城中で病死。織田信長の援軍も秋山信友に敗れたために同年落城し、嫡流の岩村遠山家は滅亡した。天正二年（一五七四）

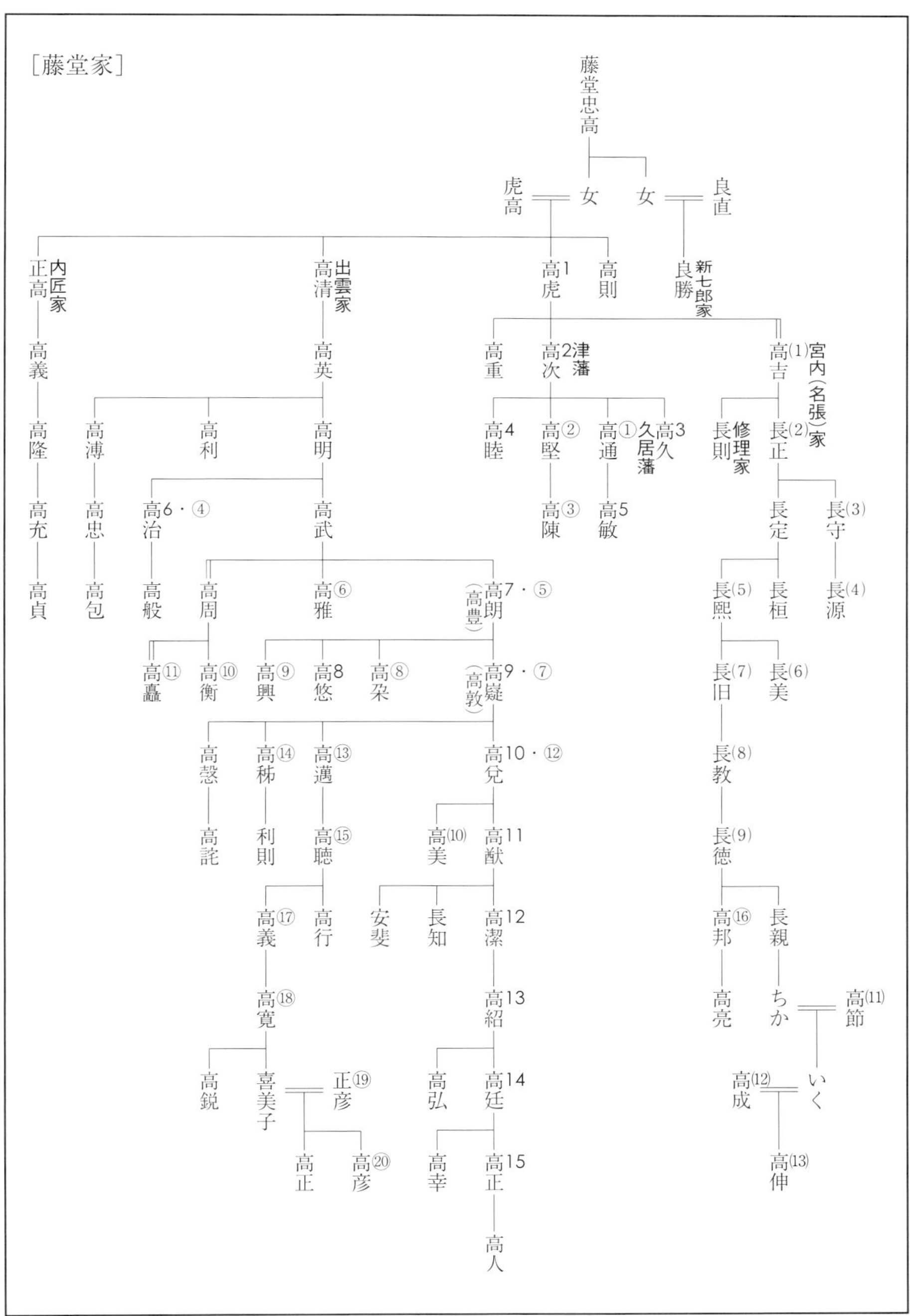
[藤堂家]
藤堂忠高
虎高
女
女
良直
内匠家
正高
出雲家
高清
高1
虎
高則
新七郎家
良勝
高義
高英
高重
高2
次
津藩
高(1)
吉
宮内(名張)家
高隆
高溥
高利
高明
高4
睦
高②
堅
高①
通
久居藩
高3
久
修理家
長則
長(2)
正
高充
高忠
高6・④
治
高武
高③
陳
高5
敏
長
定
長(3)
守
高貞
高包
高般
高周
高⑥
雅
高7・⑤
朗
(高豊)
長(5)
熙
長
桓
長(4)
源
高⑪
矗
高⑩
衡
高⑨
興
高8
悠
高⑧
朶
高9・⑦
嶷
(高敦)
長(7)
旧
長(6)
美
高
愨
高⑭
秭
高⑬
邁
高10・⑫
兌
長(8)
教
高
詑
利
則
高⑮
聴
高(10)
美
高11
猷
長(9)
徳
高⑰
義
高
行
安
斐
長
知
高12
潔
高⑯
邦
長
親
高⑱
寛
高13
紹
高
亮
ちか
高(11)
節
高
鋭
喜美子
正⑲
彦
高
弘
高14
廷
高(12)
成
いく
高
正
高⑳
彦
高
幸
高15
正
高(13)
伸
高
人

と

には武田氏の攻撃で明照遠山家も落城。近世以降まで存続したのは、苗木家と明知家の二家であった。
なお、近世大名となった苗木家が利仁以来の系図を伝えているが、一族全体の系図ははっきりしない。

【苗木遠山家】代々苗木城に拠り、織田信長を経て、天正一一年（一五八三）友政の時徳川家康に仕え、榊原康政に属した。慶長五年（一六〇〇）、関ヶ原合戦に先だって木曾を攻略し、翌六年美濃苗木藩一万五二一石を立藩。幕末、一二代友禄は若年寄をつとめている。明治一七年友悌の時に子爵となる。

昭和四八年に夫健彦の死後当主となっ

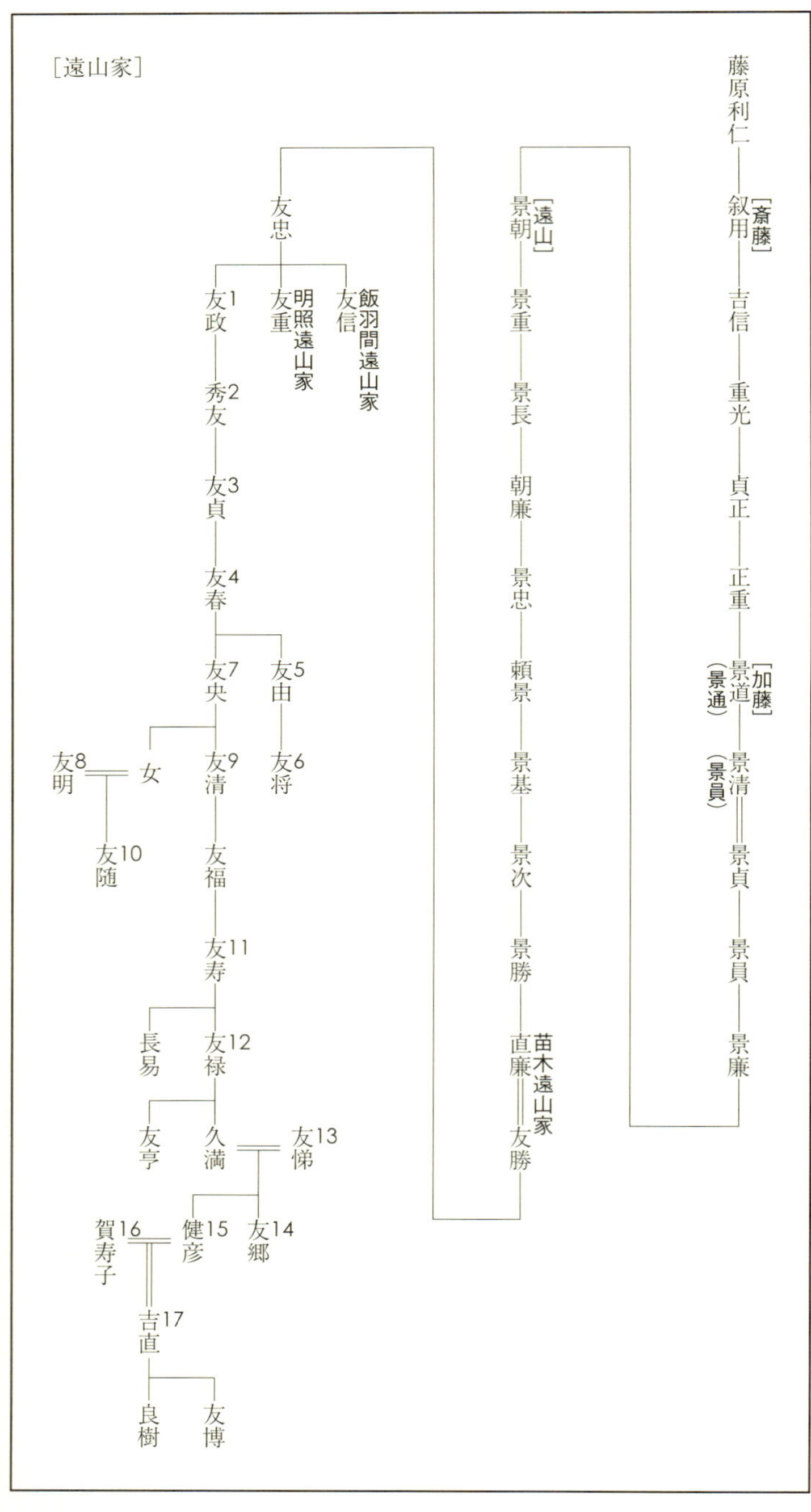

た賀寿子は苗木城跡の保存や苗木遠山資料館の建設などに尽力した。

中津川市苗木には、苗木遠山資料館がある。

《系図》332ページ

遠山家　○とおやま

旗本・明知遠山家。代々遠山荘内の手向郷明智（岐阜県恵那市明智町）を領した明知遠山家も同族だが、系図関係は不明。「寛政重修諸家譜」七八七でも景成からの記載で、それ以前は不明。景行の時に織田信長に仕えた。利景の時に徳川家康に仕え、関ヶ原合戦後は恵那・土岐二郡で六五三〇石を領する旗本となった。幕末の景高は浦賀奉行をつとめている。

三代長景の弟景重は分家して旗本となり、さらにその二男景吉も分家して旗本となった。この末裔の景普は、江戸時代後期に長崎奉行、作事奉行、勘定奉行を歴任。その子景元は老中水野忠邦のもとで北町奉行をつとめた。講談やテレビでおなじみの「遠山の金さん」のモデルである。

戸川家　○とがわ

旗本。美作国苫西郡戸川（岡山県津山市）発祥。伊予の河野氏の末裔で稲葉氏の一族と伝える。「寛政重修諸家譜」では安芸を生国とする玄蕃頭定安を初代とする。「戸川家譜」では備後国門田村出身の門田平右衛門秀安が祖で、父の死後姉婿で美作の富川禅門の養子となり、禅門の戦死後は宇喜多家の乳母であった母妙珠の縁故で宇喜多直家に仕えたという。戸川宿は富川宿とも書かれ、富川氏は戸川の在地武士とみられる。

秀安は宇喜多直家の重臣となって備前国常山城（玉野市）に拠り、二万五〇〇〇石を領した。子逵安も直家・秀家の重臣だったが、慶長四年（一五九九）の宇喜多家の内紛で離れ、翌年の関ヶ原合戦では東軍に属した。戦後、備中国都宇・賀陽両郡で二万九〇〇〇石を与えられ、賀陽郡庭瀬（岡山市）に陣屋を置いて庭瀬藩を立藩した。延宝七年（一六七九）安風の死後無嗣断絶となった。

【撫川戸川家】庭瀬藩三代藩主安宣の子逵富は、延宝三年（一六七五）父の遺領のうち備中国賀陽郡下撫川村（岡山市）一〇〇〇石を分知されて旗本となったのが祖。同七年の宗家断絶後、五〇〇〇石に加増されて交代寄合として再興、庭瀬に陣屋を置いた。天和三年（一六八三）賀陽郡の所領が小田郡・川上郡に移されたため、下撫川に陣屋を移した。

【早島戸川家】寛永五年（一六二八）、庭瀬藩初代藩主逵安の三男安尤が、備中国都宇郡で三四〇〇石を分知されたのが祖。都宇郡早島村（都窪郡早島町）に陣屋を置いた。元禄一五年（一七〇二）安通に四〇〇石を分知して三〇〇〇石となる。江戸時代を通じて児島湾の干拓をすすめ、明治元年に実高は五一三三石となっていた。

明治の詩人戸川安宅（残花）は、宮津藩主松平家の三男で早島戸川家の養子となった。一四歳で彰義隊に参加したのち慶応義塾に学び、牧師となる一方日本女子大学の創立にも参画。旗本としての立場からの史談も多い。

早島陣屋は明治初年に取り壊されたが、堀や石橋、井戸などの遺構は旗本陣屋の貴重な遺構として早島町指定重要文化財となっている。また、書物庫は戸川家記念館となっている。

【中島戸川家】 元禄一五年（一七〇二）、早島戸川家二代目の重明の六男安通が備中国都宇郡中島村（倉敷市中島）で四〇〇〇石を分知されたのが祖。四代安論は松前奉行をつとめ、上野国群馬郡で一〇〇〇石が加増された。

五代安清は長崎奉行、勘定奉行、江戸城西丸留守居などを歴任。文久元年（一八六一）に皇女和宮が将軍家茂に降嫁した際には、江戸下向の警護役をつとめている。隷書の名手としても知られ、論語の一部を書いた屏風が昌平黌に納められている。

【帯江戸川家】 寛永五年（一六二八）、庭瀬藩初代藩主逵安の四男安利が備中国都宇郡で三三〇〇石を分知され、同郡羽島村（倉敷市羽島）に陣屋を置いたのが祖。江戸初期、羽島村は帯江村に含まれていたため、帯江戸川家と呼ばれた。のち安村に三〇〇石を分知して三〇〇〇石となった。二代安広は西丸留守居、勘定奉行などを歴任。幕末、八代安愛は大目付となり、慶応四年（一八六八）の鳥羽伏見の戦いの際に将軍慶喜とともに大坂城にいたことから朝敵とされて所領を没収された。維新後は宮内省につとめた後帰郷し窪屋郡長などをつとめている。

なお、江戸時代を通じて児島湾の干拓を行い、明治元年の実高は五七四三石であった。

【妹尾戸川家】 寛文九年（一六六九）、庭瀬藩二代藩主正安の二男安成が備中国都宇郡で一五〇〇石を分知され、同郡妹尾村（岡山市妹尾）に陣屋を置いたのが祖。三代逵和は大目付、書院番頭などをつとめた。江戸時代を通じて児島湾の干拓を行い、明治元年の実高は四五三九石であった。

土岐家　〇とき

旗本・旧戦国大名。美濃国土岐郡土岐郷（岐阜県瑞浪市土岐町）発祥。清和源氏。源光国の子光信が土岐氏を称したのが祖というが、諸説ある。孫光衡は鎌倉幕府の御家人となり、南北朝時代頼遠は北朝に属して美濃守護となった。以来守護を独占した。天文二一年（一五五二）頼芸の時斎藤道三に美濃を奪われた。

頼芸の二男頼次は、天正一五年（一五八七）豊臣秀吉に仕えたのちに徳川家康に仕えた。子頼勝は寛永二年（一六二五）高家に列したが、寛政三年（一七九一）頼泰の時に罪を得て酒井家預かりとなっている。

頼芸の四男頼元も関ヶ原合戦後に徳川家康に仕えて旗本となり、子持益は美濃邦で一〇〇〇石を知行した。明暦三年（一六五七）頼元の時に高家に列した。

また、政房の三男治頼は原美作守景成の養子となって原家を継ぎ、常陸江戸崎城に住んでいたが、のち土岐氏に復した。子治英は古河公方に仕えた。朝房の時に徳川家康に仕え、慶長一六年（一六一一）徳川頼宣に附属して、以後は紀伊藩士となった。享保元年（一七一六）、吉宗の八代将軍就任の際に、朝治とその三男朝直は吉宗に従って旗本に転じた。朝直の曾孫の朝旨は側御用取次となって四〇〇〇石に加増され、その子朝昌は講武所奉行をつとめた。

《系図》336ページ

土岐家 ○とき

上野沼田藩主・明智土岐家。土岐氏の一族で土岐郡明智に住んで明智氏を称していたが、天文年間（一五三二〜五五）土岐頼芸と斎藤道三との合戦で定明が討死したため、幼少の定政は母方の親類を頼って三河国に逃れ、母方の叔父菅沼定仙のもとで成長した。明智光秀と同族であることをはばかって一時菅沼姓を名乗ったのち、土岐に復姓して徳川家康に仕えた。

天正一八年（一五九〇）の関東入国ののち下総国相馬郡に一万石を賜り、守谷に住む。子定義は摂津高槻（大阪府高槻市）で二万石に転じ、子孫は出羽国上山二万五〇〇〇石、駿河田中三万五〇〇〇石を経て、五代頼稔の寛保二年（一七四二）上野沼田三万五〇〇〇石に入封した。明治一七年頼知のとき子爵となる。

沼田藩主頼殷の二男頼郷は享保六年（一七二一）に三五〇〇石を分知されて旗本となった。三代頼香は駿府町奉行、幕末の頼礼は海軍奉行並となっている。

《系図》336ページ

時国家 ○ときくに

奥能登の名家。源平合戦の際に壇の浦合戦で敗れた平大納言時忠が奥能登珠洲（石川県珠洲市）に流され、そこで生まれた時国が祖。

時国は鳳至郡時国村（石川県輪島市）に移り住み、子孫は時国を名字として土着した。頼朝に追われて京から奥州に逃れる源義経が時国家に立ち寄ったという伝説もあり、鎌倉時代中期の一三世紀末には、九条家領だった町野荘（輪島市）に邸宅があったことが確認されている。

文献上の初見は天文一〇年（一五四一）の人身売買の文書。元亀三年（一五七二）には長綱連から福光名の支配を任されたことが文書で残っている。

代々奥能登の豪農として続いた時国家だが、江戸時代に二家に分裂した。寛永一一年（一六三四）に前田領内に土方領が設置された際に、時国家の三分の二が土方領に含まれていたため、当主だった藤左衛門は長男に家督を譲る一方、自らは前田家に留まるために二男千松とともに町野川の河口近くに分家して下時国家を興した。

以後、土方領（のち天領）の本家上時国家と、前田領にとどまった分家の下時国家に分かれ、両家ともに、豪農であるだけでなく幕末には北前船の経営も行っていた。また、ともに名字帯刀を許され、その壮大な屋敷も現存している。

下時国家の屋敷は本造平屋建で、大屋根は茅葺入母屋、母屋は前後土手の縁側を除いて、間口二三・四メートル（一三間）、奥行き一四・四メートル（八間）。

［土岐家］

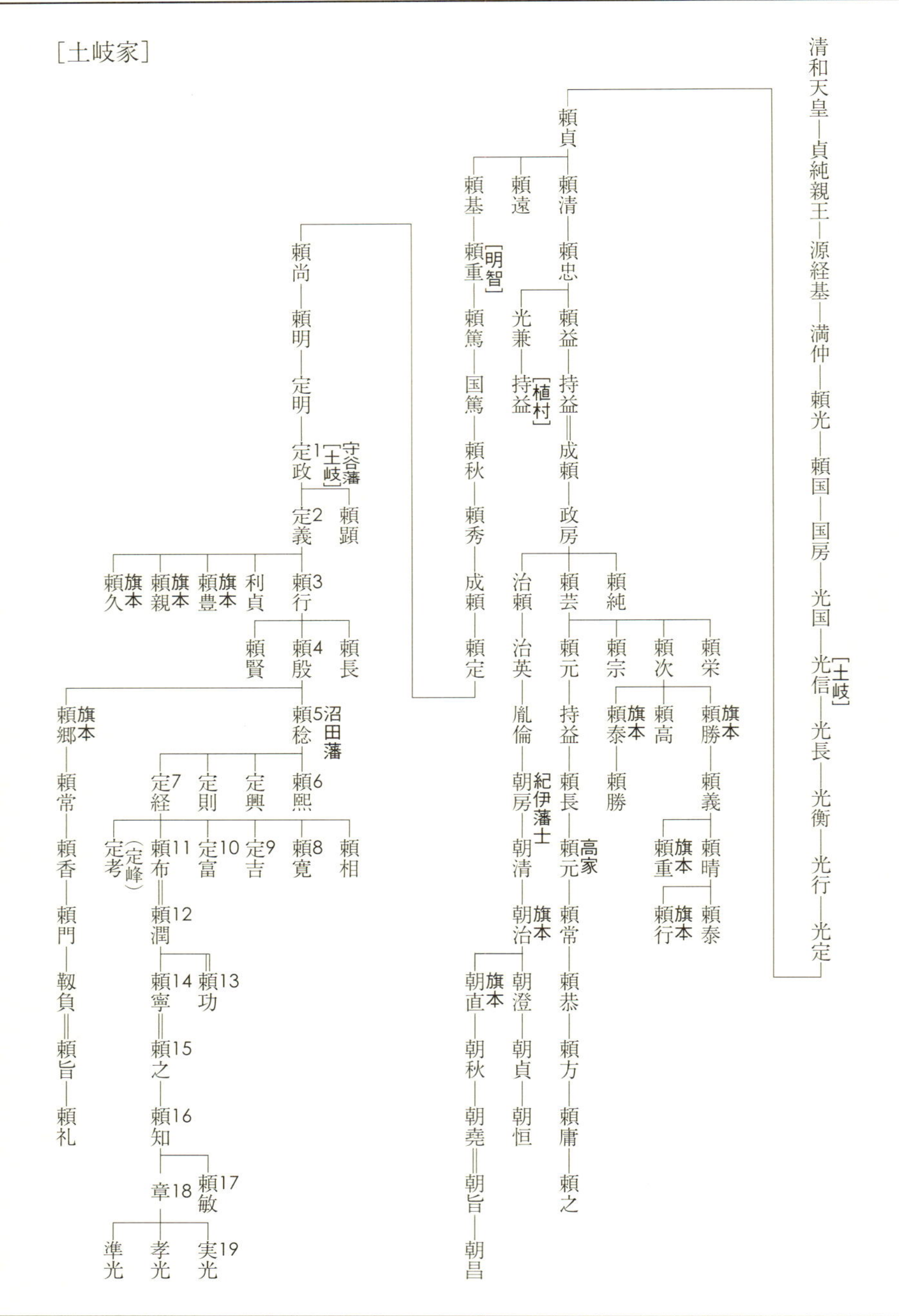

清和天皇―貞純親王―源経基―満仲―頼光―頼国―国房―光国―光信［土岐］―光長―光衡―光行―光定
頼貞
頼清
頼遠
頼基
頼忠
頼重［明智］
頼益
光兼
持益［植村］
持益
成頼
政房
頼純
頼芸
治頼
頼元
頼宗
頼次
頼栄
頼泰 旗本
頼高
頼勝 旗本
頼勝
頼義
頼重 旗本
頼晴
頼行 旗本
頼泰
持益
頼長
頼元 高家
頼常
頼恭
頼方
頼庸
頼之
治英
胤倫
朝房 紀伊藩士
朝清
朝治 旗本
朝直 旗本
朝澄
朝秋
朝貞
朝堯
朝恒
朝旨
朝昌
頼篤
国篤
頼秋
頼秀
成頼
頼定
頼尚
頼明
定明
定政 1 ［土岐］守谷藩
定義 2
頼顕
頼久 旗本
頼親 旗本
頼豊 旗本
利貞
頼行 3
頼賢
頼殷 4
頼長
頼郷 旗本
頼稔 5 沼田藩
定経 7
定則
定興
頼熙 6
定考（定峰）
頼布 11
定富 10
定吉 9
頼寛 8
頼相
頼潤 12
頼寧 14
頼功 13
頼之 15
頼知 16
章 18
頼敏 17
準光
孝光
実光 19
頼常
頼香
頼門
靫負
頼旨
頼礼

樹齢八〇〇年のシイの林を背景にした池泉回遊式庭園もある。建造年は不明だが、二〇〇年ほど前に建てられたとみられ、能登最古の民家として昭和三八年に国の重要文化財に指定されている。

一方の上時国家屋敷も、江戸後期に名工・安幸が二八年かけて完成させた巨大民家で、入母屋萱葺きの大屋根の高さは一八メートルもあり、正面玄関は総欅の唐破風造り。大屋根を支える巨大な梁は、周囲二メートルの松の芯材を使用している。こちらは長く県の文化財だったが、平成一五年に国の重要文化財となった。

常磐井家　○ときわい

伊勢国一身田（三重県津市一身田）の専修寺住職。親鸞が下野国に建立した専修寺は四代専空以降代々住職を世襲した。一〇代真慧の時伊勢国一身田に移り、浄土宗高田派本山となる。江戸時代は摂家・皇族より住職となり、文久元年（一八六一）近衛忠熙の四男堯熙が継承。明治五年には華族となって常磐井家を称し、二九年男爵となる。

徳川家　○とくがわ

将軍家。清和源氏新田氏の支流というが実際には不詳。もとは松平氏を称していた。伝承によれば、新田義重の子義季が得川氏を称し、六代政義の時に新田義貞に従って本領を離れ、以後各地を流浪した。親氏の時に三河国加茂郡松平郷（愛知県豊田市松平町）の松平信重の婿となり、松平氏を継いだとする。

室町時代には代々松平郷の領主で、一八松平といわれるほど多くの一族を分出した有力支族であった。永禄九年（一五六六）家康は従五位下三河守の官位を得、松平から徳川に改めた。家康は幕府を開いたのち三男秀忠に将軍職を譲り、以後代々将軍職を世襲した。江戸時代は宗家と御三家・御三卿のみが徳川を名乗り、それ以外の一族は松平氏を称していた。

一五代慶喜の時に大政を奉還、維新後一六代目家達は公爵となり、大正三年に組閣の内命を得たが辞退している。一七代家正は外交官として活躍した。

維新後、慶喜は宗家とは別に一家を興し、明治三五年に公爵を授けられた。現在の当主慶朝は写真家である。

また、慶喜の四男厚は明治一五年に分家し、一七年に男爵を授けられた。子喜翰は貴族院議員をつとめている。

慶喜の九男誠も明治四五年に分家し、大正二年男爵を授けられた。

【尾張徳川家】御三家の一つ。徳川家康の九男義直が祖。将軍家に最も血縁が近く、格式が一番高いとされた。慶長一二年（一六〇七）義直は嗣子のないまま亡くなった兄の忠吉にかわって尾張清洲に入封し、名古屋城を築城して元和二年（一六一六）尾張藩六二万石を立藩した。子光友は三代将軍家光の娘を室に迎えている。七代藩主宗春は華美な政策を推し進めて将軍吉宗により退隠させられた他、九代藩主宗睦は名君として知られている。明治一七年義礼の時に侯爵となる。

［徳川家］

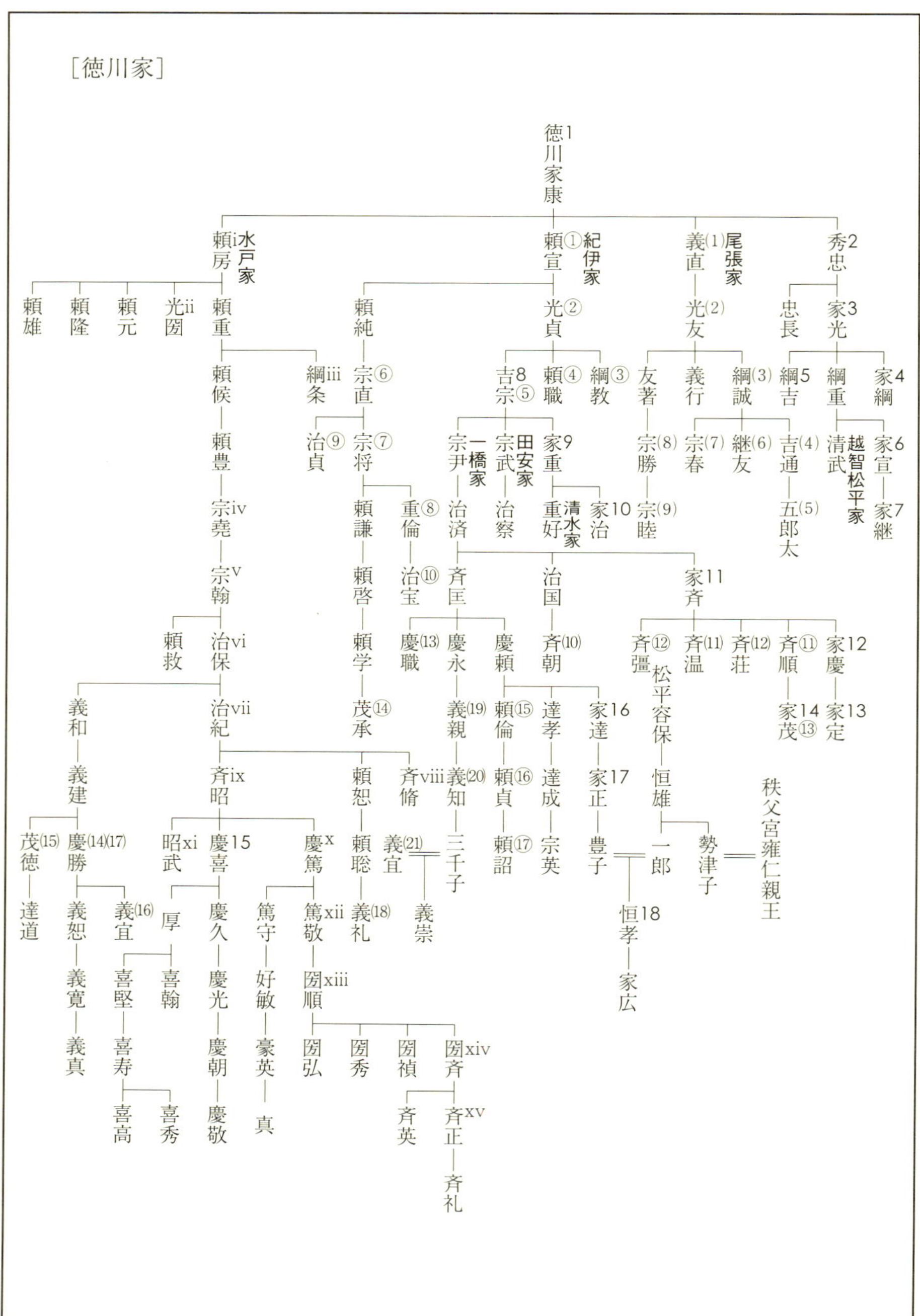

徳川家康 1
頼房 i 水戸家
頼宣 ① 紀伊家
義直 (1) 尾張家
秀忠 2
頼雄
頼隆
頼元
光圀 ii
頼重
頼純
光貞 ②
光友 (2)
忠長
家光 3
頼侯
綱条 iii
宗直 ⑥
吉宗 8 ⑤
頼職 ④
綱教 ③
友著
義行
綱誠 (3)
綱吉 5
綱重
家綱 4
頼豊
治貞 ⑨
宗将 ⑦
宗尹 一橋家
宗武 田安家
家重 9
宗勝 (8)
宗春 (7)
継友 (6)
吉通 (4)
清武 越智松平家
家宣 6
宗堯 iv
頼謙
重倫 ⑧
治済
治察
重好 清水家
家治 10
宗睦 (9)
五郎太 (5)
家継 7
宗翰 v
頼啓
治宝 ⑩
斉匡
治国
家斉 11
頼救
治保 vi
頼学
慶職 ⒀
慶永
慶頼
斉朝 ⑽
斉彊 ⑫
斉温 ⑾
斉荘 ⑿
斉順 ⑪
家慶 12
松平容保
義和
治紀 vii
茂承 ⑭
義親 ⒆
頼倫 ⑮
達孝
家達 16
家茂 14 ⑬
家定 13
義建
斉昭 ix
頼恕
斉脩 viii
義知 ⒇
頼貞 ⑯
達成
家正 17
恒雄
秩父宮雍仁親王
茂徳 ⒂
慶勝 ⒁⒄
昭武 xi
慶喜 15
慶篤 x
頼聡
義宜 ㉑
三千子
頼詔 ⑰
宗英
豊子
一郎
勢津子
達道
義恕
義宜 ⒃
厚
慶久
篤守
篤敬 xii
義礼 ⒅
義崇
恒孝 18
義寛
喜堅
喜翰
慶光
好敏
圀順 xiii
家広
義真
喜寿
慶朝
豪英
圀弘
圀秀
圀禎
圀斉 xiv
喜高
喜秀
慶敬
真
斉英
斉正 xv
斉礼
と

松平春嶽（慶永）の五男で義礼の女婿として尾張家を継いだ義親は植物学者として著名で、マレーで虎狩りをした「虎狩りの殿様」としても知られる。また徳川林政史研究所の創立者でもある。長男の義知は東京帝室博物館研究員を経て、徳川美術館を創設した。

現在の二一代目当主義宣も旧佐倉藩主堀田家からの女婿で美術史家として活躍する一方、家康の研究家としても知られている。

維新後、一七代目を再継承した慶勝は、一八代目を養子の義礼に譲った後に義恕が生まれたため、義恕は明治二一年に分家して一家を興し男爵を授けられ、のち侍従をつとめた。

その長男の義寛は昭和天皇の侍従をつとめ、終戦前夜の近衛師団反乱の際に玉音放送の録音盤を守った話は著名。『徳川義寛終戦日記』は当時の貴重な資料である。

【紀伊徳川家】御三家の一つ。徳川家康の十男頼宣が祖。慶長八年（一六〇三）頼宣が常陸水戸二〇万石を与えられて水戸藩を立藩、翌年二五万石に加増。同一四年には駿河・遠江・東三河で五〇万石に加転、家康死後の元和五年（一六一九）に紀伊五五万五〇〇〇石に入封した。五代藩主頼方は将軍家を継いで八代将軍吉宗となった他、一三代藩主慶福も一四代将軍家茂となっている。西条藩主松平頼学の七男から継いだ茂承は、明治一七年侯爵となった。

一六代当主頼貞は音楽研究に打ち込み、昭和一二年東京・飯倉に日本初のパイプオルガン付きの本格的コンサートホール南葵学堂を設立している。戦後は参院議員もつとめた。

【水戸徳川家】御三家の一つ。徳川家康の一一男頼房が祖。慶長一四年（一六〇九）頼房が兄頼宣のいた水戸二五万石に入封し、元和八年（一六二二）二八万石に加増された。元禄一四年（一七〇一）に三五万石となった。二代藩主光圀は好学で知られ、また「水戸黄門」として講談やテレビドラマで著名。幕末、九代藩主斉昭（烈公）は急転する政治の表舞台で活躍、七男慶喜は将軍家を継いで徳川家最後の将軍となった。

斉昭の一八男昭武は慶応三年（一八六七）に将軍慶喜の名代としてパリ万博に参加し、維新後兄慶篤の没後水戸家を継いだ。自転車や写真など、多趣味の人物として知られる。

明治一七年篤敬の時侯爵となり、外交官として活躍。昭和四年圀順の時に光圀生誕三〇〇年祭が行われ、その『大日本史』編纂の勲により公爵となった。圀順は日本赤十字社長、貴族院議長などを歴任。

一四代当主の圀斉は水戸市に彰考館博物館を創設した他、洋蘭愛好家の草分けとしても知られた。弟の圀禎は発明家。

【田安家】御三卿の一つ。徳川吉宗の二男宗武が祖。江戸城田安門内の館に住んだため田安家と呼ばれた。明治元年慶頼の三男で七代目を継いでいた亀之助が将軍家を相続、第一六代当主徳川家達となった。そのため、慶頼が再び田安家当主となり、その子達孝が明治一七年伯爵となった。のち侍従長をつとめている。

現当主の宗英は石川島タンク建設副社

長をつとめ、その弟の宗賢は大阪大学、学習院大学の教授を歴任、方言研究の第一人者として知られた。その妻陽子は物理学者で東京工芸大学教授。

【一橋家】御三卿の一。徳川吉宗の四男宗尹が祖。江戸城一橋門内の館に住んだため一橋家と呼ばれた。幕末、水戸家から一橋家を継いでいた慶喜は慶応二年（一八六六）に第一五代将軍に就任したため、美濃高須藩主松平義建の五男茂栄（慶喜のまた従弟）が一橋家を継ぎ、明治一七年達道の時に伯爵となる。

　達道の跡は水戸家の篤敬の二男宗敬が継ぎ、神社本庁統理の傍ら参院議員もつとめた。その後宗信は茨城県酪農連会長をつとめた。

【清水家】御三卿の一つ。徳川家重の二男重好が祖。江戸城清水門の内に住んだため清水家と呼ばれた。慶応三年（一八六七）昭武はパリ万博に参加するためにフランスに派遣されている。

　維新後清水氏に改めて、明治一七年に伯爵となったが、二〇年に徳川氏に復し、三二年に爵位を返上している。昭和三年好敏の時に改めて男爵が授けられた。

　好敏の二男輝尚は、カトリック司祭を経て、京都で社会福祉活動家となっている。

《系図》338ページ

徳大寺家　◯とくだいじ

公家。清華家の一。平安中期、西園寺公実の五男実能が京都衣笠岡に徳大寺を建立し、徳大寺殿と呼ばれたのが祖。家職は有職故実・笛。実定は源頼朝に重んじられた。

　江戸時代の家禄は四一〇石。明治維新後、実則は一七年侯爵、三四年公爵となる。

　現在の当主・公英は昭和三〇年代に美術評論家として活躍した。

　また、実則の三男則麿は分家し、大正二年男爵を授けられている。

《系図》341ページ

徳永家　◯とくなが

旗本・旧美濃高須藩主。近江国神崎郡徳永（滋賀県東近江市）発祥。藤原北家で頼通の末裔という。

　祖寿昌は柴田勝豊を経て、天正一一年（一五八三）の賤ヶ岳合戦の際に豊臣秀吉に仕えた。のち豊臣秀次に従い、美濃高松（岐阜県海津市）で二万石を領した。関ヶ原合戦では東軍に属して、高須城主高木盛兼、福東城主丸毛兼利を降し、戦後高須藩（海津市）五万七〇〇〇石を立藩した。子昌重は寛永三年（一六二六）大坂城改築に際して二の丸石垣普請役となったが、石垣が崩れて期日に間に合わず、同五年除封となった。

　子昌勝は新発田藩に預けられていたが、慶安元年（一六四八）に許され、同三年廩米二〇〇〇俵で旗本として再興。のち二二〇〇石となる。

　また、寿昌の二男昌成は慶長九年（一六〇四）に徳川家康に仕え、大坂の陣で功をあげて寛永二年（一六二五）美濃国大野郡で三〇〇〇石を与えられて旗本と

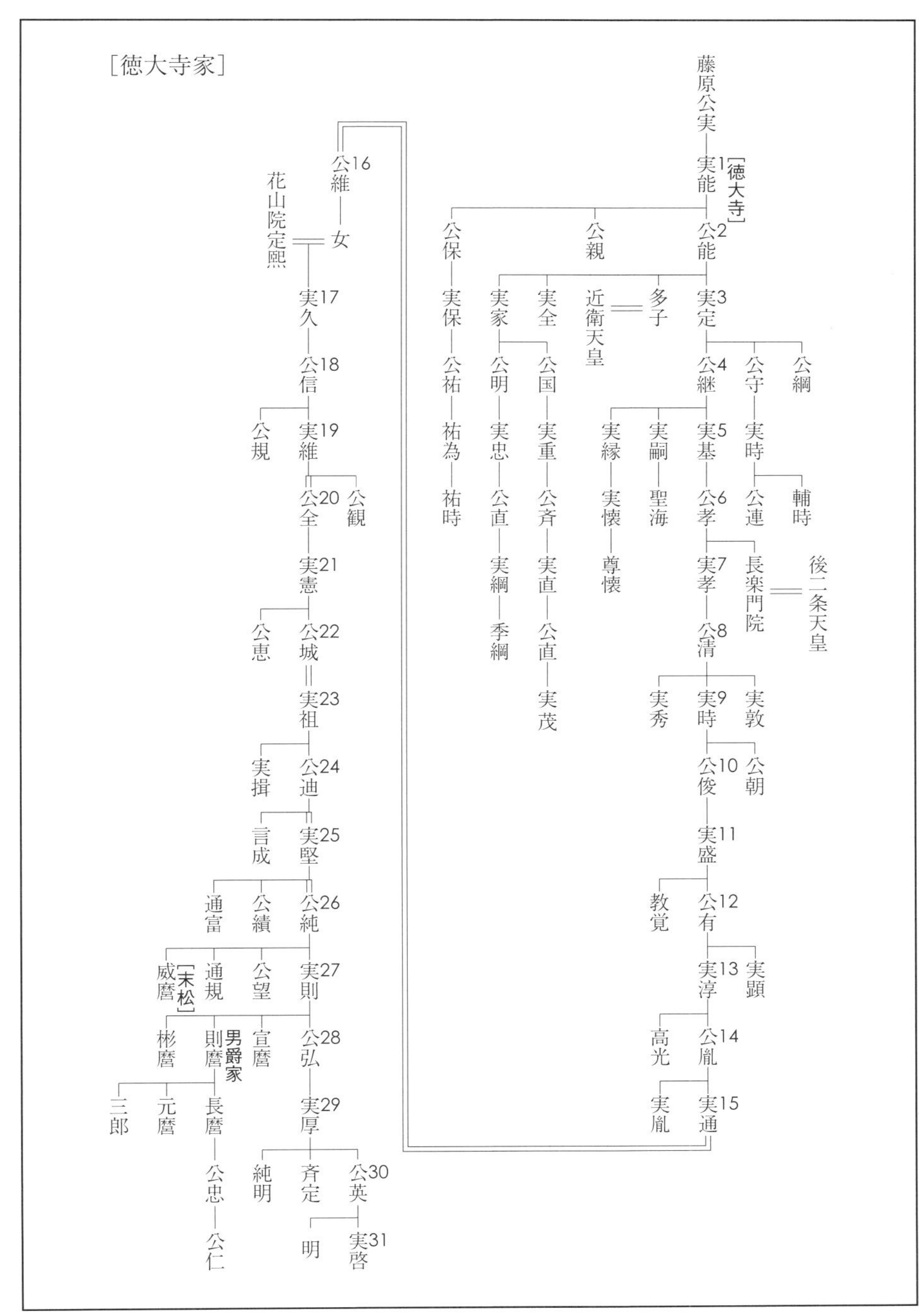

[徳大寺家]
藤原公実
実能1 [徳大寺]
公能2
公親
公保
実定3
多子
近衛天皇
実全
実家
実保
公祐
祐為
祐時
公綱
公守
公継4
公明
公国
実忠
実重
公直
公斉
実綱
実直
季綱
公直
実茂
実時
輔時
公連
実5 基
実嗣
実縁
聖海
実懐
尊懐
公6 孝
実7 孝
長楽門院
後二条天皇
公8 清
実秀
実9 時
実敦
公10 俊
公朝
実11 盛
教覚
公12 有
実13 淳
実顕
高光
公14 胤
実胤
実15 通
公16 維
女
花山院定煕
実17 久
公18 信
公規
実19 維
公20 全
公観
実21 憲
公恵
公22 城
実23 祖
実揖
公24 迪
言成
実25 堅
通富
公績
公26 純
威麿
[末松]
通規
公望
実27 則
彬麿
則麿
男爵家
宣麿
公28 弘
三郎
元麿
長麿
公忠
公仁
実29 厚
純明
斉定
公30 英
明
実31 啓

なった。のち分知で二五〇〇石となる。

徳山家　○とくのやま

旗本。美濃国大野郡徳山郷（岐阜県揖斐郡揖斐川町）発祥。坂上田村麻呂の末裔という貞守が徳山郷に住み、貞信の時に徳山氏を称したのが祖。貞信の跡は、土岐頼世の子貞長が継いだことから、「寛政重修諸家譜」では清和源氏土岐氏の支流に収めている。また、当初は「とこのやま」と称したという。

則秀の時織田信長に仕えて柴田勝家に属し、前田利家を経て、慶長五年（一六〇〇）に徳川家康に仕え、旧領の美濃徳山で五〇〇〇石を領した。子直政は三〇〇〇石を継いで旗本となり、のち分知で二七四〇石となった。

直政の子重政は本所築地奉行となって本所・深川界隈の掘割の開割など、同地の開発に尽くした。その屋敷跡は現在徳ノ山稲荷となっている。また、秀栄は火付盗賊改をつとめている。

土倉家　○とくら

岡山藩家老。祖貞利は真言宗の僧だったが、還俗して織田氏に仕え、桶狭間合戦の後池田恒興に属した。二代勝看は寛永九年（一六三二）の備前国磐梨郡市場村（岡山県和気郡和気町）に陣屋を構えて一万一〇〇〇石を領し、以後代々岡山藩家老をつとめた。明治三九年光三郎の時に男爵となる。

戸沢家　○とざわ

出羽新庄藩主。陸奥国岩手郡戸沢（岩手県岩手郡雫石町戸沢）発祥。桓武平氏で、鎮守府将軍平貞盛の末裔という。戸沢の土豪の出で、道盛が出羽国角館（秋田県仙北市角館町）に移った。天正一八年（一五九〇）盛安は豊臣秀吉の小田原攻めに参陣したが陣中で病没、弟の光盛が跡を継いで、角館四万四〇〇〇石余を安堵された。

関ヶ原合戦では東軍に属し、慶長七年（一六〇二）常陸松岡藩（茨城県高萩市）四万石を立藩。元和八年（一六二二）出羽新庄六万八二〇〇石に移る。江戸時代を通じて領内の新田開発・鉱山開発を推進、幕末の実高は一〇万石余であった。明治一七年正実の時に子爵となる。

新庄市瑞雲院にある同家墓所は、国指定史跡である。

戸田家　○とだ

江戸時代の譜代大名。藤原北家で正親町三条家の末裔と伝えるがはっきりしない。戦国時代に近江国を経て三河国に移ったといい、吉田（豊橋市）から渥美半島にかけての地域を領していた。事績がわかるのは宗光以降で、宗光は明応年間（一四九二〜一五〇一）に田原城を築城。その孫政光は享禄二年（一五二九）松平清康に従い、宜光は天文一〇年（一五四一）二連木（豊橋市仁連木町）に移った。宜光・重貞は今川義元に従ったが、永禄七年（一五六四）に離反して今川旗下の小笠原氏の拠る吉田城を攻め、功により徳川家康から三〇〇〇貫の地を与えられた。

【信濃松本藩主】康長は天正一八年（一五九〇）の関東入国で武蔵国深谷一万石を与えられ、関ヶ原合戦では大垣城攻めに従った。

慶長六年（一六〇一）上野白井二万石となり、以後、同七年下総古河、同一七年常陸笠間三万石、元和二年（一六一六）上野高崎五万石を経て、同三年信濃松本七万石に加転。康直は寛永一〇年（一六三三）播磨明石に転じ、以後、同一六年光重が美濃加納、正徳元年（一七一一）光熙が山城淀、享保二年（一七一七）光慈が志摩鳥羽を経て、同一〇年再び信濃松本六万石に入封。その後、光和

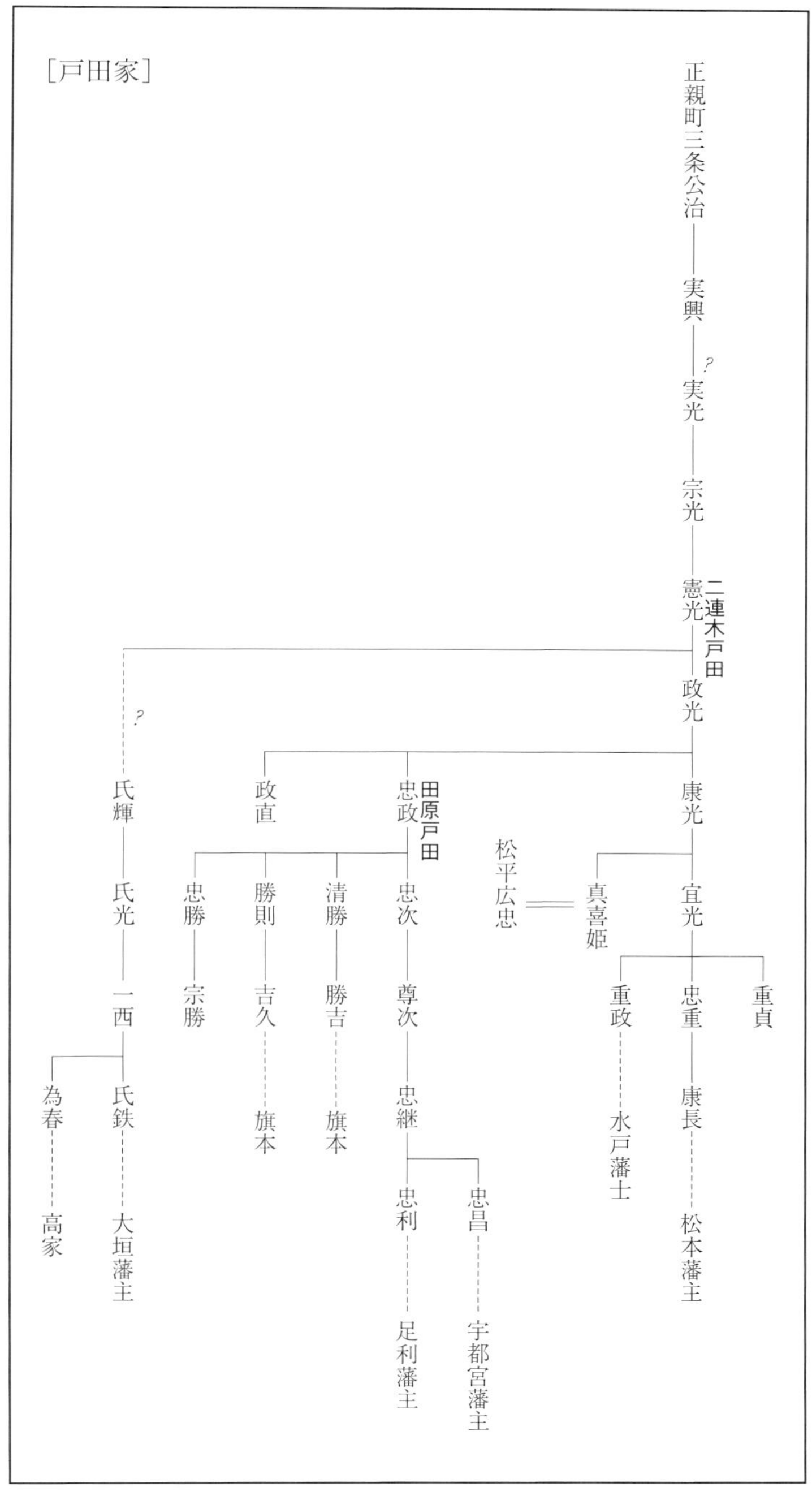

と

［戸田家］（宗家）

宜光—忠重—康長1
久松俊勝＝於大の方—松姫
松平広忠＝於大の方—家康
康長＝松姫—永兼、忠光、康直2（明石藩）
忠光—光重3（加納藩）
光重—光永4、光正（旗本）、光直①（旗本）
光直①—光言②
光正—光輝—光良、光政、光典
光永4—光規、光熙5（淀藩）
光熙5—光慈6（松本藩）、光清③、光雄7
光清③—光為④—光一⑤＝光大⑥—光武⑦—内蔵助⑧
光雄7—光徳8、光和9、光悌10
光悌10—光行11、光年12
光行11—光庸13—光則14—康泰15、氏懿
康泰15—康保16、康定、直邦
康保16—康英17、康明、忠允、光孝、光敬、光発
康英17—英冠18

は奏者番、光年も奏者番を経て、文政一一年（一八二八）に寺社奉行となっている。明治一七年康泰の時子爵となる。

寛文八年（一六六八）加納藩主だった光重の二男光正と三男光直がともに五〇〇〇石を分知されて旗本となった。

光正は本巣郡文殊村（岐阜県本巣市文殊）に陣屋を置いて文殊戸田家となった。

光直は本巣郡北方村地下（岐阜県本巣郡北方町地下）に陣屋を置いて北方戸田家となった。子孫の光為は寄合肝煎、光大は大番頭をつとめている。

【宇都宮藩主】戸田忠次は徳川家康に仕えて伊豆下田で五〇〇〇石を領し、子尊次が慶長六年（一六〇一）三河田原藩一万石を立藩。忠昌は寛文四年（一六六四）肥後天草二万五〇〇〇石に転じて富岡城を築城した。その後、奏者番兼寺社奉行を経て、延宝四年（一六七六）京都所司代、天和元年（一六八一）老中となり、同二年武蔵岩槻五万一〇〇〇石、貞享三年（一六八六）下総佐倉六万一〇〇〇石に転じた。忠真は元禄一四年（一七〇一）越後高田、宝永七年（一七一〇）下野宇都宮に移り、正徳四年（一七一四）に老中となって、享保三年（一七一

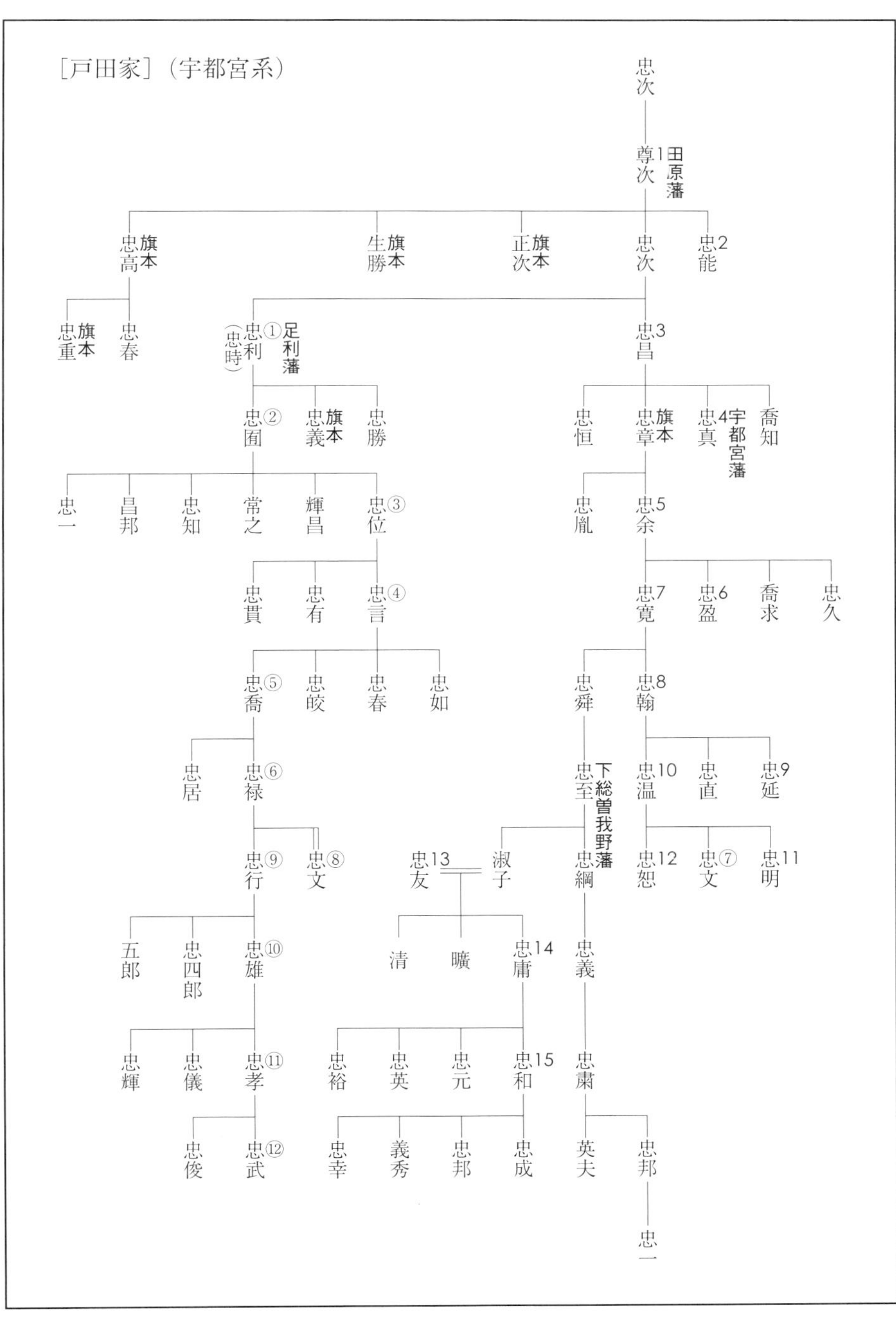
［戸田家］（宇都宮系）
忠次
尊次 1 田原藩
忠高 旗本
生勝 旗本
正次 旗本
忠次
忠能 2
忠重 旗本
忠春
忠利（忠時）① 足利藩
忠昌 3
忠囿 ②
忠義 旗本
忠勝
忠恒
忠章 旗本
忠真 4 宇都宮藩
喬知
忠一
昌邦
忠知
常之
輝昌
忠位 ③
忠胤
忠余 5
忠貫
忠有
忠言 ④
忠寛 7
忠盈 6
喬求
忠久
忠喬 ⑤
忠晈
忠春
忠如
忠舜
忠翰 8
忠居
忠禄 ⑥
忠至 下総曽我野藩
忠温 10
忠直
忠延 9
忠行 ⑨
忠文 ⑧
忠友 13
淑子
忠綱
忠恕 12
忠文 ⑦
忠明 11
五郎
忠四郎
忠雄 ⑩
清
曠
忠庸 14
忠義
忠輝
忠儀
忠孝 ⑪
忠裕
忠英
忠元
忠和 15
忠粛
忠俊
忠武 ⑫
忠幸
義秀
忠邦
忠成
英夫
忠邦
忠一

八）には七万七八五〇石に加増。その後も、寛延二年（一七四九）に忠盈が肥前島原に移り、安永三年（一七七四）に忠寛が宇都宮に戻った。

忠寛は大坂城代、京都所司代、忠温は寺社奉行・西丸老中を経て、弘化二年（一八四五）老中に就任するなど、代々幕府の要職をつとめた。忠恕は、水戸天狗党の乱の波及に対する処置の責を問われて、一万七八五〇石の召上げと、陸奥国棚倉への転封を命ぜられるが、移封は取り止めとなっている。

分家の旗本家から継いだ最後の藩主忠友も寺社奉行兼奏者番となり、維新後は二荒山神社宮司をつとめた。明治一七年子爵となる。

分家に、下野国足利藩主と下総国曾我野藩主がある他、寛文一二年（一六七二）には佐倉藩主だった忠昌の五男忠章が七〇〇〇石を分知されて旗本となった。

【下野足利藩主】忠利（忠時）が四代将軍家綱の小姓から、天和二年（一六八二）伏見奉行となり、甲府で八〇〇〇石を与えられたのが祖。宝永二年（一七〇五）三〇〇〇石を加増されて一万一〇〇〇石となり、足利藩を立藩した。忠囿の時領地の一部を摂津国に移されて大坂定番をつとめ、忠言は奏者番となる。また幕末の忠行は陸軍奉行並となっている。明治一七年には子爵となった。

【下総曽我野藩主】宇都宮藩主忠翰の弟忠舜の次男で、宇都宮藩家老の間瀬家を継いでいた忠至が祖。文久二年（一八六二）、宇都宮藩主戸田忠恕が歴代天皇陵の調査と修補を幕府に建策して許可を得た際、家老間瀬忠至が戸田姓に復して担当者として実行、その功績により慶応二年（一八六六）三月に宇都宮藩より本高七〇〇〇石・新田高三〇〇〇石の計一万石を分知され、下野国高徳（栃木県日光市高徳）に陣屋を構えて高徳藩を立藩した。江戸時代最後に成立した藩である。

明治三年八月、下総国曽我野（千葉県千葉市中央区）に移されて曽我野藩となり、翌年廃藩。一七年忠義が子爵となる。

《系図》343・344・345ページ

戸田家　○とだ

美濃大垣藩主。前記戸田家の一族だが、系図上のつながりは不明。事績のはっきりするのは徳川家康に仕えた一西（政成）からで、一西は天正一八年（一五九〇）の関東入国の際に武蔵国高麗郡鯨井（埼玉県川越市鯨井）で五〇〇〇石を与えられた。

【美濃大垣藩主】関ヶ原合戦後、慶長六年（一六〇一）に近江大津三万石となり、翌七年膳所に移る。氏鉄は元和二年（一六一六）摂津尼崎五万石を経て、寛永一二年（一六三五）美濃大垣一〇万石に移った。以後、何度か分知をしたが、いずれも新田分で幕末まで一〇万石のままだった。一方、氏英の延享三年（一七四六）以降、御料地（天領）を順次預けられ、累計して八万八〇〇〇余石にも及んだ。氏英は奏者番をつとめ、氏教は奏者番兼寺社奉行、側用人を経て、寛政二年（一七九〇）老中に就任。

幕末、氏正は水戸藩主徳川斉昭らと親しく交わり、尊王派の大名として知られた。明治一七年氏共が伯爵となる。分家に大垣新田藩（野村藩）主がある。

明暦元年（一六五五）氏鉄の六男氏照が新田三五〇〇石を分知されて旗本となった。

享保七年（一七二二）氏定の三男定浩は五〇〇〇石を分知されて旗本となり、大番頭、留守居などを歴任した。

この他、大垣藩の家老となった、戸田縫殿家、戸田権大夫家、戸田五郎左衛門家も分家である。

【大垣新田藩（野村藩）藩主】大垣藩五代藩主氏信の弟氏経が元和四年（一六一八）徳川秀忠の小姓となり、三河国渥美郡内で一五〇〇石を与えられたのが祖。島原の乱に従軍したのち、明暦元年（一六五五）兄氏信から美濃国大野郡内の新墾田四〇〇〇石を分知され、計六二〇〇石となった。氏成の時にさらに三〇〇〇石を分知され、三河国の新田領地を加えて一万石となり、三河国渥美郡畑村（愛知県田原市畑村）に陣屋を置いて大垣新田藩を立藩、畑村藩ともいった。明治二年美濃国の所領の中心地である揖斐郡野村（岐阜県揖斐郡大野町）に本拠を移し、野村藩と改称した。一七年氏良が子爵となる。

《系図》348ページ

戸田家 ○とだ

高家。公家六条有純の子氏豊は一家を興して戸田家を称し、大伯父である美濃大垣藩主戸田氏鉄のもとに寄食。慶安二年（一六四九）幕府に召し出されて知行一〇〇〇石を賜り、翌三年従四位下侍従に叙任、土佐守に改めて高家に列した。子氏興の時に二〇〇〇石に加増された。

《系図》348ページ

戸田家 ○とだ

大垣藩家老。桓武平氏渋谷氏。渋谷治永は上杉謙信に仕えて一〇〇〇石を領した。子永重は三〇〇〇石を領したが、関ヶ原合戦後浪人。のち戸田氏鉄に仕えて家老となり、戸田姓を賜った。家禄一四〇〇石。治部左衛門家といわれる。

十時家 ○とどき

柳河藩家老。豊後国大野郡大野荘十時（大分県豊後大野市大野町十時）発祥。十時城に拠る土豪で、大友氏に従っていた。惟信の時立花氏に仕え、連貞の時柳川藩家老となった。幕末の当主十時摂津は勤王を唱えて志士と交わった。

戸沼家 ○とぬま

陸奥国鰺ヶ沢湊（青森県西津軽郡鰺ヶ沢町）で塩屋と号した豪商。祖は越中国の出で高沼権兵衛といい、のちに七戸家の婿となったことから、父方の名字の「沼」と、母方の名字の「戸」をとって戸沼を名字にしたという。

鰺ヶ沢湊で山〆二と号して、塩屋の名で船主・船問屋をつとめ、町名主でもあった。当主は治右衛門を称した。

また、江戸時代後期には理左衛門が分家して船問屋を始め、幕末の三代目理左衛門は豪商として知られた。

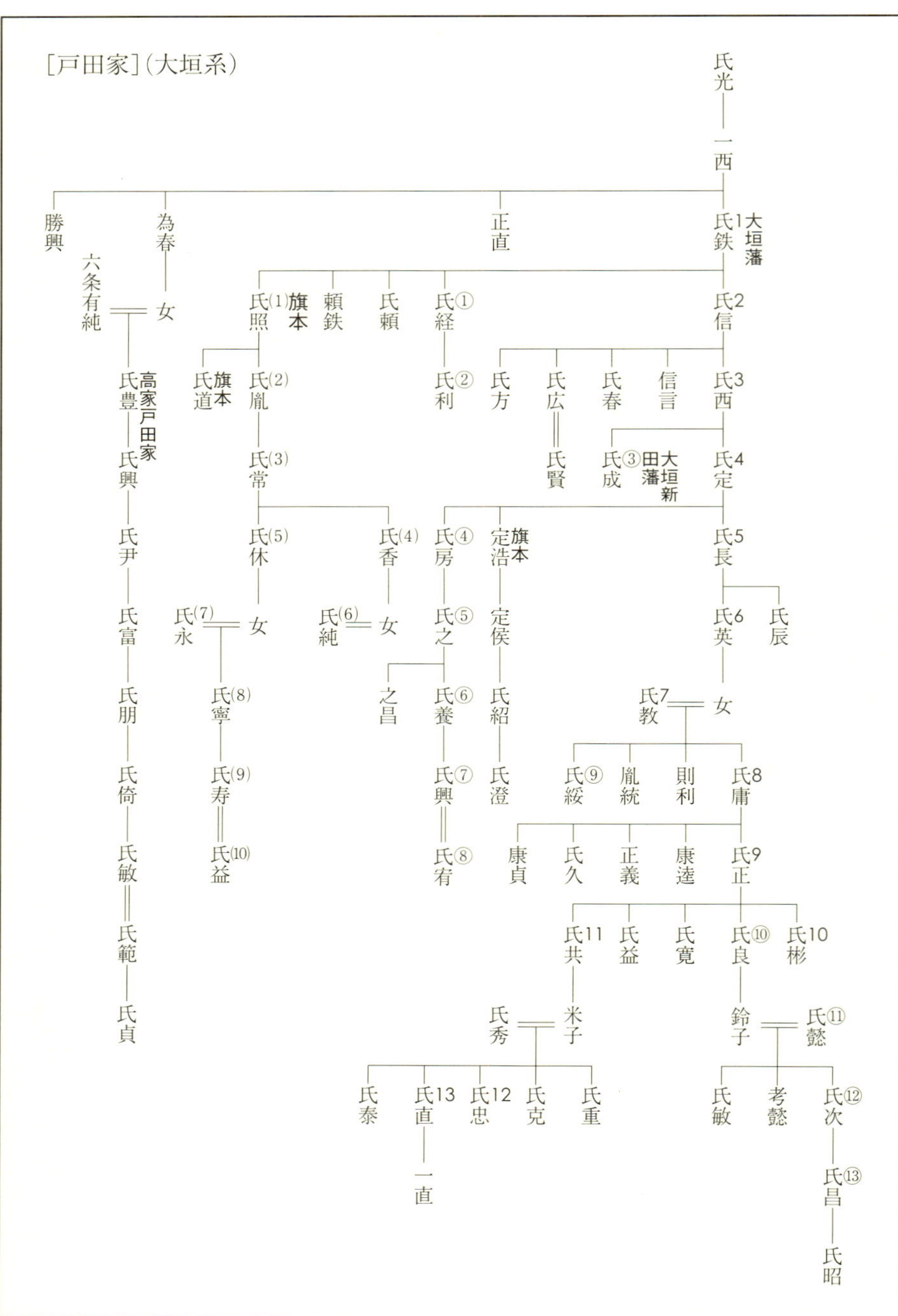
[戸田家](大垣系)
氏光
一西
勝興
為春
正直
氏鉄 1 大垣藩
六条有純
女
氏照 (1) 旗本
頼鉄
氏頼
氏経 ①
氏信 2
氏豊 高家戸田家
氏道 旗本
氏胤 (2)
氏利 ②
氏方
氏広
氏春
信言
氏西 3
氏興
氏常 (3)
氏賢
氏成 ③ 大垣新田藩
氏定 4
氏尹
氏休 (5)
氏香 (4)
氏房 ④
定浩 旗本
氏長 5
氏富
氏永 (7)
女
氏純 (6)
女
氏之 ⑤
定侯
氏英 6
氏辰
氏朋
氏寧 (8)
之昌
氏養 ⑥
氏紹
氏教 7
女
氏倚
氏寿 (9)
氏興 ⑦
氏澄
氏綏 ⑨
胤統
則利
氏庸 8
氏敏
氏益 (10)
氏宥 ⑧
康貞
氏久
正義
康逵
氏正 9
氏範
氏共 11
氏益
氏寛
氏良 ⑩
氏彬 10
氏貞
氏秀
米子
鈴子
氏懿 ⑪
氏泰
氏直 13
氏忠 12
氏克
氏重
氏敏
孝懿
氏次 ⑫
一直
氏昌 ⑬
氏昭
と

富田家　○とみた

旗本・旧戦国大名。宇多源氏佐々木氏。南北朝時代、隠岐義清の子孫という義泰が出雲国富田荘に住み、子師泰が富田城を築いて富田氏を称したという。戦国時代富田知信（一白）は豊臣秀吉に仕え、文禄四年（一五九五）伊勢安濃津城五万石に転じた。子信高は関ヶ原合戦では東軍に属し、伊予宇和島一二万石を領したが、慶長一八年（一六一三）除封。

信高の長男知幸は水戸藩士、二男知儀は館林藩士となり、知儀の子知郷は綱吉の将軍就任に従って旗本となった。家禄七〇〇〇石。

富小路家　○とみのこうじ

公家。藤原北家。室町時代の文亀年間（一五〇一～〇四）頃、九条家の諸大夫であった富小路俊通は系図を偽作して二条道平の子孫と称し従三位に昇った。秀直の時に堂上に列している。家格は半家。江戸時代の家禄は二〇〇石。幕末の敬直は公武合体派の公家として活躍した。明治一七年敬直の時に子爵となる。

《系図》349ページ

戸村家　○とむら

秋田藩重臣。常陸国那珂郡戸村（茨城県那珂市戸）発祥。清和源氏。佐竹義憲の子義倭が大掾氏の養子となっていたが、のちに実家に戻り、戸村に住んだため戸村氏を称した。義倭には子どもがおらず、甥の義易が跡を継ぎ、江戸時代は秋田藩重臣として五四〇〇石余を領していた。

美作勝山藩家老の戸村家も一族。佐竹氏に仕えた戸村義国の二男愛茂が三浦正次に仕えて家老となった。

外山家　○とやま

公家。藤原北家日野流。日野弘資の二男光顕が祖。家格は名家。江戸時代の家禄は三〇石三人扶持。維新の際、光輔は愛宕通旭とともに反政府陰謀を図り、捕縛されて自刃した（愛宕通旭事件）。明治一七年光暨の時子爵となる。

豊岡家　○とよおか

公家。藤原北家日野流。日野弘資の三男有尚が祖。家格は名家。江戸時代の家禄は三〇石三人扶持。明治一七年健資の時に子爵となる。

豊原家　○とよはら

京都方楽家。天武天皇の子孫というがはっきりせず、平安中期の有秋以降の系譜が残る。専門は笙。平安末期の時秋は一篳篥の名人として著名。室町時代には豊時「今橋」と称した他、江戸時代には豊原を縮めて「豊」一字を通称とし「ぶんの」と読んだ。明治以降は「豊」を正式な名字としている。

《系図》350ページ

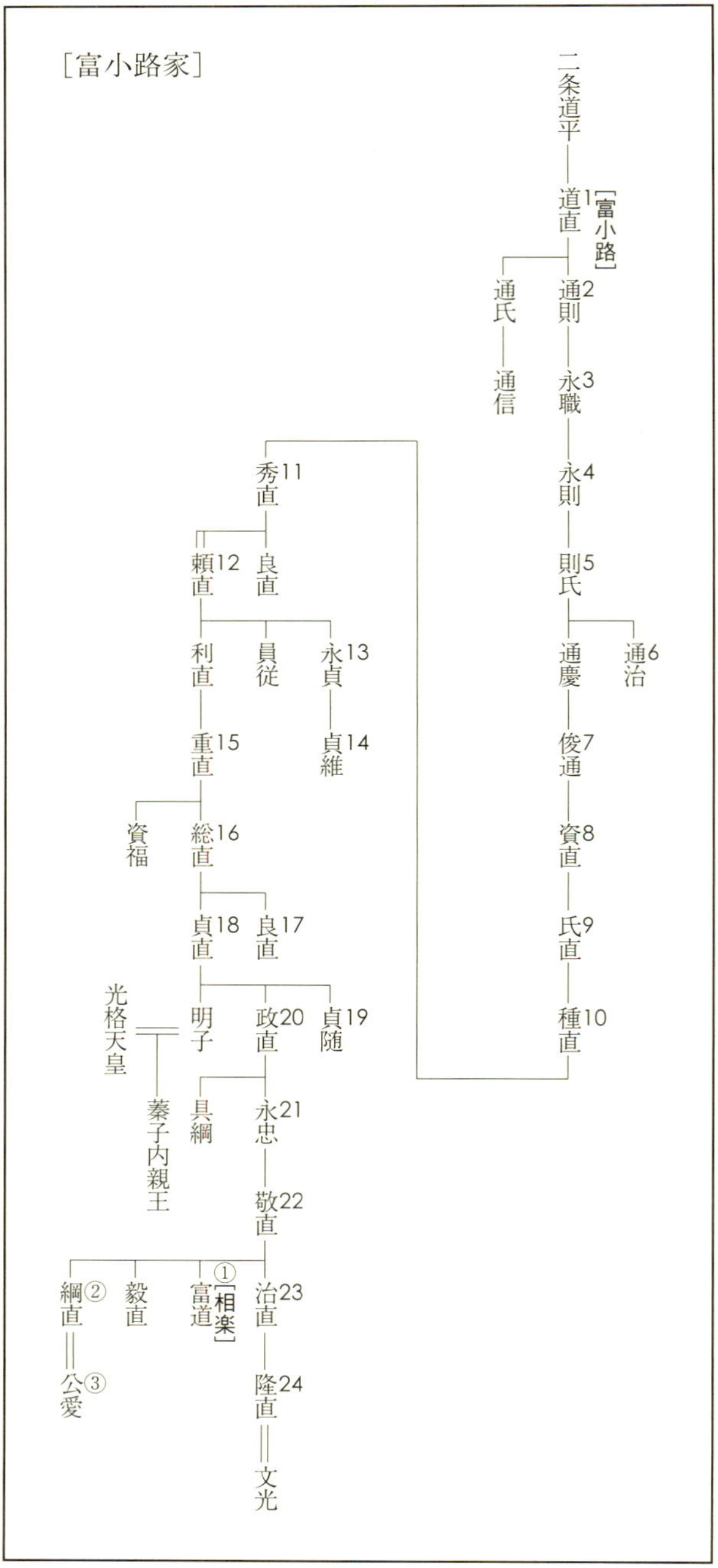

［富小路家］

二条道平―道直1［富小路］
　道直―通則2／通氏―通信
通則2―永職3―永則4―則氏5
　則氏―通慶／通治6
通慶―俊通7―資直8―氏直9―種直10―秀直11
　秀直―頼直12／良直
頼直―利直／員従／永貞13―貞維14
利直―重直15
　重直―総直16／資福
総直―貞直18／良直17
　貞直―明子／政直20／貞随19
明子＝光格天皇―蓁子内親王
政直―永忠21／具綱
永忠―敬直22
　敬直―治直23／富道①［相楽］／毅直／綱直②
治直―隆直24＝文光
綱直＝公愛③

鳥居家　〇とりい

江戸時代の譜代大名。出自は平氏とも熊野別当の一族ともいうが、一般的には、熊野の鈴木重高の末裔である重氏が鳥居法眼と称したのが祖という。「寛永諸家系図伝」平氏支流や「藩翰譜」四中には、重氏の子忠氏が、父との不和から三河国渡里（愛知県岡崎市）に移り、その一七代の孫にあたる忠吉が松平清康・広忠に仕えたという。

忠吉の二男元忠は徳川家康に近侍し、関東入国後は下総国矢作で四万石を与えられた。慶長五年（一六〇〇）、関ヶ原合戦に際しては、元忠は家康留守の伏見城を守って戦死した。

【出羽山形藩主】 合戦後、父の遺領は忠政が継ぎ、磐城平（福島県いわき市）一〇万石に入封。元和八年（一六二二）には山形二〇万石に移り、寛永三年（一六二六）にはさらに二二万石に加増されたが、同一三年忠恒の死後跡継ぎがなく断絶となる。

【下野壬生藩主】寛永一三年（一六三六）の断絶後、弟の忠春が信濃高遠（長野県伊那市高遠町）三万二〇〇〇石で再興した。以後、各地を転々とした後、忠英が近江水口二万石に入封。忠英は奏者番・寺社奉行を兼務し、正徳元年（一七一一）には若年寄に列したことから、翌二年下野壬生（栃木県下都賀郡壬生町）三万石に加転となった。忠意は一一代将軍忠斉のもとで老中をつとめた。文政九年（一八二六）に継いだ忠挙は、冥加金上納者に名字帯刀を許すなど、藩財政の改革につとめた。明治一七年忠文の時に子爵となる。

【旗本・旧甲斐谷村藩主】元忠の三男成

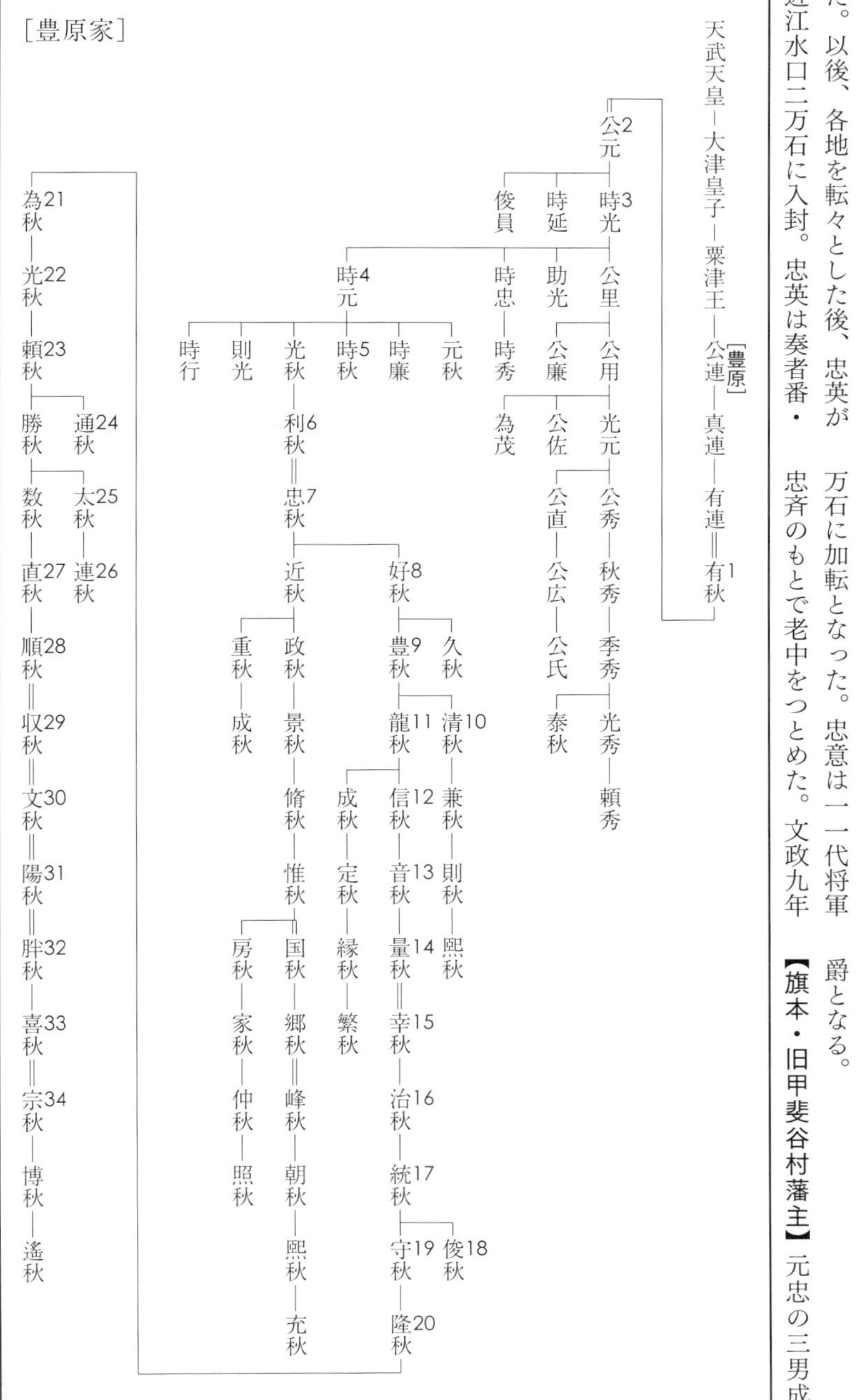

次は慶長六年（一六〇一）甲斐国都留郡で一万石を与えられて谷村藩を立藩したが、元和二年（一六一六）徳川忠長の付家老となり、駿河で三万五〇〇〇石を与えられた。寛永一〇年（一六三三）、忠長の改易に連座して山形城に蟄居となった。同一三年に許されたのち、同一六年に二長男忠春が廩米二〇〇〇俵で再興、御槍奉行、御旗奉行をつとめた。その子成勝の時に二五〇〇石となる。

《系図》352ページ

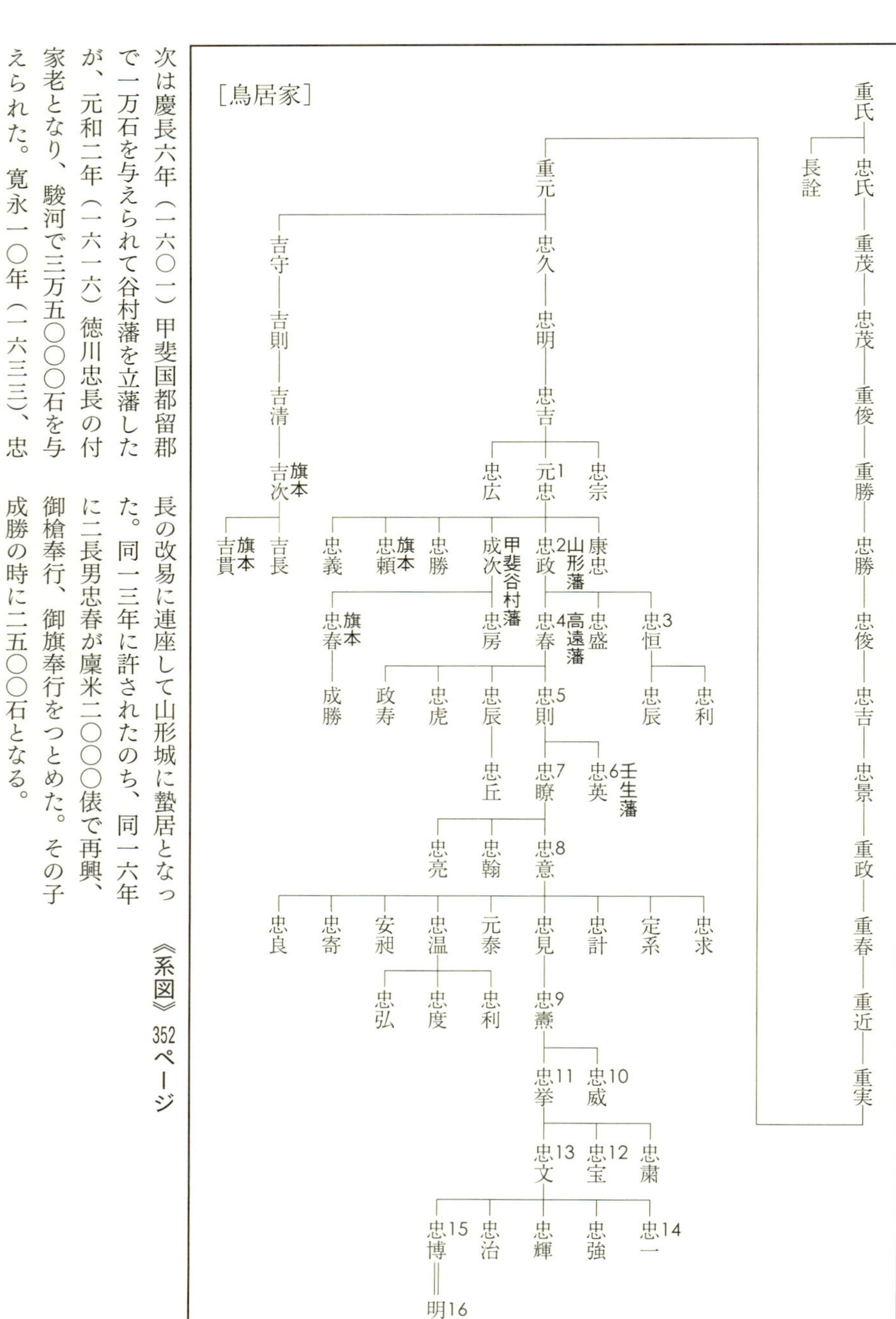

内藤家　○ないとう

藤原北家秀郷流。盛俊の時源頼朝に従い、室町時代は丹波国多紀郡曽地荘（兵庫県篠山市）の地頭となって足利氏に従った。

江戸時代の譜代大名の内藤氏はこの子孫で、応仁年間に三河国に移って、碧海郡上野村（愛知県安城市）に住んだという。義清の時に松平信忠に仕え、上野城に拠った。以後譜代の家臣となる。

【延岡藩主】義清の子清長は遠江二俣城を守った。その子家長は天正一八年（一五九〇）の関東入国で上総佐貫二万石を与えられ、関ヶ原合戦で伏見城を守って戦死した。子政長は元和八年（一六二二）磐城平七万石に入封。義孝の兄で病身のため家を継がなかった義英は、露沾と号した俳人として著名。延享四年（一七四七）政樹の時日向延岡（宮崎県延岡市）に転封となった。政樹は算学者でもあり、以後幕末まで数学は藩学の一つであった。また、露沾の長男であることから、沾城と号した俳人としても知られた。幕末の当主政義は大老井伊直弼の実弟である。明治一七年政挙の時に子爵となる。

【陸奥湯長谷藩主】寛文一〇年（一六七〇）、義泰の弟政亮（頼直）は父忠興から陸奥国磐前・菊多二郡内の新墾田一万石を与えられて諸侯に列し、湯本に住んで湯本藩を立藩。また、浅草寺別当知楽院の僧の進言により遠山氏を称した。延宝四年（一六七六）居所を湯長谷（福島県いわき市）に移したため以後は湯長谷藩となる。政亮は天和元年（一六八一）大番頭となり、翌二年丹波国内において二〇〇〇石を加増、貞享四年（一六八七）大坂定番となり、河内国内においてさらに三〇〇〇石を加えられ、計一万五〇〇〇石となった。三代政貞の時に内藤姓に復した。戊辰戦争では奥羽越列藩同盟に参加したため一〇〇〇石の減封となる。明治一七年政潔の時子爵となる。

【三河挙母藩主】寛永一一年（一六三四）、忠興の弟政晴が陸奥国菊多・磐前・磐城三郡内において二万石を与えられて諸侯に列し、陸奥泉藩を立藩。二代政親は五代将軍綱吉のもとで若年寄となり、生類憐みの令を履行したことで知られる。元禄一五年（一七〇二）政森の時に上野安中二万石に転封。さらに、寛延二年（一七四九）政苗が三河挙母（愛知県豊田市）二万石に移った。明治一七年政共の時子爵となり、貴族院議員をつとめた。

その子政光は国士舘大学教授、政恒は侍従を経て、玉川大学教授をつとめた。

【信濃高遠藩主】内藤忠政の養子清成は徳川秀忠に傅役として仕え、天正一八年（一五九〇）の関東入国では相模国当麻（神奈川県相模原市）で五〇〇〇石を与えられ、関東総奉行、江戸町奉行などをつとめた。関ヶ原合戦後は老中となって二万一〇〇〇石に加増された。子清次は三代将軍家光の傅役となり、跡を継いだ弟の清政が元和八年（一六二二）安房勝山藩三万石を立藩した。しかし、翌年清政

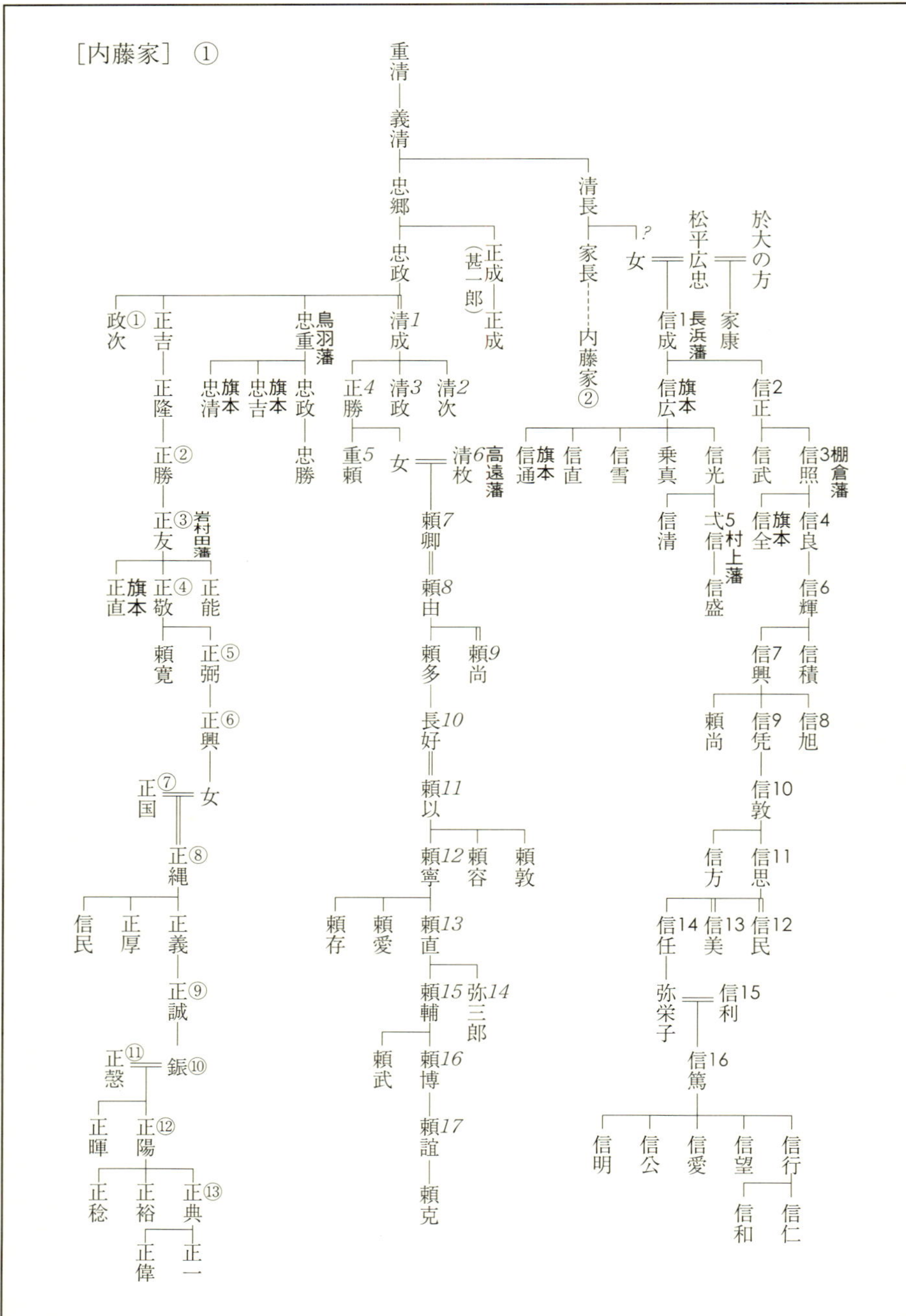

[内藤家] ①
重清
義清
忠郷
清長
忠政
正成（甚二郎）
正成
家長
内藤家②
女 ?
松平広忠
於大の方
家康
政次①
正吉
忠重 鳥羽藩
清成 1
信成 1 長浜藩
正隆
忠清 旗本
忠吉 旗本
忠政
正勝 4
清政 3
清次 2
信広 旗本
信正 2
正勝②
忠勝
重頼 5
女
清枚 6 高遠藩
信通 旗本
信直
信雪
乗真
信光
信武
信照 3 棚倉藩
正友③ 岩村田藩
頼卿 7
信清
式信 5 村上藩
信全 旗本
信良 4
正直 旗本
正敬④
正能
頼由 8
信盛
信輝 6
頼寛
正弼⑤
頼多
頼尚 9
信興 7
信積
正興⑥
長好 10
頼尚
信凭 9
信旭 8
正国⑦
女
頼以 11
信敦 10
正縄⑧
頼寧 12
頼容
頼敦
信方
信思 11
信民
正厚
正義
頼存
頼愛
頼直 13
信任 14
信美 13
信民 12
正誠⑨
頼輔 15
弥三郎 14
弥栄子
信利 15
正愨⑪
鉦⑩
頼武
頼博 16
信篤 16
正暉
正陽⑫
頼誼 17
信明
信公
信愛
信望
信行
正稔
正裕
正典⑬
頼克
信和
信仁
正偉
正一

な

［内藤家］②

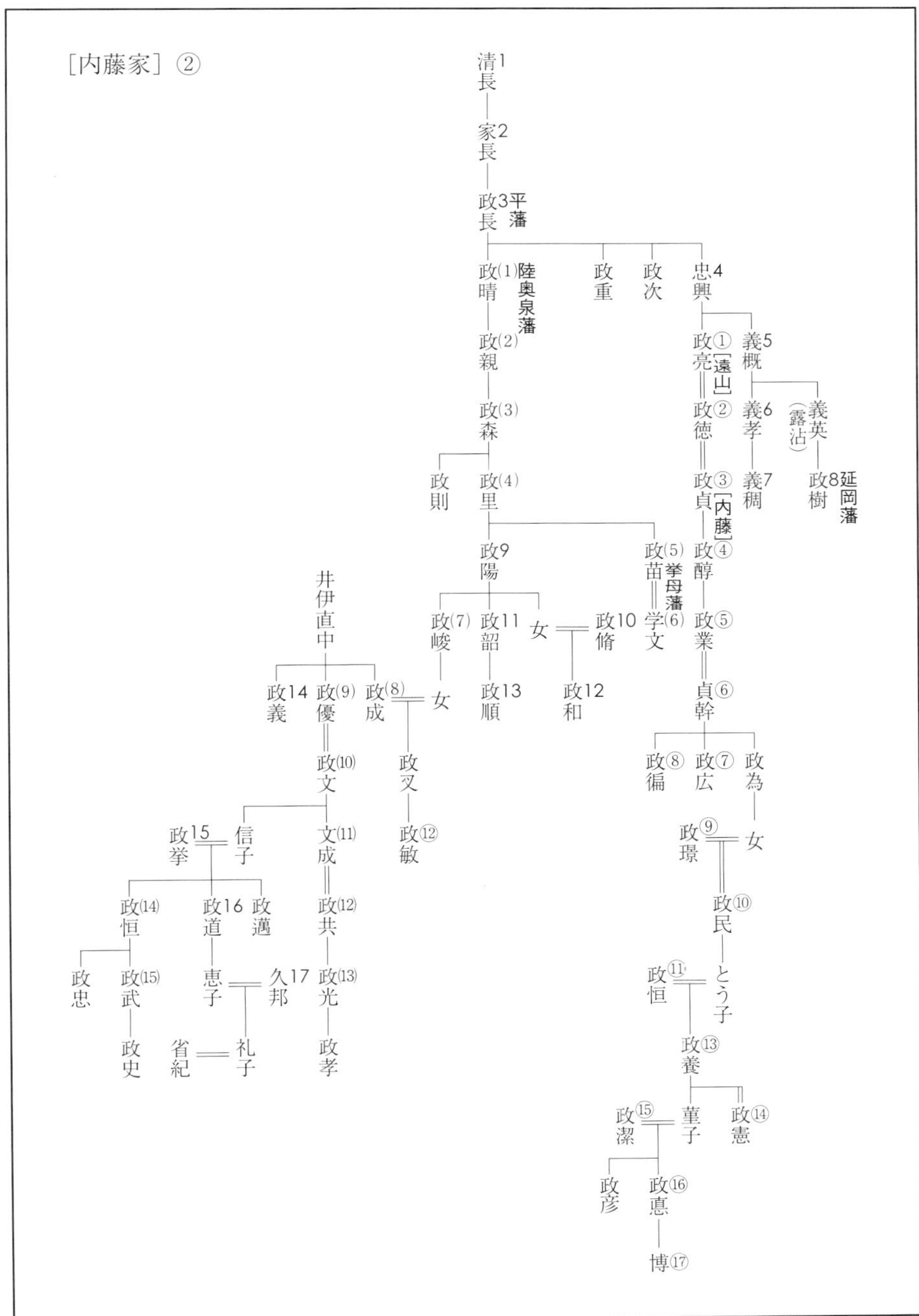

清長1
家長2
政長3 平藩
政晴(1) 陸奥泉藩
政重
政次
忠興4
政親(2)
政森(3)
政則
政里(4)
政亮① [遠山]
政徳②
政貞③ [内藤]
政醇④
政業⑤
貞幹⑥
政偏⑧
政広⑦
政為
女
政璟⑨
政民⑩
とう子
政恒⑪
政養⑬
董子
政憲⑭
政潔⑮
政彦
政悳⑯
博⑰
義概5
義孝6
義稠7
義英 (露沾)
政樹8 延岡藩
政陽9
政苗(5) 挙母藩
学文(6)
政峻(7)
政韶11
女
政脩10
政和12
政順13
女
井伊直中
政義14
政優(9)
政成(8)
政文(10)
政叉
政敏⑫
政挙15
信子
文成(11)
政共(12)
政光(13)
政孝
政恒(14)
政道16
政邁
政忠
政武(15)
政史
恵子
久邦17
省紀
礼子

の死後無嗣断絶となり、寛永三年（一六二六）正勝が二万石で再興した。元禄四年（一六九一）清枚の時に信濃高遠三万三〇〇〇石に転じた。明治一七年弥三郎の時子爵となる。頼博は名古屋高裁長官、学習院院長をつとめた。

【志摩鳥羽藩主】 忠政の二男忠重は、慶長一五年（一六一〇）三代将軍家光の傅役となり、寛永一〇年（一六三三）志摩鳥羽三万五〇〇〇石に入封。延宝八年（一六八〇）三代忠勝は芝増上寺で行われた四代将軍家綱の法要の際に、老中奉書を見せない永井政尚に激怒して刃傷事件を起こして切腹、断絶した。

なお、忠政の弟の忠清は四代将軍家綱に近侍して五〇〇〇石の旗本となっている。

【信濃岩村田藩主】 高遠藩初代藩主忠政の四男政次は一家を興して五〇〇〇石の旗本となった。その跡を継いだ養子の正勝は上野国で一〇〇〇石加増、さらに元禄六年（一六九三）大坂定番となって摂津・河内国において一万石を加増され、計一万六〇〇〇石となって諸侯に列し、武蔵国比企郡赤沼村（埼玉県比企郡鳩山町）に陣屋を置いて赤沼藩を立藩した。

正友の時、所領をすべて関東に移されたが、元禄一六年（一七〇三）信濃国佐久郡に移り、岩村田藩を立藩。同年、正友は大坂定番となり、所領を摂津・河内国のうちに移された。正徳元年（一七一一）正敬の時、一〇〇〇石を弟正直に分知し、所領を再び岩村田に移されている。幕末、正縄は伏見奉行となり、安政の大獄で尊攘派の弾圧にあたったことで知られる。慶応三年（一八六七）正誠は寺社奉行となったが、戊辰戦争では新政府方に属している。明治一七年正愨が子爵となる。

《系図》354・355ページ

内藤家　○ないとう

越後村上藩主。内藤清長の養子家成は、松平広忠とその侍女であった清長の娘との間に生まれたといい、徳川家康の異母弟であるとされる。祖父である清長の養子となり、徳川家康に近侍した。清長の家督は実子の家長が継いだことから別家し、天正一八年（一五九〇）伊豆国君沢郡韮山（静岡県伊豆の国市）で一万石を領した。

関ヶ原合戦後、駿河府中（静岡市）三万石に移り、慶長一一年（一六〇六）に近江長浜四万石、元和元年（一六一五）摂津高槻四万石、寛永四年（一六二七）陸奥棚倉七万石、宝永二年（一七〇五）駿河田中五万石を経て、享保五年（一七二〇）弌信の時に越後村上五万石に移った。信敦は若年寄、京都所司代を歴任、その子信思は老中となった。戊辰戦争に際しては恭順の意向だったが、家老鳥居三十郎の主導で奥羽越列藩同盟に参加、戦争の最中に自害した。跡を継いだ信美は、鳥居らが庄内に転戦しているなか新政府方に転じ、庄内に出兵している。明治一七年信任の時に子爵となる。

棚倉藩主信照の三男信全は寛文一一年（一六七一）に新田五〇〇〇石を分知されて旗本となった。四代信庸は書院番頭をつとめている。

《系図》355ページ

内藤家　○ないとう

旗本・旧若狭武田氏家老。清和源氏武田氏の一族。若狭武田氏の国信の三男元信が足利義政に仕えた。その孫政信の時内藤氏と改称して若狭武田氏の家老となり、若狭天下城に拠った。その没落後、長縄は丹羽長秀に属し、慶長一九年（一六一四）長敬の時に徳川家康に仕えて旗本となり、上総・下総・常陸で八〇〇石を与えられた。

長縄の弟重純も若狭武田氏に仕えた後、孫の政勝は豊臣秀頼に仕えて大坂の陣では木村長門に属し、河内国八尾で討死。落城後、政勝の子伊知・勝房兄弟は祖母が千姫の老女刑部卿だったことから、徳川頼宣に仕えて紀伊藩士となり、伊知は七〇〇石を知行した。

一方、勝房の孫の持就は吉宗の将軍就任に従って旗本に転じている。

中井家　○なかい

大工頭。江戸時代の大工の棟梁に中井氏がある。巨勢氏の子孫で、大和国の三輪明神の神職であったという。万歳氏に仕えていた巨勢正範の子正吉が中井氏を称して法隆寺の工匠に学び、のち豊臣秀吉に仕えた。正清は徳川家康に仕えて側近となり、以後大工頭として工匠を支配した。慶長一四年（一六〇九）には大和国で一〇〇〇石を領し、元和二年（一六一六）には日光東照宮造営の棟梁をつとめている。「中井家文書」が伝わっている。

中井家　○なかい

近江商人。近江国蒲生郡大塚荘（滋賀県東近江市）の武士で大塚氏を称していたが、光盛の時に同郡岡本村中井（東近江市蒲生）に転じて中井氏と改称した。さらに日野に移り、寛永四年（一六二七）高儀の時に日野椀の製造販売を始めた。光武の時に売薬業に転じて成功、近江商人としての中井家は光武を祖とする。幕末に仙台藩の蔵元を引き受けたために明治維新後に巨額の負債を抱えた。その後は生糸の取引を行っていたが、昭和一七年に廃業した。

永井家　○ながい

近世大名。桓武平氏で長田忠致の弟親政の末裔という。代々松平氏に仕えており、直勝の時に、長田は源義朝を謀殺した家号であるとして、家康の命で永井氏と改称した。

【大和新庄藩主】直勝は天正一八年（一五九〇）の関東入国の際に五〇〇〇石を与えられ、元和二年（一六一六）上野小幡（群馬県甘楽郡甘楽町）で一万七〇〇〇石を領して諸侯に列した。翌三年常陸笠間三万石に加転、同八年には下総古河七万二〇〇〇石に転じた。

長男の尚政は元和五年（一六一九）に下総潤井戸一万五〇〇〇石を立藩、同八年には二代将軍秀忠のもとで老中となって二万四五〇〇石に加増されたが、寛永三年（一六二六）に家督を相続して、父の遺領と合わせて八万九一〇〇石となり、同一〇年山城淀一〇万石に転じた。

三代尚征は分知で七万三六〇〇石となり、寛文九年（一六六九）丹波宮津（京都府宮津市）に転封。延宝八年（一六八〇）芝増上寺で行われた四代将軍家綱の法会の奉行をつとめていた尚長が、鳥羽藩主内藤忠勝に殺されて一旦除封となった。

翌年弟直円が大和新庄（奈良県葛城市）一万石で再興した。文久三年（一八六三）直幹の時陣屋を大和国葛上郡倶尸羅村（御所市）に移し、櫛羅藩となった。明治一七年直哉の時に子爵となる。

古河藩主直勝の三男直貞は三代将軍家光の小姓となって三四〇〇石の旗本に取り立てられた。三代直澄、六代直富は大番頭をつとめた。

淀藩主尚政の四男直右は万治元年（一六五八）に七〇〇〇石を分知されて旗本となり、書院番頭、大番頭を歴任した。

【美濃加納藩主】尚政の三男尚庸が明暦四年（一六五八）に河内国で二万石を分知されたのが祖。寛文四年（一六六四）に「本朝通鑑」編集の奉行をつとめたのち、若年寄、京都所司代をつとめ、三万石に加増された。貞享四年（一六八七）直敬の時に下野烏山藩を立藩、のち若年寄をつとめて、元禄一五年（一七〇二）播磨赤穂、宝永三年（一七〇六）信濃飯山、正徳元年（一七一一）武蔵岩槻と転じた。宝暦六年（一七五六）直陳の時に美濃加納三万二〇〇〇石に入封した。幕末、尚服は寺社奉行、若年寄を歴任、明治一七年に子爵となる。

【摂津高槻藩主】永井直勝の子直清は一四歳で徳川秀忠の小姓として召し出され、大坂夏の陣で活躍、書院番頭を経て、寛永一〇年（一六三三）二万石に加増されて諸侯に列し、山城長岡藩に入封した。慶安二年（一六四九）には摂津高槻三万六〇〇〇石に加転、新田開発を進める一方、能因法師や袈裟御前、待宵小侍従の墓を顕彰したことでも知られる。六代直期の頃からは代々京都火消役をつとめる。九代藩主直進が藩祖直清を祭神として勧請した永井神社は平成一七年高槻市の有形文化財に指定されている。

戊辰戦争の際、一三代直諒は幕府の命で洞ヶ峠の警備を担当したが一戦も交えることなく撤退。明治一七年に子爵となっている。

【旗本】直勝の弟の白元も文禄三年（一五九四）に召し出され、以後秀忠に近侍して江戸時代は旗本となった。五代尚方は京都町奉行、勘定奉行を歴任した。家禄三〇〇〇石。

《系図》359ページ

長尾家　○ながお

公家分家。勧修寺顕彰の四男顕慎が文久元年（一八六一）惣珠院を相続して尊栄と号したが、明治元年に復飾して翌年堂上に列し、長尾家を称した。一七年には男爵となったが、二〇年に爵位を返上している。

長岡家　○ながおか

熊本藩分家。細川斉護の六男護美は喜連川家の養子となったが、安政五年（一八五八）実家に戻り、長岡氏を称した。維新の際には実兄韶邦とともに国事に奔

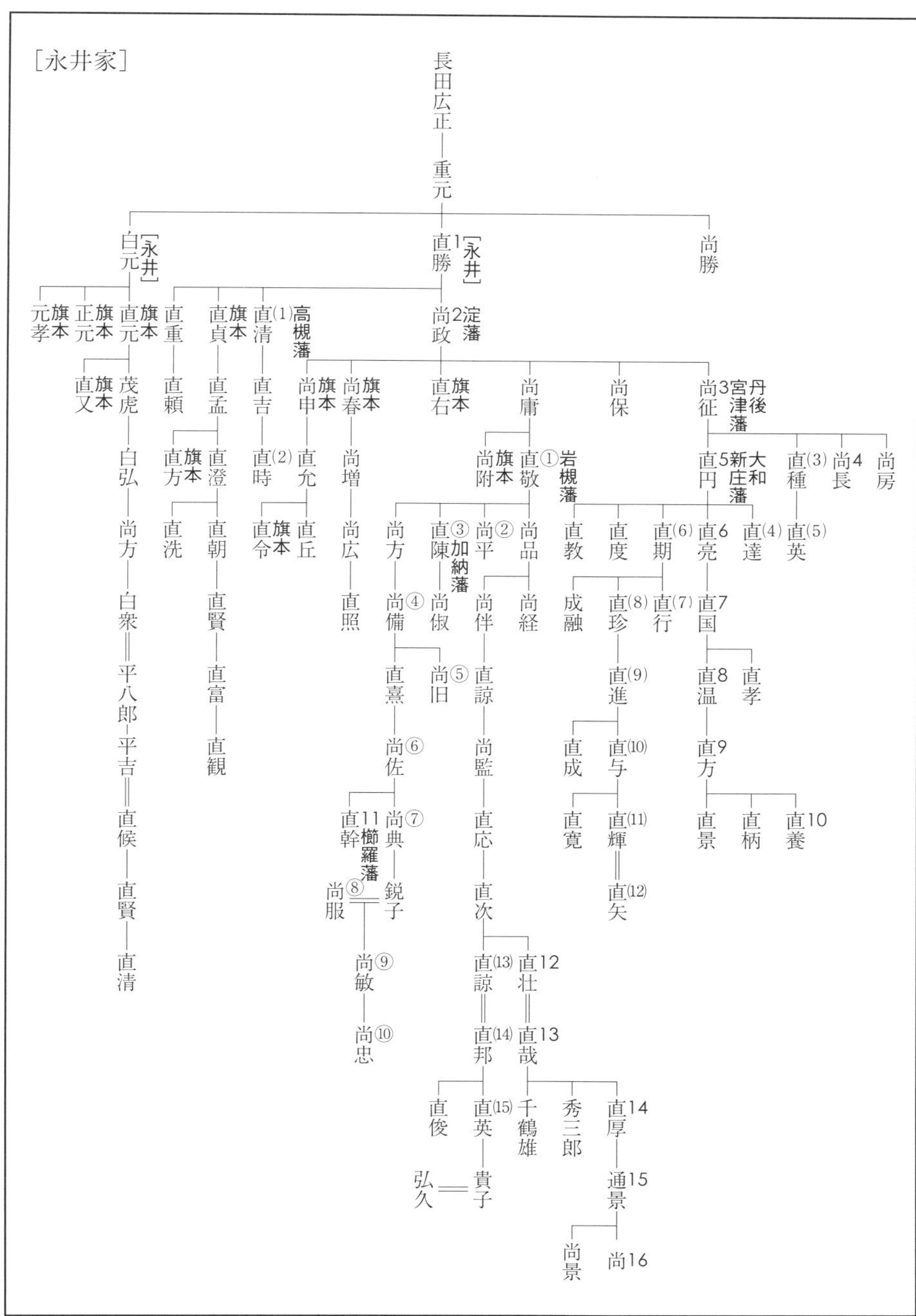
[永井家]
長田広正
重元
白元 [永井]
直勝1 [永井]
尚勝
元孝 旗本
正元 旗本
直元 旗本
直重
直貞 旗本
直清(1) 高槻藩
尚政2 淀藩
直又 旗本
茂虎
直頼
直孟
直吉
尚申 旗本
尚春 旗本
直右 旗本
尚庸
尚保
尚征3 丹後 宮津藩
白弘
直方 旗本
直澄
直時(2)
直允
尚増
尚附 旗本
直敬① 岩槻藩
直円5 大和 新庄藩
直種(3)
尚長4
尚房
尚方
直洗
直朝
直令 旗本
直丘
尚広
尚方
直陳③ 加納藩
尚平②
尚品
直教
直度
直期(6)
直亮6
直達(4)
直英(5)
白衆
直賢
直照
尚備④
尚俶
尚伴
尚経
成融
直珍(8)
直行(7)
直国7
平八郎
直富
直熹
尚旧⑤
直諒
直進(9)
直温8
直孝
平吉
直観
尚佐⑥
尚監
直成
直与(10)
直方9
直侯
直幹11 櫛羅藩
尚典⑦
直応
直寛
直輝(11)
直景
直柄
直養10
直賢
尚服⑧
鋭子
直次
直矢(12)
直清
尚敏⑨
直諒(13)
直壮12
尚忠⑩
直邦(14)
直哉13
直俊
直英(15)
千鶴雄
秀三郎
直厚14
弘久
貴子
通景15
尚景
尚16

な

走、維新後欧米に留学し、明治一二年に帰国すると護久より財産を分与されて一家を興した。同年華族に列し、オランダ公使、元老院議官を歴任、一七年男爵、二四年子爵となる。

中川家　○なかがわ

豊後岡藩主。清和源氏頼光流。建武年間、清深が摂津国豊島郡中川村（大阪市生野区）に住んで中川氏を称したという。戦国時代は摂津茨木城主で、中川清秀は池田勝政に属していた。のち織田信長に仕えて荒木村重に従い、四万石を領した。その子秀政は豊臣秀吉に仕えて播磨三木城に拠り、文禄三年（一五九四）豊後岡七万石に移ったが、文禄の役で戦死した。

関ヶ原合戦では東軍に属したが、豊後国石垣原（大分県別府市）合戦での行動が徳川家康の不審を招いたため、西軍の臼杵城主太田一吉を攻めて誤解を解き、以後も豊後岡七万四四〇石の藩主となった。大坂冬の陣では天満口を固め、以後、改易による熊本城・府内城・唐津城・中津城の城番の他、島原の乱や長州征討などで軍役をつとめている。鉱山開発に力を注いだ他、熊沢蕃山の意見を入れた井路の整備が注目され、たび重なる大火により、寛政二年（一七九〇）家中瓦屋根榜示を定めている。明治一七年久成が伯爵となる。

現在の当主久定はフランス文学者で、京都大学教授、京都国立博物館館長をつとめた。

中川家　○なかがわ

金物師・千家十職。越後国高田（新潟県上越市）で武具鋳造をしていたが、初代紹益が天正年間に京都に出て、茶道具をつくり始めたのが祖。北野大茶会で千利休の依頼で薬鑵をつくって認められたという。二代目の時に表千家に出入り、以降代々浄益を名乗った。江戸後期の六代目と七代目が著名。

中川家　○なかがわ

公家分家。甘露寺愛長の七男興長は興福寺五大院に入って住職となったが、明治元年復飾。翌二年堂上に列して中川家を称し、一七年男爵となり、貴族院議員をつとめた。

《系図》174ページ

中北家　○なかきた

名古屋の薬種商。享保一一年（一七二六）初代井筒屋伊助が伝馬町六丁目に油屋を創業し、延享四年（一七四七）から薬種業を兼業。寛政五年（一七九三）二代目伊助の時に京町に出て、薬種業専業となる。安政二年（一八五五）四代目の時は風呂場から出火して大火となったが、慶応二年（一八六六）に再建した。維新後は西洋薬に転じ、明治一〇年五代目を襲名した伊助が中北商店と改称した。戦後、中北薬品と改称した。現在は九代目馨介である。

長坂家　○ながさか

旗本。長坂血槍九郎の末裔。小笠原持長の三男守重が足利将軍家に仕えて山城国長坂村に住み、長坂氏を称したのが祖。のち三河国額田郡池端村（愛知県岡崎市）に移り、代々松平氏に仕えた。松平清康に仕えた信政は、戦場で常に槍の先が血で濡れていたことから、血槍九郎と呼ばれ、皆朱の槍を許されていた。関ヶ原合戦後は旗本となり、一正は武蔵・相模・下総で一〇〇〇石を知行した。弟の信次も一〇八〇石を知行したが、正保三年（一六四六）井上正継に殺された。

長沢家　○ながさわ

高家。藤原北家日野流。公家外山光顕の二男資親が元禄一二年（一六九九）徳川綱吉に召し出され、宝永六年（一七〇九）高家となった。享保一四年（一七二九）高家肝煎をつとめている。家禄一四〇〇石。

中島家　○なかじま

交代寄合三河衆。代々与五郎を称した。藤原北家秀郷流で、波多野氏の一族という。戦国時代は織田氏に仕えていたが、永禄五年（一五六二）信長の長女五徳姫が徳川家康の長男信康に嫁いだ際に、政成は五徳姫に従って岡崎に移り、徳川家に仕えた。子重次が天正四年（一五七六）武田勝頼と戦って討死した際、その子重好は一〇歳だったことから板倉勝重に養われ、同一八年の関東入国の際に三〇〇俵を賜って中島家を再興した。関ヶ原合戦後、慶長六年（一六〇一）三河国渥美郡大崎（愛知県）で六〇〇石を与えられて、同地の船手奉行となる。その子重春も船手奉行をつとめ、わずか六〇〇石ながら交代寄合となった。

長島家　○ながしま

但馬国養父郡小城村（兵庫県養父市小城）の豪農。代々善右衛門を称した。江戸時代初期に土地の集積を始め、文政二年（一八一九）には出石藩産物会所御用に任じられ、庄屋もつとめている。天保九年（一八三八）には一八カ村の大庄屋となり、名字帯刀も許された。維新後はさらに発展し、大正時代に最盛期を迎えている。

三七〇〇平米にも及び、上中下三段に分かれた同家住宅は、昭和四九年に養父市立大町民俗資料館となり、現在は養父市立大庄屋記念館として公開されている。

中園家　○なかぞの

公家。藤原北家閑院流。江戸時代初期に薮嗣良の四男季定が一家を興して中園家を称した。中園の家号は西園寺一門の洞院公賢が中園入道相国と呼ばれたことに由来する。家格は羽林家。家職は有職故実。江戸時代の家禄は一三〇石。明治一七年実受の時子爵となる。

長谷家　○ながたに

公家。桓武平氏西洞院家の庶流。寛永

年間、西洞院時慶の五男忠康が長谷家を称した。家格は名家。家禄は三〇石三人扶持。明治一七年信篤の時に子爵となる。

中西家　○なかにし

旗本。藤堂氏の一族といい、戦国時代元重は筒井順慶に仕えていた。武田家家臣馬場信房の二男から元重の養子となった元如は、順慶の子定次に仕えていたが、定次の改易後、慶長一四年（一六〇九）に直参に転じた。翌一五年常陸国真壁郡で三〇〇〇石を与えられて旗本となる。

中根家　○なかね

旗本。桓武平氏で、忠正の子正が保元の乱を避けて三河国道根六郷の近くに移り住み、中根氏を称したという。戦国時代、正行の時に松平清康に仕え、正信は徳川家康に仕えた。その子正成は書院番頭、大番頭を歴任して五〇〇〇石の旗本となり、その子正勝も書院番頭、大番頭を歴任し、六〇〇〇石に加増された。正直は駿府城代をつとめている。

中根家　○なかね

旗本。桓武平氏で、大橋貞乗の二男信吉が尾張国海部郡奴野城（愛知県津島市）に住んで中根氏を称したというが、正盛は藤原北家秀郷流近藤家の出のため、「寛政重修諸家譜」では藤原氏支流に収められている。正盛は三代将軍家光に近侍して累進し、武蔵・上総・相模で五〇〇〇石を知行した。その後、分知により嫡流は二〇〇〇石となった。

正盛の二男正章は明暦元年（一六五五）に一〇〇〇石を分知されて旗本となり、のち一五〇〇石に加増。その子正包は京都町奉行をつとめて二〇〇〇石となった。

正盛の弟の正寄も一家を興して旗本となっている。家禄七〇〇石。

中野家　○なかの

彦根藩主一門・彦根藩家老。井伊忠直の二男直房が井伊谷の中野郷に住んで中野氏を称した。井伊直政が浜松で徳川家康に仕えた際に、直之が浜松に移って井伊家の家臣となった。その子三信が彦根藩士中野家の初代で、大坂の陣では彦根留守居をつとめている。三代清三の時に家老となった。家禄は当初一八〇〇石だったが、元禄三年（一六九〇）に三五〇〇石に加増された。藩主の一門であることから、藩主井伊家の庶子が養子となることが多かった。

長野家　○ながの

彦根藩家老。在原姓で上野長野氏の一族という。上野長野氏は上野国群馬郡長野郷（群馬県高崎市）発祥。戦国時代は箕輪城に拠り、業政は上野国西部を支配した。業政の子業親は天正八年（一五八〇）井伊直政に仕えて小姓となったのが祖。以後累進して大坂の陣後に家老となり、寛永四年（一六二七）三〇〇〇石となった。以後代々家老をつとめた。家禄は四〇〇〇石。

中院家 ○なかのいん

公家。村上源氏。久我通親の五男通方が祖。大臣家の一つ。家職は有職故実。江戸時代の家禄は初め三〇〇石、のち五〇〇石。江戸時代は和歌の家として知られ、多くの歌人を輩出している。明治一七年通富の時に伯爵となる。

《系図》364ページ

中坊家 ○なかのぼう

旗本。「寛政重修諸家譜」によると、藤原南家で秀清が大和国吉野郡奈良に住んで奈良氏を称し、代々一五村を領していたという。そして、秀清二三代の末裔の秀定が足利義尚に仕えたという。

興福寺衆徒の出で、戦国時代秀祐は筒井順慶に従い、中坊氏と改称した。天正一三年（一五八五）筒井氏に従って伊賀に移ったが、慶長七年（一六〇二）徳川家康に仕えて直参となった。同一三年秀政が初代奈良奉行に登用され、三五〇〇石を領した。のち四〇〇〇石に加増された。

中原家 ○なかはら

豊前国小倉城下室町（福岡県北九州市）の豪商。もとは毛利氏の家臣だったが、小倉初代藩主小笠原忠真の時代に小倉城下新魚町で中原屋と号して飛脚問屋となった。寛政六年（一七九四）六代嘉道の時に室町二丁目に転じ、七代保道は長崎御用吟味役の他、中津藩や会津藩の御用達もつとめた。弘化三年（一八四六）には町年寄格にもなっている。

慶応二年（一八六六）第二次長州戦争で小倉城が落ちた後、九代保倫（嘉左右）は藩庁の移動にともなって、香春、豊津などに転じたが、その間藩の財政を助け、同四年には藩士に列した。明治七年に小倉に戻り、米・石炭を扱う一方、蒸気船を有して大阪との定期航路を開いた。その後は筑豊の石炭開発に力を注いでいる。「中原嘉左右日記」は県指定文化財である。

中東家 ○なかひがし

奈良市にある春日大社神主。神主職は大中臣姓の中東・奥・奥田・正真院・西・向井・中・中西の八家からなり、中東家はその嫡流である。応永六年（一三九九）には時徳が従三位に昇り、江戸中期の時康・時資・時貞は正三位となっている。

京都・花背の料理旅館美山荘を経営する中東家も一族である。

《系図》365ページ

永見家 ○ながみ

旗本。小野姓。松平清康に仕えた為重が祖。その子勝定は徳川家康の弓頭をつとめ、二〇五〇石を領した。江戸時代は旗本となり、四代重直が大坂町奉行、堺奉行を歴任して三〇五〇石に加増され

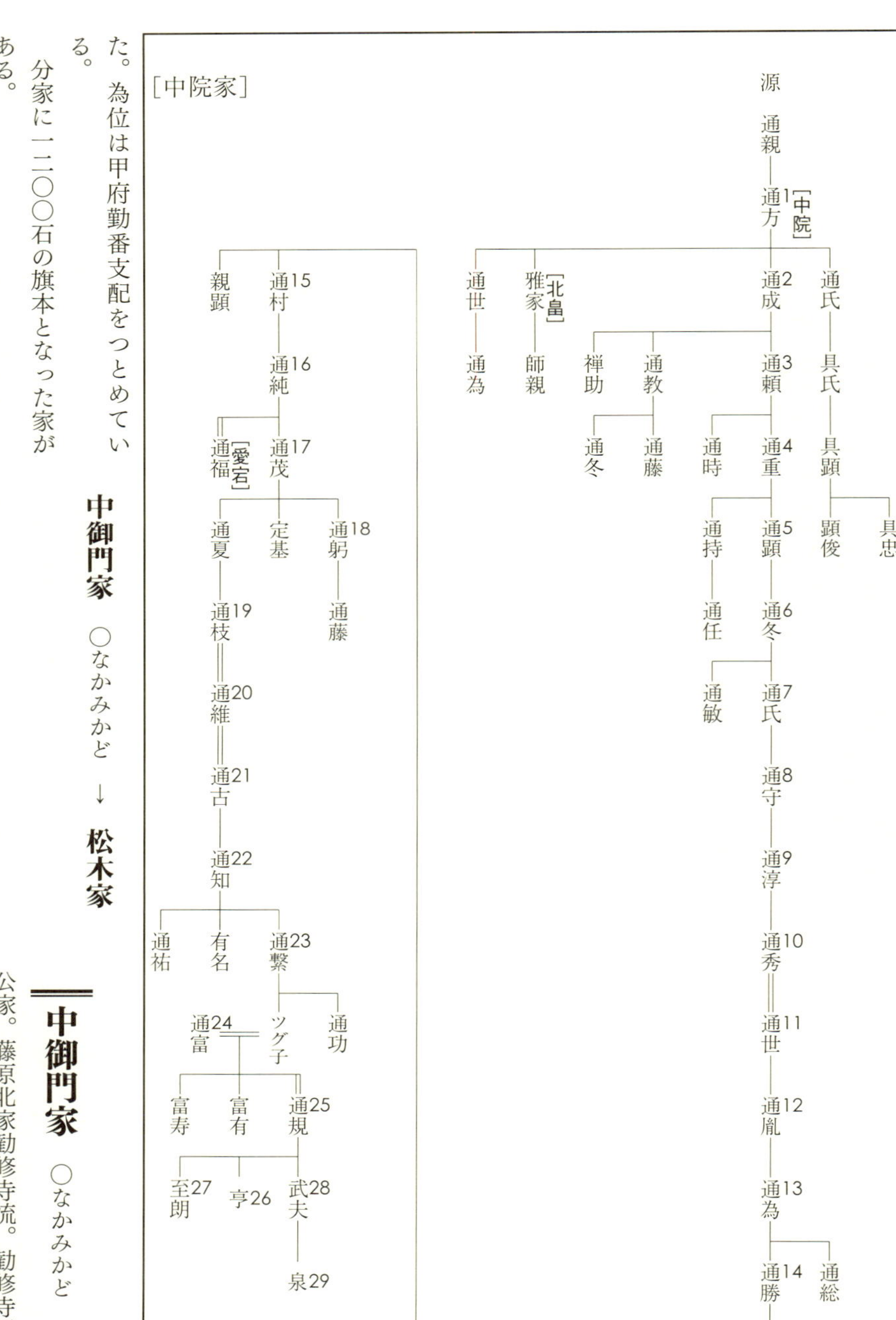

た。為位は甲府勤番支配をつとめている。

分家に一二〇〇石の旗本となった家がある。

中御門家 ○なかみかど → **松木家**

中御門家 ○なかみかど

公家。藤原北家勧修寺流。勧修寺経俊

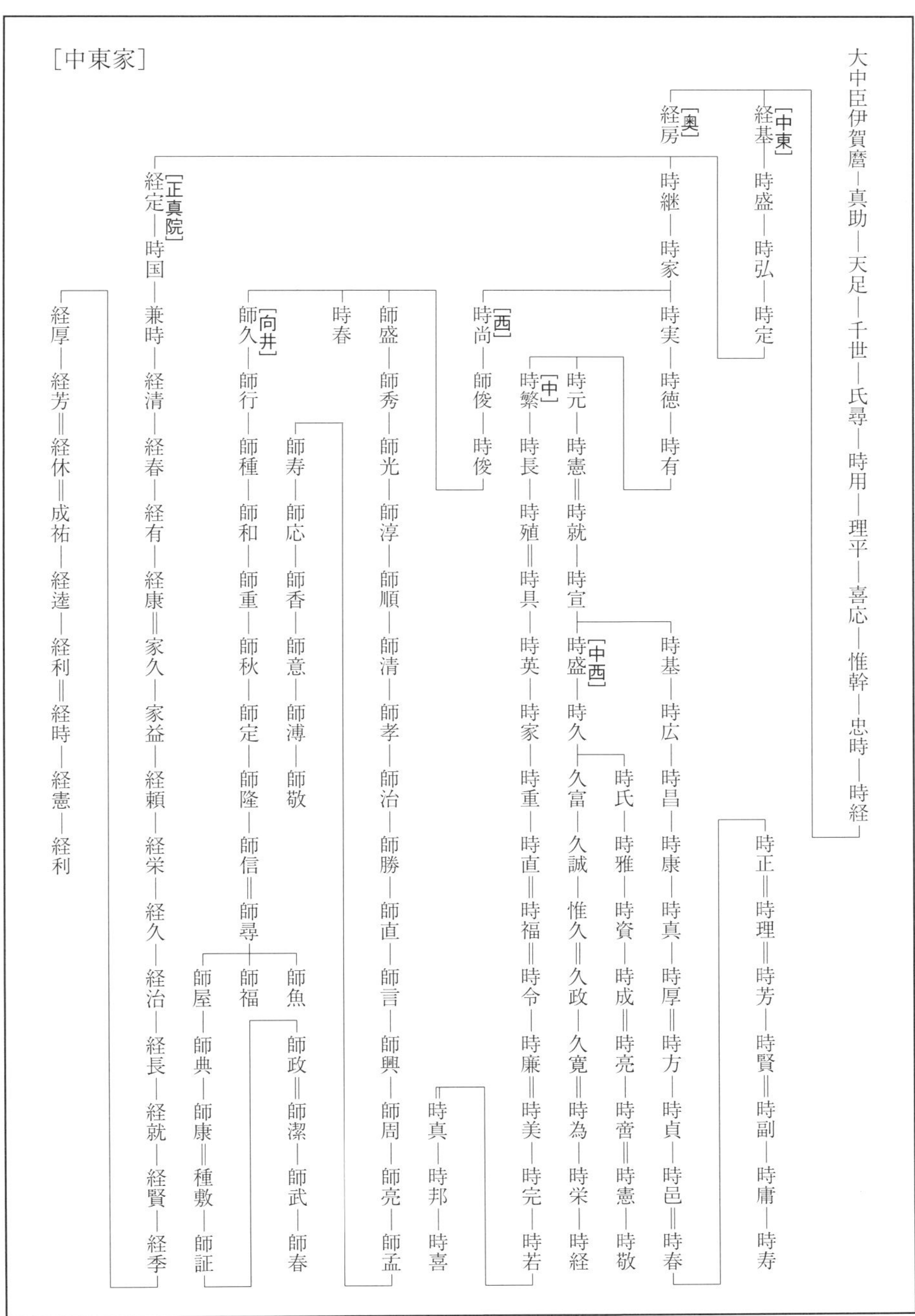

［中東家］
大中臣伊賀麿―真助―天足―千世―氏尋―時用―理平―喜応―惟幹―忠時―時経
［中東］経基―時盛―時弘―時定
［奥］経房―時継―時家―時実―時徳―時有
［正真院］経定―時国―兼時―経清―経春―経有―経康＝家久―家益―経頼―経栄―経久―経治―経長―経就―経賢―経季
経厚―経芳＝経休＝成祐―経逵―経利＝経時―経憲―経利
［西］時尚―師俊―時俊
師盛―師秀―師光―師淳―師順―師清―師孝―師治―師勝―師直―師言―師興―師周―師亮―師孟
時春
［向井］師久―師行―師種―師和―師重―師秋―師定―師隆―師信＝師尋
師寿―師応―師香―師意―師溥―師敬
師魚
師福
師屋―師典―師康＝種敷―師証
師政＝師潔―師武―師春
時元―時憲＝時就―時宣
［中］時繁―時長―時殖＝時具―時英―時家―時重―時直＝時福＝時令―時廉＝時美―時完―時若
時真―時邦―時喜
時基―時広―時昌―時康―時真―時厚＝時方―時貞―時邑＝時春
［中西］時盛―時久
時氏―時雅―時資―時成＝時亮―時啻＝時憲―時敬
久富―久誠―惟久＝久政―久寛＝時為―時栄―時経
時正＝時理＝時芳―時賢＝時副―時庸―時寿

の四男経継が祖。家格は名家。家職は儒学。江戸時代の家禄は二〇〇石。明治一七年経之は伯爵となり、二一年侯爵に陞爵した。

また、経之の三男経隆は明治元年から英国に留学。九年に帰国後は海軍に入り、一三年に分家。一七年男爵となった。のち商船学校教授、貴族院議員をつとめた。

《系図》367ページ

中村家 ○なかむら

盛岡城下新殻町の豪商。天明二年（一七八二）に初代が宮守村から盛岡城下に出て創業した。糸屋と号して呉服・古着などを扱い、治兵衛と名乗ったことから「糸治」とも呼ばれた。南部藩の特産品である紫根染を一手に引き受けたことで大きく発展した。文久元年（一八六一）頃に建てられた同家住宅は、盛岡市中央公民館敷地内に移築され、国指定重要文化財となっている。

中村家 ○なかむら

遠江国敷智郡浜松荘宇布見郷（静岡県浜松市西区雄踏町）の豪農。源氏の出で、鎌倉時代に大和国広瀬郡中村郷（奈良県）に住んで中村氏を称し、室町時代に遠江に転じて今川氏に仕えたという。今川氏没落後は徳川家康に仕え、結城秀康は中村邸で生まれたと伝えている。江戸時代は代々庄屋をつとめ、尾張藩や紀伊藩などが浜松を通る際には必ずお目見したという。

中村家 ○なかむら

塗師・千家十職。中村一氏の家臣の末裔という。初代が千家の塗師となり、以後代々宗哲を称した。江戸中期の三代宗哲が最も著名。一〇代以降の当主は女性が多く、平成一八年に継いだ一三代目も女性である。

中村家 ○なかむら

備後国沼隈郡鞆町（広島県福山市）の豪商。明暦元年（一六五五）初代吉兵衛が大坂から鞆町に移り住んだのが祖。万治二年（一六五九）に福山藩鞆町奉行に願い出て薬用酒の酒造を始め、「保命酒」と名付けて販売した。貞享二年（一六八五）には福山藩御用名酒屋となり、以後保命酒を独占的に製造販売した。保命酒は福山藩主阿部家によって、禁裏や幕府にも献上されている。文久三年（一八六三）の七卿落ちの際には三条実美らが同家に一年ほど滞在している。

維新後は福山藩の庇護を失い、藩に貸し付けていた金も回収できなかったうえ、専売制の廃止で同業者が乱立して業績が悪化。清酒の醸造など多角経営を目指したが、明治三六年に廃業した。

同家住宅は明治時代に太田家の所有となり、平成三年には国指定重要文化財となっている。また、『中村家日記』は市指定文化財である。

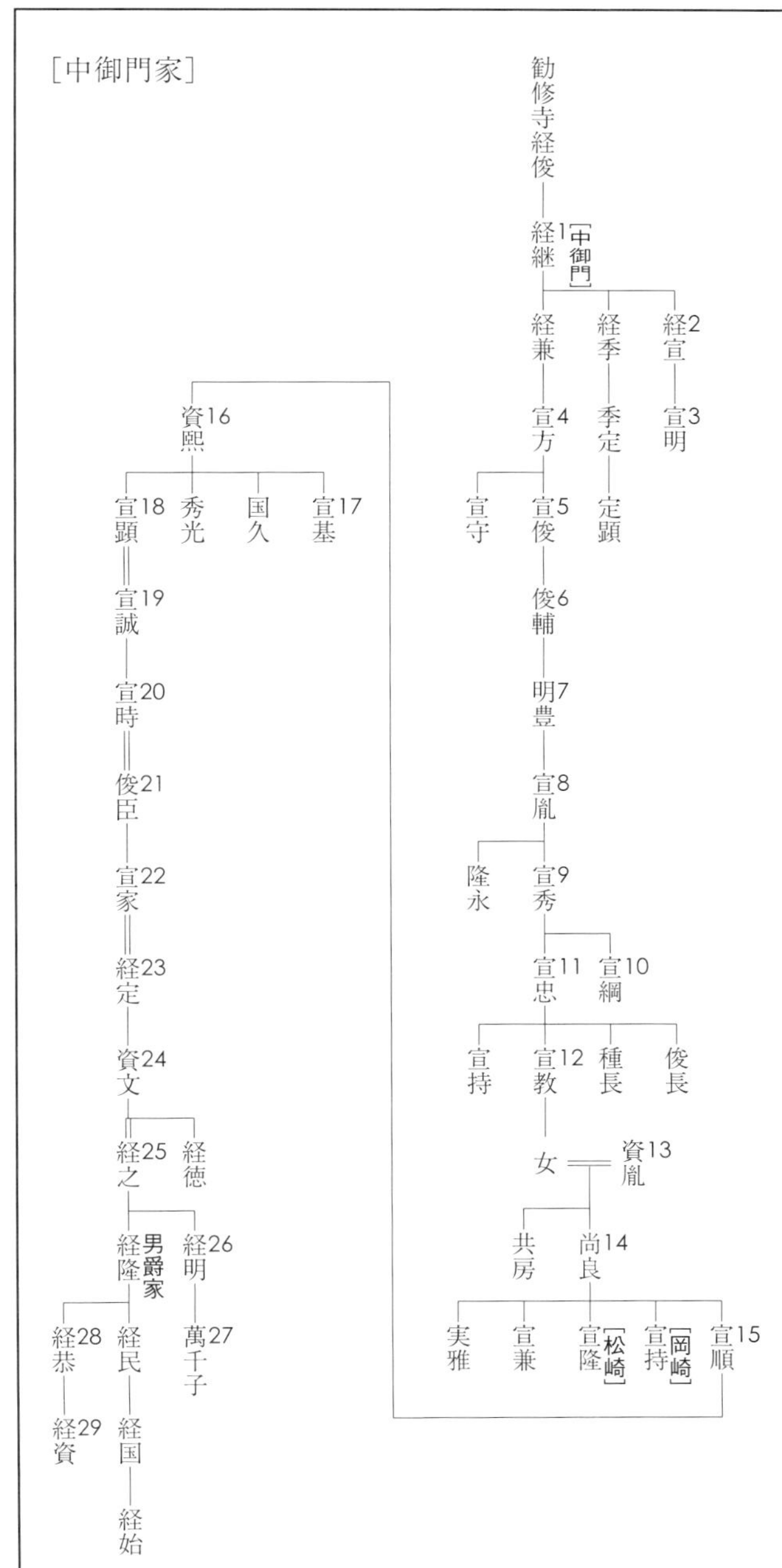

中山家　○なかやま

旗本・水戸藩付家老。武蔵国入間郡中山（埼玉県飯能市中山）発祥で、丹党。もとは加治氏を称していた。家勝は上杉氏、子家範は北条氏に仕えた。その子照守の時に徳川家康に仕えて旗本となり、旗奉行をつとめた。家禄三〇〇〇石。三代直守は大目付をつとめた。

直守の弟の直張は一家を興して五〇〇石の旗本となり、その三男直邦はのち久留里藩主黒田家となった。↓黒田家

また、照守の弟信吉は慶長一二年（一六〇七）徳川頼房の付家老となる。その後は水戸藩家老として常陸松岡で二万石を領した。明治元年手綱藩として正式に立藩。一七年信実の時男爵となった。

中山家　○なかやま

公家。藤原北家花山院流。花山院忠宗

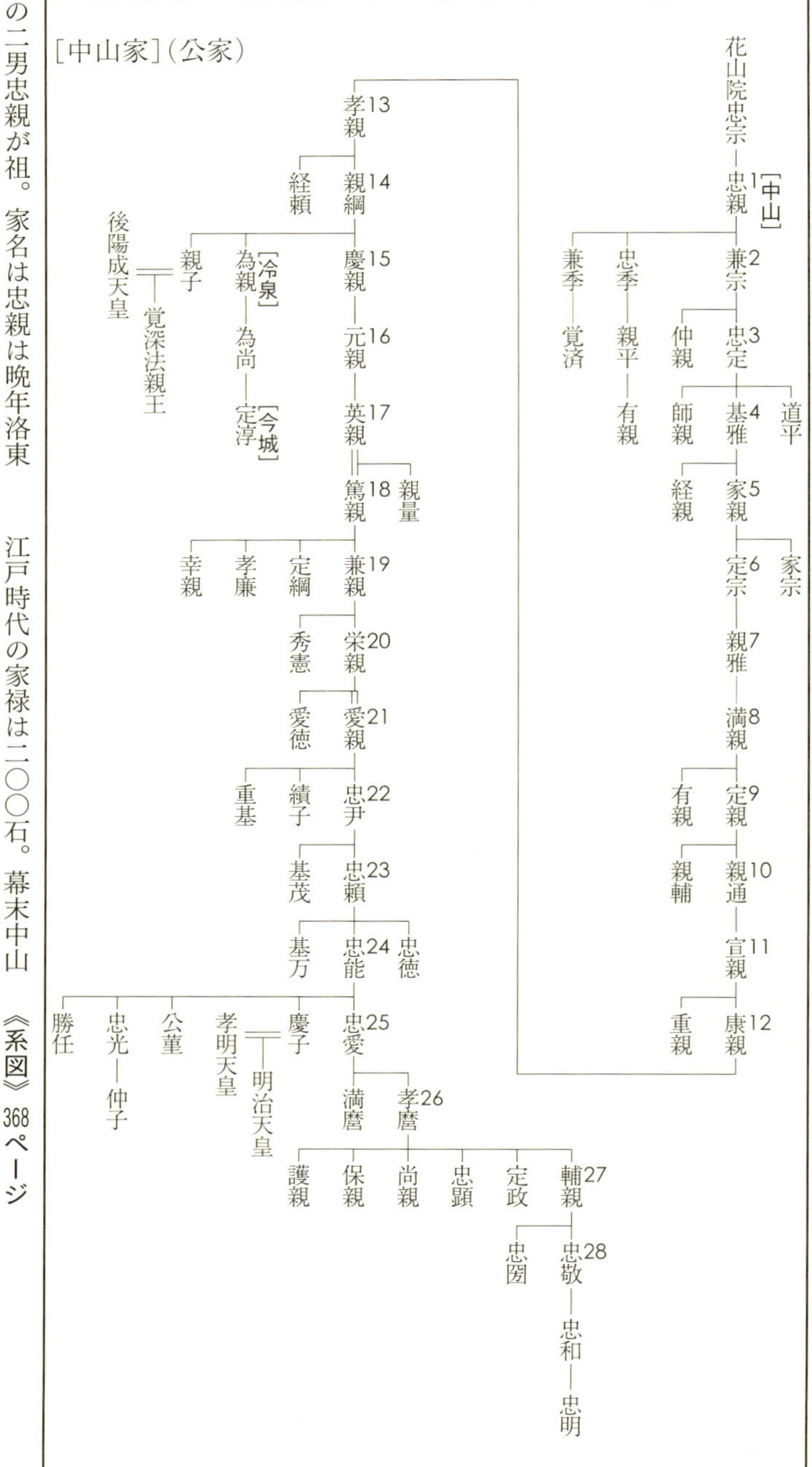

の二男忠親が祖。家名は忠親は晩年洛東中山に住み、中山内府と呼ばれたことに因む。家格は羽林家。家職は有職故実。戦国時代、孝親は正親町天皇の信任を得、織田信長の上洛後は公武間の折衝にあたっている。

江戸時代の家禄は二〇〇石。幕末中山忠能は尊攘派の公家として活躍、その二女慶子は孝明天皇の典侍となり、明治天皇の生母となった。明治一七年忠能が侯爵となった。孝麿は東宮大夫、宮中顧問官などを歴任した。

《系図》368ページ

長与家　○ながよ

大村藩医。肥前国彼杵郡長与郷（長崎県西彼杵郡長与町）発祥。斎藤別当実盛

の子孫というが不詳。鎌倉時代に御家人として長与家経の名が見える。戦国時代に大村氏に従い、江戸時代は大村藩士となった。

幕末、長与俊達は藩の侍医として天然痘の治療を行い、その孫の専斎は新政府の初代医務局長、衛生局長を歴任、さらに元老院議官などもつとめ、子称吉は日本消化器病学会を設立して理事長となり、明治四三年に男爵を授けられた。

称吉の弟の又郎は分家して東京帝大教授、総長を歴任、心臓・肝臓の権威として知られ、昭和一六年男爵を授けられた。その子健夫は愛知県がんセンター名誉総長である。

その弟の善郎は白樺派の作家で、『青銅の基督』『竹沢先生といふ人』などが著名。

半井家　○なからい

医家・旗本。代々室町幕府の典薬頭をつとめた和気氏の一族。和気明親の子瑞策が半井家を称し、織田信長や豊臣秀吉に仕えた。また、皇后の病を治して、正親町天皇から「医心方」全三〇巻を賜っている。寛永元年（一六二四）成近の時に江戸に下って三代将軍家光に仕え、以後旗本となった。家禄は一五〇〇石。

福井藩医の半井家は一族。幕末の蘭方医仲庵が著名。その子澄（元瑞）は京都府に招かれ、京都府療病院長となった。

今治藩医の半井家も一族で、幕末から明治にかけての梧庵は、医師の傍ら国学者として知られる。

また、明治初期の作家半井桃水も対馬藩医の生まれで、一族とみられる。

今帰仁家　○なきじん

琉球王家尚家の分家。尚育の三男朝敷は分家して具志川王子と称し、のち今帰仁間切（今帰仁村）に転じた。明治一二年に華族に列して今帰仁家を称し、二三年男爵となった。

《系図》259ページ

名越家　○なごし

京都の釜師。釜師最古の家で、鎌倉幕府の執権北条氏の一族というが不詳。天正年間、織田信長の釜師をつとめた名越善正は「天下一」と号している。善正の長男三昌の子孫は京都名越家となり、代々浄味と号した。また二男家昌の子孫は将軍家の釜師として江戸に降り、江戸名越家となった。

梨木家　○なしのき

賀茂御祖神社（下鴨神社）神官。鴨氏の末裔で泉亭家と同族。応永二年（一三九五）祐有が従三位となつている。中断していた葵祭を江戸時代中期に再興した梨木桂斎（鴨祐之）が著名。また、江戸時代後期の祐為・祐熙父子は歌人として知られる。

《系図》370ページ

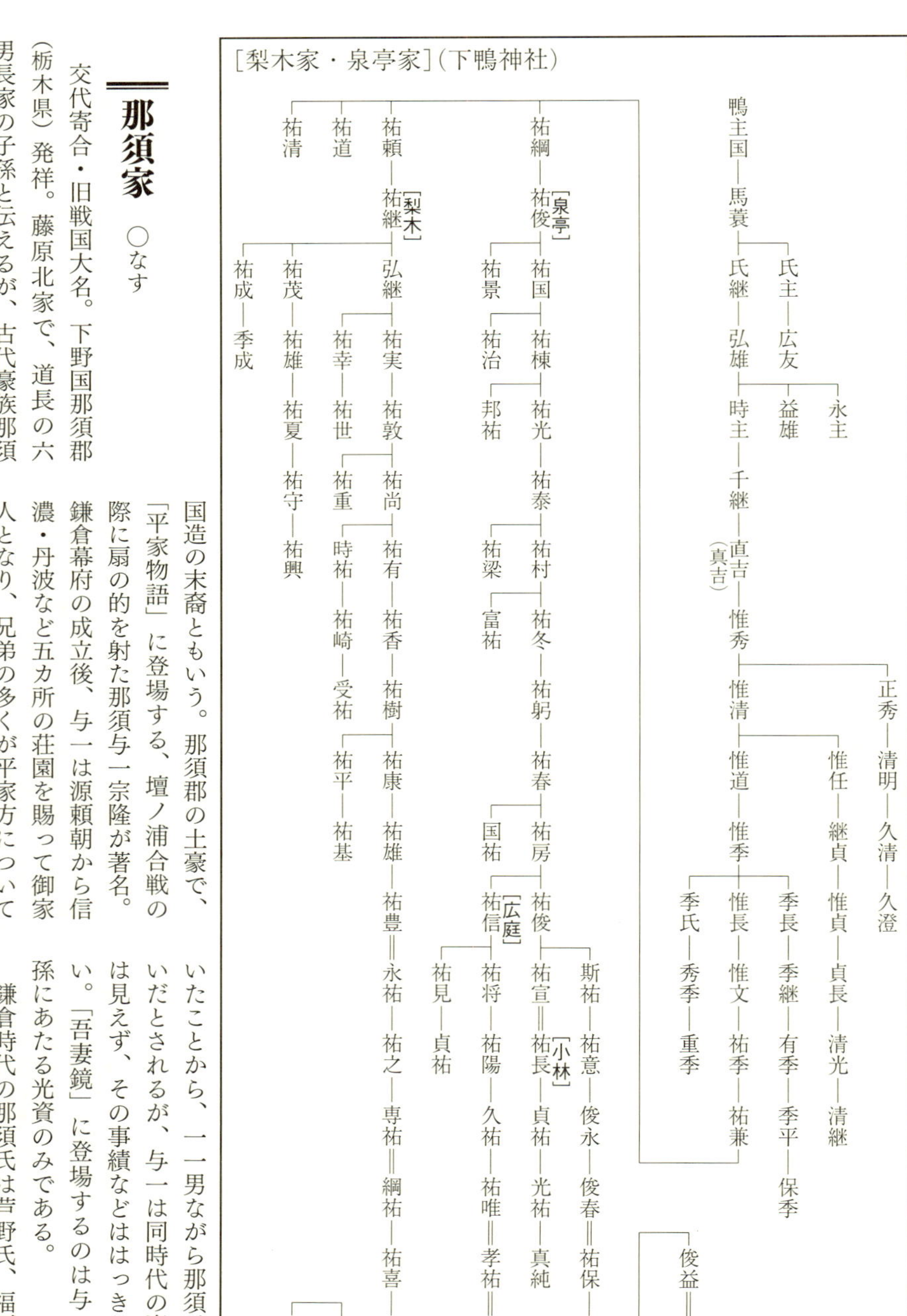

那須家　○なす

交代寄合・旧戦国大名。下野国那須郡（栃木県）発祥。藤原北家で、道長の六男長家の子孫と伝えるが、古代豪族那須国造の末裔ともいう。那須郡の土豪で、「平家物語」に登場する、壇ノ浦合戦の際に扇の的を射た那須与一宗隆が著名。鎌倉幕府の成立後、与一は源頼朝から信濃・丹波など五カ所の荘園を賜って御家人となり、兄弟の多くが平家方についていたことから、一一男ながら那須氏を継いだとされるが、与一は同時代の資料には見えず、その事績などははっきりしない。「吾妻鏡」に登場するのは与一の曾孫にあたる光資のみである。

鎌倉時代の那須氏は芦野氏、福原氏、

伊王野氏などの一族を那須郡内各地に分出、那須党を組織して有力武家に成長した。

室町時代には佐竹氏や結城氏とともに北関東を代表する武家となったが、やがて下那須家と上那須家に分裂、下那須家は古河公方、上那須家は室町幕府と結んで争い衰退した。

戦国時代、永正一一年（一五一四）に上那須家が内紛で滅亡、下那須家の資房が那須氏を統一。資晴は大関氏、大田原氏、千本氏などを率いて宇都宮氏と激しく争った。天正一八年（一五九〇）の豊臣秀吉の小田原攻めに際して参陣しなかったことから八万石の所領が没収され、佐良土（大田原市）に隠退した。

子資景は大田原晴清の働きかけで秀吉に謁見、福原で五〇〇〇石を与えられて那須家を再興。秀吉没後は徳川家康に従い、関ヶ原合戦では大田原城を守って、下野那須藩一万四〇〇〇石を立藩した。しかし、二代資重は跡継ぎのないまま寛永一九年（一六四二）に死去して断絶。名家の断絶を惜しんだ幕府は、隠居していた資景に五〇〇〇石を与えて旗本として再興させた。資景は西尾藩初代藩主増山正利の弟資弥（資祇）を養子に迎えた。資弥の姉のお楽の方は三代将軍家光の側室となって四代将軍家綱を産んだことから、資弥も寛文四年（一六六四）五〇〇〇石を加増されて諸侯に列した。さらに、天和元年（一六八一）に二万石に加増されて、下野烏山藩を立藩した。資弥は津軽藩主信政の子資徳を養子として継がせたが、家臣福原図書が実子であるとして家督争いが起こり、貞享四年（一六八七）改易された（烏山騒動）。

その後、津軽家の働きかけで、元禄一三年（一七〇〇）に資徳が再び召し出され、翌年下野国那須郡で一〇〇〇石の旗本として再興した。宝永五年（一七〇八）交代寄合となった。

鍋島家　〇なべしま

佐賀藩主。肥前国佐嘉郡鍋島（佐賀県佐賀市鍋島）発祥。少弐氏の一族と称しているが、宇多源氏佐々木氏の末裔という長岡宗元が祖か。肥前千葉氏を経て龍造寺氏に仕え、佐賀郡本庄村（佐賀市）に住んだ。やがて、龍造寺氏と血縁関係を結んで譜代の重臣となり、直茂は龍造寺隆信家臣団の筆頭の地位にあった。

天正一二年（一五八四）龍造寺隆信が戦死すると、跡を継いだ政家は政治を鍋島直茂にまかせ、九州を制圧した豊臣秀吉も現状を追認して鍋島直茂に肥前佐賀三五万七〇〇〇石を実質的に支配させた。

関ヶ原合戦では直茂は初め西軍に属したが、のち東軍に転じて柳河城主立花宗茂を討って本領安堵された。慶長一二年（一六〇七）龍造寺本家が断絶した際に、子勝茂に龍造寺家を相続させ、以後は名実ともに佐賀藩主をつとめた。

幕末の藩主直正（閑叟）は藩政を改革して反射炉、大砲などを製造、戊辰戦争でも重要な役割を果たした。明治一七年直大の時に侯爵となる。

直大の二男貞次郎は大正八年に分家して男爵を授けられている。

【肥前鹿島藩主】慶長一五年（一六一〇）

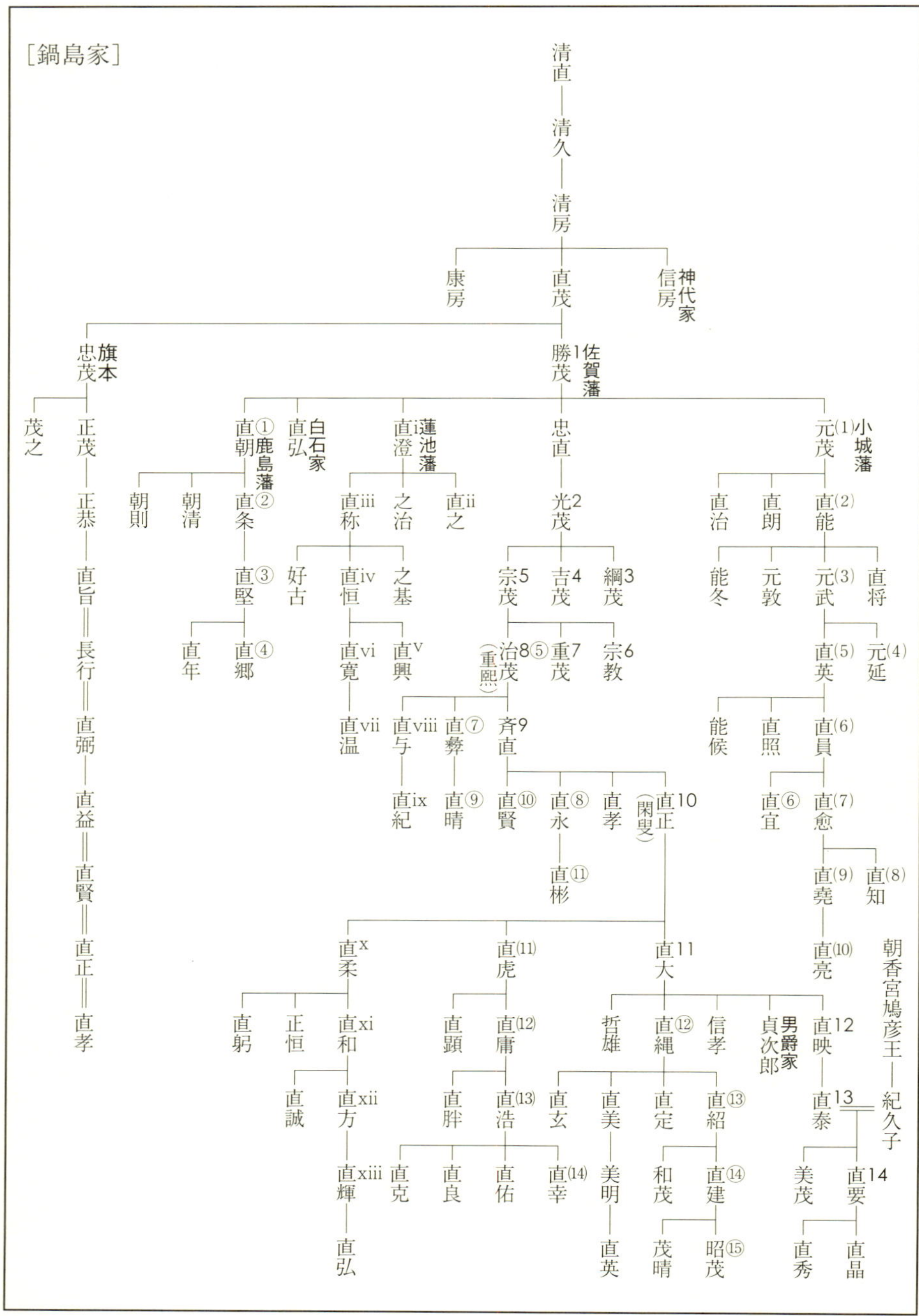
［鍋島家］
清直
清久
清房
康房
直茂
信房 神代家
忠茂 旗本
勝茂 1 佐賀藩
茂之
正茂
正恭
直旨
長行
直弼
直益
直賢
直正
直孝
直朝 ① 鹿島藩
直弘 白石家
直澄 i 蓮池藩
忠直
元茂 (1) 小城藩
朝則
朝清
直条 ②
直堅 ③
直年
直郷 ④
直称 iii
之治
直之 ii
好古
直恒 iv
之基
直寛 vi
直興 v
直温 vii
光茂 2
綱茂 3
吉茂 4
宗茂 5
宗教 6
重茂 7
治茂 8 ⑤（重熙）
直与 viii
直彝 ⑦
直紀 ix
直晴 ⑨
斉直 9
直賢 ⑩
直永 ⑧
直彬 ⑪
直孝
直正 10（閑叟）
直治
直朗
直能 (2)
能冬
元敦
元武 (3)
直将
直英 (5)
元延 (4)
能候
直照
直員 (6)
直宜 ⑥
直愈 (7)
直堯 (9)
直知 (8)
直亮 (10)
直柔 x
直躬
正恒
直和 xi
直誠
直方 xii
直輝 xiii
直弘
直虎 (11)
直顕
直庸 (12)
直胖
直浩 (13)
直克
直良
直佑
直幸 (14)
直大 11
哲雄
直縄 ⑫
信孝
貞次郎 男爵家
直映 12
直玄
直美
美明
直英
直定
直紹 ⑬
和茂
直建 ⑭
茂晴
昭茂 ⑮
直泰 13
朝香宮鳩彦王
紀久子
美茂
直要 14
直秀
直晶

な

勝茂の弟忠茂が二万石を分知され、旧領と合わせて二万五〇〇〇石となり、鹿島藩を立藩した。寛永一九年（一六四二）正茂は五〇〇〇石を残して二万石を本家忠直の弟の直朝に譲り、以後直朝の子孫が鹿島藩主となった。幕末の藩主の直彬は藩政の改革に成功した後、維新後は初代沖縄県令に就任、沖縄の発展に尽くした。明治一七年子爵となり、のち貴族院議員をつとめた。その子直紹は参議院議員となり、科学技術庁長官をつとめた。

【肥前小城藩主】慶長一九年（一六一四）勝茂の庶長子元茂が七万三二〇〇石を分知されたのが祖で、寛永一七年（一六四〇）肥前小城藩を立藩した。幕末、佐賀藩主直正の六男から小城藩主を継いだ直虎は、維新後イギリスに留学、帰国後は外務省御用となった。明治一七年には子爵となり、のち三〇年以上貴族院議員をつとめた。

【肥前蓮池藩主】寛永一六年（一六三九）直澄が三万五六〇〇石を分知されて肥前蓮池藩を立藩、のち五万二六〇〇石に加増された。明治一七年直柔の時に子爵となる。

【白石家】佐賀藩家老・藩主一門。勝茂の六男直弘は成富頼武（茂安）のもとで育てられ、寛永一〇年（一六三三）に正式に頼武の養子となった。その後独立して一家を興し、三養基郡白石（三養基郡みやき町）で九〇〇〇石余を領して白石鍋島家を称し、家老となった。家禄はのちに二万石余となっている。

【川久保家】佐賀藩主一門。鍋島直茂の甥家良が神代長良の養子となって継ぎ、のち鍋島一門に列した。江戸時代は佐賀郡川久保（佐賀市）に転じ、川久保鍋島家となった。川久保神代（くましろ）家ともいう。家禄は一万石。

【村田家】佐賀藩主一門。貞享元年（一六八四）川久保鍋島家の直長の二男茂真が一家を興して村田鍋島家となった。鳥栖鍋島家ともいわれる。家禄一万石余。

【横岳家】佐賀藩家老。龍造寺隆信の家臣石井信忠の子茂里が、直茂の女婿となって鍋島氏を称したが、のちに嫡男勝茂が生まれたため別家したのが祖。肥前国神埼郡西郷（神埼市）の横岳家の遺領と家臣団を継いだため、横岳鍋島家と呼ばれた。家禄七五〇〇石。

【神代家】佐賀藩家老。天正一五年（一五八七）、豊臣秀吉から、肥前国南高来郡神代（長崎県雲仙市国見町）を与えられ、慶長一三年（一六〇八）に直茂の兄信房が領主となって神代（こうじろ）鍋島家を称したのが祖。家禄六二〇〇石余。

【姉川家】佐賀藩家老。直茂の従兄清虎が祖。三根郡坊所村（三養基郡上峰町）を主な知行地としたことから、坊所家ともいわれる。家禄五〇〇〇石余。五二〇〇件に及ぶ「坊所鍋島家資料」を伝え、平成二〇年には古写本「伊勢物語」が発見されて話題になった。

【倉町家】佐賀藩家老。姉川家の清虎の子時茂が祖。家禄五〇〇〇石余。

《系図》372ページ

鍋島家　〇なべしま

佐賀藩家老太田鍋島家。清和源氏で、太田道灌の末裔という太田美濃守資元

な

(浄元)が享禄二年(一五二九)に肥前国川副荘(佐賀県佐賀市)に下向し、田中城(佐賀市諸富町)に拠ったのが祖。茂連は鍋島勝茂の義兄にあたり、三代茂貞の時鍋島姓を与えられて太田鍋島家となった。家禄四二五〇石。

鍋島家 ○なべしま

佐賀藩親類格・武雄鍋島家。もとは武雄領主の後藤氏である。

後藤氏は藤原北家利仁流で、河内国坂戸荘の地頭後藤章明の末裔が肥前国塚崎荘の地頭となって下向したのが祖という。承安二年(一一七二)の四代宗明が資料的な初見で、以後武雄地方の在地領主として発展した。天正五年(一五七七)、貴明の時に龍造寺氏に属した。貴明は龍造寺隆信の三男家信を養子としたことから、龍造寺一門となった。のち家信は鍋島氏の家臣となって佐賀藩家老となり、元禄一二年(一六九九)親類同格となって鍋島姓を与えられ、以後武雄鍋島家と呼ばれた。家禄二万六〇〇〇石。明治三〇年茂昌の時男爵となる。「後藤家事跡」を伝える。

鍋島家 ○なべしま → **深堀家**

楢山家 ○ならやま

南部藩家老。藩主南部家の一門で代々家老をつとめた。家格は高知衆。南部政康の四男信房が祖で、のちに三戸郡楢山村に住んで楢山氏を称した。

幕末、楢山佐渡は二二歳で南部藩家老となると、江戸時代最大級の三閉伊一揆を鎮圧。戊辰戦争では藩論を佐幕にまとめて奥羽越列藩同盟に参加、敗戦後斬首された。

成瀬家 ○なるせ

尾張藩付家老。三河国加茂郡足助荘成瀬(愛知県豊田市)発祥。関白二条良基が諸国を流浪した際、足助荘でしばらく滞留。そこで生まれた基久は成瀬に土着し、成瀬氏の祖になったと伝えるが、実際には出自不詳。

成瀬の土豪で、基直の時に松平親氏に仕え、以後代々松平氏に従っていた。正一の時に旗本となり、二四〇〇石を知行した。

一方、正一の長男正成は慶長一五年(一六一〇)家康の命で尾張藩祖義直の家臣となって一家を興し、元和三年(一六一七)には犬山城主となって以後代々尾張藩の付家老をつとめた。家禄は三万五〇〇〇石。正寿・正住父子は、尾張藩から独立して犬山藩立藩を目指したが実現しなかった。明治元年になって正肥の時犬山藩一万石として立藩。一七年男爵を授けられ、二四年子爵に陞爵した。二八年犬山城が成瀬家に下げ渡されている。子正勝は東京大学教授をつとめ、文芸評論家としても著名。その子正俊は俳人である。

また、同家は国宝犬山城を所有し、全国で唯一個人所有の城として有名だったが、平成一六年に財団法人犬山城白帝文庫に寄贈した。

鳴海家　○なるみ

陸奥国浅瀬石（青森県黒石市）の豪農。戦国時代は千徳氏の家臣で、千徳氏の滅亡後帰農したという。江戸時代は代々久兵衛を称した。享和二年（一八〇二）三代目久兵衛は藩の開発取締方となり、数十万本もの杉の植林を行った。八代目を襲名した貞徳は青森県議を二期つとめた他、北海道枝幸との交易や現地で砂金の採取なども行った。

文化三年（一八〇六）に分家した文四郎家は「久〇」と号して黒石城下中町で酒造業を営んだ。四代目文四郎は衆議院議員に当選している。現在は鳴海醸造店で、銘酒「菊之井」で知られる。また、同家住宅は平成一〇年黒石市指定有形文化財となっている。

名和家　○なわ

柳河藩士・名和長年の末裔。伯耆国汗入郡名和荘（鳥取県西伯郡大山町名和）発祥。村上源氏と称しているが、実際は不明。長年が長田氏から名和氏に改姓し、後醍醐天皇の船上山での挙兵を助けて有名になった。長年の死後も一族は南朝方の有力大名として戦った。長年の孫顕興は懐良親王に従って肥後国に下向し、八代城に拠った。子孫はのちに宇土氏と改称、江戸時代は柳河藩士となった。のちに名和氏に復姓、明治一七年に先祖の功のため男爵を授けられた。

那波家　○なわ

播磨国姫路城下の豪商。赤松氏の一族である宇野氏の末裔。宇野弥左衛門重氏が赤穂郡那波山に築城して那波氏を称したという。戦国時代、祐恵の時に商人となり、子宗兵衛以降は姫路城下の豪商となった。

また、新兵衛の弟の九郎左衛門は京に転じて豪商那波屋の祖となり、その弟の三郎左衛門は秋田に移り住んだ。

難波家　○なんば

公家。藤原北家花山院流。藤原師実の五男忠教が祖。家格は羽林家。家職は蹴鞠。忠教の二男教長は崇徳上皇の挙兵に従って捕らえられ常陸国に配流された。忠教の跡を継いだのは七男の頼輔で、頼輔は蹴鞠の名手として知られ、難波家と分家の飛鳥井家が蹴鞠の家となる基礎を築いた。鎌倉末期の宗緒も蹴鞠の名手として知られる。

室町時代、宗富の死後中絶、慶長五年（一六〇〇）に分家飛鳥井雅庸の二男宗勝が再興し、以後は飛鳥井家の庶流となった。宗勝は同一四年の猪熊事件に連座して伊豆国に配流となり、許されたのち実家の飛鳥井家を相続。その後は、宗種・宗量・宗尚と飛鳥井家からの養子が難波家を継いだ。江戸時代の家禄は三〇〇石。明治一七年宗美の時に子爵となる。

《系図》376ページ

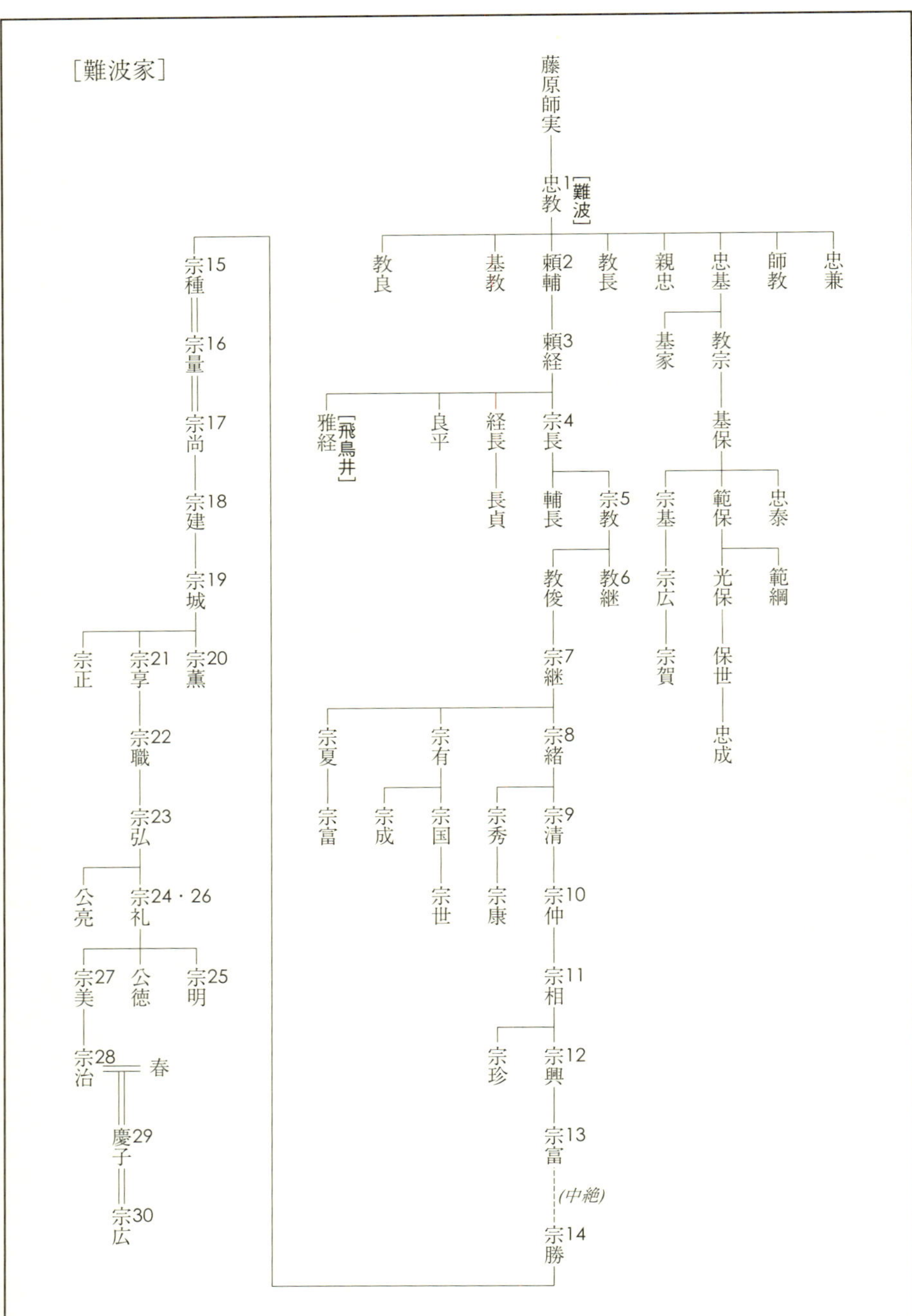
［難波家］
藤原師実
忠教 1 ［難波］
教良
基教
頼輔 2
教長
親忠
忠基
師教
忠兼
頼経 3
基家
教宗
雅経 ［飛鳥井］
良平
経長
宗長 4
基保
長貞
輔長
宗教 5
宗基
範保
忠泰
教俊
教継 6
宗広
光保
範綱
宗継 7
宗賀
保世
忠成
宗夏
宗有
宗緒 8
宗富
宗成
宗国
宗秀
宗清 9
宗世
宗康
宗仲 10
宗相 11
宗珍
宗興 12
宗富 13
(中絶)
宗勝 14
宗種 15
宗量 16
宗尚 17
宗建 18
宗城 19
宗正
宗享 21
宗薫 20
宗職 22
宗弘 23
公亮
宗礼 24・26
宗美 27
公徳
宗明 25
宗治 28
春
慶子 29
宗広 30
な

南部家　○なんぶ

陸奥南部藩主。甲斐国巨摩郡南部郷（山梨県南巨摩郡南部町南部）発祥。清和源氏。加賀美遠光の三男光行が祖。

光行は源頼朝に従い、文治五年（一一八九）に陸奥国糠部郡の地頭となったというが詳細は不詳。『吾妻鏡』や「但馬国大田文」などに動向が見えるが、鎌倉時代の詳細は不明。系図も異同が多い。鎌倉末期に陸奥に下向した。

建武政権下で、時長・師行・政長兄弟が台頭、師行は北畠顕家から北奥の奉行に抜擢されて一族の基礎を固めた。

広大な糠部郡に九戸四門制をしいて各地に一族を分出、陸奥北部に大きな勢力を持つようになった。とくに嫡流の三戸南部氏と八戸城に拠った八戸南部氏が大きな勢力を持っていた。南北朝時代は、八戸南部氏は南朝に、三戸南部氏は北朝に属し、室町時代には三戸南部氏が幕府

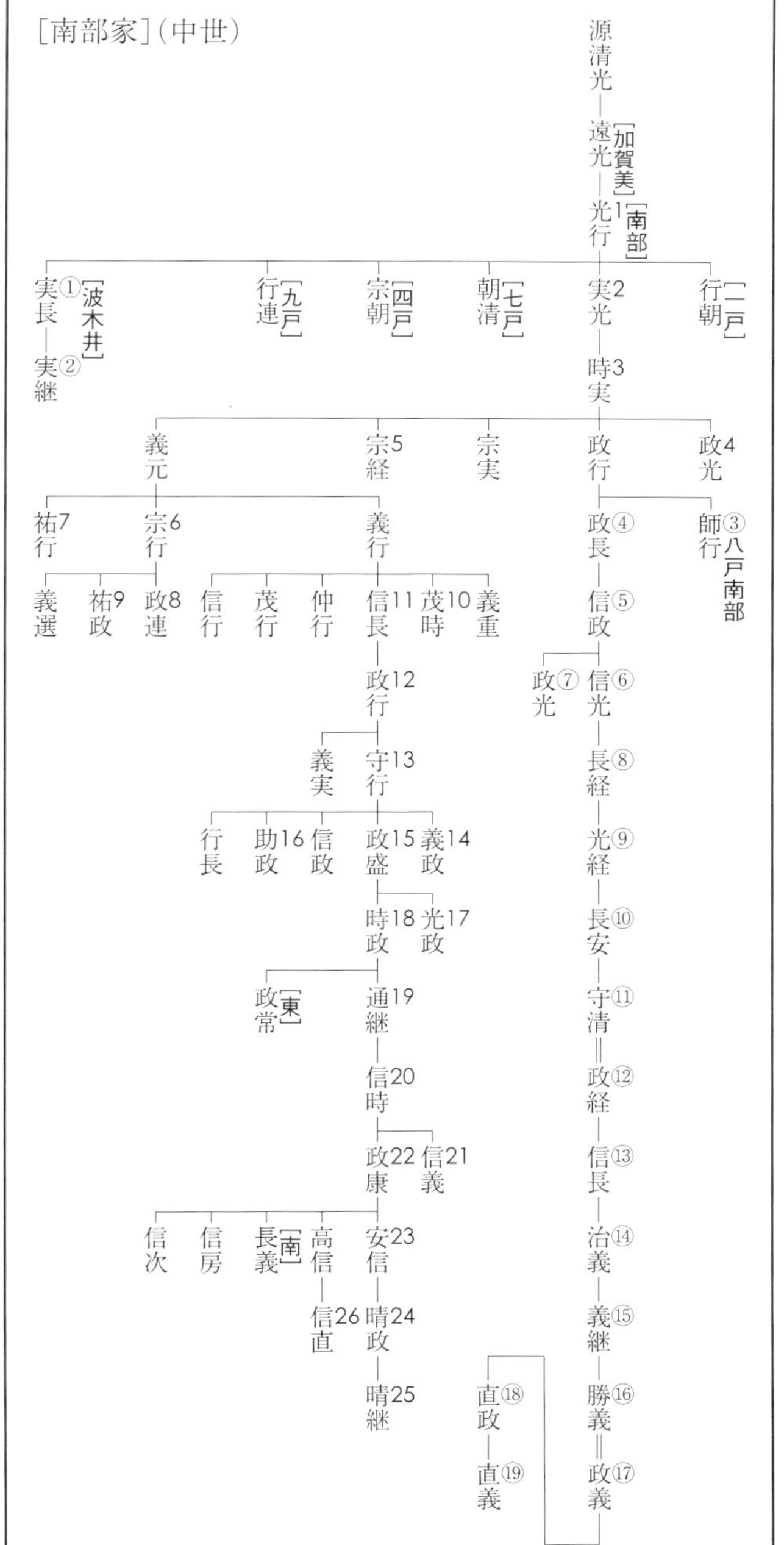

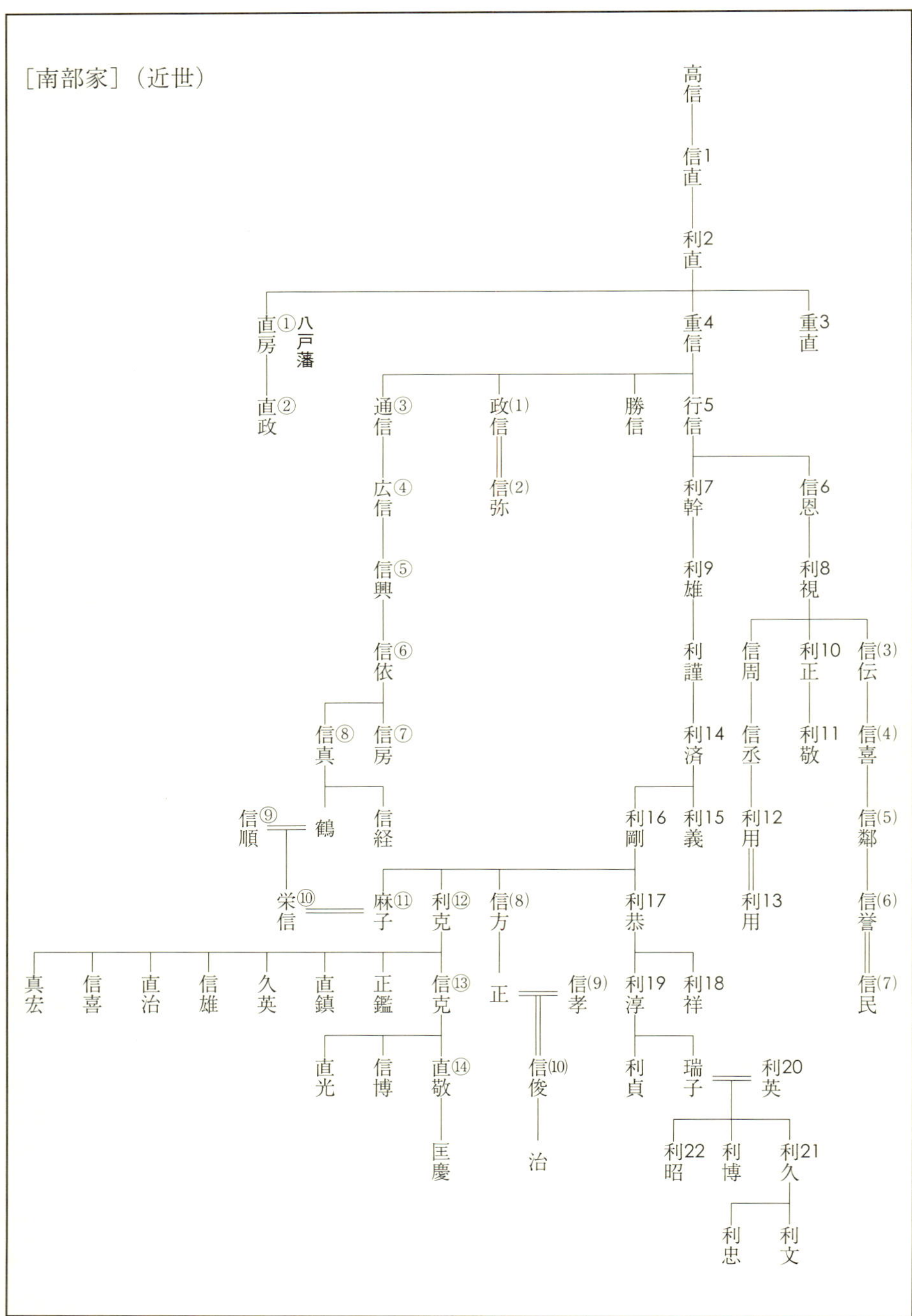

［南部家］（近世）
高信
信直 1
利直 2
直房 ① 八戸藩
直政 ②
重信 4
重直 3
通信 ③
政信 (1)
勝信
行信 5
広信 ④
信弥 (2)
利幹 7
信恩 6
信興 ⑤
利雄 9
利視 8
信依 ⑥
利謹
信周
利正 10
信伝 (3)
信真 ⑧
信房 ⑦
利済 14
信丞
利敬 11
信喜 (4)
信順 ⑨
鶴
信経
利剛 16
利義 15
利用 12
信鄰 (5)
栄信 ⑩
麻子 ⑪
利克 ⑫
信方 (8)
利恭 17
利用 13
信誉 (6)
真宏
信喜
直治
信雄
久英
直鎮
正鑑
信克 ⑬
正
信孝 (9)
利淳 19
利祥 18
信民 (7)
直光
信博
直敬 ⑭
信俊 (10)
利貞
瑞子
利英 20
匡慶
治
利昭 22
利博
利久 21
利忠
利文

な

との結びつきが強く、主導的な立場にあったとみられる。

【盛岡藩主】戦国時代、三戸南部氏の信直が南部氏を統一、天正一〇年（一五八二）に豊臣秀吉から南部七郡を安堵された。慶長三年（一五九八）には盛岡城を築城、関ヶ原合戦では東軍に属し、戦後南部藩一〇万石を立藩した。寛永四年（一六二七）には八戸南部氏を遠野に移して家臣団を完全に組み込み支配体制を強化した。文化五年（一八〇八）の高直しでは二〇万石となった。文政四年（一八二一）一二代利用が急死した際には、三戸家の信浄の子が身代わりとなって利用と名乗り代役をつとめている。明治一七年利恭の時に伯爵となる。

【八戸藩主】寛文四年（一六六四）直房が二万石を分知され、同七年八戸藩を立藩した。明治一七年利克の時に子爵となる。

【七戸藩主】元禄七年（一六九四）政信は兄行信より五〇〇〇石を分知されて一家を興し、旗本となって寄合に列した。文政二年（一八一九）信誉の時に六〇〇〇石を加増されて一万一〇〇〇石となり、七戸藩を立藩した。明治一七年信方の時子爵となる。

《系図》377・378ページ

南部家 ○なんぶ

南部藩家老・遠野南部家。南部家初代光行の六男波木井実長の子孫。建武元年（一三三四）師行の時に陸奥に下向、一貫して南朝に属して活躍した。以後八戸に住んで八戸南部氏と称された。慶長一五年（一六一〇）直政は南部利直の名代として越後に赴き、その帰途急死した。そのため後室の清心尼が八戸南部氏を継いでいる。寛永四年（一六二七）直義の時に八戸から遠野に転じ、以後遠野城主として一万二〇〇〇石余を知行、南部藩の重臣となった。義顔は南部藩城代家老をつとめ、歌人としても知られた。明治三〇年行義の時に男爵となる。

《系図》378ページ

に

仁賀保家 ○にかほ

旗本・旧仁賀保藩主。出羽国由利郡仁賀保（秋田県にかほ市）発祥。清和源氏小笠原氏の支流で、大井朝光の末裔という。応仁元年（一四六七）友挙が仁賀保に下向して仁賀保氏を称したのが祖。戦国時代、挙晴は由利十二頭の中心的地位にあった。

赤尾津氏から仁賀保氏を継いだ挙誠は、豊臣秀吉に従って由利郡三七〇〇石を安堵された。関ヶ原合戦では東軍に属して常陸武田五〇〇〇石に転じ、元和八年（一六二二）旧領に戻って仁賀保藩一万石を立藩した。寛永元年（一六二四）、挙誠が死去した際、遺言によって長男良俊が七〇〇〇石、二男誠政が二〇〇〇石、三男誠次が一〇〇〇石を相続してそれぞれ旗本となった。嫡流である良俊は同八年に嗣子のないまま死去して断絶した。

誠政・誠次はともに由利郡平沢（にかほ市）に陣屋を置いた。

西五辻家　○にしいつつじ

公家分家。宇多源氏。五辻高仲の二男文仲は興福寺明王院住職となっていたが、明治元年復飾し、翌二年に一家を興し西五辻家を称した。一七年男爵となった。のち貴族院議員をつとめる。

《系図》67ページ

西尾家　○にしお

遠江横須賀藩主。三河国幡豆郡西尾（愛知県西尾市）発祥で、清和源氏吉良氏の支流という。西尾吉次が織田信長に仕え、天正一〇年（一五八二）本能寺の変の際に徳川家康の饗応役をつとめていたことから、その帰国に便をはかり、のちに家康の家臣となった。同一八年の関東入国の際に武蔵原市（埼玉県上尾市）で五〇〇〇石を領した。関ヶ原合戦後、慶長七年（一六〇二）に一万二〇〇〇石に加増されて諸侯に列し、原市藩を立藩。子忠永は元和元年（一六一五）上野白井二万石に転じ、以後、同四年常陸土浦二万石、慶安二年（一六四九）駿河田中二万五〇〇〇石、延宝三年（一六七五）信濃小諸二万五〇〇〇石を経て、天和二年（一六八二）忠成が遠江横須賀二万五〇〇〇石に移った。忠尚は老中となり、寛延二年（一七四九）三万五〇〇〇石に加増。忠移は寺社奉行をつとめている。慶応四年（一八六八）徳川家が駿府に転じたため、横須賀も駿府領となり、翌明治二年安房花房（千葉県鴨川市）に転じた。一七年忠篤が子爵となる。

西尾家　○にしお

旗本・旧美濃揖斐藩主。清和源氏で三河西尾発祥というが不詳。戦国時代光教は美濃曽根城に拠って氏家卜全に仕えていたが、斎藤氏の滅亡後独立して織田信長に仕えた。本能寺の変後は豊臣秀吉に仕えて、美濃曽根で二万石を領す。関ヶ原合戦では東軍に属し、慶長五年（一六〇〇）一万石を加増されて美濃揖斐藩三万石を立藩した。元和九年（一六二三）嘉教の死後、跡継ぎがなく断絶した。

嘉教の弟氏教は五〇〇〇石を分知されて旗本となった。のち分知で四四〇〇石となる。

西大路家　○にしおおじ

公家。藤原北家四条流。四条隆綱の子隆行が祖。当初は四条や大宮を称し、隆仲の時から西大路を称した。家格は羽林家。家職は有職故実。文明五年（一四七三）隆範が出家して中絶した。元和六年（一六二〇）広橋総光の二男隆郷が西大路家の家名を再興した。隆共は宝暦事件に連座している。江戸時代の家禄は一〇〇石。明治一七年隆修の時に子爵となる。

《系図》381ページ

西川家　○にしかわ

近江商人。近江国蒲生郡鏡山村西川（滋賀県蒲生郡竜王町）発祥で国人の西川氏の一族。戦国時代、初代甚五郎は天秤棒をかついで魚の干物を行商していた。やがて蚊帳や、近江特産の畳表を取り扱うようになり、二代目の時には江戸に進出して、近江商人の代表的存在となった。

明治になると、一一代目甚五郎は県議となり、一二代目は貴族院議員、一三代目は参議院議員に選ばれるなど政界にも進出。

戦後、やがて蚊帳の需要はなくなると見越すや、一三代目は弟の五郎とともにいち早く寝具の製造・販売に切り替えて成功した。

錦小路家　○にしきのこうじ

公家。医家丹波家の末裔。代々典薬頭、施薬院施をつとめていたが、天文一七年（一五四八）盛直が相模国で死去し

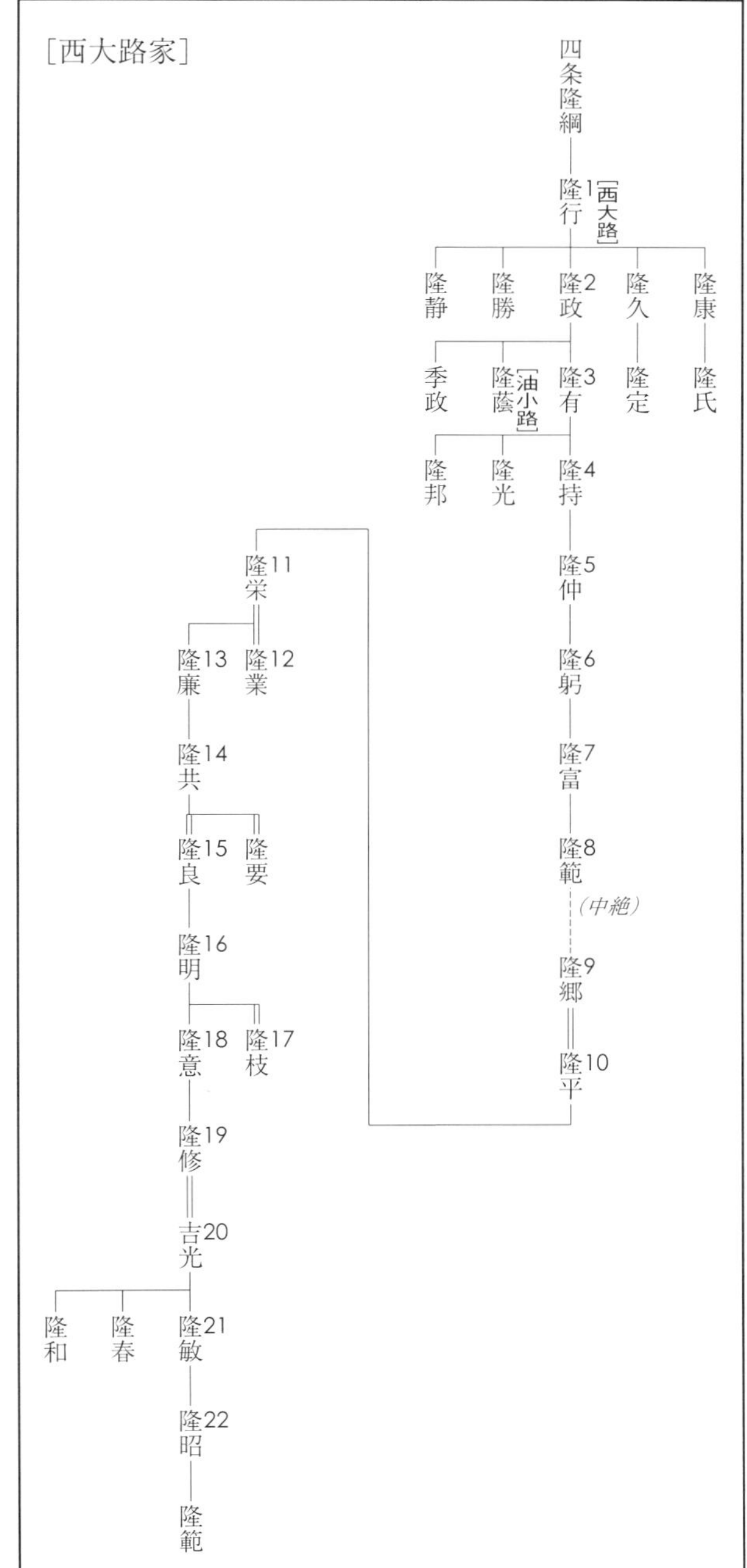

て中絶。江戸時代中期に、丹波家庶流小森頼季の子頼庸がこれを再興し、宝永四年（一七〇七）に錦小路家を称した。養子の尚秀は典薬頭となって従三位に進み、享保二〇年（一七三五）堂上に列して公家となった。

幕末、錦小路頼徳は尊攘派の公家として活躍、文久三年（一八六三）には七卿落ちの一人として長州に落ちた。維新後、頼言の代で医業をやめる。明治一七年の華族令制定時には女戸主だったため、三一年に在明が継いで子爵となった。

錦織家　○にしごり

公家。卜部氏。江戸中期の宝永年間に萩原員従の子従久が錦織家を称したのが祖。家格は半家。明治一七年教久の時に子爵となる。

西高辻家　○にしたかつじ

公家分家。高辻家の祖是綱の弟在良の子善弘は筑紫に住み、その子善昇は太宰府天満宮の別当となって大鳥居氏を称した。以後代々高辻家の一族が別当を世襲した。別当となっていた学長の子信巌は明治元年に復飾して一家を興し、西高辻氏を称した。一七年男爵を授けられる。

《系図》293ページ

西出家　○にしで

加賀国江沼郡橋立村（石川県加賀市）の豪商。北前船船主をつとめた。越前朝倉氏の家老だった篠島伊賀守の弟の末裔といい、二代源右衛門の時に廻船業を始めた。五代孫次郎は加賀藩から三人扶持を与えられ、勝手方御用を命じられている。その長男は大聖寺藩士となって西出一八常則と名乗った。幕末の三代目源蔵は砲術の大家として知られる。

本家は弟が継いで六代目孫次郎となり藩のお手船となった。一一代目の孫左衛門は明治二二年に函館に進出、北千島の漁場開拓に成功している。

同市須谷には山林地主として知られた西出家もある。

西野家　○にしの

加賀国江沼郡塩屋浦（石川県加賀市）の北前船の船主。代々小左衛門を称した。幕末の文化年間（一八〇四～一八）から天保年間（一八三〇～四四）に隆盛をむかえ、西栄寺の再建に尽力した他、八代目の小左衛門は天保の大飢饉では越後から米二〇〇石を買い入れて窮民に放出、安政六年（一八五九）の大火では村内一二カ所に井戸を掘って村民を救済した。

西野家　○にしの

阿波藍の豪商。万治元年（一六五八）に三代六兵衛重徳が下総国千葉郡寒川村（千葉県千葉市中央区）で藍玉販売をしたのが祖。

跡を継いだ養子の四代目嘉右衛門が野上屋と号して寒川村に藍店を開店した。七代目嘉右衛門公章は寒川村の店を江戸・小網町に移して江戸の拠点とし、安永二年（一七七三）には徳島藩の藍方御用利となって名字帯刀を許された。その子八代目右衛門包道は阿波大尽といわれ、吉原の大門を三日閉めて豪遊したと伝えられる。また、八代目の妻の実家が経営していた讃岐琴平の酒店を寛政一二年（一八〇〇）に買い取り、のち清酒「金陵」で知られた。

一二代目嘉右衛門弥啓は藩の御用商人として活躍、安政六年（一八五九）には藩に一〇〇〇両を上納している。明治二年には徳島藩会計御用掛、四年には商法為替掛頭取をつとめた。

戦後は高松に本社を置き、酒造・食品卸・化学品製造の西野金陵株式会社となっている。

西洞院家　○にしのとういん

公家。桓武平氏高棟流の嫡流。南北朝時代に平行高の二男行時が西洞院家を称したのが祖。家格は名家。永禄九年（一五六六）時当の没後一時中絶したが、天正三年（一五七五）河鰭公虎が西洞院時慶を名乗って再興した。時名は竹内式部の高弟で宝暦事件に連座している。江戸時代の家禄は当初二七三石、のち二六〇石。明治一七年信愛の時子爵となる。

《系図》384ページ

二条家　○にじょう

公家・五摂家の一つ。九条道家の二男良実が二条富小路第に住んで、二条家を称した。鎌倉末期、道平は後醍醐天皇の討幕や建武新政に参加、南北朝時代に一族は南北両朝に分かれて、ともに関白をつとめている。江戸時代の家禄は一七〇八石。昭実は「禁中並公家諸法度」の制定に協力したことでも知られる。また、幕末の斉敬は公武合体派の公家として知られた。明治一七年基弘の時公爵となった。

斉敬の四男正麿は明治三五年に分家して一家を興し、男爵を授けられた。

《系図》385ページ

西四辻家　○にしよつつじ

公家。藤原北家閑院流。天明元年（一七八一）四辻公亨の二男公碩が西四辻家を称した。家格は羽林家。家職は神楽。幕末、公業は尊攘派の公家として活躍、戊辰戦争では大総督参謀をつとめた。明治一七年子爵となる。

新田家　○にった　→　**岩松家**

蜷川家　○にながわ

旗本・室町幕府政所執事の末裔。越中国新川郡太田荘蜷川村（富山市蜷川）発祥。物部氏末裔の宮道氏の一族。親直は源頼朝の伊豆挙兵に従ったことから、治承四年（一一八〇）越中国で礪波・新川の二郡を領し、蜷川村に住んで蜷川氏を称した。親直は蜷川村に最勝寺を建立、以後ここが蜷川一族の拠点となった。

親朝の時足利尊氏に仕え、室町時代は代々伊勢氏と婚を通じて、親当以降は政所執事を歴任。親当は智蘊と号して連歌

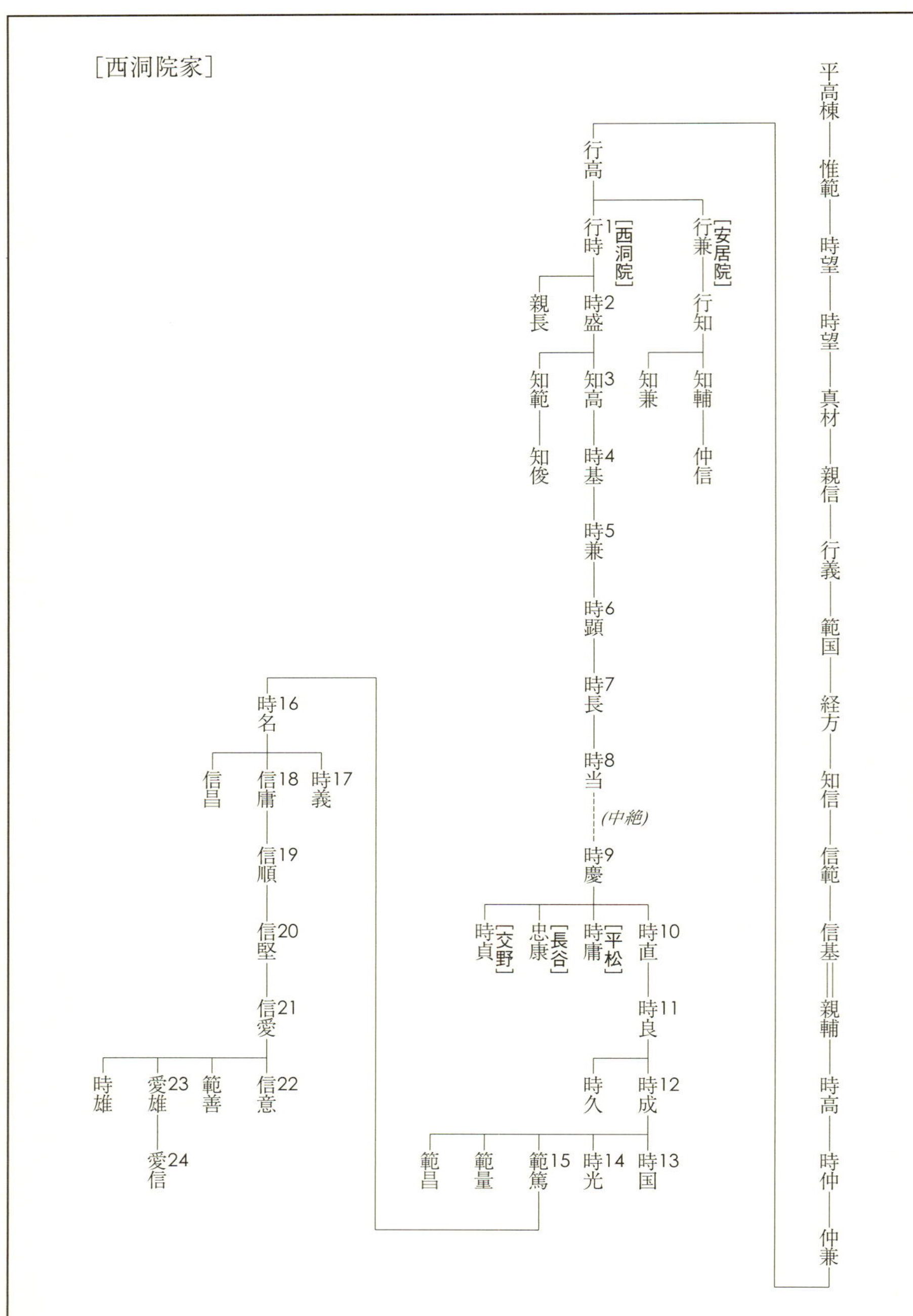
[西洞院家]
平高棟
惟範
時望
時望
真材
親信
行義
範国
経方
知信
信範
信基
親輔
時高
時仲
仲兼
行高
行兼
[安居院]
行知
知輔
仲信
知兼
1 行時
[西洞院]
親長
2 時盛
3 知高
知範
知俊
4 時基
5 時兼
6 時顕
7 時長
8 時当
(中絶)
9 時慶
10 時直
時庸
[平松]
忠康
[長谷]
時貞
[交野]
11 時良
12 時成
時久
13 時国
14 時光
15 範篤
範量
範昌
16 時名
17 時義
18 信庸
信昌
19 信順
20 信堅
21 信愛
22 信意
範善
23 愛雄
時雄
24 愛信

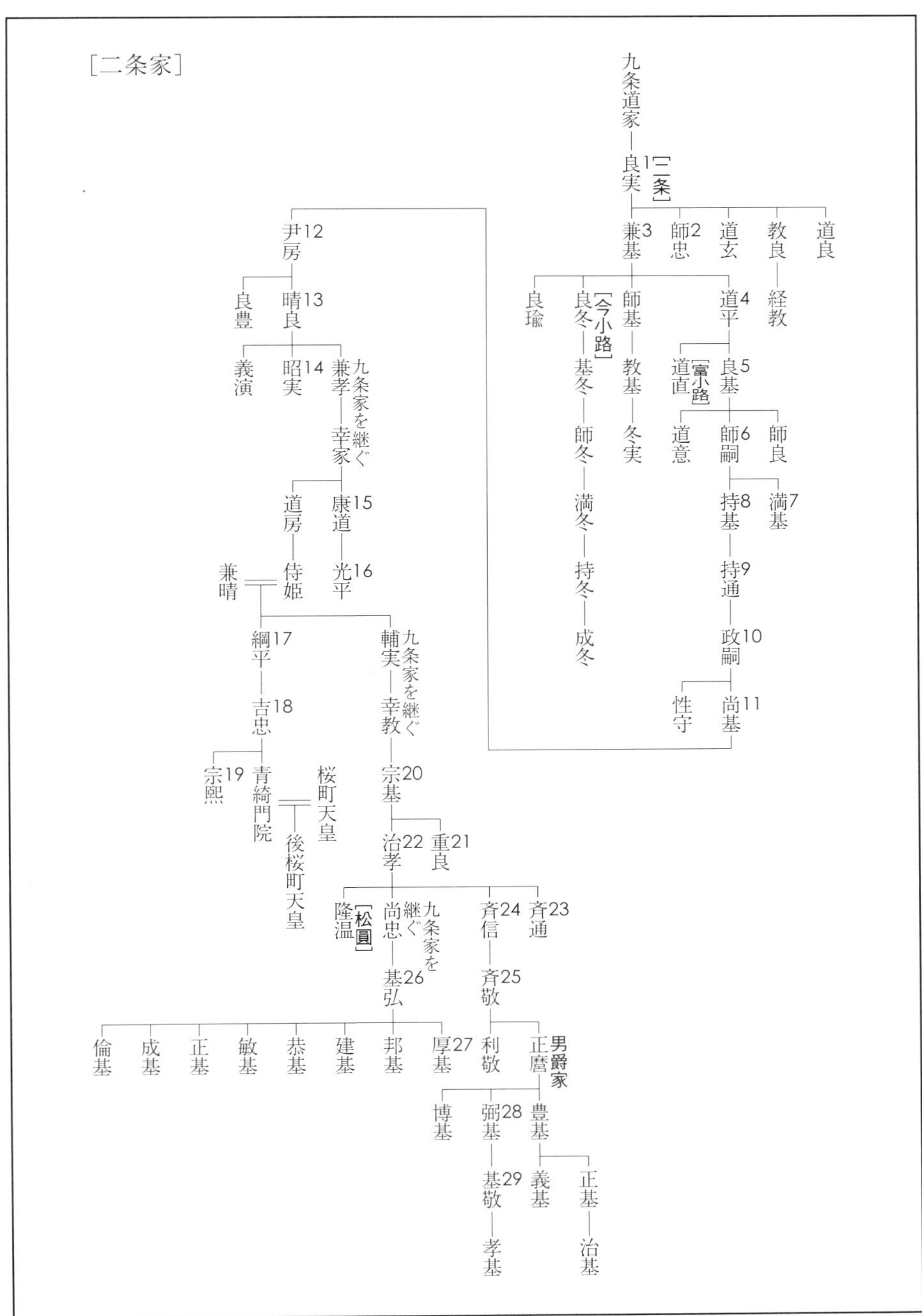
[二条家]
九条道家
1 良実 [二条]
3 兼基
2 師忠
道玄
教良
道良
経教
良瑜
良冬 [今小路]
基冬
師冬
満冬
持冬
成冬
師基
教基
冬実
4 道平
道直 [富小路]
5 良基
道意
6 師嗣
師良
8 持基
7 満基
9 持通
10 政嗣
性守
11 尚基
12 尹房
良豊
13 晴良
義演
14 昭実
兼孝 九条家を継ぐ
幸家
道房
15 康道
16 光平
兼晴
侍姫
17 綱平
輔実 九条家を継ぐ
幸教
18 吉忠
19 宗熙
青綺門院
桜町天皇
後桜町天皇
20 宗基
22 治孝
21 重良
隆温 [松園]
尚忠 九条家を継ぐ
24 斉信
23 斉通
26 基弘
25 斉敬
倫基
成基
正基
敏基
恭基
建基
邦基
27 厚基
利敬
正麿 男爵家
博基
28 弼基
豊基
29 基敬
義基
正基
孝基
治基

師としても著名である。その子親元は八代将軍義政に仕え、その日記『蜷川親元日記』は応仁の乱前後の貴重な史料である。

戦国時代、親長は幕府の衰亡のため長宗我部氏を頼って土佐に下向。関ヶ原合戦後、西軍に属した長宗我部氏は改易となり、居城浦戸城の接収に功をあげた親長は徳川家康に召し出されて旗本となり、山城国綴喜郡（京都府）で五〇〇石を領した。寛政八年（一七九六）二〇〇〇石に加増。七代親文は田安家家老をつとめ、四二〇〇石となった。

二宮家　○にのみや

越後国蒲原郡聖籠村蓮野の豪農。江戸中期の初代九兵衛が二宮間兵衛家から分家して、紫雲寺潟新田の金子新田の開発に従事したのが祖。延享元年（一七四四）、豪農白勢家所有地の差配のために蓮潟興野に移り、以後金融業に乗り出して土地の集積を始めた。三代九兵衛の時に蓮潟興野の名主となり、四代九兵衛は新発田藩御用達となった。維新後は、没落した豪農や豪商から土地を買い取り、千町歩地主となった。維新後に新発田藩から購入した二宮家庭園の蓮池が著名。

若王子家　○にゃくおうじ

公家分家。藤原北家山科家の支流。山科言知の二男遠文は聖護院若王子の住職となっていたが、明治元年復飾し、翌二年堂上に列して若王子家を称した。一七年男爵となる。

丹羽家　○にわ

二本松藩主。尾張国丹羽郡（愛知県）発祥。出自は良峰氏、平氏、藤原氏などといわれるが不詳。代々斯波氏に仕え、長政が丹羽郡児玉村（名古屋市）に住んで丹羽氏を称したというのが祖という。その子長秀が織田信長に仕えて重臣となり、近江佐和山で五万石を領した。本能寺の変後は豊臣秀吉に仕えて越前北ノ庄で一二三万石を領したが、長男長重は加賀松任四万石となる。

関ヶ原合戦では前田家との争いから参陣せず一時所領を没収されたが、慶長五年（一六〇〇）常陸古渡藩（茨城県稲敷市古渡）一万石で再興した。元和八年（一六二二）陸奥棚倉五万石、寛永四年（一六二七）白河一〇万石を経て、同二〇年光滋の時に陸奥二本松一〇万石に転封となった。幕末、奥羽越列藩同盟に参加したことから、明治元年五万石に減知され、一七年長裕の時に子爵となった。

長秀の六男長次は慶長八年（一六〇三）二代将軍秀忠に仕え、元和二年（一六一六）常陸国で一〇〇〇石を与えられた。三代長守の時一五〇〇石に加増され、町奉行をつとめた。

丹羽家　○にわ

播磨三草藩主。清和源氏一色氏の一族。氏明が尾張国丹羽郡丹羽荘（愛知県一宮市）に住んで丹羽氏を称したという。氏員は本郷城を築城して拠っていた。

氏次の時に織田信雄を経て、徳川家康に仕えた。関ヶ原合戦では東軍に属し、慶長五年（一六〇〇）三河伊保藩（愛知県豊田市）一万石を立藩。寛永一五年（一六三八）美濃岩村二万石に転じたが、氏音の時にお家騒動がおこり、元禄一五年（一七〇二）越後高柳一万石に減転となった。寛保二年（一七四二）領地を播磨に移され、延享三年（一七四六）加東郡三草（兵庫県加東市）に陣屋を置いて三草藩一万石となった。明治一七年氏厚の時に子爵となる。

庭田家　○にわた

公家。宇多源氏。源有資の子経資が庭田家を称した。家格は羽林家。家職は神楽。江戸時代の家禄は三五〇石。幕末、重胤は尊攘派の公家として活躍した。明治一七年重直の時に伯爵となる。

《系図》388ページ

沼野家　○ぬまの

和歌山城下の豪商。天正年間に紀伊国海部郡西浜村（和歌山県和歌山市西浜）から和歌山城下橋丁に出て、「森屋」と号して質商となった。代々六兵衛を称して大年寄もつとめた。九代目六兵衛の妻の沼野峯の残した日記「日知録」は、江戸時代後期の豪商の生活状況を知る資料として有名。

ぬ

沼間家　○ぬま

旗本・旧戦国大名。大中臣清輔の末裔が和泉国南郡沼荘（大阪府岸和田市沼町）に移り住んで沼氏を称し、のち沼間氏と改称したという。戦国時代、清成は綾井城に拠って、織田信長に仕えた。孫の興清は豊臣秀吉に仕えて七〇〇〇石を領し、中村一氏の与力となった。関ヶ原合戦では東軍に属した、廩米五〇〇〇俵を与えられた。元禄一〇年（一六九七）清芳の時に三河国で五〇〇〇石に改められたが、同一四年清行の没後跡継ぎがおらず一旦所領没収。従弟の清喜が廩米三〇〇俵で再興した。

なお、清芳の弟の広隆の末裔は八〇〇石の旗本として続いている。

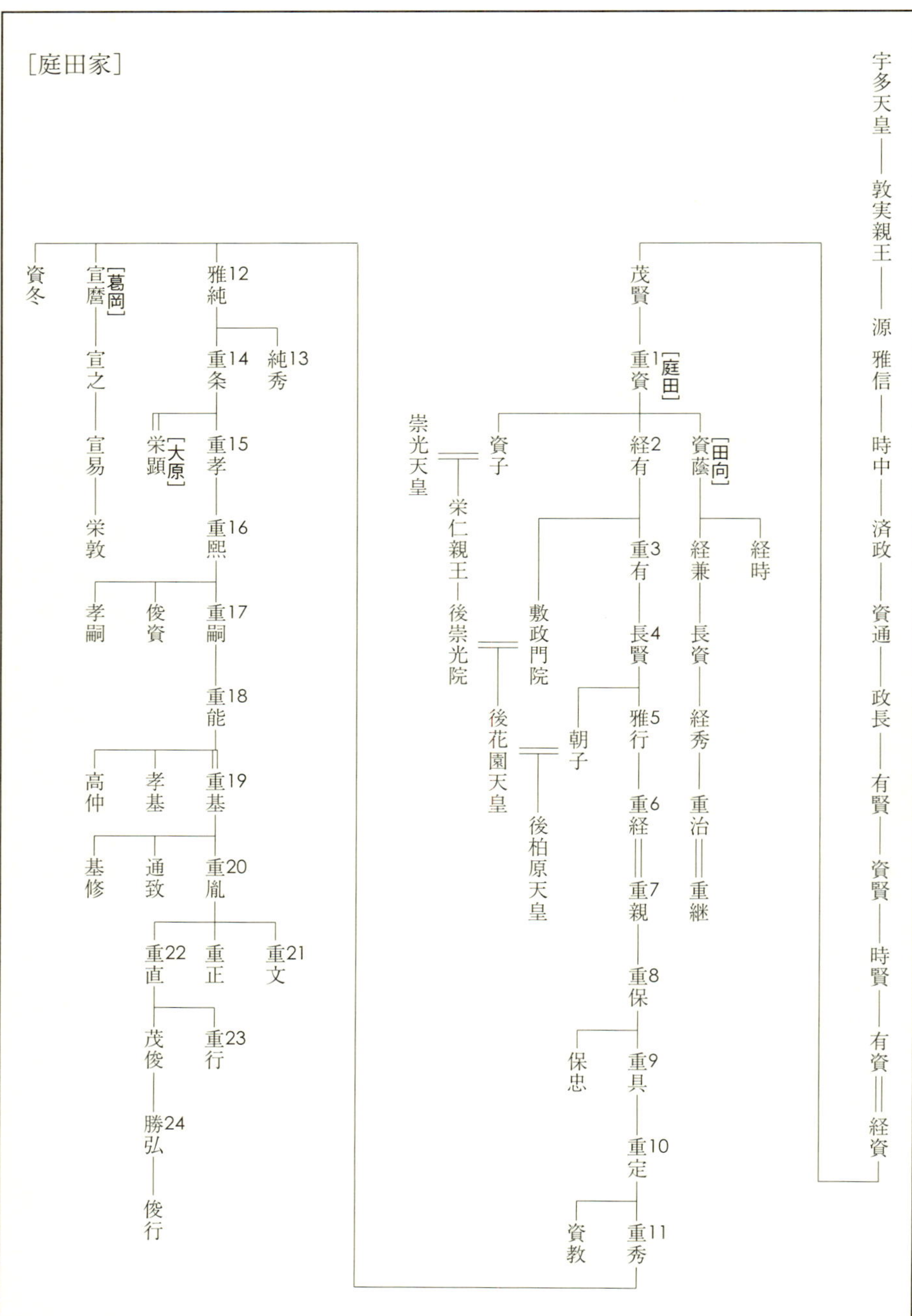

［庭田家］
宇多天皇—敦実親王—源 雅信—時中—済政—資通—政長—有賢—資賢—時賢—有資‖経資
茂賢
重資1［庭田］
資子
崇光天皇
栄仁親王
後崇光院
後花園天皇
後柏原天皇
経有2
資蔭［田向］
経兼
経時
長資
経秀
重治
重継
重有3
敷政門院
長賢4
朝子
雅行5
重経6
重親7
重保8
保忠
重具9
重定10
資教
重秀11
雅純12
純秀13
重条14
重孝15
栄顕［大原］
重熙16
重嗣17
俊資
孝嗣
重能18
重基19
孝基
高仲
重胤20
通致
基修
重文21
重正
重直22
重行23
茂俊
勝弘24
俊行
資冬
宣麿［葛岡］
宣之
宣易
栄敦

ね

根尾家　○ねお

越中国砺波郡（富山県）の豪農。美濃根尾氏の子孫か。美濃根尾氏は美濃国本巣郡根尾（岐阜県本巣市）発祥で、南北朝時代、南朝に属して越前から美濃に移り、根尾に住んで根尾氏を称した。室町時代は土岐氏に属していた。

根尾家も戦国時代後期には美濃根尾で織田信長に属した武士であったが、のちに越前大野で帰農したという。のち初代宗四郎が越中国砺波郡に移って庄川を開発。以来七代宗四郎まで代々開発につとめた。明治以降も八代宗四郎は村長、県議を歴任した他、銀行も経営。九代目宗四郎は庄下村長として砺波市合併を進めた。

根来家　○ねごろ

旗本。藤原氏で、もとは和泉国熊取谷の郷士だった。根来寺に入り、成真院の住職となっていた盛重は、天正一三年（一五八五）の豊臣秀吉の根来寺焼き討ちで熊取谷に戻ったが、成瀬正一の推挙で還俗して根来衆を率いて徳川家康に仕えた。大坂の陣では根来同心五〇人を率いて伏見城を守り、元和八年（一六二二）和泉国代官となって、寛永二年（一六二五）大和国宇智郡で七五〇石を与えられた。孫正縄の時三四五〇石に加増された。

米多比家　○ねたび

柳河藩家老。筑前国糟屋郡米多比（福岡県古賀市米多比）発祥。丹党の末裔と伝える。代々大友氏に従っていたが、永禄一一年（一五六八）に立花鑑載が大友氏に叛いた際に、鑑載によって殺された。子鎮久は立花宗茂に仕えて家老となる。関ヶ原合戦後、立花家が改易されると加藤清正に仕えて熊本藩士となり、立花家が柳河藩主に復帰すると、柳河に戻って家老となった。家禄は二〇〇〇石。「米多比文書」が伝わる。

野一色家　○のいっしき

旗本。宇多源氏佐々木氏の一族。佐々木盛綱の末裔の秀長が近江国坂田郡大原荘野一色（滋賀県米原市野一色）に住んで野一色氏を称した。同地の土豪で、助義の時中村一義に仕え、関ヶ原合戦では東軍に属したが大垣城で討死した。子助重も大坂の陣で討死し、その子義重が旗本となって近江国蒲生郡で二〇〇〇石を与えられた。義忠は御先弓頭となって二五〇〇石に加増。

能勢家　○のせ

旗本。摂津国能勢郡（大阪府）発祥。清和源氏頼光流。山県国直の子国基が能勢郡田尻荘（豊能郡能勢町）の地頭となって能勢氏を称した。室町時代は北摂の有力国人に成長、細川氏の被官でもあった。延徳二年（一四九〇）能勢頼則が細川政元によって初代芥川城主となる。

関ヶ原合戦の際頼次は東軍に属し、戦後六八〇〇石を領し、能勢郡地黄に陣屋を置いて旗本地黄能勢家となった。のち分知で四〇〇〇石となる。三代頼宗は京都町奉行をつとめた他、幕末の頼富は京都見廻役次席となっている。

分家に切畑能勢家がある。

莅戸家　○のぞきど

米沢藩重臣。越後国頸城郡莅戸（新潟県妙高市）発祥。代々上杉氏に仕え、江戸時代は米沢重臣となった。江戸中期の莅戸善政（太華）がとくに著名。善政は上杉鷹山によって米沢藩中老に抜擢され、家老竹俣当綱とともに藩政の改革に当たった。天明三年（一七八三）に致仕後は長男の善以が跡を継ぎ、奉行（家老）として改革を進めた。

野田家　○のだ

江戸・上野池之端の老舗「酒悦」の創業家。初代清右衛門は伊勢国山田（三重県伊勢市）の出で、延宝三年（一六七五）に本郷元町に山田屋と号して海産物問屋を創業した。のち寛永寺の門前である上野・池之端に移って珍味・海苔などを扱うようになった。これを東叡山輪王寺門跡が贔屓にし、屋号を「酒悦」と命名したという。

維新後、一五代清右衛門が福神漬を発明、日清日露の両戦争で兵隊の携行食となったことで一躍全国に広まった。

野宮家　○ののみや

公家。藤原北家花山院流。花山院忠長は猪熊事件で蝦夷に配流されていたことから、二男定逸は元和八年（一六二二）後水尾天皇の勅旨によって祖父定熙の養子となり、一家を興して野宮家を称した。家格は羽林家。家職は有職故実。家禄は一五〇石。三代定基は江戸時代を代表する有職故実家として著名。明治一七年定穀の時子爵となる。

野村家　○のむら

和泉流狂言師。代々加賀藩の町役者で、八田屋万蔵と称していたが、天明四年（一七八四）に「狸の腹鼓」で藩主から名字を許され、三人扶持も与えられている。維新後、五代万造（のち万斎）の時に江戸に出た。六代目は万蔵と名乗り、人間国宝となっている。万蔵家の現在の当主が野村万作で、その長男が野村萬斎である。

は

萩原家　○はぎわら

公家。卜部氏の庶流。吉田兼治の二男兼従が祖父の養子となり、慶長年間に豊国神社の神官となって一家を興して萩原家を称した。家格は半家。家職は神祇道。江戸時代の家禄は三五九石。明治一七年員光の時に子爵となる。

羽倉家　○はぐら

京都伏見稲荷の神官。室町時代に東羽倉家と西羽倉家に分裂、江戸時代には西羽倉家から、朝廷の上北面をつとめた京羽倉氏が独立した。

国学者荷田春満・在満父子や、幕末の儒学者羽倉簡堂はいずれも東羽倉家の出である。

橋本家　○はしもと

公家。藤原北家閑院流。西園寺公相の四男実俊が祖。家格は羽林家。家職は笛。応仁三年（一四六九）公国が死去して一時中絶、のち清水谷実久の子公夏が継いだが永正一七年（一五二〇）公夏が出家して再び中絶。のち清水谷家を継いでいた公夏の子実勝が再興したものの、今度は天正一六年（一五八八）家人に殺害されて三度目の中絶となった。元和五年（一六一九）一族の実村が再興した。江戸時代の家禄は二〇〇石。幕末の実麗の妹経子は和宮親子内親王の生母である。明治一七年実梁の時に伯爵となる。

《系図》392ページ

長谷川家　○はせがわ

旗本。藤原北家秀郷流で、下河辺政義の二男小川政平の末裔の政宣が、大和国長谷川（奈良県桜井市）に住んで長谷川氏を称したのが祖という。戦国時代正長は駿河国田中（静岡県藤枝市）に住んで

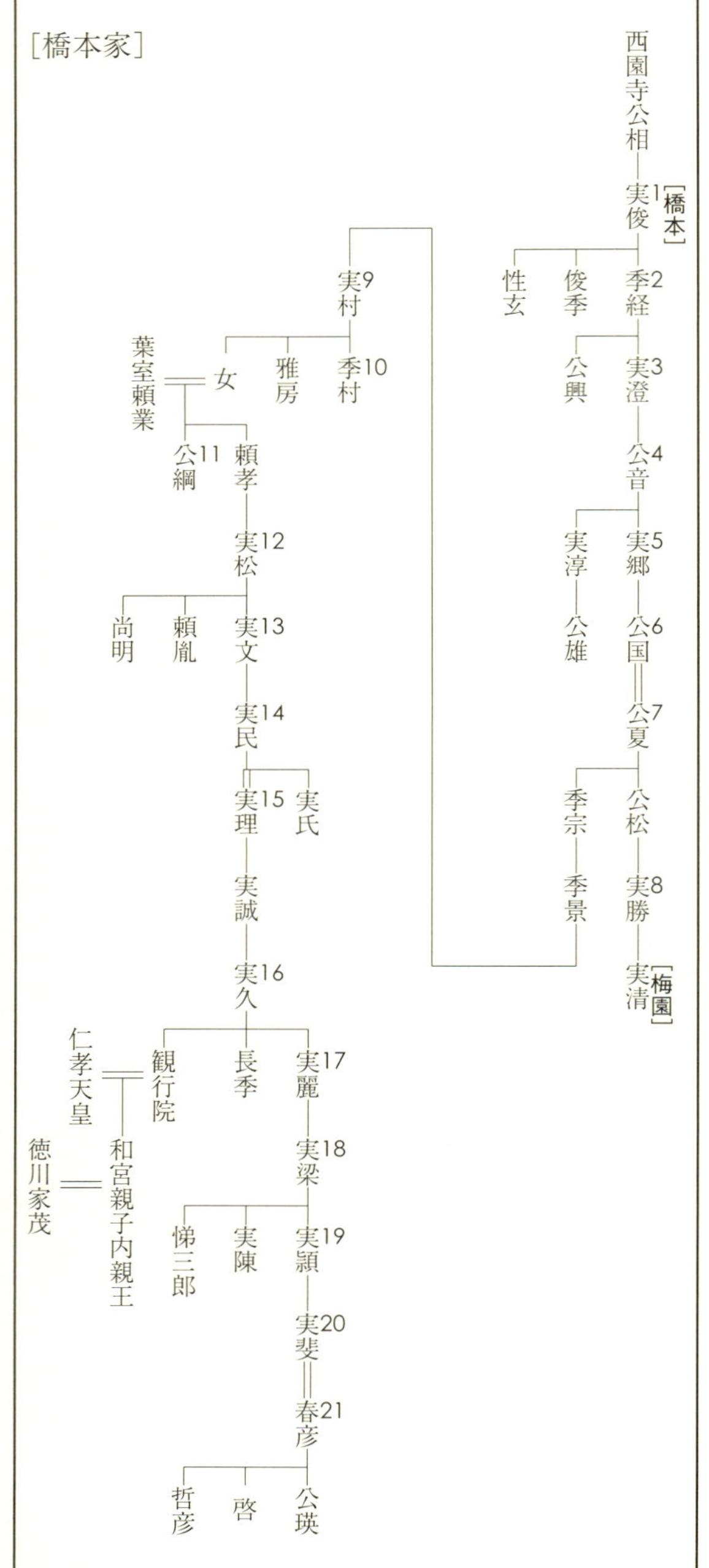

今川義元に仕え、その没落後徳川家康に仕えた。その子正成は一七五〇石の旗本となった。

正長の二男宣次は天正一〇年（一五八二）に徳川家康に仕えて一家を興し、江戸時代は四〇〇石の旗本となった。安永元年（一七七二）宣雄は京都町奉行となり、その長男が池波正太郎の「鬼平犯科帳」で有名になった平蔵宣以である。

また、正長の三男正吉は天正七年（一五七九）徳川秀忠の小姓となり、上野国で四〇七〇石を知行した。

長谷川家　○はせがわ

旗本。藤原北家秀郷流で尾藤氏の末裔という。代々足利将軍家に仕えて大和国に住み、宗茂の時足利義政から長谷川の家号を賜ったという。宗仁は織田信長、豊臣秀吉を経て、慶長五年（一六〇〇）徳川家康に仕え、子守知は元和三年（一六一七）美濃・伊勢・摂津などで一万石を与えられた。寛永九年（一六三二）守知の没後、長男正尚が七〇〇〇石、二男守勝が三一一〇石を継ぎ、ともに旗本となった。嫡流の正尚は正保三年（一六四六）に死去、跡を継いだ弟の守俊も二年後に死去して断絶した。

守勝の子孫は旗本として続き、勝富は書院番頭、大番頭を歴任している。

畠山家　○はたけやま

高家・旧戦国大名。畠山氏の出自は複雑で、本来は桓武平氏で武蔵国男衾郡畠山荘（埼玉県深谷市畠山）発祥である。

桓武平氏の秩父重綱の子重弘が畠山荘に住んで畠山氏を称したのが祖で、源平合戦の際、重弘の孫重忠は当初平家に属し、のちに源頼朝に従った。鎌倉幕府の成立後は有力御家人となって武蔵国比企郡菅谷（埼玉県比企郡嵐山町菅谷）に住んだが、元久二年（一二〇五）執権北条氏によって謀叛の疑いをかけられて滅亡した（畠山重忠の乱）。

畠山氏滅亡後、重忠の妻は足利義兼の子義純に嫁ぎ、以後義純は畠山氏を称してその旧領を領した。これ以降の畠山氏は清和源氏足利氏の一族となっている。

南北朝時代は足利氏に属し、室町時代には河内畠山氏と能登畠山氏に分裂した。両家ともに戦国大名となり、のちに滅亡したが、末裔はともに高家となった。

河内畠山氏は基国が明徳二年（一三九一）山名氏清を討ち（明徳の乱）、応永五年（一三九八）には幕府の管領となった。満家・持国は河内・紀伊・越中の守護を世襲したが、持国の養子となった政長と実子義就の家督争いが起きて二流に分裂、この争いは応仁の乱の一因ともなっている。

政長は細川政元と争って敗死、子尚順は河内高屋城に拠って勢力を回復したものの、やがて遊佐氏、安見氏ら家臣の台頭で没落した。戦国時代高政は織田信長に仕えたが、子昭高は遊佐氏の謀叛によって自刃している。

寛永元年（一六二四）政尚の孫の政信が徳川家康に召し出され、摂津国八部郡（兵庫県）で三〇〇石を与えられた。子基玄は延宝七年（一六七九）に奥高家となり、累進して下野国都賀郡で五〇〇〇石を知行、奏者番もつとめた。

また、政信の二男義玄、三男高玄もそれぞれ一家を興して旗本となっている。

一方、持国の晩年の実子義就の子義豊は河内誉田城に拠って政長系畠山氏と戦い、明応八年（一四九九）戦死した。その孫義堯は三好氏と結んだものの、天文元年（一五三二）一向一揆に攻められて自刃し、滅亡した。

《系図》394ページ

畠山家　○はたけやま

高家。旧戦国大名能登畠山氏の末裔。

能登畠山氏は河内畠山氏の一族で、畠山基国の二男満慶が応永一五年（一四〇八）に兄の管領満家から能登一国の守護を譲られたのが祖。満慶の官途が修理大夫であったことから、その唐名「匠作」によって、「匠作家」と呼ばれ、御相伴衆として幕府の中枢にあった。

応仁の乱では、義統は西軍に属し、のち能登に下向して七尾城を築城して拠った。戦国時代になると内訌が続いて弱体化、永禄九年（一五六六）には義続・義綱父子が重臣によって追放され、義綱の子義慶が擁立されている。そして、天正

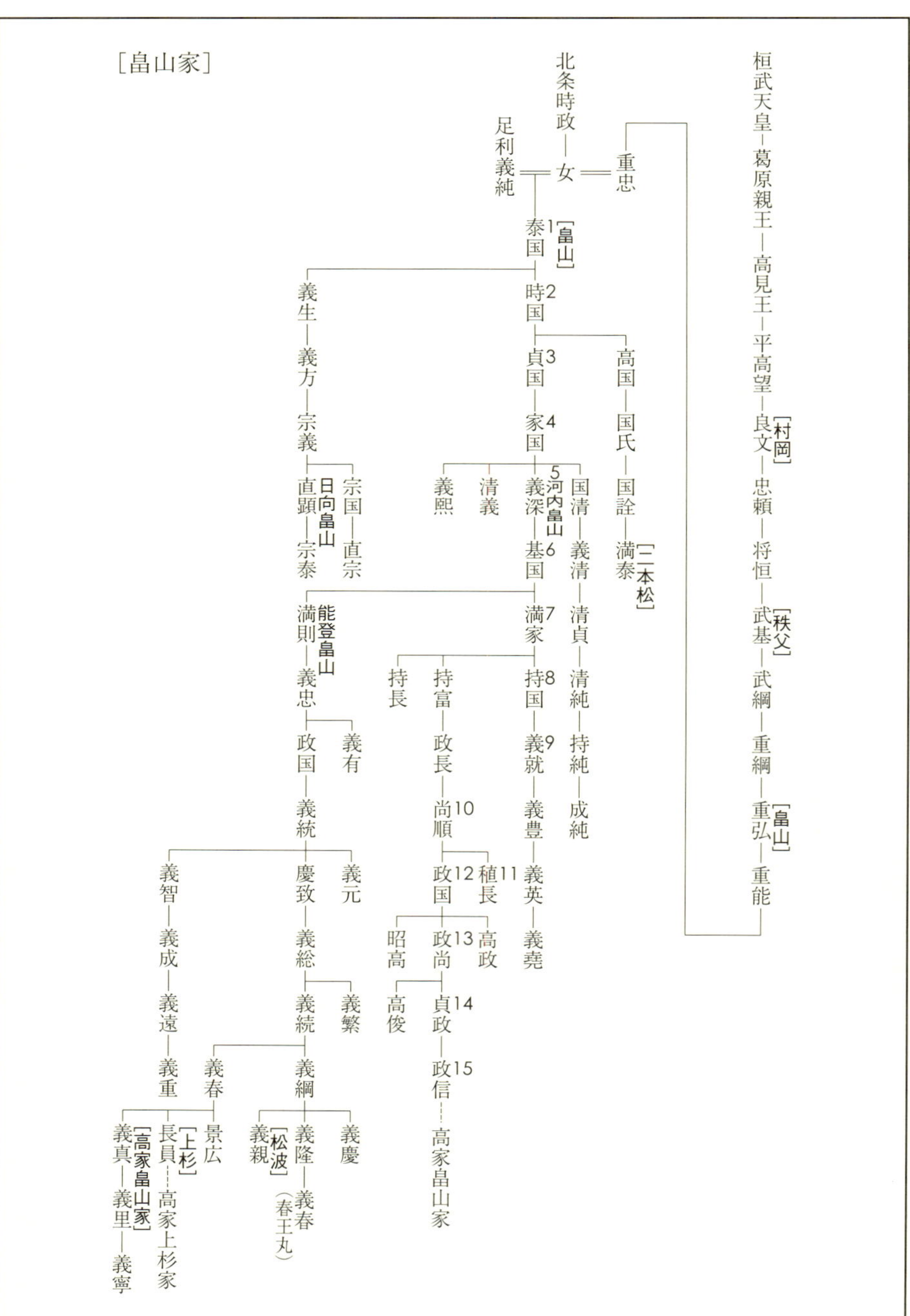
［畠山家］
桓武天皇—葛原親王—高見王—平高望—良文［村岡］—忠頼—将恒—武基［秩父］—武綱—重綱—重弘［畠山］—重能
重忠
北条時政—女
足利義純
1泰国［畠山］
2時国
3貞国
4家国
5義深［河内畠山］
6基国
7満家
8持国
9義就
義豊—義英—義堯
高国—国氏—国詮—満泰［二本松］
国清—義清—清貞—清純—持純—成純
清義
義熙
持富—政長—10尚順
11稙長
12政国
13政尚
高政
昭高
14貞政
高俊
15政信……高家畠山家
持長
義生—義方—宗義
宗国—直宗
直顕—宗泰［日向畠山］
満則［能登畠山］—義忠
義有
政国—義統
義元
慶致—義総
義繁
義続
義綱
義慶
義隆［松波］—義春（春王丸）
義親
義春
景広
長員［上杉］……高家上杉家
義真［高家畠山家］—義里—義寧
義智—義成—義遠—義重

は

五年（一五七七）の上杉謙信の能登侵攻では重臣遊佐氏が内応したため落城、能登畠山氏は滅亡した。

義綱の弟の義春は、のち豊臣秀吉に仕え、摂津・河内で一五〇〇石を知行した。慶長五年（一六〇〇）関ヶ原合戦直前に徳川家康に仕えて旗本となり、三男義真は元和三年（一六一七）三〇二〇石に加増された。寛文三年（一六六三）義里の時奥高家に列した。

また、義春の二男長員は山内上杉氏の一族の上条上杉氏を継ぎ、江戸時代は高家上杉家となっている。→上杉家

《系図》394ページ

八条家　〇はちじょう

公家。藤原北家四条流。櫛笥隆資の二男隆英が八条家を称した。家格は羽林家。家職は有職故実。江戸時代の家禄は一五〇石。幕末、隆祐は尊攘派の公家として国事に奔走した。明治一七年隆吉の時に子爵となる。

蜂須賀家　〇はちすか

徳島藩主。尾張国海部郡蜂須賀（愛知県あま市蜂須賀）発祥。清和源氏斯波氏の一族というが不詳。戦国時代には同地の土豪であった。

蜂須賀正勝は木曽川筋の川並衆を率いており、斎藤道三、織田信清などを経て、永禄年間に豊臣秀吉に仕えて頭角をあらわした。天正一三年（一五八五）四国攻めの功で阿波一国一七万六〇〇〇石を与えられ、子家政が阿波に入封した。関ヶ原合戦では家政は隠居、長男至鎮が東軍に属して安堵され、大坂の陣後淡路一国を加増されて二五万七〇〇〇石となった。戊辰戦争では家老稲田家とその家臣団が有栖川宮熾仁親王を補佐して活躍、維新後には分藩をめぐって争いが生じている（稲田騒動）。

明治一七年茂韶の時に侯爵となり、貴族院議長、第二次松方内閣文相、枢密顧問官などを歴任。正韶も貴族院議員副議長をつとめた。その長男の正氏は鳥類学者・探検家として著名で、とくにドードー鳥の研究で知られる。

【富田藩主】徳島藩四代藩主忠英の二男隆重は、延宝六年（一六七八）新田五万石を分知されて富田に陣屋を構え、富田藩を立藩した。三代正員の時本藩八代目を継いで宗員となり、断絶した。

《系図》396ページ

蜂谷家　〇はちや

香道志野流の家元。宗家の志野家三代目の不寒斎の跡は、弟子だった蜂谷宗悟（休斎）が志野流を継ぎ、以後蜂谷家が家元となった。

元治元年（一八六四）の禁門の変で家屋が焼失、尾張藩の庇護を得て名古屋に転じている。現在の当主は昭和六二年に家元を継いだ二〇世宗玄（幽光斎）である。

服部家　〇はっとり

旗本。伊賀国阿拝郡服部郷（三重県伊賀市）発祥。平安末期に源頼朝に属し

て、鎌倉時代は幕府の御家人となった。以後、庶子家を分出して阿拝郡・山田郡に勢力を広げた。室町時代には有力国人に成長したが、戦国時代織田信長の伊賀攻めで没落。その後、服部半蔵正成が徳川家康に仕え、江戸時代は伊賀衆と呼ばれる旗本となり、多くの分家がある。

［蜂須賀家］

- 正利
  - 1 正勝
    - 2 家政
      - 3 至鎮
        - 4 忠英
          - 5 光隆
            - 6 綱通
          - 隆重
            - 正上
            - 隆長
              - 隆寿
          - 隆矩
            - 7 綱矩
              - 吉武
                - 女 ＝ 10 宗鎮
              - 8 宗員（正員）
          - 隆喜
            - 隆長
            - 9 宗英
      - 正慶
  - 正元

- 松平頼熙
  - 11 至央 ＝ 12 重喜
  - 10 宗鎮

- 12 重喜
  - 13 治昭
    - 14 斉昌 ＝ 15 斉裕 — 16 茂韶 — 17 正韶 — 18 正氏
    - 昭順
  - 喜翰
    - 喜周
  - 喜和
  - 喜翰
    - 喜周
  - 允功
  - 允迪
  - 允澄
  - 允頴

花園家　○はなぞの

公家。藤原北家閑院流。江戸時代初期、正親町三条公兄の孫の公久が花園家を称した。家格は羽林家。家職は有職故実。江戸時代の家禄は一五〇石。明和七年（一七七〇）季文が九歳で死去して一時途絶えたが、同年正親町三条公積の末子実章が四歳で相続した。明治一七年公季の時子爵となる。

宝暦四年（一七五四）に実廉が桂宮家仁親王から琵琶の伝授を受けた時の記録「琵琶両曲復伝之事」が伝わっている。

華園家　○はなぞの

京都・山科の浄土真宗興正派本山興正寺の住職。親鸞の末裔で、江戸時代は西本願寺派に属していた。幕末、鷹司政通の二男摂信が華園家を継ぎ、維新に功をあげて明治五年華族に列せられた。二九年沢称の時に男爵となる。現当主真準は昭和五〇年真宗興正派本山興正寺門主となった。

花房家　○はなふさ

交代寄合。常陸国久慈郡花房（茨城県常陸太田市花房）発祥。清和源氏足利氏の支流。足利泰氏の孫の職通が花房に住んで花房氏を称したと伝える。

のち備前に移り、戦国時代に職之（職秀）と正幸がそれぞれ宇喜多直家に仕えた。

職之は宇喜多秀家のもとで各地に転戦して功をあげ、豊臣秀吉の推挙で家老となったものの、長船綱直や石田三成の讒言で秀家の怒りを買い、宇喜多家を退去した。慶長五年（一六〇〇）、下野小山で徳川家康に拝謁してその配下となり、直後の関ヶ原合戦に出陣。戦後、備中国都宇・賀陽両郡で八二二〇石を賜って賀陽郡高松（岡山市高松）に陣屋を置いて交代寄合となった。元和三年（一六一七）、跡を継いだ職則は職直に一〇〇〇石を分知して七二二〇石となった。

職則の二男職休は一家を興し、慶安元年（一六四八）徳川長松（綱重）の抱守となった。のち留守居役となって一〇二〇石を知行した。

なお、職直は榊原康政の養子となって榊原氏を称し、子孫は津寺榊原家と呼ばれた。

また、正幸の子正成は、宇喜多直家を織田方につけることに尽力、備中高松城の水攻めでは足守川の堰止工事を担当している。その後は高松城主となって一万四八六〇石を領していたが、慶長四年（一五九九）に宇喜多家を退去、増田長盛の所領の大和郡山に蟄居した。

関ヶ原合戦では増田長盛が西軍に属したため高野山に転じていたが、戦後徳川家康に召し出されて備中国小田・後月両郡で五〇〇〇石を与えられ、小田郡猿掛に陣屋を置いた。のち新墾田を加えて六〇五〇石となる。跡を継いだ幸次は山田奉行となって三〇〇〇石を加増され、九〇五〇石を知行している。三代幸昌は再び六〇五〇石に戻り、元禄一〇年（一六九七）遠江国に移されて、豊田・山名・周知郡で五〇〇〇石となった。

浜口家　○はまぐち

下総国銚子（千葉県銚子市）の醤油醸造家。ヤマサ醤油・ヒゲタ醤油はともに浜口家の経営である。

紀伊国有田郡広村（和歌山県有田郡広川町）生まれの初代浜口儀兵衛が、下総国銚子に移って正保二年（一六四五）に醤油の醸造を始めたのが祖。儀兵衛の「キ」を横向きにして「サ」と変え、山笠を載せて「⌃サ」と号した。以後、広村に本拠を置きながら、代々銚子で醤油醸造を行い、江戸時代中期には江戸を代表する醤油となっていた。

は

紀伊広村では代々庄屋をつとめ、幕末の七代目儀兵衛（梧陵）は安政元年（一八五四）の大津波から村を救った話が「稲むらの火」として有名で、紀伊藩の勘定奉行もつとめた。八代目儀兵衛は和歌山県初代県議会議長でもある。一〇代目儀兵衛（梧洞）の時に醬油醸造の近代化をはかり、ヤマサ醬油を株式会社化した他、貴族院議員もつとめた。

また、初代儀兵衛の兄の初代吉右衛門は江戸・日本橋で広屋商店と号して、弟が銚子でつくった醬油を販売した。その後、塩問屋も兼ねた。

維新後、九代目吉右衛門は衆議院議員もつとめる。弟の初代吉兵衛は、ヤマサの梧洞の勧めで銚子の醬油工場を購入、近隣の小醸造元を統合してヒゲタ醬油を興した。

浜崎家　○はまざき

薩摩国揖宿郡拾弐町村（鹿児島県指宿市）の豪商。享保年間（一七一六〜三六）に三代目新平が海運業を興し、五代目太左衛門の時には全国に知られる豪商となった。幕末の八代目太平次も著名。

葉室家　○はむろ

公家。藤原北家勧修寺流。甘露寺為房の二男顕隆が祖で、孫の光頼が山城国葛野郡葉室（京都市西京区）に因んで葉室を家名とした。光頼は平治の乱で平清盛に通じている。一族の光親は承久の乱の際に鎌倉幕府追討の宣旨を書いて幕府に斬られるなど、政治の表舞台に登場したことも多い。家格は名家。江戸時代の家禄は一八三石。明治一七年長邦の時に伯爵となる。

明治以降は代々春日大社の宮司をつとめ、現在の当主頼昭は医師でもある。

《系図》399ページ

林家　○はやし

上総請西藩主。信濃国林郷（長野県松本市）発祥で清和源氏小笠原氏の支流。代々松平氏の家臣で、忠政が徳川家康に仕えて上総国茂原で二〇〇石を領したのが祖。

忠隆の時一八〇〇石に加増され、その子忠和は長崎奉行、町奉行などを歴任して三〇〇〇石となった。さらに、忠篤は浦賀奉行、一橋家家老を歴任、その子忠英は文政八年（一八二五）若年寄となって一万石に加増、同一一年上総貝淵藩（千葉県木更津市）を立藩した。嘉永三年（一八五〇）忠旭の時に上総請西（木更津市請西）に移る。

戊辰戦争では忠崇は官軍に抵抗して各地を転戦、仙台で降伏したものの所領は没収された。明治二年に忠弘が三〇〇石で再興、二六年に男爵を授けられた。のち日光東照宮宮司もつとめている。現当主忠昭は帝京大学教授をつとめる。

林家　○はやし

旗本。藤原北家利仁流とも越智姓ともいう。「寛政重修諸家譜」では藤原氏利仁流に収められている。通勝（勝利）は織田信長の重臣であったが、天正八年

（一五八〇）突如信長によって追放されている。子正利は小早川秀秋に仕え、その没後慶長八年（一六〇三）徳川家康に仕えて旗本となり、美濃国で二〇〇〇石を与えられた。延宝八年（一六八〇）勝明は本所奉行をつとめた。

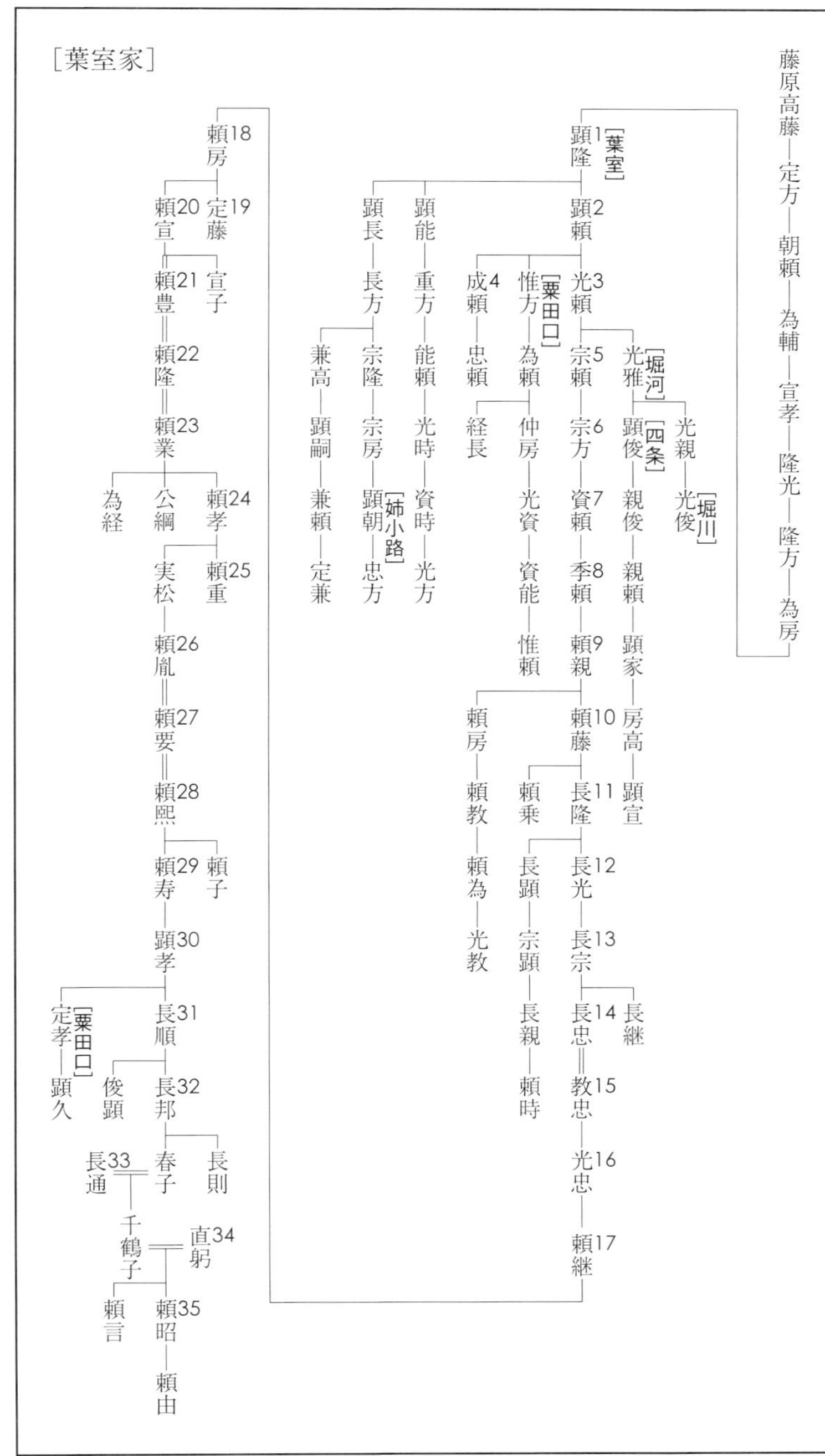

林家　○はやし

儒学者。江戸時代、幕府の儒官をつとめた。加賀国発祥。初代林羅山は慶長一

○年（一六〇五）徳川家康に仕えた。三代鳳岡の時に家塾が昌平黌となり、以来代々大学頭をつとめた。七代錦峰の死後血筋が絶えたが、述斎が養子となって八代目を継ぎ林家を再興した。

林田家　○はやしだ

筑後国竹野郡田主丸村（福岡県久留米市田主丸町）で手津屋と号した豪商。久留米藩の御用商人だったが、安永年間（一七七二〜八〇）源次郎の代に衰退。弟の正助は長崎の鉄屋に奉公に出た後に家督を相続、寛政一〇年（一七九八）には藩の年貢米や菜種の大坂回送を請け負うなど、同家を再興した。さらに、大坂での藩米切手の買い支えに尽力するなど、久留米藩を代表する豪商となったが、文化一一年（一八一四）久留米藩の空米切手事件に連座して没落した。

ひ

東家　○ひがし

京都市西京区の松尾大社神官。秦氏の末裔で、代々松尾大社神官をつとめた松尾一族一四家の本家。宝永三年（一七〇六）相看が従三位となり、以後代々三位に昇った。

東家　○ひがし

紀伊国牟婁郡尾呂志村（三重県南牟婁郡御浜町）の旧家。平安時代末期に石見国津和野（島根県）から紀伊国中立村に移り住んできたと伝える。江戸時代中期に上野村に転じた。本家は代々勘兵衛を称し、大地主の傍ら酒造業を営んだ。現在は三五代目である。

分家も多く、二八代勘兵衛の二男勘作を祖とする前久保家、二九代勘兵衛の二男宗八を祖とする上平家、上平家の初代宗八の三男常三郎を祖とする裏地家（いずれも屋号）などがある。

前久保家三代の東亀蔵は医師となって尾鷲で東病院を開業、現在は尾鷲総合病院となっている。

東久世家　○ひがしくぜ

公家。村上源氏。久我祖秀は加藤清政に仕えて下津棒庵と号し、その死後、子通廉が母とともに上洛、母がかつて後水尾天皇中宮の東福門院に仕えていたことから、五歳より童形として女院に仕えた。正保元年（一六四四）一五歳の時に一家を創立し、東久世氏を称した。家名は久我家領の山城国乙訓郡東久世荘（京都市南区）に由来する。江戸時代の家格は羽林家。家職は有職故実。江戸時代の家禄は三〇〇石。通積は宝暦事件に連座した。幕末、東久世通禧は尊攘派の公家として活躍、文久三年（一八六三）には七卿落ちの一人として長州に落ちた。維新後は、元老院議官、枢密顧問官などを歴任、明治一七年に伯爵を授けられた。

ひ

なお、明治三一年には通禧の四男秀雄が分家して男爵となっている。

東久邇家　○ひがしくに

旧皇族。明治三九年伏見宮家の一族の久邇宮稔彦王が一家を創設して東久邇宮稔彦王となる。戦後、東久邇内閣を組閣するが、GHQ指令により二カ月で総辞職した。昭和二三年皇籍を離脱して、東久邇稔彦となった。盛厚の妻成子は昭和天皇の第一皇女である。

東三条家　○ひがしさんじょう

公家分家。三条実美の二男公美は明治一五年に一家を興して東三条家を称した。一七年男爵を授けられる。

《系図》240ページ

東園家　○ひがしぞの

公家。藤原北家持明院流。江戸時代初期に園基任の二男基教が一家を興して東園家を称した。家格は羽林家。家職は神楽。基教は三〇歳で急死し、甥の基賢が東園家を継いだ。江戸時代の家禄は一八〇石。幕末、基敬は尊攘派の公家として国事に奔走した。明治一七年基愛の時子爵となる。

現在の当主基文は神社本庁の統理をつとめた。また妻佐和子は明治天皇の孫にあたる。基文の二男基宏はハウステンボス社長をつとめた。

東伏見家　○ひがしふしみ

旧皇族。久邇宮邦彦王の三男邦英（慈洽）が昭和六年に臣籍に降下して一家を興し、東伏見家を称して伯爵となった。のち天台宗青蓮院門主をつとめた。現在は慈洽の二男慈晃（守俶）が第四九世門主をつとめている。

東坊城家　○ひがしぼうじょう

公家。菅原氏。鎌倉末期に五条長経の二男茂長が東坊城家を称した。家格は半家。家職は紀伝道。江戸時代の家禄は三〇一石。幕末、聡長は公武間の斡旋に尽力した。明治一七年徳長の時子爵となる。

徳長の三男恭長は映画監督となり、三女英子は女優入江たか子である。

《系図》402ページ

日置家　○ひき

岡山藩家老。出自は不詳。初代真斎は美濃の尾浦城に拠り、永禄年間（一五五八～七〇）には池田恒興に従っていた。三代忠俊の時に家老となり、慶長八年（一六〇三）の備中入国の際に、津高郡金川（岡山市御津）で一万四〇〇〇石を領した。鳥取転封では因幡鹿野を領し、寛永九年（一六三二）の岡山再入封で再び金川に陣屋を構え一万六〇〇〇石を領した。明治三九年健太郎の時男爵となる。

［東坊城家］

- 五条長経―茂長1［東坊城］
  - 長綱2
    - 秀長3
      - 長遠4
        - 益長5―長清6―和長7
          - 長淳8＝盛長9―長維10
            - 恒長11
              - 長基
              - 長祐
              - 長詮12―資長13
                - 綱忠14
                  - 輝長15
                  - ＝益良16―尚長17＝聡長18
                    - 夏長19
                    - 任長20―徳長21
                      - 政長22
                      - 光長
                      - 恭長
                      - 元長23―治長24
                      - 英子（入江たか子）―若葉
                    - 在綱
                - 資善
              - 長量
            - 承長
            - 豊長
            - 至長［滋岡］―長祇
              - 業長
              - 辰長
                - 長房
                - 強長―長昌―長棟―功長―孝長
          - 資胤
        - 元長
      - 長頼―惟長
    - 富長
    - 言長［西坊城］―長政＝顕長―長光―定雄―在忠
  - 長尚

飛来家　○ひき

一閑張細工師・千家十職。初代一閑は明末の騒乱を避けて寛永年間に来日、京都に住んで飛来家を称し、一閑張を始めた。以後代々一閑を称し、四代目の時に千家出入りとなる。幕末の一一代は名工として知られる。平成一〇年に襲名した当主は一六代目である。

樋口家　○ひぐち

公家。藤原北家高倉流。高倉親倶の二男信孝が樋口家を称した。家格は羽林

ひ

家。家職は有職故実。江戸時代の家禄は二〇〇石。明治一七年誠康の時に子爵となる。

彦坂家　○ひこさか

旗本。美濃国山県郡彦坂（岐阜県岐阜市彦坂）発祥。清和源氏満政流。浦野重直の子重親が彦坂氏を称した。宗重の時親鸞の弟子となり、以後しばらく下間氏を称したという。重清の時に彦坂氏に復して今川義元に仕えた。孫の光政は徳川家康に仕えて駿府町奉行となり、二一六〇石を知行した。重紹は大坂町奉行・大目付を歴任、三〇〇〇石に加増された。

彦部家　○ひこべ

上野国山田郡広沢（群馬県桐生市広沢）の旧家。陸奥国斯波郡彦部（岩手県紫波郡紫波町彦部）発祥。高氏の末裔。南北朝時代、光春は足利尊氏に従って各地を転戦し、以後代々室町幕府に仕えた。永禄八年（一五六五）将軍足利義輝が三好義重・松永久秀に殺された際に彦部晴直も討死にしている。子信勝・輝信は近衛前嗣に従って関東に下向し、のち上野国に土着した。一方、陸奥に残った一族は斯波氏に従った。

現在、桐生市広沢にある彦部家住宅は国の重要文化財に指定されている。

久田家　○ひさだ

表千家の茶家で、堀内家とともに表千家重鎮。清和源氏満季流の末裔といい、初代宗栄の母は千利休の妹であるといわれる。四代宗也のあと、長男の宗玄は分家して両替町久田家となり、久田流を興した。現在の当主は一三代宗栄である。

本家は二男の宗悦が継いで高倉二条に住み、高倉久田家と呼ばれた。現在の当主は一二代目宗也である。

久永家　○ひさなが

旗本。賀茂氏の末裔という。もとは葛山氏を称し、のち大内氏に仕えて石見国久永荘に住み久永氏を称したという。重吉の時に三河国に移り、以後代々松平氏に仕えた。江戸時代は旗本となり、三河国で四〇〇〇石を知行した。

久松家　○ひさまつ

尾張国知多郡英比（愛知県知多郡阿久比町）の土豪。菅原道真の孫雅規（幼名久松丸）が尾張国智多郡英比郷（知多郡阿久比町）に流され、久松殿と呼ばれたのが祖という。

中世には開発領主として活動、室町時代に道定が尾張守護斯波氏の家臣となった際に久松氏を称した。

戦国時代、徳川家康の生母於大の方が久松俊勝と再婚したため、俊勝はのちに徳川家康に仕えた。俊勝の子の康元・勝俊・定勝は家康の異父弟にあたることから、江戸時代は松平氏を称した。

なお、俊勝の弟の定重の末裔は久松氏を名乗り続けている。

【交代寄合】俊勝の長男康元は家康の関東入部の際に下総関宿四万石を領した。

美濃大垣を経て、忠憲（憲良）の時に信濃小諸に転じたが、正保四年（一六四七）無嗣断絶。弟の康尚が那須藩一万石で再興、慶安二年（一六四九）伊勢長島に転じた。子忠充は、重臣三人を切腹させるなど乱行があり、元禄一五年（一七〇二）改易された。

四男の康顕が五〇〇〇石で再興、跡を継いだ弟の康郷が六〇〇〇石の交代寄合となり、下総飯笹に陣屋を置いた。幕末の康正は京都見廻役をつとめている。

また、小諸藩主忠憲の兄忠利は寛永元年（一六二四）に五〇〇〇石を分知されて旗本となった。

【下総多古藩主】 俊勝の二男勝俊は今川氏真や武田信玄の人質となっていたが、のち徳川家康に仕え、その子勝政は駿河国で八〇〇〇石を知行していた。

寛永一二年（一六三五）勝義が襲封した際、采地を下総国香取・上総国武射の二郡に移されて下総国香取郡多古（千葉県香取郡多古町）を居所とし、正徳三年（一七一三）勝以が大坂定番となって摂津国内で加増され、一万二〇〇〇石となって多古藩を立藩した。

所領は下総国香取・葛飾二郡、上総国武射・長柄・山辺・埴生四郡、下野国河内・都賀二郡のうちに散在していたが、のち下総・上総国の大部分が陸奥国楢葉・石川二郡のうちに交換されている。明治一七年勝慈の時に子爵となる。

【伊予松山藩主】 俊勝の三男定勝は徳川家康に仕えて下総小南で三〇〇〇石を領し、関ヶ原合戦後、遠江掛川藩三万石を立藩。定行は伊勢桑名を経て、寛永一二年（一六三五）伊予松山一五万石に入封、四国を監視する意味があったという。

明治一七年定謨の時に伯爵となる。その長男定武は参議院議員を五期二〇年間つとめたのち、愛媛県知事に当選した。その子定成は昆虫学者で、愛媛大学教授をつとめた。

【伊予今治藩主】 定房は、伊勢長島を経て、寛永一二年（一六三五）伊予今治三万石に入封、江戸城大留守居役をつとめて一万石加増された。明治一七年定弘が子爵となる。

定時の三男定昌は延宝四年（一六七六）に五〇〇〇石を分知されて旗本となった。定能は駿府城代をつとめている。

【伊勢桑名藩主】 定勝の三男定綱は徳川秀忠に仕えて慶長一四年（一六〇九）下総山川藩一万石を立藩。

以後、美濃大垣を経て、宝永七年（一七一〇）越後高田に転封。寛保元年（一七四一）定賢の時陸奥白河一一万石に転じた。天明三年（一七八三）、田安宗武の三男定信が藩主となって藩政を改革、白河藩を天明の大飢饉から救って名君として知られた。同七年には老中に進み、寛政の改革を断行、綱紀の粛正を行った。文政六年（一八二三）定永の時に伊勢桑名一一万石に転じたが、幕末には幕府方に属して官軍と戦い、明治二年六万石に減じられた。一七年定教の時に子爵となる。

なお、この家は明治以降も松平氏を称している。

《系図》405・406ページ

［久松家］①

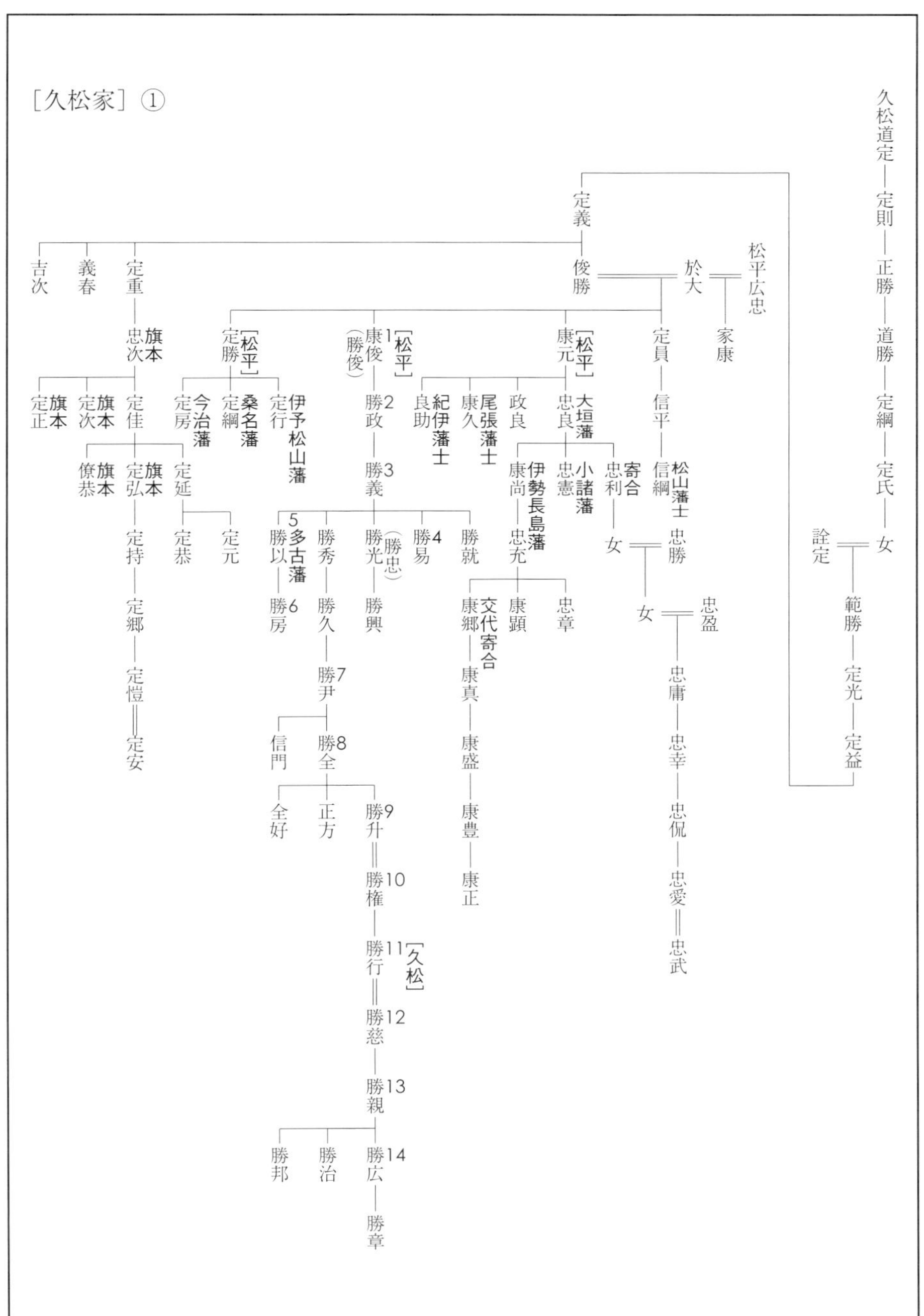
久松道定
定則
正勝
道勝
定綱
定氏
女
詮定
範勝
定光
定益
定義
松平広忠
於大
家康
俊勝
吉次
義春
定重
忠次 旗本
定正 旗本
定次 旗本
定佳
僚恭 旗本
定弘 旗本
定延
定持
定郷
定愷
定安
定恭
定元
定勝 ［松平］
定房 今治藩
定綱 桑名藩
定行 伊予松山藩
1 康俊（勝俊）［松平］
勝2 政
勝3 義
5 勝以 多古藩
勝6 房
勝秀
勝久
勝7 尹
信門
勝8 全
全好
正方
勝9 升
勝10 権
勝11 行 ［久松］
勝12 慈
勝13 親
勝邦
勝治
勝14 広
勝章
勝光（勝忠）
勝興
勝4 易
勝就
康元 ［松平］
良助 紀伊藩士
康久 尾張藩士
政良
忠良 大垣藩
康尚 伊勢長島藩
忠充
康郷 交代寄合
康真
康盛
康豊
康正
康顕
忠章
忠憲 小諸藩
忠利 寄合
女
定員
信平
信綱 松山藩士
忠勝
女
忠盈
忠庸
忠幸
忠侃
忠愛
忠武

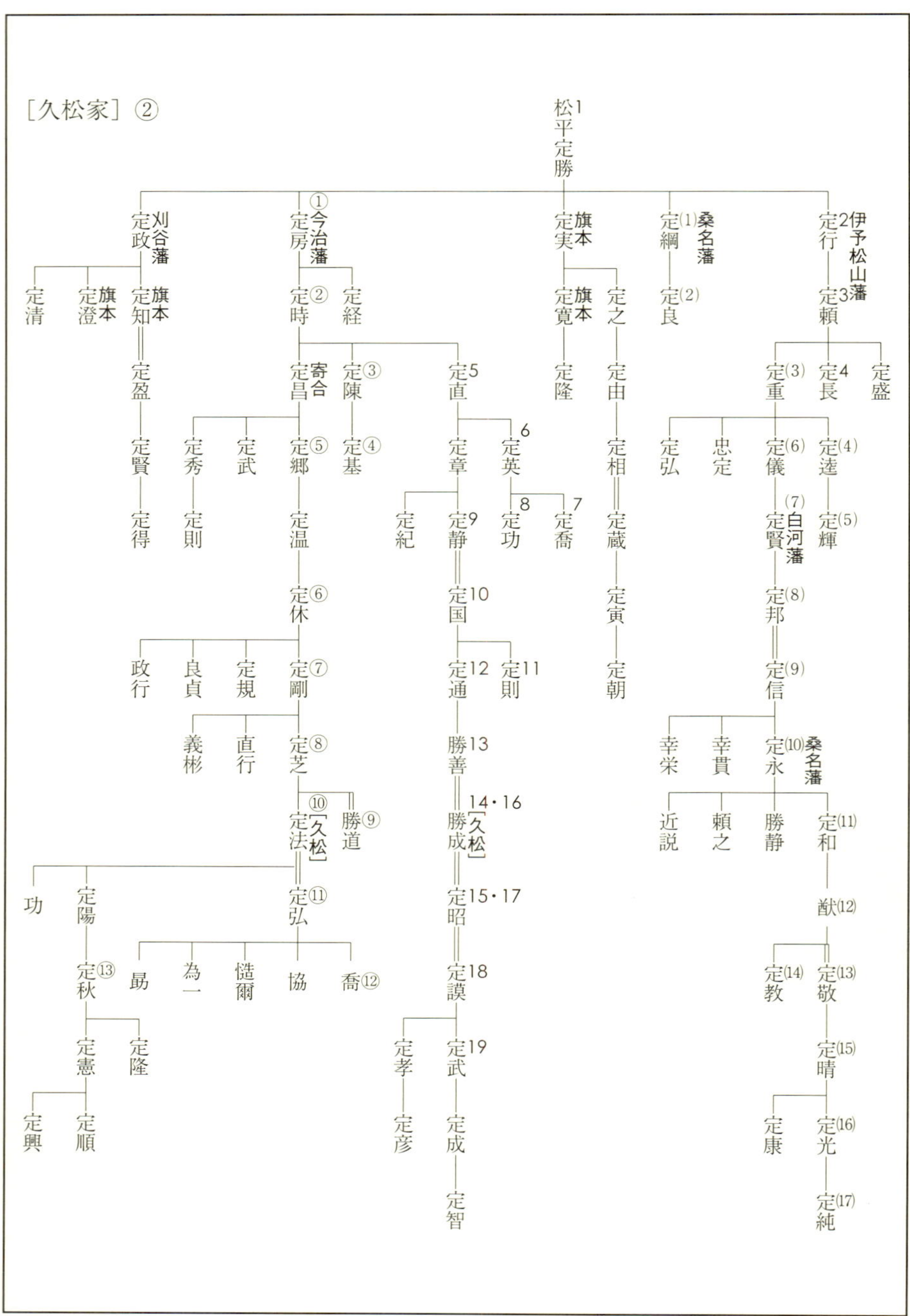
[久松家]②
松平定勝 1
定政 刈谷藩
定房 ① 今治藩
定実 旗本
定綱 (1) 桑名藩
定行 2 伊予松山藩
定清
定澄 旗本
定知 旗本
定時 ②
定経
定寛 旗本
定之
定良 (2)
定頼 3
定盈
定昌 寄合
定陳 ③
定直 5
定隆
定由
定重 (3)
定長 4
定盛
定賢
定秀
定武
定郷 ⑤
定基 ④
定章
定英 6
定相
定弘
忠定
定儀 (6)
定逵 (4)
定得
定則
定温
定紀
定静 9
定功 8
定喬 7
定蔵
定賢 (7) 白河藩
定輝 (5)
定休 ⑥
定国 10
定寅
定邦 (8)
政行
良貞
定規
定剛 ⑦
定通 12
定則 11
定朝
定信 (9)
義彬
直行
定芝 ⑧
勝善 13
幸栄
幸貫
定永 (10) 桑名藩
定法 ⑩ [久松]
勝道 ⑨
勝成 14・16 [久松]
近説
頼之
勝静
定和 (11)
功
定陽
定弘 ⑪
定昭 15・17
猷 (12)
定秋 ⑬
勗
為一
慥爾
協
喬 ⑫
定謨 18
定教 (14)
定敬 (13)
定憲
定隆
定孝
定武 19
定晴 (15)
定興
定順
定彦
定成
定康
定光 (16)
定智
定純 (17)

ひ

土方家　○ひじかた

伊勢菰野藩主。大和国土方村（奈良県）発祥で、清和源氏頼親流というが、祖信治以前は不明。信治が織田信長に仕え、弘治元年（一五五五）土岐氏と戦って戦死した。

信治の子雄久は織田信雄に仕え、尾張犬山で四万五〇〇〇石を領した。信雄の改易後は豊臣秀吉に仕える。関ヶ原合戦では東軍に属し、戦後加賀野々市藩一万石を立藩。同九年下総多古一万五〇〇〇石に加転した。

雄久の長男雄氏は一家を興していたため、二男の雄重が跡を継ぎ、元和八年（一六二二）五〇〇〇石を加増されて陸奥菊多藩（福島県いわき市）二万石に転封となる。四代雄隆の時世子がいなかったことから、家中が弟を推す派と甥を推す派に分かれてお家騒動となり、貞享三年（一六八六）改易となった。その際、雄隆の弟雄賀も分知されていた二〇〇〇石を返上したが、改めて旗本として取り立てられて二〇〇〇石で再興した。

【伊勢菰野藩主】雄久の長男の雄氏は豊臣秀頼の近侍となり一万石を知行していたが、慶長四年（一五九九）大野治長とともに徳川家康の暗殺を企てたとされて常陸佐竹氏に預けられた。しかし、関ヶ原合戦で徳川秀忠に従って功をあげたことから一家を興し、伊勢菰野一万二〇〇〇石の藩主となった。明治一七年雄志の時に子爵となった。

【旗本家】旗本の土方家は、もとは藤原姓で清水氏を称し、但勝・家勝父子は佐久間信盛に仕えていた。その子勝直が母方の叔父にあたる土方雄久に属したのち、豊臣秀次に仕えて土方氏を称したのが祖。関ヶ原合戦では東軍に属し、戦後旗本として上総国長柄郡で一五六〇石を知行した。

日高家　○ひだか

天領である日向国諸県郡本庄（宮崎県東諸県郡国富町）で和泉屋と号した豪商。初代盛武は宮崎市瓜生野にある瓜生野神社の神官だったが、家督を弟に譲って本庄に移り住み創業したという。三代目の弥平次の時に豪商となり、四代弥次兵衛の頃から農閑期に漉かせた本庄和紙で財をなした。

一柳家　○ひとつやなぎ

播磨小野藩主。伊予河野氏の一族。大永年間（一五二一～二八）河野通直の庶子宣高が美濃国厚見郡西野村（岐阜県岐阜市）に移って土岐氏に仕え、一柳姓を与えられたという。尾張国一柳御厨（名古屋市中川区）の地名に由来するともいう。直高の子直末と直盛の兄弟が豊臣秀吉に仕えた。直末は天正一三年（一五八五）美濃大垣二万五〇〇〇石を経て、同一七年には五万石となったが、翌年の小田原攻めで戦死した。

【伊予西条藩主】直末の跡を継いだ直盛の時豊臣秀吉に仕え、尾張黒田で三万五〇〇〇石を領した。関ヶ原合戦後、慶長六年（一六〇一）伊勢神戸五万石に加転、寛永一三年（一六三六）伊予西条六万八六〇〇石に移った。同年二代直重は

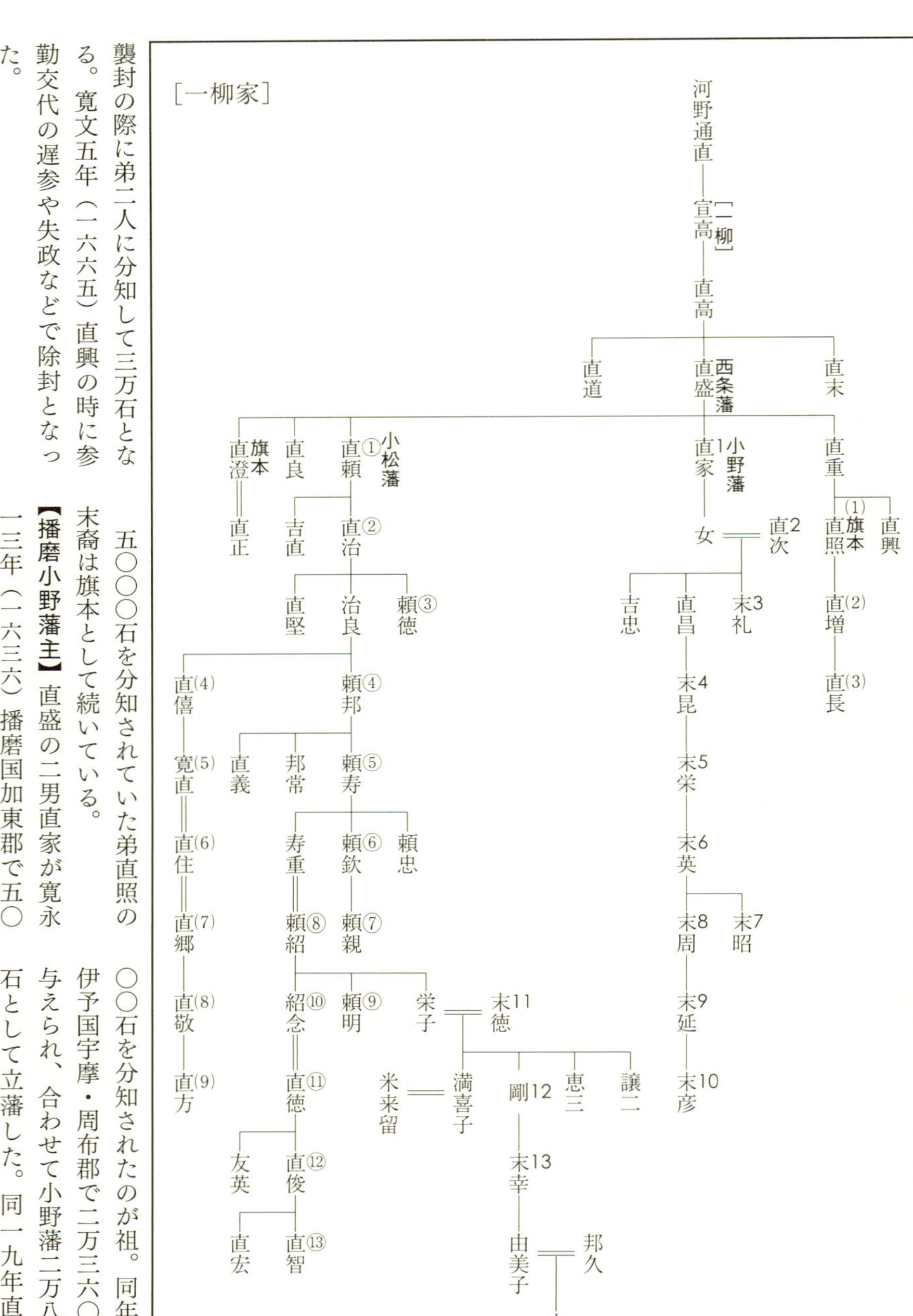

襲封の際に弟二人に分知して三万石となる。寛文五年（一六六五）直興の時に参勤交代の遅参や失政などで除封となった。

五〇〇〇石を分知されていた弟直照の末裔は旗本として続いている。

【播磨小野藩主】 直盛の二男直家が寛永一三年（一六三六）播磨国加東郡で五〇〇〇石を分知されたのが祖。同年さらに伊予国宇摩・周布郡で二万三六〇〇石を与えられ、合わせて小野藩二万八六〇〇石として立藩した。同一九年直家が急死、直次が末期養子となって継いだため一万石に減知となった。明治一七年末徳の時子爵となり、貴族院議員をつとめた。

【伊予小松藩主】寛永一三年（一六三六）、直盛の三男直頼が父の遺領から一万石を分知され、周敷郡新屋敷村を小松と改称して陣屋を置き、伊予小松藩一万石を立藩した。明治一七年頼明の時に子爵となる。

《系図》408ページ

日向家　〇ひなた

旗本。清和源氏義光流を称す。初め新津氏を称して上杉氏に仕え、信濃国佐久郡に住む。玄東斎の母が信濃国佐久郡日向（長野県佐久市）発祥の日向氏の出であったことから日向氏に改称し、武田信玄に仕えた。子政成の時武田氏が滅亡し、徳川家康に仕えた。関ヶ原合戦後は旗本となり、武蔵・上野両国で三〇八〇石を知行した。正方の時分知して二〇八〇石となり、安永七年（一七七八）采地を三河国加茂郡に移されている。

元禄一一年（一六九八）正茂は一〇〇〇石を分知されて旗本として一家を興している。

日根野家　〇ひねの

旗本・旧豊後府内藩主。和泉国日根郡中庄（大阪府泉佐野市中庄）の土豪。藤原氏の支流。初め日根氏を称していたが、のちに日根野と改称した。弘就は斎藤道三に仕え、美濃国厚見郡中島城（岐阜市）に拠る。子高吉は豊臣秀吉に仕えて、信濃高島（長野県諏訪市）で二万七〇〇〇石を領した。

関ヶ原合戦後、長男吉明が慶長七年（一六〇二）に下野壬生藩一万五〇〇〇石を立藩。寛永一一年（一六三四）豊後府内（大分市）二万石に転じたが、明暦二年（一六五六）吉明の死後、末期養子が認められず断絶した。

弘就の二男吉時は豊臣秀次に仕えて二〇〇〇石を領し、子孫は江戸時代旗本となった。家禄一二〇〇石。

また、弘就の三男弘正は徳川家康に仕えて信康に附属させられたが、その死後和泉国日根郡で蟄居。寛永一一年（一六三四）孫の正重が取り立てられ、のち旗本となった。

日野家　〇ひの

公家。藤原北家日野流の嫡流。山城国宇治郡日野（京都市伏見区日野）発祥。永承年間、資業が日野に法界寺薬師堂を建立したのが祖だが、当初は日野の他に、姉小路・烏丸などとも称した。家格は名家。家職は儒道・歌道。

鎌倉末期、日野資朝は後醍醐天皇の側近となって討幕を計画したが捕らえられ、佐渡で斬られた。足利義政の妻富子も日野氏の出で、兄勝光とともに室町幕府内で大きな力を持っていた。江戸時代の家禄は一一五三石。明治一七年資秀の時に伯爵となった。

現在の当主資純は国語学者で静岡大学教授をつとめた。その子資成も国語学者である。

【旗本家】慶長一八年（一六一三）一族の輝資は駿府に下向して徳川家康に仕え、近江国蒲生郡で一〇三〇石を与えられた。子孫は旗本となり、奥高家をつとめた。

《系図》411ページ

日野西家　○ひのにし

公家。藤原北家日野家の庶流。寛永年間、広橋総光の四男総盛が一家を興して日野西家を称した。総盛の跡は弟の光氏が継いだ。家格は名家。江戸時代の家禄は二〇〇石で、家職は儒学。明治一七年光善の時子爵となる。資忠は貴族院議員をつとめ、その長女公子（公尊）は中宮寺の門跡である。また、資忠の弟の資孝は有職故実研究家として知られる。

なお、室町時代に日野時光の子資国も日野西を家号としたことがある。

平岩家　○ひらいわ

旗本。三河国加茂郡平岩（愛知県豊田市）発祥。弓削氏を称す。もとは上野氏を称し、上野城に拠っていた。氏貞の時今川氏に属して平岩氏と改称。重益の時松平信光に仕え、親吉は徳川家康の側近となって天正一八年（一五九〇）の関東入国で上野厩橋三万三〇〇〇石を領した。関ヶ原合戦後、甲斐府中六万三〇〇〇石に加増され、さらに尾張藩付家老となって犬山九万三〇〇〇石の城主となったが、跡継ぎがなく断絶。

親吉の弟の正広も徳川家康に仕え、その子正当は八〇〇石を与えられて旗本となった。のち一三〇〇石となる。

平岡家　○ひらおか

旗本・旧美濃徳野藩主。河内国平岡郷（大阪府東大阪市）発祥で、清和源氏頼光流溝杭氏の子孫という。頼俊の時に豊臣秀吉に仕え、小早川秀秋の家老となる。子頼勝も秀秋に仕え、関ヶ原合戦では西軍に属した秀秋を東軍に寝返らせたことで、戦後秀秋から備前小島で二万石を与えられた。まもなく讒言にあって致仕、慶長九年（一六〇四）に徳川家康に取り立てられて美濃国で一万石を与えられ、美濃徳野藩一万石として立藩した。

承応二年（一六五三）頼資の没後長男と二男の間で相続争いがおこり断絶となった。二男頼重は新たに美濃国羽栗・中島両郡で一〇〇〇石を与えられて旗本として再興し、子頼恒の時二〇〇〇石となった。のち五〇〇〇石に加増されている。

なお、武田家の家臣から旗本となった平岡家も同族である。

平田家　○ひらた

地下官人。朝廷の内蔵寮の出納を世襲した地下官人に平田氏がある。中原氏の子孫。平安後期に職国が平田氏を称した。江戸時代初期の職忠は後陽成天皇に登用され、例外的に昇殿を果たしている。江戸時代に代々書き残した「平田家記録」は朝廷に関する重要資料である。

［日野家］

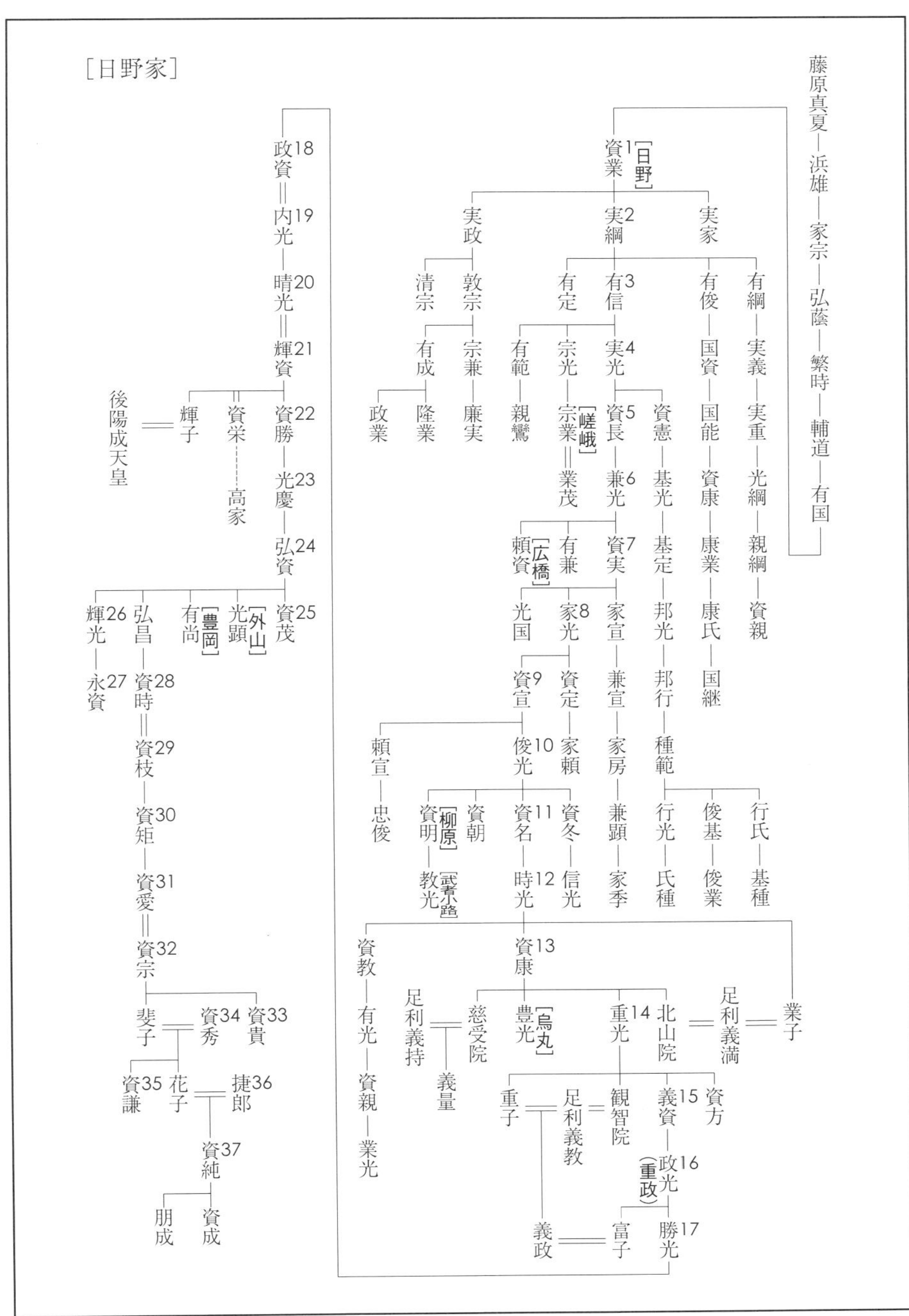

藤原真夏—浜雄—家宗—弘蔭—繁時—輔道—有国
［日野］資業1
実家
実綱2
実政
有綱—実義—実重—光綱—親綱—資親
有俊—国資—国能—資康—康業—康氏—国継
有信3
有定
敦宗—宗兼—廉実
清宗
有成—隆業
政業
実光4
宗光—［嵯峨］宗業＝業茂
有範—親鸞
資憲—基光—基定—邦光—邦行—種範
資長5—兼光6
資実7
有兼
［広橋］頼資
家宣—兼宣—家房—兼顕—家季
家光8
光国
資定—家頼
資宣9
頼宣—忠俊
俊光10
行氏—基種
俊基—俊業
行光—氏種
資冬—信光
資名11—時光12
資朝
［柳原］資明—［武者小路］教光
業子＝足利義満＝北山院
資康13
資教—有光—資親—業光
重光14
［烏丸］豊光
慈受院＝足利義持—義量
資方
義資15—（重政）政光16
観智院＝足利義教＝重子
勝光17
富子＝義政
政資18＝内光19—晴光20＝輝資21
資勝22—光慶23—弘資24
資栄—高家
輝子＝後陽成天皇
資茂25
［外山］光顕
［豊岡］有尚
弘昌—資時28＝資枝29—資矩30—資愛31＝資宗32
輝光26—永資27
資貴33
資秀34＝斐子
資35謙
花子＝捷36郎
資37純
資成
朋成

平野家　○ひらの

大和田原本藩主。尾張国の土豪の出。「寛政重修諸家譜」では桓武平氏北条支流に収められている。代々尾張国海東郡津島の奴野城（愛知県津島市）に拠った。宗長の時に尾張国平野（津島市）に住んで平野氏を称したという。天正七年（一五七九）長治の時豊臣秀吉に仕え、子長泰は賤ヶ岳合戦では七本槍の一人に数えられた。文禄四年（一五九五）大和国十市郡で五〇〇〇石を領した。

関ヶ原合戦では東軍に属して本領を安堵され、慶安元年（一六四八）に大和田原本に陣屋を置いて交代寄合となった。慶応四年（一八六八）長裕は五〇〇〇石を加増されて一万石となり、諸侯に列して田原本藩を立藩した。明治一七年長祥の時に男爵となる。

長治の四男長重も豊臣秀吉に仕え、関ヶ原合戦では福島正則のもとで東軍に属した。江戸時代は旗本となり、七〇〇石を知行した。

平松家　○ひらまつ

公家。桓武平氏高棟流。江戸時代初期に西洞院時慶の二男時庸が平松家を称した。家格は名家。江戸時代の家禄は二〇〇石。明治一七年時厚の時に子爵となる。

平山家　○ひらやま

陸奥国津軽郡湊村（青森県五所川原市）の豪農・豪商。南朝の遺臣平山良信の末裔とも、武蔵平山氏の末裔とも伝える。武蔵平山氏は武蔵国多摩郡平山郷（東京都日野市）発祥で、武蔵七党西党の一員。源頼朝に仕えた平山季重が著名である。

初代半左衛門は湊村開村と同時に肝煎役（庄屋）となり、二代孫十郎が元禄三年（一六九〇）広田組の手代となり、以後代々手代をつとめた。六代半左衛門の時に勘定小頭格に取り立てられて漆の栽培に尽力。編纂した「平山日記」は農民の側から見た藩政史料として評価が高い。

維新後、九代雄太郎は栄村初代村長となり、その子一〇代為之助は衆議院議員をつとめたのちに陸奥銀行頭取となり、津軽鉄道の初代社長もつとめた。

同家住宅は昭和五三年に国の重要文化財に指定されている。

五所川原村の平山家は分家といわれる。初代が浪三郎を称したため「平浪家」と呼ばれた。三代浪三郎の時に四〇〇人以上の小作人を使う山林地主となり、貴族院議員もつとめた。四代又三郎は青森県議、五所川原町長を歴任。六代誠敏も青森県議を経て、平成一八年五所川原市長に当選。

広瀬家　○ひろせ

豊後国日田（大分県日田市）の豪商。甲斐の広瀬郷左衛門の弟正直の子孫という。延宝元年（一六七三）に初代貞昌が博多から豊後国日田魚町に移り、堺屋と号する商人となったのが祖。のち博多屋と改称し、質屋の他、蠟・油・紙などを扱った。

四代平八は月化と号し、俳人として知られた。淡窓は五代三郎衛門の長男で、月化の甥にあたる。

淡窓が家を継がなかったため、弟の久兵衛が六代目を継ぎ、宇佐・国東の新田を開発。福岡藩・府内藩・対馬藩の財政改革にも参画している。

弘世家　◯ひろせ

近江国愛知郡愛知川（滋賀県愛知郡愛荘町）で近江屋と号した本陣・豪商。日本生命創業家。嵯峨源氏という。全国で行商を行う近江商人で、安政三年（一八五六）助市は彦根藩の勘定方となっている。万延元年（一八六〇）からは彦根藩の御用金役である掛屋をつとめ、慶応二年（一八六六）の藩の財政危機では私財を処分して資金を調達した。幕末、親戚の豪商川添家から養子となった助三郎は、維新後金融業に転じ、明治一二年には第百三十三国立銀行を設立。さらに二二年には日本生命を創業した。

嫡男助太郎は日本生命の三代目社長として中興の祖と呼ばれ、四代目は女婿の現である。

広橋家　◯ひろはし

公家。藤原北家日野流。鎌倉時代初期に日野兼光の五男頼資が一家を創立。頼資は四辻、勘解由小路を称したが、兼宣の代に広橋を家名とした。家格は名家。家職は儒学。江戸時代の家禄は八五〇石。江戸初期の兼勝は最初の武家転奏として公武間の調停に従事した。幕末の胤保は公武合体派の公卿として活躍。明治一七年賢光の時に伯爵となる。

広橋家は文筆で有名で、代々多くの日記を残している。なかでも、鎌倉時代の「民経記」（経光）「勘仲記」（兼仲）、室町時代の「兼宣公記」「綱光公記」「兼顕卿記」、江戸時代の『八槐記』（兼胤）『日申記』（胤定）などが有名。

先代の当主真光は昭和一六〜一九年に東条英機の秘書官をつとめ、平成二年当時のメモの全貌を公表した「東条内閣総理大臣機密記録」が刊行されている。

《系図》414ページ

広幡家　◯ひろはた

公家。正親町源氏。八条宮智仁親王の第三王子忠幸王は、尾張藩主徳川義直の養子となったが、寛文三年（一六六三）に源姓を賜って一家を興し、広幡氏を称した。清華家の一つ。家職は有職故実。江戸時代の家禄は五〇〇石。以後、武家転奏や議奏など、要職を歴任した。明治一七年忠礼の時に侯爵となる。先代の当主増弥は海軍の技術少将として戦艦「大和」の製造を担当していた。

広峰家　◯ひろみね

播磨国の広峰神社（兵庫県姫路市）の神職。平安時代中期、凡河内躬恒の子勢恒が広峰神社の初代大別当となって以後世襲、勢運の時に広峰氏を称した。鎌倉時代には御家人となり、南北朝時代には足利尊氏に属し、北朝方として活躍して

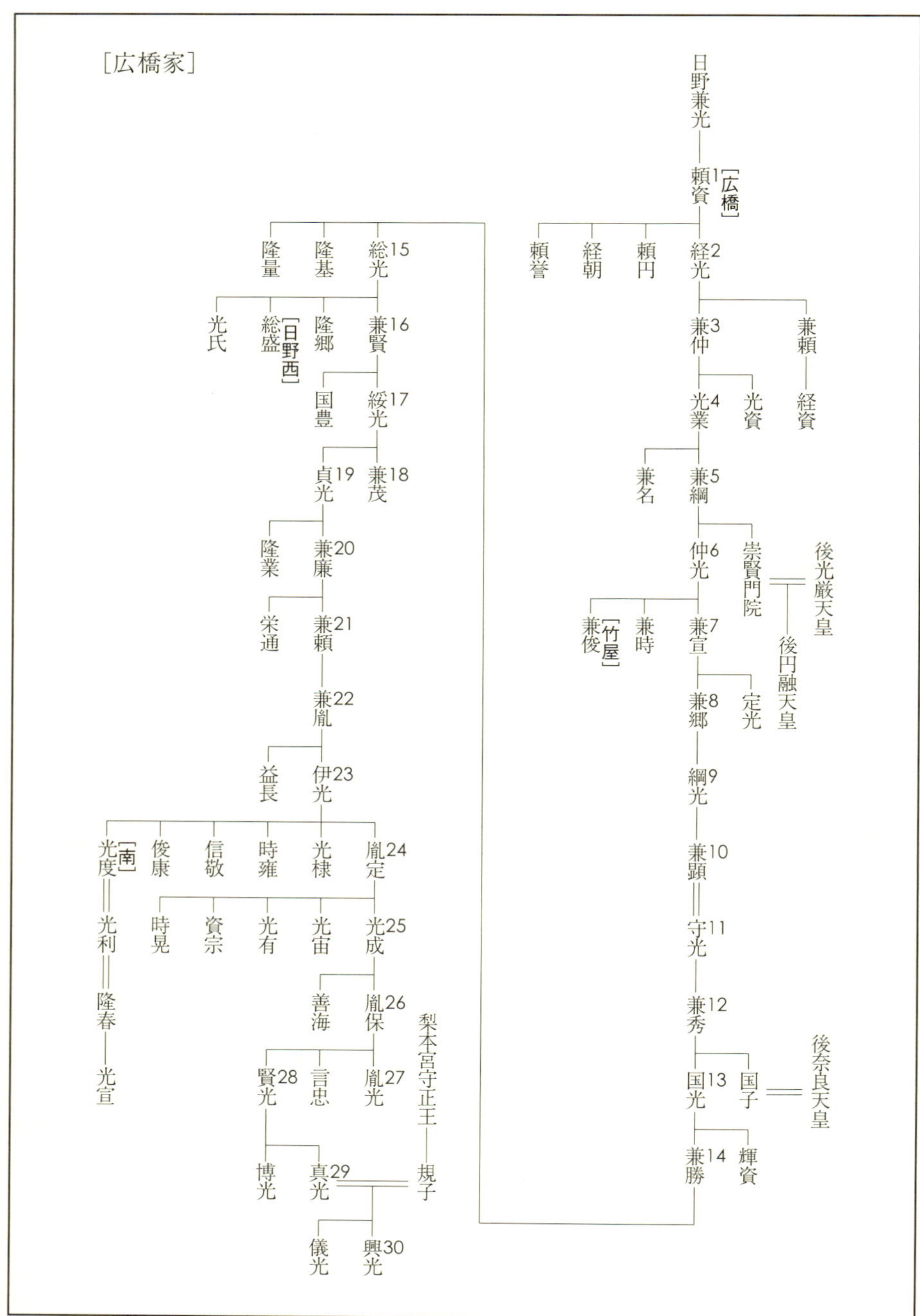
[広橋家]
日野兼光
頼資1
[広橋]
経光2
頼円
経朝
頼誉
兼仲3
兼頼
経資
光業4
光資
兼綱5
兼名
仲光6
崇賢門院
後光厳天皇
後円融天皇
兼宣7
兼時
[竹屋]
兼俊
兼郷8
定光
綱光9
兼顕10
守光11
兼秀12
国光13
国子
後奈良天皇
兼勝14
輝資
総光15
隆基
隆量
兼賢16
隆郷
[日野西]
総盛
光氏
綏光17
国豊
兼茂18
貞光19
兼廉20
隆業
兼頼21
栄通
兼胤22
伊光23
益長
胤定24
光棣
時雍
信敬
俊康
[南]
光度
光利
隆春
光宣
光成25
光宙
光有
資宗
時晃
胤保26
善海
胤光27
言忠
賢光28
真光29
博光
梨本宮守正王
規子
興光30
儀光

ひ

いる。室町時代には守護赤松氏に属した。江戸時代には姫路藩主の保護を受けた。「広峰神社文書」が伝わる。
　末裔は広嶺氏を称し、太子町の稗田神社の神主をつとめる。

ふ

深尾家　○ふかお

土佐藩筆頭家老。宇多源氏佐々木氏の庶流である真野氏の末裔という。中世、一時期伊勢国員弁郡深尾（三重県いなべ市藤原町）に隠れていたことから、深尾氏を名乗ると伝える。文明年間頃に美濃国に移って土岐氏に仕え、山県郡太郎丸城（岐阜市太郎丸）主となった。土岐氏の滅亡後は斎藤氏に仕え、天正一三年（一五八五）重良の時近江長浜城主だった山内一豊に仕えた。山内一豊が掛川領主となるとその重臣となり、慶長五年（一六〇〇）一豊の土佐入国後は土佐藩首席家老として高岡郡佐川（高知県高岡郡佐川町）で一万石を領した。

　重良の跡は二代藩主忠義の弟重昌が養子となって継ぎ、以後は実質藩主の一門家であった。佐川の本家の他、南家・北家・東家・西家の四つの分家があり、八代土佐藩主豊敷も山内家を称した深尾家の一族の出である。

　また、重良の養子重忠は別家高知深尾家を興し、幕末の家老深尾蕃顕（弘人）はその末裔である。

　明治三九年一二代重孝の時に男爵となる。一三代隆太郎は貴族院議員をつとめた。

深堀家　○ふかほり

佐賀藩家老。上総国夷隅郡深堀（千葉県いすみ市）発祥。桓武平氏三浦氏。承久の乱の功によって肥前国彼杵郡（長崎県）の地頭となり、地名を深堀と改めて下向した。天正五年（一五七七）純賢の時龍造寺隆信に従う。のち鍋島氏に仕え、江戸時代は佐賀藩家老となって六〇〇〇石を領した。

福井家　○ふくい

京都枡座支配。祖福井作左衛門は、もとは中井大和守配下の御用大工で、幕府の作事に参加し、寛永一一年（一六三四）枡座に命じられて京枡の製造販売を開始したという。のち西国三三カ国の枡を支配した。

福岡家　○ふくおか

土佐藩家老。戦国時代は大和国添上郡の狭河城（奈良県奈良市）城主で、福岡重孝は筒井氏に従っていた。干孝は松永久秀に仕えたが、その滅亡後浪人し、天正一〇年（一五八二）近江長浜で山内一豊に仕えた。以来、軍資金の調達など財政関連で功をあげて、土佐入国後は家老となった。家禄は三〇〇〇石。幕末に山内容堂のもとで家老をつとめた孝茂（宮内）が著名。

また、一族の孝弟は吉田東洋に抜擢され、慶応三年（一八六七）には参政（家老）に就任。後藤象二郎とともに大政奉還を将軍慶喜に勧めるなど活躍し、維新後も元老院議官・参議を歴任した。明治一七年子爵となった。その二男秀猪は法学者として知られる。

福原家　○ふくはら

長州藩家老。安芸国高田郡福原（広島県安芸高田市吉田町福原）発祥で長井氏の一族。備後国長和荘（福山市）や信敷荘（庄原市）の地頭であった長井貞広は子がなかったため、同族である毛利元春の五男広世を養子とした。広世は長井氏を継いだのち、実父元春から譲られた福原村に住んで福原氏を称し、以後毛利氏の庶子家となった。鈴尾城に拠って代々毛利氏に仕え、応永二六年（一四一九）に庶子家が毛利惣領家に叛旗を翻した際にも惣領家側につくなど、一貫して毛利氏を支えて同家の家臣筆頭の地位にあった。

江戸時代は長州藩永代家老となる。家禄は一万一三〇〇石余。幕末に家老となった福原越後は元治元年（一八六四）禁門の変の責任をとって自刃した三家老の一人として知られる。明治三三年俊丸の時に男爵となった。

分家も多く、維新後は基蔵と実がともに男爵を授けられている。

福原家　○ふくはら

交代寄合。藤原北家那須氏の支流。下野国福原発祥。那須資隆の四男久隆が福原を領して福原氏を称した。久隆は子がなかったことから、那須資之の長男資広が福原家を継いだ。以後、代々那須氏に従う。

戦国時代、大田原資清の二男資孝が養子となり、天正一八年（一五九〇）の豊臣秀吉の小田原攻めに参陣して本領安堵された。慶長三年（一五九八）資保の時徳川家康に仕え、関ヶ原合戦の際には大田原城を守り、合戦後は四五〇〇石を知行した。のち分知して三五〇〇石となり、交代寄合となった。

また、資保の子資房は伊達家に仕えて仙台藩士となり、一〇〇〇石を知行した。

富士家　○ふじ

富士本宮浅間神社の大宮司家。孝昭天皇の末裔の豊麿が祖と伝える。代々富士郡郡司や駿河国目代などをつとめ、南北朝時代は南朝に属した。戦国時代は今川氏に属して大宮城（静岡県富士宮市）に拠った。江戸時代も代々大宮司をつとめた。

《系図》20ページ

藤井家　○ふじい

公家。卜部氏の支流。卜部兼忠の二男兼国は平野神社の預となり、以後代々世襲して猪熊家を称したのが祖。宝永六年（一七〇九）に兼充が堂上に列し、藤井家と改称した。家格は半家。家禄は三〇石三人扶持。明治一七年行道の時に子爵となる。

《系図》418ページ

藤枝家　○ふじえ

公家分家。藤原北家。飛鳥井雅典の二男雅之は元治元年（一八六四）に興福寺清浄院住職となっていたが、明治元年に復飾。翌二年堂上に列して藤枝家を称し、一七年に男爵を授けられた。

藤王路家　○ふじおうじ

公家分家。藤原北家。堀河康親の三男納親は天保一二年（一八四一）に興福寺延寿院住職を相続していたが、明治元年に復飾。翌二年に堂上に列して藤王路家を称し一七年男爵を授けられた。

藤懸家　○ふじかけ

旗本。桓武平氏で織田氏の一族という。永継の時織田信長に仕えた。子永勝は母方の藤懸氏を継ぎ、丹波国で六〇〇〇石を領した。関ヶ原合戦で西軍に属したが、戦後徳川家康に仕えて旗本となり、丹波国何鹿郡上林（京都府綾部市）で四〇〇〇石を領した。

藤谷家　○ふじたに

公家。藤原北家御子左流で上冷泉家の庶流。慶長一〇年（一六〇五）冷泉為満の二男為賢が堂上に取り立てられたのが祖。家格は羽林家。家職は和歌。家名は冷泉為相が藤谷中納言と称したことにちなむ。江戸時代の家禄は二〇〇石。明治一七年為寛の時に子爵となり、貴族院議員もつとめた。その孫の為博は数学者で長崎大学教授をつとめた。

藤波家　○ふじなみ

公家。大中臣氏の嫡流。家名は伊勢国度会郡佐八藤波（三重県伊勢市佐八）に因む。代々伊勢神宮の祭主で二位・三位に昇ったが、伊勢の岩出に邸宅を構えていたことから地下であった。織豊時代、慶忠の頃から京都に定住して堂上に列したが、子種忠は元和九年（一六二三）後水尾天皇の勅勘を蒙り、地下に戻された。その子友忠も幕府によって一三年間佐渡に流されている。その間祭主は河辺家がつとめていたが万治四年（一六六一）景忠が祭主に復帰、延宝六年（一六七八）には公卿となり、天和四年（一六八四）に堂上にも復帰した。家格は半

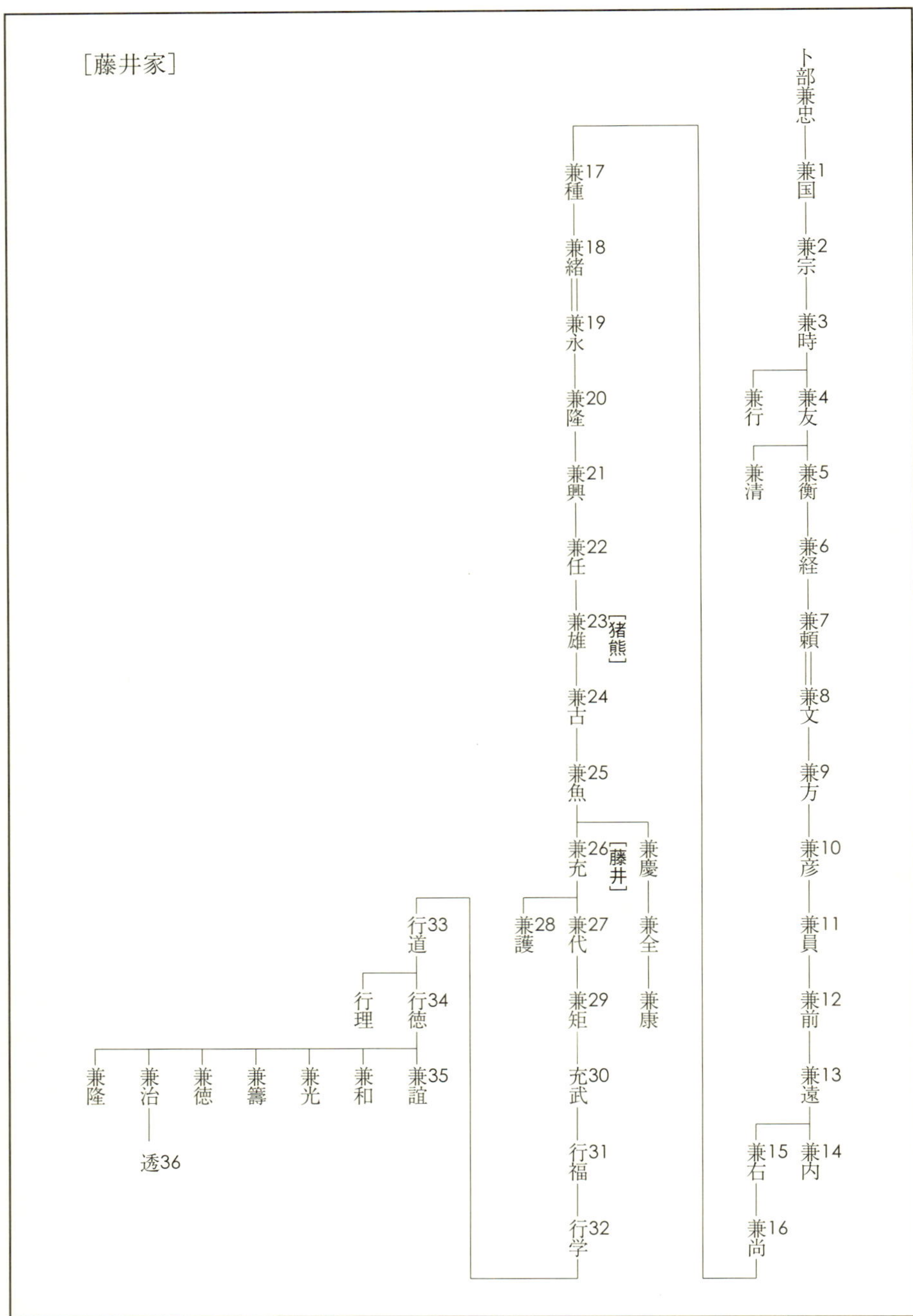

[藤井家]
卜部兼忠
兼国1
兼宗2
兼時3
兼行
兼友4
兼清
兼衡5
兼経6
兼頼7
兼文8
兼方9
兼彦10
兼員11
兼前12
兼遠13
兼内14
兼右15
兼尚16
兼種17
兼緒18
兼永19
兼隆20
兼興21
兼任22
兼雄23
[猪熊]
兼古24
兼魚25
兼充26
[藤井]
兼慶
兼代27
兼護28
兼全
兼矩29
兼康
充武30
行福31
行学32
行道33
行徳34
行理
兼誼35
兼和
兼光
兼籌
兼徳
兼治
兼隆
透36

ふ

家。家禄は一七二石。明治四年伊勢神宮の制度改革で祭主は皇族がつとめることになった。一七年言忠の時に子爵となる。

伏原家 ○ふしはら

公家。清原氏の庶流。江戸時代初期、舟橋秀賢の二男賢忠が伏原家を称した。家格は半家。家職は儒道。江戸時代の家禄は二三〇石。明治一七年宣足の時に子爵となる。

伏見家 ○ふしみ

四親王家の一つ伏見宮家の末裔。北朝の崇光天皇の没後、皇位は弟の後光厳天皇が継いだ。崇光天皇の第一皇子栄仁親王は、後光厳天皇の跡を継ごうとしたが、皇位は後光厳天皇の皇子の後円融天皇に譲られ、自らは足利義満の沙汰で落飾を余儀なくされた。しかし、栄仁親王は持明院統の御領の一部を皇子治仁王に相伝し伏見家を興した。正長元年（一四二八）、三代貞成親王の皇子彦仁王が後花園天皇として皇位を継いだことから、正式に伏見宮家として成立、世襲宮家として、近代まで続いた。江戸時代には、山城国葛野・愛宕・紀伊・乙訓の四郡で一〇二二石を領した。

維新後、貞愛親王は元帥・陸軍大将、博恭王は元帥・海軍大将となった。

昭和一一年伏見宮博恭王の四男博英王が臣籍に降下して伏見家となり、さらに、二二年には当主の博明王も臣籍に降下して伏見家を称した。

《系図》420ページ

二荒家 ○ふたら

旧皇族。伏見宮家の一族の北白川宮能久親王の五男芳之が明治三〇年一家を興して二荒家を称し、伯爵となった。

その跡は旧宇和島藩主伊達宗徳の九男が相続し、ボーイスカウト日本連盟総コミッショナーとなり、その子芳忠は東芝EMI音楽出版社長をつとめた。

船越家 ○ふなこし

旗本。駿河国有度郡船越（静岡県静岡市清水区）発祥。藤原南家。滝口景貞の三男維貞は源頼家に仕えて淡路国慶野荘倭文（兵庫県南あわじ市）を領した。南北朝時代秀定は足利尊氏に仕えた。戦国時代は景直は細川氏に仕え、のち豊臣秀吉に従って摂津・河内で四六四〇石を領した。

関ヶ原合戦では東軍に属して大和国で一五〇〇石を加増され、計六一五〇石を領した。のち分知で五五七〇石となる。

舟橋家 ○ふなばし

公家。清原氏の嫡流。清原国賢の子秀賢が慶長六年（一六〇一）に堂上に列し、舟橋家を称した。秀賢は明経博士となって、後陽成天皇、後水尾天皇の侍読をつとめた。以後、代々明経博士となり、天皇の侍読をつとめたものも多い。家格は半家。家職は儒道。江戸時代の家禄は四〇〇石。秀賢は徳川家康の命で古

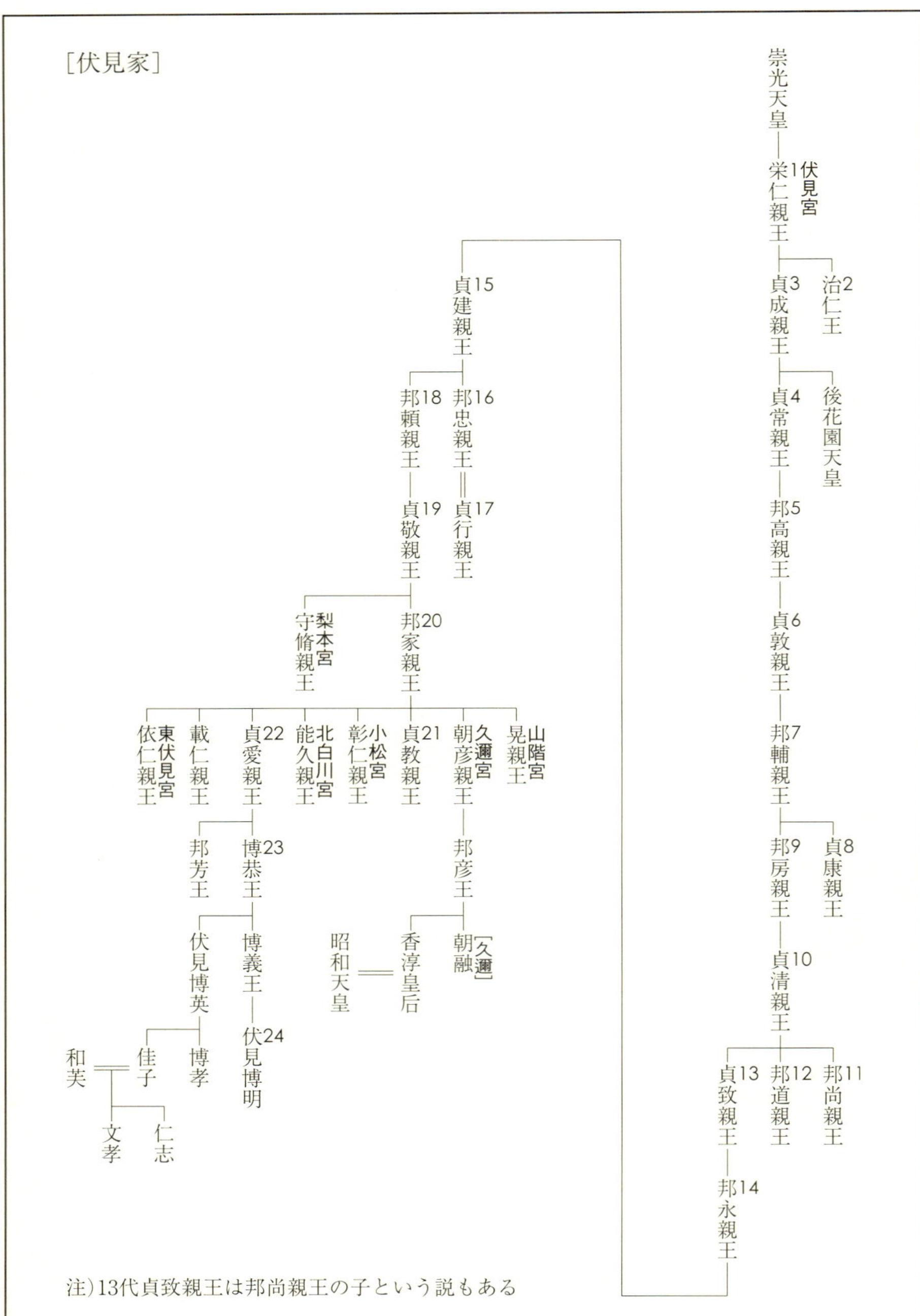

注)13代貞致親王は邦尚親王の子という説もある

書の収集につとめ、後陽成天皇や後水尾天皇の侍読などもつとめた。明治一七年遂賢の時に子爵となる。

古河家　○ふるかわ

若狭国小浜（福井県小浜市）の豪商。享保一二年（一七二七）初代嘉太夫が沖船頭から独立し、古河屋と号して茶商を中心として小浜と秋田・新潟・酒田を結ぶ廻船業を始めた。以後代々嘉太夫を称して豪商となり、小浜藩をはじめ日本海側各地の藩の御用をつとめた他、分家を出して醤油醸造、酒造なども経営。

幕末、七代目嘉太夫は会津討伐を命じられた藩のために所有していた船をすべて売却して軍用金として藩に献上して廃業。維新後、八代目が再度船を購入して再開したが、明治一二年に再び廃業している。

小浜市北塩屋にある、文化二年（一八一五）に五代目嘉太夫が建築した古河屋別邸（千石荘）は福井県有形文化財に指定されている。

古田家　○ふるた

旗本・旧石見浜田藩主。伊勢国員弁郡古田（三重県いなべ市藤原町古田）発祥。藤原氏か。重則の時に豊臣秀吉に仕え、子重勝は伊勢松坂で三万四〇〇〇石を領した。関ヶ原合戦では東軍に属して五万四〇〇〇石に加増。元和五年（一六一九）重治が石見浜田（島根県浜田市）五万石に転封。三代重恒の時跡継ぎをめぐるお家騒動がおき（古田騒動）、慶安元年（一六四八）重恒の死後、無嗣断絶となった。

重勝の弟重忠は豊臣秀頼に仕え、子重直が旗本となって上総国で七〇〇石を知行した。重忠の二男重弘は一家を興して五〇〇石の旗本となった。

へ

別所家　○べっしょ

旗本・旧戦国大名。播磨国印南郡別所（兵庫県姫路市別所）発祥で赤松氏の支流。室町時代は赤松氏に従い、その没落後は三木城に拠って東播八郡を支配した。のち織田信長に従うが、天正六年（一五七八）離反、同八年豊臣秀吉に敗れて滅亡した。

一族の重宗は豊臣秀吉に仕えて丹波園部（京都府南丹市園部町）で一万五〇〇〇石を領した。関ヶ原合戦では西軍に属すが、大坂の陣で子吉治が功をあげ、丹波綾部藩（京都府綾部市）二万石を立藩したものの、寛永五年（一六二八）改易となった。慶安元年（一六四八）守治の時に許されて廩米一〇〇〇俵の旗本として再興。元禄九年（一六九六）一〇〇〇石に改められ、のち分知で七〇〇石となった。

重宗の三男重家は美濃国五郡で一〇〇〇石を与えられ、新井に住んで新井別所家の祖となった。

ほ

帆足家　〇ほあし

日出藩家老。豊後国玖珠郡帆足郷（大分県玖珠郡玖珠町帆足）発祥。豊後清原氏。承久の乱では上皇方につく。戦国時代鎮永は大友宗麟に属した。子兼永の時に日出藩士となり、五代通文は寛政八年（一七九六）家老に登用された。通文の子が、博覧強記といわれた学者帆足万里で、万里も日出藩の家老をつとめている。

肥後国鹿本郡の天目一神社（一目神社）の神職の帆足家も同族である。

宝生家　〇ほうしょう

能楽師。シテ方を上掛り宝生流、ワキ方を下掛り宝生流といい、一般的には宝生流はシテ方を指し、家元は九郎を名乗る。室町時代に大和猿楽の一座として成立した。祖蓮阿弥は観阿弥の子という伝説もあるが、実際は観世座よりも古いとみられている。戦国時代、一閑は後北条氏に仕えていたが、後北条氏が滅亡し、大和に戻った。勝吉は豊臣秀吉、徳川家康に仕え、江戸時代は幕府に直属することになった。一六世知栄は明治三名人の一人といわれた。現在の当主英照は平成七年に一九世を継いでいる。

明治・大正・昭和と三代にわたってワキ方の名人といわれ、芸術院会員ともなった宝生新は、ワキ方宝生流の一〇世家元である。

加賀藩に仕えた加賀宝生家など、各地に分家がある。

北条家　〇ほうじょう

河内狭山藩主・旧戦国大名。戦国大名北条氏は、従来は出自不詳といわれたが、近年は室町幕府の有力御家人だった伊勢氏の分家で備中伊勢氏の一族という説が有力。祖早雲は今川家に嫁いでいた北川殿を頼って駿河国に移り住んだが、この北川殿もかつては妹といわれたが、近年では姉とされる。

文明年間に今川氏に寄食し、長享元年（一四八七）今川氏親から富士郡で一二郷を与えられて独立し、興国寺城主となった。

明応四年（一四九五）扇谷上杉氏の重臣大森藤頼を破って相模国に進出し、小田原城主となった。永正一三年（一五一六）には三浦氏を滅ぼして相模をほぼ統一。二代氏綱は関東平野に侵食し、三代氏康の時に山内・扇谷上杉氏を破って北関東を支配した。天正一八年（一五九〇）四代氏政の時に豊臣秀吉に敗れて自刃、子氏直は高野山に追放されて翌年死去し滅亡した。

【河内狭山藩主】 北条氏康の四男氏規は幼少時今川家に人質となっており徳川家康と面識があった。そのため、豊臣秀吉の小田原攻めの際には家康の勧めに従って開城した。北条氏滅亡後は、高野山に追放された五代目当主氏直に従ったが、氏直の死去後河内国で六〇〇〇石が与えられた。江戸時代は河内狭山藩一万一〇〇〇石の藩主となる。明治一七年子爵。

【旗本家】 北条綱成の孫の繁広は旗本となり、子正房は大目付となった。三代目

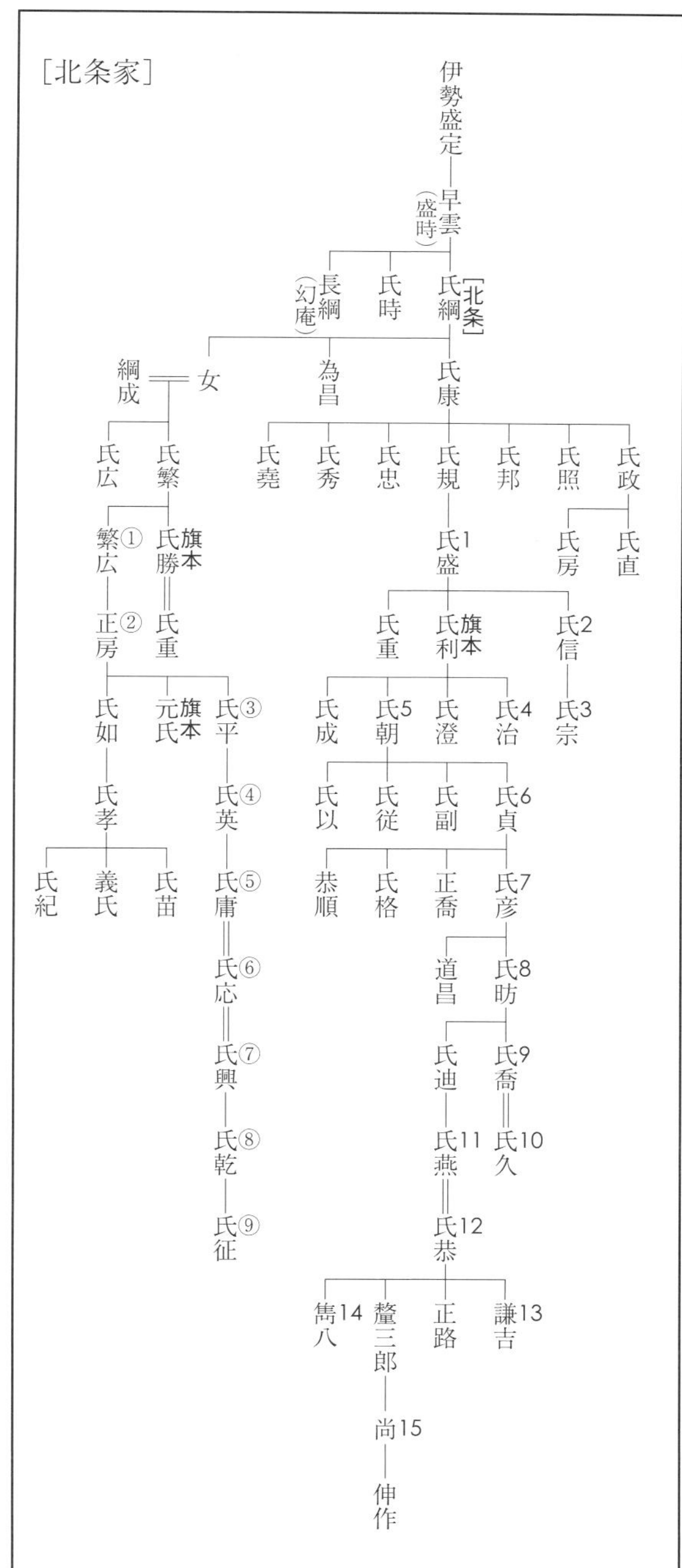

氏平は江戸町奉行、四代目氏英は大坂町奉行・大目付を歴任している。嘉永七年（一八五四）一四〇〇石に減知となった。
《系図》423ページ

坊城家　○ぼうじょう

公家。藤原北家勧修寺流。勧修寺定資の子俊実が祖。家格は名家。家職は儒学。天文九年（一五四〇）俊名の没後中絶、文禄三年（一五九四）勧修寺晴豊の四男俊房が俊昌と改名して再興した。江戸時代の家禄は一八〇石。明治一七年俊章の時に伯爵となる。俊良は皇太后宮大夫をつとめた。その長男俊民は『源氏物語』の研究家、四男俊周はフジテレビ常務、共同テレビ社長を歴任、宮中歌会始披講会会長もつとめた。

明治一六年俊政の二男俊延は分家して一家を興し、翌一七年男爵を授けられた。その跡は俊章の五男俊賢が継いで貴族院議員をつとめ、その子俊厚と孫の俊樹は俳人として知られる。
《系図》425ページ

星合家　○ほしあい

旗本・旧戦国大名。伊勢国一志郡星合（三重県松阪市星合）発祥。村上源氏。北畠政郷の子親泰が星合城に拠って星合氏を称した。以後代々星合城に拠り、戦国時代具泰は織田秀雄の家老をつとめた。関ヶ原合戦では織田秀雄の軍を率いて東軍に参加し、慶長七年（一六〇二）二代将軍秀忠に仕えて廩米三〇〇〇俵を与えられ、旗本となった。

星島家　○ほしじま

備中国児島郡藤戸村（岡山県倉敷市）の豪農。慶長年間以前から藤戸村に住む豪農で庄屋もつとめた。一族からは岡山商工会議所の初代会頭星島義兵衛や、衆議院議長をつとめた星島二郎らが出た。

保科家　○ほしな

上総飯野藩主。信濃国高井郡保科（長野市若穂保科）発祥。諏訪氏の一族か。木曽義仲の挙兵に従った井上光盛の配下に保科太郎の名が見える。戦国時代には嫡流の他、河田保科氏、藤沢保科氏などがあった。長享元年（一四八七）保科正利は村上顕国に敗れ、高遠に逃れた。

この子孫は、保科正俊の時に武田信玄に従い、武田氏滅亡後、子正直は徳川家康に仕えた。正光の養子正之（徳川家光の異母弟）は山形二〇万石を経て、寛永二〇年（一六四三）会津二三万石に転封、会津松平家となった。↓松平家

一方保科家の家督は、正直の三男正貞が継ぎ、慶安元年（一六四八）上総飯野藩（千葉県富津市）一万七〇〇〇石を立藩した。明治一七年正益の時に子爵となる。

細川家　○ほそかわ

熊本藩主。江戸時代の熊本藩主の細川家は、室町幕府の管領をつとめた細川氏の一族だが、その主流ではなく支流の末裔である。

細川氏は清和源氏足利氏の一族で、足

利義康の子義清が三河国額田郡細川郷（愛知県岡崎市細川）に住んで細川氏を称したのが祖。鎌倉時代は幕府の御家人となる。足利尊氏の挙兵の際に従い、室町幕府の成立後、一族で八カ国の守護をつとめた。清氏は将軍義詮によって幕府執事に抜擢されたが、のちに追放されている。南朝に転じた清氏を追討した頼之は管領となり、新たに細川氏の惣領家となった。

【京兆家】細川家の嫡流となった頼元は右京大夫となり、その唐名によって京兆

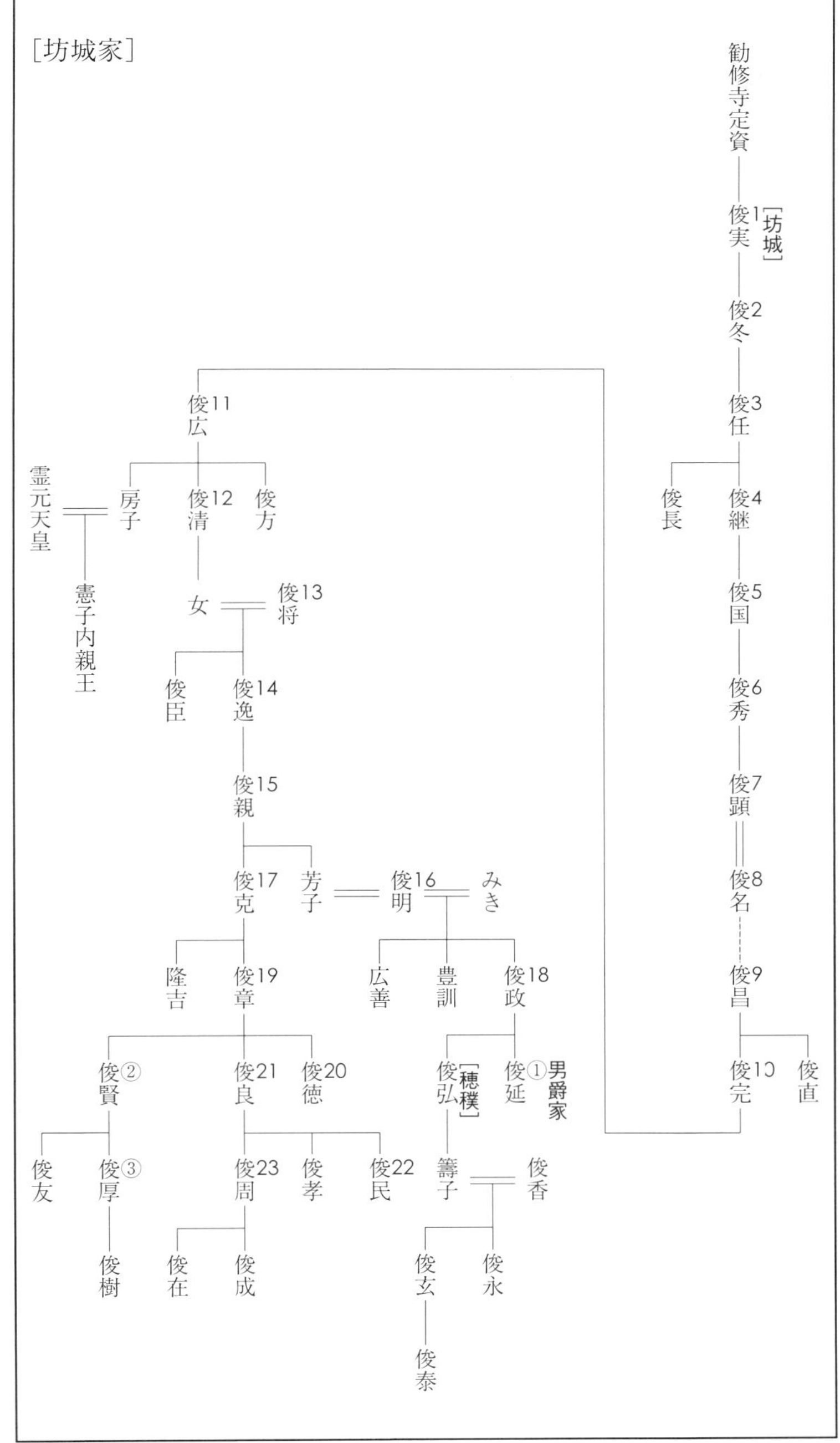

ほ

家と呼ばれた。子孫は摂津・丹波・讃岐・土佐の四カ国の守護を世襲し、管領をつとめた。持之は六代将軍足利義教に仕えて活躍し、子勝元は三度管領に就任して山名持豊と対立、応仁の乱を引き起こして東軍の総帥をつとめた。その長男政元は一〇代将軍足利義稙を将軍の座から追って義澄を一一代将軍に擁立、以後幕府の実権を握った。一六世紀に入ってからは家督をめぐる内紛がおこり、衰退した。

天文一八年（一五四九）細川晴元が三好長慶に敗れ、嫡流は事実上滅亡。その後、三好長慶に擁立された細川氏綱が京兆家を継いだが実権はなく、晴元の子の昭元（のち信良）は織田信長に属したものの豊臣秀吉によって追放され、細川氏嫡流は完全に滅亡した。

この他にも、阿波家、淡路家、備中家、和泉上守護家、和泉下守護家、典厩家、奥州家など多くの一族があり、熊本藩主細川家は和泉上守護家の出である。

和泉上守護家は、応永一五年（一四〇八）に頼長が和泉国半国の守護となったのが祖。明応九年（一五〇〇）元有が畠山尚順に敗れて没落、子元常の時代には事実上滅亡していたが、のちに同家を継いだ甥の藤孝（幽斎）が再興した。

【熊本藩主】 戦国時代、藤孝（幽斎）は織田信長、豊臣秀吉を経て、徳川家康に仕え、子忠興が豊前中津三九万五〇〇〇石を領す。その後、豊前小倉を経て、寛永九年（一六三二）熊本五四万石に転じた。明治一七年護久の時に侯爵となる。

護成の跡を継いだ弟の護立は美術品の収集家として著名で、そのコレクションは「永青文庫」として知られる。その長男護貞は近衛首相秘書官をつとめたが、戦後は政界から身をひき、永青文庫理事長となった。昭和五六年には細川家秘蔵の美術工芸品を京都国立博物館で公開して話題になった。護貞の長男が、政界再編の幕開けとなった日本新党を結成した細川護熙である。

【高瀬藩主】 四代光尚の二男利重は、寛文六年（一六六六）に兄綱利より玉名郡高瀬三万五〇〇〇石を分知され、熊本新田藩となったのが祖。江戸鉄炮洲に上屋敷があったことから、鉄炮洲細川家ともいわれた。のち高瀬藩と改称。

【宇土藩主】 忠興の四男立孝（早世）の子行孝は正保三年（一六四六）に三代藩主光尚から三万石を分知されて宇土藩を立藩した。明治一七年行真の時に子爵となる。

【谷田部藩主】 関ヶ原合戦後、慶長六年（一六〇一）に細川藤孝の二男興元が下野国芳賀郡で一万石を与えられたのが祖。元和二年（一六一六）常陸国で六二〇〇石を加増され、谷田部藩を立藩した。明治四年藩庁を茂木に移した。一七年子爵となる。

【熊本藩家老内膳家】 細川忠興の長男忠隆の子孫は長岡家を称して、江戸時代は熊本藩の家老をつとめた。家禄六〇〇〇石。明治四年忠顕は細川姓に復し、三三年忠穀の時男爵となった。政治評論家の細川隆元と、その甥の隆一郎はこの子孫である。

【熊本藩家老刑部家】 熊本藩主忠利の弟興孝は正保三年（一六四六）に一家を興して二万五〇〇〇石を与えられた。寛文

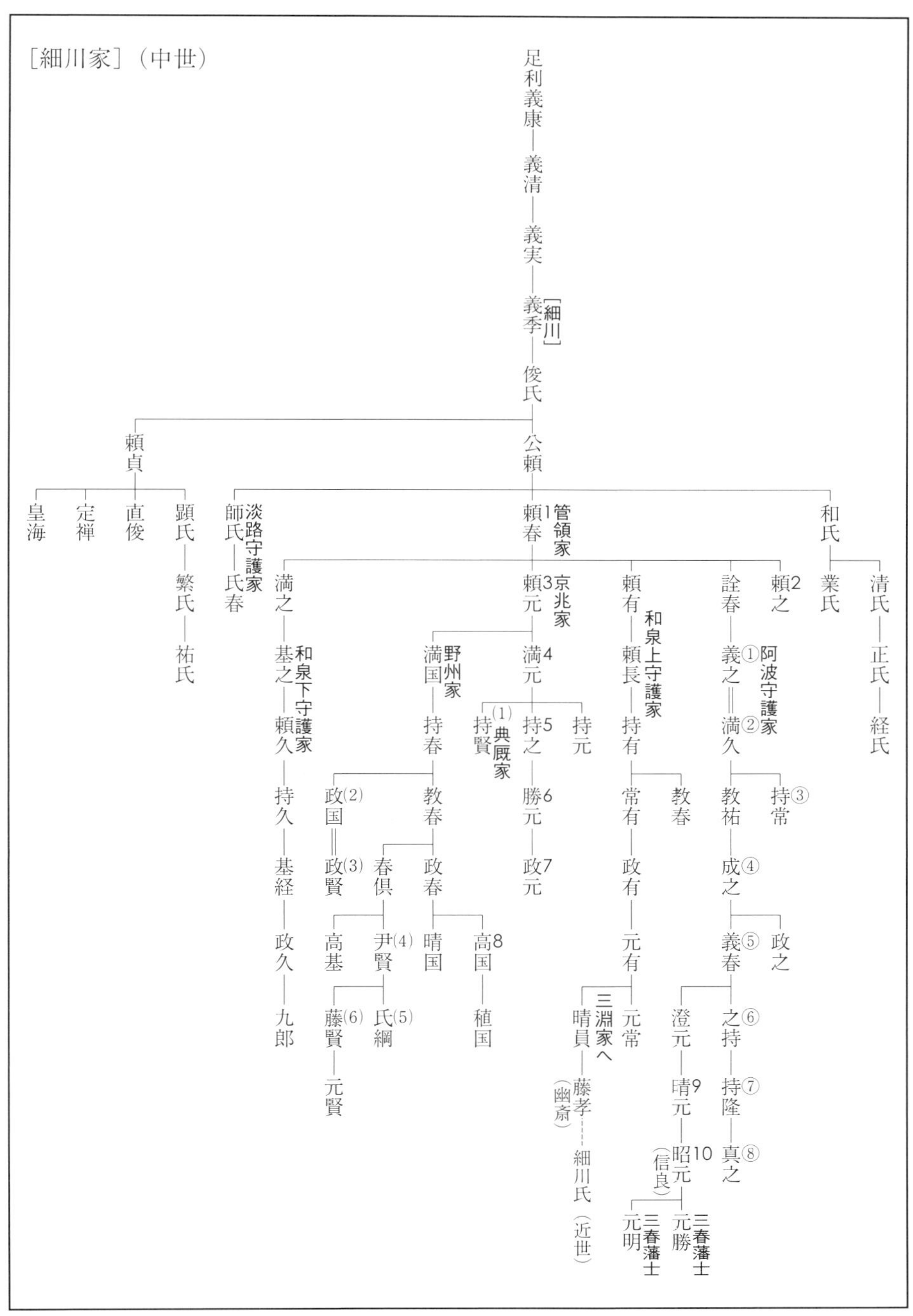

［細川家］（中世）
足利義康
義清
義実
義季
［細川］
俊氏
頼貞
公頼
皇海
定禅
直俊
顕氏
繁氏
祐氏
師氏
淡路守護家
氏春
頼春 1
管領家
和氏
業氏
清氏
正氏
経氏
満之
基之
和泉下守護家
頼久
持久
基経
政久
九郎
頼元 3
京兆家
満国
野州家
持春
政国 (2)
政賢 (3)
教春
春倶
政春
高基
尹賢 (4)
藤賢 (6)
元賢
氏綱 (5)
晴国
高国 8
稙国
満元 4
持賢 (1)
典厩家
持之 5
持元
勝元 6
政元 7
頼有
和泉上守護家
頼長
持有
常有
教春
政有
元有
元常
晴員
三淵家へ
藤孝（幽斎）
細川氏（近世）
詮春
義之 ①
阿波守護家
満久 ②
教祐
持常 ③
成之 ④
義春 ⑤
政之
澄元
晴元 9
昭元 10（信良）
元明
三春藩士
元勝
三春藩士
之持 ⑥
持隆 ⑦
真之 ⑧
頼之 2

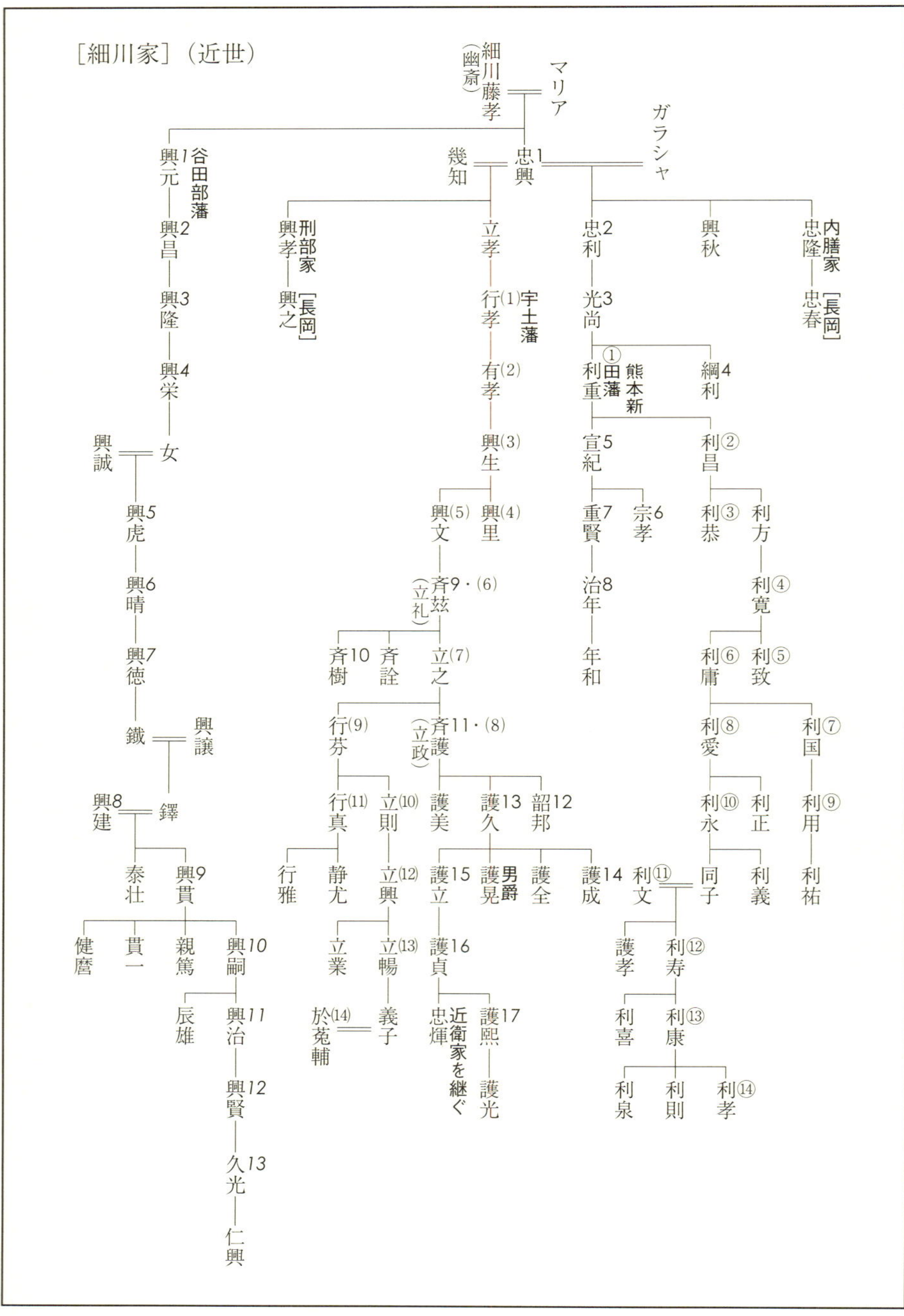
[細川家]（近世）
細川藤孝（幽斎）
マリア
ガラシャ
幾知
忠興 1
興元 1 谷田部藩
興昌 2
興隆 3
興栄 4
興誠
女
興虎 5
興晴 6
興徳 7
鐵
興譲
興建 8
鐸
泰壮
興貫 9
健麿
貫一
親篤
興嗣 10
辰雄
興治 11
興賢 12
久光 13
仁興
興孝 刑部家
興之［長岡］
立孝
行孝 (1) 宇土藩
有孝 (2)
興生 (3)
興文 (5)
興里 (4)
斉茲 9・(6)（立礼）
斉樹 10
斉詮
立之 (7)
行芬 (9)
斉護 11・(8)（立政）
行真 (11)
立則 (10)
護美
護久 13
韶邦 12
行雅
静尤
立興 (12)
立業
立暢 (13)
於苑輔 (14)
義子
護立 15
護晃 男爵
護全
護成 14
護貞 16
忠煇 近衛家を継ぐ
護煕 17
護光
忠利 2
光尚 3
利重 ① 熊本新田藩
綱利 4
宣紀 5
重賢 7
宗孝 6
治年 8
年和
利昌 ②
利恭 ③
利方
利寛 ④
利庸 ⑥
利致 ⑤
利愛 ⑧
利国 ⑦
利永 ⑩
利正
利用 ⑨
利文 ⑪
同子
利義
利祐
護孝
利寿 ⑫
利喜
利康 ⑬
利泉
利則
利孝 ⑭
興秋
忠隆 内膳家
忠春［長岡］

ほ

四年（一六六四）、孫の興知の時に長岡氏と改称して熊本藩家老となる。家禄一万石。明治三年興昌の時細川氏に復し、三〇年興増の時男爵となった。

《系図》427・428ページ

堀田家　○ほった

江戸時代の譜代大名。尾張国中島郡堀田（愛知県稲沢市）発祥。紀氏という。正吉は小早川氏に仕えていたが、慶長七年（一六〇二）に主家断絶で浪人、同一〇年に徳川家康に番士として仕えたのが祖。

【近江宮川藩主】正吉は大坂の陣で功をあげて一〇〇〇石を領した。子正盛は、春日局の縁戚のために三代将軍家光に仕えて抜擢され、寛永三年（一六二六）一万石に加増されて諸侯に列した。その後老中にまで進んで、同一九年下総佐倉一一万石に入封した。万治三年（一六六〇）正信の時一旦除封となり、天和二年（一六八二）正休が上野吉井藩一万石で再興。元禄一一年（一六九八）近江宮川に転封となった。明治一七年正養の時に子爵となる。

【下総佐倉藩主】正信の弟正俊は徳川家綱に仕えて老中となり、家綱の没後は綱吉を将軍に擁立、天和元年（一六八一）大老に就任、下総古河で九万石を領した。その後、各地を転々とし、延享三年（一七四六）下総佐倉一〇万石に入封した。のち一一万石に加増。明治一七年正倫の時に伯爵となる。

【下野佐野藩主】貞享元年（一六八四）正俊の三男正高は兄正仲より一万石を分知され、のち近江堅田藩を立藩した。文政九年（一八二六）正敦の時に下野佐野一万六〇〇〇石に転封。正敦は松平定信に登用されて若年寄となり、「寛政重修諸家譜」を編纂した。同書は日本の姓氏研究における最も重要な基礎資料である。明治一七年子爵となる。

【旗本家】一族の一継は関ヶ原合戦で東軍に属して本領安堵され、江戸時代は旗本となる。家禄五〇〇〇石。

また、一継の子一純は寛永七年（一六三〇）に分家し、四二〇〇石の旗本となった。江戸後期の一知は大番頭、駿府城代をつとめている。

《系図》430ページ

穂積家　○ほづみ

公家分家。坊城俊明の三男俊弘は嘉永四年（一八五一）に興福寺玉林院住職を継いでいたが、明治元年に復飾。翌二年堂上に列して穂積氏を称し、一七年俊香の時に男爵を授けられた。

《系図》425ページ

穂波家　○ほなみ

公家。藤原北家勧修寺流。勧修寺経広の二男経尚が一家を興して海住山を称し、寛文五年（一六六五）に穂波家と改称した。家格は名家。家禄は三〇石三人扶持。明治一七年経藤の時に子爵となるが、三八年爵位を返上した。

［堀田家］

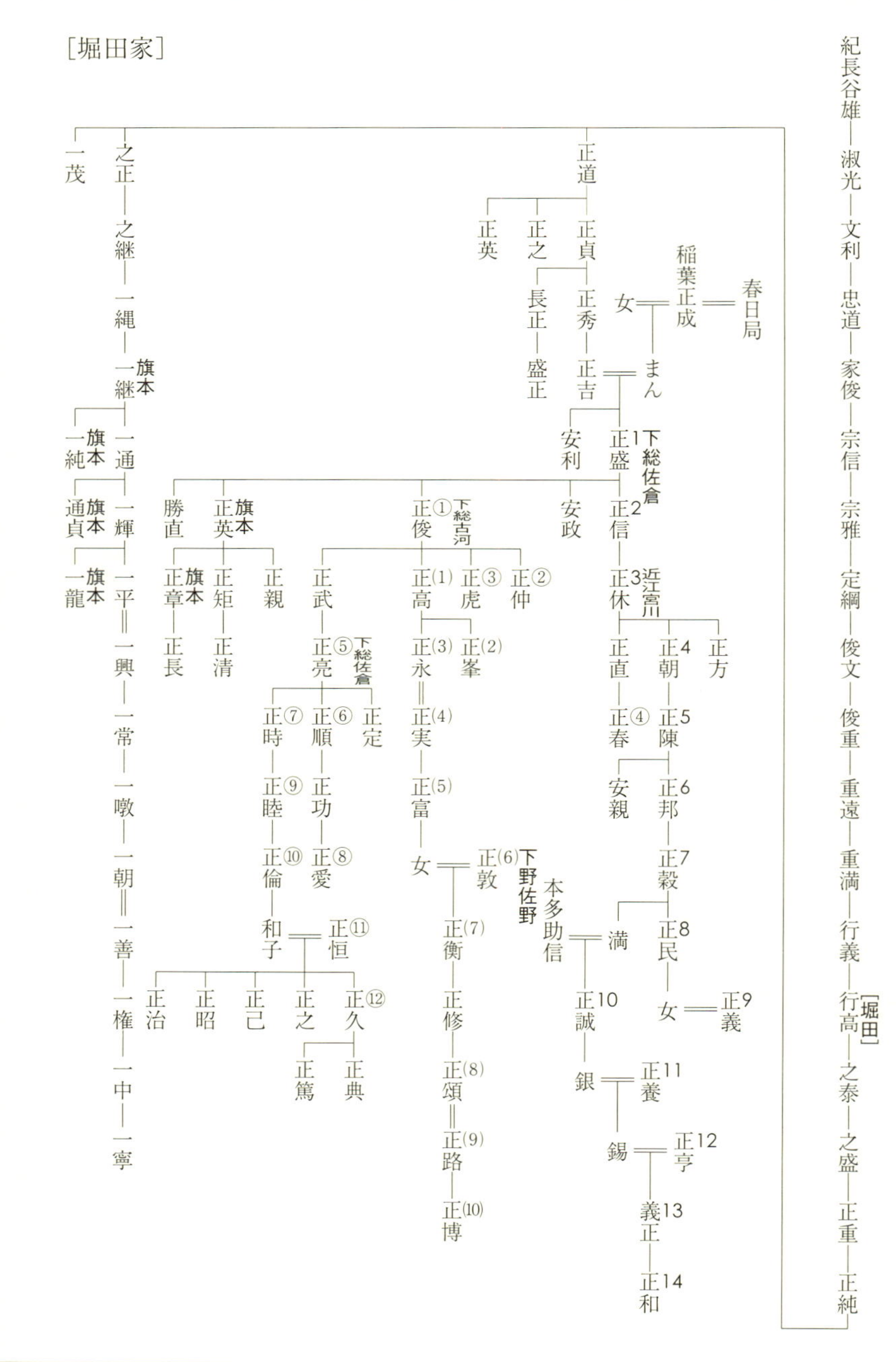

紀長谷雄—淑光—文利—忠道—家俊—宗信—宗雅—定網—俊文—俊重—重遠—重満—行義—行高［堀田］—之泰—之盛—正重—正純
正道
正英
正之
正貞
長正—盛正
正秀—正吉
稲葉正成
春日局
女
まん
安利
正盛 1 下総佐倉
安政
正信 2
正休 3 近江宮川
正直
正春 ④
安親
正朝 4
正陳 5
正邦 6
正穀 7
正民 8
女
正義 9
正方
満
本多助信
正誠 10
銀
正養 11
錫
正亨 12
義正 13
正和 14
正俊 ① 下総古河
正仲 ②
正虎 ③
正高 (1)
正峯 (2)
正永 (3)
正実 (4)
正富 (5)
女
正敦 (6) 下野佐野
正衡 (7)
正修
正頌 (8)
正路 (9)
正博 (10)
正武
正亮 ⑤ 下総佐倉
正定
正順 ⑥
正功
正愛 ⑧
正時 ⑦
正睦 ⑨
正倫 ⑩
和子
正恒 ⑪
正久 ⑫
正之
正己
正昭
正治
正典
正篤
勝直
正英 旗本
正章 旗本
正長
正矩
正清
正親
之正
之継
一縄
一継 旗本
一通
一純 旗本
一輝
通貞 旗本
一平
一龍 旗本
一興
一常
一噉
一朝
一善
一権
一中
一寧
一茂

ほ

保々家　○ほぼ

旗本。伊勢国朝明郡保々御厨（三重県四日市市）発祥。清和源氏土岐氏の一族。土岐頼忠の二男之康は美濃国多芸郡鷲巣村に住んで鷲巣氏を称し、天文一六年（一五四七）土岐頼芸の没落後、則康は摂津国中島郡に移って細川藤賢に従い、天正八年（一五八〇）伊勢国保々に移って保々氏を称した。慶長二年（一五九七）則貞の時に徳川家康に仕え、江戸時代は旗本となって美濃国で一〇〇〇石を知行した。

堀家　○ほり

信濃飯田藩主。藤原北家利仁流。利季は斎藤道三に仕え、美濃国厚見郡茜部（岐阜県岐阜市）を領した。秀重の時に織田信長に、子秀政の時に豊臣秀吉に仕え、越前北庄（福井県福井市）で一八万石を領した。慶長三年（一五九八）秀治は越後春日山三〇万石に転じ、関ヶ原合戦でも東軍に属したが、同一五年忠俊の時に除封となり滅亡した。

【信濃飯田藩主】秀政の二男親良も豊臣秀吉に仕え、慶長三年（一五九八）越後蔵王（新潟県長岡市）で四万石を領す。以後、各地を転々とし、寛文一二年（一六七二）信濃飯田に入封した。明治一七年親篤の時に子爵となる。

《系図》432ページ

堀家　○ほり

越後村上藩主。清和源氏斯波氏か。戦国時代は尾張国中島郡奥田城（愛知県稲沢市）に拠って、奥田氏を称していた。直政の時、織田信政に仕えて堀秀政に属し、堀氏に改称した。

【越後村上藩主】直政の子直寄は関ヶ原合戦後、信濃飯山（長野県飯山市）四万石に入封。以後、越後蔵王八万石を経て、元和四年（一六一八）越後村上一〇万石の藩主となり、のち高直しで一三万石となる。正保元年（一六四四）直定の死後、跡継ぎがなく断絶した。

【越後村松藩主】本家断絶後、直次の弟直時が三万石を与えられ、越後村松藩（新潟県五泉市）として再興した。明治元年、直賀は奥羽越列藩同盟に参加して米沢に移ったが、家臣が直弘を奉じて村松に戻って官軍に帰順した。直弘は明治二年に村松藩知事となり、一〇年奥田姓に復姓。一七年直暢が子爵となった。

【越後椎名藩主】堀監物直政の五男直之は、初め堀秀治・忠俊に仕えたが、慶長一六年（一六一一）二代将軍秀忠に仕え、大坂の陣の軍功により、元和二年（一六一六）五五〇〇石を与えられて越後椎谷に住んだ。寛永一〇年（一六三三）上総国で四〇〇〇石を加増されて同国夷隅郡苅谷に移る。同一九年に継いだ直景は自分の采地も合わせて一万石を領して苅谷藩を立藩。残りの一五〇〇石は弟直治（直氏）に分知した。元禄一一年（一六九八）直宥は封地を越後国沼垂・蒲原・三島三郡のうちに移されて、椎谷に住む。著朝の時、天明義民事件がおこり、寛政四年（一七九二）所領五〇〇〇石を信濃国水内・高井二郡のうちに移された。明治一〇年奥田に復姓。一七年直

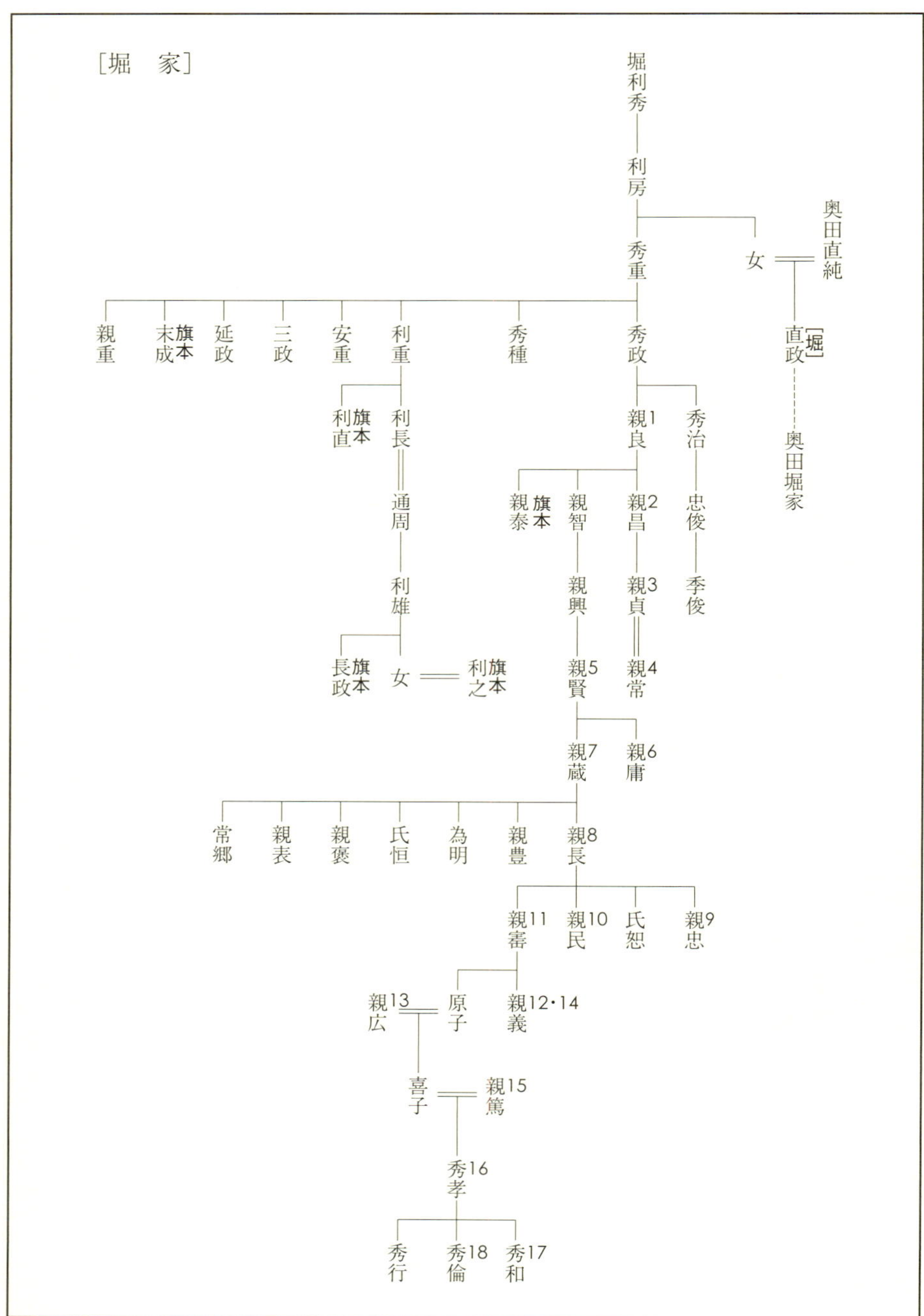
［堀　家］
堀利秀
利房
秀重
女
奥田直純
親重
旗本 末成
延政
三政
安重
利重
秀種
秀政
直政［堀］
奥田堀家
旗本 利直
利長
親良1
秀治
通周
旗本 親泰
親智
親昌2
忠俊
利雄
親興
親貞3
季俊
旗本 長政
女
旗本 利之
親賢5
親常4
親蔵7
親庸6
常郷
親表
親褒
氏恒
為明
親豊
親長8
親審11
親民10
氏恕
親忠9
親広13
原子
親義12・14
喜子
親篤15
秀孝16
秀行
秀倫18
秀和17

ほ

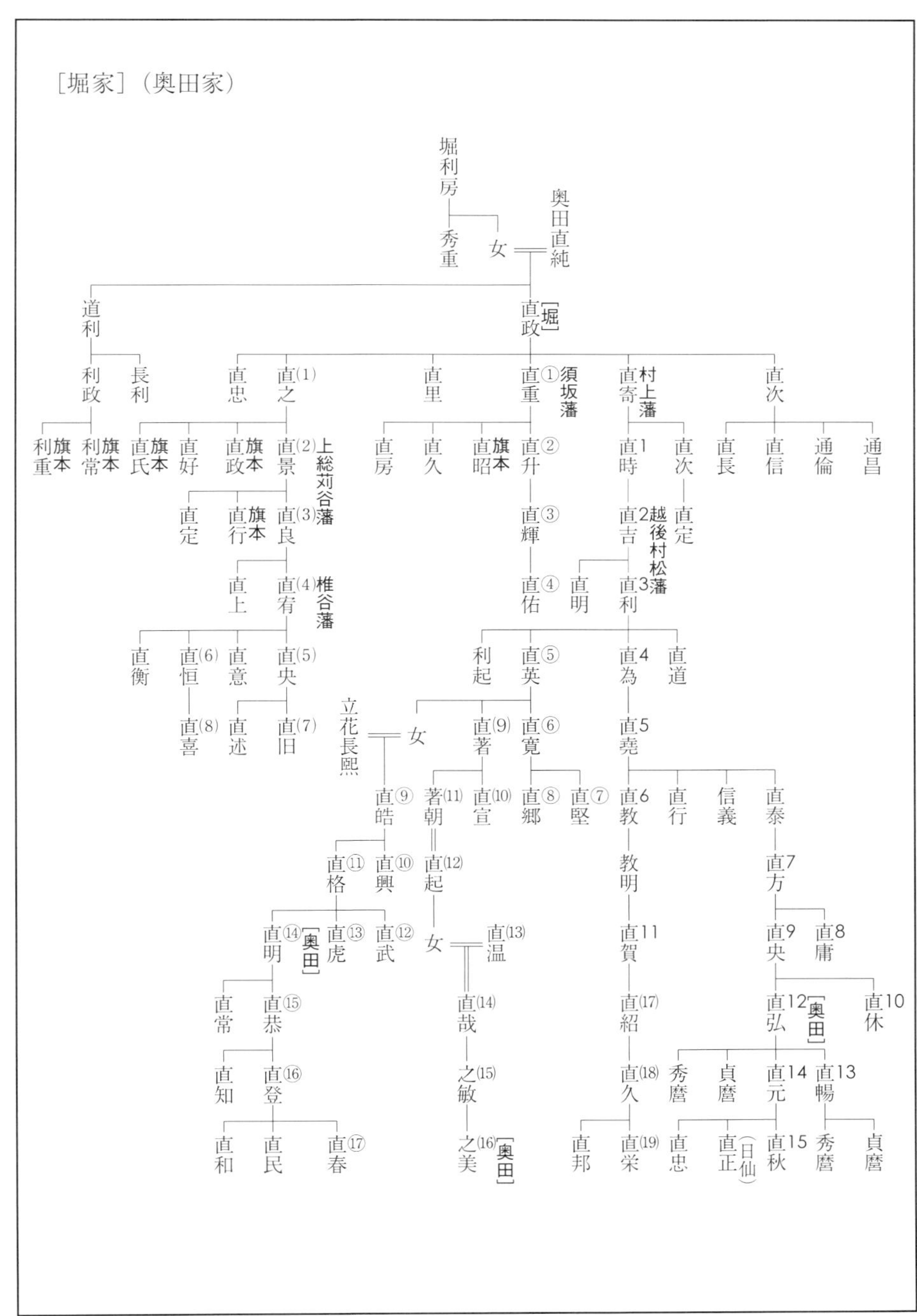
[堀家]（奥田家）
堀利房
秀重
女
奥田直純
道利
直政[堀]
利政
長利
直忠
直之(1)
直里
直重① 須坂藩
直寄 村上藩
直次
利重 旗本
利常 旗本
直氏 旗本
直好
直政 旗本
直景(2) 上総苅谷藩
直房
直久
直昭 旗本
直升②
直時1
直次
直長
直信
通倫
通昌
直定
直行 旗本
直良(3)
直輝③
直吉2 越後村松藩
直定
直上
直宥(4) 椎谷藩
直佑④
直明
直利3
直衡
直恒(6)
直意
直央(5)
利起
直英⑤
直為4
直道
直喜(8)
直述
直旧(7)
立花長熙
女
直著(9)
直寛⑥
直堯5
直皓⑨
著朝(11)
直宣(10)
直郷⑧
直堅⑦
直教6
直行
信義
直泰
直格⑪
直興⑩
直起(12)
教明
直方7
直明⑭[奥田]
直虎⑬
直武⑫
女
直温(13)
直賀11
直央9
直庸8
直常
直恭⑮
直哉(14)
直紹(17)
直弘12[奥田]
直休10
直知
直登⑯
之敏(15)
直久(18)
秀麿
貞麿
直元14
直暢13
直和
直民
直春⑰
之美(16)[奥田]
直邦
直栄(19)
直忠
直正（日仙）
直秋15
秀麿
貞麿

ほ

紹が子爵を授けられる。

【信濃須坂藩主】直政の三男直重は徳川秀忠に仕えて慶長六年（一六〇一）下総矢作で六〇〇〇石を領した。のち加増があり、元和元年（一六一五）信濃須坂藩一万二〇〇〇石を立藩。翌年分知して一万石となる。明治一〇年奥田に復姓、同一七年子爵となった。

《系図》433ページ

堀家 ○ほり

鋳物師。茶湯釜の鋳物師に堀家がある。初代堀山城浄栄は京釜師名越浄味の二男で、元和年間幕府の招請で江戸に下って堀氏を称した。以後代々幕府の御用鋳物師をつとめる。

分家に越後堀家がある。

堀内家 ○ほりうち

相模国藤沢（神奈川県藤沢市）の名家。遠江国城飼郡堀ノ内（静岡県菊川市）発祥。清和源氏小笠原氏。代々豊後国速見郡安岐郷（大分県杵築市・国東市）に住み、正行の時に遠江堀ノ内に移って堀内氏と改称し、堀内城に拠った。親基は福島正成に従って、大永元年（一五二一）飯田河原で武田信虎と戦って戦死した。子親重は小田原に逃れて北条氏に仕え、のち藤沢に移った。江戸時代は町人となったが、一族から多くの文人を輩出したことで知られる。

堀内家 ○ほりうち

旗本・旧戦国大名。出自は清和源氏や熊野別当氏など諸説があり不詳。「寛政重修諸家譜」では藤原氏師尹流に収められている。代々熊野に住む土豪で、戦国時代には南紀に大きな勢力を持っていた。戦国時代、氏善は織田信長、豊臣秀吉に仕え、紀伊新宮で二万七〇〇〇石を領したが、関ヶ原合戦では西軍に属して所領を没収された。子氏久は大坂の陣で豊臣秀頼の招きで大坂城に入ったが、落城の際に千姫を守って坂崎直行に渡したことから、秀忠に召し出されて下総国で五〇〇〇石を与えられて旗本となった。氏成の時罪を得て三宅島に流され、のち廩米二〇〇俵で再興した。

堀河家 ○ほりかわ

公家。藤原北家高倉流。慶長年間に高倉親俱の子康胤が一家を興し、堀河家を称した。家格は羽林家。江戸時代の家禄は一八〇石。幕末、親賀の弟の具視は岩倉家を継ぎ、妹の紀子は孝明天皇の掌侍となっている。明治一七年康隆の時子爵となる。

堀内家 ○ほりのうち

表千家の茶家。久田家とともに表千家の重鎮で、表千家六代目覚々斎に学んだ初代仙鶴が祖。四代宗心が摂津高槻藩の出だったことから、以後代々高槻藩茶頭をつとめた。一二代兼中斎は京都大学理学部卒の科学者で、現在の当主は一三代宗完である。

本阿弥家 ○ほんあみ

工芸家・刀剣鑑定家。菅原姓で、もとは松田氏を称していた。代々刀剣の鑑定などを行った。室町時代は幕府の御用をつとめ、京の町衆であった。本阿弥光利の甥の光悦がとくに著名。光悦は元和元年（一六一五）洛北鷹峯を拝領し、一族を率いて移り住んでいる。

本郷家 ○ほんごう

旗本・旧戦国大名。若狭国大飯郡本郷（福井県大飯郡おおい町本郷）発祥。村上源氏という。貞応二年（一二二三）有泰の時に地頭となる。貞泰の時に足利尊氏に仕え、室町時代は幕臣となった。戦国時代は若狭武田氏に属して本郷城に拠った。信富の時足利義昭、織田信長を経て、徳川家康に仕え、慶長七年（一六〇二）山城国綴喜郡で五〇〇石を与えられた。勝吉の時二三〇〇石に加増された。のち二〇〇〇石となる。

本庄家 ○ほんじょう

江戸時代の譜代大名。地下官人二条家諸大夫の出。「続藩翰譜」では藤原冬嗣十五世の孫太郎兵衛家長が初めて本庄氏を称し、その七代の孫太夫判官宗成とその子左馬介勝家は室町幕府に仕え、さらにそれから七代目が太郎兵衛宗正であるという。しかし、「寛政重修諸家譜」では、「藤原冬嗣の末裔という」としかない。

宗正の長男道芳は初め二条家に仕えていたが、義妹の光子が三代将軍家光の側室桂昌院となって綱吉を産んだため、その縁によって綱吉に附属せられて館林藩家老となった。

また宗正の二男宗資（桂昌院の実弟）も、同じ縁で綱吉に仕えて館林藩奏者役となり、綱吉の将軍就任後、道芳の子道高ともども幕臣に取り立てられた。

【丹後宮津藩主】宗資は徳川綱吉に仕えて館林藩士となり、延宝八年（一六八〇）綱吉の将軍就任とともに旗本となった。その後も累進を重ね、元禄五年（一六九二）常陸笠間藩（茨城県笠間市）四万石で諸侯に列した。以後各地を転々とした後、宝暦八年（一七五八）資昌の時に丹後宮津（京都府宮津市）七万石に入封。明治一七年宗武の時に子爵となる。

【美濃高富藩主】道高は徳川綱吉の側近となり、宝永二年（一七〇五）道章の時美濃国で一万石を与えられ、岩滝に陣屋を置いた。のち高富に転じた。明治一七年寿巨の時に子爵となる。

《系図》436ページ

本多家 ○ほんだ

江戸時代の譜代大名。三河の土豪の出で、藤原北家を称し、豊後国本多に住んで本多氏を称したと伝える。助時の時松平康親に仕えた。嫡流の他、三河国宝飯郡伊奈（愛知県豊川市）に住んだ伊奈本多氏、三河西城に住んだ西城本多氏がある。

【三河岡崎藩主】嫡流の忠勝は、酒井忠次・榊原康政・井伊直政とともに徳川四天王の一人に数えられ、天正一八年（一五九〇）家康の関東入りで上総国大多喜城主一〇万石となった。関ヶ原合戦後、慶長六年（一六〇一）伊勢桑名一〇万石に転じ、子忠政は元和三年（一六一七）に播磨姫路一五万石に加転、寛永一六年（一六三九）には政勝が大和国郡山一五万石に入封した。寛文一一年（一六七一）家を継いだ政長は、政利に六万石を分知、かつての所領三万石を合わせて十二万石となった。延宝七年（一六七九）忠国は陸奥福島一五万石を経て、天和二年（一六八二）播磨姫路一五万石に移る。宝永元年（一七〇四）忠孝は越後村上一五万石に転じたが、同六年嗣子がないまま死去。忠英の長男忠良が継ぐことを認められたが、五万石に減知となった。忠良は同七年三河刈谷五万石を経て、正徳二年（一七一二）下総古河五万

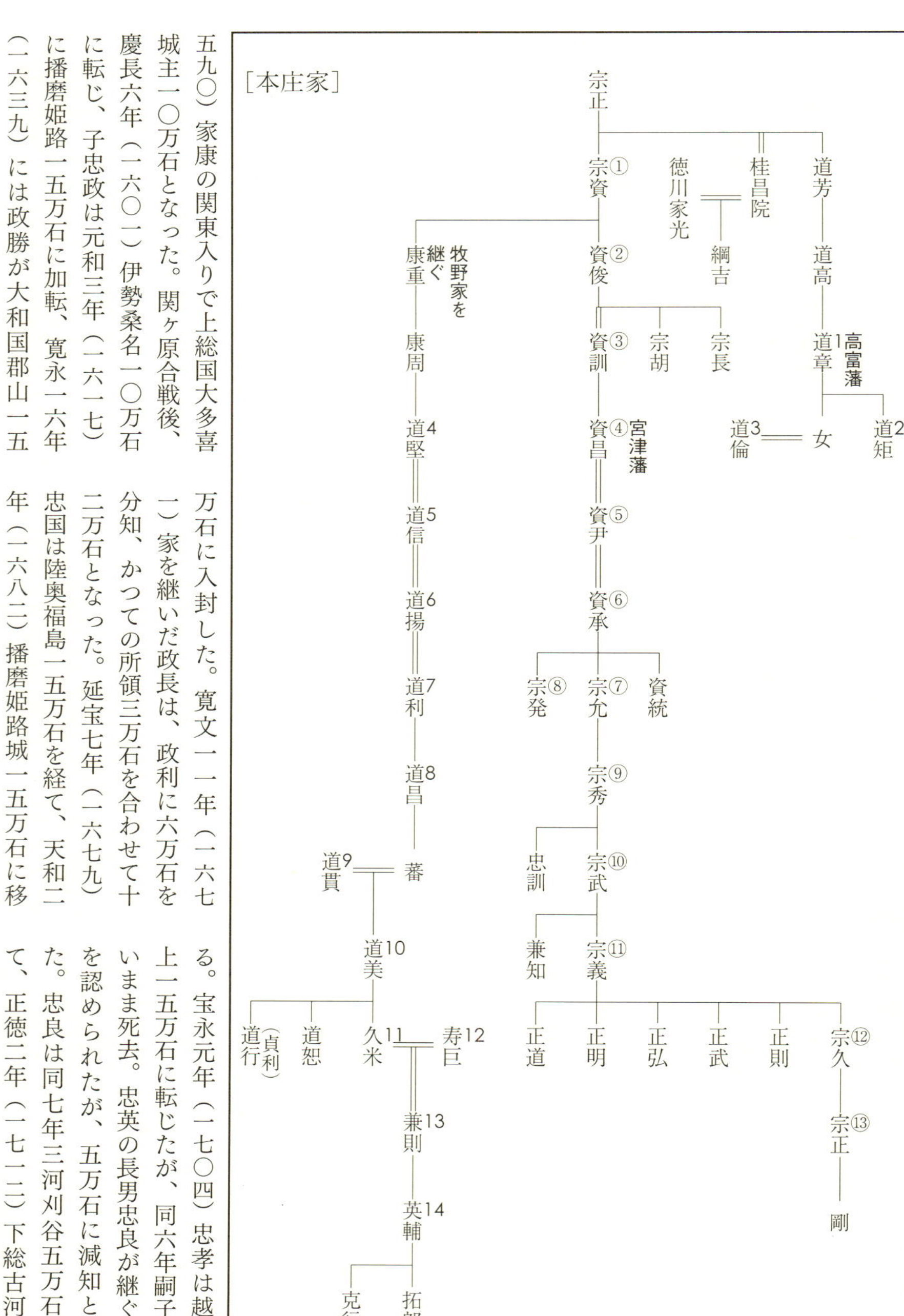

ほ

[本多家系統図]

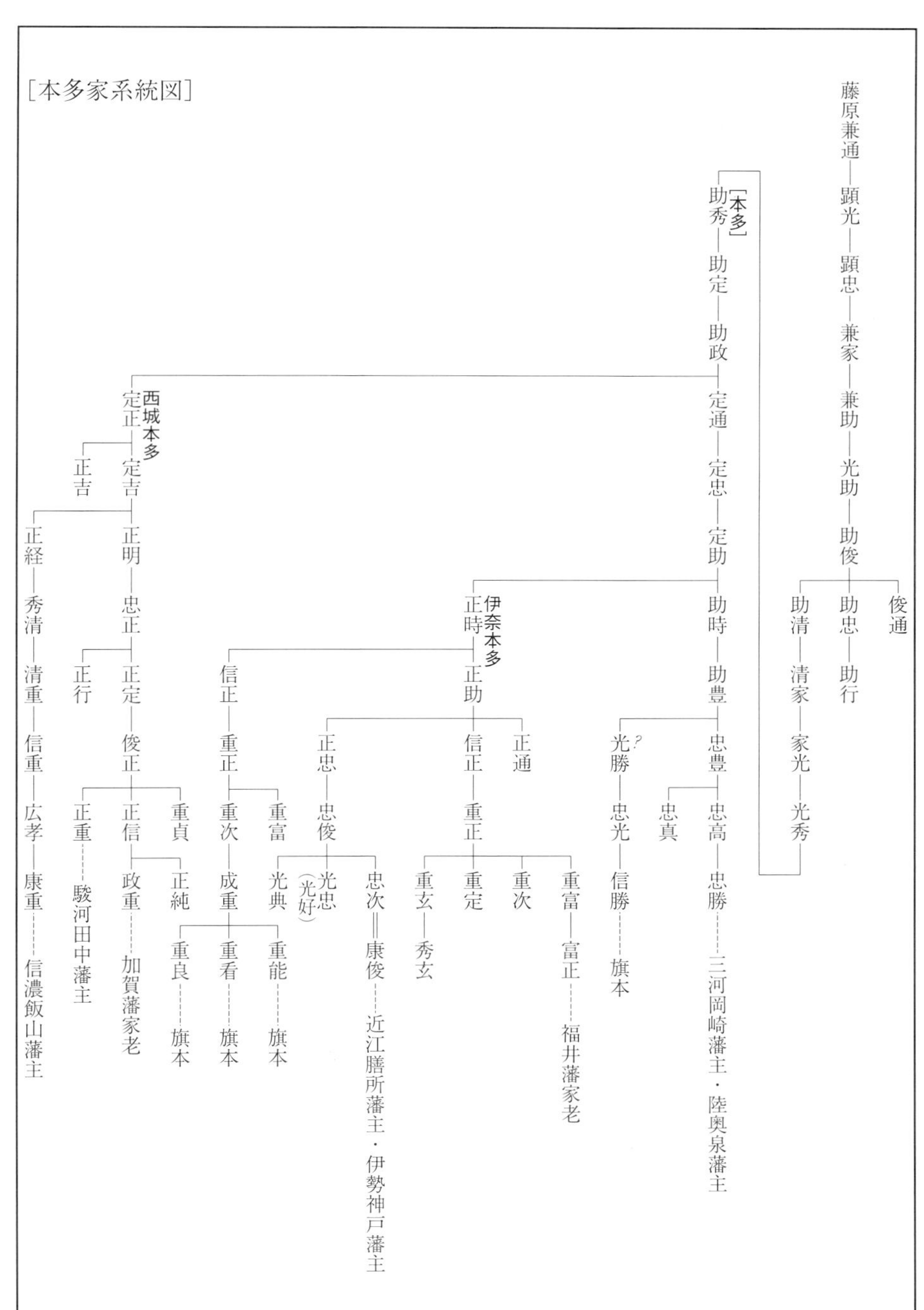

藤原兼通—顕光—顕忠—兼家—兼助—光助—助俊
俊通
助忠—助行
助清—清家—家光—光秀
[本多]
助秀—助定—助政
定通—定忠—定助
助時—助豊
忠豊
忠高—忠勝……三河岡崎藩主・陸奥泉藩主
忠真
光勝?—忠光—信勝……旗本
伊奈本多
正時
正助
正通
信正—重正
重玄—秀玄
重定
重次
重富—富正……福井藩家老
正忠—忠俊
忠次=康俊……近江膳所藩主・伊勢神戸藩主
光忠(光好)
光典
信正—重正
重次—成重
重能……旗本
重看……旗本
重良……旗本
重富
西城本多
定正
定吉
正吉
正明—忠正
正定—俊正
重貞
正信
政重……加賀藩家老
正純
正重……駿河田中藩主
正行
正経—秀清—清重—信重—広孝—康重……信濃飯山藩主

ほ

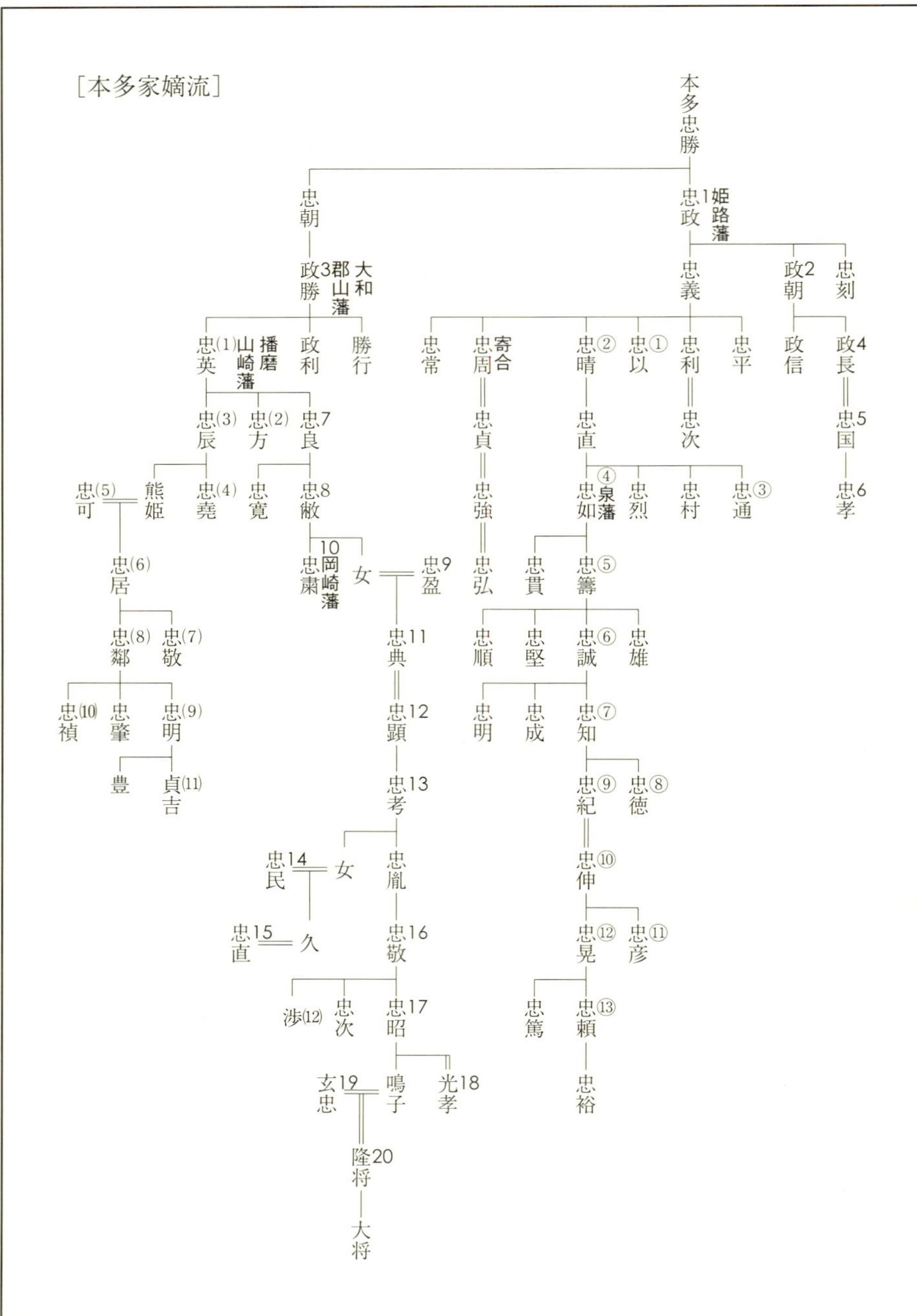
[本多家嫡流]
本多忠勝
忠朝
忠政 1 姫路藩
政勝 3 大和郡山藩
忠義
政朝 2
忠刻
忠英 (1) 播磨山崎藩
政利
勝行
忠常
忠周 寄合
忠晴 ②
忠以 ①
忠利
忠平
政信
政長 4
忠辰 (3)
忠方 (2)
忠良 7
忠貞
忠直
忠次
忠国 5
忠可 (5)
熊姫
忠堯 (4)
忠寛
忠敞 8
忠強
忠如 ④ 泉藩
忠烈
忠村
忠通 ③
忠孝 6
忠居 (6)
忠粛 10 岡崎藩
女
忠盈 9
忠弘
忠貫
忠籌 ⑤
忠鄰 (8)
忠敬 (7)
忠典 11
忠順
忠堅
忠誠 ⑥
忠雄
忠禎 (10)
忠肇
忠明 (9)
忠顕 12
忠明
忠成
忠知 ⑦
豊
貞吉 (11)
忠考 13
忠紀 ⑨
忠徳 ⑧
忠民 14
女
忠胤
忠伸 ⑩
忠直 15
久
忠敬 16
忠晃 ⑫
忠彦 ⑪
渉 (12)
忠次
忠昭 17
忠篤
忠頼 ⑬
玄忠 19
鳴子
光孝 18
忠裕
隆将 20
大将

ほ

石に転じ、享保一九年（一七三四）には老中となっている。さらに宝暦九年（一七五九）忠敞が石見浜田五万石を経て、明和六年（一七六九）忠粛が三河岡崎城に転じた。明治一七年忠敬の時子爵となる。

【播磨山崎藩主】政朝の三男政信は、寛永一六年（一六三九）政勝の養子となり、承応二年（一六五三）に大和国のうちで一万石を与えられ郡山城内に住んだ。延宝七年（一六七九）忠英が所領を播磨国宍粟郡に移されて山崎に陣屋を置き、山崎藩を立藩した。明治一七年貞吉の時子爵となる。

【陸奥泉藩主】忠義の三男忠以が寛文二年（一六六二）父忠義の所領のうち陸奥国石川郡で一万石を分知されて浅川に住んだのが祖。天和元年（一六八一）忠晴は三河伊保に移され、宝永二年（一七〇五）五〇〇〇石加増。同七年には三河国加茂・碧海両郡のうち九〇〇〇石余の所領を、遠江国榛原・城東両郡のうちに移されて相良に住んだ。延享三年（一七四六）には忠如が陸奥泉に転封となった。忠籌は天明八年（一七八八）側用人、寛政二年（一七九〇）老中格となり、五〇〇〇石加増された。幕末、忠紀は奥羽列藩同盟に加わったため、明治元年官位を奪われ、さらに二〇〇〇石を召し上げられて隠居している。同一七年忠彦が子爵となる。

《系図》437・438ページ

本多家　○ほんだ

伊奈本多氏。伊奈本多氏は三河国宝飯郡伊奈（愛知県豊川市伊奈）に住んだ。

【近江膳所藩主】酒井忠次の二男康俊は天正八年（一五八〇）本多忠次の養子となって同一七年に家を継ぎ、翌年の徳川家康の関東入国では下総国匝瑳郡小篠郷（千葉県匝瑳市）で五〇〇〇石を領した。関ヶ原合戦後、慶長六年（一六〇一）三河西尾二万石を経て、元和三年（一六一七）近江膳所三万石に入封した。

俊次は三河西尾城三万五〇〇〇石、寛永一三年（一六三六）伊勢亀山五万石を経て、慶安四年（一六五一）近江膳所七万石に戻った。延宝七年（一六七九）康慶は弟忠恒に一万石を分知し、以後六万石となる。明治一七年康穰が子爵となる。

【伊勢神戸藩主】康将の二男忠恒が、延宝七年（一六七九）父の所領のうちから一万石を分知されたのが祖。子忠統は享保九年（一七二四）寺社奉行、同一〇年若年寄となり、同一七年所領を伊勢国川曲郡、河内国錦部郡のうちに移されて、川曲郡神戸に住んだ。延享二年（一七四五）、伊勢国川曲・鈴鹿・三重三郡で五〇〇〇石を加増されて一万五〇〇〇石となり、神戸城を築城。明治一七年忠貫が子爵となる。現当主の康彦は近世史学者である。

【三河西端藩主】康俊の二男忠相は二代将軍秀忠に仕え、元和二年（一六一六）三河国碧海郡で一〇〇〇石が与えられた。以後、寛永元年（一六二四）五〇〇石、同五年二〇〇〇石、同七年一五〇〇石、同一〇年三〇〇〇石と加増されて計八〇〇〇石となる。さらに子忠将が天和二年（一六八二）に一〇〇〇石を加増さ

ほ

[伊奈本多家]
膳所藩
1 本多康俊
2 俊次
旗本 景次
忠利
方信
旗本 俊之
俊春
旗本 俊昌
旗本 忠顕
忠昌
俊春
忠英
寄合家 ①忠相
旗本 忠清
忠昭
忠儀
忠行
忠義
②忠将
③忠能
④忠敝
忠英
忠隆
旗本 忠直
俊方
忠顕
3 康将
(1)忠恒
(2)忠統 伊勢神戸藩
康長
4 康慶
忠寿
6 康敏
5 康命
酒井忠寄
10 康匡
9 康伴
女
8 康政
(3)忠永
(5)忠奝
⑤忠栄
⑦忠盈
⑥忠直
⑧忠和
⑨忠興
⑩忠寛 三河西端藩
⑪忠鵬
⑫辰男
忠篤
(4)忠興
信胤
7 康桓
忠薫
(6)忠升
12 康禎
11 康完
(8)忠貫
綱(忠廉)
欽子
忠恕
(9)忠鋒
(10)忠照
(7)忠寛
康直
(11)恒彦
文彦
(12)康彦
範行
隆文
14 康穣
綱張
13 康融
15 康虎
16 猶一郎
康張
17 康忠
康則

ほ

れて九〇〇〇石となった。

元治元年（一八六四）忠寛が加増されて一万五〇〇〇石となって諸侯に列し、三河西端藩を立藩。明治一七年忠鵬が子爵となる。

【福井藩家老】富正は結城秀康に仕え、家老として四万五〇〇〇石を領した。のち代々福井藩家老をつとめ、府中本多氏と呼ばれた。明治一七年副元の時に男爵となる。

《系図》440ページ

本多家 ○ほんだ

西城本多氏。西城本多氏は三河西城に住んだ。正信は徳川家康に仕えて重臣となり、子正純は元和五年（一六一九）下野宇都宮一五万五〇〇〇石に入封したが、同八年に断絶となった。

【駿河田中藩主】俊正の四男正重は、永禄六年（一五六三）一向一揆に味方して追放され、復帰後天正三年（一五七五）頃にも家康のもとを去ったが、慶長元年（一五九六）三たび家康に召し帰され、元和二年（一六一六）下総国で一万石を領した。

正重の死後、養子正貫は八〇〇〇石を継いで旗本となり、延宝五年（一六七七）正永は弟正方に一〇〇〇石を分知して七〇〇〇石となった。正永は一万石に加増されて諸侯に復帰、宝永六年（一七〇九）には老中に進み、四万石となった。享保一五年（一七三〇）正矩の時駿河田中藩を立藩。明治元年正訥の時、徳川家の駿河移転に伴い、安房長尾一万石に転じた。一七年正憲の時に子爵となる。

【加賀藩家老】正信の二男政重は前田利長に仕えて、江戸時代は加賀藩家老となり、陪臣ながら五万石を領した。明治三三年政以の時に男爵となる。

また、政敏の弟政冬の子孫も加賀藩家老をつとめた。

【信濃飯山藩主】信重の子広孝は松平広忠・徳川家康父子に仕え、天正五年（一五七七）遠江国に二〇〇〇貫文の所領を与えられたのが祖。子康重は家康の関東入国で上野白井城二万石を与えられ、関ヶ原合戦後、慶長六年（一六〇一）に三河岡崎五万石に入封。正保二年（一六四五）遠江横須賀に転じたが、天和二年（一六八二）改易された。のち出羽国村山郡一万石で再興、助芳の時越後糸魚川を経て、享保二年（一七一七）信濃飯山二万石に加転となった。明治一七年実方が子爵となる。

《系図》442ページ

本堂家 ○ほんどう

常陸志筑藩主。出羽国仙北郡本堂（秋田県仙北郡美郷町）発祥。清和源氏とも和賀氏ともいう。仙北地域への入部時期は不明だが、代々伊勢守と称して元本堂城（美郷町浪花）に拠った。天文年間に本堂城に移り、天正一八年（一五九〇）忠親が豊臣秀吉の小田原攻めに参加、本領の一部を削られたものの、本堂で八九八三石を安堵された。

関ヶ原合戦では、茂親が本堂城を守って小野寺義道を破り、慶長六年（一六〇一）常陸国新治郡志筑（茨城県かすみが

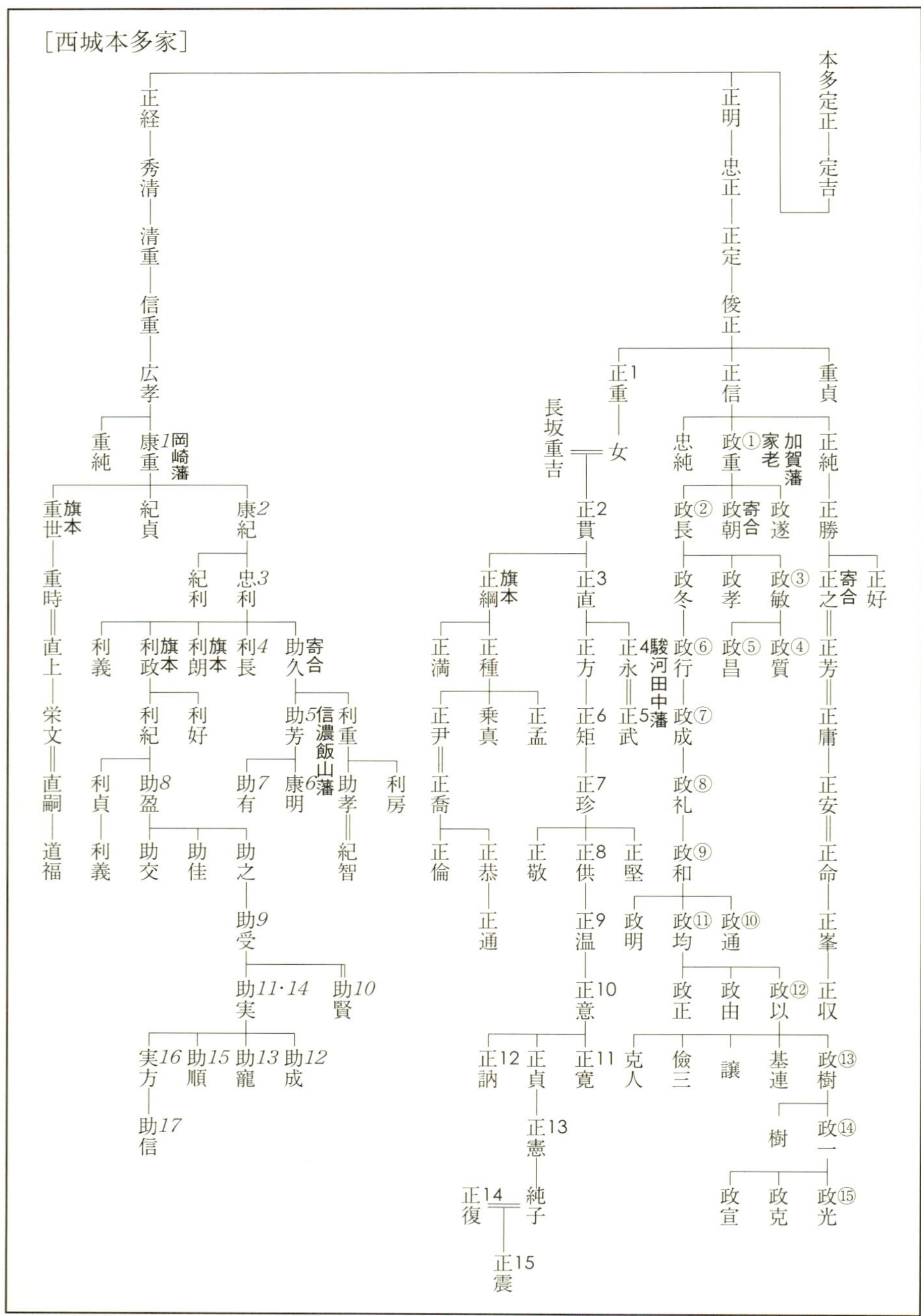
［西城本多家］
本多定正
定吉
正明
忠正
正定
俊正
重貞
正信
正1重
女
長坂重吉
正純
政①重 加賀藩家老
忠純
正勝
正好
正之 寄合
正芳
正庸
正安
正命
正峯
正収
政遂
政朝 寄合
政②長
政③敏
政孝
政冬
政④質
政⑤昌
政⑥行
政⑦成
政⑧礼
政⑨和
政⑩通
政⑪均
政明
政⑫以
政由
政正
政⑬樹
基連
譲
倹三
克人
政⑭一
樹
政⑮光
政克
政宣
正2貫
正3直
正綱 旗本
正永4 駿河田中藩
正5武
正方
正6矩
正7珍
正堅
正8供
正敬
正9温
正10意
正11寛
正貞
正12訥
正13憲
純子
正14復
正15震
正種
正満
正孟
乗真
正尹
正喬
正恭
正倫
正通
正経
秀清
清重
信重
広孝
康1重 岡崎藩
重純
康2紀
紀貞
重世 旗本
重時
直上
栄文
直嗣
道福
忠3利
紀利
助久 寄合
利4長
利朗 旗本
利政 旗本
利義
利重
助5芳 信濃飯山藩
利好
利紀
利房
助孝
紀智
康6明
助7有
助8盈
利貞
利義
助之
助佳
助交
助9受
助10賢
助11·14実
助12成
助13寵
助15順
実16方
助17信

ほ

うら市）八五〇〇石に移って交代寄合となった。正保二年（一六四五）、栄親の時に、弟親澄に五〇〇〇石を分知して八〇〇〇石となった。

嘉永五年（一八五二）に家を継いだ親久は、慶応四年（一八六八）に新政府軍東征の情報を得るとただちに家老横手信義を桑名に派遣、関東諸藩の斥候などを拝命した。この時の功により、同年七月に高直しで一万一一〇〇石となり、常陸志筑藩を立藩した。同一七年男爵となる。

本間家　○ほんま

出羽酒田の豪商。相模本間氏の末裔。相模本間氏は相模国愛甲郡本間（神奈川県厚木市）発祥で、武蔵七党の一つ横山党の一族。海老名季兼の子義忠が本間氏を称したのが祖。鎌倉時代初期の和田の乱で横山党が滅んでからは北条氏に従った。このあたりの系図には各種あり判然としない。

承久の乱後、相模本間氏は佐渡国の地頭職を得、のち一族が下向して佐渡本間氏となった。鎌倉時代末期には佐渡守護代をつとめていたとみられる。室町時代には多くの庶子家を分出して、佐渡島内に勢力を広げ、雑田本間、新穂本間、吉岡本間、羽茂本間などがあった。天正一七年（一五八九）上杉景勝の佐渡攻めで滅亡した。

この佐渡本間氏の一族である季綱が、南北朝時代に出羽に移り、田川郡下川村（山形県鶴岡市）に住んだのが出羽本の家の祖である。永禄年間に光重が酒田に移って商人となる。元禄年間頃、原光が新たに分家して新潟屋を創業して成功、豪商となり「本間様には及びもないが、せめてなりたや殿様に」と謡われた日本一の大地主として有名になった。

明治維新後も、本間家だけで酒田市の租税の四分の一を納めるほど羽振りがよかったが、戦後の土地開放政策などで没落した。現在は別荘が本間美術館として公開されており、当時の羽振りが窺われる。

ま

蒔田家　○まいた

備中浅尾藩主。陸奥国津軽郡蒔田（青森県五所川原市金木町）発祥で藤原南家。のち尾張国織津（愛知県）に移り斯波氏に仕えた。広光は織田信長、子広定は豊臣秀吉に仕え、伊勢雲津（三重県津市）で一万石を領した。関ヶ原合戦では西軍に属したため高野山に蟄居したが、浅野幸長のとりなしで許された。その際、備中国賀陽・窪屋・浅口三郡で一万石余を与えられて一旦諸侯に列したが、二代定正が弟長広に三〇〇〇石（三須蒔田家）を分知して交代寄合となった。さらに三代定行も弟定則に一三〇〇石を分知している。

文久三年（一八六三）、広孝が幕府に高直しを願い出て認められ、一万石となって陣屋を備中井手から浅尾（岡山県総社市）に移し浅尾藩を立藩した。慶応二年（一八六六）広孝が京都見廻役となって不在中に、立石孫一郎の率いる長州第二騎兵隊によって浅尾陣屋が焼き打ちされるという事件が起きている。明治一七年広孝は子爵となり、のち初代総社町長をつとめた。養子広城は貴族院議員となり、その子広靖は日本海テレビ常務をつとめた。現在は「まきた」と読む。

前川家 ○まえかわ

陸奥国閉伊郡吉里吉里（岩手県上閉伊郡大槌町）の豪商。戦国時代は清水氏を称して北条氏の家臣だったという。北条氏の滅亡後、初代甚右衛門は陸奥国気仙浦を経て吉里吉里に移り住み、常陸国那珂湊の白子家と貿易を行った。その後は盛岡藩の御用商人として海産物や米・大豆を江戸に積みだす一方、尾去沢銅山の発掘請負人になるなど、多角経営で富を蓄積した。水産庁が所有する「前川善兵衛家文書」は江戸時代の漁業や水産物の流通に関する重要な資料として知られる。

前田家 ○まえだ

加賀藩主。菅原氏の出で、美濃国安八郡前田（岐阜県安八郡神戸町）発祥というが、藩祖前田利家の父利昌以前はよくわからない。利昌（春）は尾張国海東郡前田（名古屋市中川区）の土豪で荒子城に拠っていた。利昌の四男利家が織田信長に仕えて頭角をあらわし、天正三年（一五七五）越前府中で三万三〇〇〇石を与えられる。同九年には能登一国に転じ、本能寺の変後、豊臣秀吉から加賀北国も与えられて、金沢城に入った。

慶長四年（一五九九）利家の死後大老を継いだ利長は、徳川家康と対立したが、生母芳春院を江戸に人質として出すことで家康と和解、翌年の関ヶ原合戦では東軍に属し、戦後は一一九万石余の大身となった。

三代利常は隠居の際に、二男利次に越中富山一〇万石、三男利治に加賀大聖寺七万石を分知しており、四代光高が継承したのは一〇二万五〇〇〇石余であった。この他にも初代利家の五男利孝に始まる上野七日市藩主の前田氏がある。

五代綱紀は藩士の地方知行制の廃止、十村役任命による郷村支配の整備など、次々と藩政を改革して名君として知られる。また、江戸城で儒学を講義するほどの学者でもあり、和漢の古典の収集保存にもつとめた。

六代を継いだ吉徳は寵臣の御居間坊主大槻伝蔵を登用、伝蔵は譜代の家臣と激しく対立して、吉徳の没後長く御家騒動が続いた（加賀騒動）。

幕末は佐幕の立場をとり、一二代斉広は天狗党の乱を鎮圧。また勤王派の世子慶寧を蟄居させ、その家老松平大弐を切腹させている。しかし、倒幕派が大勢を占めると、慶応二年（一八六六）に慶寧に藩主の座を譲り、慶寧は北越戦争に参戦して朝敵となることを免れた。明治一七年利嗣の時に侯爵となる。利為は陸軍大将となった。利建は宮内省式部官をつとめ、その妹の酒井美意子はマナー評論家として著名。

幕末の藩主斉泰の一二男利武は明治一四年に分家し、一七年男爵を授けられ

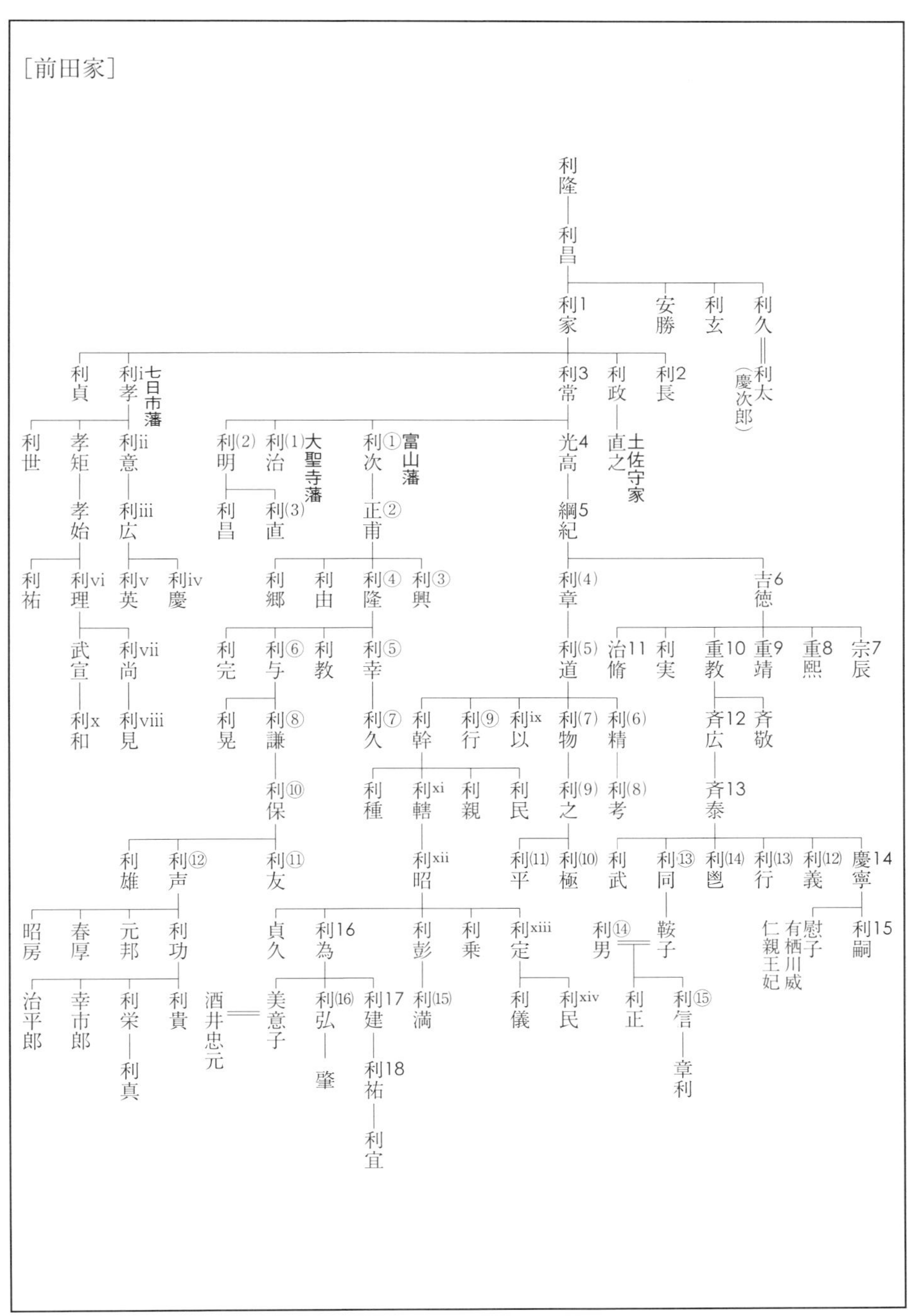

[前田家]
利隆
利昌
利家1
安勝
利玄
利久
利太(慶次郎)
利貞
利孝i
七日市藩
利常3
利政
利長2
利世
孝矩
利意ii
利明(2)
利治(1)
大聖寺藩
利次①
富山藩
光高4
直之
土佐守家
孝始
利広iii
利昌
利直(3)
正甫②
綱紀5
利祐
利理vi
利英v
利慶iv
利郷
利由
利隆④
利興③
利章(4)
吉徳6
武宣
利尚vii
利完
利与⑥
利教
利幸⑤
利道(5)
治脩11
利実
重教10
重靖9
重熙8
宗辰7
利和x
利見viii
利晃
利謙⑧
利久⑦
利幹
利行⑨
利以ix
利物(7)
利精(6)
斉広12
斉敬
利保⑩
利種
利轄xi
利親
利民
利之(9)
利考(8)
斉泰13
利雄
利声⑫
利友⑪
利昭xii
利平(11)
利極(10)
利武
利同⑬
利鬯(14)
利行(13)
利義(12)
慶寧14
昭房
春厚
元邦
利功
貞久
利為16
利彰
利乗
利定xiii
利男⑭
鞍子
慰子
有栖川威仁親王妃
利嗣15
治平郎
幸市郎
利栄
利貴
酒井忠元
美意子
利弘(16)
利建17
利満(15)
利儀
利民xiv
利正
利信⑮
利真
肇
利祐18
章利
利宜

ま

た。

【越中富山藩主】寛永一六年（一六三九）加賀藩三代藩主利常の二男利次は一〇万石を分知されて越中百塚藩を立藩し、万治三年（一六六〇）に富山に転じた。二代正甫は本草学の研究に熱心で、富山城下を訪れていた医師万代常閑から反魂丹の調剤を伝授された。そして、元禄三年（一六九〇）江戸城内で急病で苦しむ大名に反魂丹を服用させて治したことから、諸侯から自国への行商を依頼され、以後売薬が富山の特産となった。

また、三代藩主利興は藩士吉村新八の考案した鮎ずしを八代将軍吉宗に献上。吉宗が絶賛したことから、のちに鱒ずしとなって名産品になったという。

幕末の一〇代利保は本草学者として著名で、富山特産の売薬業の発展に尽くしたことでも知られる。一三代利同は維新後フランス、イギリスに留学。帰国後は外務省につとめ、のち宮中顧問官となる。明治一七年に伯爵となっている。利信は宮内庁掌典次長をつとめた。

【加賀大聖寺藩主】加賀藩主利常の三男利治が寛永一六年（一六三九）七万石を分知されて、大聖寺藩を立藩した。文政四年（一八二一）九代利之の時に一〇万石となる。利之は九谷焼を復興したことでも知られる。安政二年（一八五五）、一二代利義の世子利行と利義が相次いで死去。そのため、利義の死を隠したまま将軍の拝謁なしで一三代目を相続させ、ただちに弟の利鬯が一四代目を継いだ。利鬯は明治一七年に子爵となる。

【上野七日市藩主】利家の五男利孝が元和二年（一六一六）上野国甘楽郡で一万石を分知され、七日市藩を立藩したのが祖。明治一七年利昭の時に子爵となる。その長男利定は加藤内閣の逓信大臣、清浦内閣の農商務大臣をつとめている。

【小松城代前田家】前田利長の弟利政が祖。子直之は加賀藩の家老となり、加賀藩老臣八家の一つとなった。代々一万一〇〇〇石を領し、戊辰戦争の際に直信は藩兵を率いて参戦している。明治三三年に直行が男爵となった。

【加賀藩家老前田対馬守家】前田利家の娘を妻とした前田長種は小松城代などをつとめて二万石を領した。以後加賀藩老臣八家の一つとなり、代々家老をつとめた。明治三三年孝は男爵となり、尾山神社宮司をつとめた。

【加賀大聖寺藩家老】大聖寺藩家老の前田氏は藩主の一族。同藩五代藩主前田利道の五男利寧が分家して藩士となったのが祖。幕末幹は家老となり、明治時代には大聖寺町長などもつとめた。

《系図》445ページ

前田家　◎まえだ

旗本・丹波前田家。「寛政重修諸家譜」によると、藤原北家利仁流で斎藤季基が美濃国安八郡前田（岐阜県安八郡神戸町）に住んで前田氏を称したというが、玄以以前は不詳。

玄以は、天正七年（一五七九）織田信長に仕え、本能寺の変後は豊臣秀吉に仕えて累進、五奉行の一人となって同一三年丹波亀山で五万石を領していた。

関ヶ原合戦で西軍に属したが、実際には戦闘には参加せず所領を安堵された。

慶長七年（一六〇二）二代茂勝の時丹波八上五万石に転じたが、同一三年除封となった。

茂勝の弟正勝は旗本となり、一三〇〇石を領している。

前田家　○まえだ

高家。藤原北家閑院流。公家押小路公音の二男前田玄長が徳川綱吉に召し出され、宝永六年（一七〇九）高家となった。家禄一四〇〇石。

前田家　○まえだ

高家。菅原氏。公家高辻長量の二男前田長泰が徳川綱吉に召し出され、宝永六年（一七〇九）高家となった。家禄一〇〇〇石。

真壁家　○まかべ

秋田藩重臣。常陸国真壁郡真壁（茨城県桜川市真壁町）発祥。桓武平氏大掾氏。承安二年（一一七二）多気直幹の四男長幹が真壁城を築城し、真壁氏を称した。長幹は鎌倉幕府の御家人となり、本家大掾氏の滅亡後も真壁郡内に庶子家を分出して勢力を広げた。南北朝時代、幹重は北畠親房に従って常陸南朝方の拠点となったが、子高幹は北朝に転じている。

応永三〇年（一四二三）慶幹の時に足利持氏に敗れて落城、持氏に属していた朝幹が家督を継いだ。戦国時代に佐竹氏に仕え、江戸時代は秋田藩の重臣となって角館に移った。

曲淵家　○まがりふち

旗本。清和源氏義光流で、青木氏の一族という。代々武田氏に従い武川衆に属していた。天正一〇年（一五八二）の武田氏滅亡後、吉景は徳川家康に仕え、関東入国後相模国（神奈川県）で五〇〇石を領した。その子吉清・正吉・吉資・吉房・正行・信次はいずれも旗本となった。

嫡流は二男の正吉で家禄は二三〇〇石。子正次は徳川忠長に仕えた後に旗本に戻っている。正次の二男正俊は一家を興し、その二男景衡は六代将軍家宣の小姓となって累進、一六五〇石を知行した。その孫の景漸は町奉行をつとめている。

長男吉清は甲斐国で二二〇石の旗本となっていたが、曾孫軌隆の時に二五〇〇石に加増。英充は江戸中期に日光奉行・勘定奉行・大目付を歴任した。

蒔田家　○まきた　→　まいた

牧野家　○まきの

江戸時代の譜代大名。家譜によると武内宿禰の後裔で、推古天皇に仕えて大和国高市郡田口に住んで田口氏を称し、のち讃岐国に移って寿永二年（一一八三）安徳天皇の屋島行在所を守り、平家滅亡後に離散したと伝える。応永年間（一三九四～一四二八）に成継が三河国宝飯郡牧野村（愛知県豊川市牧野）に移って牧野氏と改称した。

史料的に確認できるのは、室町時代

に、三河守護一色氏の被官としてである。

戦国時代には一族は牧野城・瀬木城・牛窪城・吉田城に拠り、今川氏に属して松平氏と対立した。享禄二年（一五二九）吉田城の牧野信成と一族は松平氏に敗れて討死。永禄年間に吉田城が落城すると、牧野氏も順次松平氏に帰属した。

【越後長岡藩主】牧野康成は徳川家康に仕え、天正一八年（一五九〇）上野大胡（群馬県前橋市大胡町）で二万石を領した。関ヶ原合戦では徳川秀忠に従って信濃上田城攻めに参加、軍令に背いて城兵を追撃した責任を問われた。元和二年（一六一六）越後長峰五万石を経て、同四年長岡六万二〇〇〇石に移り、同六年に一万石加増、新田も加えて七万四〇〇〇石となった。忠精・忠雅・忠恭はいずれも奏者番・寺社奉行加役・京都所司代・老中を歴任した。

幕末、忠訓は官軍に抗したが、明治元年戊辰戦争で新政府軍に敗れて城地を没収された。二年、忠毅が改めて長岡二万四〇〇〇石を与えられた。一七年忠篤の時に子爵となり、忠篤・忠永と二代続けて貴族院議員をつとめた。

【信濃小諸藩主】長岡藩主忠成の二男康成は、寛永一一年（一六三四）越後国蒲原・三島郡で一万石を分知されて三島郡与板に陣屋を置き、与板藩を立藩した。元禄一五年（一七〇二）康重の時五〇〇〇石を加増されて、信濃小諸に転じた。明治一七年康強の時子爵となる。

【越後三根山藩主】長岡藩主忠成の四男定成が六〇〇〇石を分知されたのが祖。代々寄合に列していたが、文久三年（一八六三）領内の高直しで一万一〇〇〇石となり、越後三根山藩を立藩した。明治三年峰岡藩と改称。一七年忠良の時に子爵となる。

【常陸笠間藩主】牧野成貞は甲府藩主の徳川綱吉に仕えていたが、綱吉の将軍就任にともなって累進し、天和元年（一六八一）側用人となる。同三年下総関宿藩五万三〇〇〇石に入封した。以後、宝永二年（一七〇五）成春が三河吉田八万石、正徳二年（一七一二）成央が日向延岡八万石を経て、延享四年（一七四七）貞通の時に常陸笠間八万石に転封。明治一七年貞寧の時に子爵となり、貴族院議員をつとめた。

《系図》449・450ページ

牧野家　○まきの

丹後田辺藩主。天正一八年の関東入国の際に牧野信成が武蔵国足立郡石戸（埼玉県北本市）で五〇〇〇石を領したのが祖。寛永一〇年（一六三三）一万一〇〇〇石に加増され、石戸藩を立藩した。正保元年（一六四四）下総関宿一万七〇〇〇石に転封。その子親成は京都所司代となって所領を摂津国内に移し、寛文八年（一六六八）丹後田辺藩三万五〇〇〇石となった。維新後舞鶴藩と改称。明治一七年弼成の時に子爵となる。一成は貴族院議員をつとめた。

《系図》448ページ

牧野家　○まきの

旗本。成富の子といわれる牧野古白の

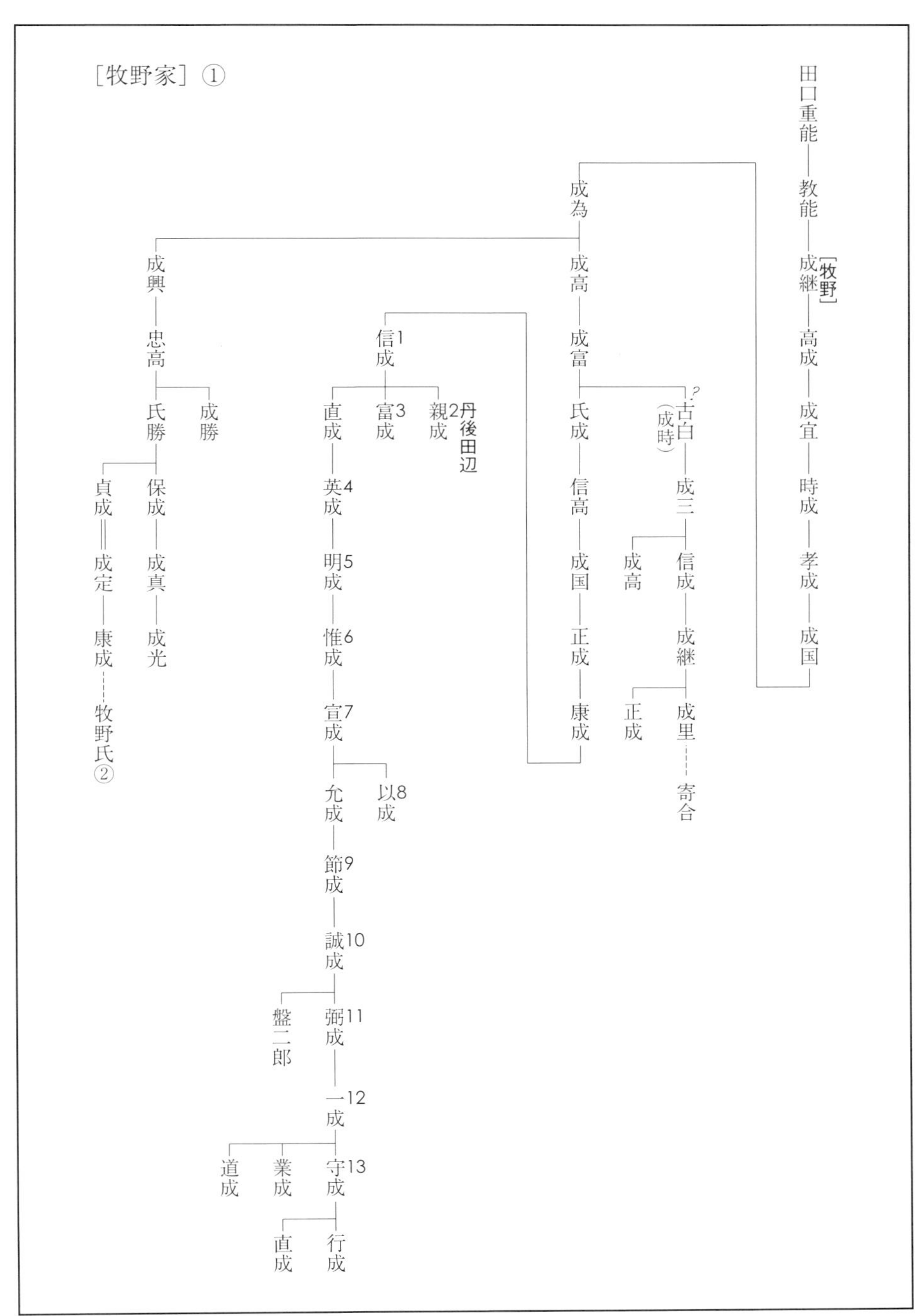

［牧野家］①
田口重能
教能
成継
［牧野］
高成
成宜
時成
孝成
成国
成為
成高
成富
氏成
信高
成国
正成
康成
?古白
（成時）
成三
信成
成高
成継
成里
正成
寄合
1信成
2親成
丹後田辺
3富成
直成
4英成
5明成
6惟成
7宣成
8以成
允成
9節成
10誠成
11弼成
盤二郎
12一成
13守成
業成
道成
行成
直成
成興
忠高
成勝
氏勝
保成
貞成
成真
成定
成光
康成
牧野氏②

ま

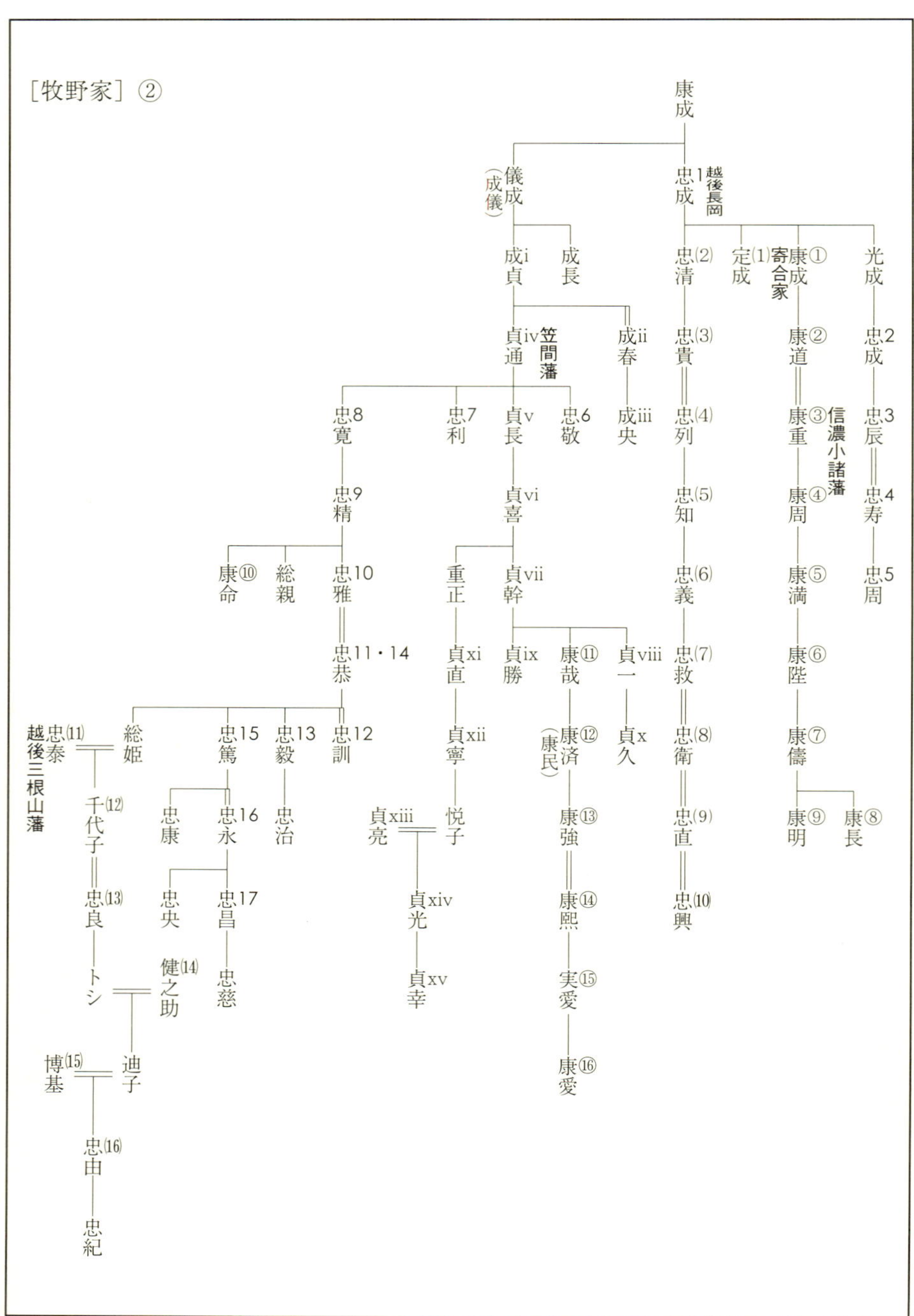
［牧野家］②
康成
忠成 1 越後長岡
儀成（成儀）
忠清(2)
定成(1)
寄合家
康成①
光成
成貞 i
成長
忠貴(3)
康道②
忠成 2
貞通 iv 笠間藩
成春 ii
忠列(4)
康重③ 信濃小諸藩
忠辰 3
忠寛 8
忠利 7
貞長 v
忠敬 6
成央 iii
忠知(5)
康周④
忠寿 4
忠精 9
貞喜 vi
忠義(6)
康満⑤
忠周 5
康命⑩
総親
忠雅 10
重正
貞幹 vii
忠救(7)
康陛⑥
忠恭 11・14
貞直 xi
貞勝 ix
康哉⑪
貞一 viii
忠衛(8)
康儔⑦
忠泰(11) 越後三根山藩
総姫
忠篤 15
忠毅 13
忠訓 12
貞寧 xii
康済⑫（康民）
貞久 x
千代子(12)
忠康
忠永 16
忠治
貞亮 xiii
悦子
康強⑬
忠直(9)
康明⑨
康長⑧
忠良(13)
忠央
忠昌 17
貞光 xiv
康煕⑭
忠興(10)
トシ
健之助(14)
忠慈
貞幸 xv
実愛⑮
博基(15)
迪子
康愛⑯
忠由(16)
忠紀
ま

末裔。譜代大名の牧野家とは同族であるが、系譜関係は判然としない部分がある。古白は瀬木城に拠り、東三河の国人であった。のち今橋城を築城して拠ったが、松平長親に敗れて討死した。

以後は今川氏に仕え、成里の時豊臣秀次、石田三成に仕えた後、慶長八年（一六〇三）に召し出されて旗本となった。家禄三〇〇〇石。八代成著は書院番頭、大番頭を歴任、幕末の成行は目付、歩兵頭をつとめた。

《系図》449ページ

馬込家 ○まごめ

江戸の伝馬役。遠江国馬込の出で、初代勘解由が徳川家康の関東入国に従って江戸に入り、伝馬業務を行った。慶長一一年（一六〇六）日本橋大伝馬町に住み、以来代々勘解由を称して伝馬役を担当、また名主でもあった。

正木家 ○まさき

旗本。桓武平氏三浦氏の一族で、安房国北郡正木（千葉県館山市）発祥。代々里見氏に属した。里見氏の滅亡後、頼忠の娘万は徳川家康の側室となって頼宣を産む。万の兄の為春は三浦と改称し、子孫は紀伊藩家老となった。→三浦家

弟の康長は二代将軍秀忠に仕え、子孫は旗本となった。家禄一〇〇〇石。

真崎家 ○まさき

秋田藩家老。常陸国那珂郡真崎（茨城県那珂郡東海村）発祥。清和源氏佐竹氏の支流。佐竹義重の庶子岡田義澄の長男義連が祖。代々真崎城に拠って佐竹氏に属した。嫡流は兵庫家で、江戸時代は秋田藩重臣となった。家格は廻座で、家老となったものも多く、幕末の睦貴は戊辰戦争では藩を代表して官軍に参加した。家禄一三〇〇石。

分家に長右衛門家がある。江戸時代初期の季富は五城目から井川町に及ぶ用水路「真崎堰」を造って新田開発に成功、維新後の勇助は秋田県を代表する郷土史家の一人で、菅江真澄を評価したことでも知られる。

真島家 ○ましま

出羽国鶴岡（山形県鶴岡市）の豪商。先祖は三河の地侍で、酒井忠次に仕えた竹内氏の弟であるという。のち商人となって鶴岡に移り、質屋の傍ら醤油の醸造を行った。代々藤右衛門を称し、明治以降も同地の経済界で活躍した。

増山家 ○ましやま

伊勢長島藩主。丹党の末裔で、もとは青木氏を称していた。青木利長の娘お楽の方（宝樹院）は春日局に認められて大奥に入り、三代将軍家光の側室となって四代将軍家綱を産んだ。お楽の方の弟の正利は家光に仕えて母方の姓である増山を称し、正保四年（一六四七）相模国高座郡で一万石を与えられて諸侯に列し

た。万治二年（一六五九）三河西尾二万石に加転。

　長男正弥は寛文三年（一六六三）常陸下館二万三〇〇〇石を経て、元禄一五年（一七〇二）伊勢長島二万石に移る。六代正賢は木村兼葭堂と交流があり、画家・書家としても知られた。七代正寧・八代正修はともに若年寄をつとめ、明治一七年正同の時に子爵となる。

益田家　○ますだ

長州藩家老・旧戦国大名。藤原北家を称すが実際は不詳。祖国兼が石見国に下向し、兼高の時に源義経に従って功をあげて鎌倉幕府の御家人となり、さらに石見国押領使に任ぜられて美濃郡益田荘（島根県益田市）に住んで益田氏を称した。七尾城を築城し、以後石見に大きな勢力を持った。室町時代には大内氏に仕えている。

　大内氏の滅亡後、藤兼は姻戚関係にある吉川元春の斡旋で毛利元就に仕えた。子元祥の時に関ヶ原合戦で毛利氏が敗れ、これに従って長門国阿武郡須佐（山口県萩市）に移った。江戸時代は長州藩の永代家老として一万二〇〇〇石を領した。元祥は長州藩初期の財政を担った人物として知られる。幕末の禁門の変の際、責任をとって切腹した三家老の一人、益田右衛門介が有名。明治三三年精祥の時に男爵となる。

《系図》453ページ

町尻家　○まちじり

公家。藤原北家水無瀬流。江戸時代初期に水無瀬兼俊の二男具英が一家を興して町尻家を称した。家格は羽林家。家職は有職故実。具英の跡は実兄氏信の子兼量が継いでいる。明治一七年量衡の時に子爵となる。量基は陸軍中将で、先代の当主量光はキングレコード社長をつとめた。

松井家　○まつい

武蔵川越藩主。清和源氏。源為義の子松井冠者維義の末裔という宗之が三河に移り住み、三河松井氏の祖となった。

　忠直の時に松平清康・広忠に仕え、その子康親は弘治二年（一五五六）家康の命で東条松平家の家老となった。永禄四年（一五六一）、幡豆郡津平郷を与えられ、同七年には東条城主となって松平姓を賜っている。のち駿河三枚橋城主となった。

【武蔵川越藩主】康親の子康重は徳川家康に仕えて武蔵私市で二万石を領し、関ヶ原合戦後は、慶長六年（一六〇一）常陸笠間藩三万石を立藩。同一三年丹波八上五万石に転じ、翌年篠山城を築城して篠山藩となった。さらに、大坂の陣で功をあげ、元和五年（一六一九）和泉岸和田六万石に加転。子康映は寛永一七年播磨山崎五万石、慶安二年（一六四九）石見浜田五万一〇〇〇石に転封。その後、康福の時、宝暦九年（一七五九）下総古河、同一二年三河岡崎を経て、明和六年（一七六九）石見浜田に再入封、康福・康任・康爵は老中をつとめた。天保七年（一八三六）竹島騒動の責任を負っ

[益田家]

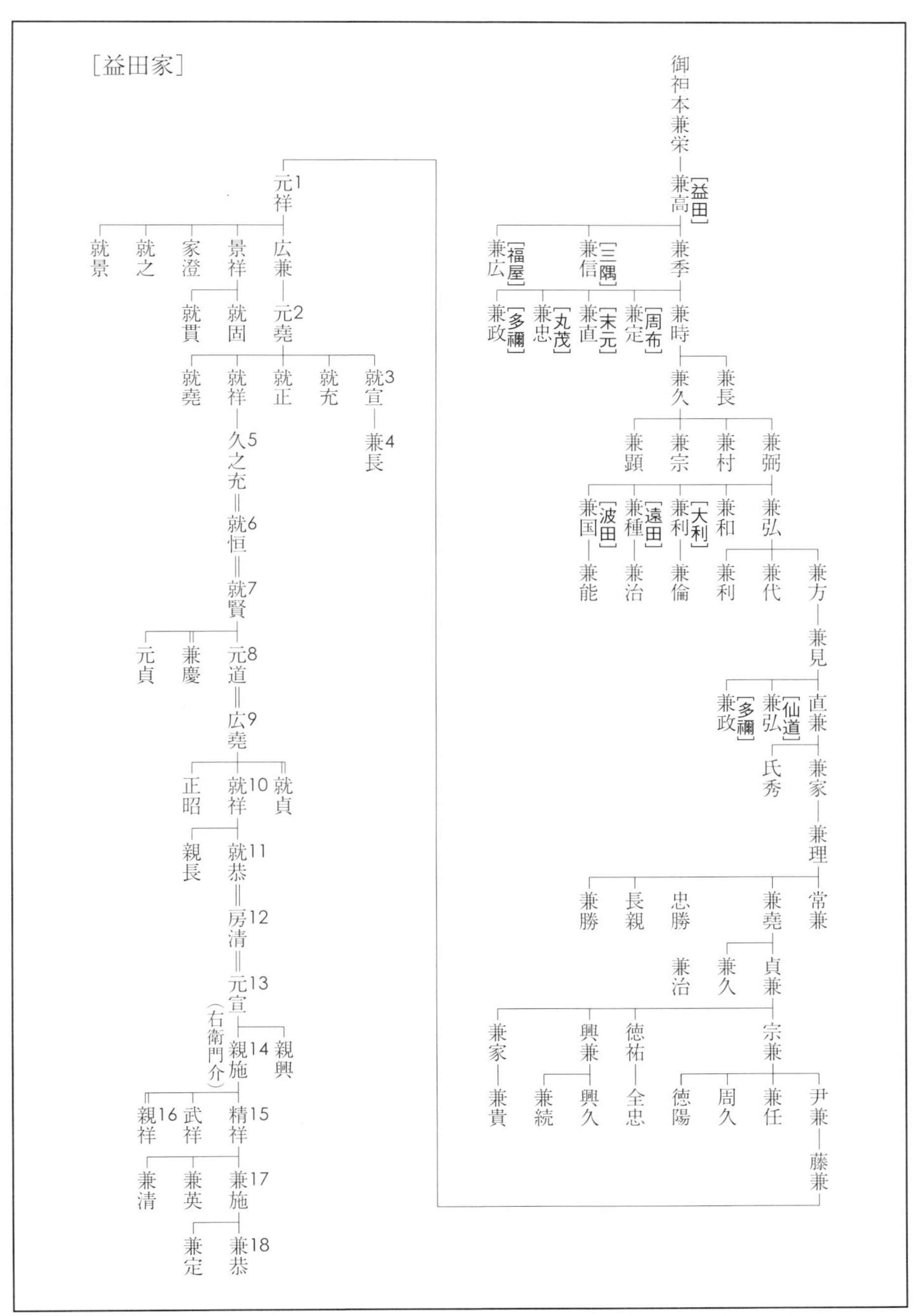

御祖本兼栄
兼高 [益田]
兼季
兼信 [三隅]
兼広 [福屋]
兼時
兼定 [周布]
兼直 [末元]
兼忠 [丸茂]
兼政 [多禰]
兼長
兼久
兼弼
兼村
兼宗
兼顕
兼弘
兼和
兼利 [大利]
兼種 [遠田]
兼国 [波田]
兼方
兼代
兼利
兼倫
兼治
兼能
兼見
直兼
兼弘 [仙道]
兼政 [多禰]
兼家
氏秀
兼理
常兼
兼尭
忠勝
長親
兼勝
貞兼
兼久
兼治
宗兼
徳祐
興兼
兼家
尹兼
兼任
周久
徳陽
全忠
興久
兼続
兼貴
藤兼
1 元祥
広兼
景祥
家澄
就之
就景
2 元尭
就固
就貫
3 就宣
就充
就正
就祥
就尭
4 兼長
5 久之充
6 就恒
7 就賢
8 元道
兼慶
元貞
9 広尭
就貞
10 就祥
正昭
11 就恭
親長
12 房清
13 元宣
親興
14 親施
(右衛門介)
15 精祥
武祥
16 親祥
17 兼施
兼英
兼清
18 兼恭
兼定

ま

て陸奥棚倉六万四〇〇石に左遷された。

康泰の跡は、分家の当主として外国奉行、勘定奉行、大目付などを歴任した康英が継ぎ、慶応元年（一八六五）老中となって、翌年武蔵川越八万四〇〇石に転じた。明治二年康載は松井氏に復姓し、一七年康義の時に子爵となる。

岸和田藩主康重の三男康命は寛永一七年（一六四〇）三〇〇〇石を分知されて旗本となった。五代康休は書院番頭、大番頭を歴任、幕末の康正は大目付、勘定奉行をつとめた。

また康重の孫の康朗も寛永一七年（一六四〇）に五〇〇〇石を分知されて旗本となった。幕末の康直は外国奉行、大目付、江戸町奉行を歴任している。

松井家　○まつい

熊本藩家老。山城国綴喜郡松井発祥とも、備中国松井荘発祥ともいい不詳。室町時代は細川氏とともに足利将軍家に仕えていたが、足利義輝の死後康之が細川藤孝に従うようになり、以後細川家の重臣となった。細川氏の肥後入国にあたっては三万石を領した筆頭家老となり、代々八代城代をつとめた。また、山城国相楽郡神童子村と同国愛宕郡八瀬村（のち和泉国尾井村）にも自家の所領を持ち、将軍家の直参として自分や将軍家の代替わりの際には江戸に参勤するという特殊な家柄でもあった。江戸中期には球磨川河口に新田一三〇〇町歩を開拓している。

一方、初代康之は千利休の高弟としても知られ、代々古流茶道や金春流能楽を伝えている。明治二年盈之は熊本藩大参事となり、二五年敏之の時に男爵となる。戦前から戦後にかけての弓道家として知られる松井憲之も一族。

「松井家文書」が熊本大学付属図書館に所蔵されている他、邸宅は県指定文化財である。

松浦家　○まつうら　→　まつら

松尾家　○まつお

名古屋の茶道家・松尾流家元。祖辻玄哉は呉服商の傍ら武野紹鷗の高弟として知られ、子五助が母方の姓を継いで松尾氏を称した。その子甚助が千宗旦の高弟となって宗二と号し、以後茶道の家として栄えた。五代宗俊までは呉服商を本業としたが、六代目楽只斎宗二が松尾流を興し、初代となる。

以後、表千家より名古屋に派遣されて名古屋で茶道の普及につとめ、二代目翫古斎宗五からは尾張藩主徳川家の御用をつとめるようになった。以後も京都に住んで名古屋に赴いていたが、幕末の禁門の変で戦禍にあって名古屋に疎開、以後は名古屋を本拠とした。

松崎家　○まつがさき

公家分家。堤哲長の二男万長は甘露寺勝長の養子となり、慶応三年（一八六七）に取り立てられて一家を興して松崎家を称した。明治一七年には男爵となるが、二九年に爵位を返上している。

松木家　○まつき

伊勢神宮神官。度会氏の一族で、江戸時代初期から松木家を称して、代々外宮禰宜家の筆頭をつとめた。明治一七年美彦の時に男爵となる。

《系図》456ページ

松木家　○まつき

甲斐国甲府城下（山梨県甲府市）の豪商・金座役人。清和源氏浅利氏の末裔と伝える。戦国時代は武田家に従っていた。江戸時代になると大久保長安が金山奉行として赴任してきたために金座を離れるが、その失脚により復帰。以後代々金座役人を独占した。巨摩郡宮原村（甲府市宮原）に住んで甲府城下柳町に屋敷を拝領。名字帯刀を許されて、代々五郎兵衛または源十郎を称した。

松木家　○まつき　→　まつのき

松下家　○まつした

旗本・旧三春藩主。豊臣秀吉が仕えていた遠江国頭陀寺城（静岡県浜松市）城主の松下之綱が祖。三河国碧海郡松下（愛知県）発祥で、近江の佐々木氏の一族という。もとは西条氏を称し、高長の時に松下郷に住んで松下氏を称したという。

之綱は今川義元に仕えて頭陀寺城主となり、今川氏没落後、永禄一一年（一五六八）に徳川家康に仕えたが、天正一一年（一五八三）豊臣秀吉によって丹波・河内で二〇〇〇石を与えられた。同一八年には遠江久野一万六〇〇〇石となる。

之綱の長男重綱は関ヶ原合戦では東軍に属して本領を安堵されたが、慶長八年（一六〇三）許可なく石垣を築いたことで常陸小張に転封となった。以後、元和二年（一六一六）下野烏山二万八〇〇〇石、寛永四年（一六二七）陸奥二本松五万石を経て、同五年長綱が陸奥三春三万石に転封。正保元年（一六四四）長綱乱心のため除封となった。

その後、長綱の二男長光が万治元年（一六五八）に名跡を継ぎ、三〇〇〇石の旗本として再興した。

松下家　○まつした

京都の賀茂別雷神社（上賀茂神社）神官。古代豪族賀茂県主の末裔。賀茂別雷神社は社務二一人と氏人一四人が奉仕したが、賀茂氏の末裔が独占した。一族は「氏」「平」「清」「能」「久」「俊」「直」「成」「重」「幸」「季」「保」「宗」「弘」「顕」「経」の一六流に分かれ、うち神主となれたのは、久一流の松下家・森家・梅辻家・富野家、重一流の林家、季一流の鳥居大路、保一流の岡本家の七家のみであった。松下家は久一流の嫡流で、元禄一五年（一七〇二）順久が従三位になっている。

《系図》458・459ページ

松園家　○まつぞの

公家分家。二条治孝の一九男隆温は天

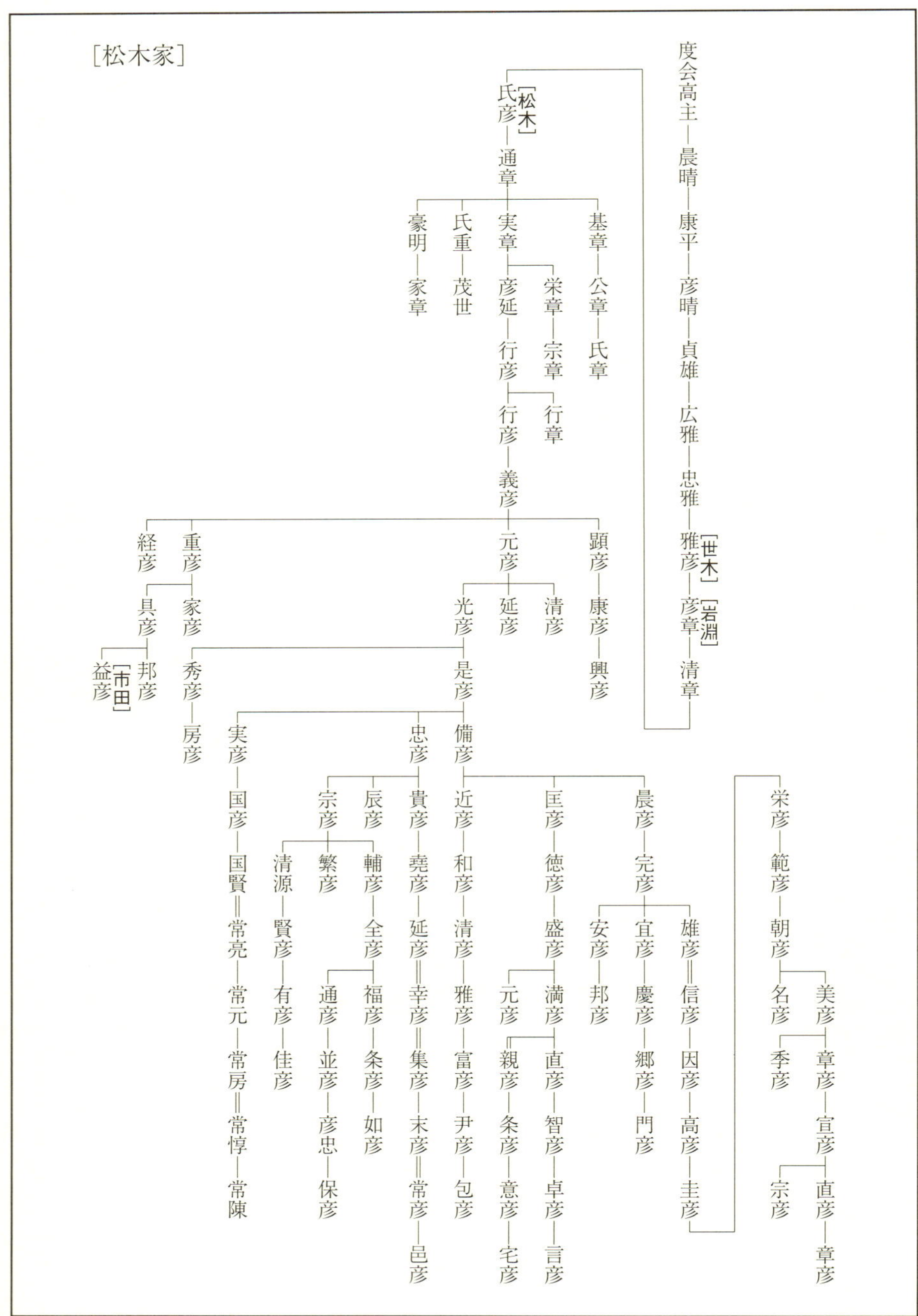
[松木家]
度会高主—晨晴—康平—彦晴—貞雄—広雅—忠雅—雅彦[世木]—彦章[岩淵]—清章
氏彦[松木]—通章
基章—公章—氏章
実章
栄章—宗章
彦延—行彦
行章
行彦—義彦
氏重—茂世
豪明—家章
顕彦—康彦—興彦
元彦
清彦
延彦
光彦—是彦
重彦—家彦
具彦—邦彦
益彦[市田]
経彦
秀彦—房彦
備彦
忠彦
実彦—国彦—国賢=常亮—常元—常房=常惇—常陳
栄彦—範彦—朝彦
美彦—章彦—宣彦—直彦—章彦
季彦
宗彦
名彦
晨彦—完彦
雄彦=信彦—因彦—高彦—圭彦
宜彦—慶彦—郷彦—門彦
安彦—邦彦
匡彦—徳彦—盛彦
満彦—直彦—智彦—卓彦—言彦
親彦—条彦—意彦—宅彦
元彦
近彦—和彦—清彦—雅彦—富彦—尹彦—包彦
貴彦—尭彦—延彦=幸彦=集彦—末彦=常彦—邑彦
辰彦
宗彦
輔彦—全彦
福彦—条彦—如彦
通彦—並彦—彦忠—保彦
繁彦
清源—賢彦—有彦—佳彦

保元年（一八三〇）大乗院に入っていたが、明治元年に復飾して一家を興し、翌二年松園家を称して堂上に列した。八年に九条尚忠の三男尚嘉が跡を継ぎ、一七年男爵を授けられた。

松平家　○まつだいら

将軍家一族。三河国加茂郡松平郷（愛知県豊田市松平町）発祥。清和源氏新田氏の支流で、得川義季の子孫と称すが、実際は不詳。代々松平に割拠する土豪で、一八松平と呼ばれる多くの一族を輩出していた。

文明元年（一四六九）頃信光が碧海郡安祥城（安城市）主となる。大永四年（一五二四）清康の時に額田郡岡崎城（岡崎市）に移り、西三河を平定。その後東三河にも勢力を広げたが、天文四年（一五三五）清康が織田信秀と対陣中に家臣によって殺され没落。子広忠は今川氏を頼り、その子竹千代（のちの徳川家康）を人質として差し出した。同一六年には広忠も家臣に殺され、今川氏によって領国は併呑された。永禄二年（一五五九）家康は岡崎に戻り、翌年桶狭間合戦で今川義元が討死したのをきっかけに独立、同五年織田信長と結んで三河を平定した。

一族に、竹谷松平、形原松平、大草松平、五井松平、深溝松平、能見松平、丸根松平、牧内松平、長沢松平、矢田松平、宮石松平、福釜松平、東条松平、三木松平などがある。

《系図》461ページ

【竹谷家】竹谷松平氏は松平信光の長男守家が三河国宝飯郡竹谷（蒲郡市）に住んだのが祖。永禄五年（一五六二）清善は上之郷城主鵜殿長照を滅ぼしている。

天正一八年（一五九〇）、家清は家康の関東入国の際に武蔵国児玉郡八幡山（埼玉県本庄市児玉町八幡山）で一万石を与えられた。関ヶ原合戦では尾張清洲城の城番をつとめ、戦後三河吉田三万石に加転。しかし、二代忠清は襲封一年半後の慶長一七年（一六一二）に二八歳で急死、跡継ぎがおらず断絶した。

その後、忠清の弟の清昌が三河国宝飯郡五〇〇〇石で再興し、西ノ郡（蒲郡市）に陣屋を置いて交代寄合に列した。のち分知で四五〇〇石となる。

【形原家】松平信光の四男与福が祖。三河国宝飯郡形原（蒲郡市形原町）に住んで今川氏に仕えていた。永禄四年（一五六一）家広の時に徳川家康に仕え、天正一八年（一五九〇）の家康の関東入国では、家信が上総国市原郡五井（千葉県市原市）で五〇〇〇石を与えられた。

関ヶ原合戦後、慶長六年（一六〇一）旧領の三河形原五〇〇〇石となり、元和四年（一六一八）安房国長狭郡で五〇〇〇石が加増されて諸侯に列し、三河形原藩一万石を立藩。同五年摂津高槻二万石、寛永一二年（一六三五）下総佐倉四万石、同一七年摂津高槻三万六〇〇〇石、慶安二年（一六四九）丹波篠山五万石を経て、寛延二年（一七四九）信岑の時に丹波亀山（京都府亀岡市）五万石に入封した。信岑は寺社奉行をつとめている。

幕末、万延元年（一八六〇）信義は老中に就任、生麦事件や薩英戦争の処理を

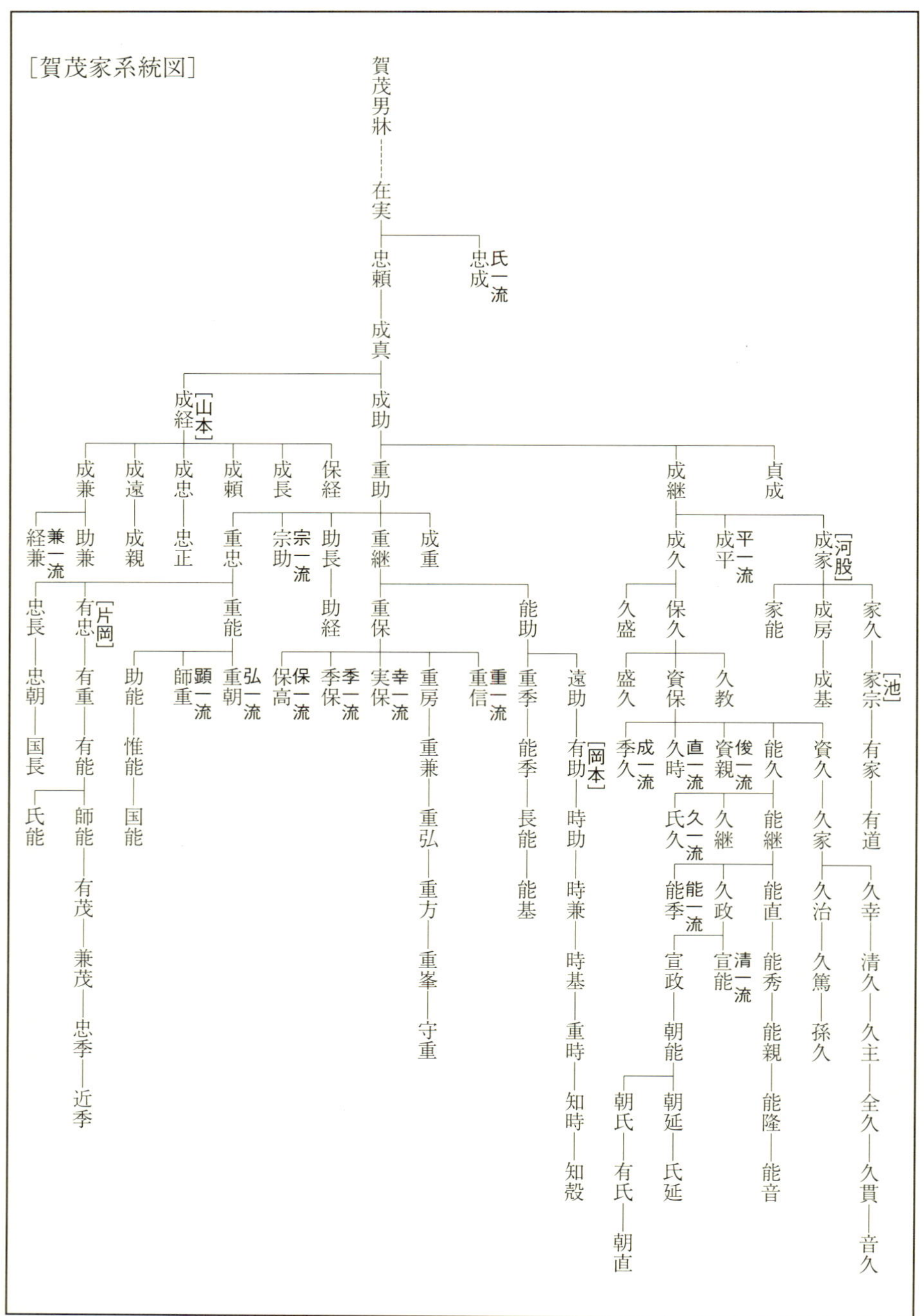
[賀茂家系統図]
賀茂男林
在実
忠頼
忠成 氏一流
成真
成経 [山本]
成助
成兼
成遠
成忠
成頼
成長
保経
重助
成継
貞成
経兼 兼一流
助兼
成親
忠正
重忠
宗助 宗一流
助長
重継
成重
成久
成平 平一流
成家 [河股]
忠長
有忠 [片岡]
重能
助経
重保
能助
久盛
保久
家能
成房
家久
忠朝
有重
助能
師重 顕一流
重朝 弘一流
保高 保一流
季保 季一流
実保 幸一流
重房
重信 重一流
重季
遠助
盛久
資保
久教
成基
家宗 [池]
国長
有能
惟能
重兼
能季
有助 [岡本]
季久 成一流
久時 直一流
資親 俊一流
能久
資久
有家
氏能
師能
国能
重弘
長能
時助
氏久 久一流
久継
能継
久家
有道
有茂
重方
能基
時兼
能季 能一流
久政
能直
久治
久幸
兼茂
重峯
時基
宣政
宣能 清一流
能秀
久篤
清久
忠季
守重
重時
朝能
能親
孫久
久主
近季
知時
朝氏
朝延
能隆
全久
知殻
有氏
氏延
能音
久貫
朝直
音久

［松下家（賀茂家久一流）］

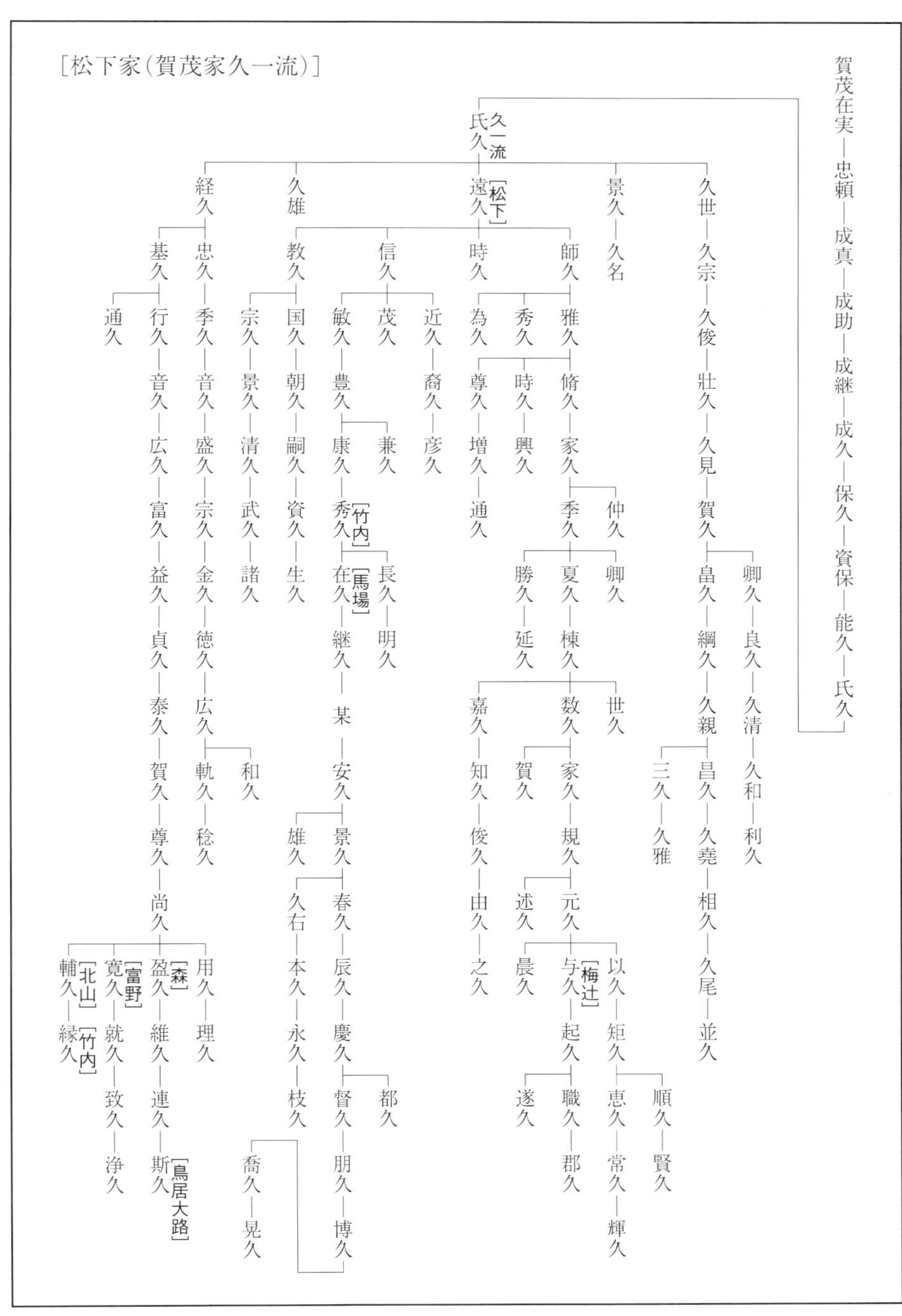

ま

担当した。明治一七年信正の時に子爵となる。

佐倉藩主家信の四男氏信は寛永一五年（一六三八）に四〇〇〇石を分知され、書院番頭、大番頭を歴任。幕末の信武は浦賀奉行、大番頭をつとめた。

《系図》462ページ

【大草家】松平信光の五男光重が渥美郡大草に住んだのが祖というが、当時の渥美郡は戸田氏の勢力下にあり、詳細は不詳。康安の時に徳川家康に仕え、江戸時代は八〇〇〇石の旗本となったが、正永の死後無嗣断絶となった。

一族に水戸藩士となったものがある。

【五井家】松平信光の七男忠景（元芳）が宝飯郡五井（蒲郡市）に住んだのが祖。伊昌の時に徳川家康に仕え、忠実の時に六〇〇〇石の旗本となった。伊耀は大番頭、忠根は書院番頭をつとめた。

【深溝家】五井松平氏の忠景の二男忠定が三河国額田郡深溝（愛知県額田郡幸田町深溝）に住んだのが祖。家忠の時に徳川家康に仕えて、天正一八年（一五九〇）の関東入国で武蔵忍一万石を知行。文禄三年（一五九四）には下総小見川（千葉県香取市）一万石に転じたが、関ヶ原合戦に際して伏見城で戦死した。

戦後、長男の忠利は慶長六年（一六〇一）に旧領の深溝で一万石を与えられ、深溝藩を立藩。同一七年三河吉田三万石、寛永九年（一六三二）三河刈谷三万石、慶安二年（一六四九）丹波福知山四万五九〇〇石を経て、寛文九年（一六六九）肥前島原二万石に入封。寛延三年（一七五〇）忠祇が宇都宮に転封となったが、その子忠恕が安永三年（一七七四）島原七万石に再入封した。明治一七年忠和の時に子爵となる。

定政の子忠政は関ヶ原合戦では江戸城西丸留守居をつとめ、江戸時代は三〇〇〇石の旗本となった。以後も、三代重次は大坂町奉行、四代重良は普請奉行、勘定頭、六代勘敬は大坂町奉行、留守居、九代勘満は西丸目付など、歴代要職をつとめたものが多い。

また、忠隆の子忠冬は町奉行、勘定奉行を歴任して四五〇〇石の旗本となった。「東武実録」の著者でもある。六代忠孝は甲府勤番支配、七代忠寧は書院番頭、大番頭をつとめた。

《系図》463ページ

【能見家】信光の八男光親が三河国額田郡能見（愛知県岡崎市）に住んだのが祖。重勝は徳川家康に仕え、関ヶ原合戦後松平忠輝の付家老として越後三条で二万石を領した。忠輝の改易後は幕臣に戻り、元和三年（一六一七）下総関宿藩一一万六〇〇〇石を立藩、同五年遠江横須賀に転じた。

以後、元和八年（一六二二）出羽上山四万石、寛永三年（一六二六）摂津三田三万石、同九年豊前竜王三万七〇〇〇石、同一九年豊後高田三万七〇〇〇石を経て、正保二年（一六四五）英親の時豊後杵築藩主となった。重栄は寺社奉行をつとめている。明治一七年親信の時に子爵となり、貴族院議員をつとめた。その子親義は大分大学教授をつとめた。

重勝の三男重則は大坂の陣で功をあげ、大坂在番をつとめて寛永一〇年（一六三三）に四〇〇〇石加増されて一万五〇〇〇石となって諸侯に列し、上総百首藩

ま

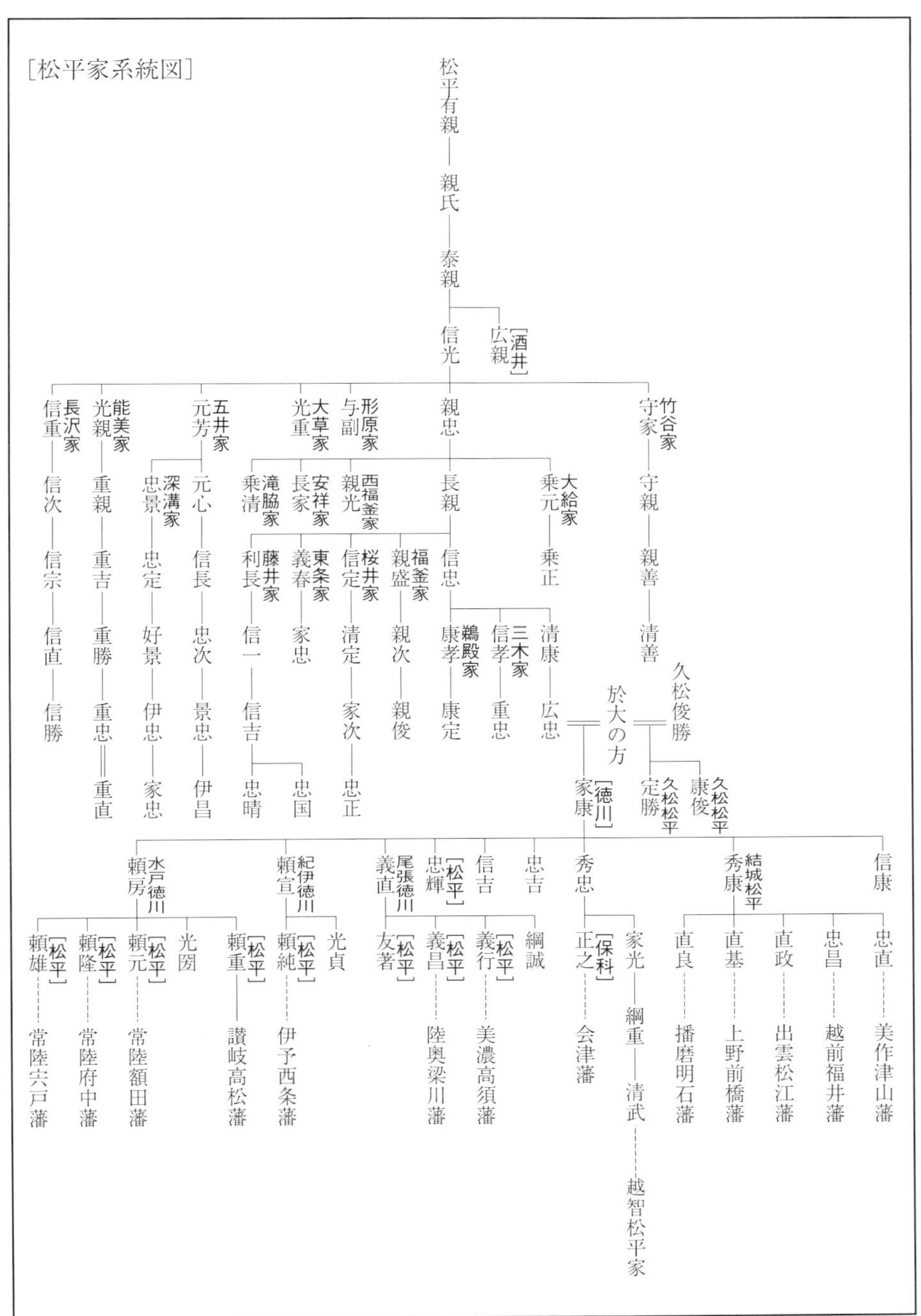
[松平家系統図]
松平有親
親氏
泰親
信光
[酒井]広親
[竹谷家]守家
親忠
[形原家]与副
[大草家]光重
[五井家]元芳
[能美家]光親
[長沢家]信重
守親
親善
清善
[大給家]乗元
乗正
長親
[西福釜家]親光
[安祥家]長家
[滝脇家]乗清
元心
信長
忠次
景忠
伊昌
[深溝家]忠景
忠定
好景
伊忠
家忠
重親
重吉
重勝
重忠
重直
信次
信宗
信直
信勝
信忠
[福釜家]親盛
親次
親俊
[桜井家]信定
清定
家次
忠正
[東条家]義春
家忠
[藤井家]利長
信一
信吉
忠国
忠晴
清康
広忠
[三木家]信孝
重忠
[鵜殿家]康孝
康定
久松俊勝
於大の方
[久松松平]康俊
[久松松平]定勝
[徳川]家康
信康
[結城松平]秀康
忠直
美作津山藩
忠昌
越前福井藩
直政
出雲松江藩
直基
上野前橋藩
直良
播磨明石藩
秀忠
家光
綱重
清武
越智松平家
[保科]正之
会津藩
忠吉
信吉
[松平]忠輝
[尾張徳川]義直
綱誠
[松平]義行
美濃高須藩
[松平]義昌
陸奥梁川藩
[松平]友著
[紀伊徳川]頼宣
光貞
[松平]頼純
伊予西条藩
[水戸徳川]頼房
[松平]頼重
讃岐高松藩
光圀
[松平]頼元
常陸額田藩
[松平]頼隆
常陸府中藩
[松平]頼雄
常陸宍戸藩

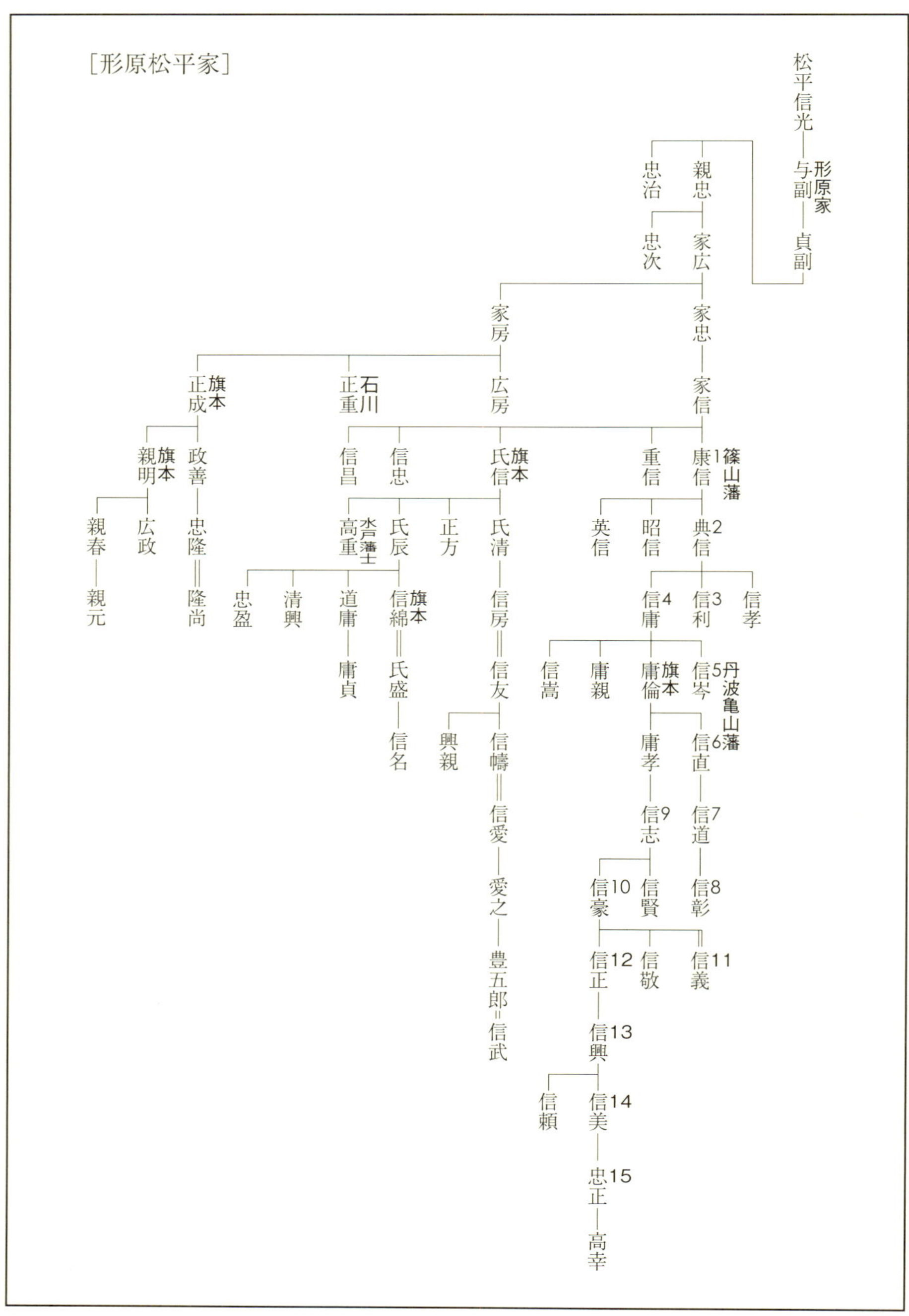

［形原松平家］
松平信光
形原家 与副—貞副
親忠
忠治
家広
忠次
家忠
家房
家信
広房
石川 正重
旗本 正成
1 篠山藩 康信
重信
旗本 氏信
信忠
信昌
政善
旗本 親明
2 典信
昭信
英信
氏清
正方
氏辰
水戸藩士 高重
忠隆
広政
親春
3 信利
4 信庸
信孝
信房
旗本 信綿
道庸
清興
忠盈
隆尚
親元
5 丹波亀山藩 信岑
旗本 庸倫
庸親
信嵩
信友
氏盛
庸貞
6 信直
庸孝
信嶠
興親
信名
7 信道
9 信志
信愛
8 信彰
信賢
10 信豪
愛之
11 信義
信敬
12 信正
豊五郎＝信武
13 信興
14 信美
信頼
15 忠正
高幸

［深溝松平家］

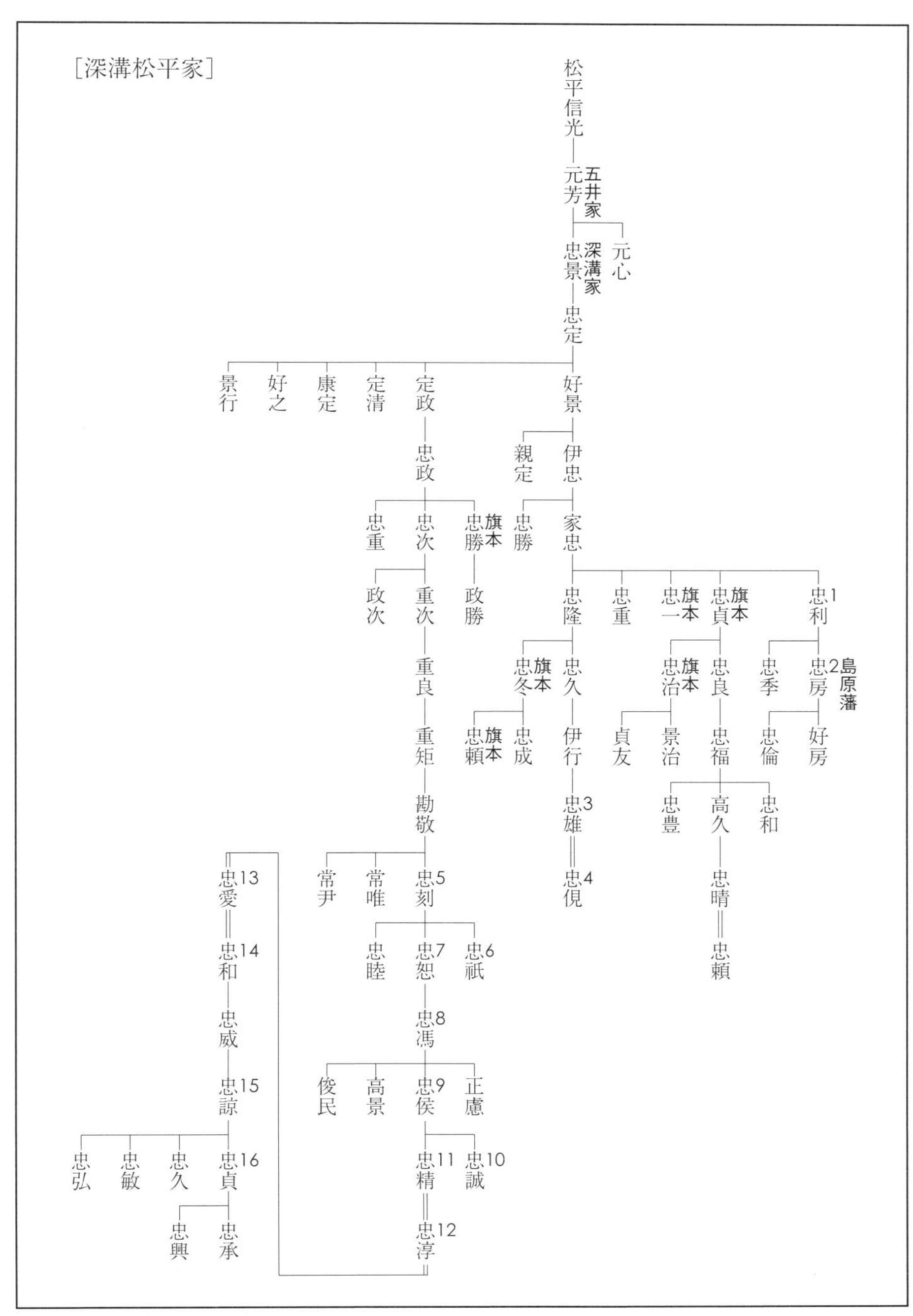

松平信光
元芳
五井家
忠景
深溝家
元心
忠定
好景
定政
定清
康定
好之
景行
伊忠
親定
忠政
家忠
忠勝
忠勝
旗本
忠次
忠重
忠利 1
忠貞
旗本
忠一
旗本
忠重
忠隆
政勝
重次
政次
忠房 2
島原藩
忠季
忠良
忠治
旗本
忠久
忠冬
旗本
重良
好房
忠倫
忠福
景治
貞友
伊行
忠成
忠頼
旗本
重矩
忠和
高久
忠豊
忠雄 3
勘敬
忠晴
忠侃 4
忠刻 5
常唯
常尹
忠頼
忠祇 6
忠恕 7
忠睦
忠馮 8
正慮
忠侯 9
高景
俊民
忠誠 10
忠精 11
忠淳 12
忠愛 13
忠和 14
忠威
忠諒 15
忠貞 16
忠久
忠敏
忠弘
忠承
忠興

を立藩。同一七年下野皆川に転封。寛文二年（一六六二）四歳で襲封した三代重利は同五年七歳で死去し、断絶した。

　重勝の五男勝隆は慶長一八年（一六一三）徳川家康に仕えて五〇〇石を与えられ、寛永一〇年（一六三三）兄重則とともに一万五〇〇〇石に加増されて諸侯に列した。同一二年寺社奉行となり、同一六年一万五〇〇〇石に加増されて上総佐貫藩に入封。二代重治も寺社奉行をつとめたが、貞享元年（一六八四）不行跡によって改易された。同三年に三男勝秀が廩米五〇〇俵で旗本として再興した。

　また、豊前竜王藩主重直の二男重長は寛永二〇年（一六四三）に三〇〇〇石を

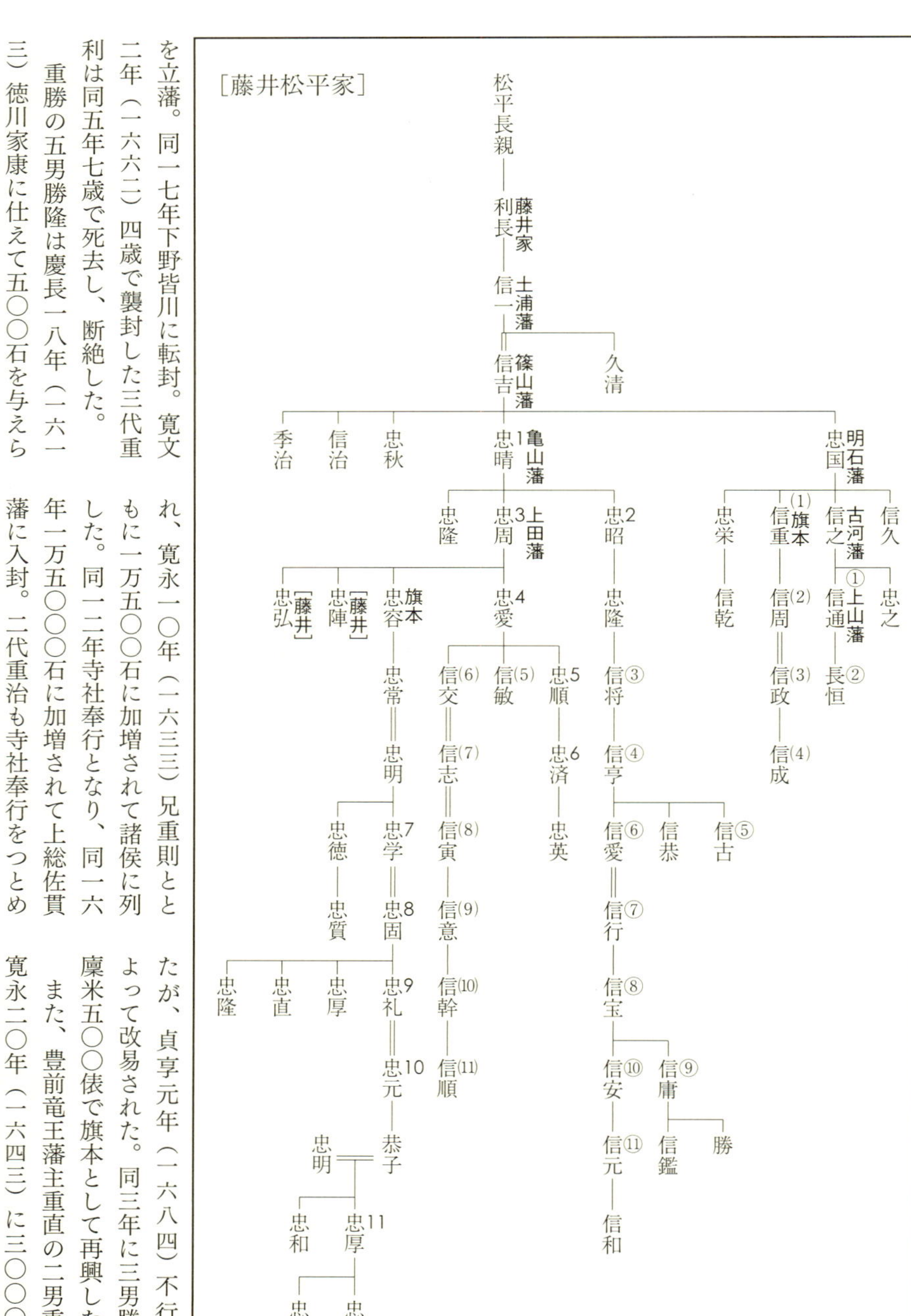

分知されて旗本となっている。

【長沢家】信光の八男といわれる親則が宝飯郡長沢（豊川市長沢町）に住んだのが祖。天正一八年（一五九〇）の家康関東入国の際に康直が武蔵深谷で一万石を領したが、跡継ぎがなく嫡流は断絶した。分家は旗本に多い。

【大給家】→大給家

【滝脇家】→滝脇家

【桜井家】→桜井家

【藤井家】松平長親の五男利長は三河国碧海郡藤井（愛知県安城市藤井町）に住んで藤井松平氏を称した。利長は今川義元が織田信長を攻めた際に丸根砦で戦死した。

利長の子信一は天正一八年（一五九〇）の家康関東入国の際に下総国相馬郡布川で五〇〇〇石を与えられた。関ヶ原合戦の功で常陸国土浦三万五〇〇〇石となり、土浦藩を立藩。

三代信吉の母は徳川家康の異父妹で、信吉は元和三年（一六一七）上野高崎を経て、同五年丹波篠山五万石に移る。さらに、忠国が播磨明石七万石、信之が大和郡山八万石に転じた。信之は貞享二年（一六八五）老中となって下総古河九万石に加転。その子忠之は元禄六年（一六九三）乱心のため所領を没収されたが、忠之の弟信通が備中庭瀬三万石を与えられて再興した。同一〇年出羽上山に移った。幕末には奥羽越列藩同盟に参加。明治一七年信安の時子爵となるが、四一年に返上している。

また、信吉の二男忠晴は寛永一九年（一六四二）駿河田中藩二万五〇〇〇石を立藩。正保元年（一六四四）遠江掛川三万石、慶安元年（一六四八）丹波亀山三万八〇〇〇石に転じた。忠周は若年寄となり、武蔵岩槻四万八〇〇〇石を経て、但馬出石に移り、宝永三年（一七〇六）信濃上田五万八〇〇〇石に入封。のち京都所司代・老中をつとめた。忠愛の時弟忠容に五〇〇〇石を分知した。

幕末、忠固は嘉永元年（一八四八）に老中となり、ペリー来航に対応。阿部正弘の登用に反対して免職となったが、阿部の死で老中に復職し、井伊直弼の大老登用に尽力した。戊辰戦争では忠礼は新政府軍に属し、維新後はアメリカに留学。帰国後は外務省に入り、明治一七年子爵となり、二三年には貴族院議員をつとめた。

《系図》464ページ

松平家 ○まつだいら

江戸時代、徳川と改称した家康の末裔も、嫡流（将軍家）と御三家、御三卿以外は徳川ではなく松平氏を称した。

【会津藩主】会津藩松平家は徳川秀忠の三男で家光の異母弟にあたる保科正之が祖。正之は寛永八年（一六三一）信濃高遠藩三万石を継ぎ、出羽山形二〇万石を経て、同二〇年に会津二三万石に転じ、明君として知られた。幕末、松平容保は京都守護職となって公武合体を推進、大政奉還後は奥羽越列藩同盟を結成して官軍と戦い敗れた。明治元年容大は陸奥斗南三万石に減転となり、一七年子爵となった。

《系図》467ページ

【福井藩主】徳川家康の二男秀康は結城

晴朝の養子となって結城秀康と称し、下総結城で一〇万一〇〇〇石を領した。関ヶ原合戦後、越前北庄六七万石に入封したが、元和九年（一六二三）忠直の時に改易された。寛永元年（一六二四）弟の忠昌が封を継いで福井藩と改称、正保二年（一六四五）には分知して四四万七〇〇〇石となった。貞享三年（一六八六）に綱昌が発狂して除封、昌親（吉品）が再度藩主となって二五万石となり、のち三二万石に加増。幕末、松平慶永は公武合体を唱えて活躍した。茂昭は、明治一七年伯爵、二一年侯爵となった。

　慶永の三男慶民は明治三九年に一家を興して子爵を授けられ、最後の宮内大臣と、最初の宮内府長官をつとめ、終戦前後の激動期の皇室改革に尽くした。

《系図》468ページ

【美作津山藩主】元和九年（一六二三）忠直が改易されたのち、翌寛永元年（一六二四）に子光長が越後高田で二五万石を与えられて再興した。そのため、同家では越前家の嫡流は福井藩主家でなく、津山藩主家であるとする。光長は天和元年（一六八一）に越後騒動で改易、元禄一一年（一六九八）に宣富が津山一〇万石で再興した。享保一一年（一七二六）五万石に減封となったが、文化一四年（一八一七）に一一代将軍家斉の十四男斉民を養子に迎えて一〇万石に復帰した。明治一七年康民の時に子爵となる。

　斉民の八男斉は明治二一年に分家し、男爵を授けられた。その子斉光は貴族院議員となり、東京都立大学名誉教授である。

《系図》468ページ

【越後糸魚川藩主】福井藩四代藩主光通の庶子直堅が、延宝五年（一七七二）に四代将軍家綱から廩米一万石を与えられたのが祖。享保二年（一七一七）直之が越後国頸城郡に所領を与えられて糸魚川藩を立藩した。安政四年（一八五七）に藩主となった直廉（茂昭）は翌年宗家福井藩を継いでいる。その跡は明石藩主松平斉詔の七男直静が継ぎ、明治一七年には子爵となった。

《系図》468ページ

【松江藩主】元和五年（一六一九）秀康の三男直政が上総姉崎藩一万石を立藩したのが祖。以後、越前大野五万石、信濃松本七万石を経て、寛永一五年（一六三八）出雲松江一八万六〇〇〇石に転じた。江戸中期の藩主松平治郷は家老朝日丹波とともに藩政改革を実行した名君である他、不昧と号した茶人で、石州流を興した。明治一七年直亮の時に伯爵となる。

　分家に、広瀬藩主と母里藩主の松平氏がある。

《系図》469ページ

【出雲広瀬藩主】初代松江藩主直政の二男近栄が寛文六年（一六六六）に新田三万石を分与され、出雲広瀬（島根県安来市広瀬町）を居所としたのが祖。明治一七年直平が子爵となる。

《系図》469ページ

【出雲母里藩主】初代松江藩主直政の三男隆政が寛文六年（一六六六）に新田一万石を分与され、出雲母里（島根県安来市伯太町）を居所としたのが祖。延宝元年（一六七三）隆政が没した際、無嗣であったため本藩に返されたが、直政の四男直丘を養子とすることが認められて再興した。明治一七年直哉が子爵を授けられた。

《系図》469ページ

【上野前橋藩主】寛永元年（一六二四）秀康の五男直基が越前勝山で三万石を与えられたのが祖。同一二年越前大野五万石、正保元年（一六四四）出羽山形一五万石を経て、慶安元年（一六四八）には姫路一五万石に入封したが、天和元年（一六八一）の越後騒動に連座して、豊後日田七万石に減転となった。その後、貞享三年（一六八六）出羽山形一〇万石、元禄五年（一六九二）陸奥白河一五万石、寛保元年（一七四二）播磨姫路一五万石と加増を重ね、寛延二年（一七四九）朝矩の時に上野前橋一五万石に入

［会津松平家］

徳川秀忠―正之1
正之1―正頼・正経2・正容3
正容3―正邦・正甫・容貞4・容章
容貞4―容頌5
容章―容詮―容住6
容住6―容衆7・容敬8
容敬8＝容保9
容保9＝那賀
容保9＝佐久
那賀―恒雄
佐久―容大10・健雄・英夫・保男11
恒雄―一郎・勢津子
大正天皇―秩父宮雍仁親王
秩父宮雍仁親王＝勢津子
徳川家正―豊子
一郎＝豊子
一郎・豊子―恒忠・恒孝（徳川宗家を継ぐ）・恒和
保男11―和子・保定12・保興
保定12―保久
有栖川宮威仁親王―実枝子
徳川慶喜―慶久
慶久＝実枝子
慶久・実枝子―慶光
慶光＝和子
慶光・和子―慶朝

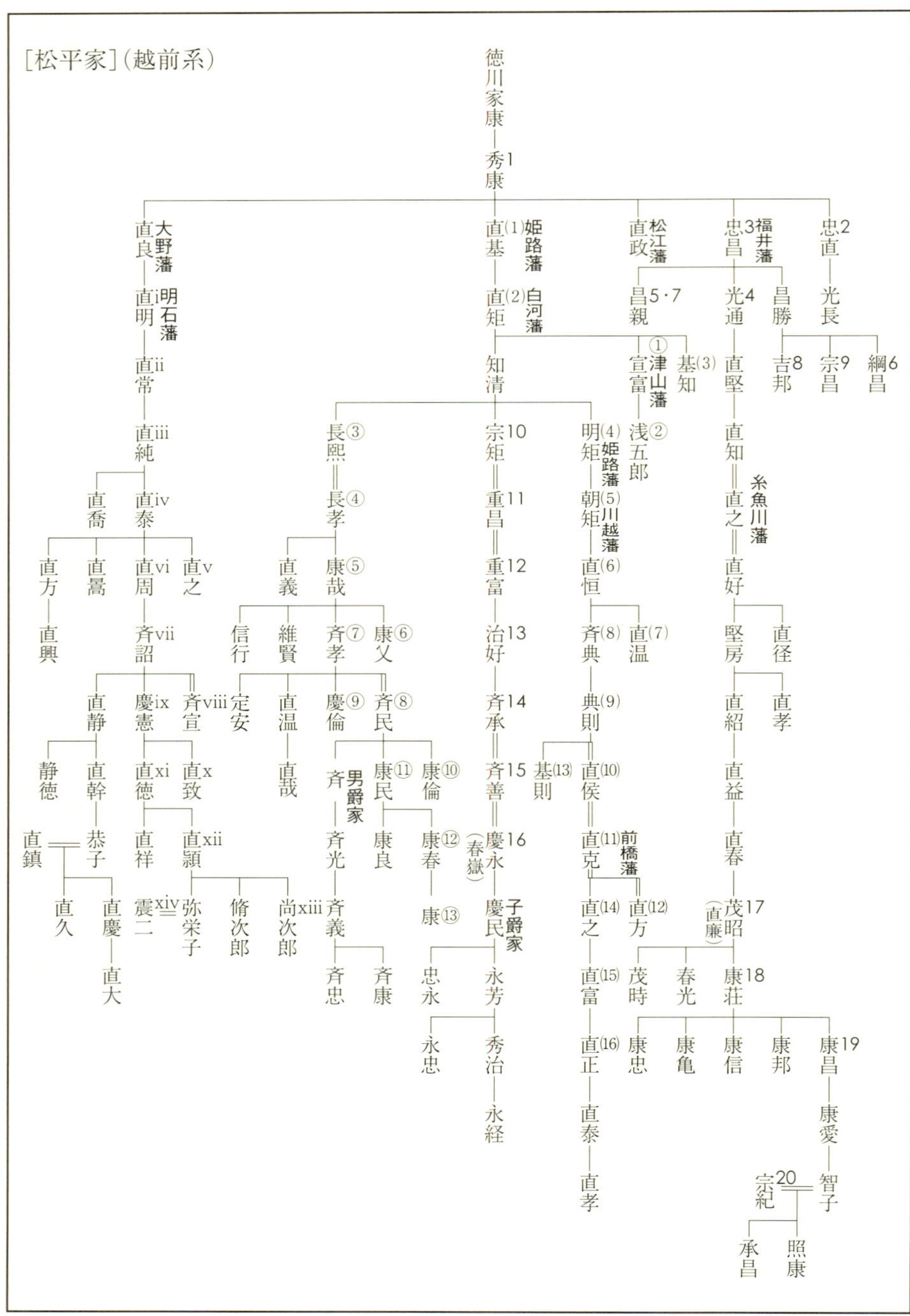
[松平家](越前系)
徳川家康
秀康1
忠直2
光長
忠昌3 福井藩
昌勝
綱昌6
宗昌9
吉邦8
光通4
直堅
直知
直之 糸魚川藩
直好
直径
堅房
直孝
直紹
直益
直春
茂昭17 (直廉)
康荘18
春光
茂時
康昌19
康邦
康信
康亀
康忠
康愛
智子
宗紀20
照康
承昌
昌親5・7
直政 松江藩
直基(1) 姫路藩
直矩(2) 白河藩
基知(3)
宣富① 津山藩
浅五郎②
知清
明矩(4) 姫路藩
朝矩(5) 川越藩
直恒(6)
直温(7)
斉典(8)
典則(9)
直侯(10)
基則(13)
直克(11) 前橋藩
直方(12)
直之(14)
直富(15)
直正(16)
直泰
直孝
宗矩10
重昌11
重富12
治好13
斉承14
斉善15
慶永16 (春嶽)
慶民 子爵家
永芳
忠永
秀治
永忠
永経
長熙③
長孝④
康哉⑤
直義
康乂⑥
斉孝⑦
維賢
信行
斉民⑧
慶倫⑨
直温
定安
直哉
康倫⑩
康民⑪
康春⑫
康良
康⑬
斉 男爵家
斉光
斉義
斉康
斉忠
直良 大野藩
直明 i 明石藩
直常 ii
直純 iii
直泰 iv
直喬
直之 v
直周 vi
直嵩
直方
直興
斉詔 vii
斉宣 viii
慶憲 ix
直静
直致 x
直徳 xi
直幹
静徳
直顕 xii
直祥
尚次郎 xiii
脩次郎
弥栄子
震二 xiv
恭子
直鎮
直慶
直久
直大
ま

封。明和四年（一七六七）利根川の水害で前橋城が被災して武蔵川越に転じ、慶応三年（一八六七）再び前橋藩に戻っている。明治一七年基則の時に伯爵となる。

《系図》468ページ

【播磨明石藩主】寛永元年（一六二四）秀康の六男直良が二万五〇〇〇石を分知されたのが祖。同一二年越前勝山三万五〇〇〇石、正保元年（一六四四）越前大野五万石を経て、天和二年（一六八二）直明が播磨明石六万石に転じた。天保一一年（一八四〇）一一代将軍家斉の子斉宣を養子に迎えて八万石となり、一〇万石の格式を与えられた。明治一七年直徳の時に子爵となる。

《系図》468ページ

【美濃高須藩主】尾張藩二代藩主徳川光

［松平家］（出雲系）

- 徳川家康
  - 秀康［松平］
    - 忠直
    - 忠昌
    - 直政 1 松江藩
      - 綱隆 2
        - 綱近 3
        - 吉透 4
          - 宣維 5
            - 宗衍 6
              - 治郷 7（不昧）
                - 斉恒 8
                  - 斉貴 9
                    - 直応 11
                  - 信進
              - 衍親
              - 定静
            - 長孝 津山藩を継ぐ
              - 康哉
                - 斉孝
                  - 直温 (9)
                    - 直哉 (10)
                      - 直敬 (11)
                        - 直一 (12)
                          - 郁子 ＝ 龍彦
                            - 宏道
                        - 直照
                        - 直治
                        - 明
                      - 直浩
                      - 武
                      - 力
                  - 定安 10・12
                    - 安敦
                    - 直亮 13
                      - 直国 14
                        - 直寿 15
                          - 直忠
                    - 直平 ⑪ ＝ 近義 ⑫
                      - 近範 ⑬
                        - 俊浩
                      - 晏明
                    - 長
                - 信行
              - 直義 ⑦
      - 近栄 ① 広瀬藩
        - 近時 ②
          - 近朝 ③
          - 直之
          - 近明 ④
            - 近輝 ⑤
            - 近哲
            - 近貞 ⑥
              - 直寛 ⑧
                - 直諒 ⑨
                - 直已 ⑩
      - 隆政 (1) 母里藩
      - 直丘 (2) ＝ 直員 (3)
        - 直道 (4)
        - 直行 (5) ＝ 直暠 (6) ＝ 直方 (7)
          - 直興 (8)
    - 直基
    - 直良

友の二男義行が、天和元年（一六八一）に信濃高取で三万石を与えられたのが祖。元禄一三年（一七〇〇）領地の多くを美濃国に移され、高須（岐阜県海津市）に陣屋を置いて美濃高須藩となった。明治一七年義生の時に子爵となる。

【伊予西条藩主】紀伊藩初代藩主徳川頼宣の二男頼純が寛文八年（一六六八）に五万石を分知されたのが祖。同一〇年に幕府から伊予国で三万石を加増されたため、当初の五万石のうちの三万石を紀伊藩に戻し、伊予西条に陣屋を置いた。明治一七年頼英の時に子爵となる。

【高松藩主】水戸藩初代藩主徳川頼房の長男頼重は、長男にもかかわらず嫡子とされず、寛永一六年（一六三九）に五万石を与えられ常陸下館藩を立藩した。同一九年讃岐高松一二万石に転じた。明治一七年頼聡の時に伯爵となる。

《系図》465ページ

【陸奥守山藩主】水戸藩初代藩主徳川頼房の四男頼元が、寛文元年（一六六一）に二万石を分知されて、常陸額田藩を立藩した。元禄一三年（一七〇〇）頼貞の時に陸奥守山に転封。維新後、明治元年に九三〇〇石加増され、同三年頼之の時に常陸松川に転じた。一七年喜徳の時に子爵となる。

《系図》471ページ

【常陸府中藩主】水戸藩初代藩主徳川頼房の五男頼隆が、寛文元年（一六六一）に常陸国久慈郡で二万石を分知されたのが祖。元禄一三年（一七〇〇）に二万石加増され、常陸府中（茨城県石岡市）に陣屋を置いた。明治一七年頼策の時に子爵となる。

頼孝は博物学者として著名で膨大な鳥類コレクションを残している。長男頼則は作曲家として知られ、その子頼暁は生物学者で作曲家である。

《系図》471ページ

【常陸宍戸藩主】水戸藩初代藩主徳川頼房の七男頼雄が、天和二年（一六八二）に常陸国茨城郡で一万石を与えられ宍戸（茨城県笠間市）に陣屋を置いた。元治元年（一八六四）頼徳は水戸藩内の抗争に巻き込まれ、幕府に手向ったとして自刃し、所領を没収された。明治元年隠居していた頼位が再興を許され、一七年頼安の時に子爵となった。

《系図》471ページ

松平家　〇まつだいら

交代寄合松平郷松平家。松平泰親の庶長子という信広を祖とする。信光が松平郷を出て松平氏を発展させたことから嫡流となったが、本来は父祖の地である松平郷を領した信広が嫡流であるともいえる。代々太郎左衛門を称した。

代々岡崎の松平家に従い、天正一八年（一五九〇）の関東入国で尚栄は一旦関東に移ったが、慶長一八年（一六一三）家康に願い出て、旧領松平郷に二一〇石を賜って戻った。のち四四〇石に加増、小禄ながら交代寄合であった。戦前に活躍した作曲家松平信博は末裔。

松平家　〇まつだいら

越智松平家・石見浜田藩主。徳川綱重の三男で六代将軍家宣の弟の清武は、越

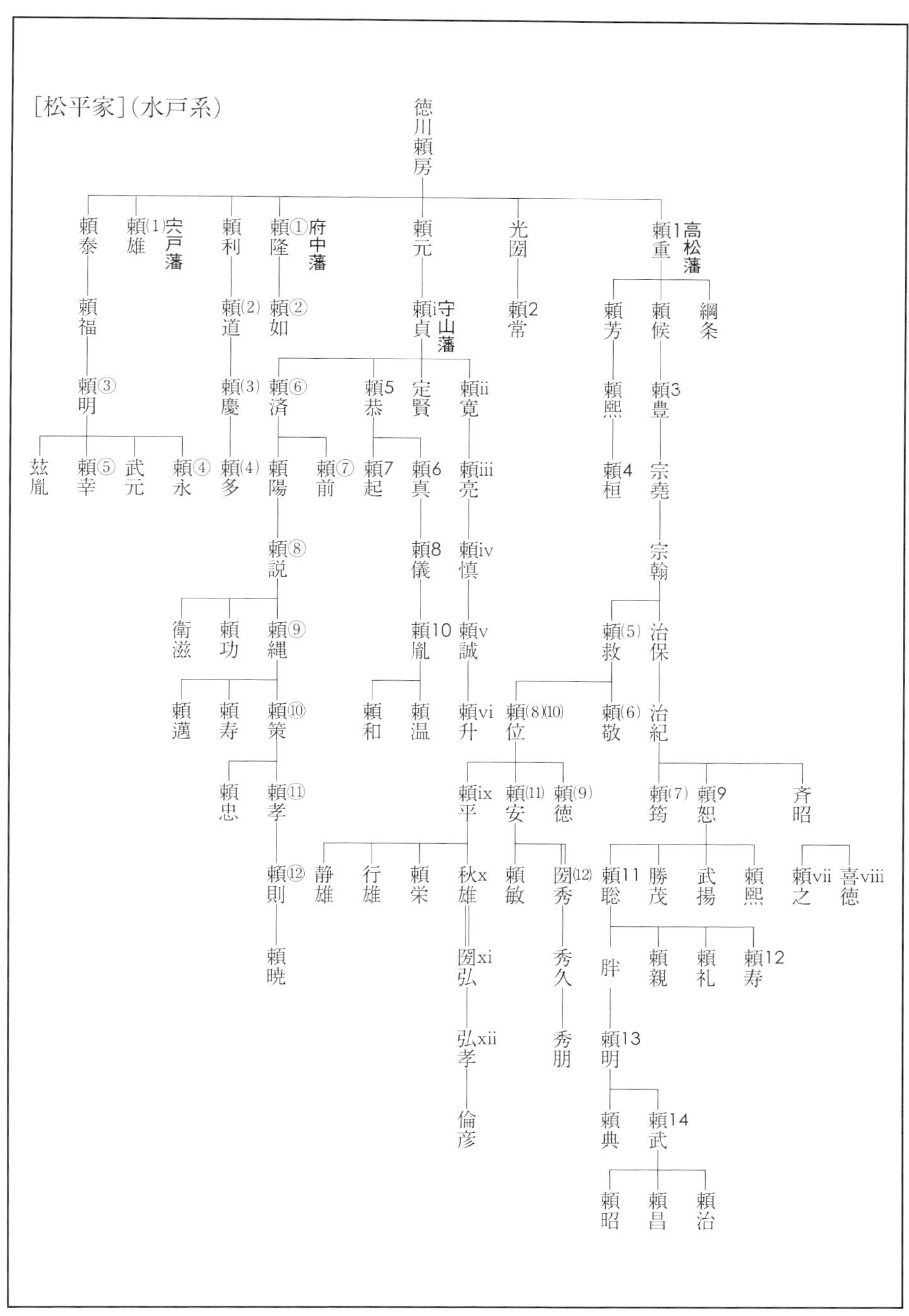
[松平家](水戸系)
徳川頼房
頼泰
頼雄(1)
宍戸藩
頼利
頼隆①
府中藩
頼元
光圀
頼重1
高松藩
頼福
頼道(2)
頼如②
頼貞i
守山藩
頼常2
頼芳
頼候
綱条
頼明③
頼慶(3)
頼済⑥
頼恭5
定賢
頼寛ii
頼煕
頼豊3
茲胤
頼幸⑤
武元
頼永④
頼多(4)
頼陽
頼前⑦
頼起7
頼真6
頼亮iii
頼桓4
宗堯
頼説⑧
頼儀8
頼慎iv
宗翰
衛滋
頼功
頼縄⑨
頼胤10
頼誠v
頼救(5)
治保
頼邁
頼寿
頼策⑩
頼和
頼温
頼升vi
頼位(8)(10)
頼敬(6)
治紀
頼忠
頼孝⑪
頼平ix
頼安(11)
頼徳(9)
頼筠(7)
頼恕9
斉昭
頼則⑫
静雄
行雄
頼栄
秋雄x
頼敏
圀秀(12)
頼聡11
勝茂
武揚
頼煕
頼之vii
喜徳viii
頼暁
圀弘xi
秀久
胖
頼親
頼礼
頼寿12
弘孝xii
秀朋
頼明13
倫彦
頼典
頼武14
頼昭
頼昌
頼治

ま

智氏に養われて越智氏を称していたが、宝永四年（一七〇七）に松平姓を許され、上野館林二万四〇〇〇石に入封した。武元は老中をつとめ、六万一〇〇〇石に加増された。天保三年（一八三二）斉厚の時に石見浜田に転じたが、慶応二年（一八六六）の第二次長州征伐で長州軍に敗れて浜田城を放棄、美作鶴田（岡山県岡山市北区建部町）に転じた。明治一七年武修の時に子爵となる。

松平家　○まつだいら　→　**奥平家**

松平家　○まつだいら　→　**久松家**

松平家　○まつだいら　→　**松井家**

松木家　○まつのき

公家。藤原北家中御門流の嫡流。藤原俊家の長男宗俊が祖。その邸宅中御門富小路亭にちなんで中御門家と称していたが、室町時代中期の宗宣以降、松木家を称した。家格は羽林家。家職は笙。江戸時代の家領は、初め一九一石余、のち三四一石余。明治一七年宗隆が伯爵となった。

《系図》473ページ

松林家　○まつばやし

公家分家。上冷泉家の為則の五男為美は、天保五年（一八三四）に松林院を相続。明治元年に復飾し、翌二年には堂上に列して松林家を称した。一七年には男爵となるが、二九年に爵位を返上している。

《系図》532ページ

松前家　○まつまえ

蝦夷松前藩主。長禄元年（一四五七）、のアイヌ大酋長コシャマインの叛乱を鎮圧した武田信広の末裔。この戦いで名をあげた信広は、茂別館下国家の娘で花沢館蠣崎家の養女を娶り、蠣崎家を継ぎ、慶長四年（一五九九）に慶広が地名をとって松前家と改称して松前城を築城。以来、宗家は松前を名乗ったが、分家は従来通り蠣崎を称したものが多かった。

江戸時代は、福山藩（通称松前藩）を立藩して諸侯に列した。しかし、蝦夷地では米がとれないため石高はなく、一応一万石格とされていた。安政二年（一八五五）陸奥・出羽に所領を得、三万石となった。明治元年旧幕軍に攻められて館に移った。一七年修広の時子爵となったが、昭和一九年当主の正広が戦死して直系は断絶した。

明治二二年、隆広が分家して男爵を授けられている。

公広の三男泰広は旗本として二〇〇〇石を領し、シャクシャインが蜂起した際に幕命で鎮圧。子嘉広は松前藩の藩政改革に助言するなど、旗本ながら松前藩政にも関与した。

また泰広の三男当広も一家を興し、一五〇〇石の旗本となっている。

慶広の七男（異説あり）安広は伊達政宗に仕えて以後仙台藩の重臣となり、七男景広は旧箱館館主の末裔である河野季通を継いで河野系松前家を称した。

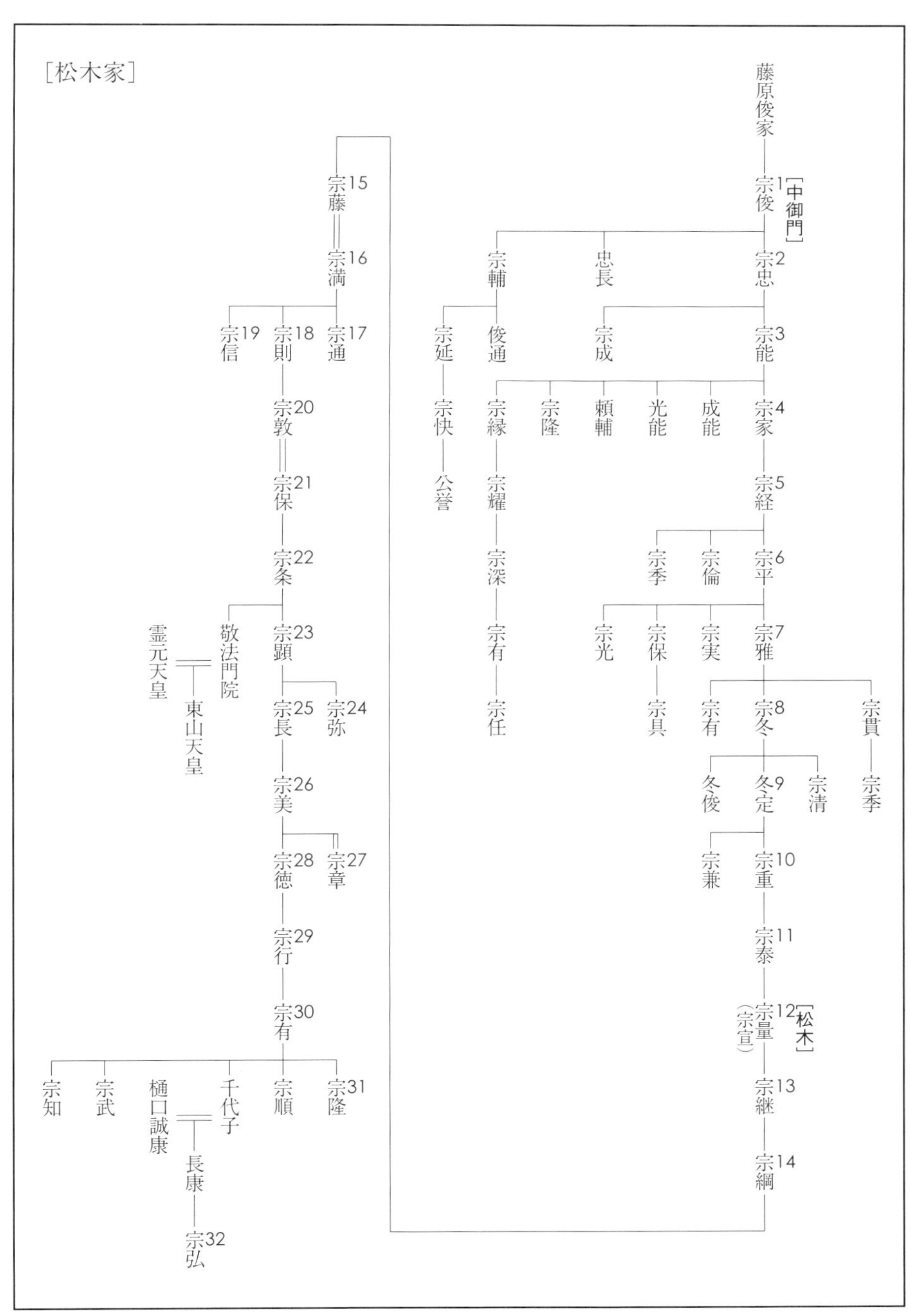

［松木家］
藤原俊家
1 宗俊［中御門］
宗輔
忠長
2 宗忠
俊通
宗延
宗快
公誉
宗成
3 宗能
宗縁
宗耀
宗深
宗有
宗任
宗隆
頼輔
光能
成能
4 宗家
5 宗経
宗季
宗倫
6 宗平
宗光
宗保
宗具
宗実
7 宗雅
宗有
8 宗冬
宗貫
宗季
冬俊
9 冬定
宗清
宗兼
10 宗重
11 宗泰
12 宗量（宗宣）［松木］
13 宗継
14 宗綱
15 宗藤
16 宗満
19 宗信
18 宗則
17 宗通
20 宗敦
21 宗保
22 宗条
敬法門院
霊元天皇
東山天皇
23 宗顕
25 宗長
24 宗弥
26 宗美
28 宗徳
27 宗章
29 宗行
30 宗有
宗知
宗武
樋口誠康
千代子
長康
32 宗弘
宗順
31 宗隆

ま

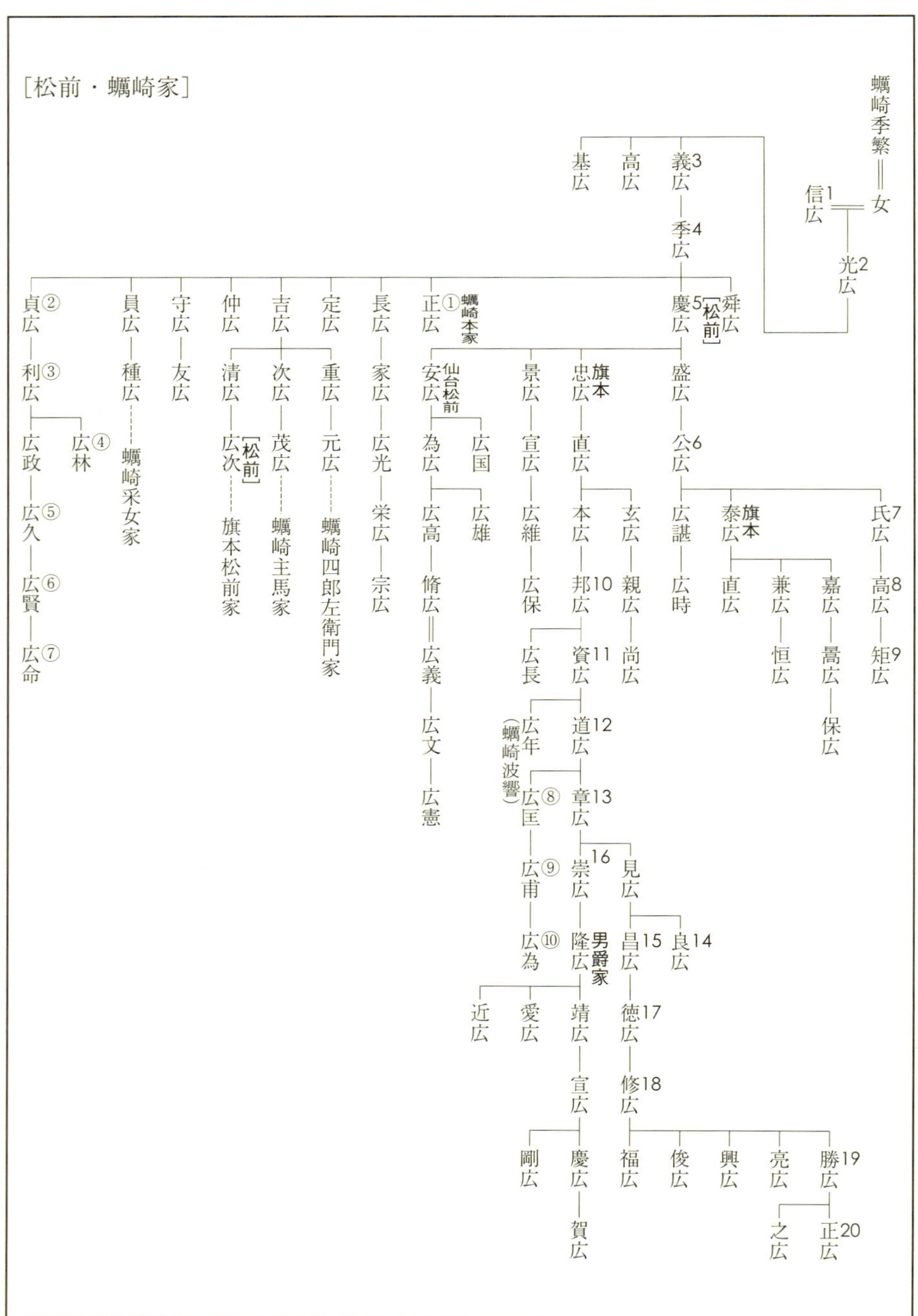
[松前・蠣崎家]
蠣崎季繁
女
信広1
光広2
基広
高広
義広3
季広4
舜広
慶広5
[松前]
正広①
蠣崎本家
長広
定広
吉広
仲広
守広
員広
貞広②
盛広
公広6
氏広7
高広8
矩広9
泰広
旗本
直広
兼広
恒広
嘉広
暠広
保広
広諶
広時
忠広
旗本
直広
玄広
親広
尚広
本広
邦広10
資広11
広長
道広12
広年
(蠣崎波響)
章広13
広匡⑧
広⑨
広甫
広⑩
広為
見広
良広14
昌広15
崇広16
隆広
男爵家
徳広17
修広18
勝広19
正広20
之広
亮広
興広
俊広
福広
靖広
愛広
近広
宣広
慶広
剛広
賀広
景広
宣広
広維
広保
安広
仙台松前
為広
広国
広高
広雄
脩広
広義
広文
広憲
家広
広光
栄広
宗広
重広
元広
蠣崎四郎左衛門家
次広
茂広
蠣崎主馬家
清広
広次
[松前]
旗本松前家
友広
種広
蠣崎采女家
利広③
広林④
広政
広久⑤
広賢⑥
広命⑦
ま

また、公広の四男広諶は家臣村上家を継いで村上系松前家となり、五男幸広は斎藤家を継いで斎藤系松前家となった。

→蠣崎家
《系図》474ページ

松本家　○まつもと

京都・伏見稲荷神官。秦公伊呂倶が創建したことから、代々秦氏の末裔が神主をつとめ、のち大西家と松本家に分かれた。幕末、為勝・為房父子は従三位に、その子為縞は正三位となっている。

《系図》120ページ

松浦家　○まつら

肥前平戸藩主。嵯峨源氏。中世肥前国松浦郡に割拠した水軍松浦党の末裔。

江戸時代に編纂された「松浦世家伝」では、延久元年（一〇六九）に摂津国渡辺から、肥前国宇野御厨検校・検非違使として今福（長崎県松浦市今福）に下向した渡辺綱の孫の久を祖としている。しかし、「小右記」の寛仁三年（一〇一九）六月一九日条に、刀伊の入寇に際して戦った人物として前肥前介源源知という人物が見えることから、それ以前から土着していた可能性が高い。

一族は宇野御厨を中心として周辺を開拓して松浦党を形成し、平安末期には松浦地方一帯に広い勢力圏を築いていた。

源平合戦では水軍を率いて平家方として参戦したが、鎌倉幕府成立後も地頭を安堵された。また、松浦氏だけでなく、各地の地名を名乗る一族も独立した御家人となった。

【松浦党】 松浦党は本来嵯峨源氏の末裔からなる同族集団であるが、やがて一族以外の氏族も婚姻関係などを結ぶことでその傘下に入った。室町時代には、源氏の末裔であることで、将軍家との関係を強調する狙いもあったとみられる。

松浦党は、大きく宇野御厨を中心とする下松浦党、松浦荘を中心とする上松浦党、五島列島に広がった宇久党の三つに分かれ、室町時代には各氏族が党を離れて割拠するようになり、抗争を繰り返した。

その後、下松浦党嫡流の相浦松浦氏と、上松浦党峯氏の末裔で、朝鮮・中国との貿易で富を蓄えた平戸松浦氏が松浦党宗家をめぐって激しく争ったが、永禄年間に平戸松浦氏の隆信が相浦松浦氏を下して全党を統一、元亀二年（一五七一）には壱岐も支配した。鎮信の時に豊臣秀吉に仕え、天正一五年（一五八七）支配地域六万三〇〇〇石が安堵された。

【平戸藩主】 江戸時代は平戸に居城、壱岐や五島列島の小値賀島・中通島も領していた。表高六万三二〇〇石ながら、幕末には実質一三万石あったという。「甲子夜話」を著した松浦清（静山）が有名。明治一七年詮の時に伯爵となる。分家に平戸新田藩主がある。なお、正しくは「まつら」と読む。

【平戸新田藩主】 鎮信の二男昌は、元禄二年（一六八九）本藩より一万石を分知されて、平戸新田藩を立藩した。明治三年廃藩して本藩に統合。一七年の華族令制定時は女戸主だったため綬爵されなかったが、二三年に靖が子爵となった。

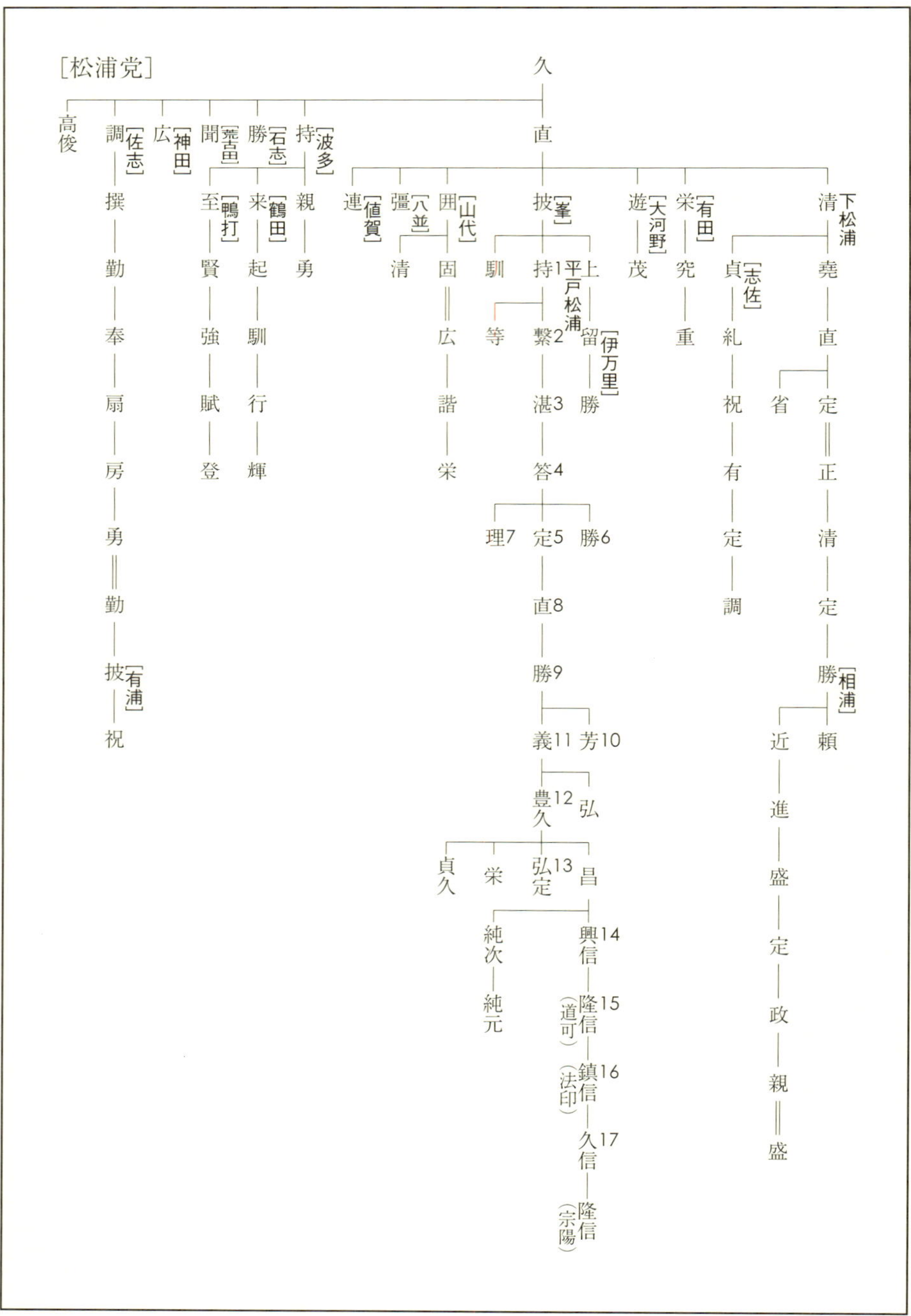
[松浦党]
久
高俊
調［佐志］
撰
勤
奉
扇
房
勇
勤
披［有浦］
祝
広［神田］
聞［紫垣］
至［鴨打］
賢
強
賦
登
来［鶴田］
起
馴
行
輝
勝［石志］
持［波多］
親
勇
直
連［値賀］
彊［八並］
清
囲［山代］
固
広
諧
栄
披［峯］
馴
持1［平戸松浦］
等
繫2
湛3
答4
理7
定5
勝6
直8
勝9
芳10
義11
豊久12
弘
貞久
栄
弘定13
昌
純次
純元
興信14
隆信15（道可）
鎮信16（法印）
久信17
隆信（宗陽）
上
留［伊万里］
勝
遊［大河野］
茂
栄［有田］
究
重
清［下松浦］
貞［志佐］
紀
祝
有
定
調
堯
直
省
定
正
清
定
勝［相浦］
近
進
盛
定
政
親
盛
頼

《系図》476・477ページ

万里小路家　○までのこうじ

公家。藤原北家勧修寺流。鎌倉時代、甘露寺資経の四男資通が一家を興し、万里小路家を称した。家格は名家。家職は儒学。後醍醐天皇に仕えて建武新政をたすけた万里小路宣房が著名。応永元年（一四六七）冬房は従一位に昇進している。江戸時代の家禄は三九〇石。明治一七年通房の時に伯爵となり、貴族院議員をつとめた。

正房の八男正秀は明治一五年に分家し、一七年に男爵を授けられた。その子元秀は式部官をつとめた。

《系図》478ページ

［松浦家］（近世）

- 隆信（道可）
  - 鎮信1（法印）
    - 久信2
      - 隆信3（宗陽）
        - 鎮信4（天祥）
          - 棟5
          - 昌①（平戸新田）
            - 邑②
              - 鄰③
            - 馮
          - 篤信6
            - 有信7
            - 誠信8
              - 政信
                - 清9（静山）
                  - 熙10
                    - 曜11
                    - 啓
                    - 秋
                      - 詮12
                        - 靖⑫ ＝ 美起子⑪
                          - 治⑬
                        - 厚13
                          - 陸14
                            - 素15
                              - 章16
                                - 収
                            - 規
                            - 択
                            - 敏
                  - 皓⑧
                    - 脩⑨
                      - 豊⑩
                        - 美起子⑪
                      - 弘
                  - 瑞
                  - 信苗
                  - 信旭
                  - 信元
                  - 貞固
                  - 重義
            - 致④
              - 宝⑤
                - 矩⑥
            - 義信
              - 良⑦
      - 信清
      - 信辰（旗本）
        - 信生
    - 信正
  - 惟明
  - 親
    - 定
      - 信正
        - 信貞（旗本）
          - 信方
          - 信吉（旗本）
          - 信勝（旗本）
  - 信実

曲直瀬家　○まなせ

医家・旗本。宇多源氏佐々木氏の一族という。堀部左門親真は陸奥柳津で田代三喜に学んだ後、天文一四年（一五四五）京都に戻って医師となり曲直瀬道三（正盛）と称し、将軍足利義輝や細川晴元らの知遇を得てその名が知られた。天正二年（一五七四）「啓迪集」八巻を集大成して正親町天皇の叡覧に供し、同二〇年後陽成天皇より橘姓と今大路の家号を賜っている。以後代々医家となって今大路家を称し、曲直瀬の名字は門人だった正琳に継がせた。

正琳は豊臣秀次に仕えた後、慶長五年

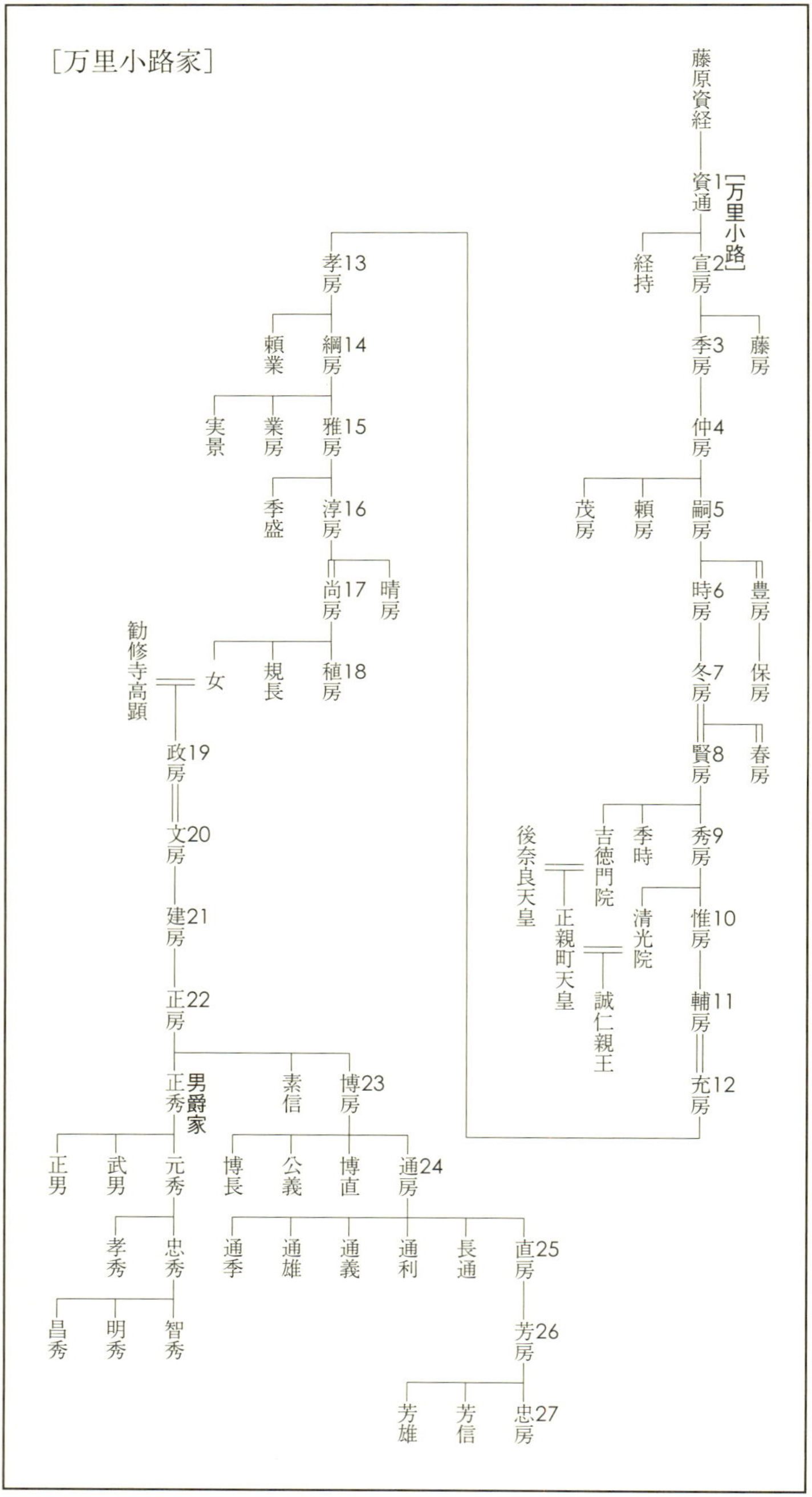

[万里小路家]

- 藤原資経
  - 1 資通［万里小路］
    - 2 宣房
      - 3 季房
        - 4 仲房
          - 5 嗣房
            - 6 時房
              - 7 冬房
                - ＝8 賢房
                  - 9 秀房
                    - 10 惟房
                      - 11 輔房
                        - ＝12 充房
                          - 13 孝房
                            - 14 綱房
                              - 15 雅房
                                - 16 淳房
                                  - ＝17 尚房
                                    - 18 稙房
                                    - 規長
                                    - 女（＝勧修寺高顕）
                                      - 19 政房
                                        - ＝20 文房
                                          - 21 建房
                                            - 22 正房
                                              - 23 博房
                                                - 24 通房
                                                  - 25 直房
                                                    - 26 芳房
                                                      - 27 忠房
                                                      - 芳信
                                                      - 芳雄
                                                  - 長通
                                                  - 通利
                                                  - 通義
                                                  - 通雄
                                                  - 通季
                                                - 博直
                                                - 公義
                                                - 博長
                                              - 素信
                                              - 正秀（男爵家）
                                                - 元秀
                                                  - 忠秀
                                                    - 智秀
                                                    - 明秀
                                                    - 昌秀
                                                  - 孝秀
                                                - 武男
                                                - 正男
                                  - 晴房
                                - 季盛
                              - 業房
                              - 実景
                            - 頼業
                    - 清光院（＝正親町天皇）
                      - 誠仁親王
                  - 季時
                  - 吉徳門院（＝後奈良天皇）
                    - 正親町天皇
                - ＝春房
            - ＝豊房
              - 保房
          - 頼房
          - 茂房
      - 藤房
    - 経持

（一六〇〇）後陽成天皇に薬を献じて効があり養安院の院号を賜った。同一〇年徳川家康によって召し出され、以後は幕府の医官として旗本にも列した。家禄一九〇〇石。

間部家　○まなべ

越前鯖江藩主。藤原北家山陰流。満永が足利氏に仕えて摂津国多田を領し、その末裔塩川信氏が三河国に移って松平清康に仕えたのが祖という。孫の詮光は母の実家である和泉国大津の真鍋家で育ち、真鍋氏を称した。詮光は本能寺の変の際に二条城で戦死した。

清貞は猿楽師喜多七太夫の弟子となって甲府藩主だった徳川綱重に仕えた。その子詮房は、綱重の子綱豊の小姓となり、綱豊の命で間部氏と改称。宝永元年（一七〇四）綱豊が六代将軍を継ぐと旗本に転じて累進。同三年若年寄となって一万石に加増され諸侯に列した。さらに老中となって五万石となり、同七年上野高崎藩を立藩。儒学者新井白石を登用して正徳の治を推進した。

その後、享保二年（一七一七）越後村上五万石を経て、同五年詮言の時越前鯖江に移る。幕末、詮勝は京都所司代を経て老中となり、井伊直弼とともに安政の大獄を推進。しかし、処分の拡大とともに直弼と対立して老中を解任され、文久二年（一八六二）には四万石に減知された。明治一七年詮信の時に子爵となる。

真野家　○まの

江戸時代の越後国沼垂町（新潟県新潟市）の町役人に真野家がある。もとは堀秀治の家臣で、堀家の改易後新発田に移り、のち沼垂に転じたという。貞享四年（一六八七）に町年寄となり、元禄一〇年（一六九七）には浜通組の大庄屋となった。その後は質屋や酒造業を営み、沼垂を代表する町人であった。

み

三浦家　○みうら

美作勝山藩主。桓武平氏三浦氏の末裔で中世の美作三浦氏と同族だが、系譜的な直接のつながりはない。

桓武平氏三浦氏は相模国三浦郡三浦（神奈川県三浦市）発祥で、為継は源義家に従って、後三年の役で功をあげた。以後、代々源氏に従い、嫡流は「三浦大介」と称した。源平合戦では源頼朝に従い、鎌倉時代は有力御家人として相模守護を世襲した。

美作三浦氏はこの一族で、貞宗が美作国真嶋郡の地頭となって下向し、延文三年（一三五八）勝山城を築城。室町時代は大庭郡・真嶋郡を支配した。天正四年（一五七六）毛利氏に降っている。

一方、江戸時代の美作勝山藩主の三浦家は土井利勝の甥にあたる三浦正次が、慶長一二年（一六〇七）徳川家光に仕えたのが祖。桓武平氏の三浦一族ではあるが、正次以前ははっきりしない。

正次は以後累進して寛永七年（一六三〇）には一万石となって下総矢作藩を立藩した。さらに同一六年には下野壬生（栃木県下都賀郡壬生町）二万五〇〇〇石に加転。

明敬は元禄二年（一六八九）若年寄となって同五年日向延岡二万石に転じ、さらに正徳二年（一七一二）三河吉田二万三〇〇〇石に転じた。延享二年（一七四五）義理は西の丸若年寄となり、同四年三河西尾に転封。さらに、明和元年（一七六四）明次が美作勝山二万三〇〇〇石に入封した。明治一七年顕次の時に子爵となる。

三浦家　○みうら

紀伊藩家老。桓武平氏三浦氏の一族で、正木郷に住んで正木氏を称し、戦国時代は上総勝浦城主となって里見氏に属していた。

慶長三年（一五九八）三浦為春が徳川家康に仕えて三浦氏に復し、妹の万（養珠院）は家康の側室となって紀伊藩主頼宣を産んだことから、のち紀伊藩家老となり、以後代々家老をつとめた。明治三三年権五郎の時に男爵となる。

三木家　○みき

阿波藍の豪商。播磨三木城主だった別所長治の叔父治之の子規治が祖。天正八年（一五八〇）、豊臣秀吉によって三木城が落城、城主長治が自刃して落城した際に、規治は阿波国中喜来浦（徳島県板野郡松茂町）に逃れて帰農し、以後三木氏を称した。

江戸時代になって蜂須賀氏が入国すると、中喜来浦は家老稲田家の知行地となり、稲田家のもとで中喜来浦を開拓した。延宝二年（一六七四）、二代目吉太夫が六〇歳で藍商を創業。三木家中興の祖とされる七代目吉太夫延歳の時に藍商専業となり、寛政元年（一七八九）には江戸に支店を出して藍屋与吉郎と名乗り、豪商となった。

九代目与吉郎安治の嘉永五年（一八五二）に三木家が江戸に積みだした藍玉は五〇八〇俵にも及び、最大の藍商であった。

維新後、一一代目与吉郎順治は、明治二三年の第一回貴族院議員選挙に当選、久次米銀行倒産後、その関西部門を引き継いだ阿波銀行創立に際しては頭取となった。三〇年には阿波藍専業から一転してインド藍の輸入を手掛けている。

一二代与吉郎康治は、昭和一八年に三木産業に改組する一方、阿波製紙を創業。一三代目与吉郎は昭和二八年から参議院議員を三期一八年間つとめている。現在は一四代目で、その弟の俊治は徳島市長を二期つとめた。

松茂町中喜来浦の三木産業総本店の敷地には、四五〇〇点余の阿波藍の資料を含む、三万五〇〇〇点の資料を収蔵する「三木文庫」がある。

水上家　○みずかみ

旗本。清和源氏小笠原氏の一族とい

う。戦国時代は時利が武田氏に仕え、甲斐国水上に住んで水上氏を称した。天正一〇年（一五八二）武田氏の滅亡後、利光が徳川家康に仕えて旗本となった。六代興正の時に三〇〇〇石となる。

水野家　○みずの

江戸時代の譜代大名。尾張国春日井郡山田荘水野（愛知県瀬戸市）発祥。清和源氏満政流。初代重房は知多郡英比郷小河（愛知県知多郡東浦町）に住んで小河氏を称し、その子重清が源頼朝に仕えて山田荘の地頭となり、同荘内の水野に住んで水野氏を称したという。

活動が知られるのは室町時代の貞守からで、戦国時代、忠政の時に三河刈谷城に移り、松平氏に仕えた。忠政の娘の於大（伝通院）は松平広忠に嫁いで竹千代（徳川家康）を産んだが、兄の信元が織田信長と結んだため離婚している。子信元は信長に仕えたが讒言で殺され、弟忠重が跡を継ぎ、本能寺の変後徳川家康に仕えた。江戸時代は譜代大名となり、多くの旗本が出ている。

《系図》482ページ

【下総結城藩主】水野忠重は徳川家康に仕えて三河刈谷で三万石を領したが、慶長五年（一六〇〇）三河国池鯉鮒宿で加賀井秀望と口論となり刺殺された。子勝成は大坂の陣後大和郡山六万石に加転、元和五年（一六一九）には備後福山一〇万石に入封、藺草栽培の奨励や鞆湊（広島県福山市鞆町）の発展に寄与した。

元禄一〇年（一六九七）勝種の没後、生後半年の勝岑が相続、翌年将軍綱吉に拝謁して翌日に死去して一旦断絶となった。その後、一族の勝長が能登で一万石を与えられて羽咋郡西谷に陣屋を置き、能登西谷藩として再興、同一三年下総結城一万石に転じた。のち一万八〇〇〇石に加増。

幕末、二本松藩主丹羽家から継いだ勝知は、佐幕派と恭順派が対立するなか彰義隊を同道して恭順派と戦闘の末に結城城に入ったが、まもなく新政府軍に攻められて脱出、明治元年一〇〇〇石減知となった。一七年忠愛の時に子爵となる。

【駿河沼津藩主】勝成の弟忠清は関ヶ原合戦の際に徳川家康に従い、慶長六年（一六〇一）上野小幡藩一万石に入封。寛永九年（一六三二）三河吉田九万石に加転となり、同一九年には信濃松本七万石に転じた。

享保一〇年（一七二五）忠恒が江戸城松の廊下で長府藩主毛利元平に斬りつけるという刃傷事件をおこし断絶した。その後、寛保二年（一七四二）叔父の忠穀が信濃国佐久郡で七〇〇〇石を与えられて旗本として再興した。その子忠友は明和五年（一七六八）若年寄となって六〇〇〇石を加増され、碧海郡大浜に陣屋を置いて三河大浜藩一万三〇〇〇石を立藩した。忠友はさらに側用人となり、安永六年（一七七七）に駿河沼津二万石に転じた。のち三万石となる。慶応四年（一八六八）徳川家達が駿河府中に転じた際に上総菊間五万四〇〇〇石に転封となった。一七年忠敬の時に子爵となる。

【上総鶴牧藩主】松本藩主忠清の四男忠増が祖。忠増は一万二〇〇〇石を領し、享保一〇年（一七二五）に安

[水野家系統図]

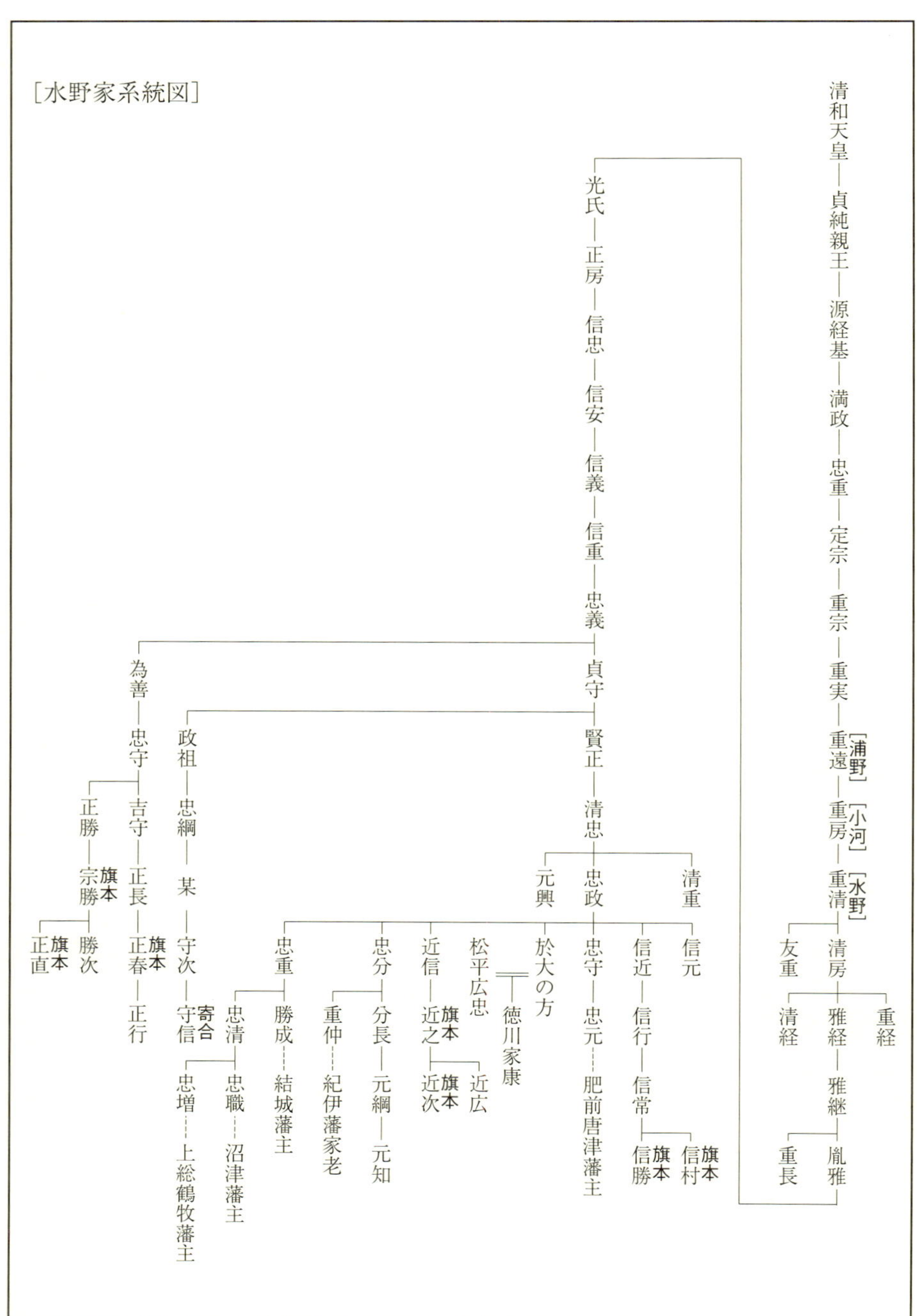
清和天皇
貞純親王
源経基
満政
忠重
定宗
重宗
重実
重遠
[浦野]
重房
[小河]
重清
[水野]
友重
清房
清経
雅経
重経
雅継
重長
胤雅
光氏
正房
信忠
信安
信義
信重
忠義
為善
貞守
忠守
政祖
賢正
正勝
吉守
忠綱
清忠
宗勝
旗本
正長
某
元興
忠政
清重
正直
旗本
勝次
正春
旗本
守次
忠重
忠分
近信
松平広忠
於大の方
忠守
信近
信元
正行
守信
寄合
忠清
勝成
重仲
分長
近之
旗本
徳川家康
忠元
信行
忠増
忠職
結城藩主
紀伊藩家老
元綱
近次
旗本
近広
肥前唐津藩主
信常
上総鶴牧藩主
沼津藩主
元知
信勝
旗本
信村
旗本
み

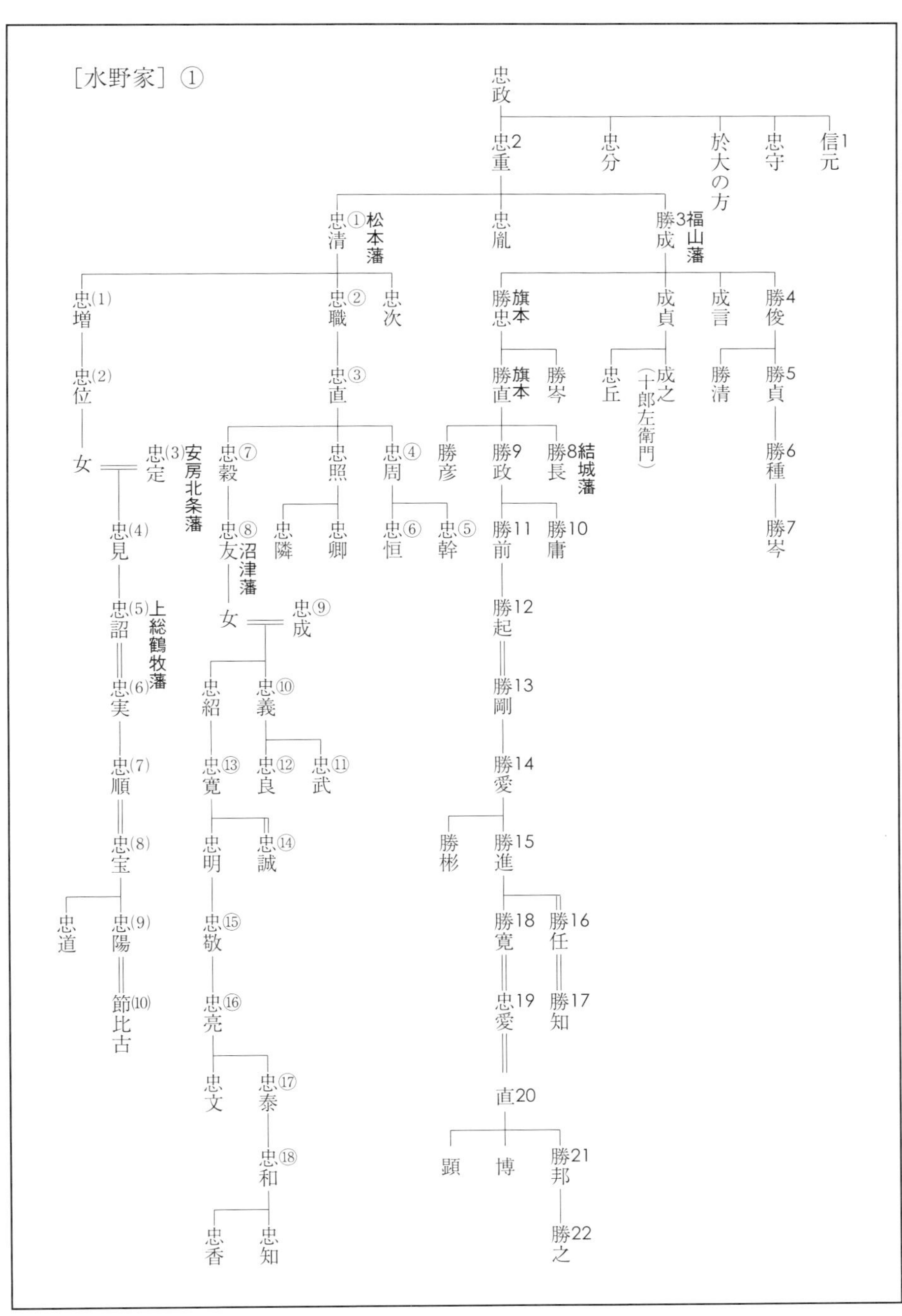

［水野家］①
忠政
忠重2
忠分
於大の方
忠守
信元1
忠清①
松本藩
忠胤
勝成3
福山藩
忠増(1)
忠職②
忠次
勝忠
旗本
成貞
成言
勝俊4
忠位(2)
忠直③
勝直
旗本
勝岑
忠丘
成之
（十郎左衛門）
勝清
勝貞5
女
忠定(3)
安房北条藩
忠穀⑦
忠照
忠周④
勝彦
勝政9
勝長8
結城藩
勝種6
忠見(4)
忠友⑧
沼津藩
忠隣
忠卿
忠恒⑥
忠幹⑤
勝前11
勝庸10
勝岑7
忠詔(5)
上総鶴牧藩
女
忠成⑨
勝起12
忠実(6)
忠紹
忠義⑩
勝剛13
忠順(7)
忠寛⑬
忠良⑫
忠武⑪
勝愛14
忠宝(8)
忠明
忠誠⑭
勝彬
勝進15
忠道
忠陽(9)
忠敬⑮
勝寛18
勝任16
節比古(10)
忠亮⑯
忠愛19
勝知17
忠文
忠泰⑰
直20
忠和⑱
顕
博
勝邦21
忠香
忠知
勝之22

み

［水野家］②

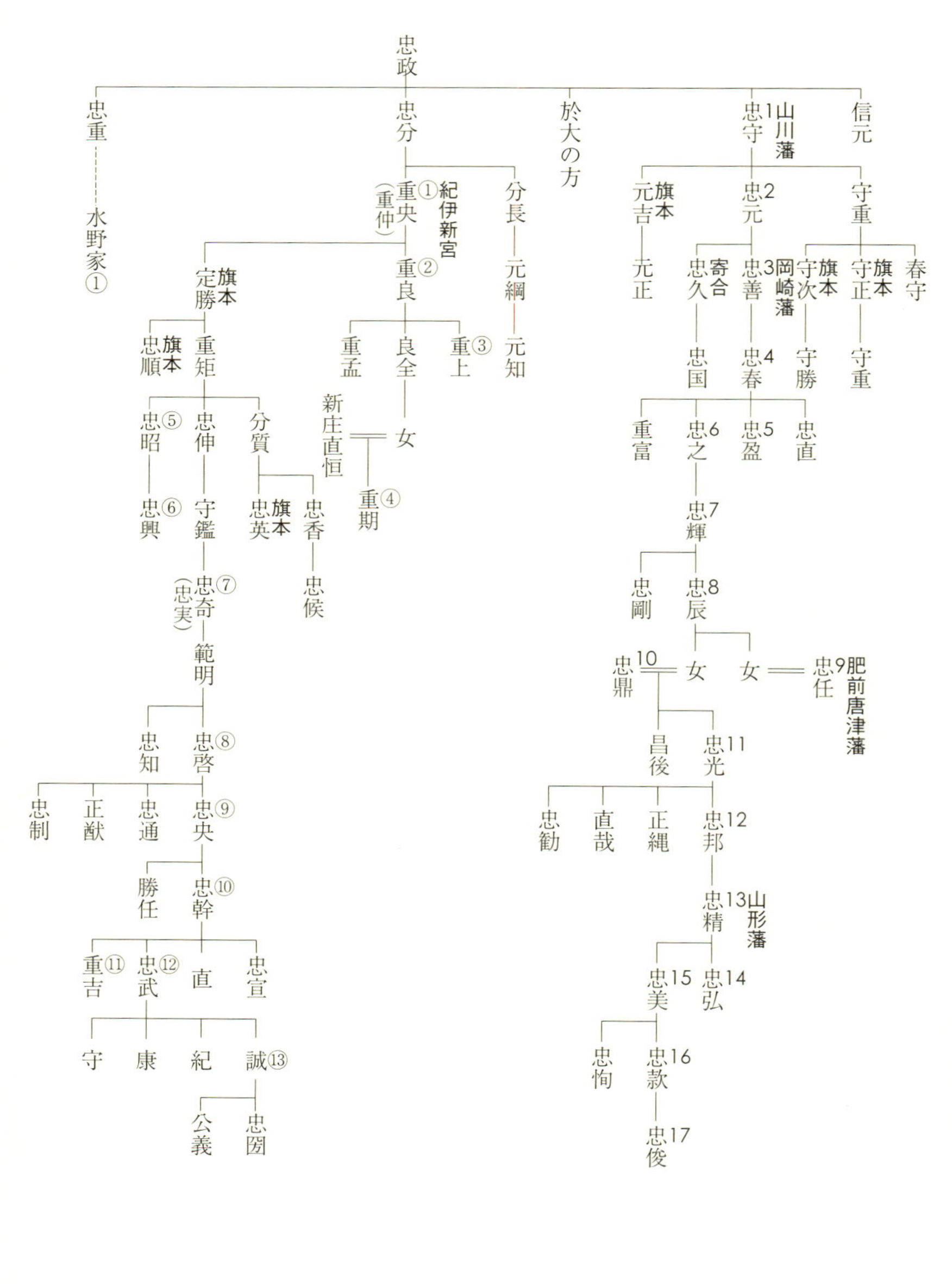
忠政
忠重
水野家①
忠分
重央①（重仲）紀伊新宮
分長
元綱
元知
重良②
重孟
良全
重上③
女
新庄直恒
重期④
定勝 旗本
忠順 旗本
重矩
忠昭⑤
忠伸
分質
忠興⑥
守鑑
忠英 旗本
忠香
忠候
忠奇⑦（忠実）
範明
忠知
忠啓⑧
忠制
正猷
忠通
忠央⑨
勝任
忠幹⑩
重吉⑪
忠武⑫
直
忠宣
守
康
紀
誠⑬
公義
忠圀
於大の方
忠守1 山川藩
信元
元吉 旗本
元正
忠元2
守重
忠久 寄合
忠国
忠善3 岡崎藩
忠春4
守次 旗本
守勝
守正 旗本
守重
春守
重富
忠之6
忠盈5
忠直
忠輝7
忠剛
忠辰8
忠鼎10
女
女
忠任9 肥前唐津藩
昌後
忠光11
忠勧
直哉
正縄
忠邦12
忠精13 山形藩
忠美15
忠弘14
忠恂
忠款16
忠俊17

み

房北条に陣屋を構えて北条藩を立藩した。同二〇年には若年寄となって一万五〇〇〇石に加増。文政一〇年（一八二七）忠詔の時に上総鶴牧に転じる。明治一七年忠順の時子爵となる。

【出羽山形藩主】信元の弟の忠守は元和二年（一六一六）下総山川（茨城県結城市）を立藩。二代忠元は寛永一二年（一六三五）駿河田中四万石に転じ、同一九年三河吉田四万五〇〇〇石、正保二年（一六四五）忠善の時三河岡崎五万石に転じた。七代忠辰は吉原で遊興を続け、宝暦元年（一七五一）に家臣によって座敷牢に押し込められるという事件がおきている。

忠辰には世子がいなかったため、遠縁の旗本から跡を継いだ忠任は宝暦一二年（一七六二）肥前唐津六万石に転じたが、明和八年（一七七一）に二万三〇〇〇人という大規模な虹の松原一揆が勃発して致仕した。

文化九年（一八一二）に唐津藩主を継いだ忠邦は藩政を改革、実収は二〇万石ともいわれる裕福な藩となっていたが、老中となるために自ら工作して同一四年に遠江浜松六万石に移った。文政一一年（一八二八）には老中となって天保の改革を断行したが、弘化二年（一八四五）失脚、嫡子忠精は出羽山形五万石に減転となった。維新後、明治三年近江朝日山（滋賀県長浜市湖北町）に移り、一七年忠弘の時に子爵となった。

忠善の弟の忠久は寛文四年（一六六四）に五〇〇〇石を分知されて旗本となり、書院番頭をつとめた。

【旗本・旧上野安中藩主】忠政の八男忠分の嫡男分長は、慶長六年（一六〇一）尾張国知多郡で一万石を与えられ、同一一年三河国で一万石を加増されて新城藩を立藩した。正保二年（一六四五）元綱の時上野安中二万石に転封。寛文七年（一六六七）元知が発狂して正室に斬りつけ、改易となった。その後、元朝が二〇〇〇石を与えられて旗本として再興している。

【紀伊藩家老】信元の弟忠分の三男重央（重仲）は徳川家康に仕えて浜松で二万五〇〇〇石を領していたが、元和五年（一六一九）紀伊藩の付家老に任じられ、新宮で三万五〇〇〇石を領した。明治元年独立して新宮藩を立藩。一七年忠幹の時に男爵となる。先代当主の誠は日本金属工業常務をつとめた。

【寄合家】守信は徳川家康に仕え、長崎奉行、大坂町奉行、堺町奉行、大目付を歴任し、五七〇〇石を知行した。二代守政も大目付をつとめた他、忠富、忠敞、忠晋は大番頭をつとめている。

《系図》483・484ページ

水谷家　〇みずのや

旗本・旧備中松山藩主。藤原北家秀郷流。陸奥国岩城郡水谷（福島県）に住んで水谷氏を称した。勝氏の時、結城氏から下館城を賜って下館城に拠り、以後は「水谷」と「結城」の両方を名乗っている。戦国時代の正村（蟠龍斎）が著名。関ヶ原合戦では東軍に属し、慶長一一年（一六〇六）勝隆が父の遺領を継いで三万二〇〇〇石を領し、寛永一六年（一六三九）備中成羽五万石を経て、同一九年備中松山五万石に転じた。以後、三代にわたって城下町の整備や松山城の改修、高瀬舟による水運の開発など、松山藩の基礎を築いたが、元禄六年（一六九三）勝晴が嗣子のないまま死去して断絶した。

その後、勝時が再興を許されて備中国川上郡で三〇〇〇石を与えられ、布賀（岡山県高梁市備中町）に陣屋を置いて、布賀水谷家となった。

水走家　○みずはや

河内国一宮の枚岡神社（大阪府東大阪市）神職。河内国の古代豪族の末裔。「みずはい」ともいう。河内国河内郡水走荘（大阪府東大阪市水走）発祥。中臣氏と同祖の古代豪族平岡連の一族で、枚岡神社の神官をつとめた。

平安時代末期には、季忠が大江御厨の山本・河俣両執当職となり、水走を開発して水走氏を称した。子康忠は鎌倉御家人となり、以後河内の在庁官人として活躍した。鎌倉時代後期には分割相続によって惣領家が弱体化し、さらに南北朝時代南朝に属したことで、武家としては衰退した。近世は枚岡神社の神官を世襲した。

溝口家　○みぞぐち

越後新発田藩主。信濃国発祥で清和源氏。溝口秀勝は初め丹羽長秀に仕えて加賀大聖寺で四万四〇〇〇石を領していた。慶長三年（一五九八）越後新発田六万石に転じ、関ヶ原合戦後は新発田藩主四万八〇〇〇石で諸侯に列した。万延元年（一八六〇）一〇万石に加増される。明治一七年直正の時に伯爵となる。

【沢海藩主】 慶長一五年（一六一〇）に宣勝の弟の善勝が一万二〇〇〇石を分知されて越後沢海藩を立藩したが、貞享四年（一六八七）に断絶した。

【池之端家】 新発田藩二代藩主宣勝の三男の宣俊は、元和八年（一六二二）に将軍秀忠に拝謁し、寛永五年（一六二八）父の遺領のうち蒲原郡池之端に五〇〇〇石を分知されて旗本となって交代寄合に列した。九代直壹の時に明治維新を迎え、新政府の官僚として出仕している。

【山口家】 沢海家の善勝の三男安勝は、寛永一一年（一六三四）二代将軍に拝謁し、父の遺領のうち一〇〇〇石を分知され一家を興し、蒲原郡水原に陣屋を構えた。慶安三年（一六五〇）旗本に列した。以後、明治維新まで続いている。

【豊前守家】 善勝の四男の信勝は寛永一六年（一六三九）に将軍に拝謁して、同二〇年に旗本となり、二〇〇〇石を領した。のち大和国に領地が移される。

【横田家】 二代藩主宣勝の二男の宣秋は元和八年（一六二二）に将軍秀忠に拝謁し、のち父の遺領のうち切梅六〇〇〇石を分知されて旗本となり、交代寄合に列した。二代宣就の時に陸奥国岩瀬郡に転じ、横田に陣屋を構えて、以後は横田家といわれた。

《系図》487ページ

三谷家　○みたに

松江藩家老。阿波国麻植郡三谷村（徳

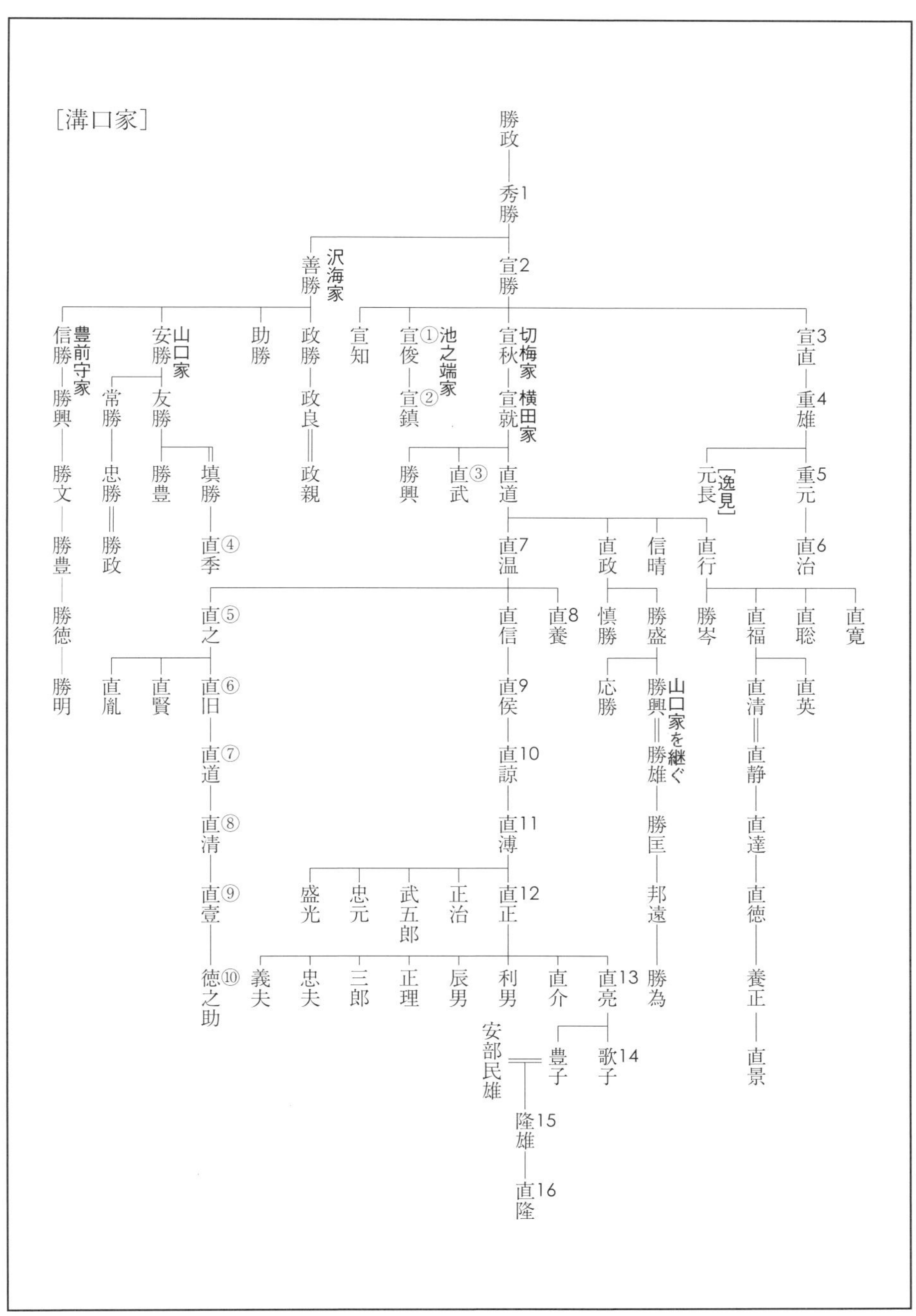
[溝口家]
勝政
秀勝 1
宣勝 2
善勝 沢海家
信勝 豊前守家
勝興
勝文
勝豊
勝徳
勝明
安勝 山口家
常勝
忠勝
勝政
友勝
勝豊
填勝
直季 ④
助勝
政勝
政良
政親
宣知
宣俊 ① 池之端家
宣鎮 ②
宣秋 切梅家
宣就 横田家
勝興
直武 ③
直道
宣直 3
重雄 4
元長 [逸見]
重元 5
直治 6
直温 7
直之 ⑤
直胤
直賢
直旧 ⑥
直道 ⑦
直清 ⑧
直壹 ⑨
徳之助 ⑩
直信
直侯 9
直諒 10
直溥 11
盛光
忠元
武五郎
正治
直正 12
義夫
忠夫
三郎
正理
辰男
利男
直介
直亮 13
安部民雄
豊子
歌子 14
隆雄 15
直隆 16
直養 8
直政
慎勝
勝盛
応勝
勝興 山口家を継ぐ
勝雄
勝匡
邦遠
勝為
信晴
直行
勝岑
直福
直清
直静
直達
直徳
養正
直景
直英
直聡
直寛

島県）発祥で三好氏の一族。三好氏の滅亡後、三谷長基は備前国に移って戸川氏に仕えた。孫の長玄の時に松江藩に仕え、寛永一五年（一六三八）家老となった。

三井家 ○みつい

豪商。藤原北家で、道長の四男長宗の子孫という。近江国三井に住んで三井氏と称し、佐々木氏に仕えていた。室町時代中期頃佐々木氏の一族高久が三井家の養子になって、自家の紋所四ッ目結びを用いたと伝えている。越後守高安の時に六角氏が滅亡して浪人し、伊勢国松坂に住んだ。その長男高俊は慶長年間に松坂で質屋兼酒屋を開業、受領名である越後守から「越後屋」と呼ばれ、豪商三井家の祖となった。高俊没後は妻の殊法が経営、長男の俊次は江戸で店舗を出し、四男の高利は松坂で金融業を手掛けた。延宝元年（一六七三）俊次が死去すると、高利は江戸に出て呉服店を開業、「現金安売掛値なし」の新商法を始めて評判となる一方、両替店も開設した。高利の子の代に、嫡流である北家と、分家の五家からなる本家、女系の連家五家の合わせて一一家による三井一門が創設された。

幕末、番頭三野村利左衛門を起用して幕府と密接な関係を保つ一方、小野田家・長井家・家原家の三家を連家から外して経営を圧縮。新政府の成立時には多額の軍資金を用立てて、新政府の為替方として出納をつかさどった。

明治五年、越後屋呉服店を三井家から切り離して三越として展開する一方、九年には日本最初の私立銀行である三井銀行を創設した。その後、新たに五丁目家・本村町家・一本松町家を連家に加えて、再び一一家による同族経営となった。

戦後、三井一一家は財閥家族に指定され、三井系会社に関係することを一切禁止されている。

【北家】三井本家の嫡流で、高利を初代とする。維新後は新政府と結びつくことで発展、明治五年呉服業とは別に金融業の三井組を設立。二九年高棟が男爵を授けられた。

【伊皿子家】高利の二男高富が祖。芝伊皿子町（東京都港区三田）に屋敷があったため、伊皿子家と呼ばれた。

【新町家】高利の三男高治が祖。京都新町通六角町に店を出したことから新町家といわれた。九代高堅は拓本蒐集家として著名、一〇代高遂は尾長鶏の研究家でもある。

【室町家】高利の四男高伴が祖。京都・室町に住んだことから室町家と呼ばれた。北家高福の五男から室町家を継いだ一〇代高保は東京に住み、大正四年男爵を授けられた。茶人としても著名。一一代高精は洋画のコレクターとして著名。その長男高国は室町家を相続する前に死去したが、ロンドン生まれの高国の母代わりをつとめたのがエリザベス・サンダースで、その遺産を活用して創設されたのが混血児の収容施設「エリザベス・サンダース・ホーム」である。

【南家】高利の九男高久が祖。八代高弘は明治四四年男爵を授けられた。一〇代高陽は日本を代表する切手コレクターである一方、交通・通信史の研究家としても著名。

【小石川家】高利の一〇男高春が祖。六代高益の四女で広岡家に嫁いだ浅は日本女子大学創立者の一人で、小石川家から目白の土地五五〇〇坪を寄付している。

【松坂家】高利の長女千代は江戸店の手代七左衛門と結婚したが死別、名をみねと改めて従兄桜井孝賢と再婚した。孝賢は松坂家の祖となり、紀伊藩から松坂大年寄にも任命された。

【永坂町家】伊勢の小野田俊貞の三男高古は三井みちと結婚して三井家に連なった。宝永六年（一七〇九）大坂から松坂に戻り、正徳二年（一七一二）には松坂大年寄に就任。享保七年（一七二二）三井連家に加わった。

【五丁目家】北家八代高福の六男高尚が祖。明治二一年麹町区富士見町五丁目に住んだことから五丁目家と呼ばれた。二六年に三井連家の一となる。

【一本松町家】伊皿子家七代高生の二男高信が祖。一歳の明治五年に三越を名字としたが、二六年に連家に加わり三井に復した。

【本村町家】小石川家七代高喜の三男高明が祖。明治二六年に連家の一つとなり、大正三年麻布本村町に住んだことから本村町家と呼ばれた。

《系図》490・491ページ

箕作家　〇みつくり

津山藩医。代々学者を輩出したことで知られる。宇多源氏佐々木氏の末裔と伝え、もとは近江箕作城主であったという。のち美作津山に移り住み、江戸初期には貞弁が医師となっていた。天明二年（一七八二）貞固が津山藩医として召し出され、その子阮甫は江戸時代を代表する洋学者の一人となり、文久二年（一八六二）阮甫は幕臣となった。養子省吾は地理学者として将来を嘱望されたが早世、維新後孫の麟祥が元老院議官、行政裁判所長官などを歴任し、明治三〇年男爵を授けられた。麟祥の孫の祥一は日本大学農獣医学部教授をつとめた。

麟祥の叔父の秋坪も津山藩医から幕臣に転じ、文久元年（一八六一）には幕府の遣欧使節にともなって渡仏。維新後は新政府の招きに応じず、在野で子弟の教育にあたった。長男の大麓は秋坪の実家菊池家を継いで数学者となり東京帝国大学総長、第一次桂内閣の文部大臣などを歴任して明治三五年男爵を授けられた。また、弟の佳吉は動物学者で東京帝大理科大学学長、元八は西洋史学者で東京帝大理学部教授をつとめている。

皆川家　〇みながわ

旗本・旧戦国大名。下野国都賀郡皆川（栃木県栃木市）発祥。藤原北家。小山氏支流の長沼時宗の子宗員が皆川を領して皆川氏と称し、鎌倉幕府の御家人となる。元享三年（一三二三）宗常の時、北条高時に叛いて断絶となった。

宗員の弟宗康の子孫は長沼を称していたが、室町時代宗成の時に皆川城に拠って皆川氏に改称した。元亀四年（一五七三）、俊宗は北条氏政と戦って敗れ、下総で討死した。その子広照は北条氏政に

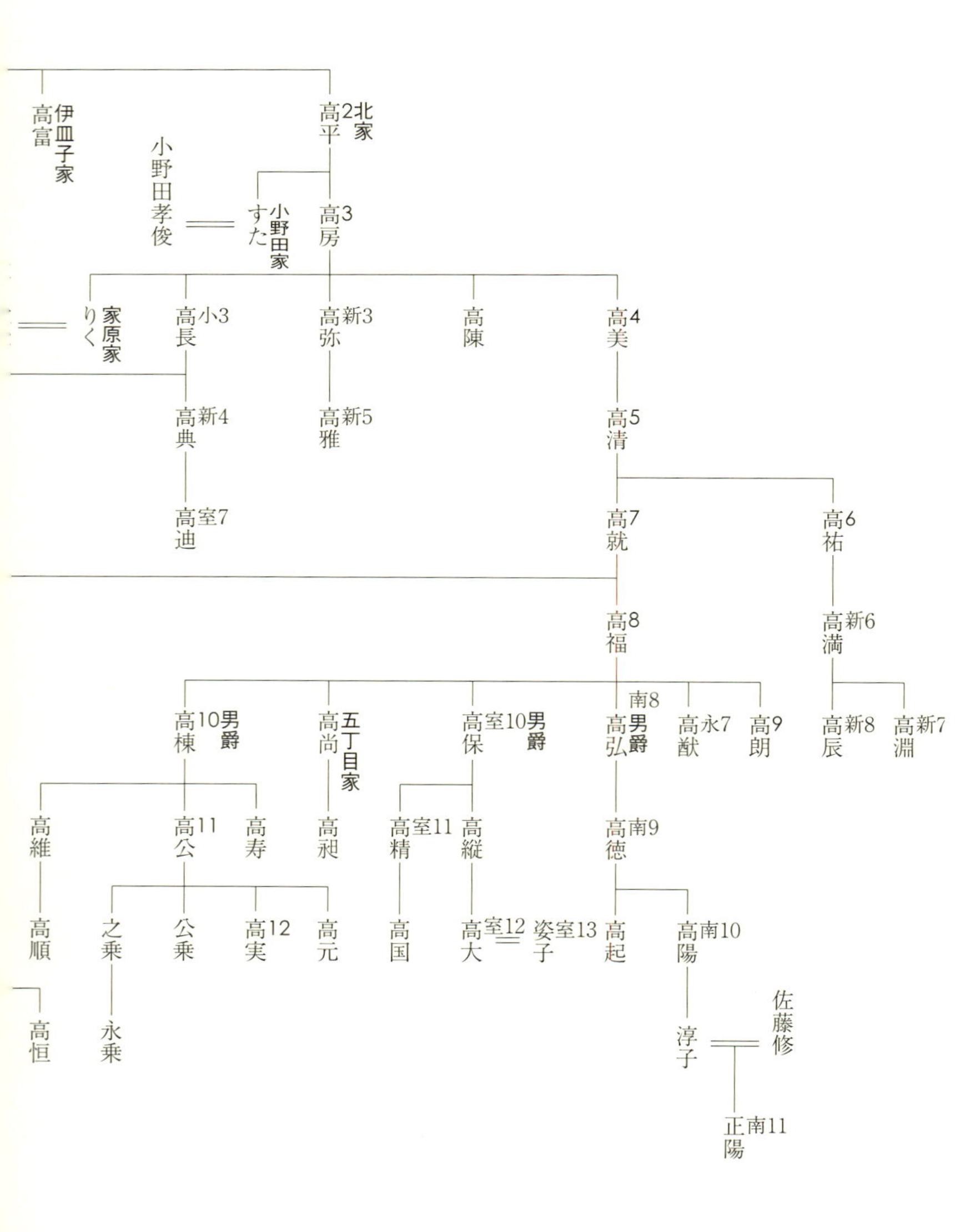

伊皿子家
高富
北家
高2平
小野田孝俊
小野田家
すた
高3房
家原家
りく
小3
高長
新3
高弥
高陳
高4美
新4
高典
新5
高雅
高5清
室7
高迪
高7就
高6祐
高8福
新6
高満
10男爵
高棟
五丁目家
高尚
室10男爵
高保
南8男爵
高弘
永7
高猷
高9朗
新8
高辰
新7
高淵
高維
高11公
高寿
高昶
室11
高精
高縦
南9
高徳
高順
之乗
公乗
高12実
高元
高国
室12
高大
室13
姿子
高起
南10
高陽
高恒
永乗
淳子
佐藤修
南11
正陽

み

[三井家]

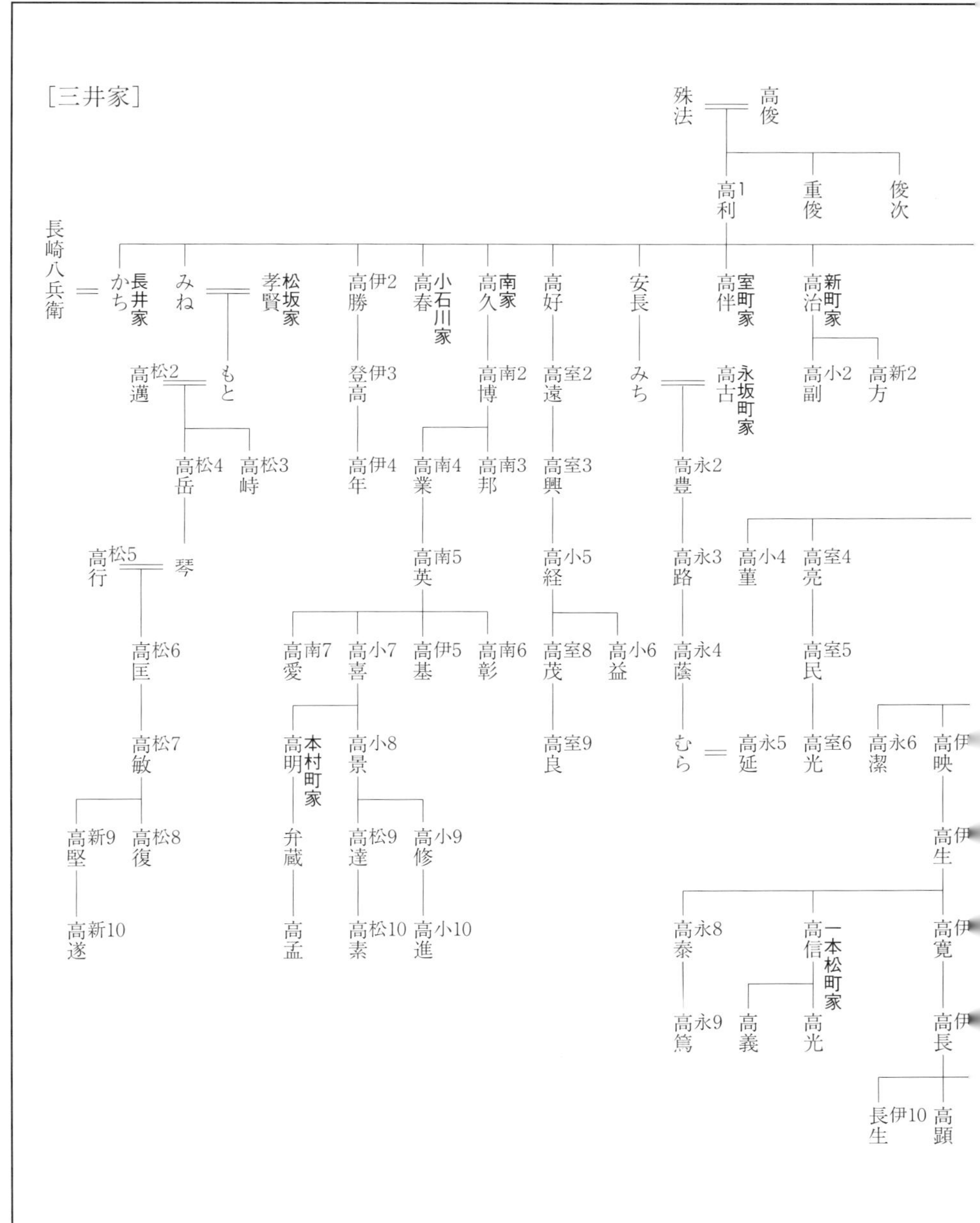

殊法
高俊
高利1
重俊
俊次
長崎八兵衛
かち 長井家
みね
孝賢 松坂家
高勝 伊2
高春 小石川家
高久 南家
高好
安長
高伴 室町家
高治 新町家
高邁 松2
もと
登高 伊3
高博 南2
高遠 室2
みち
高古 永坂町家
高副 小2
高方 新2
高岳 松4
高峙 松3
高年 伊4
高業 南4
高邦 南3
高興 室3
高豊 永2
高行 松5
琴
高英 南5
高経 小5
高路 永3
高董 小4
高亮 室4
高匡 松6
高愛 南7
高喜 小7
高基 伊5
高彰 南6
高茂 室8
高益 小6
高蔭 永4
高民 室5
高敏 松7
高明 本村町家
高景 小8
高良 室9
むら
高延 永5
高光 室6
高潔 永6
高映 伊
高堅 新9
高復 松8
弁蔵
高達 松9
高修 小9
高生 伊
高遂 新10
高孟
高素 松10
高進 小10
高泰 永8
高信 一本松町家
高寛 伊
高篤 永9
高義
高光
高長 伊
長生 伊10
高顕

属したのち、豊臣秀吉の小田原征伐で秀吉に降って本領を安堵された。その後は徳川家康に仕えて六男松平忠輝の養育にあたり、慶長八年（一六〇三）に忠輝が松代一九万石に入封すると、補佐役として信濃飯山で四万石を領した。同一四年家臣団の内紛で改易、元和九年（一六二三）に許されて常陸府中藩（茨城県石岡市）一万石を立藩した。のち一万三〇〇〇石に加増されたが、正保二年（一六四五）三代成郷の死後無嗣断絶。

正保二年（一六四五）、隆庸の二男秀隆が五〇〇〇石を分知されて旗本となった。嘉永五年（一八五二）二〇〇〇石に減知となっている。

子孫は旗本として再興した。一族に水戸藩士の皆川家がある。

水無瀬家　○みなせ

公家。藤原北家水無瀬流の嫡流。藤原信輔の四男親信が祖。親兼は承久の乱後出家、隠岐に流された後鳥羽上皇の世話をしたことから、その離宮である摂津国の水無瀬殿（大阪府三島郡島本町）を守り、その崩御に先だって信成が水無瀬の地を与えられた。親成はその地に御影堂を建て、良親の時に再び朝廷に出仕した水無瀬家を称した。室町時代末期に三条西公条の子兼成が家を継いだことから家格が上昇した。家格は羽林家。家職は有職故実。江戸時代の家禄は初め五五〇石、のち六三一石。維新後は、御影堂を水無瀬神宮とし、代々その宮司をつとめる。明治一七年忠輔の時に子爵となり、子忠政は貴族院議員をつとめた。

《系図》493ページ

南家　○みなみ

公家分家。藤原北家。広橋伊光の六男光度は興福寺修南院住職を継いでいたが、明治元年に復飾し、翌二年に堂上に列して南家を称した。養子光は一七年に男爵を授けられた。

《系図》414ページ

南岩倉家　○みなみいわくら

公家分家。岩倉具美の長男具義は安政二年（一八五五）に興福寺正知院を継いでいたが、明治元年に復飾、三年に一家を興して南岩倉家を称した。一七年具威の時に男爵となる。

《系図》88ページ

美濃部家　○みのべ

旗本。近江国甲賀郡蔵田荘美濃部郷（滋賀県甲賀市水口町）発祥。菅原姓で道真の末裔という。戦国時代、貞茂は六角氏に従う。茂濃の時に織田信長に仕えて近江国甲賀郡に住んだ。慶長四年（一五九九）茂益の時に徳川家康に仕え、江戸時代は旗本となった。

壬生家　○みぶ

公家。藤原北家中御門流で園家の支流。江戸時代、霊元天皇の外祖父にあたる園基音の子基起が一家を興して葉川を称し、四代俊平の時に壬生と改めた。家格は羽林家。家職は琵琶。江戸時代の家禄は一三〇石。幕末壬生家を継いだ基修は国事に奔走し、文久三年（一八六三）八月一八日の政変で長州に落ちた（七卿落ち）。維新後は元老院議官、貴族院議員を歴任し、明治一七年子爵、二四年伯爵となる。その子基義は陸軍少将となり、現当主基博は第一ホテル副社長をつとめた。

壬生家 ○みぶ

地下官人の筆頭。小槻氏の嫡流。平安後期以降、代々小槻氏が太政官弁官局吏官を世襲、室町時代に二家に分裂した際の一家。戦国時代に大宮家が断絶して以

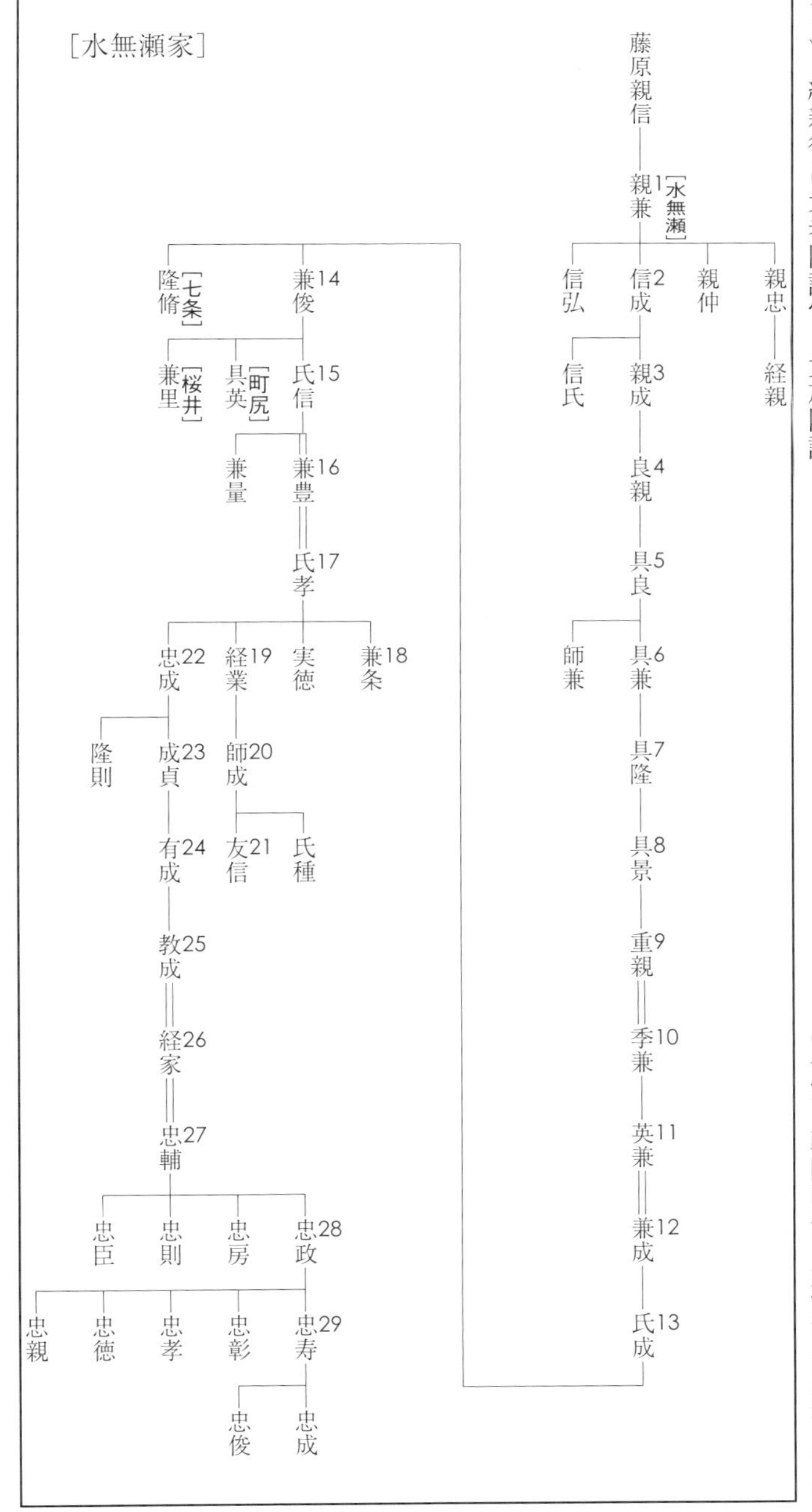

降は、官務家を独占した。江戸時代の家禄は一〇〇石。明治一七年桄夫の時男爵となる。

三室戸家　○みむろど

公家。藤原北家日野流。江戸時代初期、柳原資行の三男誠光が一家を興し、当初は北小路を称したが、寛文五年（一六六五）に三室戸と改めた。家格は名家。家禄は一三〇石。能光は権大納言となっている。明治一七年雄光が子爵となる。為光は東邦音楽大学を創立、現在は東光が学長をつとめている。

水谷川家　○みやがわ

公家分家。近衛忠熙の八男忠起は嘉永元年（一八四八）興福寺一条院門跡となっていたが、明治元年に復飾し、翌二年水谷川を称して堂上に列した。一七年男爵となる。その後、春日大社宮司をつとめた。忠起の跡は近衛篤麿の四男忠麿が継いで貴族院議員をつとめ、その子忠俊は作曲家である。

《系図》211ページ

宮城家　○みやぎ

旗本。大江姓で陸奥国宮城郡（宮城県）発祥といい、鎌倉時代は幕府に仕えていた。室町時代に近江国に転じたという。戦国時代は六角氏に仕え、六角氏の滅亡後、宮城堅甫は織田信長、豊臣秀吉に仕え、慶長五年（一六〇〇）子正重の時徳川家康に仕えて旗本となり、その子和甫は四〇〇〇石を知行した。貞享四年（一六八七）和澄は長崎奉行をつとめている。

また和甫の五男和充も天和元年（一六八一）長崎奉行となり、子孫は一一〇〇石の旗本となった。

なお、堅甫の養子豊盛は豊臣秀吉に仕えて五〇〇〇石を領し、関ヶ原合戦後は旗本となったが、承応二年（一六五三）跡継ぎがなく断絶している。

三宅家　○みやけ

三河田原藩主。備中国児島郡三宅郷（岡山県玉野市）発祥。古代豪族吉備氏の一族で屯倉の管理を行った一族ともいわれる。源平合戦では平家方に属し、佐々木盛綱と児島郡藤戸に戦って敗れている。

中世の児島高徳がこの末裔で中興の祖ともいわれるがはっきりしない。

三河田原藩主の三宅家は、この末裔が三河国加茂郡伊保（愛知県豊田市）に移ったものという。永禄元年（一五五八）康貞の時に徳川家康に仕え、天正一八年（一五九〇）の関東入国の際に武蔵瓶尻で五〇〇〇石を領した。関ヶ原合戦後、慶長九年（一六〇四）に一万石に加増され、三河挙母藩を立藩。その後、元和五年（一六一九）伊勢亀山、寛永一三年（一六三六）三河挙母を経て、寛文四年（一六六四）康勝の時三河田原藩一万二〇〇〇石に入封した。

幕末、康直は蘭学者渡辺崋山を家老に登用、殖産興業によって藩政改革を行ったが、蛮社の獄で華山が自刃したため改革は頓挫した。明治一七年康寧の時に子爵となる。

《系図》495ページ

三宅家　○みやけ

和泉流狂言師。京に住み、代々藤九郎を称した。初代藤九郎は江戸時代初期の人物で、もとは大蔵流に属していたが、和泉流が創設された際に転じた。その後加賀藩の禄を得、禁裏御用もつとめた。維新後、七世藤九郎（庄市）が上京、宮中御能御用掛となった。九世藤九郎は五世野村万斎の二男で人間国宝である。

［三宅家］

- 児島高徳
  - 1高貞 — 2元貞 — 3貞次 — 4貞宣 — 5清貞 — 6師行
    - 7行貞
      - 8政貞
        - 9康貞
          - 10康信
            - 11康盛 — 12康勝
              - 13康雄
                - 14康徳
                  - 15康高 — 19康友
                    - 20康和
                    - 21康明 ＝ 22康直
                      - 忠顕
                      - 正旧
                      - 忠敬
                    - 友信 ＝ 23康保
                      - 24康寧 — 幾子
                        - 幾子 ＝ 25忠強
                          - 26直胖
                      - 誠之助
                  - 貞高
                  - 徳久
                - 近貞（大給家を継ぐ） — 16康之
                  - 17康武
                  - 18康邦 — 忠宝
              - 康方
            - 康重（旗本） ＝ 良寛 — 康敬 — 康英
          - 康政（旗本）
            - 康永
            - 定致（旗本）
            - 康広（旗本）
              - 康房
              - 政長（旗本）
            - 康俊
        - 広勝（旗本）
        - 正次（旗本）
      - 重安
      - 兼貞

み

宮成家　○みやなり

宇佐八幡宮大宮司。南北朝時代に、宇佐公世の長男公敦が宮成家を称し、以後到津家とともに大宮司職を世襲した。明治一七年公矩が男爵となる。昭和一一年公勲は爵位を返上し、一四年名字を宇佐に戻している。

《系図》72ページ

宮原家　○みやはら

高家。古河公方足利高基の二男晴直が、関東管領上杉憲房の養嗣子となったが、実子の上杉憲政に家督を奪われたために、上総国宮原（千葉県市原市宮原）に住んで宮原氏を称したのが祖。のち徳川家康に仕えて旗本となり、宝永六年（一七〇九）高家となった。

宮本家　○みやもと

小倉藩家老。宮本武蔵の一族。武蔵は美作国吉野郡宮本（岡山県美作市）の出で、父は新免氏。母方の名字をとって宮本氏を名乗ったものである。武蔵は小倉藩からの仕官の要請に応じず、寛永三年（一六二六）実兄田原久光の子で養子としていた伊織を仕官させた。同八年伊織は家老となり、以後代々家老をつとめた。

明珍家　○みょうちん

甲冑師。平安時代末期、増田宗介が京都・九条に住み、近衛天皇から明珍の姓を与えられたという。以後代々馬具鍛冶師として続き、室町時代からは鍔の製作も行った。伊勢氏の作った鐙の金物も手がけたという。室町時代に一七代明珍信家が武田信玄に仕えて名人といわれた。

一六世紀になると小田原を拠点として関東を遍歴する甲冑師となり、江戸時代になって江戸に定住した。

一門は全国各地に広がるが、とくに仙台明珍家が著名。貞享四年（一六八七）勝信が仙台藩家老である片倉家に仕えた。明治維新後は北海道に移住した。

《系図》497ページ

三輪家　○みわ

萩焼の陶工。慶長の役で朝鮮から連れ帰った陶工の子孫。初代休雪の父が萩に移住したといい、寛文三年（一六六三）に初代が長州藩に召し抱えられた。以後、代々休雪を名乗って長州藩の御用をつとめた。先代の一〇代目、現在の一一代目ともに人間国宝である。

[明珍家]

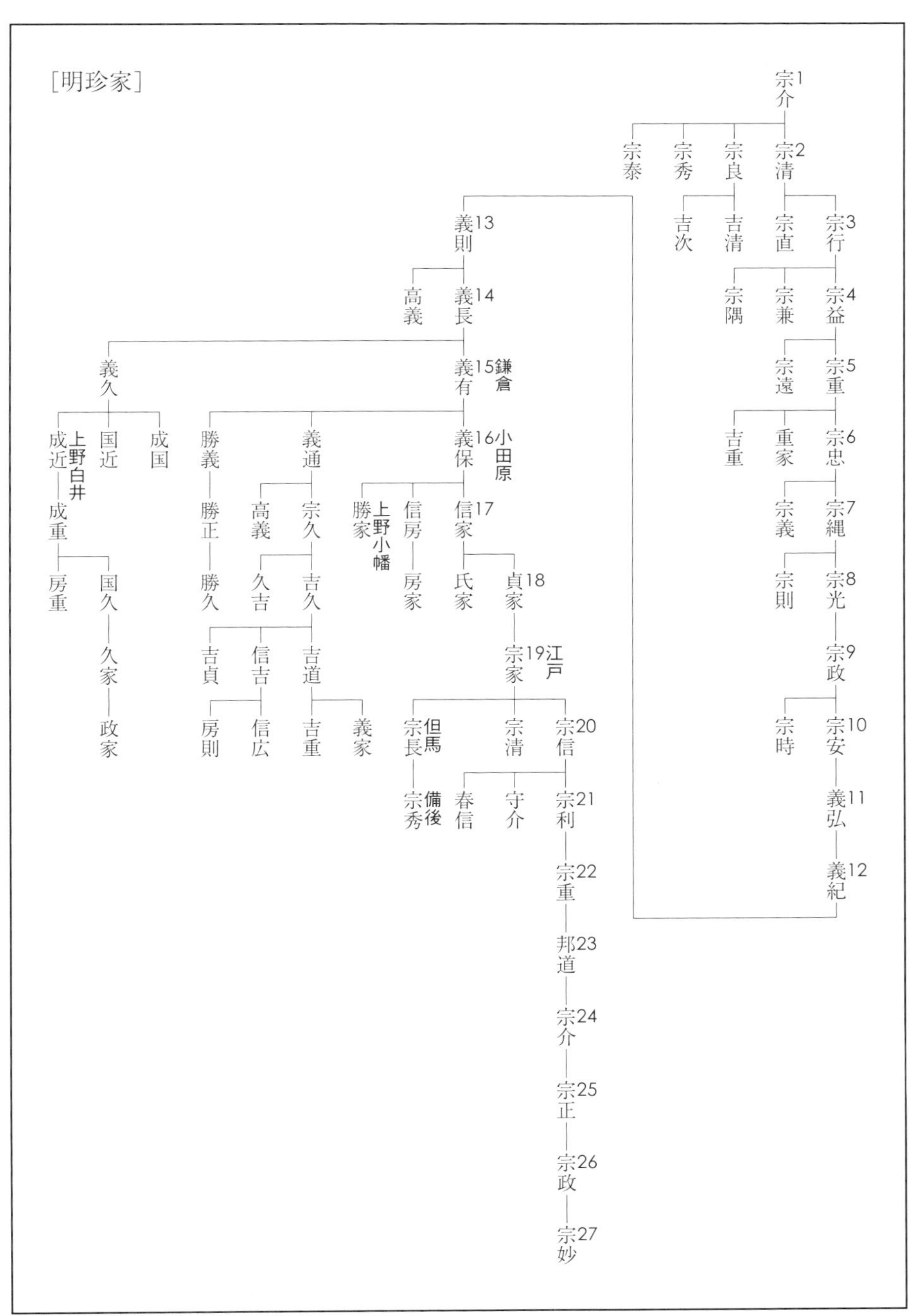
宗介1
宗泰
宗秀
宗良
宗清2
吉次
吉清
宗直
宗行3
宗隅
宗兼
宗益4
宗遠
宗重5
吉重
重家
宗忠6
宗義
宗縄7
宗則
宗光8
宗政9
宗時
宗安10
義弘11
義紀12
義則13
高義
義長14
義久
義有15 鎌倉
成近 上野白井
国近
成国
勝義
義通
義保16 小田原
成重
勝正
高義
宗久
勝家 上野小幡
信房
信家17
房重
国久
勝久
久吉
吉久
房家
氏家
貞家18
久家
吉貞
信吉
吉道
宗家19 江戸
政家
房則
信広
吉重
義家
宗長 但馬
宗清
宗信20
宗秀 備後
春信
守介
宗利21
宗重22
邦道23
宗介24
宗正25
宗政26
宗妙27

む

向家　○むかい

秋田藩家老。戦国時代は陸奥国白川郡黒館（福島県東白川郡塙町）に拠っていた。慶長七年（一六〇二）宣政は佐竹氏の秋田移封にともなって横手搦手城代となり、翌年に家老となった。

向井家　○むかい

旗本・船奉行。清和源氏仁木氏の支流といい、伊勢北畠氏の本拠地田丸の向かいに住んでいたため、向井を称したという。正重の時北畠氏が織田信長に敗れて滅亡したことから武田氏に転じ、駿河持舟（用宗）城で水軍を率いた。正綱の時に武田氏が滅亡、一旦隠棲したが、のちに徳川家康に召し出されて、関東入国後相模・上総で二〇〇〇石を領した。関ヶ原合戦後には五〇〇〇石に加増されたが、嫡流は正保四年（一六四七）跡継ぎがなく断絶している。

宗家断絶後、忠勝の五男正方が船奉行となって、のち二四〇〇石を知行した他、分家も多い。

武者小路家　○むしゃのこうじ

公家。藤原北家閑院流で三条西家の支流。江戸時代初期に、三条西実条の二男公種が一家を興して武者小路家を称した。家格は羽林家。家職は和歌。公種の跡は甥の実蔭が継ぎ、霊元天皇に仕えて、その歌壇の中心人物として活躍した。江戸時代の家禄は一三〇石。明治一七年実世の時子爵となる。

実世の長男公共は外交官として活躍、駐ドイツ大使などをつとめた。また、公共の弟実篤は作家となり、志賀直哉とともに「白樺」を創刊、白樺派を代表する作家となった。公共の子実光はフランス文学者、その弟公秀は政治学者として著名。

村家　○むら

富山藩家老。嵯峨源氏。河勾吉義の子孫という村一慶が播磨三木城主の別所氏に仕えた。別所氏滅亡後、村隼人正と改名し、元和二年（一六一六）三代金沢藩主前田利常に仕えた。寛永一六年（一六三九）富山藩の分藩で、一信が家老となる。家禄は初め三〇〇〇石、のち二〇〇〇石。

村井家　○むらい

加賀藩家老。平氏という。尾張荒子（愛知県）の出で、代々前田家に仕えていた。八家の祖である村井長頼は一四歳で前田利家に仕え、以後数々の戦功をあげ、文禄元年（一五九二）に隠居した際には、一万一二〇〇石余を知行していた。子孫は代々加賀藩家老をつとめ一万六〇〇〇石を領している。明治三三年長八郎は横山家などとともに男爵となった。その子長正は昭和天皇侍従を経て、日本大学教授をつとめた。

大聖寺藩重臣の村井家も一族。大聖寺藩初代藩主利治の小姓だった村井左近が祖で、その子二代主殿は家老に就任。その子初代主殿も家老となったが、公金の不正使用で切腹し断絶した。

村井家　○むらい

陸奥盛岡の豪商。初代茂右衛門は油商人だったが、二代茂兵衛が一代で財をなし、南部藩の勘定奉行にも抜擢された。明治維新後、四代茂兵衛は南部藩の七〇万両の借金の肩代わりをさせられ、新政府によって尾去沢銅山の放出を余儀なくされ、没落した。

村上家　○むらかみ

旗本・旧戦国大名。信濃国更級郡村上郷（長野県埴科郡坂城町）発祥。清和源氏。嘉保元年（一〇九四）源仲宗の子顕が村上郷に流され、子為国の時に村上氏を称した。保元の乱では崇徳上皇方につき、源平合戦では基国・信国兄弟は義経に従っている。鎌倉時代は御家人となり、一族を北信濃に多く分出した。南北朝時代義光は南朝に属し、護良親王に従う。戦国時代は葛尾城（長野県埴科郡坂城町）に拠り、天文一〇年（一五四一）海野氏を追放して北信を支配した。同二二年（一五五三）武田信玄に敗れて、越後に逃れた。

義清の子義勝は織田信長に仕え、その子勝重が徳川家康に仕えて、関東入国後上野平塚で一〇〇〇石を領した。江戸時代は旗本となり、一〇六〇石を知行した。

村上家　○むらかみ

長州藩士・村上水軍の末裔。信濃村上氏の一族。鎌倉時代備後国因島中荘の公文職となり、世襲。永享六年（一四三四）幕府から海上の警固を命じられて水軍に発展し、因島・来島・能島の三家に分裂した。

因島村上氏は長崎城（広島県尾道市因島土生町）に拠る。正長元年（一四二八）吉豊は多島地頭となる。戦国時代は毛利氏に従い、江戸時代は長州藩士となった。

能島村上氏は伊予国越智郡能島（愛媛県今治市宮窪町）を本拠とし、室町時代は河野氏に従った。戦国時代は毛利氏に従い、江戸時代は長州藩士となった。

来島村上氏はのちに久留島氏と改称し、江戸時代は独立した大名となった。

→久留島家

村上家　○むらかみ

隠岐の豪商。村上水軍と同族といい、代々隠岐の公文をつとめていた。承久三年（一二二一）に後鳥羽上皇が配流された際には村上家が上皇の世話をし、上皇の没後は代々墓守をつとめる。戦国時代には海士郡因屋城（島根県隠岐郡海士町）に拠っていた。江戸時代は海運業を営み、豪商として知られた。また、慶長一四年（一六〇九）猪熊事件によって配流された飛鳥井雅賢から蹴鞠を伝授された際に「助九郎」の名を賜ったといい、以後代々助九郎を名乗っている。

村山家　○むらやま

新潟県十日町市松之山の豪農。天領の出雲崎代官支配下にあった浦田口村の庄屋をつとめていた。明治以降当主は、松之山の村長や町長を歴任、その邸宅は大棟山美術博物館として公開されている。また村山家は銘酒「越の露」の醸造元としても知られる。村山政光は、昭和三八年に四軒の醸造元が合併してできた新潟第一酒造の初代社長もつとめた。政光は文豪坂口安吾の甥でもある。

村山家　○むらやま

松前の豪商。江戸中期、能登国羽咋郡安部屋村（石川県羽咋郡志賀町）生まれの初代伝兵衛が蝦夷に渡って松前に住み、阿部屋と号して廻船業を構えたのが祖。三代目伝兵衛直旧の時に藩主や有力家臣の場所請負人となって急成長、安永年間には名字帯刀を許された。天明二年（一七八二）には町奉行下代兼町年寄となり、寛政七年（一七九五）には松前湊の問屋株も取得、松前を代表する豪商となった。

室賀家　○むろが

旗本。清和源氏頼清流。屋代正重の子勝永が信濃国小県郡室賀郷（長野県上田市）に住んで室賀氏を称し、武田信玄・勝頼に仕えた。天正一〇年（一五八二）、武田氏滅亡の際に子満俊が徳川家康に仕え、元和七年（一六二一）三代将軍家光に附属させられた。その子正俊は館林藩主時代の綱吉に仕えて家老となり、七二〇〇石を知行した。のち五五〇〇石の旗本となる。

室町家　○むろまち

公家。藤原北家。鎌倉時代中期に西園寺公経の四男実藤が祖。実藤は室町家とも藪内家とも称し、公重から室町家を称したが、室町時代初期の季顕以降、将軍家を憚って四辻家を名乗った。家格は羽林家。家職は和琴・箏。江戸時代の家禄は二〇〇石。明治一七年公康の時に室町家に復し、伯爵となる。

《系図》501ページ

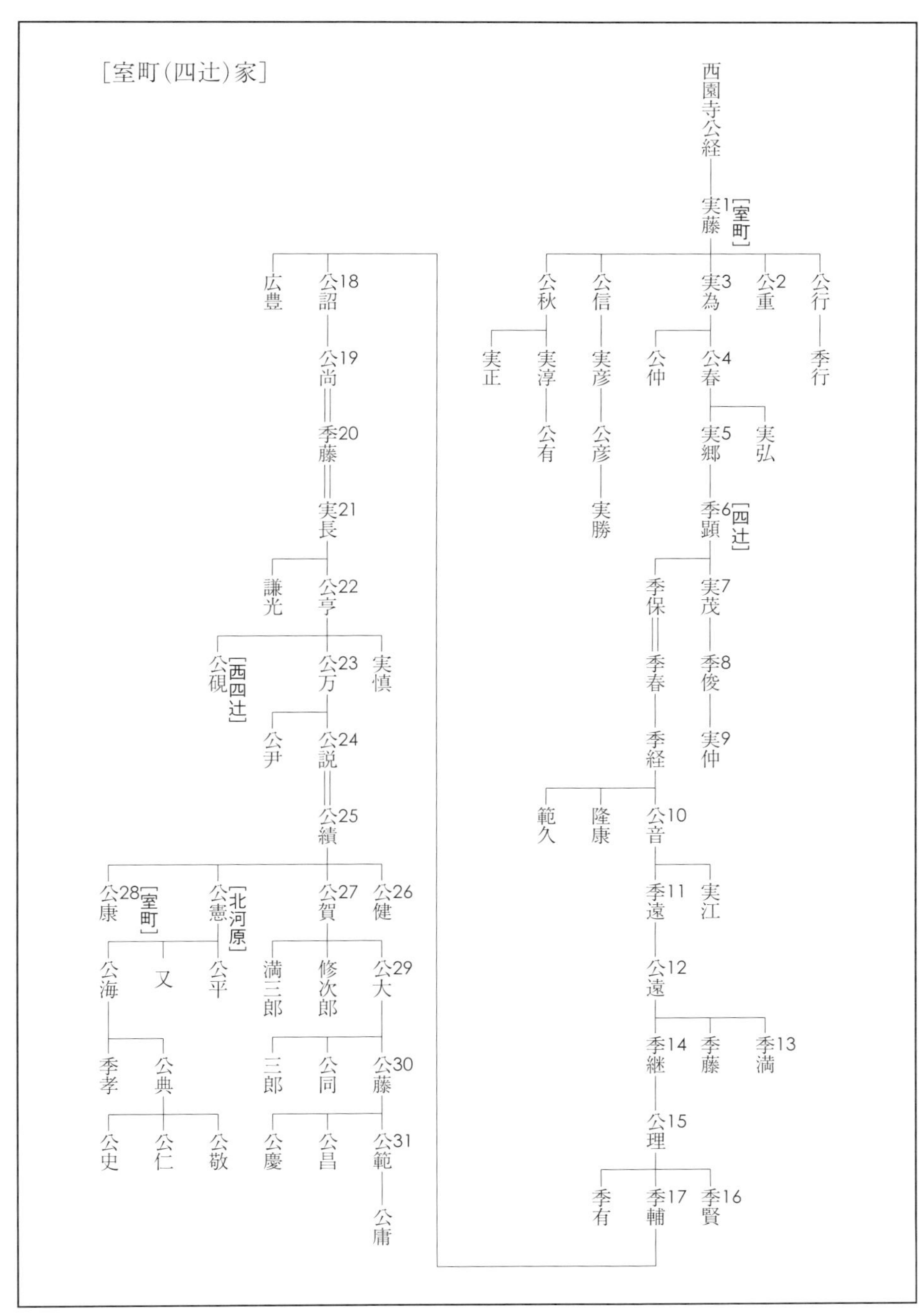
[室町(四辻)家]
西園寺公経
実藤1 [室町]
公行
季行
公重2
実為3
公春4
公仲
実郷5
実弘
季顕6 [四辻]
実茂7
季俊8
実仲9
季保
季春
季経
公音10
隆康
範久
季遠11
実江
公遠12
季満13
季藤
季継14
公理15
季賢16
季輔17
季有
公信
実彦
公彦
実勝
公秋
実淳
公有
実正
公韶18
広豊
公尚19
季藤20
実長21
公亨22
謙光
実慎
公万23
公硯 [西四辻]
公説24
公尹
公績25
公健26
公賀27
公憲 [北河原]
公康28 [室町]
公大29
修次郎
満三郎
公藤30
公同
三郎
公範31
公昌
公慶
公庸
公平
又
公海
公典
季孝
公敬
公仁
公史

目黒家　○めぐろ

新潟県魚沼市の旧家。会津の芦名氏に仕えた目黒氏は、天正一八年（一五九〇）に芦名家を離れ、魚沼の広瀬郷（新潟県魚沼市）で帰農した。初代善右衛門は上条郷一五カ村の肝煎をつとめ、二代目彦兵衛は会津との国境紛争の際に、越後側の代表として江戸に赴いている。元禄年間（一六八八～一七〇四）には二五カ村を代表する庄屋総代となり、宝暦年間（一七五一～六四）には名字帯刀も許された。寛政九年（一七九七）に建てられた邸宅は、昭和四九年に国の重要文化財に指定され、一般公開されている。

食野家　○めしの

和泉国佐野（大阪府泉佐野市）の豪商。楠木氏の末裔という。室町時代中期には佐野に住んで大饗氏を称する武家だったが、初代正久の時に廻船業に転じて食家を称した。のち食野になったという。

江戸時代には、次郎左衛門を名乗る本家と、吉左衛門を名乗る分家があり、廻船業と大名貸で、江戸時代中期には鴻池家とともに関西を代表する豪商に成長した。しかし、幕末には廻船業が振るわなくなり、明治維新で大名貸の回収ができずに没落した。

米良家　○めら

交代寄合。日向国児湯郡米良（宮崎県児湯郡西米良村）発祥。菊池能運の子重為が元米良に入って米良氏を称したのが祖というが、諸説あってはっきりしない。重次の時に米良山眼鏡（西都市）に転じた。

代々米良を領して嶽に住み、戦国時代は伊東氏に属していたが、天正一五年（一五七七）米良重鑑は伊東義祐によって謀殺されている。慶長六年（一六〇一）重隆は徳川家康に仕え、江戸時代は交代寄合となって小川（西米良村）に住み、代々主膳を称した。なお、領地は無高である。明治維新後、忠は菊池姓に戻り、一七年子武臣が男爵を授けられ、貴族院議員をつとめた。

重隆の弟重朝（供）は島津家久に仕えて薩摩米良家となり、子孫は薩摩藩士となった。

この他、一族には人吉藩の重臣となった麓馬場米良家もある。

米良家　○めら

紀伊国熊野の旧家・御師。熊野別当氏の子孫。那智七院のうち実方院（和歌山県東牟婁郡那智勝浦町那智山）の社僧。代々足利将軍家の御師職となり、江戸時代は徳川家の御師職をつとめた。

も

毛利家　○もうり

長州藩主。相模国愛甲郡毛利荘（神奈川県厚木市周辺）発祥。大江広元の子季光が毛利荘を領して毛利氏を称したのが祖。季光は宝治元年（一二四七）の宝治合戦の際に三浦泰村に与して敗れ毛利荘を没収されたが、四男の経光は加担しなかったため、越後刈羽郡佐橋荘（新潟県柏崎市）と安芸国高田郡吉田荘（広島県安芸高田市吉田町）の地頭となった。時親の時に吉田荘に移った。

【長州藩主】南北朝時代、元春は北朝に属す。室町時代には郡山城に拠って一族を高田郡を中心に分出、徐々に所領を拡大していった。

弘治元年（一五五五）元就は厳島に陶晴賢を破って長門・周防・安芸・備後・石見の五カ国を制し、更に永禄九年（一五六六）には尼子氏を滅ぼして中国地方一〇カ国を支配した。子輝元は豊臣秀吉の五大老の一人となり、安芸広島で一二〇万石の大身となった。しかし、関ヶ原合戦で西軍の総大将となったため、長門萩三六万九〇〇〇石に減知。幕末、藩論を討幕に統一し、薩摩藩とともに戊辰戦争で新政府を樹立した。明治一七年元徳の時に公爵となった。

元徳の五男五郎は明治二五年に分家し男爵を授けられ、貴族院議員をつとめた。その子元良も貴族院議員をつとめている。

【徳山藩主】輝元の二男就隆は元和三年（一六一七）三万石を分知され、寛永八年（一六三一）周防下松に陣屋を置いた。同一一年正式に諸侯に列して下松藩四万五〇〇〇石を立藩。慶安三年（一六五〇）藩庁を都濃郡野上村に移して徳山藩と改称した。

享保元年（一七一六）三代元次の時に本藩と対立して除封となるが、同四年に元堯が三万石で再興した。天保七年（一八三六）広鎮の時に四万石に回復。明治一七年元功の時に子爵となる。

【長府藩主】毛利（穂井田）元清の四男秀元が祖。関ヶ原合戦後、長門国豊東・豊西・豊田三郡で三万六〇〇〇石が与えられて長府藩を立藩した。四代元朝は本家を相続、跡を継いだ元矩も享保三年（一七一八）に一五歳で没して一旦断絶した。

同年、清末藩主の元平が匡広と改称して長府藩を継いで再興。天明三年（一七八三）匡芳の時五万石となった。その子元義は文人大名として知られ、梅廼門真門と号して清元「梅の春」を作詞している。

明治二年豊浦藩と改称。一七年元敏の時に子爵となる。

【清末藩主】長府藩主秀元の三男元知が、承応二年（一六五三）一万石を分知されて清末藩を立藩した。享保三年（一七一八）二代元平は匡広と改名して本家に当たる長府藩を継いだため一時断絶した。

同一四年（一七二九）匡広の七男政苗が一万石を分知されて清末藩を再興。子匡邦の時には家督相続をめぐって清末騒動が起きている。

も

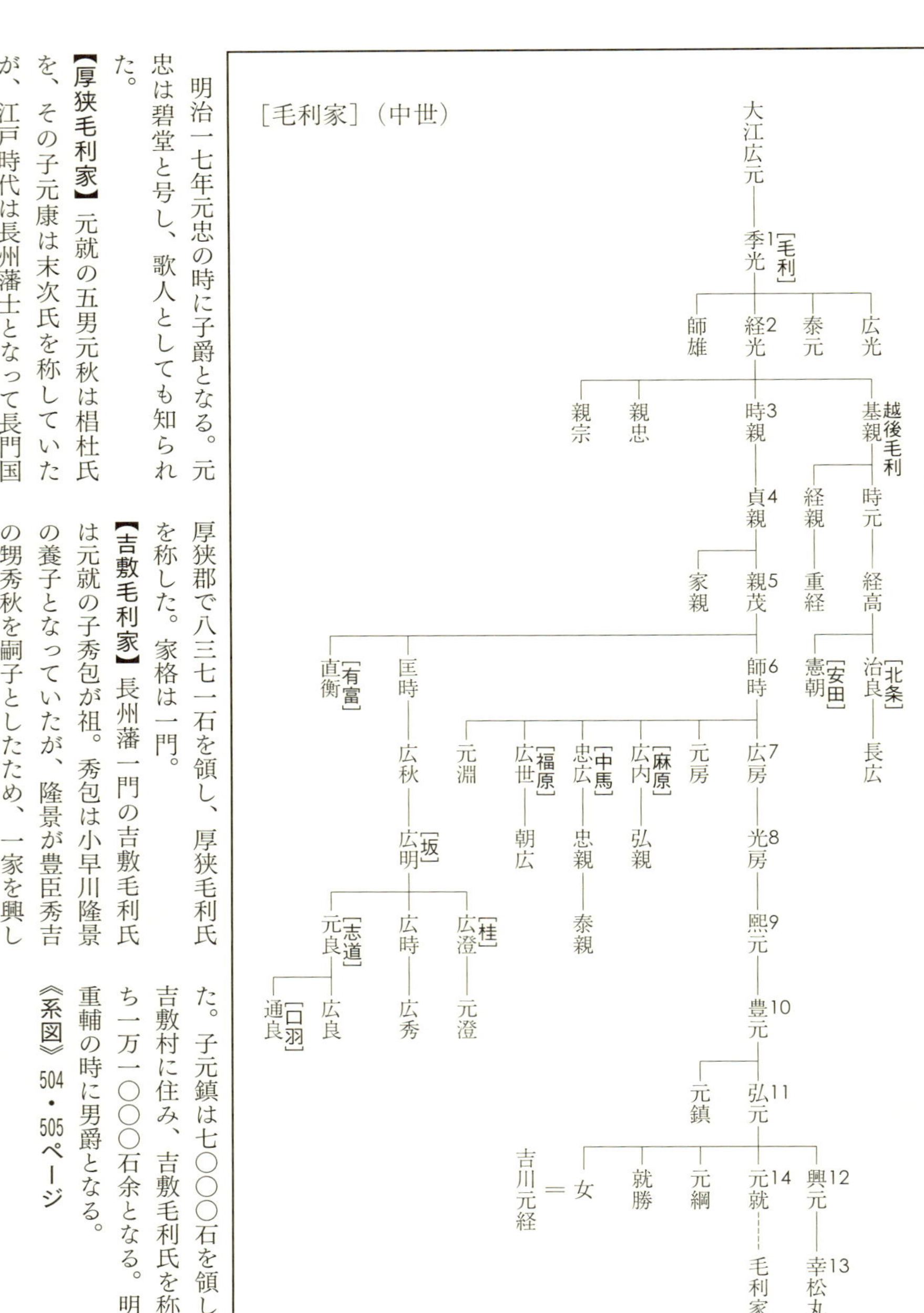

明治一七年元忠の時に子爵となる。元忠は碧堂と号し、歌人としても知られた。

【厚狭毛利家】 元就の五男元秋は椙杜氏を、その子元康は末次氏を称していいたが、江戸時代は長州藩士となって長門国厚狭郡で八三七一石を領し、厚狭毛利氏を称した。家格は一門。

【吉敷毛利家】 長州藩一門の吉敷毛利氏は元就の子秀包が祖。秀包は小早川隆景の養子となっていたが、隆景が豊臣秀吉の甥秀秋を嗣子としたため、一家を興した。子元鎮は七〇〇〇石を領して吉敷郡吉敷村に住み、吉敷毛利氏を称した。のち一万一〇〇〇石余となる。明治三三年重輔の時に男爵となる。

《系図》504・505ページ

［毛利家］（近世）

- 元就14
  - 秀包 — 元鎮（吉敷毛利家）
  - 元康（厚狭毛利家）
  - 元政（右田毛利家）
  - 元倶
  - 元秋
  - 元清
    - 秀元(1)（長府藩）
      - 元知 i（清末藩）
        - 匡広(6)-ii（元平）
          - 重就23・(8)（匡敬）
            - 親著 — 斉元27 — 敬親29
            - 匡芳⑽
              - 元義⑾
                - 元承 vii ＝ 元純 viii — 元忠 ix
                  - 美忠
                  - 元英
                  - 元恒 x
                    - 元博
                    - 元茂 xi — 恵美子 ＝ 元喜
                - 元運⑿
                  - 元功⑩ — 元秀⑪
                    - 功男
                    - 元靖⑫
                      - 就図
                      - 就挙⑬ — 庸⑭
                  - 元敏⒁ — 元雄⒂ — 元匡 — 元海⒃
                - 元寛 — 元周⒀
            - 治親24
              - 熙載
              - 興昶
              - 斉熙26 — 斉広28
              - 斉房25
            - 匡満(9)
            - 重広
          - 政苗 iii — 匡邦 iv
            - 政明 v ＝ 元世 vi
            - 匡民
          - 師就(7)
      - 光広(2) — 綱元(3)
        - 元朝
        - 元矩(5)
        - 吉元21
          - 宗広22
          - 元陳
          - 元朝(4)
  - 隆景
  - 元春［吉川］
    - 広家
      - 就頼（大野毛利家）
      - 広正（岩国吉川家）
    - 元氏 — 元景（阿川毛利家） — 就方 — 就泰
    - 元長
  - 隆元15 — 輝元16
    - 就隆①（徳山藩）
      - 元賢②
      - 元次③
        - 広豊⑤
          - 就馴⑦ — 広鎮⑧
            - 元徳30
              - 八郎
              - 徳敏
              - 五郎
              - 五郎
                - 敬四郎
                - 猷三郎
                - 元親
                - 元良
                  - 正俊
                  - 元維
              - 四郎（小早川家を再興）
              - 三郎
              - 元昭31
                - 元治
                - 元道32
                  - 元敦
                  - 元保
                  - 元宏
                  - 元敬33 — 元栄
            - 元蕃⑨
          - 広寛⑥
          - 広矩
        - 元堯④
    - 秀就17 — 綱広18
      - 吉広20
      - 吉就19

毛利家　○もうり

長州藩一門右田毛利家。藤原南家天野氏の出。天野元定は毛利元就の七男元政を養子に迎え、周防国佐波郡右田（山口県防府市）で一万六〇〇〇石余を領して右田毛利氏を称し、一門に列した。明治三〇年祥久の時に男爵となる。

毛利家　○もうり

長州藩一門吉川系毛利家。阿川毛利家と大野毛利家がある。

阿川毛利家は吉川元春の二男元氏が祖。元氏は天正一五年（一五八七）繁沢氏を称していたが、慶長一八年（一六一三）元景の時に毛利氏と改称した。のち豊田郡阿川に住み、阿川毛利氏を称した。家禄は六〇〇〇石。

大野毛利家は吉川広家の二男就頼が祖。就頼は跡継ぎの絶えた名家吉見氏の名跡を継いで吉見氏を称していたが、のち毛利氏に改称した。家禄は四〇〇〇石。

毛利家　○もうり

豊後佐伯藩主。近江国愛知郡鯰江城（滋賀県東近江市）の城主だった鯰江氏の末裔。鯰江備中守高久が尾張国に転じて、子孫は森氏を称していた。

森高政の時豊臣秀吉に仕えて、備中高松城攻めの際に豊臣方の人質として弟吉安とともに毛利輝元に預けられ、以後毛利氏と改称した。

天正一五年（一五八七）豊後森（大分県日田市）で二万石を領した。関ヶ原合戦では西軍に属して丹波田辺城攻めに参加したが、のち東軍に転じて所領を安堵され、慶長六年（一六〇一）豊後佐伯二万石に転じた。

明治一七年高範の時に子爵となった。

最上家　○もがみ

交代寄合。出羽国最上郡（山形県）発祥。清和源氏。大崎家兼の子兼頼が最上氏を称した。義光の時に最上・村山両郡を制す。天正一八年（一五九〇）豊臣秀吉に従う。

関ヶ原合戦では東軍に属して、上杉氏と戦い、戦後その功により山形で五七万石に加増された。元和三年（一六一七）二代家親が急死、一二歳で三代目を継いだ義俊は内政をまとめられず、酒食におぼれた義俊を擁護する一派と、義俊の叔父にあたる山野辺義忠に分裂。同八年に幕府は山形藩を取りつぶして、義俊には近江・三河で一万石を与え、義俊は近江大森（滋賀県東近江市蒲生）に陣屋を置いて大森藩を立藩した。

寛永八年（一六三一）、義俊が二六歳で死去、跡継ぎの義智はわずか二歳であったことから五〇〇〇石に減知となり、元禄八年（一六九五）高家に列した。のち交代寄合となる。維新後、義運は朝廷に仕えた。

茂木家　○もぎ

千葉県銚子の醤油醸造家。もとは銚子で味噌醸造を行っていたが、明和三年（一七六六）に醤油醸造に切り替えたという。以後、先発の醸造家である高梨家と婚姻関係を結んで閨閥を築く一方、次々と分家を出して別商標で醤油を醸造させ、幕末には銚子の主要産業である醤油醸造の大半を茂木家で醸造した。

大正六年、一一代目七左衛門は、分家である茂木佐平治家、茂木七郎右衛門家、茂木房五郎家、茂木啓三郎家、茂木勇右衛門家、中野長兵衛家と、高梨本家の事業を統合、さらに堀切家、石川家も共同出資して野田醤油を設立した。その後、昭和三九年にキッコーマン醤油、五五年にキッコーマンと改称している。

同社は長く茂木七家が経営していたが、他家から二代目啓三郎を継いだ六代目社長が国際化を成功させて名社長と知られ、現在は茂木・高梨一族以外が経営陣の多数を占めている。

本居家　○もとおり

国学者。桓武平氏で、平頼盛の子孫の建郷が本居氏を称し、その曽孫の直武の時に北畠氏に仕えたというが、本居宣長は古代豪族水取氏の子孫を唱えた。北畠氏滅亡後は小津氏を称して松坂で商人となる。宣長の時に本居姓に復し、以後代々国学者を輩出した。

幕末の内遠は紀伊藩に仕えて、同藩江戸藩邸内の古学館教授をつとめ、長男の豊頴は維新後新政府に出仕、東京女子高等師範教授をつとめるかたわら歌人としても活躍。豊頴の孫が日本の童謡の祖といわれる作曲家の本居長世で、その長女みどり、二女貴美子、三女若葉の三姉妹は童謡歌手として知られる。

茂庭家　○もにわ

仙台藩重臣。陸奥国伊達郡茂庭（福島市）発祥。藤原氏を称す。山城国八瀬に住んで斎藤氏を称していたが、平安末期に関東に下向し、鎌倉初期に茂庭に移ったという。以後代々伊達氏に仕え、戦国末期出羽国置賜郡長井郷（山形県米沢市）に移る。江戸時代は仙台藩士となり、陸奥国志田郡松山（宮城県大崎市松山）で一万三〇〇〇石を領した。家格は一家。分家に太刀上で一三四八石の茂庭家がある。

森家　○もり

播磨赤穂藩主。相模国愛甲郡毛利荘（神奈川県厚木市）発祥で清和源氏。源義家の子義隆が森冠者を称したことに始まるという。頼定は森五郎と称して安嘉門院の判官代をつとめ、頼定の子が各地に広がったという。このうち、二郎定氏の末裔が美濃国に住んで守護土岐氏に代々仕えたというが、異説もある。

天文一一年（一五四二）土岐氏が斎藤道三に敗れたことで可成は斎藤道三に仕えた。永禄七年（一五六四）織田信長に従って美濃金山城主となり、長男長可（長一）・三男蘭丸（成利）もともに信長の家臣となった。とくに蘭丸は信長側近として活躍したが、天正一〇年（一五八二）本能寺の変で討死。豊臣秀吉に仕えた長可も長久手の戦で戦死した。なお「寛政重修諸家説」では蘭丸は長定となっている。

【播磨赤穂藩主】長可の弟忠政は信濃川中島一二万石を領し、慶長五年（一六〇〇）関ヶ原合戦では徳川家康に従って、戦後美作津山一八万六五〇〇石に入封。長継は延宝四年（一六七六）四男長俊に一万五〇〇〇石を分知。

元禄一〇年（一六九七）四月に長成の急死によって末期養子となった衆利が、将軍拝謁の道中の伊勢桑名で発狂し、八月に改易された。その後、隠居していた長継が改めて備中国西江原二万石で再興を許され、八男長直が引き継ぎ、宝永三年（一七〇六）播磨赤穂二万石に転じた。明治一七年忠儀の時に子爵となった。

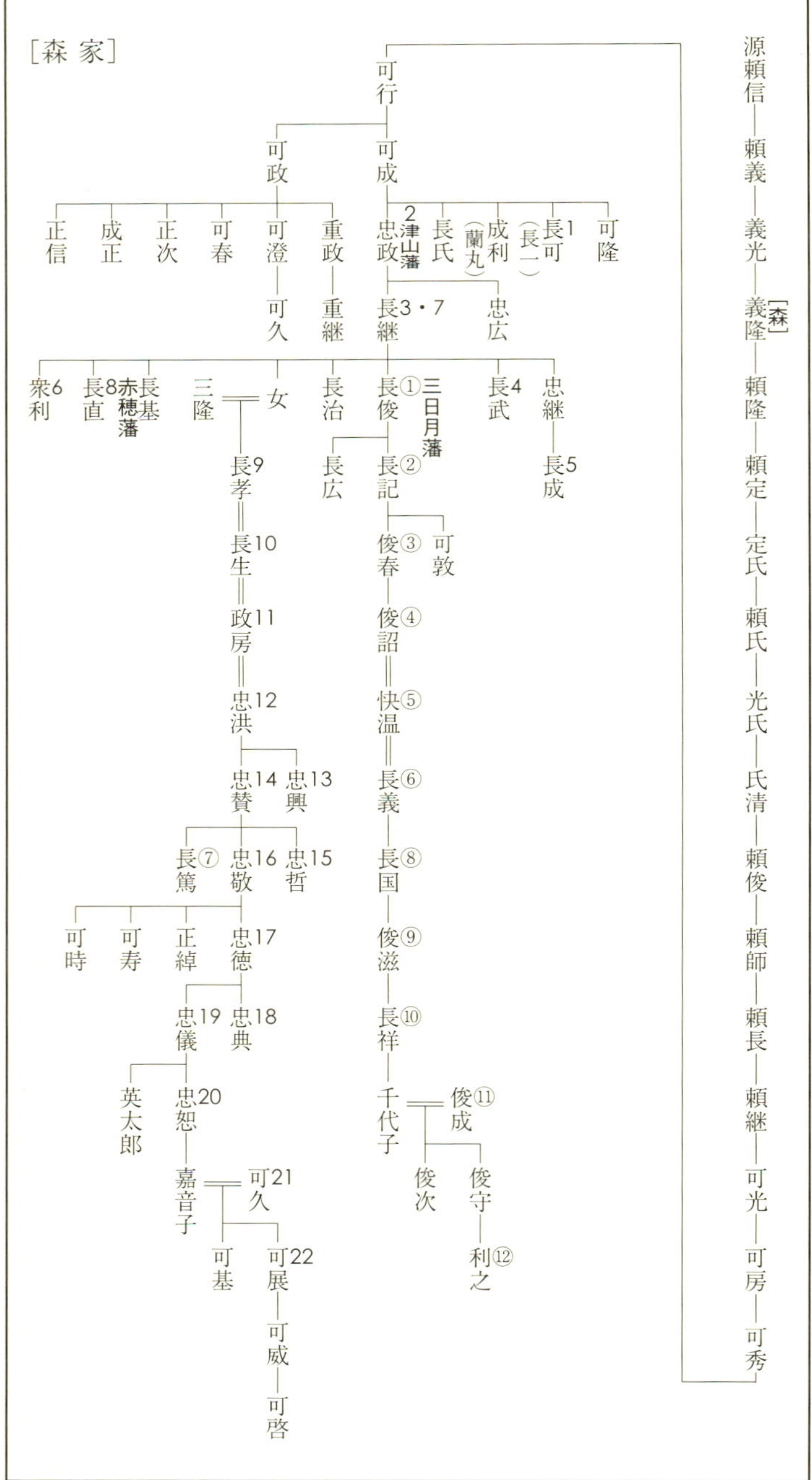

も

【播磨三日月藩主】津山藩主森長継の四男長俊は、延宝四年（一六七六）同国勝田郡の新墾地一万五〇〇〇石を分知され、元禄一〇年（一六九七）播磨国佐用郡三日月に移って三日月藩を立藩した。明治一七年長祥の時子爵となる。

《系図》508ページ

森家　◎もり

薩摩国坊津の豪商。江戸中期に海産物問屋として創業、代々吉兵衛を称した。三代目からはカツオ漁の網元となって財をなした。また、薩摩藩の密貿易も行い、同家屋敷は現在「密貿易屋敷」となっている。

森川家　◎もりかわ

下総生実藩主。宇多源氏六角氏。堀部定泰の子宗氏は尾張国比良郷に住んで堀場氏を称し、小田信秀に仕えた。永禄八年（一五六五）氏俊の時徳川家康に仕え、家康の命で外戚森川家を継いで森川と改称した。文禄元年（一五九二）武蔵・上総で二〇〇〇石を与えられ、江戸時代直系は旗本となった。

氏俊の三男重俊は二代将軍秀忠の側近となって累進、寛永四年（一六二七）下総生実藩一万石を立藩した。翌年には西の丸老中となったが、同九年秀忠に殉死した。四代俊胤、九代俊民は若年寄をつとめている。明治一七年恒の時に子爵となる。

また、重俊の子重名は家光・家綱に仕えて加増を重ね、六〇〇〇石の旗本となった。以後も、重高・俊央・俊因と三代続けて大番頭となった他、幕末の俊迪は旗奉行をつとめている。

この他、旗本には多くの分家がある。

盛田家　◎もりた

陸奥国七戸（青森県上北郡七戸町）で大塚屋と号した豪商。石田三成の末裔と伝える。

元禄年間頃に近江国の出の初代石田喜平治が大塚屋と号して七戸で創業したのが祖。五代目喜右衛門は松坂屋、江州屋の二店を出して酒造業や呉服業などで七戸随一の豪商となり、宝暦六年（一七五六）に喜右衛門が名字帯刀を許された際に、石田家の「田」と盛岡藩の「盛」をとって盛田家と名乗った。

維新後、明治二〇年に一〇代目喜平治は牧場を開設。戦後、一二代喜平治は盛田牧場産の競走馬で日本ダービーや天皇賞を制している。

七戸町の初代民撰町長となった盛田文造も一族である。

森村家　◎もりむら

ノリタケ・TOTO創業家。遠江国小笠郡森村（静岡県菊川市）発祥という。江戸に出て京橋で武具商となり、四代目市左衛門の時に土佐藩の御用商人となった。幕末、六代目市左衛門は板垣退助の提案で様式武具の生産を始め、戊辰戦争から明治初期にかけて巨利を得た。維新後は、弟の豊とともに輸出用の陶器生産に転じ、明治三七年愛知県愛知郡鷹場村則武（名古屋市西区則武新町）に日本陶器合名会社（現ノリタケカンパニーリミテド）を設立、さらに大正六年には福岡県小倉に東洋陶器（現ＴＯＴＯ）を設立した。この間、四年には男爵を授けられている。七代目市左衛門（開作）は森村学園を創立、日本ゴルフ協会初代会長もつとめた。その跡は松方正義の一二男義行が女婿となって継ぎ、日本フェンシング協会会長もつとめている。

豊の三男勇は昭和一四年に日本人として初めて米国から日本への飛行機による太平洋横断に成功、戦後は全日本空輸社長をつとめた。

諸戸家　○もろと

伊勢の山林地主。もともと木曽岬町の庄屋だったが、幕末の清九郎の代に塩の売買に失敗して家が傾き、桑名に転じた。その子清六は相場で大儲けすると、明治中期から土地の集積を始めた。そして、渋谷から世田谷にかけての土地を買い占めた他、一族で一万町歩ともいわれる広大な山林を手にしている。

また、諸戸家はその閨閥の派手さでも有名。同郷のミキモトをはじめ、日本を代表する実業家がその閨閥に入っている。

や

八木家　○やぎ

旗本・旧戦国大名但馬八木氏の末裔。但馬国養父郡八木谷（兵庫県養父市八鹿町）発祥。但馬国造日下部氏の子孫で、朝倉氏の一族ともいう。一族は但馬各地に広がり、惣領家は八木城に拠って、八木但馬守を称していた。のち但馬守護山名氏に仕えて重臣となった。

戦国末期に山名氏が衰退すると毛利氏に属し、天正八年（一五八〇）豊臣秀吉に仕える。慶長三年（一五九八）光政の時に徳川家康に仕え、関ヶ原合戦後は但馬国で一〇〇〇石を領した。のち四〇〇〇石の旗本となった。

柳生家　○やぎゅう

大和柳生藩主。大和国添上郡小楊生郷（奈良市）発祥。菅原氏。後醍醐天皇に

仕えた永珍が楊生郷を与えられて、柳生氏を称したという。永禄年間、宗厳（石舟斎）は上泉秀綱に神陰流の剣術を学び、新陰流を創始。その後、筒井順慶に属した。天正一三年（一五八五）所領を没収されたが、文禄三年（一五九四）徳川家の剣術指南役となった。五男宗矩は二代将軍秀忠、三代将軍家光の剣術師範となり、とくに家光には側近として仕えた。寛永一三年（一六三六）諸侯に列し、大和柳生藩一万石を立藩、のち一万二五〇〇石となる。正保三年（一六四六）宗矩の没後、その遺言によって所領は三厳八三〇〇石、宗冬四〇〇〇石、義仙二〇〇石に分知され、跡を継いだ三厳は旗本となった。慶安三年（一六五〇）、三厳が急死して宗冬が跡を継ぎ、明暦二年（一六五六）四代将軍家綱の兵法師範、次いで寛文元年（一六六一）には綱吉の兵法師範となり、同八年一万石に加増されて諸侯に復帰した。明治一七年に子爵となる。

仙台藩士の柳生家も一族。元和二年（一六一六）厳勝が伊達政宗に仕えた。

《系図》511ページ

矢倉家　○やぐら

和泉国佐野（大阪府泉佐野市）の豪商。紀伊国吹上から佐野に移り住んだと伝えるが、家系ははっきりとしない。元禄年間には食野家・唐金家と並ぶ豪商となっており、藩の御用金に応じ、五人扶持を

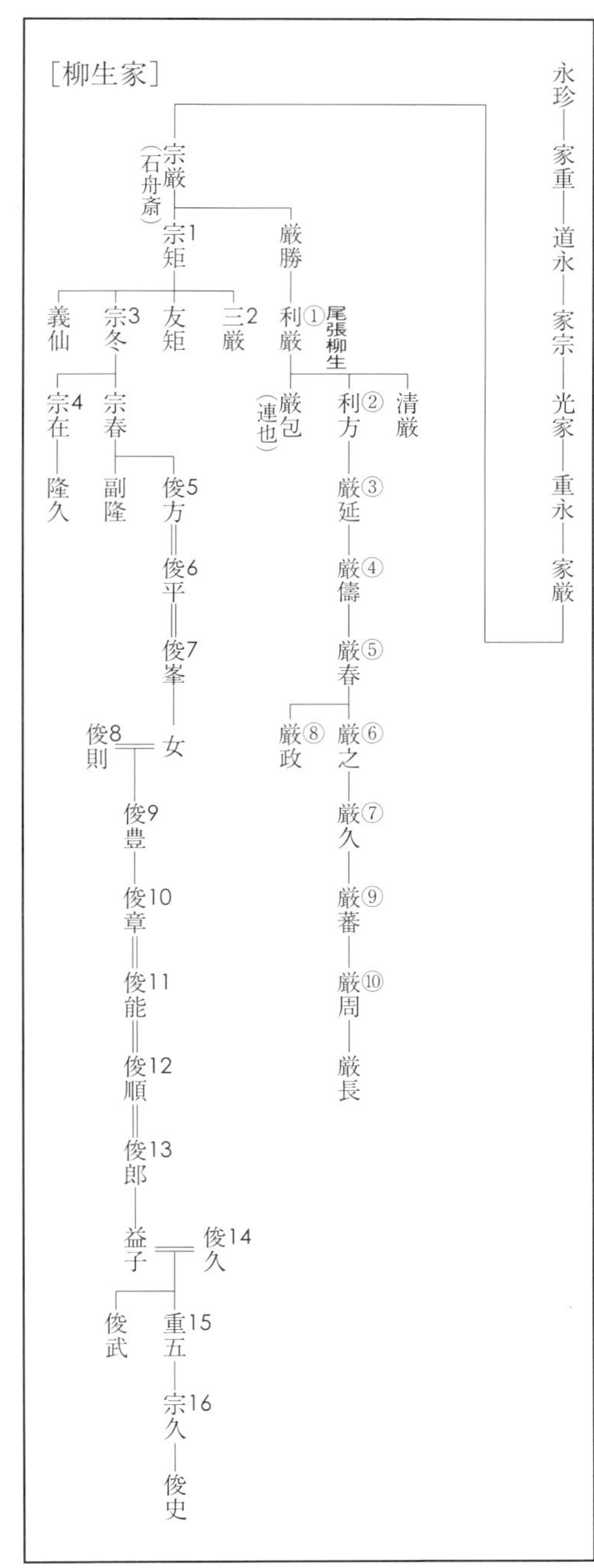

給されていた。

矢崎家　○やざき

甲斐国巨摩郡有野村（山梨県南アルプス市有野）の旧家。信濃国矢崎郷（長野県茅野市）発祥。諏訪氏の一族か。鎌倉初期から矢崎郷を支配していた。戦国時代に武田信玄に仕えて有野村に転じた。武田氏滅亡後は徳川家康に仕えたが、江戸時代は甲斐国巨摩郡有野村で帰農し郷士となった。矢崎秀長は甲府城代の戸田忠尊の命で徳島堰（韮崎市）の工事を行い、寛文一〇年（一六七〇）に完成させている。現存する矢崎家住宅は江戸時代初期に建てられたもので、南アルプス市指定文化財となっている。

矢沢家　○やざわ

松代藩家老。信濃国小県郡矢沢（長野県上田市矢沢）発祥。海野棟綱の子を祖とする系図が伝わっているが、実際にはもっと古いとみられる。観応三年（一三五二）の観応の擾乱に反尊氏派として登場する屋沢八郎はその先祖と考えられる。代々矢沢城に拠り、武田氏、真田氏に従った。関ヶ原合戦以降は真田信之に仕え、江戸時代は松代藩家老となった。

屋代家　○やしろ

旗本・旧安房北条藩主。清和源氏村上氏の一族。信濃国埴科郡屋代郷（長野県千曲市）発祥。村上経業の子仲盛が屋代に住んで屋代氏を称し、村上氏に属した。その後、武田信玄を経て、天正一一年（一五八三）秀正が徳川家康に仕えた。元和八年（一六二二）徳川忠長の家老となり、子忠正は一万石を領した。寛永九年（一六三二）忠長が改易となった際に忠正は連座して越後高田藩主松平光長に預けられたが、同一三年に許され、同一五年安房国安房・朝夷両郡で一万石を与えられ、安房北条藩を立藩して諸侯に列した。三代忠位は川井藤左衛門を登用して財政再建にあたらせたが、大幅な年貢増を図ったことで一揆がおこり、老中に駕籠訴したことで正徳二年（一七一二）に所領が没収された（万石騒動）。

その後、忠位は廩米三〇〇〇俵が与えられて旗本として再興。幕末の忠規は寄合肝煎をつとめている。

安田家　○やすだ

江戸時代の和歌山城下の豪商。塩屋から和歌山城下に移り住み、「雑賀屋」と号して廻船業を中心に、砂糖、干鰯、塩、米などの問屋、さらに新田経営など多角経営を行っていた。代々長兵衛を称した。廻船業は出羽酒田に及んだ他、元文四年（一七三九）に四代目長兵衛が国内で初めてサトウキビを植え、翌年には砂糖生産に成功。以後、その製法を諸国に伝えて流通を独占していたという。また、有田郡小豆島で新田を開発、その功によって城下西側を拝領、雑賀屋町という地名になっている。

柳沢家　○やなぎさわ

大和郡山藩主。甲斐国巨摩郡柳沢（山梨県北杜市武川町）発祥。初め武田氏に従い、武川衆を構成していた。その滅亡後は徳川家康に仕えた。吉保は徳川綱吉に仕えて頭角をあらわし、元禄元年（一六八八）には一万石を与えられ、側用人になった。同七年（一六九四）武蔵川越藩七万二〇〇〇石に入封。その後老中となって宝永元年（一七〇四）には甲斐府中一五万石に加転した。没後享保九年（一七二四）に大和郡山一五万一二〇〇石に移る。戊辰戦争では江戸から常陸平潟へ、越後出兵の際には近江海津に出陣した。明治二年六月、大和の他藩にさきがけて版籍奉還。一七年保由の時に伯爵となる。保恵は宮内省留学生としてヨーロッパに留学して統計学者となり、東京市議会議長、第一生命保険社長などもつとめた。現当主の保徳は物理学者で、奈良教育大学学長をつとめた。

【越後黒川藩主】吉保の四男経隆は、宝永六年（一七〇九）甲斐国八代郡で新田内一万石を分知され、享保九年（一七二四）越後国蒲原郡黒川（新潟県胎内市）に采地一万石を得て諸侯に列し、黒川に陣屋を置いた。領地は黒川・蔵光（のち熊出）・大友の三組四十二カ村である。明治一七年光邦の時子爵となる。

【越後三日市藩主】吉保の五男時睦は、享保九年（一七二四）に越後国蒲原郡内（新潟県新発田市）の三日市・川尻・早道場の三組、五十三（のち四十八）カ村で一万石を与えられて三日市藩を立藩。のち、上館（新発田市）に陣屋を移した。明治一七年徳忠の時子爵となる。

《系図》514ページ

柳原家　○やなぎはら

公家。藤原北家日野流。南北朝時代、日野俊光の四男資明は北朝に仕えて一家を興し、柳原家を称した。家格は名家。本来は紀伝道の家であったが、室町後期以降は、紀伝道の伝統はすたれている。江戸時代の家禄は二〇二石。

幕末、光愛は公武合体派の公卿として活躍、その娘の愛子は明治天皇に仕えて典侍となり、大正天皇の母となった。明治一七年前光の時に伯爵となる。前光の二女は歌人柳原白蓮である。「やなぎわら」ともいう。

《系図》515ページ

藪家　○やぶ

公家。藤原南家貞嗣流だったが、のち北家閑院流となる。家格は羽林家。家職は有職故実。もとは高倉家である。

高倉家の祖は平安末期の藤原範季で、その娘重子は順徳天皇生母（脩明門院）でもある。天正一二年（一五八四）範国は賊に襲われて死去、翌年四辻公遠の子教遠が五歳で継いだが、同二〇年に生家四辻家を継いだために断絶した。慶長五年（一六〇〇）四辻公遠の三男嗣良が高倉家を相続、寛永一四年（一六三七）に藪家と改称した。以後は北家閑院流となっている。江戸時代の家禄は一八〇石。明治一七年篤麿の時に子爵となる。昭和一一年高倉家に戻している。

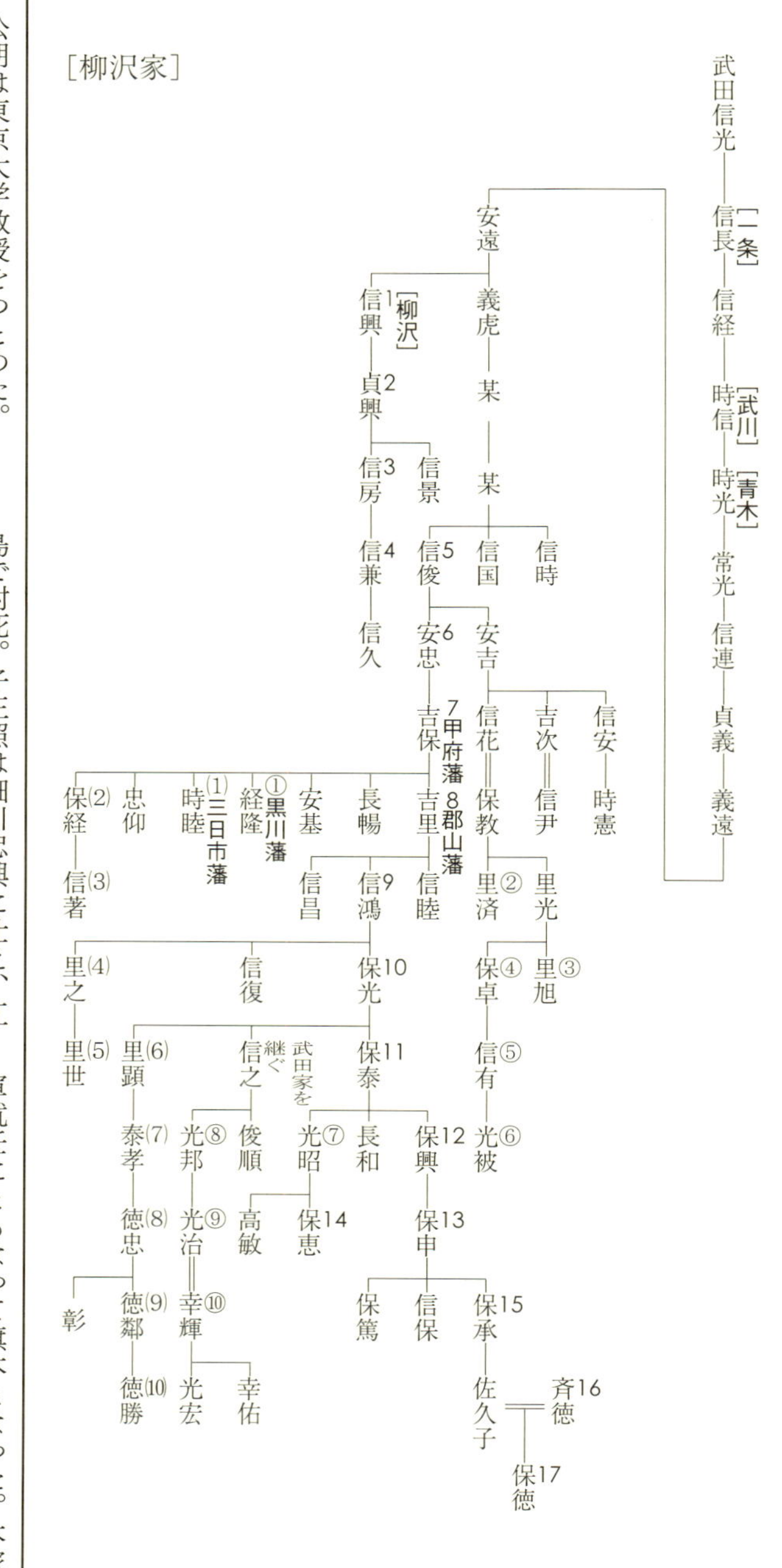

公朋は東京大学教授をつとめた。

藪家　○やぶ

熊本藩家老。山城国紀伊郡伏見藪ヶ里（京都市伏見区）発祥か。藤原氏を称す。藪伊賀守の時に織田信長に仕え、伊勢長島で討死。子正照は細川忠興に仕え、江戸時代は熊本藩家老となった。

藪家　○やぶ

旗本。山城国伏見発祥という。江戸時代は紀伊藩士となったが、吉宗の八代将軍就任にともなって旗本となった。本家は四〇〇石だが、分家に五〇〇〇石の藪家がある。

矢部家　○やべ

江戸・麹町平河町（東京都千代田区）

［柳原家］

日野俊光―資明1［柳原］

資明―忠光2・光済・保光・教光［武者小路］・宗光

忠光―資衡3・資藤［町］・定忠

保光―資家―清光

資藤―忠秀4・資広

忠秀―資綱5―量光6―資定7・資緒

資定＝淳光8―資俊10・資淳9

資俊―茂光11―資行12

資行―資廉13・誠光［三室戸］・方光

資廉―資尭16・秀光14

誠光―徳光［北小路］・資基15

資尭＝光綱17―紀光18・具選

紀光―均光19―隆光20・益季

隆光―光愛21・為遂

光愛―前光22・愛子・資秀・為福

愛子＝明治天皇―大正天皇

前光＝初子―義光23・元一郎

前光＝良―白蓮

白蓮＝宮崎龍介

義光―福子

福子＝博光24―式子

式子＝承光25―順子

順子＝従光26

の名主。麹町は、江戸開府以前は武蔵国豊島郡矢部村で、矢部氏は土着の一族であろう。初代与兵衛が徳川家康から麹町の名主に任じられたという江戸草分名主の一つで、代々与兵衛を称した。江戸時代は運送業者を支配していたという。一四代常倫の時に維新を迎え、一五代常行は明治一一年麹町区長をつとめている。

山内家　〇やまうち

土佐藩主。「やまのうち」と呼ばれることが多いが、正しくは「やまうち」である。藤原北家秀郷流で山内首藤氏の一族。備後国地毗荘（広島県庄原市）の地頭職だった山内宗俊の二子俊家と時俊との間に争いがおこり、丹波国三宮（京都府船井郡京丹波町）に移った俊家が遠祖であると伝える。しかし、戦国時代の久豊までの系譜は不明。久豊の時に尾張に転じ、子盛豊は尾張岩倉城主の織田信安の家老となって黒田城に拠っていた。弘治三年（一五五七）黒田城が織田信長勢に攻められて落城。永禄二年（一五五九）に岩倉城が信長によって落城した際、盛豊と長男の十郎は戦死した。

以後、二男一豊は各地を転々としたのち、天正元年（一五七三）頃豊臣秀吉に仕えた。同一三年に近江長浜で二万石、同一八年には遠江掛川で六万石を領した。関ヶ原合戦では東軍に属し、戦後土佐高知二〇万石余に加転した。のち二四万石となる。

幕末、分家の南家から藩主を継いだ山内豊信（容堂）は四賢侯の一人と称され、家老に吉田東洋を登用して公武合体派の大名として活躍した。安政の大獄で謹慎処分を受けて養子豊範に藩主を譲るが、文久二年（一八六二）に謹慎がとけると、討幕派の土佐勤王党を弾圧して公武合体を推進。慶応三年（一八六七）後藤象二郎の進言で、将軍慶喜に大政奉還を建白した。明治一七年豊範の時に侯爵となる。一八代目豊秋は、平成七年土佐山内家宝物資料館が開館した際に三万点の資料を寄託している。

分家に、中村山内家、指扇（新橋）山内家、麻布山内家（高知新田藩主）、東邸山内家、西邸山内家、南邸山内家、追手邸山内家などがあった。

このうち、南邸豊著の五男豊積は容堂の実弟であることから、藩主に代わって京都で活躍、明治二二年に男爵を授けられた。子豊政は貴族院議員をつとめている。

また、維新後には、豊信（容堂）の長男豊尹が明治一二年に分家して一七年に男爵を授けられ、二四年には子爵に陞爵した他、三男の豊積も三九年に分家して男爵となっている。

【高知新田藩主（麻布家）】二代藩主忠義の四男一安が慶安二年（一六四九）三代将軍家光に御目見し、家綱の小姓となったのが祖。麻布に住んだため麻布山内家といわれた。明暦二年（一六五六）には廩米三〇〇〇俵を賜り、三代豊清の時常陸・下野・上総で三〇〇〇石となって上総小池（千葉県山武郡芝山町）に陣屋を置いた。養子豊産は安永九年（一七八〇）に宗家から廩米一万俵を分与されて一万三〇〇〇石となり、高知新田藩を立藩。

【中村家】慶長六年（一六〇一）山内一豊が土佐に入国した際、弟の康豊が中村で二万石を分知されたのが祖。寛文四年（一六六四）に幕府より三万石の朱印状が与えられ中村藩が正式に承認された。六代豊明は、元禄二年（一六八九）将軍綱吉から若年寄就任を命じられたが固辞したため、所領を没収された。同九年、領地は幕府から本藩山内家に返還された。

【指扇家】二代藩主忠義の弟一唯は一家を興して元和九年（一六二三）に武蔵国足立郡で三〇〇〇石を与えられ、指扇に陣屋を置いて指扇山内家となった。元禄二年（一六八九）四代豊房が宗家を継いだため断絶した。

《系図》517ページ

[山内家]

- 久豊
  - 盛豊
    - 一豊1 = 見性院
    - 康豊
      - 忠義2
        - 忠豊3
          - 豊昌4
        - 忠直（中村山内家）
          - 豊定
          - 豊明
            - 豊成
              - 豊産④（高知新田）
                - 豊穀
                - 豊秀
            - 豊清③
              - 豊救
            - 豊茂
          - 豊次
        - 一安①（麻布山内家）
        - 之豊②
          - 豊則
          - 豊房
      - 政豊
      - 重昌（深尾家を継ぐ）
        - 重照
          - 重直［山内］
            - 規重
              - 豊敷8
                - 豊治
                - 豊儀
                - 豊根
                - 豊雍9
                  - 豊策10
                    - 豊興11
                    - 豊資12
                      - 豊熈13
                      - 庸弥
                      - 豊惇14
                        - 豊廉
                        - 禎馬
                        - 豊誉
                      - 豊範16
                        - 豊景17
                        - 豊静
                          - 豊春
                            - 博春
                          - 豊秋18
                            - 豊功19
                              - 豊浩
                            - 豊厚
                          - 静材
                        - 豊中
                          - 忠
                    - 豊道（東邸）
                    - 豊著（南邸）
                      - 豊信15
                        - 豊融
                        - 豊尹（男爵家）
                          - 豊陽
                          - 豊健
                            - 豊臣
                              - 豊武
                            - 豊路
                            - 豊盛
                            - 豊鎮
                          - 豊久
                      - 豊済
                      - 豊積（男爵家）
                        - 豊政
                          - 豊輝
                          - 秀夫
                            - 正夫
                            - 広子 = 拓男
                              - 豊秀
                              - 豊史
                          - 豊文
                          - 豊保
                      - 豊盈
                      - 豊誉
                      - 豊吉
                    - 長元
                    - 豊栄（追手邸）
                      - 豊章
                  - 豊敬（西邸）
                    - 豊樹
                      - 豊教
                - 豊泰⑤
                  - 豊武⑥
                    - 豊賢⑦ ‖ 豊福⑧
                    - 豊充
                      - 豊誠⑨
                        - 豊英⑩
                          - 豊寿⑪
                            - 一茂
                          - 豊寛
                  - 豊保
      - 一唯（指扇山内家）
        - 一輝
        - 一俊
          - 豊房5
          - 豊隆6
            - 豊常7
          - 豊秀

山岡家　○やまおか

旗本。近江国栗太郡山岡（滋賀県）発祥。大伴氏の末裔。伴善男の子員助は外祖父に育てられて三河国幡豆郡司となり、助高の時に三河国追捕使となって八名郡・設楽郡を領したという。貞景の時に近江国甲賀郡大原に転じて大原氏を称し、景広の時に同郡毛牧郷に移って毛牧氏を称し、さらに景通は同国栗太郡大鳥居に住んで大鳥居氏を称した。永享年間、資広が栗太郡山田岡に勢多城を築城、山田岡を短くした山岡氏を称した。以後、代々勢多城（大津市瀬田）に拠って、六角氏に従った。景隆・景佐兄弟は、徳川家康の伊賀越えに協力している。江戸時代は旗本となり、多くの分家を出している。

山鹿家　○やまが

平戸藩重臣。藤原北家宇都宮頼綱の子家政が山鹿氏を称しており、この末裔か。江戸初期の軍学者山鹿素行が著名。素行の父貞以は蒲生氏に仕えて会津藩士となったが、除封後江戸に移った。素行は林羅山に朱子学を学んだ後小幡景憲に軍学を学び、山鹿流軍学を創始した。のち赤穂藩に招かれ、弟子に大石内蔵助がいる。

弘前藩家老をつとめた山鹿将監は素行の婿養子。素行の門人でもあった津軽信政に請われて弘前藩に招かれ、家老をつとめた。将監はのちに失脚したが、子孫は弘前藩士として続いた。

平戸藩士の山鹿家は素行の二男平馬が明暦元年（一六五五）に松浦鎮信に仕えたのが祖。以後代々平馬と称し、一族には家老をつとめたものもある。昭和三〇年から五期平戸市長をつとめた山鹿光世は素行一三代目の子孫である。

山角家　○やまかく

旗本。藤原南家二階堂氏の末裔の定澄が、山城国宇治山角村に住んで山角氏を称したのが祖とも、北条早雲の重臣大道寺氏の一族ともいう。戦国時代は代々北条氏の重臣だった。

小田原城落城後、天正一九年（一五九一）定吉が徳川家康に仕え、武蔵国多摩郡で一〇五〇石を与えられた。江戸時代は旗本となり、分家も多い。

山川家　○やまかわ

会津藩家老。戦国時代に保科氏に仕え、江戸時代は会津藩士となる。幕末重英の時に家老となり一〇〇〇石を知行した。維新後は、一族から多くの学者や官僚を輩出したことで知られる。明治三一年に陸軍少将の浩、大正四年にその弟で東大総長の健次郎がそれぞれ男爵を授けられた。健次郎の長男洵も東大教授をつとめた。

また、健次郎の妹の捨松は大山巌の妻

となり、明治の社交界で活躍、津田塾大学の創設に尽力したことでも知られる。

山口家　○やまぐち

常陸牛久藩主。周防国吉敷郡山口（山口市）発祥で、大内氏の支流。大内任世の子盛幸が山口氏を称した。のち尾張国愛智郡星崎（愛知県名古屋市南区）に移り、重政の時に織田信長家臣の佐久間正勝に使える。天正一二年（一五八四）の小牧長久手の戦では織田信雄に従って徳川家康に属し、同一四年星崎城で一万石を与えられた。その後伊勢茂福（三重県四日市市）で一万五〇〇〇石に加転。

関ヶ原合戦後、上総国で一万五〇〇〇石を与えられて諸侯に列したが、慶長一八年（一六一三）一旦除封。大坂の陣で功をあげ、寛永五年（一六二八）再興、翌年遠江と常陸で一万五〇〇〇石を領した。寛文九年（一六六九）常陸牛久に陣屋を構えて牛久藩を立藩した。明治一七年弘達の時に子爵となり、学習院教授、貴族院議員をつとめた。

なお、水戸藩士から男爵となった山口家は一族であるという。

山口家　○やまぐち

旗本。清和源氏頼季流で、丹波赤井氏の一族。直之が信濃国山口を領したことから山口氏を称したという。天正一三年（一五八五）直之の子直友が徳川家康に仕え、同一九年下総国千葉郡で三〇〇石を与えられた。のち大和国山辺郡三〇〇〇石となり、伏見城定番もつとめた。その後、分知で二五〇〇石となる。

直友の二男直治は三代将軍家光の小姓となって累進、寛文元年（一六六一）徳川綱重に附属して別家、甲府藩家老となり三〇〇〇石を領した。孫の直安は宝永元年（一七〇四）家宣の西の丸入りに従って旗本に転じ、三〇〇〇石を知行した。子直郷は一橋家家老をつとめ、四代直清は日光奉行、大坂町奉行を歴任。幕末の直言は勘定奉行、大目付をつとめた。

直治の二男直重は、父直治が甲府藩家老となった際に旗本にとどまり、二〇〇〇石を知行して京都町奉行をつとめた。

山口家　○やまぐち

大坂で布屋と号した豪商。大和国山口村の出という。江戸中期に奈良に出て、竹屋と号する商売を始め、天明六年（一七八六）初代半兵衛が大坂で呉服商を開業した。その二男が文政七年（一八二四）に独立して初代吉郎兵衛となり、豪商布屋を築いた。維新後、三代吉郎兵衛政運は山口銀行（のちの三和銀行）を設立、これを中核にして関西に山口財閥を築いた。

山崎家　○やまざき

備中成羽藩主。近江国犬上郡山崎（滋賀県彦根市）発祥。佐々木神主家の出。憲家が源頼朝に仕えて山崎の地頭となったのが祖。以後代々佐々木氏に仕えた。堅家の時に豊臣秀吉に仕えて摂津三田で二万三〇〇〇石を領した。

子家盛は関ヶ原合戦では東軍に属し、慶長六年（一六〇一）因幡若桜（鳥取県八頭郡若桜町）三万石に加転。家治は元和三年（一六一七）備中成羽三万石、寛永一五年（一六三八）肥後富岡四万石を経て、同一八年讃岐丸亀五万石に入封した。明暦三年（一六五七）治頼が八歳で死去したため所領が没収された。

その後、承応元年（一六五二）に治頼から讃岐仁保で五〇〇〇石を分知されていた豊治が名跡を相続、万治元年（一六五八）備中成羽に移り交代寄合となった。明治元年治祇の時に高直しで一万二七〇〇石となり、成羽藩主として諸侯に列した。一七年治敏の時に男爵を授けられた。

山科家　〇やましな

公家。藤原北家四条流。藤原家成の六男（猶子）実教が祖。家格は羽林家。家職は服飾・神楽。南北朝時代の教行から山城国宇治郡山科（京都市東山区）に因んで山科家を称した。戦国時代の言国と言継の残した日記は貴重な資料として知られる。江戸時代の家禄は三〇〇石。明治一七年言縄の時に伯爵となる。

《系図》521ページ

山階家　〇やましな

旧皇族。大正九年山階宮菊麿王の二男芳麿が臣籍に降下して一家を興し、山階家を称して侯爵となった。芳麿は日本を代表する鳥類学者で、昭和一七年山階鳥類研究所を設立した。

また、昭和二二年には航空技術を研究して「空の宮様」といわれた山階宮家当主の武彦も皇籍を離脱して山階氏を称した。

山名家　〇やまな

但馬村岡藩主。上野国多胡郡山名（群馬県高崎市山名町）発祥。清和源氏新田氏の支流。新田義重の子義範が山名に住んで山名氏を称した。義範は治承四年（一一八〇）の源頼朝の挙兵に従い、源義経の平氏追討の軍にも加わって、その勲功の賞として文治元年（一一八五）後白河法皇から伊豆守を受領している。

元弘元年（一三三一）足利尊氏が挙兵した際には、山名時氏が従った。時氏は延元二年（一三三七）伯耆守護となり、興国四年（一三四三）には丹波守護となって山陰に勢力を伸ばした。さらに因幡・丹波・但馬・美作の守護も兼ねた。

元中六年（一三八九）、山名氏の惣領時義が死去した時点で山名一族の領国は、時義の但馬・伯耆・隠岐・備後、義理の美作・紀伊、氏清の山城・和泉・丹波、満幸の丹後・出雲、氏家の因幡の一二カ国を数え、日本全国の六分の一を保有して、六分一殿と呼ばれた。このため、三代将軍義満は山名一族の勢力を削ぐために、山名氏の惣領権をめぐる内訌を利用して明徳の乱を起こさせ、乱後は但馬・因幡・伯耆の三カ国の守護となるなど、一時その勢力が衰えた。

しかし、その後は次第に勢力を回復し、嘉吉元年（一四四一）の嘉吉の乱で赤松義祐を討って再び一〇カ国の守護を

［山科家］

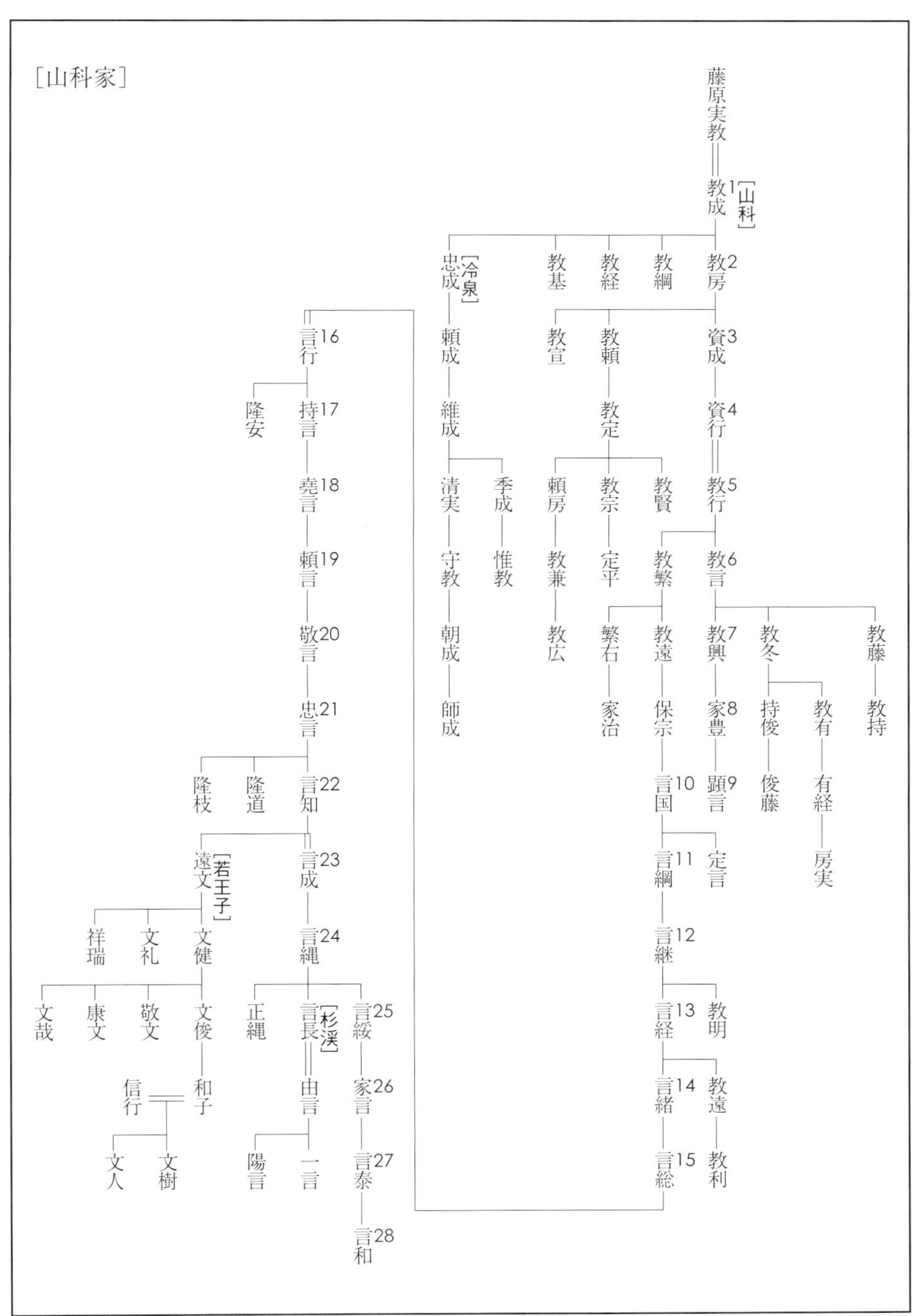
藤原実教
1 教成［山科］
2 教房
教綱
教経
教基
忠成［冷泉］
3 資成
教頼
教宣
頼成
4 資行
教定
維成
5 教行
教賢
教宗
頼房
季成
清実
6 教言
教繁
定平
教兼
惟教
守教
7 教興
教冬
教藤
教遠
繁右
教広
朝成
8 家豊
持俊
教有
教持
保宗
家治
師成
9 顕言
俊藤
有経
10 言国
定言
房実
11 言綱
12 言継
教明
13 言経
教遠
14 言緒
教利
15 言総
16 言行
17 持言
隆安
18 尭言
19 頼言
20 敬言
21 忠言
22 言知
隆道
隆枝
23 言成
遠文［若王子］
文健
文礼
祥瑞
24 言縄
25 言綏
言長［杉渓］
正縄
文俊
敬文
康文
文哉
26 家言
由言
和子
信行
27 言泰
一言
陽言
文樹
文人
28 言和

や

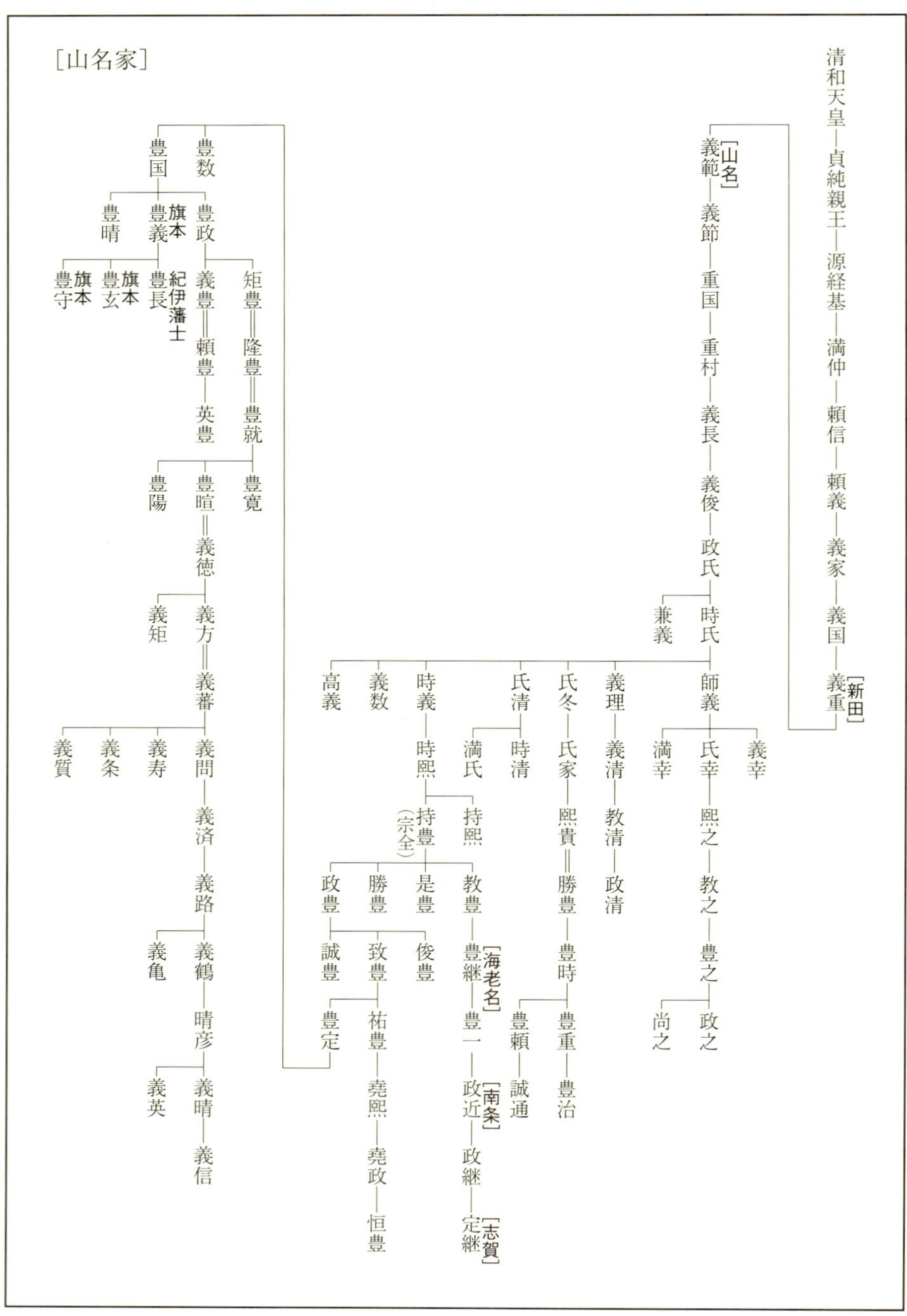
［山名家］
清和天皇―貞純親王―源経基―満仲―頼信―頼義―義家―義国―義重［新田］
義範［山名］―義節―重国―重村―義長―義俊―政氏
兼義
時氏
師義
義理
氏冬
氏清
時義
義数
高義
義幸
氏幸―熙之―教之―豊之
満幸
政之
尚之
義清―教清―政清
氏家―熙貴＝勝豊―豊時
豊重―豊治
豊頼―誠通
時清
満氏
時熙
持熙
持豊（宗全）
教豊―豊継［海老名］―豊一―政近［南条］―政継―定継［志賀］
是豊
勝豊
政豊
俊豊
致豊
誠豊
祐豊―尭熙―尭政―恒豊
豊定
豊数
豊国
豊政
豊義 旗本
豊晴
矩豊＝隆豊＝豊就
義豊＝頼豊―英豊
豊長 紀伊藩士
豊玄 旗本
豊守 旗本
豊寛
豊暄＝義徳
豊陽
義方＝義蕃
義矩
義問―義済―義路
義寿
義条
義質
義鶴―晴彦
義亀
義晴―義信
義英

兼ねるようになった。

応仁の乱では持豊が西軍の総帥をつとめて京の戦乱のなかにあるうちに、各地の領国は国人層の台頭で奪われていった。戦国時代はさらに毛利氏によって浸食されて所領は因幡国のみとなり、山名豊国は鳥取城主に拠っていたが、天正八年（一五八〇）豊臣秀吉に通じて家臣に追放され大名としての山名家は一旦滅亡した。

【但馬村岡藩主】 豊国は豊臣秀吉を経て、徳川家康に仕えて関ヶ原合戦では東軍に属し、慶長六年（一六〇一）但馬国七美郡で六七〇〇石の采地を与えられて交代寄合となり、同郡兎束に陣屋を置いた。三代矩豊の時陣屋を同郡村岡（兵庫県美方郡香美町村岡）に移した。明治元年義済の時一万一〇〇〇石に加増されて諸侯に列し、一七年義路の時男爵となる。

《系図》522ページ

山中家　○やまなか

旗本・旧大名。近江国甲賀郡山中（滋賀県甲賀市土山町）発祥。橘氏で、橘諸兄の子孫という。甲賀二一家の一つ。鎌倉時代は御家人であったと思われる。南北朝時代から柏木御厨の土豪として資料に登場する。戦国時代は六角氏に属し、甲賀郡内の武士の棟梁的存在となった。一族の山中長俊は豊臣秀吉に仕えて一万石を領したが、関ヶ原合戦で西軍に属して除封。子孫はのちに旗本となった。

山井家　○やまのい

公家。藤原北家水無瀬流。桜井兼里の二男兼仍が貞享四年（一六八七）に一家を興して山井家を称した。家格は羽林家。家職は有職故実。明治一七年兼文が子爵となる。

山井家　○やまのい

京都方楽家。太秦氏の一族。平安末期の惟季が祖で、その子基政が鳥羽天皇の笛の師範をつとめて楽家となった。大神姓で通称を山井としていたが、明治時代になって山井を正式な名字とした。

山野辺家　○やまのべ

水戸藩家老。出羽国最上郡山辺（山形県東村山郡山辺町山辺）発祥。清和源氏最上氏。最上義光の子義忠が山野辺氏を称した。最上氏に仕えていたが、その改易後、寛永一〇年（一六三三）水戸藩家老となって一万石を領した。

山村家　○やまむら

木曽代官。大江氏で、近江国甲賀郡山村郷（滋賀県甲賀市水口町）発祥。代々木曽氏に仕えていたが、関ヶ原合戦後、徳川家康から木曽代官に任ぜられた。以後福島に居館を構えて木曽谷を支配した。元和元年（一六一五）木曽が尾張藩領となったのちも引き続き木曽の代官を世襲、一方幕府からも交代寄合として処遇された。九代山村蘇門は尾張藩家老をつとめ、また私塾を開いて木曽の子弟の教育につとめた。一族に旗本となった山村家がある。

山村家　○やまむら

江戸時代の大坂三町人の一つ。祖与三郎則房は大和国添上郡山村（奈良市）の出で、徳川家康が伏見城在城時代に初代与助が召し出されて御大工職となり、二〇〇石四人扶持が与えられた。元和二年（一六一六）大坂に移り住み、釣鐘町に居を構えて、大工・木挽・屋根葺・左官・桶師等を支配した。

山本家　○やまもと

公家。藤原北家閑院流。江戸時代初期の元和年間に阿野実晴の四男勝忠が山本家を称したのが祖。家名は、洞院公守が山本相国、その子実泰が山本左府と称したことに由来する。家格は羽林家。家禄は一五〇石。勝忠は慶安元年（一六四八）参議となった。同三年、勝忠は甥にあたる姉小路実富を養嗣子とし、以後同家は後光明天皇の勅許を得て西園寺家の庶流となった。明治一七年実庸の時に子爵となる。

山本家　○やまもと

出雲国神門郡知井宮本郷（島根県出雲市知井宮町）の豪農。享保元年（一七一六）に初代が二男を連れて分家したのが祖で、中和栗屋（中和）と号した。以後、地主として土地を集積、五代目の時には一五〇〇石に達した。文政四年（一八二一）に家督を継いだ六代の時には最高の格式である小算用格に上り、天保二年（一八三一）の検地帳では高一一九九石である。同家の表門・母屋は延享三年（一七四六）出雲大社造営の棟梁の指図によって造立されたもので、現在は出雲民芸館となっている。

山脇家　○やまわき

和泉流狂言師宗家。宇多源氏佐々木氏の末裔という室町時代前期の佐々木岳楽軒が祖。六世鳥飼和泉守元光の代に山脇家を称するようになり、江戸時代初期の七代山脇和泉守元宜の時和泉流を確立、尾張藩のお抱え狂言師となり、禁裏御用もつとめた。江戸時代末期の元業は名人として知られた。昭和一八年に九世三宅藤九郎の長男から継いだ一九世元秀は芸上では「和泉」を名乗っている。その長男が狂言師の和泉元彌である。

ゆ

由良家　○ゆら

高家。清和源氏新田氏の一族。岩松氏家老の横瀬国繁は、文明元年（一四六九）に岩松家純とともに上野国金山城を築城したが、子成繁（業繁）は岩松氏と対立、岩松氏を金山城から追った。成繁は由良氏と改称、戦国時代に足利氏に属した。天正一三年（一五八五）北条氏に敗れて落城、同一八年豊臣秀吉によって常陸牛久（茨城県牛久市）で四五〇〇石を与えられた。江戸時代は高家となる。

よ

横井家　○よこい

遠江国豊田郡広瀬村掛下（静岡県磐田市）の豪農。戦国時代は北条氏に仕えていたが、その滅亡後遠江に移り、掛下を開拓した。以後代々伝右衛門を名乗って開拓につとめ、各地に横井新田の地名を残した。一三代伝右衛門の時には開発した地域は遠江だけでなく駿河や三河にも及び、一六万町歩にのぼった。

横瀬家　○よこせ

高家。新田氏一族の由良貞房の二男貞顕は延宝六年（一六七八）に召し出されて横瀬家を称し、元禄二年（一六八九）高家となった。七代貞征・八代貞固は高家肝煎をつとめている。

横田家　○よこた

旗本。宇多源氏佐々木氏の一族で、近江国甲賀郡横田（滋賀県甲賀市水口町）発祥という。横田高松は武田信虎・信玄に仕え、三〇〇〇貫を知行していた。天正一〇年（一五八二）の武田氏滅亡後、尹松が徳川家康に仕え五〇〇〇石を知行した。準松の時九五〇〇石となった。九五〇〇石は旗本としては最高禄である。

横地家　○よこち

旗本。遠江国城飼郡横地（静岡県菊川市）発祥。清和源氏で源義家の庶子家永の子孫と伝える。「吾妻鏡」に横地一族の名が多数見える。室町時代は横地城に拠っていたが、文明八年（一四七六）に今川義元に敗れて落城した。その後は武田信玄を経て、一七代義次の時に徳川家康に仕え、江戸時代は旗本となった。

横山家 ○よこやま

加賀藩家老・旗本。武蔵七党の一つ横山党の出で、野内氏の末裔という。祖時隆は美濃の土豪で、その子長隆は稲葉氏、金森氏を経て、天正一〇年（一五八二）に前田利家に仕えた。長隆が賤ヶ岳合戦で戦死すると、跡を継いだ長知は前田利長に仕えて側近となり、三万石を知行した。徳川家康に謀反の嫌疑をかけられた際に、利長に代わって弁解の使者にたったのも長知である。

【加賀藩家老】 長知は前田利常に仕え、以後代々加賀藩家老となり、加賀藩老八家の一つである。その屋敷のあった地は横山町と呼ばれ、直系第一一代の隆平は、明治三三年に男爵を授けられている。

分家の数も多く、明治時代に尾小屋鉱山を発展させ、のちに衆議院議員にも当選した横山章も一族である。

【旗本】 慶長五年（一六〇〇）人質として江戸に出た興知が、同九年に秀忠に召し出されて旗本となったのが祖。元和二年（一六一六）常陸国筑波郡で五〇〇〇石となり、元知は奈良奉行をつとめている。

吉井家 ○よしい

上野吉井藩主。藤原北家で公家鷹司家の一族。鷹司信房の四男信平は、三代将軍徳川家光の正室本理院の弟であることから慶安三年（一六五〇）家光に召し出されて旗本となった。承応二年（一六五三）紀伊藩主徳川頼宣の女と結婚し、翌年松平姓を賜る。延宝二年（一六七四）上野国・上総国で七〇〇〇石を与えられ、宝永六年（一七〇九）信清の時に三〇〇〇石を加増されて諸侯に列し、上野国多胡郡矢田（群馬県高崎市吉井町矢田）に陣屋を置いて矢田藩を立藩した。宝暦年間、信友の時に陣屋を同郡吉井（群馬県高崎市吉井町）に移して吉井藩となる。

明治元年、信勤は松平姓を返上して吉井氏に改称し、翌二年には諸藩にさきがけて版籍を奉還した。一七年信宝の時に子爵となる。

吉住家 ○よしずみ

長唄家元。代々小三郎を名乗る。江戸時代中期の初代小三郎は住吉神社神官（伶人とも）の出で、「住吉」を逆にして「吉住」と名乗ったといわれる。明治二三年に継いだ四世小三郎は名人として知られ、人間国宝に認定され、文化勲章も受章した。現在は六世である。

吉田家 ○よしだ

公家。卜部氏の嫡流。家祖平麻呂は伊豆国の出で、京都の吉田神社の官主となり、以後代々預職を世襲した。もとは冷泉または室町を称していたが、永和四年（一三七八）の花御所築造にあたって、吉田神社に因んで吉田家に改めた。家格は半家。家職は神祇道。明治一七年良義の時に子爵となる。

「徒然草」の著者兼好法師も一族である。

《系図》527ページ

吉田家　○よしだ

医家・旗本。宇多源氏佐々木氏の一族で、近江国吉田（滋賀県）発祥。佐々木秀義の子巌秀が吉田氏を称したのが祖。徳春の時に京都に上って足利義持に仕え、のち医家となった。以後土倉業の傍ら代々足利将軍家の医家をつとめたという。慶長五年（一六〇〇）宗恂の時に徳川家康に仕えて幕府の医師となり、山城国で五〇〇石を与えられて旗本にも列した。

なお、豪商角倉家は一族である。

吉田家　○よしだ

吉田司家。平安時代末期の後鳥羽天皇の時代に相撲節会が復興された際、相撲の故実例式に詳しい吉田家次が越前から召されて「追風」の名と団扇を下賜されたのが祖。二条家に仕えていたが、一五代目の時に朝廷での相撲節会が中絶したことから、万治元年（一六五八）熊本藩五代藩主綱利に仕えた。寛政元年（一七八九）一九代目が横綱の制度を創設、以来横綱を授与している。

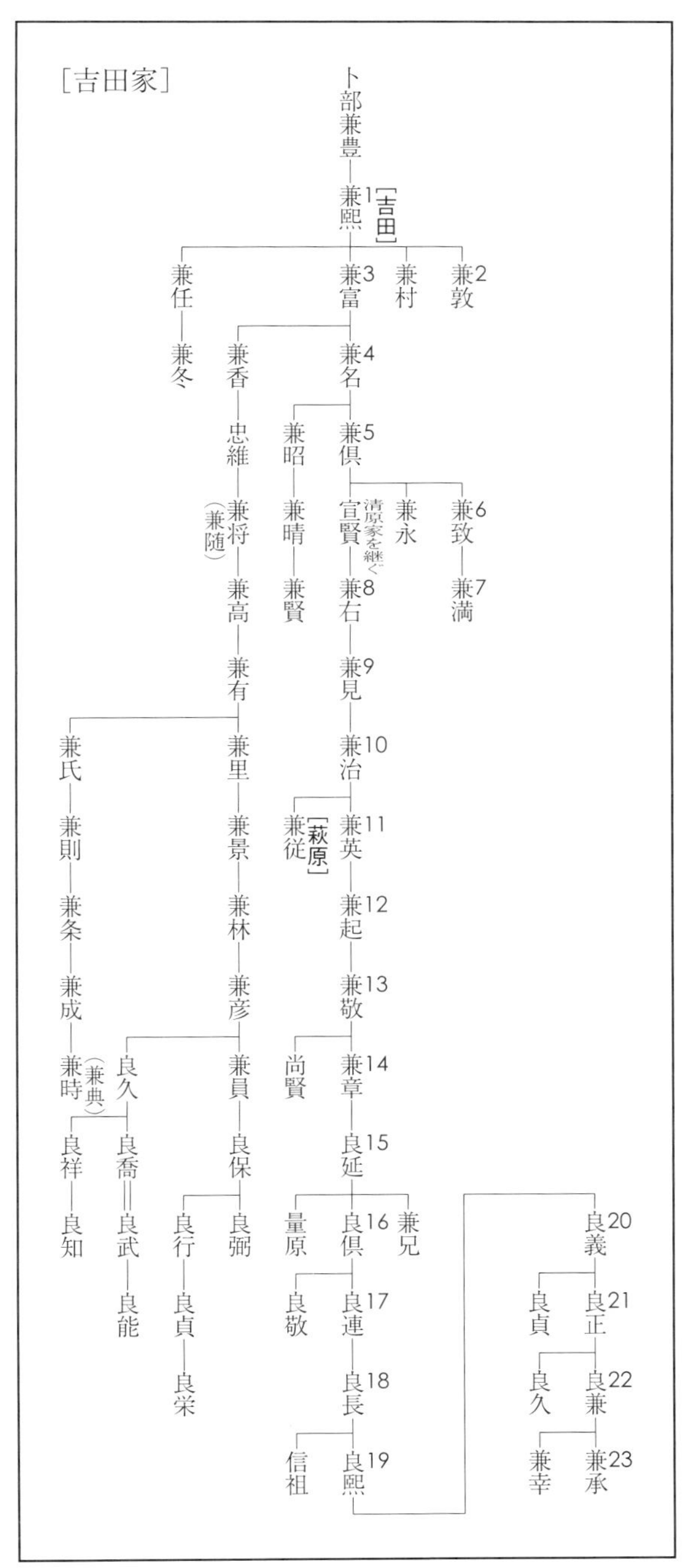

よ

吉村家　○よしむら

大阪府羽曳野市島泉の旧家。宇多源氏佐々木氏の一族で、南北朝時代から戦国時代には丹下を名乗り、同地の国人でもあった。天正年間（一五七三〜九二）に吉村と改め、江戸時代は丹北・八上両郡で三八カ村を支配する大庄屋となった。その住宅は民家としては初めて国の重要文化財に指定されている。

米津家　○よねきつ

武蔵久喜藩主。三河国発祥か。清和源氏土岐氏を称すが、不詳。米津勝政の時に松平清康に仕える。政信は家康に仕え、子康勝の子孫は一〇七〇石の旗本となった。

康勝の弟田政は慶長九年（一六〇四）町奉行となって五〇〇〇石を領し、貞享元年（一六八四）政武の時に武蔵久喜一万二〇〇〇石に入封して諸侯に列した。以後、各地を転々として、寛政一〇年（一七九八）出羽長瀞に移る。明治維新後は常陸竜ヶ崎（茨城県龍ケ崎市）に移った。明治一七年政敏の時に子爵となる。

貞享元年（一六八四）久喜藩主田盛の二男田賢は四〇〇〇石を分知されて旗本となり、大番頭をつとめた。代々、書院番頭や大番頭をつとめたものが多い。

米倉家　○よねくら

武蔵六浦藩主。甲斐国八代郡米倉郷（山梨県笛吹市八代町米倉）発祥。清和源氏武田氏。源清光の子奈胡義行の子孫で、代々武田氏に従い、武川に住んだ。

武田氏滅亡後、忠継は徳川家康に仕え、子信継は一二五〇石の旗本となった。嫡流はその後断絶したが、徳川綱吉に仕えた米倉昌尹は若年寄に進み、元禄一二年（一六九九）下野皆川藩一万五〇〇〇石に入封して諸侯に列した。寛政一〇年（一七九八）昌由の時、武蔵六浦一万二〇〇〇石に転封。明治一七年昌言の時に子爵となる。

元禄一二年（一六九九）、皆川藩主昌尹の二男昌仲は三〇〇〇石を分知されて旗本となっている。

ら

頼家　○らい

広島藩儒。備後国御調郡頼金（広島県三原市頼兼）発祥。橘氏を称す。初めは頼金氏を称していたが、のちに頼氏と改称した。安芸国賀茂郡竹原（広島県竹原市）に住み、紺屋を営んでいた。惟清の三子春水・春風・杏平は儒学や詩文に優れ、「三頼」と呼ばれた。長男の春水は天明元年（一七八一）、三男の杏平は同五年に広島藩儒に登用され、二男春風は家業の紺屋を継承。春水の長男の山陽は二一歳で脱藩して廃嫡されたが、「日本外史」全二二巻を著すなど、江戸時代を代表する漢学者となった。藩儒は山陽の長男の聿庵が継いだ。また、幕末の志士頼三樹三郎は山陽の三男である。

中国文学者の頼惟勤お茶の水女子大学名誉教授は頼山陽、国文学者の頼桃三郎安田女子大学教授は頼春風の末裔。

る

留守家　○るす

仙台藩重臣・伊達家一門。藤原北家。文治六年（一一九〇）伊沢家景が源頼朝から陸奥国留守職に任ぜられて留守氏を称し、代々多賀国府に住んで陸奥を支配した。中世には国分氏とともに、宮城郡の領主であった。南北朝時代は北朝に属し、観応の擾乱では尊氏方についた。

持家のあと伊達持宗の五男郡宗が家督を継ぎ、以後は伊達氏に従って高森城に拠った。江戸時代、伊達晴宗の三男政景が継ぎ、陸奥国磐井郡黄海（岩手県一関市藤沢町黄海）で二万石を領して一門に列し、伊達姓を名乗った。寛永六年（一六二九）宗利の時に水沢一万六〇〇〇石に移り、以後は水沢伊達氏と称した。明治維新後に留守氏に復している。

れ

冷泉家　○れいぜい

公家。藤原北家御子左流。藤原為家の四男為相が祖。為相が祖父定家の旧宅冷泉小路に住んだことにちなむ。家格は羽林家。家職は和歌。室町時代、為尹の子の代に上冷泉家と下冷泉家の二家に分かれた。上冷泉家が嫡流である。

【上冷泉家】江戸時代の家禄は三〇〇石。明治一七年伯爵となる。上冷泉家の時雨亭文庫は「明月記」をはじめ重要文化財級の資料を多数所有することで知られる。

これらの貴重な資料は、同志社大学の近くの冷泉家邸内にある時雨亭文庫で八〇〇年以上保管されてきた。明治維新後、明治天皇とともにほとんどの公家は東京に移り住んだが、冷泉家は京都に残り、文庫を守り続けた。東京は関東大震災と東京大空襲で二度焼け野原になった

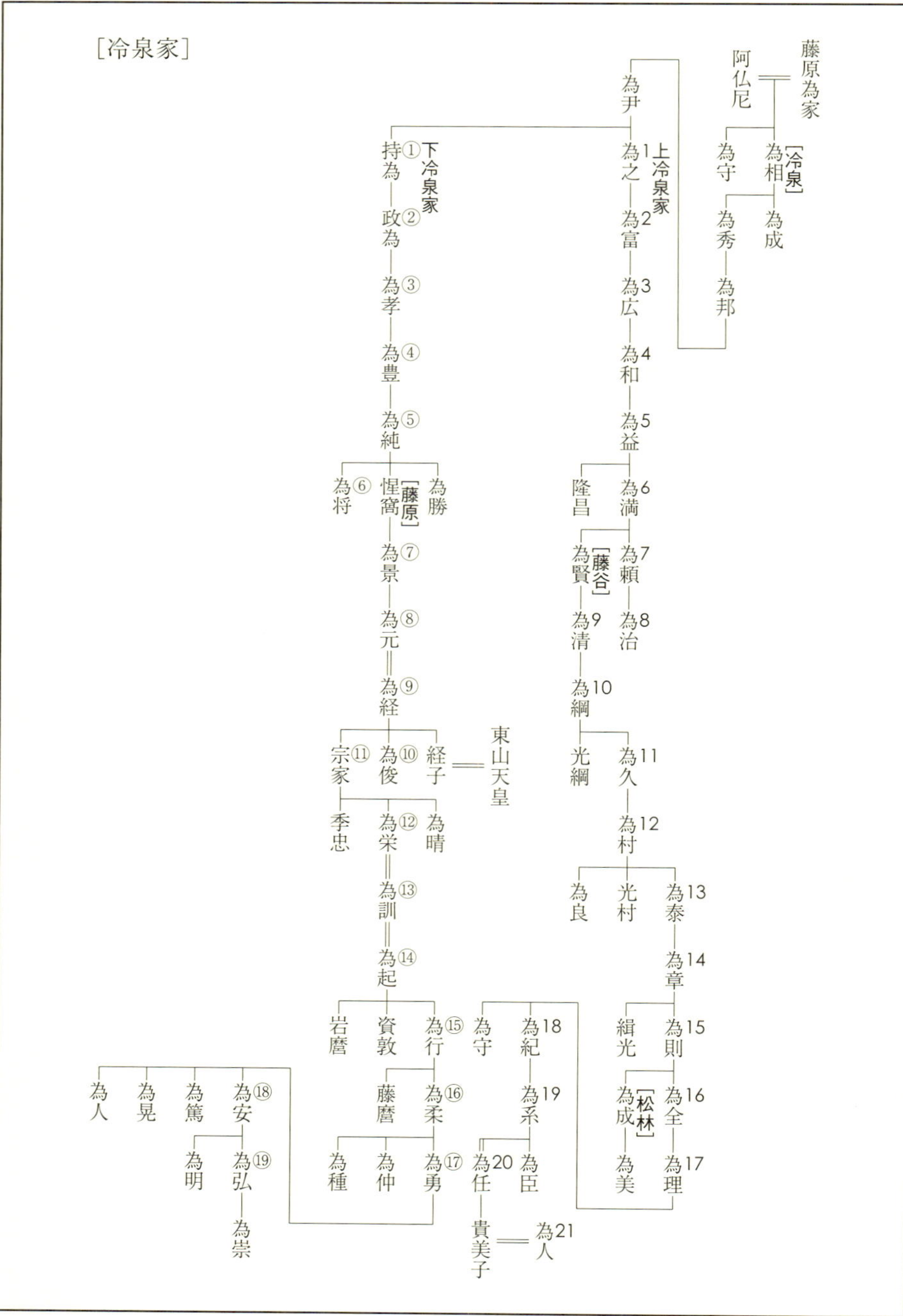
[冷泉家]
藤原為家
阿仏尼
為相 [冷泉]
為守
為成
為秀
為邦
為尹
1 為之 上冷泉家
2 為富
3 為広
4 為和
5 為益
6 為満
隆昌
7 為頼
為賢 [藤谷]
8 為治
9 為清
10 為綱
11 為久
光綱
12 為村
13 為泰
光村
為良
14 為章
15 為則
緝光
16 為全
為成 [松林]
17 為理
為美
18 為紀
為守
19 為系
20 為任
為臣
貴美子
21 為人
① 持為 下冷泉家
② 政為
③ 為孝
④ 為豊
⑤ 為純
為勝
惺窩 [藤原]
⑥ 為将
⑦ 為景
⑧ 為元
⑨ 為経
経子
東山天皇
⑩ 為俊
⑪ 宗家
為晴
⑫ 為栄
季忠
⑬ 為訓
⑭ 為起
⑮ 為行
資敦
岩麿
⑯ 為柔
藤麿
⑰ 為勇
為仲
為種
⑱ 為安
為篤
為晃
為人
⑲ 為弘
為明
為崇

が、京都はこうした被害を受けず、貴重な資料を守ることができた。

この文庫は、長い間知る人ぞ知るという存在だったが、昭和五五年為任が公開して一躍冷泉家の名前が全国に知れ渡った。国宝五点、重要文化財四七点というのは、個人で所有するものとしては破格である。現在の当主・為人は美術史家で、池坊短期大学学長をつとめる。

【下冷泉家】戦国時代、為孝が戦乱をさけて播磨に下向したが、天正六年（一五七八年）孫の為純の時に別所長治に殺され、跡を継いだ為将も出家して一旦断絶した。正保四年（一六四七）一族の為景が後光明天皇の命で下冷泉家を再興した。江戸時代の家禄は一五〇石。明治一七年子爵となった。

《系図》530ページ

ろ

六川家　○ろくがわ

信濃国小県郡の豪農。甲斐国六川（山梨県）発祥というが、信濃国六川郷（長野県上高井郡小布施町）発祥か。関ヶ原合戦後、小県郡長窪古町（小県郡長和町）に住み、寛永一二年（一六三五）小諸藩主松平氏に仕えて佐久郡塩沢原（北佐久郡立科町）に土着し、九〇〇石の新田を開発した。

六郷家　○ろくごう

出羽本荘藩主。出羽国山本郡六郷（秋田県仙北郡美郷町六郷）発祥。藤原南家二階堂氏。天正一九年（一五九一）政乗は豊臣秀吉から六郷で四五一八石を安堵された。関ヶ原合戦では東軍に属して上杉攻めに功をあげ、慶長六年（一六〇一）常陸府中藩一万石を立藩。元和九年（一六二三）出羽本荘二万石に転封となる。戊辰戦争では秋田藩とともに新政府軍に属している。明治一七年政鑑の時に子爵となる。

六条家　○ろくじょう

公家。村上源氏。久我通光の五男通有が六条家を称したのが祖。家格は羽林家。家職は有職故実。子有房は後宇多院の近臣として活躍した。永正九年（一五一二）有定が伊勢国で死去して一時中絶したが、天正四年（一五七六）冷泉為純の四男有広が継いで再興した。江戸時代の家禄は二六五石。明治一七年有熙の時に子爵となる。

現在の当主有康は南九州短期大学学長をつとめる。

《系図》532ページ

六角家　○ろっかく

公家。藤原北家中御門流。葉山基起の三男基維が祖。基維は波多を称したが、元禄一三年（一七〇〇）二代基親の時に霊元院の命で六角家と改めた。家格は羽林家。家職は筆道。家禄は三〇石三人扶持。明治一七年博通の時に子爵となる。

　昭和六二年に亡くなった先代の当主英通は電気工学者で、相模工業大学学長を一三年間つとめた。

六角家　○ろっかく

高家。後水尾天皇の第三皇子守澄法親王が日光山輪王寺門跡となった際に、公家烏丸光広の二男六角広賢が随従したまま京都に戻らず、のちに江戸幕府に仕えて元禄二年（一六八九）高家に列した。

わ

脇坂家　○わきさか

播磨竜野藩主。近江国浅井郡脇坂荘

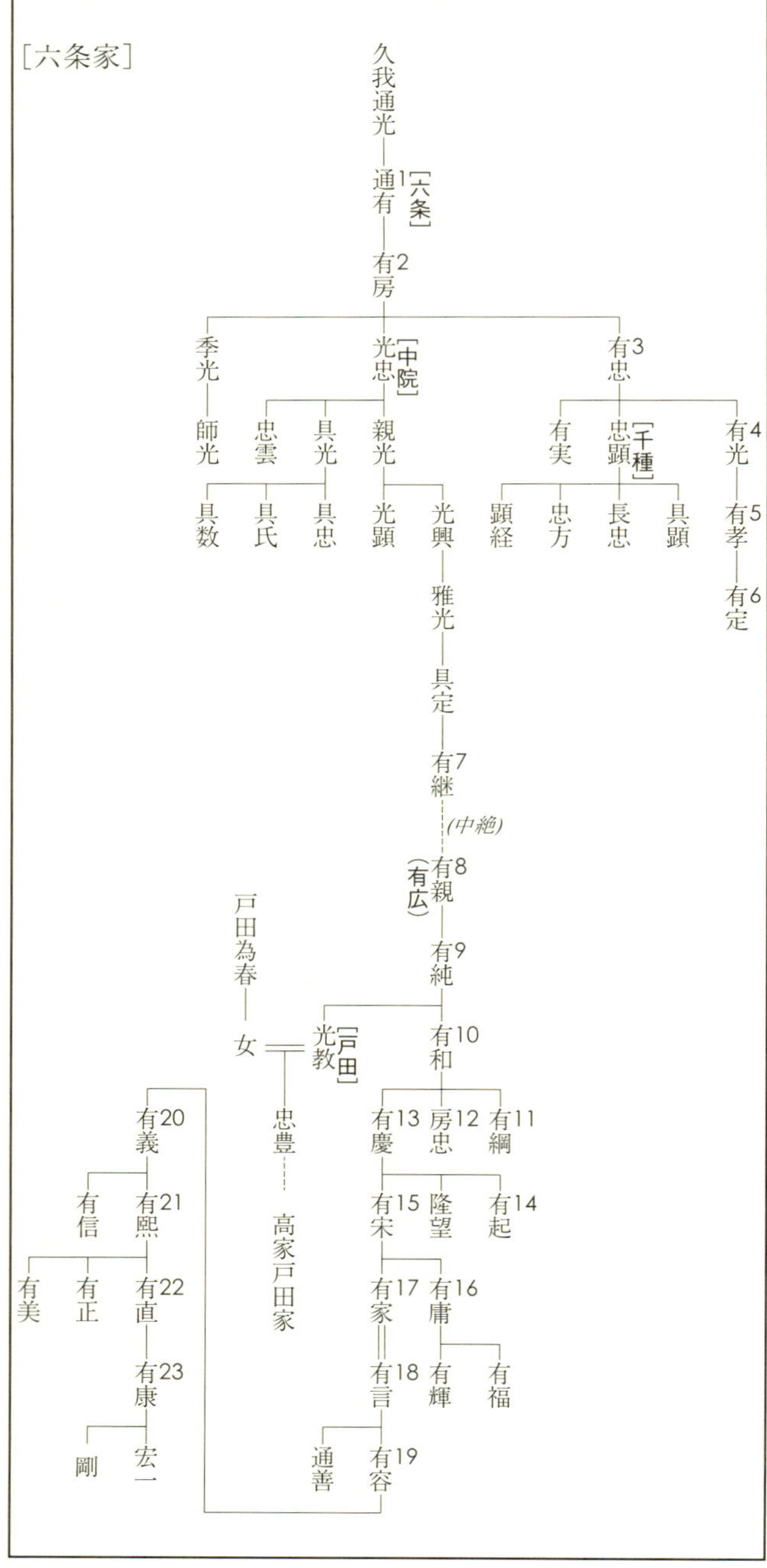

（滋賀県長浜市湖北町）発祥。「寛政重修諸家譜」では浅井氏となっているが出自不詳。永禄一二年（一五六九）安治の時豊臣秀吉に仕え、天正一一年（一五八三）の賤ヶ岳合戦で活躍、七本槍の一人となり、三〇〇〇石に加増。以後累進して、同一三年には淡路洲本で三万石を領した。

慶長五年（一六〇〇）関ヶ原合戦では西軍について小早川秀秋に属したが、東軍に内応して開戦後寝返っている。その後、近江佐和山城を落とし、同一四年伊予大洲藩五万三五〇〇石を立藩。元和三年（一六一七）安元の時信濃飯田五万五〇〇〇石を経て、寛文一二年（一六七二）安政の時に播磨竜野五万三〇〇〇石に転封。天保七年（一八三六）安董は西の丸老中となり、翌八年には本丸老中となっている。子安宅も老中となって大老井伊直弼を補佐した。明治一七年安斐の時に子爵となる。

分家に二五〇〇石の旗本の脇坂家がある。

安治の弟の安景は豊臣秀吉、最上義光を経て、慶長一八年（一六一三）に伊達政宗に仕え、仙台藩士となった。

脇村家　○わきむら

和歌山県田辺市の山林地主。江戸時代は切目屋と号した田辺の薬種商で、名字帯刀を許された際に脇村を名乗っている。七代目の脇村市太郎が山林に投資を始めて資産家となり、山林王として知られるようになった。市太郎は晩年私財を投じて「脇村奨学会」を設立し、地元の学生を支援している。

八代目の義太郎は経済学者で、戦前の東京帝国大学助教授時代に「人民戦線事件」に連座して検挙されたが、七年間の裁判の末に無罪を勝ち取り戦後東大に復帰した。そして、東大経済学部長をつとめる一方、政府のブレーンとして、経済安定本部や外務省、また政府委員会の委員などを歴任した。とくに海運業界の再編成は脇村の功績として知られている。実家が山林王であることから、当時は日本一裕福な学者ともいわれていた。

分部家　○わけべ

近江大溝藩主。藤原南家工藤氏の末裔の高景が足利尊氏に仕えて伊勢国安濃郡安濃の地頭となり、光久の時に同郡分部（三重県津市分部）に住んで分部氏を称したというが、「寛政重修諸家譜」では清和源氏支流とされている。

代々分部城に拠って長野氏に従う。文禄四年（一五九五）に光嘉が豊臣秀吉に従い、慶長二年（一五九七）伊賀上野で一万石を領した。関ヶ原合戦では東軍に属して伊勢安濃津城に拠り、戦後二万石に加増された。元和五年（一六一九）光信の時近江大溝（滋賀県高島市）に転封となった。明治一七年光謙の時に子爵となるが、三五年爵位を返上している。

鷲尾家　○わしのお

公家。藤原北家四条流。四条隆親の三男隆良が東山の鷲尾に住んで鷲尾家を称した。家格は羽林家。家職は有職故実・神楽。文明三年（一四七一）隆頼の死後一時中絶、長享二年（一四八八）四条季経の子隆康が再興した。しかし天文三年（一五三四）隆康の死後再び中絶、慶長六年（一六〇一）に隆康の兄の曽孫が家名を継いで、隆尚となった。江戸時代の家禄は一八〇石。幕末、隆聚は討幕に奔走した公卿として知られる。明治一七年伯爵となった。

また、隆聚の二男隆順は明治一七年に分家し男爵を授けられている。子光遍、孫隆輝は滋賀県大津市の石山寺座主をつとめる。

《系図》534ページ

和田家 ○わだ

鳥取藩家老。近江国甲賀郡和田荘（滋賀県甲賀市甲賀町和田）発祥で、清和源氏。天正年間、和田信維が織田信長に仕えて尾張国黒田（愛知県）で六万石を領したが、のち和田谷に戻った。本能寺の変の後、徳川家康に仕え、子正信は池田輝政に仕えた。江戸時代は鳥取藩家老として四〇〇〇石を領した。

渡辺家 ○わたなべ

和泉伯太藩主。渡辺一族は嵯峨源氏を代表する武家で、摂津渡辺を拠点とした渡辺党の末裔。伯太藩主の渡辺家は三河渡辺氏である。

【渡辺党】嵯峨源氏の源（箕田）宛の子綱は、仁明源氏の源敦の養子となり、母

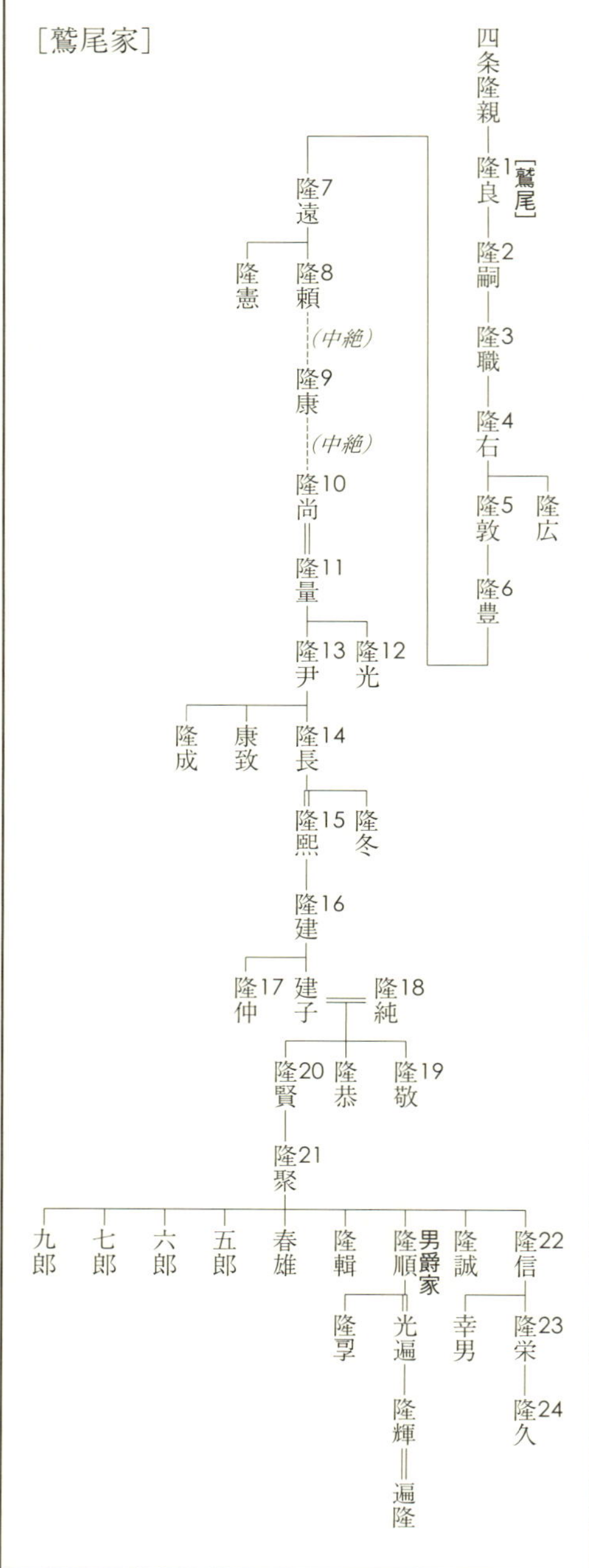

方の里である摂津国西成郡渡辺（大阪市）に住んで渡辺を称した。そして、敦の妻の兄にあたる摂津源氏の源頼光に仕えて、その四天王の一人となった。

以後、満仲の子孫である多田源氏と関係を保ち、摂津国渡辺を拠点に渡辺党といわれる同族集団を形成、水軍を率いて西成郡に勢力を広げた。

平安時代末期、源頼政が挙兵した際に一族の多くが参加したが敗れ、源平合戦では源氏方に属したものの、承久の乱で朝廷方についたため没落した。南北朝時代に南朝に属して一時勢力を回復したが、室町以降は再び没落している。

末裔は各地に広がっており、とくに九州で水軍を率いた肥前の松浦党が著名。大阪・坐摩（いかすり）神社の宮司家、初天神として有名な大阪曾根崎の露天神社の社家も末裔である。

《系図》536ページ

【三河渡辺氏】 摂津渡辺党の一族が足利将軍家に仕えて三河国碧海郡占部（愛知県岡崎市）に移り、延徳三年（一四九一）道綱が松平親忠に仕えたのが祖。徳川家康の関東入国の際に、守綱は武蔵国比企郡で三〇〇〇石を与えられた。その後、尾張藩附家老に抜擢され、江戸時代は代々一万四〇〇〇石を領した。明治三三年半蔵の時に男爵となる。

【和泉伯太藩主】 重綱の五男吉綱が寛永元年（一六二四）に武蔵国比企郡で三〇〇〇石を与えられて旗本として一家を興したのが祖。寛文元年（一六六一年）一万石を加増されて武蔵大井藩一万三〇〇〇石立藩。元禄一一年（一六九八）和泉大庭寺に転じる。享保一二年（一七二七）基綱の時に陣屋を和泉伯太に移し、伯方藩となった。明治一七年章綱の時に子爵となる。

【旗本】 守綱の子清綱は天正一九年（一五九一）に徳川家康に召し出されて旗本となり、使番、目付などを歴任した。家禄三一〇〇石。江戸後期の輝綱は田安家家老をつとめ、その子孝綱は講武所奉行となっている。

【紀伊藩家老】 一族の直綱は紀伊藩士となる。その子令綱は不行跡によって改易され、西条藩初代藩主松平頼純の庶長子で直綱の養子となっていた恭綱が相続、二〇〇〇石を知行した。その子豊綱は家老となって三〇〇〇石に加増された。

《系図》537ページ

渡辺家　〇わたなべ

旗本。三河渡辺氏だが、伯方藩主の渡辺氏とは別流。渡辺安の孫の昇の子孫である競は、三河国八名郡和田村（愛知県）に移り松平信忠に仕えた。盛は徳川家康に仕えたが、元亀元年（一五七〇）討死。その子永も同三年三方が原の合戦で討死したことから、叔父の光が跡を継いだ。勝は旗本となって七〇〇石を賜り、正は二五〇〇石に加増されて寄合に列したが、のち断絶した。

また、光の弟の茂は大番頭となり、大坂の陣で功をあげて近江で七〇〇〇石を領した。のち五〇〇〇石となる。

《系図》537ページ

度会家　〇わたらい　→　**松本家**

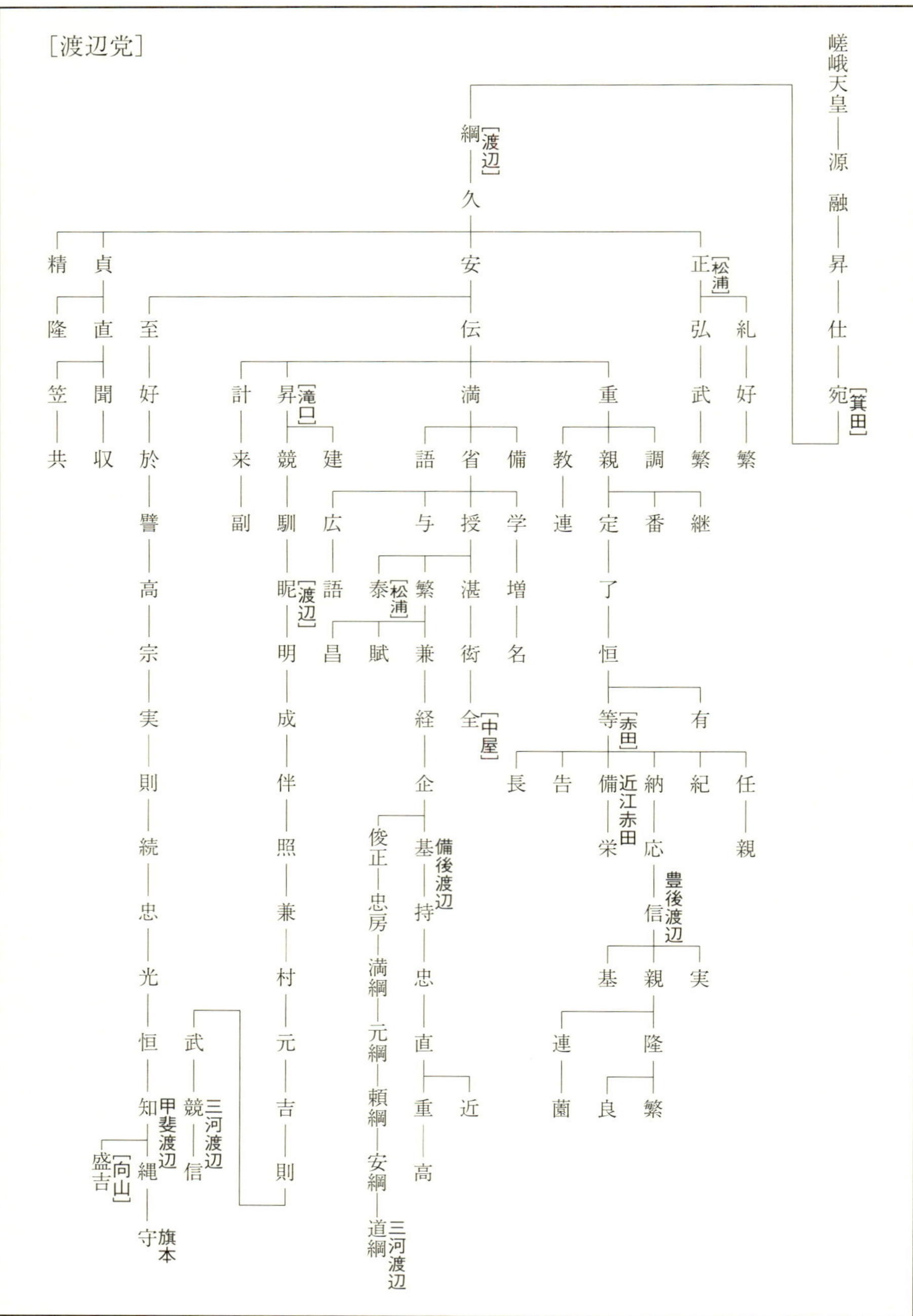

[渡辺党]
嵯峨天皇—源融—昇—仕—宛[箕田]
綱[渡辺]—久
精
貞—直—聞—収
隆
笠—共
安
至—好—於—譬—高—宗—実—則—続—忠—光—恒—知 甲斐渡辺
縄—守 旗本
盛吉[向山]
伝
計—来—副
昇[滝口]—競—馴—昵[渡辺]—明—成—伴—照—兼—村—元—吉—則
建
武—競 三河渡辺—信
満—省—授
語
備
広—語
与
学—増—名
泰[松浦]
繁—兼—経—企—基 備後渡辺—持—忠—直—重—高
近
俊正—忠房—満綱—元綱—頼綱—安綱—道綱 三河渡辺
湛—銜—全[中屋]
昌
賦
重—親—定—了—恒—等[赤田]
教—連
調
番
継
有
長
告
備 近江赤田—栄
納—応—信 豊後渡辺
紀
任—親
基
親—隆—繁
連—藺
良
実
正[松浦]—弘—武—繁
糺—好—繁
わ

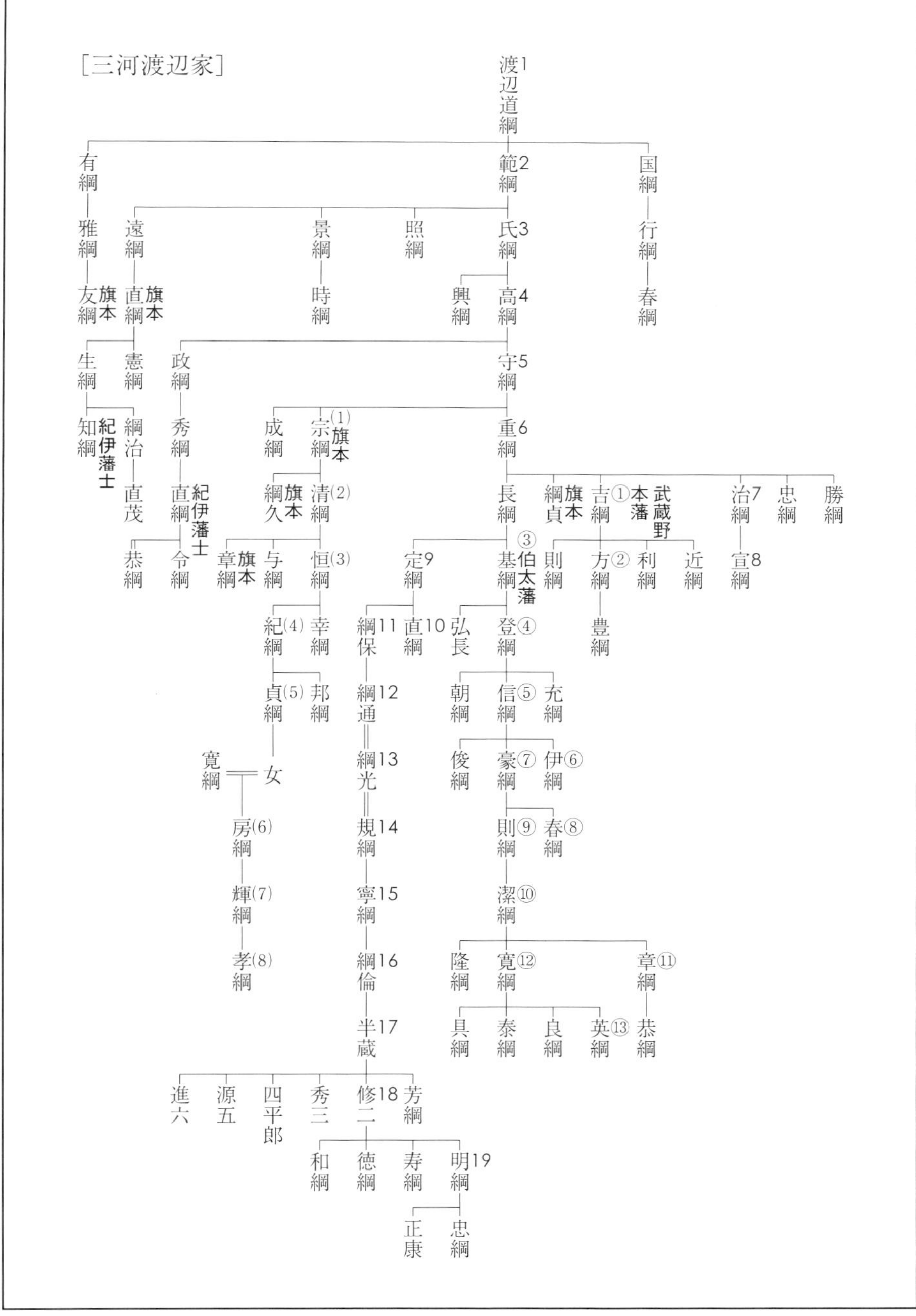
[三河渡辺家]
渡辺道綱 1
有綱
範綱 2
国綱
雅綱
遠綱
景綱
照綱
氏綱 3
行綱
友綱 旗本
直綱 旗本
時綱
興綱
高綱 4
春綱
生綱
憲綱
政綱
守綱 5
知綱 紀伊藩士
綱治
秀綱
成綱
宗綱 (1) 旗本
重綱 6
直茂
直綱 紀伊藩士
綱久 旗本
清綱 (2)
長綱
綱貞 旗本
吉綱 ① 本藩 武蔵野
治綱 7
忠綱
勝綱
恭綱
令綱
章綱 旗本
与綱
恒綱 (3)
定綱 9
基綱 ③ 伯太藩
則綱
方綱 ②
利綱
近綱
宣綱 8
紀綱 (4)
幸綱
綱保 11
直綱 10
弘長
登綱 ④
豊綱
貞綱 (5)
邦綱
綱通 12
朝綱
信綱 ⑤
充綱
寛綱
女
綱光 13
俊綱
豪綱 ⑦
伊綱 ⑥
房綱 (6)
規綱 14
則綱 ⑨
春綱 ⑧
輝綱 (7)
寧綱 15
潔綱 ⑩
孝綱 (8)
綱倫 16
隆綱
寛綱 ⑫
章綱 ⑪
半蔵 17
具綱
泰綱
良綱
英綱 ⑬
恭綱
進六
源五
四平郎
秀三
修二 18
芳綱
和綱
徳綱
寿綱
明綱 19
正康
忠綱

亘理家　○わたり

伊達家一門。陸奥国亘理郡（宮城県）発祥。桓武平氏千葉氏。武石胤盛は源頼朝に従って奥州を転戦、文治五年（一一八九）陸奥国宇田・伊具・亘理三郡を賜る。乾元元年（一三〇二）宗胤は亘理に移り、暦応二年（一三三九）広胤の時に亘理氏を称した。戦国時代に伊達氏に従い、天正一九年（一五九一）陸奥国遠田郡涌谷（宮城県遠田郡涌谷町）に移る。綱宗の跡は伊達稙宗の十二男元宗が継いで、慶長一一年（一六〇六）伊達姓を賜って一門に列し、涌谷で二万六〇〇〇石を領して涌谷伊達氏と称した。代々安芸を称した。明治時代に亘理氏に復姓した。

◎付録

【系図】

- ・天皇家
- ・藤原氏
- ・藤原北家（系統図）
- ・藤原北家（秀郷流）
- ・藤原南家
- ・垣武平氏
- ・板東平氏
- ・村上源氏
- ・宇多源氏
- ・清和源氏

◎華族一覧表

［天皇家］

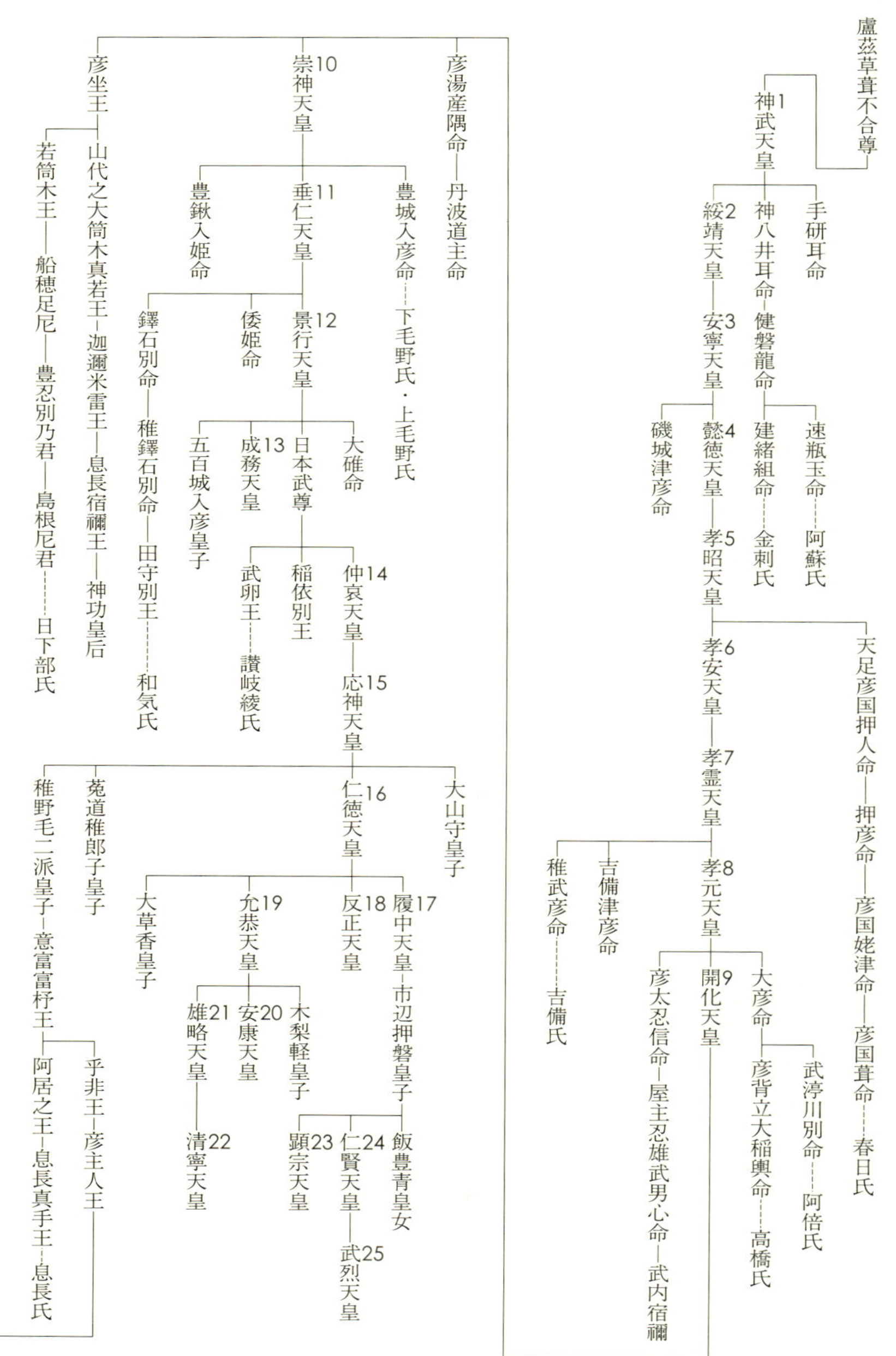

鸕鷀草葺不合尊
神武天皇 1
手研耳命
神八井耳命
綏靖天皇 2
健磐龍命
速瓶玉命
阿蘇氏
建緒組命
金刺氏
安寧天皇 3
懿徳天皇 4
磯城津彦命
孝昭天皇 5
天足彦国押人命
押彦命
彦国姥津命
彦国葺命
春日氏
孝安天皇 6
孝霊天皇 7
孝元天皇 8
吉備津彦命
稚武彦命
吉備氏
大彦命
武渟川別命
阿倍氏
彦背立大稲輿命
高橋氏
開化天皇 9
彦太忍信命
屋主忍雄武男心命
武内宿禰
彦湯産隅命
丹波道主命
崇神天皇 10
彦坐王
豊城入彦命
下毛野氏・上毛野氏
垂仁天皇 11
豊鍬入姫命
景行天皇 12
倭姫命
鐸石別命
稚鐸石別命
田守別王
和気氏
大碓命
日本武尊
成務天皇 13
五百城入彦皇子
仲哀天皇 14
稲依別王
武卵王
讃岐綾氏
応神天皇 15
山代之大筒木真若王
迦邇米雷王
息長宿禰王
神功皇后
若筒木王
船穂足尼
豊忍別乃君
島根尼君
日下部氏
大山守皇子
仁徳天皇 16
菟道稚郎子皇子
稚野毛二派皇子
意富富杼王
乎非王
彦主人王
阿居之王
息長真手王
息長氏
履中天皇 17
市辺押磐皇子
飯豊青皇女
仁賢天皇 24
武烈天皇 25
顕宗天皇 23
反正天皇 18
允恭天皇 19
木梨軽皇子
安康天皇 20
雄略天皇 21
清寧天皇 22
大草香皇子

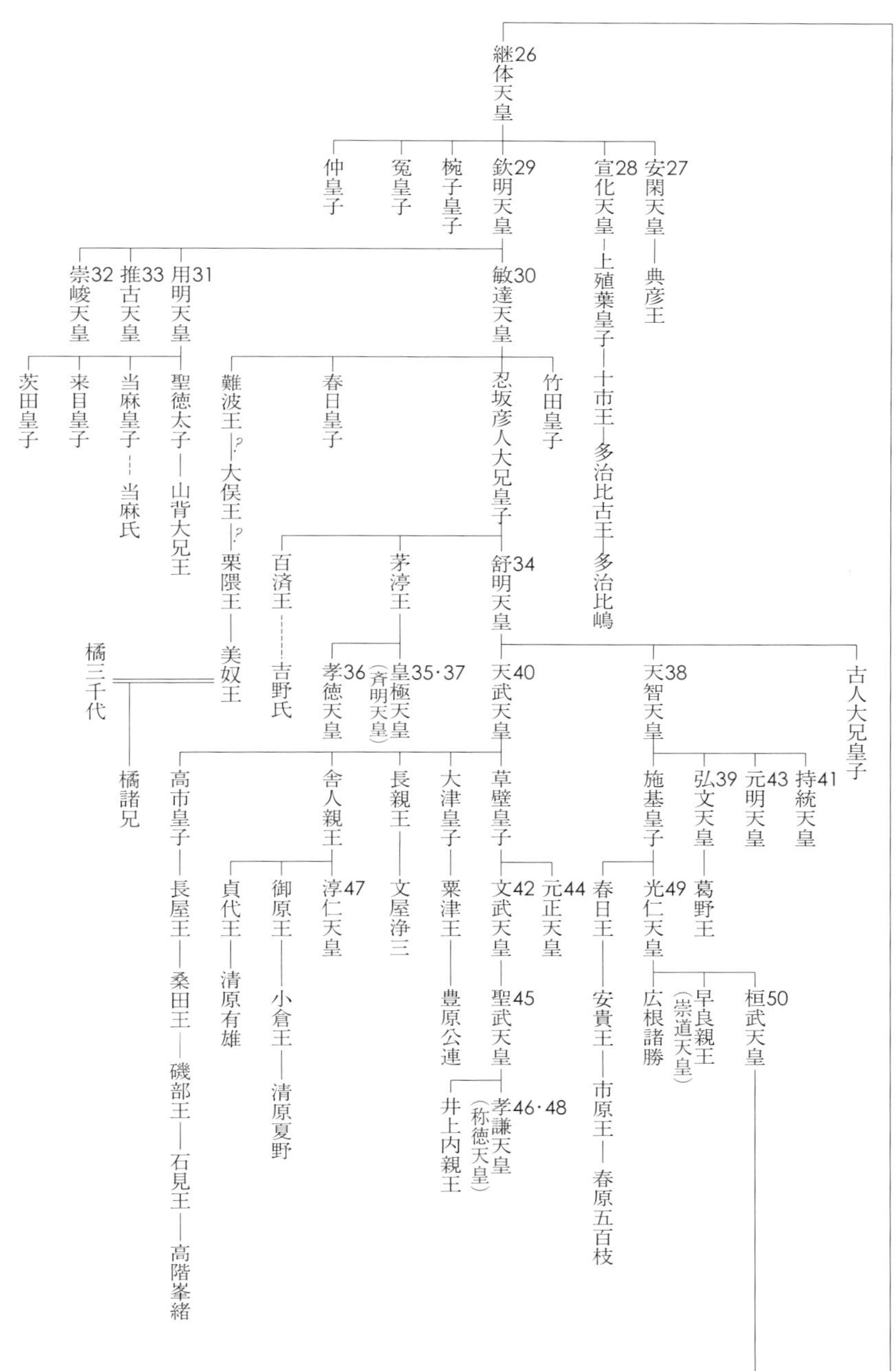

継体天皇26
安閑天皇27
宣化天皇28
欽明天皇29
椀子皇子
宛皇子
仲皇子
典彦王
上殖葉皇子
十市王
多治比古王
多治比嶋
敏達天皇30
用明天皇31
推古天皇33
崇峻天皇32
竹田皇子
忍坂彦人大兄皇子
春日皇子
難波王
大俣王
栗隈王
美奴王
?
?
聖徳太子
山背大兄王
当麻皇子
当麻氏
来目皇子
茨田皇子
舒明天皇34
茅渟王
百済王
吉野氏
古人大兄皇子
天智天皇38
天武天皇40
皇極天皇35・37
(斉明天皇)
孝徳天皇36
橘三千代
橘諸兄
持統天皇41
元明天皇43
弘文天皇39
施基皇子
葛野王
光仁天皇49
春日王
草壁皇子
大津皇子
長親王
舎人親王
高市皇子
元正天皇44
文武天皇42
粟津王
文屋浄三
淳仁天皇47
御原王
貞代王
長屋王
桓武天皇50
早良親王
(崇道天皇)
広根諸勝
安貴王
市原王
春原五百枝
聖武天皇45
豊原公連
小倉王
清原夏野
清原有雄
桑田王
磯部王
石見王
高階峯緒
孝謙天皇46・48
(称徳天皇)
井上内親王

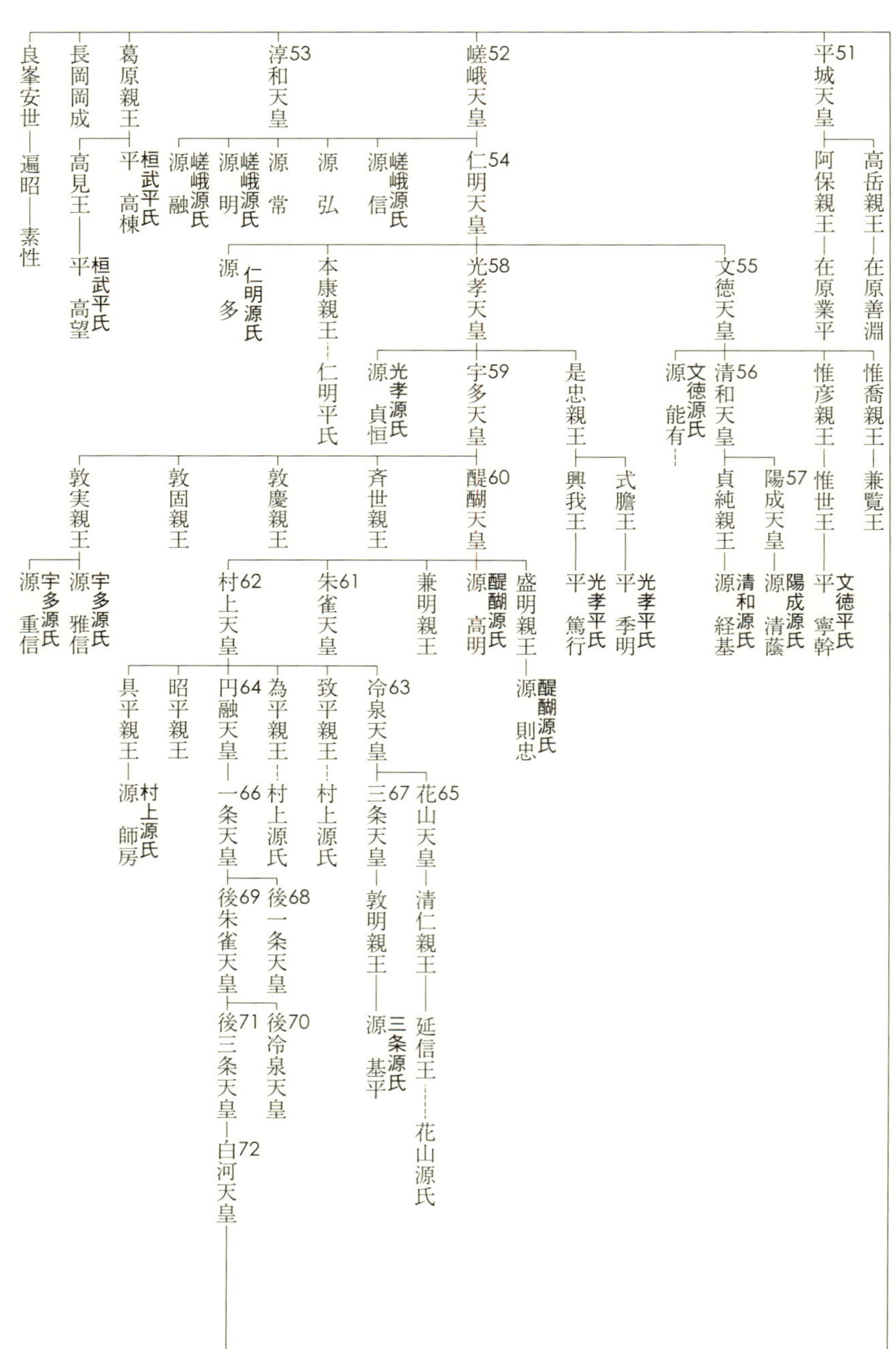
平城天皇 51
高岳親王
在原善淵
阿保親王
在原業平
嵯峨天皇 52
淳和天皇 53
葛原親王
長岡岡成
良峯安世
遍昭
素性
平高棟 桓武平氏
高見王
平高望 桓武平氏
源信 嵯峨源氏
源弘
源常
源明 嵯峨源氏
源融 嵯峨源氏
仁明天皇 54
文徳天皇 55
光孝天皇 58
本康親王
仁明平氏
源多 仁明源氏
惟喬親王
兼覧王
惟彦親王
惟世王
平寧幹 文徳平氏
清和天皇 56
陽成天皇 57
源清蔭 陽成源氏
貞純親王
源経基 清和源氏
源能有 文徳源氏
是忠親王
式膽王
平季明 光孝平氏
興我王
平篤行 光孝平氏
宇多天皇 59
源貞恒 光孝源氏
醍醐天皇 60
斉世親王
敦慶親王
敦固親王
敦実親王
源雅信 宇多源氏
源重信 宇多源氏
盛明親王
源則忠 醍醐源氏
源高明 醍醐源氏
兼明親王
朱雀天皇 61
村上天皇 62
冷泉天皇 63
致平親王
村上源氏
為平親王
村上源氏
円融天皇 64
昭平親王
具平親王
源師房 村上源氏
花山天皇 65
清仁親王
延信王
花山源氏
三条天皇 67
敦明親王
源基平 三条源氏
一条天皇 66
後一条天皇 68
後朱雀天皇 69
後冷泉天皇 70
後三条天皇 71
白河天皇 72

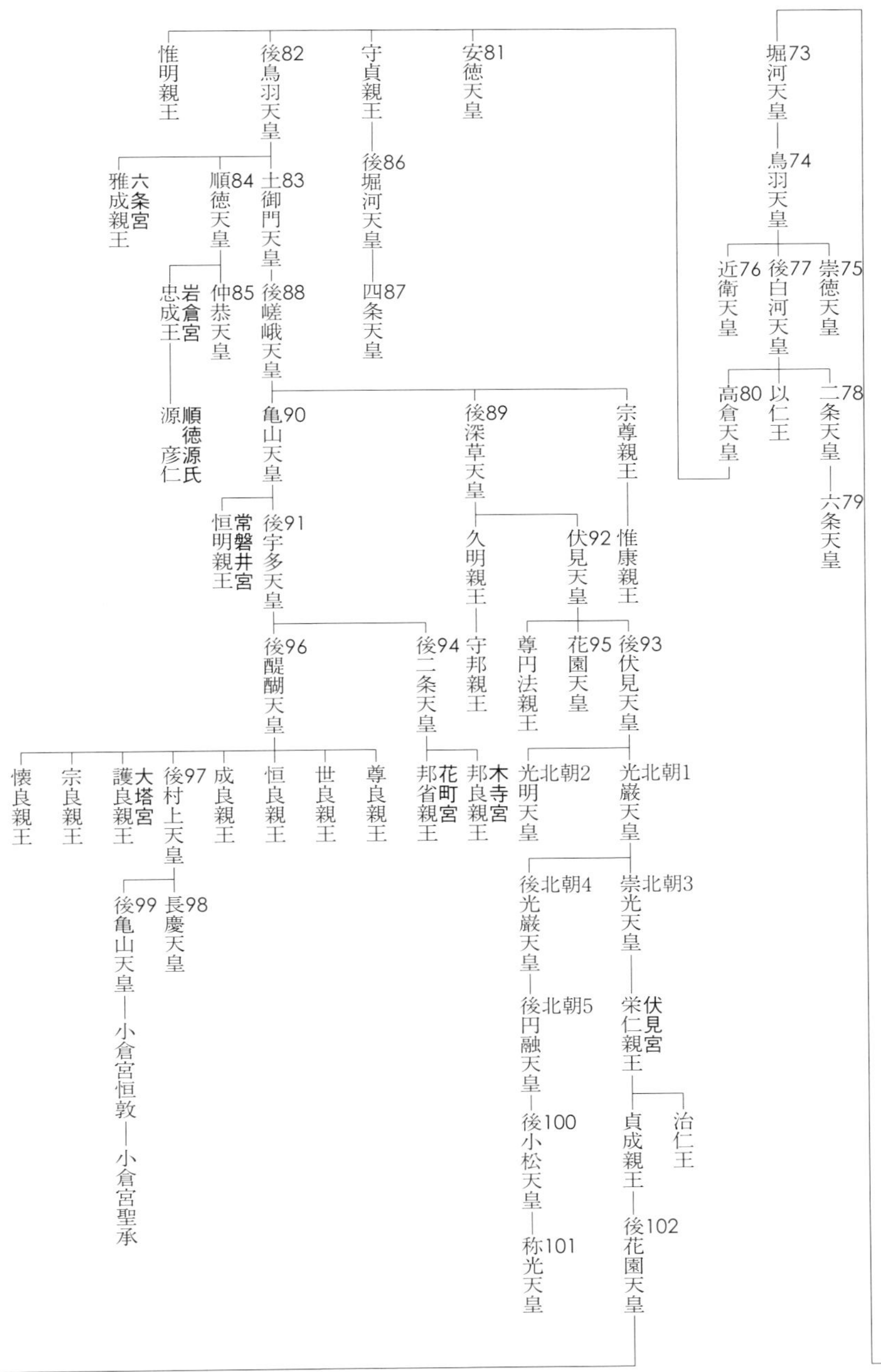

73 堀河天皇
74 鳥羽天皇
75 崇徳天皇
77 後白河天皇
76 近衛天皇
78 二条天皇
以仁王
80 高倉天皇
79 六条天皇
81 安徳天皇
守貞親王
82 後鳥羽天皇
惟明親王
86 後堀河天皇
87 四条天皇
83 土御門天皇
84 順徳天皇
六条宮 雅成親王
88 後嵯峨天皇
85 仲恭天皇
岩倉宮 忠成王
順徳源氏 源彦仁
宗尊親王
89 後深草天皇
90 亀山天皇
惟康親王
92 伏見天皇
久明親王
91 後宇多天皇
常磐井宮 恒明親王
93 後伏見天皇
95 花園天皇
尊円法親王
守邦親王
94 後二条天皇
96 後醍醐天皇
北朝1 光厳天皇
北朝2 光明天皇
木寺宮 邦良親王
花町宮 邦省親王
尊良親王
世良親王
恒良親王
成良親王
97 後村上天皇
大塔宮 護良親王
宗良親王
懐良親王
北朝3 崇光天皇
北朝4 後光厳天皇
伏見宮 栄仁親王
北朝5 後円融天皇
98 長慶天皇
99 後亀山天皇
治仁王
貞成親王
100 後小松天皇
小倉宮恒敦
小倉宮聖承
102 後花園天皇
101 称光天皇

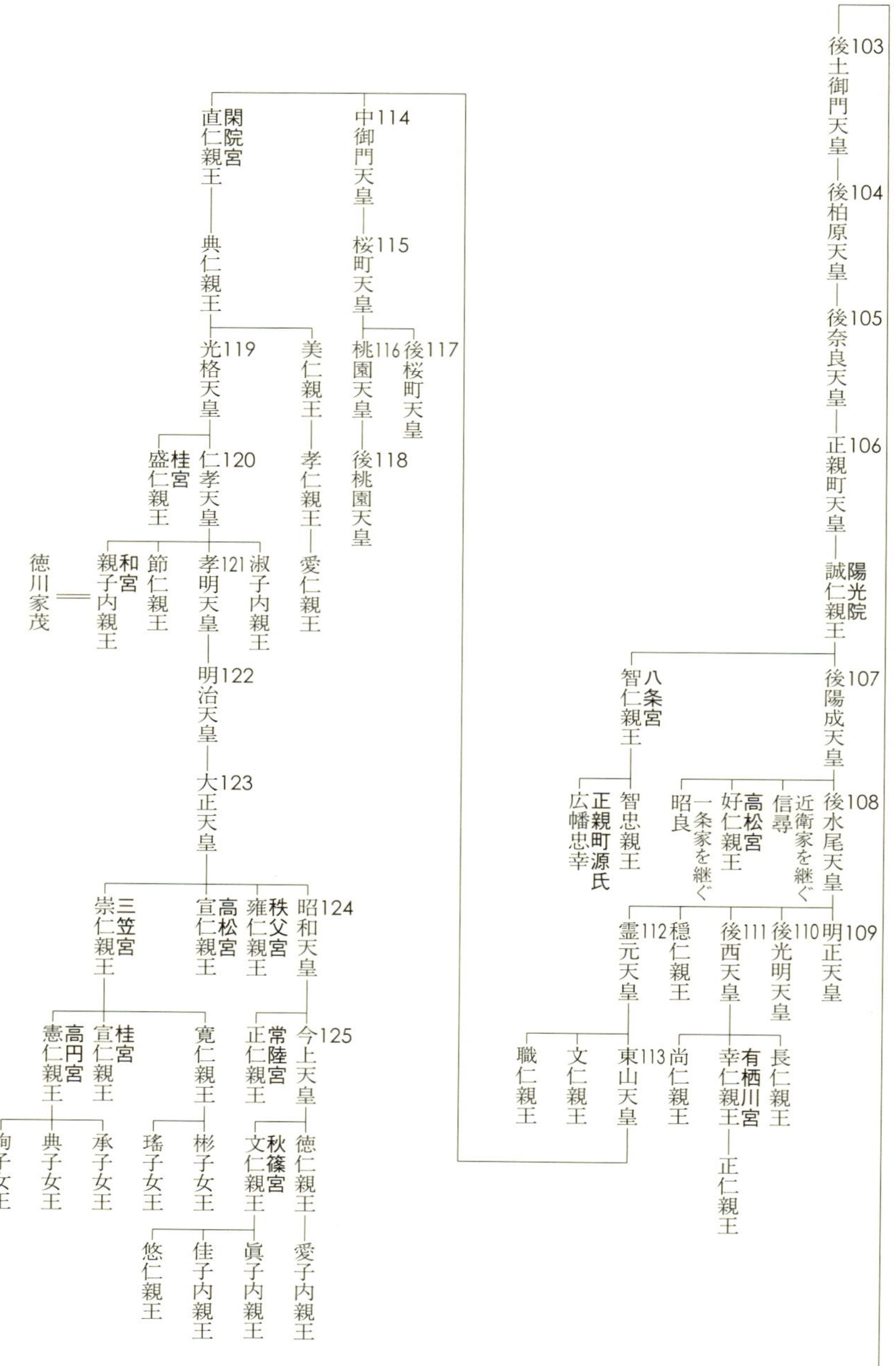

103後土御門天皇
104後柏原天皇
105後奈良天皇
106正親町天皇
陽光院誠仁親王
107後陽成天皇
八条宮智仁親王
108後水尾天皇
近衛家を継ぐ信尋
高松宮好仁親王
一条家を継ぐ昭良
智忠親王
正親町源氏広幡忠幸
109明正天皇
110後光明天皇
111後西天皇
穏仁親王
112霊元天皇
長仁親王
有栖川宮幸仁親王
正仁親王
尚仁親王
113東山天皇
文仁親王
職仁親王
114中御門天皇
閑院宮直仁親王
115桜町天皇
典仁親王
116桃園天皇
117後桜町天皇
118後桃園天皇
119光格天皇
美仁親王
孝仁親王
愛仁親王
120仁孝天皇
桂宮盛仁親王
淑子内親王
121孝明天皇
節仁親王
和宮親子内親王
徳川家茂
122明治天皇
123大正天皇
124昭和天皇
秩父宮雍仁親王
高松宮宣仁親王
三笠宮崇仁親王
125今上天皇
常陸宮正仁親王
寛仁親王
桂宮宣仁親王
高円宮憲仁親王
徳仁親王
秋篠宮文仁親王
彬子女王
瑤子女王
承子女王
典子女王
絢子女王
愛子内親王
眞子内親王
佳子内親王
悠仁親王

［藤原氏］

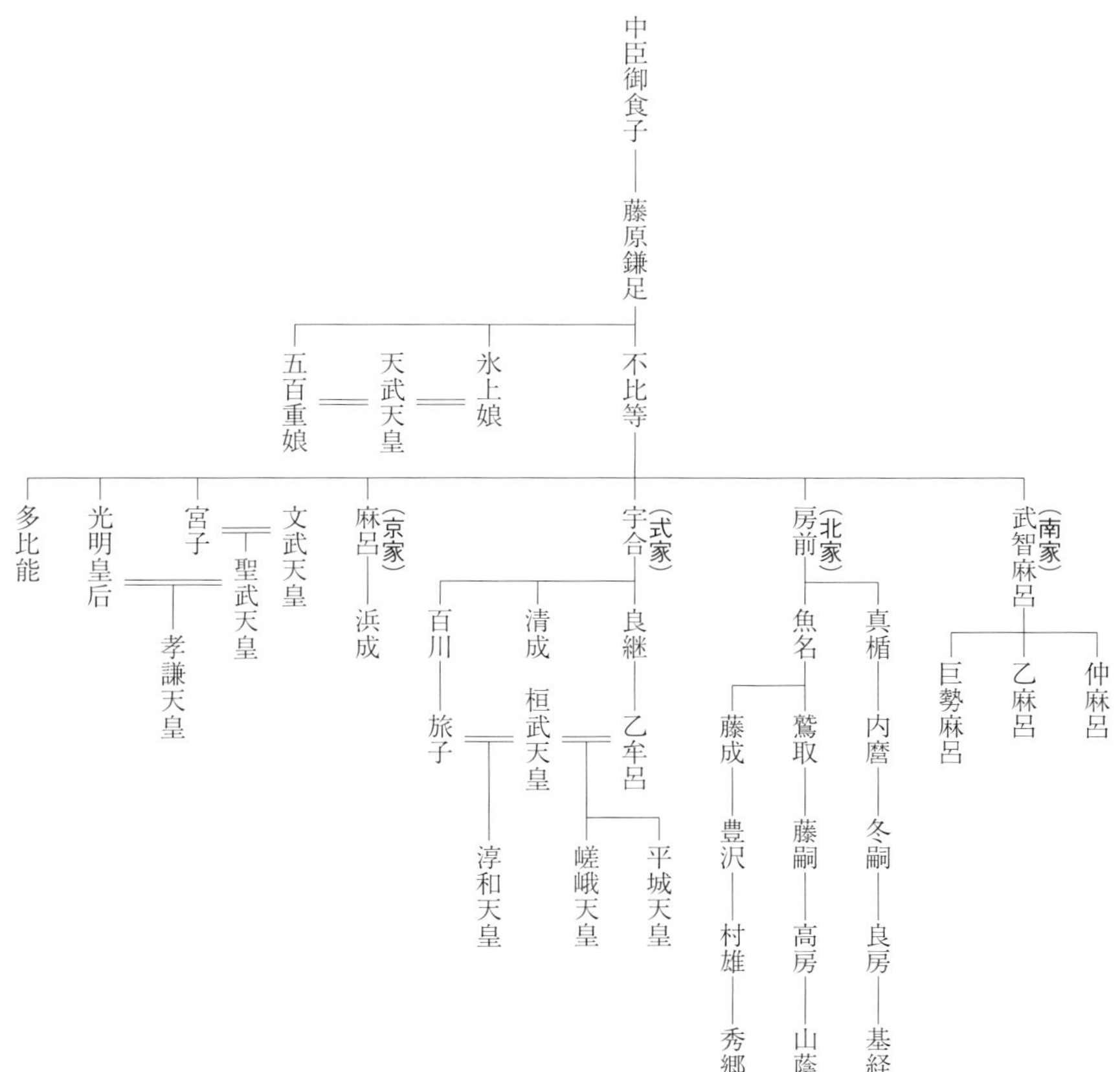
中臣御食子
藤原鎌足
不比等
氷上娘
天武天皇
五百重娘
(南家)武智麻呂
(北家)房前
(式家)宇合
(京家)麻呂
文武天皇
宮子
光明皇后
多比能
聖武天皇
孝謙天皇
浜成
良継
清成
百川
乙牟呂
桓武天皇
旅子
平城天皇
嵯峨天皇
淳和天皇
真楯
魚名
内麿
冬嗣
良房
基経
鷲取
藤嗣
高房
山蔭
藤成
豊沢
村雄
秀郷
仲麻呂
乙麻呂
巨勢麻呂

［藤原北家］（系統図）

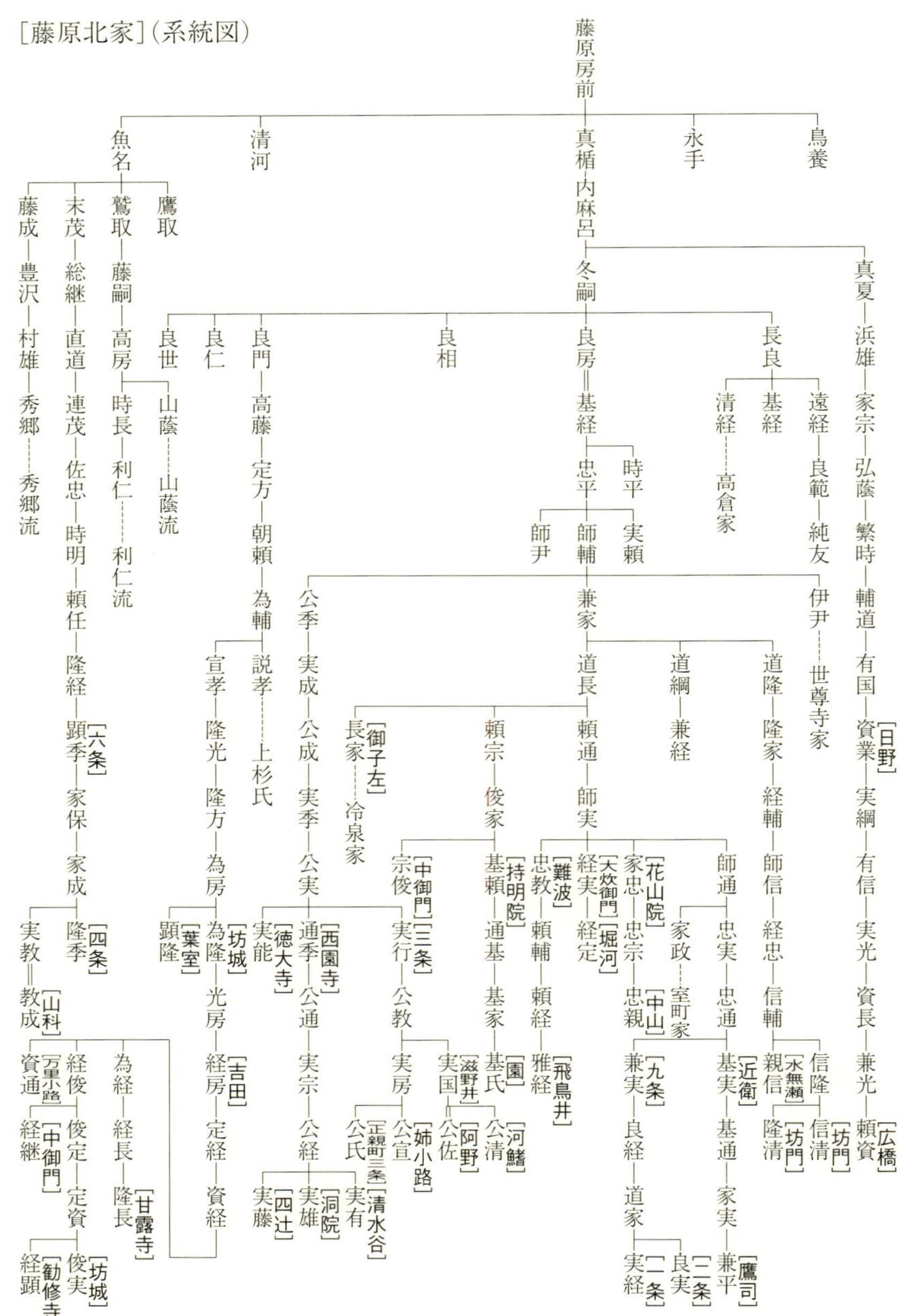

藤原房前
魚名　清河　真楯　永手　鳥養
藤成　末茂　鷲取　鷹取
藤成—豊沢—村雄—秀郷…秀郷流
末茂—総継—直道—連茂—佐忠—時明—頼任—隆経—顕季［六条］—家保—家成
隆季［四条］
実教＝教成［山科］
資通［万里小路］—経継［中御門］
経俊—俊定—定資—俊実［坊城］
経顕［勧修寺］
為経—経長—隆長［甘露寺］
鷲取—藤嗣—高房
時長—利仁…利仁流
山蔭…山蔭流
真楯—内麻呂
冬嗣
良世　良仁　良門　良相　良房　長良
良門—高藤—定方—朝頼—為輔
説孝…上杉氏
宣孝—隆光—隆方—為房
顕隆［葉室］
為隆［坊城］—光房—経房［吉田］—定経—資経
清経…高倉家
基経
遠経—良範—純友
良房＝基経
忠平　時平
師尹　師輔　実頼
公季　兼家　伊尹
伊尹…世尊寺家
公季—実成—公成—実季—公実
実能［徳大寺］
通季［西園寺］—公通—実宗—公経
実藤［四辻］　実雄［洞院］　実有［清水谷］
実行［三条］—公教
実房　実国［滋野井］
公氏［正親町三条］　公宣［姉小路］
公佐［阿野］　公清［河鰭］
道長　道綱　道隆
道綱—兼経
道隆—隆家—経輔—師信—経忠—信輔
親信［水無瀬］—隆清［坊門］
信隆—信清［坊門］
長家［御子左］…冷泉家
頼宗—俊家
宗俊［中御門］
基頼［持明院］—通基—基家—基氏［園］
頼通—師実
忠教［難波］—頼輔—頼経—雅経［飛鳥井］
経実［大炊御門］—経定［堀河］
家忠［花山院］—忠宗—忠親［中山］
師通
家政…室町家
忠実—忠通
兼実［九条］—良経—道家
実経［一条］　良実［二条］
基実［近衛］—基通—家実—兼平［鷹司］
真夏—浜雄—家宗—弘蔭—繁時—輔道—有国—資業［日野］—実綱—有信—実光—資長—兼光—頼資［広橋］

［藤原北家］（秀郷流）

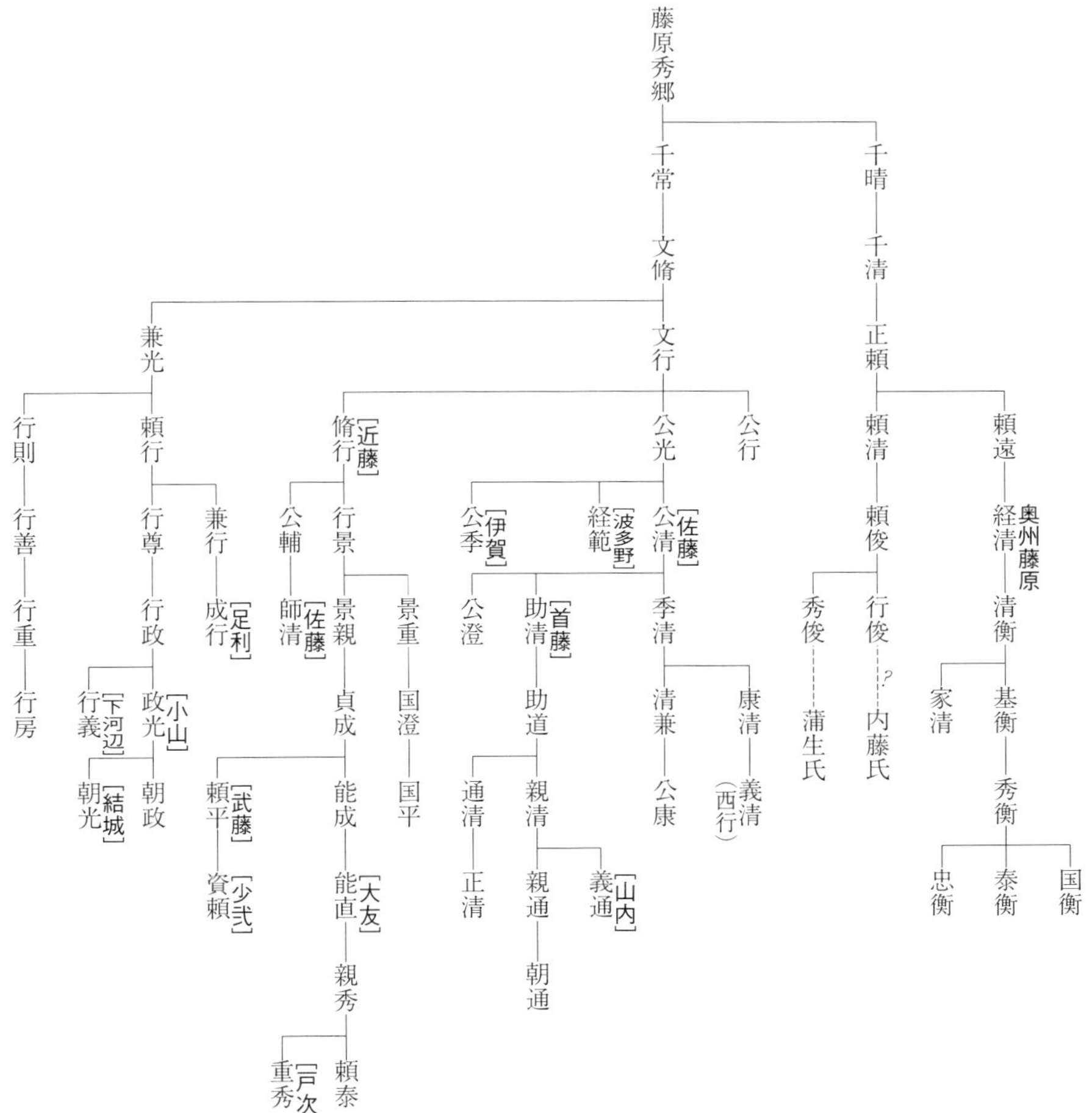
藤原秀郷
千常
千晴
文脩
千清
兼光
文行
正頼
行則
頼行
脩行［近藤］
公光
公行
頼清
頼遠
行善
行尊
兼行
公輔
行景
公季［伊賀］
経範［波多野］
公清［佐藤］
頼俊
経清［奥州藤原］
行重
行政
成行［足利］
師清［佐藤］
景親
景重
公澄
助清［首藤］
季清
秀俊
行俊
清衡
行房
行義［下河辺］
政光［小山］
貞成
国澄
助道
清兼
康清
蒲生氏
?
内藤氏
家清
基衡
朝光［結城］
朝政
頼平［武藤］
能成
国平
通清
親清
公康
義清（西行）
秀衡
資頼［少弐］
能直［大友］
正清
親通
義通［山内］
忠衡
泰衡
国衡
親秀
朝通
重秀［戸次］
頼泰

［藤原南家］

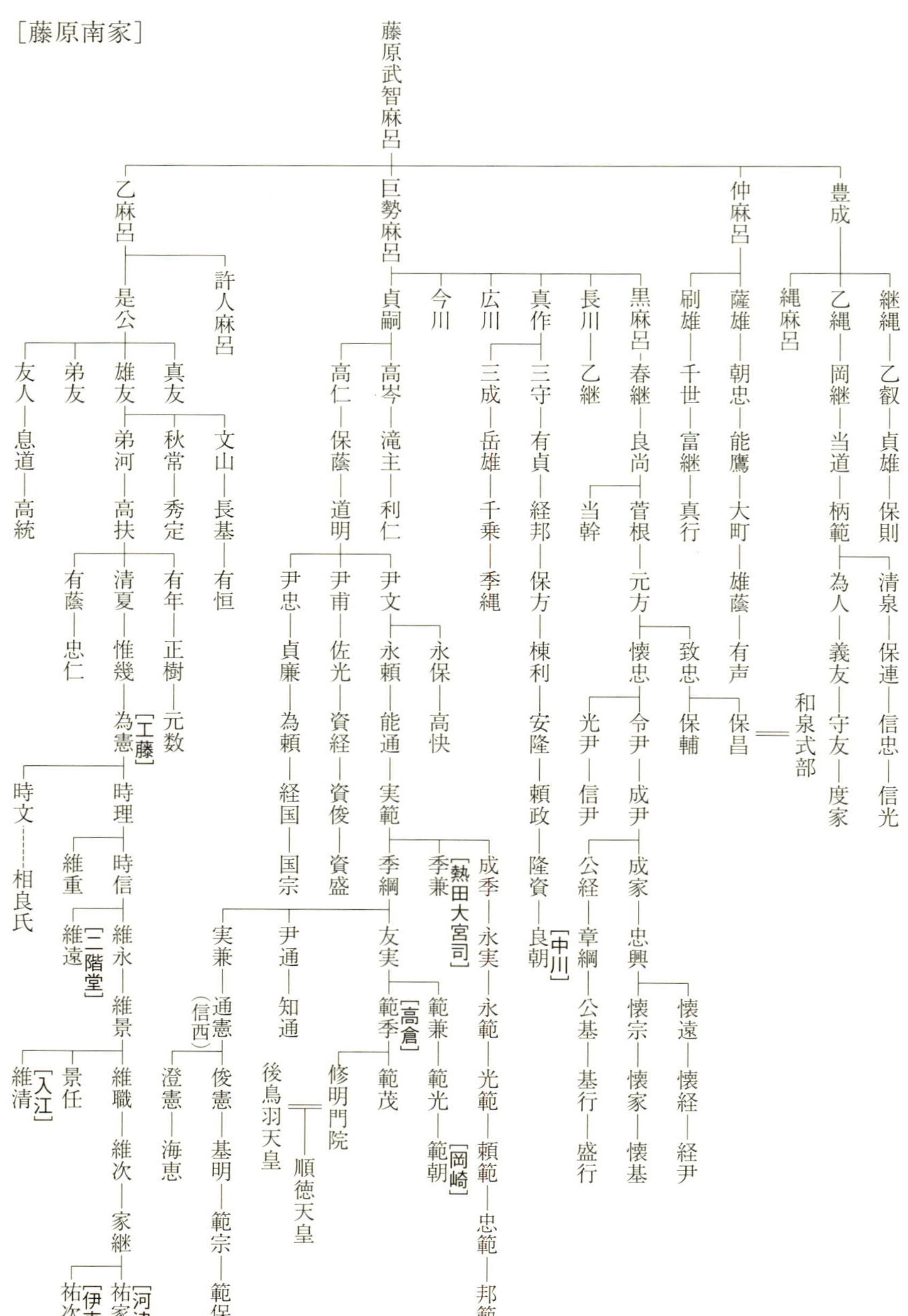
藤原武智麻呂
豊成
継縄―乙叡―貞雄―保則
乙縄―岡継―当道―柄範
清泉―保連―信忠―信光
為人―義友―守友―度家
縄麻呂
仲麻呂
薩雄―朝忠―能鷹―大町―雄蔭―有声
刷雄―千世―富継―真行
巨勢麻呂
黒麻呂―春継―良尚
菅根―元方
致忠
保昌＝和泉式部
保輔
懐忠
令尹―成尹
成家―忠興
懐遠―懐経―経尹
懐宗―懐家―懐基
公経―章綱―公基―基行―盛行
光尹―信尹
当幹
長川―乙継
真作
三守―有貞―経邦―保方―棟利―安隆―頼政―隆資―良朝［中川］
三成―岳雄―千乗―季縄
広川
今川
貞嗣
高岑―滝主―利仁
高仁―保蔭―道明
尹文
永保―高快
永頼―能通―実範
成季―永実―永範―光範―頼範―忠範―邦範
季兼［熱田大宮司］
季綱
友実
範兼―範光―範朝［岡崎］
範季［高倉］
範茂
修明門院＝後鳥羽天皇―順徳天皇
尹通―知通
実兼―通憲（信西）
俊憲―基明―範宗―範保
澄憲―海恵
尹甫―佐光―資経―資俊―資盛
尹忠―貞廉―為頼―経国―国宗
乙麻呂
許人麻呂
是公
真友
雄友
文山―長基―有恒
秋常―秀定
弟河―高扶
有年―正樹―元数
清夏―惟幾―為憲［工藤］
時理
時信
維永―維景
維職―維次―家継
祐家［河津］
祐次［伊東］
景任
維清［入江］
維遠［二階堂］
維重
時文……相良氏
有蔭―忠仁
弟友
友人―息道―高統

[桓武平氏]

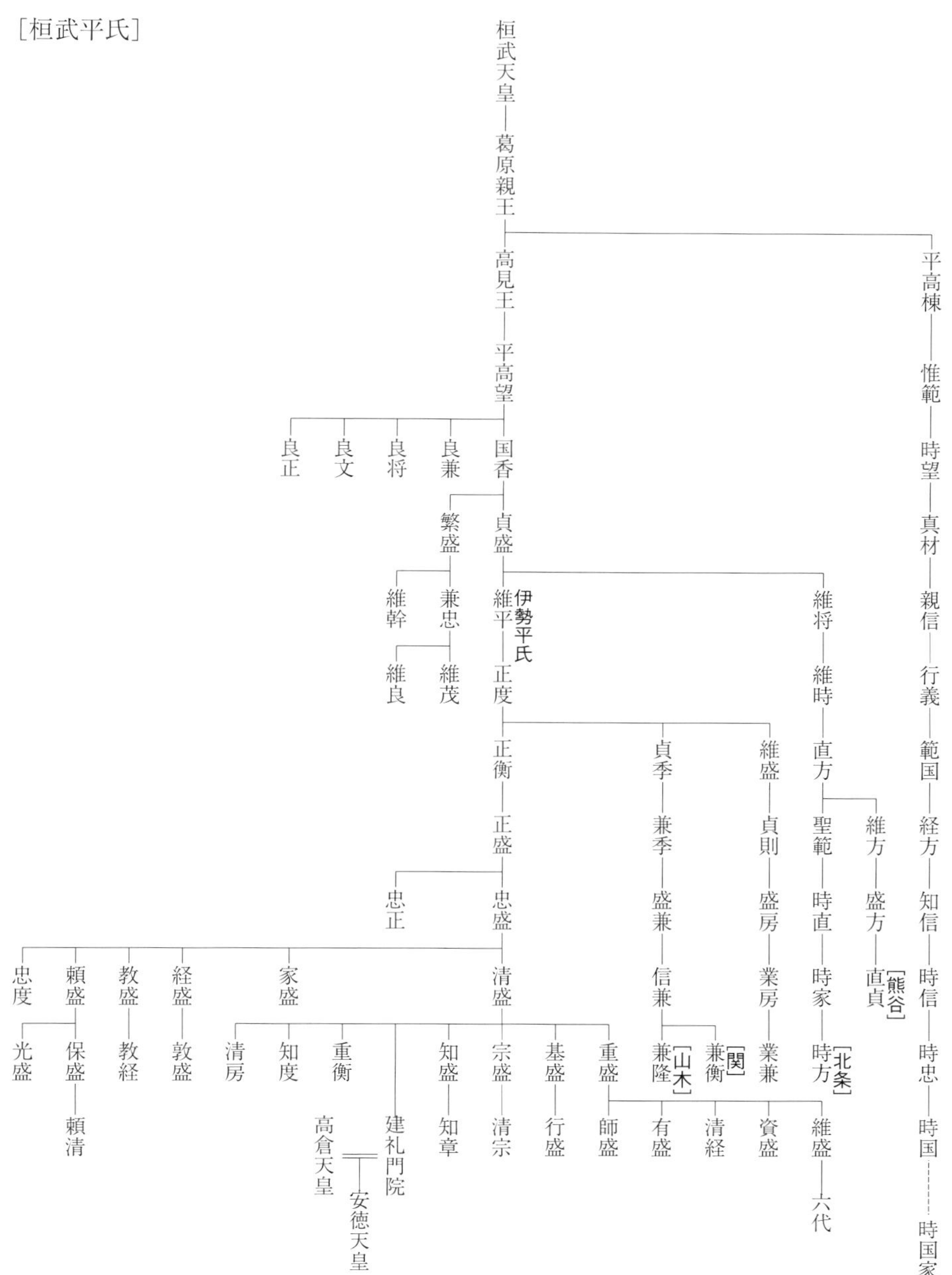

桓武天皇
葛原親王
高見王
平高棟
平高望
惟範
良正
良文
良将
良兼
国香
時望
繁盛
貞盛
真材
維幹
兼忠
維平
伊勢平氏
維将
親信
維良
維茂
正度
維時
行義
正衡
貞季
維盛
直方
範国
正盛
兼季
貞則
聖範
維方
経方
忠正
忠盛
盛兼
盛房
時直
盛方
知信
忠度
頼盛
教盛
経盛
家盛
清盛
信兼
業房
時家
直貞
熊谷
時信
光盛
保盛
教経
敦盛
清房
知度
重衡
知盛
宗盛
基盛
重盛
兼隆
山木
兼衡
関
業兼
時方
北条
時忠
頼清
高倉天皇
建礼門院
知章
清宗
行盛
師盛
有盛
清経
資盛
維盛
時国
安徳天皇
六代
時国家

［坂東平氏］

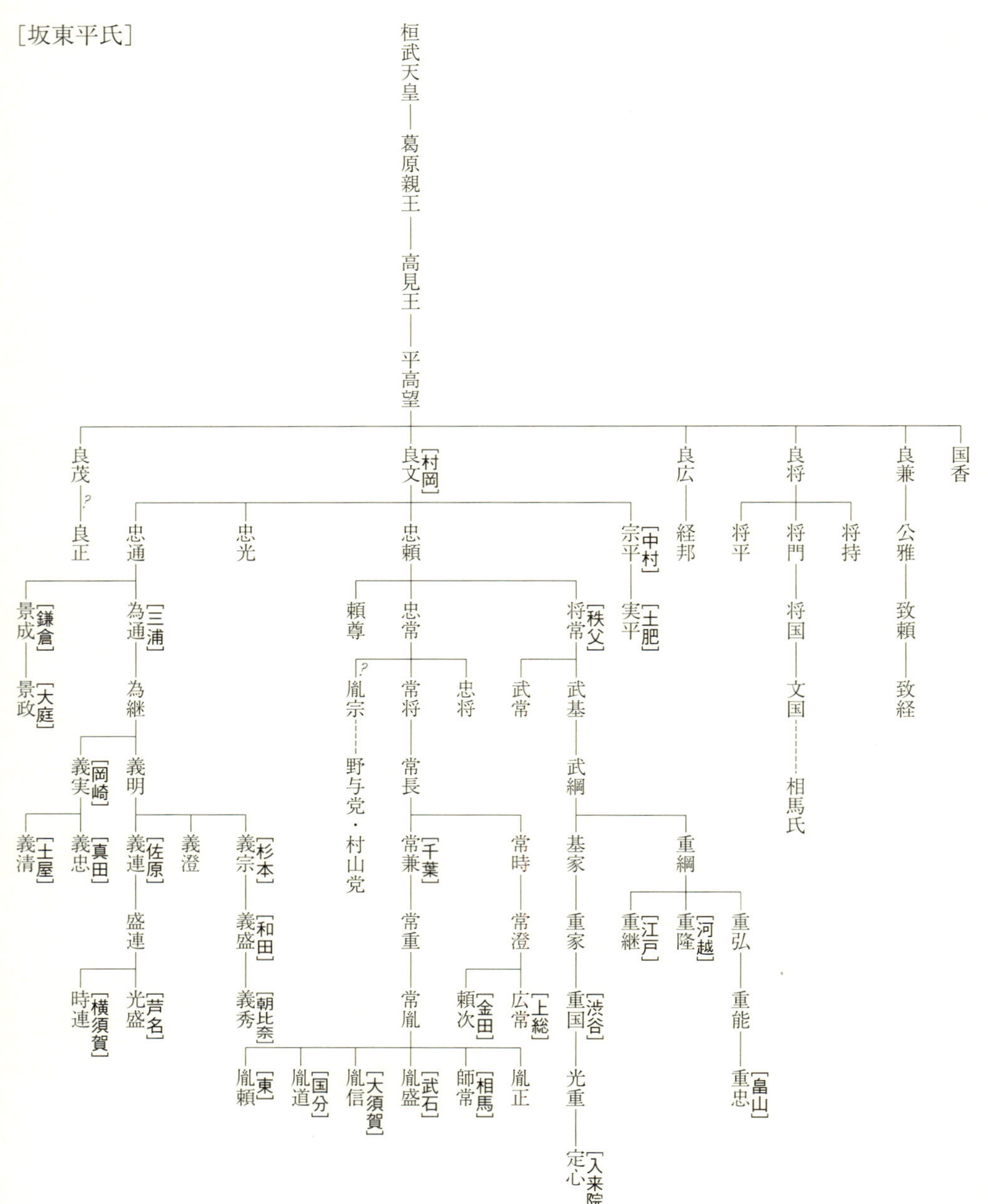
桓武天皇
葛原親王
高見王
平高望
良茂
良正
良文［村岡］
忠通
忠光
忠頼
宗平［中村］
実平［土肥］
良広
経邦
良将
将平
将門
将持
将国
文国
相馬氏
良兼
公雅
致頼
致経
国香
景成［鎌倉］
景政［大庭］
為通［三浦］
為継
義実［岡崎］
義清［土屋］
義忠［真田］
義明
義連［佐原］
盛連
時連［横須賀］
光盛［芦名］
義澄
義宗［杉本］
義盛［和田］
義秀［朝比奈］
頼尊
忠常
胤宗
野与党・村山党
常将
常長
常兼［千葉］
常重
常胤
胤頼［東］
胤道［国分］
胤信［大須賀］
胤盛［武石］
師常［相馬］
胤正
常時
常澄
頼次［金田］
広常［上総］
忠将
将常［秩父］
武常
武基
武綱
基家
重家
重国［渋谷］
光重
定心［入来院］
重綱
重継［江戸］
重隆［河越］
重弘
重能
重忠［畠山］

［村上源氏］

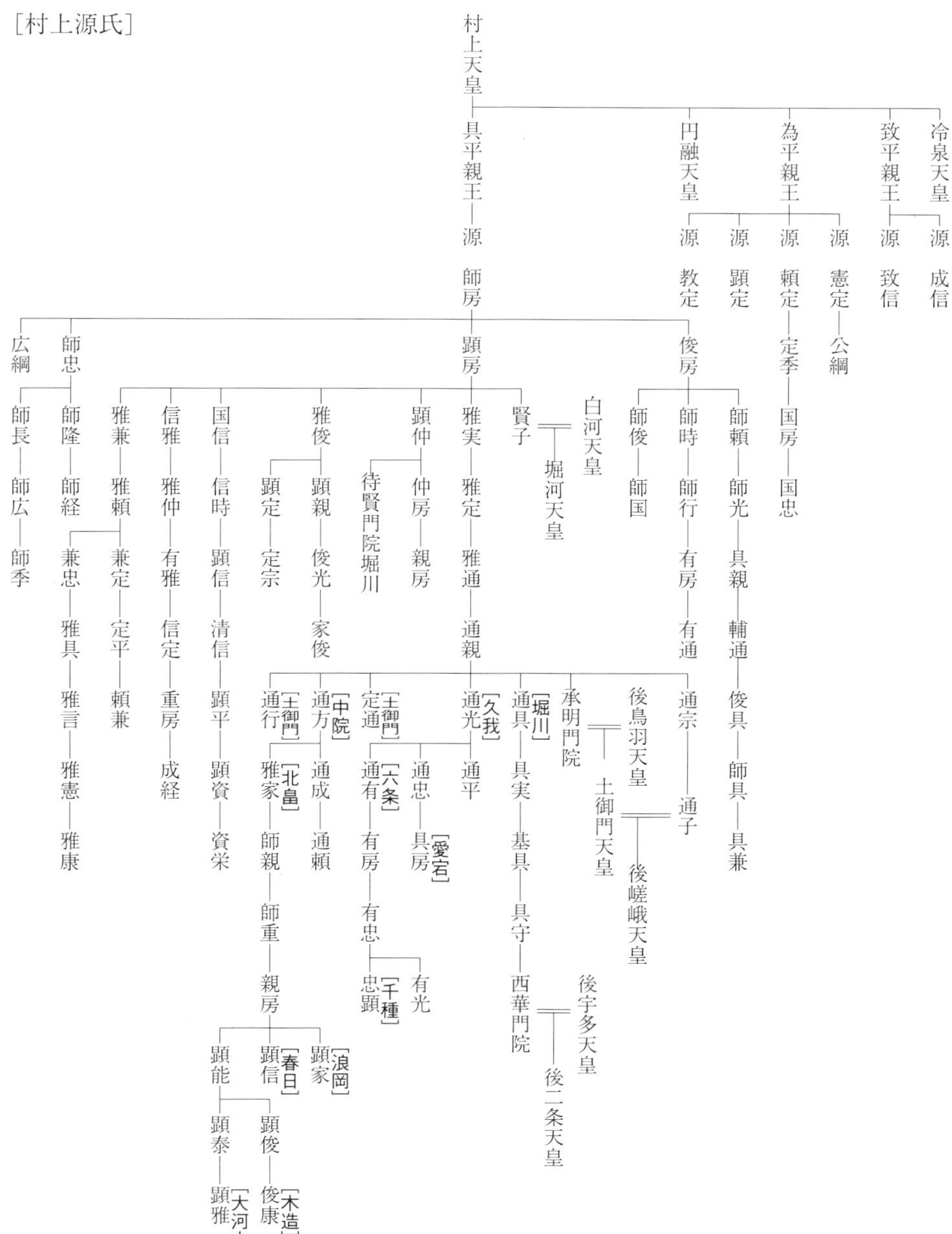
村上天皇
具平親王
円融天皇
為平親王
致平親王
冷泉天皇
源 師房
源 教定
源 顕定
源 頼定
源 憲定
源 致信
源 成信
定季
国房
国忠
公綱
広綱
師忠
顕房
俊房
師長
師広
師季
師隆
師経
雅兼
雅頼
兼忠
兼定
信雅
雅仲
有雅
信定
重房
成経
国信
信時
顕信
清信
顕平
顕資
資栄
雅俊
顕定
定宗
顕親
俊光
家俊
顕仲
待賢門院堀川
仲房
親房
雅実
雅定
雅通
通親
賢子
白河天皇
堀河天皇
師俊
師国
師時
師行
有房
有通
師頼
師光
具親
輔通
俊具
師具
具兼
雅具
雅言
雅憲
雅康
定平
頼兼
［土御門］通行
［中院］通方
［土御門］定通
［久我］通光
［堀川］通具
承明門院
後鳥羽天皇
通宗
通子
土御門天皇
後嵯峨天皇
［北畠］雅家
通成
通頼
［六条］通有
通忠
［愛宕］具房
通平
具実
基具
具守
西華門院
後宇多天皇
後二条天皇
師親
師重
親房
有房
有忠
［千種］忠顕
有光
顕能
［春日］顕信
［浪岡］顕家
顕泰
［大河内］顕雅
顕俊
［木造］俊康

[宇多源氏]

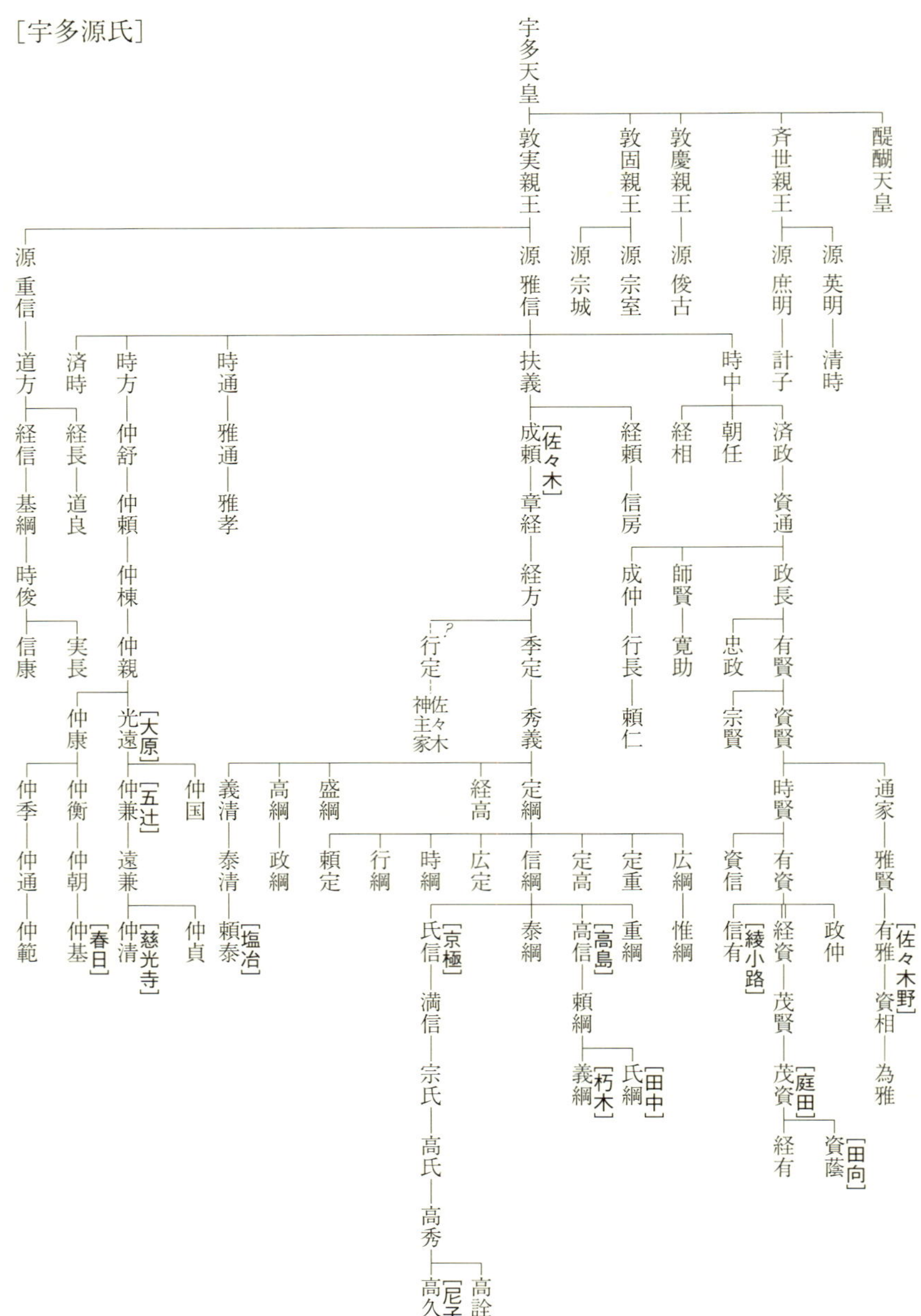
宇多天皇
醍醐天皇
斉世親王
源英明　清時
源庶明　計子
敦慶親王
源俊古
敦固親王
源宗室
源宗城
敦実親王
源雅信
時中
済政　資通　政長　有賢　資賢
通家　雅賢　有雅［佐々木野］　資相　為雅
時賢　有資　政仲
経資　茂賢　茂資［庭田］　資蔭［田向］　経有
信有［綾小路］
資信
宗賢
忠政
師賢　寛助
成仲　行長　頼仁
朝任
経相
扶義
経頼　信房
成頼［佐々木］　章経　経方
行定　神主家　佐々木
季定　秀義
定綱
広綱　惟綱
定重
定高
信綱　泰綱
重綱
高信［高島］　頼綱　氏綱［田中］　義綱［朽木］
氏信［京極］　満信　宗氏　高氏　高秀　高詮　高久［尼子］
広定
時綱
行綱
頼定
経高
盛綱
高綱　政綱
義清　泰清　頼泰［塩冶］
時通　雅通　雅孝
時方　仲舒　仲頼　仲棟　仲親
光遠［大原］　仲国
仲兼［五辻］　遠兼　仲貞
仲清［慈光寺］
仲康
仲衡　仲朝　仲基［春日］
仲季　仲通　仲範
済時
源重信
道方
経長　道良
経信　基綱　時俊
実長
信康

［清和源氏］

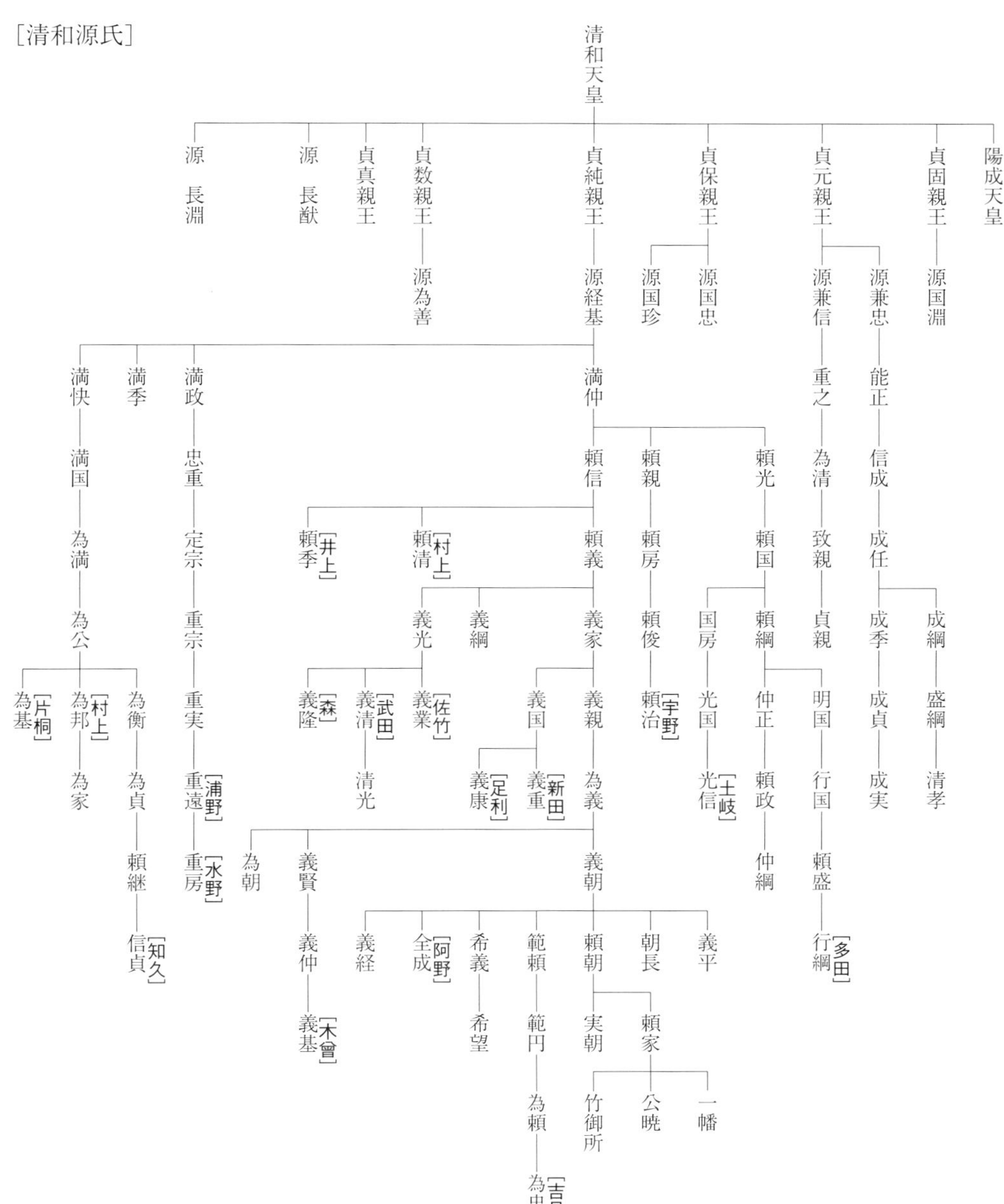

清和天皇
陽成天皇
貞固親王
源国淵
貞元親王
源兼忠
能正
信成
成任
成綱
盛綱
清孝
成季
成貞
成実
源兼信
重之
為清
致親
貞親
貞保親王
源国忠
源国珍
貞純親王
源経基
満仲
頼光
頼国
頼綱
明国
行国
頼盛
行綱［多田］
仲正
頼政
仲綱
国房
光国
光信［土岐］
頼親
頼房
頼俊
頼治［宇野］
頼信
頼義
義家
義親
為義
義朝
義平
朝長
頼朝
頼家
一幡
公暁
竹御所
実朝
範頼
範円
為頼
為忠［吉見］
希義
希望
全成［阿野］
義経
義賢
義仲
義基［木曾］
為朝
義国
義重［新田］
義康［足利］
義綱
義光
義業［佐竹］
義清［武田］
清光
義隆［森］
頼清［村上］
頼季［井上］
満政
忠重
定宗
重宗
重実
重遠［浦野］
重房［水野］
満季
満快
満国
為満
為公
為衡
為貞
頼継
信貞［知久］
為邦［村上］
為家
為基［片桐］
貞数親王
源為善
貞真親王
源　長猷
源　長淵

◉華族一覧表

家名	爵位	分類	
【あ】			
相浦家	男爵	軍人	佐賀藩士
青木家	子爵	諸侯	摂津麻田藩主
青木家	子爵	官僚	長州藩医
青山家	子爵	諸侯	丹波篠山藩主
青山家	子爵	諸侯	美濃八幡藩主
青山家	男爵	学者	美濃苗木藩士
青山家	男爵	官僚	福井藩士
明石家	男爵	軍人	福岡藩士
赤松家	男爵	軍人	幕臣
秋田家	子爵	諸侯	三春藩主
秋月家	子爵	諸侯	高鍋藩主
秋元家	子爵	諸侯	上野館林藩主
浅田家	男爵	軍人	石見浜田藩士
浅野家	侯爵	諸侯	広島藩主
浅野家	男爵	諸侯一門	広島藩一門
浅野家	男爵	家老	広島藩家老
浅野家	男爵	諸侯分家	広島藩主分家
足利家	子爵	諸侯	喜連川藩主
飛鳥井家	伯爵	公家	
阿蘇家	男爵	神職	阿蘇神社大宮司
足立家	男爵	官僚	鳥取藩士
姉小路家	伯爵	公家	
阿野家	子爵	公家	
油小路家	伯爵	公家	
安部家	子爵	諸侯	三河半原藩主
阿部家	伯爵	諸侯	備後福山藩主
阿部家	子爵	諸侯	陸奥棚倉藩主
阿部家	子爵	諸侯	上総佐貫藩主
安保家	男爵	軍人	
綾小路家	子爵	公家	
新井家	男爵	軍人	出石藩士
荒尾家	男爵	家老	鳥取藩家老
荒尾家	男爵	家老	鳥取藩家老
荒木家	男爵	軍人	
荒木田家	男爵	神職	
有坂家	男爵	軍人	岩国藩士
有地家	男爵	軍人	長州藩士
有馬家	伯爵	諸侯	久留米藩主
有馬家	子爵	諸侯	越前丸岡藩主

家名	爵位	分類	
有馬家	子爵	諸侯	下野吹上藩主
有馬家	男爵	諸侯分家	久留米藩分家
有馬家	男爵	軍人	薩摩藩士
有吉家	男爵	家老	熊本藩家老
粟田家	侯爵	皇族	東久邇宮家分家
粟田口家	男爵	公家分家	葉室家分家
安東家	男爵	軍人	飯田藩士
安藤家	子爵	諸侯	磐城平藩主
安藤家	男爵	諸侯	紀伊田辺藩主・紀伊藩付家老
安部家		諸侯	→あべ
【い】			
井伊家	伯爵	諸侯	彦根藩主
井伊家	子爵	諸侯	越後与板藩主
飯田家	男爵	軍人	長州藩陪臣
伊江家	男爵	琉球王家分家	
伊賀家	男爵	家老	土佐藩家老
伊木家	男爵	家老	岡山藩家老
池尻家	子爵	公家	
池田家	侯爵	諸侯	岡山藩主
池田家	侯爵	諸侯	鳥取藩主
池田家	子爵	諸侯	備中鴨方藩主
池田家	子爵	諸侯	備中生坂藩主
池田家	子爵	諸侯	因幡鹿野藩主

家名	爵位	分類	
池田家	子爵	諸侯	因幡若桜藩主
池田家	男爵	諸侯	播磨福本藩主
池田家	男爵	家老	岡山藩家老
池田家	男爵	家老	岡山藩家老
池田家	男爵	家老	岡山藩家老
池田家	男爵	諸侯分家	岡山藩主分家
池田家	男爵	学者	
生駒家	男爵	諸侯	出羽矢島藩主
諫早家	男爵	家老	佐賀藩家老
石井家	子爵	官僚	日出藩士
石川家	子爵	諸侯	伊勢亀山藩主
石川家	子爵	諸侯	常陸下館藩主
石黒家	子爵	学者	
石河家	男爵	家老	尾張藩家老
石田家	男爵	官僚	土佐藩士
伊地知家	伯爵	維新の功	薩摩藩士
伊地知家	男爵	軍人	薩摩藩士
石本家	男爵	軍人	姫路藩士
石山家	子爵	公家	
伊集院家	子爵	軍人	薩摩藩士
伊集院家	男爵	軍人	薩摩藩士
伊集院家	男爵	官僚	薩摩藩士
伊瀬知家	男爵	軍人	薩摩藩士

家名	爵位	分類	
井田家	男爵	官僚	大垣藩士
板垣家	伯爵	維新の功	土佐藩士
板倉家	子爵	諸侯	備中松山藩主
板倉家	子爵	諸侯	上野安中藩主
板倉家	子爵	諸侯	陸奥福島藩主
板倉家	子爵	諸侯	備中庭瀬藩主
伊丹家	男爵	官僚	地下官人
一条家	公爵	公家	
一条家	男爵	公家分家	
市橋家	子爵	諸侯	近江西大路藩主
一木家	男爵	官僚	
五辻家	子爵	公家	
伊東家	伯爵	軍人	薩摩藩士
伊東家	伯爵	官僚	長崎町年寄
伊東家	子爵	諸侯	日向飫肥藩主
伊東家	子爵	諸侯	備中岡田藩主
伊東家	男爵	軍人	松代藩士
伊藤家	公爵	維新の功	長州藩士
伊藤家	男爵	軍人	舞鶴藩士
伊藤家	男爵	学者	尾張藩陪臣
伊藤家	男爵	公爵家分家	
到津家	男爵	神職	宇佐神宮大宮司
稲垣家	子爵	諸侯	志摩鳥羽藩主

家名	爵位	分類	
稲垣家	子爵	諸侯	近江山上藩主
稲田家	男爵	家老	徳島藩家老
稲葉家	子爵	諸侯	山城淀藩主
稲葉家	子爵	諸侯	豊後臼杵藩主
稲葉家	子爵	諸侯	安房館山藩主
井上家	侯爵	維新の功	長州藩士
井上家	子爵	諸侯	浜松藩主
井上家	子爵	諸侯	常陸下妻藩主
井上家	子爵	諸侯	下総高岡藩主
井上家	子爵	官僚	長州藩士
井上家	子爵	政治家	熊本藩士
井上家	子爵	軍人	薩摩藩士
井上家	男爵	軍人	岩国藩士
井上家	男爵	軍人	薩摩藩士
茨木家	男爵	軍人	紀伊藩士
今枝家	男爵	家老	加賀藩家老
今城家	子爵	公家	
今園家	男爵	公家分家	芝山家分家
今出川家	侯爵	公家	
入江家	子爵	公家	
石井家	子爵	公家	
岩城家	子爵	諸侯	出羽亀田藩主
岩倉家	公爵	公家	

家名	爵位	分類	
岩倉家	子爵	公爵家分家	
岩倉家	男爵	公爵家分家	
岩倉家	男爵	公爵家分家	
岩佐家	男爵	学者	福井藩医
岩崎家	男爵	実業家	土佐藩地下浪人
岩崎家	男爵	実業家	岩崎家分家
岩下家	子爵	維新の功	薩摩藩士
石野家	子爵	公家	
岩松家	男爵	南朝功臣末裔	交代寄合
岩村家	男爵	官僚	土佐藩陪臣
岩村家	男爵	官僚	土佐藩陪臣
【う】			
上杉家	伯爵	諸侯	米沢藩主
上杉家	子爵	諸侯	米沢新田藩主
上田家	男爵	家老	広島藩家老
上田家	男爵	軍人	徳島藩士
上野家	伯爵	皇族	北白川宮家分家
上原家	子爵	軍人	薩摩藩士
植松家	子爵	公家	
植村家	子爵	諸侯	大和高取藩主
宇佐家	男爵		↓宮成家
宇佐川家	男爵	軍人	長州藩士
宇治家	伯爵	皇族	久邇宮家分家

家名	爵位	分類	
太秦家	男爵	公家分家	桜井家分家
内田家	伯爵	官僚	熊本藩陪臣
内田家	子爵	諸侯	下総小見川藩主
内田家	男爵	軍人	土佐藩士
内山家	男爵	軍人	鳥取藩士
内海家	男爵	官僚	長州藩士
梅小路家	子爵	公家	
梅園家	子爵	公家	
梅溪家	子爵	公家	
裏辻家	子爵	公家	
裏松家	子爵	公家	
瓜生家	男爵	軍人	加賀大聖寺藩士
【え】			
榎本家	子爵	政治家	幕臣
遠藤家	子爵	諸侯	近江三上藩主
【お】			
大井家	男爵	軍人	長州藩士
大炊御門家	侯爵	公家	
大浦家	子爵	政治家	薩摩藩士
大岡家	子爵	諸侯	三河西大平藩主
大岡家	子爵	諸侯	武蔵岩槻藩主
大木家	伯爵	維新の功	佐賀藩士
正親町家	伯爵	公家	

家名	爵位	分類	
正親町家	男爵	公家分家	
大久保家	侯爵	維新の功	薩摩藩士
大久保家	子爵	諸侯	小田原藩主
大久保家	子爵	諸侯	相模荻野山中藩主
大久保家	子爵	諸侯	下野烏山藩主
大久保家	子爵	維新の功	幕臣
大久保家	男爵	軍人	遠江淡海国魂神社神官
大隈家	侯爵	維新の功	佐賀藩士
大倉家	男爵	実業家	
大蔵家	男爵	軍人	
大河内家	子爵	諸侯	上総大多喜藩主
大河内家	子爵	諸侯	三河吉田藩主
大河内家	子爵	諸侯	上野高崎藩主
大迫家	子爵	官僚	薩摩藩士
大迫家	子爵	軍人	薩摩藩士
大島家	子爵	軍人	長州藩士
大嶋家	子爵	軍人	秋田藩士
大角家	男爵	軍人	
大関家	子爵	諸侯	下野黒羽藩主
太田家	子爵	諸侯	遠江掛川藩主
大谷家	伯爵	僧侶	西本願寺住職
大谷家	伯爵	僧侶	東本願寺住職
大谷家	男爵	軍人	

家名	爵位	分類	
大田原家	子爵	諸侯	下野大田原藩主
大寺家	男爵	軍人	薩摩藩士
大鳥家	男爵	官僚	幕臣
大沼家	男爵	軍人	下野黒羽藩士
大原家	伯爵	公家	
大宮家	子爵	公家	
大村家	伯爵	諸侯	肥前大村藩主
大村家	子爵	維新の功	長州藩士
大村家	男爵	諸侯分家	大村藩主分家
大森家	男爵	官僚	幕臣
大山家	公爵	軍人	薩摩藩士
岡家	男爵	軍人	長州藩士
岡家	男爵	学者	津山藩士
岡内家	男爵	官僚	土佐藩士
岡崎家	子爵	公家	
岡崎家	男爵	軍人	土佐藩士
岡沢家	子爵	軍人	長州藩士
小笠原家	伯爵	諸侯	小倉藩主
小笠原家	子爵	諸侯	播磨安志藩主
小笠原家	子爵	諸侯	豊前千束藩主
小笠原家	子爵	諸侯	肥前唐津藩主
小笠原家	子爵	諸侯	越前勝山藩主
岡野家	男爵	官僚	幕臣

家名	爵位	分類	
岡部家	子爵	諸侯	岸和田藩主
小川家	子爵	軍人	小倉藩士
沖家	男爵	官僚	鳥取藩士
沖原家	男爵	軍人	岩国藩士
大給家	伯爵	諸侯	信濃竜岡藩主
大給家	子爵	諸侯	豊後府内藩主
大給家	子爵	諸侯	大給松平家。三河西尾藩主
大給家	子爵	諸侯	大給松平家。美濃岩村藩主
奥家	伯爵	軍人	小倉藩士
奥田家		諸侯	↓堀家
奥田家		諸侯	↓堀家
奥田家		諸侯	↓堀家
奥田家	男爵	官僚	鳥取藩士
奥平家	伯爵	諸侯	豊前中津藩主
奥平家	子爵	諸侯	松平家。武蔵忍藩主
奥平家	子爵	諸侯	松平家。上野小幡藩主
奥村家	男爵	家老	加賀藩家老
奥村家	男爵	家老	加賀藩家老
小倉家	子爵	公家	
尾崎家	男爵	官僚	土佐藩士
尾崎家	男爵	官僚	地下官人
小沢家	男爵	軍人	小倉藩士
押小路家	子爵	公家	

家名	爵位	分類	
押小路家	男爵	地下	大外記
織田家	子爵	諸侯	丹波柏原藩主
織田家	子爵	諸侯	出羽天童藩主
織田家	子爵	諸侯	大和芝村藩主
織田家	子爵	諸侯	大和柳本藩主
愛宕家	子爵	公家	
音羽家	侯爵	皇族	朝香宮家分家
小野家	男爵	神職	日御碕神社宮司
小畑家	男爵	官僚	土佐藩士
小原家	男爵	維新の功	大垣藩家老
【か】			
海江田家	子爵	官僚	薩摩藩士
香川家	伯爵	官僚	
花山院家	侯爵	公家	
風早家	子爵	公家	
梶野家	男爵	公家分家	石井家分家
鹿島家	伯爵	皇族	山階宮家分家
賀島家	男爵	家老	徳島藩家老
勧修寺家	伯爵	公家	
片岡家	男爵	官僚	土佐藩士
片岡家	男爵	軍人	薩摩藩士
片桐家	子爵	諸侯	大和小泉藩主
片倉家	男爵	家老	仙台藩家老

家名	爵位	分類	
交野家	子爵	公家	
華頂家	侯爵	皇族	伏見宮家分家
勝家	伯爵	維新の功	幕臣
桂家	公爵	軍人	長州藩士
葛城家	伯爵	皇族	山階宮家分家
勘解由小路家	子爵	公家	
加藤家	伯爵	官僚	尾張藩士
加藤家	子爵	諸侯	近江水口藩主
加藤家	子爵	諸侯	伊予大洲藩主
加藤家	子爵	諸侯	伊予新谷藩主
加藤家	子爵	軍人	広島藩士
加藤家	男爵	学者	出石藩士
加藤家	男爵	軍人	幕臣
楫取家	男爵	官僚	長州藩士
金子家	伯爵	官僚	福岡藩士
金子家	男爵	神職	物部神社宮司
鹿野家	男爵	軍人	松代藩士
加納家	子爵	諸侯	上総一宮藩主
樺山家	伯爵	軍人	薩摩藩士
神尾家	男爵	軍人	信濃高島藩士
上村家	男爵	軍人	薩摩藩士
亀井家	伯爵	諸侯	石見津和野藩主
烏丸家	伯爵	公家	

家名	爵位	分類	
唐橋家	子爵	公家	
川上家	子爵	軍人	薩摩藩士
川口家	男爵	軍人	紀伊藩士
川崎家	男爵	軍人	薩摩藩士
川崎家	男爵	実業家	
河瀬家	子爵	官僚	長州藩士
川田家	男爵	実業家	土佐藩郷士
河田家	子爵	官僚	鳥取藩士
河鰭家	子爵	公家	
河辺家	男爵	神職	伊勢神宮大宮司
河辺家	男爵	公家分家	油小路家分家
川村家	伯爵	軍人	薩摩藩士
川村家	子爵	軍人	薩摩藩士
神田家	男爵	官僚	
甘露寺家	伯爵	公家	
【き】			
紀家	男爵	神職	日前国懸神宮宮司
菊池家	男爵	学者	津山藩士
菊池家	男爵	南朝功臣末裔	交代寄合
菊亭家		公家	→今出川家
木越家	男爵	軍人	加賀藩士
北大路家	男爵	公家分家	阿野家分家
北垣家	男爵	官僚	鳥取藩士

家名	爵位	分類	
北河原家	男爵	公家分家	四辻家分家
北小路家	子爵	公家	
北小路家	男爵	公家分家	
北里家	男爵	学者	
北島家	男爵	神職	出雲大社国造
北畠家	男爵	公家分家	久我家分家
北畠家	男爵	官僚	地下官人
吉川家	子爵	諸侯	岩国藩主
吉川家	男爵	諸侯分家	岩国藩主分家
喜連川家		諸侯	→足利家
木戸家	侯爵	維新の功	長州藩士
木梨家	男爵	官僚	長州藩士
木下家	子爵	諸侯	備中足守藩主
木下家	子爵	諸侯	豊後日出藩主
木辺家	男爵	僧侶	錦織寺住職
木俣家	男爵	家老	彦根藩家老
肝付家	男爵	軍人	薩摩藩士
京極家	子爵	諸侯	讃岐丸亀藩主
京極家	子爵	諸侯	讃岐多度津藩主
京極家	子爵	諸侯	但馬豊岡藩主
京極家	子爵	諸侯	丹後峰山藩主
清浦家	伯爵	官僚	熊本藩士

家名	爵位	分類	
清岡家	子爵	公家	
清岡家	子爵	官僚	土佐藩士
清棲家	伯爵	皇族	伏見宮家分家
【く】			
九鬼家	子爵	諸侯	摂津三田藩主
九鬼家	子爵	諸侯	丹波綾部藩主
九鬼家	男爵	官僚	綾部藩士
櫛笥家	子爵	公家	
九条家	公爵	公家	
九条家	男爵	公爵家分家	
九条家	男爵	公爵家分家	
楠田家	男爵	官僚	佐賀藩士
楠本家	男爵	官僚	肥前大村藩士
久世家	子爵	諸侯	下総関宿藩主
久世家	子爵	公家	
朽木家	子爵	諸侯	丹波福知山藩主
久邇家	侯爵	皇族	久邇宮家分家
国司家	男爵	家老	長州藩家老
久保田家	男爵	官僚	豊岡藩士
倉富家	男爵	官僚	
倉橋家	子爵	公家	
栗野家	子爵	官僚	福岡藩士
久留島家	子爵	諸侯	豊後森藩主

家名	爵位	分類	
黒川家	男爵	軍人	伊予小松藩士
黒木家	伯爵	軍人	薩摩藩士
黒瀬家	男爵	軍人	岡山藩士
黒田家	侯爵	諸侯	福岡藩主
黒田家	伯爵	政治家	薩摩藩士
黒田家	子爵	諸侯	筑前秋月藩主
黒田家	子爵	諸侯	上総久留里藩主
黒田家	子爵	官僚	薩摩藩士
黒田家	男爵	諸侯分家	福岡藩主分家
黒田家	男爵	家老	福岡藩家老
黒田家	男爵	軍人	幕臣
桑原家	子爵	公家	
【こ】			
小池家	男爵	軍人	山形藩士
小出家	子爵	諸侯	丹波園部藩主
郷家	男爵	官僚	豪農
河野家	子爵	政治家	土佐藩士
鴻池家	男爵	実業家	
神山家	男爵	官僚	土佐藩士
久我家	侯爵	公家	
久我家	男爵	公家分家	
五条家	子爵	公家	
五条家	男爵	南朝功臣末裔	柳河藩士

家名	爵位	分類	
児玉家	伯爵	軍人	徳山藩士
児玉家	男爵	軍人	紀伊藩士
籠手田家	男爵	官僚	肥前平戸藩士
五島家	子爵	諸侯	肥前福江藩主
後藤家	伯爵	官僚	仙台藩士
後藤家	伯爵	政治家	土佐藩士
近衛家	公爵	公家	
近衛家	子爵	公爵家分家	
小早川家	男爵	諸侯分家	長州藩主分家
小松家	侯爵	皇族	北白川宮分家
小松家	伯爵	維新の功	薩摩藩士
小松家	男爵	公家分家	石井家分家
小村家	侯爵	官僚	日向飫肥藩士
米田家	子爵	家老	熊本藩家老
近藤家	男爵	実業家	
近藤家	男爵	軍人	鳥羽藩士
【さ】			
西園寺家	公爵	公家	
西郷家	侯爵	維新の功	薩摩藩士
西郷家	侯爵	軍人	薩摩藩士
税所家	子爵	官僚	薩摩藩士
斎藤家	子爵	軍人	仙台藩陪臣
嵯峨家	侯爵	公家	

家名	爵位	分類	
阪井家	男爵	軍人	土佐藩士
酒井家	伯爵	諸侯	出羽鶴岡藩主
酒井家	伯爵	諸侯	播磨姫路藩主
酒井家	伯爵	諸侯	若狭小浜藩主
酒井家	子爵	諸侯	出羽松山藩主
酒井家	子爵	諸侯	上野伊勢崎藩主
酒井家	子爵	諸侯	安房勝山藩主
酒井家	子爵	諸侯	越前敦賀藩主
酒井家	男爵	諸侯分家	姫路藩主分家
酒井家	男爵	諸侯分家	姫路藩主分家
榊原家	子爵	諸侯	越後高田藩主
阪谷家	子爵	官僚	広島藩士
坂本家	男爵	軍人	諏訪高島藩士
相良家	子爵	諸侯	肥後人吉藩主
相楽家	男爵	公家分家	富小路家分家
鷺原家	男爵	公家分家	甘露寺家分家
佐久間家	伯爵	軍人	長州藩士
桜井家	子爵	諸侯	摂津尼崎藩主
桜井家	子爵	公家	
桜井家	男爵	学者	加賀藩士
佐々木家	侯爵	政治家	土佐藩士
佐双家	男爵	軍人	加賀藩士
佐竹家	侯爵	諸侯	秋田藩主

家名	爵位	分類	
佐竹家	子爵	諸侯	秋田新田藩主
佐竹家	男爵	諸侯分家	秋田新田藩主分家
佐竹家	男爵	諸侯一門	秋田藩主一門。大館家
佐竹家	男爵	諸侯一門	秋田藩主一門。角館家
佐竹家	男爵	諸侯一門	秋田藩主一門。南家
佐竹家	男爵	家老	秋田藩主一門。東家
佐藤家	男爵	学者	佐倉藩医
佐藤家	男爵	学者	盛岡藩士
真田家	伯爵	諸侯	松代藩主
真田家	男爵	諸侯分家	
実吉家	子爵	軍人	薩摩藩士
佐野家	伯爵	政治家	佐賀藩士
佐野家	男爵	軍人	幕臣
鮫島家	男爵	軍人	薩摩藩士
鮫島家	男爵	軍人	薩摩藩士
沢家	伯爵	公家	
沢家	男爵	公家分家	
沢村家	男爵	家老	熊本藩家老
沢田家		神職	→荒木田家
三条家	公爵	公家	
三条家	男爵	公爵家分家	
三条西家	伯爵	公家	
三宮家	男爵	官僚	

家名	爵位	分類	
【し】			
鹿園家	男爵	公家分家	三条家分家
滋野家	男爵	軍人	長州藩士
滋野井家	伯爵	公家	
慈光寺家	子爵	公家	
宍戸家	子爵	維新の功	長州藩家老分家
宍戸家	男爵	家老	長州藩家老
四条家	侯爵	公家	
四条家	男爵	公家分家	
七条家	子爵	公家	
幣原家	男爵	官僚	
品川家	子爵	官僚	長州藩士
斯波家	男爵	家老	加賀藩家老
芝小路家	男爵	公家分家	芝山家分家
芝亭家	男爵	公家分家	裏辻家分家
芝山家	子爵	公家	
柴山家	男爵	軍人	薩摩藩士
渋沢家	子爵	実業家	豪農
渋谷家	男爵	僧侶	仏光寺住職
島津家	公爵	諸侯	薩摩藩主
島津家	公爵	維新の功	薩摩藩主分家
島津家	伯爵	諸侯	日向佐土原藩主
島津家	男爵	公爵家分家	薩摩藩主分家

家名	爵位	分類	
島津家	男爵	公爵家分家	薩摩藩主分家
島津家	男爵	公爵家分家	島津久光家分家
島津家	男爵	諸侯分家	佐土原藩主分家
島津家	男爵	諸侯一門	薩摩藩一門。重富島津家
島津家	男爵	諸侯一門	薩摩藩一門。和泉島津家
島津家	男爵	諸侯一門	薩摩藩一門。加治木島津家
島津家	男爵	諸侯一門	薩摩藩一門。日置島津家
島津家	男爵	諸侯一門	薩摩藩一門。垂水島津家
島津家	男爵	諸侯一門	薩摩藩一門。宮之城島津家
島津家	男爵	諸侯一門	薩摩藩一門。都城島津家
島村家	男爵	軍人	土佐藩士
清水家	男爵	家老	長州藩家老
清水家		御三卿	→徳川家
清水谷家	伯爵	公家	
持明院家	子爵	公家	
尚家	侯爵	琉球王家	
尚家	男爵	琉球王家分家	
尚家	男爵	琉球王家分家	
勝田家	男爵	軍人	長州藩士
白川家	子爵	公家	
白川家	男爵	軍人	
白根家	男爵	官僚	長州藩士
新庄家	子爵	諸侯	常陸麻生藩主

家名	爵位	分類	
【す】			
末松家	子爵	官僚	小倉藩士
杉家	子爵	官僚	長州藩士
杉溪家	男爵	公家分家	山科家分家
鈴木家	男爵	官僚	仙台藩士
鈴木家	男爵	軍人	下総関宿藩士
周布家	男爵	官僚	長州藩士
住友家	男爵	実業家	
諏訪家	子爵	諸侯	信濃高島藩主
【せ】			
清閑寺家	伯爵	公家	
関家	子爵	諸侯	新見藩主
関家	男爵	官僚	福井藩陪臣
千家家	男爵	神職	出雲大社国造
仙石家	子爵	諸侯	但馬出石藩主
千秋家	男爵	神職	熱田神宮宮司
千田家	男爵	官僚	薩摩藩士
【そ】			
宗家	伯爵	諸侯	対馬藩主
相馬家	子爵	諸侯	陸奥中村藩主
副島家	伯爵	政治家	佐賀藩士
曽我家	子爵	軍人	柳河藩士
曽禰家	子爵	政治家	長州藩士
園家	伯爵	公家	
園池家	子爵	公家	
園田家	男爵	官僚	薩摩藩士
園田家	男爵	実業家	薩摩藩陪臣
【た】			
醍醐家	侯爵	公家	
高丘家	子爵	公家	
高木家	子爵	諸侯	河内丹南藩主
高木家	男爵	軍人	薩摩藩士
高倉家		公家	→藪家
高倉家	子爵	公家	
高崎家	男爵	官僚	薩摩藩士
高崎家	男爵	官僚	薩摩藩士
高島家	子爵	軍人	薩摩藩士
高千穂家	男爵	僧侶	英彦山天台修験座主
鷹司家	公爵	公家	
鷹司家	男爵	公爵家分家	
鷹司家		諸侯	→吉井家
高辻家	子爵	公家	
高野家	子爵	公家	
高橋家	子爵	官僚	仙台藩士
高橋家	男爵	官僚	薩摩藩士
高平家	男爵	官僚	一関藩士

家名	爵位	分類	
高松家	子爵	公家	
滝脇家	子爵	諸侯	駿河小島藩主
多久家	男爵	家老	佐賀藩家老
武井家	男爵	官僚	姫路藩士
竹園家	男爵	公家分家	甘露寺家分家
竹内家	子爵	公家	
竹腰家	男爵	諸侯	美濃今尾藩主・尾張藩付家老
建部家	子爵	諸侯	摂津林田藩主
竹屋家	子爵	公家	
田尻家	子爵	官僚	薩摩藩士
立花家	伯爵	諸侯	筑後柳河藩主
立花家	子爵	諸侯	筑後三池藩主
立花家	男爵	軍人	筑後三池藩家老
龍田家	伯爵	皇族	久邇宮家分家
立見家	子爵	軍人	桑名藩士
伊達家	侯爵	諸侯	伊予宇和島藩主
伊達家	伯爵	諸侯	仙台藩主
伊達家	子爵	諸侯	伊予吉田藩主
伊達家	男爵	諸侯一門	亘理伊達家
伊達家	男爵	諸侯一門	岩出山伊達家
伊達家	男爵	諸侯分家	仙台藩主分家
伊達家	男爵	諸侯分家	宇和島藩主分家
田中家	伯爵	官僚	土佐藩士

家名	爵位	分類	
田中家	子爵	官僚	尾張藩士
田中家	男爵	軍人	長州藩士
田中家	男爵	官僚	
谷家	子爵	諸侯	丹波山家藩主
谷家	子爵	軍人	岡豊八幡宮神官
田沼家	子爵	諸侯	遠江相楽藩主
種子島家	男爵	家老	薩摩藩家老
玉松家	男爵	公家分家	山本家分家
田宮家	男爵	維新の功	尾張藩士
田村家	子爵	諸侯	陸奥一関藩主
団家	男爵	実業家	福岡藩士
【ち】			
千種家	子爵	公家	
長家	男爵	家老	加賀藩家老
調所家	男爵	官僚	薩摩藩士
珍田家	伯爵	官僚	弘前藩士
【つ】			
塚本家	男爵	軍人	大垣藩士
津軽家	伯爵	諸侯	弘前藩主
津軽家	子爵	諸侯	陸奥黒石藩主
津軽家	男爵	諸侯分家	弘前藩主分家
筑波家	侯爵	皇族	山階宮家分家
辻家	男爵	家老	広島藩家老

家名	爵位	分類	
辻家	男爵	官僚	松本藩士
都筑家	男爵	官僚	伊予西条藩士
津田家	男爵	官僚	津山藩士
土御門家	子爵	公家	
土屋家	子爵	諸侯	常陸土浦藩主
土屋家	男爵	軍人	岡崎藩士
堤家	子爵	公家	
堤家	男爵	官僚	福井藩士
角田家	男爵	軍人	会津藩士
坪井家	男爵	軍人	長州藩医
津守家	男爵	神職	住吉神社宮司
鶴殿家	男爵	公家分家	九条家分家
【て】			
寺内家	伯爵	軍人	長州藩士
寺島家	伯爵	官僚	薩摩藩士
寺島家	男爵	官僚	長州藩士
出羽家	男爵	軍人	会津藩士
田家	男爵	官僚	丹波柏原藩士
【と】			
土井家	子爵	諸侯	下総古河藩主
土井家	子爵	諸侯	三河刈谷藩主
土井家	子爵	諸侯	越前大野藩主
東家		諸侯	↓遠藤家

家名	爵位	分類	
東郷家	侯爵	軍人	薩摩藩士
東郷家	男爵	軍人	福井藩士
藤堂家	伯爵	諸侯	伊勢津藩主
藤堂家	子爵	諸侯	伊勢久居藩主
藤堂家	男爵	諸侯一門	津藩一門。名張藤堂家
遠山家	子爵	諸侯	美濃苗木藩主
土岐家	子爵	諸侯	上野沼田藩主
常磐井家	男爵	僧侶	専修寺住職
徳川家	公爵	将軍家	
徳川家	公爵	将軍家別家	徳川慶喜家
徳川家	公爵	御三家	水戸藩主
徳川家	侯爵	御三家	尾張藩主
徳川家	侯爵	御三家	紀伊藩主
徳川家	伯爵	御三卿	田安家
徳川家	伯爵	御三卿	一橋家
徳川家	子爵	公爵家分家	水戸藩主分家
徳川家	男爵	御三卿	清水家
徳川家	男爵	公爵家分家	将軍家分家
徳川家	男爵	公爵家分家	将軍別家分家
徳川家	男爵	御三家分家	尾張藩主分家
徳大寺家	公爵	公家	
徳大寺家	男爵	公家分家	
土倉家	男爵	家老	岡山藩家老

家名	爵位	分類	
戸沢家	子爵	諸侯	出羽新庄藩主
戸田家	伯爵	諸侯	大垣藩主
戸田家	子爵	諸侯	松本藩主
戸田家	子爵	諸侯	宇都宮藩主
戸田家	子爵	諸侯	下野足利藩主
戸田家	子爵	諸侯	下野曽我野藩主
戸田家	子爵	諸侯	大垣新田藩主
外松家	男爵	軍人	紀伊藩士
冨井家	男爵	学者	地下官人
富岡家	男爵	軍人	松代藩士
富岡家	男爵	官僚	小城藩士
富小路家	子爵	公家	
外山家	子爵	公家	
豊岡家	子爵	公家	
鳥居家	子爵	諸侯	下野壬生藩主
鳥尾家	子爵	軍人	長州藩士
【な】			
内藤家	子爵	諸侯	日向延岡藩主
内藤家	子爵	諸侯	陸奥湯長谷藩主
内藤家	子爵	諸侯	三河挙母藩主
内藤家	子爵	諸侯	越後村上藩主
内藤家	子爵	諸侯	信濃高遠藩主
内藤家	子爵	諸侯	信濃岩村田藩主

家名	爵位	分類	
永井家	子爵	諸侯	大和櫛羅藩主
永井家	子爵	諸侯	美濃加納藩主
永井家	子爵	諸侯	摂津高槻藩主
長尾家	男爵	公家分家	勧修寺家分家
長岡家	子爵	諸侯分家	熊本藩主分家
中川家	伯爵	諸侯	豊後岡藩主
中川家	男爵	公家分家	甘露寺家分家
中島家	男爵	官僚	徳島藩士
中嶋家	男爵	政治家	土佐藩士
中園家	子爵	公家	
長谷家	子爵	公家	
中根家	男爵	維新の功	福井藩士
中院家	伯爵	公家	
長松家	男爵	官僚	長州藩陪臣
中御門家	侯爵	公家	
中御門家	男爵	公家分家	
中溝家	男爵	軍人	佐賀藩士
中牟田家	子爵	軍人	佐賀藩士
中村家	男爵	軍人	
中村家	男爵	軍人	彦根藩士
中山家	侯爵	公家	
中山家	男爵	諸侯	常陸松岡藩主・水戸藩付家老
永山家	男爵	軍人	薩摩藩士

家名	爵位	分類	
永山家	男爵	官僚	薩摩藩士
長与家	男爵	官僚	大村藩医
長与家	男爵	学者	大村藩医分家
今帰仁家	男爵	琉球王家分家	
梨羽家	男爵	軍人	長州藩士
鍋島家	侯爵	諸侯	佐賀藩主
鍋島家	子爵	諸侯	肥前小城藩主
鍋島家	子爵	諸侯	肥前蓮池藩主
鍋島家	子爵	諸侯	肥前鹿島藩主
鍋島家	男爵	諸侯分家	佐賀藩主分家
鍋島家	男爵	諸侯一門	佐賀藩主一門
鍋島家	男爵	官僚	佐賀藩士
鍋島家	男爵	家老	佐賀藩家老
奈良家	男爵	軍人	
奈良原家	男爵	官僚	薩摩藩士
成瀬家		諸侯	尾張犬山藩主・尾張藩付家老
名和家	男爵	南朝功臣末裔	名和神社宮司
難波家	子爵	公家	
南部家	伯爵	諸侯	南部藩主
南部家	子爵	諸侯	陸奥七戸藩主
南部家	子爵	諸侯	陸奥八戸藩主
南部家	男爵	諸侯一門	南部藩主一門。遠野南部家
南部家	男爵	官僚	土佐藩郷士

家名	爵位	分類	
【に】			
西家	子爵	軍人	薩摩藩士
西家	男爵	官僚	津和野藩士
西家	男爵	官僚	薩摩藩士
西五辻家	男爵	公家分家	五辻家分家
西尾家	子爵	諸侯	遠江横須賀藩主
西大路家	子爵	公家	
錦小路家	子爵	公家	
錦織家	子爵	公家	
西島家	男爵	軍人	長州藩士
西高辻家	男爵	公家分家	高辻家分家
西洞院家	子爵	公家	
西村家	男爵	軍人	長州藩士
二条家	公爵	公家	
二条家	男爵	公家分家	
西四辻家	子爵	公家	
新田家		南朝功臣末裔	→岩松家
若王子家	男爵	公家分家	山科家分家
仁礼家	子爵	軍人	薩摩藩士
丹羽家	子爵	諸侯	二本松藩主
丹羽家	子爵	諸侯	播磨三草藩主
庭田家	伯爵	公家	
【の】			

家名	爵位	分類	
乃木家	伯爵	軍人	長府藩士
乃木家	伯爵	諸侯分家	長府藩主分家
野崎家	男爵	軍人	薩摩藩士
野田家	男爵	官僚	熊本藩士
野津家	侯爵	軍人	薩摩藩士
野宮家	子爵	公家	
野村家	子爵	官僚	長州藩士
野村家	男爵	官僚	長州藩士
野村家	男爵	官僚	土佐藩士
【は】			
萩原家	子爵	公家	
橋元家	男爵	軍人	薩摩藩士
橋本家	伯爵	公家	
橋本家	子爵	学者	福井藩医
長谷川家	伯爵	軍人	岩国藩士
波多野家	子爵	官僚	肥前小城藩士
八条家	子爵	公家	
蜂須賀家	侯爵	諸侯	徳島藩主
花園家	子爵	公家	
華園家	男爵	僧侶	興正寺住職
花房家	子爵	官僚	岡山藩士
浜尾家	子爵	学者	但馬豊岡藩士
葉室家	伯爵	公家	

家名	爵位	分類	
林家	伯爵	官僚	長州藩士
林家	伯爵	官僚	幕臣
林家	男爵	諸侯	上総請西藩主
林家	男爵	官僚	会津藩士
原家	男爵	政治家	
原口家	男爵	軍人	豊後森藩士
原田家	男爵	軍人	岡山藩士
【ひ】			
東久世家	伯爵	公家	
東久世家	男爵	公家分家	
東三条家	男爵	公家分家	三条家分家
東園家	子爵	公家	
東伏見家	伯爵	皇族	久邇宮家分家
東坊城家	子爵	公家	
日置家	男爵	家老	岡山藩家老
樋口家	子爵	公家	
久松家	伯爵	諸侯	伊予松山藩主
久松家	子爵	諸侯	久松松平家。桑名藩主
久松家	子爵	諸侯	下総多古藩主
久松家	子爵	諸侯	伊予今治藩主
土方家	伯爵	維新の功	土佐藩士
土方家	子爵	諸侯	伊勢菰野藩主
日高家	男爵	軍人	薩摩藩士

家名	爵位	分類	
一柳家	子爵	諸侯	播磨小野藩主
一柳家	子爵	諸侯	伊予小松藩主
日野家	伯爵	公家	
日野西家	子爵	公家	
平賀家	男爵	学者	広島藩士
平佐家	男爵	軍人	岩国藩士
平田家	伯爵	政治家	米沢藩士
平沼家	男爵	官僚	津山藩士
平野家	男爵	諸侯	大和田原本藩主
平松家	子爵	公家	
平山家	男爵	官僚	幕臣
広沢家	伯爵	維新の功	長州藩士
広橋家	伯爵	公家	
広幡家	侯爵	公家	
【ふ】			
深尾家	男爵	家老	土佐藩家老
福岡家	子爵	維新の功	土佐藩士
福島家	男爵	軍人	松本藩士
福羽家	子爵	官僚	津和野藩士
福原家	男爵	家老	長州藩家老
福原家	男爵	軍人	長州藩士
福原家	男爵	軍人	長州藩士
藤井家	子爵	公家	

家名	爵位	分類	
藤井家	男爵	軍人	福山藩士
藤枝家	男爵	公家分家	飛鳥井家分家
藤大路家	男爵	公家分家	堀河家分家
藤田家	男爵	実業家	
藤谷家	子爵	公家	
藤波家	子爵	公家	
伏原家	子爵	公家	
伏見家	伯爵	皇族	伏見宮家分家
藤村家	男爵	官僚	熊本藩士
二荒家	伯爵	皇族	北白川宮家分家
船越家	男爵	官僚	広島藩士
舟橋家	子爵	公家	
古市家	男爵	学者	姫路藩士
古河家	男爵	実業家	
【ほ】			
北条家	子爵	諸侯	河内狭山藩主
坊城家	伯爵	公家	
坊城家	男爵	公家分家	
保科家	子爵	諸侯	上総飯野藩主
穂積家	男爵	学者	宇和島藩士
穂穙家	男爵	公家分家	坊城家分家
細川家	侯爵	諸侯	熊本藩主
細川家	子爵	諸侯	宇土藩主

家名	爵位	分類	
細川家	子爵	諸侯	肥後高瀬藩主
細川家	子爵	諸侯	常陸谷田部藩主
細川家	男爵	諸侯一門	熊本藩家老。内膳家
細川家	男爵	諸侯一門	熊本藩家老。刑部家
細川家	男爵	諸侯分家	熊本藩主分家
細川家	男爵	官僚	土佐藩士
堀田家	伯爵	諸侯	下総佐倉藩主
堀田家	子爵	諸侯	近江宮川藩主
堀田家	子爵	諸侯	下野佐野藩主
穂波家	子爵	公家	
堀家	子爵	諸侯	信濃飯田藩主
堀家	子爵	諸侯	越後村松藩主
堀家	子爵	諸侯	信濃須坂藩主
堀家	子爵	諸侯	越後椎谷藩主
堀河家	子爵	公家	
本庄家	子爵	諸侯	美濃高富藩主
本庄家	男爵	軍人	篠山藩士
本荘家	子爵	諸侯	丹後宮津藩主
本田家	男爵	官僚	薩摩藩士
本多家	子爵	諸侯	三河岡崎藩主
本多家	子爵	諸侯	播磨山崎藩主
本多家	子爵	諸侯	陸奥泉藩主
本多家	子爵	諸侯	近江膳所藩主

家名	爵位	分類	
本多家	子爵	諸侯	伊勢神戸藩主
本多家	子爵	諸侯	三河西端藩主
本多家	子爵	諸侯	信濃飯山藩主
本多家	子爵	諸侯	駿河田中藩主
本多家	男爵	家老	加賀藩家老
本多家	男爵	家老	福井藩家老
本堂家	男爵	諸侯	常陸志筑藩主
【ま】			
蒔田家	子爵	諸侯	備中浅尾藩主
前島家	男爵	官僚	幕臣
前田家	侯爵	諸侯	加賀藩主
前田家	伯爵	諸侯	富山藩主
前田家	子爵	諸侯	加賀大聖寺藩主
前田家	子爵	諸侯	上野七日市藩主
前田家	男爵	諸侯分家	加賀藩主分家
前田家	男爵	家老	加賀藩家老。小松城代家
前田家	男爵	家老	加賀藩家老。対馬守家
前田家	男爵	軍人	
前田家	男爵	官僚	薩摩藩士
真木家	男爵	軍人	佐賀藩士
蒔田家			↓まいた
牧野家	伯爵	官僚	薩摩藩士
牧野家	子爵	諸侯	越後長岡藩主

家名	爵位	分類	
牧野家	子爵	諸侯	信濃小諸藩主
牧野家	子爵	諸侯	越後峰岡藩主
牧野家	子爵	諸侯	常陸笠間藩主
牧野家	子爵	諸侯	丹波田辺藩主
槇村家	男爵	官僚	長州藩士
増山家	子爵	諸侯	伊勢長島藩主
益田家	男爵	家老	長州藩家老
益田家	男爵	実業家	幕臣
町尻家	子爵	公家	
松井家	子爵	諸侯	武蔵川越藩主
松井家	男爵	官僚	
松井家	男爵	家老	熊本藩家老
松尾家	男爵	官僚	宇和島藩士
松岡家	男爵	官僚	徳島藩士
松崎家	男爵	公家分家	甘露寺家分家
松方家	公爵	政治家	薩摩藩士
松木家	男爵	神職	伊勢神宮禰宜
松園家	男爵	公家分家	二条家分家
松田家	男爵	政治家	佐賀藩士
松平家	侯爵	諸侯	福井藩主
松平家	伯爵	諸侯	松江藩主
松平家	伯爵	諸侯	前橋藩主
松平家	伯爵	諸侯	高松藩主

家名	爵位	分類	
松平家	子爵	諸侯	形原家。丹波亀山藩主
松平家	子爵	諸侯	深溝家。肥前島原藩主
松平家	子爵	諸侯	能見家。豊後杵築藩主
松平家	子爵	諸侯	藤井家。出羽上山藩主
松平家	子爵	諸侯	藤井家。信濃上田藩主
松平家	子爵	諸侯	会津藩主
松平家	子爵	諸侯	美作津山藩主
松平家	子爵	諸侯	糸魚川藩主
松平家	子爵	諸侯	出雲広瀬藩主
松平家	子爵	諸侯	出雲母里藩主
松平家	子爵	諸侯	播磨明石藩主
松平家	子爵	諸侯	美濃高須藩主
松平家	子爵	諸侯	伊予西条藩主
松平家	子爵	諸侯	陸奥守山藩主
松平家	子爵	諸侯	常陸府中藩主
松平家	子爵	諸侯	常陸宍戸藩主
松平家	子爵	諸侯分家	福井藩主分家
松平家	子爵	諸侯	越智家・石見浜田藩主
松平家	男爵	諸侯分家	津山藩主分家
松平家	男爵	官僚	福井藩士
松平家		諸侯	→大給家
松平家		諸侯	→奥平家
松平家		諸侯	→久松家

家名	爵位	分類	
松永家	男爵	軍人	熊本藩士
松木家	伯爵	公家	
松林家	男爵	公家分家	上冷泉家分家
松前家	子爵	諸侯	松前藩主
松前家	男爵	諸侯分家	
松村家	男爵	軍人	加賀藩士
松村家	男爵	軍人	薩摩藩士
松本家	男爵	学者	幕臣
松本家	男爵	官僚	長州藩士
松浦家	伯爵	諸侯	肥前平戸藩主
松浦家	子爵	諸侯	肥前平戸新田藩主
万里小路家	伯爵	公家	
万里小路家	男爵	公家分家	
真鍋家	男爵	軍人	長州藩士
間部家	子爵	諸侯	越前鯖江藩主
【み】			
三浦家	子爵	諸侯	美作勝山藩主
三浦家	子爵	軍人	長州藩士
三浦家	男爵	家老	紀伊藩家老
三島家	子爵	官僚	薩摩藩士
三須家	男爵	軍人	彦根藩士
水野家	子爵	諸侯	下総結城藩主
水野家	子爵	諸侯	駿河沼津藩主

家名	爵位	分類	
水野家	子爵	諸侯	上総鶴牧藩主
水野家	子爵	諸侯	出羽山形藩主
水野家	男爵	諸侯	紀伊藩付家老。紀伊新宮藩主
溝口家	伯爵	諸侯	越後新発田藩主
三井家	男爵	実業家	三井北家
三井家	男爵	実業家	三井室町家
三井家	男爵	実業家	三井南家
箕作家	男爵	学者	津山藩医
水無瀬家	子爵	公家	
南家	男爵	公家分家	広橋家分家
南岩倉家	男爵	公家分家	岩倉家分家
壬生家	伯爵	公家	
壬生家	男爵	地下	官務家
三室戸家	子爵	公家	
水谷川家	男爵	公家分家	近衛家分家
三宅家	子爵	諸侯	三河田原藩主
宮成家	男爵	神職	宇佐神宮大宮司
宮原家	男爵	軍人	幕臣
三好家	子爵	軍人	長州藩士
三好家	男爵	軍人	長州藩士
【む】			
向山家	男爵	軍人	旗本
武者小路家	子爵	公家	

家名	爵位	分類	
陸奥家	伯爵	官僚	紀伊藩士
武藤家	男爵	軍人	佐賀藩士
村井家	男爵	家老	加賀藩家老
村上家	男爵	軍人	広島藩士
村木家	男爵	軍人	土佐藩士
村田家	男爵	軍人	薩摩藩士
室町家	伯爵	公家	
【め】			
目賀田家	男爵	官僚	旗本
【も】			
毛利家	公爵	諸侯	長州藩主
毛利家	子爵	諸侯	長府藩主
毛利家	子爵	諸侯	清末藩主
毛利家	子爵	諸侯	徳山藩主
毛利家	子爵	諸侯	豊後佐伯藩主
毛利家	男爵	公爵家分家	長州藩主分家
毛利家	男爵	諸侯一門	右田毛利家
毛利家	男爵	諸侯一門	吉敷毛利家
餅原家	男爵	軍人	薩摩藩士
元田家	男爵	学者	熊本藩士
本野家	子爵	官僚	佐賀藩士
森家	子爵	諸侯	播磨赤穂藩主
森家	子爵	諸侯	播磨三日月藩主

家名	爵位	分類	
森家	子爵	官僚	薩摩藩士
森岡家	男爵	実業家	薩摩藩士
森川家	子爵	諸侯	下総生実藩主
森村家	男爵	実業家	
【や】			
柳生家	子爵	諸侯	大和柳生藩主
八代家	男爵	軍人	水戸藩士
安川家	男爵	実業家	福岡藩士
安場家	男爵	官僚	熊本藩士
柳沢家	伯爵	諸侯	大和郡山藩主
柳沢家	子爵	諸侯	越後黒川藩主
柳沢家	子爵	諸侯	越後三日市藩主
柳原家	伯爵	公家	
藪家	子爵	公家	
矢吹家	男爵	軍人	幕臣
山内家	侯爵	諸侯	土佐藩主
山内家	子爵	諸侯	土佐新田藩主
山内家	子爵	諸侯分家	土佐藩主分家
山内家	男爵	諸侯分家	土佐藩主分家
山内家	男爵	諸侯分家	土佐藩主分家
山尾家	子爵	官僚	長州藩士
山岡家	子爵	維新の功	旗本
山県家	公爵	維新の功	長州藩士

家名	爵位	分類	
山県家	男爵	公爵家分家	山県家分家
山川家	男爵	軍人	会津藩家老
山川家	男爵	学者	会津藩家老
山口家	子爵	諸侯	常陸牛久藩主
山口家	子爵	軍人	長州藩士
山口家	男爵	官僚	水戸藩士
山崎家	男爵	諸侯	備中成羽藩主
山沢家	男爵	軍人	薩摩藩士
山地家	子爵	軍人	土佐藩士
山下家	男爵	軍人	米沢藩士
山科家	伯爵	公家	
山階家	侯爵	皇族	山階宮家分家
山田家	伯爵	維新の功	長州藩士
山田家	男爵	官僚	熊本藩士
山名家	男爵	諸侯	但馬村岡藩主
山中家	男爵	軍人	長州藩士
山根家	男爵	軍人	長州藩士
山根家	男爵	軍人	長州藩士
山井家	子爵	公家	
山内家	男爵	軍人	幕臣
山内家	男爵	軍人	熊本藩士
山本家	伯爵	軍人	薩摩藩士
山本家	子爵	公家	

家名	爵位	分類	
山本家	男爵	官僚	豊後臼杵藩士
山本家	男爵	軍人	長州藩士
【ゆ】			
湯浅家	男爵	官僚	
由利家	子爵	官僚	福井藩士
【よ】			
横田家	男爵	官僚	
横山家	男爵	家老	加賀藩家老
吉井家	伯爵	維新の功	薩摩藩士
吉井家	子爵	諸侯	上野吉井藩主
芳川家	伯爵	政治家	徳島藩士
吉田家	子爵	公家	
吉田家	子爵	官僚	薩摩藩士
四辻家		公家	→室町家
米津家	子爵	諸侯	出羽長瀞藩主
米倉家	子爵	諸侯	武蔵金沢藩主
【れ】			
冷泉家	伯爵	公家	上冷泉家
冷泉家	子爵	公家	下冷泉家
【ろ】			
六郷家	子爵	諸侯	出羽本荘藩主
六条家	子爵	公家	
六角家	子爵	公家	

家名	爵位	分類	
【わ】			
若槻家	男爵	政治家	松江藩士
脇坂家	子爵	諸侯	播磨竜野藩主
分部家	子爵	諸侯	近江大溝藩主
鷲尾家	伯爵	公家	
鷲尾家	男爵	公家分家	
渡辺家	伯爵	官僚	信濃高島藩士
渡辺家	子爵	諸侯	和泉伯太藩主
渡辺家	子爵	官僚	信濃高島藩士
渡辺家	子爵	官僚	大村藩士
渡辺家	男爵	家老	尾張藩家老
渡辺家	男爵	官僚	大村藩士
渡辺家	男爵	軍人	長州藩士

⊙編者略歴

森岡　浩（もりおか・ひろし）

1961年、高知県生まれ。早稲田大学卒業。学生時代から独学で姓氏研究を行い、文献だけにとらわれない実証的な研究を続ける。特に現在の名字分布をルーツ解明の一手がかりとする。また、書籍などには掲載されていながら、実際には存在しない名字を“幽霊名字”と名付け、安易な名字事典づくりに警鐘をならす。
主な著書に『全国名字大辞典』『難読・稀少名字大事典』『県別名字ランキング事典』（東京堂出版）、『なんでもわかる日本人の名字』（朝日新聞出版）、『名字でわかる日本人の履歴書』（講談社）、『名字の謎』（筑摩書房）、『名字で読む歴史・時代小説』（東京書籍）など多数。また、『決定版　石川県の名字』（北國新聞社）など、地方の名字の本も刊行中。

日本名門・名家大辞典

2012年９月10日　初版印刷
2012年９月20日　初版発行

編　者——森岡　浩
発行者——皆木和義
印刷製本——亜細亜印刷株式会社

発行所——株式会社東京堂出版　http://www.tokyodoshuppan.com
〒101-0051　東京都千代田区神田神保町1-17
電話　03-3233-3741　振替　00130-7-270

ISBN978-4-490-10821-7　C1520